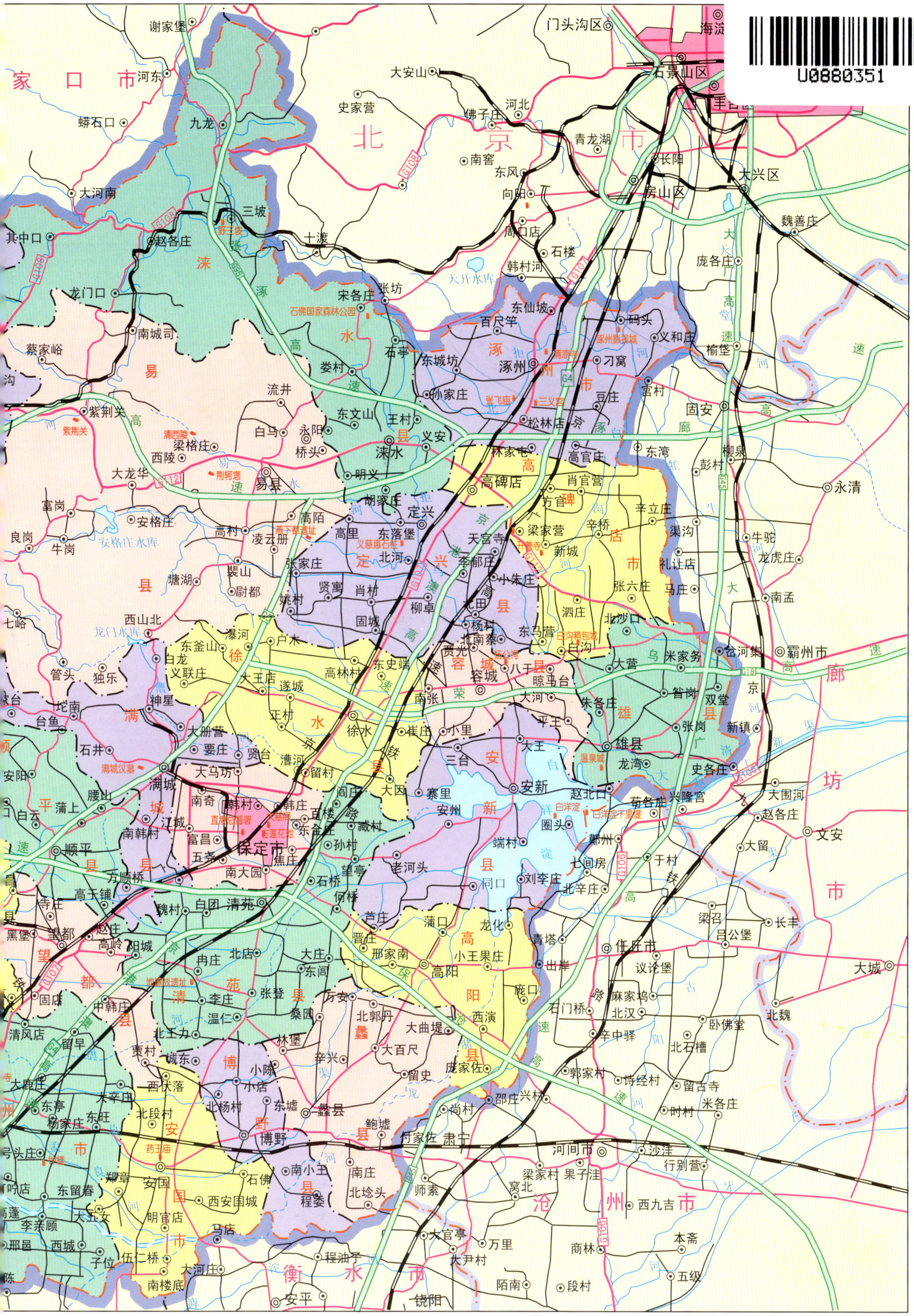

北京市
家口市
门头沟区
海淀
石景山区
丰台区
大兴区
房山区
长阳
魏善庄
庞各庄
榆垡
固安
彭村
柳泉
永清
牛驼
龙虎庄
南孟
霸州市
廊坊市
文安
赵各庄
大留
大围河
长丰
吕公堡
梁召
大城
北魏
任丘市
议论堡
麻家坞
北汉
卧佛堂
北石槽
辛中驿
石门桥
郭家村
诗经村
留古寺
米各庄
时村
河间市
沙洼
行别营
果子洼
梁家村
穹北
西九吉
沧州市
本斋
商林
五级
段村
陌南
万里
大尹村
大官亭
程油子
衡水市
饶阳
安平
大河庄
南楼底
伍仁桥
子位
安国市
药王庙
明官店
西安国城
石佛
郑章
马店
谢家堡
河东
蟒石口
九龙
大河南
三坡
其中口
赵各庄
龙门口
南城司
蔡家峪
紫荆关
易县
涞水县
涞水
清西陵
梁格庄
西陵
大龙华
易县
荆轲塔
流井
白马
永阳
桥头
富岗
良岗
牛岗
安格庄
安格庄水库
高村
凌云册
高陌
塘湖
裴山
尉都
西山北
龙门水库
七峪
管头
独乐
台鱼
石井
满城汉墓
安阳
大安山
史家营
佛子庄
河北
南窖
东风
向阳
青龙湖
周口店
十渡
石楼
韩村河
天开水库
张坊
宋各庄
石佛国家森林公园
娄村
东文山
王村
义安
明义
涿州市
东仙坡
百尺竿
码头
义和庄
东城坊
涿州
刁窝
孙家庄
张飞庙
三义宫
豆庄
松林店
东湾
高官庄
林家屯
高碑店
肖官营
方官
辛立庄
梁家营
辛桥
渠沟
天宫寺
新城
礼让店
小朱庄
张六庄
马庄
泗庄
北沙口
东马营
白沟
白沟箱包城
大营
米家务
昝岗
雄县
张岗
双堂
新镇
史各庄
龙湾
兴隆宫
赵北口
苟各庄
鄚州
于村
七间房
北辛庄
青塔
出岸
白洋淀
白洋淀千里堤
圈头
刘李庄
端村
同口
安新县
安新
寨里
安州
三台
小里
大王
平王
大河
晾马台
容城县
容城
八于
贾光
北南蔡
杨村
北田
李郁庄
高碑店
定兴县
定兴
胡家庄
高里
东落堡
北河
义慈惠石柱
肖村
贤寓
姚村
固城
柳卓
张家庄
西白墓遗址
徐水县
徐水
东史端
高林村
遂城
大王店
王村
釜山
户木
漕河
义联庄
白龙
神星
满城县
满城
大册营
要庄
贤台
大马坊
留村
崔庄
大因
阎庄
南奇
韩村
直隶总督署
古莲花池
富昌
江城
南韩村
保定市
焦庄
东金庄
百楼
孙村
臧村
望亭
老河头
石桥
南大园
五尧
顺平县
方顺桥
蒲上
腰山
白云
高于铺
寺庄
望都县
赵庄
高岭
黑堡
望都
阳城
固店
中韩庄
清苑县
清苑
魏村
白团
冉庄
北店
大庄
东闾
张登
李庄
温仁
北王力
清风店
留早
东村
城东
小陈
小店
西伏落
大辛庄
北段村
北杨村
东墟
博野县
博野
南小王
程委
南庄
北埝头
定州市
大鹿庄
东亭
杨家庄
东旺
东留春
李亲顾
西城
邢邑
地道战遗址
何桥
芦庄
晋庄
邢家南
蒲口
高阳县
高阳
小王果庄
龙化
庞口
西演
庞家佐
大曲堤
北郭丹
大百尺
留史
辛兴
林堡
桑园
万安
蠡县
鲍墟
何家佐
肃宁
尚村
邵庄
兴村
师素
温泉城

保定年鉴

2014

BAODINGNIANJIAN

保定市地方志办公室
《保定年鉴》编辑部 编纂

中国文史出版社

图书在版编目（CIP）数据

保定年鉴．2014／保定市地方志办公室，《保定年鉴》编辑部编．——北京：中国文史出版社，2014.12
ISBN 978-7-5034-5618-3

Ⅰ．①保… Ⅱ．①保… ②保… Ⅲ．①保定市-2014-年鉴 Ⅳ．①Z522.23

中国版本图书馆 CIP 数据核字（2014）第 274006 号

保定年鉴（2014）
责任编辑：殷　旭
装帧设计：北　方

出版发行：中国文史出版社
网　　址：www.wenshipress.com
社　　址：北京市西城区太平桥大街 23 号　　邮编：100811
电　　话：010-66173572　66168268　66192736（发行部）
传　　真：010-66192703
录　　排：保定市北方胶印有限公司
印　　装：保定市北方胶印有限公司
经　　销：全国新华书店
开　　本：889×1194 毫米　1/16
印　　张：27.75　　字数：940 千字
版　　次：2014 年 12 月北京第 1 版
印　　次：2014 年 12 月第 1 次印刷
定　　价：238.00 元

《保定年鉴》编辑部

主　　审　刘　颖

常务副主审　刘　峰

副 主 审　王　涛

主　　编　孙进柱

执行副主编　杨西涛

副 主 编　（以文字内容先后为序）

陈　洪　保定概况、民主党派·工商联、交通·邮政·电信、农业、商贸、重要文献选编、图片编辑

陈立利　市委、市人大、市政府、市政协、纪检·监察、图片统编

赵　光　李　妍　社会团体、工业、图片编辑

李　薇　军事、政法、教育、文化、卫生·体育·旅游、图片统编

张积涛　综合管理、财政·税务、科学技术、社会生活、开发区、图片编辑

马晓艺　金融、图片编辑

宫卫红　县（市、区）概况、图片编辑

刘　擘　编务工作

编 辑 说 明

一、《保定年鉴》是按照国务院和省政府的部署，在中共保定市委领导下，由保定市人民政府主办的大型年刊。本年鉴以马克思列宁主义、毛泽东思想、邓小平理论、“三个代表”重要思想和科学发展观为指导，坚持实事求是的思想路线。

二、本年鉴由市直属各部门、24 个县（市、区）、开发区、驻保单位和重点企事业单位共同参与编辑，着重记述全市改革开放、经济发展和社会进步的基本状况与最新成就，以丰富的内容、真实可靠的权威性资料为各级领导决策提供依据，为社会各行各业的规划发展提供借鉴，为中外人士投资保定提供信息。是让世界了解保定的窗口，让保定走向世界的桥梁。

三、《保定年鉴》（2014 卷）是连续出版的保定市第 14 部年鉴。《保定年鉴》（2014 卷）正文文字内容为 2013 年年度工作。

四、本年鉴文字内容编排设类目、分目、条目三个层次。卷首为中国历史文化名城——保定，提要介绍保定市总貌。卷中类目分别是：特载、大事记、中国共产党保定市委员会、保定市人民代表大会、保定市人民政府、政协保定市委员会、纪检·监察、民主党派·工商联、社会团体、军事、政法、综合管理、农业、工业、水利·电力、交通·邮政·电信、城建·环保、商贸、财政·税收、金融、教育、科学技术、文化、卫生·体育·旅游、社会生活、开发区、县（市、区）概况、人物、文献选编。

五、为充分展示保定市的重要活动和突出成就，反映全市经济社会的发展，做到图文并茂，形象生动，设图片专辑。部分图片资料根据反映内容的需要在时间上有所下延。

六、本年鉴资料由市直属各部门、县（市、区）和其他所涉及的单位提供，专人撰写文稿，主管领导审核，主要负责人签批。按照惯例，领导班子成员记到副县级实职以上。数据由专业统计人员核校，市委、市政府审定。内容所涉及的个别数据因统计口径、内涵、角度不同，不尽一致，以统计资料为准。

七、本年鉴由中共保定市委办公厅、保定市人民政府办公厅发文下达编辑任务，市地方志办公室年鉴编辑部承担编辑任务。在编辑过程中，得到各级领导、各相关单位的热情支持，在此谨致谢忱。

中国历史文化名城
——保定

区域位置 保定市位于河北省中西部，太行山北部东麓，冀中平原西部，北纬38°10′~40°00′，东经113°40′~116°20′之间。地处河北省中西部，太行山北部东麓，冀中平原西部，大清河流经于此。东接廊坊市霸州市，东南邻廊坊市文安县及沧州市任丘市、河间市、肃宁县，南界衡水市安平县，西南连定州市及石家庄市深泽县、无极县、新乐市、行唐县、平山县，西连山西省五台县、繁峙县，西北与山西省灵丘县及张家口市蔚县交界，北依北京市房山区，东北与廊坊市固安县、永清县毗邻。全市土地总面积209万公顷，其中耕地总资源72万公顷。市中心北距北京140公里，东距天津145公里，西南距石家庄125公里。京广铁路、京广高铁、107国道、京港澳高速公路、京昆高速公路纵贯南北；神黄铁路，112国道，张石、廊涿高速公路，保沧、保阜高速公路，荣乌高速公路横穿东西。

自然环境 全市地势由西北向东南倾斜。地貌分山区和平原两大类。山区按高程及地貌划分，为中山区、低山区及丘陵三类。西部为中山区，海拔高程一般在1000米以上。北起涞水县宋各庄、易县紫荆关、涞源县走马驿，南到阜平县岔河以西。包括涞源县全部，涞水、易县、满城、顺平、唐县、阜平的西部深山区，总面积6790.5平方公里。最高山峰为阜平县歪头山，海拔2286米。中山区山体切割强烈，河谷深切，支脉发育，并嵌有小型盆地和断裂谷地。涞源、阜平、东团堡、走马驿等盆地均位于该区。中山区东南部是低山区和丘陵区，呈条带形。北起涞水，南至阜平，包括涞水、易县、徐水、满城、顺平、唐县、曲阳、阜平的一部或大部地区，总面积4197.6平方公里。低山区坡缓谷宽，陆地发育，有黄土覆盖。海拔高程除狼牙山为1105米外，一般在500米~1000米之间。丘陵区海拔一般在100米~500米之间，地形低缓起伏，向东南渐坡展为平原，并有孤山圆丘突出地面。

平原区系由大小不等的冲积扇构成，自北、西、南三个方向，向东部白洋淀倾斜，按成因分山前洪积平原、冲积平原及洼淀区三部分。京广铁路两侧为山前洪积平原。主要由拒马河、易水、漕河、龙泉河、唐河、沙河出山口后洪积物堆积而成，水力切割，冲沟发育。一般在海拔30米~100米之间，地面坡降为1‰~4‰。冲积平原系河流冲积扇前部相连接而成，河流交叉处多分布有大小不等的洼地。地势平坦，海拔在10米~30米之间，地面坡降小于1‰。该区含市区全部，雄县、高阳、清苑大部，容城、徐水、定兴、高碑店、博野、蠡县的一部分。洼淀区位于平原东部，为白洋淀和周边低洼易涝区，海拔7米~10米。含安新全部，高阳、清苑部分地区。境内河流主要为海河流域大清河水系。永定河流经东北部边界。大清河主要分为南北2支，长10公里以上的山区河道众多，呈扇形分布。南支主要由潴龙河、孟良河、孝义河、唐河、清水河、金线河、界河、府河、漕河、萍河、瀑河等汇入白洋淀。北支拒马河从铁锁崖分为南、北拒马河。北拒马河至涿州市东茨村入白沟河。南拒马河，在白沟镇与白沟河相会，以下称大清河。大清河经白沟引河与白洋淀连通。

白洋淀在市辖区东部，东西长39.5公里，南北宽28.5公里，总面积362.8平方公里，为天然积水区。

建置沿革 保定于战国时期始建城池。北宋太平兴国六年（981年）升为保州，建州城，为当时北宋北部边境军事重镇。元太宗十一年（1239年）改保州为顺天路治所，后于元至元十二年（1275年）改顺天路为保定路，保定始名，寓保卫大都安定天下之意，辖15州县。明洪武元年（1368年）改保定路为保定府。明永乐元年（1403年）定都北京后，保定直属京师。清仍设保定府，辖2州15县，属直隶省。康熙八年（1669年）直隶巡抚由正定迁保定，始为省会。1913年直隶省会迁天津。保定改府为道，辖40县。1928年国民政府废直隶省改建河北省，辖区各县直属省。1935年省会迁保定。1948年11月22日，保定解放，建立保定市，为冀中区直辖市。1949年8月1日建河北省，保定为省会，同年8月9日建立保定专区行政督察专员公署。1958年4月省会迁天津，11月29日，保定专区所属22县1市合并为10县（市）。1960年2月，撤销专区建制，将属保定专区各县划归保定市。1961年5月恢复保定专区建制，市属各县由专区所辖，合并的大县陆续撤销。恢复22县1市建制。1966年省会返迁保定，1968年迁石家庄。1983年11月15日，保定市复为省辖市。经国务院批准，1994年12月，保定地区和保定市合并，建立新保定市。2013年6月，定州市析出。

行政区划　保定市辖3市（涿州市、安国市、高碑店市），18县（易县、徐水县、涞源县、定兴县、顺平县、唐县、望都县、涞水县、清苑县、满城县、高阳县、安新县、雄县、容城县、曲阳县、阜平县、博野县、蠡县），3区（南市区、北市区、新市区），计24个县（市、区）。另设高新技术产业开发区、白沟新城。

人口　年末全市常住人口为1022.9万人，比上年增加5.6万人，其中城镇人口439.1万人，占常住人口比重为42.9%，比上年末提高1.4个百分点。出生率13.46‰，死亡率6.87‰，自然增长率6.59‰。

气候概况　保定市地处华北平原东北部，气候属于温带半湿润半干旱大陆性季风气候，四季分明。春季冷暖多变、干旱多风；夏季炎热潮湿、雨量集中；秋季风和日丽、凉爽少雨；冬季寒冷干燥、雨雪稀少。保定境内日照充足、热量充分、冷暖气团活动频繁、降水分布不均、气象灾害多发。气温日较差夏季较小，冬季较大，日照时数山区多于平原，年均气温平原高于山区。

全年平均气温为12.3℃，与常年平均气温持平。各县市平均气温在8.8～13.5℃之间，保定（清苑观测站）、易县、雄县、徐水偏低0.7～1.1℃，涞源、安国、唐县偏高0.4～0.6℃，其余地区气温接近常年。年内全市平均降水量为606.5毫米，较常年偏多107.4毫米（约为常年均值的22%），为1996年以来降水第三多年份。与常年同期相比，除阜平降水偏少1成外，其余地区偏多1～3成，最大日降水量为118.2毫米（唐县，7月9日）。年平均日照时数为2047小时，较常年偏少470小时，各地年日照时数在1714.3～2736.8小时之间，西部山区日照时数较多，中部平原日照时数较少。季节内日照时数偏少时段主要集中于冬季和夏季。日照时数偏少的主要原因是持续性大雾天气和汛期降水日数偏多的影响。

6月7～9日，除阜平、涞源的部分地区为小雨外，其它大部分地区为大雨，其中中南部地区和北部的部分地区达到暴雨（大于50毫米），最大为定州86.5毫米，全市平均雨量43.7毫米。7月8日全市雨量分布不均，大雨（大于25毫米）以上降水主要出现在保定的中南部和涞源北部，其中阜平、清苑、唐县、望都、满城、顺平、曲阳、定州出现暴雨（大于50毫米），最大为清苑阳城118.8毫米，达到大暴雨，全市平均雨量33.5毫米。7月25～26日全市各县平均雨量47.8毫米，除涞源小雨外，其它地区普遍在中雨以上（大于10毫米），东南部的大部分地区达到暴雨（大于50毫米），其中市区、雄县、安新、清苑、望都的部分地区达到大暴雨（大于100毫米），最大为清苑石桥138.8毫米。8月11日全市出现降水，雨量分布不均，大雨以上主要分布在西部山区和南部，其他为中雨。50毫米以上的有69个站，100毫米以上的有1个站，最大为蠡县108.2毫米，全市平均雨量39.6毫米。

全年保定高温日数（≥35℃）共计17天，极端最高气温为7月3日安国的39.3℃。

2013年保定冰雹出现日数少，仅出现4站日，但集中在6月25～26日，且影响范围较大。6月25日，保定西部山区大部分地区出现冰雹，其中涞源、阜平、曲阳观测站观测到冰雹，冰雹直径分别为9毫米、15毫米、7毫米，对当地农业造成不良影响。

2013年的降雪过程少，并且末雪和初雪出现都较晚。其中末雪出现在4月19日，全市出现降水，西南部山区以雪为主，南部平原以雨为主，其他地区以雨夹雪为主，西南部山区的降雪时间为有记录以来的最晚降雪日，且当时部分果林正值花期，对当地林业造成较重影响。

2013年保定出现大雾482站日，主要出现在秋冬季节；而出现能见度小于5公里以下的中度霾和重度霾共计119站日，并且几乎每月都有出现，其中12月最多，达到59站日。

2013年，保定气温变化频繁，数次出现降温天气，主要出现两次较强的寒潮天气过程。3月9～10日，受较强冷空气影响，全区均出现5～6级的偏北风，8站出现风速超过17.3米/秒的大风，对农业设施和露天公共设施造成严重损害。10月13～15日，寒潮天气过程伴有降水，风力相对较弱，但是北部地区的初霜冻较往年提早7天，对部分农作物造成不利影响。

环境质量

一、市区环境空气质量

2013年，保定市作为京津冀大气污染控制重点城市之一，正式开始提前执行国家新的《环境空气质量标准》（GB3095－2012），环境空气质量监测6项指标。全年监测结果统计，市区环境空气质量达到或好于国家Ⅱ级标准的天数为74天，占全年总天数的20.3%。其中一级天数1天。6项基本评价项目的年评价指标均未达到《环境空气质量标准》（GB3095－2012）二级标准，超标污染物及超标倍数依次为：细颗粒物（$PM_{2.5}$）超标2.86倍；可吸入颗粒物（PM_{10}）超标2.14倍；二氧化氮（NO_2）超标0.4倍；臭氧（O_3）超标0.29倍；一氧化碳（CO）超标0.24倍；二氧化硫（SO_2）超标0.15倍。

全年市区共获得降水样品65个，PH范围在4.44～8.07之间，酸雨频率为6.2%，与上年持平。

二、水环境质量

1、饮用水源地水质

集中式地表水饮用水源地西大洋水库水质达到《地表水环境质量标准》（GB3838－2002）相应标准要求，水质优。地下水饮用水源地一亩泉水质达到《地下水质量标准》（GB/T14848－1993）Ⅲ类标准，水质优良。与上年相比，饮用水源地水质保持稳定。

2、河流水质

常规监测的4条河流为拒马河、唐河、潴龙河（大沙河）和府河。16个监测断面中，拒马河落宝滩断面全年断流，其余15个有水断面中水质为优（Ⅰ～Ⅱ类水质）的占66.7%，水质轻度污染（Ⅳ类水质）的占6.7%，重度污染（劣Ⅴ类水质）的占26.7%。监测断面达标率为66.7%。从监测断面位置看，水库以上断面水质优良；水库以下断流，府河和拒马河收入城镇污水处理厂出水后，水质不能达到环境功能区划要求的地表水水质标准。

①府河。府河焦庄、望亭和安州断面水质劣于Ⅴ类，主要污染物为氨氮、总磷和化学需氧量。

②拒马河。拒马河源头涞源断面水质为Ⅰ类，上游山区紫荆关断面水质为Ⅱ类，大沙地断面水质为Ⅰ类，北河店断面水质为Ⅱ类，达到功能区划要求。落宝滩断面全年断流。新盖房断面水质为Ⅳ类，主要超标污染物为氨氮和化学需氧量；支流琉璃河北京入境码头断面水质劣于Ⅴ类，主要超标指标有氨氮、总磷、化学需氧量等。

③唐河。唐河总体水质优。水堡和倒马关为Ⅱ类水质，白合断面为Ⅰ类水质，达到功能区划要求。西大洋水库以下断流。

④潴龙河。潴龙河（大沙河）总体水质优。阜平断面为Ⅰ类水质，砂窝和王林口断面为Ⅱ类水质，均达到功能区划要求。王快水库下游断流。

3、湖、库水质

①白洋淀。白洋淀平均水位为8.44米，较上年升高0.86米，水质较上年有所好转。9个常规监测点位中，枣林庄点位水质为Ⅲ类，达到功能区划要求；烧车淀、王家寨、采蒲台、光淀张庄和圈头5个点位水质为Ⅳ类，端村点位水质为Ⅴ类，南刘庄点位水质劣于Ⅴ类，未达到功能区划要求；鸪丁淀处于干淀状态，未能监测。全淀主要污染物氨氮、总磷和高锰酸盐指数的年平均浓度较上年分别降低了0.3%、7.51%和5.71%。富营养化程度与上年相同，仍为轻度富营养。

②水库。王快水库、西大洋水库和安格庄水库水质均达到《地表水环境质量标准》（GB3838－2002）Ⅱ类标准，水质优。龙门水库为Ⅲ类水质，水质良好，未达到功能区划要求。

三、声环境

1、区域环境噪声

监测保定市区域环境噪声点位209个。全市区域环境噪声昼间监测平均等效声级为55.4分贝，达到2类区昼间标准，点位达标率为65.1%。全市夜间平均等效声级为45.8分贝，达到2类区夜间标准，点位达标率为66.0%。总体评价为一般，与上年相同。

2、道路交通噪声

监测道路交通噪声点位159个，监测路段总长度202.4公里。全年市区道路交通噪声昼间监测平均等效声级为67.8分贝，达到4a类区昼间标准。超标路段长度为60.8公里，路段超标率为30%。夜间道路交通噪声平均等效声级为54.5分贝，达到4a类区夜间标准。超标路段长度为89公里，路段超标率为44%。昼间、夜间道路交通噪声总体评价均为好。

与上年相比，昼间道路交通噪声全市年均值与上年持平，路段超标率上升7.4个百分点。昼间平均车流量为1839辆/小时，比上年增加47辆/小时；夜间平均车流量为372辆/小时。

3、功能区噪声

功能区噪声监测结果显示：1、2、3、4类区昼间和夜间等效声级全部达到国家规定的标准。与上年相比无明显变化。

（气候资料由臧新伟、郭志强提供，环境质量资料由孟月华提供）

今日保定——图片专题目录

- 重要活动 …… 1
- 保定市总工会 …… 11
- 保定市公安局 …… 12
- 共青团保定市委 …… 14
- 保定市文化广电新闻出版局 …… 15
- 保定市食品药品监督管理局 …… 16
- 保定市科技局 …… 17
- 保定市住房和城乡建设局 …… 18
- 保定市人民防空办公室 …… 19
- 保定市林业局 …… 20
- 保定住房公积金管理中心 …… 21
- 保定市国家税务局 …… 22
- 安国市国家税务局 …… 23
- 保定市地方税务局 …… 24
- 保定市水利局 …… 25
- 保定市南水北调办公室 …… 26
- 保定市气象局 …… 27
- 保定市地震局 …… 28
- 河北省保定无线电管理局 …… 29
- 保定国家高新技术产业开发区 …… 30
- 白沟新城 …… 32
- 涞水县委县政府 …… 34
- 容城县委县政府 …… 36
- 国网保定供电公司 …… 38
- 保定市新市区大汲店村 …… 39
- 工商银行保定分行 …… 40
- 农业银行保定分行 …… 41
- 中国建设银行股份有限公司保定分行 …… 42
- 河北银行保定分行 …… 43
- 保定银行 …… 44
- 华夏银行保定分行 …… 45
- 交通银行保定分行 …… 46
- 兴业银行保定分行 …… 47
- 河北省农村信用社联合社保定办事处 …… 48
- 人保财险保定市分公司 …… 49
- 中国人寿保险股份有限公司保定分公司 …… 50
- 河北省保定技师学院 …… 51
- 保定幼儿师范高等专科学校 …… 52
- 保定市第二中学 …… 53
- 保定市第十七中学 …… 54
- 保定市第二十一中学 …… 55
- 河北小学 …… 56
- 保定市中心血站 …… 57
- 保定市第二中心医院 …… 58
- 中国联合网络通信有限公司保定市分公司 …… 59
- 保定市建筑设计院有限公司 …… 60
- 中航工业惠阳航空螺旋桨有限责任公司 …… 62
- 中国正誉集团 …… 64
- 中国冶金地质总局地球物理勘查院 …… 66

前环页：保定市政区图

后环页：保定市城区示意图

封　底：中国·正誉集团

目　　录

《保定年鉴》编辑部
编辑说明
中国历史文化名城——保定

特　　载

深入贯彻落实省委八届五次全会精神　全力打造环京津地区新的发展增长极 …… 1
政府工作报告 …… 11

大事记

1月 …… 19
2月 …… 20
3月 …… 21
4月 …… 22
5月 …… 23
6月 …… 24
7月 …… 25
8月 …… 27
9月 …… 28
10月 …… 29
11月 …… 30
12月 …… 31

中国共产党保定市委员会

中共保定市委常务委员会组成人员 …… 33
中共保定市委秘书长、副秘书长 …… 33
市委工作综述 …… 33
中共保定市委办公厅工作 …… 36
中共保定市委办公厅 …… 36
概况 …… 36
组织协调推动习近平总书记系列重要讲话特别是到阜平考察讲话精神的贯彻落实 …… 36
精心承办市委十届六次、七次全会 …… 36
具体谋划推动“解放思想、改革开放、创新驱动、科学发展”大讨论活动 …… 37
按照中央“八项规定”要求，全面加强和改进为市委的服务 …… 37
站位全局钻研业务，提升以文辅政能力 …… 37
积极主动服务决策，力求多出精品文稿 …… 37
适应新规定新要求，强化协调勇于担当 …… 38
实施全面立体督查，加大决策落实力度 …… 38
规范管理注重创新，高标高效保障运转 …… 39
严格执行纪律规定，加强党风廉政建设 …… 39
坚持公开公正公平，端正选人用人导向 …… 39
组织工作 …… 39
中共保定市委组织部 …… 39
概况 …… 40
思想政治建设情况 …… 40
推进干部人事制度改革 …… 40
加强选调生队伍建设工作 …… 40
扎实做好援疆、援藏、援坝工作 …… 40

大力加强人才工作 …… 41
大规模培训干部工作 …… 41
改进和完善年度考核工作 …… 41
加强干部监督管理工作 …… 42
公务员考录工作 …… 42
加强基层组织建设工作 …… 42
加强大学生村官管理工作 …… 42
加强党员队伍建设工作 …… 43
干部信息管理工作 …… 43
党员电教工作 …… 43
全面加强组织部门自身建设 …… 43
宣传工作 …… 43
中共保定市委宣传部 …… 43
概况 …… 44
理论工作 …… 44
新闻工作 …… 44
精神文明建设工作 …… 44
文化建设工作 …… 45
宣传管理工作 …… 45
队伍建设 …… 46
统战工作 …… 46
中共保定市委统战部 …… 46
概况 …… 46
政治引领践行同心思想 …… 46
凝心聚力服务奋进崛起 …… 46
民宗领域团结和谐稳定 …… 46
社会服务助力扶贫攻坚 …… 47
队伍建设确保接续发展 …… 47
农村工作 …… 47
中共保定市委农村工作委员会 …… 47
概况 …… 47
会议部署 …… 47
做大做强农业产业化龙头企业 …… 47
突出抓好农业产业化项目建设 …… 47
积极推进“一村一品”专业村建设 …… 47
稳步推进幸福乡村建设和新民居建设 …… 47
强力开展农村面貌改造提升行动 …… 48
扎实推进基层民主政治建设 …… 48
政策研究工作 …… 48
中共保定市委研究室 …… 48
概况 …… 48
政策性研究 …… 48
战略性研究 …… 49
典型性研究 …… 49
解放思想大讨论 …… 49
保密工作 …… 50
保定市保密局 …… 50
概况 …… 50
保密宣传教育工作 …… 50
保密监督检查工作 …… 50
保密管理工作 …… 50
保密科技工作 …… 51
信访工作 …… 51
保定市信访局 …… 51
概况 …… 51
全力营造防范和化解矛盾的氛围和格局 …… 51
扎实组织开展三个专项行动 …… 52
全力做好特殊时期的信访保障工作 …… 52
加强中央督导组交办案件的办理工作 …… 52
工委工作 …… 53
中共保定市直属机关工作委员会 …… 53
概况 …… 53
扎实开展“解放思想、改革开放、创新驱动、科学发展”大讨论活动 …… 54
认真做好党的群众路线教育实践活动前期工作 …… 54
积极开展创建精神文明单位和“讲文明、树新风”活动 …… 54
深入开展创建“共产党员先锋岗”活动 …… 54
积极开展“百日行动”活动 …… 55
深入开展调研 …… 55
深入开展亲民爱民活动 …… 55
机构编制工作 …… 55
保定市机构编制委员会办公室 …… 55
概况 …… 55
稳妥有序推进事业单位分类改革工作 …… 55
扎实推进食品药品监督管理体制改革工作 …… 56
完成政府职能转变和机构改革前期准备工作 …… 56
完成省直管县（市）体制改革试点工作 …… 56
探索实施开发区（园区）管理分类新模式 …… 57
为经济社会发展提供体制机制保障 …… 57
进一步严格机构编制管理 …… 57
探索事业单位专业技术人员管理新方法 …… 57
解决中小学校教师编制问题 …… 57
借势推进老区教育事业发展 …… 57
为民务实在一线解决热点难点问题 …… 57
基层建设年活动和农村面貌改造提升活动驻村工作取得实效 …… 58
基础工作扎实有序 …… 58

老干部工作 …… 58
中共保定市委老干部局 …… 58
概况 …… 58
较好落实离退休干部各项待遇 …… 58
进一步加强离退休干部党支部建设 …… 59
发挥离退休干部作用 …… 59
全面推进离退休干部阵地建设 …… 59
进一步加强老干部工作部门自身建设 …… 60
市委后勤工作 …… 60
中共保定市委机关事务管理局 …… 60
概况 …… 60
扎实开展清理办公用房工作 …… 60
公务用车管理工作成效明显 …… 60
推进鹏翔小区既有建筑节能工程改造 …… 61
财务管理工作科学有效 …… 61
服务保障更加人性化 …… 61
协调运转工作扎实有力 …… 62
打造优质服务品牌 …… 62
加强安全保卫工作 …… 62
机关环境明显改善 …… 62
进一步加强自身建设 …… 63
党史研究工作 …… 63
中共保定市委党史研究室 …… 63
概况 …… 63
完成《十年辉煌——从党的十六大到十八大的保定》一书的征编工作 …… 63
中共保定党史网站建成并开通 …… 64
积极开展毛泽东诞辰120周年纪念活动 …… 64
党校工作 …… 64
中共保定市委党校（保定市行政学院、保定市社会主义学院） …… 64
概况 …… 64
培训工作 …… 64
科研工作 …… 65
行政后勤 …… 65
科学发展 …… 65
社区工作 …… 66
保定市城市社区工作委员会办公室 …… 66
概况 …… 66
社区建设整体工作上台阶 …… 66
社区硬件建设上水平 …… 66
社区管理服务创新发展 …… 66
社区文化繁荣发展 …… 67
社区工作队伍职业化、专业化 …… 67
协助政府做好各项重点工作 …… 67

保定市人民代表大会

保定市第十三届人民代表大会常务委员会组成人员 …… 68
市人民代表大会专门委员会 …… 68
市人大常委会办事机构 …… 68
市第十三届人民代表大会第六次会议 …… 68
市十三届人大常委会2013年会议 …… 68
代表建议交办 …… 69
保定市第十四届人民代表大会常务委员会组成人员 …… 69
市人民代表大会专门委员会 …… 69
市人大常委会办事机构 …… 70
市第十四届人民代表大会第一次会议 …… 70
市十四届人大常委会2013年历次会议 …… 70
人大经验交流培训活动 …… 71
专项工作评议 …… 72
执法检查、调研 …… 72
视察 …… 73

保定市人民政府

保定市人民政府市长、副市长 …… 74
保定市人民政府秘书长、副秘书长 …… 74
市政府工作综述 …… 74
市政府办公厅工作 …… 75
概况 …… 75
参谋辅政水平有了新提升 …… 76
机关政务建设取得新成绩 …… 76
加强经济运行调度 …… 77
加快产业转型升级 …… 77
全面推进城市建设 …… 77
切实抓好扶贫攻坚 …… 77
深入开展招商活动 …… 77
积极应对大气污染 …… 78
扎实开展“三项行动” …… 78
协调推进社会事业 …… 78
狠抓食品安全监管 …… 78
深入推进地校合作 …… 78
成功举办大型群体活动 …… 78
集中解决了一批难事硬事 …… 78
《保定读本》出版发行 …… 78

《清苑县志（1986－2004）》出版发行 …… 78
《保定人物志》获保定市社科优秀成果一等奖 …… 79
《保定年鉴》（2013 卷）出版发行 …… 79
法制工作 …… 79
保定市人民政府法制办公室 …… 79
概况 …… 79
规范性文件审核工作 …… 79
行政执法监督工作 …… 80
行政复议工作 …… 81
市政府后勤工作 …… 81
保定市人民政府机关事务管理局 …… 81
概况 …… 81
加强制度建设，规范工作秩序 …… 81
完善硬件设施，做好服务保障 …… 82
加强安全保卫，保障消防安全 …… 82
加强公车管理，完成车勤保障 …… 82
完成会议服务，做好会务保障 …… 82
做好节能管理，完成能耗统计 …… 82
加强作风建设，树立机关形象 …… 83
国有资产监督管理 …… 83
保定市国有资产监督管理委员会 …… 83
概况 …… 83
资产统计决算工作 …… 83
产权管理工作 …… 83
国有资本经营收益收缴工作 …… 83
建立资产评估项目专家评审制度 …… 83
市属国有企业改革工作 …… 83
厂办大集体改革工作 …… 84
推进解决国有企业职教幼教退休教师待遇问题 …… 84
深入开展“省企进保定”活动 …… 84
组建国有资产经营管理总公司 …… 84
全力维护全系统安全稳定 …… 84
深入开展系列活动 …… 84
积极指导企业开展党建工作研究 …… 84
狠抓党风廉政建设 …… 84
经济研究工作 …… 84
保定市人民政府研究室 …… 84
概况 …… 84
加强作风建设，夯实辅政基础 …… 84
加强调研工作，提高辅政水平 …… 85
做好阶段性重点工作，促进一方和谐 …… 86
外事侨务工作 …… 86
保定市人民政府外事办公室 …… 86
概况 …… 86
对外友好交流合作 …… 86
因公出国（境）管理工作 …… 87
涉外管理工作 …… 87
侨务工作 …… 87
外事往来 …… 88
民族宗教工作 …… 89
保定市民族宗教事务局 …… 89
概况 …… 89
民族宗教领域维稳工作 …… 90
巩固和发展民族团结共建和谐社会 …… 90
促进少数民族经济发展 …… 90
扎实做好宗教管理工作 …… 90
积极引导宗教界开展公益慈善事业 …… 91
机关建设 …… 91
档案工作 …… 91
保定市档案局 …… 91
概况 …… 91
积极推进档案馆建设 …… 92
确保馆库安全，做好档案利用服务工作 …… 92
完成驻村任务 …… 93
综合政务服务 …… 93
市行政服务中心管委会（优化办） …… 93
概况 …… 93
推进全市政务服务中心体系建设 …… 94
优化全市发展环境 …… 94
全面提升干部能力素质 …… 94
无线电管理工作 …… 95
河北省保定无线电管理局 …… 95
概况 …… 95
科学规划、统筹配置无线电频谱资源 …… 95
做好无线电台站和设备管理工作 …… 95
为设台单位开辟行政审批高速通道 …… 95
查处卫星电视接收器等无线电干扰情况 …… 95
做好重大任务无线电安全保障工作 …… 95
整顿航空无线电秩序专项活动取得初步成效 …… 95
防范和打击利用无线电设备进行考试作弊工作情况 …… 95
加大对校园学生的宣传力度 …… 96
驻外办事处工作 …… 96
保定市人民政府驻北京联络处 …… 96
概况 …… 96
对接北京和招商引资工作 …… 96
稳定协调工作 …… 96
收集上报信息工作 …… 96
接待服务工作 …… 96

保定市人民政府驻天津办事处 …… 97
概况 …… 97
在天津成功举办“招商活动周” …… 97
在津举办学习天津招商经验交流会 …… 97
在津承办“津保文化交流座谈会” …… 97
强化招商职能 …… 97
抓五方面强力推进招商 …… 97
信息工作发挥参谋助手作用 …… 98

政协保定市委员会

综述 …… 99
市政协第十一届委员会常务委员会组成人员 …… 99
市政协第十二届委员会常务委员会组成人员 …… 100
市政协机构及成员 …… 100
市政协十二届一次会议 …… 101
市政协2013年常委会议 …… 101
围绕全市中心工作建言献策 …… 102
实践群众路线，坚持履职为民 …… 102
促进社会和谐，增进与社会各界的团结合作 …… 102
促进社会和谐，增进与社会各界的团结合作 …… 103
加强市政协自身建设 …… 103

纪检·监察

保定市纪律检查委员会、保定市监察局 …… 104
概况 …… 104
监督检查工作 …… 104
查办案件工作 …… 104
惩防体系建设工作 …… 105
党风廉政建设工作 …… 105
优化环境工作 …… 105
效能提升工作 …… 105
纪检监察机关自身建设 …… 105

民主党派·工商联

民革保定市委 …… 106
中国国民党革命委员会保定市委员会 …… 106
概况 …… 106
参政议政 …… 106
社会服务 …… 107
组织建设 …… 107
增强凝聚力和影响力 …… 107
民盟保定市委 …… 107
中国民主同盟保定市委员会 …… 107
概况 …… 107
参政议政 …… 108
自身建设 …… 108
服务社会 …… 109
民建保定市委 …… 109
中国民主建国会保定市委员会 …… 109
概况 …… 109
思想建设 …… 109
组织建设 …… 109
参政议政 …… 110
社会服务 …… 110
民进保定市委 …… 110
中国民主促进会保定市委员会 …… 110
概况 …… 111
思想宣传工作 …… 111
参政议政 …… 111
自身建设 …… 111
社会服务 …… 112
农工党保定市委 …… 112
中国农工民主党保定市委员会 …… 112
概况 …… 112
参政议政 …… 113
组织建设 …… 113
社会服务 …… 113
九三学社保定市委 …… 113
九三学社保定市委员会 …… 113
概况 …… 113
参政议政 …… 114
组织建设 …… 114
社会服务 …… 114
保定市工商联 …… 114
保定市工商业联合会 …… 114
概况 …… 115

各项工作迈上台阶 …… 115
提高参政议政水平 …… 115
发挥服务平台作用 …… 115
光彩事业取得新进展 …… 116

社会团体

工会 …… 117
保定市总工会 …… 117
概况 …… 117
十七届七次全委会议 …… 117
“十百千万”劳动竞赛 …… 117
“保定力量——主流文化进企业”活动 …… 118
维权机制建设 …… 118
职工帮扶服务工作 …… 118
基层组织建设 …… 118
自身建设 …… 118
团市委 …… 119
中国共产主义青年团保定市委员会 …… 119
概况 …… 119
学习宣传党的十八大、十八届三中全会和团的十七大精神 …… 119
以党建带团建，加强团组织建设 …… 119
围绕党政中心工作，强化三项服务 …… 120
围绕发挥团组织优势，做好四个助力 …… 120
妇联 …… 121
保定市妇女联合会 …… 121
概况 …… 121
以维权促进社会和谐稳定 …… 121
实施巾帼创业行动 …… 122
实施民生工程，服务妇女儿童 …… 122
参与社会治理，推动善美保定建设 …… 123
实施强基固本工程，建设高素质干部队伍 …… 123
开展廉政文化进家庭活动 …… 123
侨联 …… 124
保定市归国华侨联合会 …… 124
概况 …… 124
深化“为侨服务年”活动 …… 124
积极为招商引资牵线搭桥 …… 125
拓展联谊渠道，扩大对外交流与合作 …… 125
社科联 …… 125
保定市社会科学界联合会 …… 125
概况 …… 125
提升服务大局工作水平 …… 125
夯实社科联事业发展基础 …… 125
咨政服务能力有效增强 …… 125
开展理论宣讲和理论武装工作 …… 126
发挥社科团体服务经济社会发展的作用 …… 126
积极探索科普宣传有效途径 …… 126
高标准高质量完成上级部门交办任务 …… 126
文联 …… 126
保定市文学艺术界联合会 …… 126
概况 …… 126
文艺活动影响大、效益好 …… 127
文艺人才培养得到新提升 …… 127
文艺精品创作取得新突破 …… 127
期刊业务工作高标准 …… 127

军 事

保定军分区 …… 128
概况 …… 128
召开军分区党委九届三次全体（扩大）会议 …… 129
完成全国“两会”护路任务 …… 130
扎实开展基础性训练 …… 130
北京军区副政治委员王健到军分区考察调研 …… 130
北京军区司令员张仕波到军分区考察调研 …… 130
完成民兵报废弹药销毁调运任务 …… 130
组织西部山区县民兵应急连军事训练暨集中备勤 …… 130
保定军分区参加神舟十号载人飞船陆上应急搜救模拟演练 …… 130
夏秋季征兵工作完成 …… 131
开展民兵应急力量军事训练考核比武活动 …… 131
保定军分区召开党委九届四次全体（扩大）视频会议 …… 131
召开党管武装工作述职和市委议军会议 …… 131
新营区顺利搬迁 …… 131
完成年度军事训练考核任务 …… 131
协调驻军和组织民兵开展扶贫攻坚工作 …… 132
组织冬季适应性训练暨人武部综合考评活动 …… 132
武警保定支队 …… 132
概况 …… 132
综述 …… 132
党委二届三次全体（扩大）会议 …… 133

环京公安检查站执勤 …………………………… 134
王建平到保定市支队执勤点检查指导 ……… 134
创办《保定武警》杂志 ………………………… 134
保定片区预提指挥士官培训 ………………… 134
四总部首长检查指导工作 …………………… 134
军事技能大比武 ……………………………… 134
原一支队 4 个中队转隶 ……………………… 134
处置冀中监狱押犯脱逃 ……………………… 134
成立“知心大姐”服务组 …………………… 134
扶贫帮困 ……………………………………… 134
制止犯罪嫌疑人脱逃 ………………………… 134
调犯武装押解 ………………………………… 134
人民防空 ………………………………………… 134
保定市人民防空办公室 ……………………… 134
概况 …………………………………………… 135
人防工程建设 ………………………………… 135
指挥通信建设 ………………………………… 135
人防宣传教育 ………………………………… 135
人防法制建设水平和财务保障 ……………… 135
机关“准军事化”建设 ……………………… 135

政 法

政法工作 ………………………………………… 136
中共保定市委政法委员会 …………………… 136
概况 …………………………………………… 136
确立信访稳定“十抓八制” ………………… 136
推进平安建设“十六字”方针 ……………… 137
开展秋收“100”严打整治…………………… 137
谋划“一年四打、连打三年” ……………… 137
强化维稳机制建设 …………………………… 137
推进涉法涉诉信访改革 ……………………… 137
推行轻刑快办机制 …………………………… 138
强化执法监督工作 …………………………… 138
加强政法队伍建设 …………………………… 138
公安工作 ………………………………………… 139
保定市公安局 ………………………………… 139
概况 …………………………………………… 139
基层基础建设实现新突破 …………………… 139
全面加强反恐防恐和应急处突工作 ………… 139
深入开展“秋收 100”打击整治专项行动 … 139
着力创优治安环境和发展环境 ……………… 140
进一步提升行政管理和服务效能 …………… 140
扎实推进职业化警队建设 …………………… 140
检察 ……………………………………………… 140
保定市人民检察院 …………………………… 140
概况 …………………………………………… 140
依法维护市场经济秩序 ……………………… 141
努力服务重大项目建设 ……………………… 141
加大环境司法保护力度 ……………………… 141
稳步推进涉农检察工作 ……………………… 141
维护社会稳定 ………………………………… 141
促进社会和谐 ………………………………… 141
化解社会矛盾 ………………………………… 141
推进社会管理创新 …………………………… 141
加大查办职务犯罪力度 ……………………… 141
深化职务犯罪预防工作 ……………………… 141
全面推进“两化”建设 ……………………… 142
加大诉讼法律监督力度 ……………………… 142
实施“素质兴检”工程 ……………………… 142
深化执法公信建设 …………………………… 142
强化纪律作风建设 …………………………… 142
巩固基层基础建设 …………………………… 142
审判 ……………………………………………… 142
保定市中级人民法院 ………………………… 142
概况 …………………………………………… 143
刑事审判工作 ………………………………… 143
民事审判工作 ………………………………… 143
行政审判工作 ………………………………… 143
执行工作 ……………………………………… 144
涉诉信访工作 ………………………………… 144
加强队伍建设 ………………………………… 144
加强党风廉政建设 …………………………… 144
改革审判运行机制 …………………………… 144
“天平工程”得到落实 ……………………… 145
改进审判工作作风 …………………………… 145
司法行政 ………………………………………… 145
保定市司法局 ………………………………… 145
概况 …………………………………………… 145
施行人民调解“以案定补”新机制 ………… 145
社会管理创新工作有序推进 ………………… 145
推动法治环境建设 …………………………… 145
提高法律服务与中心工作的贴近度 ………… 146
着力深化基层基础建设 ……………………… 146
司法队伍建设扎实推进 ……………………… 146
公证领域不断拓展 …………………………… 146
扩大法律援助工作水平 ……………………… 146

综合管理

宏观经济管理 …… 147
保定市发展和改革委员会 …… 147
概况 …… 147
监测运行、加强调控，促进宏观经济平稳较快增长 …… 148
抢抓机遇、狠抓项目，增强经济发展后劲 …… 148
依托园区、转型升级，推进产业结构调整 …… 149
节能降耗、优化环境，建设低碳保定 …… 149
主动对接、深化合作，改革开放取得新成效 …… 150
紧跟政策、加大投入，保障和改善民生 …… 150
重点先行、合力攻坚，推进基础设施建设 …… 151
抓住关键、创新驱动，重点支柱企业形成新引擎 …… 151
统计管理 …… 152
保定市统计局 …… 152
概况 …… 152
统计服务工作成效显著 …… 152
经济普查工作扎实推进 …… 153
重点业务工作取得实效 …… 153
统计基础和能力建设不断加强 …… 153
人力资源和社会保障工作 …… 154
保定市人力资源和社会保障局 …… 154
概况 …… 154
全市就业形势保持稳定 …… 154
社会保障体系建设加快 …… 154
为经济社会发展提供强大人才智力支撑 …… 154
干部人事制度改革进一步深化 …… 154
积极构建稳定和谐劳动关系 …… 154
国土资源管理 …… 155
保定市国土资源局 …… 155
概况 …… 155
提高土地资源保障能力，服务经济社会发展 …… 155
内涵挖潜，盘活存量，推进节约集约用地 …… 155
承接北京产业转移，谋划园区建设 …… 155
保障发展用地，加强耕地保护 …… 155
培育资源市场，促进可持续发展 …… 156
强化矿产资源整合开发，创新矿产资源利用方法 …… 156
抓好地质灾害防治，确保人民生命财产安全 …… 156
开展执法监察，遏制土地违法违规行为 …… 156
完成其他基础性工作 …… 156
物价管理 …… 156
保定市物价局 …… 156
概况 …… 156
落实价格调控举措，物价总水平保持基本稳定 …… 156
推进价格改革，发挥价格杠杆和政策导向作用 …… 157
规范市场价格秩序，加大价格违法行为打击力度 …… 157
做好清费治乱工作，优化全市价费环境 …… 157
开展价格基础性工作，提高价格服务质量 …… 158
工商行政管理 …… 158
保定市工商行政管理局 …… 158
概况 …… 158
抓服务，强措施，助力全民创业成效明显 …… 158
抓监管，严执法，各类市场专项整治深入推进 …… 159
抓维权，护民生，保护消费者合法权益工作取得实效 …… 159
审计管理 …… 159
保定市审计局 …… 159
概况 …… 160
政府性债务审计 …… 160
财政审计 …… 160
投资审计 …… 160
经济责任审计 …… 160
农村环境综合整治资金审计 …… 160
金融审计 …… 160
质量技术监督 …… 160
保定市质量技术监督局 …… 160
概况 …… 161
推进质量强市战略，提高保定制造竞争力 …… 161
夯实技术支撑基础，促进产业结构优化 …… 161
狠抓“三个安全”，促进和谐社会建设 …… 161
实施打扶并举，促进市场经济秩序规范 …… 162
实施惠民利企，服务经济社会和民生改善 …… 162
实施依法行政，加大法制建设力度 …… 162
食品药品管理 …… 163
保定市食品药品监督管理局 …… 163
概况 …… 163
餐饮食品监管工作扎实推进 …… 163
创建300家早餐安全示范点 …… 163
做好重大活动期间的餐饮保障 …… 163
开展打击保健食品“非法生产、非法经营、

非法添加、非法宣传”集中治理活动 …… 163
药品安全稳中向好 …… 163
器械市场运行平稳 …… 163
打假治劣持续深入 …… 164
行政审批提质提效 …… 164
实施“食药安全、诚信保定”三年行动计划 …… 164
加强从业人员培训 …… 164
强力营造浓厚社会氛围 …… 164
畅通渠道加强风险预警 …… 164
完善惩治和预防腐败体系 …… 164
推动开展正风肃纪各项行动 …… 164
安全生产管理 …… 165
保定市安全生产监督管理局 …… 165
概况 …… 165
强化安全生产组织领导，完善安全生产机制体制 …… 165
开展安全大检查，规范安全生产秩序 …… 166
专项整治重点行业领域的安全生产 …… 166
强化安全生产宣传教育培训 …… 167
强化应急救援建设 …… 167
强化事故调查和处理 …… 168
强化安全生产执法监察工作 …… 168
推进安全生产承诺制，强化企业主体责任 … 168

农 业

综述 …… 169
种植业 …… 170
保定市农业局 …… 170
概况 …… 170
粮食生产能力有新提升 …… 170
蔬菜产业发展得到加强 …… 170
农业安全水平实现提高 …… 170
农村体制改革跨上新台阶 …… 170
农业循环经济取得突破 …… 171
农机装备结构达到优化 …… 171
农业科技支撑增添活力 …… 171
农业机械 …… 171
概况 …… 171
林业 …… 171
保定市林业局 …… 171
概况 …… 171
林业产业发展不断提升 …… 172
资源保护不断加强 …… 172
技术推广工作稳步推进 …… 172
林果扶贫工作全面开展 …… 172
宣传信息工作保持先进 …… 172
畜牧水产业 …… 172
保定市畜牧水产局 …… 172
概况 …… 173
加强重大动物疫病防控 …… 173
动物产品质量安全得到保障 …… 173
动物卫生监督管理得以完善 …… 173
生态特色渔业推进发展 …… 173

工 业

保定市工业和信息化局 …… 175
概况 …… 176
企业转型升级 …… 176
工业企业技术改造和投资 …… 176
全民创业行动 …… 177
搭建服务平台 …… 177
民营经济发展 …… 177
企业减负工作 …… 177
“两化”融合工作 …… 177

商 贸

贸易 …… 178
保定市商务局 …… 178
概况 …… 178
到位外资得到有效再利用 …… 178
多方位开展招商活动 …… 178
应对外贸出口困难 …… 179
省级开发区建设取得新成绩 …… 179
对外经济技术合作取得新进展 …… 179
市场流通体系建设进一步完善 …… 179
电子商务健康快速发展 …… 179
市场监管能力进一步提高 …… 179
海关 …… 180
中华人民共和国保定海关 …… 180
概况 …… 180
关区税收固本拓源 …… 180
增强实际监管能力 …… 180

保税监管力度加强 …………………………… 180
稽查工作效率得到提高 ……………………… 180
服务地方经济 ………………………………… 180
海关监管场所建设 …………………………… 181
推动辖区保税物流业发展 …………………… 181
开展窗口服务治理工作 ……………………… 181
做好廉政工作 ………………………………… 181
粮油购销 ………………………………………… 181
保定市粮食局 ………………………………… 181
概况 …………………………………………… 181
粮食产业化经营 ……………………………… 182
粮食购销经营 ………………………………… 182
粮食收购审批 ………………………………… 182
粮食仓储管理 ………………………………… 182
粮食安全保障机制 …………………………… 182
粮食行政职能 ………………………………… 182
安全生产 ……………………………………… 182
接待信访工作 ………………………………… 182
职工生活保障 ………………………………… 182
军转干和老干部工作 ………………………… 183
精神文明建设 ………………………………… 183
供销合作 ………………………………………… 183
保定市供销合作社 …………………………… 183
概况 …………………………………………… 183
推进农合联工作 ……………………………… 183
农民合作社联合社体系建设工程 …………… 183
推动农副产品、农资配送中心、供销超市建设工程 …………………………………………… 183
社区综合服务中心（社）建设工程 ………… 184
烟草专卖 ………………………………………… 184
保定市烟草专卖局（河北省烟草公司保定市公司） …………………………………………… 184
概况 …………………………………………… 184
卷烟经营 ……………………………………… 184
专卖管理 ……………………………………… 185
社会捐赠 ……………………………………… 185
石油购销 ………………………………………… 185
中国石油化工股份有限公司河北保定石油分公司 ……………………………………………… 185
概况 …………………………………………… 185
资源保障及经营创效能力持续增强 ………… 185
营销政策灵活丰富 …………………………… 185
加强隐患排查和治理 ………………………… 185
“共建和谐家园”活动结出硕果 …………… 185
集贸市场 ………………………………………… 185
保定市市场建设管理办公室 ………………… 185
概况 …………………………………………… 186
市场建设 ……………………………………… 186
市场管理和保洁 ……………………………… 186
行风建设 ……………………………………… 186
信访稳定和提案办理 ………………………… 186
班子和队伍建设 ……………………………… 186
商检 ……………………………………………… 187
保定出入境检验检疫局 ……………………… 187
概况 …………………………………………… 187
建言献策 ……………………………………… 187
助强扶弱拓宽服务领域 ……………………… 188
提高服务效能 ………………………………… 188
助力食品安全 ………………………………… 188
免费为企业培训 ……………………………… 188
质量安全宣传 ………………………………… 188
改进产品质量监管模式 ……………………… 188
建立质量分析制度 …………………………… 188
打击违法行为 ………………………………… 188
“两证”企业评审考核 ……………………… 188
风险管理 ……………………………………… 188
质量安全隐患排查 …………………………… 189
疫病疫情监控 ………………………………… 189
分支机构建设 ………………………………… 189
完善管理制度 ………………………………… 189
开展全员培训 ………………………………… 189
实验室建设 …………………………………… 189
科研制标工作 ………………………………… 189

水利 · 电力

水利 ……………………………………………… 190
保定市水利局 ………………………………… 190
概况 …………………………………………… 190
防汛抗旱工作取得了全面胜利 ……………… 190
“7·21”水毁水利工程灾后重建任务圆满完成 ……………………………………………… 190
民生水利建设再创新佳绩 …………………… 190
水利管理实现新突破 ………………………… 191
扶贫攻坚与基层建设年建设取得新成效 …… 192
保定市南水北调办公室 ……………………… 192
概况 …………………………………………… 192
保沧干渠保定段开工建设并超额完成年度建设任务 ………………………………………… 192
全市水厂以上输水工程前期和建设准备工作快速

推进 …………………………………………… 193
受水区市、县地表水厂及配水管网建设有序推进 …………………………………………… 193
保定市境内主体工程征迁安置收尾工作稳步开展 …………………………………………… 194
廊涿干渠保定段工程完成水压试验进行验收准备 …………………………………………… 194
全市南水北调工程建设委员会第五次全体会议召开 …………………………………………… 194
西大洋水库管理处 …………………………… 195
概况 …………………………………………… 195
完成全年供水目标 …………………………… 195
项目建设 ……………………………………… 195
灌溉管理 ……………………………………… 195
加大水源地保护力度 ………………………… 195
安全度汛 ……………………………………… 196
常态化管理 …………………………………… 196
王快水库管理处 ……………………………… 196
概况 …………………………………………… 196
超前谋化，科学调度，扎实做好防汛工作 … 196
全心全意做好供水 …………………………… 196
协调联动保护水质 …………………………… 197
踏踏实实抓安全 ……………………………… 197
安格庄水库管理处 …………………………… 197
概况 …………………………………………… 197
给北京供水工作及灌溉工作 ………………… 198
防汛工作 ……………………………………… 198
工程建设 ……………………………………… 198
龙门水库管理处 ……………………………… 198
概况 …………………………………………… 198
完善管理制度，抓好安全生产 ……………… 198
加大行政执法力度，妥善处理水事案件 …… 198
全力以赴，确保安全度汛 …………………… 199
电力 …………………………………………… 199
国网保定供电公司 …………………………… 199
概况 …………………………………………… 199
电力供应安全可靠 …………………………… 199
电网建设稳步推进 …………………………… 199
多措并举提高优质服务水平 ………………… 200
服务社会主义新农村建设 …………………… 200

交通·邮政·电信

铁路 …………………………………………… 201
保定火车站 …………………………………… 201
概况 …………………………………………… 201
铁路货运和装卸管理与车站分离 …………… 201
重视和强化“防路外”人身安全工作 ……… 201
保定南站铁路列车行车办理步入微机联锁 … 202
复转军人接纳工作 …………………………… 202
召开“现场会”推进调车环境整治 ………… 202
启动“高标定位，创建一流一等站”活动 … 202
保定东站开通运营 …………………………… 202
公路交通 ……………………………………… 202
保定市交通运输局 …………………………… 202
概况 …………………………………………… 202
保定市为国家“公交都市”建设示范工程第二批试点城市 …………………………… 203
全国农村公路现场会议在保定市召开 ……… 203
张涿高速公路保定段竣工通车 ……………… 203
京港澳高速公路改扩建工程保定段开工建设 …………………………………………… 203
京昆高速公路京冀界至涞水段开工建设 …… 203
公路运输 ……………………………………… 204
河北保定交通运输集团 ……………………… 204
概况 …………………………………………… 204
推进班线客运公交化改造和强化公营车管理 …………………………………………… 204
城市公交事业取得跨越发展 ………………… 204
探索县级城市公交建设新路径 ……………… 204
“道路客运安全年”活动逐步深化 ………… 205
扩展物流业务 ………………………………… 205
拓展汽贸业经营领域 ………………………… 205
关心体贴职工生活 …………………………… 206
学先进，赶先进，创品牌 …………………… 206
加强企业文化宣传 …………………………… 206
质量管理活动成绩突出 ……………………… 206
邮政 …………………………………………… 207
保定市邮政局 ………………………………… 207
概况 …………………………………………… 207
基础设施建设得到加强 ……………………… 207
开展形式多样便民服务 ……………………… 207
开通专门邮政服务渠道 ……………………… 207
营造企业文化氛围 …………………………… 207
规范各项邮政服务措施 ……………………… 208
加强管理培训 ………………………………… 208
为职工办好十件实事 ………………………… 208
精神文明建设工作获得集团公司肯定 ……… 208
保定市邮政管理局 …………………………… 208
概况 …………………………………………… 208

邮政基础设施建设 …… 208
邮政普遍服务普查 …… 208
快递市场监管和邮政行业安全 …… 209
快递物流园区建设 …… 209
联通 …… 209
中国联合网络通信有限公司保定市分公司 …… 209
概况 …… 209
实施“智慧保定”战略 …… 209
推进行业信息化应用 …… 210
启动“宽带中国”专项行动 …… 210
多措施提升联通服务水平 …… 210
完成中国联通 FDD－LTE 保定外场测试工作 …… 210
移动 …… 210
中国移动通信集团河北有限公司保定分公司 …… 210
概况 …… 211
提高网络质量 …… 211
安全生产 …… 211
电信 …… 211
中国电信集团公司保定分公司 …… 211
概况 …… 211
提升客户服务与网络建设 …… 211
履行企业社会责任 …… 211
惠民服务活动 …… 211

城建·环保

城乡规划 …… 212
保定市城乡规划管理局 …… 212
概况 …… 212
加强规划编制研究，打造环京津新的发展增长极 …… 212
科学编制规划设计，推进建设现代新城 …… 213
做优做美县城规划，推进县城扩容提质 …… 213
分类指导村庄规划，推进建设美丽乡村 …… 213
完善规委会制度，促进规划决策民主科学 …… 214
引领改善生态环境，着力打造低碳城市 …… 214
强化规划规范管理，提升依法行政水平 …… 214
保定市城乡规划设计研究院 …… 215
概况 …… 215
完成市区重点工程和县城建设规划 …… 215
住房和城乡建设 …… 215
保定市住房和城乡建设局 …… 215
概况 …… 216
保障性住房建设任务圆满完成 …… 216
三大片区拆迁改造取得新的突破 …… 216
外环水系工程建设进展顺利 …… 217
两厂（场）建设进展顺利 …… 217
农村危房改造扎实推进 …… 217
建筑施工扬尘治理基本得到遏制 …… 217
行业管理不断加强 …… 217
房产交易工作有序开展 …… 217
积极推进县城建设工作 …… 217
解决了长达 18 年的东大街危楼遗留问题 …… 217
市政公用事业 …… 218
保定市公用事业局 …… 218
概况 …… 218
强力推进重点工程建设 …… 218
不断夯实公用事业保障基础 …… 218
持续深化城市管理“6S”行动 …… 218
进一步加强行风和优服建设 …… 219
全力推进大气污染防治工作 …… 219
住房公积金管理 …… 219
保定市住房公积金管理中心 …… 219
概况 …… 219
公积金业务实现新跨越 …… 219
制度化建设 …… 220
行风建设 …… 220
服务社会经济发展 …… 220
管理机构调整 …… 220
环境保护 …… 220
保定市环境保护局 …… 220
概况 …… 221
大气污染防治 …… 221
水污染防治 …… 221
环保审批 …… 222
环境监察 …… 222
环保专项资金 …… 222
环境监测 …… 222
环保工作“四化”管理 …… 222
园林绿化 …… 222
保定市园林绿化管理局 …… 222
概况 …… 222
全民义务植树 …… 223
绿地养护管理 …… 223
公园绿化 …… 223
单位庭院居住区绿化 …… 223
道路绿化 …… 223
工程项目建设 …… 223

洗城净天·园林在行动 …………………… 224
节日摆花·扮靓城市 …………………… 224
古树名木保护 …………………… 224
园林县城（城市）创建工作 …………………… 224
城市管理 …………………… 224
保定市城市管理行政执法局 …………………… 224
概况 …………………… 224
城市管理6S行动 …………………… 224
大气污染防治工作 …………………… 225
全力打造环京津地区新的发展增长极 ……… 225
县城环境容貌整治提升攻坚行动 …………………… 226
“六五”普法工作 …………………… 226
开展正风肃纪专项行动 …………………… 226
队伍建设工作 …………………… 227

财政·税收

财政 …………………… 228
保定市财政局 …………………… 228
概况 …………………… 228
狠抓增收节支，财政实力稳步增强 ………… 228
优化支出结构，促进社会和谐发展 ………… 228
发挥财政职能，转变经济发展方式 ………… 229
深化财政改革，提高科学理财水平 ………… 229
抓好两项建设，提升财政工作质量 ………… 229
国家税务 …………………… 230
保定市国家税务局 …………………… 230
概况 …………………… 230
税收收入工作破难求进 …………………… 230
服务大局成效显著 …………………… 230
征管水平不断提高 …………………… 230
税种管理进一步提升 …………………… 230
队伍建设不断加强 …………………… 230
党风廉政建设进一步深化 …………………… 231
地方税收 …………………… 231
保定市地方税务局 …………………… 231
概况 …………………… 231
税费收入持续稳定增长 …………………… 231
干部队伍建设全面加强 …………………… 231
税收管理质量进一步强化 …………………… 232
税收执法水平进一步提高 …………………… 232
税收服务进一步优化 …………………… 232
行风、党风廉政建设再上新台阶 …………… 232

金　融

金融综述 …………………… 233
金融运行 …………………… 233
金融调控 …………………… 233
金融监管 …………………… 234
金融服务 …………………… 235
保险业务 …………………… 236
银行业 …………………… 236
中国人民银行保定市中心支行 …………………… 236
概况 …………………… 236
继续执行稳健的货币政策，支持实体经济发展 …………………… 236
防范和化解金融风险，全力维护地方金融稳定 …………………… 237
优化金融生态环境、全面提升金融服务水平 …………………… 237
加强内部管理夯实基础工作 …………………… 238
中国银行业监督管理委员会保定监管分局 … 238
概况 …………………… 239
严守风险底线，银行业保持安全稳健运行 … 239
强化监管引领，提高金融服务效率 ………… 239
推进改革转型，银行业发展质量和效益双提升 …………………… 240
深化监管创新，开拓工作新局面 ………… 240
改进作风、凝聚队伍，战斗力进一步增强 … 240
中国银行股份有限公司保定分行 ………… 241
概况 …………………… 241
加快发展资产业务 …………………… 241
努力增加存款和客户 …………………… 241
大力发展中间业务 …………………… 242
加强风险管理 …………………… 242
做好安全和稳定工作 …………………… 242
加强“双基”建设 …………………… 242
大力开展“两个中心建设” …………………… 242
大力建设未来银行旗舰店 …………………… 242
中国工商银行保定分行 …………………… 242
概况 …………………… 243
稳固经营基础，保持良好发展态势 ………… 243
优化信贷结构，助推中小企业 …………… 243
转型发展步伐加快 …………………… 243
风险控制有效加强 …………………… 243
服务能力不断提升 …………………… 243
中国农业银行股份有限公司保定分行 ……… 244

概况 …………………………………………… 244
强力支持重点区域和重点项目建设 ………… 244
全力推进“三农”和县域经济发展 ………… 244
积极助推中小企业发展 …………………… 244
着力提升金融服务水平 …………………… 244
积极履行社会责任 ………………………… 245
努力建设平安、和谐农行 ………………… 245
中国农业发展银行保定分行 ……………… 245
概况 …………………………………………… 245
信贷支农做出了新贡献 …………………… 245
经营绩效取得了新突破 …………………… 245
风险防控得到新加强 ……………………… 245
管理水平实现了新提升 …………………… 245
中国建设银行股份有限公司保定分行 ……… 246
概况 …………………………………………… 246
科学决策，深化经营方略 ………………… 246
固本强基，提升发展质量 ………………… 246
突出重点，狠抓战略业务 ………………… 246
改革创新，增强发展活力 ………………… 247
从严治行，确保安全运营 ………………… 247
河北银行股份有限公司保定分行 ………… 247
概况 …………………………………………… 247
立足当地，打造多元化融资平台 ………… 247
推动转型，大力支持中小企业发展 ……… 248
防患未然，大力提升风险防控能力 ……… 248
改革创新，实现产品业务新突破 ………… 248
加强自查和演练，切实做好安全保卫工作 … 248
河北省农村信用社联合社保定办事处 ……… 248
概况 …………………………………………… 248
大力开展存款营销工作 …………………… 249
信贷投放多样化 …………………………… 249
大力清收不良贷款 ………………………… 249
严格保证新增贷款质量 …………………… 250
开展票据业务，加强资金管理，提高盈利能力 …………………………………………… 250
发展中间业务，拓宽收入渠道 …………… 250
努力摘掉高风险社风险的帽子 …………… 250
加快“双改”工作步伐 …………………… 250
加强培训，提高员工素质 ………………… 250
严密组织劳务派遣招录工作 ……………… 250
加快网点建设，提升农村信用社的形象 …… 251
全方位防控风险案件 ……………………… 251
华夏银行股份有限公司保定分行 ………… 251
概况 …………………………………………… 251
贯彻“中小企业金融服务商”战略，打造中小企业和个人业务特色 …………………… 252
推进全面风险管理和内控建设，实现全年零案件目标 ………………………………… 252
服务能力较快提升，服务工作再创佳绩 …… 252
机构建设取得成效，服务网络初步建立 …… 252
交通银行保定分行 ………………………… 252
概况 …………………………………………… 252
克难奋进，积极支持地方经济建设 ……… 253
抓内控管理，加强营运费用精细化管理 …… 253
上海浦东发展银行股份有限公司保定分行 … 253
概况 …………………………………………… 253
明确目标，分片营销，公司业务实现新进展 …………………………………………… 253
利用比较优势，促进个人业务持续发展 …… 254
强化全面风险管理和合规案防工作 ……… 254
加快网点建设步伐，扩大服务半径 ……… 254
积极履行社会责任 ………………………… 254
唐县汇泽村镇银行有限责任公司 ………… 254
概况 …………………………………………… 254
稳步拓展贷款业务，积极支持“三农”、支持“中小” ………………………………… 254
审慎经营，加强监督管理，防范各类风险 … 255
加快银行卡的发行，丰富银行业务品种 …… 255
加快网点建设步伐，推动银行快速发展。 … 255
做好新《资本管理办法》的准备、培训工作 …………………………………………… 255
中国邮政储蓄银行股份有限公司保定市分行 …………………………………………… 255
概况 …………………………………………… 255
各项业务平稳快速发展 …………………… 255
风险防控全方位推进 ……………………… 256
精细化管理全方位渗透 …………………… 256
开展网点形象和设施建设 ………………… 256
企业文化建设多层面展开 ………………… 256
中信银行股份有限公司保定分行 ………… 257
概况 …………………………………………… 257
强调发展主题，不断扩大业务规模 ……… 257
细化基础管理，助力业务发展 …………… 257
加大网点铺设力度，扩大服务半径 ……… 257
保定银行股份有限公司 …………………… 257
概况 …………………………………………… 258
完成二次增资扩股，经营实力进一步壮大 … 258
回购置换资产，历史包袱彻底化解 ……… 258
用足贷款规模，倾力支持地方经济建设 …… 258
创新金融产品，助力中小微企业发展 …… 258
倡导绿色金融，支持低碳经济发展 ……… 258
热心公益事业，大力支持全民创业 ……… 258

以风险管控为核心，强化内控确保安全运营 …… 259
助力县域经济腾飞，分支机构建设步伐加快 …… 259
推进精细化管理，提高整体质量与效益 …… 259
改善员工结构，为发展提供人力保证 …… 259
保险业 …… 259
保定市保险行业协会 …… 259
概况 …… 260
开展自律轮值督查，规范保险市场秩序 …… 260
落实服务质量检查，提升行业服务水平 …… 260
充分发挥保险合同纠纷调处机制 …… 260
加强与中级人民法院合作，防止发生销售误导、理赔难案件 …… 260
加强行业宣传，促进保险业全面发展 …… 260
提升行业凝聚力，加深公司间友谊 …… 260
规范考试管理，确保考试工作顺利有效进行 …… 260
协助人行开展金融知识普及月 …… 260
协助政府开展打击违法犯罪专项整治宣传活动 …… 261
中国人民财产保险股份有限公司保定市分公司 …… 261
概况 …… 261
全力助推地方经济发展 …… 261
着力提升社会公共服务领域的保障能力 …… 261
为政府增进民生福祉建设保驾护航 …… 261
中国人寿保险股份有限公司保定分公司 …… 262
概况 …… 262
发挥行业职能积极服务三农 …… 262
履职行业职责积极参与社会保障体系建设 …… 262
苦练内功构建完善的服务体系 …… 262
创先争优营造良好的企业文化氛围 …… 263
防范风险落实好各项工作任务 …… 263
华安财产保险股份有限公司保定中心支公司 …… 263
概况 …… 263
持续助推小微企业 …… 263
积极维护市场环境 …… 263
积极履行社会责任 …… 263
阳光财产保险股份有限公司保定中心支公司 …… 263
概况 …… 263
积极履行社会责任 …… 264
真诚感恩回馈客户 …… 264
国华人寿保险股份有限公司保定中心支公司 …… 264
概况 …… 264
创新服务理念全面打造优质服务 …… 264
构建复合型人才培养模式推进三级机构后援岗位技能提升 …… 264
推广微信商城实现微信投保与在线客服 …… 264
新华人寿保险股份有限公司保定中心支公司 …… 264
概况 …… 264
针对客户不同需求，建立完善的产品体系 … 264
从客户需求出发，不断提升理赔服务水平 … 265
光大永明人寿保险有限公司保定中心支公司 …… 265
概况 …… 265
推出路走公益计划，塑造服务民生形象 …… 265
华泰财产保险有限公司保定中心支公司 …… 265
概况 …… 265
民安财产保险有限公司保定中心支公司 …… 266
概况 …… 266
证券业 …… 266
财达证券有限责任公司保定莲池北大街营业部 …… 266
概况 …… 266
加强员工管理，完善考核制度 …… 266
充实营销团队，细分工作职责 …… 266
创新业务平稳起步，多头并进 …… 266
场地优化积极推进，基础设施全力保障 …… 267
服务实体经济，推动创新业务开展 …… 267
国开证券保定五四西路营业部 …… 267
概况 …… 267

教　　育

教育工作 …… 268
保定市教育局 …… 268
概述 …… 268
基础教育 …… 268
特殊教育 …… 269
九年义务教育 …… 269
高中教育 …… 269
民办教育 …… 269
职业教育 …… 269
德育与素质教育 …… 270
高等教育 …… 270

教师培训提高教育 …… 270
教师队伍均衡建设 …… 271
大力加强师德师风建设 …… 271
教育经费保障更加有力 …… 271
教育项目建设取得新成效 …… 271
教育信息化建设 …… 271
扎实开展教研活动 …… 271
大力落实惠民实事 …… 272
教育综合评估成效明显 …… 272
党建工作全面推进 …… 272
党风廉政建设取得新成效 …… 272
确保学校安全稳定 …… 272
语言文字工作顺利推进 …… 273
教学设施建设呈现新局面 …… 273
校办产业效益取得新提升 …… 273
精细管理教育人才 …… 273
教勘工作规范有序 …… 273
工青妇和老干部工作成绩突出 …… 273
保定市教育考试院 …… 273
标准化电子考场建设 …… 273
招生考试队伍建设 …… 273
安全保密工作 …… 273
考试环境净化工作 …… 274
帮扶工作 …… 274
表彰奖励 …… 274

部分高校简介 …… 274
华北电力大学 …… 274
学科建设 …… 274
人才队伍建设 …… 274
教育教学 …… 275
科学研究 …… 275
合作交流 …… 275
学生工作 …… 275
条件保障 …… 275
河北大学 …… 276
中西部高等教育振兴计划 …… 276
省部共建 …… 276
学科建设 …… 276
教学工作 …… 276
师资队伍建设 …… 276
科学研究 …… 277
社会服务 …… 277
国际交流与合作 …… 277
管理创新 …… 277
办学条件 …… 277
校园文化 …… 277
河北农业大学 …… 278
学科建设 …… 278
教育教学 …… 278
科学研究 …… 278
学生工作 …… 279
太行山道路 …… 279
国际合作与对外交流 …… 280
保障体系 …… 280
河北金融学院 …… 280
教育教学 …… 280
学科建设 …… 281
科研工作 …… 281
对外交流 …… 281
学生工作 …… 281
保定学院 …… 281
教学成果 …… 281
科研工作 …… 282
学生工作 …… 282
精神文明建设 …… 282
培训工作 …… 283
保定广播电视大学 …… 282
招生工作实现突破 …… 282
教学科研成绩斐然 …… 282
支持服务水平长足发展 …… 282
社会影响力显著提高 …… 283
保定职业技术学院 …… 283
教育教学管理 …… 283
办学成绩 …… 283
冀中职业学院 …… 283
招生工作 …… 284
语言文字工作 …… 284
就业工作 …… 284
教研工作 …… 284
考试及培训工作 …… 284
保定幼儿师范高等专科学校 …… 284
教育教学工作 …… 284
培训提高工作 …… 284
招生就业工作 …… 284

科学技术

科技工作 …… 285
保定市科学技术局 …… 285
概况 …… 285

主导产业发展 …… 285
新兴产业发展 …… 286
农业科技创新 …… 286
科技基础平台建设 …… 287
科技合作 …… 287
科技惠民活动 …… 287
科协工作 …… 295
保定市科学技术协会 …… 295
概况 …… 295
国家、省级奖补资金全省领先 …… 295
农村科普工作创出品牌 …… 295
搭建科技创新服务企业发展的平台 …… 295
学术研讨活动创出精品 …… 295
建立创新发展智力平台 …… 296
实施“科技扶贫工程” …… 296
实施“知识志愿者科技行动” …… 296
实施系列能力提升活动 …… 297
气象科学 …… 297
保定市气象局 …… 297
概况 …… 297
气象防灾减灾 …… 297
公共气象服务 …… 298
气象现代化 …… 298
科技、人才建设 …… 299
党建、精神文明 …… 299
自然灾害 …… 299
防震减灾 …… 299
保定市地震局 …… 299
概况 …… 300
地震监测预报体系建设进一步加强 …… 300
震灾预防体系建设取得新的进展 …… 300
地震应急救援体系建设进一步完善 …… 301
党风廉政建设和惩防腐败体系工作常抓不懈 …… 301

文 化

文化事业 …… 302
保定市文化广电新闻出版局 …… 302
概况 …… 303
文艺精品频结硕果 …… 303
基础设施不断完善 …… 303
“文化润古城”影响广泛 …… 303
文化惠民深入推进 …… 303
群众文化活动丰富多彩 …… 303
社文组织有新发展 …… 303
文化产业有新提高 …… 304
文化园区有新成效 …… 304
文化环境有新优化 …… 304
“非遗”工作有新进展 …… 304
新闻出版有新突破 …… 304
行业监管全面加强 …… 304
人才队伍得到锤炼 …… 305
文物工作 …… 305
保定市图书馆 …… 306
报纸 …… 308
保定日报社 …… 308
概况 …… 308
主题宣传有声势 …… 308
集中宣传有成效 …… 308
“保定故事”宣传掀高潮 …… 309
“走基层、转作风、改文风”活动有特色 …… 309
经营收入取得新业绩 …… 309
广播电视 …… 310
保定广播电视台 …… 310
概况 …… 310
提升新闻宣传水平 …… 310
科学编排节目 …… 310
强化舆论监督 …… 310
外宣工作实现新突破 …… 311
树立公益宣传理念 …… 311
加强安全生产管理 …… 311
拓展广告创收渠道 …… 311

卫生·体育·旅游

卫生 …… 312
保定市卫生局 …… 312
概况 …… 312
公立医院改革 …… 313
新型农村合作医疗 …… 313
公共卫生服务 …… 313
医疗卫生服务能力 …… 313
中医药工作 …… 314
基层建设年活动 …… 314
体育 …… 314
保定市体育局 …… 314
概况 …… 314

竞技体育 …… 314
群众体育 …… 315
体育产业 …… 316
旅游 …… 316
保定市旅游局 …… 316
概况 …… 316
景区提档升级成效显著 …… 317
规划编制深入务实 …… 317
项目建设工作稳步开展 …… 317
旅游扶贫扎实推进 …… 317
宣传营销形式多样 …… 317
节庆活动异彩纷呈 …… 317
旅游联盟迅速成长 …… 317
行业管理规范有效 …… 318
旅游商品 …… 318

社会生活

民政 …… 319
保定市民政局 …… 319
概况 …… 319
城乡社会救助体系日趋完善 …… 319
防灾减灾救灾工作扎实有效 …… 320
双拥优抚安置工作创新发展 …… 320
基层民主政治建设深度推进 …… 320
社会组织管理进一步加强 …… 320
专项社会事务管理规范提高 …… 320
社会福利事业快速发展 …… 320
养老服务工作取得新进展 …… 321
扶贫工作 …… 321
保定市扶贫开发办公室 …… 321
概况 …… 321
科学规划实现新突破 …… 321
投入资金实现减贫创新高 …… 321
基础设施得到新改善 …… 322
富民产业得到新发展 …… 322
社会帮扶掀起新高潮 …… 322
发展能力得到新提升 …… 322
阳光扶贫探索新方式 …… 322
“阜平试点”取得新进展 …… 322
一县一策抓出新特色 …… 322
计划生育 …… 323
保定市人口和计划生育委员会 …… 323
概况 …… 323
强化组织保障 …… 323
夯实基层基础 …… 323
打造惠民品牌 …… 323
提升服务水平 …… 323
推进依法行政 …… 324
深化综合治理 …… 324
计划生育协会 …… 324
保定市计划生育协会 …… 324
概况 …… 324
强基固本，加强基层协会组织建设 …… 324
深化服务，拓展生育关怀领域 …… 325
深入宣传，营造协会工作氛围 …… 325
残疾人工作 …… 325
保定市残疾人联合会 …… 325
概况 …… 325
进一步提高为残疾人服务的能力 …… 325
残疾人扶贫、就业和教育工作成效明显 …… 325
残疾人康复工作深入推进 …… 326
残疾人宣传、文化、体育工作成绩突出 …… 326
全国助残日、国际残疾人日活动氛围浓厚 … 326
残疾人基层组织建设进一步加强 …… 326
召开市残联第六次代表大会 …… 327
残疾人维权 …… 327

开 发 区

保定国家高新区技术产业开发区 …… 328
概况 …… 328
项目建设 …… 328
创新体系 …… 329
园区建设 …… 329
发展环境 …… 329
社会事业 …… 329
白沟新城 …… 329
白沟新城 …… 329
概况 …… 329
特色产业 …… 329
狠抓项目建设，经济发展支撑力明显增强 … 329
主动作为，在对接京津上取得新进展 …… 330
统筹城乡发展，城镇化进程明显加快 …… 330
创新社会管理，发展环境进一步优化 …… 330
党的建设再上新台阶 …… 330

县（市、区）

南市区 …… 331
地情提要 …… 331
概况 …… 331
“河北长城工业聚集区”项目承载能力进一步增强 …… 331
项目建设质量不断优化 …… 331
长城汽车品牌效应进一步放大 …… 332
开展农村面貌改造提升行动 …… 332
城市管理6S行动全面铺开 …… 332
强力治理大气污染 …… 332
基础设施建设不断加强 …… 332
北市区 …… 333
地情提要 …… 333
概况 …… 333
项目建设 …… 333
综合治理，环境改善 …… 333
强化帮扶，改革创新 …… 334
社会事业，民生改善 …… 334
新市区 …… 335
地情提要 …… 335
概况 …… 335
项目园区建设 …… 335
开放创新实现新突破 …… 335
城乡环境面貌明显改善 …… 335
大气污染防治 …… 336
提高民生社会事业保障水平 …… 336
满城县 …… 336
地情提要 …… 336
概况 …… 337
推进民生性住房工程 …… 337
完成省市节能减排目标 …… 337
大气污染防治工作 …… 337
旅游项目进展顺利 …… 337
教育事业健康发展 …… 338
校园文化建设 …… 338
医疗惠民工程 …… 338
园区项目建设 …… 338
军民共建鱼水情更深 …… 338
民生水利项目建设 …… 338
清苑县 …… 339
地情提要 …… 339
概况 …… 339
项目建设 …… 340
产业升级，治理污染 …… 340
推进三农工作，农村面貌新气象 …… 340
实施民生工程，社会事业新进展 …… 340
曲阳县 …… 341
地情提要 …… 341
概况 …… 341
经济发展稳中向好 …… 342
项目建设实现重大突破 …… 342
特色产业发展步伐加快 …… 342
“三农”基础进一步夯实 …… 342
城乡面貌发生新变化 …… 342
民生和社会事业 …… 342
社会治安综合治理 …… 342
八大项目同时开工 …… 343
曲阳光伏电站成功并网送电 …… 343
“秋收100”严打整治专项行动 …… 343
央视《乡约》栏目聚集曲阳文化 …… 343
涞水县 …… 343
地情提要 …… 343
概况 …… 344
产业协调发展，转型升级加快 …… 344
项目园区建设 …… 345
加大建设管理，改善城乡面貌 …… 345
重点工作强势突破 …… 345
社会事业全面进步 …… 345
工作作风持续转变 …… 346
涞源县 …… 346
地情提要 …… 346
概况 …… 346
白石山景区建设再上新台阶 …… 347
恒实矿业在香港联合交易所主板成功挂牌上市 …… 347
“7・21”灾后重建 …… 347
推进民生事业，健全社会保障体系 …… 347
博野县 …… 348
地情提要 …… 348
概况 …… 348
双向开放开创新局面 …… 348
产业发展实现新突破 …… 349
“三农”工作扎实推进 …… 349
城镇化步伐进一步加快 …… 349
社会事业统筹推进 …… 349
特色亮点工作成绩显著 …… 349
阜平县 …… 350

地情提要 …… 350
概况 …… 350
项目建设扎实推进 …… 351
富民产业加速发展 …… 351
城乡面貌明显改善 …… 351
基础设施加快建设 …… 351
社会事业协调发展 …… 351
探索扶贫机制 …… 352
唐县 …… 352
地情提要 …… 352
概况 …… 353
构筑经济发展新格局 …… 353
活跃农业农村经济 …… 354
塑造文化旅游品牌 …… 354
打造保西区域中心城市 …… 354
创新社会管理，打造平安和谐唐县 …… 355
全面提升基层组织建设水平 …… 356
高阳县 …… 356
地情提要 …… 356
概况 …… 356
项目建设 …… 357
县城建设 …… 357
改善农民生产生活 …… 357
节能减排 …… 357
关注民计、改善民生，开创和谐稳定新局面 …… 357
定兴县 …… 358
地情提要 …… 358
概况 …… 358
加快农业调整 …… 358
推进城镇建设 …… 358
社会事业 …… 359
新汽车站投入运营 …… 359
建成定兴人民公园 …… 359
蠡县 …… 359
地情提要 …… 359
概况 …… 360
项目园区建设 …… 360
城镇化进程迈出新步伐 …… 360
生态建设取得新成效 …… 360
民生事业新发展 …… 360
政府建设 …… 361
顺平县 …… 361
地情提要 …… 361
概况 …… 361
项目建设取得新成效 …… 362
城乡面貌不断改善 …… 362
三农基础日益稳固 …… 362
环境治理 …… 362
文化事业蓬勃发展 …… 362
旅游开发有序进行 …… 362
民生保障得到加强 …… 362
望都县 …… 363
地情提要 …… 363
概况 …… 363
项目建设突飞猛进 …… 363
招商引资再创佳绩 …… 363
工业经济日益壮大，传统产业上档升级 …… 363
农村经济加快发展 …… 364
城市建设 …… 364
第三产业日益繁荣 …… 364
社会事业成果丰硕 …… 364
雄县 …… 365
地情提要 …… 365
概况 …… 365
产业升级取得新进展 …… 365
城镇面貌发生新变化 …… 366
“三农”工作迈出新步伐 …… 366
重点难点工作实现新突破 …… 366
社会事业取得新进步 …… 366
易县 …… 367
地情提要 …… 367
概况 …… 367
项目建设取得新成效 …… 367
农业生产稳步发展 …… 368
工业结构不断优化 …… 368
旅游产业稳步推进 …… 368
城乡面貌有新变化 …… 368
民生和社会事业全面发展 …… 368
徐水县 …… 369
地情提要 …… 369
概况 …… 369
长城汽车项目 …… 370
园区建设 …… 370
“三农”工作扎实推进 …… 370
工业经济提质增效 …… 370
第三产业加快发展 …… 371
加大投入，改善城乡面貌 …… 371
保障民生，社会事业不断进步 …… 371
安新县 …… 371
地情提要 …… 371
概况 …… 372

项目园区投资 …… 372
三农工作成效显著 …… 372
城镇建设稳步推进 …… 372
改善生态环境 …… 373
民生事业长足进步 …… 373
容城县 …… 373
地情提要 …… 373
概况 …… 373
工农业转型升级步伐加快 …… 374
容城·白洋淀旅游商贸区建设 …… 374
加大基础设施建设，提高城乡居住水平 …… 374
招商引资，重点项目全面铺开 …… 374
提高教育文化、医疗计生水平 …… 374
社会保障体系，环境治理取得阶段性成果 …… 375
涿州市 …… 375
地情提要 …… 375
概况 …… 375
园区和项目建设 …… 375
城乡一体化 …… 376
发展和生态环境 …… 376
民生事业 …… 376
高碑店市 …… 377
地情提要 …… 377
概况 …… 377
产业结构更趋科学合理 …… 378
三农工作 …… 378
美丽高碑店建设 …… 378
民生和社会事业 …… 378
加强政府自身建设 …… 378
安国市 …… 379
地情提要 …… 379
概况 …… 380
中药都 …… 380
中药材市场整顿 …… 380
新型城镇化 …… 380

人　物

2013 年全国五一劳动奖章获得者 …… 382
2013 年河北省五一劳动奖章获得者 …… 382
保定市 2010－2012 年度劳动模范名单 …… 382

文献选编

保定市 2013 年国民经济和社会发展统计公报 …… 391
保定市大气污染防治总体工作方案　保定市人民政府办公厅关于印发保定市大气污染防治总体工作方案的通知 …… 400
保定市人民政府工作规则 …… 407

重 要 活 动

1 月 17 日，市委书记许宁、市长马誉峰等在徐水大王店工业园区长城汽车产业园调研　张宝林 摄

2 月 25 日，市委书记聂瑞平、市长马誉峰等市领导在市区调研小街小巷建设及供暖工作　吴战平 摄

3 月 7 日，津保公路南线高阳胜利大桥建设工地上，工人们正紧张施工。新建高阳胜利大桥总投资 7200 万元，全长 1113.6 米，年底前建成通车，大桥通车后将彻底解决津保公路南线胜利大桥通行“瓶颈”问题　沈齐 王刚 摄

3 月 20 日，市委书记聂瑞平、市长马誉峰等市领导冒雪在大王店工业园区植树　吴战平 摄

4月8日，市政协十二届一次会议在百世开利会展中心开幕　翟志刚 侯㑊 摄

4月9日，保定市第十四届人民代表大会第一次会议在百世开利会展中心开幕　吴战平 高欣悦 摄

4月12日，市委书记聂瑞平、市长马誉峰等会见中国汽车零部件工业公司总裁陈康仁一行　吴战平 摄

4月16日，市委书记聂瑞平会见美国艾奥瓦州州长特里·布兰斯塔德一行　吴战平 摄

4月22日，省委常委、省纪委书记臧胜业在市委书记聂瑞平等陪同下到保定市行政服务中心观摩考察　翟志刚 摄

4月23日至24日，省委书记周本顺到保定市调研。这是4月23日，周本顺在长城汽车有限公司徐水经济开发区厂区进行考察　河北日报记者 郭昭 摄

4月29日，副省长许宁、市委书记聂瑞平、市长马誉峰与保定籍体育冠军亲切握手　吴战平 摄

5月5日，保定市在北京举办招商周活动开幕式暨低碳之城、善美保定2013（北京）推介会。这是在开幕式上进行项目签约　吴战平 侯旐 摄

5月7日，青山环抱下的响岩镇显得格外美丽。四川省平武县响岩镇是汶川“5·12”地震后保定市的对口援建地，经过两年多的建设，一个崭新的新响岩已成为九环线（九寨沟环线）上一道亮丽风景　张宝林 摄

5月12日上午，2013保定天津招商周活动开幕式暨低碳之城、善美保定2013（天津）推介会在天津举行。这是在开幕式上进行项目签约　吴战平 侯虓 摄

5月12日下午，市委书记聂瑞平、市长马誉峰等市领导专程到天士力集团走访，参观天士力产业园和集团总部，并与天士力集团董事长闫希军、总裁吴迺峰就天士力集团进驻安国中药都进行深入洽谈。这是闫希军向聂瑞平、马誉峰等介绍天士力集团情况　吴战平 摄

5月15日至16日，省委解放思想、改革开放、创新驱动、科学发展大讨论活动领导小组督导组到保定，对保定市大讨论活动进行督导。省委大讨论活动督导组听取保定市汇报　高欣悦 摄

5月23日，2013中国·保定国际空竹艺术节在军校广场开幕 翟志刚 高欣悦 摄

5月29日，省委书记周本顺在定州调研，市委书记聂瑞平陪同 河北日报记者 郭昭 摄

6月20日，市委书记聂瑞平、市长马誉峰拜访中科院高能物理研究所领导，就开展项目合作相关事宜进行会谈 吴战平 摄

7月14日上午，市委书记聂瑞平、市长马誉峰与来访的解放军总医院政委陶德平等举行会谈，就该院涿州保障基地建设项目加快推进深入交换意见。图为军地领导一起观看项目模型 吴战平 摄

7月17日，市委书记聂瑞平对城市管理“6S”行动工作进行调查研究，图为聂瑞平与市人大代表一起捡拾垃圾　吴战平 摄

8月6日，保定市、安国市与天士力控股集团共同签署协议。图为签约仪式现场　吴战平 摄

8月8日，保定市与北京铁路局举行战略合作框架协议签约仪式，市委书记聂瑞平出席，市长马誉峰、北京铁路局局长杨宇栋签约。图为签约仪式现场　吴战平 摄

8月14日，省委常委、常务副省长杨崇勇到保定市调研，市委书记聂瑞平、市长马誉峰等陪同　吴战平 摄

8 月 21 日，河北数字印刷产业园项目签约仪式在保定市举行。市委书记聂瑞平出席签约仪式，市长马誉峰、河北出版传媒集团公司董事长杜金卿分别致辞。图为签约仪式现场　吴战平 摄

8 月 26 日至 27 日，市委书记聂瑞平、市长马誉峰率保定市党政代表团赴廊坊市、张家口市学习考察。这是 8 月 26 日代表团在廊坊市大厂回族自治县参观考察　吴战平 摄

8 月 29 日，衡水市委书记李谦、市长杨慧带领衡水市党政考察团到保定市考察，市委书记聂瑞平、市长马誉峰陪同　吴战平 摄

8 月 31 日，市委书记聂瑞平陪同中国长江三峡集团公司副总经济师柳地一行考察英利集团公司　吴战平 摄

9月24日，中国民生银行董事长董文标（右四）、全国工商联副主席黄荣（右二）一行到涿州市考察，市委书记聂瑞平陪同　吴战平　摄

9月25日，保定市政府与中科院北京分院签署全面科技合作协议。市委书记聂瑞平出席签约仪式并与中科院北京分院院长何岩亲切会谈，市长马誉峰致辞并参加会谈。图为签约仪式现场　翟志刚　摄

9月26日，保定市与神威药业举行安国中药都建设重点项目签约推进会，市委书记聂瑞平、神威药业集团董事长兼总裁李振兴致辞，市长马誉峰代表市政府在重点项目合作协议书上签字。图为签约仪式现场　高欣悦　摄

9月26日，保定市与新希望集团举行宝硕双10万吨管（型）材和天香乳制品产业基地项目签约仪式，市委书记聂瑞平出席，市长马誉峰、新希望集团董事长刘永好致辞。图为签约仪式现场　高欣悦　摄

10 月 8 日，保定市召开大气污染防治行动动员广播电视大会，市委书记聂瑞平在会上讲话，市长马誉峰作具体部署并与有关责任单位签订目标责任书。图为保定市大气污染防治行动动员大会会场　翟志刚 摄

10 月 22 日，中国·庞口国际农业机械装备产业城项目签约，市委书记聂瑞平，商务部流通产业促进中心副主任赵箭，中国农业机械流通协会会长、党委书记毛洪，中国农机科学院现代农装公司副总经理张东军等出席，市长马誉峰致辞。图为签约仪式现场　高欣悦 摄

10 月 24 日，以色列天然家禽集团代表团到保定市涞源县考察。市委书记聂瑞平会见集团资深顾问林家礼一行，并出席合作协议签字仪式　吴战平 摄

11 月 21 日，省委常委、宣传部长艾文礼在市委书记聂瑞平等市领导陪同下，听取直隶大剧院负责人对运营情况的介绍　刘刚 摄

重 要 活 动

12月4日，保定市开展2013年冬季植树日活动，市委书记聂瑞平、市长马誉峰等在北市区何辛庄村植树　翟志刚 摄

12月21日，在易县狼牙山滑雪场，来自石家庄、保定、廊坊等地的千余名滑雪爱好者和游客尽享冰雪之趣　张宝林 寇奇平 摄

11月26日，市城区水系管理委员会工作人员在北奇村大水系分水闸察看水势　翟志刚 崔静 摄

12月28—29日，保定市开展重点项目和园区建设互看联查活动。由市委书记聂瑞平带队的第一组先后到涿州、高碑店、定兴、白沟新城、雄县、容城、安新7个县(市)、开发区，实地察看了30多个项目和园区的建设进度　吴战平 摄

保定市总工会

2013 年 9 月 19 日，省人大常委会党组副书记、省总工会主席王增力到保定市考察调研

2013 年 5 月 14 日，市委书记聂瑞平到市总工会考察指导工作

2013 年 4 月 26 日，召开了市庆"五一"劳动模范代表座谈会

2014 年 1 月 7 日，启动了"心系职工，情暖万家"送温暖活动

2013 年 3 月 27 日，召开了市总工会十七届六次全委(扩大)会议

2013 年 9 月 26 日，举办了"印之梦"文艺演出，开启了第二季"保定力量——主流文化进企业"活动

2013 年 12 月 16 日，召开了市总工会十七届七次全委(扩大)会议，选举市总工会党组书记乔玉忠为十七届委员会常务副主席

保定市

保定市公安局"两会"表彰

便民利民

2013年，保定市公安局在市委、市政府和上级公安机关领导下，紧紧围绕"发展、稳定、民生"三大任务和"深入建设京畿强市、善美保定，加快重返全省第一方阵步伐"目标，以"学习培训、基层基础、打击打压、平安平稳、和谐警营"五个关键词为引领，举全警之力，汇全警之智，圆满完成了"秋收100"严打任务，全年共破获各类刑事案件25750起，抓获犯罪嫌疑人9322名，打掉犯罪团伙176个，查处治安案件73989起；公安业务工作和队伍建设取得新突破，为全市经济社会发展、群众安居乐业做出了突出贡献，营造了良好的发展环境和

保定市公安局大院

治安环境。受到公安部、省委、省政府领导批示肯定2次。全年共计有1个单位荣立集体二等功、3个单位荣立集体三等功，85人荣立个人二等功、324人荣立个人三等功、408人荣获个人嘉奖。

开展职业化警队建设军训活动

开展车管所下乡便民服务活动

开展职业化警队建设军训活动

开展常态化巡控机制

共青团保定市委

3月8日上午，在百世开利会展中心胜利召开共青团保定市第十八次代表大会。市委书记聂瑞平做出批示。市委常委、组织部长李双喜作了讲话。共青团河北省委副书记张泽峰代表团省委对大会的召开表示热烈祝贺，并对今后保定市共青团的工作提出新的要求

4月24日，团市委组织机关干部到河北大学听取主题为“大学生科技创新意识培养”的报告会，并到河北大学博物馆参观学习。团市委书记杨跃峰、副书记刘丹出席了活动

5月11日，团市委联合市公安消防支队举行“青春你我行 护航‘中国梦’”——保定市地震逃生自救科普知识宣传月活动启动仪式

5月24日，召开了保定市各界青年纪念五四运动94周年暨解放思想、改革开放、创新驱动、科学发展大讨论活动座谈会。座谈会上，表彰了第六届“保定市青年五四奖章”获得者以及“保定市优秀团务工作者”“保定市优秀共青团员”“保定市五四红旗团委、(总支)支部”代表

5月29日，团市委机关全体干部职工和部分青联委员、青年企业家和青年志愿者到全国希望工程发祥地——涞源县东团堡中心小学开展“红领巾相约中国梦 好少年共铸校园情”主题活动，和山区的孩子们共同迎接“六一”国际儿童节

6月1日，团市委、市少工委、市青少年宫在青少年宫广场联合举办“相约中国梦 童心向未来”——2013年保定市少先队“学习十八大 快乐过六一”主题活动

6月8日上午，共青团保定市委、驻保高校协调服务工作小组办公室等多家单位联合举办“青春扬帆 梦想启航”2013年促进青年就业专场招聘会

7月11日-12日，保定团市委书记杨跃峰带队一行六人到秦皇岛市、葫芦岛市、唐山市和廊坊市团委开展共青团工作考察交流

7月19日，团市委书记杨跃峰、定兴县委副书记许红琳、团市委副书记刘丹到定兴县张家庄村视察并参观保定职业技术学院的暑期社会实践工作，看望正在绘制墙体宣传画的师生们，并和师生们亲切交谈

10月16日-18日，团市委举办了保定市2013年青年马克思主义者培训班。团省委组织部部长刘河、团市委书记杨跃峰、副书记蔡红星、刘丹出席了开班仪式。全市各级团干部336人参加了培训

11月19日，召开保定市青年联合会第十二届委员会第一次全体会议

11月29日，全省共青团助力农村面貌改造提升行动现场会在定兴县召开。团省委书记张泽峰、副书记宋华英、郭旭涛、市政府副市长杨猛出席

保定市文化广电新闻出版局

党委书记、局长　高　玉

保定首届民俗文化节(中间为省文化厅厅长张妹芝)

市委书记聂瑞平到军校调研

市长马誉峰调研文物工作

2013年，市文化广电新闻出版局按照市委、市政府总体部署和年度目标任务，坚持围绕中心、服务大局，讲好保定故事的策划运作能力有了大提升；着眼服务人民、普惠群众，公共文化服务体系建设呈现新气象；着力壮大园区、培育特色，文化产业发展水平得到高增长；注重弘扬传统、挖掘利用，文化遗产保护传承取得实进展；突出规范执法、疏堵结合，文化市场和广电出版监管实现强突破；体现机制创新、科学发展，文化体制改革工作再显新成效；强化人文环境、干部保障，文广新人才队伍形象素质得到硬锤炼。

直隶大剧院启用仪式

文化下乡深山行

赴内蒙古慰问38集团军驻训部队

保定市食品药品监督管理局

领导班子

执法人员对药品核实进货来源和渠道

执法人员对餐饮企业食品安全制度落实情况进行现场检查

执法人员对药品安全进行严格细致的监督检查

执法人员利用食药监 E 通电子平台监管执法

保定市食品药品监督管理局下设6个执法处室、6个行政处室、5个分局、3个直属事业单位,肩负着全市1100万人民群众用药安全有效的全程责任，担负着餐饮、保健食品、化妆品监督管理职责，每一项工作都与老百姓的安全和健康息息相关。在保定市委、市政府和河北省食品药品监管的正确领导下，保定市食品药品监督管理局领导班子团结带领全体干部职工按照“讲学习、提素质，讲政治、顾大局，讲责任、保安全，讲团结、促和谐，讲正气、树形象，讲廉政、做表率”六讲的总要求，认真贯彻落实国家、省、市关于食品药品安全工作的各项决策部署，做了大量卓有成效的工作，巩固了食品药品安全状况稳定向好的形势，守住了不发生食品药品安全事件的底线，为全市经济社会发展做出了积极贡献。

市食品药品监督管理局以确保人民饮食用药安全为核心目标

保定市科技局

市科技局局长刘铁英带领部分班子成员和相关处室在金木药业走访调研

副市长杨猛参观保定市科技成果展听取市科技局局长刘铁英的介绍

刘铁英在保定科技成果展上发言

中科院领导参观长城汽车展区

保定市政府与中科院北京分院对接签署全面科技合作协议

2013年，保定市科技局紧紧抓住环首都经济圈战略的重大机遇，结合保定产业实际，围绕“环境、人才、平台、项目”建设，积极创新科技服务发展方式，不断强化企业技术创新主体地位，继续提升企业科技创新能力，加速强化“责任、求是、创新、服务”的理念，主动作为，全力推进，实现了科技工作率先重返全省第一方阵的总目标。

全年共争取国家科技部中小企业创新集群项目29项、中小企业创新基金项目7项，获国家支持资金2300万元；高新技术领域共争取省级以上项目18项，资金5.895亿元；获省级科学技术奖29项，科技成果奖励工作在全省综合排名第二；受理专利申请4837件，同比增长19.9%；专利授权3267件，同比增长20.3%；促成了“市政府与中科院北京分院全面科技合作协议”的签署；先后开展了“服务企业、服务发展‘百家企业’大走访大调研”活动和“全民创业科技行”活动；呈报市政府的科技工作信息得到市领导肯定性批示7次。

截止2013年底，全市共拥有高新技术企业132家，重点实验室24家，工程技术研究中心92家，工程技术研究院1家，院士工作站13家，国家、省、市三级科技创新平台103家，国家级国际科技合作基地4家。

保定市政府召开全市科技创新大会

保定市住房和城乡建设局

局长商少璞在全市住建系统安全生产大检查工作会议上讲话

建筑施工安全演练

住宅建设日新月异

府河景观

2013年，以开展解放思想大讨论活动为契机，认真落实全民创业、效能提升、城市管理“6S”三项行动，加快重点项目建设，加强住建行业管理，提升工作效能，各项工作取得了显著成效。

2013年省下达任务目标为开工建设保障性住房37259套，竣工23961套。截至11月底，全部完成。

城市风貌

保定市人民防空办公室

2013年，在市委、市政府、保定军分区和省人防办的坚强领导下，认真落实习近平总书记提出的“能打仗、打胜仗”的总要求，紧紧围绕“解放思想、改革开放、创新驱动、科学发展”的主题旋律，牢牢把握“三点共识”的指导思想，认真实施人防工程精品化、组织指挥信息化、宣传教育大众化、干部职工人才化发展战略，强力推进结建审批和直属人防工程建设，努力提高人防应急应战能力，取得了前所未有的优异成绩。年内，市人防办被国家人防办评为“全国通讯报道先进单位”，被北京军区评为业务比武先进单位；有五项重点工作被省人防办评为先进单位，即：“结建”工作先进单位、指挥通信建设先进单位、人防宣传教育先进单位、财务保障先进单位、机关“准军事化”建设先进单位，其中“结建”工作、指挥通信建设、人防宣传教育三项主要业务，均进入了全省前三名，机关“准军事化”建设在全省排名第一。

党组书记、主任　牛树根

“听党指挥、能打胜仗”的人防领导班子

2014年七七警报试鸣

保定市林业局

党组书记、局长　王贺鹏

王贺鹏陪同市领导参加义务植树

王贺鹏在植树现场向市领导汇报造林工作

保定市林业局是保定市人民政府主管全市林业工作的职能部门，内部设办公室、植树造林处、果树蚕桑花卉管理处、森林资源管理处、发展计划与资金管理处、林业工程项目处6个职能处室，局直属行政机构1个市森林公安局，局直属事业单位12个。

2013年全市共完成造林68.6万亩(含封山)，占年度任务50 万亩的137.2%；完成义务植树1500万株，占年度任务1400 万株的107.14%，完成新育苗5万亩，占任务5万亩的100%。退耕还林工作扎实推进。圆满完成了2005年度涉及12个县市，总面积5.6万亩的退耕还林到期生态林国家级核查验收任务；组织16个县市开展了2013年度退耕还林工程县级自查工作。项目争取有新成果。全年共争取省级以上财政支持项目资金2.09亿元，特别是通过与部省的对接，争取到追加预算外造林资金近千万元，支持阜平扶贫开发。积极争取利用亚行贷款860万美元的《保定市白洋淀上游林业生态发展项目》已获国家发改委批准，将有力推动涞水、顺平两县的优质核桃基地建设。为有效推动全市林业建设，2013年下半年市委、市政府专门出台了《关于进一步加快全市造林绿化的实施意见》和《关于加强林木种苗工作的意见》，为全年和今后三年造林绿化任务的完成奠定了坚实的基础。

王贺鹏和基层同志研究造林规划

全市林业系统会议

保定市住房公积金管理中心

党组书记、主任　李增泉

市政府副市长、住房公积金管理委员会主任杨宝东主持召开住房公积金管理委员会第九次全体会议

保定市住房公积金管理中心成立于2002年12月27日，为直属市政府的正县级事业单位。中心机关内设办公室、人事处、财务会计处、纪检监察室、网络信息处、审计稽核处、贷款管理处、归集执法处8个处室，下设2个分中心、19个县（市）管理部，实行垂直管理。主要职责是：负责全市住房公积金归集、支取、贷款、核算和保值工作。截至2013年底，全市住房公积金累计归集165.72亿元，归集余额98.39亿元；累计提取67.32亿元；累计发放住房公积金贷款80.3亿元，为52418户职工家庭改善住房条件提供了资金支持。

李增泉深入扶贫村调研

2013年，保定市住房公积金管理中心秉承“心系职工，服务百姓”的服务理念，在市委、市政府的正确领导下，以科学发展观为指导，以开展“归集执法扩面推动年”活动为主线，以提升全员素质为抓手，全面提高管理和服务水平。全市归集住房公积金29.26亿元，同比增长11.56%，覆盖率达到95.42%；提取住房公积金15.47亿元；共为6450户职工家庭发放个人贷款13.42亿元，个贷率为55.36%；实现增值收益1.87亿元，同比增长11.01%，达到历史最高水平，充分发挥了住房公积金制度的住房保障作用，为保定市经济社会发展做出了积极贡献。近年来，多次被省住建厅、省财政厅评为“全省住房公积金业务管理考核优秀单位”，被市委、市政府评为“实绩比较突出单位”，被市纪委、市监察局评为“工作实绩突出单位”，全市推行行政权力运行监控机制建设工作“双十佳单位”。

住房公积金业务大厅

保定市国家税务局

3月18日，市国税局组织机关中层以上党员干部赴保定市留法勤工俭学纪念馆开展革命传统教育活动

保定市国税系统纳税服务工作会议

国税干部深入企业调研

保定，西倚雄伟的太行山，东临华北明珠白洋淀，地处京津石三角腹地，辖26个县市区。京广铁路，京广、京港澳高速纵贯南北，神黄铁路、津保高速横跨东西。这座古老美丽的城市在历史的长卷中曾经留下过无数辉煌的印记。清西陵、直隶总督署、莲池书院、保定陆军军官学校、淮军公所，轰轰烈烈的高蠡暴动、可歌可泣的八年抗战，新中国一五计划的重点建设项目--西郊八大厂，享誉全国的现代化汽车城和新能源基地，勤劳智慧的保定人用他们的聪明才智向世人展示着一个个奇迹。保定国税人在这片热土上，始终秉承聚财为国，执法为民的宗旨，严谨求实，锐意进取，为地方经济的快速平稳发展提供了充分的财力支持。今天，保定国税人紧扣建设服务型机关的时代脉搏，深入贯彻落实党中央、国务院工作精神，通过强化科技管税、争创文明服务、打造新型现代化税收环境，在践行社会主义核心价值观的道路上谱写出了国税人的新篇章，得到了省国税局，市委、市政府主要领导的充分肯定。

国税干部参观廉政文化展

国税干部开展税收宣传活动

安国市国家税务局

党组书记、局长魏佳安上党课

安国市国家税务局党的群众路线教育实践活动动员大会召开

安国市位于保定市南部，总面积486平方公里，人口40万，共有10个乡镇，1个办事处。安国素有“药都”之称，是全国最大的中药材集散地，药业是安国经济的龙头产业，药业市场的兴衰直接影响着安国的经济发展和税收收入。

安国，古称祁州，北宋太平兴国年间建立“药王庙”，药材市场随之形成，素有“天下第一药市”之称，有“草到安国方成药、药经祁州始生香”的盛誉。2012年被河北省委、省政府命名为“中药都”。

多年来，该局在上级局的正确领导下，依法治税从严带队，加强税收信息化建设，强化征管举措和执法责任，不断加大税源监控力度，提高干部队伍综合素质，全体税干发挥“四铁精神”，以铁的征管手段、铁的工作纪律、铁的执法力度和铁的责任追究，全力抓好税收任务。

安国市国税局城区分局税务干部到河北金木药业集团有限公司调研

企业调研

安国市国税局组织中层以上干部到毛主席视察纪念馆接受群众路线实践教育

安国市国税局召开征求意见座谈会

保定市地方税务局

党组书记、局长　高会民

全市地税系统学习贯彻十八大精神暨先进典型事迹报告会

文化寻根知识竞赛

开展税法宣传

保定市地方税务局是负责保定市地方税收征收管理的职能部门，受河北省地方税务局和保定市人民政府双重管理，以垂直管理为主。市局机关内设17个处室（中心）：办公室、人教处、绩效处、基层处、监察室、机关党委、督察内审处、财装处、收入处、征管处、税政处、纳服处、社保处、发票处、信息中心、干部培训中心、机关服务中心。直属单位2个：稽查局、税源监控分局。管辖26个县（市、区）地方税务局，共有干部职工2475人。

2013年全市地税系统在省局和市委、市政府的正确领导下，以邓小平理论和“三个代表”重要思想为指导，全面贯彻落实党的十八届三中全会精神，深入学习实践科学发展观，紧紧贯彻落实省局“三优两促进”的总体工作思路，牢固树立顾大局、重责任、求发展意识，全系统2013年各项工作任务圆满完成。

全系统共组织各项收入172.60亿元，同比增收21.54亿元，增长14.26%。其中，税收收入116.73亿元，同比增收15.98亿元，增长15.87%；社会保险费完成47.05亿元，同比增收4.59亿元，增长10.82%；其他收入完成8.82亿元，同比增收0.96亿元，增长12.28%。

全市地税系统获得了多项荣誉，精神文明建设取得丰硕成果。以“学习贯彻十八大精神暨先进典型事迹报告会”“善行河北·德系民生”主题实践、“优秀团队·活力地税”、夺旗争星等系列活动为牵引，深入选树先进典型，大力弘扬新风正气，全面展示文明形象。工作中，涌现出了“全国税务系统先进集体”“河北省人民满意公务员”“河北省杰出青年岗位能手”“河北省五四青年奖章”各1个，“河北省青年文明号标杆”单位6个；推选的11名“优秀税务工作者”、10名“孺子牛奖”受到省局通报表彰；市局评定奖励先进集体34个、各类标兵98人，全系统当先锋、做模范、创荣誉的热情与干劲竞相迸发、充分显现。

全省地税系统先进事迹报告会在保定举行

保定市水利局

局　长　吕坤力

6 月 18 日，市委书记聂瑞平听取防汛工作汇报

7 月 4 日，市长马誉峰召开防汛工作调度会

副市长李俊岭调研防汛工作

保定市水利局是市政府工作部门。主要职责是负责保障水资源的合理开发利用，拟定水利战略规划和政策，组织起草有关水事规章制度并监督实施，组织编制综合规划、防洪规划等重大水利规划。负责生活、生产经营和生态环境用水的统筹兼顾和保障。负责水资源保护工作。负责防治水旱灾害，承担保定市防汛抗旱指挥部的具体工作；组织、协调、监督、指导全市防汛抗旱工作；指导水利突发公共事件的应急管理工作。负责节约用水工作。指导全市水利设施、水域的管理与保护，指导主要河道、水域的治理和开发；指导水利工程建设与运行管理。负责防治水土流失。指导农村水利工作。负责重大涉水违法事件的查处，协调，仲裁跨县(市)水事纠纷，指导水政监察和水行政执法。开展水利科技和外事工作等。内设办公室、人事科教处、规划计划处、水政水资源处、财务处、建设与管理处、水利水保处7 个处室(不含机关党委和老干部处)。

2013年，全市水利系统干部职工以奋发有为的精神状态和高效务实的工作作风，抢抓机遇，攻坚克难，真抓实干，圆满完成了年初制定的各项任务目标，有力推动了保定市水利事业大投入、大建设、大发展，为全市经济社会又好又快发展提供了强有力的水利支撑和保障。

西大洋水库大坝

保定市南水北调办公室

市长马誉峰主持召开保定市南水北调工程建设委员会第五次全体会议

省政府特邀咨询张和检查指导保沧干渠工程建设

保沧干渠征迁补偿资金公示

保沧干渠管道安装作业

保沧干渠穿越京石高铁

廊涿干渠充水打压试验

保定市南水北调办公室为保定市南水北调工程建设委员会的办事机构，是保定市人民政府负责指导、协调、督促、检查辖区内南水北调工作的职能部门。2013年以来，在市委、市政府和局党委的正确领导下，我办深入开展“解放思想、改革开放、创新驱动、科学发展”大讨论活动，以为我市打造环京津地区新的发展增长极提供水资源支撑为目标，加快建设南水北调供水工程体系，全力做好保沧干渠征迁安置和建设管理，大力推进输水工程前期和建设准备工作，扎实做好天津干渠复垦和总干渠征迁后续工作，精细组织廊涿干渠水压试验和竣工验收准备工作，认真开展基层组织建设年和对口扶贫活动，圆满完成了年初制定的任务目标，得到了上级部门和群众的一致好评。

保沧干渠双排 PCCP 管道

保定市气象局

保定市气象防灾减灾绩效管理工作会议

保定市人民政府、河北省气象局市厅合作协议正式签署

省、市、县三级在阜平举行气象灾害应急演练

市长马誉峰调研气象工作

气象科普万里行走进易县农村

农业气象灾害防控联盟专家深入麦田考察

全省气象行业人工影响天气职业技能竞赛

保定市地震局

局　长　高良友

市政府副秘书长周林伟(左)、市地震局长高良友(右)出席全市防震减灾联席会议并讲话

保定市防震减灾联席会议

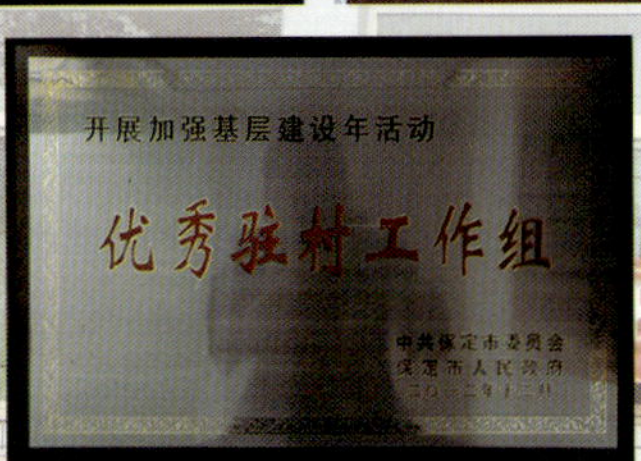

保定市地震局党组在市委、市政府和河北省地震局新一届领导班子的正确指导下，在各级有关部门大力支持帮助下，紧紧围绕省市中心工作，突出践行防震减灾服务经济社会和人民群众的根本宗旨，深入学习党的十八大、十八届三中全会和习近平总书记系列重要讲话精神，全面贯彻全国地震局长暨党风廉政建设工作会议、“3.21”省长专题办公会和全省地震系统防震减灾工作会议精神，坚持“预防为主、防救结合、综合减灾”方针，深化目标责任管理，全市地震系统干部职工大力弘扬精诚团结、顽强拼搏、恪尽职守、勤政廉政、和谐奋进的工作作风，切实加强防震减灾“3+1”工作体系建设，充分发挥防震减灾在经济建设与社会管理中的重要职能作用，积极推进城乡防震减灾稳步协调发展，各项工作取得了明显成效。2013年度全省市县防震减灾工作，保定市地震局被河北省地震局评为先进单位，市局监测预报处和徐水县地震局分别被评为先进集体。在全市年度职能目标考核中，市地震局被评为“实绩比较突出单位”。

局长赵强（左一）在东方地球物理勘探公司开展调研

国家无线电监测中心主任刘岩（右一）、河北省工业和信息化厅党组成员、河北省无线电管理局分党组书记、局长邵建华（左一）在狼牙山高山站参观保定无线电管理局机房

河北省保定无线电管理局为河北省无线电管理局的派出机构，规格为正处级。下设综合科、业务科、监督检查科、无线电监测站4个科室。

根据《河北省人民政府关于省政府机构设置的通知》（冀政〔2009〕46号），保定无线电管理局的主要职能是：认真贯彻执行国家无线电管理方针政策和法律法规，拟订本辖区无线电管理的具体办法；按照审批权限，审核无线电台（站）建设布局和台址，指配无线电频率和呼号，核发电台执照；对辖区内各类无线电台（站）实施监督管理；负责本辖区内研制、生产、进口、销售无线电发射设备的管理；核收并上缴无线电管理相关费用；完成上级和当地政府交办的其他任务。

国家无线电监测中心副主任陈进星向考试保障人员仔细询问情况

保定无线电管理局在仪式上现场颁发了无线电集体呼号

保定无线电管理局对全国高考进行无线电保障

保定国家高新

保定高新区党工委书记、管委会主任孙金博到区企业调研

11月25日，副省长秦博勇走访保定高新区茗畅园社区

9月17日，举行保定高新区大学生创业示范基地揭牌仪式

英利集团保定三公司组件车间员工认真擦拭电池板

坐落于保定高新区的惠阳科技工业园项目自开工累计完成投资13.9亿元，主要生产车间、研发中心及办公楼主体封顶，进行内外装，项目有望提前竣工投产

5月5日，保定高新区新能源与智能电网产业推介会在北京召开

保定高新区党工委副书记、管委会常务副主任张志奎到区企业调研

月16日，美国艾奥瓦州代表团参观国电联合动力(保定)有限公司

3月14日，法国光伏专家考察团到保定高新区英利集团走访座谈

坐落于保定高新区的红星美凯龙项目总投资15亿元，主体正常施工，进展迅速

白沟新城党工委书记、管委会主任张海

7月10日，全国政协副主席、全国工商联主席王钦敏（右四）在和道国际项目接待中心参观

白沟新城首届京剧邀请赛

白沟新城是2008年7月28日由原高碑店市白沟镇和原白洋淀温泉城开发区合并组建。2010年8月经省委、省政府正式批复，2010年9月正式揭牌。辖一镇一区，由双向六车道的快速路相连，辖区面积64平方公里，建成区面积25平方公里，辖33个村街，常住人口15万，流动人口10万～15万。

白沟是北方著名商镇，始于汉，兴于三国，盛于明清，是历史上著名的水路码头，素有“燕南大都会”的美誉。白沟历史上以泥塑闻名，白沟泥塑俗称泥娃娃，发端于清乾隆年间，有300多年历史。至清末，发展成为北方的泥人之乡，形成了别具特色的泥人市场，产品远销华北及东北地区。

白沟镇已经发展成为中国箱包之都和著名的小商品集散中心。箱包制造和商贸物流是白沟的主导产业。箱包制造业经过30多年的发展，已形成了一个辐射周边10个县（市）、50多个乡镇、500多个自然村，从业人员达150万人的区域特色产业集群。拥有箱包企业近4000家，其中规模以上企业350多家，形成了从原辅材料生产到成品销售的庞大产业链和产业集群，年产箱包7.5亿只，是全国最大的箱包产销基地。有250多家企业在130多个国家和地区建立了直销窗口或公司，被国家命名为“中国箱包之都”。商贸物流业发达，目前，已经形成了集箱包、服装、鞋帽、小商品等十几大行业于一体的的大型综合商贸集群，拥有14个专业市场，总经营面积400多万平方米，吸引了国内外近7000个品牌入驻，上市商品达150多大类，250万个品种。发达的商贸业带动了物流业的快速发展。白沟是省级物流产业聚集

白沟新城管委会

10月21日，河北省委副书记赵勇在保定市委书记聂瑞平、市长马誉峰等领导的陪同下到白沟新城调研，图为在高桥村调研

12月5日，中国商业联合会会长张志刚（中）在箱包交易中心与企业负责人交谈

区，拥有货运线路200多条，站点121家，覆盖全国所有县级以上城市，年吞吐量达1500多万吨。

白洋淀温泉城总面积9.53平方公里，是1992年经国务院批准建立的省级开发试验区，并被省政府批准为省级旅游度假区、省级经济技术开发区。白洋淀温泉城拥有独特的“三水”资源：一是白洋淀水：白洋淀为国家5A级景区，是国内著名的旅游胜地。二是温泉水：地下蕴藏着极其丰富的高品质温泉资源，具有埋藏浅(500～1500米)、储量大(821亿立方米)、温度高(70～90摄氏度)、水质好(富含锂、锶、钠等多种对人体健康有益的矿物质)的特点。三是矿泉水：经地质矿产部鉴定，是国内罕见含有多种人体所需微量元素的天然含“硒”矿泉水，被誉为“神泉秀水”。白洋淀温泉城依托“三水”资源，以打造环京津地区高端商务休闲中心和旅游度假基地为目标，以香港华润集团、北京城建集团和香港中基集团等企业为龙头，已完成投资近百亿元，建成开放了华润大学、芦乡国际等一批品质高、功能完备的旅游休闲项目。初步形成了集养老疗养、高端商务、会议培训、休闲度假于一体的多业态综合旅游休闲产业带。随着京津冀一体化国家战略的实施，温泉城以其优越的地理位置、丰富的自然资源、高标准、高规格的基础设施，必将成为京津冀区域中的亮点，建设成为京津冀城市群中具有带动作用的节点区域。

5月6日，白沟新城管委会在北京西苑饭店举办规模盛大的招商活动

涞水县委

县委书记　王义民

科普基地等项目集中签约仪式

重建后的野三坡大道

野三坡明清风情街

涞水县位于河北省中部偏西，太行山东麓北端。总面积1650平方公里，辖涞水、永阳、义安、石亭、赵各庄、九龙、三坡7镇，明义、王村、东文山、娄村满族乡、宋各庄、其中口、龙门、胡家庄8乡，284个行政村，588个自然村。全县总户数15.13万，户籍总人口35.70万人。

涞水县基础设施完备、城市功能齐全。通信系统发达，电信、移动、联通通讯网络覆盖率100%。拥有220千伏变电站1座，110千伏变电站3座，35千伏变电站14座，电力供应充足，供电保障率100%。境内拒马河常年径流，地下水源充沛，全县地下水年可开采量为9148万立方米，全县有中型水库2座，总库容3277万立方米，小型水库8座，总库容1227.6万立方米。陕京输气管线从县城附近穿过，供气系统安全方便。县城给排水系统完备，城区综合给水能力6720立方米/日，日处理污水能力2万吨。全县现有重点高中1所、普通中学13所、小学46所、职教中心1所。有各级各类医疗卫生机构532所，其中县直医疗卫生机构5所，二甲医院2所。

发展空间广阔、对接成效明显。涞水拥有100万亩未利用地，2家省级经济开发区、新兴产业示范区，可为客商提供巨大的投资空间。涞水经济开发区规划面积8.46平方公里，基础设施达到“七通一平”，目前已入驻现代农装、中迈机电等企业58家，2013年主营业务收入达11.65亿元。涞水新兴产业暨首都功能疏解区，在县城北至北京市张坊镇之间，总面积175平方公里。已完成一期49.5平方公里的总规、22平方公里的控规和3.2平方公里核心区的详规，完成了起步区土地征迁，搭建了起步区路网框架。航天三院321项目、818项目等央企重点项目投产运营，中国中科院电子科技城、悦康药业现代医药健康产业园、碧桂园九龙湾旅游开发等项目签约入驻。

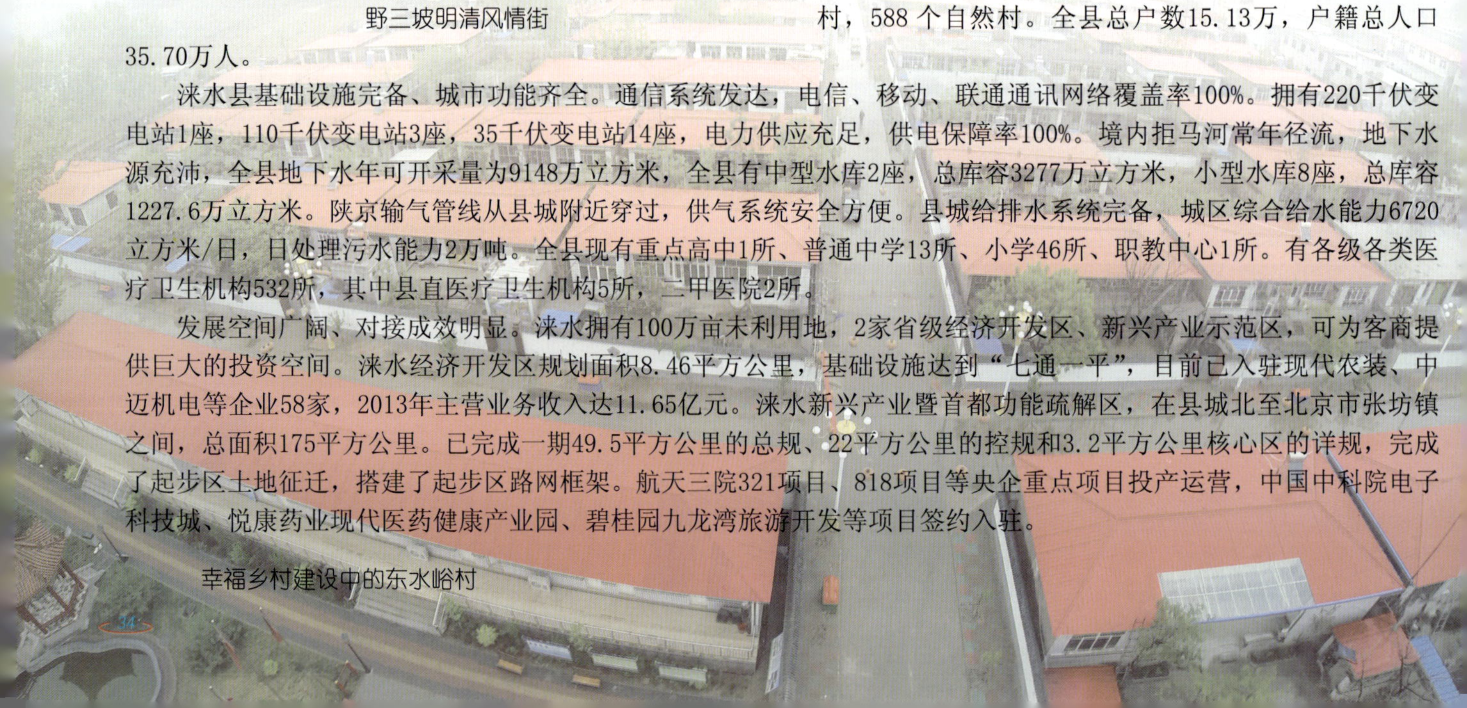

幸福乡村建设中的东水峪村

新建成的居民小区

县 长 于舒心

扶贫攻坚示范村悟空寺

涞阳路

涞水县后发优势明显、扶贫成果丰硕。按照“适应市场，因地制宜，发展优势，突出特色”的原则，以培育形成产业体系为目标，实施“项目覆盖、产业带动、科技培训、信贷支持”，流转土地3.3万亩，设施蔬菜、优质林果、生态养殖、农家游、古典家具手工业五大主导产业初具规模。其中建成300亩以上现代农业产业园18个，新建设施蔬菜、食用菌大棚8525个，发展优质林果15万亩、600万株。建成乡村道路265公里，新打机井191眼，自来水入户1.56万户。新建或改造村卫生室211个、幼儿园12个、农家书屋109个。改造农村危房7108户，127个村基本达到幸福乡村标准，成立农民专业合作组织295个。中国扶贫基金会“涞水县农户自立服务社”、惠农担保有限公司正式运营。探索形成了专业化经营、土地适度规模经营、股份合作制、龙头企业带动、集体组织分户经营、市场运作、引资开发7种扶贫开发模式，涌现出了石圭、安阳等一大批扶贫攻坚典型村，以及绿舵、民心等一大批农民专业合作示范社，带动全县50个村、4.2万人脱贫出列，荣获全省扶贫工作先进县称号。

规划布局合理、重建全面完成。道路桥梁、饮水安全、水毁住房、校舍、基层卫生院室及23个过水村基础设施升级改造等工程全部提前完成，灾区群众生活普遍超过灾前水平。举全县之力开展了景区重建集中攻坚会战，以“实现全面转型升级”为目标，遵循“以人为本，尊重自然，统筹规划，科学重建”的方针，高标准重建野三坡景观大道、百里峡景观大道，景区桥梁全部建成景观桥，新建拒马河沿线景观节点21处，改造既有建筑外立面20余万平米，拆除景区“危临破旧”建筑近10万平米，野三坡浴水重生，5月28日实现全新开放，累计接待游客275万人次，实现门票收入5000万元，旅游总收入8亿元。野三坡景区作为全省唯一代表，荣获2013“美丽中国”十佳旅游景区称号。

石亭镇蓬家磨村百亩食用菌大棚基地

容城县委

县委书记张浩在河北·保定·容城 2013 年北方服装名城暨白洋淀旅游商贸区推介会上致辞

6 月，全国爱心护理工程建设基地白洋淀·国际阳光城揭牌奠基仪式

建设中的领秀国际广场

河北华悦鞋业有限公司入驻容城工业园

建设中的金台东路

7月，河北豪丹服装有限公司赞助第十二届全国运动会河北代表团西装新闻发布会

县长李绍祥与北京无极合一新能源科技有限公司签约基地生产项目

保定来福汽车照明有限公司生产车间

大棚茄子喜获丰收

建设中的容城·白洋淀旅游商贸区初具规模

国网保定供电公司

电力法宣传

高温抢修

雨中检修　井然有序

电力志愿服务进家庭

国网保定供电公司是隶属国网河北省电力公司的国家特大型供电企业，担负着保定26个县（市、区）的供电任务，供电面积2.21万平方公里，人口1100多万。截至2013年，公司拥有110千伏及以上变电站144座，变电总容量1780.3万千伏安；公司运维110千伏及以上线路335条、5231公里；代维华北电网公司资产500千伏线路9条、849公里。2013年售电量完成246亿千瓦时。

多年来，公司在国网河北省电力公司和保定市委、市政府的正确领导下，坚持以科学发展观为统领，始终秉承“四个服务”宗旨，以安全稳定为基础，以企业效益为中心，大力推进“两个转变”，全面加强“三个建设”，企业管理水平不断提高，优质服务水平明显提升，企业综合实力显著增强，为地方经济社会发展提供了坚强的电力支撑。公司连续第五次获得全国“安康杯”竞赛优胜单位称号，保持全国文明单位和河北省AAA级“劳动关系和谐企业”称号，首家晋升省公司标准化工作五星级单位，荣获河北省诚信企业、河北省企业管理创新优胜企业等20项荣誉。

保定市新市区大汲店村

市委书记聂瑞平到大汲店村调研，村支部书记王禄向领导汇报工作

河北省委常委、宣传部部长艾文礼到大汲店村调研，市长马誉峰、市委宣传部部长李国英陪同

大汲店村主任张东河（左一）、新市区区委书记崔坤军（左二）、大汲店村党支部书记王禄（左三）、全国政协常委冯骥才（左四）、新市区区长丁阳（左五）

保定市委常委、政法委书记石海林到大汲店验收“秋收 100”，新市区区委书记崔坤军、副书记侯印红陪同

大汲店村地处历史文化名城保定南二环路，西三环路交汇处内侧、农村，耕地3400亩，人口860户，3650人，住宅、街道、河湾、坑塘1000亩，横贯全村的东、西大街长1100多米，村街中、西段700多米，是远在铁路和107国道未开之前、九省通衢之保定西部车马大道路段，由此，造就了村庄的昔日繁华。驿站衙署，贾市店堂、寺庙行宫，星罗棋布于村内，古柏经世纪，国槐逾千年，天然幽境，引人入胜，闻则心往神驰，临则乐而忘返。

真武台

河湾坑塘，使村庄三面环水，水面积7万平方米，浍水河为庄南屏障，村庄东、西、北三关三门，慈航寺镇东，真武庙守西，兴国寺扼北。村内：儒、释、道、俗四家26座大小庙堂，交错村街户巷。形成：兴国寺正对木佛寺，五道庙面向土地祠。三仓不显，九水不流，烽台古道，百步三桥，昔日诸多景观，至今历历在目。庄外农田：石桥儿、大河沟、长虫地、小井尔、活坟岗、狐狸窝、瓦碴地、烽火台，地名依旧，坐落仍然，良田沃土所出粮菜瓜果，供养着一代一代乡民。衣食无忧引发了人们发掘地名本源的兴趣。

戏楼

浍水湾、兴国湖、明月塘周边，新农村文明生态建设中，耕园、寿园、花也羞、真武台多处园林，三季花艳、四季常青，名副其实的抚今追昔、休闲垂钓之绝佳所在。令人览后生叹，“虽非桃花源，胜似桃花源”，“醉令游人我忘返，难怪伴你他又来”。

改革开放，社会进步，经济发展，收入增加，条件改善，村民知礼，乡风文明，相处和谐。省、市委、政府授予“文明村”，中央授予“全国文明村镇”。

工商银行保定分行

党委书记、行长　王爱东

王爱东陪同省行行长许杰、高级信贷专家周增文走访河北大学

召开党的群众路线教育实践活动工作部署会议

王爱东在全省行长工作会议上领奖

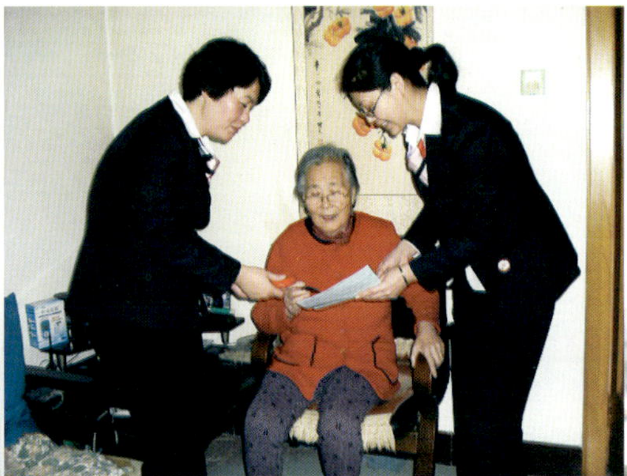

新华支行营业室负责人和客户经理上门为行动不方便的老年人提供特殊服务

工商银行保定分行所辖一级支行32个、二级支行65个、分理处2个，在岗员工2549人。2013年，全行坚持全心全意服务地方经济发展的一贯宗旨，依靠市委、市政府的大力支持，立足保定，依托保定，以支持地方经济发展为己任，将自身经营发展融入全市经济建设之中，以提供资金融通为重点，拓宽渠道，创新产品，不断加大信贷投放力度。截至2013年末，全部存款余额649.2亿元，居全市首位，各项贷款余额达327.85亿元，居全市首位。年内相继荣获总行级“精神文明建设工作先进单位”、省行“文明单位”“榜样保定”卓越金融奖项，涿州支行荣获全国总工会授予的“全国工人先锋号”荣誉称号，长城支行营业室荣获总行级“青年文明号”先进单位。

开展“防范和打击非法集资宣传”活动

农业银行保定分行

行长史学军陪同上级行领导到白沟市场调研

史学军参加农行大道小学落成典礼

农行保定分行辖设1个市分行营业部、31家支行(县域23家)，120个营业机构(城区27个、县域93个；二级支行2个、营业室32个、分理处86个)。员工总数2985人。

2013年，农行保定分行充分依托覆盖城乡的网络优势，秉承“客户至上 始终如一”的服务理念，自觉履行社会责任，各项业务指标取得新成效，实现了可持续发展。竭力支持地方经济建设，当年累放贷款92.6亿元，重点支持保定市骨干企业、龙头企业、重点项目和小微企业发展。认真落实"三农"市场定位，紧紧围绕全市农业产业结构调整和县域经济发展的总体方向，不断加强和改进农村金融服务工作，县域贷款投放区域覆盖全市22个县(市)、258个乡镇、2135个行政村，惠及全市24万多农户，支持了保定各县(市)经济发展。

史学军代表全行向顺平县北湖村小学捐赠文具

青年员工职业生涯规划培训

开展“手拉手，向前走”结对子帮扶活动对顺平县安阳镇贫困学生进行“一对一”帮扶

班子成员

中国建设银行股份有限公司保定分行

分行党委坚持民主决策推动科学发展

三届二次职代会提出新的三年发展规划

中小企业助保贷业务签约仪式

中国建设银行股份有限公司保定分行现辖营业机构80个，城区支行10个，县域支行15个，自助设备总量达到531台，在职岗位员工1920人。2013年，分行党委带领全体员工全面落实党的十八大精神，扎实组织开展群众路线教育实践活动，坚持“夯实基础，突出特色，改革创新，争先进位，确保平安”的工作思路，深入推进“一行一策”和资产带动方略，加快改革创新，狠抓内控管理，全力提升服务水平，在有力支持地方经济建设的同时，各项业务取得了较快发展。截至年末，实现税前利润10.9亿元。全行全口径存款达到544.25亿元，新增58亿元；各项贷款余额突破200亿元，新增45.5亿元；实现中间业务净收入4.34亿元。年末不良贷款额、率分别较年初下降3043万元和0.22个百分点，继续保持同业最低。至2013年底，连续十一年未发生案件、责任事故，实现安全稳定运营。保定分行连续蝉联省、市级文明单位称号，先后荣获河北省诚信企业称号和“榜样保定—卓越金融贡献奖”。

成功举办青年员工炫风采大赛

银行业务宣传走上街头

年度表彰晚会上分行领导合唱走向复兴

机关党总支部组织理想信念教育主题活动

河北银行保定分行

行　长　马照辉

保定分行与保定鑫丰集团举行战略合作签约仪式

河北银行是全国首批五家城市合作银行试点之一，也是河北省成立最早的城市商业银行。河北银行保定分行于2010年12月29日正式开业，成立三年来，始终秉持“合心合力、共生共荣”的经营理念，紧紧围绕“服务地方经济、服务中小企业、服务城市居民”的市场定位，抢抓机遇，改革创新，实现了健康、稳定、快速发展，取得了良好的经济效益和社会效益，成为保定金融市场上一支重要金融力量。

河北银行保定分行本着“朋友金融，知心致行”的服务宗旨向客户提供优质的金融服务，将“助企业发展，增居民福祉，促社会繁荣，建设环渤海区域领先的公众银行”作为奋斗目标。同时，积极投身公益事业，履行社会责任，得到了社会各界的高度认可。曾获得金融产品十佳奖、全国小企业金融服务先进单位、河北消费者最满意的银行品牌等各类奖项及荣誉。

涿州支行隆重开业

业务知识技能竞赛

参加总行羽毛球比赛，运动员合影

进社区

保定银行
BANK OF BAODING

“保定人自己的银行”
Baoding's own bank

“七一”到驻村扶贫点顾家台慰问演出

举办第二届业务技术比赛

积极参加全市“6S”行动，团委组织业务宣传

保定银行办公大楼

2011年12月28日，中国银监会正式批准保定市商业银行股份有限公司更名为保定银行股份有限公司，简称保定银行。保定银行是保定市第一家地方性股份制城市商业银行，由地方财政、企业和自然人投资入股，注册资本为15亿元。保定银行现辖1个营业部、20家市区支行、12家县域支行和1家社区支行，分支营业机构达34家，员工864 人。

保定银行自成立以来，在保定市委、市政府的正确领导下，在人民银行、银监局的有效监管和大力支持下，坚持以客户为中心，以市场为导向，秉承“尚德务实，力行合规，协作创新，追求卓越”的企业精神，立足“服务地方经济，服务中小企业，服务市民百姓”的市场定位，依托完善的一级法人体制，充分发挥决策链条短、经营机制活的优势，不断进行金融产品和业务创新，积极为地方中小企业、重点项目、高新产业、社会民生等提供丰富的金融服务。主要经营存款、贷款、结算业务、票据承兑与贴现、银行卡、电子银行业务和代理收付款项及代理保险等金融业务。为中小微企业量身定制的“金臂膀•助您腾飞”“金支点•伴您成长”系列信贷产品和中小企业“共成长培育工程”及支持全民创业的“下岗失业人员小额担保贷款”业务，都是保定银行的优势品牌，树立了“中小微企业伙伴银行”和“市民银行”良好形象。截至2013年末，保定银行总资产303亿元，各项存款余额263亿元，各项贷款余额66亿元，实现拨备前利润总额4.36亿元，在全省同业资产总额增速第一。优质的服务和良好的经营业绩，赢得了各级政府的高度评价和社会各界的广泛赞誉，先后被市委、市政府授予“金融贡献奖”，被省政府授予“金融创新奖”，荣获省、市“文明单位”和河北省“五一奖状”。

为适应现代银行的新要求，在竞争中谋求更大发展，保定银行将立足当地，努力用好新机遇，创造新优势，实现新跨越。积极转变经营发展方式，加快战略转型，坚定不移地走社区化、差异化、特色化、精细化发展道路，并通过深入实施《2013-2015 年发展规划》和第二个“三步走”战略目标，加快机构网点建设，实现县域机构全覆盖，做大做强做优，全力打造一流精品银行，为保定经济社会发展做出更大贡献。

华夏银行保定分行

华夏银行保定高碑店支行开业，行长张景辉（左六）致词，副行长陈同辉（左一）主持

华夏银行保定复兴路支行开业，行长张景辉（左六）出席剪彩仪式

2013年，华夏银行保定分行在监管部门的有效指导和总、分行党委的正确领导下，坚持稳中求进规模发展优先的总基调和以中小企业客户为主体大型客户为基础的市场定位，公司业务兼顾传统业务和新产品应用，中小企业与个人业务特色日益凸显，打造特色，严控风险，较好地完成了各项经营任务，品牌认知度进一步提升。通过加大管理部门履职力度、严格执行各项检查、合理落实奖惩制度、提升硬件服务水平等，服务能力得到较快提升，服务工作屡创佳绩。机构建设取得成效，按照机构建设规划，如期完成了复兴路支行和高碑店支行开业两家支行的筹建和开业，服务网络初步建立。截至年末，全行资产总额67亿元，增幅43.7%；贷款余额43.4亿元，增幅27.9%；负债总额65.7亿元，增幅44.7%，其中各项存款余额55.9亿元，增幅25.34%。净增对公有效客户58户，完成计划的196.33%；贸易融资授信客户30户，完成计划的136.36%；净增信用卡VIP客户6216万户，完成计划的259%。不良贷款余额保持为零。在保定当地股份制银行同业中，各项业务持续处于领先地位，尤其是储蓄存款余额，在可比的股份制商业银行中持续处于前列。

副行长兼工会主席蒋文利主持五四青年节燕头村文艺演出

举办2013年新春团拜会

荣获“中国银行业文明规范服务百佳示范单位”称号

荣获2014年华夏银行石家庄分行职工运动会团体冠军

交通银行保定分行

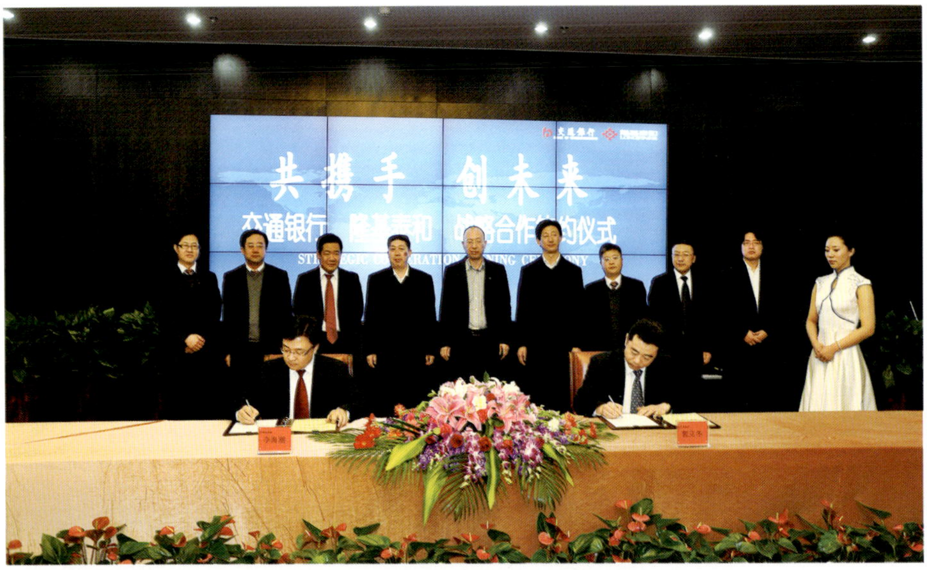

交通银行保定分行和隆基泰和战略合作签约仪式

交通银行保定分行组织党员重温入党誓词

2013年，交通银行保定分行认真贯彻落实省分行“二次创业”和“三年发展规划”，围绕总行“两化一行”战略，各项工作顺利开展。在宏观政策趋紧，市场竞争加剧的情况下，因地制宜，制订相应经营管理策略，各部门紧密团结，精诚合作，全体干部员工，扎实工作，业务发展日趋平稳，各项工作有序进行。在保定市第三届金融理财博览会上获得“十佳明星理财产品”和“十佳明星理财团队”奖。

截至2013年末，全行资产总额达到40.1亿元，增长84.8%；人民币各项存款余额达38.4亿元，其中人民对公存款余额33.3亿元，人民币储蓄存款余额5.1亿元；人民币各项贷款余额21 亿元，增长91%。全年无不良贷款、未发生案件和重大责任事故。

交通银行保定分行与英利集团足球联谊赛

兴业银行保定分行

行　长　王卫民

兴业银行保定分行开业

兴业银行保定分行向阜平光明小学捐赠物资

兴业银行保定分行营业大厅

兴业银行成立于1988年8月，是经国务院、中国人民银行批准成立的首批股份制商业银行之一，2007年2月5日正式在上海证券交易所挂牌上市，开业二十多年来，兴业银行始终坚持“真诚服务，相伴成长”的经营理念，致力于为客户提供全面、优质、高效的金融服务。在2013年英国《银行家》杂志本月最新发布的全球银行1000强排名中，兴业银行按一级资本排名第55位，按资产总额排名第50位。在国内先后获得上海证券交易所“2012年度上市公司董事会奖”“2012中国最受尊敬中资银行奖”“2013年亚洲最佳股东回报银行”“十一五期间全国减排先进集体”“最佳绿色银行奖”“最佳履行社会责任银行奖”“年度最具创新力银行奖”“最佳网上银行用户体验奖”等荣誉。在绿色信贷推广、短期融资券、中期票据、小企业集合债等方面，已成为行业的领先者。在上海、北京设有资金营运中心、信用卡中心、零售银行管理总部、资产托管部、银行合作服务中心、大型客户业务部、投资银行部、期货金融部、可持续金融中心等总行经营性机构，建立了网上银行“在线兴业”(www.cib.com.cn)、电话银行“95561”和手机银行“无线兴业”(wap.cib.com.cn)，与全球1000多家银行建立了代理关系。

兴业银行保定分行位于河北省保定市天威中路1229号花倾城二期底商一至四层，是兴业银行在河北省开设的第五家异地分行。兴业银行保定分行2014年1月18日盛大开业，兴业银行保定分行将以建“一流银行，百年兴业”为目标，以产品和服务创新为基本途径，不断探索新的经营和盈利模式，致力于打造服务品牌鲜明的精品银行。作为首家加入“赤道原则”的国内银行，兴业银行将深入推广节能减排贷款业务，充分发挥产品创新优势，以专业化的金融服务，重点支持当地优势行业发展，同时积极培育中小型客户群体，努力把兴业银行保定分行打造成一家经营稳健、管理规范、成长快速、服务领先、特色鲜明的良好银行。

兴业银行保定分行开业后，将紧紧围绕保定建设“京畿强市、善美保定”的战略决策，依托财智星公司金融服务方案、金芝麻中小企业金融服务方案、节能减排贷款、银银平台、自然人生家庭理财卡等特色产品，提供优质金融服务，为推进经济结构调整、统筹城乡发展、加强文化保定建设、促进社会和谐稳定、保护生态环境作出积极贡献。

兴业银行保定分行集体合影

河北省农村信用社联合社保定办事处

办事处主任孙双伦走进企业进行实地调研

办事处副主任王国庆为五星级网点授牌

办事处与市中院联合开展“农村信用社申请执行案件专项清理活动”

基层联社班子成员与客户经理上门营销贷款

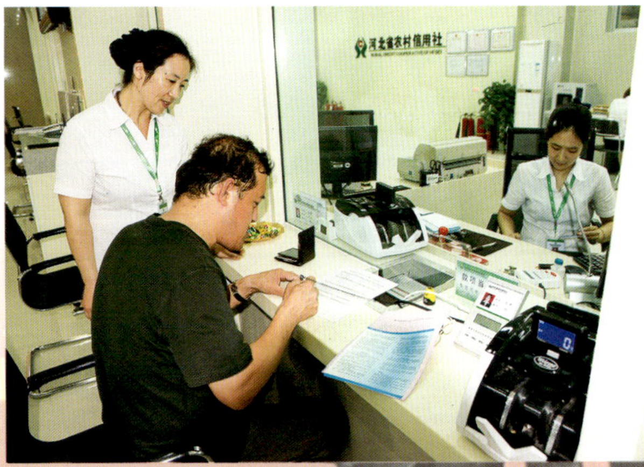

一线柜台人员为客户办理业务

河北省农村信用社联合社保定办事处是经中国银行业监督管理委员会河北监管局批准、河北省联社在保定市设立的派出机构，成立于2006年1月，履行全市农村信用社的管理、指导、协调和服务职能，设有综合科、业务科、财务科、稽察科和网络分中心5个科室，下辖22家县级联社，680余个营业网点，在册干部员工7000余人。

多年来，省联社保定办事处秉承“立足三农、面向县域、服务中小企业”的市场定位，牢牢抓住干部、新增贷款质量、不良贷款清收和反腐倡廉四个关键，科学经营、强化管理，在服务“三农”中不断将全市农村信用社改革发展引向深入，有力支持了保定的经济建设和社会发展。截至2013年底，全辖各项存款余额为1133亿元，占全市金融机构存款总额的25.8%；各项贷款余额为564.4亿元，占全市金融机构贷款总额的30%，存款市场份额和贷款市场份额均名列榜首，是保定名副其实的“金融主力军”。

全市农村信用社领导干部在易县狼牙山重温入党誓词

人保财险保定市分公司

“基层建设年”活动受好评

开展党员主题教育活动

人保财险保定市分公司始终秉承“人民保险，服务人民”的价值理念，致力于为客户提供最有力的保险保障和最优质的保险服务。目前在全市各县区共拥有36家营业机构，在298个乡镇、6000多个行政村设立了三农保险服务站和三农保险服务点，吸纳各类管理、技术、销售人才2000余人。围绕全市“打造京畿强市，构建善美保定”的工作主基调，依托遍布城乡的服务网络和庞大的专业人才队伍，不断拓宽保险保障范围，提升保险服务品质，充分发挥了保险助推经济发展、维护社会稳定的职能作用。2000年以来，公司累计处理各类赔案81万件，承担各类财产保险风险责任近2万亿元，累计支付赔款60亿元，被保定市国税局、地税局评为保险行业唯一纳税A级企业，车船税代收代缴先进集体；连续两年被保定市金融办和保定金融理财博览会组委会评为“十佳明星理财机构”；2011年被评为保定年度十大最具影响力企业；2012年被评为“3•15”河北市场重质量讲信用公众满意单位；2013年荣获“榜样保定”责任企业荣誉榜卓越金融奖。

开展定点帮扶工作

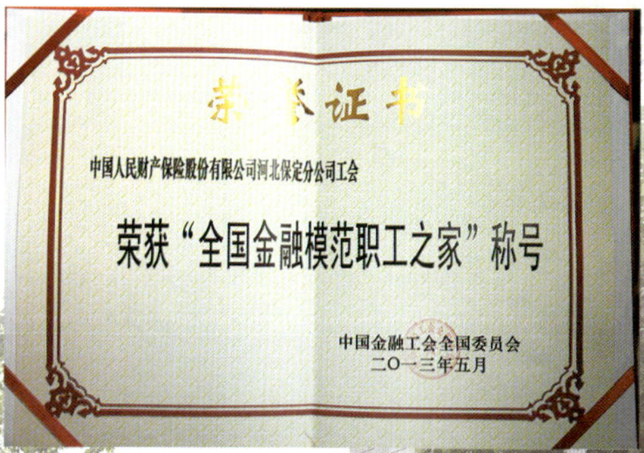
荣誉证书

中国人民财产保险股份有限公司河北保定分公司工会

荣获“全国金融模范职工之家”称号

中国金融工会全国委员会

二〇一三年五月

站在新的历史起点，中国人保财险保定市分公司将以锐意进取的改革精神和求真务实的科学态度，与时俱进，整合创新，实现公司新的创业和跨越式发展，为全面建设小康社会和构建社会主义和谐社会提供更加优质的保险保障服务。

开展青年志愿者活动

保定幼儿师范高等专科学校

在农村面貌提升改造帮扶工作中，我校派出的工作组与驻地干部群众共同商讨改造事宜

2014 年保定市春节联欢晚会中，我校学生为歌曲联唱之《春暖花开》伴舞

2014 年保定市春节联欢晚会中，我校学生为《盛世欢歌》伴舞

保定幼儿师范高等专科学校（原保定师专涿州分校），是经河北省人民政府批准隶属于保定市人民政府的全日制公办学校，学校由原河北定兴幼师和涿州师范学校合并升格而成。多年来，学校实行精细化管理，努力构建和谐校园，曾连续荣获“保定市事迹突出单位”称号。优美的学习环境、深厚的艺术底蕴和高水平的师资队伍，为河北省教育事业的发展做出了重要贡献。学校开设学前教育专业始于1984年，已有近三十年的发展历程，培养了一批又一批的优秀幼教人才。高素质的毕业生受到了各用人单位的一致好评，毕业生供不应求，就业率连年保持100%。

学校新校区于2012年初奠基建设，2013年年底一期工程竣工，新校区位于涿州市，占地300亩。建有综合教学楼、音乐楼、美术楼、图书楼、艺术活动中心、体育馆等高标准的基础设施。学校现有钢琴300架，风琴200架，微机1000 台，藏书50余万册。

2014 年保定市春节联欢晚会中，我校学生为《中国梦》伴舞

2014 年保定市春节联欢晚会中，我校学生为《鼓舞大中国》伴舞

保定幼儿师范高等专科学校新校区效果图

【学生竞赛获奖】在各类学生奥赛及其它竞赛中，学校全年共有80人次荣获国家级奖励，171人次荣获省、市级奖励。

【教师专业化发展】学校两名教师被评为河北省学科名师；在论文、课件、评优课等评比中，6名教师荣获省一等奖，9名教师获省级奖项，5名教师获市一等奖，20名教师获市级奖项；12位教师分获保定市教学标兵，两位教师在保定市高考经验交流会上作专题报告。

【体育工作成绩】4月，学校荣获保定市中学生运动会团体总分第一名；荣获保定市中学生田径比赛团体总分第二名。

【校本培训】6月，评选“保定二中首届教学专家”“第二届教育专家”，成立“保定二中学术委员会”，倡导“精研理论、注重实战、团结协作、追求卓越”的二中教师新风尚。

【学生竞赛获奖】7月，学校代表保定市参加河北省第一届中小学生国防知识竞赛，先后战胜石家庄二中、唐山一中、衡水中学等名校代表队，勇夺第一名。

【教学成绩上台阶】在生源明显偏弱的情况下，2013年高考，学校本二上线突破400人大关，郭婷杨同学考入清华大学，数学、语文、英语、文综、音乐、美术共计八个学科荣获高考学科优胜奖，学校荣获“培养拔尖优秀高中毕业生先进单位”和“全面实施素质教育提高教育教学质量先进单位”。

【干部培养】11月，以民主测评为依据，选拔6 名优秀青年党员教师，调整到中层领导岗位。

二中学术委员会成立(市直中学第一个)

二中学子代表保定市参加省国防知识竞赛，荣获省第一名

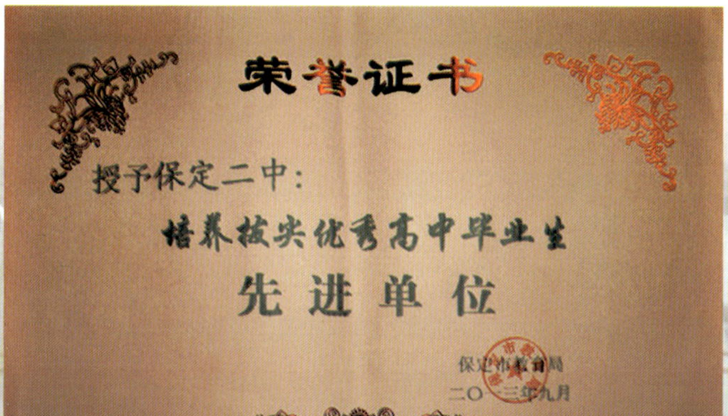
荣誉证书

授予保定二中：

培养拔尖优秀高中毕业生

先进单位

保定市教育局

二〇一三年九月

2013年高考再获殊荣

二中蝉联保定市中学生运动会团体冠军

2013 年二中有 12 位教师喜获“保定市学科教学标兵”称号

保定市第十七中学

校长、党总支书记 李 梅

巴西里约热内卢教育厅长一行到保定十七中交流访问

保定市第十七中学系古城保定一所历史名校，始建于清光绪三十二年(1906 年)，初名“直隶女学堂”，后几度易名。1978 年定名为“保定市第十七中学”。2009年加挂“保定市实验外国语学校”校牌。学校占地60亩，现有教学班60 个，学生3000余人，教职工226人。中学特级教师1人，中学高级教师57人，中学一级教师80人。

学校坚持“以人为本”的指导思想，秉持“从这里走向世界”的办学理念，坚持“学思结合 知行统一”的校训，学校的校风是向上、向善、向美、求真、尚学，追求以善美教育点亮学生的人生底色，以自主管理成就学生的未来发展，以多元课程铺设学生成长的道路，通过规范行为、培养习惯、砥砺品质、涵养心性促进学生全面发展，培养具有国际视野、国家情怀、现代素养的优秀公民。培养思维活跃、思想深刻的优秀学生。学校尊重每一位学生、关爱每一位学生、发展每一位学生。努力形成“适合每一个孩子发展的学校”，让十七中成为学生们健康成长的地方。

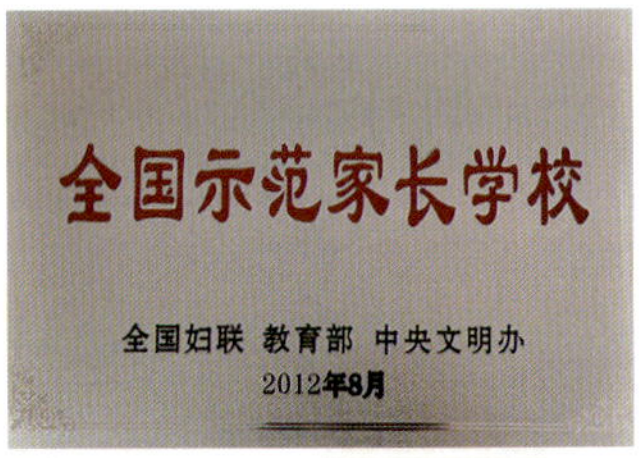

学校坚持以德立校、依法治校、科研兴校。高度重视校园文化建设，注重文化生成、推进文化景深。以优质的精神文化、制度文化、物质文化引领师生幸福发展。努力塑造专业化、与时俱进的教师队伍；努力培养适应未来社会发展的开放型、国际化的中学生；努力追求学校的持续发展、教师的健康发展和学生的全面发展；致力于打造充满活力、极具魅力的幸福校园。在学习型组织建设、书香校园、文化艺术校园、幸福新学校的打造上狠下功夫，使学校成为了名师众多，质量一流的学校，成为一所特色鲜明、效益领先、文化隽永、社会美誉度高的学校。

近几年来，学校荣获“全国未成年人思想道德建设工作先进单位”、“全国示范家长学校”等200 余项集体荣誉，教师获得市以上奖励390余项，学生获得市以上奖励910余项，学生中考成绩始终保持全市第一位次，成为保定市教育的优质品牌和家长、学生所向往的学校。

十七中学子美国夏令营——访问哈佛

校　长　田贺杰

学校大门

保定市第二十一中学位于莲池南大街1290号，学校占地面积30亩，建筑面积近6000平方米，校园内有教学楼、办公楼、实验楼各一座，新建现代化独立图书馆和200米塑胶操场等一流的办学设施，校园环境优美，文化氛围浓郁。

学校秉承“尚德、弘毅、笃学、修睦”的校训，以“健全人格、发掘潜能、启迪智慧、奠基人生”为办学理念，把“让学生成人、成材，让教师成长、成功，让家长放心、满意”做为办学目标。将“自立能力、共生意识、科学态度、人文情怀、民族精神、国际视野”做为育人目标。形成了“爱生、乐教、善教、严教”的教风和“尊师、好学、会学、博学”的学风。近几年来教育教学水平稳步提升。

愉快的课堂

二十一中在保定市教育局和南市区文体教育局的大力支持下，两年来投入资金750万元，改善校园环境和教学设施，使学校面貌焕然一新。同时受莲池文化的浸润，“君子文化”做为学校校园文化的核心，充分体现在校园的各个角落和二十一中师生的言行之中。校园中“博学园、参省轩、爱莲池”诠释着君子文化的内涵。高洁、质朴、庄重、方正的品德目标是所有二十一中人的精神追求。培养学生做少年君子，教育教师做正人君子，一直是学校师生践行社会主义核心价值观的具体写照。

2013年始，学校全面推进课堂教学模式的改革与创新，开展“合作学习”“先学后教”的课堂模式探索，建设“围坐式”合作学习小组，以教师为主导，在小组长组织下完成自学、探究、合作、展示、评价等学习任务，为打造现代高效课堂奠定了基础。学校办学特色成绩显著，开设了空竹艺术、书法艺术、健美操、心理健康、中学生礼仪、家乡文化等多种特色校本课程，学生社团活动让学生的校园生活丰富多彩。教研工作以改促教，以改促学，在集体备课、同课异构、主题教研、校本培训等方面特色显著。

两年来，学校被评为“河北省中考实验操作考试工作先进集体”；保定市“心理健康教育先进学校”；南市区“教育教学进步单位”和“敬老模范单位”。

武术社团表演

校园艺术节

学生艺术作品展

运动会上的啦啦操表演

河北小学

市委书记聂瑞平到河北小学调研

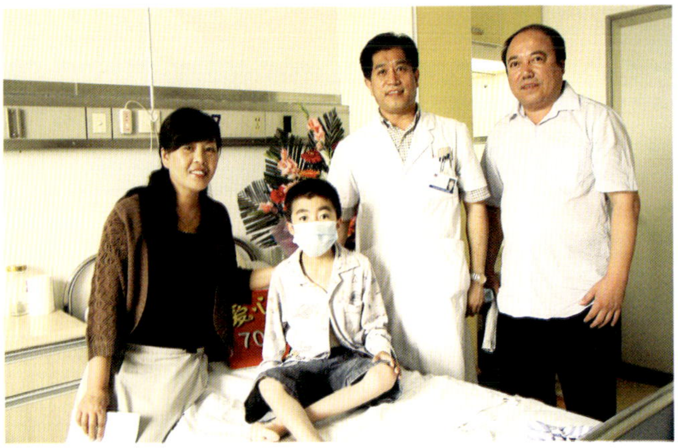

善美校园——师生举全力救助患病学生李佳存

实践活动——孔子故里行

校园建设——实践基地里的蛙塘

河北小学位于保定市五四中路681号。始建于1947年，前身为“冀中干部子女学校”，1952年定名为“河北小学”。是一所高标准、寄宿制河北省干部子女学校。建校初期这里集结了大批基础教育专家，全国教育模范李玉英受到国务院总理周恩来的接见；特级教师张国成潜心40年研究自制教具享誉海内外，国家教委副主任王明达亲自主持召开现场会推广他的经验。河小办学历来以全面发展、实践能力强见长，培养了以铁凝、刘绳、吴咏梅、任洁等为代表的众多人才。2014年6月铁路第一小学并入，为河北小学南校区。学校占地面积45775平方米，建筑面积21131平方米。现有73个教学班，在校学生4132名，教职工222名。

河小以“夯实根基，个性发展”为核心办学理念，以文化的视角引领办学，立足学校科学、可持续发展，提升品位，丰富内涵，全力打造区域素质教育优质品牌。依托《国学》教育强化学生道德养成，逐步形成鲜明的德育特色，《中国德育》杂志《中国教育报》先后作专题报道。创新思路，成立名师工作室，引领教师专业化成长。引导教师开发校本课程、编写教材，形成鲜明的教学研一体化特色。通过全面推进“雏鹰争章考级活动”，建立目标激励机制。通过文化暗示开展隐性教育，提高自我教育能力，形成特色鲜明的自主行为文化特色。被评为首批河北省素质教育示范性学校，成为保定市区唯一获此殊荣的小学。先后被评为国家级国学教育示范学校、中国教育学会传统文化教育科研基地、教育部综合实践项目组科研成果二等奖、教育部综合实践项目实验校，河北省科研成果一等奖、省文明单位、国学教育先进单位、家长学校示范校，保定市素质教育示范学校、教育系统先进单位、体育传统学校、标准化学校、教师专业化发展示范学校、全民科学素质教育基地、教师培训基地等荣誉称号。

教育均衡发展的大环境，让河小进入快速发展时期，学校突出体现高科技含量与浓郁人文精神并重的现代办学特征，把河小建设成引领学生健康成长的精神家园。

校园建设——状元桥、校园主雕塑雏鹰

保定市中心血站

团结奋进的领导班子

党员重温入党誓词

为大学志愿者讲解血液健康知识

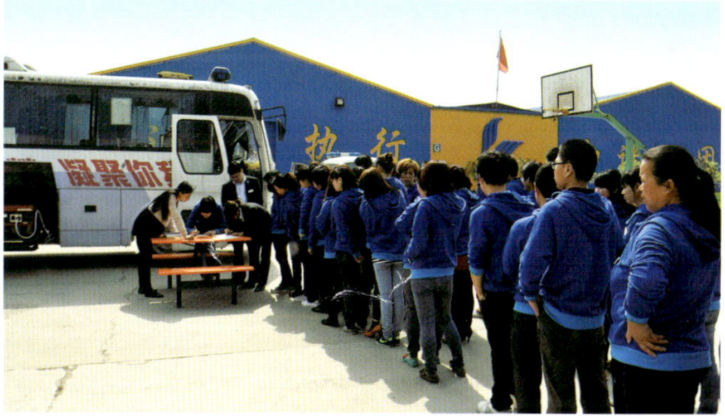
单位集体参加献血

保定市中心血站位于向阳北大街555号，始建于1985年，1996年7月正式独立，隶属保定市卫生局的全民差额事业单位，实行财政收支两条线管理制度。主要任务是负责辖区25个县（市）区160余家医疗机构的临床供血服务。

血站占地3.01亩，建筑总面积4363.36平方米，其中业务用房2053.15平方米，办公辅助用房2310.21平方米，设置科室19个。几年来，保定市中心血站始终坚持“加强质量管理、确保血液安全；提供优质服务、持续改进发展”的质量方针，开展了无偿献血者招募、血液采集、检测与制备、临床用血供应；医疗用血的业务指导及相关服务项目；供血区域范围内储血的质量控制与评价、业务培训与技术指导等业务项目。

2013年，采血量24.88吨，机采1790人次，向各级医疗机构供血243776.5单位，满足了临床用血需求，保证了血液安全。新招募成立了龙座社区分队，这是我市第一个社区分队，至此我市的志愿服务分队达到7个。保定市中心血站获得“全国无偿献血先进市”、“河北省青年文明号”“卫生系统先进基层党组织”等荣誉称号。

目前，新综合业务楼迁建项目已做为血站2014年重点工作来抓，介时将建成全国最先进的二级生物实验室，开展新的血液检测项目，为保定市无偿献血事业发展做出更大贡献。

保定市第一支社区志愿者分队

美丽的无偿献血志愿者

血站新址鸟瞰图

保定市第二中心医院

团结向上的领导班子(左起党委委员、副院长王学良,党委委员、副院长刘铁军,党委委员、院长卢建海,党委副书记、副院长丁洁,纪委书记、副院长刘海萍,党委委员、院长助理董学宝)

国际学术交流

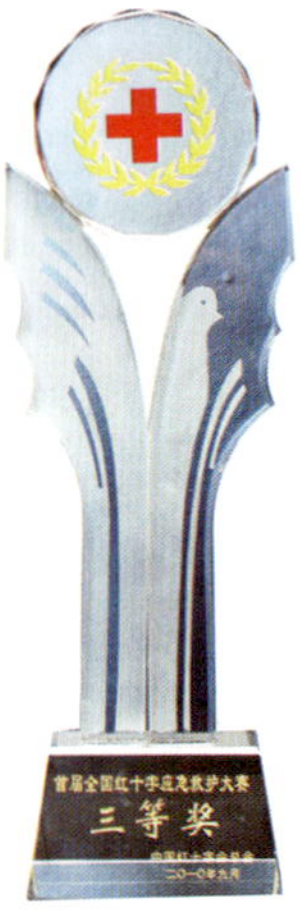

保定市第二中心医院始建于1953年，为保定市卫生局直属医疗单位，是一所集医疗、教学、科研、保健、急救、公共卫生应急处理为一体的现代化综合性三级医院，为国家级爱婴医院、保定市红十字会医院。2011年7月，经河北省卫生厅批准，正式纳入三级医院管理。

目前，医院占地面积114.8亩，医疗用地面积63.4亩，业务用房面积6.1万平方米。医院开设临床、医技科室45个，编制床位650张，实际开放床位842张。呼吸内科、新生儿科已达省级重点专科水平。医院多次主办，承办国际、国内、省内等大型高层次学术交流会议。

医院人才、科技力量雄厚，现有在岗职工1553人，高级专业技术职称人员152人，研究生92人，在读硕士研究生93 人、博士研究生1人，新世纪学术技术带头人和保定市名医20余人。近年来，医院承担河北省级科研4项，荣获市级科技进步一等奖4项。

医院2013年完成门诊量55.3万人次，其中，急诊量1.9万人次，留观1.1万人次，开展急诊心脏支架植入术57例，年出院病人3.2万人次，完成各类手术8342例。全年实际床位使用率101.6%，患者平均住院日9.1天，平均床位周转次数37.8次。医院固定资产总值达到3.92亿元，拥有64排螺旋CT、直线加速器、X线造影系统、核磁共振等一大批国内先进的医疗设备。

医院为承德医学院、河北北方学院教学医院，长期承担医学高校的人才培养任务，2013年9月，医院通过河北省卫生厅验收，成为“河北省全科医学临床培训基地”，全年共培训全科医师39名。

近年来，医院围绕“创建三级甲等医院”中心工作，瞄准国内外医学前沿，始终保持与解放军301医院、304医院，北京协和医院、同仁医院紧密型技术协作，建立了与解放军307医院的全面协作关系，积极开展高、精、尖诊疗技术，医院目前已广泛开展全胸腔镜肺叶切除术，纤维支气管镜检查、肺活检及介入治疗，肿瘤射频消融术，心血管造影及支架植入术，全脑血管造影术，颅内肿瘤切除术，颈及胸上段食管癌切除术，耳、鼻、咽喉纤维手术，逆行胰胆管造影及支架植入术，人工髋、膝关节置换术，白内障超声乳化联合人工晶体植入术，经皮肾镜取石术，新生儿重症监护等先进的技术项目。

流金岁月六十载的保定市第二中心医院，传承着历久弥新的医院文化，以“建设京南保北技术一流、百姓满意的医疗中心”为目标，不断深化医院管理，提升医疗质量，打造服务品牌，加快远景规划，优化就医环境，正向着创建三级甲等医院高歌猛进，为卫生事业和人民群众健康做出新贡献！

中国联合网络通信有限公司保定市分公司

保定联通积极推进本地信息化建设，及时传递行业应用新信息

保定联通积极参与基层建设年活动，驻村干部正通过 3G 手机向村民传递最新农业知识

中国联合网络通信有限公司保定市分公司（简称保定联通）是中国联通在保定市境内的分支机构，由原中国网通保定市分公司和原中国联通保定分公司合并组成，主要经营移动电话、固定电话、宽带等基础通信产品和信息应用、信息内容、系统集成等综合信息服务产品，全业务提供能力、全渠道服务能力、全网络接入能力等均保持行业领先。

保定联通坚持技术创新，建成了覆盖全市、联通全球的现代通信网络，开发建设了以云计算技术应用为核心，功能先进、安全稳定的综合信息服务平台、宽带互联网业务平台、视频监控等业务平台，为我市绝大多数党政军、企事业单位和公众客户提供了优质高效、安全稳定的基础通信服务和综合信息服务。

保定联通发挥技术优势，助力“平安保定”建设

保定联通坚持业务创新，大力推进信息通信技术在经济社会各领域的广泛应用，宽带客户规模、固话客户规模全市最大，综合信息服务能力保持行业领先。全业务品牌“沃”可提供手机电视、手机音乐等4大类100多个单项产品，为广大客户带来了全新的丰富多彩的信息服务体验。保定联通坚持服务创新，建立完善以客户为中心的营销服务体系和服务质量监督管理体系，实体营业厅、10010 客户服务中心、网上营业厅（www.10010.com）、手机营业厅（wap.10010.com）、短信营业厅（10010）等为客户提供了全方位、多样化的便捷服务。

展望未来，保定联通将深入贯彻落实市委、市政府和中国联通发展战略，积极实施网络技术升级，大力推进全业务经营，努力满足广大客户的综合信息服务需求，加快向“信息生活的创新服务领导者”转型，为建设“京畿强市，善美保定”贡献新力量！

保定联通积极参社会公益活动，国家级青年文明号联通东风西路营业厅到保定市儿童福利院慰问

联通大楼外景

保定市建筑设

董事长、总经理　陆　峰

保定市建筑设计院有限公司前身为保定市建筑设计院，始建于1952年，2011年11月完成深化体制改革。公司是河北省成立最早的综合甲级建筑设计单位之一，主要从事各种类型的大中型民用与工业建筑设计、工程勘察、工程监理、施工图审查等。建院60多年来，完成了万余项工程项目的勘察、设计、监理等，项目遍及我国各省、市及自治区，积累了丰富的设计工作经验，拥有一支由高素质人才组成的设计队伍，在设计领域具有独特的地位和影响力。2013年11月被国家工商总局评为“守合同 重信用”企业，2014年3月被河北省人力资源和社会保障厅、河北省总工会、河北省企业家协会和河北省工商业联合会联合评为“河北省AAA级劳动关系和谐单位”，还曾获得“建设系统信誉、信用AAA单位”“诚信单位”“优秀勘察设计院”“河北省诚信示范单位”“星级会员单位”“全省建设系统抗震救灾先进集体”等荣誉称号。

具有建设部颁发的建筑行业(建筑工程)甲级资质证书、工程勘察专业类岩土工程（勘察、设计、咨询、监理)甲级资质证书、房屋建筑工程监理甲级资质证书、施工图审查I级资质证书和建筑行业人防设计乙级、市政公用行业(道路)设计乙级、城市规划乙级，咨询乙级、风景园林设计乙级、市政公用行业(热力、风景园区)丙级资质证书等。人力资源现状是：公司在职员工共计264名，其中技术人员共计232名，教授级高级工程师13名，高级工程师63名，工程师64名，助理工程师61名，技术员31名，一级注册建筑师14名，一级注册结构工程师20名，注册公用设备(暖通)注册师11名，注册公用设备(给排水)工程师5名，注册公用(电气)工程师5名，注册

河北大午医院

容城县市民体育运动中心

计院有限公司

监理工程师16名，注册岩土工程师5名，注册咨询工程师9 名。

作为业内优秀的建筑设计单位之一，公司以“精心勘察设计、公正科学监理、优质诚信服务、实现顾客满意”为己任，坚持以繁荣建筑创作为宗旨，不断完善创新设计理念，力创建筑设计精品，在工程设计和科研方面屡获国家级、部级和省级以上优秀奖，在文化建筑、体育建筑、医疗建筑、教育建筑、居住建筑以及空间结构等设计领域具有独特的设计优势，而严格、规范的IS09001 质量体系认证管理更使我公司的设计质量为业界广泛认同。

公司注重推行和运用现代化设计手段，配备有电脑网络管理系统、协同设计系统、办公自动化系统，并建立了一套完整严密的管理体系，形成了团结求实、严谨高效、进取奉献，严守职业道德的作风。

安国市实验中学

保定市妇幼保健院

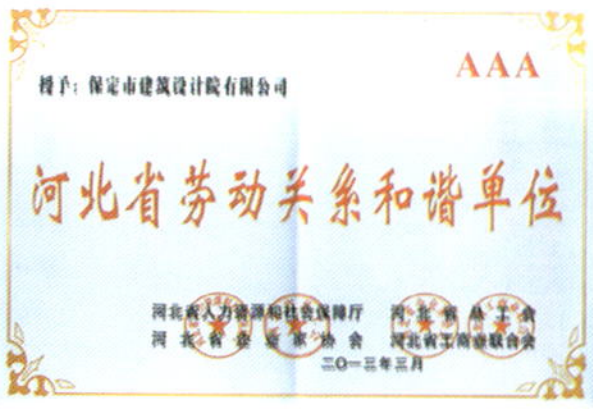

中航工业惠阳航空

董事长、总经理　凌庄怀

党委书记　张海行

超静音前掠电站直空冷风机

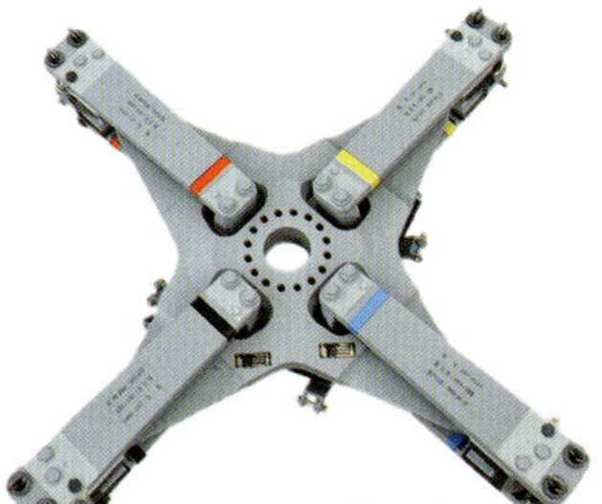

直九直升机旋翼毂

金属螺旋桨

复合材料螺旋桨

惠阳新区鸟瞰图

中航工业惠阳航空螺旋桨有限责任公司(简称中航工业惠阳；代号550)，隶属于中国航空工业集团直升机公司，是国家大型二类企业。老厂区地处保定市满城县神星镇，距保定市35公里，占地440亩；新厂区位于保定市惠阳街8号，占地455亩。现有员工2300余人，

中航工业惠阳成立于1960年，是在毛泽东等老一辈领导人亲切关怀下创建的我国唯一从事航空螺旋桨研发、生产的专业化企业，也是直升机动部件的科研、制造企业。近年来，公司相继承担了多项国家重点型号的科研生产任务，为国家的国防建设作出了积极的贡献。在长期的工作与实践中，公司培养了我国唯一的航空螺旋桨设计、制造、试验、检测及管理队伍；以公司为主编制了国家航空螺旋桨的适航标准、国军标及行标。2013 年，公司技术中心获评国家级技术中心。

生产车间一角

文化活动

半个世纪以来，几代惠阳人胸怀航空报国志，团结拼搏、艰苦奋斗，创造出了多个国内“第一”。从第一副木质螺旋桨到第一副金属螺旋桨，再到第一副复合材料螺旋桨，公司多次填补了国家空白，实现了产品质的飞跃；从直五、直九、直十一到重点型号直升机主桨毂和尾桨系统，公司逐步打造成了直升机动部件科研生产的专业骨干企业；从第一台风机到大型轴流冷却塔系列风机，再到风电叶片、风电整机，公司走向了“民品兴业”的发展之路。

2010年，中航工业惠阳完成了公司化改制，标志着从计划经济的管理模式向市场经济体制的质变，企业以崭新面貌驶入健康、协调、持续发展的市场经济快车道，实现了真正意义上的跨越发展。

直升机尾桨

惠阳新区研发中心大楼

刘雪松 践行地产责任 建设品质生活

刘雪松，正誉集团董事长兼总裁，保定市第十三届人大代表，保定市第十一届、十二届政协委员；中国房地产开发商协会副会长。

作为卓越有为的年轻企业家，刘雪松先生带领正誉集团，在波澜壮阔的市场竞争中，以缔造品质生活为己任，不断创新、超越，凭借丰富的多元地产开发经验，在住宅地产、商业地产、旅游文化地产领域奋力前行，所开发的多个项目赢得社会广泛赞誉，并在城市建设及行业发展中占据着重要地位。

艰苦创业 多元发展

刘雪松先生工作初期就职政府机关，两次荣立三等功，多次获得上级表彰。2002年，他投身商海大潮，凭借顽强拼搏、勇于创新的精神品格，开启了辉煌篇章。

2002年、2005年，他先后创办保定市大华房地产开发有限公司、河北尺度房地产开发有限公司。至今，两公司所建每件作品都体现出了时尚、现代、进取的人文精神，在地产业界开一时风气之先，全力践行着地产责任，为人们打造高品质生活。

为创百年基业，实现可持续发展，他先后创立了正誉集团股份有限公司、大华房地产开发有限公司、河北尺度房地产开发有限公司、深度音乐俱乐部有限公司、宜家物业管理有限公司、宜家建材市场、酒佰伴商贸有限公司、银信投资担保有限公司、河北尺度房地产经纪有限公司、河北尺度传媒有限公司、河北尺度装饰装潢有限公司等，并于2009年7月组建中国正誉集团。五年奋斗拼搏、五年春华秋实，集团现已成为拥有上千名员工，累计为国家上缴利税数千万元的现代化综合性企业集团。

专注品质 用心建设

基础决定高度，高度决定视野。近年来刘雪松先生率领团队奔波海内外，考察研究中外著名城市范本，与业界精英探讨交流，不断将全新建筑理念引入保定，并与一流建筑设计院所建立了密切的战略合作关系。在规划设计上，对每个细节都反复斟酌论证，力求立足当代，面向未来。“百年大计、质量为本”理念也实实在在反映在建材选择、建筑施工、管理运作等方方面面的行动之中，并从硬件建设上升到对居住品质、文化生活、园林绿化、物业管理、配套服务、安全保障等众多方面的综合考量。公司开发的河北容城县新容花园小区、河北顺平县腰山直隶公馆、保定高开区九号公寓、九号国际城、正誉国际金融中心、天威绿谷综合开发项目都以优良的建筑品质享誉业界。

肩负责任 回报社会

多年以来，正誉集团在刘雪松先生的带领下，竭力推崇“践行责任、感恩社会”的价值观，将慈善融入企业血脉之中。他认为，企业之于社会，如同大树之于土壤，企业发展源自社会更应回馈社会。作为卓有成就的青年企业家，他积极参政议政，热心慈善事业，先后安排城镇待业青年和下岗职工再就业三千余人次；为河北唐县黄金峪小学等贫困学校及失学儿童捐资

天威绿谷公建效果图

天威绿谷鸟瞰效果图

正誉国际金融中

助教、助学五十多万元；2008年汶川大地震后，他心系灾区，慷慨解囊，第一时间向灾区捐款一百多万元、捐药及捐物二十多万元。他的义举善行赢得社会各界的赞誉。忠于责任，荣耀随行，不凡的经历和业绩使刘雪松先生在2008年4月被评为“品牌中国地产十大创新领军人物”；2008年9月荣获“河北省抗震救灾捐赠特别突出贡献奖”；10月，荣获“河北红十字勋章”；在2011年1月举办的第五届中国房地产年会上，荣获“中国房地产影响力领导人物”荣誉称号，并被选为中国房地产开发商协会副会长。2013年1月，被授予“保定市人居环境建设突出贡献个人”，12月，被授予“保定十大经济贡献人物”荣誉称号。

直隶公馆鸟瞰效果图

九号国际城鸟瞰效果图

天威绿谷综合开发项目简介

天威绿谷综合开发项目地处保定市高开区黄金地段，西邻市干道朝阳大街，东临翠园街，南枕银杏路，北倚隆兴中路。交通便利，周边配套设施完备，教育、医疗、购物、娱乐、商务、休闲，近在咫尺、触手可及，人们可充分享受三分钟繁华生活圈所带来的便利、舒适和尊贵。

项目总建筑面积60万平方米，将建设成为全生态、纯天然绿色的高尚社区。十二栋住宅板式高层矩阵错落式分布，外观新颖、品质卓越，精心营造的几何园林与绿化艺术完美相融。展现地标风范的“L”型商业综合体，颇具艺术流韵，是中国建筑设计研究院陈一峰大师的匠心臻作，它集星级酒店(万豪酒店)、智能办公、购物中心、数字影院、高档会所、运动会馆等功能于一身，令入驻大厦的主人享受星级服务，倍显尊崇身份。

天威绿谷综合开发项目高效利用可再生资源，积极采用自然通风采光、太阳能光伏发电装置，以及水循环、保温隔声系统、声控照明系统等科技化、人性化的智能设计，全心缔造安全、舒适、健康的居住空间，诠释和谐人文之美，畅想美好品质生活。

九号国际城项目简介

九号国际城项目由正誉集团旗下保定市大华房地产开发有限公司开发建设。项目位于保定高新区核心地段，城市主干道朝阳大街东侧、天鹅路南侧，区域位置优越，交通便利、出行畅达。

项目总建筑面积30余万平方米，由北京市建筑设计研究院规划设计。高层住宅区以百米板式风景，尽展时尚现代形象。项目精心打造奢享“三叠”园林景观，更有50至172平方米十余种经典户型，业主可惬意而居，品味舒适生活。商务综合体部分，采用HOPSCA形式，同步国际主流生活，全力缔造保定城市新中心。项目曾获“2009年河北省优秀房地产开发项目”，并在2011年第五届中国房地产年会上荣获“中国房地产最佳国际品牌示范名盘”荣誉称号。

正誉国际金融中心简介

正誉国际金融中心项目位于我市高新区商务核心区域，地处朝阳大街以东、徐庄路以北，毗邻高新区小学。周边交通便利、配套设施完善。

该项目由中国建筑设计研究院规划设计，总建筑面积10余万平方米。项目采用八字型南北双子布局，两座主楼建筑线条简洁明快、鲜明独特，具有强烈的识别性及设计感，充分体现了办公建筑所特有的高贵典雅品质，它将以5A甲级写字楼的风范，凝聚精英智慧，成为商界名流展现的舞台。项目广泛利用现代科学技术，如太阳能照明、水循环利用、空调系统、声控照明系统等，低碳节能理念运用到各个方面。

该项目将集金融交易、商贸服务、大型会议及商务办公等功能于一体，积极引导银行、保险、担保、证券公司等金融机构入驻，对地区经济发展起到有力推动作用。在2011年第五届中国房地产年会上荣获“中国房地产最具国际品牌商业地产名盘”大奖。

直隶公馆项目简介

直隶公馆项目由中国正誉集团投资兴建，项目地处河北顺平县，毗邻国家3A景区——腰山王氏庄园。项目周边交通便利，相邻张石、保阜高速，通达京昆、京珠高速，规划中的保定市七一路亦将西延于此。

项目规划用地1000亩，总建筑面积约40万平方米，由中国建筑设计研究院规划设计。项目依山傍水，以四合院、集中式独栋住宅为主，秉承王氏庄园古朴典雅、恢弘雍容之气质，以千亩大境与庄园气象浑然天成。在建筑风格上，注重内向和围合，运用古典园林的动静结合、虚实对比、循序渐进等空间组织手法，以水系及公共绿地为纽带，将传统建筑的文脉、神韵、符号点缀其中，为业主和游客营造安闲幽美、云山诗意的环境氛围。

项目内环境优美，绿意盎然，四季花木、流转光华，困顿于都市许久的筋骨，于此闲庭信步，繁杂洗濯无踪。高雅的酒店、精致的商务会所，以及网球场、马场等现代设施，将给人们带来舒适现代的品质生活。2011年1月在北京举办的第六届亚洲房地产峰会上，荣获“影响中国·十大旅游地产名盘”荣誉称号。2013年1月，该项目被保定市人民政府办公厅、保定市住房和城乡建设局授予“保定市人居环境奖”。

中国冶金地质总局地球物理勘查院

院　长　陈海弟

11 月 22 日，市长马誉峰一行到物勘院调研

物勘院领导班子（左三院长陈海弟、右三党委书记方合三、左二副院长张国义、右二副院长朱向泰、左一党委副书记张和平、右一副院长麻丰林）

航空物探野外飞行

中国冶金地质总局地球物理勘查院成立于1965年，原属冶金工业部管理，2001年国家地勘队伍改革后属中国冶金地质总局管理，为事业性质企业化经营管理的地质勘查单位。下属6个专业院、4个产业公司。

拥有航空地质调查、地球物理勘查、地球化学勘查、固体矿产勘查、气体矿产勘查、测绘等六个甲级资质和灾害地质、水文地质、工程地质、环境地质等其他多项勘查资质，主要从事地质矿产勘查、工程地质、灾害地质、水文地质、地理信息工程、环境影响力评价及相关领域的技术研发和应用服务。大比例尺高精度航空地球物理勘查（航磁、航放、航电、航重、航遥）具有国际先进水平，达到国内领先水平；自主研发的二维三维地面大功率电磁法测深技术在国内处于领先水平，达到国际先进水平；地球化学构造叠加晕评价技术是自主创新核心技术，具有国际领先水平，被评为国家十大地质科技成果；城市地下管线探测、监测、评价（漏水评价、安全评价）及信息处理与管理技术处于国内一流水平。建院以来，完成了近300万测线公里的航空物探工作，其中在重要金属成矿带完成了国内70%的工作量，共获得铁矿储量约50亿吨，金金属量逾300吨、铜金属量近20万吨，获得了良好的地质勘查找矿效果。

目前，我院按照党的十八届三中全会精神及国资委、冶金地质总局要求，加大改革力度，积极构筑适应市场经济的现代企业体制和机制，大力提升技术服务能力和水平，重点建立以高精度航空物探技术为引领的物、化、遥、测、地全空间综合勘查技术服务体系，在继续为我国资源能源保障提供有效服务的同时，努力为地质减灾防灾、环境保护、新能源勘查提供有效的评价和解决手段，更好地为我国经济和社会提供服务。

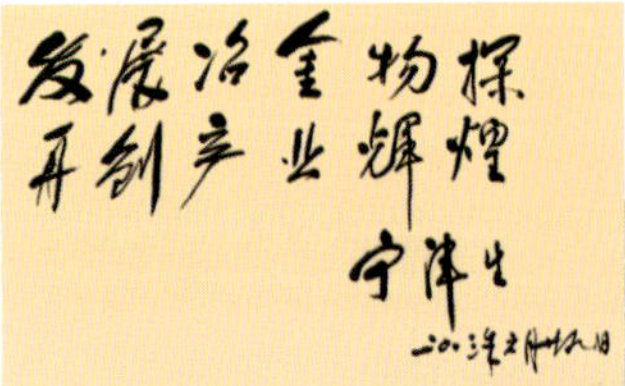

6 月 29 日大地测量专家中国工程院院士宁津生为物勘院题词

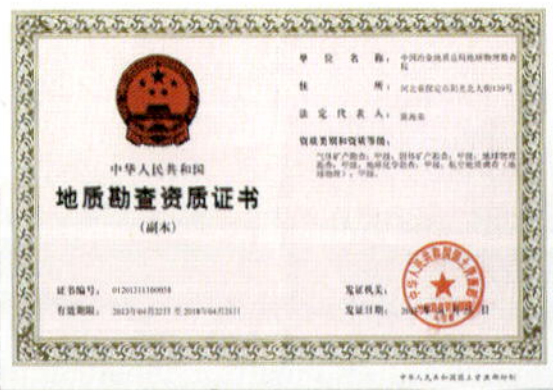

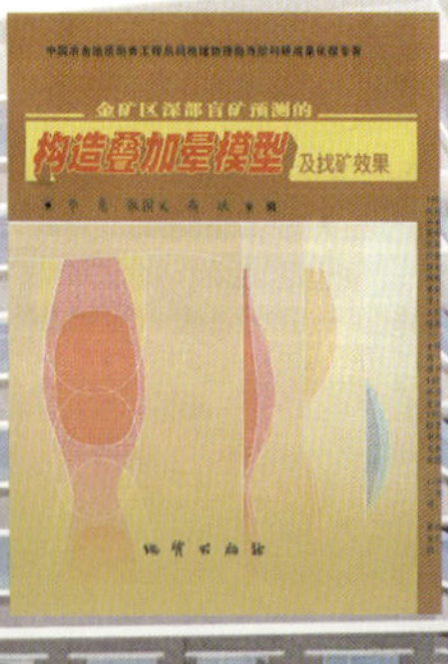

物勘院科技楼外立面效果图

特　　　　载

深入贯彻落实省委八届五次全会精神 全力打造环京津地区新的发展增长极

——在市委十届六次全委（扩大）会议第一次全体会议上的讲话（摘要）

（2013 年 7 月 28 日）

中共保定市委书记　聂瑞平

省委八届五次全会以来，我们把学习贯彻省委全会精神作为重要任务，通过大讨论和工作落实，全市上下认识更加深化、思想更加统一、力量更加凝聚，解放思想、改革开放、创新驱动、科学发展的浓厚氛围迅速形成。周本顺书记到保定调研时指出，保定已经到该发大力的时候了。我们一定要认真领会这句话的深刻内涵，把省委八届五次全会精神与保定实际结合起来，动员全市广大干部群众，牢牢把握解放思想、改革开放、创新驱动、科学发展的总要求，大力唱响实干兴市、清正为民主旋律，紧紧围绕发展、稳定、民生三大任务，不断强化环境和干部两大保障，深入建设京畿强市、善美保定，加快重返全省第一方阵步伐，全力打造环京津地区新的发展增长极，为全面建成小康社会而努力奋斗。这是省委、省政府对保定的殷切期望，也是全市 1000 多万人民的强烈期盼。我们要以此作为统领全市各项工作的总目标、总纲领，全力以赴、锲而不舍地抓好落实。

今天会上，印发了市委、市政府《关于全面提升县域经济发展水平的实施意见（讨论稿）》，以及关于加快汽车及零部件等七个产业发展的《实施方案（征求意见稿）》，这是贯彻落实省委全会精神，推动全市跨越式发展、打造环京津地区新的发展增长极的重要举措，大家一定要讨论好、修改好、落实好。会议结束时，誉峰同志还要就县域经济发展作专门部署。下面，根据市委常委会研究的意见，我讲四个问题。

一、打开总阀门，树立推动跨越式发展、打造环京津地区新的发展增长极的坚定信心

打造环京津地区新的发展增长极，是省委作出的重大决策，也是时代赋予我们的重大使命。省委组织开展的解放思想、改革开放、创新驱动、科学发展大讨论活动，已经点燃全市人民为保定尊严而战的雄心壮志。我们一定要把大讨论的成果落实到推动跨越式发展的行动上，持久打开解放思想、改革开放、创新驱动、科学发展的总阀门，再加压力，再鼓干劲，再谱新篇。

全新的责任使命，要求我们必须认清严峻的竞争形势。改革开放以来，在省委、省政府的正确领导下，全市上下认真贯彻中央、省、市一系列决策部署，拼搏进取，务实创新，经济社会发展不断取得新业绩、迈上新台阶。特别是从地市合并到现在的18年间，全市经济总量增长6.2倍，财政收入增长近20倍，城乡居民人均收入增长4.2倍和6.4倍；保持了和谐稳定的社会局面，形成了焕然一新的城乡面貌，培育了一批立市立县的骨干企业和支柱产业，等等。作为一个人口超千万的大市，能够取得这样的成绩、开创这样的局面，的确来之不易，必须充分肯定、倍加珍惜。但是，我们不能仅看到纵向的今非昔比、天翻地覆，更要看到横向的天外有天、沧桑巨变。暂且不与全国先进地区相比，仅就省内来看，上世纪八九十年代，保定发展红红火火，大有赶超石家庄之势，但现在的经济总量已经从当时的全省第3退到第5位。唐山、石家庄、邯郸、沧州等市发展势头强劲，与我们的距离越拉越大。和我们同处京畿的廊坊，去年财政收入为306.6亿元，我市为311.3亿元，与我们基本持平；今年上半年，我市为176.5亿元（不含定州为163.8亿元），廊坊为199.6亿元，已经快速超过了我们，廊坊已不再是追兵，而是我们学习的榜样。排在我市后面的张家口发展迅猛，随着沃尔沃汽车等一批重大项目的引进，正在加快赶超。从人均指标来看，我市的排位更为靠后。如果我们再不增强加快发展、跨越赶超的危机感、紧迫感，恐怕在总量上连第5位、第6位也保不住，更不用说人均。到了那种地步，我们就会在北京的南大门、在首都和省会的黄金通道上形成一个“塌陷区”，成为全省发展的拖累。

这绝不是危言耸听，大家一定要有更加清醒的认识。

巨大的发展差距，要求我们必须找准内在的深层原因。应该说，造成我市发展相对滞后的原因是多方面的。比如，跟石家庄比，我们没有省会优势；跟唐山、沧州比，我们没有港口优势；跟唐山、邯郸比，我们没有资源优势；再加上缺乏国家战略、省级战略的支持，等等。但所有这些，都不能解释廊坊、张家口等市的快速崛起。所以，我们分析问题，更多地不是找客观原因，而是找主观原因；更多地不是找群众的主观原因，而是找我们干部自身的主观原因。我们是保定事业的领导者、组织者、推动者，这原因、那原因，说到底都有我们自身的原因。实事求是地讲，保定干部队伍的素质并不差，大家有悟性、有灵气、有志气。但是，在不断拉大的发展差距面前，我们都要静下心来想一想，面对组织和人民的重托，我们是真正把主要心思和精力都用到了事业上、用到了工作上，一门心思谋发展、抓发展、促发展，还是时常精力分散、心浮气躁，对官场信息敏感，对项目信息麻木，对个人发展十分焦虑，对区域发展不那么着急？面对各地竞相角逐的严峻态势，我们是始终有一种强烈的危机感和压力感，时时关注先进地区、研究先进地区、学习先进地区、全力赶超先进地区，还是有时妄自尊大，有时妄自菲薄，在成绩面前自我欣赏，在差距面前甘于落后，甚至不比先进作贡献、只看后进找安慰？面对社会各界创优环境的强烈期待，我们是真心实意、千方百计为投资者和企业着想，还是很难从囿权思想中解放出来，对提质提效的各项措施口头赞成、实际抵触，上面绿灯、下面红灯？面对有可能抓住的一些重大项目，我们是盯得很紧、抓得很实、办法想得很多，有一种水滴石穿、锲而不舍、百折不挠的劲头，还是盯而不紧、抓而不实，办法不多、功夫不够、韧劲不足，说得多、做得少，眼看着项目被别的地方拉过去？面对强化决策执行的各项要求，我们是令行禁止、雷厉风行，靠过硬作风、创新举措推动落实，只为成功想办法，不为落后找理由，还是经常停留在形式上，满足于泛泛地推一推，象征性地喊一喊？凡此种种，不一而足。对这些问题，每位同志都要自我反省，看看自己属于哪一种情况。要知道，事在人为，主观努力可以弥补客观不足。假如我们的干部都能够思想更加解放，把发展看得更重，把机遇抓得更牢，把工作抓得更紧，把项目抓得更实，把环境创得更优，现在的保定，无论是发展局面还是实力地位，一定会是另一番景象。

难得的历史机遇，要求我们必须坚定跨越赶超的强大自信。周本顺书记讲，风水轮流转，现在保定跨越式发展的天时、地利、人和都已具备。从外部看，全国区域发展的重点已经从珠三角、长三角逐渐推移到环渤海，首都经济圈发展上升为国家战略，必将使这一地区进入跨越发展、一体发展的新阶段。尤其是北京已经开始由“虹吸”向“外溢”转变，辐射带动作用日益明显。目前，首都经济圈发展规划编制已全面启动，北京东扩南拓战略加快实施，北京新机场即将开工。省委全会确定的四大攻坚战都与保定直接相关，特别是打造环渤海、环京津两大增长极，保定都能直接受益。我们完全有条件置身沿海、借势京津，成为最具活力、发展最快的地区之一。从内部看，我市具备一系列人无我有、人有我优的独特优势，如四通八达的交通优势，结构合理的产业优势，高校密集的创新优势，底蕴深厚的文化优势，腹地广阔的空间优势，等等。这些优势，正在京津冀一体化发展中不断彰显放大。尤其需要看到的是，1000多万勤劳勇敢、朴实善良的保定人民，盼发展、快发展的热情高涨，大家都憋足了一股劲，不服输、争上游，跨越赶超、奋进崛起、重返全省第一方阵的愿望非常强烈。特别是近几年，江泽民、胡锦涛、习近平等党和国家领导人相继到保定考察，全市上下倍受鼓舞、倍感激励。如果说过去我们还有一些借口和理由，那么现在，面对这种特殊的政治关怀，面临这些叠加放大的多重利好，我们绝不能再错失良机、贻误发展。周本顺书记说保定已经到该发大力的时候了，实际是在告诫我们，保定到了该承担大责任、寻求大突破、作出大贡献的时候了。我们一定要牢记责任，坚定信心，始终保持一种坐不住、吃不下、睡不着的责任感和使命感，把思想和行动统一到落实省委全会部署，推动全市跨越式发展、打造环京津地区新的发展增长极上来，为保定尊严而战。

二、拉开主战场，构筑推动跨越式发展、打造环京津地区新的发展增长极的战略支撑

保定发展的任务很重、稳定的任务很重、民生的任务很重。三大任务重，表象是三个方面，但归根结底、重中之重在发展。正如周本顺书记所讲，全省发展的任务很重，保定发展的任务更重；全省的主要矛盾是发展不足，保定的主要矛盾更是发展不足；全省要有发展的紧迫感，保定更要有发展的紧迫感。我们必须把跨越式发展作为根本出路，把打造环京津地区新的发展增长极作为目标方向，一切工作都要向这个方向聚焦、聚势、聚力。

从经济学角度讲，发展增长极是指具有较强要素集聚、经济带动、城市辐射、改革示范作用的地区。省委把我市和其他环京津兄弟市一起，确定为全省大力培育的环京津地区新的发展增长极，意味着我市的发展，在速度上比全省平均水平要快，在质量上比其他地区要高，对全省发展要有明显的拉动作用。实现这个目标，必须从保定实际出发，在科学发展观的指导下，努力打造高端发展、开放发展、创新发展、协调发展的增长极。打造高端发展的增长极，就是在发展模式、产业结构、技术水平、环境平台等方面全面树立高端理念，坚定不移地走低碳型、科技型、集约型发展道路。这是实施后发战略的必然选择。只有这样，我市才能跃上环京津增长极的顶端。打造开放发展的增长极，就是全面增强开放意识，特别是加强与京津的对接，以大开放促进大发展。这是保定的优势所在、潜力所在、希望所在。只有这样，才能摒弃内向封闭的发展模式，告别守着京津过穷日子的历史。打造创新发展的增长极，就是善于用创新的思路破解难题，用创新的举措创造亮点，不断推动发展模式创新、核心技术创新、体制机制创新。这是实现跨越赶超的第一驱动。只有这样，才能激发保定发展的内生动力和创造活力。打造协调发展的增长极，就是统筹不同区域发展，统筹新型工业化、信息化、城镇化、农业现代化，统筹经济、政治、文化、社会、生态文明建设和党的建设。这是推动发展的重要方法。只有这样，才能全面建设实力保定、活力保定、魅力保定、文化保定、美丽保定、幸福保定，在环京津地区赢得重要一席。

保定这么大的区域、这么多的县市，实现跨越式发展、打造环京津地区新的发展增长极，不可能齐步走、一刀切，要坚持点线面结合，分类指导，整体推进。在“点”上，要放大三个中心的辐射。以市区为中心点，推进“一城三星一淀”同城化发展，扩大汽车、新能源等支柱型先进制造业比重，培育壮大现代服务业及新兴成长性产业，打造主业突出、多元支撑、拉动有力的保定中心城市经济板块。以北京为中心点，涿州、涞水、高碑店、定兴、易县、白沟新城等环首都前沿地区，要发挥区位优势，建设京津产业转移和央企战略合作的首选地，打造全市发展最快、竞争力最强的环首都一线经济板块。以白洋淀为中心点，充分发挥北京周边最大湿地的独特优势，既保障有足够的水量，又保证有干净的水质；既保护和利用好这颗“华北明珠”，又在其周边科学合理地镶几颗“钻”。安新、雄县、容城、白沟新城等县（开发区）要树立“大白洋淀”理念，突破“就旅游做旅游”的惯性思维，大力发展商务经济、总部经济、网络经济、健康医疗、文化休闲等产业，打造承接京津辐射、疏解京津功能、服务京津发展的环白洋淀经济板块。在“线”上，要重点抓好两个隆起带。京广铁路沿线高端隆起带，充分发挥交通干线的综合优势，加快沿线及周边区域的新型工业化、城镇化进程，着力做大做强一批有特色、有规模、有战略支撑作用的优势产业，打造支撑保定加快发展的“中部脊梁”。西部太行山地区绿色隆起带，充分发挥资源优势和后发优势，大力发展绿色食品、生态旅游、光伏发电等生态型经济，加快改变落后面貌，闯出一条新路来，尽快撑起全市发展的“半壁江山”。在“面”上，要全面提升县域经济的整体水平。把县域经济作为全市跨越式发展的根本依托，全面落实省委、省政府《关于加快县域经济发展的若干意见》等四个文件精神，加快实现全市县域经济总量倍增，利用3到5年时间，打造一批GDP超200亿、工业产值超1000亿的经济强县（市），3年内财政收入5亿元以下的县全部出列。

围绕上述格局，在全面做好各项工作的基础上，强力拉开六个主战场。

第一，坚持低碳崛起，拉开培育壮大发展引擎的主战场。发达国家、先进地区的一条重要发展经验，就是都有一个甚至几个资本与技术高度集中、速度与质量全面领先、聚集与引领非常强劲的发展引擎。比如，美国硅谷、英国剑桥工业园区，我国的上海浦东新区、天津滨海新区，以及我省的唐山曹妃甸、沧州渤海新区。保定这么大的块头，如果没有大的发展引擎、没有大的发展平台，实现跨越式发展、打造环京津地区新的发展增长极，就会成为一句空话。

培育全市发展的重大引擎，主打品牌是低碳，首选区域在保北，基本支点在园区。京南保北区域地处首都经济功能向外疏解的重要通道，无论是交通区位、空间腹地、产业基础、生态资源，都是全市发展条件最好的地区。保定作为“双料”低碳试点城市、首都生态屏障和全国大气环境重点监测城市，在国家加大环首都大气污染治理的背景下，除了绿色发展、低碳崛起，我们别无选择，必须把低碳理念融入经济社会发展的各个层面。要以低碳为主导，在继续做大做强主城区经济的同时，按照“大视野谋划、大区域规划、大开放发展、大项目支撑、大范围协同”的思路，统筹推进保北地区的发展。特别要放大地缘优势，全力加快以北部低碳新城、涿州和白洋淀为顶点的“金三角”区域发展，从中培育壮大全市发展的核心引擎，建设具有全国乃至世界影响的低碳经济示范区，打造首都经济圈融合发展科学发展示范区、承接京津城市功能疏解的综合配套改革试验区、近海腹地开放创新发展的先行区。

打造发展引擎，必须注重科学规划，搞好顶层设计。要统筹安排好保北和“金三角”区域的产业分工、资源配置、城镇布局，特别是规划建设好白沟、白洋淀商务旅游休闲产业示范园，涿州、涞水战略新兴产业示范园及首都功能疏解试验区，高碑店、定兴装备制造、节能产品、绿色食品生产基地，徐水大王店高端装备制造产业示范园等重大发展平台。要按照高端发展要求，科学设定准入门槛，合理确定区域内投资的强度密度，确保项目档次高、规模大、生命力强、成长性好，绝不能急功近利、只顾眼前、贻害长远。要借鉴先进地区的成功经验，探索建立利益共享机制，在财政、税收、土地等方面探索共赢模式，吸引优质生产要素向优势区域聚集，实现互惠发展。

在打造重大发展引擎的同时，还要积极培育众多的经济增长点、“引爆点”。强力推进安国国际中药都建设，瞄准“全国第一、世界知名”的发展定位，抢占中药产业制高点，打造保南区域的重要增长板块。各县（市、区）都要着眼跨越式发展，以骨干园区为中心，全力壮大区域发展的带动力量，成为打造环京津地区新的发展增长极的重要支点。市委、市政府坚定不移地鼓励竞争发展，谁搞上去了谁就是“极”，谁搞得好就重点支持谁，努力营造八仙过海、奋勇争先的生动局面。

第二，打好环京津这张王牌，拉开对接京津、开放发展的主战场。作为京畿重地，保定在护卫首都、服务京津方面作出了重要贡献。过去讲“大树底下不长草”，现在是“近水楼台先得月”。作为发展的“巨无霸”，京津城市功能向外疏解已成定局和必然趋势。处在京津这两个国际大都市的连绵区，保定必将成为京津要素转移的首选之地。只要把保定这个小齿轮啮合进京津的大齿轮，我市发展就会获得更快的加速度。

对接京津，融入京津，必须解放思想、创新思维、更新理念。要强化大京津的理念，不仅毗邻京津的一线地区要率先突破，全市域的所有县（市、区）都属大京津范畴，都要对接京津，借势京津，打京津牌，唱京津戏，做同城化文章。要强化大统揽的理念，把对接京津作为统揽全市各项工作的方向性选择，不仅经济发展、产业升级要对接京津，思想观念、人文素质、基础设施、公共服务等各个方面，都要与京津接轨。要强化大合作的理念，不仅要主动服务京津，更要积极加强合作，疏解京津功能，以资源换产业、以存量换增量、以空间换发展。要强化大生态的理念，自觉承担起京津生态屏障、水源保障、生活供应、环境治理等责任，不违背首都经济圈的规划，不上影响京津生态环境的项目，不增加京津城市功能疏解的压力，以保定的绿色发展、循环发展、低碳发展，在京津冀一体化发展中赢得主动。

对接京津、融入京津，必须优先发展培育一批临近京津的经济强县，规划布局一批宜居宜业的卫星城市，做大做强一批成长性好的知名企业，引进抓好一批事关全局的重点项目。要围绕“四个一批”要求，大处着眼，实处着手，多管齐下。交通建设要先行。加快高速公路、高铁、轻轨等基础设施和配套设施建设，构建连接京津的现代综合交通体系，加快交通、通讯和基础设施的一体化，提升与京津地区的通达性。产业融入是核心。通过优势互补、错位发展、强化支撑，推动我市产业与京津相互依存、共同发展，构建京津冀一体化的高端产业体系。开放引进是关键。深入实施央企进保、外企进保、大型民企进保、总部进保、人才进保、新技术进保等开放攻坚行动，让更多的京津优质资源成为加快保定发展的先进生产力。公共服务是保障。要在就业、社保、医疗、人口等管理体制方面探索跨市顺畅衔接的可行机制，推进区域基本公共服务均等化。当前，最紧要的是抓住首都经济圈规划编制的契机，坚持“同城化”理念，抓紧研究规划布局、产业合作、政策创新、统筹协调等重大问题，主动向国家有关部委和京津汇报衔接，努力争取更多的支持，在京津冀一体化发展中占据有利位置。

第三，增强县域整体实力，拉开发展县域经济的主战场。县域经济发展落后是保定的明显短板。与全省相比，2009年全省县域经济实力排位，我市只有涿州（27位）和定州（42位）进入全省前50名，有12个县排在全省100位以后。去年我市财政收入过10亿元的县有5个，加起来才相当于廊坊的一个三河。与周边相比，从北往南，廊坊、沧州、衡水、石家庄与我们相邻的各县，原来发展大都不如我们或与我们不相上下，现在发展得都比我们好。

在差距面前，我们绝不能泰然处之、漠然视之。必须坚持“两条腿走路”原则，牢牢抓住富民和强县同步推进，突破重点领域，狠抓关键环节，全面提升县域经济整体水平。要把特色经济做大。保定的县域特色经济曾经有过辉煌。但在转型发展中，有的不仅没有壮大，反而近乎衰落。要强化再创业意识，实施产业集群示范和提升工程，提升发展理念，优化产业结构，更新技术设备，提高创新能力，打造知名品牌，推动高端转型，变干粗活挣小钱为做细活挣大钱，彻底改变“草根经济”死不了也长不大的状况。对区域性支柱产业，要坚决把好环境保护、安全生产和产品质量三个关口，绝不能因哪个环节的问题毁掉多年培育起来的整个产业。要把县城经济做强。抓县域经济必须抓县城，抓县城必须抓园区。每个县（市）都要在县城周边和特色产业比较集中的镇大手笔建设1—2个省级以上园区，引导工业向县城聚合、企业向县城聚拢、人口向县城聚集。要加强园区基础设施建设和公共服务，努力做到配套设施和服务“零缺陷”。今后新上产业项目和搬迁改造企业必须入园进区。通过园区扩城促进产业兴城、产城互动，把县城建设成一个地方经济最繁荣、吸纳能力最强劲、人气最旺盛的经济中心。在园区建设上，要大胆解放思想、创新机制，改变政府包办为主的方式，推行管委会服务、市场化运作、企业家招商、集群化发展的运行模式。要把懂经济、能招商、会管理的优秀人才选派到园区施展才华，绝不搞平衡照顾。对园区建设搞得好、做得大的，市委、市政府积极争取省里提高级别。要把项目经济做实。说一千道一万，没有项目什么都是白干。实践证明，一两个大项目就能让一个县彻底翻身。各县（市、区）都要学习、借鉴、推广徐水县抓大王店园区建设、安国中药都引进天士力的做法，强化项目中心意识，高端规划，制定好路线图，集中精力盯紧一批大项目、好项目、高端项目，责任到人，落地生根。尤其是各县（市、区）主要领导，都要亲自谋划、引进一两个能够立县富民打翻身仗的重大项目。项目建设最讲实实在在，必须确保投资到位率、开工率、竣工率、投产率，坚决反对口头项目、数字项目和只有概念没有进展、只见签约不见落地的虚假项目。要把民营经济做活。壮大县域经济，民营经济是主导力量。要深入开展全民创业行动，从降低门槛、减轻税负、融资服务、资源保障、人才培训等方面加大对各类中小项目、中小企业的扶持力度，努力使各类市场主体多起来、强起来、活起来。要把农业经济做优。农业是关系大局稳定、保障国计民生的基础产业。要以农民增收为核心，围绕打造环京津地区绿色食品生产加工供应基地，坚持“稳基础、兴产业、促科技、壮龙头、保安全、创机制、强服务”，大力发展优质、高效、安全、生态的现代农业，加快发展城郊型、都市型、园区型农业，提高农业的附加值和竞争力，夯实县域经济发展基础。

实现县域经济整体提升，必须有明确的路线图和时间表。市委、市政府在综合分析、反复测算并征求意见的基础上，提出了各县（市、区）的发展目标和学习赶超的标杆。这次会议确定以后，要以此为依据，在全市强力开展新一轮县域经济全面提升和对标赶超行动。要把高端规划、引进战略投资者作为对标赶超的重中之重，每个县（市、区）都要结合自己的产业基础和比较优势，瞄准世界500强、中国500强，排出顺序、拉出单子、落实人员，按图索骥、加强对接、争取落地。同时，各县（市、区）要筛选一批符合产业方向、发展潜力较大、企业经营者干事创业有能力的成长性企业，给予最大支持，促其迅速壮大。市直各部门也要对标先进，全面改进服务，同时承担部门、行业对接京津、引进项目的责任。要加大对县域经济发展的考核力度，对各县（市、区）经济总量、财政收入、居民收入、市场主体、环境质量等指标进行增量排名，一月一排位、一季一通报、半年一考核、年终算总账，与干部奖惩、职级、任免相挂钩。

第四，构建现代产业体系，拉开产业转型升级的主战场。保定的产业结构比较合理，但产业不大、不强、不优的问题十分突出。去年，全市五大主导产业增加值占 GDP 比重仅为 20%，规模最大的汽车产业仅占 8%，而邯郸、沧州和廊坊、张家口的主导产业比重都在 30% 以上，廊坊的两大主导产业都在 20% 左右。要按照“有中生新”的思路，加快推进现有主导产业的调整升级。要把做大做强以汽车及零部件、新能源及能源装备为核心的先进制造业作为重中之重，加大产品地方应用力度，巩固拓展域外市场，打造两大销售收入超千亿、占 GDP 比重 10% 以上的战略支撑产业，建设具有国际影响力的“保定·中国电谷”和“保定·中国汽车城”；同时，加快发展电子信息、节能环保、文化旅游、现代服务业、现代农业等产业，形成支撑产业振兴的低碳产业集群。要抓住保定被列入全国老工业基地调整改造规划的契机，加快改造提升纺织服装、食品、建材、化工橡塑、冶金加工等传统优势产业，促进产业结构的优化升级和产品的更新换代，着力打造东部百公里纺织服装产业带、环京津新型建材产业带，努力培育占 GDP 比重 15% 以上的传统产业集群。要按照“无中生有”的思路，加快培育航空航天及新材料、生物医药两大新兴产业，尽快形成更多更强的产业支撑，不能把鸡蛋都放在一个篮子里。对每一个重点产业，都要成立一个有经验的专门班子去抓，有的向上游延伸，有的向下游延伸，盯住不放，一抓到底，力求抓出成效。通过努力，全面构建高端引领、主业突出、结构合理、多元发展的现代产业体系，使我市成为全省产业结构调整的代表城市。

加快产业升级，壮大产业实力，必须树立强烈的产业链意识。要以龙头企业牵引产业链。大力支持长城、英利、巨力、隆基泰和等一批重点企业加快发展，力争每个产业都培育 3～5 个产业关联度高、带动作用大、核心竞争力强的龙头企业，努力使更多企业进入全国 500 强，用“领航旗舰”带动“联合舰队”。要以技改升级拉长产业链。瞄准产业链条中技术含量相对较高、利润空间相对较大的高端节点，加快技改升级步伐，引进开发关键技术、核心技术，发展高端产品，最大限度地拓展利润空间。要以产业融合做强产业链。积极推进一二三产业的融合，打破行业界限，在各产业、各门类相互融合、相互承接的过程中，培育一批跨产业、跨行业的产业链条。要加快我市产业链与京津产业链的融合对接，在一体化发展中互相依存、互相促进。要以区域统筹拓展产业链。区域经济不是区划经济。要统筹县内外、市内外资源，发挥比较优势，做足做好产业上下游配套的文章，积极搭建产业链各环节之间的交流、衔接和融合的平台，促进区域经济的整体发展，坚决防止区域内耗和恶性竞争。

第五，统筹城乡一体化发展，拉开城镇建设的主战场。周本顺书记指出，县城普遍偏小，能级低，聚集和吸纳人口、产业的能力不足，是我省城镇化低于全国平均水平的重要原因。相对于全省，保定的城镇建设差距更大、任务更重，提升城镇化水平的要求更迫切。我们一定要抓住国家扩大内需的有利时机，把城镇建设作为重要投资方向，按照布局集中、产业集群、用地集约的要求，加快提升全市城镇化水平。

要进一步做大做强中心城市。细化规划，完善功能，明晰主城区及“三星一淀”各自定位。以彰显古城魅力、建设现代新城为方向，实施主城区人口、面积、经济规模“倍增计划”，加快高铁新城、北部新城等新区建设，努力再造一个新保定。谋划实施东湖文化中心、西湖体育中心、中央商务中心、市民服务中心和高铁新城会展中心建设，每年都要集中力量建成一批重点工程。按照同步、同标、同城原则，加快“一城三星一淀”组团式、一体化发展，分期分批推进路、讯、水、电等重大基础设施的连接，促进城市功能和产业布局的不断优化。要加快推进县城扩容升级。有关研究结果表明，70% 左右的农民，首选目标是进县城。要实施“大县城”战略，坚持科学规划、体现特色、突出产业、保护文脉，统筹抓好县城的基础设施建设、产业发展、功能完善和品位提升等工作，把县城做大、做强、做优、做美。加快“白沟、白洋淀”、“涿州、高碑店”等城市组团建设，促进距离相近县城的融合发展。要树立经营城市的理念，运用市场化思维破解城建难题。通过狠抓县城建设，努力打造一批各具特色、梯次布局的中小城市集群，促进一批基础条件好的县（市）逐步发展成为中等城市，变“小马拉大车”为大马驾辕、多马拉车、城乡统筹、一体发展。每个县（市）都要在抓好县城的同时，抓好一个或几个重要节点镇，统筹“四化”发展，加快城镇化进程。要深入推进农村面貌改造提升行动。按照省委、省政府的部署，实实在在地搞一场农村面貌的大改造、大提升、大变革。要围绕保持田园风光、增加现代设施、绿化村落庭院、传承优秀文化，因地制宜、突出特色，科学规划、稳步推进，高标准完成各项改造提升任务。要把村容村貌治理与房、厕、水、路改造结合起来，把农民意愿与市场手段、政府引导结合起来，把新农村建设与发展现代农业、增加农民收入、倡导文明生活方式结合起来。争取利用三年时间，使农村面貌从外到内、从物到人都发生根本变化，努力打造符合全面建成小康社会要求的“升级版”社会主义新农村。

保定是全国历史文化名城，有14个千年古县和一大批古镇古村，这都是祖先留给我们的宝贵财富。在城乡建设中，一定要增强品位意识，让文化浸润于一街一景、一草一木，努力打造特色鲜明的历史和文化符号。要创新城市管理，把城市管理“6S”行动向城镇和农村拓展延伸，持续开展城乡环境综合整治，让广大群众在优美环境中舒适生活。

第六，着力保障和改善民生，拉开扶贫攻坚的主战场。如果全市138万贫困人口不能脱贫致富奔小康，就谈不上跨越式发展，也不会实现真正的全面小康。全市上下一定要牢记习近平总书记在阜平考察时提出的“消除贫困，改善民生，实现共同富裕”的殷切希望，把扶贫开发作为重大政治责任，按照“1（阜平）+3（涞水、涞源、易县）+5（唐县、顺平、曲阳、望都、博野）”的总体布局，举全市之力打赢扶贫开发攻坚战，努力探索一条贫困地区脱贫致富全面建成小康社会的新路子，争当环首都贫困带快速崛起的示范区。

推进扶贫开发，必须高标定位，锁定提标、提速、提质三项目标。提标，就是把扶贫标准由中央确定的农民年人均纯收入2300元提高到3000元，防止将来出现因提标而大面积返贫现象。提速，就是立足于提前实现脱贫目标，阜平5年脱贫目标力争4年完成，确保2017年底实现稳定脱贫；环首都扶贫攻坚示范区的涞水、涞源、易县2014年底基本达到脱贫标准，2015年底实现稳定脱贫；望都、博野2014年底实现稳定脱贫；唐县、顺平、曲阳2015年底达到脱贫标准，2016年底实现稳定脱贫。“7·21”灾后重建工作要全面加速，确保今年9月底前全面完成。提质，就是在脱贫的基础上，更加注重发展的内涵、质量和协调性，解决好平均数下的不平衡问题，确保所有贫困县与其他县同步全面建成小康社会。

扶贫开发系统性强，涉及面广。要按照“因地制宜、科学规划、分类指导、因势利导”总要求，深入推进科学规划、基础设施、特色产业、连片开发、项目建设、易地搬迁、素质提升、行业协作、固本强基、幸福乡村十大攻坚战，特别是要把富民产业发展好。要用改革开放的思维和办法研究指导扶贫开发。认真研究贫困地区的土地优势、人文优势、生态优势，用活用好红色资源、人脉资源、地矿资源、生态资源。要通过扩大开放、招商引资引智，帮助贫困地区引进建设一批立县的绿色环保工业项目，培育发展一批富民的种养、加工、旅游等特色产业，真正使一方水土更好地养活一方人、富裕一方人。要用市场思维和市场机制谋划推动脱贫致富。在扶贫开发中，政府要发挥主导作用，但根本还是要靠市场。各级党委、政府要切实加大对贫困地区的扶持力度，在政策、资金、项目、干部配备等方面予以倾斜，并集中精力为扶贫开发创造环境、提供条件、改善基础设施、改进公共服务。帮扶贫困村的工作队，要一帮到底，不脱贫不撤回。在此基础上，切实发挥好市场机制的基础作用，政府点个捻，撬动市场的力量，吸引更多的市场主体共同参与扶贫开发。注重探索完善贫困村、农民、龙头企业、金融机构多方受益的利益联结机制，真正把一家一户都融入到产业链、利益链中来。要注重创造性地执行上级扶贫政策，严禁官僚主义、形式主义。要充分发挥广大群众脱贫致富的主体作用。依靠无偿的外援是不能持久的，内因才是最强大的动力。要引导贫困地区的干部群众解放思想，更新观念，打破“等靠要”的惯性思维，摒弃把戴着贫困帽子当荣耀的心态，自力更生，艰苦奋斗，靠自己勤劳的双手脱贫致富奔小康。要以农民增收为中心，把提高群众自我发展能力作为最根本的问题来抓，使每一户有劳动能力的贫困群众至少掌握一门致富技能，增强脱贫致富的内生动力。要充分尊重群众意愿，凡是涉及全局、涉及长远、涉及民生的重大决策，必须让群众充分发表意见，坚决按群众意愿来办，绝不能越俎代庖、好心办坏事。

发展的目的在于改善民生。要牢固树立可持续的民生观，注重用制度方式解决带有规律性的民生问题，不搞运动，不赶政绩，不论大小，于无声处惠民生。要千方百计增加城乡就业岗位，拓宽增收渠道，努力实现财政收入、企业收入和居民收入的同步增长。要积极推进社保提标扩面，健全惠及全民的社会保障体系。要坚持民生投入优先保障、民生项目优先启动、民生政策优先兑现，持续推进幸福民生工程，每年都集中力量办好一批民生实事，让全市人民生活得更有保障、更有品质、更有尊严、更加幸福。

三、打好组合拳，提升推动跨越式发展、打造环京津地区新的发展增长极的环境保障

环境是今后发展最重要、最核心的问题。环境和生产要素是“渠”和“水”的关系，环境好了项目人才就会源源不断。近年来，市委、市政府高度重视环境建设，先后制定出台一系列优化环境的政策措施，开展了责任风暴、效能革命、执行力亮剑等一系列整治行动，取得了明显成效。但要清醒地看到，优化环境无止境，与周边市县和发达地区相比，与群众、客商和企业的期望相比，我们的环境建设还有很大差距。要围绕弥补环境落差，提升环境“温度”，坚决打好优化环境的组合拳，全面营造近悦远来的发展环境，努力把保定打造成环京津和环渤海地区行政成本最低、商务成本最低、生活成本最低、服务品质最高的城市。

第一，着力打造公平正义的法治环境。市场经济是法治经济，法治环境是最好的发展环境。随着环境建设的不断深化，靠良好法治环境赢得竞争的时代已经到来。要深化依法治市，加强法治宣传、法治教育、法治管理，引导广大干部群众学法、守法、用法，建设法治社会。要坚持公正执法，对各类市场主体都要一视同仁、公平对待，保证其公平使用生产要素，公平参与市场竞争，同等受到法律保护。要强化执法监督，对违法行政、司法不公、粗暴执法以及吃拿卡要等行为进行专项治理，进一步规范行政处罚自由裁量权，推进行政权力公开、规范、廉洁运行。一切决策、管理、收费、罚款、审批都要纳入法治化、规范化轨道，没有法律依据的一律取消。要强化依法整治，严厉打击阻工、扰企、扰校、扰民等行为，特别是对黑恶势力、欺行霸市等问题，要发现一起，严惩一起，决不姑息。要引导广大群众依法维权、依法反映诉求。各级各部门和领导干部要提高运用法治思维和法治方式的能力，努力使法治保定成为我市发展环境的第一标志。

第二，着力打造优惠宽松的政策环境。良好的政策环境是吸引投资的“梧桐树”。保定北有首都，南是省会，东边是迅速崛起的沿海地区，政策环境上的落差很大。要专门研究外埠政策环境，对北京、天津以及其他地区的优惠政策，定期分析，全面对标，他们给出的优惠政策，我们也一定要给，而且要做到最优。要用改革、开放、创新的办法破除体制、机制、政策障碍，深入研究扶贫开发、国家实施大气污染防治计划等方面蕴藏的机遇，既把政策用足用活，又加大跑争力度，争取中央、省更多的政策支持。要创新理念思路，撬动民间资本，激活社会资金，用足用好土地整理、用地指标增减挂钩等政策措施，破解缺资金、缺土地、缺资源、缺人才等瓶颈制约。要对现有的招商引资、全民创业等政策措施进行整合，保持连续性，注重操作性，体现创新性，绝不能让过时的政策条文束缚发展。对在招商引资中作出突出贡献的，市委、市政府要给予重奖。

第三，着力打造高效优质的政务环境。这是优化发展环境的核心，也是各界关注的焦点。工作效率低、服务质量差、吃拿卡要，你不给“卡”，我就“卡”你，甚至给了“卡”也不行，这些问题，冷了项目投资的热心，伤了外地企业进驻保定的信心，影响了本地企业做大做强的决心。要深入推进效能提升行动，全面开展机关标准化和电子政务建设，严格教育管理中层干部和重要岗位工作人员，着力解决好“中梗阻”问题，真正做到审批提速度、服务提质量、干部提精神。要公开办事程序，压减审批事项，下放审批权力，健全市县乡村四位一体的行政服务网络，努力做到在全省审批事项最少、审批程序最简、审批时间最短。要健全涉企检查报批制度，全面推行企业安静生产日制度，严禁影响企业正常生产经营的随意检查、重复检查和多头检查，为企业发展壮大营造良好的生存空间。

第四，着力打造诚信有序的市场环境。无数产业发展的教训告诉我们，一个产业、一个企业如果投机取巧、违法经营，结果就会输得很惨。保定有崇信、重义的良好传统，要强化教育引导，建立健全以政府信用为关键、企业信用为重点、个人信用为基础的社会信用体系，创建以道德为支撑、以法律为保障的经营环境和诚信环境。要强化市场管理，大力整顿和规范市场经济秩序，严厉打击强买强卖、制假售假和不正当竞争行为，坚决维护市场主体和消费者的合法权益。要在全社会倡导新时代的创业文化，着力打造一支具有国际战略眼光、现代管理经验、远大事业抱负和强烈社会责任感的企业家队伍。要培育名企名品名牌，加大白沟箱包、高蠡纺织、容城服装、安国中药、曲阳石雕等产品品牌的打造和推介力度，以质量和信誉赢得竞争，让保定品牌成为保定形象的最好代言。

第五，着力打造创新驱动的科技环境。科技是第一生产力，科技引领、创新驱动是保定重返全省第一方阵、打造环京津地区新的发展增长极的最根本最关键力量。保定拥有高等院校16所，还有一大批国家级、省级研发中心，这都是我们创新驱动的重要资源。京石、保津高铁开通后，京津保的车程只需半个多小时，京津的科技资源都可以为我所用。要充分发挥好驻保高校优势，积极搭建地校、校企合作的政策平台，通过一校一园、多校一园和校内建园等多种形式，建设一批科技创新园区，建立产学研紧密结合的技术创新体系，打造保定乃至河北的“中关村”。要发挥环京津优势，不仅盯着产业项目转移，更要用好京津的科技人才，以“百家院校进河北”为契机，以更加优惠的政策、更加优质的服务，吸引更多的先进技术、优秀人才到保定发展。要鼓励企业发挥创新主体作用，以市场需求为导向，在增加创新投入、完善创新机制、提高创新效率上下功夫，始终瞄准国际同行业的最高水平进行技术创新。要认真落实科技投入、研发费用税收优惠、高新技术企业认定、科技人才奖励、知识产权保护等政策。今后，市委、市政府表彰先进典型，要把创新作为一条重要衡量标准，在全社会营造尊重创新、鼓励创新、追求创新的浓厚氛围。

第六，着力打造平安和谐的社会环境。安居乐业、幸福安康，是全市人民的共同追求，也是实现跨越式发展、打造新的增长极的重要保障。保定地处首都南大门，人口众多、社情复杂。同样的任务放在保定，承受的维稳压力会成倍增加；同样的稳定问题出在保定，造成的影响会明显放大；同样是化解矛盾隐患，在保定往往需要付出更为艰苦的努力。我们一定要时刻绷紧安全稳定这根弦。要树立底线思维，坚决守住群众既得利益的底线和宪法法律的底线，不触犯群众的既得利益，不违背宪法法律，坚决夯实社会稳定的根本基础。要坚持源头治理，防患于未然，在重大决策之前实行风险评估，把功夫下在平时，把工作做到根上，着力构筑内生型稳定局面。要加强平安建设，健全立体化社会治安防控体系，完善重大突发事件预警和应急处置机制，加强对重点时段、重点地区、重点部位、重点人员、重点物品的防范控制，第一时间灵通信息，第一时间及时处理，第一时间解决到位，确保社会和谐安宁。要充分发挥基层组织的作用，深化群防群治，筑牢维稳的第一道防线。要全面加强生产安全、食品药品安全、校园安全等公共安全工作，确保不发生重大安全事故。要按照党委领导、政府负责、社会协同、公众参与、法治保障的要求，积极探索加强和创新社会管理的有效途径，全面做好新时期的群众工作，积极构建党委、政府与社会力量互联、互补、互动的社会管理网络。要依法加强对民族宗教事务的管理，构筑和谐的民族宗教关系。要加强对社会舆论的引导，注重提高虚拟社会管理水平，通过主流媒体、主流声音占据主阵地、传播正能量。

第七，着力打造善美向上的人文环境。保定深厚的文化底蕴，是其他地方不可克隆的发展优势。要把“讲好保定故事、建设善美保定”作为优化和展示保定人文环境、提升全民素质的重要载体，把宝贵的文化资源挖掘好、整理好、宣传好、利用好。深入挖掘始祖文化、诚义文化、书院文化、直隶文化，讲好历史故事，彰显保定的历史底蕴和文化内涵。深入挖掘小兵张嘎、狼牙山五勇士、地道战、晋察冀边区等红色文化，讲好革命故事，激发人们热爱保定、建设保定、奉献保定的热情和力量。深入挖掘长城、英利、巨力等企业的创新文化，讲好创业故事，营造不畏困难、奋勇争先、做大做强的浓厚氛围。深入挖掘大学城、冠军城等特色优势，大力弘扬农大9301果树班、良心“油条哥”刘洪安、郭娜陆地航空班等新时代文明典型，讲好时代故事，培树时代先锋，大力弘扬“崇信、重义、尚和、争先”的新时期保定精神。全面展示重返全省第一方阵、打造环京津地区新的发展增长极的美好愿景，讲好未来故事，坚定跨越式发展的信心。要整合丰富的保定文化元素，兼收并蓄，突出特色，融合互补，培育具有深厚燕赵文化底蕴、首都经济圈文明风貌、国际影响力的文化品牌，建设特色文化传承创新试验区，打造国际文化名城。着力创作一批具有重要影响的文化精品，努力培育一批具有特色竞争力的文化产业，集中建设一批标志性的重大文化基础设施，加快文化大市向文化强市转变，使保定成为一座有品位、有实力、有影响的文化之城、魅力之城、善美之城。

同时，要统筹抓好自然生态环境、基础设施环境、金融服务环境的持续优化。各级各部门都要把环境建设作为共同责任，高度重视，综合施治，全民参与，搞好大合唱。特别是组织、宣传、纪检、政法以及执法执纪部门要各负其责、协调联动，在实际工作中敢抓敢管，敢于负责，敢于较真，敢于碰硬。对影响作风建设，干扰和破坏发展环境的行为，要出重拳、用重典，依法从严从快查处，坚决做到查处一起、曝光一起、震慑一方、教育一片。

四、唱响主旋律，强化推动跨越式发展、打造环京津地区新的发展增长极的干部保障

推动跨越式发展、打造新的增长极，重塑保定大市尊严，关键在党，根本在人，核心在干部。要深入持久地用好解放思想、改革开放、创新驱动、科学发展大讨论的思想成果、制度成果、实践成果，唱响实干兴市、清正为民主旋律，真正把各级干部的精气神凝聚到推动保定发展上来。

一要把理想化作担当。担当精神是共产党人应有的政治觉悟。全市广大党员干部一定要坚定理想信念，把党的远大理想与我市重返全省第一方阵、打造环京津地区新的发展增长极的具体实践有机结合起来，化作义不容辞的责任担当。担当精神来自于忠诚和为民，体现在激情和奉献。一个干部，如果官欲旺盛，只想当官不想干事，就是级别再高人们也不会高看；如果在哪个岗位工作都兢兢业业、一心为民，就是官当得不大，人们也会由衷地拥护。要结合开展党的群众路线教育实践活动，加强对各级干部的世界观、人生观、价值观、权力观、地位观、利益观教育。每一位领导干部都要经常扪心自问：我们的职位来自哪里，我们的权力应该用在何方，我们的价值究竟应该怎样体现？如果在任几年，山河依旧，面貌未改，群众不满意，组织不答应，自己也会羞愧难当。要牢记为官一任、发展一方、造福一方的神圣职责，带着执政为民的职业精神，真正把使命扛在肩上，把群众记在心间，在推动保定跨越式发展的实践中展现人生价值，回报党和人民的信任与重托。

二要让实干成为风尚。空谈误国，实干兴邦。推动保定跨越式发展，绝不能纸上谈兵、坐而论道，必须实干实干再实干。实干的前提是能力。大家要有本领恐慌，真正养成勤于学、敏于思的良好习惯，把学习经济工作作为重要内容，把提高科学发展、加快发展的本事作为重要任务，真正学会以市场思维和市场机制促进科学发展，以开放思维和开放方法促进科学发展，以科技思维和科技手段促进科学发展，以法治思维和法治方式促进科学发展。破解发展中的难题，关键在思维方式。有些现象看似劣势，换一种角度看就是优势；有些事情看似做不到，换一种方式就能做到；有些目标看似无法实现，换一种思维就柳暗花明。实干关键在作风。是做事还是“作秀”，瞒不住上级领导，更瞒不住广大群众。各级干部要坚持讲实话、干实事，敢作为、勇担当，言必信、行必果，面对困难、矛盾和问题，直面应对，迎难而上，敢闯敢试，尽心竭力把每一项工作干成、干好、干得尽善尽美，用干部的“辛苦指数”，提升群众的“幸福指数”和保定的“发展指数”。实干需要坚强后盾。只要有利于保定跨越式发展，有利于保定民生改善，大家都要放开手脚、大胆去干，不能畏首畏尾、患得患失、裹足不前。市委、市政府鼓励创新、宽容失败，允许大家有失误，但决不允许不干事。对不作为、乱作为的要坚决追责。

三要用压力强化导向。周本顺书记对我们讲，要“把加快发展的重担压在市县乡村各级干部身上”，“要保持给干部持续不断的压力”。加强干部管理，首先是加强责任和工作的管理。要把发展的任务目标层层分解，落实到人头，形成“人人负责、层层负责、环环相扣、科学合理、行之有效”的责任机制，让干部始终感觉身上有压力、有动力，不断地向前奔。要严格干部奖惩，加强考核力量，加大考核力度，创新考核机制，把发展成效与干部使用相挂钩，决不能干好干坏一个样、干多干少一个样、干与不干一个样。特别是对影响全局的重点工作，要缩短考核周期，一事一考、一月一考、一人一考。论资排辈，越排越没有干劲。要坚持唯德是举、唯才是举、唯绩是举的用人导向，尤其要倍加关注那些长期在艰苦岗位工作的干部，倍加关注那些踏实干事、打基础利长远的干部，真正做到凭德才、凭实绩用干部。要把“指挥棒”和“风向标”树立起来，干得好的，大胆提拔重用；不干事、干不成事甚至坏事、惹事的，该“下课”的“下课”，该出列的出列。

四要以“三清”塑造形象。要把党的十八大提出的“干部清正、政府清廉、政治清明”作为我们的“座右铭”。严格遵守中央“八项规定”，从市四大班子做起，带头转作风、正学风、改文风，坚决反对形式主义、官僚主义、享乐主义和奢靡之风，以优良的党风引导政风、引领民风。各级领导干部要带头执行廉洁自律的各项规定，正确行使党和人民赋予的权力，严守官商两道、清水之交，做到敬畏社会舆论、敬畏人民群众、敬畏民主党派、敬畏党纪国法。要切实加强教育、制度、监督并重的惩治和预防腐败体系建设，健全权力运行及监控机制，把我们手中的权力该交给市场的交给市场，该还给社会的还给社会，该放给基层的放给基层，剩下的全部关进制度的笼子里，真正做到阳光操作、透明运行。要加大对各类违法违纪案件的查办力度，坚决做到有案必查、有错必纠、有查必果，切实做到纪律面前人人平等、遵守纪律没有特权、执行纪律没有例外，以反腐倡廉的实际成效取信于民。

五要强合力成就梦想。保定有1000多万人民，如果把力量全部汇聚起来，必将成为浩浩荡荡、奔腾澎湃、无往而不胜的强大力量。市四大班子要把打造环京津地区新的发展增长极作为共同的使命和追求，齐心协力，众志成城，分工负责，扎实工作。各级各部门要牢固树立全市“一盘棋”思想，合心、合力、合拍地推进保定各项事业。要大力支持各人民团体、民主党派、社会组织依照法律和章程开展工作，凝聚全市上下加快保定发展的积极性、主动性和创造性，共同开辟保定更加美好的未来，为实现中华民族伟大复兴的“中国梦”贡献力量。

同志们，经过多年的发展和积累，保定已经到了一个加快发展的紧要关头。让我们更加紧密地团结在以习近平同志为总书记的党中央周围，认真贯彻党的十八大和省委八届五次全会精神，实干兴市、清正为民，共同谱写建设京畿强市、善美保定的新篇章，加快重返全省第一方阵步伐，全力打造环京津地区新的发展增长极，为全面建成小康社会而努力奋斗！

政 府 工 作 报 告

——2014 年 2 月 10 日在保定市第十四届人民代表大会第二次会议上

保定市人民政府市长　马誉峰

各位代表：

现在，我代表保定市人民政府向大会作工作报告，请予审议，并请市政协委员和列席会议的同志提出意见。

一、2013 年工作回顾

刚刚过去的 2013 年，是本届政府的开局之年，也是全市经济社会发展迈出新步伐的一年。在省委、省政府和市委的坚强领导下，全市上下紧紧围绕打造环京津地区新的发展增长极，以解放思想、改革开放、创新驱动、科学发展为统揽，扎实推进稳增长、调结构、攻重点、抓改革、惠民生、优环境各项工作，较好地完成了市十四届人大一次会议确定的目标任务。

（一）积极应对下行压力，经济保持平稳增长。全市生产总值完成 2650.6 亿元（不含定州，下同）、增长 9%，高于全省 0.8 个百分点。全部财政收入 324.8 亿元、增长 13.1%，公共财政预算收入 167 亿元、增长 13.9%。农业连续 11 年丰收，粮食总产 525 万吨；实现工业增加值 1004.7 亿元、增长 11.4%，新增规模以上工业企业 218 家；固定资产投资增长 9.6%；社会消费品零售总额增长 13.8%，增速全省第一；野三坡、白石山、狼牙山等景区灾后涅槃重生，全市旅游综合收入 318.8 亿元、增长 28.8%；农民人均纯收入 8675 元、增长 13.2%，城镇居民人均可支配收入 21181 元、增长 11.2%。主要指标在全省位次前移，实现稳中有进、稳中向好。

（二）大力调整产业结构，转型升级步伐加快。汽车产业保持快速发展，全市生产整车 82.5 万辆、增长 18.8%，长城汽车销售收入 534 亿元、增长 27.1%，利税 126 亿元、增长 59.5%，销量居自主品牌车企之首。新能源产业企稳向好，英利光伏组件产量增长 30.6%，居世界首位。纺织服装、食品、建材产业增加值分别增长 12.6%、13.4% 和 17.4%。园区和项目建设快速推进。徐水大王店汽车产业园初具规模，高碑店奥润顺达节能门窗基地被认定为国家建筑节能技术国际创新园。与中科院北京分院、清华大学、北京中医药大学等达成战略合作；校地合作有新进展，全省首个市级校企联盟成立；高新技术产业快速发展，创新驱动力明显增强。

（三）强势推进招商引资，开放氛围日渐浓厚。举办了北京、天津招商周，是近年来影响最大、收获最多、效果最好的一次招商推介。廊坊经洽会、厦门推介会、广州交易会取得丰硕成果。举办侨商、台商、外商、民企进保等推介活动 10 余次，与商务部投资促进局和贸发局建立战略合作。涞源中美科技创新园、正威曲阳雕塑文化产业新城、新发地高碑店农副产品加工园区、航天科工涞水科技研发基地等一批项目落户我市。实际利用外资 6.2 亿美元、增长 36.7%，增速全省第一。

（四）重拳出击创优环境，四项行动成效明显。开展城市管理“6S”行动，向违法建设、垃圾死角、马路市场、露天烧烤等城市顽疾全面宣战，声势之大、范围之广、措施之硬前所未有，市容市貌明显改观。发起全民创业总动员，出台 30 条突破性政策，多措并举打造创业之城，市场主体总量达到 26.5 万户、增长 8.4%，民营经济增加值 1805.6 亿元、增长 9.8%。强力推进效能建设，市本级审批事项大幅削减，行政服务中心压减办理环节，承诺时限整体提速，群众满意度有较大提高。开展“秋收100”专项行动，利剑出击，打掉各类犯罪团伙837个，破获刑事案件17092起，其中破坏发展环境案件6347起，打出了气势，打出了声威，打出了浩然正气和崭新形象，我市经验在全省推广。

（五）聚焦聚力攻坚克难，重点工作取得突破。以壮士断腕的决心打响大气污染防治攻坚战，全民动员洗城净天，淘汰取缔燃煤锅炉776台，关停土小企业4757家，淘汰“黄标车”4.5万辆，是全省措施最硬、力度最大的市之一。以人为本、过细工作，集中力量推进重大项目征迁，京港澳高速拓宽、保津城际铁路、南水北调配套工程等顺利实施，特别是仅用100天就完成大王店工业园区1.4万亩土地、5个村庄的整体征迁，农民高兴，企业满意，省委省政府充分肯定。扎实开展农村面貌改造提升行动，全力推进灾后重建和扶贫攻坚，阜平、曲阳扶贫开发模式全省推广。着力破解土地和资金瓶颈制约，保定银行顺利完成第二次增资扩股，新增银行、保险、证券等金融机构14家，挂牌上市企业7家，为历年最多。三大片区改造实现突破，首批回迁安置顺利实施。吸引民营投资完成直隶大剧院改造，为保定老调、河北梆子等院团解决了办公排练用房。宝硕、依棉、外贸印刷厂、金昌大厦等一批历史遗留难题得到妥善解决。

（六）倾心倾力保障民生，社会事业全面进步。52项惠民实事基本完成。城乡居民社会养老保险参保率达到96.8%。城镇居民医疗保险补助、新农合补助、城乡低保标准全面提高。社区服务热线和老年人紧急救助服务系统成为全国示范典型。万博广场、华创广场投入使用，东风路东延直通高铁车站，完成市区71条小街巷改造，申办成功全国“公交都市”试点；农业生态园展现新貌，国家园林城市正式授牌。县城广场、道路、集中供热、农村公路等建设加快。城市保障房竣工2.5万户，农村危房改造完成3万户。新解决71万农村人口饮水安全问题。义务教育标准化学校建设扎实推进，校安工程改造成效显著。基层医疗卫生机构全部实施基本药物制度。开展“文化润古城”活动，举办大中型文艺演出60余场次，文化生活日渐丰富。讲好保定故事，弘扬正能量，推出“油条哥”等一批善美典型。成功举办国际空竹艺术节、自由飞行周、世界女子乒乓球攻削大战、民俗文化节等文体活动，提高了保定美誉度。低生育水平保持稳定。安全生产和食品药品安全工作得到加强。统计、审计、档案、史志、人防、气象、外事侨务、民族宗教、防震减灾、国防动员、妇女儿童、残疾人等工作都取得新成绩。

（七）加强政府自身建设，工作作风明显转变。修订完善了政府工作规则，市本级和16个县（市）政务服务标准化建设通过ISO9001质量管理体系认证，市县乡三级政务服务网络框架基本形成。严格落实中央“八项规定”和各项“禁令”，对办公用房、吃空饷、公务用车等开展专项治理，廉政建设和反腐工作得到加强。坚持依法行政，自觉接受市人大、政协和新闻媒体监督，办理人大代表建议、政协提案524件，办结率、满意率100%。市长、副市长全部开通电子信箱，全年受理群众来信来电、短信息和网络留言90863件（条），交办率100%。在全省设区市中首个开通政府官方微博，累计访问量1631万次，成为沟通政情民意的新平台。

各位代表！过去的一年，面对近年来少有的复杂严峻经济形势，面对愈加突出的大气环境污染压力，面对艰巨繁重的保发展、保稳定、保民生任务，我们始终坚持立党为公、执政为民，殚精竭虑、奋力前行，经受住了考验，成绩来之不易。这是省委、省政府和市委科学决策、正确领导的结果，是市人大、市政协有效监督、大力支持的结果，是各级各部门勇于担当、聚力攻坚的结果，是全市上下团结拼搏、不懈奋斗的结果。在此，我代表保定市人民政府，向全市人民，向人大代表和政协委员，向中央、省驻保单位，向驻保部队和武警官兵，向社会各界人士和离退休老同志，向所有关心支持保定发展的海内外朋友们，表示衷心的感谢和崇高的敬意！

我们也清醒地看到，我市经济社会发展中还存在不少矛盾和问题，政府工作与人民群众的期待还有差距。尽管去年经济运行结果比预料的要好，但经济下行的压力依然很大，部分企业经营困难，工业经济增速持续放缓，项目和投资不足，县域经济不强、发展不快的问题还很突出；高端产业比重小，大企业、大集团少，中小企业层次低，节能减排压力大，产业转型升级和大气污染治理任务艰巨；经济外向度不高，园区建设相对滞后，吸引力不强、承载力不足。中心城市、县城和小城镇规模偏小、建设水平偏低，城镇化率低于全省、全国水平；古城改造和西大街整治还没有达到预期效果，关汉卿大剧院和博物馆建设因资金问题未能竣工，殡仪馆搬迁因选址问题没有明显进展，市容市貌仍有死角，城市管理还有许多不尽如人意之处。就业难、看病贵、社保水平低，部分群众生活还比较困难；教育、卫生资源不均衡等问题依然存在。政府部门和公务人员服务至上、亲商重商意识还有待强化，思想不解放、体制不灵活、办事效率不高的问题依然突出；特别是庸懒散、奢私贪、冷横硬等问题还需治理，有令不行、有禁不止，上有政策、下有对策等现象还时有发生等等。这些矛盾和问题，既是影响发展的症结，也是必须击破的壁垒。我们一定增强忧患意识、责任意识，强化问题导向、底线思维，以更大的决心、更大的力度、更有效的措施认真加以解决，决不辜负全市人民的期望和重托。

二、2014年工作总体要求

今年是落实党的十八届三中全会精神、全面深化改革的第一年，是发力崛起、跨越发展的重要一年，是关系长远、决定未来的关键一年。全面深化改革的系列政策陆续出台，必将释放巨大的改革红利；京津冀协同发展上升为国家战略，受到高层关注，京津保三角格局得到认同；我市的区位、资源、产业优势日益凸显，正在成为承接首都功能疏解和产业转移的首选地，为我们融入京津冀城市群、打造环京津新的增长极提供了前所未有的重大机遇。特别是全市上下政通人和、人心思进，其势已成、其力已聚，只要我们坚定信心、乘势而上，必将激发巨大的正能量，开创保定发展的新辉煌。

今年政府工作总的指导思想是：全面贯彻落实中央、省、市一系列会议精神，牢牢把握京津冀协同发展大势，紧紧围绕发展稳定民生三大任务，坚持“点线面”整体推进、“六个主战场”全面发力，改革创新、高端发展、真抓实干，着力在对接京津、项目落地、产业升级、城乡统筹、扶贫攻坚、优化环境上打开新的突破口，努力实现打造环京津增长极的新突破，建设人民富裕的保定、生态文明的保定、风清气正的保定。

今年经济社会发展的主要预期目标是：生产总值增长9%左右，规模以上工业增加值增长12%以上，固定资产投资增长18%，社会消费品零售总额增长13%以上，公共财政预算收入增长11%。单位生产总值能耗和化学需氧量、二氧化硫、氨氮、氮氧化物排放量完成省定目标，细颗粒物（$PM_{2.5}$）浓度下降4%。城镇居民人均可支配收入和农民人均纯收入分别增长10%，居民消费价格指数涨幅控制在3.8%左右，城镇登记失业率控制在4.5%以内，人口自然增长率控制在7.8‰以内。

做好今年工作、实现预期目标，必须把改革创新的动力贯穿始终、把高端发展的主线贯彻始终、把真抓实干的作风贯穿始终。坚定不移抓发展。始终把发展放在第一位，努力保持一定的发展速度；着力推动产业升级，全力推动高端发展，坚决走绿色崛起之路。坚定不移抓改革。打破体制机制束缚，以改革促创新、促转型，使发展潜力充分释放、发展动力进一步增强。坚定不移抓开放。强力实施“开放兴保”战略，放开手脚、敞开胸怀，打造开放平台，持续掀起招商引资热潮，做实项目根基，提高区域竞争力。坚定不移抓环境。全面改善政务环境、生态环境、城市环境、社会环境，打造创业之城、创新之城、低碳之城、宜居之城，以良好环境保障跨越发展。坚定不移抓民生。牢记民生为先、人民为重，持之以恒为群众办好事办实事，努力让群众得到更多实惠、过上更美好的生活。

三、聚力打造环京津增长极，做强跨越发展的支撑

紧紧围绕服务京津、承接京津、融入京津，突出“开放、高端、创新、统筹、效率”，推进重点区域、重点产业、重点项目率先突破，提升保定在京津保三角中的地位和份量。

强力推进与京津对接融合。把承接北京功能疏解和产业转移作为保定跨越发展的引擎和引爆点，以“一核两组团”为重点区域，打造首都功能疏解的支撑点、京津产业转移的承接地、外资进入京津乃至北方市场的桥头堡。突出抓好“一城、一基地、一区、一体系”：一是河北白洋淀科技城。依托驻保高校资源、高铁交通优势和白洋淀生态品牌，在保定市东部区域，规划建设河北省科技创新平台，加强与北京高等院校、中关村和国内外科技型企业战略合作，打造产学研一体化发展示范基地、新兴产业基地、改革开放示范区和创新发展的新引擎。二是京南现代产业基地。加快以保北低碳新城为核心的汽车、新能源、智能电网等高端装备制造基地建设，加快高碑店节能环保产业基地、涿州和涞水、涞源战略新兴产业基地以及涿州义和庄空港产业基地建设，推进白沟和道国际箱包交易中心、高碑店和定兴农副产品专业市场以及市区、安国、容城等重点现代物流基地建设，做强对接京津的产业支撑。三是首都服务功能承接区。加快打造以保定、涿州、高碑店三个高铁新城为重点的现代服务业集中区、以主城区和涿州等为重点的医疗养老服务集中区、以白洋淀和涞涞易为重点的旅游休闲度假基地，建设高等教育、医疗卫生、养老服务功能承接区。四是现代快速交通体系。抓好津保城际、廊涿城际、固安至白沟新城城际铁路和京港澳高速拓宽、京昆高速北延、荣乌高速贯通等重点交通工程，完善配套骨干路网，打造京南交通陆路枢纽，加快与京津无障碍、无缝隙对接和同城化发展。

承接北京功能和产业转移，京津冀协同发展，这是保定面临的重大机遇，也是落在我们肩上的历史责任。全市上下要树立强烈的“抢先”意识，各县（市、区）和各部门要积极主动作为，做好充分准备。要超前谋划、抢占先机、抢抓机遇、争先恐后，切不可等待观望、反应迟钝、坐失良机，不能留下历史的遗憾，更不能愧对我们的子孙后代。

强力抓好园区和项目建设。把园区和项目建设作为跨越发展的根本着力点，努力实现新突破。推进园区上档升级。加快推进大王店工业园、涞源中美科技创新园等34个园区建设，大力提升园区承载能力。创新管理体制，鼓励社会力量参与园区（开发区）建设管理经营，打造更多产业发展的高端平台。加强重点项目建设。安排市以上重点项目200项左右，总投资3000亿元以上，年投资600亿元以上。加快长城汽车新技术中心、乐凯新材料、向阳航空产业园、清苑中汽零产业基地和解放军总医院涿州保障基地等一批在建项目进度，确保涞水悦康制药、四方三伊智能电网、中兴汽车扩能、涿州健康立体城、高阳现代农机装备等一批项目开工建设。各县（市、区）、开发区精心谋划一批超50亿元、百亿元大项目。积极争跑项目，做实项目服务，加快项目转化，让开工项目为固定资产投资添秤，竣工项目为经济发展早做贡献。

强力打造保定产业升级版。按照12大产业发展路线图，实施产业升级、技改升级、龙头带动和创新驱动工程，加快构筑多元支撑的现代产业体系。推进工业加快上档升级。大力发展汽车、新能源、电子信息、生物医药、新材料、节能环保等新兴产业，改造提升纺织服装、食品、建材等传统产业，实施龙头带动计划和产业链升级工程，抓好省千项技改项目落实。对列入省“三个一百”的企业加大扶持力度，力促长城、英利、巨力、奥润顺达、晨阳、九孚等企业做大做强。各县（市、区）、开发区分别筛选一批行业龙头、一批高成长性企业予以重点扶持。帮扶中小微企业，支持科技型中小企业，推进工业企业加快发展，年内新增规模以上企业200家以上，建设实力保定。提升服务业规模和水平。大力发展旅游业，白洋淀、野三坡创建5A精品景区，白石山等五处景区升格5A，加快易水湖等景区景点建设，打造名山、名水、名文化。大力发展现代物流业，实施电子商务三年发展推进计划，推进“宽带中国”和“智慧城市”建设，实施城市百兆光纤工程、县级宽带乡村工程和物联网应用示范工程。大力发展金融服务业，鼓励民间资本进入金融服务领域，支持金融机构在县城增设网点、村镇银行，发展壮大担保公司、产业基金。继续引进民生银行等股份制银行，做大做强保定银行并力争在石家庄设立分支机构，优化金融生态环境。推动宏州石业、古城香业、奥润顺达等企业上市融资，各县（市、区）、开发区每年至少新增一家企业挂牌上市。建立覆盖全面的信用数据库和共享平台，推行失信“黑名单”制度，建设诚信保定。支持文化产业加快发展。巩固提升传统文化产业，培育发展文化创意、动漫游戏、影视制作等新型业态，加快新市区数字印刷产业园、清苑正迪欢乐世界文化创意园、涿州中华文化小镇、顺平尧文化博物馆、定兴实甫文化创新产业示范园、易县易水砚文化产业园、涞水祖冲之文化园等建设，发展安新芦苇、顺平桃木等特色手工艺品，繁荣文化市场，壮大文化企业，打造文化精品，叫响文化强市，建设文化保定。

四、扎实做好“三农”工作，强农富民做美农村

保定要强，农业必须强；保定要富，农民必须富；保定要美，农村必须美。促进农业现代化与工业化、信息化、城镇化同步，夯实保定跨越发展的基础。

努力让农业强起来。发挥资源、区位优势，瞄准京津市场，着力调整农业结构、提升产品品质、增强竞争实力，促进现代农业加快发展。稳粮食。突出抓好12个粮食生产基地县、400万亩核心区建设，总产稳定在500万吨以上。建园区。围绕进一步做大做强畜牧、蔬菜、林果、中药材等产业，建设一批现代农业示范园区，每个县（市）年内至少打造一个5000亩以上园区，环首都县（市）建设一批京津市场供应基地。提品质。推广农业节水灌溉、无公害种植、规模化养殖、动植物防疫等技术，控肥、控药、控添加剂，规范生产过程，健全农产品质量安全追溯体系。强龙头。以工业理念发展农业，培育壮大龙头企业，加强农超对接和直营店建设，延伸农业产业链条，全市农业产业化率达到65%。重点扶持龙头企业，支持望都蒙牛、顺平汇源、定兴喜之郎和西麦、高碑店康师傅和娃哈哈、雄县雏鹰等一批领军企业做大做强，加快农副产品批发市场和物流园区建设，培育一批知名品牌，提高京津市场占有率。

努力让农民富起来。严格落实各项农业补贴政策，完善粮食主产区利益补偿机制，实施粮食最低收购价制度，稳定农民务农收入。支持农民土地流转，引导工商资本投资发展农业，支持种养大户组建股份合作组织，发展壮大供销社，提高农民组织化程度，增加农民财产性收入。鼓励发展农村家庭手工业、生产资料配送等多种经营，提高农民社会化收入。实施农村劳动力转移培训阳光工程，严格农民工工资支付监管，保障农民务工收入。

努力让农村美起来。着力改善农村生产生活条件。加强农田水利设施建设，抓好农村基础设施建设，积极推广沼气等清洁能源，实施农村电网改造升级工程，继续解决好农民群众饮水安全问题。抓好农村人居环境整治，重点推进道路硬化、村庄绿化、垃圾处理、危房改造、厕所改造，坚决改变农村脏乱差局面，年内完成361个重点村改造提升任务，加快环首都县（市）整体推进步伐，努力建设美丽乡村、幸福家园。

五、加快新型城镇化进程，促进城乡一体化发展

把城镇化作为跨越发展的重要载体和实现现代化的战略任务，着眼融入京津冀城市群，推进城镇组团发展、集群发展，努力走出一条以人为本、优化布局、生态文明、传承文化的新型城镇化道路。

加快中心城市拓展提升。加快推进“一城三星一淀”大保定建设，增强区域发展的承载力、带动力。拓展空间。以北部低碳新城和东部高铁新城为支点，加快中心城市向四周扩张。按照同城化发展思路，加快城市主次干道和城星通道建设，启动实施复兴路西延、东风路西延、乐凯大街南延、北三环东延西延、白洋淀大道等骨干道路建设，进一步优化空间布局，促进徐水、清苑、满城、安新与主城区协同发展。完善功能。加快棚户区和城中村改造步伐，加快推进三大片区拆迁建设和回迁安置。进一步完善供热供气、便民市场、体育休闲、垃圾处理、地下管网、防灾减灾等基础设施，建设一批老百姓身边的市政工程。提升形象。加快北市区东湖片区、新市区西湖片区、南市区长城科技城开发和古城新天地商旅文综合体验区建设，完成万博广场、燕赵新天地、火车站综合改造等重点工程建设，浓郁城市现代气息；完成中国衙署文化博物馆、关汉卿大剧院和博物馆建设，加快直隶总督署、淮军公所、清河道署、直隶审判厅修缮及周边整体拆迁改造，彰显城市古韵文脉；抓好亮化绿化、城市雕塑、水系景观等城市美化工程，启动动物园搬迁，完成竞秀公园等公园游园改造和漕河景观建设，打造城市靓丽风景。

推进城镇建设扩容提质。以创建省级园林县（市）城为引领，按照坚守特色、完善功能和“七个一”要求，实施一批基础设施、园林绿化、景观风貌工程，力争使每个县城做到“三有四达标”。涞源、曲阳、唐县、望都等17个有河道的县城，两年内做好水文章。积极推进白沟、涿州松林店、蠡县留史、高阳庞口、定兴固城、涞水石亭等国家和省级重点镇建设，重点培育30~50个工业型、旅游型、商贸型、交通型明星城镇，每个县（市）集中打造1~2个特色鲜明、充满活力、生态宜居的示范镇。加强历史文化名村、古村落保护与开发，构建城市、城镇、乡村一体化发展格局。

积极推动产城互动发展。坚持以产兴城、以城带产，按照布局集中、产业集聚、用地集约的要求，完善城镇功能分区，引导产业向园区集中，园区向城镇集中。坚持特色兴县，分类指导、因地制宜，大力发展县域经济，努力实现“二次创业”。每个县重点培育壮大1~2个特色主导产业，重点支持安国中药、曲阳雕刻、博野输送带、蠡县皮毛、容城服装、白沟箱包、高阳纺织等县域特色产业转型升级、做大做强，支持徐水、安国打造千亿元产值和营业收入县（市）。进一步活跃城市经济，汇聚人流、物流、信息流，使农村转移人口进得来、留得住、过得好。

全面提升城镇管理水平。树立尊重自然、顺应自然、天人合一的规划理念，坚持经济社会发展、城乡、土地规划“三规合一”，进一步完善城镇规划体系，刚性执行规划，坚决杜绝新的违法建设。坚持集约节约利用土地，科学合理布局，努力避免交通拥堵、环境恶化等城市病。深化城市管理“6S”行动，由突击性治理向长效性管理转变、由靠部门执法监管向全民自觉行动转变、由政府包办向市场化运作转变；由市区向县城和乡村延伸，由城市主干街道向小街小巷和社区延伸，真正做到无缝隙、全覆盖、零死角，让城市净起来、亮起来、美起来。

六、铁腕治理环境污染，全方位加强生态建设

以更大力度抓好污染治理、环境保护和生态建设，让人们在更好的环境中生活，增强保定在京津冀城市群中的生态魅力。

强力推进大气污染防治。以“压煤、抑尘、控车、迁企、减排、增绿”为主线，坚决打好大气污染防治攻坚战、持久战。大力压减煤炭消耗，加快推进集中供热建设，取缔、淘汰和改造燃煤锅炉，加强煤炭质量监管，严禁不达标劣质燃煤进入市区。推广农村秸秆压块技术，减少农村燃煤用量。全面禁止焚烧秸秆、树叶、垃圾。坚决抑制扬尘污染，所有在建工地实行绿色施工，所有露天矿山、采砂场实行绿色生产，所有沙石、渣土运输车辆做到无洒漏。严控机动车污染治理，加强成品油质量监管，加强机动车污染检测，淘汰所有“黄标车”。狠抓节能减排，推进重点行业污染减排，搬迁市区重污染企业，加快工业、交通、建筑等重点领域节能改造。始终保持高压态势，坚决取缔各类土小企业，严防死灰复燃。加大环境执法力度，对一切环境违法行为“零容忍”、严厉惩处。加强科技治污，抓好宣传引导，加强重污染天气应急管理。通过多措施治，力争空气质量三年好转、五年明显改善，还人民一片洁净蓝天。

着力抓好生态环境修复。启动山水林湖田生态修复计划，加强白洋淀及上游污染治理，谋划实施淀区居民搬迁，打造环首都生态示范区和功能区。加大西大洋、王快等水库水源地保护力度。加快南水北调、引黄补淀等配套工程建设，严控地下水超采，提高水资源支撑和可持续利用能力。加强耕地保护，减少面源污染，加快土壤污染治理和修复。创建国家森林城市，实施三年增绿计划，全市森林覆盖率每年提高1.3个百分点，三年内达到26.5%，努力让人们望得见青山、看得见绿水，生活在天蓝水清、绿满城乡的美丽家园。

深入推进低碳城市建设。继续抓好“国家低碳城市”试点，争创全国新能源示范城市。深化“太阳能之城”建设，大力实施分布式太阳能电站建设，打造沿太行山光伏规模化应用示范带。推进“气化保定”工程，启动新能源汽车试点项目。科学开发利用地热资源，在雄县、博野等县探索建设“无烟城”。鼓励发展绿色交通，倡导绿色出行，积极推进全国“公交都市”试点建设。深入开展低碳社区（小区）、低碳园区、低碳企业等创建活动，倡导低碳生产生活方式。

七、深入推进改革开放，增强发展的动力和活力

把改革开放作为保定跨越发展的动力之源、活力之本，坚定不移推进，努力取得突破。

全面深化各项改革。重点推进四项改革攻坚：深化行政体制改革。围绕转变职能，以简撤为主、减放结合，制定并公开行政审批事项目录，目录之外的一律停止审批。推动市向县（市、区）、县向乡（镇）下放权力，该放的一放到底，该减的一项不留。深化投资体制改革。打破行业垄断，鼓励社会资本进入城镇基础设施、基础产业、公共事业等领域，吸引民营企业参与投资建设、经营和管理。选择15个部门、84项服务作为试点，向社会购买公共服务。深化国有企业改革。探索组建不同类型的国有资本运营管理平台，积极发展混合所有制经济，鼓励支持国有资本、集体资本、非公有资本等交叉持股、融合发展。加快槐茂酱菜厂等企业改制步伐。深化农村综合改革。严守耕地红线，赋予农民对承包地的占有、使用、收益、流转及承担经营权抵押、担保权能。稳步推进农村产权改革试点，建立、规范市县级农村产权流转交易市场。鼓励发展家庭农场、农民合作社、农业公司等新型农业经营主体。

实施开放兴保战略。广开合作大门、广交天下朋友、广聚八方资源、广纳四海贤才。千方百计引进来，瞄准世界500强、中国500强企业，开展产业链招商、园区招商、精准招商、以商招商、常态化驻点招商。瞄准京津，继续开展央企进保、外企进保、大型民企进保、总部进保、人才进保、新技术进保六大攻坚行动，不断拓展深度和广度。面向长三角、珠三角等地区和香港、台湾、新加坡、美国、德国等有合作基础的国（境）外地区，举办专题招商推介会和特色产业展会，精心筹备参加廊坊、厦门等投洽会。积极主动走出去，积极拓宽外贸市场，抓好安国中药等国家级出口基地和一批服务外包示范园区、产业基地、农产品出口示范县建设，支持汽车及零部件、光伏等优势产品出口，提升外向型经济水平。

打造创新创业之城。把改革开放的成果落实到创新创业上、落实到加快发展上。深化创新驱动战略，加大科技创新投入，集中资金、土地等要素向科技型企业倾斜。鼓励支持骨干企业开展技术研发和产品创新，扶持科技型企业做大做强。加强产学研合作，推动优势产业、骨干企业与大专院校、科研单位共建创新平台，促进科技成果转化。围绕“品牌兴市、人才兴市”，推出一批竞争力强、叫得响的名牌产品和商标，培养和引进一批科技领军企业、领军人才。深化全民创业行动，实施市场主体增量计划，进一步降低准入门槛，实行投资主体“零限制”、注册服务“零收费”，由“先证后照”改为“先照后证”。抓好高新区大学科技园、北市区大学生创业基地建设，新建一批中小企业孵化基地，让百姓创业便利更多、成本更小。弘扬创新创业文化，尊重劳动、尊重创造、尊重企业家，支持企业二次创业，鼓励干部创事业、能人办企业、百姓创家业，对创新企业、纳税大户、创业明星、杰出人才给予重奖，让保定成为创新创业者的乐园。

八、加快发展社会事业，倾力保障和改善民生

把民之所望作为施政所向，优先保障民生投入，优先安排民生项目，优先解决民生问题，让发展成果更多更公平惠及全市人民。

健全社会保障。实施就业优先战略，全力做好高校毕业生、农村转移劳动力、城镇困难人员、退役军人、下岗再就业职工等重点群体就业工作。扩大社会保险覆盖面，全面实施基本医疗保险市级统筹，企业退休人员基本养老金增长10%，城乡居民医疗补助标准提高到320元，城乡低保应保尽保并逐步提高标准。建设保障房3.4万套，提高廉租房、公租房比例。发展养老服务业，健全社会救助和留守儿童、妇女、老人关爱体系。

发展社会事业。以教育、卫生、养老等为重点，以改革创新精神推动各项社会事业加快发展。统筹各类教育协调发展，鼓励支持社会力量办学，推进义务教育公办学校标准化建设，加快保定职业技术学院迁建，支持驻保高校与地方融合发展。开展城市医院对口帮扶乡镇卫生院工作，实施县级中医院和妇幼保健院改造、乡镇卫生院升级达标工程，建立困难群体大病医疗救助机制，加快市第一中心医院门诊综合楼和区域医疗中心建设，加快市儿童医院、市妇幼保健院和养老机构建设。加快殡仪馆搬迁进程。实施文化惠民工程，推进县级文化馆、图书馆、数字影院和乡（村）文化站（室）建设，扩大"文化润古城"覆盖面，支持直隶大剧院和老马号书场做好做强，丰富群众文化生活。完善城乡公共体育设施，谋划建设体育健身主题公园。落实"单独两孩"政策，提高出生人口质量。加强民族宗教事务管理，促进民族团结进步。深入开展以"讲诚信、懂规则、守法纪"为主要内容的精神文明创建活动。加强国防教育和国防后备力量建设，推进军民融合深度发展。搞好第三次经济普查。做好气象服务、防震减灾、外事侨务、史志档案等工作，促进社会事业全面进步。

推进扶贫攻坚。紧盯目标、聚焦难题，深入推进"十大扶贫攻坚战"，力争阜平区域发展与扶贫攻坚试点取得阶段性成效，涞源、涞水、易县、望都、博野率先完成减贫目标，唐县、顺平、曲阳提前完成"十二五"脱贫任务。选择100个贫困村建档立卡，实施精准扶贫。加大教育、卫生对口帮扶力度，提高贫困地区公共服务水平。按照市场化运作思路，推进"三个十"工程，重点发展10大扶贫产业、打造10个太行山综合开发产业片区、建设10个现代农业园区，确保年内300个村、20万人实现脱贫。

建设平安保定。毫不放松抓好安全生产，突出道路、消防、矿山、危爆物品、特种设备等领域安全监管，坚决遏制重特大事故发生。加快完善市县乡食品药品安全监管体系，充实基层监管力量，实施食品药品安全县创建工作，用最严谨的标准、最严格的监管、最严厉的处罚、最严肃的问责，确保人民群众"舌尖"上的安全。推进"天网"工程建设，实现城乡高清摄像头全覆盖。坚持"一年四打、连打三年"，持续打击村霸、路霸、渣痞、欺行霸市等黑恶势力犯罪，持续打击封门堵路、敲诈勒索等破坏发展环境犯罪，持续打击"两抢一盗"等侵财犯罪，进一步增强群众的安全感。加强社会管理创新，高度重视信访工作，对群众深恶痛绝的事零容忍，对群众急需急盼的事零懈怠。维护社会和谐稳定，促进社会公平正义，保障人民安居乐业。

办好惠民实事。围绕解决群众最关注、最忧心、最迫切的身边问题，办好一批实事。主要包括：新建34所山区寄宿制学校，三年建成70所；资助贫困学生10万人，1020所学校接入宽带网络；为6万对农村夫妇提供免费孕前体检；对36个老旧小区供热设施维修改造；新改迁建3所便民市场，改造24条小街巷；在市区推行公共自行车服务；新增150个早餐安全示范点，加强"小饭桌"安全监管，等等。对于这些实事，我们将逐项明晰责任，统筹财力，坚决办好。

九、认真改进工作作风，建设为民务实清廉政府

对人民负责、让人民满意，建设为民、务实、清廉政府，是我们的不懈追求。做好今年的政府工作，我们要高扬"实干兴市、清正为民"主旋律，大兴实干之风，大兴创新之风，大兴清廉之风，以改革创新精神加强政府自身建设，提振精气神、全面转作风，汇集正能量、聚力抓落实。

深入群众，改进作风。扎实开展教育实践活动，聚焦"四风"问题，敞开大门，广泛听取意见。坚持从市政府领导班子做起，带头深入基层调查研究，带头坚持为民服务在一线，带头廉洁自律，带头改进会风文风。抓好问题整改，坚持从小事抓起，从具体问题做起，从群众最关心的事情干起，着力解决发生在群众身边、损害群众利益的问题，让群众看到实实在在的成效，努力建设人民满意的服务型政府。

优化环境，提高效能。进一步转变政府职能，着力为各类市场主体创造公平公正、竞争有序的市场环境。支持各类行业协会、异地商会开展工作，建立政府与企业沟通联络、主动服务的有效机制。深化效能提升行动，健全市县乡行政服务中心、村服务代办点等实体平台，谋划启动市民服务中心，真正建成"办事处"、不搞"传达室"。严格落实企业宁静日等制度，推行"限时限次办结制"、"承诺审批制"、"两不见面代办制"、企业和项目环境综合治理机制，努力建设环京津地区行政成本最低、商务成本最低、生活品质最高、服务品质最高的城市。

科学行政，依法行政。畅通民情民意渠道，整合22条政务热线，开通办好961890为民服务热线，政府系统全面开通政务微博，并实现衔接互动。成立政府决策咨询委员会，健全重大行政决策专家咨询、风险评估、合法性审查和民生事项听证会等制度，重大规划尊重专家意见，重要决策会议邀请人大、政协参加。推行政府工作部门权力清单制度，建设政务服务电子监察平台，让权力在阳光下规范运行。自觉接受人大及其常委会的法律监督和工作监督，自觉接受人民政协的民主监督，重视发挥新闻媒体和社会公众的监督作用，切实把政府工作纳入法制轨道，努力建设法治政府。

干净干事，清正廉洁。严格执行“八项规定”和廉洁自律各项规定，正确行使党和人民赋予的权力，严守官商两道、清水之交，做到敬畏社会舆论、敬畏人民群众、敬畏党纪国法。厉行勤俭节约，反对铺张浪费；严格规范会议、文件、接待、用房、公车、出差、出国等方面的管理；严格财务预算、核准、审计，从餐桌不上烟和酒、开会不发本和笔等小事做起，严控“三公”经费支出，自觉过紧日子，把纳税人的钱更多地用在事业发展和民生改善上。把权力关进制度的笼子，以公开促公正，以透明保廉洁，增强主动公开、主动接受监督的意识，让暗箱操作没有空间，让腐败行为无法藏身。做到干部清正、政府清廉、政治清明。

各位代表！保定正处于一个千载难逢的重要机遇期。重返第一方阵，重塑大市尊严，让人民过上幸福舒适的好日子，既是全市人民的期盼，也是各级政府的责任。我们一定紧密团结在以习近平同志为总书记的党中央周围，在省委、省政府和市委的正确领导下，秉承“鞠躬尽瘁为百姓，殚精竭虑谋发展”的为政理念，弘扬驰而不息的龙马精神，为人民着想，对历史负责，接地气，重实效，务实务实再务实，实干实干再实干，奋斗不止，昂扬向上，勇于开拓，敢于担当，和1100万英雄智慧的保定人民携起手来，努力建设京畿强市、善美保定，加快打造环京津地区新的发展增长极，共同创造保定历史的新辉煌！

大事记

1 月

1月3日　市委书记许宁就贯彻落实2012年12月29日至30日中共中央总书记习近平在阜平考察工作时的讲话精神，到阜平县现场办公。强调要把党中央和习近平总书记对革命老区、贫困地区的关怀厚爱转化为强大动力，把习近平总书记的重要讲话精神作为扶贫开发和各项工作的总遵循，努力争当全国脱贫致富奔小康的示范，推动整体工作跃上新水平、迈上新台阶。市委副书记马誉峰一同参加现场办公。

1日～3日　元旦小长假，2012年12月30日启用的保定火车站西站房发送旅客超过3.8万人次，日均近1.3万人。与上年同期基本持平。保定火车站发送中短途旅客居多。保定东站出行旅客近1.2万人，其中3日发送旅客4500多人，多为坐高铁去旅游的远程旅客。

1日～3日　元旦小长假期间，保定市共接待游客7.6万人次，同比增长18%；旅游收入4962.41万元，同比增长28%。

1月6日～3月31日　根据省治超办的统一部署和保定市治超工作状况，保定市在全市范围开展为期3个月的治超执法行为集中整治专项行动，旨在解决治超执法工作中存在的突出问题，杜绝公路“三乱”，改善发展环境。整治重点包括只罚款不卸载行为；严厉查处执法人员勾结“车托”、社会不法势力的违法违规、谋取私利行为；整治违规收取车辆和货物保管费行为；清理整治流动卸载点；整治不按部门分工配备执法人员，不按规定开展联合执法的行为。

1月7日～9日　省委书记张庆黎到阜平县深入调研并召开现场办公会，研究解决扶贫开发工作中的困难和问题。他强调，要坚决贯彻落实习近平总书记在阜平县考察工作时的重要讲话精神，因地制宜，科学规划，分类指导，因势利导，全力以赴打好阜平和全省扶贫开发攻坚战，以优异成绩向习近平总书记和老区人民交上一份满意答卷。

1月10日～11日　市十三届人大六次会议在百世开利会展中心召开。会议由市人大常委会主任李光耀主持。会议选举了保定市人民政府市长，人民检察院检察长。会议选举产生保定市出席河北省第十二届人民代表大会代表101名。马誉峰当选为保定市市长。

1月12日　保定市经济工作会议在百世开利会展中心召开。市委书记许宁、市长马誉峰讲话。会议强调，要迅速把思想和行动统一到习近平总书记讲话精神上来，坚定不移地以“三提前一加快”统领全市经济社会发展全局；要求做好全年经济工作，要在扎实推进四大主体战略和七项重点工程的基础上，突出稳中求进、强势开局总要求。

1月13日　市长马誉峰在京广高铁保定东站召开现场办公会，了解车站运行中存在的突出问题，敦促有关部门立即解决。他指出，保定东站刚刚投入使用，在基础设施建设、指示牌设立、公交车运营、出租车管理、便民设施建设等方面还存在一些亟待解决的问题，责任部门要明确完成时限，认真负责地加以解决；要加大治理力度，对扰乱旅客正常进出站、强买强卖、强拉乘客、敲诈勒索等损害保定形象的行为坚决打击，绝不手软；要加大舆论监督力度，认真倾听百姓呼声，对于负面问题坚决曝光，对于正面典型激励表彰。

1月17日　市委书记许宁、市长马誉峰带领市发改、规划、国土、工信等市直有关部门负责人到徐水大王店工业园区调研。

1月17日~18日　易县举办清西陵保护区发展座谈会。市委书记许宁到驻地看望来自国家、省、市的专家学者和旅游界人士，市长马誉峰参加会议。会议指出，清西陵的保护、管理和利用工作责任重大，任务艰巨。要高度重视并切实做好清西陵文物保护规划，积极推进文物保护工程建设，规范文物保护项目管理，尽快完成清西陵保护区三个林场的置换。要开展清西陵保护区环境综合治理，及时消除文物安全隐患，加快发展旅游产业，注重人才队伍培养。

1月21日　为深入贯彻落实习近平总书记到阜平考察慰问时的重要讲话精神，保定市召开扶贫攻坚再动员会议，对全市当前及今后一个时期的扶贫开发工作进行安排部署，进一步动员全市上下统一思想，凝聚力量，抢抓机遇，强势推进扶贫开发工作。市委书记许宁、市长马誉峰讲话。会议指出，要把习近平总书记到阜平考察慰问时的重要讲话精神，作为全市扶贫开发工作和各项工作的总要求、总纲领、总遵循，推动全市整体工作上水平、上台阶。

1月23日　由于保定市连日出现雾霾天气，引起社会广泛关注。市长马誉峰到市环境保护监测站进行专题调研，了解保定市雾霾天气产生的主要原因，研究应对措施，对环境保护工作提出要求。马誉峰指出，空气质量涉及每一名群众的身心健康，事关保定形象和经济发展。如今，雾霾天气已经对保定市造成影响，各级各有关部门必须集中力量，果断采取应对措施，以改善环境质量，保护人民群众身体健康为根本出发点，加强污染治理和环境监控，推动保定市大气环境持续好转。

1月31日　中共保定市委、保定市政府向英利集团有限公司发去贺信，祝贺公司2012年销售收入130亿元，出口创汇12.3亿美元，全年组件出货量超过2200兆瓦，同比增长40%，成为出货量全球第一的光伏企业。2012年以来，面对全球光伏市场增速放缓、欧美“双反”等不利因素影响，英利集团准确把握行业发展趋势，变压力为动力，化危机为契机，实施了一系列主动变革，全面推动技术升级，有效控制产品成本，深入挖掘市场潜力。

1月　保定市通过国家住房和城乡建设部组织的检查验收，被正式命名为“国家园林城市”。截至2012年底，保定市中心城区建成区绿地面积5102公顷，绿地率和绿化覆盖率分别达到36.2%和36.96%，人均公园绿地面积9.15平方米，城市生态环境逐步改善，各项指标均已达到国家园林城市标准。

1月　公安部连续发布命令，分别为保定市公安局成功侦破“2·05”特大杀人案、“2·10”非法生产储存爆炸物品案、“2·16”非法买卖运输爆炸物品案等三个专案组记集体一等功。公安部在命令中指出，保定市公安局对大要案侦破工作高度重视，各级领导身先士卒、一线指挥，全体参战民警以对党、对人民高度负责的精神，团结协作、顽强拼搏、深挖细查、连续奋战，“2·05”“2·10”“2·16”案件成功侦破，及时消除了首都周边的重大安全隐患，为严厉打击刑事犯罪活动，保护人民群众生命财产安全，维护社会稳定作出了突出贡献。

2　月

2月5日　因保定市反复出现雾霾天气，又临近春节，为有效打击环境违法行为，改善环境质量，保障群众健康，即日起，全市环保等各相关单位组织开展为期三个月的整治违法排污集中行动。按照《保定市整治违法排污“三查”行动工作方案》要求，全市环保等各相关单位对塑料加工、有色金属熔炼、石渣石灰、橡胶、碳棒、羽绒加工、造纸、乳胶等行业和企业燃煤锅炉进行重点排查，严查严处违法排污、超标排污和恶意排污行为，对违法企业采取非常措施，严格关停、严肃查处、严厉打击，确保收到实际效果。

2月5日　保定市召开解决农民工工资拖欠问题调度会，市住建局、公用事业局、信访局、清欠办及各区等有关负责人员参加会议。会议对存在农民工工资拖欠问题的工程建设项目逐一了解核实情况，商讨解决办法，探索解决这一问题的长效机制。

2月6日　保定市召开领导干部大会，宣布省委关于中共保定市委主要领导调整决定。省委决定：聂瑞平任保定市委委员、常委、书记；许宁不再担任保定市委书记、常委、委员职务。许宁、聂瑞平分别表态并讲话。市委副书记、市长马誉峰主持会议。

2月6日　保定市政府发出倡议，号召全市人民春节期间减少燃放烟花爆竹。倡议特别指出，烟花爆竹在燃放过程中会产生大量的二氧化硫、氮氧化物、烟尘以及碳粒等颗粒物，形成的烟雾不能迅速扩散，导致$PM_{2.5}$浓度大幅度上升。特别是近一段时间中国北方地区连续出现雾霾天气，如果再无节制地燃放烟花爆竹，势必会使空气环境更加恶化，严重损害市民身心健康。

2月7日　市委书记聂瑞平，市委副书记、市长马誉峰等市领导先后到涞源县“7·21”洪水重灾区、市委政法委、38集团军，看望慰问受灾群众、政法干警和部队官兵，向他们致以新春的问候，并要求有关部门一定要确保群众度过一个平安、祥和的春节。

2月16日　市委书记聂瑞平等市领导到阜平县，走进习近平总书记元旦前夕考察的龙泉关镇骆驼湾村和顾家台村，看望慰问老党员和贫困户，就深入贯彻习近平总书记和省委张庆黎书记的重要讲话精神，加快阜平扶贫开发工作进行调研。

2月22日　保定市召开深化加强基层建设年活动动员大会，贯彻落实省深化加强基层建设年活动动员大会精神，总结保定市2012年基层建设年活动成果，表彰优秀驻村工作组、优秀驻村工作队员和先进工作者，对继续深入开展加强基层建设年活动进行安排部署。市委书记聂瑞平讲话，市委副书记、市长马誉峰主持会议。

2月26日　保定市与新疆维吾尔自治区铁门关市友好城市对接座谈会在保定举行。市委书记聂瑞平出席对接座谈会并讲话。新疆生产建设兵团第二师党委书记、政委、铁门关市委书记黄金忠，市长马誉峰代表双方签署缔结友好城市协议书。铁门关市是新疆维吾尔自治区直辖的县级市，于2012年12月29日正式挂牌成立，与新疆生产建设兵团第二师实行“师市合一”的管理模式。

2月28日　中共保定市第十届纪律检查委员会在百世开利会展中心召开第三次全体会议。会议深入贯彻落实十八届中央纪委二次全会和省纪委八届三次全会精神，总结2012年全市党风廉政建设和反腐败工作，安排部署2013年工作。会议强调，要严纪律、转作风、优环境、肃贪腐、强责任，不断把党风廉政建设和反腐败斗争引向深入。市委书记聂瑞平出席会议并讲话。

2月　保定市市长电子信箱正式上线开通，市民对政府工作的建议、意见可以通过互联网直接发送到市长信箱中。市政府门户网站“中国·保定”（www.bd.gov.cn）所属的市长信箱专栏中，市政府市长、各副市长分别开辟了个人专属电子信箱。

3　月

3月1日　保定市举行大王店园区建设推进报告会。市委书记聂瑞平出席，市长马誉峰致辞。大王店工业园区自规划建设以来，省委、省政府高度重视，市委、市政府全力推进，园区和项目建设取了阶段性成效，已入园企业8家，总投资356.8亿元，特别是总投资162亿元的长城50万辆整车及零部件项目的落户，为园区建设注入了强大活力。

3月1日　保定市召开水污染整治调度会议，部署整治涉水企业环保专项行动。会议介绍了国家暗访组检查保定市水污染工作情况，传达了省整治违法排污“三查”行动会议精神。市长马誉峰讲话强调，要强化措施、严厉整治，确保水质环境得到根本改善。

3月4日　中共保定市委、保定市人民政府发布《关于广泛深入开展‘善行河北、善美保定’学雷锋主题道德实践活动的实施意见》。提出，要以全面建成小康社会为目标，着力为建设京畿强市、善美保定提供有力道德支撑；以大兴互助、诚信、敬业、孝敬“四风”为重点，着力回应人民群众的道德诉求；以人民群众为主体，着力形成全社会广泛参与的生动局面等六条意见，确保活动广泛深入开展，营造更好的城市人文环境。

3月5日　保定市农业生态园的蔬菜观光园迎来建园以来的首批采摘客。该园是市农业生态园二期重点项目之一，位于生态园核心区以北、大汲店村东南，以展示高科技日光温室蔬菜示范大棚为主，配以农家乐、垂钓园、露天浴场、儿童戏水乐园、蔬菜采摘、休闲观光场所、百草沟水景及游览等游客配套项目，总占地190余亩。园内有占地100亩的16个高科技日光温室蔬菜示范采摘大棚。

3月20日　保定市开展2013年植树日活动。市委书记聂瑞平、市长马誉峰等等市四大班子领导、军分区领导与市直机关干部职工一起在大王店工业园区植树点参加了植树活动。北市区、新市区、南市区、高新区分别开展了植树活动。当天，市区义务植树活动共计植树2万余株。2013年，全市城镇绿化计划完成乔木种植140万株，其中市区10万株，各县（市、区）130万株。春季绿化市区完成7万余株，市区建成区绿化覆盖率、绿地率分别增长0.4%、0.65%，人均公园绿地面积增加0.3平方米。

3月27日　在青岛举行的第八届中国橡胶年会暨中国橡胶工业展上，中国橡胶工业协会授予博野县“中国（博野）输送带工业城”称号。博野县橡胶行业主营输送带企业达68家，关联配套企业200多家，从业人员2.3万人，年产值35亿元，产能占全国市场份额的1/4左右，获得中国驰名商标1件，省著名商标、省名牌28件。

3月30日　“杨受成（中国·顺平）关爱老年中心”启用暨捐赠仪式在顺平县民政事业服务中心举行，英皇集团主席杨受成再次捐款500万元，支持顺平县民政事业服务中心建设。民政部、河北省领导出席启用仪式，市委书记聂瑞平到驻地看望杨受成，市长马誉峰致辞。中心是顺平县按照集中养老、整合资源的原则，实施的“多院合一”二期工程。该项目总投资4000万元，占地30亩，建筑面积16500平方米，设有床位650张。

3月　保定市“市民心声”手机WAP网络平台正式上线开通，市民对政府的建议、意见及生产生活中遇到的困难和问题，可以通过手机WAP网络进行表达，此举拓宽了政府与群众的互动渠道。

3月　省政府批复同意保定市在保定师专涿州分校基础上，建立保定幼儿师范高等专科学校。新建立的学校为专科层次的普通高校，实施专科层次高等教育。学校由保定市举办和管理，实行省、市共管以市为主的管理体制，主要任务是培养培训学前教师。2012年4月，学校新校址在涿州市奠基，项目占地300亩，总投资3.3亿元，建筑面积约20万平方米，设计在校生容量5000~8000人，将于2013年8月投入使用。

4　月

4月1日　市长马誉峰召集市直有关部门负责人召开汇报会，听取城市雕塑方案及保定文化名人苑项目汇报，研究部署下步工作。为打造城市亮点，提升城市品位，保定市将在市区道路、公园、街头游园等部位设立反映保定文化特色的园林雕塑。

4月2日　保定市召开安全生产工作电视电话会议暨尾矿库非煤矿山专项整治动员大会，贯彻落实全国安全生产工作会议精神和国务院、省政府有关要求，总结分析保定市安全生产形势，安排部署2013年工作。

4月8日~11日　保定市政协十二届一次会议在百世开利会展中心召开。崔启慧向大会作市政协十一届委员会常务委员会工作报告。会议期间，市委书记聂瑞平、市长马誉峰和其他市领导深入委员驻地和讨论会场，看望委员，倾听委员意见建议，共商保定发展大计。会议选举了市政协第十二届委员会主席、副主席、秘书长和常务委员，审议通过了关于政协保定市第十一届委员会常务委员会工作报告的决议等一系列决议、报告。

4月9日~12日　保定市第十四届人民代表大会第一次会议在百世开利会展中心召开。大会执行主席、主席团常务主席聂瑞平主持，市长马誉峰代表市政府向大会作政府工作报告。会议选举了保定市第十四届人民代表大会常务委员会主任、副主任、秘书长、委员，保定市人民政府市长、副市长，保定市中级人民法院院长，保定市人民检察院检察长。宋文当选为保定市第十四届人民代表大会常务委员会主任，马誉峰当选为保定市人民政府市长。会议通过了关于保定市人民政府工作报告的决议等一系列决议。

4月12日　市委书记聂瑞平、市长马誉峰会见了中国汽车零部件工业公司总裁陈康仁一行，双方就加快推进中国汽车零部件（保定）产业基地项目进行深入洽谈。

4月16日　中共保定市委、保定市人民政府在《保定日报》公布2013年拟实施的十二方面52件惠民事项。事项涉及社保福利、扩大就业、教育惠民等十二个方面，其中的每一具体事项都列出了具体目标和责任单位，请全体市民监督落实。

4月15日~17日　美国艾奥瓦州州长特里·布兰斯塔德率领友好代表团到保定市考察。市委书记聂瑞平会见布兰斯塔德一行。

4月18日　河北省体育局、保定市政府和中航文化股份有限公司三方战略合作签约仪式在石家庄举行。三方将以保定市江城机场为核心区域，规划建设集通航文化、娱乐、飞机销售托管、维护及机场运营为一体的全国首家国际低空飞行主题公园，项目总投资30亿元。产业园项目包括私人飞行与航空旅游、通航主题乐园与航空运动节、通航展览与赛事组织等六项核心业务。

4月23日~24日　省委书记周本顺到保定市就发挥环京津优势加快发展、推进扶贫开发合力攻坚进行调研。周本顺先后考察了白沟新城隆基泰和公司和道国际项目、英利集团公司、长城汽车有限公司徐水经济开发区厂区；围绕落实好习近平总书记在阜平考察时的讲话精神，到阜平县龙泉关镇骆驼湾村和顾家台村入户走访，专门召开座谈会听取扶贫工作情况汇报。市委书记聂瑞平、市长马誉峰陪同调研。

5　月

5月3日　保定市召开全民创业、效能提升、城市管理“6S”行动广播电视动员大会，围绕解决制约保定市经济社会发展的关键问题，动员干部群众，全方位优化创业环境、政务环境、市容环境，为建设京畿强市、善美保定，重返全省第一方阵，打造全省新的增长极提供坚强有力支撑。市委书记聂瑞平作书面讲话，市长马誉峰对三项行动进行安排部署。据相关文件，城市管理“6S”理念是由现代企业管理模式扩展而来，包括整理、整顿、清扫、清洁、素养、节约等六方面内容，简称“6S”管理。

5月10日　保定市召开解放思想、改革开放、创新驱动、科学发展大讨论活动动员大会，深入学习贯彻省委八届五次全会精神，对大讨论活动动员部署，进一步统一思想、提振精神、凝聚力量，推动全市各项事业发展迈上新台阶。市委书记聂瑞平作重要讲话，市长马誉峰主持会议。

5月14日　市长马誉峰到市交通局出租车管理处，与部分出租车司机代表进行座谈，商讨出租车行业健康稳定发展的对策。马誉峰强调，出租车是城市形象的窗口，要在现有基础上不断提高服务质量，树立良好形象；各级各有关部门要重视出租车行业、尊重出租车司机，做好服务和保障工作。会议现场，马誉峰向出租车司机代表们发放了《致全市出租车司机朋友的一封信》，并赠送了记述保定地理山川、历史人文、民俗文化等内容的《保定读本》，希望大家在为乘客提供细致周到服务的同时，主动热情地介绍保定的美食美景和风土人情。

5月16日　保定直隶大剧院老马号书场正式开讲，首场演出吸引众多市民观看。市委、市政府重视文化产业发展，加强文化基础设施建设，吸引社会资金，在保定红星影剧院的基础上，建成市重点文化建设项目直隶大剧院。老马号书场今后将以保定本土节目为主，不断向市民提供文明健康、积极向上的精神食粮，丰富群众文化生活。

5月17日　由台湾贸易中心董事长王志刚带领的台湾贸易代表团到保定市考察。市委书记聂瑞平、市长马誉峰会见王志刚一行。在保定考察期间，台湾商贸代表团参观了国电联合动力有限公司和英利集团。

5月23日　“三利杯”2013中国·保定国际空竹艺术节在军校广场隆重开幕。市长马誉峰宣布开幕。开幕式上，中华全国体育总会向保定市颁发“国家全民健身示范试点城市”牌匾；保定市政府向三利集团颁发“2013中国·保定国际空竹艺术节突出贡献奖”纪念鼎。本次空竹艺术节由省体育局、市委、市政府共同主办，有30多个国家和地区的100多名国际友人及全国各地的6000多名空竹爱好者参加。自2008年以来，保定市已举办五届空竹艺术节。

5月24日　为深入贯彻落实省委八届五次全会精神，扎实推进解放思想、改革开放、创新驱动、科学发展大讨论活动，市委决定开办领导干部大讲堂，进一步提高全市领导干部的能力和素质。当日，保定市举行领导干部大讲堂开班动员暨首期培训会议。市委书记聂瑞平出席并讲话，市长马誉峰主持开班动员会。2013年领导干部大讲堂安排了15个培训课题，每两周授课1次。

5月27日　省长张庆伟到阜平县就扶贫工作进行调研。他强调，要站在全面建成小康社会的高度，坚持以人为本，科学规划，既要立足当前，解决群众眼前的生活困难，更要着眼长远，帮助每一户群众找到脱贫致富的路子，使贫困地区与全省其他地区一道基本上同步实现全面小康。市委书记聂瑞平陪同调研。

5月23日~28日　省双拥模范城（县）检查组对保定市申报新一届省级双拥模范城（县）进行检查验收。市委书记聂瑞平出席汇报会，市长马誉峰出席意见交换会。2013年是新一届省级双拥模范城评比表彰年，省双拥办从5月中旬开始对申报新一届双拥模范城的市（县）进行检查验收。在保定市期间，省检查组先后到定州市、徐水县、定兴县、高碑店市、涿州市、涞水县、涞源县、望都县、满城县和市区进行检查验收，组织双拥工作有关代表座谈和民意测验，并检查了保定市部分双拥共建点。

5月31日　东风路跨京港澳高速公路大桥南北双向道正式全面通车。东风路跨京港澳高速公路大桥是保定市第一座斜拉桥，全长625米，主跨钢箱梁长160米，桥面宽48米，双向8车道设计，桥身所用钢材达7000多吨。

5月31日　长城汽车第三届科技节在长城汽车徐水生产基地开幕。市委书记聂瑞平、市长马誉峰和省科技厅领导出席开幕式。本届科技节展品阵容、展出规模大大超过往年，其展厅面积达到7000平方米，划分出14个展区，展品超过300件，是长城汽车科技研发实力的一次大阅兵。

6　月

6月4日　保定市召开重点建设项目（南片）调度会。在听取博野县、蠡县、高阳县、清苑县等汇报重点建设项目进展情况后，市长马誉峰指出，项目是“总抓手”，决定着保定发展的速度、质量和效益。项目建设必须强化责任意识和务实作风，必须强化战略思维、科学选择，必须强化外力支持、要素保障。

6月8日　市委召开十届六十次常委（扩大）会议，传达省委大讨论活动推进会议和全省人口计生工作会议精神，研究讨论了关于落实省委八届五次全会精神进一步加快推进扶贫攻坚奔小康的意见和市委关于讲好保定故事、建设善美保定活动推进方案等文件，听取了保定市灾后重建进展情况汇报。市委书记聂瑞平主持会议。

6月8日~10日　由省文化厅和保定市委、市政府主办的第六届河北省民俗文化节暨首届保定市民俗文化节在军校广场举行，主要内容分为民俗踩街表演、开幕盛典、燕赵风华·传统艺术展演、燕赵百工·传统技艺展示和燕赵百味·特色名吃促销五个活动板块，围绕“人人都是文化遗产的主人”主题，宣传非物质文化遗产保护知识，展示河北省和保定市丰富绚丽的非物质文化遗产资源和丰硕喜人的保护成果。省文化厅领导出席开幕式，市委书记聂瑞平参观民俗文化展，市长马誉峰致辞。

6月14日　保定市解放思想大讨论活动环京津县（市）推进会在高碑店市召开。市委书记聂瑞平讲话，市长马誉峰主持会议。会上，涿州、高碑店、安新、白沟新城等10个环京津县（市）、开发区分别汇报了大讨论活动开展情况。

6月18日　市委书记聂瑞平到王快水库检查防汛工作，并到三峡新能源曲阳发电有限公司调研。

6月18日　市委在曲阳县召开全市解放思想、改革开放、创新驱动、科学发展大讨论活动扶贫攻坚重点县推进会。会上，曲阳县、博野县、阜平县、顺平县、唐县、望都县分别汇报了大讨论活动开展情况和下一步加快发展的思路举措。市委书记聂瑞平强调，制约保定发展的最大短板是县域经济，要通过深化大讨论活动，坚定信心，抢抓机遇，找准路径，强化举措，以县域经济的大发展、扶贫攻坚的大突破，开创跨越发展、后发赶超的新局面。

6月19日　市委先后在徐水县大王店工业园区和市委机关召开全市解放思想、改革开放、创新驱动、科学发展大讨论活动主城区及周边县（市）推进会和市直部门推进会。徐水县、安国市、高阳县等县（市、区）和市纪委、市委组织部等市直部门分别汇报了大讨论活动开展情况和下一步加快发展的思路举措。市委书记聂瑞平出席会议并讲话，市长马誉峰主持会议。

6月20日　为进一步加强保定与中科院的合作，积极争取高能同步辐射光源验证装置及BAPS项目落户保定市，市委书记聂瑞平、市长马誉峰到北京拜访了中科院高能物理研究所领导，就开展项目合作相关事宜进行会谈。聂瑞平表示市委、市政府高度重视高能同步辐射光源验证装置及BAPS项目，真诚希望双方进一步密切联系，加强对接，共同推动项目合作取得新进展。

6月22日　省长张庆伟到易县、涿州市就深化加强基层建设年活动、进一步搞好乡村建设和扶贫开发、统筹城乡发展等进行调研，并走访慰问老党员和困难群众，了解基层群众生产生活情况。张庆伟强调要加大帮扶力度，增强帮扶实效，努力让农村面貌实现大变样。市委书记聂瑞平、市长马誉峰陪同调研。

6月27日　市委召开庆祝建党92周年座谈会，邀请部分党员代表，回顾党的光辉历程，共话保定未来发展。市委书记聂瑞平出席座谈会并讲话。他强调，全市各级党组织和广大党员要切实增强使命感和责任感，提升凝聚力、战斗力、创造力、公信力，为打造环京津地区新的发展增长极，全面建成小康社会贡献力量。

6月30日　截至当日，保定市全部财政收入（不包括定州）完成163.78亿元，占年计划的50.5%，同比增长7.9%。公共财政预算收入完成86.85亿元，占年计划的52.5%，同比增长19.3%，圆满实现“双过半”。

7　月

7月1日　保定市组织收听收看河北省深入开展党的群众路线教育实践活动动员大会。省委书记周本顺主持动员大会并讲话。市委书记聂瑞平、市长马誉峰在石家庄主会场参加会议。市四大班子领导，市法检两长在保定市分会场参加会议。

7月4日　市委书记、市防汛抗旱指挥部政委聂瑞平到市防汛抗旱指挥调度中心进行调研，了解全市雨情、水情和汛情，研究部署全市防汛工作。他强调，要以人民群众生命财产安全大于天，防汛责任重于泰山的使命感，高度警惕，科学应对，确保全市防汛工作万无一失。

7月4日　市长马誉峰主持召开沃尔玛保定朝阳大街店筹备工作调度会。他强调，沃尔玛在保定投资置业，为保定市提供了一个对外展示的机会，有关部门要切实提高办事效率，进一步缩减审批时间，真正让投资者满意；希望沃尔玛公司在保定能有更好的发展，传播保定正能量，吸引更多企业来保投资发展。

7月7日　上午10时整，保定市市区及21个县（市）固定警报器同时鸣响；22台机动警报车也从市人民广场出发，沿东风路向东进行警报试鸣。这次防空警报试鸣，按预先警报、空袭警报、解除警报的顺序依次鸣放，历时23分钟，警报鸣响率达100%。保定市警报建设以市本级、环首都县（市）、省定人防重点城市为重点，警报覆盖率在市区达到了98%，主要安装在党、政、军机关，学校，企事业单位，居民社区楼上。同时，市本级和21个县（市）全部配备了机动指挥车，建成了机动指挥平台，在全省率先实现了机动指挥全覆盖。

7月9日　市长马誉峰主持召开特色餐饮产业发展座谈会，邀请保定市部分餐饮企业代表共同分析餐饮业发展现状、存在的困难和问题，研究加快保定市特色餐饮业发展的路径。志广好滋味、北斗星、同乐馆、直隶会馆等17家餐饮企业负责人一一发言。

7月12日　保定市召开西大园和府河片区助迁责任交办会，对两大片区拆迁改造进行再动员、再部署。市委书记聂瑞平强调，五年来，各级各有关部门做了大量卓有成效的工作，片区拆迁已经到了冲刺攻坚的关键节点，各级各有关部门要坚定信心，迎难而上，带着责任和感情全力推进拆迁建设工作；要坚持依法依规拆迁，对拆迁过程中违法阻工扰工的行为要依法处理，牢牢守住法律和群众既得利益两条底线。市长马誉峰出席并讲话。

7月14日　市委书记聂瑞平、市长马誉峰与来访的解放军总医院院长李书章、政委陶德平等举行会谈，就该院涿州保障基地建设项目加快推进深入交换意见。项目拟投资53亿元，总占地1500亩，是集医疗领域高新技术研发、高端人才培养和康复度假于一体的公益性医疗卫生产业基地，有望于2015年底完成建设并投入使用。

7月6～15日　西大洋水库开闸泄洪共计3363万立方米，水位下降至131.84米，达到安全运行水位。受7月初强降雨影响，西大洋水库水位上涨至133.04米，蓄水量达3.3631亿立方米，超132米警戒水位1.04米。

7月16日～18日　200余名市人大常委会委员和人大代表统一行动，对保定市城市管理“6S”行动工作进行调查研究，视察面覆盖整个城区。市委书记聂瑞平、市长马誉峰、市人大常委会主任宋文等参加。视察人员分成5组，深入街巷、广场、产业园区、建筑施工工地、城中村、社区、学校、幼儿园、农贸市场、无害化处理中心、垃圾台站实地调研，与有关部门负责人、城管志愿者、环卫工人交流座谈，围绕相关城市管理问题交换意见，同时，视察组成员还积极投身到义务劳动中，拿起工具，捡拾垃圾。

7月19日　河北省党的群众路线教育实践活动“文化惠民”专项活动在保定市启动，首场演出暨“文化润古城”系列活动之五“梅花争艳古城行”——中国戏剧梅花奖获得者巡演活动在百世开利会展中心上演。省委宣传部、省文联领导出席，市委书记聂瑞平到场观看。

7月22日　在安新县水产部门的全力配合下，市畜牧水产局将2800万尾虾苗放流白洋淀，预计生产经济效益可达1000万元。此次放流重点选择在适宜虾类生长的前塘、后塘、泛鱼淀、池鱼淀、大麦淀等水产种质资源保护区水域，共投放平均体长1.0厘米的虾苗2800万尾。省渔政处对这次增殖放流进行了全程监督指导。

7月25日～26日　在中国人民解放军建军86周年即将到来之际，市委书记聂瑞平带队赴内蒙古北京军区朱日和训练基地，看望慰问中国人民解放军第38集团军驻训指战员和训练基地官兵，向他们送去节日的问候，并赠送了慰问金和慰问品。38集团军、朱日和训练基地领导出席慰问仪式并观看慰问演出。

7月28日～29日　中共保定市第十届委员会第六次全体（扩大）会议在百世开利会展中心召开。会议由市委常委会主持。市委书记聂瑞平讲话，市委副书记、市长马誉峰主持会议。会议提出，今后一段时期统领全市各项工作的总目标、总纲领是：牢牢把握解放思想、改革开放、创新驱动、科学发展的总要求，大力唱响实干兴市、清正为民主旋律，紧紧围绕发展、稳定、民生三大任务，不断强化环境和干部两大保障，深入建设京畿强市、善美保定，加快重返全省第一方阵步伐，全力打造环京津地区新的发展增长极，为全面建成小康社会而努力奋斗。大会还下发并讨论了《关于全面提升县域经济发展水平的实施意见（讨论稿）》《关于加快汽车及零部件等七个产业发展的实施方案（征求意见稿）》《关于白洋淀低碳新区建设构想（征求意见稿）》等文件。

7月18日～30日　市委书记聂瑞平采取不跟县（市、区）打招呼、直接深入项目现场的方式，实地查看了13个县（市、区）共18个重点项目，详细了解项目建设情况，及时发现项目建设中存在的问题，要求各级党政主要领导要深入项目建设第一线，全力以赴解决问题，千方百计加快进度。2013年，全市共安排市以上重点项目152个，计划开工92个，截至6月底，开工率仅为36%。特别是市重点项目开工率仅为28%，开工率偏低。在实地检查中，企业反映最多的是土地问题。有的项目由于拆迁征地问题无法进场施工，有的项目虽然正在建设但土地指标却未落实，有的项目当地政府与项目建设方缺乏有效沟通影响了项目进度。

7月30日　中共保定市委常委会全体成员就认真贯彻中央政治局八项规定和习近平总书记在河北调研指导党的群众路线教育实践活动时的重要讲话精神，深入落实省委各项重大决策部署，坚决克服形式主义、官僚主义、享乐主义和奢靡之风，为全市广大党员和各级干部作出表率，向全市人民公开十二项承诺，请全市广大干部群众监督，如有违背，可提出批评或向上级反映。

7月30日　为更好的发挥市长热线、市长信箱、市长短信平台作用，促进群众来信、来电办理工作制度化、规范化、科学化，市长马誉峰就市长专线工作与市民代表座谈。市行政执法局、住建局、环保局、公用事业局、人社局、卫生局、民政局等部门，南市区、北市区、新市区政府和高新区管委会负责人也结合自身工作与市民代表深入交流，表示将尽最大努力帮助市民解决实际困难

7月31日　保定市召开城市管理“6S”行动调度会，市委书记聂瑞平、市长马誉峰出席会议并讲话。聂瑞平强调，要深入开展城市管理“6S”行动，在巩固成果、提升水平、加强统筹上下功夫，打造宜居宜业的城市环境。调度会上，听取了全市城市管理“6S”行动整体工作开展情况和南市区、北市区、新市区、高新区及市直有关部门各自工作开展情况汇报。

7月31日　保定市召开农村服务型党组织建设现场观摩会议，总结交流经验做法，对推进全市农村服务型党组织建设进行再安排、再部署。市委书记聂瑞平出席会议并讲话。他强调，要以深入学习贯彻市委十届六次全会精神为契机，全力推进农村服务型党组织建设，为推动保定加

快发展、跨越赶超、打造环京津地区新的发展增长极提供坚强组织保障。与会人员实地观摩了徐水县大王店产业园区和曲阳县齐村乡万亩核桃种植基地、三峡光伏发电基地等富民产业项目；曲阳县齐村乡、徐水县大王店镇、南市区西高庄村、涞水县石圭村等党委书记、党支部委员分别就征地拆迁、基层组织建设、扶贫攻坚工作作了典型发言。

8　月

8月5日　保定军分区党委召开九届四次全体（扩大）会议，传达学习省军区党委全会精神，总结军分区上半年工作，部署下半年任务。市委书记、保定军分区党委第一书记聂瑞平强调，要深入贯彻落实市委十届六次全会精神，进一步深化融合式发展的理念，努力在服务发展中显身手，在维护稳定上当尖兵，在保障民生上做表率，为推动保定跨越发展，打造环京津地区新的发展增长极贡献力量。

8月6日　保定市、安国市与天士力控股集团共同签署协议，共建数字化中药都商贸仓储物流园区。河北省、国家中医药管理局、天津市等有关部门领导参加签约仪式。市委书记聂瑞平出席。市长马誉峰、天士力控股集团董事局主席闫希军致辞。本次签约的安国数字化中药都商贸仓储物流园区项目总投资约30亿~50亿元，项目采取整体规划、设计一步到位的方式，以市场引导、分布实施建设，包含两大板块：专业中药材交易与商贸市场园区及部分配套仓储物流区和万吨中药材数字化萃取项目。

8月8日　保定市与北京铁路局举行战略合作框架协议签约仪式，市委书记聂瑞平出席，市长马誉峰、北京铁路局局长杨宇栋签约。保定市与北京铁路局以铁路行业优势和地方区域特色相互融合为平台，就保定市铁路规划及建设、城市建设、铁路物流中心和“铁路城”建设等相关事宜进行战略合作，实现优势互补、互利共赢。

8月8日　保定市政府与中国百盛集团共同举办百盛集团携手著名品牌商务考察活动暨战略合作企业签约仪式。百盛集团携182个加盟品牌商到保定考察，并与长城汽车、巨力集团、中国邮政、保定日报社等签署战略合作协议。市长马誉峰作城市推介。百盛集团在保定市着力打造保定百盛万博广场店，以“欢乐、时尚、潮流、品位”为理念，努力为市民营造高雅的购物环境。

8月12日　保定市召开四大班子联席会议，就进一步贯彻落实市委十届六次全会精神进行研究部署。市委书记聂瑞平主持会议并讲话，市长马誉峰就加快汽车及零部件等七个产业发展讲了意见。聂瑞平强调，要紧紧围绕发展这个中心，紧紧服务发展这个大局，努力成为发展、干事的班子，共同唱好推动保定跨越式发展、打造增长极这台大戏；要多到工作第一线去组织推动，多到项目建设现场去搞好服务，多到老百姓身边去排忧解难，多到矛盾集中的地方去解决问题；从市四大班子做起，带头少开会、少发文、少应酬、少报道。特别是到基层调研要轻车简从，不能扰企、扰民。

8月15日　为落实市委十届六次全会和全市稳定工作会议精神，优化保定市法治和发展环境，市委政法委决定在全市范围内组织开展为期100天的“秋收100”打击整治专项行动。打击整治的重点，一是村霸、路霸、沙霸、房骗以及强迫劳动、恶意欠薪、强迫交易、强揽建筑工程项目、强行插手征地拆迁等欺行霸市、危害一方的黑恶势力犯罪；二是非法阻工、堵路堵门、扰乱社会秩序、干扰企业正常生产经营等破坏发展环境的违法犯罪；三是杀人、绑架、爆炸等影响人民群众安全感的严重暴力犯罪；四是“两抢一盗”等多发性侵财犯罪；五是贪污受贿、滥用职权、失职渎职等影响国家机关公信力的职务犯罪。

8月15日　为配合“秋收100”打击整治专项行动，贯彻落实宽严相济的刑事政策，保定市中级人民法院、保定市人民检察院、保定市公安局联合发布《关于敦促犯罪人员投案自首的通告》，限令犯罪人员自通告发布之日起至2013年11月25日止，主动到司法机关投案，以争取从轻或者减轻处罚。

8月21日　河北数字印刷产业园项目签约仪式在保定市举行。市委书记聂瑞平出席签约仪式，市长马誉峰、河北出版传媒集团公司董事长杜金卿分别致辞。该项目是河北出版传媒集团公司谋划建设的现代文化产业园区，落户在保定市新市区。项目总投资35亿元，其中数字印刷基地建设计划投资15亿元，原址开发投资20亿元。项目建成后，将大力发展文化创意、数字出版、数字印刷、影视动漫等新兴产业，立足保定，服务京津，形成一个新的文化产业集聚区和文化发展示范区。

8月22日　保定市政府与省气象局签署《共同推进气象为保定市经济社会发展服务合作协议》。省气象局局长宋善允、保定市长马誉峰代表双方签约。根据协议，市政府与省气象局本着统筹协调、共同支持的原则，将共同推进保定市农村气象灾害防御与农业气象服务工程建设、人工影响天气工程建设、基层气象台站建设、气象防灾减灾中心建设，共同落实“中国气象局与河北省人民政府省部联席会议纪要工作任务分工”等。

8月23日　深化加强基层建设年活动廊坊市帮扶阜平资金交接仪式在阜平县举行。廊坊市市长冯韶慧将1500万元帮扶资金支票移交给阜平县有关负责人。市长马誉峰出席交接仪式并讲话。交接仪式前，与会人员到阜平县王林口乡马驹石村慰问廊坊市国土局驻村工作组。

8月27日　市政府在《保定日报》全文刊登《保定市人民政府工作规则》，规则涉及政府工作的指导思想、工作准则、工作目标、组成人员职责等方方面面。此举既有利于政府工作的规范化、制度化、科学化建设，全面提高工作效能，也便于行政公开和群众监督。

8月26日至27日　市委书记聂瑞平、市长马誉峰率领保定市党政代表团赴廊坊、张家口两市，就项目建设、园区建设、招商引资和县城建设情况进行学习考察。

8月1日～31日　为确保社会治安秩序持续稳定，保定市公安局开展为期一个月的暑期安保社会面专项治理突击月行动。此次行动重点打击盗窃汽车、飞车抢夺、入室盗窃、盗窃电动自行车等侵财类系列案件；严厉查扣无牌无照、假牌假照摩托车；清查小旅馆、出租房屋、流动人口聚集区；加强对二手手机交易、黄金首饰改造等重点行业的集中清查。

9　月

9月2日　全市党管武装工作述职会议和市委议军会议在保定军分区召开，学习贯彻省委议军会议精神，研究解决驻保部队和国防后备力量建设中存在的重点问题。会议强调，要推动国防建设与经济建设融合发展科学发展。市委书记、军分区党委第一书记聂瑞平，市委副书记、市长、市国防动员委员会主任马誉峰出席会议并讲话。

9月3日　市长马誉峰主持召开市区分散燃煤锅炉替代改造调度会，分析存在问题，研究制定方案，部署工作任务。马誉峰强调，替代改造分散燃煤锅炉是保定市当前大气污染治理工作亟需完成的重要任务，无论存在多大困难，必须迎难而上；各级各有关部门要按照市区专项供热规划，一炉一策制定改造方案，千方百计筹措资金，加快供热管网建设；要在保证冬季正常供暖的前提下，按照规定的时间节点要求完成改造任务。

9月6日　保定市召开2013年教师节大会，表彰为保定市教育事业作出贡献的先进单位和个人。市委书记聂瑞平出席大会并讲话。大会向全市广大教师和教育工作者致以节日问候，向受到表彰的先进单位和个人表示热烈祝贺，向长期以来关心支持保定市教育事业发展的各界人士表示衷心感谢。大会宣读了市政府《关于授予田烈等同志保定市突出贡献校长称号的决定》和《关于授予唐县第一中学等学校保定市师德建设优秀单位和刘振江等人保定市教书育人楷模称号的决定》。

9月10日　省委第一巡视组在《保定日报》发布《关于在保定市开展巡视巡查的公告》，公布了联系电话和电子邮箱。9月9日，省委第一巡视组到达保定，召开市委见面会，开始对保定市涿州、高碑店、高阳3个县（市）开展巡视工作，对安国、安新、阜平等15个县（市、区）开展巡查工作。省委第一巡视组组长、正厅级巡视专员庞瑞须出席会议并讲话。市委书记聂瑞平参加会议，并作表态发言。这次巡视、巡查的重点对象是：县级党政班子及其成员尤其是党政正职以及主管人、财、物和工程立项、审批、建设等工作的副职，同时了解县人大、县政协党组班子及其成员的情况。省委巡视组在保定市工作时间5个月左右。

9月10日　保定市召开优化法治环境、社会环境典型案件警示教育大会，公布“秋收100”打击整治专项行动中查处的典型案件。市委书记聂瑞平，省委政法委副书记、省综治办主任王会平出席会议并讲话，市长马誉峰出席会议。会议指出，专项行动开展以来，全市各级政法机关、各县（市、区）和相关部门做了大量工作，取得了丰硕战果，极大地震慑了违法犯罪，有力地维护了社会秩序，进一步推动了全市发展环境的优化和提升。会议强调，要再接再厉，扩大战果。

9月14日　保定市印发《保定市大气污染防治总体工作方案》和《保定市大气污染治理十项攻坚措施》，每项措施都明确责任单位，加强大气污染综合治理，改善全市环境空气质量。保定市大气污染防治的工作目标是：通过实施大气污染综合整治措施，到2017年全市大气污染物细颗粒物（$PM_{2.5}$）浓度比2012年下降33%，二氧化硫、氮氧化物、颗粒物和挥发性有机物排放总量大幅度降低，重污染天气大幅度减少，全市环境空气质量明显改善。再用5年或更长时间，基本消除重污染天气，全市环境空气质量得到全面改善。

9月22日　总投资11亿元的河北四通新型金属材料股份有限公司研发制造基地项目在清苑县郎庄村奠基，标志着国内规模最大的功能性母合金新材料工厂开工建设。该项目入列省重点项目，分两期建设，形成年生产6.2万吨能力。一期工程形成年产2.2万吨产能，主要研发生产晶粒细化类、金相变质类、元素添加类和金属净化类的100多个品种的金属新材料，产品主要用于汽车、高铁、电力电子、航空航天、船舶、军工等领域。河北四通新材料公司是立中集团子公司，立中集团是国内最大的铸造铝合金和功能母合金企业。

9月22日　悦康涞水现代医药健康产业园项目签约仪式在保定市举行，市委书记聂瑞平出席签约仪式并会见悦康药业集团董事长于伟仕，市长马誉峰致辞并参加会见。总部设在北京的悦康药业集团是以安微原料药基地为支撑，以北京、上海、广州和重庆四大制剂生产基地为核心的医药产业集团。悦康涞水现代医药健康产业园项目总体定位生物医药、保健及食品、健康养老产业三大领域，项目一期土地需求4000亩，计划投资50亿元。

9月21日~23日　第二届中国（高碑店）国际门窗节在高碑店市举行。本届门窗节以“让建筑更节能，让生活更美好”为主题，全面展示国内外门窗产业链上下游的优势产业和最新科技成果，推进建筑节能事业发展。来自中国、德国、意大利等18个国家和地区近400家国际顶尖门窗企业参展，展示特色产品，研讨行业发展，深化合作交流，助推门窗产业持续发展。省政府、中国房地产业协会、中国建筑金属结构协会领导参加开幕式。市委书记聂瑞平出席并会见了德国客商，市长马誉峰致辞。

9月26日　保定市政府、安国市政府和神威药业集团有限公司举行安国中药都建设重点项目签约推进会。市委书记聂瑞平、神威药业集团董事长兼总裁李振江致辞，市长马誉峰代表市政府在重点项目合作协议书上签字。安国中药都建设神威药业项目，是由保定市政府、安国市政府和神威药业集团有限公司合作建设，项目总占地500亩，总投资35亿元，主要建设内容为中药配方颗粒、精制饮片项目等，同时大力发展中药提取工业，按照绿色可循环发展理念，对中药生产过程中产生的废药渣、蒸汽等进行二次利用。

9月26日　保定市与新希望集团有限公司举行宝硕双10万吨管（型）材和天香乳制品产业基地项目签约仪式。市委书记聂瑞平出席签约仪式，市长马誉峰、新希望集团董事长刘永好致辞。新希望集团投资建设的宝硕双10万吨管（型）材和天香乳制品产业基地项目落户满城县。宝硕双10万吨管（型）材项目总投资5.78亿元，占地180亩，年可生产10万吨管材、10万吨型材，年缴税金1.55亿元；新希望天香乳业项目计划总投资11亿元，占地140亩，年可生产34.5万吨乳制品。

9月26日　“圆梦中国　德耀中华”第四届全国道德模范授奖仪式在中央电视台演播大厅举行，保定市“油条哥”刘洪安被授予全国“道德模范”，成为保定市首位获此殊荣的先进个人。

9月　为加快保定市农村经营体制创新，提高农民组织化程度、农户集约化经营水平和农业生产效率，促进现代农业经济发展，保定市出台《关于支持发展家庭农场的意见（试行）》，指出家庭农场申办条件，对发展家庭农场经营将给予财政、土地、税收、保险等多方面政策扶持。

10　月

10月5日　为应对2013年冬季雾霾天气，有效控制燃煤高硫份、高灰份污染，改善大气环境质量，加强全市燃煤质量监管工作，保定市政府发布《关于加强全市燃煤质量监督管理的通告》，通告严禁燃煤使用单位使用达不到控制标准的劣质燃煤，严禁达不到控制标准的劣质燃煤进入保定市辖区。

10月6日　保定市举行体育

冠军协会成立大会，近百名保定籍世界冠军、亚洲冠军、全国冠军代表出席大会。聂瑞平、马誉峰担任体育冠军协会名誉会长。多年来，保定市先后有19位选手获得世界冠军、30位获得亚洲冠军、120多位获全国冠军。保定市先后被命名为“国家高水平体育后备人才基地”“全国乒乓球重点城市”“全国游泳之乡”“全国篮球城市”“全国全民健身示范试点城市”。

10月8日　保定市召开全市大气污染防治行动动员广播电视大会，贯彻落实全省大气污染防治行动动员大会精神，安排部署保定市大气污染防治行动。市委书记聂瑞平强调，要以铁的决心、铁的目标、铁的措施、铁的责任、铁的作风，全力打好大气污染防治这场硬仗，彻底甩掉污染的帽子，走绿色、循环、低碳发展的道路。市长马誉峰代表市政府与各县（市、区）长和市直有关部门负责人签订了大气污染防治目标责任书。

10月9日　保定市举行雄县中工通用航空产业园项目签约仪式，市委书记聂瑞平出席。雄县中工通用航空产业园项目，由雄县人民政府、北京中天神威通用航空有限公司、工信部软件与集成电路促进中心合作实施。项目计划总投资39.95亿元，规划占地1500亩，将着力打造京南首个集通用飞行、航空旅游、飞行员培训，以及飞机托管、销售、研发和制造等于一体的高端通用航空产业园区。

10月12～13日　市委书记聂瑞平、市长马誉峰率领保定市党政考察团到唐山的迁安市和滦县、秦皇岛市，就城市建设管理、旅游开发情况学习考察。

10月14日　市长马誉峰携市直有关部门负责人到市第二医院看望因病自行锯断双腿的贫困患者郑艳良，鼓励他坚定信心，安心养病，表示市政府会尽最大努力解决他的实际困难，帮助他治疗伤病。10月11日，省市红十字会领导前往市第二医院看望了郑艳良，并送去救助金。47岁的郑艳良，是保定市清苑县东臧村村民。因双腿动脉不明原因大面积栓塞，于2012年4月14日自行用水果刀、钢锯强忍剧痛将右腿锯断。

10月22日　高阳县与昊昇三农实业有限公司签署中国·庞口国际农业机械装备产业城项目。市委书记聂瑞平和昊昇三农实业有限公司董事长何亚川出席签约仪式，市长马誉峰致辞。项目总占地3000亩，总投资60亿元，以农机、汽车配件及整机为主要业态构成，打造集高标准配件市场、旗舰店、品牌形象店、制造基地、展贸中心、信息中心、电子商务、集中仓储、物流配送、金融结算、商务酒店、办公及商住配套服务于一体的现代化农机产业综合体。

10月22～27日　由保定市政府、河北省体育局、中航文化股份有限公司共同主办的2013中国·保定自由飞行周活动于在保定江城机场举行。活动以“航空体育、国防教育”为主题，旨在提高广大民众对航空运动的关注度，展示自由飞行的体育文化魅力，提升城市形象和知名度。其中10月26日和27日为公众开放日，组织了包括固定翼飞机、直升机、动力三角翼、轮式动力伞、单人动力伞、热气球等30余架/具航空器，以及陆航风雷表演队直九、直十等飞行表演。

10月　河北大学附属医院经人力资源和社会保障部、全国博士后工作管理委员会批准设立博士后科研工作站，河大附院成为保定市第一家设立博士后科研工作站的医疗机构。

11　月

11月5日　为鼓励公众积极参与环境保护监督管理，严肃查处环境违法行为，保定市出台环境污染举报奖励暂行办法，根据举报情况不同，给与举报人200～3000元不等的奖励。暂行办法有效期为2年。

11月6日　市委书记聂瑞平带领市直相关部门主要负责人，深入市区及清苑、徐水、满城三县检查大气污染防治工作，查找问题漏洞，现场交办解决。他强调，全市各级各部门务必要力度再加大、措施再到位、速度再加快，坚决打赢大气污染防治这场硬仗，早日退出全国十大污染最严重城市行列。

11月9日　保定市组织开展清洗城市灰尘集中行动。市委书记聂瑞平等市领导带头参加，用实际行动号召全市人民积极投身大气污染防治中来，全力创造良好的城市环境，共同建设天蓝、地绿、水净的美丽保定。行动内容主要是利用入冬之前的周末时间，组织机关干部走上街头，以擦拭、清洗道路护栏、公用设施，清除绿化带内杂草、垃圾、废弃物，清理乱张贴、乱喷涂“野广告”为重点，集中清洗城市灰尘。

11月12日　保定市召开“7·21”洪水灾后重建总结表彰大会，总结重建经验，表彰先进典型，号召全市干部群众大力弘扬灾后重建精神，进一步坚定信心、鼓足干劲，为推动保定市实现跨越式发展、重返全省第一方阵、打造环京津地区新的发展增长极而不懈奋斗。市委书记、市灾后重建指挥部政委聂瑞平，市长、市灾后重建指挥部指挥长马誉峰出席会议并讲话。

11月13日~14日　中国医疗健康产业发展策略联盟到保定市考察，就医疗健康和养老产业发展以及立体城市项目投资等事宜进行商洽。市委书记聂瑞平与中国医健联盟座谈，市长马誉峰主持座谈会。在保期间，中国医健联盟还实地考察了解放军总医院涿州培训保障基地项目、京涿高铁新城建设等地。中国医健联盟于2013年11月4日在北京成立，是一个由企业组成的、专注于国内外医疗健康产业发展的联盟组织，是国内首家汇聚医疗技术和人才、资本、地产等为一体的行业组织，旗下拥有的医疗机构和医院超过1000家。

11月15日、16日　按照市政府大气污染防治工作总体要求，为应对重污染天气，提高预警和应急能力，保定市于这两日的7时至20时，在市区范围内开展机动车单双号限行应急演练。演练后，将按照保定市重污染天气应急预案，根据大气污染的预警级别，由市大气污染防治领导小组办公室提前通告，适时启动市区机动车单双号限行措施。

11月19日　保定市召开四大班子联席会议，就学习贯彻党的十八届三中全会精神进行安排部署。会议还听取了保定市部分重大项目建设进展情况，及全市承接北京产业转移谋划园区建设情况。市委书记聂瑞平主持会议并讲话，市长马誉峰出席会议。

11月20日　总投资20.5亿元的保定卷烟厂易地技改项目开工建设，项目由中烟集团批准，河北中烟公司投资建设，列入省市重点建设项目。项目建成后，年产能达到40万标箱，实现产值44.8亿元，缴税25.1亿元。此项目选址南市区的河北长城工业聚集区东区，建设周期为2至3年。2013年启动一期工程，开工建设联合厂房、动力中心、生产管理及后勤服务楼等主要设施。

11月26日　保定市召开承接北京产业转移园区建设调度会，就进一步加快推进园区建设，承接北京产业转移进行研究部署。市长马誉峰强调，承接好北京城市功能疏散和产业转移，对于保定今后发展具有十分重要的现实意义。各级各有关部门要以时不我待的紧迫感，抢抓机遇，大干快上，积极做好各项承接准备工作，把保定打造成为北京功能疏散和产业转移的首选地。

11月29日　国家$PM_{2.5}$特别防治小组到保定调研大气污染防治工作，与市直有关部门进行座谈交流，分析保定市大气污染产生的原因，研究解决方案。市长马誉峰会见。$PM_{2.5}$特别防治小组是在中组部支持下，由院士、“千人计划”“万人计划”等国家特聘专家为主成立的大气污染防治专家团队。小组成员来自国内外一流科研院所、著名高校及企业。

12　月

12月4日　保定市开展2013年秋冬季植树日活动，市委书记聂瑞平、市长马誉峰等市四大班子领导带头参加，以实际行动号召全市人民积极参与植树造林，共建天蓝、地绿、水净的美丽保定。

12月4日　保定市召开地校合作工作会议，进一步深化地校合作，推进校地、校企共赢发展。市委书记聂瑞平看望与会人员，市长马誉峰讲话。马誉峰指出，保定是一座大学城，市委、市政府对大学的发展历来高度重视，不断加大支持、创优服务，鼓励驻保高校加大科技创新力度。16所驻保高校负责人和保定市部分企业、市直有关部门负责人参加会议。

12月5日　保定市召开“秋收100”打击整治专项行动总结表彰暨持续三年打击、综合整治动员大会。市委书记聂瑞平出席会议并讲话。会议强调，要继续坚持严打方针不动摇，保持高压态势不松懈，加快“平安保定”“法治保定”建设，全面打好优化环境“组合拳”，推动全市发展环境持续优化。市长马誉峰主持会议。

12月7日　河北大学附属医院肿瘤生物治疗中心成立揭牌，这是保定市首家肿瘤生物治疗专业机构。肿瘤生物治疗是一种自身免疫抗癌的新型治疗方法，是公认的继手术、放疗和化疗之后的第四大肿瘤治疗技术。河大附院形成了规范化肿瘤手术治疗、放疗、化疗和生物治疗的肿瘤综合治疗体系，该院肿瘤生物治疗中心的成立，填补了保定市肿瘤生物治疗技术的空白。

12月16日　保定市与北京中关村国际孵化软件协会签署合作框架协议，共同建设河北白洋淀中关村可信精品产业园。市委书记聂瑞平、市长马誉峰会见北京中关村国际孵化软件协会会长、中关村软件行业党委书记于滨一行。根据协议，双方共同在安新县建设河北白洋淀中关村可信精品产业园，重点打造软件产业、节能环保、电子信息、现代服务业等板块。该产业园将分两期建设，重点引进“中关村亿龙团”年产值过亿元的龙头科技企业。

12月17日　保定市召开公共资源项目统一进场交易工作推进会。会议要求，根据《河北省公共资源交易目录（第一批）》，属于政府投资和使用国有资金的工程建设项目招投标、政府采购、土地和矿业权出让、国有产权交易等项目，全部纳入进场交易范围，确保公共资源交易项目“应进必进”。建立公共资源交易市场是维护国家利益、社会公共利益和公共资源交易各方合法权益，确保公共资源交易活动公平、公正、公开的平台。当前，保定市共建有23个公共资源交易中心。

12月17日　中航工业惠阳航空螺旋桨有限责任公司在惠阳新区举行一期工程竣工暨航空产品生产线安装、搬迁动员大会。市长马誉峰宣布航空生产线设备安装启动。新区地处保定市高新区，2011年11月动工兴建，总建设面积8万多平方米。该区以打造国际一流的专业化科研制造企业为目标，着力构建结构优化、布局合理的航空螺旋桨、直升机动部件、轴流冷却风机系列产品科研生产基地。一期工程竣工标志着中航工业惠阳公司“二次创业”圆满收官。

12月20日　京广铁路保定火车站东广场（保定老火车站）开始拆迁。车站建成于1974年，是保定地标之一。此次拆迁主要是火车站东广场的地上及地下部分，地上部分涉及站房、行包房、铁道宾馆以及铁路方面的住宅、办公及经营场所等，总建筑面积1万余平方米。

12月28日～29日　保定市开展重点项目和园区建设互看联查活动。市委书记聂瑞平、市长马誉峰等市领导分四组带领县（市、区）、开发区党政主要领导及市直有关部门主要负责人，深入各县（市、区）、开发区的部分项目和园区建设现场进行察看。此次联查的项目以省、市重点项目为主，多为高端装备制造、高新技术和现代服务业项目。2013年，全市共安排重点项目152项，总投资3406.45亿元，当年计划投资495.07亿元，计划开工项目97项。1至11月份，完成投资591.74亿元，完成年投资计划的119.53%。

12月31日　中共保定市委十届七次全体（扩大）会议在百世开利会展中心召开。全会的主要任务是，学习贯彻党的十八届三中全会、中央经济工作会议、中央城镇化工作会议及省委八届六次全会等重要会议精神，对全市2014年整体工作特别是经济、城镇化等工作进行安排部署，进一步动员和组织全市广大党员干部群众，坚持改革创新、高端发展、真抓实干，努力实现打造环京津增长极的新突破。市委常委会主持会议，市委书记聂瑞平、市长马誉峰讲话。

12月31日　截至年底，保定市2013年全部财政收入（不含定州）完成324.7亿元，占年度预算任务的102.8%，同比增长13.1%，增收37.7亿元；公共财政预算收入完成167亿元，占年度预算的103.5%，同比增长13.9%，增收20.4亿元。

12月31日　保定市（不含河北长安和保定长客）2013年生产汽车82.5488万辆，同比增长18.75%；销售汽车81.9974万辆，同比增长18.22%。2013年，长城汽车股份公司实现销售收入534亿元，同比增长27.14%。同时，该公司实现利税达到126亿元，同比增长59.49%。保定市2013年汽车出口7.9173万辆，同比下降27.65%。

中国共产党保定市委员会

【中共保定市委常务委员会组成人员】

书　　记　许　宁（2月免）
　　　　　聂瑞平（2月任）
副 书 记　李　谦（1月免）
　　　　　马誉峰
　　　　　王晓东
　　　　　吴立芳（7月任）
常务委员　许　宁（2月免）
　　　　　聂瑞平（2月任）
　　　　　李　谦（1月免）
　　　　　马誉峰
　　　　　王晓东
　　　　　吴立芳（7月任）
　　　　　江永亮
　　　　　赵常福（7月免）
　　　　　李国英
　　　　　常增月（6月免）
　　　　　王立山（6月免）
　　　　　刘　颖
　　　　　李俊岭（7月任）
　　　　　王惠欣（女）
　　　　　兰保良（1月免）
　　　　　周省时（3月任）
　　　　　石海林（3月任）
　　　　　李双喜（1月任）
　　　　　刘德明
　　　　　李志刚
　　　　　颜　波（3月任）
　　　　　牛景峰（7月任）

【中共保定市委秘书长、副秘书长】

秘　书　长　李志刚
常务副秘书长　许秋民
副 秘 书 长　王荷丽（女）
　　　　　　杨增德
　　　　　　李洪刚（11月免）
　　　　　　谢永军（11月任）
　　　　　　谢国庆（11月任）
　　　　　　付卫民（女）（11月免）
　　　　　　李树进
　　　　　　赵　军（6月免）
　　　　　　张　剑
　　　　　　田红军
　　　　　　程　杰
　　　　　　任永海
　　　　　　金声久（12月任）

【市委工作综述】　2013年，市委常委会坚决贯彻中央、省委各项决策部署，牢牢把握解放思想、改革开放、创新驱动、科学发展的总要求，大力弘扬实干兴市、清正为民的主旋律，紧紧围绕打造环京津地区新的发展增长极的战略目标，团结带领全市各级党组织和广大干部群众，真抓实干，攻坚克难，全市经济社会发展各项事业迈出新步伐。一年来，市委常委会重点围绕以下五方面展开工作：

一、以中央、省委精神统一思想，以打造增长极凝聚力量。党的十八大、十八届二中三中全会精神，习近平总书记一系列重要讲话精神，以及省委八届五次全会精神，是市委常委会把握前进方向、做好各项工作的基本遵循。始终把贯彻落实中央和省委精神作为首要政治任务，以此统一全市干部群众的思想和行动。习近平总书记到阜平视察，省委、省政府主要领导对保定高度关注，让我们倍受鼓舞和激励，倍感责任和压力，同时也更加坚定了为保定尊严而战的信心和决心。通过扎实开展解放思想大讨论活动，取得了一系列重要思想成果、实践成果和制度成果。大家普遍感到，保定发展的任务重，稳定的任务重，民生的任务重，已经到了该发大力的时候。在深入调查研究、广泛征求意见基础上，市委常委会适时召开市委十届六次全会，对全市发展思路、发展定位、发展布局作了进一步完善。围绕实现大市作为，确定了“深入建设京畿强市、善美保定，加快重返全省第一方阵步伐，全力打造环京津地区新的发展增长极”的奋斗目标。围绕这一目标，市委常委会对保定的发展引擎和布局进行深入谋划，确定了点、线、面统筹推进的发展格局，并对重点区域的发展进行了精心规划。环首都区域，市区及周边特别是北部低碳新城和大王店工业园，环白洋淀区域这三个点，正在作为全市发展的引擎全力打造；同时，着眼打造首都功能疏解的支撑点、京津产业转移的承接地、外资进入京津乃至北方市场的桥头堡，谋划建设17个产业园区。围绕落实省委、省政府提出的四大攻坚战，强力拉开六个主战场，整体构筑全市发展的战略支撑。实践中普遍感到，这些决策部署、思路举措符合保定实际，省委、省政府给予充分肯定。中央和省委、省政府对保定发展看得越来越重，正在给予保定新的战略支持。

二、始终聚焦战略目标，全力以赴推动经济发展。市委常委会认为，保定发展、稳定、民生三大任务重，重中之重是发展。为此，市委常委会紧紧围绕打造环京津地区新的发展增长极这一目标，狠抓第一要务不放松，努力保持经济稳中有进、稳中向好的发展势头。一是着力加快产业振兴。针对产业规模不够大、实力不够强的突出问题，对汽车及零部件、新能源、纺织服装、生物医药、现代服务等主导产业和战略新兴产业，分别制定加快发展的路线图，努力构建“5+2+5”的产业发展格局。前三季度，五大主导产业实现工业增加值375.4亿元，占全市比重54.5%，对全市工业的贡献率达66.9%，其他产业也呈现出良好发展势头。二是全面推进项目园区建设。把项目建设作为发展的核心之举，把园区作为产业聚集的重要平台，组织各县（市、区）、开发区和市直有关部门赴廊坊、张家口两市学习考察，强力实施重点项目开工攻坚月行动。2013年全市共安排重点项目152项，总投资3406.5亿元，1~11月完成投资591.7亿元，完成年投资计划的119.5%。三是加快对接京津步伐。把对接京津作为保定发展的方向性选择，全面加强与国家部委、央企和北京市有关方面的联系，深入实施央企进保、总部进保、人才进保等开放攻坚行动，成功举办北京、天津两个招商周，签约项目46个，总投资944亿元。中电投、中汽零、解放军总医院、天士力等一批与京津对接项目进展顺利。抢抓机遇，主动对接，围绕首都第二机场建设谋划了总占地217.3平方公里的9个临空产业园。四是发展壮大县域经济。着眼补齐县域经济发展滞后这块明显短板，制定出台《关于全面提升县域经济发展水平的实施意见》。强力开展新一轮县域经济对标赶超行动，一些县（市、区）在扶持龙头企业、壮大特色产业、培育企业上市、引进重大项目上取得重大突破。五是统筹推进城乡建设。把统筹城乡发展作为打造增长极的重大举措，以彰显古城魅力、建设现代新城为方向，着力推动基础设施建设和环境面貌提升。2013年共确定了城市干道路网、北部新城建设等城建重点项目111项，总投资1024亿元。深入开展城市管理6S行动，组织县（市、区）和市直有关部门到唐山、秦皇岛学习考察。全面实施“小县大县城”战略，促进县城扩容提质，县城容貌得到明显改善。扎实开展农村面貌改造提升行动，深入实施环境整治等五大工程，3个省级试点村、144个高铁沿线村的改造提升取得重大突破，1159个村全面推进。

三、高度重视保障改善民生，让全市人民共享改革发展成果。市委常委会始终坚持以人为本，把保障改善民生作为一切工作的出发点和落脚点，认真落实党的各项惠民政策，积极出台系列惠民措施，努力使人民群众得到更多的实惠。一年来，突出抓了三个方面：一是全力推进扶贫开发。牢记习近平总书记在阜平提出的“消除贫困，改善民生，实现共同富裕”的嘱托，积极探索贫困地区脱贫致富奔小康的新路子。全面展开“1+3+5”扶贫攻坚格局，深入推进基础设施、特色产业、连片开发、素质提升等十大扶贫开发攻坚战。全市累计投入各类扶贫资金28.9亿元，9个贫困县的44个省市重点项目正加快推进，27.3万人实现脱贫目标。高度重视阜平县扶贫开发工作，有关单位积极帮扶，市级党政领导带头分包，131个扶贫开发重点项目加快推进，全县的发展面貌、群众的精神面貌正在发生深刻变化。二是强力推进灾后重建。市委常委会强化组织协调和工作指导，在省直有关单位和兄弟市的无私援助下，灾区干部群众和全市人民一道，英勇奋战，共克时艰，夺取了灾后重建的决定性胜利。涞、涞、易三县已累计完成投资20多亿元，水毁灾区住房恢复、异地迁建、交通、电力等基础设施，以及卫生院、学校等社会公共设施建设任务全面完成，不少地方的基础设施条件提升了5~10年。三是大力办好民生实事。加大公共财政对民生的投入，年初确定的涉及社会保障、扩大就业、教育、医疗等12方面52件惠民实事基本完成，群众关心的就医、就学、就业等民生问题得到有效解决。全年城镇新增就业8.35万人，转移农村劳动力8.8万人。城乡居民社会养老保险参保率达到96.8%。城市保障性住房和农村危房改造分别竣工2.5万套和3万户。同时，大力发展社会事业，公共服务体系建设更加完善。

四、全面打好优化环境“组合拳”，破除影响发展的主要障碍。市委常委会认为，环境问题和干部作风问题是影响保定发展的两大突出问题。环境问题，根子也在干部的作风。为此，市委常委会从转变政府职能和干部作风切入，多措并举，标本兼治，打出了一套优化环境的“组合拳”。在政务环境建设中，以“双减、双提”为主要抓手，下大力改革影响行政服务质量和效率的体制机制，行政许可审批事项由原来的242项减少到81项。把行政服务中心建设作为提高服务质量和效率的有效载体，大力推行标准化建设，压减办理环节378个，承诺时限整体提速71%。16个县（市）的行政服务中心通过了ISO9001国际质量管理认证，三级政务服务网络框架基本形成。全面推行为群众服务、为企业服务两个“全程代理”机制，降低办事成本，提高服务效率，减少权力寻租，密切干群关系。在法治和社会环境建设中，制定平安保定、法治保定规划和建设的意见，理顺体制机制，推动社会管理创新。强力开展“秋收100”打击整治专项行动，集中破获了一批影响稳定、破坏环境的案件，依法严惩了一批违法犯罪分子，强力铲除了一批黑恶势力，极大地震慑了违法犯罪，赢得省委、省政府的充分肯定和全市人民的由衷拥护。加强矛盾纠纷排查调处，做好信访稳定工作。加强安全生产，开展隐患排查整治，有效防止了各类重特大事故发生。在人文环境建设中，深入开展“讲好保定故事、建设善美保定”活动，通过对河北农大果树班、“油条哥”“诚信哥”等善美典型的广泛宣传，进一步提升了全社会的人文素养。扎实做好宣传思想和意识形态工作，强化核心价值的主导地位，在提振保定信心、凝聚保定力量、塑造保定精神、展示保定形象方面发挥了重要作用。开展“文化润古城”系列活动，“文化保定”建设扎实推进。深化文化体制机制改革，文化产业和文化事业加快发展。在生态环境建设中，围绕打造青山、绿水、靓城，深入推进城乡综合整治、生态屏障和污染减排工程。特别是把大气污染防治作为全市头等大事和基本民生工程来抓，制定出台《保定市大气污染防治总体工作方案》60条和《保定市大气污染治理十项攻坚措施》，狠抓重点行业、重点领域综合治理，全力打好燃煤削减等五大攻坚战，强力开展“洗城净天”行动，让市民看到了市委常委会治理大气污染的坚定决心、实际行动和初步成效。其他方面的环境建设也都在整体推进，全民创业局面日趋活跃，“保定中关村”建设等工作取得积极进展。

五、以改革创新精神加强党的建设，不断提高各级党组织的凝聚力和战斗力。市委常委会认真履行党要管党、从严治党的重大职责，围绕加强执政能力建设、先进性和纯洁性建设，深入推进党的建设各项任务的落实。一是加强领导班子和干部队伍建设。强化组织领导，圆满完成了市人大、政府、政协换届，换出了团结干劲和清风正气。加强领导干部思想政治建设，大力弘扬“实干兴市、清正为民”主旋律，进一步激发了各级干部干事创业的热情。开办全市领导干部大讲堂，各级干部的理论素养和能力水平得到提升。坚持德才兼备、以德为先，按照“信念坚定、为民服务、勤政务实、敢于担当、清正廉洁”五条标准，严格程序、公道正派选用干部。今年以来，市委常委会研究调整干部10批208人次，各方面总体反映是好的。二是提高基层党组织建设水平。扎实开展“深化加强基层建设年活动”，干部受到教育和锻炼，群众得到更多实惠，帮扶村面貌发生明显改观。着眼服务发展、服务稳定、服务民生，积极推进农村服务型党组织建设，党员干部为民服务的意识和本领不断增强，农村基层党组织的战斗堡垒作用得到更好地发挥。三是狠抓干部作风转变。严格落实中央“八项规定”，从改进调查研究、密切联系群众、厉行节约等方面提出了“十个从严”要求，市委常委会就克服“四风”带头向全社会作出了十二项承诺。扎实开展正风肃纪专项行动，克服“四风”十件实事取得明显成效，1748辆O牌车全部取消，超编、超标、借换的1162辆违规公务用车全部得到处置，超标办公用房正在加紧清理。结合教育实践活动预热升温，深入开展“为民务实在一线行动”，在一线深入学习、一线查找问题、一线推动工作蔚然成风。从市委常委做起，带头转作风、正学风、改文风，走出办公室，深入基层一线，进村入户调研、指导工作，有效促进了干部作风转变。四是认真做好教育实践活动前期工作。坚持与省委活动同步跟进，努力做好思想、组织、调研和舆论准备。按照省委统一部署，成立专门机构，制定工作方案，提前预热升温。组织开展“六观”教育、“群众路线学习月”活动和“群众路线大调研”活动，接受群众教育和实践教育。组织观看电影《周恩来的四个昼夜》，教育引导党员干部强化宗旨意识，自觉提高思想觉悟和思想境界。加大宣传工作力度，开展“群众路线大家谈”活动，广泛征集各方面意见和建议，同时在新闻媒体开辟专题专栏，为开展教育实践活动营造了浓厚氛围。五是切实抓好党风廉政建设。按照“把权力关进制度的笼子里”的要求，加强权力运行监控机制建设，推进权力公开透明运行。扎实开展“强三力、肃风纪、查案件、提效能百日行动”，深入推进专项治理，及时纠正各种不正之风。加大腐败案件查处力度，2013 年以来查处大要案 183 件，党纪政纪处分 2911 人。

一年来，市委常委会充分发挥总揽全局、协调各方的领导核心作用，统筹做好各方面工作。支持人大及其常委会依法履行职能，支持政府和各职能部门按照职责权限依法行政，支持政协加强政治协商、民主监督和参政议政，支持审判机关和检察机关依法独立行使职权。扎实推进新形势下的统一战线和民族宗教工作，注重加强同各民主党派和无党派人士的合作共事。注重发挥工会、共青团、妇联等各人民团体联系群众的桥梁纽带作用。进一步做好老干部工作。加强党管武装，强化国防动员和后备力量建设，开创了军民融合发展的新局面。

中共保定市委办公厅工作

【中共保定市委办公厅】 中共保定市委办公厅是市委的综合办事机构，正县级单位，主要承担着为市委和市委领导提供参谋服务、协调运转、督促检查、后勤保障等政务服务职能。内设综合一处、综合二处、综合三处、综合四处、综合五处、综合六处、综合协调处、信息处、法规处、秘书处、市委值班室、督促检查一处、督促检查二处、督促检查三处、督促检查四处、网络管理处、组织干部处、接待处、老干部处、市社情民意办公室、群工综合处、群工指导处、群工督办处，市委机要局（市密码工作领导小组办公室，保定市国家密码管理局）综合处、业务处、通信报务处、技术处、信息化密码管理处，市委保密委员会办公室（市国家保密局）综合处、监督检查处、科学技术处等职能处室。同时根据工作需要，设置机关党委、工会、妇委会。

【概况】 2013 年，市委办公厅突出为市委特别是市委主要领导服务这个重心，全厅干部职工团结协作，事争一流，充分发挥市委机关的“前哨”和“后院”作用，圆满完成全年各项目标任务。市委办公厅被市委、市政府授予“7·21”洪水灾后重建先进集体，市委办公厅系统 16 人次受到市及市以上表彰。市委办公厅在辅助市委重大决策、协调推动贯彻落实上，做了大量工作。

【组织协调推动习近平总书记系列重要讲话特别是到阜平考察讲话精神的贯彻落实】 按照市委要求，市委办公厅就学习贯彻习近平总书记系列重要讲话做出具体安排，提出明确要求。特别是 2012 年 12 月 29 日至 30 日，习近平总书记到阜平视察并发表重要讲话。市委办公厅充分发挥职能作用，积极参与阜平扶贫攻坚指挥部的工作，就推动习近平总书记重要讲话精神的贯彻落实做了大量组织协调工作。1. 全力做好省委、省政府主要领导、分管领导及国务院有关部委、省直有关部门领导到阜平县集中调研协调、服务工作。2013 年 1 月就接待 30 多批次、200 多人次。2. 协调制定市领导分包阜平县工作方案。13 名市党政领导分包 13 个乡（镇），每人联系 1 个贫困村。3. 牵头组织起草市委、市政府《关于进一步推进扶贫攻坚奔小康的意见》，对全市落实习近平总书记重要讲话精神、推进“1＋3＋5”扶贫工作进行总体谋划、作出全面部署。在此基础上，全年共修改、把关、制发扶贫攻坚相关文件 13 个。4. 牵头组成市委、市政府扶贫调研组，于 2013 年 4 月深入阜平县，对全县扶贫开发工作进行全面调研，形成 6 篇调研报告，提出 16 条工作建议，为市委、市政府决策提供了重要参考依据。5. 认真做好中办督查室到阜平回访接待工作，既充分汇报了阜平县及全市扶贫工作成效，又实事求是地向中办反映了阜平扶贫开发中遇到的实际问题和需要支持的事项。6. 加强信息上报，以保定市上报的阜平扶贫工作情况为主要内容，由省委信息中心综合报送的长篇信息，得到总书记的重要批示。7. 协调有关部门就阜平县 2013 年扶贫攻坚工作进行全面总结，起草呈报习近平总书记的工作报告。

【精心承办市委十届六次、七次全会】 办公厅深入学习党的十八大、十八届三中全会和省委八届五次、六次全会等中央、省重要会议精神，结合保定实际向市委提出落实建议，为开好这两次全会较好地发挥了参谋助手作用。两次全会共起草、修改、把关各类文稿19份，特别是主题报告得到市委主要领导的充分肯定。会务服务、后勤保障做到了高效、周密、务实、节俭，没有出现纰漏和差错。围绕两次全会的筹备和贯彻落实，全年共组织协调市委主要领导各类调研和活动270多次，其中赴廊坊、张家口和唐山、秦皇岛两次大型外出考察活动，与市政府办公厅一起精心谋划组织，达到了预期效果，得到市委主要领导肯定。

【具体谋划推动“解放思想、改革开放、创新驱动、科学发展”大讨论活动】 在为期两个月的大讨论活动中，市委办公厅负责牵头抓总、具体谋划和组织推动。在认真完成规定动作的同时，精心安排自选动作，将全部活动细化分解为45项具体任务，并逐一按时完成，保证了活动质量和效果。大讨论活动期间，共编发《工作简报》85期，《成果专报》11期，提出80多项工作建议，形成20多万字的大讨论活动调研成果和制度成果。

【按照中央“八项规定”要求，全面加强和改进为市委的服务】 1. 改进公务接待。在明确接待范围、规范接待标准、严格审批程序、加强经费管理以及轻车简从、交通疏导、领导迎送、现场布置、食宿安排等方面，制定并实施了多项改进措施。全年共承办市委接待任务380多批、3600多人次，接待费用比前三年平均水平下降40%。对市委办公厅2013年接待工作，省接待办予以通报表扬。2. 严格公文制发。认真落实中央、省关于治理“文山会海”的有关规定，对所有拟发公文进行严格审核，严控发文规格和数量，全年共审核制发各类公文403份，发文数量较2012年减少21%。3. 对各类会议严格把关。全年共组织市委常委会、市党政联席会、市四大班子联席会、市委常委碰头会42次；直接承办全市性会议43次，较2012年下降12%。4. 加强和改进市委主要领导的新闻报道服务工作。制定并实施18条措施，全年共把关市委主要领导新闻稿241篇，既严格遵守“八项规定”，又强化了市委的权威和舆论引导力，得到市委主要领导的充分肯定。5. 对超标办公用房进行整改。办公厅负责的9位市委常委办公用房面积全部达到中央、省规定的标准。6. 加强公务用车使用管理。办公厅负责的7位市委常委公务用车，带头按要求进行了整改。

【站位全局钻研业务，提升以文辅政能力】 各综合文字处（室）全年共起草、修改、把关各类文稿1600多篇，其中市委主要领导文稿410多篇。1. 写政治，注重把握意图。综合文字人员潜心学习、准确把握市委特别是市委主要领导的意图，确保各类文稿政治上不出问题。大家注重从领导关注的重大问题中去体悟，从领导提出的思想、观点和要求中去探究，从领导调研时指出的重点工作中去把握，从办理领导批示件中去揣摩，用领导思维提炼观点，用全局眼光谋篇布局，做到脑中有围绕、心里有遵循、笔下有分寸，力求提高思想性、针对性和指导性。2. 写工作，注重研究全局。吃透上级政策、本地情况和外地经验，写短文、写管用的话、写解决问题的话、写“接地气”的话，力求把文稿承载的中心思想、基本要求把握准，力求形成新的文风。通过撰写一篇讲话、起草一个文件，努力做到掌握一个行业的情况、熟悉一个领域的工作。3. 写历史，注重实事求是。坚持文品和人品的统一、历史和现实的统一，以党性、人格去书写，不夸大成绩，不掩饰问题；不躲躲闪闪，不回避矛盾。每篇文稿、每个词语、每个观点都精心推敲，力求使文稿符合现实情况、经得起历史检验。经过一年努力，市委主要领导文稿一稿通过率大幅上升，其他服务对象满意度不断提高。

【积极主动服务决策，力求多出精品文稿】 1. 坚持全厅搞调研。紧紧围绕市委中心工作和“为民务实在一线”行动，开展系列调研活动，全年共撰写调研报告46篇，其中市委主要领导批示12篇，市政府主要领导批示8篇，在《保定日报》头版显著位置刊发5篇。各处室都把调研作为一项基本功，形成了领导高度重视、大力支持，牵头处室组织协调、带头推进，各局处室积极主动、全力参与的“大调研”格局，不仅在服务市委、市政府决策、推动工作开展上实现了新突破，而且有效提升了办公厅调研工作的影响力，树立了办公厅调研品牌。市委、市政府主要领导对市委办公厅的调研工作给予充分肯定和表扬。2. 深入解读市委重大决策部署。全年撰写“宗吾”长篇评论10篇，在《保定日报》头版显著位置刊发6篇，“宗吾”评论的社会影响力进一步提升。配合市委主要领导考察、暗访、调研活动，配发4篇特约评论员文章。这些评论文章在传递市委声音、解读市委决策、强化舆论引导、凝聚人心力量上起到积极作用。3. 积极对上反映市委工作。全年向市委提供决策信息560多条，编发重要工作动态170多期；省委信息中心采用保定市各类信息1700多篇，正面信息采用量和《河北快报》头版头条采用量均居全省第一位；中办采用保定市信息7篇，中央政治局委员、国务院副总理刘延东批示1篇。全年报省公文44篇，省领导批示21篇。办公厅承担的全市社情民意工作，受到省社情民意办表扬，市委主要领导给予肯定。

【适应新规定新要求，强化协调勇于担当】 2013年，以中央“八项规定”为核心的各项新规密集出台，市委赋予办公厅多项新任务。面对这种情况，市委办公厅牵头健全完善并认真坚持市四大班子秘书长联席会议制度，厅机关进一步完善市委秘书长办公会制度和市委办公厅领导班子成员碰头会制度，定期沟通情况，从整体上加强协调联动。1. 抓好学习，先做“明白人”。对中央、省、市各项新规定新要求，办公厅班子成员首先传达学习、准确掌握，各处室及全体干部职工采取多种方式加强自学。只要是有利于工作和学习且符合规定的经费开支都尽力保障。全年厅机关共召开涉及学习的会议9次。2. 严格把关，不当“老好人”。严把呈批关，凡呈送市委特别是市委主要领导的公文，严格履行登记手续，认真负责地提出具体拟办意见，不允许仅讲“请领导阅示”。严把会议关，特别是在参加市委会议请假方面，向各级各部门明确提出三条要求：同级会议必须服从市委会议安排；下级会议必须服从上级会议安排；必须以书面形式说明情况并经市委批准后方可缺席。对拟举办的各类庆典、表彰会、研讨会，办公厅大胆协调，基本做到了能合并的合并、能简化的简化、能不开的不开。严把行文关，重点是把住行文规格、行文规范、行文内容、发文数量，逐步实行公文前置审核，对不符合行文要求的，协调有关部门不再发文或退回修改。严把接待费用关，凡不属市委接待范围的办公厅一律不予安排；对接待经费逐笔核对，不该花的钱一分不花；对借机向市委要高价的，对承办单位主要负责人提出批评并责其纠正。3. 负责担当，甘做“补台事”。面对急难险重任务、市委临时交办的工作以及需要协助配合的事项，无论是领导班子成员还是各个岗位干部职工都不讲条件、不讲客观、不讲份内份外，关键时刻拉得出、顶得上、靠得住。在全市大气污染防治中，办公厅承担总体督导工作，围绕扬尘治理、土小关停、油气治理、油烟净化、燃煤市场整顿、秸秆焚烧等重点工作，持续不断组织开展全方位、大力度的专项督查活动。在省、市农村面貌改造提升行动动员大会后，面对领导体制暂不理顺、工作机构尚不健全的情况，办公厅主动靠前承担，超前谋划推动，会同市直有关部门研究制定推进方案、机构设置和责任分工，多次召开工作会、协调会和调度会，起草、修改、把关相关文稿20多篇，协调做好人员抽调、办公场所选定等工作，周密做好省领导调研接待工作，为全市改造提升行动的全面推进奠定了基础。市改造提升办公室正式成立后，办公厅负责综合协调工作，抓调度、抓观摩、抓督导，为完成年度改造提升任务做出应有贡献。在省委全会、省农村工作会上，需要相关部门和县（市）提供3个专题片和12个经验材料，在时间非常紧、任务非常重的情况下，为保证质量和效果，办公厅超前介入，全程捆绑，直至完成，受到市委领导充分肯定。积极做好维稳协调工作，进一步完善与17个涉稳部门的沟通机制，向市领导报告稳定信访工作动态11期。牵头起草的《关于开展秋收“100”专项整治行动的报告》，得到省委书记周本顺，省委常委、政法委书记张越的肯定批示，经验做法在全省推广。

【实施全面立体督查，加大决策落实力度】 坚持决策督查、批办督查、专项督查相结合，政府督查、部门督查、行业督查相联动，努力构建全方位、立体式的“大督查”格局。市委督查室与市纪检、财政、外事等9个部门建立常态督查运行机制。市委主要领导对督查工作多次作出肯定性批示。1. 抓好决策督查。围绕落实中央“八项规定”、市委常委会重要决策、市委主要领导调研事项，全部分解立项，开展决策督查活动18次。2. 抓好批办督查。把市委主要领导批办事项全部纳入督查范围，确保了件件有着落、事事有回音。全年承办并办结中央、省委、市委领导批办件及市人大代表建议、政协提案176件，数量比上年增加1倍，其中承办16件省以上领导批示件，均一次性按时办结。呈报市委领导《督查专报》94期，市委主要领导批示21次。3. 抓好专项督查。重点在督促指导、复查回访、暗访核查上下功夫，全年下发《催办函》90多份。4. 抓好群众工作督查。群工办坚持每月逢“5”督导，全年编发群众工作站督查专报24期。全市亲民爱民活动累计帮扶3万多户，资助各类困难学生2700多名，其中市本级直接资助当年考入本二以上院校的困难学生590人，发放资助金295万元。

【规范管理注重创新，高标高效保障运转】 1. 公文运转效率进一步提高。全年共办理省以上来文1300多份，办理上报市委公文1000多份。对中央媒体公开发布的公文，明确专人及时呈报。创新查阅方式，建立文档电子查询系统，办公厅被评为2013年全市档案工作先进集体。2013年《中办通讯》征订工作，办公厅被中办秘书局评为先进并获一等奖。2. 市委总值班工作进一步规范。全年共处置紧急情况重大事件170多起。建立完善值班电话电脑录音集成系统。按规定落实专职值班人员待遇。24个县（市、区）委办公室全部被省委办公厅评为值班工作规范化建设优秀单位。3. 推动信息化工作创新。首创市委、市政府主要领导红机电话防火墙技术，省通信专管局发文在全省推广。在全省率先筹建市县高清视频会议系统，预计2014年1月底开通启用。开通市委会议视频“990”专用频道，市委会议视频覆盖范围扩大到市直各部门。4. 机要密码工作继续保持全省领先水平。全年共传输办理密码电报3.2万多份，明传电报4.5万多份，均实现优质高效办理，没有发生压误、错办、漏办等事故。中央办公厅《机要工作》杂志刊发保定市密码工作经验，这在全国地级市中尚属首次。在全省机要业务技术考核中，保定市委机要局代表队获团体第一名。通讯报务处被市委、市政府授予全市“秋收100”打击整治专项行动先进集体，市委机要局被评为全市2013年度“扫黄打非”工作先进集体。在2013年度全省机要密码部门总体工作考核中，保定市总分第一，取得“五连冠”。5. 保密工作迈上新台阶。投资21.6万元建成涉密计算机违规连接互联网集中监控平台。在全省率先开通市级保密局互联网门户网站。保密宣传、督导、检查等基础性工作进一步加强，多项工作受到省保密局肯定。《河北保密工作》刊发保定市信息21篇、简讯11条，数量居全省第一位。在2013年全省保密工作总体评价中，保定市进入前3名，实现了市委主要领导提出的争先进位目标要求，市保密局被授予全省保密工作优胜单位。6. 后勤保障进一步加强。向市委机关大院各办公部门作出服务承诺，公开重点服务处室电话。全面落实安全工作责任制，与厅机关各处室签订了《安全生产责任状》。加强机关安全保卫，规范市委机关门口信访秩序，共接待、疏导、处置上访708起、1954人次。规范机关院内车辆停放秩序。圆满完成市委重大公务活动车辆保障工作。市委机关事务管理局被授予全省机关事务管理系统先进集体。

【严格执行纪律规定，加强党风廉政建设】 2013年，办公厅以落实中央“八项规定”为契机，以党风廉政建设责任制为抓手，始终强化廉政意识，严格执行廉洁自律规定，努力在市直机关作榜样、树标杆。1. 加强教育。坚持廉政、勤政两手抓，时刻提醒告诫干部职工树牢廉洁自律思想防线。组织处长以上干部到省监狱开展警示教育。全厅干部职工没有出现一起违纪违法问题。2. 集中治理。办公厅、机要局、保密局、管理局的超标办公用房整改工作全部完成。编制外的15辆公务用车全部纳入车辆编制管理。取消机关所属“冀O”牌照车辆，全部更换为符合规定的地方牌照。越野车和商务车全部予以封存。公务用车节假日全部停放机关。报废处理12辆黄标车。3. 严格管理。厅机关公务接待全部安排在市接待中心或市委机关食堂，全年没有发生一起定点外接待。严格财务报销审批手续，推行公务卡结算报销制度。机关干部职工婚丧嫁娶事宜严格按规定执行并提出“六不准”的具体要求，即不准以组织名义通知，不准统一组织参加，不准占用工作时间参加，不准使用公车，不准公款随礼，不准大操大办。

【坚持公开公正公平，端正选人用人导向】 严格执行党政干部选拔任用条例和民主集中制，突出“四聚焦”，即向德才兼备聚焦、向实绩突出聚焦、向领导认可聚焦、向群众公认聚焦，严把入口关、程序关，积极为干部成长创造环境。坚持“三重”（重党性、重业绩、重公论），树立“三种导向”（有为才有位、无为必无位的用人导向；重奖不心疼、惩罚不手软的工作导向；干不好就淘汰出局的危机导向），做到“四看四不看”（看党性，不看人情；看本事，不看关系；看主流，不看枝节；看公论，不看面子），努力营造风清气正的用人环境。厅机关内部就下基层工作、机要工作、信息工作等下发了4个表扬通报，倡导树立崇尚实干的工作导向。

（赵　健）

组织工作

【中共保定市委组织部】 中共保定市委组织部是市委主管组织工作和干部工作的职能部门。主要负责全市各级领导班子、干部队伍、基层组织和党员队伍建设以及人才队伍建设、干部考核等方面的工作。内设18个处

（室）：办公室、机关党委（人事处）、研究室（政策法规处）、干部一处、干部二处、干部三处、人才工作处、干部监督处（举报中心）、干部培训处、公务员管理处、考核处、基层组织处、组织指导处、组织员办公室、干部信息管理处（干部信息管理中心）、交流干部服务处（机关老干部处）、新闻和网络宣传处、党员电化教育处（党员电化教育中心）。

部　　长　李双喜
常务副部长　王月衡（12月离任）
　　　　　　赵忠明（12月任）
副 部 长　张　莹（人社局局长、党组书记）
　　　　　　乔玉忠（11月离任）
　　　　　　张　健（老干部局局长）
　　　　　　赵忠明（12月离任）
　　　　　　范增振
　　　　　　李习谦
　　　　　　曹占军（援疆挂职）

【概况】　2013年，全市组织系统始终坚持深度服务中心的理念，主动站位全局，紧紧把握加强党的执政能力建设、先进性和纯洁性建设主线，在领导班子建设、干部队伍建设、基层党建、人才工作、自身建设等方面取得较好成效，为加快重返全省第一方阵、全力打造环京津地区新的发展增长极提供了组织保证。

【思想政治建设情况】　在全市科级以上干部中深入开展世界观、人生观、价值观、权力观、地位观、利益观“六观教育”。深入推进思想政治素质提升工程，强化对中国特色社会主义理论，特别是十八大、十八届三中全会和习近平总书记系列讲话精神的学习。切实加强民主集中制建设，落实好民主生活会、谈心谈话等制度，健全完善议事规则和决策程序。第一批党的群众路线教育实践活动开始后，及时跟进，全面启动预热升温工作。成立了前期工作领导小组和办公室，开展群众路线学习月、群众路线大调研和群众路线大家谈等活动。积极落实省委“四个专项行动”“四个专项制度”和“双十条”要求，开展了以大走访、大调研、大推动为主要内容的“为民务实在一线”行动，全面推广为群众服务、为企业服务两个“全程代理”机制，初步解决了一些影响企业发展、项目落地、信访稳定方面的突出问题，大力唱响了“实干兴市、清正为民”的主旋律。

【推进干部人事制度改革】　完成了市人大、市政府、市政协换届选举工作。按照市委提出的“选拔思想新、办法多、想干事、能干事、干成事的干部，对不主动担当、不积极作为、不适应岗位的干部，要果断采取措施”的用人导向，不断深化干部人事制度改革，切实选准用好干部。按照“分步实施、稳妥推进”的原则，先后调整干部10批208人次。建立健全体现发展、稳定、民生和作风为主要内容的考核目标体系。坚持于法周延、于事简便，优化考核方式方法，实行分类考核，体现差异化，增强可比性。坚持考用结合，积极推行综合考核量化提名制度。在全省完善干部考核评价机制专题研讨班上，保定市作了典型发言。全面推行常委会票决制度，不断加大竞争性选拔干部力度。对县（市、区）、开发区领导班子和领导干部进行集中考察，探索推行民主测评、反向测评、民意调查和任职意向调查相结合的办法，提升干部选任质量。加强干部监督管理，狠刹用人上的不正之风。加强后备干部队伍建设，注重选拔和储备优秀年轻干部，不断激发干部队伍整体活力。

【加强选调生队伍建设工作】　严格按照公开、公正、公平的原则，实行政策、程序、计划“三公开”，坚持外请评委、全程监督、司法公正，严密组织，规范操作。5月，集中三天对选调生资格进行严格审查；6月，集中三天时间完成324名考生的面试和162名人选的体检工作。为实现面试工作的公开透明，2013年首次实行了即时公开考生面试成绩的办法，即在考场内现场公布考生成绩的基础上，根据面试进度及时在场外公布考生成绩，面试当天分三批集中公布考生的面试成绩，将面试全过程置于考生的监督之下，受到了考生和社会的普遍欢迎。8月，组织选调生集中进行岗前培训，邀请了县委组织部长、乡镇党委书记和往届选调生优秀代表为选调生详细讲解了基层工作现状及适应方法。培训后，按照“成绩挂钩、优分优选”的分配方式，由选调生本人按成绩排名依次在招录计划内自选单位，分配全过程公开透明，实现了考生满意、用人单位满意、社会满意。

【扎实做好援疆、援藏、援坝工作】　一是高标准选派“三援”干部。为保证选派干部质量，针对选派条件，结合工作实际，制定明确的选派原则，坚持做到政治上不过硬的不选派、业务上不精通的不选派、年龄上偏大的不选派、身体状况有问题的不选派，最大限度地把高素质的干部选拔到“三援”干部队伍中来。

10名援坝干部、4名援藏干部均已到位。第七批援疆的4名干部已通过省委组织部审批。待省第七批援疆干部通知下发后，按通知要求做好选派工作。另外，按照市委、市政府与新疆生产建设兵团农二师签订的人才支持协议，选派16名专业技术干部人才到铁门关市进行挂职帮扶。二是做好援边干部内返安置工作。对第六批援藏干部、第四批援坝干部，按照省委组织部要求，妥善进行了安置，所有干部均愉快走上新的工作岗位。三是积极做好援边干部服务工作。为使援边干部在艰苦地区安心工作，使他们的家人感受到组织上的关心和爱护，春节、中秋期间，组织有关单位对援边干部家庭进行走访慰问，得到援边干部和家属的普遍好评。

【大力加强人才工作】 充分发挥牵头抓总作用，建立健全人才工作领导体制和工作机制，进一步完善全市人才规划体系。实行人才工作定期通报和动态交流制度。落实党管人才要求，结合实际，研究起草了党管人才实施意见等几个专件。集中组织开展“人才工作宣传月”活动，《人民日报》以《保定用人才支撑产业升级》为题进行了报道。谋划制定了加强引进高层次人才，特别是吸引京津人才智力的优惠政策和鼓励各类人才创新创业的灵活措施。2013年柔性引进两院院士6名，1名国外专家入选河北省第二批“百人计划”，3家规模企业建院士工作站申报全部获得批准，全市院士工作站达14家，居全省11个设区市首位。全市入选省级农村青年拔尖人才、青年拔尖人才、科技型中小企业创新创业“双百人才”48名，入选人数居全省前列。充分发挥驻保高校较多的优势，积极搭建“校企合作平台”，成立了保定市校企合作联盟，研究制定了《关于加强地校合作建设保定中关村的意见》，使本地人才智力更好地服务于企业发展和社会建设。深入开展“农村实用人才创业示范”活动，评选了30个创业示范乡镇和100个创业示范村。在全市范围内评选表彰了20名“金牌技师”和30名“优秀技术能手”。

【大规模培训干部工作】 着眼于提升整体素质和履职能力，谋划开办了全市“领导干部大讲堂”，内容涵盖宏观经济调控、突发事件应对、国防建设、新型城镇化、文化产业发展、社会管理创新和党的建设等，已成功举办15期，培训干部4万多人次，省委常委、宣传部长艾文礼给予了充分肯定。认真办好党校主体培训班，举办了3个班次，共调训县、科级干部151人，《中国组织人事报》对保定市加强学员管理的做法进行了报道。积极开展干部选学培训，依托河北大学举办了5期培训班，培训干部250多人次。积极搭建网络学习新平台，建立“领导干部网络课堂”“干部学习中心”。分层次、多渠道开展扶贫开发专题培训，举办了4期培训班，共培训1000余人次。在清华大学举办了2期城乡规划管理高级研修班，共有246人参训。集中对全市776名基层建设年帮扶村党组织书记进行了岗位素质培训，对市区所辖村的428名村党组织书记、村委会主任进行了涉农、涉法知识的培训，提高了基层干部的素质和能力。

【改进和完善年度考核工作】 根据全省组织工作会议和市委十届六次全会精神，充分对接省“一个意见、三个办法”考核要求，对年度考核办法进行修改完善。一是建立健全体现发展、稳定、民生和作风为主要内容的考核目标体系。县（市、区）考核指标体系，把经济发展的质量和效益放在优先地位，强化对民生改善、生态质量的考核，在具体考核指标设置上，突出市委、市政府重大战略部署和省考核的重点指标，不面面俱到。大幅度提高环境质量和生态效益在考核分值中的权重，加大对造成雾霾天气的主要污染排放物削减率的考核。市内“三区”加大了城市建设和平安建设的权重。市内三区和高新区设置了“第三产业增加值及增长率”指标。县（市）设置了“农业产业化经营率”指标。市直单位指标体系，紧扣市委、市政府确定的重大战略，把市委、市政府中心任务完成情况的考核放在突出地位，在具体指标设置上，重点考核市委全会、市政府工作报告分解任务落实情况和单位职能业务目标完成情况，同时削减了不易量化的指标。二是创新和完善干部目标综合考核评价机制。调整考核分类标准，根据市委、市政府《关于全面提升县域经济发展水平的实施意见》，县（市、区）、开发区由原来分扶贫开发重点县、非重点县、三个市区、两个开发区四类进行考核，调整为第一梯队16个县（市、开发区）为一类，第二梯队6个县为一类，三个市区和高新区为一类，分三类进行考核，类内比较确定考核结果，使考核分类标准与任务部署相统一，增强可比性。市直单位仍按单位职能和承担市委、市政府分解任务情况分两类进行考核，承担市委全会、市政府工作报告分解任务的单位为一类，未承担以上任务的为一类，促进市委、市政府重点工作落实。三是积极推行综合考核量化提名制度。按照省委《创新和完善干部目标综合考核评价机制的意见》，实施干部考核综合量化提名办法。将近三年年度干部综合考核评价情况与会议推荐、个别谈话推荐得票情况进行综合量化计分，作为确定初始提名人选、拟提拔人选考察对象的重要依据。在计算综合量化得分时，近三年年度干部综合考核评价情况一般应占40%以上的权重。通过干部考核综合量化提名办法，体现选用干部注重实绩、群众公认，看平时、看一贯，看长期表现的原则，引导干部在实干、实绩上竞争，防止简单以票取人。

【加强干部监督管理工作】 一是严肃换届纪律工作，努力营造风清气正的换届环境，认真完成了市“两会”期间的严肃换届纪律工作，保障了良好的会风会纪，确保了“两会”顺利进行。二是认真做好组织工作满意度调查结果反馈和整改工作。省委组织部反馈保定市2012年度市本级和县（市、区）组织工作满意度调查结果后，对市本级和县（市、区）的情况进行全面分析、提出建议，将县（市、区）测评结果和在全省、全市位次情况逐县进行反馈，做到一县一文、一县一表，进一步增强组织工作满意度调查结果的针对性和实效性，收到很好的效果。三是加大对选人用人工作监督检查力度，深入开展了“一报告两评议”，认真做好干部选拔任用倒查工作，扎实做好破格提拔任用科级干部自查工作，认真开展县（市、区）和市直单位选人用人情况“年检普查”，认真做好县（市、区）委书记履行干部选拔任用职责离任检查工作，确保各项工作顺利开展。四是加大严肃查处选人用人违规违纪问题工作力度。进一步提高“12380”知晓度、公认度、威慑度、便捷度，畅通干部选拔任用工作监督渠道。加大对违规用人问题查核力度，建立查核专办制度，坚决对违反换届纪律、干部条例法规等案件，做到从快从严查处，决不姑息。加强与纪检监察机关、检察机关和审判机关的信息沟通，及时掌握领导干部违纪违法案件中涉及的买官卖官问题线索，对依据线索查核属实的，根据情节轻重，及时给予调离岗位、责令辞职、免职、降职等组织处理。

【公务员考录工作】 按照统一安排部署，完成保定市1199名公务员的招录工作，通过严格把关圆满完成招录工作中的各个环节，在笔试、面试、体检、考察、公示、审核、录用等程序实现招录工作的“零差错”。完成了对保定市副科级领导干部公开选拔工作中人员调任工作，对124名人员的调任资格和条件进行了认真审核，完成了调任审批工作。根据省委组织部有关要求，完成全市党群系统14637人的考核备案工作，确定了优秀等次人员2268人，较好地发挥了考核工作的激励引导作用。按照省委组织部要求，建立保定市公务员管理信息系统，完成保定市120个单位36879名公务员的信息采集工作，初步完成信息库建设工作。

【加强基层组织建设工作】 紧紧扭住服务全市发展、稳定、民生“三大任务”，切实加强农村服务型党组织建设。研究制定了三年创建计划，组织现场观摩会，开展集中调研活动，初步形成了《关于加强服务型乡镇党委建设的意见》等专件。整合服务资源，建立了“乡镇服务中心”“村民服务中心”，实行“一站式办理”。继续深化“一定三有”“一句话承诺”、考核评议和激励关爱等机制，制定出台了《关于村党组织书记届中任免工作规范》。重点完成了289个乡镇、1419个村、15个精品社区服务型党组织的建设任务，《中国组织人事报》《农民日报》等媒体介绍了保定的经验。保定市加强基层干部队伍建设的做法，得到了中组部、省组部主要领导的批示肯定。继续深化加强基层建设年活动，省、市、县共选派2328名干部进驻740个帮扶村，建立帮扶责任制，集中开展“百日攻坚”活动，全市确定的2.2万个帮扶项目已全部完工，累计投入资金15亿元。农村基础设施不断完善，村容村貌有效改善，基层组织明显加强，群众精神面貌发生巨大变化，省领导周本顺、张庆伟、赵勇、梁滨等先后对保定市工作给予充分肯定。同时，统筹推进社区、非公企、机关、学校等各领域党建工作，进一步加强发展党员和党员教育管理工作。

【加强大学生村官管理工作】 制定出台《保定市选聘到村任职高校毕业生管理办法（试行）》，严格执行大学生村官的任职待遇、管理服务、教育培训等方面的规定，建立健全大学生村官工作台账、工作日志和月报、定期调度、重大事项报告、请销假等制度，加强对大学生村官的管理。建立大学生村官述职制度和市、县两级督查机制，有效调动和激发了大学生村官在村工作的积极性、主动性。年终，采取直接考核到村、大学生村官直接述职到党员群众、党员群众直接评议大学生村官的“三直接”考核测评办法，由乡镇党委对大学生村官进行年度考核。县（市、区）委组织部抽样考核，考核结果报市委组织部备案。

【加强党员队伍建设工作】 发展党员工作“双推双考”“三阶段公开”“票决制”和“责任追究制”“村干部亲属入党备案制”等制度的落实。突出发展重点，加强培养教育，发展党员工作更加注重群众公论，更加公开透明，使优秀青年入党热情高涨。全市申请入党人数达到27.43万人。开展以党性教育和能力培训为主要内容的党员“双育工程”。全市各级党组织共举办各类党员“双育工程”培训班18期，受训党员达2.4万人次，在立足于强化培训增素质、真情帮扶激活力、搭筑平台显作用的基础上，提高党员带头致富和带领群众致富的能力。帮扶困难党员和建国前入党的农村老党员。把157名建国前入党的无儿无女老党员和1806名生活困难党员纳入了救助台账，并为全市2249名党员发放了“助困一卡通”，在各方面累计享受各类优惠80余万元。“七一”期间，全市走访慰问建国前入党的和生活困难党员10239人，发放慰问金、慰问品约合200多万元。

【干部信息管理工作】 按照中组部要求，完成干部人事档案的改版工作，并对保定市220名档案管理人员进行业务培训。协助干部一处完成了对援坝、援藏人员、拟任省管干部人员、省直管县级市（定州市）人员等干部人事档案的审核把关工作。会同公务员管理处完成全市公务员管理信息系统建设布置培训会议筹备和技术指导工作。及时做好干部档案及材料的收集工作和查、借阅工作，共收集档案34卷，转出干部档案50卷，收集档案材料9300余份，提供档案利用3700余卷次。做好干部学前备案、学后核实认证工作。对7名市管干部学前备案材料进行了严格审查，并予以备案，坚持落实好“三龄一历”信息变动情况通报制度，向有关干部处室通报了15名市管干部“三龄一历”变化情况，保证了信息及时更新。配合省《条例》检查组对干部档案的检查，整理续订了2011年1月以来提拔干部档案292卷。

【党员电教工作】 充分发挥党员干部现代远程教育网络优势，为推动各项活动深入开展，搭建学习交流平台。一是在市农村党员干部现代远程教育播出平台开设“十八大专栏”，上载十八大精神的学习解读、党史教材、《新党章学习讲座》等课件16部，时长540分钟，抓好十八大精神的学习宣传。二是为配合全市解放思想大讨论活动，将省委八届五次全会讲座课件和保定市大讲堂讲座部分课件上载市远程教育播出平台，组织基层干部党员学习，为全市大讨论活动营造氛围。三是加强对基层组织建设年活动的宣传报道，组织制作反映优秀驻村工作队工作开展情况的系列专题11部，重点对部分优秀驻村工作队的精神风貌、先进事迹、典型做法集中进行宣传。同时，将反映全市驻村工作的动态和经验做法等40多个新闻上载市远程教育平台，供工作队员学习交流。四是编辑制作全市城郊村党组织书记、村委会主任法制教育培训示范班讲座。组织人员对市委组织部、市委政法委举办的全市城郊村党组织书记、村委会主任法制教育培训示范班进行全程录像，并编辑制作成法制教育讲座12期上载到远教平台，供全市基层干部收看学习。

【全面加强组织部门自身建设】 按照市委书记聂瑞平对组织部门提出的“顶级、一流”要求，深入践行“奉献、负责、争光”，努力打造过硬队伍，建设模范部门。制定下发了《关于开展理论业务知识学习的安排方案》和《关于开展岗位练兵活动的安排方案》。通过部务会理论中心组学习、各处（室）定期集中学习和干部自学，提升组工干部的政策理论水平。继续开办处长讲堂，开展业务知识测试，评比优秀调研报告18篇。认真开展解放思想大讨论和“为民务实在一线”等活动，接地气、转作风。组织开展了“我为科学发展献良策”活动，为省、市科学发展提出意见建议30多条。建立健全了组工干部考核评价机制，制定并推行了加强机关效能建设的服务承诺、首问负责、一次性告知、限时办结、责任追究等八项制度。零差错完成了四级联考747名公务员招录工作，连续三年被省委组织部评为公务员统计全优报表单位。坚持从严治部，严肃组织人事纪律，严格执行“八项规定”，维护了组工干部公道正派、清正廉洁的良好形象。

（张银平）

宣传工作

【中共保定市委宣传部】 中共保定市委宣传部是市委主管意识形态工作的综合职能部门。负责协调指导全市理论武装、新闻舆论、文化艺术、精神文明创建、思想政治、国防教育等方面的工作。机构设置：办公室、调研舆情室、理论处、新闻一处、新闻二处、文化艺术处、文化市场综合执法协调指导处（市扫黄打非协调督查办公室）、宣传教育处、干部处、文化体制改革和文化事业开发办公室、机关党委，市委对外宣传局（市政府新闻办公室）：综合联络处、事业处、网络宣传管理处、网络舆情引导处，市精神文明建设委员会办公室：协调处、秘书处、综合调研处、未成年人思想道德教育与志愿服务指导处，国防教育领导小组办公室，保定市思想政治工作研究会。

部　　长　李国英
常务副部长　张刚强(11 月离任)
　　　　　　贡希强(11 月任)
副 部 长　房振杰(11 月离任)
　　　　　赵其国
　　　　　王淑彦(女)(11 月任)
对外宣传局局长　刘力权
文明办主任　赵其国(兼，11 月离任)
　　　　　　王淑彦(女)（兼，12 月任)

【概况】　2013 年，全市宣传思想战线以党的十八大、十八届三中全会和市委十届六次全会精神为指导，认真落实全省全市宣传思想工作会议的安排部署，紧紧围绕全市改革发展稳定大局，扎实开展“务实创新年”活动，努力讲好保定故事，理论武装工作进一步加强，新闻外宣作用明显提升，文化建设取得新的进展，精神文明创建成效显著，各项工作有序推进，多次得到上级领导机关和市委的肯定。特别是“讲好保定故事、建设善美保定”、保定好人评选、文艺精品创作、善美保定好风光摄影展等一系列创新探索，在全省乃至全国产生影响。

【理论工作】　扎实推进理论武装工作，以深入学习宣传贯彻党的十八大精神和十八届三中全会精神为主线，着眼于理想信念教育。建立基层宣讲团和特聘宣讲员两支队伍，强化“五学”“六进”两项举措。举办“领导干部大讲堂”20 期，每期听讲领导干部 3000 人。组织 26 个县（市、区）中心组举办市委十届六次全会精神理论考试，得到市委书记聂瑞平的充分肯定。开展理论宣讲 100 余场，听众达 10 万人次。市级领导带头到联系点调研督导中共中央总书记习近平系列讲话精神的学习，并结合地方实际进行解读宣讲。创新组建由河北大学、河北农业大学、保定职业技术学院等 7 所高校组成的保定市大学生宣讲团，并组织 5700 名大学生开展赴基层宣讲活动，受到省委常委、宣传部长艾文礼的批示表扬。组织社科理论界推出一批有价值有影响的理论阐释文章和研究成果，评选出社科优秀成果 424 项，规划立项课题 369 项。成功申报 2013 年度河北省思想政治工作研究课题 4 项，名列全省前列。

【新闻工作】　以讲好保定故事引领新闻舆论工作，内宣深化“走转改”求活力，外宣彰显新善美求震撼，做大做强正面宣传，为营造良好人文环境提供正能量，消解负能量。重大主题宣传持续不断，先后组织学习习近平总书记系列重要讲话精神、党的十八大和十八届三中全会精神、全国全省全市宣传工作会议精神、市委十届六次全会精神，组织“解放思想、改革开放、创新驱动、科学发展大讨论活动”，全民创业效能提升城市管理 6S 行动，“秋收 100”打击整治专项行动以及“讲好保定故事、建设善美保定”，大气污染防治，农村面貌改造提升等宣传战役，取得良好的宣传效果。组织全市各媒体通过栏目创新讲好保定故事。《保定日报》共推出 11 期专刊，刊发《油条哥的喜乐人生》《光伏传奇》等精彩故事 100 多篇。《保定晚报》推出《荆轲：天下刺客的悲歌之始》《2013 年十大善美之星候选人》等历史故事、现代故事专版 100 多个。电台在《新闻早八点》《天天财经》节目开辟专栏。电视台的《快乐启航》通过画保定、唱保定、颂保定、畅想保定系列活动讲好保定故事。唐尧网开辟“保定陆军军官学校”“寻找保定最美村官”等专栏讲好保定故事。省以上媒体共刊播宣传保定稿件 4885 篇（条），其中中央级主流媒体刊播 842 篇（条），完成省下达的中央媒体全年宣传任务的 317%。成功组织“低碳之城、善美保定”京津廊招商周系列经贸投洽会、安国中药都建设暨项目签约新闻发布会的新闻宣传报道工作，据不完全统计，传统媒体和新兴媒体刊发稿件 1000 多篇，网上点击量过千万。重视外宣品制作发行工作，共制作外宣品 500 多种、10 万多册（盘），收到良好对外宣传效果。

【精神文明建设工作】　紧紧围绕社会主义核心价值体系建设，全面提高公民素质，增强全市人民的凝聚力和向心力。“善行河北、善美保定”学雷锋主题道德实践活动深入人心，培树宣传第四届全国道德模范“油条哥”刘洪安、“诚实哥”卢立新、爱心水站“小马哥”、雨中蹲守“井盖哥”、以身挡劫匪摩托车“拦截哥”、勇救落水儿童“火烧哥”等先进典型。全市共评选出“保定好人”215名，其中入选“燕赵好人”60名，入选“中国好人”12名，数量均居全国、全省第一。启动2013年“善美保定爱心送考”活动，接送考生3000余人，接送8000趟次，收到良好社会效果。保定爱心志愿者联盟在全市主要街道设立饮水站点100个，供市民免费饮用。扎实开展千人中华经典诵读展演、保定美德少年评选、优秀童谣传唱、百场儿童剧进校园等活动，未成年人思想道德建设得到加强。公民道德实践活动扎实推进，组织开展传承美德“我们的节日”“做一个有道德的人”等系列活动。扎实开展关爱空巢老人、残疾人、农民工、农村留守儿童和维护交通秩序、开展环境保护等系列志愿服务活动20余次。文明城市创建工作不断深入，广泛开展“讲文明、树新风”活动、公益广告宣传及征集活动和文明城市、文明村镇、文明行业创建活动。“油条哥”刘洪安入选中央文明网“德耀中华当代中国二十四诚”系列公益广告。成功举办全市青少年爱国主义读书教育活动。

【文化建设工作】 坚持文化立部，“虚”功实“做”、“文”活“武”练、“软”实力“硬”打造，文化工作再上新台阶。文化宣传基础设施日益完善。关汉卿大剧院和博物馆建设进展顺利，市直5个文艺院团搬迁到新的办公地点和排演地点。市区新增华隶影城等3处高档放映场所，建成并运营数字影院6家。改扩建县城数字影院1家、新建1家。新增国保单位20处，争取国家文物保护资金1.86亿元，稳步推进淮军公所、清河道署、杨公祠修缮和总督署西路复建工程。签约投资1200万元的保定军校纪念馆扩建工程，该馆被命名为第四批河北省爱国主义教育基地。文化体制改革工作深入推进，推进广电网络整合工作，在全市范围内重新明确广电网络出资人。直隶大剧院在红星剧场改造扩建基础上全面建成运营，“老马号书场”演出80多场。涞水县野三坡神悦文化传播有限公司被文化部命名为“第五批国家文化产业示范基地”，精品剧目《印象野三坡》经灾后重建再次启动运营。文化产业发展步伐加快，全年共有27个项目列入市重点项目，5个项目列入河北省重点文化产业项目。高碑店鑫宏源印刷包装文化创意园项目列入省“十大重点项目”，获得350万元扶持资金，易县列入省“十个重点县”，获得500万元扶持奖励资金。组织企业参加中国第九届深圳文博会，共计12个项目列入文博会招商项目，两个签约项目签约金额达3.2亿元。扶持河北大学科技文化产业园发展，入住企业已达46家。曲阳雕塑文化产业新城、涿州中华文化小镇、涞源中美科技创新园等20个投资过10亿的重大文化产业项目落户保定。在京津各举办为期一周的保定特色文化产业博览会。文化精品生产成果丰富，好人三部剧之《约定无期限》在全国巡演120余场。根据保定首位全国道德模范刘洪安事迹创作的好人三部曲之二《油条哥》成功首演，得到省委常委、宣传部长艾文礼、市委书记聂瑞平等省市领导的高度肯定。创排反映保定抗战题材的全国首部大型乡土爆笑舞台喜剧《鬼子进村了》，被北京保利剧院纳入其院线进行全国商演。创排的老调《药绘图》让失传已久的药戏重现舞台。话剧《约定无期限》、舞蹈《涟涟荷之情》获第十二届河北省“文艺振兴奖”，崔砚君获关汉卿奖。文化活动丰富多彩，在王府井举办“善美保定好风光”摄影展，组织开展“文化润古城”文化演出活动60场次，“文化润家园”“文化深山行”等文艺下乡巡演3800场次，形成具有广泛影响的文化活动品牌。邀请法国等世界一流水平乐团来保演出，提高了城市文化品位和市民文化修养。举办国际空竹艺术节、中国民俗体育艺术节、狼牙山登山节等一系列重大节庆活动。举办新年音乐会、京剧名家、保定迎新春晚会三台大戏，特别是保定春晚受到市委书记聂瑞平、市长马誉峰的充分肯定。

【宣传管理工作】 牢牢把握意识形态工作的领导权、管理权、话语权，采取有力措施，加强宣传思想文化管理工作。新闻管理制度得到严格落实，认真履行管理职责，强化制度建设，始终坚持新闻例会制度、重大活动宣传管理制度、重要新闻稿件审阅制度、新闻协调会制度、考核奖惩制度等，切实加强对新闻舆论工作的宏观指导。阜平扶贫、徐水儿童溺水、清苑锯腿哥、安新赵艳锦等事件都得到有效处理，将负面报道和影响降到最低。严格落实监督措施，对市级各新闻单位下发报道提示80余次。按照疏堵结合的原则，协调属地网站删除不良信息120多条，删除各类涉保负面信息110多条。依托唐尧网成功举办第二届网络文化节、第三届网络元宵喜乐节、“善美保定共享绿色未来”健康长跑、保定正能量博主评选等活动。官方微博“保定发布”全年共发布各类信息1600多条，在中央重点新闻网站和知名商业网站发稿35000多篇，在全省排前列。保定热线被评为省“最受网民欢迎的十大网站”。市领导批示网络舆情日报21期，网络舆情专报49期。文化市场管理工作扎实有效，深入开展“净网”“清源”“秋风”等专项行动，下大力封堵查缴各类违禁出版物，清除淫秽色情文化，打击侵权盗版行为。出动执法人员8.4万人次，收缴各类非法出版物15.7万册（张），取缔无证店面、摊点165个，取缔黑印刷厂5家，黑网吧42家。

【队伍建设】 按照“学习、创新、争先”和“理论立部、新闻立部、文化立部、文明立部”的要求，认真组织参加省委、市委组织的“解放思想、改革开放、创新驱动、科学发展”大讨论和“全民创业、提升效能、城市管理6S”行动，积极组织参加“基层组织建设年”“扶贫攻坚”“农村面貌改造提升”等各项学习教育活动。组织县（市、区）委宣传部长参加中宣部县级宣传部长培训班4次，组织各县市区委常委、宣传部长25人参加全省宣传部长培训班1次，组织新闻宣传、理论宣传、网络舆情宣传骨干100多人参加全省培训1次。加强基层宣传文化队伍建设，督促乡镇（街道）和文化站（所）推进编制、人员、岗位、经费“四落实”工作。认真抓好调查研究和舆情信息工作，推出一批有分量的调研成果，及时向上级报送大量舆情信息，被省委宣传部采用580篇、被中宣部采用256篇，继续保持在全省的先进位次。

（刘丹丹、杨仕茹）

统战工作

【中共保定市委统战部】 中共保定市委统战部是市委主管统一战线工作的职能部门。主要职责是联系各民主党派和无党派代表人士，搞好多党合作和政治协商；落实党的民族宗教政策，做好少数民族干部的培养和举荐工作；联系海外工商社团及代表人士，做好台胞台属工作；做好党外人士的政治安排和实职安排；联系市工商联做好非公有制经济人士的思想政治工作；搞好统战理论宣传。内设党总支（老干部室）、办公室、研究室（宣传办）、党派事务办公室、一处（民主党派）、二处（民族宗教）、三处（港、澳、台，海外联络）、四处（干部）、五处（工商经济）、六处（党外知识分子）。台湾同胞联谊会挂靠统战部。

部　　长　王惠欣（女）
常务副部长　赵志刚
副　部　长　王连水

【概况】 2013年，统战工作围绕“发展、稳定、民生”三大任务，扎实工作，凝心聚力，为打造环京津地区新的发展增长极增添了正能量。2013年，中共保定市委统战部被中央统战部评为《中国统一战线》宣传先进单位；获全省统战信息工作三等奖，民族、宗教工作受到省市主要领导的批示，党务工作、对台工作受到市有关部门的通报表彰。

【政治引领践行同心思想】 组织各民主党派班子成员及机关工作人员，学习习近平总书记系列重要讲话和党的十八届三中全会精神；召开省委八届五次全会、省委纪念中共中央发布“五一口号”65周年座谈会、市委十届六次全会精神的学习座谈会；举办各民主党派市委委员、新成员统一战线和多党合作理论培训班；以“民营企业家与中国梦”为主题，以“三信”为内容，以“两个健康”为目标，坚持“团结、服务、引导、教育”方针，在全市非公有制经济人士中，深入开展理想信念教育实践活动；在全市宗教界深入开展了“弘扬爱国爱教传统、共建和谐保定”主题教育活动和“创建和谐寺观教堂”活动。

【凝心聚力服务奋进崛起】 围绕发展、稳定、民生三大任务及人民群众普遍关心的热点、难点问题，在全市各民主党派中深入开展“打造新的增长极、同心谱写新篇章”活动，提出意见建议200多件；结合全市开展的全民创业、效能提升、城市管理6S行动，指导市工商联强化工作职能，加大服务力度，举办了银企对接、校企对接、中小企业融资上市、阜平帮扶项目对接会等，促成了13个合作项目签约，在厦门承办的创业园投资对接会上，促成了福建商会与河北长城工业聚集区管委会总投资28亿元、占地1000亩的项目投资框架协议；以香港、廊坊经贸洽谈会、京津保定招商周为平台，促成了台湾蓝天集团独资1.2亿美元兴建百脑汇IT资讯广场综合商业体及运动休闲项目，台湾金交暻泰车材实业有限公司与长城汽车股份公司合作制造汽车精密模具项目，台湾元笙农业科技发展有限公司与顺平、望都合作开发绿色有机农业项目等，总投资1.4亿多美元。

【民宗领域团结和谐稳定】 协助有关部门起草下发了《关于加快少数民族和民族地方经济社会发展若干政策的意见》；协调有关部门在经济、基础建设、科技教育、文化卫生、金融信贷等方面实行了10余项倾斜扶持政策；帮助指导各宗教团体调整充实领导班子，建立健全工作制度；指导北市区、高碑店对县级天主教爱国会组织进行换届；在全市教徒聚居村实施“五项教育”活动和“八项民生工程”，先后投入20余万元为教徒聚居村办实事、做好事、解难事64件；先后申请60多万元对宗教活动场所进行维修或重建，改善信教群众的宗教生活条件；在清苑东闾实施了500万元的惠民工程。

【社会服务助力扶贫攻坚】 大力整合统战资源，积极投身扶贫攻坚主战场，动员各民主党派开展抗震救灾、捐资助教和科技、文化、卫生三下乡活动，共捐款40多万元、课桌椅50套、电脑160多台；指导市工商联深入开展光彩事业、民营企业家感恩活动，向贫困山区捐资300多万元，香港英皇集团主席杨受成向（中国顺平）关爱老年人中心捐资500万元；联系中华海外联谊会捐资70万元，在阜平14个村建立了14个同心海联卫生室。

【队伍建设确保接续发展】 按照党的十八大提出的建设“学习型、服务型、创新型”政党的要求，在全市统一战线中深入开展了创建“三型”机关、做“三型”干部的学习教育活动，用学习丰富知识、增强本领；用服务转变作风，密切同统战成员的联系；用创新攻坚克难、开创局面，着力建设了一支高素质统战干部队伍。坚持德才兼备、以德为先的原则，按照政治坚定、业绩突出、群众认可的标准，共安排党外代表人士780名，壮大了党外代表人士队伍。

（窦建强）

农村工作

【中共保定市委农村工作委员会】

市委农工委是市委主管农业和农村工作的综合职能部门。在市委的领导下，对全市农业农村工作实施宏观谋划、综合协调、政策研究、督促检查。内设办公室、综合处、农村改革处、农村经济处、新农村建设指导处、城乡统筹指导处、政策调研处、干部人事处、监察室、机关党委、机关事务所等11个处室。

书　　记　王惠欣（女）
常务副书记　李国星
副 书 记　段　军（女）
纪工委书记　郝贵良

【概况】 2013年，围绕建设“京畿强市，善美保定”的总要求，认真贯彻落实中央、省、市关于“三农”工作的决策部署，真抓实干，合力攻坚，完成各项任务目标。中共保定市委农工委被评为河北省2013年度农业农村工作综合优秀单位，被评为新农村建设优秀单位，被评为农业产业化、基层民主政治建设、信息工作优秀单位。

【会议部署】 3月25日，市委、市政府召开全市农村工作会议，市委常委、统战部长、农工委书记王惠欣就做好农业农村工作进行了安排部署，副市长石海林主持会议并就贯彻落实会议精神讲了意见，市人大常委会副主任赵洪涛、市政协副主席郭普参加会议。

【做大做强农业产业化龙头企业】

全面落实中央、省市扶持农业产业化龙头企业的政策措施，促进龙头企业做大做强，41家省级以上重点龙头企业，实现销售收入90亿元，同比增长17.2%；91家企业新增贷款支持14.6亿元；全市农业产业化经营率达到64.2%，比上年增长1.8个百分点；277家市级以上重点龙头企业实现销售收入256.2亿元，比上年增长15%。

【突出抓好农业产业化项目建设】

全市共确定重点项目207个，总投资448.1亿元，同比增长87.3%，投资亿元以上的项目73个；重点项目建设完成投资比上年增长15%，建设完成亿元以上大项目10个；向省产业办推荐17个企业项目，获省补助资金2388万元；积极争取项目支持，使阜平县、唐县大枣和高碑店红薯产地初加工纳入支持范围，为3个县（市）争取中央财政补助资金397万元；全市共签约项目30个，协议引进资金212.2亿元。

【积极推进“一村一品”专业村建设】 与加强基层建设年活动相结合，实施“一村一品”富民工程，不断发展壮大农村主导产业，形成了一村一业、多村一业、多业并举的特色产业发展新格局。全市符合农业部标准的专业村359个，专业乡镇24个，其中清苑县牛庄村被评为全国“一村一品”示范村镇。

【稳步推进幸福乡村建设和新民居建设】 稳步推进新民居建设和幸福乡村示范点巩固提升，全市共有省级农村新民居示范村739个（其中新民居示范村505个，幸福乡村示范点234个），完成建筑面积1394.5万平方米，入住农户47407户，完成投资320亿元。截至2013年年底，保定市被认定省级中心村（新民居）建设示范点7个。

【强力开展农村面貌改造提升行动】 严格按照省规定的时间节点，全部完成了各项任务目标。3个省级试点村高标准完成了改造提升工作，144个高铁沿线村全部完成计划任务，448个“三沿”重点村的厕所改建、饮水安全、道路硬化、垃圾处理、村庄绿化、危房改造等6项工作正有序进行，1159个重点村“四清”任务基本完成，全市所有行政村均大力开展“四清四化”整治工作，大大改变了农村卫生环境“脏乱差”的状况。共下派了448个工作队到各重点村进行蹲点帮建，全市共培训干部群众92万人次，促进了改造提升工作有效开展。全市共投入各类资金6.5亿元，投工投劳40多万人次，清理垃圾杂物135万立方米，清理残垣断壁、打扫庭院21万处，完成民居改造1.2万户，门窗改造17万户，硬化道路104万米，铺设饮用水管线127万米，增加供水家庭23245户，完成厕所改造9716户，铺设污水处理管线1.7万米，整理闲废土地712处，建设村民中心111处，设计建设村庄标识350处，农村环境有了根本改观。

【扎实推进基层民主政治建设】 坚持以推进农村基层民主政治建设为抓手，促进农村社会和谐。全市村务公开率达到98%以上，规范满意率达到96%以上。以“村务公开民主管理示范单位创建”活动为载体，创建村务公开和民主管理示范村452个。1月和7月组织了两次全市统一的民主议政日活动。参加活动人员达到26万余人，共提各类意见、建议3万多条，采纳1.8万余条，进一步提升了农民群众参政议政的热情。 （解擘磊）

政策研究工作

【中共保定市委研究室】 是中共保定市委的重要职能部门，是市委的智囊团和参谋部，其基本职能是根据市委的意图和部署，围绕全市中心工作，通过调查研究和文稿起草，就经济、社会、文化等方面的重大问题、热点问题提出意见和建议，供市委决策参考。2013年，内设秘书处、综合处、经济处、政社处、内刊处5个处室和资料室1个科级事业单位。

主　任　谢国庆（12月任）
副主任　侯朝晖

【概况】 2013年，市委研究室在主要领导长期空缺的情况下，围绕市委中心工作和重大任务目标，按照年初安排和领导要求，深入开展调查研究，强化重点任务攻坚，创造性地完成了一批参考性、指导性、操作性强的调研和综合文稿，圆满完成市委核定的任务目标，有效地发挥了以文辅政的作用，得到了省、市领导的肯定和表扬，也得到了有关部门和社会各界的广泛赞誉。2013年共撰写调研文稿30篇，完成并上报18篇，择机待发储备5篇。以省委政策研究室《送阅件》和市委研究室《调查研究报告》《呈阅件》等形式上报的调研文稿，省、市各级领导批示11篇26人次，批示率100%。2013年共完成《保定发展》10期，《调查研究报告》3期，《呈阅件》4期。此外，谋划组织编纂了《强市之策》上、下两册，共计200余篇100余万字。对2009年－2012年期间市委研究室产生的近1000篇调研文稿、评奖文稿进行梳理，将有价值、有参考、有思想的文稿进行了分类汇总、编印。2013年，市委研究室在突出抓好调研主业的基础上，机关其他各项工作也取得了新成绩。在深化基层建设年活动中，市委研究室驻涞源县古道村工作组，从交通、饮水、教育设施、致富产业等群众最急需、最盼望的方面入手，为古道村种上了脱贫致富的“摇钱树”，得到了党员群众的广泛认可，《保定日报》和保定电视台新闻联播分别进行了专题报道。充分发挥市委、市政府决策咨询组办公室的职能作用，认真组织开展决策咨询活动，并提出了若干条有较大影响的建议。与此同时，党支部、工会、资料室建设也不断加强，营造了良好的内、外部环境，取得了更多、更新的业绩。

【政策性研究】 2013年，着眼推动全市经济社会发展，市委研究室进行深入研究，取得了一些新成果。元旦前夕，习近平总书记到阜平调研。此后，如何有效解决阜平县贫困问题，顺利实现“5年稳定脱贫、8年全面建成小康社会”的目标，不辜负总书记的重托，不辜负全县20万群众脱贫致富的期盼，成为阜平县、保定市乃至河北省需要认真研究的重大课题。5月，市委研究室组成调研组深入阜平县城南庄镇、夏庄乡、王林口乡、北果元乡、平阳镇等5个乡镇进行实地调研，与县、乡干部及省、市驻村工作队、村干部、党员群众等多个层面进行座谈交流，针对阜平扶贫开发工作中应当注意和把握的七个问题以及下一步应重点抓好的七项工作，撰写了题为《阜平扶贫攻坚态势良好，前景不容乐观》的调研文稿。该文稿得到市委书记聂瑞平肯定性的批示：“要高度关注所反映的问题，要坚定信心，弹好钢琴，发动好群众，整体推进，因地制宜，特别要按照本顺书记四种思维方式和手段的讲话落实好。”9月，围绕保定市在跨越发展过程中项目用地不足的问题，市委研究室与市国土局组成联合调研组，到广东、浙江等地进行实地调研，结合保定实际，进行对比分析，撰写《保定如何破解项目建设用地之困》的调研报告，就如何破解保定市项目建设用地问题提出对策和建议。市委书记聂瑞平对此篇报告进行了批示：“此报告很好！请刘颖同志阅研，抓紧缕出一个思路，破解土地制约瓶颈，统筹城乡发展。”

【战略性研究】　2013年，围绕产业振兴，市委研究室谋划实施了一系列符合全市发展战略的调研课题，得到了各个层面的广泛认可。8月，省委研究室主任王书利、省财政厅政府采购办副主任常春波、副调研员刘宝贤等一行人，就如何落实省委、省政府主要领导关于加大对长城汽车扶持力度以及把长城汽车列入政府公务用车和出租车采购等事宜到保定进行调研。市人大常委会主任宋文、副主任吕坤力，市委研究室、市财政局等部门及长城汽车的有关负责人陪同调研并座谈。市委研究室在此次调研的基础上，撰写了题为《如何让自家的“孩子”成长好》的调研报告。报告对长城公司当前发展过程中瓶颈问题进行深入分析，并有针对性地提出合理化建议。市长马誉峰、市人大常委会主任宋文、市人大常委会副主任吕坤力均对此调研成果进行了肯定性批示。市长马誉峰批示为：“该报告很好。既总结了成绩，又指出了问题，并提出了建议。请汽车办、财政局、徐水县、长城汽车公司阅研。”8月底，面对严酷的国际国内市场形势，就如何壮大保定市新能源产业，市委研究室到光伏行业领军企业英利进行调研，撰写《运筹帷幄、决战下游——关于英利全面进军下游发电新兴产业的调查与思考》的调研报告，从“转”“胜”“路”三个方面对英利进行了深入剖析和解读。该文分别以河北省委政策研究室《送阅件》和市委研究室《调查研究报告》的形式报送省市领导，等到了省委常委、纪委书记臧胜业、副省长许宁、市长马誉峰的批示。省委常委、纪委书记臧胜业批示：“我看了此文很受启发和教育。英利集团的决策者们以宽广的眼光，面对现实，面对未来，审时度势，转危为安，即将走出一条巩固基础、延伸链条，二次创业的新路子，令人振奋。希望从客观和微观两个层面把工作做实、做细、做好，以实现‘无限光明’的发展前景。”11月，市委研究室了解到作为保定市装备制造业的一支新军，沃德电梯近年来发展迅速，成绩斐然。为此，专门组成调研组深入沃德电梯进行实地调研，撰写《我市装备制造业又添新军》的调研报告，有针对性地分析保定市电梯制造业发展的优劣势，并在此基础上提出了相关意见和建议。该调研成果得到聂瑞平、马誉峰、宋文、刘颖、李志刚等多位市领导的肯定性批示。

【典型性研究】　深入挖掘基层工作中的好经验、好做法一直以来都是市委研究室调研工作中的一个重点。2013年在典型性研究方面取得新成绩。9月，满城县为开展党的群众路线教育实践活动预热升温，在全县范围内推行了“政德教育、推动落实、服务群众”三项机制，有效发挥了导向、激励、约束的作用。市委研究室到满城调研，在总结其经验的基础上，撰写题为《“组合拳”打出新变化》的调研文稿，并以省委政策研究室《送阅件》的形式报送省领导，省委常委、纪委书记臧胜业批示：“满城县的做法很好！三项机制三举多得，成效明显。可印发学习参考。”11月，围绕总结宣传省国防科工局驻阜平县城南庄镇栗树漕村工作组的作法和经验，撰写《小山村发生了大变化》，得到了臧胜业、范照兵、张杰辉等省领导和聂瑞平、马誉峰、李俊岭、李志刚等多位市领导的肯定性批示。其中，省委常委、纪委书记臧胜业批示：“省国防科工局的同志们，由于工作思路对、措施实、带头干，帮扶取得了显著成效，可喜可贺！”。此外，围绕总结博野农村服务型党组织建设的经验，撰写《一项农村服务型党组织建设的有效机制——对博野县“树魂、育人、安民、强村”机制的调查与思考》，得到聂瑞平、李俊岭、王笑频等市领导的肯定性批示。市委常委、副市长李俊岭批示：“博野县把加强农村党组织建设与发展县域经济和农民脱贫致富结合起来，有力地促进了产业发展。其经验值得总结推广。”

【解放思想大讨论】　5月初，保定市开展“解放思想、改革开放、创新驱动、科学发展”大讨论活动，市委研究室抽调人员到市委大讨论活动办成果组，负责综合文字材料起草、征集谏言良策、汇总大讨论成果等工作，先后起草印发《全市“解放思想、改革开放、创新驱动、科学发展”大讨论活动成果组工作方案》《关于做好“我为河北科学发展献良策”和“我为保定科学发展献良策”活动的通知》《关于集中征集高校、企业意见建议的通知》，以及《关于提前做好大讨论成果汇总工作的通知》《关于上报解放思想大讨论活动形成专门文件和调研成果的紧急通知》《关于认真总结和深化扩大解放思想大讨论活动成果的通知》等一系列文件。在大讨论活动中，市委研究室共起草各类材料40余篇，梳理汇总省市建议8857条，完成各项工作任务，推动了全市大讨论活动扎实有效地开展。（倪　剑）

保密工作

【保定市保密局】 保定市保密局是市委、市政府管理保密工作的部门。主要负责对党的保密工作方针政策，法律法规进行宣传；对保密工作法律法规贯彻落实情况进行执法检查；对国家秘密的确定工作进行指导、管理；经管涉密网络、涉密计算机的建设审批和管理；泄密案件查处。内设综合处、监督检查处、科学技术处。

局　长　李树进

【概况】 2013年，保定市保密工作着力加强队伍建设、监督管理、教育培训、检查查处、科技保障和制度建设，全面提升保密工作科学化水平，为维护国家安全和利益，建设“京畿强市、善美保定”作出贡献。年度考核被省保密局评定为优胜等次。年内市保密局经市机构编制委员会批复调整了机构设置，撤销原检查处，设立监督检查处、科学技术处。

【保密宣传教育工作】 根据“六五”保密普法规划和《保定市2013年保密法制宣传教育工作计划》，结合保密工作优良传统学习教育活动和保密干部全员培训，对全市保密宣传教育工作进行了安排部署。市保密局全体人员、24个县（市、区）保密局局长、保密系统业务骨干、市直各单位专兼职保密干部、军工单位涉密人员共计760余人参加了全国保密干部全员培训，系统学习了保密法律法规知识，提高了保密技能。充分发挥党校阵地作用，加强对党政机关领导干部的保密教育，市县两级党校共培训领导干部6000多人次。并在全市范围内配发各类保密图书近5000册。组织开展纪念《保密法》实施三周年“宣传月”活动，市保密局在《保定日报》开辟专栏，分五期刊登了保密法律法规知识。同时编写保密格言、手机短信、张贴保密防范宣传画、失泄密案例漫画，组织保密法宣传教育进校园活动等，在“12.4”法制宣传日上街宣传，发放保密法律法规宣传单，扩大宣传覆盖面。利用三级刊报，宣传推动工作，做好《保密工作》杂志的“学、用、订”工作，全年被采用稿件3篇，完成了省定任务；向《河北保密工作》积极投稿刊稿，刊用数量居全省第一位；编发市保密工作简报，充分发挥了简报交流信息、沟通情况、指导工作、彰先策后的作用。开展了《保密工作》《保密科学技术》征订工作，征订数量持续增长，覆盖面逐年加大。

【保密监督检查工作】 扎实开展了党政领导干部保密工作责任制落实情况检查，市四大班子领导、各县（市、区）各单位主要领导以及领导班子分别写出自查报告，市保密局制定专项检查方案，分成两个检查组，对市委办公厅、市政府办公厅、市委统战部、市委政法委、法院、检察院等12个重点涉密部门，8个县（市、区）进行了重点督导检查。开展互联网和内网办公邮箱保密专项检查，共检查20个单位，120台互联网计算机，没有发现失泄密问题，进一步加强全市互联网和内网办公邮箱的安全保密管理。做好国家秘密载体定点复制单位保密检查与指导，与省局联合对满城零五印刷厂、五四三厂、保定星光印刷厂三个国家级资质定点复制单位进行年审检查。做好国家统一考试保密检查工作，2013年对保定市高考、司法考试、省公务员四级联考、国家成人高考及研究生考试、执业医师资格考试、自学考试等试卷保密室启用前进行了检查验收，对试卷交接、保管、登记等环节进行了重点检查，并在考试期间派人全程参与联查，确保了全国统一考试的安全保密。军工单位的保密资格认证审核审查工作取得新成绩，2013年保定市军工企业新增3家，重新认证1家，复审3家，均全部一次通过省认证组的审查。市保密局不定期对各军工单位进行保密检查，并召开军工单位年度保密工作考核工作调度会，制定考核方案，对全市二、三级军工单位进行了考核。

【保密管理工作】 周密部署、扎实推进，完成保密普查工作，共普查24个县（市、区）、2个开发区，96个市直单位，1541个县（市、区）直单位，率先通过省普查办审核，普查数据比较准确地反映了保定市保密工作的整体情况。开展职业化教育活动，印发《关于开展保密工作职业化教育活动的方案》，市保密局撰写的《保密工作职业化教育初探》被《河北保密工作》刊登，同时上报活动开展情况。开展“调查研究年”活动，制定活动方案，全市保密系统干部职工全员参与，市保密局完成了7个调研题目及综合调研报告，县（市、区）、市直单位上报调研报告及综合调研报告70个，市局对评选出的优秀调研成果进行了表彰。开展保密工作优良传统学习教育活动，制定活动方案，在全市组织开展了“五个一”活动，即：读一本书、组织一期电视节目、报纸开设一个专栏、组织一次征文活动、召开一次座谈会。在活动中挖掘革命老区阜平县保密工作历史故事，形成了《走进阜平》共2万多字的珍贵资料。

【保密科技工作】 按照“十二五”规划和《关于建设全省涉密计算机违规连接互联网集中监控平台及配备保密技术防护专用系统的通知》要求，建成保定市涉密计算机违规连接互联网集中监控平台并正式投入运行，实现了与国家、省互连互通。同时对全市各级各单位下发专门通知开展涉密计算机及涉密信息系统技术防护专用系统强制配备工作，准确确定配备范围，全市共配备“三合一”防护系统600多套，数量居全省之首。坚持日常使用互联网检查设备，开展互联网信息保密技术检查，对党政机关门户网站进行不间断监控检查，并形成文字记录，按时向省局上报检查情况。全市保密部门涉密计算机深度检查取证技术设备和木马检查分析工具均已配备到位。年内建成保定市保密局互联网门户网站，域名为 www. bdbmj. gov. cn，进一步拓宽了保密工作宣传渠道。

（杨　磊）

信访工作

【保定市信访局】 保定市信访局隶属市委、市政府领导，县级行政单位。内设办公室、综合信息处、接待处、驻石联络处、驻京联络处、复查复核处、办案处、办信处、督查室、网上信访处。实有50人。

局　长　李洪刚（12月离任）
　　　　谢永军（12月任）
副局长　王再兴　叶江平
　　　　田　雨
　　　　李红岩（女）

【概况】 2013年，市信访局牢固树立积极、系统的稳定观，扎实推进“八三”工作法，落实信访稳定“十抓八制”工作要求，全力做好苗头排查、信访办理、接访包案等日常维稳工作，积极推进“三清”攻坚、信访积案和“非访”治理等三项活动，从根本上解决问题，实现了“人口大市、信访小市”的任务目标，确保了全市社会大局和谐稳定。完成全国“两会”和十八届三中全会期间的安保工作任务，受到中央、省督导组和省、市有关领导的充分肯定。市委书记聂瑞平、市长马誉峰等市领导先后对信访工作作出重要批示110余件次，其中肯定性、表扬性批示8件。全年市信访局共办理到市以上群众信访10913件次。其中办理群众来信2058件次，网上信访2094件次，群众来访6761户次、21451人次（重复进京非正常上访184人次，进京访881户次、1374人次，赴省访2634户次、4036人次，到市访3246户次、15857人次）。全年共办理省以上交办信访事项716件。

【全力营造防范和化解矛盾的氛围和格局】 一是坚持“四明确”责任制，超前化解信访苗头隐患。全市共排查化解出各类信访苗头隐患3596件次（其中建筑领域隐患问题347件）。二是强化首办责任制，提高初信初访办理质量。进一步加大交办、转办和督办力度，努力提高初信初访的办结率和化解率，尽力减少初信初访变重复信访。全年市本级共受理交办重点信访案件1215件。三是健全“四访一包”机制，推动信访问题解决。深化拓展定点接访、重点约访、专题接访、带案下访和领导包案“四访一包”制度，进一步强化领导干部接访包案工作。市、县两级联席会议办公室分级负责，建立统一的领导干部接访下访包案台账。全年市、县两级党政领导干部共有4655人次参加接访，接待信访案件8203件，分包解决重点信访案件4398件，息诉息访3119件。四是严格“五包一”责任制，全力做好特殊群体排查稳控工作。2013年全市共排查掌握特殊群体和重点领域信访苗头隐患共涉及12.2万人，其中不稳定人员2203人，重点人员371人。城镇退伍士兵、原涉核部队退役人员、原乡镇电影放映员、被辞退民办代课教师等群体，先后出现聚集上访苗头29次，通过全力排查，掌握重点人，落实“五包一”稳控措施，均得到有效化解。五是强化追责问效，严格双向责任追究。研究出台《关于对重大信访案件进行调度督办和双向责任追究的实施办法》。市信访双向责任追究处理小组共对3起集体访案件涉及的6个责任单位进行了责任追究。依据公安部《关于公安机关处置信访活动中违法犯罪行为适用法律的指导意见》，全市共对1074名违法上访人员依法进行了处理，其中批评教育3人、依法训诫380人、警告458人、拘留233人。

【扎实组织开展三个专项行动】　一是开展“三清”活动。围绕征地拆迁、劳动社保、农村农业、环境保护等重点领域和未息诉息访的信访积案，开展拉网式大排查、大梳理。对梳理出来的问题，逐案落实包案领导、责任部门和信访部门三方的工作责任，明确化解时限，并充分运用政策、法律、经济、行政等手段和教育、协商、调解、疏导、听证等方法，综合施治攻坚解决。同时还充分发挥专家、律师等第三方力量，解释政策、疏导情绪、化解矛盾。共办结省交办“三清”信访积案99件，全部做到“五个到位”（合理诉求依法按政策解决到位，不合理的过高要求解释到位，生活困难的帮扶救助到位，无理取闹缠访、闹访、进京“非访”的依法处理到位，一时解决不了的教育疏导到位）和“四个不欠账”（不欠法律账，不欠政策账，不欠经济账，不欠感情账）。二是开展进京“非访”专项行动。市委、市政府在第一时间召开会议对进京“非访”专项行动作出部署，成立由市联席办、市委政法委、市公安局三家组成的专项行动办公室，连夜制定行动方案。市级组建由100名公安干警组成的机动分队，各县（市、区）、开发区派驻驻京值班力量160余人。专项行动期间，市专项行动办公室坚持每天一分析研判，每天一汇总通报。对“非访”发生量较大、发生人员倒流的重点县（市、区），直接向县（市、区）委书记发督办函。对劝返化解工作不力，造成人员倒流或发生恶性极端事件的，市委、市政府严格倒查责任。共劝返接回进京“非访”人员49人次，圆满完成“清零”任务，受到省联席办和市有关领导的肯定和表扬。三是开展信访积案化解行动。对信访积案，市联席办按照“属地管理、分级负责”“谁主管、谁负责”的原则，在第一时间逐一进行发函交办、跟踪督办。对工作不力、进度落后的单位，随时进行调度，指导各地各有关部门按照“五个一”（一名包案领导、一个工作班子、一套化解方案、一份会议纪要、一套稳控措施）要求，落实化解责任，签订《信访积案包案责任状》和《信访事项办理双向责任书》，集中时间、集中力量全力攻坚。共办理省联席办交办信访积案72件。

【全力做好特殊时期的信访保障工作】　全年共承担重要会议、重要接待和重要敏感时期的值班保障工作任务上百次。全国“两会”和十八届三中全会期间，市信访局超前谋划，精心组织，突出重点，强化举措，完成信访值班保障工作任务，在北京外围劝返各类上访人员81人，全市未发生一起进京赴省集体访，未发生一起群体性事件、极端恶性事件和因工作不当引发的网络负面炒作事件，受到省、市有关领导的肯定。一是强化排查稳控。坚持实行日排查、日报告制度。对重点人员，逐一落实“五包一”、24小时稳控措施。适时启动环京公安检查站，超前劝返进京上访人员。二是强化领导接访包案。全国“两会”期间，每天有一名市领导到市信访接待服务中心公开接访。县（市、区）委书记、县（市、区）长每天到县信访接待中心轮流接访，其他党政领导有针对性地包案约访下访。对接待案件，逐一落实首接责任制和“四明确”责任制，最大限度地把问题解决在基层，人员吸附在当地。三是强化信息报告和应急处置工作。市、县两级信访部门实行24小时专人值班和领导带班制度。加强预警信息搜集反馈研判工作，对重大苗头隐患和进京、赴省、到市集体访发生情况，市联席办及时报告市领导，并向有关地方和部门发函交办。进一步完善应急工作预案，确保启动迅速、应对有序、措施得力、处置稳妥。四是强化追责问责。严格实行维稳预警问责机制，对因工作不力、失职渎职，发生重大信访问题和“非访”的地方、单位和责任人，一律按照《关于对重大信访案件进行调度督办和双向责任追究的实施办法》和有关法律法规等规定处理。对在关键敏感时段发生群体性事件、集体越级上访等重大问题的，对相关责任人一律先免职、后调查处理。五是强化驻京值班。市成立由市委副书记、市联席会议第一召集人任指挥长的驻京值班工作指挥部。市联席办制定工作方案，对全市值班力量进行整合，共分成11个值班工作小组，分兵把守重点区域和敏感部位，实现了值班卡点全天候盯守。市驻京指挥部制定“四个一”驻京督导工作机制，坚持每日一督导，每日一检查，每日一报告，每案一交办，发挥最后一道防线作用。

【加强中央督导组交办案件的办理工作】　党的群众路线教育实践活动中央驻河北省督导组分11批向保定市交办信访案件198件，

全部明确了包案领导、责任单位、责任人和完成时限，其中市级领导包案4件，已办结或可以结案的有182件，其余16件正在走法律程序。一是高度重视，及时安排。市委书记聂瑞平和有关市领导多次作出批示，先后明确市级领导牵头负责，两名市政府领导直接包案，其他市级领导紧密配合，共同工作，促进问题尽快解决。并责成市联席办逐一发函交办，由相关部门和相关县主要负责人亲自负责、亲自调查、亲自解决，限时办结回复。市联席办、市纪委监察局、市委督查室、市委政法委负责全程跟踪督办抓好落实。二是全面梳理，发函交办。市联席办第一时间进行梳理、分类、归纳、汇总，根据市领导意见和“属地管理、分级负责”“谁主管、谁负责”的原则，逐案明确办理责任单位，进行发函交办，限期办结、上报相关材料，并注意严格保密。三是强化责任，讲究方法。市委明确市级包案领导和牵头责任单位的主要领导是第一责任人，亲自过问，亲自协调调度。分管领导是直接责任人，直接办理，具体负责。市信访局积极发挥参谋助手作用。每个案件，责任单位均抽调专门人员，组成专门班子，逐一认真调查、全力解决。工作中，既打破常规、积极推进，又妥善做好政策解释、思想疏导和维护稳定工作，防止引发连锁反应。四是严格责任，严肃问效。对工作不力，未按时完成任务或在办案过程中不作为，有失职、渎职行为的，由市纪委监察局负责立案，倒查责任，严肃问责，并报告市委。同时对因问题未解决、虚报办理结果，被中央督导组和省联席办抽查到的，市委将追究主要领导和主管领导的责任。（许　丽）

工委工作

【中共保定市直属机关工作委员会】 为市委派出机构，内设办公室、组织部、宣传部、市直纪工委、市直团工委、市直妇工委、市直武装部和市直机关工会，实有43人。其中，市直纪工委、市直团工委、市直妇工委、市直武装部分别为市纪检委、团市委、市妇联、保定军分区派出单位，实行双重领导，以市直工委管理为主；市直机关工会为市总工会派驻单位。主要职责是统一领导市直机关党的工作和群团、民兵工作。

书　　记　李志刚（兼）
常务副书记　宁洪茂
副 书 记　王　洋　刘　波
　　　　　李长友　袁志军
纪工委书记　牛惠萍（女）

【概况】 2013年，市直工委围绕服务中心、建设队伍两大核心任务，努力开拓创新、转变机关作风、激发机关活力，全面加强市直机关党的思想、组织、作风、反腐倡廉和制度建设，提高机关党的建设科学化水平，为保定市加快重返全省第一方阵，全力打造环京津地区新的发展增长极提供组织保证。全面推进学习型党组织建设，机关党员干部素质不断提高。组织开展了省委八届五次全会精神知识竞赛和学习贯彻市委十届六次全会精神答题活动。充分发挥《保定机关党建网》的舆论阵地作用，开辟学习专栏，发布市直各单位最新工作动态、先进经验，促进了各单位党建工作交流。制定出台了《保定市直机关推进学习型党组织建设考评办法》，明确市直机关推进学习型党组织建设考评原则、考评方法、考评内容，使市直机关学习型党组织建设进一步科学化、制度化、规范化。召开市直机关“创建学习型党组织考核方案交流会”和“学习型党组织建设经验交流会”，对95个市直单位学习型党组织建设情况进行考评。坚持中心组理论学习制度，对市直机关2013年度县以上干部理论学习明确了重点，扎实推进了市直机关党员干部特别是领导干部的理论学习。加强基层组织建设和党员队伍建设，机关党建工作基础不断夯实。制定出台了《保定市市直机关党支部工作细则》，有效推进了机关党支部工作制度化、规范化。指导市直属机关党组织完成换届工作，对部分单位党务干部进行调整并对新任党务干部进行培训。认真做好市直单位机关作风建设考核评价工作，通过各单位自评、互评，对95个市直单位进行定档分级。组成工作组，对市直各单位发展党员、民主评议党员、党费收缴和落实“三会一课”制度情况进行专项检查。发展新党员180名，对182名市直机关入党积极分子进行培训，结业率100%。召开市直机关庆“七一”座谈会，组织部分“两优一先”代表和“共产党员先锋岗”代表，就如何做好党建工作进行经验交流和探讨。春节期间和“七一”前夕，组织市直机关走访慰问老党员、困难党员1007人次，发放慰问金和慰问品折合人民币共计38.23万元。认真做好党内统计工作，制发市直机关党务干部通讯录600册。深化保持党的纯洁性主题教育活动，党风廉政建设和反腐败工作力度不断加大。组织开展了42个单位106人参加的市直机关“学报告、学党章、学党史、学法规”知识竞赛活动。协助市纪委积极做好“一书一片”的征订工作，对未设纪检监察机构的市直单位的会员卡进行认真清退，营造了反腐倡廉宣传教育的浓厚氛围。配合市纪委对市直单位的公款宴请和遏制餐饮环节“舌尖上的浪费”进行暗访。对市直机关各部门贯彻执行中央八项规定情况按月汇总上报，并对各单位进行日常监督检查。对1979年12月至2010年11月的纪工委文件档案进行认真整理，共整理文件档案192份。认真做好案件审理、接待来信来访工作，严肃处理党员干部违纪违法行为，对市直机关一名违纪党员做出开除党籍的处分。积极发挥群团作用，党群共建扎实推进。市直机关工会以“职工之家”建设为抓手，完善职工活动场所，指导基层组织换届、组建，积极培树省模范“职工之家”“职工小家”和省级工会优秀人物。积极倡导健康生活工作方式，举办了乒乓球排位赛和游泳比赛。召开庆“三八”妇女干部座谈会。春节前、“五一”前对部分劳模进行慰问，组织省部级以上劳模体检，开展“职工互助一日捐”活动，积极做好特困职工的救助工作，让干部职工感受到组织温暖。市直团工委扎实开展“五四”表彰评比活动和“保定市五四青年奖章”推荐评选工作，在机关团员青年中营造了“比、学、赶、超”的良好局面。以团干部培训班为平台开展集中培训，市直机关团组织书记的政治素养不断增强，思维视野不断开拓，业务水平和综合能力得到显著提高。市直妇工委以建设学习型妇女组织为抓手，针对机关妇女干部需求，开展讲座、报告会7场。“三八”妇女节期间，对2012年度市直机关先进典型进行表彰。以“三八”妇女节和“六一”儿童节为契机，组织开展知识竞赛、帮扶孤残儿童和巾帼志愿服务工作等多种形式的迎庆活动和关爱少年儿童活动。组织开展了爱心代理妈妈、爱心代理儿女志愿服务活动。市直武装部扎实做好民兵整组工作，抓住人武干部队伍建设这一关键，选好配齐了专、兼职人武干部队伍，通过业务知识培训和国防教育，提高了人武干部队伍的整体素质。

【扎实开展“解放思想、改革开放、创新驱动、科学发展”大讨论活动】 按照市委活动要求，结合机关党建工作实际，认真制定方案，广泛宣传动员、精心组织推进，做到了规定动作不走样、自选动作有创新。围绕党性修养、作风纪律、机关党建和廉洁从政四个方面，公开向市直各单位和各县（市、区）机关工委征求意见建议50余条，制定整改措施19条。结合省委提出的七个方面和市委提出的八个方面的意见建议，从如何强化四种意识（尊严意识、机遇意识、实干意识、导向意识）和四种思维（市场思维、开放思维、科技思维、法治思维）等八方面献计献策20余条，在思想上和制度机制上形成7项成果，为达到思想上有新突破、观念上有新飞跃、作风上有新改进、工作上有新局面的目标做出了积极努力。

【认真做好党的群众路线教育实践活动前期工作】 扎实开展“群众路线学习月”活动，研究制定《市直工委正风肃纪行动实施方案》，认真组织开展“为民务实在一线”活动。紧紧围绕发展、稳定、民生三大任务，从克服“四风”问题入手，提出“三查、五清、三明确”（查思想、查工作、查作风；搞清机关党员群众最需要的服务是什么，搞清当前机关党员干部在思想上存在的困惑是什么，搞清当前直属机关党组织最亟待解决的难题是什么，搞清机关党建工作推进的瓶颈是什么，搞清机关党建服务保障科学发展方面存在的突出问题是什么；明确完成2013年党建任务目标的具体措施，明确下一年和今后一个时期的党建任务目标和主攻方向，明确符合工委实际的群众路线教育实践活动思路）具体要求，对市直属95个机关党组织进行走访调研，解答群众疑惑50余条，收集党员干部群众意见建议30条，为2014年群众路线教育实践活动的开展打下坚实基础。

【积极开展创建精神文明单位和“讲文明、树新风”活动】 向市文明办推荐爱岗敬业典型和保定好人，开展了“善行河北、善美保定”学雷锋主题道德实践活动，组织动员机关党员干部广泛参与道德实践，经过党组织资格审查，候选人集中公示，评委会投票评审等程序，评选出市直机关道德模范74名，大力弘扬了社会公德、职业道德、家庭美德、个人品德，形成了学习宣传道德模范的热潮。

【深入开展创建“共产党员先锋岗”活动】 召开“共产党员先锋岗”推进会，组织56个“共产党员先锋岗”的负责人和所在单位的党组织负责人进行座谈。对部分“共产党员先锋岗”进行检查和暗访。“七一”前夕对69个“共产党员先锋岗”进行命名授牌。通过两年多的探索与实践，创建“共产党员先锋岗”活动机制日臻完善，党员服务意识得到进一步强化，党建品牌效应和影响力明显增强。

【积极开展“百日行动”活动】 根据全市纪检监察系统“强三力、肃风纪、查案件、提效能”百日行动，研究制定了市直纪工委“百日行动”工作方案及学习型机关建设的学习计划。在“百日行动”中，把“强三力”作为提高干部素质重要途径，将理论知识和业务知识的学习放在首位。把“肃风纪”的重点放在严格要求自己，认真践行“八项规定”上。对照自身存在的不足进行整改，对8小时工作之外的个人生活提出明确要求。把“查案件”“提效能”的重点放在认真接待来信来访工作中，重点解决“作风不实、推诿扯皮、效率低下”等问题，在接待来信来访时仔细听投诉人的投诉，不推诿扯皮，使群众得到了满意的答复。

【深入开展调研】 组织召开以机关党建服务保障科学发展和如何加强对县（市、区）工委有效指导为主题的研讨会。积极组织市直机关和各县（市、区）工委参加省直工委党建课题研究以及群众工作典型案例征集活动，组织报送研究课题15篇，4篇获二等奖，报送群众工作典型案例征文5篇，1篇获得省机关党建研究会“群众工作典型案例”，市直机关工委《在学习实践中推进学习型党组织建设》一文在《河北机关党建》第9期发表，并获省直工委2013年机关党建专题调研优秀组织工作奖。

【深入开展亲民爱民活动】 加强组织领导，明确专人负责，制定实施方案，把27名副科级以上干部全部纳入活动范围。通过深入基层、深入实际、深入群众，进家庭，送温暖、送平安、送服务，与帮扶对象面对面交流，努力协调，积极为各帮扶对象解决实际问题，捐资2200元解决群众的燃眉之急。建立活动帮扶情况台账，“扶志、扶资、扶智、扶本”，既为帮扶对象解决了困难，也使机关干部受到教育，转变了作风。

（王　倩）

机构编制工作

【保定市机构编制委员会办公室】 保定市机构编制委员会办公室，为保定市机构编制委员会的常设办事机构，既是市委的工作机构，又是市政府的工作机构，列市委机构序列。在市委、市政府和市编委的领导下，负责全市党政群机关、事业单位的职责配置、机构设置和人员编制管理。内设综合处（与信息中心合署办公）、体制改革处（政策法规处）、行政机构编制处、事业机构编制处、县乡指导处和监督检查处。下设参照公务员全额事业单位保定市事业单位登记管理局，负责全市事业单位法人登记管理工作；保定市机构编制电子政务中心，负责全市机构编制统计、信息管理系统、电子政务和信息化建设工作。

主　任　刘晓莲（女）
副主任　金　伟　李　璟
　　　　马继光

【概况】 2013年，市编委办公室严格落实中央“八项规定”，深入开展“解放思想、改革开放、创新驱动、科学发展”大讨论和“基础工作提高年”活动，不断提高机构编制管理科学化、规范化、法制化水平，努力推动各项工作再上新台阶，各项重点工作均按省、市要求完成和推进，得到了中央编办、省编委办的充分肯定。省编委办主任栗建华上任第二天到保定调研时对市编委办围绕中心、服务大局、抓班子、带队伍、强基础等工作给予高度评价；6月，在山东烟台举办的全国31个省、市、县编委办主任培训班（共6期）上，保定市专题就“四化”管理方法（“工作标准精细化、编制管理规范化、考核培训常态化、调研工作制度化”）做典型经验介绍，得到中央编办领导和与会者的好评，并将保定市“四化”管理工作经验录入全国机构编制业务培训教材，供全国机构编制系统学习借鉴；9月，在全国中文域名注册和网络红页管理座谈会上，保定市中文域名注册数量全省第一，受到省编委办表彰，得到中央编办的充分肯定；事业单位分类改革工作主动超前，扎实稳妥，6月在全省做了唯一的典型经验介绍；对开发区、工业园区、景区管理体制进行主动探索，率先在全国、全省提出分类（层）管理的模式，得到中央、省的肯定，省编办依据保定市编委办提出的分类（层）管理方法正在出台意见，准备在全省予以推广；探索开发区（园区）分类管理模式的调研报告被省编委办确定为优秀研究课题，并被收录到2013年全省《行政管理体制和机构编制研究成果汇编》中。市编委办工作也得到市委、市政府高度评价，市委、市政府主要领导和分管领导9次作出批示给予肯定和表扬。市编委办再次被市委、市政府评为实绩突出单位。

【稳妥有序推进事业单位分类改革工作】 按照中央、省、市政策要求，主动超前开展工作，提前完成了各项既定工作任务，主要抓好两方面工作。一是严格政策，科学划分，完成市直事业单位分类工作。全程参与了省直1900个事业单位类别划分工作。全省事业单位分类工作会议结束后，代市政府办公厅起草了《关于全市事业单位分类的实施意见》。完成了市直446个事业单位分类目录拟定工作，走在全省前列。同时，会同财政、人社和法制等部门，结合保定市事业单位实际，经征求省编委办意见并报请市编委领导同意，印发了《保定市市直事业单位分类目录》，组织实施并完成了市本级事业单位分类工作。二是加强指导，严肃纪律，完成了全市事业单位分类工作。组织召开全市事业单位分类工作会议，对各县（市、区）事业单位分类工作进行安排部署。以市编委名义印发了《关于事业单位科学分类期间冻结事业单位机构编制和人员调整的通知》（保编字〔2013〕19号），维护了机构编制纪律的严肃性。加强对全市事业单位分类工作的检查和指导，12月完成全市事业单位分类检查验收工作，基本完成全市事业单位分类工作，走在全省前列。

【扎实推进食品药品监督管理体制改革工作】 按照中央、省食品药品监督管理机制改革工作的部署，在全省率先完成市级食品药品监督管理体制改革工作。一是超前谋划，迅速行动。制定《食品药品监管体制改革工作推进方案》和《任务分解表》，组织召开全市安排部署改革完善食品药品监督管理体制工作会议，对保定市食药监体制改革工作进行全面安排部署。二是深入调查研究，广泛征求意见，充分掌握实情。在深入调研的基础上，组织召开了由食药监局、工商局、质监局、商务局、农业局、卫生局、食安办、人社局、财政局、档案局等10个部门主要领导参加的市级食品药品监管体制改革工作协调调度会，对改革中涉及的职责调整、机构整合、人员编制划转等具体事项做了进一步明确，对“三定”等工作提出了具体要求和完成时限。同时，听取各部门对保定市食品药品监督管理体制改革的意见与建议，掌握各部门诉求，为改革的顺利推进打下良好的基础。三是严肃纪律，顺利完成全市食品药品监督管理体制改革工作。会同人社、财政部门印发了《关于冻结市食品药品监督管理局、市食品安全委员会办公室、市商务局、市农业局（畜牧水产局）机构编制、人员调整、国有资产及重大财务活动的通知》（市编办字〔2013〕83号），维护了机构编制纪律的严肃性，确保了改革工作的顺利进行。及时印发了新组建的食品药品监督管理局“三定”规定，顺利完成市本级食品药品监督管理体制改革工作。四是加强监督指导，着力解决重点难点问题。在广泛调查研究基础上，把各项工作的时间节点都提前了20天。组织三个工作组，到各县（市、区）进行检查指导，确保工作按时间节点顺利推进。针对保定市南、北、新三区以前没有食品药品监督管理职能和机构编制问题，为确保基层监管力量充实，市编委办主要领导多次协调市食药监局，对职能划转、机构设置、人员编制测算等进行了认真调研与研究，提出可操作性调整意见，解决三区食药监机构编制问题。全市24个县（市、区）食品药品监督管理体制改革工作顺利完成。

【完成政府职能转变和机构改革前期准备工作】 一是主动工作，底数清楚。在认真学习《国务院机构改革和职能转变方案》精神的基础上，结合本市实际，就市政府机构改革和职能转变问题进行认真研究，对应涉及到的有关机构和职能调整事宜，做了梳理归纳，形成《保定市政府机构改革和职能转变方案（提纲）》。同时，按照省政府开展政府职能转变有关事项调查摸底工作要求，对市政府各部门职能转变涉及的有关12项事项进行调查摸底和认真汇总，全省第一家上报省编委办。二是分步实施，有序推进。起草《保定市政府职能转变工作方案任务分工（征求意见稿）》和《关于印发保定市政府职能转变工作方案任务分工的通知（代拟稿）》，组织召开由食药监局、工商局、质监局、商务局、农业局、卫生局、食安办、人社局、财政局、档案局等10个部门主要领导参加的市级食品药品监管体制改革工作协调会。市政府办公厅将《任务分工（征求意见稿）》下发到市直34个有关部门征求意见后，又征求了18个部门的意见，9月4日以市政府办公厅的名义正式下发执行。三是深度调研，确保省、市要求落实到位。省编委办到保定市就市县政府职能转变和机构改革有关问题开展调研工作时，组织召开了市县两级座谈会，结合保定市实际，针对共性和难点问题提出了意见建议，调研组给予充分肯定和高度评价。

【完成省直管县（市）体制改革试点工作】 制定《保定市省直管县（市）体制改革试点对接工作方案》，并由市委常委、组织部长李双喜代表市委召开了由市编委办、市纪委（监察局）、市委组织部等12个部门的主要负责人和定州市委、市政府负责人参加的改革试点对接专题工作会议，确保对接工作的全面落实，5月底完成省直管县（市）体制改革试点对接工作，受到省编办的表扬。

【探索实施开发区（园区）管理分类新模式】 为认真贯彻落实市委、市政府“建立高端骨干园区”要求，在对全市36个省级园区普遍调研的基础上，又选取高碑店经济开发区、徐水经济开发区等6个具有代表性园区，由主要领导带队，进行深入调研，认真听取各方面意见建议，对开发区（园区）管理体制进行了超前谋划设计，率先在全国、全省提出根据不同发展阶段和发展质量分类管理的创新思路和对策。7月3日，省编办主任栗建华到保定市调研时，对保定市探索开发区分类管理新模式的做法给予高度评价。11月8日，在副市长刘颖主持召开的分管系统重点工作谋划会议上，刘颖也给予了充分肯定，并将列入2014年市政府目标任务。

【为经济社会发展提供体制机制保障】 围绕市委、市政府中心工作，在控制总量的前提下，顺应新情况新要求，创新管理方式，在前两年争取开发区（园区）机构设置数量全省第一的基础上，在机构审批从严、从紧的情况下，省新批复保定市机构7个，其中县级机构4个（雄县经济开发区、涞源经济开发区、招商机构、贸促机构），科级机构3个（气象灾害防御中心、规划执法监察大队、环境保护机构）。同时，在加强扶贫开发、环境保护执法、大气污染防治、火车站地区的管理和服务、非公有制经济组织和社会组织的党建、互联网信息管理和精神文明建设等工作中，积极争取上级政策支持，最大限度提供服务，为经济社会发展提供了体制机制保障。

【进一步严格机构编制管理】 一是继续完善机构编制实名制管理制度，按照省编办规范机构编制实名制数据信息要求，采取自查和实地检查的方式，对全市实名制数据信息进行了规范。二是严格编制使用核准制度，4月，组织召开全市规范编制使用核准工作会议和全市编制使用核准工作督导会议，对编制使用核准制度落实情况进行督导、检查，促进工作的全面落实。三是严肃机构编制纪律，加强督导检查。抽调编委办机关和有关部门业务骨干组成7个督导组，利用3周时间，对市直85个机关事业单位、24个县（市、区）的机构编制纪律执行情况和“三定”规定落实情况进行督导检查，对检查中发现的问题进行认真的梳理汇总并向市委、市政府有关领导进行了专题汇报，得到市委书记聂瑞平、市长马誉峰、副市长刘颖的充分肯定。按照市领导批示精神，进行了分类督办的方式，下发《机构编制整改督办卡》《机构编制工作提示卡》或致《函》，确保问题整改解决，维护了机构编制纪律的严肃性。

【探索事业单位专业技术人员管理新方法】 针对市直事业单位专业技术人员匮乏情况，市编委办于3月6日至3月19日，组成专门调研组，由主要领导带队，利用两周时间，按照摸准、摸细、摸实的原则，对市直事业单位在职人员和亟需专业技术人员情况进行全面深入调研，针对空编不补，编外聘用；公开招聘专业人才比例较低，新进人员专业不对口，进人渠道不畅；专业技术人员匮乏等问题，打破思维定势，提出了建立健全市直事业单位面向社会统一公开招聘专业技术人员制度；鼓励事业单位之间人员流动；特殊岗位定向选聘；急需特殊人才特事特办的建议，得到了市委书记聂瑞平、市长马誉峰的肯定。

【解决中小学校教师编制问题】 在2010年、2011年调研的基础上，与市教育局组成调研组，利用一个月时间，对市直13所学校（幼儿园）“有编无岗”“有岗无编”情况进行了进一步调研，提出了严格规范学校教职工编制管理，严格执行学校招生计划管理和进一步加强中小学教职工编制动态管理的建议和解决编外聘用人员所需编制的可操作性意见，市长马誉峰、常务副市长赵常福均给予肯定性批示。

【借势推进老区教育事业发展】 为贯彻落实习近平总书记到阜平视察调研时关于支持和推进阜平革命老区教育事业发展的重要讲话精神，有效缓解师资不足的突出问题，在深入调研的基础上，经认真研究并报市编委领导同意，专门向省申请为阜平县中小学调整教职工编制，为老区教育事业发展提供保障。

【为民务实在一线解决热点难点问题】 围绕市委、市政府中心工作和社会关注度高的热点难点问题和民生实际问题，市编委办主要领导带队深入到基层一线开展实地调研，每次都是轻车简从，不打招呼，摸实情、听实话，实地与基层一线的工作人员和县（市、区）负责人了解情况、开展讨论、沟通意见，掌握了大量详实的数据和资料，在工作一线发现问题、研究问题、解决问题。尤其是在关系全市经济社会发展大局的政府机构改革和职能转变、食品药品监督管理体制改革、事业单位分类改革、开发区（园区）建设中，先后22次深入定兴、易县、新市区、南市区等县（市、区），采取现场办公的方法，现场提出问题，现场研究解决，得到了县委、县政府和基层领导的一致好评。

【基层建设年活动和农村面貌改造提升活动驻村工作取得实效】

按照市委的统一安排和单位主要领导提出的“立足长远、立足发展”的目标要求，市编委办基层建设年活动驻博野县曹庄村工作组完成各项帮扶任务，并在机关办公经费紧张的情况下，拿出5000元支持所驻村的天网工程建设，在驻博野县基层建设年帮扶工作组考核中排名第一，并被市活动办推荐为受省委表彰的先进驻村工作组。驻阜平扶贫工作组多方筹措，为村里协调扶贫资金5万元。驻定兴县常乐富村农村面貌改造提升活动工作组认真落实省里“四清四化”要求，将省里拨付的2万元工作经费全部用于驻村帮扶工作，完成了“四清”任务，并通过了县里验收。多方协调，筹资10万元对村文化广场进行了翻修硬化，同时，协调县规划局认真做好村庄规划编制工作。在帮扶工作中，市编委办主要领导亲自安排部署，两次亲自带队实地了解情况，认真谋划让百姓致富思路，倾情做好帮扶工作，收到良好效果，得到县乡村一致好评。

【基础工作扎实有序】 2013年，共办理领导批办件612件（次），市直各部门、县（市、区）请示件175件，办结率均为100%，做到了件件有着落，事事有回音。6月和12月，对全市机关、事业单位编制使用核准情况进行了分析，形成专题报告，呈报市委、市政府领导，为市委、政府科学决策、正确决策提供依据。中文域名注册数量全省第一，得到了中央编办、省编办的肯定。组织开展各县（市、区）事业单位登记培训工作，完成全市318家事业单位的年检工作，年检率100%。

（李　磊）

老干部工作

【中共保定市委老干部局】 负责全市离退休干部（简称老干部）工作的专门机构，归口市委组织部管理。主要职能是贯彻落实中央、省、市有关老干部工作的方针、政策；按照有关规定做好离休干部的安置管理工作；检查指导各级各部门落实老干部的政治、生活待遇；配合有关部门组织老干部发挥作用并及时宣传推广老干部发挥作用的典型；指导全市老年教育工作；组织指导老干部开展健康有益的活动。内设办公室、宣传调研处、组织指导处、安置管理处4个处室，另设机关党委。辖市直机关第一、二、三干休所、市老年大学、市老干部活动中心、市关心下一代工作委员会办公室共6个事业单位。

局　长　张　健
副局长　张　莉（女）

【概况】 截至12月底，全市共有离退休干部64658人，其中离休干部4210人，退休干部60448人。2013年，全市老干部工作紧紧抓住落实老干部政治、生活待遇这条主线，以人为本、服务为先、立足新起点，切实从政治上尊重、思想上关心、生活上照顾老干部，着力研究探索新形势下老干部工作遇到的重点、热点、难点问题，扎实有效地开展各方面工作，使全市老干部工作取得跨越式发展。市委老干部局参加省组织的“余热生辉燕赵情，同心共筑中国梦”活动获“优秀组织奖”；市老年大学舞蹈团参加省电视台举办的“河北省首届广场舞”电视大赛获得总决赛冠军，受到侯耀华等评委的高度称赞；市关工委被评为河北省关心下一代工作先进集体；市老年大学被省评为2013年度老年教育工作先进单位；市委老干部局扎实做好信息宣传调研工作，2013年度被省评为老干部工作部门信息工作一等奖、宣传和调研工作二等奖；自2009年以来市委老干部局连续五年被评为实绩突出单位。

【较好落实离退休干部各项待遇】

在坚持老干部政治待遇“八项制度”的基础上，加强定期通报和季度走访老干部工作，保定市季度走访老干部工作自2008年初开展以来，一直坚持，这一做法曾在全省老干部工作会议上多次受到表扬。春节、重阳节由市委老干部局组织，两次向老干部通报情况，征求老干部的意见和建议，市委书记及四大班子主要领导参加，市领导与老干部代表座谈，现场征求老干部对市委、市政府的意见和建议。6月和11月，分别组织了30余名地厅级离退休干部对农业生态园、徐水县大王店长城公司和晨阳集团进行了参观考察，使老干部亲身感受全市改革开放带来的新变化。各县（市、区）、市直部门也以不同形式召开了情况通报会，组织老干部参观考察，参加本地有关会议，走访慰问等活动。在全面落实老干部各项政治待遇的同时，市委老干部局认真落实老干部的各项生活待遇，真心、真情、真诚地为老干部服务。为使全市改制、破产企（事）业单位离休干部的管理服务走上正轨，针对市直第四批改制破产企（事）业离休干部的安置管理工作中出现事业单位这一新情况，市委老干部局多次协调市财政局、市人力资源和社会保障局、市国资委等部门，和有关人员一起研究、探讨解决途径，圆满完成了改制、破产企业离休干部的管理服务工作。保定市改制破产企（事）业单位上收离休干部的管理服务费的审核、上报、拨付等工作顺利完成，共涉及8个主管单位396名离休干部、46名遗属的管理服务资金86.3万元。市委老干部局进一步完善了离退休干部帮扶机制，全年共为562名困难老干部申请发放帮扶资金共计80.31万元。

【进一步加强离退休干部党支部建设】 全市共有离退休干部党员34928人，离退休党支部432个，经过不断完善，全市离退休党支部普遍做到了班子健全、制度完善、活动经常。全市老干部工作始终把加强离退休干部思想政治建设摆在突出位置，针对离退休干部关注的改革发展的重大问题、国际国内形势的热点问题、关系切身利益的突出问题，各级老干部工作部门通过宣讲会、报告会、专题辅导、座谈研讨、现身说法等形式，提高老干部的思想认识，引导老干部对发展中出现的一些问题的正确理解，切实把思想认识统一到中央精神上来。为加强离退党支部建设，提高全市离退休干部党支部书记队伍的整体素质，5月28日至6月4日，市委老干部局举办了两期全市县（市、区）离退休干部党支部书记培训班和全市市直离退休干部党支部书记培训班，共有24个县（市、区）和40多个市直单位130余名离退休干部党支部书记参加，通过培训，离退休干部党支部书记的理论水平得到提高，离退休干部党支部的战斗力凝聚力明显加强。为了健全组织设置，完善组织制度，市委老干部局结合全市离退休干部党员分布情况，对全市部分离退休干部党支部和社区离退休干部党员现状进行了调研分析，并对离退休干部党支部进行了整合，对组织关系转入社区的离退休干部党员，有条件的单独成立离退休干部党支部，隶属于社区党总支，或纳入当地社区党支部，或成立离退休干部党小组，让每一名离退休干部党员都能参加组织生活，不让每一名离退休干部党员游离于党组织之外。

【发挥离退休干部作用】 市委老干部局通过营造良好氛围，创设活动载体等方式，极大激发了离退休干部发挥作用的热情。2013年10月，市委老干部局、市老年书画研究会共同举办了2013年国庆、重阳节老年书画展，522幅老年书画作品参展，吸引众多书画爱好者参观展览。市委常委、组织部长李双喜出席剪彩仪式并致辞，市级老领导王庆明、李定元、李光耀等参加剪彩仪式。此次展览共7天时间，每天都有200余人参观展览，受到社会书画爱好者的广泛好评。市委老干部局积极引导各种涉老组织利用重大节日，组织离退休干部开展主题系列活动，回忆峥嵘岁月，进行革命传统教育。11月，市老年协会组织老干部召开了“中国梦”主题座谈会和纪念毛泽东诞辰120周年座谈会，座谈会上老干部积极发言，氛围十分浓厚。在“中国梦”主题座谈会上，市政协原副主席李森谈了自己对“中国梦”的理解；在纪念毛泽东诞辰120周年座谈会上，市政协原副主席刘岭赋诗一首表达对毛主席的怀念之情。市委老干部局注重发挥关工委阵地作用，引导老干部奉献余热。3月初，市关工委会同市文明办、市教育局关工委举行了“雷锋就在我们身边”大型图片展。展览以文字和图片展板式呈现，分为“时代呼唤雷锋精神”“拾金不昧篇”“见义勇为篇”“敬老爱亲篇”“闪光社区篇”五个部分，形象生动地展现了发生在保定的雷锋式杰出人物和事迹。已在保定学院、保定八中、红星路小学等十余所学校展出，受教育青少年3万余人。保定电视台进行了专题报道。2013年“七一”前夕，市关工委配合中国下一代教育基金会、中国早期教育协会、省老促会妇工委到革命老区阜平县城南庄调研，并协助他们在县城开办了为期一周的全县幼教师资培训班。期间给贫困幼儿赠送了慰问品和图书，专家们还挤出时间深入到一些乡镇幼儿园进行具体指导，产生良好的社会效果。

【全面推进离退休干部阵地建设】 全市共有老年大学（老年学校）155所，校舍建筑面积18000多平方米，在校老年学员1.5万余人。市老年大学有一个主校区2个分校区，总面积5000余平方米。2013年共计开设12个专业55个教学班，学员近2500人。各县、乡镇都开办了老年大学和老年学校，形成了教学三级网络。市老年大学积极参加各级组织的文艺比赛和文艺汇演，既检验了教学效果，又提高了艺术水准。市老年大学通过举办“纪念毛泽东诞辰120周年”老年书画展，表达了对毛泽东主席的深切缅怀之情，受到了社会广泛关注，此次展览共有180多幅作品参展，作品蕴涵了较高的艺术底蕴、鲜活的时代气息。市老年大学还举办了纪念毛泽东主席诞辰120周年文艺汇演，表达老年同志对毛泽东主席的热爱和怀念。全市老干部活动中心（室、站）251个，总面积达到了46089平方米。市老干部活动中心建筑面积达4027平方米，每年有7万余人次来这里活动娱乐健身。全市老干部活动中心根据老干部的身体情况和爱好，以娱乐为主，竞技为辅，采取灵活多样的形式，广泛开展适合老年人特点、丰富多彩、健康向上的文体活动。满足不同层次老干部的需求。2013年市老干部活动中心会同有关部门举办了6次大型健康知识讲座，参加人员1000多人次，深受广大老干部的欢迎。

【进一步加强老干部工作部门自身建设】 市委老干部局坚持把学习贯彻十八大精神、十八届三中全会精神、党章和习近平总书记系列重要讲话作为一项重大政治任务，贯穿全年工作的始终。领导干部发挥模范带头作用，记笔记，谈体会，写心得，采用集中学习和自学相结合、集体学习与分头讨论相结合的学习方式，真正让大家领悟到十八大和十八届三中全会精神的实质。市委老干部局通过开展大讨论活动，强化机关效能建设，重点解决工作中求稳怕乱、懒惰平庸、得过且过等作风方面的问题，增强了大局意识、责任意识、主动服务意识和廉洁自律意识，形成了脚踏实地干事创业的良好风气。市委老干部局高度重视信息调研工作，向《河北老干部工作》《老干部工作信息》《保定快报》投稿60余篇，被采用30余篇。向《保定日报》《中国老年报》《老人世界》《燕赵老年报》《老年日报》《河北老年》等报刊传媒投稿200余篇，被采用80余篇，宣传保定市老干部工作，有力促进了老干部工作的开展。市委老干部局积极开展下基层调研工作，形成了题为《如何有效发挥离退休干部在全面建成小康社会中的积极作用问题研究》《关于加强社区离退休干部服务管理的思考》两篇研讨文章。

（张　磊）

市委后勤工作

【中共保定市委机关事务管理局】 中共保定市委机关事务管理局是为市委机关提供后勤管理和服务保障工作的职能部门，隶属市委办公厅。内设办公室、财务处、车辆管理处、总务处、经营管理处、生活服务处、保卫处等处（室）。主要职责是负责市委办公厅及市委有关部门的经费管理；负责市委机关国有固定资产的管理；负责市委办公厅机关车辆的管理和调配；负责市委机关大院的卫生、绿化、美化、亮化及水、电、暖、电梯的管理和房屋维修使用；负责市委会议室、文印中心、医务室、理发室、活动室、东西两院机关餐厅的管理；负责市委机关内部安全保卫工作等。

局　长　田红军

【概况】 2013年，市委机关事务管理局认真贯彻党的十八大精神和中央“八项规定”、《厉行节约反对浪费条例》《机关事务管理条例》，按照市委常委、秘书长李志刚提出的“双提”要求，下大力转变工作作风，提高工作效率，提高工作标准，提升管理服务质量，为市委机关高效运转提供了有力保障。

【扎实开展清理办公用房工作】 对照上级相关政策、规定和标准，对市委办公厅系统办公用房进行了全面摸底，对存在的问题进行详细梳理。针对存在的领导办公用房超标准面积问题，组织专门人员进行了实地勘测。本着坚决执行政策，同时改造后既符合标准要求又能充分利用改造空间的原则，提出了市委领导办公用房改造方案，经请示领导同意，“十一”国庆长假期间及之后的连续4个双休日，按照上级文件规定的面积标准，对能腾退的办公用房进行了腾退，对能改造的办公用房进行了改造。在市委办公厅调整办公用房的同时，配套设施及时跟进，按照勤俭节约的原则共调剂电脑2台、打印复印一体机1台，购置办公桌椅6套、电脑椅8把，更换窗帘80套，粉刷办公用房14间，确保市委办公厅工作正常开展。

【公务用车管理工作成效明显】 严格落实上级关于公务用车配备使用管理规定和“八个不准”要求，继续深化公务用车专项治理成果，切实加强市委办公厅系统公务用车管理工作。一是全面落实公车编制管理，严格配备标准。积极协调纪委、财政部门，对原未纳入车辆编制管理的15辆公务用车全部纳入车辆编制管理；对9辆冀O牌照车辆全部更换为地方牌照；一律停发冀FTT号段牌照；车辆新购、更新等全部以编制为依据，杜绝任何形式超编、超标配备公务用车。二是按照市委、政府改善大气环境要求，带头对机关2000年12月31日前购置的12辆黄标车进行报废，全部履行报废手续，空出单位车辆编制。三是加强越野车的使用管理，对越野车全部予以封存，钥匙由车管处统一保管，集中管理，统一调度，不得作为领导干部固定用车，除抢险、救灾或其它特殊情况外，领导干部外出公务一律不乘坐越野车。四是加强公务用车日常使用管理。定期组织驾驶人员进行安全警示教育，依法、安全、文明行车，严禁酒后驾车等交通违法行为；加强公车国有资产台账管理，全方位、全角度跟踪每一辆公务用车从批准购置、使用到最后处置报废等全过程；禁止公车私用，杜绝驾驶公务用车到餐饮、洗浴等娱乐场所及接送学生上下学等非公务活动。五是严格执行公务用车节假日期间封存制度。除值班及特殊任务外，办公厅系统所有公务用车在节假日期间一律集中封存停驶。六是全面落实定点加油、定点维修制度及相关票据报销制度，为局管车辆全部办理ETC手续，明晰了费用，堵塞了漏洞。七是严格派车制度，合理调度，完成省委主要领导及其他省、市领导到保定指导、考察、调研及全市性重大会议、重大活动的车辆保障工作及市委领导、办公厅公务用车的车辆保障工作。

【推进鹏翔小区既有建筑节能工程改造】 为彻底改变鹏翔小区历史遗留问题，方便居民居住，解决实际困难，一是对该小区业主进行全面走访，登记各户存在的漏水等问题。二是召开业主代表大会，就该小区存在的问题及拟解决方案向业主通报，全面征求业主代表意见、建议，并采取张贴公告的形式广泛征求意见，统一思想。三是在保证安全、质量的前提下，对该小区10号楼西墙做保温试点试验，效果明显。四是积极协调市建设局墙改办，通过考察论证，将该小区改造列为2014年全市重点项目，积极争取配套资金，从太阳能管道、屋顶防水、外墙墙体、停车位四个方面着手实施改造，工程总面积64951.94平方米。

【财务管理工作科学有效】 加强制度建设，起草市委机关事务管理局财务管理制度，制定公务卡结算方式下的财务报销办法，严格执行财务管理办法和财务运转及管理细则；科学编制预决算，不丢项、不拉项，合理安排资金使用预算进度，及时分析预算执行情况及存在的问题；积极开源，多方组织收入；积极组织预算外收入，收取门店租金、水电费、移动基站占用费等，做到应收尽收；加强经费管理，严把开支关，严格财务报销审批手续，遏制铺张浪费等不良现象；加强计算机等精品设备的日常监管、维修、更换，使管理更加严密规范；加强现金管理，全部实行银行代发工资，合理调整报账时间，对纳入公务卡结算消费目录管理的消费事项，全部使用公务卡结算。

【服务保障更加人性化】 一是向市委机关大院各单位、各部门发放《机关后勤服务保障承诺明白纸》，将重点服务处室、部门的联系电话进行公布，进一步提升工作效率，提高服务保障水平。二是与各处室签订《安全生产责任状》，落实安全工作责任制，各处室就机关大院安全保卫、食品安全、施工安全、用电安全、器械操作安全、车辆安全等项工作作出承诺，将安全生产工作落实到具体责任处室和责任人，防止出现任何安全生产事故和人身伤亡事故。三是积极推进全局干部职工住房补贴申报工作。该项工作涉及人员多，历史原因复杂，时间跨度长，市委机关事务管理局从维护每名干部职工的切身利益出发，认真对1998年在册的干部职工情况进行详细梳理，对已退休人员情况进行摸底，2013年7月申报、审批完毕，共为干部职工62人，申请回购房补贴金额60.6万元，为符合领取购房补贴条件的在职9人、退休10人、死亡2人共计21人支取16.5万元。四是保障机关办公用品需用。将采购与保管分离，精品设备采购由财务处负责，日常办公用品采购由办公室负责，日常物资的管理和发放由总务处负责，按照厉行节约反对浪费的原则，货比三家降低成本，保障了领导及各处室办公用品需用。五是文印中心和门店服务工作有序开展，树立品牌意识、精品意识，为机关和租户提供优质服务。六是优化人员结构，充分调动广大干部职工的积极性，对局领导分工进行重新明确，4人得到提拔重用，充实到各个岗位。与10名临时工新签订正式劳动合同，提高了工资待遇，人均日工资增加3元，工龄工资由2元调整至10元，中、高级职工工资再增加2元，及时缴纳了养老、医疗、工作、生育等保险，按国家规定发放了独生子女费，有效激励了工人的工作积极性，稳定了职工队伍。七是为15人支取住房公积金，为7人办理公务员大病二次报销手续，为2名市级领导办理了医保手续，为6名长期慢性病干部职工申报慢性病医疗待遇，协调工会为2名大病职工争取工会大病救助补助。八是积极联系多家医院，提供更多的方便条件，保证办公厅系统干部职工顺利体检。

【协调运转工作扎实有力】 一是完成各类文件、会议纪要、会议记录、总结、计划、请示、报告等文字材料80余篇。二是做好公文收发及上传下达工作，确保了公文渠道安全、顺畅，全年共办文700余件。三是严格落实各项值班制度，坚持24小时值班和节假日轮流值班，确保信息渠道和政令畅通。四是谨慎保管公章，合理安排使用，对不符合政策或有关手续不齐的一律不予盖章，全年共加盖印章400余次未出现任何问题。五是开展单位“吃空饷”专项治理工作，按照全市总体要求，张贴《“吃空饷”专项治理公告》、《2013年6~8月份领取工资和补助人员明细公示表》，供干部职工监督，并将无“吃空饷”结果及时进行报送。六是认真落实“亲民爱民”活动，及时将帮扶对象调整为阜平县的帮扶对象，多次组织机关干部赴结对帮扶对象家中、学校进行走访慰问，帮助其解决生活、生产中的实际困难。七是及时收缴了党费、工会费，发放独生子女费和退休人员独生子女奖励，积极组织办公厅系统民主评议党员和两优一先推荐工作，8人被市委办公厅评为优秀共产党员；八是完成2012年度管理局年鉴编纂工作，向市节能办报送市委办公厅系统公共机构节能相关报表，对单位法人证书、组织机构代码证、电子编制证进行年检，完成单位中文域名注册，完成年度报刊征订工作。九是认真组织评选表彰“全省机关事业单位机关事务管理系统先进集体和先进个人”工作，在评选中，坚持实事求是，充分发扬民主，广泛听取群众的意见，严格评选条件，对上报材料严格把关，认真负责地向省局进行了推荐。十是做好其他市局到保定参观考察工作，抽调人手，认真做好行程安排，全程陪同服务，展示了后勤人风采。

【打造优质服务品牌】 一是继续对会务保障会前、会中、会后应做工作进行细化、量化、标准化，落实会务服务标准、保障措施及流程，力求精致、精确、精美服务。全年共提供大、中型会务服务125次，做到热情服务零报怨、超前服务零差错。二是大餐厅从细节入手，结合工作、季节特点，严格落实食品安全制订规定，推行定点采购、集中结算，试行厨师长轮流值班，增加夜间值班、节假日值班，提供随时预约就餐服务，并及时收集就餐人员意见，改进饭菜花样品种，确保质量和饮食安全。在2013年市委领导调整比较大的情况下，小餐厅积极主动靠上去做工作，掌握领导用餐口味，对饭菜进行调整，优质完成多次接待任务，得到领导肯定。三是在服务点管理上，理发室干净整洁，理发师服务热情，技术过硬，随叫随到，得到了市委机关干部职工的一致好评。收发室每天收发大量报纸、杂志、邮件，从未发生差错。活动室卫生维护好，经常清洁，定期检查，保障了活动人员良好的环境。

【加强安全保卫工作】 一是对上访人员接待程序和工作细节进行了全面规范，全年共接待、疏导、处置集体访、重复访、个体访共计708起1954人次，保障了大院正常办公秩序。二是编报《上访情况周报》46期，为领导及时提供每周市委门口的上访情况，遇重大信访案件及时向领导汇报，适时总结上访规律，提出合理化建议，供领导参考。三是加强外来车辆、人员管理，加大盘查力度，搞好登记统计，对不符合规定的外来车辆限制进院700余辆。四是进一步规范大院车辆停放秩序，保障了市委召开的大型会议时车辆的进出和安全，坚持限车与灵活掌控相结合，纠正大院违规停车500余辆停车秩序明显好转。五是多次邀请市消防支队到市委大院进行消防安全检查，对消防喷淋水箱进行改造，全年共处理消防系统器件故障10次，对16个疏散指示标志、16个灭火器进行更换维修，对1号楼西配楼四楼新配置灭火器6具。六是加强机关大院巡查，增加巡逻密度，加强重点部位管控，同时充分发挥监控设施作用对大院24小时不间断进行监控，全年对机关大院进行测爆200余次，有效保障机关大院的安全。

【机关环境明显改善】 一是积极参加“洗城净天”活动，连续4周利用双休日休息时间，对市委机关大院卫生进行彻底打扫，对护栏、灯杆、体育器材、篮球架等进行擦拭，对行道树进行刷白；对机关内部、市委会议室、机关餐厅、理发室、活动室等场所内部、外围卫生进行彻底打扫；对市委大门口卫生进行彻底清扫；协调消防支队安排大型消防车1辆，连续两周对机关大院建筑物外墙体、绿植、地面进行冲刷。二是全力保障水、电、暖供应。针对水暖管道、电力线路老化等问题，认真检查，全面检修维修，加强日常维护，对老化线路、管道进行更新、改造，保障了用电、用水和机关冬季取暖。三是确保电梯安全。在做好日常检查、定期维修的同时，邀请安监部门技术人员进行全面检查，确定维保单位，及时排除故障，保障乘梯安全。四是做好机关大院园林绿化工作，定期对苗木进行修剪、灌溉，加强病虫害防治，适时对老化绿植进行更新、重植，确保大院绿化效果。

【进一步加强自身建设】 认真组织开展"解放思想、改革开放、创新驱动、科学发展"大讨论活动，坚持边学边查边改，着力办好事、办实事，以高度的政治责任感、饱满的工作热情、创新的工作精神，积极参与到活动中来，取得明显效果；严格落实中央"八项规定"相关要求和市委常委、秘书长李志刚在全体干部职工大会上强调的两条高压线要求，严肃工作纪律，转变工作作风，切实解决要求不严、纪律松散、效率低下等不良现象；深入贯彻《机关事务管理条例》，多次召开会议专题学习，深刻领会精神和实质，同时利用市委机关餐厅、电子屏幕等阵地多方宣传《条例》；认真学习十八大精神及中央、省、市出台的《党政机关厉行节约反对浪费条例》《党政机关国内公务接待管理规定》《关于全省党政机关厉行勤俭节约反对铺张浪费的意见》《保定市关于厉行勤俭节约反对铺张浪费管理办法》等系列文件精神，深刻领会文件通知精神，结合实际工作，厉行节约反对浪费，推进节约型机关建设

（杨　超）

党史研究工作

【中共保定市委党史研究室】 中共保定市委党史研究室是中共保定市委主管党史征集、编纂、研究、宣传工作并对所辖县（市）党史部门进行业务指导的职能部门，正县级机构，直属市委领导，业务上受中共河北省委党史研究室指导。内设秘书处、编研处、宣教处、资料处。附设保定中共党史学会，负责联系、协调全市党史界的学术研究工作。

主　任　李丙申

副主任　卢金婷（女）　李　焱

【概况】 2013年，保定市委党史研究工作，完成全年任务目标。在党史征编研工作中，一是完成《十年辉煌——从党的十六大到十八大的保定》一书的征编工作。全书共计60余万字，包括概述、综合篇、专题篇、县域篇和特色篇五部分，12月完成送审稿。二是继续开展改革开放新时期专题资料和社会主义时期保定党史人物资料的征编工作。完成了《望都辣椒》和《市直机关三学三查三克服一坚持活动》两个专题的编写工作，为《中国共产党保定地方史》三卷本的编撰奠定基础。同时继续督促各县（市）在确定征集名单的基础上，编撰上报人物资料。三是完成保定革命纪念馆陈展大纲的补充修改任务。根据专家论证会的意见，对纪念馆陈展大纲内容进行修改和补充，添加了目录，压缩减少了前言字数，增加了红二十四军和阜平苏维埃、国际友人在保定、1948年党中央在阜平和1949年3月党中央途经保定进京等内容，并在每一单元前增加了内容提要。修改后的大纲，由原来的1.8万余字增加到2.5万余字。四是完成了《中共河北年鉴》和《保定年鉴》关于市委工作情况和党史工作情况及相关条目的编写上报工作。五是完成保定"四清"有关资料的征集和上报工作。六是完成了保定革命遗址照片的征集和文物保护、教育基地等情况的核实补充工作。按照省党研室要求，完成保定市部分革命遗址普查材料原始照片的征集任务，共征集报送照片430余幅。同时，完成部分革命遗址文物保护以及爱国主义教育基地情况的核实补充工作。在党史宣教工作中，一是完成了中共保定党史网站的建设和开通工作。为更好地传播和交流党史工作信息，讲好宣传好保定革命故事，发挥党史工作资政育人的作用，构建了网上平台。二是开展纪念保定解放65周年保定党史图片展。选取保定民主革命时期革命历史照片112幅，在保定党史网站上展出。展览生动地反映了保定党组织带领人民群众在新民主主义革命时期所走过的光辉历程，以先辈的英雄事迹和革命精神，激励人们在经济建设和社会发展中奉献智慧和力量，收到良好效果。三是积极开展毛泽东诞辰120周年纪念活动。四是征集整理《中国红色旅游系列丛书》（河北省卷）中有关保定相关资料上报省室。省委党史研究室和省旅游局关于编纂《中国红色旅游系列丛书》（河北省卷）的通知下发后，积极与旅游局沟通，征集整理了保定17个红色旅游景区、景点相关资料和图片，并上报省委党史研究室。

【完成《十年辉煌——从党的十六大到十八大的保定》一书的征编工作】 全书包括概述、综合篇、专题篇、县域篇和特色篇五部分内容，时限自党的十六大至党的十八大召开。全面反映十六大以来，中共保定市委、市政府带领全市各级党组织和广大干部

群众，深入贯彻落实科学发展观，认真执行党中央的路线、方针和政策，全面推进中国特色社会主义伟大事业和党的建设新的伟大工程所走过的辉煌历程和取得的巨大成就。2013 年 1 月由市委办公厅转发了市委党史研究室《关于征编出版＜十年足迹＞的实施方案》的通知（保办字［2013］3 号），资料征集工作在各县（市、区）和市直有关单位全面展开。2013 年 12 月中旬，送审稿完成后，书名变更为《十年辉煌——从党的十六大到十八大的保定》，全书共计 60 余万字、80 余幅图片。

【中共保定党史网站建成并开通】 在筹备开通保定党史网站工作中，根据保定地方党史工作的特点和内容，综合考虑党史宣教的方式方法和效果，完成了中共保定党史网站的栏目设定、文本图片的筛选和网站的设计制作。在网站登载内容准备工作中，共筛选中共保定简史、大事记、革命故事、编研文章、革命遗址简介、编研成果简介和党史信息等文稿 72 万余字，其中转换、整理和录入文稿 26 万余字；转换、扫描和剪裁、修饰革命历史、革命遗址纪念地照片和编研成果图片 560 余幅。保定党史网站于 2013 年 6 月正式开通，为更好地传播和交流党史工作信息，讲好、宣传好保定革命故事，发挥党史工作资政育人的作用，构建了网上平台。

【积极开展毛泽东诞辰 120 周年纪念活动】 为纪念毛泽东诞辰 120 周年，积极参加中央和省委党史研究室组织的相关活动，本室人员撰写的论文《“中国梦”时代背景下毛泽东的学风建设思想新探》《毛泽东实事求是思想路线及其当代意义》和《实事求是要长久下去》参选河北省党史研究室纪念毛泽东诞辰 120 周年优秀论文，其中《“中国梦”时代背景下毛泽东的学风建设思想新探》入选中央纪念毛泽东诞辰 120 周年学术研讨会论文评选。同时，根据中央、省委有关纪念毛泽东诞辰 120 周年纪念活动精神和安排，与市委宣传部联合下发文件，共同举办学术研讨会征文活动。共征集论文 60 余篇，择优上报省委党史研究室 15 篇。评选出组织奖 6 个，一、二、三等奖共 25 个，并颁发了证书。

（李　倩）

党校工作

【中共保定市委党校（保定市行政学院、保定市社会主义学院）】 全校教职工编制 185 人，现有专兼职教师 56 名，其中教授 6 名、副教授 29 名、讲师 21 名，全校有 2 名博士，10 名硕士。学校设经济学、法学、社会学、政治学、管理学 5 个教研室，办公室、机关党委、人事处、纪检室、工会、财务处、妇委会、行政处、离管处、函授处、电教处、研究生处、教务学员处、信息处、科研处等 15 个行政处室。

校　　长　马誉峰（7 月离任）
　　　　　吴立芳（7 月任）
院　　长　赵常福（7 月离任）
　　　　　刘　颖（7 月任）
常务副校（院）长
　　　　　王炳林（12 月离任）
　　　　　李成果（12 月任）
副校（院）长
　　　　　魏振江　李强勇
　　　　　王　纪　郭献民
　　　　　李春雷（12 月任）
教育长　张　宝

【概况】 紧紧围绕“三名”（名师、名品、名校）“两一”（市内一流市直单位、省内一流市级党校）的既定目标，按照“四有”（有用，教师讲课要有用，能帮助学员解决问题；有味，重视讲授艺术；有心，讲授围绕核心；有准，坚持党校姓党的准则）、“三为”（科研工作坚持为提高教学质量服务、为市委和政府决策服务、为社会实践服务）、“两化”（努力推进管理制度化和后勤服务社会化）、“一提高”（提高教职工的综合素质）的工作思路，全面推进以教学为中心的各项工作，完成各项任务目标，为提高全市干部队伍的整体素质、服务保定科学发展上作出贡献。

【培训工作】 充分发挥主渠道、主阵地作用，完成了 3 期主体班、2 期新疆班、1 期民主党派新成员班共 620 人的教学培训任务和 3 个专业 6 个班级近 400 名学员的研究生教学管理工作。在教学培训工作中，注重：坚持党校姓党原则。以学习“党的十八大精神”为主线，把习近平总书记系列重要讲话精神、党史教育、理想信念教育、马克思主义经典理论、党性修养和党性锻炼等内容作为重点，保证了培训工作的思想性、政治性和针对性。推进教学改革。针对培训班次不同，精选培训专题，形成政治理论与党的建设、理想信念与效能提升、依法行政与勤政为民、经济发展与省市情分析等教学单元和专题库。严肃培训纪律。严格执行中组部《关于进一步改进学风的通知》要求，坚持用制度管人，修定学员考勤制度、请销假制度、学员守则等规定，使学员管理有章可循。提升师资素质。2013年，选派9名教师到中央党校、北京大学等院校进修学习，增强了理论素养。在外聘领导、教授、专家等授课时，教师跟班听课，拓展了教师学习途径。积极参与市委、市政府政策理论解读、宣讲，选派教师参与基层建设年驻村工作组等工作，增强教师理论联系实际的能力。举办首届全市党校系统教师讲课大赛，全市党校系统26名教师参加，提高了教师授课能力。韦丽丽、孟卿、王宏3位教师获一等奖，李明新、甄亚丽等5位教师获二等奖，邹茹森等8位教师获三等奖，杨彦龙等10位教师获优秀奖，中共望都县委党校等13个单位获优秀教学组织奖。

【科研工作】 充分发挥思想库智囊团作用，始终坚持加强对省、市重大现实问题的研究力度，不断提档次、出精品，推促党校“三名两一”目标实现。2013年，市委党校被保定市评为“科研管理先进单位”，7人被评为“社科工作先进个人”。科研工作成绩显著。全年共申报省、市、校各级课题立项46项；申报课题结项29项，8项获省委党校系统、省讲师团系统立项，2项被省委党校评为优秀。课题《纳兰性德文学与思想研究》获2013年度河北省社会科学基金项目立项。论文《从进京“赶考”到“中国梦”的自信——65年执政党领导集体的历史自觉与传承》被河北省委宣传部评为优秀论文二等奖。科研成果《关于“提升保定城市品位、优化城市人文环境”的八条建议》获得市委书记聂瑞平肯定性批示。《关于保定市地热资源开发利用情况的调研报告》获得市长马誉峰肯定性批示。《建立常态化的“学雷锋”新闻宣传机制》获得市人大常委会主任宋文肯定性批示。市情基地建设稳步推进。截至2013年底，已经在涿州市委党校等12个市（县）委党校挂牌了市情调研基地，促进市县两级党校科研骨干联合进行课题攻关。校刊《保定视界》富有特色。全年刊印四期，内容上突出了对县市党校优秀调研成果的刊登比例和对保定市县域经济发展的宣传力度。开辟“学术人物”栏目，将学校的学术前沿人物、科研骨干力量推介出去，推动了学校“名师”品牌的创建。上下联系成效明显。在市、县情调研问题上，多次邀请省委党校领导、专家到保定市县党校考察调研，分析困扰发展的瓶颈问题，寻求破解途径。在师资队伍建设上，举办首届全市党校系统教师讲课大赛，达到了市县党校相互学习、相互交流、共同提高的目的。在培训渠道拓展上，对安新县党校“干部学习中心”的做法进行总结和归纳，并与市委组织部共同在安新县党校召开全市干部选学培训现场经验交流会，强力推进保定市干部培训工作的改革。

【行政后勤】 本着务实、节俭、高效的原则，以提高保障能力为抓手，行政后勤工作围绕科学化、社会化目标扎实推进，着力增强行政服务水平，保证了以教学为中心的各项工作正常运转。突出制度建设。制定《会计基础工作规范》，严格财经纪律，规范了工作。制定《专业技术岗位聘用工作实施方案》，解决了岗位聘用的矛盾。落实公文起草、档案管理、会议接待、教学设备、图书网络管理等制度化、规范化工作流程。加强服务保障。对人事档案进行归类、整理，建立了干部电子档案。深化亲情服务，较好地落实了老干部的生活待遇。积极开展有益于教职工身心健康的文体活动，营造和谐的校园氛围。心理咨询室、法律咨询服务站，积极为校教职工提供服务。教学楼安装直饮水系统，保证了主体班学员的饮水。及时、高效地做好维护、维修工作，保证了各项工作正常运转。图书馆实现了中文期刊全库检索、博硕论文全库检索和超星数字图书的全文检索，微机录入图书300多册，微机阅览室利用率进一步提高。

【科学发展】 以提高综合实力为目标，着力加强自身建设，推进党校“三名两一”目标实现。努力提升党校形象。在工作中，以解放思想为先导，创新突破为目标，内强素质，外树形象，努力把党校办成形象窗口和治学圣地，不断提升党校影响力。在全校开展“爱党校、尽职责、强素质、塑形象”活动，通过抓秩序优环境、抓作风严纪律、抓标准提能力、凝合力促发展，进一步强化教职工的责任意识、标准意识和进取意识，促进党校环境改善、作风转变、标准提升，进一步营造了积极和谐的办学氛围，提升了党校的良好形象。努力提升干部队伍素质。2013年，将加强理论政治学习、提高工作效能、提高执行力贯穿于全年工作。一方面，通过强化业务学习、规范工作秩序、提振工作干劲激励全体干部努力提高个人素质，更好地适应岗位职能需要。另一方面，坚持公开、公平、竞争、择优的原则，让能干事者有机会、干成事者有舞台，努力营造“想干事、能干事、干成事”的良好氛围，让人才在各自的平台上锤炼本领。另外，还加大教师的培养力度，选派教师到高等院校进修学习，提高授课能力。努力提升工作标准。学校提出实施标准工程，对各方面工作制定了相对具体的标准。对各处室职能进行规范细化，修改、制定了5项规章制度，为学校标准化建设奠定了良好的基础。通过在全校教职工中开展“问勤、问责、问效”专项活动，解决了一些工作中存在的“尽职不尽责、工作不主动、办事不用心”等突出问题，全校干部队伍的精神状态和工作热情有了很大提高。解放思想大讨论活动成果显著。通过深入学习讨论、认真查摆整改，在思想作风、实干精神、工作标准、进取精神等方面取得进步和提高，达到了“观念上有新飞跃、思想上有新突破、作风上有新改进、工作上有新局面”，提高了学校整体建设水平。

（韩良杰）

社区工作

【保定市城市社区工作委员会办公室】 保定市城市社区工作委员会办公室为副县级单位，主要职责是协调指导全市社区建设工作，承担和制定年度工作目标。内设综合协调处、调研处、基层指导处。

主　任　杨增德（兼）

【概况】 2013年，按照市委、市政府的总体工作要求，以争创全国和谐社区建设示范城市为总目标，以为民服务、让居民受益满意为标准，以加强和创新社区社会管理为总抓手，以创新工作机制、提升管理服务水平、有效发挥社区组织作用为着眼点，全面深化和谐社区建设，为加强和创新社会管理、促进社会和谐做出贡献，整体工作继续保持全省和全国示范领先地位。国家民政部基层政权和社区建设司司长蒋昆生、副司长刘勇先后到保定市丽景蓝湾社区、大纪家社区、东方家园社区考察指导，对保定市社区建设工作给予肯定。省民政厅厅长古怀璞对保定市申报的“全国和谐社区建设示范单位”进行评审验收时，对保定市社区建设给予肯定：“一是市委政府领导重视到位；二是工作机制运行到位；三是法规政策落实到位；四是考核奖惩激励措施到位；五是服务项目内容丰富；六是社区居民满意率高。”市委书记聂瑞平到茗畅园社区、东方家园社区调研时，对市社区建设给予肯定，对社区干部有效服务居民的做法表示赞扬。

【社区建设整体工作上台阶】 “全国和谐社区建设示范城市”是代表城市基层社会治理最高水平。市委书记聂瑞平、市长马誉峰分别作出批示，要求全力开展争创工作。召开全市争创动员大会，市委、市政府专门下发文件，部署“市、区（市）、街道、社区四级联创”工作，进一步强化领导推动、经费投入和政策保障力度，形成全市上下齐抓共创和谐社区的工作局面。经市级评审验收，确定保定市和两个县级市、3个城区、7个街道、23个社区申报全国和全省和谐社区建设示范单位。2013年11月，由省民政厅厅长古怀璞带队深入保定市部分社区，对保定市争创工作进行评审验收。省民政厅已将保定市作为河北省唯一的候选地级市向民政部推荐申报，参与“全国和谐社区建设示范城市”评审。

【社区硬件建设上水平】 继续坚持“基础设施规范化、组织队伍优质化、管理服务精细化、活动载体系列化”工作理念，启动第三批高标准和谐社区创建工作。2013年初明确建设任务20个，按照规划前置审查备案、中期不间断督导、后期检查验收的全程监管程序，多次召开不同规模的审核会、研讨会、调度会、实地座谈会等，跟踪进度、提出意见、解决问题。20个建设任务已全部完成。全市各级财政和开发建设单位、共驻共建单位投入1亿多元用于社区建设事业发展，有力推动了社区的软硬件建设。继续开展老城区散居型社区办公服务用房改扩建，完成21个小面积、好环境、优服务的精品社区。同时，认真贯彻落实市委书记聂瑞平到社区调研时的指示精神，严格落实“百户30平方米”的政策要求，针对北市区兴华苑社区、南市区欣悦佳苑小区、府河安置区鳏寡孤独多、老弱病残多、特殊群体多的实际情况，协调市住建局为三个廉租房小区配备了高标准的社区办公用房。

【社区管理服务创新发展】 1. 探索社区多元治理模式。市委、市政府“两办”制定下发《关于加强和创新社区社会管理工作的意见》（保办发〔2013〕1号），在社区全面实施管理服务“网格化”模式，组建了社区网格管理服务队伍，责任包干、部门联动、信息共享、管理到户，社区管理服务效能进一步提升，形成了社区内“人、事、物、组织”的多元治理模式，较好的体现了社区维护稳定的“第一道防线”作用。2. 推行社区多元化服务。建立市、区、街道、社区四级社区服务中心（站），各社区普遍采取“一站式”“一门式”

的方式，实现救助、就业、保险、卫生等政府基本公共服务项目重心下移、零距离服务。同时，坚持以居民需求为导向，加大创新性、精细化服务培育力度，围绕未成年人教育、残疾人康复、法律援助、心理疏导等方面，涌现出一批特色服务项目，使和谐社区建设成果惠及更多群众。3. 深化社区居家养老服务。加大社区居家养老服务工作力度，2013 年 99 个社区完成建站任务，全市共建成 337 个社区居家养老服务站，占社区总数的 86%。同时，又引入社会企业"惠民社区服务中心"，在市区启动完成了 33 个社区流动居家养老服务站点（服务内容主要涵盖副食配送、早餐配送、家政推介、社区医疗辅助四个板块）建设。实现"12349"便民服务暨老年人紧急救助系统全覆盖。政府共为老年人补助话费近 200 余万元（含县（市、区）政府投入），全市入网老年人达到 20.17 万户，加盟企业 2.2 万多家，登记志愿者 3.6 万余人，服务需求总呼入量 310 多万次，求救总呼入量 3750 多次，成功挽救了 2910 位老人的生命，产生了良好的社会效益。4. 探索社区社会工作新途径。成立全省首家地级市社会工作协会，加大对公益性社区服务的扶持力度，推动社区社会组织和民办社工机构发展。确定北市区五四路街道、大纪家社区为试点单位，分别围绕心理健康指导服务、居家养老服务，启动政府"购买服务"工作。制定了 2014 年政府"购买服务"扩点扩面工作方案，财政预算投入 100 万元，启动"4.3.X"社工服务示范项目（组织依靠社区工作人员、专业社会工作者、社会志愿者、有关部门业务干部 4 支力量，重点面向社区内的困难群体、弱势群体和特殊群体 3 个群体，运用专业的社工理念和方法，为居民提供"X"项专业社工服务），并为市区 60 岁以上低保群体购买每人每年 500 元（25 个小时）的基本服务。5. 推进社区信息化工作。为提升社区办公服务效率，筹建开通了"保定社区网"，设立了市、区、街道、社区四级服务网站，实现了四级网站互联互动，具备了公共服务、便民服务信息发布查询功能。同时，依托联通公司"信息魅力"软件平台，开通了社区电子政务系统。

【社区文化繁荣发展】 市社区办联合市委宣传部、市文广新局等九部门共同举办了保定市第七届社区文化艺术节，以"弘扬时代正气、传承优秀文化、共创和谐社区"为主题，开展"寻找身边的感动"——社区好人评选和"寻找身边的精彩"——社区优秀节目评选活动，对评选出的"十佳社区孝老爱亲好人""十佳社区敬业奉献好人""十佳社区热心公益好人"进行表彰，社区优秀节目进行展演。艺术节期间，全市各县（市、区）和基层街道、社区也紧紧围绕主题，广泛开展了丰富多彩的系列活动，涵盖了好人评选、综艺节目展演、书画摄影展示、体育健身比赛等内容，广大社区居民踊跃参与，极大丰富了居民群众的文化生活。本届社区文化艺术节的成功举办得到了市委常委、市委宣传部部长李国英的肯定。

【社区工作队伍职业化、专业化】 严格落实社区各项经费逐年递增的规定标准，全面提高社区办公经费和社区工作者待遇。2013 年，市区社区党组织书记、居委会主任的生活补贴由每月 1760 元提高到 2112 元，副职由每月 1650 元提高到 1980 元，委员由每月 1540 元提高到 1848 元，继续落实医疗、养老、生育、工伤"四险"。社区办公经费进一步提高，市区社区年办公经费由 2012 年的 1.2 万元提高到平均 2 万元（按社区辖区居民户数测定经费标准），最高的达到了 2.8 万元。按照分级负责、分级组织的原则，广泛开展了社区干部全员性培训和"菜单式"重点培训，全市共培训社区干部 396 场（次），参训人员达到 3000 多人（次）。积极鼓励社区干部参加社会工作职业资格和学历教育，2013 年市区社区干部中新考录 76 人，社会工作者职业资格累计人数达到 253 人。良好的工作环境和激励机制，增强了人才的吸引力，激发了社区工作者的工作热情和积极性。

【协助政府做好各项重点工作】 组织发动全市各街道、社区积极开展城镇居民医保、流动人口登记、食品安全、消防安全、防范邪教宣传、扫黄打非、军转干部稳控等工作。特别是在城市管理"6S 行动""洗城净天""为民服务在一线"等工作中，围绕政策宣传、环境治理、信息摸底、入户走访等方面，做了大量卓有成效的工作。

（张　蓓）

保定市人民代表大会

【保定市第十三届人民代表大会常务委员会组成人员】

主　任　李光耀

副主任　宋　文　高天民

　　　　贾体新（女）

　　　　赵洪涛

　　　　陈英杰　袁振江

　　　　王恒国　闫志强

秘书长　朱贺星

委　员　马文河　孔祥琨

　　　　王文涛　王俊茹

　　　　王捍东　王雁飞

　　　　闫增爱（女）

　　　　刘会恩（女）

　　　　刘保生

　　　　刘宝燕（女）

　　　　庄　平　江永亮

　　　　杨　俊（女）

　　　　杨文阁　杨玉兰（女）

　　　　李　娟（女）　李长海

　　　　李和明　李洪林

　　　　宋献丰　张卫星

　　　　张刚强　张邯生

　　　　张树欣（女）　陈文增

　　　　苑宝义　岳素然（女）

　　　　单光辉　姚忠耿

　　　　柴国才　贺宇良

　　　　高　山　高银龙

　　　　梁连起　董彦超（女）

　　　　储耀宏（女）　魏建国

【市人民代表大会专门委员会】

财政经济委员会

主任委员　王文涛

副主任委员　谷小兵　李栋梁

城乡建设环境资源委员会

主任委员　李洪林

副主任委员　陈学聪　杨文阁

【市人大常委会办事机构】

办公厅

常务副秘书长　庄　平

副秘书长　连晨月　李金平

研究室

主　任　张邯生

副主任　柳向标

选举任免代表工作委员会

主　任　王月衡（兼）

常务副主任　储耀宏（女）

副主任　孔令印

财政经济工作委员会

主　任　王文涛

副主任　李栋梁　宋富强

农村经济工作委员会

主　任　唐建新

副主任　王会军

城乡建设环境保护工作委员会

主　任　李洪林

副主任　陈学聪　崔胜利

法制工作委员会

主　任　杨玉兰（女）

副主任　李四起

教育科学文化卫生工作委员会

主　任　李继红（女）

副主任　武卫华

内务司法工作委员会

主　任　高　山

副主任　杨亮辉　王清江

民族宗教侨务外事工作委员会

主　任　董彦超（女）

副主任　郭兴武

【市第十三届人民代表大会第六次会议】　1月10日至11日在百世开利会展中心举行，应出席会议代表643名，因事因病请假49名，实际出席594名，符合法定人数。会议补选马誉峰为保定市人民政府市长，补选李勤为保定市人民检察院检察长，会议选举产生了保定市出席河北省第十二届人民代表大会代表101名。

【市十三届人大常委会2013年会议】　2013年市十三届人大常委会共召开1次会议。

第三十七次会议　市十三届人大常委会第三十七次会议于2013年4月3日在市人大机关五楼常委会会议室举行，会期半天。会议听取和审议了大会筹备处关于市十四届人大一次会议筹备工作情况的报告；听取并通过了市十三届人大常委会代表资格审查委员会关于保定市第十四届人民代表大会代表资格审查情况的报告；审议通过了关于召开市十四届人大一次会议的决定；审议通过了保定市人大常委会关于市十四届人大一次会议对市人大常委会和“一府两院”工作报告的决议的表决办法（草案）；审议通过了市十四届人大一次会议议程（草案）、日程（草案）、主席团会议日程（草案）；审议通过市十四届人大一次会议主席团第一次会议召集人名单（草案）、主席团和秘书长名单（草案）、常务主席名单（草案）、执行主席分组名单（草案）、副秘书长名单（草案）；审议通过了市十四届人大一次会议选举办法（草案）；审议通过了市十四届人大一次会议议案审查委员会名单（草案）；审议通过市十四届人大一次会议关于提出和办理代表质询案的规定（草案）；审议通过了市十四届人大一次会议关于提出和办理议案及代表建议、批评和意见的规定（草案）；审议通过了关于设立市十四届人大财政经济委员会、城乡建设和环境资源委员会的决定（草案）、组成人员人选表决办法（草案）；审议通过了市十四届人大一次会议列席人员名单、邀请人员名单；讨论通过了市人大常委会工作报告（草案）；审议了市政府关于《市十三届人大常委会组成人员对市政府关于2012年整村推进扶贫开发工作情况的评议意见》的研究处理情况的报告（书面）；通过了有关人事任免事项。

【代表建议交办】 保定市十三届人大五次会议期间，人大代表提出的建议、批评和意见（以下简称建议）共计103件，其中包括代表10人以上联名提出的由议案改主建议的21件，共分为7大类。其中财经方面34件，城建环保方面27件，科教文卫方面21件，政法方面10件，农林水方面6件，党建方面2件，其他方面3件。根据《保定市人大常委会关于办理市人大代表建议、批评和意见的办法》的有关规定，市人大常委会选任工委将代表建议分别转交市政府、市中级人民法院等有关部门研究办理。其中，交市政府及所属部门办理的95件；交市中级人民法院办理的1件；转请党委有关部门办理的6件；市人大常委会直接办理的1件。截至2012年9月底，代表建议全部答复并走访代表。得到解决、基本解决和列入规划解决的92件，占89.32%；因法律、法规或客观条件限制暂时难以解决而做说明解释的11件，占10.68%。代表建议的按时办结率和答复率为100%，代表满意和基本满意的103件，满意率100%。

2012年在代表建议办理工作中，市政府及各承办部门认真按照市长李谦和市人大常委会主任李光耀的讲话要求，严格落实主要领导负总责、分管领导直接抓、承办处室和承办人员具体办、办公厅总协调的承办工作机制，重点做了五个方面的工作：一是高度重视，认真交办；二是加强领导，强化责任；三是创新方式，依法办理；四是全案督办，提高质量；五是突出重点，推动全局。因此，解决问题的比例有较大提升。市政府办公厅对相对集中的难点问题、代表们不满意的3件建议进行了回头看，直接组织有关单位再次认真研究，重新办理，解决了一些难点问题，赢得了代表们的理解和支持，实现了代表由不满意到满意的转化，使代表满意率达到了100%，取得了很好的工作效果和社会效果。市委、市人大、市法院各有关承办部门对所承办的代表建议也都给予了高度重视，认真办理并答复代表，代表们均表示满意。

【保定市第十四届人民代表大会常务委员会组成人员】

主　任　宋　文
副主任　陈英杰　赵桂良
　　　　闫志强（2013年5月病逝）
　　　　吕坤力
　　　　孟晓灵（女）
　　　　田　钧
秘书长　徐顺通
委　员　马文河　王　征
　　　　王月衡　王丽华（女）
　　　　王俊茹　王铁军
　　　　王雁飞　文　霖
　　　　宁洪茂　刘保生
　　　　许秋民　李　娟（女）
　　　　李大忠　李和明
　　　　李洪林（2013年12月病逝）
　　　　李晓恩　李继红（女）
　　　　杨　俊（女）　杨文阁
　　　　杨玉兰（女）　杨跃峰
　　　　张卫星　张刚强
　　　　张德义　苑宝义
　　　　罗　凯　姚忠耿
　　　　贺宇良　钱君杰
　　　　高　山　唐建新
　　　　凌　霄　阎增爱（女）
　　　　梁金菊（女）
　　　　蒋兰梅（女）
　　　　储耀宏（女）
　　　　裴晓东

【市人民代表大会专门委员会】

财政经济委员会
主任委员　罗　凯
副主任委员　宋富强　刘月好
城乡建设环境资源委员会
主任委员　凌　霄
副主任委员　陈学聪

崔胜利（满族）
杨文阁

【市人大常委会办事机构】

办公厅
常务副秘书长　李继红（女）
副秘书长　连晨月（6月免）
李金平

研究室
主　　任　柳向标（6月任）
副 主 任　柳向标（6月免）

选举任免代表工作委员会
主　　任　王月衡（兼）（12月免）
赵忠明（兼）（12月任）
常务副主任　储耀宏（女）（6月免）
唐建新（6月任）
副 主 任　孔令印

财政经济工作委员会
主　　任　罗　凯
副 主 任　宋富强

农村经济工作委员会
主　　任　唐建新（6月免）
杨玉兰（女）（6月任）
副 主 任　王会军

城乡建设环境保护工作委员会
主　　任　凌　霄
副 主 任　陈学聪　崔胜利

法制工作委员会
主　　任　杨玉兰（女）（6月免）
储耀宏（女）（6月任）
副 主 任　李四起

教育科学文化卫生工作委员会
主　　任　李洪林（12月病逝）
副 主 任　武卫华

内务司法工作委员会
主　　任　高　山
副 主 任　杨亮辉　王清江

民族宗教侨务外事工作委员会
主　　任　连晨月（6月任）
副 主 任　郭兴武

【市第十四届人民代表大会第一次会议】　4月8日至12日在百世开利会展中心举行，应出席会议代表644名，因事因病请假31名，实际出席613名，符合法定人数。会议听取和审议了保定市人民政府工作报告；审查和批准了保定市2012年国民经济和社会发展计划执行情况的报告与2013年国民经济和社会发展计划；审查了保定市2012年市本级预算及市总预算执行情况的报告和2013年市本级预算及市总预算草案，批准了2012年市本级预算执行情况的报告和2013年市本级预算；听取和审议了保定市人大常委会工作报告；听取和审议了保定市中级人民法院工作报告；听取和审议了保定市人民检察院工作报告。会议以电子表决的方式，通过了保定市人民政府工作报告的决议；通过了关于保定市2012年国民经济和社会发展计划执行情况与2013年国民经济和社会发展计划的决议；通过了关于保定市2012年市本级预算及市总预算执行情况和2013年市本级预算及市总预算的决议；通过了关于保定市人大常务委员会工作报告的决议；通过了关于保定市中级人民法院工作报告的决议；通过了关于保定市人民检察院工作报告的决议。

会议选举通过了保定市第十四届人民代表大会财政经济委员会、城乡建设和环境保护委员会组成人员名单。会议选举宋文为保定市第十四届人民代表大会常务委员会主任，选举陈英杰、赵桂良、闫志强、吕坤力、孟晓灵（女）、田钧为副主任，徐顺通为秘书长，选举马文河等37人为保定市第十四届人民代表大会常务委员会委员；会议选举马誉峰为保定市人民政府市长，赵常福、刘颖、闫立英（女）、潘静苏、杨宝东、杨猛为副市长；选举梁红继为保定市中级人民法院院长，李勤为保定市人民检察院检察长。

【市十四届人大常委会2013年历次会议】　2013年市十四届人大常委会共召开6次会议。

第一次会议　市十四届人大常委会第一次会议于6月12日在市人大机关五楼常委会会议室举行，会期一天。会议审议了保定市人民政府关于《保定市十三届人大常委会组成人员对市政府府河生态景观廊建设工作的评议意见》研究处理情况的报告（书面）；审议了保定市人民政府关于《保定市十三届人大常委会组成人员对市政府农村文化设施建设工作的评议意见》研究处理情况的报告（书面）；审议通过了市人大常委会关于设立市十四届人大常委会代表资格审查委员会的决定及组成人员名单；审议通过了市人大常委会组成人员守则；审议通过了市人大常委会议事规则；审议通过了关于提请确认许可对保定市人大代表张生日采取刑事强制措施的报告；通过了有关人事任免事项。

第二次会议　市十四届人大常委会第二次会议于6月21日在市人大机关五楼常委会会议室举行，会期半天。会议审议通过了关于接受高悦民辞去河北省第十二届人民代表大会代表职务请求的决定。

第三次会议　市十四届人大常委会第三次会议于8月9日在市人大机关五楼常委会会议室举行，会期一天。会议听取和审议了市政府关于保定市2013年国民经济和社会发展计划上半年执行情况的报告；听取和审议了市政府关于保定市2013年市本级预算及市总预算上半年执行情况的报告；听取和审议了市政府关于保定市2012年市本级预算执行和其他财政收支情况的审计工作报告；听取了市政府关于城市管理“6S”行动工作情况的报告，听取了市人大常委会城市管理“6S”行动工作评议小组关于市政府城市管理“6S”行动工作情况的调查报告，对市政府城市管理“6S”行动工作进行了满意度测评；审议了保定市十三届人大常委会组成人员对市人民检察院《关于职务犯罪预防工作情况的报告》审议意见的研究处理情况的报告（书面）；审议通过了《保定市人大常委会关于开展专项工作评议的意见》；通过了有关人事任免事项。

第四次会议 市十四届人大常委会第四次会议于10月30日在市人大机关五楼常委会会议室举行，会期一天。会议听取了市政府关于设立保定市广原地产有限公司2013年应急贷款偿还专项资金并列入财政预算的议案的报告，审议了市政府关于设立保定市广原地产有限公司2013年应急贷款偿还专项资金并列入财政预算的议案，通过了市人大常委会关于《市政府关于设立保定市广原地产有限公司2013年应急贷款偿还专项资金并列入财政预算的议案》的决议；听取和审议了市政府关于市十四届人大一次会议期间代表提出建议办理情况的报告；听取和审议了市政府关于保定市2012年市本级和市总决算的报告，批准了保定市2012年市本级决定；听取和审议了市中级人民法院关于刑事审判工作情况的报告；听取和审议了市政府关于全民创业工作开展情况的报告，听取和审议了市人大常委会全民创业工作评议小组关于市政府全民创业工作开展工作情况的调查报告，对市政府全民创业工作开展情况进行了满意度测评；审议了市中级人民法院关于市十四届人大一次会议期间代表提出建议办理情况的报告（书面）。

第五次会议 市十四届人大常委会第五次会议于12月3日在市人大机关五楼常委会会议室举行，会期一天。会议听取和审议了市政府关于大气污染防治工作开展情况的报告，听取和审议了市人大常委会大气污染防治工作评议小组关于市政府大气污染防治工作开展情况的调查报告，对市政府大气污染防治工作开展情况进行了满意度测评；听取和审议了市政府关于保定市2013年国民经济和社会发展预期目标调整方案的报告，通过了市人大常委会关于保定市2013年国民经济和社会发展预期目标调整方案的报告的决议；听取和审议了市政府关于保定市2013年市本级及市总预算调整方案的报告，通过了市人大常委会关于保定市2013年市本级及市总预算调整方案的报告的决议；审议了市政府关于50亿元融资资金拨付使用情况的报告（书面）；审议了市政府关于《保定市十四届人大常委会组成人员对市政府＜关于保定市2013年国民经济和社会发展计划上半年执行情况报告的审议意见＞的研究处理情况的报告》（书面）；审议了市政府关于《保定市十四届人大常委会组成人员对市政府＜关于保定市2013年市本级预算及市总预算上半年执行情况报告的审议意见＞的研究处理情况的报告》（书面）；审议了市政府关于《保定市人大常委会组成人员对市政府＜关于保定市2012年市本级预算执行和其他财政收支的审计工作报告的审议意见＞的研究处理情况的报告》（书面）；审议了市政府关于《保定市十四届人大常委会组成人员对市政府＜关于城市管理“6S”行动工作情况的评议意见＞的研究处理情况的报告》（书面）；审议通过了关于确认许可对保定市十四届人大代表陈建兵采取刑事强制措施的报告；审议通过了关于接受李勤辞去保定市人民检察院检察长职务请求的决定；通过了有关人事任免事项。

第六次会议 市十四届人大常委会第六次会议于12月18日在市人大机关五楼常委会会议室举行，会期半天。会议审议通过了关于接受兰保良辞去河北省第十二届人民代表大会代表职务请求的决定；审议通过了关于补选河北省第十二届人民代表大会代表的办法和候选人建议名单，补选了河北省第十二届人民代表大会代表；通过了有关人事任免事项。

【人大经验交流培训活动】 根据市人大常委会2013年工作安排，经主任会议研究，市人大常委会分别于6月24日、26日、28日分三期举办市十四届人大代表培训会。市人大常委会主任宋文、副主任田钧分别主持在市区和安新县、涞源县的培训会并讲话。市人大常委会副主任赵桂良、孟晓灵，秘书长徐顺通出席培训会。南市区、北市区、博野县、蠡县、清苑县、安新县、定兴县、高阳县、雄县、容城县、涞源县、涿州市、易县、涞水县、望都县、唐县、顺平县等17个县（市、区）人大常委会主任和全市近600名市人大代表参加培训。

举办这次培训会旨在让全体代表进一步了解和掌握人民代表大会制度基本知识，增强代表履行职务的自觉性，更好地发挥代表作用。培训会邀请省人大常委会选任代工委副主任姚生泉围绕贯彻落实《监督法》进行了解读，邀请市人大常委会党组成员、市十三人大常委会副主任王恒国围绕“如何当好代表、发挥代表作用”进行专题辅导。每期培训会上分别有两名连任、新任的市人大代表介绍履职经验和体会。

市人大常委会主任宋文在主持培训会时提出三点要求：一是要珍惜学习机会，集中精力，专心致志，心无旁骛，勤思考、善总结，以求真务实的态度，圆满完成学习培训任务；二是要自觉服从管理，严格遵守纪律，保证课堂秩序，确保学有所获；三是要认真消化、吸收培训内容，学以致用，不断提高履职能力和水平。

宋文强调，在工作中各位代表要坚持向书本学习、向群众学习、向实践学习，把学到的知识灵活运用到履职工作中，发挥代表作用，展现代表风采，为建设京畿强市、善美保定，重返河北第一方阵、重塑大市尊严作出应有的贡献。

【专项工作评议】 在5月13日召开的市十四届人大常委会第二次主任会议上，确定把“城市管理、全民创业、大气污染防治”三项工作的评议，作为常委会全年工作的重点，并以此为切入点，切实拓展监督领域，完善监督程序，加大监督力度，务求监督实效，助力和推动市政府相关工作的开展。为使评议工作有计划、有步骤、有质量地进行，常委会不仅成立了高规格的评议小组，对评议方案、调研环节、视察步骤进行认真研究，而且广泛邀请三级代表分组参加视察调研活动。在动员大会和视察调研活动中，人大机关牢固树立“一盘棋”思想，每次都调配机关全部力量，实行“大兵团”作战，统一指挥，统一行动，既分工明确，又团结协作，把评议工作往深里做、往实里做、往细里做。市委、市政府领导多次以代表身份参加到视察队伍中，体现了市委、市政府对评议工作的重视和支持。参加视察的代表热情高涨，特别是在城市管理“6S”工作的视察中，广大代表冒着酷暑，深入到大街小巷、工厂社区、机关学校、早市夜市，拿着夹子，拎着袋子，边捡拾垃圾，边与群众交谈。通过听、看、查、问，代表们掌握了第一手资料，面对面与政府部门的工作人员交流，积极建言献策。通过视察调研和评议，常委会组成人员对市政府三项重点工作的开展情况总体上比较满意，认为市政府做了大量艰苦细致的工作，取得了阶段性成果，同时也提出了很多针对性、操作性强的意见和建议，及时转交市政府研究处理，并督促整改落实，有效促进了保定市城市管理、全民创业、大气污染防治工作的深入开展。对市政府三项工作的评议，规格高、力度大、涉及面广，使人大监督和政府工作形成了合力，既支持了政府工作，又树立了人民代表大会的法律地位，在社会上产生了良好的影响。

【执法检查、调研】 4月25日，市人大常委会主任宋文率领市人大常委会调研组到邢台市调研城市建设管理情况。市人大常委会副主任赵桂良、吕坤力，秘书长徐顺通，市人大常委会城建环保委和新市区政府有关负责人陪同考察。考察组实地查看了七里河新区、市区部分街道、外环路、达活泉公园、开元寺广场等建设管理情况，并与邢台市市委、市人大、市政府有关负责人进行座谈。邢台市委书记王爱民、市长孟祥伟、市政协主席柴冠景参加座谈。邢台市人大常委会主任周国江及邢台市委、市人大、市政府有关负责人陪同调研并参加了座谈。

6月4日，市人大常委会副主任赵桂良到安新县华诚有色金属制品有限公司和永安公司进行调研。这次走访调研是为落实市委、市政府关于领导干部联系企业活动的通知精神进行的，在查看了企业情况、生产工艺流程、产品展示厅和听取公司相关情况汇报后，调研组与企业交换了意见，指出企业要利用好国家政策，争取项目资金；要学习好的管理经验和专业技术知识，搞好结构调整和转型升级，充分发挥自身产业优势；要开阔眼界，引进专业技术人才，不断开拓市场，开辟新的领域；要注意保密，保护好企业的生命，用法律武器保护好企业。

8月13日，市人大常委会主任宋文、副主任田钧深入曲阳县西部山区，对曲阳县齐村乡扶贫开发项目进行实地调研。宋文、田钧实地视察了曲阳县扶贫开发“四万一千”工程开发区项目和舍山村整村移民搬迁项目，听取了省人大代表、齐村乡党委书记曹英才关于扶贫开发项目的汇报，宋文对齐村乡党委为扶贫工作做出的艰苦努力及取得的显著成效给予了充分肯定。

8月26日至27日，市人大常委会副主任孟晓灵带领部分市人大常委会委员和市人大代表对市政府贯彻实施《旅行社条例》情况进行调研。调研活动采取听汇报、实地调研、召开座谈会等方式进行。市政府汇报了保定旅游业发展总体情况，提出要以此次调研活动为契机，认真研究调研组提出的问题和建议，抓好落实，推动旅游业在全市加快重返全省第一方阵步伐，打造环京津地区新的发展增长极中作出新贡献。调研组就继续搞好《条例》的宣传贯彻、依法加强对旅行社的管理、加强导游队伍建设等方面提出很好的建议。

8 月 28 日，由市人大常委会副主任孟晓灵带队，市人大常委会组织部分常委会委员和三级人大代表，对保定市医疗资源配置情况进行调研。此次调研旨在了解保定市医疗资源配置总体情况，对存在的问题和困难提出有针对性的意见和建议。调研组先后到市一中心医院、市妇幼保健院和市中医院实地调研，听取市卫生局情况汇报和部分医疗机构的医疗资源配置情况介绍，与市卫生局和医疗机构负责人进行座谈。

8 月 29 日，市人大常委会副主任赵桂良率城建工委、法制工委到扶贫点博野县东墟镇大墟村开展调研。调研组听取了博野县有关领导关于扶贫工作的汇报，实地视察了保定市好滋味饮食公司博野县蔬菜基地、毛驴养殖基地，东墟镇大墟村容村貌。在大墟村，河北省烟草公司深化加强基层建设年活动驻村工作队汇报了帮扶工作情况。调研组还与县、镇、村干部就作好扶贫工作，落实好富民项目进行了座谈交流。

8 月 30 日，市人大常委会主任宋文到唐县黄石口乡五家角村，就扶贫开发工作情况进行调研。宋文现场查看了村容村貌建设情况，与村“两委”班子成员进行认真座谈，详细了解村实施整村推进扶贫开发工作进展，在听取村“两委”负责人和黄石口乡有关领导的工作汇报后，宋文强调，一是要结合本村实际情况，制定好扶贫开发发展规划。本地脱贫致富的希望要在村广阔的 8000 多亩山场上下功夫，要动员老百姓漫山遍野栽核桃树等经济果木，这是长远的决策；二是要下力保护好环境。当地的旅游还没形成规模，没形成品牌，但有开发的潜力。要做的就是保护好环境，抓好基础设施建设；三是要对筹备修建村内道路情况抓紧进行测算，如何实施，差多少资金缺口要有预算明细。

9 月 23 日，市人大常会副主任吕坤力带领部分市人大常委会委员、人大代表，对市中级人民法院刑事审判工作情况进行了调研。调研组一行旁听了一起市中级人民法院公开开庭审理的刑事案件庭审。分别听取了市中级人民法院、徐水县人民法院、涞水县人民法院关于刑事审判工作情况汇报并座谈。调研组与市公安局、市检察院相关部门领导和部分律师代表就有关刑事审判工作进行了座谈。

【视察】 5 月 24 日，市人大常委会副主任赵桂良带领市人大城建环资委员会全体委员，赴定兴县对城镇建设工作情况进行视察，并召开了城建环资委第二次全体会议。视察组一行实地到在建的人民公园、繁兴街北延改造工程现场和工业园区等地进行视察后，听取了县政府关于城镇建设工作情况的汇报，并与县相关部门负责人进行了座谈。

7 月 17 日至 18 日，市人大常委会主任宋文分别在新市区、北市区和市直部门参加城市管理“6S”行动实地视察活动，18 日上午，宋文参加了市人大代表视察市直部门城市管理“6S”行动座谈会，并讲话。宋文首先代表市人大常委会对市政府及相关部门的积极配合和艰辛努力表示感谢。针对如何把城市管理“6S”行动开展好，把成绩保持住的问题，宋文讲了三点意见：第一，要强化资金保障。市人大常委会将建议市政府在 2013 年的预算安排上，通过调整预算或临时拨款的方法把钱给足。第二，要依法依规。城市管理是依法管理，法在条例上、在政府特殊许可上、在各个政策和文件当中，市人大常委会支持执法人员依法行使政府的条例、规定以及暂行规定所赋予的权利。第三，要建立长效机制。机制就是政府加市场。政府体现在政府制定的一系列规定上，市场就是引入市场机制。在机制里面还有一个体制问题，就是市政府的各个部门之间要有一个协调的运行体系，下一步要通过调查研究的方法把政府工作的体制搞好。

12 月 28 日至 29 日，保定开展重点项目和园区建设互看联查活动，市人大常委会主任宋文带领第三组，对涞水、易县、涞源、阜平、曲阳、唐县的部分项目和园区建设现场进行察看。此次互看联查活动，是对 2013 年全市项目和园区建设成效的一次集中“检阅”。活动采取现场打分形式，从项目规模、进度、科技含量、数量和园区建设等方面，对各县重点项目和园区建设情况进行评价。两天中，互看联查组进园区、入企业、听汇报、看进度，详细了解全市项目和园区建设进展、存在问题、下一步打算等情况。由市人大常委会主任宋文带队的第三组实地查看了涞水县顺天电极、易县善水管材、涞源县滨湖新区旅游综合开发、阜平县葫芦峪 10 万亩高效生态农业园区开发、曲阳县河北前进高新材料产业园有限公司年产 200 万吨石光纸、唐县中达铸造有限公司数控机床研发生产等项目和园区。

（王舒晟）

保定市人民政府

【保定市人民政府市长、副市长】

市　　长　马誉峰

市委常委
常务副市长　赵常福（8月离任）

刘　颖（8月任）

市委常委
副　市　长　刘　颖（4月任，8月离任）

李俊岭（8月任）

颜　波（6月任，挂职）

副　市　长　闫立英（女）

周省时（4月离任）

石海林（4月离任）

潘静苏

杨宝东

杨　猛（4月任）

王　林（8月任）

王笑频（女，8月任，挂职）

陈佳资（8月任，挂职）

【保定市人民政府秘书长、副秘书长】

秘　书　长　郝国赤（12月离任）

刘　峰（12月任）

常务副秘书长　齐志明

副秘书长　张智惠（6月离任）

张　明

谢永军（12月任）

王占永

陈业鹏（7月离任）

师国利　葛荣亚

白光明　周林伟

王　涛

闫向阳（11月离任）

董俊杰　刘　靖

丰世敬　聂会文

翟喜英（4月离任，挂职）

朱忠帅（挂职）

【市政府工作综述】　2013年，是本届市政府的开局之年，也是全市经济社会发展迈出新步伐的一年。在省委、省政府和市委的坚强领导下，全市上下紧紧围绕打造环京津地区新的发展增长极，以解放思想、改革开放、创新驱动、科学发展为统揽，扎实推进稳增长、调结构、攻重点、抓改革、惠民生、优环境各项工作，较好地完成了市十四届人大一次会议确定的目标任务。

一、积极应对下行压力，经济保持平稳增长。全市生产总值完成2650.6亿元（不含定州，下同）、增长9%，高于全省0.8个百分点。全部财政收入324.8亿元、增长13.1%，公共财政预算收入167亿元、增长13.9%。农业连续11年丰收，粮食总产525万吨；实现工业增加值1004.7亿元、增长11.4%，新增规模以上工业企业218家；固定资产投资增长9.6%；社会消费品零售总额增长13.8%，增速全省第一；野三坡、白石山、狼牙山等景区灾后涅槃重生，全市旅游综合收入318.8亿元、增长28.8%；农民人均纯收入8675元、增长13.2%，城镇居民人均可支配收入21181元、增长11.2%。主要指标在全省位次前移，实现稳中有进、稳中向好。

二、大力调整产业结构，转型升级步伐加快。汽车产业保持快速发展，全市生产整车82.5万辆、增长18.8%，长城汽车销售收入534亿元、增长27.1%，利税126亿元、增长59.5%，销量居自主品牌车企之首。新能源产业企稳向好，英利光伏组件产量增长30.6%，居世界首位。纺织服装、食品、建材产业增加值分别增长12.6%、13.4%和17.4%。园区和项目建设快速推进。徐水大王店汽车产业园初具规模，高碑店奥润顺达节能门窗基地被认定为国家建筑节能技术国际创新园。与中科院北京分院、清华大学、北京中医药大学等达成战略合作；校地合作有新进展，全省首个市级校企联盟成立；高新技术产业快速发展，创新驱动力明显增强。

三、强势推进招商引资，开放氛围日渐浓厚。举办了北京、天津招商周，是近年来影响最大、收获最多、效果最好的一次招商推介。廊坊经洽会、厦门推介会、广州交易会取得丰硕成果。举办侨商、台商、外商、民企进保等推介活动10余次，与商务部投资促进局和贸发局建立战略合作。涞源中美科技创新园、正威曲阳雕塑文化产业新城、新发地高碑店农副产品加工园区、航天科工涞水科技研发基地等一批项目落户保定市。实际利用外资6.2亿美元、增长36.7%，增速全省第一。

四、重拳出击创优环境，四项行动成效明显。开展城市管理"6S"行动，向违法建设、垃圾死角、马路市场、露天烧烤等城市顽疾全面宣战，声势之大、范围之广、措施之硬前所未有，市容市貌明显改观。发起全民创业总动员，出台30条突破性政策，多措并举打造创业之城，市场主体总量达到26.5万户、增长8.4%，民营经济增加值1805.6亿元、增长9.8%。强力推进效能建设，市本级审批事项大幅削减，行政服务中心压减办理环节，承诺时限整体提速，群众满意度有较大提高。开展"秋收100"专项行动，利剑出击，打掉各类犯罪团伙837个，破获刑事案件17092起，其中破坏发展环境案件6347起，打出了气势，打出了声威，打出了浩然正气和崭新形象，保定市经验在全省推广。

五、聚焦聚力攻坚克难，重点工作取得突破。以壮士断腕的决心打响大气污染防治攻坚战，全民动员洗城净天，淘汰取缔燃煤锅炉776台，关停土小企业4757家，淘汰"黄标车"4.5万辆，是全省措施最硬、力度最大的市之一。以人为本、过细工作，集中力量推进重大项目征迁，京港澳高速拓宽、保津城际铁路、南水北调配套工程等顺利实施，仅用100天就完成大王店工业园区1.4万亩土地、5个村庄的整体征迁，农民高兴，企业满意，省委省政府充分肯定。扎实开展农村面貌改造提升行动，全力推进灾后重建和扶贫攻坚，阜平、曲阳扶贫开发模式全省推广。着力破解土地和资金瓶颈制约，保定银行顺利完成第二次增资扩股，新增银行、保险、证券等金融机构14家，挂牌上市企业7家，为历年最多。三大片区改造实现突破，首批回迁安置顺利实施。吸引民营投资完成直隶大剧院改造，为保定老调、河北梆子等院团解决了办公排练用房。宝硕、依棉、外贸印刷厂、金昌大厦等一批历史遗留难题得到妥善解决。

六、倾心倾力保障民生，社会事业全面进步。52项惠民实事基本完成。城乡居民社会养老保险参保率达到96.8%。城镇居民医疗保险补助、新农合补助、城乡低保标准全面提高。社区服务热线和老年人紧急救助服务系统成为全国示范典型。万博广场、华创广场投入使用，东风路东延直通高铁车站，完成市区71条小街巷改造，申办成功全国"公交都市"试点；农业生态园展现新貌，国家园林城市正式授牌。县城广场、道路、集中供热、农村公路等建设加快。城市保障房竣工2.5万户，农村危房改造完成3万户。新解决71万农村人口饮水安全问题。义务教育标准化学校建设扎实推进，校安工程改造成效显著。基层医疗卫生机构全部实施基本药物制度。开展"文化润古城"活动，举办大中型文艺演出60余场次，文化生活日渐丰富。讲好保定故事，弘扬正能量，推出"油条哥"等一批善美典型。成功举办国际空竹艺术节、自由飞行周、世界女子乒乓球攻削大战、民俗文化节等文体活动，提高了保定美誉度。低生育水平保持稳定。安全生产和食品药品安全工作得到加强。统计、审计、档案、史志、人防、气象、外事侨务、民族宗教、防震减灾、国防动员、妇女儿童、残疾人等工作都取得新成绩。

七、加强政府自身建设，工作作风明显转变。修订完善了政府工作规则，市本级和16个县(市)政务服务标准化建设通过ISO9001质量管理体系认证，市县乡三级政务服务网络框架基本形成。严格落实中央"八项规定"和各项"禁令"，对办公用房、吃空饷、公务用车等开展专项治理，廉政建设和反腐工作得到加强。坚持依法行政，自觉接受市人大、政协和新闻媒体监督，办理人大代表建议、政协提案524件，办结率、满意率100%。市长、副市长全部开通电子信箱，全年受理群众来信来电、短信息和网络留言90863件(条)，交办率100%。在全省设区市中首个开通政府官方微博，累计访问量1631万次，成为沟通政情民意的新平台。

市政府办公厅工作

【概况】 2013年，市政府办公厅系统深入贯彻落实市委十届六次全会、市政府第一次全会精神，以“解放思想、改革开放、创新驱动、科学发展”为统揽，紧紧围绕全市中心工作，开拓创新，团结奋进、扎实工作，较好的发挥了参谋服务、协调纽带、联络中枢和后勤保障作用，完成年初确定的各项目标任务，为全市经济社会发展做出了积极贡献。按照市长马誉峰提出的“让优秀成为习惯，把工作做到出色”的要求，抓制度、强教育、严管理、健机制，切实抓好领导班子和干部队伍建设，努力提高干部队伍素质和工作水平。坚持党组理论中心组学习制度，努力提高班子成员政策理论水平。注意加强对科级干部的教育培养，充分调动每名处室负责人、每名普通干部的积极性和创造性，确保办公厅各项工作快速高效运转。严格落实“一岗双责”，坚持将廉政工作与重点工作同安排、同部署、同落实。严格落实《廉政准则》和中央“八项规定”，着力完善廉政责任体系。加强风险管理，修订完善《办公厅系统行政权力廉政风险等级目录》。积极协调落实惩防体系建设牵头事项，扎实推进政务公开，促进行政权力公开透明运行。全体干部职工全年没有出现一例违纪行为。

纪检组长　齐志明

督查专员　赵洪汛　王国勇

市政府食安办副主任

王胜起　臧占全

【参谋辅政水平有了新提升】

1. 文稿起草力求高效精品。坚持“五个把握”，即研究把握上级政策文件、切实把握工作重点和难点、认真把握领导意图、深入把握领导思想的闪光点、全面把握领导决策的广度，实地一线调查研究，注重新知识的学习和运用，勇于在材料内容、形式上实现创新，以良好的学风和文风，提高以文辅政的能力与水平。起草的专题报告《以资本助推高阳县循环经济发展》受到省政府主要领导的批示表扬。在文稿审核上，对内容、文字、格式从严把关，力求立意高、质量好，做到既有政策性，又有操作性。全年共起草和参与起草市政府及市政府办公厅文件、市政府领导讲话、调研报告、情况汇报等各类文稿约780余件、550余万字，多次得到市委、市政府主要领导充分肯定。2. 公文办理力求高效快捷。认真贯彻《河北省党政机关公文处理工作实施细则》，不断规范公文处理程序，健全完善办理制度，细致做好各类文件、传真、电子公文的收发，公文处理质量和运转效率明显提高。对提请审核的各类公文稿件，层层把关、层层负责，严防“问题公文”产生。全年共审核编发各类公文稿件约780件，其中编号公文729件，收发函件、请示报告件、内部明电等各级各类文电7400余件，分发各类文件、内通、信息刊物等2万余份，基本上做到了“零差错”。3. 会务组织力求高效优质。严格执行中央八项规定，大力精简各种会议，控制次数、规模和时间，切实抓好会议筹化、会中服务、会议材料等环节，提高会议组织的质量和效率。建立完善市政府常务会文件会前把关制度，所有涉及发文的议题，一律经办公厅主要领导审定后再提交，切实维护了政府公文的严肃与统一。全年组织召开市政府全体会、政府常务会、市长办公会、规委会、土委会等15余次，安排领导调研、现场办公、重点工作调度近400次，参与组织了全国公路建设会议、全省科技工作现场会等一大批国家、省大型会议，衔接有序、精益求精，确保了会议的圆满有序。

【机关政务建设取得新成绩】

1. 督导检查成效明显。围绕市委、政府的重点工作、重点事项，不断创新督查方式，采取现场督查、暗访督查、电话督查和文件督查等多种方式，使每项决策、每项重点工作、每件批示都落到实处。特别是对《政府工作报告》、惠民实事确定的重点工作，明确责任领导、责任单位、责任人和办结时限，确保了市委、市政府重大部署得到全面落实。全年共办理领导批示件、交办件和群众信访件1000余件，编印督查专报123期。2. 信息宣传继续领先。切实加强“中国保定”政府门户网站建设，网站质量得到明显提升，共上传信息25000余条、图片1100余幅、视频380余个，市政府办公厅被评为2013年上报政务信息工作优胜单位。开通河北省首家实名认证的地级市政府微博“微博保定”，已累计发布微博280条，粉丝量达到2.8万人。为推动学习型干部队伍建设，开通了“保定干部要参网”。借助招商周、政务活动等平台，积极宣传保定、推介保定，赠阅《保定老照片》《保定读本》8500余册，播放市情宣传片200余次，观看人数总计超过3万人次，保定知名度、美誉度不断提升。3. 亲民渠道多元畅通。不断拓宽政府联系群众的渠道，网络应用不断深入，向社会公开市长电子信箱，开通了“市民心声”手机WAP平台和市长手机热线。2013年共接听受理群众来信来电82000余条，交办率100%，平均办结率达到90%以上。共接待群众信访525件次、

678批次、13011人次。针对群众反映的问题，加大协调督导力度，妥善解决了北市区宜家花园小区行路难等一大批反映强烈、涉及百姓切身利益的重点、难点问题，受到领导肯定和群众认可，取得了良好的社会反映。4. 周密组织各类政务接待。严格按照党中央和省、市有关规定，热情大方、勤俭节约地做好接待工作，全年完成各类接待任务156批次，接待宾客2166人次。特别是参与组织完成了全国人大常委会原副委员长周铁农，中共中央政治局委员、天津市委书记孙春兰等党和国家领导人和省委书记周本顺、省长张庆伟到保定考察等重要接待任务，受到国家、省、市领导充分肯定，连续五年被省评为接待工作先进单位。5. 纪检监察扎实推进。认真贯彻中央“八项规定”和《党政机关厉行节约反对浪费条例》要求，扎实开展正风肃纪专项行动、“为民务实在一线”和“效能提升行动”行动。组织开展办公用房清查清理，摸清底数，核实人员编制数，对超标准办公用房予以腾退。开展“吃空饷”专项治理，做好节假日公务用车封存工作。加强对工作纪律、廉洁自律等情况的监督检查，办公厅系统未发生一起违法违纪案件。6. 应急体系健全完善。牢固树立政务值班无小事思想，从制度、人员、纪律等方面进一步强化值班建设，抓好上情下达和下情上传等工作，做到了值班工作不断档、值班信息畅通无误。进一步健全应急管理机制，强化应急管理，在处置各类突发公共事件做到反应敏捷、行动迅速、协调有方、高效有序。充分发挥指导、协调和信息收集、报告、反馈的作用，及时为领导决策提供依据，使突发事件得到有效妥善处置。7. 提案建议办理再上台阶。坚持依法办理、开门办案，制定交办卡制度、办理反馈制度，建立台账，实行动态跟踪管理，完成承办的全国和省人大代表建议、政协提案27件，市人大代表建议、政协提案524件，按时办结率、答复函规范化率、走访率100%，省以上人大代表、政协委员满意率100%，市人大代表满意率100%，市政协委员满意率99%。市政府被省人大、省政府、省政协评为2010年至2013年优秀承办单位，市政府被省政府办公厅评为2013年度优秀承办单位。同时，不断加强机关后勤建设，保障了机关高效运转，大力弘扬节约之风，杜绝了浪费现象的发生。老干部处被评为全市老干部工作先进集体。地方志、团委、工会、妇联等工作也都取得新成绩。

【加强经济运行调度】 面对国内外经济环境、新能源产业严重受挫、经济下行压力大等严峻形势，按照市委、市政府统一部署，紧盯主要经济指标，积极协调发改、统计、财税等部门，针对存在的问题和薄弱环节，加强协调调度，及时预警分析，做到实事求是、应收尽收，全市经济实现了稳中向好、平稳运行。

【加快产业转型升级】 以项目和园区建设为切入，推动优势特色产业上档升级，大力实施了项目优选和园区提标工程，牵头组织全市重点项目和园区互看联查活动，参与成立了“5+2+5”产业领导小组，由分管市级领导任组长，建立健全了工作机构，集中力量持续推进。投资700多亿元的长城汽车扩能、投资100亿元的中汽零产业基地、投资60亿元的巨力高端索具等重大项目进展顺利，保定省级开发区数量居全省首位。

【全面推进城市建设】 按照补功能、提品味、上档次、惠民生的要求，广泛征求相关单位意见，多次组织论证会，谋划实施城建续建项目40项，新开工项目47项，前期谋划项目30项，总投资634亿元。积极协助市领导召开调度会，协调解决存在问题、困难，力促项目早竣工、早投产。经过认真准备，“公交都市”项目顺利通过交通部专家评审，市政府办公厅受到通报表扬。同时，保定为为国家园林城市被正式授牌。市政府办公厅被市委、市政府评为创建国家园林城市先进单位。

【切实抓好扶贫攻坚】 牢记中共中央总书记习近平的嘱托，强力推进扶贫攻坚，协调市扶贫办等相关部门30余次深入涞水、涞源、易县等环首都重点县乡村调研，逐一解剖研究，为市委、市政府主要领导决策提供准确参考，赢得了领导支持、社会认可和群众参与，促进了扶贫开发的强势开局。总投资692.6亿元的44个省市重点项目顺利推进，累计投入扶贫资金28.9亿元，195个村、27.3万人达到脱贫标准，阜平县扶贫开发模式全省推广。

【深入开展招商活动】 认真谋划、精心准备、周密组织，北京天津招商周、廊坊经洽会、厦门投洽会、深圳高交会等重大招商活动取得圆满成功，市政府办公厅受到通报表扬。同时，牵头或参与举办侨商进保、台商进保、民企进保、外地商会进保定等推介活动10余次，投资350亿元的中美科技创新园等一大批项目落户保定市，全市的发展动力进一步激活。通过积极协调，全市新增银行业机构7家、保险证券机构7家、挂牌上市企业7家，直接融资251亿元，金融支撑作用进一步增强。

【积极应对大气污染】 面对严重的大气污染，协助市领导加强调度，研究解决办法，出台了应对大气污染60条和10条攻坚措施，组织开展了洗城净天活动和集中整治非法燃放、销售、运输、储存烟花爆竹专项行动，全面提高城市管理水平和重污染天气应对能力。进入采暖期的11月，$PM_{2.5}$浓度比10月份降低4.6%，是全省措施最硬、力度最大的市之一。

【扎实开展“三项行动”】 牵头组织召开全市动员大会，不断加大协调督导力度，促进了“三项行动”扎实开展，取得显著成绩。通过开展城市管理“6S”行动，治理了一大批违法建设、垃圾死角、占道市场、露天烧烤等城市顽疾，市容市貌明显改善。通过优化创业环境，推动了30条全民创业政策落实，市场主体总量达到26.5万户，增长8.4%。深入开展效能提升行动，在全省率先试行承诺审批制，群众满意度明显提高。

【协调推进社会事业】 协调推进山区农村义务教育寄宿制学校(已制定三年规划)、保定市示范性综合实践基地、九县职业教育协作区建设等重点工作，均取得较大突破。“文化润古城”系列活动如期上演，丰富了市民文化生活。完成“7·21”灾后重建工作任务，灾区群众生产生活条件进一步改善。市政府办公厅被评为“7·21”洪水灾后重建先进集体。协调加强公共卫生服务保障作用，各类公共卫生服务项目全面落实。

【狠抓食品安全监管】 充分发挥职能作用，加强综合协调和监督检查，强化集中治理和日常监管，加大舆情监测力度，畅通投诉举报渠道，全市食品安全总体水平稳步提高，没有发生重特大食品安全事故。成立了保定市食品行业协会，规范行业自我管理，深入开展放心早餐试点创建工程，在全市创建300家早餐安全示范店（点），“油条哥”刘洪安当选第四届全国道德模范，

【深入推进地校合作】 充分发挥高校办桥梁纽带作用，主动加强与各驻保高校对接，经过积极协调调度，华电路改造、河大新校区学苑街翻修等一大批难题得到了彻底解决。组织筹建智库中心，成立了全省首个市级校企合作联盟，进一步搭建起校企合作、地校交流的平台，全面启动保定中关村建设，开启了保定乃至河北地校合作的新篇章。

【成功举办大型群体活动】 在市委、市政府领导下，每项重大活动都成立专门工作小组，安排专人落实，做到责任具体化、责任专人化，成功举办第六届中国·保定国际空竹艺术节、2013中国·保定“英利杯”世界乒乓球女子攻削大战、2013中国·保定自由飞行周、中国·保定第二届民俗体育艺术节等一大批大型品牌群体活动，充分展示了保定良好的对外形象，受到市政府领导充分肯定。

【集中解决了一批难事硬事】 参与组织和实施了徐水大王店5个村整体搬迁工作，仅用3个月就整理出上万亩土地，确保了长城汽车扩能等项目落地。不断加强协调调度，确保了保津城际铁路、京港澳高速拓宽、南水北调等重大项目的顺利实施。同时，对依棉、宝硕、外贸印刷厂、金昌大厦等一大批历史遗留问题，协助市领导召开专题协调会，研究解决，使多年久拖不决的难题得到圆满解决。

【《保定读本》出版发行】 《保定读本》于2013年4月由中国文史出版社出版发行。这部书是在保定市有关领导倡导下，由市地方志办公室组织保定多位文史专家执笔完成。全书分走出洪荒、历史的脚步、战火硝烟、民族融合、奇瑰的国宝、刻在记忆中的遗产、悠远的探寻之路、影响深远的文学艺术、讲究实践的北学、“学生城”的由来、与时共进的经济文化、民以食为天、城市的变迁、名人的印迹、多姿多彩的家园等15章，30余万字，并载录大量珍贵文物或历史性图片。在内容上，突出保定历史文化名城特色，展示丰厚的历史文化底蕴，传承优秀传统文化，展现保定对中华民族文明发展的贡献。以通俗的语言、灵活的体例，聚焦保定古今各方面有代表性的精彩片断，尽量从文化的角度来阐释保定的历史，以期见微知著、温故知新。在写作风格上，以史实为基础，用散文化的笔法，增加文章的故事性，为保定文化强市建设，为广大读者了解、认识和把握保定的文化形态和内涵，提供一个大众化读本，把丰富的文化资源转化为促进经济社会和谐发展的文化动力。

【《清苑县志（1986–2004）》出版发行】 《清苑县志（1986–2004）》2013年5月由中央文献出版社出版发行。该志上限为1986年，接续首轮《清苑县志》，

下限为2004年。在篇目设置上为中编体，篇目依次为概述、大事记、政区、自然环境、人口、居民生活、城市建设和环境保护、基础设施建设、经济总情、农村农民、农业、工业建筑业、商贸服务业、金融业、财政税务、经合经济管理、中国共产党地方组织、地方人民代表大会、地方人民政府、政协地方组织、社会团体、综合政务管理、法治国防、精神文明建设、教育科技、文化、卫生体育、东安宋祖陵遗址、冉庄地道战遗址、哈哈腔、人物、附录、索引等。全书158万字，文前集中设置彩色插页26页，正文后设有四级目笔画索引。志书全面记述了清苑县自然、政治、经济、文化、社会的演变和发展情况，突出了时代特色和地域特点，特别是突出记述了富有特色的优秀传统文化和地域文化，改革开放以来的经济社会发展和新兴产业。

【《保定人物志》获保定市社科优秀成果一等奖】 2013年8月，保定市第十一届社会科学成果奖揭晓，《保定人物志》获一等奖第二名。《保定人物志》由市地方志办公室组织编写，中央文献出版社出版。于2011年4月第一次印刷出版后，2012年5月修订重印，全书收录本、客籍人物1726人。是首部系统记述保定古今人物的专业志书，受到社会各界的广泛关注和欢迎，多位学者发表对此书的评论，认为这部书内容丰富、编辑严谨、有开创性意义，充分彰显了保定人物之盛、优秀历史文化之丰厚，具有较广泛的社会价值和学术研究价值，是当地社会科学方面的一部力作。是地方志工作服务于地方经济社会发展的很好途径。

【《保定年鉴》（2013卷）出版发行】 由保定市人民政府主持、市地方志办公室《保定年鉴》编辑部组织编纂的《保定年鉴》（2013卷），于2013年12月由中国文史出版社出版发行。全书96万字，有彩色插页108页，择要反映全市各项重要活动，并载有保定市政区图和保定市城区示意图。16开精装。《保定年鉴》（2013卷）是保定市连续编纂出版的第13部市级综合年鉴。内文设29个类目，全面系统地记述了2012年全市经济社会全面发展，各项事业全面进步的基本情况与最新成就。以丰富的内容、真实可靠的资料为各级领导决策提供依据，为全市经济社会事业规划发展提供借鉴，为资政存史提供信息和资料，为保定的对外宣传发挥窗口作用。

（刘朝晖　邵阿男　张积涛）

法制工作

【保定市人民政府法制办公室】 保定市人民政府法制办公室是市政府负责政府法制工作的工作部门，正县级行政单位。主要职责是：编制市政府规范性文件计划、督促、指导有关部门实施。依法参与和组织起草或审核市政府规范性文件草案。受市政府委托，解释市政府制定的规范性文件。负责市政府规范性文件实施过程中，部门间争议的协调及其他涉法事宜。依法监督检查市级行政机关执行法律、法规、规章和规范性文件的情况；研究法制建设中存在的问题，向市政府提出建议。组织清理规范性文件，编辑规范性文件汇编。受理市政府管辖的行政复议案件；受市政府法定代表人委托，代理行政诉讼案件的应诉。围绕行政立法、行政执法、执法监督和行政复议工作，开展法制理论研究。做好市政府的法律咨询和服务工作。负责行政执法人员和政府法制工作人员的法律知识培训工作。负责行政执法证、行政执法监督检查证的审核备案及发放工作，行政罚没许可证的审核备案工作。承办市政府交办的其他事项。内设综合（备案）处、法规处、协调监督处和行政复议处四个处室。

主　　任　张智惠（5月离任）
　　　　　任秀彦（女，5月任）
纪检组长　李砚明
副 主 任　史　进

【概况】 2013年，政府法制工作紧紧围绕全市重大决策部署，以体制机制创新和优化“两个环境”为突破口，以规范行政行为、加强行政执法监督、强化行政复议和行政调解为着力点，开拓进取，真抓实干，为建设“京畿强市，善美保定”提供了有力法治保障。

【规范性文件审核工作】 1. 科学拟定规范性文件制定计划。年初，按照《保定市规范性文件制定办法》（保市政［2011］100号）的规定，以市政府法制办的名义，向市政府各部门印发了《关于报送2013年度规范性文件制定计划的通知》，在各部门报送的40个拟以市政府或市政府办公厅名义印发的规范性文件草案目录的基础上，进行了认真筛选和甄别，确定了其中的27件，列入了2013年度规范性文件制定计划，经市政府批准，以市政府办公厅的名义印发执行。2. 认真做好规范性文件审查工作。2013年，共审查文件129件，涉及安全生产、城市建设、市场管理、经济发展政策、招商引资、园林绿化管理、大气污染和环境治理等内容，其中规范性文件39件（含对部门规范性文件前置审查8件），其余均为政府重大经济决策事项，包括市政府签订的各类框架协议、合同、投资意向书、协议书，关于市场管理、规范土地使用、加强城中村改造工作方面的通知、决定、意见等。在审查中，充分发挥市政府法制专家咨询委员会的作用，尤其是在涉及重大事项和群众切身利益的规范性文件审查时，我们认真征求他们的意见，努力提高规范性文件审查质量，从源头上为市政府领导决策把好关、当好法律参谋。3. 扎实做好规范性文件清理和备案工作。1月，根据省政府要求对保定市现行有效的规范性文件进行清理，清理的143件规范性文件中，确认保留110件、拟修改7件、废止26件，清理结果在保定市主要媒体上进行了公布，接受社会和群众监督。12月，根据省政府《关于严格控制设定行政许可的通知》（冀政［2013］74号）精神，针对违法设定行政许可、违法收费以及为衔接取消和下放的行政许可项目，应修改、删除有关行政许可条款等内容为重点，对现行有效的136件规范性文件进行了再清理，确定废止15件、拟修改32件，继续保留89件，报市政府批准后，将以市政府名义予以公布。全年向省政府和市人大备案规范性文件17件，对各县（市、区）和政府部门规范性文件审查备案27件。

【行政执法监督工作】 1. 大力强化依法行政工作考核。1月，组织对全市2012年度依法行政工作进行了全面考核，并对考核结果以市政府名义进行通报。9月，河北省委出台了《河北省设区市党政领导班子和领导干部综合考核评价办法（试行）》等通知（冀发［2013］25号），首次明确将依法行政考核纳入党政领导班子考核体系。保定市积极进行专题调研，并将依法行政考核纳入市领导班子和领导干部考核评价体系。11月22日，市全面推进依法行政工作领导小组召开成员单位工作会议，对全市2013年度依法行政考核工作进行了安排和培训。12月2日至25日，由市全面推进依法行政工作领导小组成员单位，组成7个考核组，通过听取汇报、召开座谈会、进行民主测评的方式，对全市24个县（市、区）和60个市政府部门的依法行政工作进行了全面考核，并将考核情况以市政府名义进行了通报。考核结果上报市委考核办。市法制办将强化考核结果的深度运用，充分发挥依法行政考核“指挥棒”作用，推动各级各部门依法行政工作取得新进展。2. 积极开展相对集中行政处罚权工作。涿州市于2006年在全省率先成立了县级城市管理行政执法局后，2011年8月高碑店等5县（市）经省政府批准也相继开展了相对集中行政处罚权工作。为进一步推进此项工作，2013年保定市先后下发了《关于进一步做好城市管理领域相对集中行政处罚权工作的通知》和《关于加快推进相对集中行政处罚权工作的通知》，全面加强对县（市）相对集中行政处罚权工作的协调指导，落实了责任分工。10月，阜平等10个县（市）获得省政府正式批复，其余5个县的实施方案也经市政府常务会议通过，上报省政府。此项工作实现了在县（市）的全覆盖，从体制机制上进一步解决多头执法、执法力量分散、执法效能低下的问题。3. 落实重大行政处罚备案制度。继续强化备案审查，要求各行政执法机关在做出重大处罚行为后的15日内报本级政府法制机构备案。2013年，市政府法制办对市本级行政执法部门报备的73份重大行政处罚案卷进行了认真审核。制发备案审查意见书，对处罚内容和程序基本符合要求的案卷提出进一步完善的建议，对存在严重问题的案卷，进行了监督整改。4. 开展行政执法监督检查活动。一是扎实做好行政执法案卷评查工作。市、县两级均建立健全了行政执法案卷评查制度，明确案卷评查的程序和方式，细化、量化评查标准，使行政执法案卷评查工作规范有序。市本级坚持每季度对行政处罚案卷、行政许可案卷进行一次抽查，对优秀案卷进行表彰，对存在的问题督促整改。2013年案卷抽查中重点对行政执法部门行政处罚自由裁量权基准制度的落实情况进行了检查，纠正趋利执法、滥用行政处罚权等问题，促进了全市执法水平的提高。二是认真组织行政处罚行为专项监督检查活动。5月成立了由市法制办、市财政局、市监察局组成的专项监督检查组，制定了专项检查的工作方案，对全市2012年度行政处罚行为进行了监督检查。对检查中发现的问题，三部门联合下发了《限期整改通知书》，要求存在问题的单位进行认真整改，对没有被检查到的单位，也要求对照检查出的问题进行内部自查，完善和落实了执法责任制。三是开展规范基层执法行为提高行政执法能力专项活动。在充分研究，广泛征求各部门意见基础上，结合保定实际，市监察局、市财政局、市编办、市政府法制办四部门制定了《规范基层执法行为提高行政执法能力专项活动工作方案》和《任务分解表》，稳步推进活动深入开展。5. 加强行政执法证件管理。严把行政执法人员准入关，从源头促进规范、文明执法。所有行政执法人员必须经过严格的资格审查、培训和考试等程序后，方可取得行政执法资格，申办行政执法证件，持证上岗，亮证执法。2013 年，对全市 2615 名新增行政执法人员进行了法律知识培训考试。10 月，对全市 28294 个行政执法证件进行年检，年检结果已向社会公布。同时，进一步完善行政执法人员信息录入制度，建立健全了行政执法人员信息查询系统，实行动态化管理，及时更新行政执法人员信息，使行政执法人员资格认证更加规范化、透明化。

【行政复议工作】 2013 年，市政府本级共受理行政复议案件 73 件，其中维持 32 件，调解和解结案 10 件，撤销 27 件，责令履行 4 件。没有因当事人对行政复议决定不服向法院起诉市政府案件发生，复议案件办理质量进一步提高。1. 进一步畅通复议受理渠道。为依法履行行政复议法定职责，真正发挥行政复议化解行政争议主渠道作用，强化行政复议宣传，完善受理机制，规范受理程序，主动承办各类行政复议案件。2013 年案件受理数量较上年同期增长近 30%，受理案件种类也明显增加，案件覆盖面进一步扩大。其中行政处罚类案件增长 110%，行政不作为案件增长 350%，信息公开案件增长 300%。随着行政复议作用的进一步发挥，有效保障和监督了行政机关依法行使职权，保护相对人合法权益，化解矛盾纠纷，维护了社会稳定。2. 坚持依法从严审理复议案件。严格坚持以事实为依据，以法律为准绳，对行政行为的合法性、合理性进行全面审查，该撤消、变更的具体行政行为绝不维持。2013 年以撤销、变更、责令履行方式结案的占 40%，较上年增长 300%。在坚持严格依法审理的同时，也注重加强调解、沟通和解释工作，既有利于树立行政复议的权威和公信力，赢得群众的信任和支持，也能得到下级政府和部门的理解和尊重，促进依法履责和依法行政。3. 创新行政复议案件审理方式。为提高办案质量和工作效率，在书面审查的基础上，强化复议案件实地调查，不搞闭门办案；加强听证会、调解会等审理方式应用，建立听证室，配齐听证设备，健全听证制度，对重大、复杂案件，依法采取听证的方式审理。通过公开审理和辩论，提升了行政复议工作的透明度和公信力，更有利于客观公正的作出行政复议决定。4. 建立复议案件同比分析制度。至少每半年将当年行政复议案件受理和办理情况与上年或几年情况进行对比，汇总数据，分析变化趋势，形成分析报告，提出下步工作安排。通过对 2013 年与 2012 年行政复议案件比对分析发现，2013 年公安交警行政处罚类案件数量明显增加，案件被撤销比例有所增大，及时与交警部门进行了沟通，并针对案件审理中发现的普遍性执法问题和不足进行了专项指导。该项制度的实施有利于全面掌握行政复议工作发展动态，并及时采取针对性措施。

（李建忠）

市政府后勤工作

【保定市人民政府机关事务管理局】 隶属市政府办公厅，为参照公务员法管理的副县级事业单位，主要负责为市政府提供后勤管理和服务保障工作。内设办公室、总务处、财务处、房管处、经营处、车管处、保卫处、综合管理处。主要职责是负责市政府办公厅及有关部门和单位的经费管理；负责市政府办公厅机关车辆的管理和调配；负责市政府机关 1 号院国有资产、办公用房、卫生、绿化、亮化、美化及水、电、暖的管理和通讯保障及内部安全保卫工作；负责本级公共机构节能监督管理工作，指导和监督下级公共机构节能工作；负责市政府中厅会议室、玉兰会堂、文印室、医务室、活动室的管理工作；负责机关食堂、市直第一幼儿园和市直第二幼儿园的管理工作；负责市政府机关 2 号院和“五一”饭店办公楼的综合管理工作；负责市直机关 5、6 号宿舍区及阳光小区的物业管理工作。

局　长　郝国赤

【概 况】 2013 年，以科学发展观为统领，以“服务、节约、廉洁”为总纲，以建设节约型机关为主线，以“创新、突破、务实、高效”为工作理念，按照“围绕中心、服务大局、精细到位、严格管理、把握重点、全面保障”的总体要求，狠抓工作落实，切实履行机关后勤管理职能，完成各项工作任务，为机关高效、有序运转提供了坚实保障。

【加强制度建设，规范工作秩序】 针对工作中出现的新情况新问题，对《机关事务管理局工作制度》进行了重新修订和完善，通过完善各项规章制度，对管理局每个岗位所承担的工作内容、工作程序进行梳理完善，规范工作流程，明确班子和个人岗位职责、工作标准、行为准则。一是坚持每周一处长碰头会制度，部署本周工作，反馈上周工作完成情况，加强工作落实的连续性。二是全面实行公务卡采购制度，杜绝了多头采购，采购必须由两人以上完成，经库管员验收后入库登记，控制和减少支出。三是坚持招标制度，对机关餐厅对外承包和市直宿舍五号区、2号机关院取暖用煤等都组织公开招标会，公正操作，阳光透明。四是坚持财务审批制度，财务处认真履行财务制度，做到审批“一支笔”。按“量入为出，特事特办”的原则，合理分配资金。五是坚持车辆维修管理制度，重点把好用油关、维修关、安全关，建立每台公车汽油使用台账等一系列制度，公务用车每月汽油消耗比上一年同期减少10%以上，完成纪检监察部门削减5%的要求。六是统一临时工管理，把以前46名临时工归四个处室管理统一归到办公室进行管理。

【完善硬件设施，做好服务保障】 一是加强机关大院环境服务，在抓好公共区域卫生工作的基础上，组织开展各区域卫生大扫除活动和卫生督促、检查工作。尤其是在全市开展“洗城净天”行动中多次对1号机关院13个市直部门进行了检查督导。全年共粉刷楼道2000余平方米、改造厕所2间、更换篮球架一套。市政府1号机关院花草树木达到40余种，绿化面积达到26458.4平方米。二是扎实规范财务工作，资金保障能力显著提高。全面加强和规范会计基础工作，针对财政紧张的问题，积极协调财政局，及时健全和完善制度，采取得力措施，有效控制和减少支出，为办公厅各项工作高效运转提供有力的资金保障。三是收发室完成日平均收发报纸3000多份、信件200余封、快递和挂号民50余封，无任何差错；电话站及时维护通讯设施和线路，主动服务200多次，确保线路畅通信号无间断。四是根据办公厅的需要完成文印中心的搬迁工作，腾出8间办公用房。文印中心高质量地完成5000余种文件的打印工作。五是严格按标准完成办公用房整改工作，通过对现有办公用房增加人员的方式，整改10间办公用房。

【加强安全保卫，保障消防安全】 一是完善消防、应急等各项工作方案，邀请省武警消防总队教授，对市政府机关大院办公单位有关人员进行消防知识业务培训。二是加大安全监督力度，共组织开展对各个办公楼的消防设施设备、电气线路、设备、周边环境进行专项检查活动3次。对消防设施进行了年度例行维护，对小型灭火器换粉加压，保证消防器材的时效。完成日常水电维修维护200余人次，改造市政府2号机关院供电线路，完成了10吨锅炉大修，做防水3000多平方米，完成了1200多米供暖管网的更新改造，有效预防和排除各类安全隐患。三是积极稳妥应对群众上访工作。配合办公厅和信访局处置群众上访470件（次），维持了机关大院正常的办公秩序。四是进一步加强保安队伍管理，健全岗位职责和奖惩机制，全面实施绩效考评管理。组织执勤保安人员进行了3次专业技能训练；协助有关部门接待登记上报各类群访470多批次，保障大型会议30次，组织中厅会议室开会执勤40余次。五是强化大院安全监管，对重要部门、重点部位、主要路口进行实时视频监控，增配了强光手电、巡更棒、工作制服等安保装备。六是加强设备维修维护和水电设施的日常检查，全方位满足各单位维修服务，实行值班人员、保安人员、保洁人员三方联合巡查，对跑冒滴漏、长明灯，做到及时发现、及时告知、及时处理，减少浪费。

【加强公车管理，完成车勤保障】 一是较好的完成各项、各类车勤保障任务。各类大小车型共安全行驶里程300余万公里，安全无事故，为机关做到有偿、无偿服务500余次。二是多措并举保障行车安全。开展了一系列的交通安全教育活动，安排安全教育课5次，安全法规学习2次，多次组织班车驾驶员对交通事故案例专题分析讨论，开通短信平台，针对季节变化、气候预测，及时向每位司机发送提示信息，确保安全行车。三是严格执行公务用车“五条禁令”和车辆“三检”制度，完成了70多台车辆的年度检车和年度换证工作，建立完善公车档案信息，对每辆车定时进行保养和检测，保障车辆安全。

【完成会议服务，做好会务保障】 完成年度市政府全体会议、全市领导干部大会、全市教师节大会等30余次重大活动的会务保障和场地布置工作。积极探索会场管理规范化、服务标准化、使用有偿化的运作机制，把握会前准备、会中服务、会后整理等各个环节，严格按程序周全策划，落实细节，切实提高会议服务质量和水平，确保会议活动的顺利进行，得到各级参会人员一致好评。

【做好节能管理，完成能耗统计】 一是加强宣传，营造氛围。开展了节能宣传周活动。利用各种新闻媒体、网络信息以及传单等形式，在全市共发放宣传品4000多份，悬挂3000多条条幅，制作1100多块形式各异的宣传板面。二是数据会审，科学准确。在参加的省局能源资源消耗数据会审工作中，保定节能工作的数据统计科学、准确，在全省公共机构能耗统计工作中名列前茅。三是入库统计，健全信息。在全市开展公共机构名录库建设工作，真实掌握各级各类公共机构基本情况、用能状况，确认了全市公共机构数量为5833个。四是积极引导，强力推进。面向全市各公共机构下发文件，并着重在几个机关大院内设立废旧商品回收亭。协调有关部门强力推进工作，在全市逐步展开。五是善于谋划，真抓实干。保师附校作为保定市第一批节约型公共机构示范单位创建工作中的唯一入选单位，为顺利完成年底验收奠定了基础，已顺利通过省节能处的实地复审和国管局的最终审核，被评定为优秀。六是刻苦学习，提高素质。积极参加国管局和清华大学联合开展的公共机构节能管理远程培训，通过学习，全体工作人员的专业技能和科学知识都有了明显提高，为做好节能工作打下了坚实基础。

【加强作风建设，树立机关形象】 一是以开展“解放思想、改革开放、创新驱动、科学发展”大讨论活动为契机，大力加强班子队伍建设，精诚团结，凝神聚力，提高整体合力。二是加强中青年干部队伍建设，为优化干部年龄结构，从全市公务员序列中公开遴选了9名优秀年轻干部，妥善接收安置1名军队转业干部。三是深入开展“为民务实在一线”活动，以深化基层建设年和农村面貌改造提升工作为契机，加强对基层帮扶力度。共选派5名在职干部到阜平、高碑店两地驻村帮扶，为群众办实事18件，帮助村民成立农村合作社5家，完成道路硬化2000多米，打深水井1眼，改造破旧危险线路300多米，安装变压器1台，建设文化广场1个。 （张伟铧）

国有资产监督管理

【保定市国有资产监督管理委员会】 是主管国有资产监管和国有企业改革的政府工作部门，主要职责是在市政府授权下，代表市政府履行出资人职责，管好、用好国有资产，防止国有资产流失，促进国有资产保值增值。内设17个职能处室。委直属单位6家：保定市产权交易市场、保定市信托投资有限公司2家事业单位和保定市国有资产经营有限公司、保定市发展投资有限责任公司、保定市民安物业管理有限公司、保定市融达资产管理公司4家企业。履行出资人职责企业3家：保定交通运输集团、保定银行、百世开利集团。

党委书记 主　　任	张彦儒（6月离任）
主　　任	韩尹清（6月任）
党委书记	杨国庆（6月任）
副 主 任	苏利杰　吴中秋
	申俊岭　翟彦君
	许胜尧　程现庄
副 书 记	高保忠

【概况】 2013年，围绕全市“打造环京津新的发展增长极”总战略，认真履行出资人职责，扎实推进国资国企改革，完成《政府工作报告》责任事项及其他各项任务目标，多项工作取得新突破，13项工作获省、市专项表彰。

【资产统计决算工作】 2012年决算数据显示，全市（市属+县属）国有企业资产总额为320.8亿元，同比增长39.8%，负债总额为272.3亿元，同比增长44.5%，所有者权益为48.5亿元，同比增长17.9%，营业收入为61.9亿元，同比增长13.9%，利润总额为1.6亿元，同比增长45.2%。

【产权管理工作】 认真落实新的产权登记管理实施办法，为保定市215户国有企业进行了产权信息的登记补录并换发了新版企业国有资产产权登记证，215户企业的实收资本共约28.17亿元。以“应进必进，能进则进”为原则，加强产权交易监管，严禁违规场外交易。

【国有资本经营收益收缴工作】 严格落实国家有关规定，确保国有资本收益申报事项真实准确，2013年度收缴国有资本收益39.64万元。

【建立资产评估项目专家评审制度】 评审专家由评估机构从业人员和大专院校教授兼任，组成了30多人的专家库，随机抽取专家对资产评估报告的合规性、客观性进行审查和评价，为评估报告核准备案提供依据。

【市属国有企业改革工作】 田野集团油泵制造公司破产各项测算及土地清查工作已完成。保液集团及其下属集体企业蹦床厂、液压机械厂的职工安置工作已基本完成。河北外贸印刷厂破产清算已结束，正在进行职工安置。

【厂办大集体改革工作】 成立市厂办大集体改革工作领导小组，起草了《保定市人民政府办公厅关于开展厂办大集体改革的实施办法》，初步确认保定市符合厂办大集体改革条件的企业共18家，相关工作有序推进。

【推进解决国有企业职教幼教退休教师待遇问题】 按照省职幼教办有关工作要求，集中人员联合办公，认真做好调查摸底，严格把握政策界限，及时面向社会公示，确保了该项工作的顺利推进。保定市817名国有企业职教幼教退休教师纳入统计范围，相关工作有序进展。

【深入开展“省企进保定”活动】 对省属企业基本情况、发展规划进行收集整理，并印发各县（市、区）政府，供其参考；组织各县（市、区）及市政府有关部门，积极谋划合作项目，共收集各类项目60个；积极争取省国资委和省属企业对此项活动的支持，协调各项目单位同省属企业主动开展项目对接，截至年底，各县（市、区）和市直部门共上报拟对接省企项目58项，其中已签约项目10项，另有2项已达成合作意向。

【组建国有资产经营管理总公司】 为最大限度盘活用好国有资产，经市政府批准，注册成立了保定市国有资产经营管理总公司。

【全力维护全系统安全稳定】 安全生产方面组织各监管企业深入开展安全生产大检查活动，各监管企业安全管理水平有了明显提升，2013年市国资委各企业未发生较大以上安全责任事故。信访稳定方面贯彻落实“八三”工作法，进一步完善应急处置预案。对依棉集团、宝硕集团、天翔集团等破产改制企业实施重点监控。通过深入细致的工作，有效维护了全系统的和谐稳定。

【深入开展系列活动】 按照市委、市政府安排部署，扎实抓好解放思想大讨论、“为民务实在一线”活动以及全民创业、效能提升、城市管理“6S”三项行动。结合部门职能和工作实际，坚持做到规定动作不走样、自选动作有创新，确保活动取得实效。着眼夯实活动的思想基础、工作基础和舆论基础，成立专门机构，制定工作方案，重点抓好学习教育、调研谋划、营造氛围，为群众路线教育实践活动预热升温。通过一系列活动的深入开展，机关工作作风明显改进，在全委形成了学习、创新、干事、创业的浓厚氛围。

【积极指导企业开展党建工作研究】 围绕“学习贯彻十八大精神，提高国企党建科学化水平”，召开监管（代管）企业党委书记座谈会，并组织主题征文活动，将优秀作品编辑刊印成论文集。认真研究省国资委党建研究会下发的研究课题，夯实企业党建工作的理论基础。扎实开展国有企业“四创”党建主题活动。连续第7次获省国资委“四创”活动组织奖。

【狠抓党风廉政建设】 加强权力运行监控，规范权力运行规则，对委属企业8个项目的年度审计中介机构进行了公开选聘，实现了公开透明、阳光操作。深化行政审批制度改革，按照全市统一部署，对委13项非行政许可事项进行了全面梳理。经过自查自清，保留9项非行政许可事项，削减4项。按照市纪委统一部署，深入开展正风肃纪行动，全面落实中央“八项规定”，认真开展对照自查、单位清查、整改落实，并建立“八项规定”贯彻落实情况月报告制度，使检查工作常态化。

（杨丽　霍建永）

经济研究工作

【保定市人民政府研究室】 保定市人民政府研究室是承担市政府研究任务的工作部门，正县级行政单位。负责通过调查研究形成报告、方案、建议等，为市委、市政府科学决策提供依据，参与市政府综合文件和主要领导的重要讲话及署名文章的撰写，同时负责全市政府系统调研工作的协调与指导。内设办公室、综合处、工财处、农村处、社会处。编发的内刊有《调研呈阅》《调研参阅》《调研信息》。内刊《政府决策参考》。

主　　任　王占永
副 主 任　王凤柱　李树礼
　　　　　张　岩
纪检组长　彭彦岭

【概况】 2013年牢牢把握服务于市委、市政府科学决策的工作方向，解放思想，转变作风，开拓创新，真抓实干，围绕全市发展大局，充分发挥参谋助手作用，完成了全年工作任务。

【加强作风建设，夯实辅政基础】 把建设学习型机关、转变工作作风作为夯实辅政的抓手，不断加强机关自身建设、提高干部队伍政治素养、保持党的先进性和纯洁性，树立为民、务实、廉洁、高效的机关形象。1. 加强学习型机关建设。按照制定的《关于推进学习型党组织建设的实施意见》，通过集中学和自学相结合，交流讨论和独立思考相结合，理论学习与业务学习相结合等多种形式，切实增强学习的自觉性、主动性和创造性，做到了真学、真懂、真信。2. 加强理论和实践学习。积极组织全体干部职工深入学习中央、省文件精神，开展学习成果研讨交流会，在吃透上级精神上下功夫。组织各处室充实、完善资料库，定期更新全市经济社会发展情况，在准确把握市情上下工夫。3. 深入开展作风建设。认真组织学习习总书记关于厉行勤俭节约、反对铺张浪费的批示和中央八项规定、六条禁令、《关于领导干部带头在公共场所禁烟有关事项的通知》等有关规定，紧紧抓住在元旦、春节、端午、中秋、国庆等重要时间节点，狠刹公款请客送礼不正之风，把转变“四风”贯穿于全年各项工作中。

【加强调研工作，提高辅政水平】 按照市委、市政府的总体部署，紧紧围绕全市中心工作，加强调研工作的组织领导和协调调度，主动开展超前研究，做到年初有计划、季度有安排、每月有调度，不断增强调研工作的前瞻性、针对性、创造性和可操作性，发挥参谋服务作用。1. 调研工作安排有序。明确调研方向。年初召开2013年度调研课题研讨会，以市委十届三次、四次全会、全市经济工作会议精神为引领，以四大主体战略和七项重点工程为重点，在处室原有职能分工基础上，将四大主体战略分解落实到每个处室，确定了包括优化发展环境提高行政效能、扶贫开发、白洋淀保护与开发、环首都经济圈、战略新兴产业、县域经济等10个重点调研课题。量化调研指标。将调研课题落实到每个人。确定每名县级领导挂帅，主笔完成1篇调研报告；每个处室完成2篇以上重点调研课题；每人完成3篇以上调研报告。搞好调研对接。强化业务处室与省政府研究室对口处室的沟通，开展联合调研。做好向市政府领导征询调研课题工作，及时、准确掌握市政府领导的调研需求，有的放矢的开展调查研究。2. 调研成果。在推进扶贫开发方面。按照市领导要求，为全面落实中共中央总书记习近平到阜平县考察扶贫工作的指示精神，准确掌握阜平县扶贫开发工作现状，到阜平县3个乡镇10个村进行了调查，撰写了《阜平县扶贫开发情况调查报告》，获市委主要领导批示，为市委、市政府做好阜平县扶贫科学决策提供了重要依据。在提高行政效能、优化服务环境方面。围绕优化发展环境，市政府研究室成立课题组，深入企业进行走访，深入办事窗口进行体验，撰写了《关于优化发展环境、提高行政效能的二十四条建议》，针对保定在发展环境和行政效能方面存在的问题，特别是在操作层面上，提出二十四条建议，获市政府主要领导的充分肯定，并责成有关部门逐条制定实施意见，尽快落实。撰写的《提高行政效能优化发展环境的调查与建议》在省政府研究室《调研内参》发表。在打造环首都地区新的增长极方面。对涞水县积极谋划打造环首都地区新的增长极的发展思路、发展目标、功能定位、具体举措、运行机制以及取得的成效等情况进行总结，撰写了《打造环首都地区新的发展增长极——关于涞水县积极谋求承接首都产业及功能转移，努力实现超常跨越发展情况的调研报告》，得到市委、市政府主要领导的批示，并在两办通报上刊发；撰写了《打造环首都地区新的发展增长极——关于规划建设“保定·中关村科技成果转移示范区”的调研》和《以园区共建为切入点 承接京津辐射外溢——江苏、安徽、上海等省市园区共建的启示》两篇调研报告，获市委、市政府主要领导及主管领导的充分肯定，并责成有关部门制定实施意见。与市发改委组成联合课题组，完成了市委、市政府向中财办的汇报材料《关于参与京津冀地区协同发展及承接京津功能转移的初步设想》，受到市委、市政府主要领导的充分肯定。在白洋淀保护与开发方面。与省政府研究室就白洋淀保护与开发开展联合调研，撰写了《举生态旗、打国字牌、走现代产业新路——关于白洋淀保护与开发的调研报告》，获省政府领导的充分肯定。按照市政府主要领导的指示，就白洋淀污染整治问题开展调研，撰写了《关于白洋淀污染治理的调研报告》，所提建议被市委、市政府主要领导采纳，并责成有关部门落实。在促进产业发展方面。为促进保定市战略性新兴产业发展，撰写了《对我市加快培育和发展战略性新兴产业的对策和建议》，获市委、市政府主要领导充分肯定。为及时把握光伏产业发展态势，对光伏产业发展情况进行了调研，撰写了《我市光伏产业发展情况调查报告》，获市政府主管领导肯定。在文物保护利用方面。按照市政府主要领导的指示，成立调研组对大慈阁、城隍庙的产权、使用权归属等问题进行专题调研，撰写了《关于大慈阁、城隍庙等问题的调研报告》，所提建议列入市政府会议纪要。在水资源管理方面。根据市政府第四次常务会要求，成立调研组就全市水资源管理情况进行专题调研，撰写了《关于我市水资源管理情况的调研报告》，获市政府主要领导充分肯定，并责成有关单位研究落实。同时，按照市领导要求，在前期水资源管理情况调研的基础上，与市水利局合作撰写了《保定市水资源承载能力分析报告》，被市政府主管领导采纳。在土地资源管理方面。按照市政府主管领导要求，就白沟新城土地利用与规划情况进行调查研究，撰写了《关于白沟新城土地利用与规划的调研报告》；牵头完成了对市区和满城、清苑土地收储情况调研，撰写了《关于我市开展土地收储工作的调查及建议》，获市政府主管领导高度评价。按照市政府主要领导要求，与市国土资源局组成联合调研组，就全市土地节约集约利用情况进行调研，深入学习了苏州、绍兴等地的先进经验，正在起草调研报告。在公交都市申报工作上。与有关部门共同起草了公交都市申报报告及汇报材料，得到专家组的一致认可。12月经交通部批准，保定市被列为第二批公交都市试点城市。在基层政权建设方面。按照市委统一安排，市政府研究室就经济欠发达地区的乡镇基层政权建设问题进行了调研，撰写了《乡镇政权运行情况调查报告——以阜平大台乡、涞源东团堡乡为例》，被市委采纳。同时，还参与保定市委全会实施意见的撰写。3. 内刊编发。2013年编发《专报》7期，6期得到市委、市政府主要领导批示；编发《调研呈阅》7期，4期获市领导批示。同时，《调研参阅》为各县市、市直部门搭建了交流平台，受到有关单位一致好评。

【做好阶段性重点工作，促进一方和谐】 按照市委、市政府的统一部署，抽调干部，组成工作队，分赴扶贫村、群众工作站，认真开展亲民爱民、社会捐助活动，促进一方和谐，维护一方稳定。1. 开展基层建设年活动。选派3名干部进驻涞源县东团堡乡五节崖村，开展走访入户调研，了解社情民意，发放并回收《民情调查表》261份，完成村情民情的录入和上报工作。完成村内道路硬化、饮水工程、护坝工程、垃圾处理、电路改造、危房修建、养殖场建设、村民文化广场建设等十件实事，同时工作组还协调雨衣、被褥等物资发放给困难群众，为4名贫困村民办理了低保，并从活动经费中拿出6000余元慰问老党员和困难群众。2. 切实做好群众工作站工作。按照“一个服务、四个促进”的要求，坚持到岗到位，关注民生办实事，确保稳定促和谐，为保定九华社区协调解决相关事宜，并在双节期间购买生活用品慰问社区贫困户，受到保定电台的跟踪采访，所在工作站被评为精品工作站。3. 开展亲民爱民活动。坚持在重要节日对帮扶对象集中进行走访慰问，积极解决帮扶对象生活和学习中的实际困难 （王晶敬）

外事侨务工作

【保定市人民政府外事办公室】 保定市人民政府外事办公室（保定市人民政府侨务办公室）为市政府工作部门，是外事侨务港澳工作的归口管理职能部门。主要职责是贯彻执行党和国家外事侨务工作的方针政策和法律、法规、规章，研究制订本市外事侨务工作规章制度和工作规划，并负责组织实施；负责本市与国外友好城市交往活动的组织工作，指导全市民间对外交往；组织接待到保定访问的国宾、党宾和其他重要外宾，指导本市外事礼宾接待工作；归口管理全市因公出国和赴港澳地区的工作，办理应邀到保定的外国人员的审核审报，统筹安排市领导公务出访活动；负责组织、接待、管理来保外国记者的采访活动，负责协调处理全市重大涉外事件；协助有关部门做好各项侨务政策的落实，负责归侨侨眷合法权益维护工作和统筹协调涉侨部门和社会团体开展华侨华人和港澳同胞工作。秘书处、机关党总支、出国人员管理处、国际交流处（礼宾处）、涉外新闻处、侨务处（港澳事务处）。

主　任　潘志勇
副主任　冯　真（女）
　　　　卢建春
　　　　王　瑛（女）
　　　　乔建军（12月任）

【概况】 2013年，市外办深入践行“一个提高、两个服务”的指导思想，围绕全市中心工作，充分发挥外事侨务资源优势，积极服务于国家总体外交和保定经济社会发展，完成各项任务。

【对外友好交流合作】 服务大局，配合国家总体外交。1. 全力做好重要团组接待，服务外交大局。共接待外宾团组31批428人次，积极配合中央有关部门和省外办，完成美国艾奥瓦州州长、芬兰驻华大使、瑞士发展合作署副署长、美国休斯顿市长等多个重要外宾团组的接待任务。2. 大力开展公共外交，提升国家对外软实力。积极做好芬兰等国驻华外交官、丹麦森讷堡市商学院师生代表团、奥地利国家萨尔堡邮政乐团等到保定交流和考察的接待工作。3. 利用友城渠道，与日本米子市举办第二届汉语演讲大赛，组织参加中日韩中小学生美术作品展，通过交流活动，增进与有关国家人民之间的相互了解和友谊。全年共接待来自世界各国的各类团组25批、206人次，其中有大使参与的团组2批22人次，来自友好城市的团组4批107人次。派往友好城市的团组2批12人次。4. 积极推动项目合作。在对外交往中，努力推进一批实质性合作项目的对接，取得多项成果；积极推进教育、文化、环境、技术等领域的合作，达成了一批对外合作项目和意向，服务经济和社会发展取得新的成效。5. 努力开创友城交往新局面。积极拓宽友城交往渠道，提高交往层次，推动保定与友城在经贸、教育、文化等领域的对外交流和合作不断拓展。在省友协指导帮助下，经与政府和民间友好人士积极联系，与加拿大肯特市达成了发展友好合作关系的意向，为今后全面加强交流与合作奠定了基础。6. 积极服务招商引资。充分发挥外事侨务资源优势，努力推进一批实质性合作项目的对接，并取得了多项成果。倍斯尼基金会投资150万元的重症精神病人、癫痫病人救助项目正式落户保定市，将培训医师300名，救助病人3000名；美国杜邦公司与英利绿色能源公司签订1亿美元产品供应和太阳能电厂建设协议；美国中美东方科技投资有限公司考察涞源县国际创新园项目，并计划投资350亿元人民币；以色列NPG公司与涞源县政府、美国中美东方科技投资有限公司签署三方合作协议，发展绿色无公害养殖，计划年产绿色肉鸡1亿只。另外，认真做好葡萄牙中葡商会会长朱巨龙、美国威斯康星州水资源协会主席兼CEO迪恩、德国宝马汽车公司高级执行官员、英国伦敦华埠商会主席、荷兰南荷兰省经贸代表团、以色列凯丹投资公司等团组到保定考察的接待工作，协调市领导和有关部门进行会见洽谈，分别就水资源管理、汽车产业、城市建设、环境保护等领域开展合作交换意见。

【因公出国（境）管理工作】 围绕中心，服务经济社会发展。1. 认真做好因公出访审核报批工作。全年共审核报批因公出国（境）团组49批148人次，实际成行27批82人次。审核报批过程中，克服任务紧、时间急等困难，积极主动，靠前服务，尽量缩短审批时间，加快申办进程，确保了市领导和经贸洽谈等重要团组顺利成行。为方便民营企业开展国际商务活动，主动服务，为保定市长城汽车、巨力集团等企业的8人申请办理APEC商务旅行卡。2. 加强因公出访管理。认真贯彻落实中央“八项规定”要求和因公出访管理规定，提高出访质量，确保出访实效，严格控制没有实质性出访任务的团组22批66人次，既保证了对外交往的顺利进行，又遏制了不正之风。

【涉外管理工作】 加强涉外管理，维护对外交往秩序。1. 对外宣传工作。不断拓宽对外宣传途径，先后邀请和接待包括瑞典国家电视台、加蓬国家电视台、印度ZEE TV等媒体的外国记者19批67人次到保定采访，对保定进行宣介，为保定市开放发展营造良好的国际舆论环境。邀请3家媒体的4名外国记者参加“走进曲阳——感受中国石雕艺术之传奇”主题采访活动，宣传我市特色产业，助推县域经济发展。2. 邀请外国人到保定审批工作。共办理邀请外国人到保定审批72批90人次，其中文教专家23人，管理和技术人员44人，商务洽谈7人，为保定教育机构和企业引进人才、对外合作提供了有效服务。3. 领事保护工作。坚持以人为本、外事为民的理念，主动做好出国人员的行前安全教育，加大领事保护知识宣传力度，从源头上预防涉外案（事）件发生。对保定留学生在加拿大滑雪失踪死亡、务工人员在安哥拉死亡等事件，积极配合外交部和我驻外使领馆及时、稳妥处理善后事宜，维护海外公民的合法权益。

【侨务工作】 贯彻侨法，维护归侨侨眷利益。1. 开展普法宣传。采用发放宣传册、召开座谈会、普法宣讲等多种形式，宣传《侨法》及其《实施办法》，在全国法制宣传教育日期间，开展“侨法进社区”大型普法活动，发放宣传资料千余册，提供法律咨询300余人次。2. 依据政策为全市34名归侨、侨眷办理了身份认证，核发了归侨侨眷身份证；为17名“四侨”考生办理中高考加分认证。3. 为3名工龄满30年的退休归侨办理了生活补贴审批手续，连同之前已办理的8人，共有11名归侨享受到这项由市财政负担的每月100元的政策照顾。4. 提升社区侨务工作水平，积极向省侨办争取到2个名额在保定建立“侨法宣传角”，清苑县北宋村林书学校和河北大发纸业有限公司承建单位正在按照相关要求积极筹备，通过“侨法宣传角”这一平台，更好地推动侨法进社区，使侨法宣传深入人心，使侨务工作更好地服务于归侨侨眷。5. 认真做好侨界信访维稳工作，2013 年共接待侨务来信、来访、来电咨询达 460 余人次，做到侨界群众满意，积极维护了社会稳定。6. 以“侨爱工程”为载体，助推侨务扶贫工作，组织全市侨务部门开展以“凝侨心、促和谐、献爱心、送温暖”为主题的节日慰问活动。慰问期间，侨务干部走访慰问全市特困归侨侨眷、归侨侨眷代表人士 96 户、240 人，送去慰问金及慰问品 5 万余元。7. 积极联系市残联参与侨务扶贫帮扶，连续三年为保定市 10 名特困残疾归侨侨眷申请到专项补贴每人每年 1000 元。8. 于 8 月在涞水县召开全市“黄土计划”座谈会，2013 年“黄土计划”将资助涿州市和涞水县各 10 名贫困大学新生，受助学生每人每年将得到 2000 元助学金，第一年的资助款项已打到学生账户。保定已有涿州、涞水、清苑、曲阳的 76 名贫困大学生获得该资助。为了做好贫困学生的跟踪服务工作，建立保定市“黄土计划”联络 QQ 群，利用此网络平台解答学生申请工作的疑问，效果明显。9. 通过积极争取，省侨办将加拿大侨胞陈沙立无偿捐赠的北京福田汽车股份有限公司生产的救护车分配给保定唐县县医院，救护车已到位。10. 7 月中旬接待了香港应善良福利基金会代表崔维柏、程志卫到易县验收上年捐资 50 万元建设改造的高陌乡卫生院项目，并顺利通过基金会验收。此行基金会同时考察了易县梁格庄卫生院项目，并最终达成协议捐资 50 万元改造该项目，已完成了立项及协议签署工作。11. 7 月初，接待英国伦敦华埠商会主席邓柱廷一行 6 人访问保定。就保定市投资环境、矿业开发、房地产投资项目、华侨城建设投资合作进行了实地考察与洽谈，并拜会了保定市主要领导。12. 9 月底，接待香港赴京国庆观礼团一行 40 人参观考察保定。通过此次考察，增强了港人对祖国的认知，加强了保定与香港工商界、驻香港中资企业的联系，为以后开展投资合作打下了基础。

【外事往来】

领导出访

1. 应美国夏洛特市国际事务委员会和加拿大尼亚加拉市市长詹姆斯·朵爱戴提邀请，保定市副市长周省时率市经贸代表团一行 6 人 5 月下旬出访美国、加拿大。参加保定市·夏洛特市缔结友好城市 25 周年庆祝活动，并就出口节能环保门窗事宜、酒店餐饮业专用纺织品等项目进行洽谈并签署合作协议。

2. 应法国苏伊士环境集团邀请，保定市委常委、副市长刘颖率水务项目洽谈代表团一行 4 人 5 月下旬前往法国，就扩大城市供水、污水处理等项目进行洽谈，并签署合作协议。3. 6 月 15 日至 24 日，以市纪委书记周省时为团长的保定市经贸代表团访问友好城市美国夏洛特市，双方以缔结友好城市 25 周年为契机，进一步加强了在市政管理、能源、经贸、文化教育等各个领域的全方位交流与合作。并顺访艾奥瓦州，与艾奥瓦州在门窗、经贸、金融、文化教育等领域的一大批公司、银行、学院等单位建立了长期战略合作联系。

4. 应美国太阳能工业集团有限公司和加拿大亚太经济发展委员会邀请，满城县派县委书记张华（对外身份满城县人民政府经济顾问）等一行 4 人 7 月下旬前往美国和加拿大，执行项目洽谈与签约任务。

5. 应美国切诺基投资合作有限公司邀请，保定市人民政府市长马誉峰率经贸代表团一行 6 人 11 月下旬前往美国，就推动在涞源县建设中美科技创新园及河北西麦食品有限公司引进外资，扩大生产规模项目尽快落实进行洽谈。

6. 应香港恒实矿业投资有限公司邀请，11 月下旬，保定市人民政府常务副市长刘颖率团参加该公司香港上市仪式，并就恒实矿业投资有限公司上市后在保定的发展进行洽谈和交流。

外事接待

1. 2 月 13 日，尼泊尔驻华大使马赫什库马尔马斯基博士夫妇访问白求恩柯棣华纪念馆和唐县白求恩纪念医院。

2. 4 月 6 日，葡萄牙中葡商会会长朱巨龙一行 3 人，专程到保定考察污水和污泥处理项目，副省长付志方在保定市会见、宴请了代表团一行。

3. 4 月 15 日至 17 日，以美国艾奥瓦州州长为团长的艾奥瓦州代表团在石家庄市参加河北省与美国艾奥瓦州缔结友好省州 30 周年纪念活动之后，到保定访问，参观了顺平樱桃种植温室、联合动力、驻保高校等企事业单位，就今后双方开展交流与合作进行了广泛商谈。

4. 5 月 29 日，芬兰驻华大使岚涛、公使衔参赞、商务参赞等事关高层官员一行 5 人专程到保定考察访问，就新能源汽车等领域的合作，与保定有关单位进行洽谈。

5. 6 月 22 日，美国威斯康星州水资源协会主席兼 CEO 迪恩和美国密尔沃基淡水科学院院长戴维到保定访问，就水资源管理、白洋淀综合治理、水净化等领域的合作与保定市主要领导交换了意见。

6. 7 月 1 日，瑞士发展合作署副署长莫达西尼、使馆参赞查斐博士等一行7人与保定市政府、发改委、高新区、规划局、环保局等部门就低碳城市发展合作意向开展工作洽谈。

7.8月13日，中美东方科技投资有限公司专家组一行12人赴涞源考察国际创新园项目，计划总投资350亿元人民币。

8.9月10日，美国休斯顿市市长爱德华·冈萨雷斯一行6人，对保定市进行考察访问，参观了长城汽车有限公司、英利新能源有限公司和直隶总督署，市长马誉峰、副市长王笑频接见、宴请了代表团一行。

9.10月1日，奥地利国家萨尔茨堡邮政乐团到保定市进行音乐交流和参观考察，副市长杨宝东会见代表团中公务人员一行25人，并安排参股了英利新能源有限公司、国电联合动力等有关新能源企业。

10.10月12日，德国宝马汽车公司高级执行官员一行5人到保定市考察长城汽车有限公司，市长马誉峰会见。

11.10月18日，以色列NPG公司与涞源县人民政府、美国中美科技有限公司签署三方合作协议，拟利用涞源中美科技园区平台发展绿色无公害养殖，计划年产绿色肉鸡1亿只。

12.10月30日，丹麦森讷堡市商学院师生代表团一行22人专程到保定访问，参观了英利光伏馆、直隶总督署，与第四职中、女子职业中专开展了文化教育交流活动。

13.11月17日至18日，河北省友好省——荷兰王国南荷兰省经贸代表团一行4人，在南荷兰省政府副秘书长范德荷率领下到保定进行友好访问，参观考察了国电联合动力和英利公司，市长马誉峰亲会见代表团一行。

14.10月10日，驻德国大使史明德一行6人，为促进河北省与德国在清洁能源等领域的深度合作，专程到保定市考察访问。

15.12月10日，河北大学友好院校美国泽维尔大学行政副校长拉尔夫·强生一行3人，在河北大学副校长申世刚陪同下拜访保定市领导，与副市长杨猛就保定市与泽维尔大学驻地城市美国新奥尔良市在经贸、教育、人员培训等领域的合作前景进行深入洽谈。

16.12月17日，以色列凯丹水务投资公司CEO范戴明一行4人，专程到保定市就农业水利、环境保护、给排水及污水处理等投资合作事项与有关领导和部门进行洽谈。市委书记聂瑞平、市长马誉峰的会见范戴明一行。

境外媒体接待

1.3月8日，美国有线电视新闻网（CNN）中国专题制片人李元等3人采访英利，拍摄太阳能产品应用、电谷国际酒店。

2.3月13日，英国广播公司（BBC）主持人Justin Rowlatt和Anita Rani参观采访英利集团、光伏馆和电谷国际酒店。

3.4月22~27日，保加利亚记者团一行7人采访长城汽车。

4.6月21~22日，加拿大广播公司北京记者站一行3人到保定艺校采访拍摄。

5.6月26日，FRANCE24法国国际新闻24小时电视台首席驻华记者季伯文及摄像到保师附小和国电联合动力采访拍摄。

6.7月25日，路透社、日本共同社、彭博社等10家媒体的12名记者，参加英利等光伏产业就欧盟反倾销调查申请召开的联合新闻发布会。

7.8月2日，路透社、德国电视台等5家媒体的12名记者参加英利召开的新闻发布会。

办理邀请

邀请外国人到保定审批72批90人次，其中文教专家23人，管理和技术人员44人，商务洽谈7人，为保定市教育机构和企业引进人才、对外合作提供有效服务。

（曹文超）

民族宗教工作

【保定市民族宗教事务局】 保定市民族宗教事务局是保定市政府组成部门。主要职能是贯彻执行党的民族宗教政策，依法对民族宗教事务进行管理，发展少数民族经济、教育、文化、科技、体育、卫生等各项事业，维护少数民族、宗教团体的合法权益，促进民族团结、宗教和谐与社会稳定。保定市民族宗教事务局为正县级行政机关，内设办公室、政策法规处、经济处、民族处、宗教一处、宗教二处、宗教三处。

党组书记 局　　长	闫兰申(女)(6月离任)
党组书记 局　　长	董少卿（6月任）
党组成员 副局长	李正如　赵守万 赵永建
党组成员 纪检组长	信　超

【概　况】 2013年，保定市民族宗教事务局全面贯彻落实党和国家民族宗教方针政策，紧紧围绕省、市中心工作，民族工作突出“团结、发展、繁荣”，宗教工作突出“管理、引导、服务”，进一步巩固和发展民族团结、宗教和睦的良好局面，全力服务“京畿强市、善美保定”建设，完成河北省民宗厅规定的年度目标任务和保定《市政府工作报告》列

出的目标任务，各项工作取得了显著成绩，获全省支持老区建设先进集体称号。

【民族宗教领域维稳工作】 以矛盾纠纷排查调处为重点，坚持属地化管理，对民族宗教工作重点乡村、宗教活动重点场所的情况加强研判，发挥市、县、乡、村“四级”管理网络的作用，把矛盾纠纷解决在当地，化解在萌芽状态，全年妥善处置宗教领域突发事件50余起，确保了保定市民族宗教领域敏感期连续18年平稳度过，有力维护了全市安全稳定大局。

【巩固和发展民族团结共建和谐社会】 1. 拓宽思路，扎实开展民族团结进步创建活动。以“各族人民好、共筑中国梦”为主题，坚持以宣传引导、助力帮扶为主，以社区、民族村、民族用品定点生产企业、民族学校为重点，创新载体，注重实效，推动活动深入开展。2. 坚持清真食品常态化管理，切实维护少数民族群众合法权益。认真贯彻落实《河北省清真食品管理条例》和《河北省散居少数民族权益保障条例》，积极参与全市清真食品安全监督检查工作，联合工商、质检、卫生防疫等部门，落实清真食品联合协查机制，加大对清真食品市场的监管力度，打击制售假冒伪劣清真食品，及时查处纠正清真食品安全方面存在的隐患。不断提高服务水平，尊重少数民族风俗习俗，切实维护了少数民族群众的合法权益。3. 尊重习俗，认真做好回族等穆斯林群众节日期间的稳定工作。为做好回族穆斯林三大节日（圣纪节、开斋节、古尔邦节）稳定工作，组织相关部门对辖区内清真寺开展安全大检查活动，重点对场所内的水、火、电、网等环节进行安全检查，发现问题及时整改，消除隐患，使回族等穆斯林群众三大节日平安度过，确保了伊斯兰教领域的安全稳定民族团结。4. 积极参加全省少数民族传统体育毽球和板鞋竞速比赛。9月，全省毽球、板鞋竞速比赛分别在承德、邢台市举行。保定市毽球比赛获女子双打铜牌，板鞋竞速比赛7个项目中获6枚银牌，获省厅体育道德风尚奖。

【促进少数民族经济发展】 1. 认真做好民族示范村和特色村寨创建工作。积极指导试点村进一步完善创建规划，开展试点创建，高标准完成省民宗厅及国家民委对易县凤凰台、忠义村特色村寨的验收工作。2. 千方百计发展少数民族地方经济。2013年保定市共争取省级少数民族发展资金项目26个，发展资金534万元，惠及12个县（市、区）的24个少数民族村，与上年相比增加114万元，超额完成年度任务目标。3. 大力扶持民族企业发展。全年为市古城香业、军威食品等4家少数民族用品生产企业争取生产补助资金和技改贴息，为企业降低生产成本，促进保定市民品企业的发展。筹备成立了保定市少数民族经济发展促进会，搭建民族企业与政府交流的平台，进一步提升了服务民品企业和民族经济的质量水平。

【扎实做好宗教管理工作】 1. 开展全市宗教活动场所财务监督管理工作。全面落实《宗教活动场所财务监督管理办法（试行）》规定，进一步规范全市宗教团体和寺观教堂财务管理工作。根据年度工作安排，对全市各宗教团体和寺观教堂财务管理状况进行检查，实现了全市宗教团体和宗教活动场所财务监督管理工作规范化、制度化。2. 开展民族宗教领域重点、难点调研工作。由市局主要负责人带队，对制约全市民族宗教领域的重点、难点工作开展调研，取得第一手调研资料和成果，为各级领导科学决策提供翔实可靠的依据，进一步推动基层民族宗教工作重点、难点问题的解决。3. 抓好宗教活动场所“事故隐患”检查工作。为认真落实全市安全工作会议精神，市民宗局成立4个督导组，对各县（市、区）的宗教活动场所进行了拉网式大检查，发现隐患及时进行处理解决。安排专业人员就消防知识进行讲座，并对灭火器材使用、人员疏散等进行演练，使教职人员和信教群众提高消防意识，掌握消防知识，为预防和消除各类事故隐患打下坚实基础，确保了各宗教活动场所安全稳定。4. 全面推进以“教风建设年”为主题的和谐寺观教堂创建工作。研究制定以“教风建设年”为主题的和谐寺观教堂创建工作方案，充分利用开展“教风建设年”活动提供的有利契机，突出“三个结合”（与各宗教自身特点相结合，与发挥宗教团体主体作用相结合，把“教风建设年”活动与“低炭环保”活动相结合）开展和谐寺观教堂创建工作。“教风建设年”活动所取得的成效推动各项工作开展，形成良性循环的长效机制，全面提升保定宗教活动场所规范化、科学化管理水平。5. 开展民族宗教政策法律法规宣传工作。保定市民宗部门组织了由各县（市、区）民宗局长及市级五大宗教团体负责人、秘书长参加的民族宗教政策法律法规培训班活动，积极开展民族宗教法律法规“八进”（即：进机关、进乡村、进社区、进学校、进家庭、进企业、进单位、进市场）活动，并规定每年6月为“宗教政策法规学习月”，提升全市宗教干部和宗教教职人员的能力素质，加强了爱国宗教力量队伍建设。6. 开展宗教教职人员参加社保工作。组织成立了宗教教职人员参保工作领导小组，多次召开全市民宗局长专题部署会、局长办公会等会议，统筹协调此项工作。并认真坚持好了每周一汇报、每月一调度、每季召开一次联席会、每月通报一次进展情况等工作制度。保定市备案的宗教教职人员参加社会保险工作已基本完成。

【积极引导宗教界开展公益慈善事业】 1. 积极引导宗教界开展社会公益慈善事业。整合全市宗教团体慈善基金，集中力量办实事。由市民宗部门牵头，组织市五大宗教团体，开展助学、助老、助医、助残、扶贫为主题的公益慈善活动。2. 积极引导宗教界为灾区献爱心。四川雅安地震后，引导保定市宗教界积极响应党和政府号召，为四川雅安灾区捐款捐物献爱心，为灾区捐款30万余元。同时，派志愿者赴灾区送医送药及救灾物品等活动，体现了宗教与社会融合、服务社会、奉献社会的理念。2. 积极引导宗教界为建设善美保定做贡献。积极响应市委、市政府建设“京畿强市、善美保定”号召，组织全市五大宗教团体启动“善美保定、从我做起”活动仪式，号召全市民族宗教界人士、企业家、信教群众在绿化美化环境、减少污染、节约国家资源上模范带头，组织市局机关、各宗教团体、信教群众绿化荒地植树15000余棵，引导民族宗教界更好地与保定经济社会发展相适应，更好地服务社会。

【机关建设】 1. 深入开展“解放思想大讨论活动”。按照省委、市委要求，针对“三种情绪”（浮躁情绪、懒散情绪、消极情绪），进行认真查摆整改，着重强化“三种意识”（责任意识，争先意识，创新意识），树立“四种思维”（市场思维、开放思维、科技思维、法治思维）。2. 扎实开展党的群众路线实践教育前期准备活动。成立党的群众路线教育实践活动领导小组，在全局范围内下发学习提纲。做到传达学习“快”、超前谋划“早”、结合实际“紧”、工作措施“强”，真正把学习习总书记系列讲话精神落实在工作上。3. 加强队伍建设切实转变工作作风。制定《局党组加强自身建设的若干规定》，进一步修订局机关学习、调查研究之风，深入开展“为民务实在一线”活动。开设“机关讲坛”，坚持每周一课，学政治、学业务、学法律、学传统文化，搭建了传播知识、开拓思路、促进交流、凝聚正能量的新平台，促进了民族宗教干部整体素质的提升。4. 高标准完成基层建设年驻村扶贫工作。保定市民宗局指定1名局领导带队，抽调5名能力强、素质高，基层经验丰富人员组成两个驻村工作组。帮助扶贫村完成村基础设施建设，美化村容村貌，拓宽致富渠道，还分别为这两个村送去价值16万余元的生活物资和文体器材，为当地600多名群众进行免费诊断和治疗。

（赵守万　龙宏连　牟虹刚）

档案工作

【保定市档案局】 保定市档案局（馆）为市政府全额拨款直属事业机构，实行局、馆合一，一套机构、两个牌子，设办公室、法规处、保管利用处、业务指导处、科教处、编研处、政务信息公开服务处。主要职责是负责对全市档案事业实行宏观管理；依据有关法律、法规进行档案行政执法、监督；指导、检查、协调档案业务工作；负责集中统一管理市直机关的重要档案资料；保守党和国家机密，维护档案的完整，确保档案资料的安全；负责调查、收集散存在外的本市档案资料和与本市有关的史料；组织档案科学技术和理论研究，推进本市档案工作的科学管理和现代化建设；制定全市档案干部队伍建设规划，组织档案专业教育和档案干部培训，协助做好档案专业技术职务评聘有关工作；负责全市档案宣传工作，统一管理全市档案资料对外交流，协调档案工作的外事活动；负责全市档案信息开发、开放规划与管理，发挥档案信息资源作用，为社会各方面提供服务；承担《中华人民共和国信息公开条例》和市政府规定的有关政府信息公开的各项任务，负责政府信息收集、整理和面向社会公众提供查阅利用等。承办市委、市政府交办的其他事项。

局　　长　张冰水
副 局 长　张维清　辛书田
　　　　　刘建军
纪检组长　李变巧（女）

【概况】 2013年，市档案局认真履行档案工作“记录历史、传承文明、服务社会、造福人民”的职责，以“三满意”（一是让市委、市政府和上级档案部门满意，工作中要有特色，出亮点，要在全省档案系统争先进位；二是让服务对象满意，以优质高效的服务树立档案部门的良好形象；三是让干部职工满意，坚持以人为本，调动档案干部队伍的积极性和创造性）的工作标准，加强档案资源体系建设，加强档案利用体系建设，加强档案安全体系建设，不断克服制约档案事业发展的各种困难，着力推动档案事业科学发展，完成全年目标任务。1. 档案馆（室）工作。为清苑、安新、望都、易县争取中央财政支持建馆资金568万元。截至年底，蠡县新档案馆已基本建成，容城县档案馆自筹资金已完成主体建设。为加强机关、团体、事业单位档案室建设，市档案馆采取“抓系统、系统抓”的办法，先后对检察院系统、社保和医保系统进行专项指导和培训。检察院系统完成全系统4A级档案目标认定工作，机关事业保险系统、社会保险系统全系统通过了省人社厅、省档案局目标管理认定；保定市房屋测绘队通过5星目标管理认定。截至2013年底，全市共完成225个单位档案目标认定工作。另外，积极推进农村（社区）档案工作，全市共完成260个乡（镇）、农村（社区）示范点建设。2. 档案信息化与利用、宣传工作。全市扫描档案15000余卷盒、300余万页、著录9万多条。维修了服务器，增加内存，建立涉密计算机、移动硬盘台账，重新布线局域网。在档案利用中，市档案局拓宽查阅渠道，接受上门查阅、电话查阅、信函查阅等多种方式利用档案。2013年，市档案局共接待档案利用者3000余人次，提供电话咨询和电话委托查询300余次，调阅档案及资料8000余卷（册）。另外，档案干部在省市级以上报刊杂志发表学术论文数篇，宣传档案工作，对提高档案在社会的知名度，发挥重要作用。3. 档案干部培训和科研工作。结合国家局8号令和《河北省档案工作目标管理认定办法》的实施，有针对性的开展了形式多样的培训活动。先后举办了档案业务人员培训班3期，培训近200人。组织申报河北省档案科技项目11项。4. 档案执法工作。明确了保定市档案行政许可、非行政许可、行政监管内容，针对每项内容，制定了行政审批服务指南。根据市政府统一部署，在保定市电视台向社会做出依法治档的公开承诺。遵照“依法行政、文明执法”的要求，对20多个市直部门进行了档案执法检查。按照“市县联合、分系统、按专项 ”的方法，指导24个县（市、区）开展了档案行政执法检查。通过执法检查达到依法治档的目的，收到促进档案规范化管理的效果。5. 档案编研工作。完成了《保定年鉴》档案部分的编写，完成了《保定市档案局十年足迹》的编写。《保定市大事记》（2007－2012）样书已出。还指导各县（市、区）积极做好编研工作，清苑县、定兴县档案局编写的《大事记》已经出版发行，满城县档案局编写的《大事记》已完成初稿；阜平县档案局编写的《晋察冀边区阜平县红色档案丛书》后8部的编撰正在进行中，南市区档案局编撰的《保定府河》正在排版印刷。由市档案局与河北大学联合编撰的《保定商会档案》被河北省档案局授予“河北省档案文化开发利用特别贡献奖”；组织申报档案优秀服务成果15项，经省局评审，获得一等奖一项，二等奖5项，三等奖7项、优秀奖2项；档案局纪检监察工作被市纪委评为“实绩先进单位”；档案局机关总支被市直工委评为“优秀基层党组织”；档案局工会被市直机关工会评为“先进单位”。

【积极推进档案馆建设】 2013年，市档案局把新档案馆建设作为推进保定档案工作整体水平的一项重要工作列入年度任务目标。为推进新档案馆建设，积极争取发改委和省档案局的支持，为清苑县、安新县、望都县、易县争取中央财政支持建馆资金568万元。为推进工作的落实，局主要领导和分管领导多次到各县与县委、县政府领导研究推进新档案馆建设事宜。面积3896平方米的蠡县新档案馆已基本建成，正在进行最后装修，2014年可完成搬迁；面积2305平方米容城县档案馆在没有得到中央财政补助资金的情况下，自筹资金已完成了主体建设，现已开始装修，2014年可搬入新馆。随着一批县级新档案馆的建成，将改善保定市县域档案馆的保管利用条件，提高保定档案工作的整体水平。

【确保馆库安全，做好档案利用服务工作】 为保证全市档案馆（室）的安全，在雨季来临前，市局专门下发《保定市档案局关于做好汛期档案安全工作的通知》。组织人员对各县（市、区）档案馆、市直机关档案室进行安全指导检查。市档案局组织专业人员对消防安全系统进行检查维修，对档案库房进行检查维护，确保全市档案安全。在档案利用服务中，市档案局抓服务、转作风，积极为广大档案利用者提供全方位服务，采取电话查阅、信函查阅等多种方式为利用者服务。2013年，为省委办公厅提供温家宝在保定活动档案资料3份；为省供销社编史修志，保密普查工作等调阅档案1300余卷。为山西省垣曲县党史研究室编写《中国共产党坦曲历史》提供丰富的档案资料，受到外地服务对象的好评。《保定晚报》以“外地人查档一波三折、档案馆刨根问底”为题进行了报道。

【完成驻村任务】 根据市委、市政府统一部署，市档案局派出下乡干部10人。其中基层建设年活动的工作队2个，队员6人，分别驻顺平县东安阳村和雅子村；农村面貌提升工作队1个，队员3人，驻清苑县樊庄村；群众工作站干部1人，驻淮军公所社区。基层建设年工作队员驻村后，积极与县扶贫办等部门协调抓好“十件实事”的落实。如驻东安阳工作队，自筹资金3000元勘探打井位置并多方协调资金30万元，为村打饮水井一眼，解决了困扰东安阳村多年的村民饮水问题；还自筹资金3000元走访老干部、老党员，制作卫生宣传牌，为农家书屋解决书柜两套。驻雅子村工作队，给村解决化肥20袋、薄皮核桃树苗6000棵；筹措资金15万元，建立果品市场；协助村幼儿园解决课桌7张、椅子45把；对幼儿园墙壁进行了彩绘，并捐赠儿童玩具、学习用品等共11箱、衣服6箱、鞋2箱、幼儿画报3箱，得到村民的一致好评，顺平县电视台也给予报道。驻樊庄工作组进村后，积极开展走访调查摸清底数，并协助村“两委”制定了村容村貌提升规划。派驻群众工作站干部，按照“构建和谐、锻炼干部”目标，坚持“逢五必进”的工作纪律，走访居民62户，为8户困难群众购买了粮油；积极向居民宣传政策，做好社会和谐稳定工作；协调解决资金3000元；解决了社区办公条件差的实际问题。

（顾宏革）

综合政务服务

【市行政服务中心管委会（优化办）】 是市政府特设机构，正县级单位，单独列编，实行市委、市政府双重领导，设在市纪委，负责全市行政服务中心的管理和全市优化环境工作，共进驻部门43个，服务窗口131个，驻厅人员332人，办理行政许可、非行政许可和行政监管（服务事项）387项，设置税费服务、企业登记、项目审批、出入境管理以及综合服务5大功能区。设车辆管理、房产交易、招投标三个分厅，招投标分厅已改造升级为市公共资源交易中心。主要职能是负责对进入行政服务中心的各项审批（含行政许可、非行政许可、其他行政权力）事项和与之相关的服务事项进行协调、指导和监督；负责行政服务中心相关制度落实情况的监督、检查；负责对进入行政服务中心工作人员的日常管理和向有关部门建议后备干部人选；主持召开重大事项联审会，组织和监督《保定市投资项目联合审批实施方案》的实施；对进驻行政服务中心的审批、服务事项涉及的费（税）（含行政事业性收费、政府性基金、经营性收费、国有资本经营收益、税收）实行集中统一收取；负责对涉及公共资源交易有关事项的管理、监督；负责对行政服务中心各分厅的管理和监督；制定全市优化发展环境方面的政策措施，并组织实施、督导检查；负责对全市优化环境及驻行政服务中心窗口工作的考核，对各县（市、区）和市直各部门及工作人员提出考评意见；受理有关行政服务中心和优化环境方面的群众投诉，负责调查、核实危害发展环境案件，并提出处理意见；组织和监督《保定市委、市政府关于进一步优化骨干工业企业、高成长型工业企业和重点工业企业发展环境的若干规定》的实施；负责行政服务中心的后勤服务、安全保卫及网络维护等工作；完成市委、市政府交办的其他任务。内设办公室、综合业务处、督查一处、督查二处、效能监察处、行政处、网络技术服务处以及党政领导接待企业领导小组办公室协调对接处、综合督导处九个职能处（室）。另外，根据工作需要设置了机关党委、标准化办公室、房地产联合审批办公室、固定资产投资联合审批办公室、公共资源交易市场筹建办公室。

主　　任　商少璞（6月免）
　　　　　崔建民（11月任）
常务副主任　庞海林
副 主 任　孟庆良（6月免）
　　　　　宋红敏（女）
　　　　　王树兴

【概况】 2013年，市行政服务中心管委会（优化办）坚持以建设“三型”机关、提升服务水平、优化发展环境为目标，以“重点部门提质提效行动”“效能提升行动”“百日行动”等项任务为牵引，深入开展“解放思想、改革开放、创新驱动、科学发展”大讨论和“为民务实在一线”活动，全面推进保定市政务服务标准化建设，全市政务服务中心建设和服务水平得到稳步提升，发展环境得到持续优化。2013年，中心受理审批和服务事项143.96万余件，办结143.94万余件，办结率99.98%。办理固定资产投资项目立项117项，组织联合审批170项（联合踏勘84项，联合审图55项，联合验收31项)。完成税、费收入35.87亿元(税金收入6.18亿元,行政事业性收费、土地出让金、基金及其它收费共29.69亿元)。组织政府采购98次,中标额3.14亿元。组织建设工程招投标47项,中标金额33.05亿元。组织国有建设用地招拍挂29次,成交价28.55亿元;采矿权出让3次,成交价231万元。

【推进全市政务服务中心体系建设】 2013年,市行政服务中心管委会紧紧抓住"政务服务中心标准化建设"这一关键点,狠抓自身提升、标准推广和督导落实,全市政务服务效能和中心建设水平得到稳步提升。1. 提升市本级政务服务中心标准化建设水平。作为全省政务服务系统唯一一家国家级服务业标准化试点单位,市行政服务中心管委会按照《河北省政务服务中心VIS手册》要求,加强中心硬件建设。梳理核定进厅事项,将进厅事项划分为"即办件""承诺件"和"联办件"三大类,进一步优化审批流程,压减办结时限,审批服务平均提速率达到70%以上,并编制形成《保定市政务服务中心审批服务项目目录》《保定市政务服务中心服务业务指导规范》两个规范性文件。4月22日,全省推进政务服务中心标准化建设工作会议在保定市召开,会议重点推广保定市政务服务标准化建设的经验做法。2. 推进县级政务服务中心标准化建设。9月,全市召开推进政务服务中心标准化建设暨推行为民服务全程代理机制工作会议,明确了县级政务服务中心硬件建设、进驻事项、审批流程、网上服务、内部管理等建设标准。截至年底,全市大部分县级政务服务中心已完成标准化建设,有16家县级政务服务中心标准化体系通过了ISO9001国际质量管理体系认证。3. 加强便民服务站(室)建设。采取统一受理、集中办公的方式,整合乡(镇)基层所、站行政资源,规范审批事项,简化审批流程,全面实施为民服务全程代理,切实加强全市便民服务站(室)建设。截至年底,全市已建立乡镇便民服务站324个,覆盖率达到99.08%,村便民服务室5346个,覆盖率达到91.8%,基本形成了县、乡、村为民服务体系全覆盖。

【优化全市发展环境】 中心管委会以中央"八项规定"、全省"提质提效"专项行动和保定市"全民创业、效能提升、城市6S专项行动"为契机,全力营造便捷高效的政务环境和风清气正的发展环境。1. 加强制度建设。制定下发《关于推进政务服务中心标准化建设实施方案》《关于推进为民服务全程代理机制加强乡(村)便民服务站(室)建设的实施方案》《关于在投资项目审批中开展"承诺审批制"试点工作的实施方案》《重点投资项目行政审批全程代办服务办法》《关于进一步提升行政效能,着力改善发展环境的实施方案》等文件,为保定市合力营造"风情气正、开放文明、和谐稳定"的发展环境提供制度保障。2. 创新服务方式。以先批后补、先批后审为主要内容,在全市城市基础设施、民生保障和重点工业建设等投资项目审批中推进"承诺审批制"试点工作。以无偿、自愿、高效为原则,为省(市)重点项目、重点企业建设项目、招商引资项目等的审批事项提供全程代办服务。以服务"零距离"、办事"零障碍"为目标,为办事群众提供全程协办服务。2013年,市政务服务中心共受理投资项目166项,完成联合踏勘26项,联合审查57项,联合审图54项,联合验收23项,列入"绿色通道"项目7项,无偿为企业领办、代办事项200余次。3. 强化督导落实。开展审批卷宗联查,对存在厅外审批、体外循环、擅自增加前置条件、审批程序倒置等问题815件卷宗进行了整改和责任追究。开展项目建设跟踪问效,共建立184个重点项目台账,梳理出4大类问题,提出30余条整改意见,督促协调9个重点项目开工建设,保证"百日行动"的顺利开展。先后对82家企业、317名优化环境监督员进行实地走访和电话回访,调查了解企业发展状况和执法部门落实制度情况。对接到的起投诉举报及时进行了处置。

【全面提升干部能力素质】 2013年,市行政服务中心管委会坚持启发自觉与理论灌输、业务培训与考察交流、学习调研与任务锤炼相互结合,全面提升工作人员能力素质。坚持每周开展一次"处长论坛",各窗口单位的业务骨干、行家里手纷纷走上讲台,传经送宝,交流经验;学习考察沧州、邯郸、北京石景山等地政务服务中心建设经验,借鉴硬件建设、网络平台建设、审批服务等方面的先进经验和做法;学习借鉴邢台市《大力营造优质高效勤政务实的发展环境》经验做法,提出保定市加强和改进政务服务和优化环境工作的《意见建议》;积极参与省、市加强基层建设年活动和农村面貌改造提升行动,在完成任务的同时,党员干部的能力素质得到进一步提升。

(王金坡)

无线电管理工作

【河北省保定无线电管理局】 河北省保定无线电管理局隶属河北省无线电管理局，负责全市无线电管理工作。正县级单位。内设综合科、业务科、监督检查科、监测站。

局　长　赵　强
副局长　吴庆华　焦红利（女）

【概况】 2013年，围绕“加强管理、保护资源、保障安全、健康发展”的方针，认真贯彻《中华人民共和国无线电管理条例》和《河北省无线电管理规定》，按照依法行政、规范程序、把握重点、搞好服务的工作思路，不断加大无线电管理工作力度，认真开展群众路线主题教育活动，航空无线电秩序整顿，台站规范化管理活动、着力推进量化考核工作，狠抓工作作风，全面完善制度建设，团结协作、恪尽职守、不怕困难、扎实工作，完成各项工作任务。

【科学规划、统筹配置无线电频谱资源】 保定市万博广场是2013年河北省和保定市的重点工程，保定无线电管理局对万博广场一期工程建设工作提前介入，主动上门了解无线电通讯需求，提供技术咨询。河北万博广场企业管理有限公司充分肯定该局的建网指导意见，最终按照该局设计方案进行布置，已投入使用。依据省局文件精神，结合本地工作实际，建立了《公网基站执照到期续用审批工作程序》。据统计，每年根据运营商的扩容期数和申领执照的时间不同，须换发的执照数量在几百至几千张之间，而已建公网基站（含直放站）每年变更台址等重要技术参数的占5%左右。对未变化的基站续用，结合2013年台站规范化管理专项活动，创新工作，建立了《公网基站执照到期续用审批工作程序》，简化程序，缩短时间，极大方便了用户办理。

【做好无线电台站和设备管理工作】 5月至10月，按照国家和省局文件要求，结合保定市工作实际，认真谋划，精心准备，周密部署，完成保定市无线电台站规范化管理专项活动。通过此次无线电规范化管理专项活动，提高了无线电管理工作的社会认知度，促进了保定市各类无线电业务健康发展、巩固了2012年台站核查工作成果、建立健全了保定市无线电频率和台站规范化管理体系。

【为设台单位开辟行政审批高速通道】 2013年，紧密围绕无线电管理工作要积极服务经济发展大局这个中心，积极强化行政审批工作的服务职能，努力在“提质、提速、提效”上狠下功夫，进一步简化审批流程，压缩审批时限，为保定经济投资建设项目开辟行政审批高速通道。7月4日，市长马誉峰主持召开的沃尔玛保定朝阳大街店筹备工作调度会。会上，马誉峰要求有关部门要切实提高办事效率，进一步缩减审批时间，真正让投资者满意。保定无线电管理局决定开辟行政审批高速通道，仅用7日就办结了40余部无线电设备的行政许可审批手续并发放了电台执照。全年，按审批权限受理行政许可申请23件，全部按时办结。

【查处卫星电视接收器等无线电干扰情况】 按照无线电干扰受理时限要求，及时受理和查处各类无线电干扰投诉，截至11月底，共查处民航干扰案件2起，卫星电视受干扰案件4起，全部在24小时内出动，均严格按照量化指标要求及时处理。

【做好重大任务无线电安全保障工作】 2013年，为认真贯彻落实上级关于做好“两会”期间维稳的指示精神，保定无线电管理局对无线电应急工作预案进行修改完善，并认真做好值班工作，3月3日，正值全国两会召开之日，保定无线电管理局接到市文广新局函件，请求保定无线电管理局对在涿州境内监听到的频率为104.5MHz非法调频广播电台进行协查。保定无线电管理局立即启动两会期间应急工作方案，派应急监测执法小组会同市文广新局赶往涿州，连夜进行了测向定位和查处。此举也受到了多位市领导的批示表扬。

【整顿航空无线电秩序专项活动取得初步成效】 2013年，在治理整顿航空无线电秩序专项活动中，切实加大政府对无线电管理工作的督导检查力度，更好地宣传了无线电管理政策法规和无线电管理工作，特别是在强化县级政府充分履行无线电管理职能作用方面扩大了影响、强化责任，通过政府层面的督导检查工作，进一步增强设台单位合法使用频率，依法设置台站的意识，解决了一批长年没有解决的非法设台问题。活动期间，保定市督导检查组对各县工作落实情况进行了督导检查，共检查广电台站116座，整改39座，关停24座，限期整改15座。

【防范和打击利用无线电设备进行考试作弊工作情况】 2013

年，共对19个考试进行了无线电保障，出动人员38人次，车辆30辆次，设备50台次，共查获作弊信号6个，干扰压制作弊信号2个。共查获作弊案件6起，没收作弊无线电发射设备5套，罚款4000元。有力地维护了各类大型考试的公平公正和良好秩序，为考生提供了一个公平竞争的环境，为机关选拔优秀人才提供了好的平台。

【加大对校园学生的宣传力度】 2013年，帮助河北保定师范附属学校建立业余无线电集体电台，并定期组织学生们开展无线电课外实践活动，一名副局长被该校聘请为名誉校长，两名工作人员被聘请为该校科技创新辅导员，确立了双方合作共同提高青少年无线电科普素养的长效工作机制。

（张天骄）

驻外办事处工作

【保定市人民政府驻北京联络处】 为正县级单位，下设办公室、信息处、经济协作处、稳定协调处。主要职能是按照“振兴保定，服务首都”的总体工作思路，进行政务联络、稳定协调、招商引资、信息编发、接待服务等。

主　任　贾亮君（12月离任）
　　　　冯跃强（12月任）
副主任　张保国　张立洲

【概况】 2013年，积极主动开展工作，完成市委、市政府下达的年度考核目标和市领导交办的各项工作任务。

【对接北京和招商引资工作】 1. 服务招商活动。5月5日，保定市政府在北京举办“唱响低碳之城 推介善美保定”招商周活动。驻京联络处全力配合市政府安排，并主动搞好各种服务。从举办场地选择到会议服务，都认真对待。邀请多名在京保定籍的重要领导和知名人士参会，提升招商周的知名度和影响力。2. 助力产业对接。联络处领导多次带领干部职工学习市委、市政府有关驻京津办转化职能的文件和讲话精神，特别是党的十八届三中全会精神、省委八届六次全会和市委十届七次全会精神，强化队伍建设，突出招商职能，力争驻京联络处在环首都经济圈建设中起到桥头堡作用。面对北京产业外移，功能疏解的发展趋势，联络处积极搜集信息，及时向市政府反馈，并在2013年底经主任办公会研究决定，成立了北京产业外移对接领导小组，并准备致函各县市区，目的是做到既了解北京产业外移的现状，又知道各县市的需求情况，做到吃透两头，使对接北京的工作能够目标明确，落实到位，有的放矢。联络处准确把握京津冀协同发展的大势，充分利用驻京联络处在京的地理位置优势，努力在建设京畿强市、善美保定、重返第一方阵的战略任务中发挥重要作用。联络处还主动积极地为各县市区进京宣传提供方便，寻找机会。如北京河北商会在北京召开近千人的宣传推广大会，联络处为大会印发了保定有关县市的宣传手册，使在京的企业家能够更好地了解家乡变化和投资需要，组织博野等县参加这次会议，并有了几个意向性合作项目。面对北京产业外移的大趋势，联络处密切关注这方面的信息及政策导向，积极和北京市发改委等取得联系，并对这些资料进行整理，形成完整的《关于北京产业外移情况分析》的报告，并准备呈报市政府，为在全市努力打造环京津新的发展增长极的战略任务中发挥作用

【稳定协调工作】 始终把稳定协调工作作为重要工作之一，强化值班制度。严格执行24小时不空岗，积极配合信访工作，为信访工作人员提供满意服务。驻京联络处克服资金困难，努力安排好到北京工作的各市县信访工作人员的食宿，提供交通工具或是人员帮助以及协调与北京当地有关部门的关系，全力以赴解决他们的后顾之忧。配合市信访部门和各县（市、区）做好进京上访人员的接待，劝返工作。在敏感日和重大会议、活动期间加强值班，及时掌握情况，做好稳定协调工作。

【收集上报信息工作】 充分利用在北京的驻地优势和与国家各部委、北京市、各大媒体、科研院所的密切关系，进一步加强了与国家有关部委的沟通和联系。在报送信息上，把关系到保定市经济社会发展、对接重点、热点问题作为信息搜集报送的着力点。报送信息做到了有情况、有分析、有建议。2013年编发各类信息110余条，采用率20%以上。在巩固现有信息资源的同时，还积极拓展信息来源渠道，更及时反馈中央和北京市的重要信息，确保信息的真实、准确、完整和及时，提升信息质量，提高市级采用率。

【接待服务工作】 认真完成市委、市政府及主要领导交办的各项政务联络任务，2013年共接待或参与省、市领导及市委、市政

府有关部门160余人次在京的公务活动；同时为到北京开展公务、考察、就医等事宜的机关工作人员和离退休老干部提供了良好的食宿服务保障，累计达30批150余人次；为老领导、老干部及其家属来北京就医联系医疗专家30多人次。

（许平　刘光）

【保定市人民政府驻天津办事处】

是保定市人民政府派驻天津的机构，主要职责是协调做好在天津的招商引资工作；负责保定市在天津举办的重大经济活动、政务活动的组织、联络、协调；收集上报天津信息；负责市领导和有关部门在天津公务活动的接待安排工作；同时完成驻地政府的指派工作。

党组书记
主　　任　李保旗

【概况】　2013年，认真贯彻落实全市经济工作会议工作安排，做好市政府在天津开展“招商活动周”重大推介活动；深入贯彻落实市委十届六次全会精神，助力保定打造环京津地区新的发展增长极；积极服务津保交流合作，开展多种形式的招商工作，为保定市重返全省第一方阵、打造全省新的增长极而努力。

【在天津成功举办“招商活动周”】　根据全市经济工作会议在京津举办“保定招商活动周”安排，共召开10多次调度会，主任带队专程到北京学习经验。积极联系活动场地、安排食宿，多次实地查看，做好活动后勤工作。共邀请天津市领导、政府部门、外省市驻津办事处（商会）、在津世界500强企业、天津知名企业、新闻单位共300余名代表参加会议，起到很好的宣传效果。5月12日，保定天津招商周活动开幕式暨“低碳之城 善美保定2013（天津）推介会”在天津成功举办，共签约项目12个，总投资181.24亿元，项目涉及新能源、化工、建材、基础设施、商贸物流、旅游、农业等领域。

【在津举办学习天津招商经验交流会】　邀请天津市政府合作交流办副主任张建军参加保定市投资促进工作经验介绍会，向各县（市、区）及市直部门负责人介绍了天津市开展经济合作与招商引资的宝贵经验，天津近年来从滨海新区发展战略、发展楼宇经济、培养科技小巨人等八方面大力招商引资，取得非常好的效果，为保定市及各县的招商引资工作提供了新的思路，开阔了招商视野。

【在津承办“津保文化交流座谈会”】　市委常委周省时主持座谈会，市长马誉峰简要介绍了保定文化、历史，副市长杨宝东详细介绍了保定市文化艺术历史和现状。邀请天津市文化局领导、天津市具有代表性的文化公司经营者、保定籍天津文化名人等参加，座谈会以对接天津，共商保定文化艺术繁荣发展为主题。天津市画院书记、书法家、作家陈英杰，天津市书法家协会主席唐云来，画家霍春阳，天津电视台副台长翟振江、戏曲艺术家梅花奖得主陈春等就如何借鉴天津文化市场繁荣发展的思路，为促进保定文化艺术的传承、吸收、发展提出建议：一是促进三色“（古色、红色、绿色）文化发展，加强影视剧的影响，津保联合共同发展；二是文化发展不能全部以经济为目的，应重视传统文化价值体系的回归；三是应以教育、人才、区位优势等方面入手，发展文化。座谈会结束后进行交流活动，市委书记聂瑞平主持，邀请天津市委常委、政法委书记散襄军，省人大常委会副主任宋长瑞、省政协副主席郭华出席，市委常委、市委秘书长李志刚也参加了活动。散襄军介绍了保定著名作家梁斌的生平和作品的创作过程，宋长瑞和郭华对津保文化交流合作提出了指导性意见，天津市文化产业协会副会长、书协副主席霍然，画家纪振民等用艺术作品祝愿保定文化事业蓬勃发展。

【强化招商职能】　各处室都赋予招商职能，倡导全民招商；全体人员加强培训，提高招商素质，强化招商意识。将招商引资工作分解到各处室，落实到人，包括项目、信息、联络协调等责任到人，加压鼓劲；工作考核中全面强化招商工作的重量和分量，增加招商工作所占比重。

【抓五方面强力推进招商】　抓后期联络，扩大招商活动周成果，积极与参加”天津招商活动周“的有关在津企业沟通联系，寻找招商契机。天津津工超市有限责任公司对招商活动周有关”保定减少行政审批事项“的信息发布非常感兴趣，想进一步了解保定开设超市的审批政策，驻津办第一时间与保定市工商局等有关部门联系，了解有关政策，及时反馈。如果该公司在保定投资，将积极帮助办理审批手续。天津清华德人环境工程有限公司打算与发布的相关招商项目开展合作，积极与项目发布方和有关部门联系，为双方项目合作牵线搭桥。根据市领导要求，向天津市政府有关部门借鉴《天津市市直及各区县年终绩效考核办法》，为保定市招商引资及工作考核提供参考。抓县域经济，注重县域经济招商需求，组织保津商会副会长到蠡县进行”招商活动周“后期回访，与县长史来顺、副县长吴素杰、刘立辉及招商局、商务局等部门负责人就”办事处如何更好的为县域招商工作做好服务“征求意见，刘立辉介绍了蠡县的基本情况、产业结构及园区规划情况。联络天津高等院校与蠡县特产麻山药提纯项目与开展合作，促进特产的深加工，提升附加值。组织河北省驻津办、省商会及保津商会共10余家单位、企业参加”望都2013年招商推介会“，使招商项目供需双方直接对接洽谈。联络天津佳冠投资控股有限公司董事长郭涛实地考察望都中学项目，望都县县长孙晨光、县招商局、县教育局、望都中学等相关部门领导座谈，就望都中学新建项目达成投资意向。该项目计划总投资1亿元，项目建成后，将迅速缓解义务教育学生入学压力，满足社会对基础教育资源的需求。抓重点企业项目，谋划重点招商工作，组织在津房地产行业的部分央企、中国企业500强以及天津本地大型房企就保定市房地产市场开发、新农村建设以及城市综合体管理等方面进行座谈，万达集团、富力地产、中国建筑第六工程局、香港建设、歌山建设等10余家企业参加。参会企业表示有意将业务拓展至保定，服务保定的城市建设、城镇建设等。希望到保定考察，进一步了解保定，开展合作。促进保北医药与天津医药集团的合作共赢，组织双方进行了第一次商谈，在达成初步意向的前提下进行跟踪服务，多次了解进展情况。抓人脉积累，搭建招商人脉网络平台，年初驻津办和保津商会联合举办“2013年保定同乡联谊会暨招商推介会”，保定籍在津各界人士及高碑店市招商局有关领导共100余人参加，为津保交流合作搭建了一个崭新的平台。保定籍天津市人大常委会副主任李润兰、李亚力参会，期间重点推介了高碑店市招商项目，发放保定市和高碑店市招商宣传手册200多份。通过联谊会强化了招商人脉网络，密切了老乡感情，进一步宣传了保定，为招商引资搭建了人脉平台。抓服务保定籍企业，鼓励回报家乡，服务津保一体化发展，联系天津市武警部门为长城汽车股份有限股公司天津分公司提供员工军训教官，促成双方签署《警民共建协议书》，年安排教官30名，培训员工2000名左右，满足了提高员工素质的工作需要。陪同天津广播电台《走基层－合作交流中的天津》节目组赴保定采访，相继采访了在天津投资的保定知名企业长城、英利，并对天津知名企业天士力与安国市共建“中药都”的项目合作进展情况进一步了解，同时对发改委相关领导就推进一体化、如何实现津保合作共赢进行采访。采访活动在天津广播电台播出，密切了保津两市关系，促进两地全面对接，推进了区域一体化进程。

【信息工作发挥参谋助手作用】

日常信息工作围绕天津市发展的经验和做法、保定籍企业在津发展动态、办事处日常工作等上报，在反映办事处日常工作的同时，挖掘天津市经济发展的亮点，关心、服务保定籍企业在津发展。为了推进保定市建设“河北中关村”，对天津滨海新区承接首都科技转移转化和与北京中关村合作进行专题调研，对保定市建设“河北中关村”提供借鉴，调研文章被市政府信息处采发。

（康　军）

政协保定市委员会

【综述】　政协保定市委员会是中国人民政治协商会议的地方委员会之一，在中共保定市委的领导和河北省政协的指导下开展工作。主要职能是政治协商、民主监督、参政议政。政协保定市委员会设置32个委员界别。政协保定市第十二届委员会第一次会议于2013年4月召开，本次会议产生了市政协第十二届委员会主席、副主席、秘书长、常务委员。新一届政协委员总数696名（5月定州市归省直管后委员人数为673名）。

【市政协第十一届委员会常务委员会组成人员】

主　　席　崔启慧

副 主 席　陈占国　孙建恒

张国立　赵桂良

梁文平

姚秀珍（女）

刘建立　郭　普

李小亭（女）

许　皞

秘 书 长　槐建国

常务委员（共113名）

万进儒　马会杰

马　河　王士芳

王玉祥

王红艳（女）

王丽华（女）

王连群　王炳刚

王胜利　王　谦

王新利　王福友

王慧燕（女）

冯文堂　冯鹤菁

左　群（女）

田双喜

白红敏（女）

龙苏梅（女）

刘立新　刘伟音

刘利忠　刘国旗

吕玉锦　孙建设

孙树贵　孙新怀

师蕴珩

许红琳（女）

邢彦学

闫克军（回族）

吴剑松

张云彩（女）

张文龙　张志民

张志茹（女）

张怀明　张英俊

张荣芳（女）

张敬东　张瑞春

张冀明　李大忠

李旭辉　李连才

李明凯　李荣月

李　晔

李桂琮（女）

李雁鸣　李献强

杜亦大　杜建强

杨坤龙　杨学举

杨益存　狄国良

陈玉忠　周文琪

周连生

范艳艳（女）

郑明慧（女）

宫娜景（女）

赵立柱　赵志国

赵清华　郝春海

贾春顺

崔和平（女）

梁　山

曾　刚（女）

焦冠军　程宝山

葛长青　董桂武

释真广　臧瑞平

颜世民　冀学明

霍占利　王　议

王　征　王勇山

宁洪茂　田海林

乔玉忠

刘　力（女）

刘立青（女）

刘　鹏　邢　斌

齐立伟

吴金霞（女）

吴洪琴（女）

吴　琼（女）

张占忠

张学敏（女）

政协保定市委员会

李　义　李成果
杨冬梅（女）
杨伟坤（女）
杨军华（女）
杨增德　邹洪利
周　刚　武文革
赵　静（女）
倪贺营
郭　芳（女）
郭运通　高　玉
崔玉林（女）
程和平
马永平（女，回族）
付保世　邢　昊
阴虹桥（女）
李华平（女）
陈　隽　周乐新

【市政协第十二届委员会常务委员会组成人员】

主　　席　崔启慧
副 主 席　刘金龙　孙建恒
　　　　　张国立
　　　　　李小亭（女）
　　　　　许　皞　吕宝生
　　　　　赤光明　岳文民
秘 书 长　贾凤聚
常务委员（共128名）
于文浩　万进儒
马　河
马永平（女，回族）
马会杰　马连军
王　健　王　谦
王士芳　王玉祥
王红艳（女）
王连水
王庚申　王炳刚
王洪亮　王新利
左　群（女）
平文录（回族）
田双喜
田素宁（女）
付保世
白红敏（女）
兰金宝　冯颖洁
邢　昊　邢彦学
邢智丽（女）
乔玉忠　延景祎
刘　力（女）
刘长伟　刘国旗
刘晓莲（女）
刘铁英
刘然欣（女）
齐　峰　齐志明
闫克军（回族）
安树新　安增奇
阴虹桥（女）
孙建设　孙树贵
孙新怀　杜永昌
杜亦大　杨占辉
杨冬梅（女）
杨伟坤（女）
杨运杰　杨学举
杨益存
杨雪玲（女）
杨增德（满族）
李　义　李　勇
李　晔
李华平（女）
李同聚　李红伟
李国星　李明凯
李宝忠　李荣月
李洪强　李雁鸣
李献强　李增泉
吴　琼（女）
吴金霞（女）
吴剑松
吴洪琴（女）
何运转（女）
狄国良　邹洪利
宋　敬（女）
宋金城　张　旭
张　明
张　炜（女）
张　健
张小莉（女）
张文龙　张占忠
张志茹（女）
张建敏（女）
张树欣（女）
张艳彬
张晓梅（女）
张晨钰（女）
张敬东　张瑞春
张冀明　陈　隽
陈玉忠
陈根全（满族）
陈振怀　苑三国
范艳艳（女）
周立峰　赵大明
赵子燕（女）
赵志国　赵其国
赵清华
郝文清（女）
侯思祖　段一兵
姚小兵
姚克荣（女）
贾小雷　贾春顺
郭　芳（女）
高　玉　崔　炜
崔和平（女）
韩　冰　程和平
程宝山　释真广
靳旭辉　蔡红星
蔺小可　臧立国
潘志勇　霍占利
冀学明
魏宝增（回族）

【市政协机构及成员】

常务副秘书长　贾凤聚（4月免）
　　　　　　　（空缺）
副 秘 书 长　邢发欣
　　　　　　　刘　丽（女）
　　　　　　　刘　畅（女）
研究室
主　任　王宏伟（11月免）
　　　　（空缺）
副主任　王　波
经济科技委员会
主　任　李华平（女）
副主任　闫会斌
文教体卫委员会
主　任　崔和平（女）
副主任　石玉宝
社会法制委员会
主　任　马会杰
副主任　（空缺）

学习宣传委员会
主　任　范艳艳（女）
副主任　朱东利
提案委员会
主　任　李荣月
副主任　丁国胜
台港澳侨委员会
主　任　王庚申
副主任　（空缺）
文史资料委员会
主　任　张艳彬
副主任　（空缺）
人口资源环境委员会
主　任　张　旭
副主任　（空缺）
机关党委
书　记　槐建国（兼，5月免）
　　　　贾凤聚（兼，5月任）
副书记　戴士桥

【市政协十二届一次会议】　政协保定市第十二届委员会第一次会议于4月8日至4月11日举行。会议应到委员696人，实到665人，符合政协章程规定。市委、市人大、市政府领导，法检两长，军分区领导和政协历届老领导应邀出席了大会开幕式、闭幕式。

受政协保定市第十一届委员会常务委员会的委托，崔启慧向大会作政协保定市第十一届委员会常务委员会工作报告。报告指出，政协保定市第十一届委员会任期的五年，是应对各种风险考验、奋力推进小康社会建设的五年，是改革开放和现代化建设取得显著成就的五年，也是人民政协事业蓬勃发展的五年。在省政协的指导和中共保定市委的领导下，市政协常委会坚持以邓小平理论、"三个代表"重要思想、科学发展观为指导，高举爱国主义、社会主义旗帜，牢牢把握团结和民主两大主题，广泛团结动员参加人民政协的各党派、各团体、各民族、各阶层和各界人士，认真履行政治协商、民主监督、参政议政职能，努力发挥协调关系、汇聚力量、建言献策、服务大局的作用，为推进保定市经济社会发展作出积极贡献。报告归纳了五年来市政协在实践中积累的五点经验，并对十二届市政协的工作提出五方面建议。

受政协保定市第十一届委员会常务委员会的委托，第十一届市政协副主席刘建立向大会作政协保定市第十一届委员会常务委员会提案工作情况的报告。

市各民主党派、工商联、人民团体，有关市直部门、高等院校和大型企业的负责人也应邀列席会议。

【市政协2013年常委会议】　2013年，市政协共召开了三次常委会议。

市政协第十一届委员会常务委员会第十九次会议于3月29日召开。会议审议通过了关于召开政协保定市第十二届委员会第一次会议的决定；审议通过了政协保定市第十一届委员会常务委员会工作报告（草案）及报告人名单；审议通过了政协保定市第十一届委员会常务委员会提案工作情况的报告（草案）及报告人名单；听取了市委常委、统战部长、农工委书记王惠欣作关于政协保定市第十二届委员会参加单位、委员名额、委员人选名单（草案）和政协保定市第十二届委员会第一次会议大会主席团、秘书长、大会主席团会议主持人建议名单（草案）的说明；审议通过了政协保定市第十二届委员会委员名单；审议通过了政协保定市第十二届委员会第一次会议大会主席团、秘书长、大会主席团会议主持人建议名单（草案）；审议通过了政协保定市第十二届委员会第一次会议提案审查委员会主任、副主任、委员建议名单（草案）；审议通过了政协保定市第十二届委员会第一次会议编组办法、列席单位及人员名单（草案）；审议通过了政协保定市第十二届委员会第一次会议议程、日程（草案）；审议通过了市政协2013年工作要点。会议决定，市政协十二届一次会议于4月7日至4月11日召开，会期4天半。

市政协第十二届委员会常务委员会第一次会议于8月9日召开。市政协主席崔启慧主持会议。会议听取了市政协副主席岳文民作政协保定市委员会提案工作条例（草案）起草说明；审议通过了政协保定市第十二届委员会常务委员会组成人员守则；审议通过了政协保定市第十二届委员会委员守则；审议通过了政协保定市委员会提案工作条例；审议通过了政协保定市第十二届委员会常务委员会关于政协机关工作机构设置的决定；审议通过了政协保定市第十二届委员会副秘书长名单；审议通过了政协保定市第十二届委员会各专门委员会、研究室主任名单；审议通过了政协保定市第十二届委员会各专门委员会组成人员名单。

市政协第十二届委员会常务委员会第二次会议于11月15日召开。市政协主席崔启慧主持会议并讲话。会议听取了市政协副主席吕宝生作《关于进一步做好我市大气污染防治工作的建议案》（草案）起草说明；听取了市政协副主席岳文民作提案办理情况的通报；审议通过了《关于进一步做好我市大气污染防治工作的建议案》；市政协企业界常委蔺小可、孙树贵、张瑞春作会议发言，介绍了本企业和所在行业经营发展情况。

【围绕全市中心工作建言献策】 市政协围绕市委十届六次全体（扩大）会议提出的加快重返全省第一方阵，全力打造环京津地区新的发展增长极的总目标，组成全市重点项目建设专题调研组，带领省市政协委员深入企业、项目现场开展调研视察，提出加强政策扶持、加快产业转型、加速园区建设、拓宽融资渠道、引进高端人才等建议。全年共走访企业65家，视察省市重点项目12个，向企业提出合理化建议150多条，向政府报送调研报告18篇。组织科技界、经济界、工商界以及农业界委员，专题视察保定市科技创新工作，就加强科技创新工作引导，培育创新主体，培养创新人才，优化创新环境，加大创新投入等方面提出意见建议，形成了《关于我市科技创新体系建设情况的调研报告》。各专门委员会从不同角度组织开展对接京津方面的调研视察活动，就保定与京津一体化发展的重要意义、机遇挑战、发展定位、合作方式等方面，提出了“实现环京津区域协调发展”“服务业融入首都经济圈”等建议。

2013年，市政协围绕加快科技创新、发展低碳经济、促进县域经济、打造旅游品牌等方面，组织开展了一系列不同层面的协商议政活动，形成了20多份调研报告。特别是围绕城市管理6S专项行动，市政协组织省市政协委员、专家学者深入一线，对行动开展情况进行视察，召开协商议政会，听取各方意见，为改善城市环境、打造美丽家园提出了切实可行的意见和建议。市长马誉峰参加视察，并对专项视察给予了充分肯定。此外，市政协围绕市委、市政府在全市开展的全民创业、效能提升等专项行动，组织政协委员实地调研，提出了大量意见建议，上报市委、市政府。各专委会、各界别小组围绕扶持小微企业发展、加强现代农业设施建设、促进园区经济发展、完善资源管理等，开展了对口协商和界别协商，对有关问题的解决落实提出意见建议。

为应对雾霾天气，改善空气质量，建设宜居城市，市政协组成了以主席崔启慧为组长，有关副主席、专家、学者、委员为成员的专题调研组，深入环境监测点、气象台指挥中心、居民采暖点、煤改气项目现场进行调查研究，召开不同层次座谈会，广泛征求各方面意见，形成《关于进一步做好我市大气污染防治工作的建议案》，经十二届二次常委会议审议通过并提交市委、市政府。在全市开展的“解放思想、改革开放、创新驱动、科学发展”大讨论活动中，市政协积极参加“我为河北科学发展献良策、我为保定科学发展献良策”活动，发动委员和社会各界人士为省、市经济社会发展找差距、出对策。经筛选，共汇总上报意见建议200多条，涵盖经济建设、农业发展、环境卫生、文化建设、就业医疗等方面。

【实践群众路线，坚持履职为民】 市政协有针对性地把民生问题作为调研视察重点，促进民生问题的解决。围绕保障性住房建设、创业就业、医疗保障、职业教育、义务教育均衡发展等问题，开展调研视察，提出意见建议。就如何促进职业教育健康发展，市政协组织部分委员和教育专家对职业教育发展情况进行专题调研，针对保定市职业教育的现状、存在问题及原因进行分析总结，提出建议，形成了关于保定市职业教育发展情况的调研报告。市政协机关作为对口帮扶曲阳集团牵头单位，协调成员单位，指导帮助对口帮扶村加强基础设施建设，改善农民生产生活条件，扶贫帮建取得了阶段性成果。委派驻村工作的机关干部认真落实干部驻村入户和直接联系群众制度，实实在在帮助所在村发展经济，解决人畜饮水、群众生产生活等方面的难题。

结合换届实际，针对新委员多、对提案工作不了解的情况，市政协加大委员培训力度，发放提案明白纸，使2013年的提案数量和质量较往年有很大提升。十二届一次会议以来，共收到委员提案467件，立案457件。市政协注重收集和反映社情民意信息，发挥各界别和专委会作用，不断提升反映社情民意的时效性，及时报送全局性、苗头性和倾向性问题，充分发挥政协社情民意信息在党委政府舆情汇集和分析机制中的作用。一年来，共收集整理社情民意信息32篇，为党政机关提供了重要的信息支持和决策参考。

【促进社会和谐，增进与社会各界的团结合作】 贯彻“长期共存、互相监督、肝胆相照、荣辱与共”方针，支持和保障各党派团体通过政协全体会议、常委会议、专题协商、提案督办、联合调研视察等形式，履行职责，发挥作用，不断增进共同政治基础上的团结合作。为进一步扩大两岸经济和民间交流，市政协组织政协委员走访了部分台资企业，了解台资企业在保定的发展情况，积极探索有效办法，促进其发展壮大。密切与民族宗教界人士的联系，充分发挥宗教界人士和信教群众在促进社会和谐中的积极作用。利用重大节日，开展形式多样的茶话会、形势报告会、联谊会等活动，交流思想、增进理解、维护团结，增强政协凝聚力。

【促进社会和谐，增进与社会各界的团结合作】 贯彻“长期共存、互相监督、肝胆相照、荣辱与共”方针，支持和保障各党派团体通过政协全体会议、常委会议、专题协商、提案督办、联合调研视察等形式，履行职责，发挥作用，不断增进共同政治基础上的团结合作。为进一步扩大两岸经济和民间交流，市政协组织政协委员走访了部分台资企业，了解台资企业在保定的发展情况，积极探索有效办法，促进其发展壮大。密切与民族宗教界人士的联系，充分发挥宗教界人士和信教群众在促进社会和谐中的积极作用。利用重大节日，开展形式多样的茶话会、形势报告会、联谊会等活动，交流思想、增进理解、维护团结，增强政协凝聚力。

增强广大政协委员为“平安保定”“善美保定”建设服务的主动性、积极性，组织委员对“秋收100”打击整治专项行动进行视察，就巩固严打整治成果，推进严打制度化、常态化提出了意见建议，为维护全市治安稳定、促进社会和谐作出了积极贡献。此外，还组织委员视察了高阳劳教所，对劳教所转型建设等问题提出了意见建议。不断增进民主监督的广泛性和实效性，认真组织政协委员参加政风行风评议，对公用事业和重点行业的收费价格进行质询听证，还组织委员参加了工商局“12315”开放日活动，充分反映了群众意愿和呼声，对有关职能部门的工作提出批评和建议。

不断加强文史宣传工作。积极发挥文史工作“存史、资政、团结、育人”的作用，参与组织了“河北历史文化遗产保护与传承”“风雨兼程河北人”“爱我保定·文化润古城”等大型文史资料征集活动。共收集文章150余篇，图片120多张，其中《办好莲池书院·壮大文化产业》《保定衙署文化保护与传承》《加强保定军校遗址保护利用》被省政协评为文史资料优秀论文。市政协还组织保定20多位知名画家赴涞源县白石山开展采风活动，并精选60余幅作品举办“美丽白石山”国画展，生动展示了保定的自然和人文风景。改进和加强政协宣传工作。坚持正确的舆论导向，认真办好政协专版，办好政协网站，密切同中央和省新闻单位的联系与合作，不断扩大保定市政协工作的影响力。全年刊发政协专版10期，共撰写文章100多篇，共计10万多字，图片20多幅，较好地发挥了保定市政协工作和政协文化的宣传主阵地作用。

拓展对外联谊交往。2013年7月，市政协承办了省政协十一届三次常委会议，市政协积极配合省政协筹备会议，周到细致地接待与会常委和其他市政协主席，精心组织，周密安排，全力以赴，保障会议顺利召开。积极参加不同层次的政协横向联系活动，派员参加了5省11市政协主席横向联席会议等活动，接待其他市政协考察团队22个，交流政协工作经验，宣传保定市发展成就，在更大范围内扩大了保定的知名度和美誉度。

【加强市政协自身建设】 搞好新委员培训与管理。举办委员集训学习会和新任委员培训会，印发了10万余字的《政协委员学习资料》，组织了提案撰写、社情民意收集、调研报告起草等专项培训，引导委员认真学习党的统一战线理论和人民政协理论，为委员尽快进入角色、履行职责、发挥作用打好基础。完善《常委工作守则》《提案工作条例》《委员工作守则》，明确了常委、专委会及委员的职责和行为准则，为政协委员开展活动提供了制度保障。

不断提升政协组织的合力。坚持市政协常委会议等重要会议、重大活动邀请县（市、区）政协主席列席，定期组织县（市、区）政协主席座谈会、秘书长联谊活动，进一步加强对基层政协工作的指导。坚持专委会对口联系制度，各专门委员会充分发挥自身的专业优势与独特作用，在配合完成常委会议、主席会议调研任务的同时，不断密切与各县（市、区）政协和相关部门的联系协作，在提案办理、专题调研等重大活动中，相互协调、互相支持，为政协工作奠定了坚实基础。

提高政协机关服务保障水平。按照中共中央和省委、市委统一部署，市政协机关认真学习了中央八项规定有关内容，从改进视察调研、精简会议活动、控制文件简报、规范出访活动、改进新闻报道、简化接待工作、严控经费支出、加强督促检查等八个方面着手，及时修订和完善了机关的工作学习、会议、接待和车辆管理等制度，严格执行厉行节约的各项规定。保持了政协机关风清气正的良好氛围，为市政协更好地履行政治协商、民主监督、参政议政职能提供有力保障。

（张涛　张新培）

纪检·监察

【保定市纪律检查委员会、保定市监察局】 保定市纪律检查委员会与保定市监察局合署办公，履行党的纪律检查和行政监察两项职能，在保定市委、市政府和河北省纪委、省监察厅的领导下开展工作。内设22个室，即办公室、监察综合室、第一纪检监察室、第二纪检监察室、第三纪检监察室、第四纪检监察室、第五纪检监察室、案件监督管理室、干部监督管理室、政策法规研究室、案件审理室、党风廉政建设室、纠风室、宣传教育室、行政效能监察室、执法监察室、信访室、预防腐败室、老干部管理服务室、机关党委、培训管理室、信息管理室。

书　记　常增月（6月免）
　　　　周省时（7月任）
副书记　王振民(兼市监察局局长)
　　　　钱君杰　商少璞(6月免)
　　　　姚小兵　贾红雨(12月任)
常　委　杨敬新（兼市监察局副局长、市委巡视工作联络组办公室主任）
　　　　李木栓
　　　　李晓峰（兼市监察局副局长，11月兼市公共资源交易中心管理委员会办公室主任）
　　　　张宏升（兼市监察局副局长）
　　　　刘景桂
监察局纪检员　李永灵

【概况】 2013年，市委、市政府高度重视党风廉政建设和反腐败工作，坚持党要管党、从严治党，以干部清正、政府清廉、政治清明为目标，以解决作风建设中的突出问题为切入点，坚定不移地推进反腐倡廉建设。各级党组织主体责任不断强化，市委、市政府主要领导对反腐倡廉重点工作多次听取汇报，提出要求，带头落实中央八项规定精神，面向社会做出十二项承诺，发挥了重要示范引领作用。全市各级纪检监察机关认真履行监督责任，以提升“学习力、谋划力、支撑力”为主要内容的学习型机关建设为统领，以“强三力、肃风纪、查案件、提效能”百日行动为载体，全面提高履职能力，狠抓作风建设，严肃查办案件，推动党风政风持续好转，党风廉政建设和反腐败各项工作取得新成效。

【监督检查工作】 重点加大对加快转变经济发展方式监督检查力度，组织18个部门对节能减排和环境保护、耕地保护和节约集约用地、水利建设等政策措施落实情况进行监督检查，整改问题21个，对专项资金进行了清理摸底，共清理资金121亿元。清理社会保险基金等3类专项资金和退耕还林补助等6类重点检查项目资金61.48亿元。组织对阜平、曲阳等16个县扶贫、林业、教育等专项资金和清西陵文物保护资金、灾后重建资金使用管理和重点工程项目进行了专项监督检查，为灾后重建、扶贫开发等工作提供了有力保障。治理物流领域乱收费和公路“三乱”措施有力，出台了查纠整治暂行办法，实行了“三定二卡”制度（“三定”，即定点检查、定期检查、定期培训，“两卡”，即警示卡、登记卡）。

【查办案件工作】 坚持有腐必反、有贪必肃和“老虎”“苍蝇”一起打，持续加大查办案件力度，坚定不移惩治腐败。全年全市纪检监察机关共接受群众信访举报4289件（次），初核线索3100件，立案3088件，结案3055件，党政纪处分和组织处理

3425人，其中县处级干部21人，乡科级干部425人。9月中旬到年底集中开展“百日行动”，进一步健全反腐败协调小组工作机制，研究制定了《关于纪检监察机关、司法机关和审计等行政执法机关移送（移交）案件线索的规定》，加强办案人才库、谈话室建设，建立健全了办案工作周报告制度、直查案件管理台账等机制制度。积极探索开展信访资源综合利用工作。

【惩防体系建设工作】 积极探索“体制机制制度加入科技融入文化”防治腐败工作模式，围绕强化对权力运行的制约和监督，以权力运行监控机制建设为切入点，运用“项目推进法”统筹推进教育、制度、监督、改革、纠风、惩治各项工作，扎实推进防治腐败工作。制定出台了《关于进一步加强廉政风险防控深化权力运行监控机制建设的实施意见》。不断推进廉政文化建设，实现了廉政教育基地全市覆盖。制发了《市纪委常委同市管党政领导干部谈话实施办法（试行)》，市、县两级纪委领导同下级党政机关主要负责人谈话931人次，领导干部任前廉政谈话643人次，诫勉谈话225人次。领导干部报告个人重大事项2486人次。对已建立党组织的609家规模以上的非公有制企业实现了纪检组织全覆盖。

【党风廉政建设工作】 认真学习贯彻党的“十八大”和习近平总书记系列重要讲话精神，从落实中央八项规定精神、纠正和克服“四风”问题入手，从解决群众反映强烈的作风问题切入，深入开展正风肃纪行动，按照“十对照十整治”要求，全市2014个乡科级以上领导班子和10335名乡科级以上领导干部进行了自查自纠。针对群众反映强烈的超标购车、冀O牌车、超标占用办公用房、违规收费、“吃空饷”和“吃拿卡要”等问题，组织开展专项整治，收缴超标购车1162辆；取消冀O牌车1748辆；清理整改超标办公用房4.3万平方米；清理规范收费项目74项；清理“吃空饷”人员3208人；查处违反中央八项规定精神案件90件，处理党员干部90人，对其中10起典型案件进行公开曝光处理。不断推进反腐倡廉教育和廉政文化建设，加强数字媒体的利用与开发，形成文化支撑、活动搭台、典型示范、宣传引导“四位一体”工作格局。进一步完善相关制度，提升农村“三资”和“村监会”的管理水平。建立农村集体资产资源交易招标投标中心、农村产权交易中心等交易平台71个，便民服务机构653个。全面开展了农村基层干部“双述双谈”工作，促进了村级班子和党员干部队伍规范化建设。

【优化环境工作】 推行政务服务中心标准化建设，编制了保定市政务服务中心《审批服务项目目录》《服务业务指导规范》；开展“承诺审批制”试点工作，推进对非重点建设项目实行全程领办服务、对重点项目实行全程代办服务，共受理投资项目190项，完成联合踏勘21项，联合审查50项，联合审图48项，联合验收21项，列入“绿色通道”项目7项，无偿为企业领办、代办事项200余次；认真做好审批事项的“衔接、下放、消减、整合”工作，共衔接国家、省下放的事项7项，削减下放审批事项19项。

【效能提升工作】 出台了《保定市行政机关重要岗位负责人效能评价办法》等文件；开通3部举报热线电话，受理群众各类举报145件；在保定电视台开辟“提效从我做起”栏目，在《保定日报》、《保定晚报》第一版开辟“承诺台”，组织市直机关重要岗位负责人进行公开承诺；组织5个暗访组进行了4轮督导暗访，下发《问责整改通知书》30份，党政纪处分20人；结合“双减双提”活动，对行政许可、非行政许可审批、行政监管事项进行全面清理，市本级的行政许可审批事项由239项减少到81项；抓好重点项目跟踪问效，建立“项目监护人”制度，对全市233个重点项目实行了台账式管理。

【纪检监察机关自身建设】 为适应反腐倡廉建设新的形势和任务需要，进一步统一思想、凝神聚力、强化素质、提振士气，全力保障纪检监察各项工作全面落实，在全市纪检监察系统组织开展以提升“学习力、谋划力、支撑力”为主要内容的学习型机关建设活动和“强三力、肃风纪、查案件、提效能”百日行动，在实践中拉练队伍、锻炼作风、增强本领，推动反腐倡廉各项工作落实；严格落实中央八项规定精神，出台委局机关干部“十严禁”，严明纪检监察干部政治纪律、组织纪律、工作纪律、办案纪律、保密纪律和生活纪律，认真开展会员卡专项清退活动，全市纪检监察干部（含职工）全部做出了“零持有”报告，纪检监察干部表率意识和纪律意识进一步强化；通过全面落实省纪委监察厅《关于进一步加强纪工委、监察分局建设的实施意见》，规范省级开发区（园区）纪检监察机构设置和人员编制配备，基层纪检监察机关工作规范化水平明显提升。 （李立虎）

民主党派·工商联

民革保定市委

【中国国民党革命委员会保定市委员会】 （以下简称市委会）隶属民革河北省委，为县级行政单位，内设办公室。至年底，全市民革党员418人，按界别划分为河大总支、教育总支、农大支部、河大医附院支部、保定学院支部、科技支部、经济支部、机关支部、法律支部、卫生支部、涿州支部、直属支部共12个基层支部。民革保定市第十二届委员会现有主任委员1人，副主任委员四名（其中1人驻会），秘书长1人。党员中高级职称105人，中级职称134人，平均年龄52.2岁；保定民革现有全国人大代表1人，省人大代表3人（常委1人），省政协委员3人，市人大代表5人（常委1人），市政协委员26人（常委7人）。

主任委员　李小亭（女）
副主任委员　姚忠耿（驻会）
　　赵志国　李金善
　　王炳刚

【概况】 市委会围绕学习贯彻中共十八大精神、民革十二大精神、“同心”思想教育等主题开展学习教育活动，推进思想建设工作。3月，市委会举行学习贯彻全国“两会”精神报告会。全国人大代表、主委李小亭介绍全国“两会”盛况，传达会议精神，汇报参加全国人大十二届一次会议的履职情况，并对一些社会广泛关注的热点问题进行解读。全市民革党员近100人参加会议。4月，市委会以纪念中共中央“五一口号”发布65周年为契机，开展“薪火相传，圆多党合作之梦”学习教育活动。召开专题座谈会，组织市委委员、支部委员30余人，学习讨论“五一口号”的重要意义，从多党合作的高度和视角定位民主党派在实现“中国梦”的伟大构想中应发挥的历史作用，巩固多党合作政治基础。

【参政议政】 在政协保定市第十二届委员会第一次会议上，政协副主席、民革保定市委主委李小亭代表民革市委作大会口头发言《关于以高铁开通为契机，加快实现保定城市东拓新布局的建议》，得到市委、市政府领导高度重视。“两会”期间，民革界别市政协委员共提交提案50份（含集体提案），其中科教文卫体类占50%，改革发展、工业交通、城市建设类占16.7%，党群统战、政法和精神文明建设类、民政人事劳动和社会保障类、农林水牧环保旅游类、财贸金融类各占8.3%。提案质量与数量均创新高。秘书长张凌然接受市电台关于民革政协委员参政议政情况的专访，展现民革党员的良好形象。5月，市委会结合大讨论活动开展“我为保定发展献一计”活动。得到全市民革党员广泛参与，成员们就与自身行业，本职工作相关的社会热点、难点问题积极建言献策。共收集到11个基层支部108人提出建议159条，内容涉及环境保护、社会法制、城市建设、公共卫生、文化教育、食品安全、市政交通等多个领域，市委会将建议筛选后提交有关部门，对政府部门开展工作提供了有效的参考价值。《保定日报》《河北民革》等媒体对活动进行了报道。10月，市委会以“打造新的增长极同心谱写新篇章”为主题进行专项调研。组织全体基层支部主委10人到涞水县，就农产品对接京津市场工作进行调研，调研组成员对涞水县打造首都功能疏解试验区、首都生态卫星城、京西南高端旅游休闲度假区三大主战场以及现代农业发展现状给予肯定，并对县农产品定位及今后发展方向提出切实可行的建议，得到县政府领导高度认可。

【社会服务】 市委会响应民革省委号召开展“伸出博爱之手——民革基层组织牵手困难群众”活动。5月，民革市委组织教育支部、科技支部和法律支部联合开展扶贫助教活动。活动中，保定民革党员为徐水县釜山乡南陈庄小学捐赠了办公桌45套、电脑桌4套、书包80个、录音机1台、笔1箱、作业本1000本，得到釜山乡政府领导和南陈庄小学师生欢迎和感谢。10月，组织机关干部5人，由主委李小亭带队，到民革市委长期帮扶点顺平县刘家庄开展扶贫帮困活动。为村小学筹措了21台电脑，为村里3户极度贫困群众送去大米、食用油及现金。卫生支部已形成敬老爱老助老活动常态化机制，定期为超达、春辉等养老院开展义诊活动，得到社会好评。

【组织建设】 3月，机关全体干部在石家庄凯旋金悦大酒店参加全省机关建设暨通讯员队伍培训会。结合会议要求，民革市委机关年内以“解放思想、改革开放、创新驱动、科学发展”大讨论活动为切入点，以加强自律、自觉为主导，以建设学习型、服务型和创新型机关为目标，增强责任意识和服务意识，规范各项工作制度和工作程序，在不断健全原有规章制度的基础上，从创新制度机制下功夫，对基层支部会议、学习培训、组织发展、参政议政及党员联系等方面进行了详细规定，对支部在全年建议、提案、信息报送及获奖情况实现量化，规范先进支部及先进党员评选条件。

【增强凝聚力和影响力】 3月7日，部分女党员在民革市委办公室举办“参政议政庆三八”主题活动。市委会号召女党员做新时期“四自”女性，爱岗敬业，争做行业排头兵。4月25至26日，秘书长张凌然及党员戎宁、李丁赴石家庄参加民革河北省委举办的“五一口号”发布65周年纪念活动暨河北中山书画院成立大会。保定民革6位书画、摄影爱好者被河北中山书画院吸纳为个人理事，其中戎宁被聘为常务理事，此次活动6位理事共提供书画摄影作品15幅。

（满恒杰）

民盟保定市委

【中国民主同盟保定市委员会】 隶属民盟河北省委。民盟市委机关为县级行政单位，机关编制8人，实有7人。至年底，全市民盟盟员817人，其中女盟员374人；大学以上621人，博士34人、硕士111人、学士215人；正高职称105人、副高职称319人、中级职称277人；平均年龄53.3岁；中共党员34人；教育工作者436人；科技工作者63人；医药卫生界125人；文化艺术界12人；新的社会阶层人士85人；政府机关51人。民盟市委现有基层组织21个（4个总支、17个支部）。全市盟员中2名省人大代表、6名市人大代表，15名区（县）人大代表；6名省政协委员，31名市政协委员，37名区（县）政协委员，7人担任人大、政府、政协处级职务。

主任委员　李和明
副主任委员　邢彦学　李雁鸣
　李博文　贾春顺
　张小莉（女）

【概况】 组织骨干盟员和全体机关干部学习中共十八大精神，开展多项专题学习活动。引导全市各基层盟组织和广大盟员把学习贯彻党的十八大、十八届三中全会精神与深入学习全国“两会”精神和习近平总书记系列重要讲话精神紧密结合起来，学习省委书记周本顺在省委八届五次全会、纪念“五一口号”发布65周年座谈会上的讲话精神，学习市委书记聂瑞平的有关讲话精神，学习领会保定市召开的全民创业效能提升城市管理6S行动广播电视动员大会精神，参加国际形势报告会、学习贯彻市委十届六次全会精神会议，认清形势、统一思想，把党和国家的决策部署贯彻落实到具体工作实践之中。以中共中央发布“五一口号”65周年为契机，开展征文、座谈会等多项纪念活动，基层组织盟员踊跃参与，收到高质量征文30篇。组织部分盟市委委员、省市人大代表政协委员和盟内专家学者赴涞源县贫困山区开展“学习五一口号，服务山区百姓”活动。召开十一届四次委员（扩大）会议暨纪念“五一口号”发布65周年座谈会，共同回顾“五一口号”发布的历史背景，对“五一口号”的具体内容进行认真学习。发放征求意见表，就如何解放思想，加强盟务工作，更好服务科学发展广泛征求广大盟员的意见建议，为增强民盟组织的凝聚力，更好地发挥参政党作用奠定坚实的思想基础。

开展“解放思想、改革开放、创新驱动、科学发展”大讨论活动，组织学习省委八届五次全会精神，将实施方案下发到每位盟市委委员和每个基层组织。开展“打造新的增长极、同心谱写新篇章”主题实践活动，盟市委委员、基层组织负责人、部分新盟员50多人参加动员会，各支部按照要求，发挥自身特长，积极为保定市发展做贡献。组织盟内专家学者进行问卷调查、分析梳理形成《提升高校社会主义核心价值体系路径研究》调研报告报市委统战部，获2013年度全省统战理论研究成果优秀奖。2013年盟市委被评为盟省委思想宣传工作先进集体。

【参政议政】 围绕发展、稳定、民生三大主题，确定调研重点课题，建立由领导牵头的专题调研小组，开展专题调研。《破解中小企业融资障碍及对策的建议》被作为2013年省政协大会发言；开展“环京津区域经济协调发展”“河北省特色文化产业健康发展”调研，形成《实现环京津区域协调发展的建议》《关于促进河北省特色文化产业持续健康发展》调研报告上报民盟河北省委，《实现环京津区域协调发展的建议》成为盟省委在省政协十一届三次常委会议上的大会发言材料。成立文化、教育、经济科技、卫生、农业、社会法制、妇女7个专门委员会，制定《民盟保定市委专门委员会工作条例》。完成盟市委第十四届市人大代表、第十二届市政协委员人选推荐工作。

在市十四届人大一次会议、市政协十二届一次会议上，盟市委以及6位盟员人大代表、31位盟员政协委员履行参政党职能，参政议政。盟市委做大会发言3件，提出集体提案18件，委员个人（联名）提案31件。集体提案《关于加强和规范我市幼儿教育发展的建议》，得到市委书记聂瑞平批示。

开展“我为河北科学发展献良策”“我为保定科学发展献良策”活动，就经济建设、农业发展、环境卫生、文化建设、就业医疗等方面内容向民盟河北省委、保定市委报送建议40余条。

召开盟内专家学者专题会议，就《关于破解我市中小企业发展困境的几点建议》《关于进一步推进我市农民专业合作社发展的建议》《壮大“家庭农场”，培育新型农业经营主体》《关于进一步提高我市地区经济增长质量的建议》《深入推进节能减排，改善保定生态环境》《关于整合我市药学科技资源，共建安国中药都的建议》等市政协十二届一次全会民盟集体提案的办理情况，分别与市工业和信息化局、市农业局、市发改委、市环保局、安国市人民政府进行沟通，交换意见，希望政府相关部门加大力度、抓好落实。深化“一支部一案”“一人一议”活动。盟员政协委员参加市政协调研活动，深入县、村、民营企业实地调研，为合力推进全市的经济发展、和谐发展提出了一系列有针对性、科学性地意见和建议。调动广大盟员反映社情民意的积极性，向上级盟组织和市政协、市委统战部共提交社情民意信息90余件，多篇信息被省级以上盟组织采纳。参加河北省委统战部举办的民主党派参政议政能力培训班，民盟河北省委反映社情民意信息工作会议，学习兄弟市盟先进工作经验，提高参政议政能力和水平。

【自身建设】 年内召开2次入盟积极分子座谈会，与申请入盟的积极分子进行入盟前面对面谈心、交流。发展新成员48人，均为大专以上学历，其中硕士9人、博士1人，高级职称8人、中级职称20人，平均年龄36.9岁。

盟市委驻会领导参加民盟中央盟务工作骨干培训班。4名盟员参加省社院新盟员培训；盟市委委员、基层组织负责人和新盟员代表50人，参加市社院第七期民主党派理论培训班。参加民盟河北省委高校基层组织建设研讨会，农大总支做大会交流发言。

组织市级书协、美协以上会员盟员参加盟省委“翰墨写真情”书画展暨民盟中央美术院河北分院揭牌仪式，7幅作品参展，并入选《翰墨写真情》专题书画册。召开庆祝“三八妇女节”座谈会，春节前夕，盟市委领导带领机关干部慰问老领导、老盟员，向他们送去新春的祝福，认真征求和听取他们的意见和建议。

全年召开5次主委会议，2次全委会议。继续落实好领导班子和机关联系基层制度，先后参加民盟农大总支、市第二医院支部、直属二、一中心、市二院、畜牧所等支部组织的学习、调研、扶贫义诊和交流联谊活动。副主委李博文任民盟第十一届中央委员会生态环境委员会委员，盟员安永福、崔彦宏获河北省首批11个产业技术体系创新团队首席专家人选，盟员孙建设、伍晓晴被聘为保定市生态文明研究促进会理事。

组织开展评选先进基层组织和优秀盟员活动。6个支部被评为民盟河北省先进基层组织、56位盟员被评为民盟河北省优秀盟员。6个支部被评为民盟保定市委先进基层组织，60位盟员被评为民盟保定市委优秀盟员。

做好盟员基本资料的更新、学习宣传信息的整理报送工作。完成《保定年鉴》（2013卷）编写工作。全年编印《保定盟讯》4期，编发理论文章、工作交流材料及各项盟务活动信息100条。部分文章在《团结报》、民盟中央网站、《河北民盟》、燕赵政协新闻网、《保定日报》、市《统战信息》《政协信息》刊发。

【服务社会】 到阜平县王林口乡五丈湾村进行调研，就如何发挥民盟智力优势，助力老区人民脱贫进行交流座谈。组织盟员医务专家会同盟省委医疗委员会专家，到省委统战部下基层联系点阜平县龙门村开展爱心义诊活动。组织盟员畜牧养殖专家们赴扶贫开发重点村涞源县南屯乡湖海村，实地查看牛羊的养殖情况，为当地村民讲解牛羊养殖知识，传授疫病防治技术，细心回答村民关心的问题。分别组织市第一中心医院和市二医院的盟员专家携带医疗器械到涞源县走马驿镇中心卫生院和高碑店市色堡村，进行送医下乡、义诊咨询活动。2次活动共义诊村民300余人，捐赠物品及材料价值2000余元。推荐“农村教育烛光行动”对口联系学校市东金庄中心校4名中小学骨干英语教师，参加民盟中央在北京举办的烛光行动——骨干英语教师新东方进修班，学习先进的教育理念和教学方式方法。

（杨式颖）

民建保定市委

【中国民主建国会保定市委员会】（以下简称“民建市委”）隶属民建河北省委，为县级行政单位，内设办公室。民建市委有市委委员25人，会员625人，各级人大代表、政协委员129人。市委会下设3个总支、13个支部和8个专业委员会。

主任委员　闫立英（女）
副主任委员　王雁飞（驻会）
　　董金皋　吴剑松
　　白红敏（女）
　　张双才

【概况】 2013年，民建市委团结和带领全市会员，学习贯彻中共十八届三中全会精神，切实履行参政党职能，搞好自身建设，积极建言献策，服务社会，为组织发展、社会和谐和经济进步作出了应有的贡献。获民建河北省委“优秀调研成果先进单位”和保定市政协“宣传报道工作先进单位”荣誉称号。

【思想建设】 市委会以“同心”思想为指导，学习贯彻中共十八届三中全会精神积极开展“解放思想、改革开放、创新驱动、科学发展”大讨论活动，开展新阶段的思想建设活动。先后组织或参与的思想建设工作有：贯彻中央政治局八项规定情况征求意见会、省社会主义学院参政议政培训班、全省民主党派新成员培训班、民建河北省基层组织建设经验交流研讨会、全市各界人士迎新春茶话会、保定市《政府工作报告》征求意见座谈会、保定市扶贫攻坚再动员会议、保定市大气污染防治动员大会、“洗城净天”动员大会、国际形势报告会、参观38军军史馆、学习贯彻市委十届六次全会精神座谈会等。在省、市两级组织的大讨论、献良策活动中，保定民建共提交建议20余份。在宣传工作上，与保定市民营企业家协会联合主办了《保定民营经济》双月刊，将保定民建的各项工作和会员风采、企业风采展现于更广阔的平台之上，出版的首期合办期刊发行量达2万份，社会反响良好。

【组织建设】 年内，市委书记聂瑞平到各民主党派市委会机关走访并与主委、副主委座谈。民建主委闫立英向聂瑞平作工作汇报，介绍了民建组织建设、参政议政和社会服务工作成绩和经验，并就保定民营企业发展提出了建议。聂瑞平听取汇报后对民建为保定经济发展、社会事业进步做出的贡献给与了充分肯定，希望民建和其他各民主党派充分发挥人才荟萃、智力密集、联系广泛的独特优势，围绕发展、稳定、民生三大任务作出更大贡献。在满城县龙门山庄召开新会员培训班暨基层组织建设座谈会。会议邀请民建中央、河北大学等处多位专家及市委会领导，为与会人员讲授了民建会章会史、社情民意和低碳城市建设等方面知识。保定市民建全体支部主任、副主任、委员和近3年入会的新会员共计100余人参与培训。民建河北省委科教文委员会和企业委员会2013年年会先后在保定召开。民建河北省委“县域经济发展”调研组到保定市容城县调研，民建河北省委人资环委员会调研团到保定民建会员企业英利集团考察调研。市委会均圆满完成了接待和调研任务。

2013年是民建的基层组织建设年，民建中央和省委先后下发指导文件，召开专题座谈会、报告会。民建市委深入学习贯彻上级组织指导精神，以支部为根、会员为本，大力强化基层组织建设，活跃会员活动积极性，增强会的凝聚力。年初，在民建市委第十二届四次委员会议上，由各支部推荐和市委会评选，授予三丰支部、新华支部、阳光支部、东风支部、农大支部5个基层组织“2012年度先进集体”称号，授予60名会员“2012年度优秀会员”称号。朝阳支部、新华支部、中兴支部、河北农大支部等许多支部组织年会、茶话会或联谊聚会等活动，部署年度工作，深化会员友谊。东风支部、朝阳支部等在“七一”等节日期间，组织会员开展了“纪念党的生日，深化同心思想”“登狼牙山、缅怀先烈”等支部活动。本年度各支部社会服务活动也十分活跃，配合“阜平扶贫攻坚战”，开展了多次帮扶工作。东风支部在习近平总书记视察阜平县革命老区后第二天，即组织会员到总书记关怀过的顾家台村，将米、面、油等生活必需品送到困难群众家里。三丰支部组织会员到阜平县看望下乡驻村帮扶的民建会员王树平，向其所帮扶的瓦泉沟村捐赠了4吨多的米、面、油等慰问品。建设支部组织会员赴阜平县前岭小学开展助学慰问活动，为该村小学捐赠了70套课桌椅、1套电教设备和乒乓球桌。东风支部还组织会员赴阜平县皂火峪小学助学慰问，捐赠物品总值5万余元。全年，保定民建各支部组织的社会服务活动捐款捐物总额达15万余元。在民建省委召开的基层组织经验交流会上，三丰支部代表保定市作经验介绍，他们以“三心”思想为宗旨，创新形式，活化内容，积极为会员服务，为社会服务，支部工作成绩和经验赢得了省委会领导和各市与会人员的一致好评。重阳节期间，民建市委还为全市65岁以上老会员办理了人身意外伤害保险，体现了组织温暖，得到新老会员的一直好评。

【参政议政】 在河北省政协十二届一次会议上，经民建省委报送，保定民建的《关于推动我省县域文化产业快速发展的建议》《加快曹妃甸和渤海新区融资机制创新的建议》《支持环首都扶贫攻坚示范区发展的建议》《促进我省沿海地区发展的财税政策建议》4篇稿件入选省政协大会发言，并以民建省委集体提案名义立案。在保定市人大十四届一次会议上，市民建的《关于加快东风路东延建设的建议》，已经得到市公用事业局的落实。在保定市政协十二届一次会议上，市民建有9篇稿件入选大会发言，其中《关于推进我市汽车产业加快发展的建议》为重点发言。民建共提交集体提案20件，委员个人提案39件，总计59件，其中《关于防治环境污染，推进节能减排，大力改善我市生态环境的建议》被列为大会一号提案。另有多件提案获市主要领导批示，被列为重点督办提案。

【社会服务】 参与民建中央社会服务部专题调研。民建中央社会服务部专题调研组到保定调研融资担保机构运行情况。市委会向调研组汇报了保定民建会员融资担保机构的概况及民建支持会员企业发展的做法和经验。并组织10余位经营融资担保业务的企业家会员、从事相关研究的高校专家学者以及有融资经验的实体经济行业会员与调研组成员共同座谈交流，为民建中央调研工作提供了丰富的第一手资料。

开展阜平县重点扶贫工作。民建市委配合党委和政府的中心工作，调动各方面力量参与阜平县扶贫工作。主委闫立英和驻会副主委王雁飞等市委会领导先后多次赴阜平县，慰问困难群众，带领企业家会员考察产业扶贫项目，并看望在当地驻点扶贫的民建省委、中共市委统战部领导和民建会员。东风支部、三丰支部等也组织会员赴阜平县慰问，多次向贫困村捐款捐物。9月17日，民建市委向阜平中学献爱心捐赠仪式在阜平中学礼堂举行。民建会员们将募集到的30万元助学捐款和价值38万元的140台电脑交到学校和受资助的200名贫困高中生手中。新年期间，市委会陆续收到50多名受助学生发来的感谢信，孩子们表示，民建的帮助让他们感受到了阳光和温暖，给了他们发奋改变命运的动力，十分感谢民建的各位叔叔阿姨的爱心。

开展企业培训，助推会员企业发展。民建市委先后与中共市委统战部、市工商联等单位联合主办，多家会员企业承办，召开了民营经济发展方向之中小企业融资上市知识培训会、保定企业家大讲堂等培训活动，邀请张晓丽、赵孔文等全国知名讲师为会员企业家授课，从如何搞好人力资源管理、谋划企业上市等方面辅导企业朝着科学、正规、跨越式发展的道路不断前进。市委常委、统战部长、农工委书记王惠欣对相关活动给予了高度赞扬。通过参与培训，众多民建企业家会员提升了管理水平、接纳了先进理念，产生了浓厚的学习兴趣，许多企业家纷纷走出保定去参加更多更高层次的培训。据不完全统计，年内保定会员参与培训的支出逾500万元，对企业科学化管理和跨越式发展起到了良好的助推作用。

（费玉川）

民进保定市委

【中国民主促进会保定市委员会】（以下简称“民进市委”）隶属中

国民主促进会河北省委员会，主要职责是政治协商、民主监督、参政议政。民进市委机关为县级行政单位，内设办公室，下设学习宣传、组织建设、参政议政、社会服务4个专门委员会，1个总支部委员会，21个基层支部。

主 任 委 员　张国立
副主任委员　杨　俊（女）
　　　　　　张利平（女）
　　　　　　杨敏生　王连群

【概况】　2013年学习贯彻党的十八大及民进中央、省委的会议精神，努力实践中国共产党领导的多党合作和政治协商制度。把握主题，围绕中心，服务大局，抓住重点，突出特色，切实加强自身建设，履行参政党职能，扎实推进各项工作。

【思想宣传工作】　民进市委2013年思想建设工作重点是以搞好政治交接为主线加强思想建设，为做好全会各项工作奠定思想基础。成立由主委任组长、副主委任成员的学习实践活动领导小组，下发《民进保定市委开展坚持和发展中国特色社会主义学习实践活动方案》，要求各支部结合工作实际，注重统筹规划，有序推进，保证学习实践活动不走过场，扎实有效。结合纪念“五一口号”发布65周年开展各类型纪念活动，向相关部门报送体会文章5篇。集中开展深入贯彻落实党的十八大精神，解放思想、改革开放、创新驱动、科学发展大讨论活动。按照民进省委、中共保定市委统战部部署及工作需要，开展了以“新形势下如何加强我会思想政治工作，不断巩固三个认同”为主题的调研活动，并下发会员思想状况调查问卷，各支部组织会员广泛参与、积极组织，市委会对收上来的近70份调查问卷分析汇总后撰写完成了《民进保定市委关于新形势下加强我会思想政治工作的调研报告》。全年，共下发了《关于推进学习型参政党建设的实施意见》等12份通知；向民进中央、省委会、市政协、中共保定市委统战部和《保定日报》投稿50篇（次）；编印《保定民进》5期，围绕主题活动开辟专栏，多角度加大市委会宣传力度，获“保定市政协系统2012年度宣传报道先进单位”，撰写的文章《市民进深入坨南乡开展帮扶》被评为2012年度政协宣传报道工作好新闻。

【参政议政】　推荐优秀人才59人（次）担任各级、各界人大代表、政协委员。在保定市政协十二届一次会议上，民进市委提出集体提案9件，大会发言2篇，民进界别委员共提交提案、建议20件。其中大会发言《关于推进我市县域经济加快发展的建议》得到了中共保定市委书记聂瑞平的重要批示，要求相关领导阅示并请市发改委办理；集体提案《关于尽快建立河北省幼儿园、中小学学生食堂、“小饭桌”食品安全监督管理办法的建议》得到中共保定市委书记聂瑞平的批示：“这是个需要关注的地方，食品安全不要留死角。”并请市食品药品监督局办理、市教育局会办。其余提案也都得到相关部门的反馈和不同程度的采纳。议政调研工作主要领导多次出席中共保定市委、市政府、市政协举办的各种形式的协商会、座谈会，先后就《政府工作报告》（征求意见稿）、重要领导人选和干部作风建设等坦诚发表意见；主委、副主委积极参加市人大、市政协组织的考察调研活动，带头关注政府和百姓普遍关心的热点、难点问题，深入实际，了解民意，向党委和政府提出有价值的意见、建议。召开民进市委参政议政会议，专题部署2013年调研课题及调研进程安排。围绕民进省委、市委制定的涉及经济、文化、教育、“三农”等问题的20个调研课题分别进行了研究，参政议政骨干会员结合自己专业特长承担了14个调研课题，按照市委会提出的调研进程安排深入调研，完成8个调研报告，上报省委会，为形成各级“两会”提案、建议做好准备工作。民进市委就十八大、神九发射、提高食品安全、加强农村企业规范管理、提高教师工资水平、为保定市科学发展献良策等问题上报社情民意信息37篇，为中共省委、市委的科学决策建言献策。2013年民进市委被民进省委评为参政议政工作先进单位三等奖和社情民意信息工作先进单位三等奖，3名会员分别被评为参政议政工作先进个人、信息工作先进个人和优秀信息员。

【自身建设】　全年发展新会员30名，平均年龄37岁，全部为中高级以上职称。3月5日，召开十二届三次委员（扩大）会通报了民进保定市委2012年工作，讨论通过了《民进保定市委2013年工作要点》（草案）和《民进保定市委2013年工作进程表》（草案）。10月11日，召开2012－2013年度基层组织总结评比会议，会议总结交流了各支部2012－2013年度工作；评选出6个市级先进支部。11月9日，召开中国民主促进会保定市委员会成立55周年暨2012－2013年度总结表彰大会，200位会员参会，会议总结了2012－2013年度工作；表彰了民进保定市委2012－2013

年度先进支部和优秀会员。民进市委驻会副主委杨俊携带慰问品走访看望会内30多户离退休老领导、部分老会员及患病会员；向全体女会员和教师会员发放慰问信；组织成员参加全市各界人士迎春茶话会、保定市社院第七期理论培训班、国际形势报告会等；参加中共市委统战部组织的学习周本顺在纪念中共中央发布“五一口号”65周年座谈会上的讲话等活动；定州市省直管后，驻会副主委杨俊专门多次就定州总支的发展走向问题与省委领导和中共定州市委统战部沟通，阐明立场和看法。机关建设始终坚持每周一的学习例会制度，进行学习和工作交流，尤其鼓励年轻机关干部创新工作模式，提高工作效率，推广高效率的工作方法；鼓励机关干部积极参加民进省委、市政协、中共市委统战部组织的各种理论及业务素质培训，全面提高机关干部自身素质。6月4日上午，中共市委书记聂瑞平到各民主党派机关调研，看望机关工作人员并召开座谈会，强调各民主党派要进一步筑牢同心思想，充分发挥自身优势和职能作用，为加快保定发展贡献力量。

【社会服务】 4月26日，由驻会副主委杨俊带队，深入满城县坨南乡明德小学进行连续七年的帮扶，送去100余套课桌椅；确定了第三届结对帮扶教师和第六届结对帮扶学生名单，并颁发证书。七年来，民进市委对坨南乡进行了全方位多角度的帮扶，从支教到义诊，从农业技术培训到建立“手拉手”学校，共计投入资金5万余元，使坨南乡2000多人受益。6月3日民进市委成功承办了2013年保定戏曲票友大赛。此次活动民进市委多方沟通联系，由会员、保定艺术团团长于桂杰积极参与，民进会员、保定市和正驾校校长李明伟出资2万元赞助，评选出“保定市十佳票友”奖、“保定市金牌票友”奖、“保定市银牌票友奖”，驻会副主委杨俊出席。6月17日下午，在驻会副主委杨俊的协调和沟通下，会员侯思祖向保定一中宏志班捐书仪式在保定一中文化报告厅举行，向宏志班学生捐赠了价值5000元的图书和字典。12月16日上午，由民进市委驻会副主委杨俊牵头，保定市6个民主党派驻会副主委前往保定市涞水县中水东村，为贫困群众“送温暖、献爱心”，听取群众的意见和建议。6个党派共筹措捐助扶贫款6000元，用以解决贫困群众生活中的实际困难，先后走访慰问贫困户8户，把温暖送到贫困群众中。为丰富保定市人民文化生活，宣扬保定丰富的旅游资源，由会员国贸地产公司总经理李锁柱主办的2013世界旅游小姐国际大赛保定独立赛区的所有比赛。民进会员举办具有国际影响力的活动还是首次。

（柯　岩）

农工党保定市委

【中国农工民主党保定市委员会】（以下简称“农工党保定市委”）隶属于农工党河北省委员会，市委机关为县级行政单位。2013年有委员20人，下设3个总支委员会，10个支部委员会，党员323人，其中医药卫生界232人，占党员总数的71.8%，具有高级职称者204人，占党员总数的63.2%。

主任委员　孙建恒
副主任委员　张卫星
　　　　　　尹博英（女）
　　　　　　李　娟（女）
　　　　　　李　晔

【概况】 农工党保定市委要求全市各基层组织和全体党员，把学习贯彻中共十八届三中全会精神当作全市农工党当前和今后一个时期的重要政治任务。在召开的参政议政工作会议和市委委员会议上都专门学习了中共十八届三中全会精神，印发《决定》以及“习近平总书记关于《决定》的说明”全文，在季刊《农工保定简讯》上连载《人民日报》评论员文章《论认真贯彻落实十八届三中全会精神》，印发学习中共十八届三中全会精神专刊，以高度的政治责任感组织广大党员认真学习贯彻。5月以农工党中央宣传部长石光树到保定进行思想建设调研为契机，召开了农工党中央宣传部、农工党河北省委以及农工党市委领导班子、市委委员、基层组织负责人、骨干党员参加的农工党中央赴河北思想建设调研座谈会，会上汇报了农工党保定市委近年来的思想建设情况，并针对新时期的思想建设提出了一些意见和建议。6月农工党市委领导班子成员参加了中共保定市委书记聂瑞平和市委常委、统战部长王惠欣赴各党派机关调研召开的座谈会，并在市委委员会议上集中学习了聂瑞平的讲话精神，同时也号召各基层组织和全体党员认真学习、深入领会、全面贯彻聂瑞平的讲话精神。围绕在保定军校纪念馆筹建“保定军校毕业的农工党领导人陈列室”，与农工党中央宣传部、研究室以及农工党河北省委等各级领导进行了多次调研与座谈，陈列室的装修已经完成，文字展板和展品也已就位。发挥保定军校纪念馆这一“中国农工民主党党史教育基地”的学习和教育作用，吸引福建、内蒙古等省和自治区的农工党到保定进行学习和交流。

【参政议政】 全市农工党员中有各级人大代表4人，其中省人大代表1人，市人大代表3人（常委2人）；省政协委员1人（常委），市政协委员20人（其中副主席1人、常委8人），区政协委员9人。在市政协十二届一次全会上提交集体5件，个人提案18件。其中集体提案《关于加快发展我市现代农业的几点建议》得到市委书记的专门批示。为做好参政议政工作，围绕中共市委、市政府的中心工作，5月组织市委委员赴湖南进行考察调研。联合农工党衡水市委赴唐县人民医院针对该院的医改情况进行调研，对唐县人民医院的改革的经验与成果进行了学习。发动市委委员、市政协委员就“我为保定科学发展献良策”活动征集了数条意见和建议，及时上报中共保定市委。农工党市委领导班子成员还经常参加市政府组织召开的征求意见会，对《政府工作报告（征求意见稿）》和2013年市政府工作提出了一些合理的意见和建议。召开多次参政议政工作会议，对撰写提案和建议，建言献策等做出专门要求。在七届七次市委委员会议上印发《中国农工民主党保定市委员会关于进一步加强反映社情民意信息工作的意见》，要求全市各基层组织、市委委员、专职信息员把反映社情民意信息工作摆上重要位置，为推进科学发展、建设和谐社会作出应有贡献。年内向农工党省委、中共市委以及市政协报送社情民意和各类信息100余条。

【组织建设】 成立以主委孙建恒为组长的领导小组，制定《农工党保定市委“解放思想、改革开放、创新驱动、科学发展”大讨论活动实施方案》，各基层组织和党员按照方案要求，结合自身工作实际，开展了各项活动。7月和11月分别选派2012年度发展的新党员参加由农工党河北省委举办的“农工党河北省新成员培训班”。9月组织市委委员、基层骨干等30余人参加由市委统战部、市社会主义学院召开的“打造新的增长极同心谱写新篇章”主题实践动员会暨第七期理论培训班。12月组织保定市13个基层组织的负责人参加农工党河北省的基层组织负责人培训班。组织基层负责人、骨干成员参加学习全国两会精神报告会、国际形势报告会、学习贯彻中共市委十届三次全会精神大会以及中秋国庆茶话会等活动，重新编印《中国农工民主党保定市委员会党员通讯录》。开展节前走访和慰问、举行“九九重阳节”老党员聚会等，坚持敬老爱老。在组织发展工作中严格按照组织发展规则和程序，并侧重高学历、高素质人才，年内发展14人加入农工党，其中半数具有高级职称、2名在读博士。

【社会服务】 在4月20日四川省雅安市芦山县以及7月22日甘肃岷县、漳县发生强烈地震后10日内，发动全市基层组织和广大农工党员踊跃捐款数万元支援灾区救援、灾后重建和受灾群众长期安置。各基层组织也多次组织各科专家到市区居民区、贫困山区和革命老区进行义诊和医学知识宣传，到各大院校、公司为职工进行医疗卫生保健讲座，到各县医院及乡镇卫生院对基层医护人员进行业务培训和技术指导。医疗卫生战线的农工党成员，参加各级、各部门组织的医疗三下乡活动，为百姓排忧解难、解除病痛，较好地完成各项任务。保定市恒兴中西医结合医院和新视眼科医院发挥各自优势，到贫困山区和革命老区赠送药品和食品，或为住院的孤寡老人、低保户、贫困家庭等减免各项费用，或开展防盲复明合作项目，为各县合作医院培养了一批眼科技术骨干，为山区百姓免费完成上百例白内障手术。在农工党全国的社会服务工作评选中，农工党保定市第一中心医院总支被农工党中央评为2010－2012年社会服务工作先进基层组织，何运转被评为社会服务先进个人。

（赵涛）

九三学社保定市委

【九三学社保定市委员会】 九三学社保定市委员会隶属九三学社河北省委，九三学社市委机关为县级行政单位，内设办公室，编制5人，实有4人。市委会有委员23人，下设1个县级基层组织、2个基层委员会，21个支社。主要职能是参政议政、民主监督、社会服务。现有社员702人。

主任委员 许 皞
副主任委员 阎增爱（女）
赵清华 夏培鑫
张晨钰

【概况】 开展推进学习型参政党建设、纪念“五一口号”发布65周年和“解放思想、改革开放、创新驱动、科学发展”的大讨论活动，引导广大社员深刻把握思想建设的总体方向，坚定走中国特色社会主义道路的信念。社市委组织社员参加了学习座谈会、国际形势报告会等，累计参会人员95人次。社市委第一时间组织机关人员深入学习习近平总书记在全会上的重要讲话和全会通过的《中共中央关于全面深化改革若干重大问题的决定》，并下发文件要求各基层组织引导广大社员把思想和认识统一到中共十八届三中全会精神上来。加强与主流媒体的联系，拓展新媒体渠道，改进新闻报道文风，完整报道了基层开展的各项活动。年内，向各级媒体投稿40余篇；编印《保定社讯》6期，社市委获社省委宣传工作三等奖、保定市政协系统宣传报道先进单位。组织社员参与九三中央课题招标活动，共提交2份课题，其中《河北省发展生态节水农业对策研究》被收录到九三中央论文集，第一撰写人出席了九三中央论坛并重点发言。参与社省委开展的关于思想建设与理论研究课题招标活动，2篇课题被社省委立项。《民主党派趋同化建设中如何保持九三学社特色》一文被评为社省委理论研究优秀成果三等奖。举办了信息员培训班，邀请中共中央统战部信息联络员、北京石油化工学院罗道全教授作题为《使命　奉献　勤奋》专题讲座。年内，社员反映社情民意信息累计48篇，被社省委采用16篇。

【参政议政】　提交《选派国有科研院所工程技术人员到中小企业担任首席工程师的建议》《关于我省服务业融入首都经济圈的几点建议》《对河北省文化产业发展战略制定与实施的建议》《把制定与实施“河北省诚信社会五年规划”作为我省优化发展环境重要抓手的建议》4件提案被九三省委选用为集体提案报送省政协，全部立案。市政协会议上，共提交提案89件（其中大会发言4份，集体提案24件，个人提案61件）立案率100%，其中联名提案《关于防止环境污染，推进节能减排，大力改善我市生态环境的建议》被列为此次政协会1号提案。《关于加强我市校车安全管理，解决学生交通安全隐患的建议》《继续加强道德建设，助推两个环境改善》《建设“美丽保定”，探索扶贫开发，科技先行新模式》《关于围绕我市文化大市建设，加快文化产业发展的意见建议》4件提案受到市委书记聂瑞平的批示。

【组织建设】　先后推荐市委委员、基层组织负责人和部分新社员参加了参政议政能力培训班、党派新成员培训班等，累计培训人数135人次。制定社员发展规划，发展素质高、能力强、有代表性的人士入社。年内发展新社员34名，其中具有高级职称14人，硕博18人，平均年龄37.4岁。利用人大、政协换届，推荐社内优秀人才35人（次）担任各级人大代表、政协委员（其中省政协委员5人，市政协委员26人，市人大代表4人，县区人大代表3人，县区政协委员20人）。传统节日及时走访看望社内离退休老领导、部分老社员及患病社员。三八妇女节组织女社员30余人听取“健康　美丽　自信——乳腺保健”为主题的大型公益讲座。各基层组织根据自身特点，开展了丰富多彩的活动。社涿州市委开展红色之旅活动，农大基委会组织山区农业调研活动，三院支社召开了成立十周年座谈会，科技一支社组织了演讲募捐活动、关爱健康专题讲座，科技二、科技三支社组织参观易县狼牙山接受爱国主义教育，科技四支社组织“庆三八”座谈会，华电支社召开政治生活会，河大支社联合一中心医院支社、河大附属医院支社先后赴涞水开展科技卫生双下乡活动，社市委妇委会、一中心医院支社组织专家到农大、华电开展女大学生健康讲座等等。社省委组织工作会议在保定召开。保定九三作为先进市级组织介绍了近两年组织工作开展情况，科技一支社作为先进支社介绍了基层组织工作经验。社廊坊市委一行20人到保定座谈基层组织建设工作，在经验交流座谈会上，科技一、二支社的负责人向廊坊的同仁们详细介绍了工作思路、做法和体会，放映了支社活动的影像资料集锦。

【社会服务】　组织社员为四川芦山捐款5000余元。赴定点扶贫村——涞水县中水东村捐款6000元。赴阜平县炭灰铺村光明小学开展为山区小学生的捐助活动，捐赠价值近4000余元的体育器材和体育用品。赴涞水县举办技术讲座，并为老乡们义诊，活动累计义诊患者300余人次。赴阜平、宽城开展科技培训活动。开展“第二十五届国际科学与和平周”活动。组织10余名不同科室的医院专家赴易县富岗乡开展义诊活动，累计义诊各类患者100余人。赴易县开展科技讲座，有关技术及管理人员、种植大户等120余人听取了讲座。

（王　烨）

保定市工商联

【保定市工商业联合会】　保定市工商业联合会是中国共产党领导的面向工商界、以非公有制企业和非公有制经济人士为主体的人民团体和商会组织，是党和政府联系非公有制经济人士的桥梁纽带，是政府管理和服务非公有制经济的助手。工商联工作是党的统一战线工作和经济工作的重要内容。工商联事业是中国特色社会主义事业的重要组成部分。市工商联机关为正县级单位，内设办公室、会员处、经联处、宣教处。

主　　席　霍占利（候选人）
党组书记　董桂武（兼）（1月~11月）
　　　　　王连水（兼）（11月~12月）
副 主 席　董桂武　郭武昌
　　　　　刘占奎
　　　　　王丽华（女）
　　　　　杨建平　葛大壮
　　　　　魏建军　王　凤
　　　　　王　超　李晓恩
　　　　　张振堂　梁连起
　　　　　孙树贵　臧立根
　　　　　杨建忠　康玉柱
　　　　　李小社　魏少军
　　　　　杨东升
　　　　　成　燕（女）
　　　　　李春波　董跃中
秘 书 长　胡铁成
市总商会
会　　长　霍占利（候选人）
副 会 长　袁大炳　李建新
　　　　　杨金庆　杨文革
　　　　　郭运通　梁　伟
　　　　　孙占启　李　鹏
　　　　　刘继台　刘彦忠
　　　　　芦新菊（女）
　　　　　左玉龙　张春奇
　　　　　张建军　张志民
　　　　　国宝莲（女）
　　　　　周乐新　赵明亮
　　　　　徐新革　崔　炜
秘 书 长　胡铁成

【概况】　2013年，市工商联开拓创新，扎实工作，提高履职尽责和发挥“五个作用”的能力，各项年度任务目标全部完成，促进“两个健康”发展，各项工作取得了新成绩。

【各项工作迈上台阶】　统一思想认识，深化理想信念教育工作。多次组织市非公有制经济人士收听收看以中国梦为主题的全国理想信念报告会、邀请省工商联巡回宣讲团作保定专场报告、组织企业家赴西柏坡开展“继承西柏坡精神坚定理想信念”活动，组织参观38军军史馆等革命教育活动。进一步唱响“善行河北”“善美保定”，市工商联联合多家部门成功举办“秀兰精神”时代论坛，弘扬优秀民营企业家爱国爱民、无私奉献的精神。

加强教育培训，提高企业家综合素质。联合有关部门分别举办“中小企业转型突破之融资及上市”培训班、保定市“企业家大讲堂”培训班、中小企业商业模式创新与快速盈利之道培训，与中诚房地产共同发起组建了鸿悦商学院，旨在整合优质培训资源，搭建人才培训平台等系列活动。宣传培树典型，推动企业创业创新。联合工信局向省工商联推荐王成兰食品公司、建新建筑集团、德尔泵业等12家民营企业作为“河北省诚信守法示范企业”受到表彰。协助保定集宏兴服饰有限公司积极发展自主品牌和渠道营销体系，投资830万元设立研发中心，投资2.18亿元建设高档服装名品产业园，帮助帅康座椅有限公司成立了企宣部，逐步塑造“德、质、永、恒、泰”企业精神，每年拿出50多万元用于企业员工学习培训。还发掘培树了立中集团、光阳线材制造、盛天人环工程、康隆韦尔医药等一批优秀民营企业家典型，重点宣传推广在理想信念教育、创业创新、开放招商等方面的先进经验和做法。

【提高参政议政水平】　利用有效途径带领非公人士参政议政，倡导全市工商联界别人大代表和政协委员积极提交高质量提案、议案200余份，配合党委认真组织考察并推荐全国人大代表1名、省人大代表5名、省政协委员8名；配合省工商联开展经济调研。接待了省工商联主席刘劲松到保定的经济考察调研。配合省工商联副主席李纯勇组织开展“民间投资36条”实施细则贯彻落实情况专题调研，重点找出在哪些领域和政策中还存在“玻璃门”和“弹簧门”现象及问题，征询解决问题和完善相关政策的意见和建议，组织开展多次主题调研活动在指导全系统开展的系列调研活动中，形成各类调研材料20余篇。

【发挥服务平台作用】　搭建银企合作平台，与多家驻保银行机构签署了长期战略合作协议。促成保定市莆田商会与中信银行、沧州银行、兴业银行，保定市福建商会与中国银行、农业银行、建设银行的合作，签订授信协议达90亿元。联合华夏银行保定分行、邮储银行保定分行召开银企对接洽谈会，与全市120余家企业代表就具体合作事宜进行了探讨，2家银行分别与5家企业当场授信签约，达成意向贷款8000余万元。

搭建招商引资平台，成功运作保定（福建）中小企业创业园项目。保定市福建商会、保定市莆田商会分别与河北长城工业聚集区管委会签署投资框架协议。该项目总投资28亿元，拟占地1000亩，将作为福建企业总部大楼及企业生产品牌运作中心。市区垃圾处理厂清理改造暨多功能科技园区项目也正在运作之中。协助市政府做好“5·18”经贸洽谈会有关工作。联合组织开展“民营企业招聘周”大型活动。搭建经济联络平台，组织部分民营企业先后赴厦门、温州等先进地、市进行经贸考察，就经济发展战略、投资环境、融资授信、项目合作等内容与当地工商联及民营企业进行探讨和交流，签署了与温州工商联友好商会协议。在与易物天下联合举办的首期总裁见面会上，现场达成600万元的交易额。搭建信息网络平台，谋划创办了《保定商界》会刊，为企业文化的传播、形象的树立、深层次的学习交流搭建更为广阔的平台。搭建行业交流与发展平台，年内筹备并成立了红木家具协会、普洱茶协会、旅游协会、酒店用品协会等行业组织，以及保定市福建商会、安徽商会、河南商会、沧州商会、莆田商会、白沟温州商会等异地商会组织。大力开展全民创业活动。配合全市全民创业、效能提升、城市管理6S三项行动，在全市民营企业中广泛开展了全民创业和二次创业活动，加强宣传营造良好的创业氛围，分别接受了保定广播电台《保定新闻广播》栏目和保定电视台《新闻联播》栏目的采访，激励更多的人群投入到全民创业活动和二次创业中来。与高校办联合启动了保定市“校企同行、牵手共赢”主题活动。在校企合作项目签约暨校企合作对接沙龙启动仪式上，13项合作协议现场签约，驻保高校金融、商学专家与企业高层交流对话，共谋双赢发展。

【光彩事业取得新进展】 加强扶贫攻坚和基层建设年活动，谋划并发起了“光彩事业阜平行”活动，全市6家异地商会现场捐资10.5万元，对当地105名品学兼优的贫困学生进行了一对一资助。工商联执委东利机械制造公司董事长王征出资5万元，用于资助阜平县贫困高中学生完成学业。协调保定市福建商会为扶贫点阜平县龙门村捐助了10万元现金，用于该村扶贫改造工程。保定民建三丰支部会员赴当地慰问，为全村146户群众送去价值3万余元的米、面、油等慰问品。组织民营企业家开展各种公益活动。支持教育事业，协调运作，在全市开展“明日之星爱心助学”活动，明日之星教育科技有限公司为24个县（市、区）中小学捐赠价值240余万元的教学设备；工商联副主席企业秀兰集团，1月为满城县石井小学捐赠5万多元的图书和20多个书架填充图书室，改善当地学校就读条件；会员企业亨豪集团在承德实施的光彩项目取得明显成效，1300多亩荒地变良田，带动了周边四个村庄脱贫致富。经市工商联努力运作，保定市福建商会为市光彩事业促进会捐赠现金30万元，用于贫困地区扶贫建设。基层工商联开展活动丰富多彩。唐县工商联家居建材商会举办“善行河北爱心捐助回报社会”光彩示范活动，现场义卖所筹善款全部捐助9名贫困学生和困难家庭；顺平县工商联组织赴偏远贫困山区慰问在校学生，送去价值3万余元电脑、学习用品等，修缮了破损教室，对农村孤儿、留守儿童和被遗弃的孩子们进行了走访慰问；由香港英皇集团主席、中国十大慈善家杨受成捐建、可接纳千余名社会孤老人员入住的“杨受成（中国·顺平）关爱老年中心”于3月建成启用。现场，杨受成再为太行老区养老事业捐资500万元人民币；涿州市工商联组织会员企业为雅安震灾捐款1万余元；南市区工商联组织开展送健康进社区义诊活动，8家医疗机构12名专家参与，涉及医疗学科12个，携带器械50台（套）、药品128种，送药价值4.5万元 （杨志刚）

社会团体

工　会

【保定市总工会】　保定市总工会是市委联系全市职工的桥梁和纽带，是会员和职工利益的代表者和维护者，基本职责是维护职工合法权益。内设办公室、机关党委（干部人事处）、纪检监察室、研究室（政策法规处）、组织部、经济技术部（市职工技术协会办公室）、财务部、民主管理部、法律工作部、保障工作部、宣教文体部、女职工部（女职工委员会办公室）、劳动保护部、经费审查委员会办公室、劳动福利事业管理部、教育工会（副县级机构）、市直机关工会、市工业建设农林水工会、市财贸金融轻纺工会。下设市职工培训中心、市工人文化宫、市第二工人文化宫等3个直属事业单位。

市总工会十七届委员会

主　　席　陈英杰（兼）

常务副主席　周文琪(12月离任)

　　　　　　乔玉忠(12月任)

副 主 席　文　霖

　　　　　　赵金柱（满族）

　　　　　　杨占辉

　　　　　　仝秀明（女）

　　　　　　田宝元

　　　　　　齐春刚

教育工会主任　（空缺）

经审委主任　王文奎

女工委主任　支　亚

市总工会党组

党组书记　周文琪(11月离任)

　　　　　　乔玉忠(11月任)

党组副书记　文　霖

党组成员　赵金柱（满族）

　　　　　　杨占辉

　　　　　　仝秀明（女）

　　　　　　田宝元

　　　　　　齐春刚

　　　　　　吴国锋

　　　　　　王文奎

纪检组长　吴国锋

【概况】　2013年全市共有基层工会1.54万家，会员150多万人。各级工会在市委和省总的坚强领导下，全面贯彻市委十届六次全会和中国工会十六大、省工会十二大精神，围绕中心、服务大局，锐意进取、开拓创新，各项工作取得明显成效。市总工会荣获省五一劳动奖状，被市委市政府评为工作实绩突出单位，先后获得全总表彰3项、省总表彰11项、市委市政府表彰4项，工会工作经验在市以上会议或媒体予以推介6项、在市级以上内外刊物刊登180余篇。

【十七届七次全委会议】　12月16日召开，市人大常委会党组副书记、副主任，市总工会主席陈英杰主持会议并讲话。会议审议通过了有关人事任免事项，选举市总工会党组书记乔玉忠为市总工会常务副主席。

【“十百千万”劳动竞赛】　以“百万职工凝神聚力促发展，建成小康当先锋，努力打造环京津地区新的增长极”为主题，围绕重点项目建设、低碳保定建设、县域经济发展、效能提升行动等活动全面开展“十百千万”劳动竞赛，即重点推动十个行业职业技能竞赛、三十个重点工程（项目）立功竞赛、一百家重点企业节能减排达标竞赛、一千家工业企业创新示范竞赛、一万个班组创先争优竞赛，充分发挥工人阶级主力军作用，全力打好四大攻坚战。一是“赛区制”规范开展。将承担重点项目建设的县（市、区）、开发区及交通、供电两个系统划分为28个分赛区，以保质按期完成本赛区承担的重点项目建设任务为竞赛目标，做到“长赛与短赛相结合、日常与攻坚相结合”。二是“追踪制”全面覆盖。工程立项后，设立劳动竞赛小组，深入开展“六比一创”劳动竞赛，比工程质量、比工程进度、比安全生产、比技术创新、比文明施工、比科学管理、创精品工程。三是“考评制”确保实效。年底进行单项考评，表彰和奖励先进单位和个人，并列入年度考评内容之一。在各级评先评模中，优先考虑劳动竞赛先进集体和先进个人。全市共有8450家企事业单位、79万名职工参赛，建立各级职工创新工作室280个，实现创新成果305项，提出合理化建议43万条，1.9万名职工晋升了技术等级，评选市级劳模376名、先进集体100家、先进单位77个。

【“保定力量——主流文化进企业”活动】 围绕“中国梦·劳动美”，主办了“保定力量——主流文化进企业”活动第二季。活动以职工为演出主体，展示保定新成就，展现职工新面貌。一是节目质量更为优良。在节目选排上，除了精挑细选产业工人自编自演的优秀节目之外，还专门邀请了省内部分实力派演员参演；二是活动主题更为鲜明。多次与演出方、企业沟通交流，针对企业的不同需求，做到一个企业一个主题策划；三是演出形式更为灵活。坚持以服务企业、服务职工为第一原则，从时间安排，到内容选编都与企业充分协商，做到企业愿意办、员工愿意看；四是教育意义更为浓厚。在整个节目的编排上以激励职工爱企业、争创新、做贡献为主线，为企业营造和谐的文化氛围。活动先后到全市10个大中型企业进行了演出，惠及两万余名职工。

【维权机制建设】 评选了11家AA级、156家A级劳动关系和谐单位，推动创建活动向企业、园区、乡镇和街道延伸。将工资集体协商纳入党政工作责任目标考核体系，开展了“百日行动”，重点培树行业性、区域性先进典型50余家，签订区域（行业）协商合同629份，覆盖中小企业和个体经济组织10936家，涉及职工28万人。进一步推进职代会制度建设，公有制企业职工代表大会和厂务公开制度建制率、规范率均达到了100%，非公企业、园区、乡镇（街道）建制率、规范率大幅提高，建立区域（行业）职代会566个，涵盖单位9842家，983家规模以上企业全部建制。厂务公开制度、职工董事监事制度日臻完善，畅通了职工诉求表达渠道。加强劳动争议调解工作，办结案件960多件，有力维护了社会和谐稳定。

【职工帮扶服务工作】 稳步推进职工服务中心（站、点）建设，承诺为职工办好的八件实事得到全面落实，省总领导王增力、市领导聂瑞平予以肯定。坚持“春送岗位、夏送清凉、金秋助学、冬送温暖”，开展“情系职工、温暖万家”系列送温暖活动，全年累计发放救助金1064.2万元。深入开展“职工互助一日捐”活动，累计救助2384人次，发放救助金969.4万元。加大就业再就业援助力度，培训9120人次，帮助实现就业4622人。实施职工生活后勤保障“四提升”计划，职工生产生活条件得到明显改善。强化职工法律援助服务，提供法律援助620人次。落实困难劳模待遇，发放劳模救助金、慰问金190多万元。维护职工生命健康权益，深入开展“安康杯”劳动竞赛，3700家企业、69万名职工参赛。深化送岗位、送信息、送技术、送培训“姐妹手拉手”活动，受益女职工19.6万人次。

【基层组织建设】 巩固了党工共建工作格局，全面推行“党建带建、税务帮建、工商促建、组织员主建、推进员协建”的“五建”工作法，新建工会组织739家，其中联合基层工会474家，涵盖法人单位4242个，工会组织覆盖率、规范率不断提高，工会活力不断增强。重点指导“三区”和商贸城建立总工会，保定市做法在全省推广。加强行业工会建设，培树了优秀行业工会10个、先进行业工会20个。深化“四双”活动，开展“百家示范非公企业工会”创建活动，基层工会规范化建设水平进一步提升。

【自身建设】 认真学习中央、省市委和省总有关会议精神，突出抓好习近平总书记系列重要讲话精神的学习，全面落实“八项规定”，坚决反对“四风”，深入开展“解放思想大讨论”、“为民务实在一线”活动，努力解决机关化、行政化问题，提升了服务中心、服务职工的水平。加强了依法收缴经费的机制建设，工会经费收入实现了稳定增长。强化对工会经费和资产的审计监督，促进工会经济活动的依法运行和规范运作。加大工会资产保护力度，促进了资产保值增值。拓展女职工工作领域，维护了女职工特殊权益。各产业工会积极开展工作，发挥了重要作用。信息宣传调研、督查保密信访、统计档案安保等工作也都取得了新进展。

（王萌萌　马晓明）

团市委

【中国共产主义青年团保定市委员会】 是中共保定市委领导下的先进青年的群众组织，机关设办公室、组织部、宣传部、工农部、学少部、统战部、机关党总支和青少年宫、青年服务站两个事业单位。

书　记　杨跃峰
副书记　蔡红星
　　　　刘　丹（女）

【概况】 2013 年，团市委围绕党政工作大局，认真履行团的四项基本职能，坚持一条主线（学习宣传党的十八大精神），突出两项重点（党建带团建、团的自身建设），强化三项服务（服务发展、服务民生、服务稳定），做好四个助力（助力县域经济、助力扶贫开发、助力希望工程、助力城市管理），团结带领全市广大团员青年为努力实现打造环京津增长极的新突破贡献了青春力量。

【学习宣传党的十八大、十八届三中全会和团的十七大精神】 1. 在全市各级团组织和广大团员青年中开展党的十八大、十八届三中全会和团的十七大精神的宣传教育活动，编制学习传达精神提纲，通过座谈、培训、走访等多种形式将会议精神传达到基层青年群众。2. 以“五四”运动94 周年为契机，在《保定日报》刊发“助力保定梦 奋斗中国梦”倡议书，在全市开展“我的中国梦”主题教育实践活动 210 余场，“三观”“三热爱”逐步成为广大团员青年的主导思想。5 月24 日，在市委会议室召开了保定市各界青年纪念五四运动 94 周年暨解放思想、改革开放、创新驱动、科学发展大讨论活动座谈会，为保定市经济社会发展汇聚强大的青春正能量。编制《红领巾相约中国梦——保定市少先队员学习宣传十八大漫画读本》及动漫短片，并作为全市少先队队日活动的指导手册。6 月 1 日，举办了“相约中国梦 童心向未来”——2013 年保定市少先队“学习十八大 快乐过六一”主题活动。3. 挖掘选树优秀青年典型，开展第六届“保定青年五四奖章”“保定市优秀团员”“青年文明号”等“青”字号的评选表彰活动，选树 100 名“青春追梦人”和 120 名“自强自立大学生”，举办先进青年事迹报告会、“青春故事会”等 50 余场，用榜样的力量影响广大青年。4. 创新青年引领方式，利用新媒体与基层青年直接交流学习党的十八大、十八届三中全会和团的十七大精神体会。开通团市委官方微信平台“保定共青团”，逐步完善和维护团市委官方微博，并开设“畅想中国梦”“红领巾相约中国梦”“我身边的雷锋”等主题活动专栏，开展“保定市移动杯首届大学生微电影大赛”，新媒体逐步成为展示保定共青团形象的重要窗口。加强与人民网、新华网、中国新闻网、中国青年网、团中央移动频道等网络媒体合作，在更大范围内提高了保定共青团的知名度和影响力。

【以党建带团建，加强团组织建设】 1. 深化党建带团建工作。突破完全与党政建制相对应的建团模式，实行依托房地产业、饮食业、养殖业等或协会建团，在外出务工青年聚集地高阳、高碑店、白沟新城、容城等建立了305 家团组织。积极争取将团组织活动场所建设纳入城区和乡村建设总体规划，按照“共建共享、一室多用”原则，整合资源，联建共享，建设乡镇（街道）团组织活动阵地。针对乡镇、村团干部选拔、培养开展调研活动，确保乡镇、村团组织班子配备结构合理、整体优化，并做好“推优”入党工作。2. 加强团组织建设。3 月 8 日召开共青团保定市第十八次代表大会，全会选举产生新一届常委、书记、副书记。10 月 16 日至 18 日，举办保定市 2013 年度青年马克思主义者培训班，全市各级团干部和少先队辅导员代表 317 余名参加了培训。11 月 19 日，保定市青年联合会第十二届委员会第一次全体会议召开，团中央统战部青联办副主任李雪梅参加会议。大会选举产生新一届青联机构。少先队基础建设不断夯实和完善，市、县两级少先队总辅导员全部配齐，少先队活动列入全市 75 所试点中小学校新学期课表。3. 组织开展下基层大调研活动。团市委机关各部室每周抽出一天时间深入基层，帮助和指导基层团组织加大全团重点工作的推进力度。掌握和分析基层组织建设和基层工作中存在的问题，研究对策和措施，找准新时期青年群众工作的创新点。指导基层团组织积极探索团建创新的新思路、新办法，建立健全各项制度，加强基础工作和日常工作，帮助基层团组织增强功能和活力。4. 创建学习型机关。坚持开展机关干部“每周一讲”活动，组织机关干部在河北农业大学、河北大学、中央司法警官学院等听“十八大精神解读”“大学生科技创新意识培养”“实现中国梦、青春勇担当”等专家教授的报告，先后到秦皇岛、唐山、廊坊、承德、葫芦岛等地对标学习，提高团干部的学习能力、工作能力和创新能力。四川省雅安地震后，迅速在机关干部中组织了全省第一笔捐款10700元，并号召各级团组织、广大团员青年、青联委员、青年志愿者等捐款3.2万元，向受灾群众伸出援手，奉献爱心。

【围绕党政中心工作，强化三项服务】 1. 服务发展。组织青联委员开展走进涞水、易县等县（市、区）活动，为当地的招商引资和企业发展寻找更多商机和项目。参加天津招商周活动，面向天津各界对保定进行推介宣传，争取“希乐城”项目落户保定。以“我与企业共命运、同舟共济谋发展”主题活动为载体，推进保定青工技能振兴计划，涌现出一大批“青年岗位能手”和“最美青工”，为企业发展提供人力支持。进一步增强青年文明号创建活力，通过“青年文明号创新创效”“创建青年文明号诚信建设示范单位”等多种活动载体助力保定发展。积极推进青少年文化发展，青少年宫培训规模和质量稳步提高，全年共培训学员1万余人次，组织开展2013青少年宫少儿春节联欢晚会、音乐会等活动。组织12所驻保高校的50余支小分队共计2000余人分赴各县（市、区）、部分企业开展“三下乡”暑期社会实践活动，促进高校科技资源向地方和企业流动对接。2. 服务稳定。依托“我身边的青年朋友”活动，利用QQ、短信、微博、微信等现代化通讯手段与青年进行沟通交流，及时了解他们的需求及思想动态，帮助他们解决思想和生活上的问题。积极做好全市大中专学生思想引导和稳定工作，在专职团干部与全市所有大中专院校及部分重点中学对接的基础上，明确工作原则，完善信息报送体系，成立专业志愿者队伍，提升应急处置能力。积极维护青少年合法权益，到高阳少教所等地调研青少年违法犯罪工作，开展为服刑人员子女送温暖“亲情会见”、市级青少年维权岗评选等活动。延伸12355热线功能，强化青少年诉求咨询服务、个案转接处理等功能。深入开展关爱农民工子女工作，积极促进社会和谐，先后在农民工子女集中学校举办“中国梦 七彩梦”主题活动6场。3. 服务民生。组织开展“青春大讲堂”、“企业家进校园”就业创业报告30余场，受益人群达8000余人。对现有208家青年就业创业见习基地进行完善、规范，为1100余名社会青年和高校应往届毕业生提供实习岗位。举办第一届“助创业 促就业”暑期训练营，为60余名大学生提供就业创业素质拓展训练。依托“青春致富大讲堂”、采取团组织单独培训、联合政府部门培训、依托社会经济组织培训等形式，培训农村青年3.2万余人。深入实施“农村青年小额贷款”创业扶持项目，全年开展“送金融知识下乡”活动20余场，培育“青年信用示范户”780个，发放小额贷款约1.3亿元，受益农村青年3200余名。举办“青春扬帆 梦想启航”2013促进青年就业大型招聘会和中国乐凯集团走进河北大学专场招聘会，帮助1500余名大、中专学生实现就业。在高新区大学生科技园创建“青年就业创业见习基地”，并作为我市青年创业孵化基地开展项目孵化对接。开展首届“保定市青年创业先锋”评选活动，确定首届“保定青年创业先锋”10名、“保定青年创业标兵”10名，在全市掀起青年创业新高潮。召开共青团与省人大代表、政协委员（保定籍）面对面“青年就业创业”主题座谈会，青年就业创业代表与人大代表、政协委员广泛交流，为通过议案提案反映青年利益诉求提供依据。开展“青春你我行 护航中国梦”地震逃生自救科普知识宣传月活动，通过面对面的讲解、逃生演练、印发《防震减灾知识问答》、《防震减灾知识手册》等形式，受益群众近12万余人。

【围绕发挥团组织优势，做好四个助力】 1. 助力县域经济。以定兴县作为试点，本着“优势互补、共谋发展、实现双赢”的原则，开展“驻保高校走进定兴战略合作”活动，在发展研究、产品项目开发、人才培养等领域开展长期广泛合作。承办团中央青联委员“走进青年 携手圆梦”主题活动，邀请全国青联经济界别、农业界别和文艺界别青联委员到我市望都县，共话“县域经济发展”。2. 助力扶贫开发。年初，协调团省委第一时间到阜平龙泉关镇顾家台村和骆驼湾村，为350余户贫困家庭送去慰问金10万余元，对每户进行详细的问卷调查和团组织联系卡。争取团中央“太行山－燕山”志愿服务项目落户阜平县，76名高层次的支医、支教、扶贫志愿者为保定扶贫攻坚提供了强大的智力支持。做好涞水县娄村乡南庄村对口扶贫基层建设年活动，帮助该村修路、建水利设施、捐赠现代化卫生室，改善南庄村面貌，探索提高村民收入水平，组织青联委员和志愿者走进南庄村对贫困家庭进行慰问。3. 助力希望工程。全年共募集资金400余万元，救助贫困小学生460名、中学生400名。分别在阜平、顺平、曲阳援建、改扩建希望小学6所，为阜平、涞源援建希望厨房10个，争取100万元为曲阳、博野等县的4所学校提供相关配套设施。组织机关干部到希望工程发祥地涞源县东团堡中心小学与孩子们共同过六一，为东团堡中心小学捐赠液晶电视机1台、电脑2台以及价值5000元的学习用品和体育器材。开展走进希望小学活动，先后与天津大学软件学院、天津滨海新区青联、河北省青基会、河北大学工商学院、市希望工程志愿者等走进阜平、顺平、易县等7所小学，捐助价值20余万元的图书、文体、学习用品。启动贫困大学生“圆梦行动”，先后开展“国酒茅台·国之栋梁——希望工程圆梦行动大型公益助学活动”，“新世纪教育基金资助贫困女大学生活动”等，对阜平、曲阳、顺平等山区县的本二以上的192名应届贫困大学生以每人最低5000元的标准进行资助。举办2013年真维斯河北省（保定）希望小学语文教师培训班，承办首届乔丹希望小学乒乓球联赛河北站比赛，并在北京参加总决赛，取得优异成绩。4. 助力城市管理。春节前夕，联合河北大学组织春运志愿服务队到客运中心站、高铁站、火车站开展春运志愿服务活动。3月5日，组织1200余名青年志愿者在总督署广场、汽车总站、市内主要公交沿线和交通路口开展以“青春奉献十八大 志愿服务新保定”为主题的志愿服务活动。6月6日，开展“青春你我行 绿色中国梦——全市青少年助力城市管理6S行动”集中活动日活动，在全市形成“倡导文明风尚、爱护美丽家园”的浓厚氛围。6月29日，组织青年志愿者参与全市城市管理“6S”行动宣传周活动，并于11月15－16日组织200余名青年志愿者参与市区单双号限行应急演练活动。在市区内设立6个“便民综合志愿服务厅”，每月定期安排青年志愿者上岗，开展文明交通行为宣传教育、环境卫生清理等志愿服务活动。向全市广大青少年发出《在大气污染防治行动中勇当先锋》的倡议，在学校、企业、农村、社区等领域分发宣传单，在公共场所设置公益广告，组织开展“我看家乡新变化”“我为家乡扮新妆”“保定市优秀青少年环保项目”等环保活动。在全市范围内开展“青春风采 靓丽保定——共青团助力农村面貌改造提升行动百、千、万活动”（全市各级团组织对接100个行政村建立长期志愿服务基地、选取1000面墙体绘制宣传生态文明漫画、建设10000个绿色家园）。在定兴县、高碑店市、清苑县试点推进太阳房公益项目。组建240支农村环境整治青年志愿者小分队，绘制文明生态漫画34000余平米，开展了农村卫生清理、植绿护绿等志愿服务活动2000余次。动员部分青联委员、青年企业家为重点村给予资金、项目支持，活动信息在《河北日报》《燕赵都市报》刊载，《保定日报》《保定晚报》、市电视台、市电台也进行了相关报道。11月28至29日，全省共青团助力农村面貌改造提升行动现场观摩会在保定市成功召开，标志着保定市共青团助力农村面貌改造提升行动再上新台阶。

（张　瑜）

妇　联

【保定市妇女联合会】　保定市妇联是中共保定市委领导下的全市各界妇女的群众团体组织，正县级单位。按照“三定”方案，设办公室、组织联络部、宣传部、城乡工作部、权益部、儿童工作部等6个部室，内设党总支，保定市人民政府妇女儿童工作委员会（以下简称妇儿工委）办公室设在市妇联，实有人员29人。下设保定市妇女儿童活动中心一个，事业单位。妇联的基本职能是：代表和维护妇女权益，促进男女平等。

主　　席　蒋兰梅（女）
副 主 席　张　立（女）
　　　　　张荣芳（女）
　　　　　段　辉（女）

【概况】　2013年，市妇联开展“解放思想、改革开放、创新驱动、科学发展”大讨论活动，围绕发展、稳定、民生，主动作为，圆满完成目标任务。全年共协调筹集款物416.9万元，获全国农村妇女岗位建功先进集体，河北省妇联系统先进集体、河北省巾帼文明岗、河北省儿童慈善奖先进集体、河北省志愿服务工作先进单位。保定市全民创业行动先进单位、市委信息工作优胜单位、信访工作先进单位。2012－2013年度市直机关文明单位。荣获市直工委：党内统计工作先进单位、工会工作先进单位、2013年度游泳比赛优秀组织奖、2013年度市直机关先进基层党组织。市委书记聂瑞平到妇联调研时，对妇联工作给予充分肯定。市长马誉峰先后三次对妇联创业工作作出批示。市委宣传部部长李国英就“爱心代理妈妈”、“爱心代理儿女”志愿服务作出批示。市妇联在全省“爱心代理妈妈”推进会上做典型发言。《开展巾帼志愿行动 促进善美保定建设》被《保定快报》特刊（21）期全文刊载。为保定的和谐发展稳定做出了积极贡献。

【以维权促进社会和谐稳定】

1. 做好法律宣传工作。3月4日，联手法律服务志愿者、京南心理咨询公司，举办法律宣传、心理咨询服务活动。发放《妇女维权法律知识读本》《妇女权益保障宣传册》《女性乳腺疾病预防手册》等宣传资料1200余册，法律心理咨询63人次。开展“12·1”防艾宣传日、“12·4”普法宣传日活动，发放《妇女姐妹反邪教倡议书》和反邪教明白纸。联手新市区韩北派出所赵甜甜警务室，开展法律进社区咨询活动。与市老年协会联合开展学习宣传新老年法公益活动，获先进集体。权益部被评为“六五”普法中期先进集体。2. 做好妇女信访工作。全年共接待信访184件，对15起重大、重要案件进行了全程跟踪处理，确保无越级访、无矛盾激化、无民转刑案件发生，群众送来锦旗2面。12338妇女维权热线共受理电话480个，全部进行了解答和记录，满意率达100%。3. 完善信访代理工作。在全市乡镇、村、社区建立妇女信访代理站，建立省级示范点10个，市级示范点52个。乡镇妇女信访代理站共接待来访妇女5132名，解决妇女侵权典型案例478例，帮扶救助妇女972人次。其中受省妇联表彰的信访代理案例157个，10个案件获河北省第一届妇女信访代理优秀案件奖励。4. 健全志愿者服务机构。组建妇女维权志愿者队伍，开展维权、宣传、咨询等服务活动1200场次，培训妇女38351人次，志愿者队伍作用发挥明显。涌现出市公安局、市卫生局、王笑娟律师事务所等全国妇女维权先进集体3个；全国妇女维权先进个人3名。5. 全面实施新规划。各县（市、区）完成新规划的编制工作。做好妇女儿童监测统计数据和分性别统计数据库建设。申报涿州市、清苑县为实施河北省妇女儿童发展规划省级示范县（市、区），南市区西高庄村为儿童之家示范点。

【实施巾帼创业行动】 2013年，围绕全民创业活动，开展了巾帼创业就业行动。1. 开展技能培训。举办家政服务培训班6期，共培训380人，安置200多人就业。在望都县建立巾帼创业就业基地，开办了为期4天的家政服务和手工编织订单培训，100余人参加了培训。参加了全国妇联举办的女性成功创业论坛等高端培训。联合市创业办举行保定市巾帼创业成果展示宣传活动，1500多名妇女到场参观。争取省妇联“妇女职业技能培训工程”项目经费5万元，联合华北电力大学、河北大学、职业技术学院等组织高校学生创业培训班百余期，培训6万余人次。建立巾帼创业就业基地10个。2. 提供资金支持，破解创业瓶颈。推动妇女创业贴息贷款政策落实，全年为创业女性发放贴息（小额）贷款4098万元。争取母亲创业循环金80万元，发展草编项目，带动涞源县500名妇女就业。争取省妇联36万元援助项目，为71名贫困单亲母亲找到创业致富门路。支持成立定兴县鼎立巾帼小额贷款公司，是全省唯一一家为妇女创业提供金融服务的小额贷款公司，有效缓解了创业妇女和小微企业资金不足的问题。3. 开展“巾帼创新创业竞赛”活动，获省妇联表彰先进集体13个，先进个人12名。联合举办2013年全市导游大赛，推荐优秀选手参加省及全国比赛。5个单位获全国先进集体，7人获全国先进个人。举办了全市妇女创业大赛－母婴护理技能专场竞赛，展示了家政服务员的风采。4. 加强基地建设，创建高标准农业示范基地。引导妇女在种植、养殖、加工、商业贸易等方面创办“妇”字号基地，扶持了60多个妇女为主体的科技含量高、具有自主品牌、市场竞争力强的“巾帼示范基地”，通过典型示范、召开现场会推进，引导农村妇女发展特色产业。雄县坤宝养殖公司被全国妇联、科技部、农业部联合命名为全国巾帼现代农业科技示范基地，并获5万元基地项目款。全年城乡部争取各种项目款188.3万元。

【实施民生工程，服务妇女儿童】 1. 开展关爱妇女儿童健康行动。15辆“母亲健康快车”落户保定（新增2辆），义诊1500多次，健康普查2万人次，发放宣传资料3万多份。13台TCT机免费筛查2000多名农村妇女，为患病妇女争取到5万元救助金。争取玫琳凯公益金1.5万元，资助贫困地区妇女150名。为18名先心病儿童实施手术，减免医药费20.8万元。争取省妇联救助款6.2万余元，救助烧伤、大病儿童12名。争取上海东方华文教育发展中心为顺平县贫困妇女、儿童捐赠价值2万余元的大米3000公斤。2. 助学工作取得新成绩。走访慰问293名孤困学生，送去5万多元的慰问品，发放助学款19万元。5年共资助522人，发放助学款47.5万元。在阜平中学成立“维然春蕾班”，开展送温暖献爱心慰问活动，捐赠了学生上网行为管理系统软件；为新市区德惠小学捐赠图书、文具等用品。为涞源烟煤洞小学建立了“安利爱心绘画室”。在满城县南水峪小学举办“畅想中国梦 庆‘六一’手拉手”活动。市妇儿工委下发了《关于庆祝2013年“六一”国际儿童节的通知》，市、县两级妇儿工委各成员单位“六一”节慰问小学、幼儿园、特教学校，救助贫困学生。组织了“走出无声世界 爱要让你听见”大型义卖活动。争取联合国儿童基金会、全国妇联儿童早期发展社区家庭支持项目，保定是全国3个试点之一，项目资金35万元。全年共筹措助学款物合计197.1万元。3. 做好基层建设年、亲民爱民、群众工作站、农村面貌改造提升等工作。侯各庄工作组高效优质地完成了十项工程。协调资金2.5万元，建垃圾池3个，安装了30盏LED路灯。打了2眼深水井，修建了2座蓄水站。投资21万元，硬化街道3500余平米。捐赠图书光盘5200多册（张），建立农家书屋，建成了250平方米的村民文化广场。建立“留守儿童之家”，举行了“同城小伙伴手拉手”活动。欧普公司出资45万元为顺平县5所小学的130间教室安装LED照明灯。多次深入安新县、南市区慰问20名帮扶对象，送去大米、食用油等物品。市妇联驻西孙村工作组，共发动20余车次，80余人次，清理垃圾杂物1500立方米。补种新植苗木700余株，对20户示范户进行庭院净化、美化。完成厕所改造、屋顶改造29户，4874.9平方米，清理墙面5500平方米，抹灰5835平方米，粉刷1102平方米，檐口825.5米，新建墙体322米。新打饮水井1眼。投资37万元硬化道路1270米。

【参与社会治理，推动善美保定建设】 1. 宣传选树典型。获全国三八红旗手1名，河北省三八红旗手（标兵）11人，省三八红旗集体2个。授予92名同志、27个单位保定市三八红旗手（集体）。与市检察院联合评选表彰保定市十佳女检察官。推荐优秀妇女典型王焕荣、邝秀兰入选保定故事人物，王焕荣的先进事迹在《中国妇女报》头版给予了报道，在各级各类媒体刊登稿件200多篇。2. 举行组织优秀创业女性进高校活动。5月27日、6月14日，在河北大学、河北软件技术学院，邀请王介明、王玉英举行优秀创业女性励志报告会，赢得了在场600多名大学生的热烈掌声。3. 开展“美丽庭院”创建活动。市妇联成立了创建活动领导小组，下发了《实施方案》，召开了创建工作推进会。各级妇联发放资料2万多份。通过秧歌表演、唱“五美”内容歌谣、多媒体课件、创建成果图片展、专题片、“美丽庭院”创建推进及经验交流会，选树4个省级试范点，示范村99个，示范户895户。省妇联主席王淑玲、副主席裴世馨、马新景、王晓燕等多次到我市实地调研，对保定的创建工作、妇联作用的发挥给予高度评价。4. 做好“爱心代理妈妈（儿女）”巾帼志愿服务工作。通过开展形式各样的活动，在全社会营造崇尚文明、风清气正的良好氛围。3月份召开推进会，同时表彰保定市优秀“爱心代理妈妈（儿女）”29名。9月，市妇联在全省“爱心代理妈妈”推进会上做典型发言。55人荣获河北省优秀“爱心代理妈妈”，4个单位荣获河北省爱心代理妈妈先进单位。定州“爱心妈妈”志愿服务团队荣获省、市“优秀志愿服务品牌”、保定市2012年度精神文明建设宣传成果“五个一工程”奖。5. 加强妇女之家建设，涌现出省妇女之家示范点6个，市级10个，县级136个。6. 家教工作取得新进展。涿州、清苑、顺平、涞源、望都、高碑店市举办家庭教育公益讲座30多场，受益近万人。举办“迎新春少儿书画展”、儿童图文创作大赛、“欢乐童心、美丽中国梦”大型儿童画展。组织参加了第十三届全国青少年儿童书画大赛。举办首届儿童绘本阅读故事大赛。在200所小学开展“校园口腔健康教育活动”暨“2013益达口腔健康计划”。评选出百名保定美德少年。荣获河北省儿童慈善奖先进集体3个、先进个人3名，优秀春蕾女童13名。

【实施强基固本工程，建设高素质干部队伍】 1. 抓组织建设。坚持党建带妇建，开展强基固本工程和基层组织示范创建活动。把妇联基层组织建设纳入市委基层组织建设和基层政权建设的规划，加强督导和整建力度，县、乡级妇联组织健全率100%，村级妇代会健全率达98.2%。率先在全省非公有制经济组织、新社会组织中建立妇女组织，采取独立、联合、挂靠等多种形式，其中新经济组织中建立妇女组织397个，新社会组织中建立妇女组织25个。建立妇女小组576个，充实农村（社区）妇女工作力量。1个县、15个乡（镇、街道）、128个村（社区）被评为省妇联基层组织建设示范县、乡、村。6个单位、11名个人被评为全省妇联系统先进集体、先进工作者（劳动模范）。2. 抓好干部培训。贯彻执行《2012－2015年保定市妇联干部教育培训规划》，将妇联干部培训制度化、常态化。联合举办心理咨询师培训班、积极心理学知识讲座，《领导力、演说力、吸引力》、《如何培养未来领袖》等专题讲座。积极组织妇联干部参加全国、省妇联及市委组织部调训，组织县级领导干部参加全市领导干部大讲堂。全年各级妇联组织举办培训班428期，培训18620人次。

3. 促进妇女参政。推荐2名全国人大代表，6名省人大代表，6名省政协委员，26名市政协委员。换届后，市级党代会女代表139名，比上届高出3个百分点；省级党代会女代表34名，占比33.3%；市级人大女代表138名，占比21.8%；省级人大女代表22名，占比25.3%；市级政协女委员173名，占比24.9%；省级政协女委员17名，所占比例为23.6%。市四大班子女领导干部配备率达到100%。4名代表出席中国妇女第十一次代表大会。102名代表出席河北省妇女第十三次代表大会。4. 加强联络联谊。加强与横向组织的联络联谊。邀请联谊会会员参加“三八”节庆祝活动，市妇联，市女领导干部、女知识分子、女企业家联谊会与百盛集团联合举办庆三八精致生活、杰出女性文化沙龙活动及品位色彩美丽、尊享精致生活活动。举办知识讲座、大讲堂活动多次，提高了妇联组织的社会影响力，多名联谊会员当选人大代表、政协委员。5. 开展“一联五”贴心扎根工程。全市6694名妇联干部共联系妇女群众33470名。受益妇女14975人次，提供信息973条，排查化解矛盾隐患494起，维护权益1064人次，协调捐助资金324.2万元，挖掘典型323个，办好事742件。6. 开展“为民务实在一线”行动。深入到顺平县旺顺敏达有限公司调研，解决完善企业现代公司管理制度、加强规范性管理和发挥企业现有大学生的示范作用。带领女创业典型张淑芬及中层经理到大世界集团学习文化引领团队管理经验。深入保定市婚姻家庭咨询师协会进行调研，帮助协会解决实际问题。到南市区焦庄乡聂庄村，推进农村面貌集中整治。协调社会爱心人士对北市区2名初高中生进行长期救助，每年发放救助金1000元，直到大学毕业。

【开展廉政文化进家庭活动】 把家庭廉政文化建设纳入妇联工作重要议事日程，加强日常管理考核。明确分工，突出重点，开展培训。一是抓妇联干部的培训，要求妇联干部学习党的廉洁从政理论，谋划和抓好各县本地廉政文化进家庭活动，二是抓妇女的培训。从家庭角色定位出发，让妇女担当廉政宣传员、监督员，担当起家庭助廉的重任。各级妇联利用“善美保定”大讲堂等阵地，对领导干部家属进行廉政教育培训，组织参观警示教育基地，积极营造反腐倡廉良好家庭环境和社会氛围。与此同时，围绕妇联职能，抓好两个结合。一是把廉政文化进家庭与巾帼志愿服务相结合。二是把廉政文化进家庭与创建学习型家庭相结合。运用读好书、看好片、答问卷、谈感受等宣传教育活动，引导家庭成员积极参与廉政文化建设。市纪委将廉政文化进家庭活动纳入《全市廉政文化建设工作要点》。各级妇联一是通过制作宣传牌、张贴宣传画、悬挂警示格言牌等形式，广泛宣传廉政文化知识，倡导以俭为荣、以贪为耻的社会风尚。二是通过选树宣传先进家庭典型，激励广大家庭学习先进人物，自觉提高家庭廉洁意识。三是把廉洁情况作为评选三八红旗手、五好文明家庭等特色家庭的重要条件，以此构建反腐倡廉的家庭防线。四是把廉政文化进家庭纳入女性素质工程，作为女性教育培训的重要内容，将女领导干部列入重要对象。涿州市举办推进廉政文化进家庭暨“家庭助廉”培训会，全市正科级干部家属参加了培训。五是把廉政文化进家庭纳入未成年人思想道德建设，让诚实守信、勤勉廉政在青少年的心中播下种子，不断深化小公民道德建设。六是把廉政文化进家庭纳入“双合格”家长教育实践活动。对广大家长进行廉政教育，引导家长树立正确的价值观和高尚的道德情操。为留守、孤困儿童和空巢、孤困老人提供服务。

（周淑慧）

侨　联

【保定市归国华侨联合会】 保定市侨联是中国共产党领导的由全市归侨、侨眷组成的人民团体，是党和政府联系广大归侨、侨眷和海外侨胞的桥梁和纽带。主要职责，贯彻侨法，维护侨益，充分调动广大归侨、侨眷和海外侨胞的积极性，为保定市的对外开放和经济建设服务。内设办公室。

党组书记　贾永山
副 主 席　李玉华（女）

【概况】 2013年，保定市侨联认真贯彻党的十八届三中全会、省委和市委全会精神，积极履行各项职能，围绕中心，服务大局，圆满完成了全年的工作任务。

【深化“为侨服务年”活动】 1. 政策法律服务。依托保定市归侨侨眷法律咨询服务中心这个平台，全力做好侨法宣传、依法维权工作。2. 具体事务服务。2013年，共接待来信来访和求助事项20多件，基本做到了件件有落实，事事有回音，重点解决了新加坡籍华裔符绩熙先生寻祖、缅甸归侨子女工作等有关事宜。为活跃老归侨退休生活，开展了游览保定生态园、观看“善美保定梦圆重阳”演出活动。为做好侨界困难群众的帮扶工作，积极开展了“送温暖、献爱心”活动，共走访慰问病、困归侨侨眷50多户，送去慰问品和慰问金近两万元。3. 发展环境服务。成功推荐8名侨界人士出任省、市人大代表或政协委员。结合“为民务实在一线”行动，深入华侨宾馆、海逸风传媒有限公司等侨资、侨属企业开展调研，了解企业经营状况，协调有关部门解决企业发展中遇到的困难和问题，协助侨企开展招商活动，为不同岗位侨界人才开展工作、发挥作用提供帮助和支持。

【积极为招商引资牵线搭桥】
开展百家侨企进保定活动，接待来自美国、俄罗斯、德国等14个国家和地区的35名侨商组成的海外侨商考察团。在市委常委、统战部长、农工委书记王惠欣主持的欢迎会上，市长马誉峰致欢迎辞，希望各位侨商更多的了解保定、关注保定、支持保定，到保定投资兴业，在副市长闫立英陪同下考察团一行先后考察了长城汽车股份有限公司、容城澳森制衣有限公司、白沟箱包交易城以及英利集团，考察团参加了华侨华商实业有限公司组织的关于筹建华侨华商文化科技产业园的招商洽谈会，就有关细节问题与华侨宾馆负责人进行了探讨。

【拓展联谊渠道，扩大对外交流与合作】 发挥侨联群众团体优势，鼓励归侨侨眷积极参加海内外侨社团的联谊活动，多渠道、多形式地开展海内外联谊工作，深交老朋友，广交新朋友，部分归侨参加了在北京举行的蒙古归侨联谊会，加强了归侨之间的联系，增进了友谊，沟通了信息。市侨联还先后接待了山西省侨联考察团、广西南宁市侨联考察团，并与南宁市侨联签订了《友好侨联协议》。通过广泛开展联谊活动，开阔了工作视野，进一步扩大了保定的知名度和影响力。

（林　薇　周　稳）

社科联

【保定市社会科学界联合会】
保定市社会科学界联合会（简称市社科联），是中共保定市委领导下从事理论研究和理论宣传的学术性人民团体，是保定市社会科学界各学会、协会、研究会的联合组织，负责对全市社会科学学会、协会、研究会进行业务指导、管理、组织、协调，是党和政府密切联系社会科学工作者的桥梁和纽带，正县级全额拨款事业单位，参照公务员管理。与中共保定市委讲师团合署办公。承担着社科规划课题研究、社科优秀成果评奖、社科青年专家评选、干部理论教育等工作职能。内设办公室、教研室。

主　席　房振杰（11月离任）
　　　　赵其国（11月任）
副主席　张秀贤（女）
　　　　李万一　王惠鹏

【概况】 2013年，以学习贯彻党的十八大精神为主线，积极开展执行力亮剑和“为民务实在一线”活动，着力做好各项工作，服务大局水平进一步提高，在全市社科界影响力和凝聚力进一步增强。获“全国先进社科联”称号。

【提升服务大局工作水平】
1. 认真学习贯彻市委十届六次全会精神。开展征文活动，共征集论文60余篇。召开理论研讨会，市委常委、宣传部长李国英出席会议并讲话。发言摘要刊登于《保定日报》。2. 多渠道转化成果。组织全市社科专家学者撰写的多篇文章，在国家、省、市级报刊发表，部分成果参加省级理论研讨。撰写调研报告《切实加强社科工作、服务人文环境建设》，市委书记聂瑞平做出批示，市委常委、宣传部长批示要求“印发全市宣传文化系统和宣传部内部处室认真学习”。3. 完成省委讲师团课题《推进公民道德建设工程需解决的问题研究》。《保定日报》11月25日理论版头条予以刊发。撰写《做好统筹整合协调大文章，为全市中心工作提供软性支撑》，在全国第24次大中城市社科联工作会议上交流经验。

【夯实社科联事业发展基础】
1. 起草出台保定市《关于加强新时期社会科学界联合会工作的意见》，在省内首家以市委、市政府办公厅名义下发。2. 召开2013年度全市社科工作会议。对在社科工作中表现优异的66个先进单位、68个先进个人进行表彰。3. 开展保定市第二届优秀社科青年专家评选。共收到32名申报人选。7月9日，在河北大学召开评审会，产生20名人员入选的青年专家和提名人选。4. 编纂保定市首部《保定社会科学年鉴》。河北省政协党组副书记、副主席，省社科联主席刘永瑞作序。市委书记聂瑞平、市长马誉峰作出批示。

【咨政服务能力有效增强】
1. 认真组织2013年度保定市哲学社会科学规划课题立项评审和

第十一届社科优秀成果奖评审工作。评选社科优秀成果424项，规划立项课题369项。2.4月份启动社科智库建设工程。保定市社科联是全省三个试点之一。多篇调研报告得到市委书记、市长、市人大常务委员会主任等主要领导的肯定性批示，并批转有关市领导和有关部门参阅。3. 在全市开展的“解放思想”大讨论活动中，共收集良策上报省社科联30余条，报市解放思想大讨论活动办公室56条。获得省社科联优秀组织奖，农村金融学会、保定学院共有19人获得奖励。4. 与市委宣传部、市文明办联合组织开展精神文明建设30个专项课题研究；协调市农工委参与省农工委、省社科联组织的农村工作5项课题研究；推荐20篇论文参加全省“燕赵文化论坛”。

【开展理论宣讲和理论武装工作】 1. 推动十八大精神宣传工作再兴高潮。市一级的集中宣讲100多场，听众近10万人次。2. 与市委宣传部一起，按照省“中国梦宣传教育活动宣讲提纲”，组成宣讲团赴各县（市、区）和市直大系统开展宣讲达30多场，听众近2万人。3. 组织人员对宣讲省委八届五次全会、市委十届六次全会精神，到县（区）和市直单位宣讲12场，并下发宣讲提纲和要求推动基层宣讲站宣讲。四是配合全市效能提升、城市治理、全民创业、“秋收100”严打整治等重点工作接受报纸约稿、电台电视台访谈10余次。五是围绕“理论工作如何服务好基层”等问题召开调研座谈会。

【发挥社科团体服务经济社会发展的作用】 1. 加强对学会工作指导。继续抓好学会管理工作的制度化、规范化建设。落实社团管理办法。2. 积极推进学会工作整体上水平。组织学会参加第九届社科普及周活动，结合为民务实在一线活动，深入基层调研。开展学会争先创优活动。批准成立保定市青少年儿童心理健康学会、保定市古北岳文化研究会，筹备成立驻保高校社科工作者联谊会。

【积极探索科普宣传有效途径】 1. 于6月5日在市委主楼组织举办大型科普图片展，共展出30块展牌，近100幅图片。省政协党组副书记、副主席，省社科联主席刘永瑞观看了图片展并给予好评。2. 下发《关于组织申报首批保定市社会科学普及基地的通知》，于6月至10月组织开展市社科普及基地申报工作。共分两批进行。第一批河北大学艺术展览中心、河北金融学院金融博物馆、曲阳定瓷有限责任公司，已挂牌。第二批共有21个单位进行申报。3. 认真开展保定市第九届社科普及周。下发《关于举办保定市第九届社会科学普及周活动的通知》，于11月22日至28日全市联动开展“保定市第九届社会科学普及周”活动。活动主题为“传递正能量、共筑中国梦”。

【高标准高质量完成上级部门交办任务】 6月5日至6日，省政协党组副书记、副主席、省社科联主席刘永瑞带领调研组一行到保定市进行调研。先后视察保定市社科联机关，河北大学艺术学院展厅、河北金融学院博物馆等社科普及基地，及曲阳宏州石业集团、定瓷博物馆、雕塑会展中心等地。省社科联常务副主席曹保刚、省政协文史委主任郭翠朵参加调研。市委常委、宣传部长李国英主持汇报会，市委常委、统战部长、农工委书记王惠欣等陪同调研；经组织推荐，全市驻保、市属高校近60余项获准省社科联民生课题立项，近70余项获准省社科联社会发展课题立项，16项获准省委讲师团课题立项；组织接待省社科联常务副主席曹保刚、副巡视员王新明到保定工作调研；配合省委讲师团深入涿州市乡、村两级宣讲党的十八届三中全会精神。

（高继承）

文　联

【保定市文学艺术界联合会】 保定市文学艺术界联合会是中国共产党领导下的人民团体，是市委、市政府联系广大文学、艺术工作者的桥梁和纽带，是全市各文艺家协会和各县（市）、区文联和企业（产业）文联的联合组织。机关设4个科室：办公室、组联处、人事处、艺术精品辅导处。下属两个科级事业单位：保定市文学研究室、保定市文联文化艺术培训部。另下辖11个文艺家协会和一个书画院：保定市作家协会、保定市书法家协会、保定市美术家协会、保定市摄影家协会、保定市音乐家协会、保定市舞蹈家协会、保定市戏剧家协会、保定市曲艺家协会、保定市民间文艺家协会、保定市影视家协会、保定市杂技魔术家协会；保定市文联书画院。

党组书记　郭树林
主　　席　刘素娥（女）
副 主 席　张劲鹰（女）

【概况】 2013年，市文联以“文化活动抓广度、人才培养抓厚度、精品创作抓高度、队伍建设抓制度”的发展理念，坚持

“二为”方向、“双百”方针，自觉践行“爱国、为民、崇德、尚艺”的文艺界核心价值观，开展以“讲好保定故事、建设善美保定”为主题的系列文艺活动，做到了“周周有展览、月月有活动”。文艺精品创作取得新突破，先后有120多部（件）文学和艺术作品获省及全国级大奖，极大地繁荣和发展了保定文学艺术事业，创造了文联工作发展的新局面。

【文艺活动影响大、效益好】 以服务市委市政府中心工作为重点，以建设“京畿强市、善美保定”为目标，全面开展“百花扎根沃土、艺术奉献人民”为主题的系列活动，先后举办了有特色、有影响的各类文艺活动50余次。一是举办纪念毛泽东同志《在延安文艺座谈会上的讲话》发表71周年专题文学讲座、走进市公交公司采风和“辉煌公交·美丽保定——公交杯”文艺作品创作征集等文学创作活动；二是举办“翰海同舟·扬帆新航——保南八县书画联展”等摄影、戏剧演唱会、音乐金钟奖大赛、大型魔术专场演出和艺术进军营等特色文艺活动，丰富人民群众的精神文化生活。三是承办第九届中国国际民间艺术节巡演、“河北省首届楷书大展”“河北省首届篆书大展”和“保定·唐山书法精品联展”等文艺交流活动，加强保定与外省市的艺术交流，提升城市文化品味。四是组织“文化润家园”县域巡演、“文艺进社区”演出和“保定市文艺志愿服务基层百千万工程启动仪式暨赴阜平县岭东村慰问演出”等文化惠民工程，繁荣基层文艺生活。

【文艺人才培养得到新提升】 “大师”是推动文化发展的“源头活水”，中青年骨干是事业发展的中坚力量。通过完善激励和培训机制政策，设立《荷花淀》文学奖，推荐有潜力的作家与省文学院签约、到鲁迅文学院深造，或举办笔会、研讨会、文友会、培训班、展演赛事等形式多渠道培育文艺人才。2013年，全市有5名作家与河北文学院签约，占全省签约作家总数的1/6，这也是自河北文学院实行合同制作家管理制度以来，保定市入选人数最多的一次。《荷花淀》共刊发小说60多篇，散文50多篇，诗歌100余首，其中有10余篇（首）作品被重点刊物转载。全市各艺术门类共有12人成为全国级会员，8人当选省各文艺家协会副主席，近50人成为省各协会理事，推出了一批文艺名家。

【文艺精品创作取得新突破】 组织骨干作者“坚持以人民为中心的创作导向，提高文化产品的质量，为人民提供更好更多精神食粮”这一根本目标，编纂出版了大型文学《保定古代文学作品选》等文学精品。先后有120多部（件）文学和艺术作品获省及全国级大奖，如作家刘素娥获首届孙犁文学奖，画家赵小海获“第九届佛罗伦萨国际艺术双年展”金奖，书法家朱冰、杨晨入展“第七届全国书法新人新作展”，“国之韵京胡组合”演奏的京胡名曲《迎春》《梅花新调》获得河北省第四届民族器乐大赛合奏类金奖，韩梦泽短篇小说《月光下的平民》获《小说月报》第十五届百花奖，老作家赵新的作品集《鸡不叫，天也明》、女作家陈玉兰的《秦家班》在“献王杯”第三届（2012年度）河北小小说优秀作品暨小小说年会上获“佳作奖”等，弘扬了保定主流人文精神。

【期刊业务工作高标准】 《荷花淀》杂志完成全年6期的出版任务，并评选了《荷花淀》年度优秀作品奖，推选了一大批新人新作，影响力逐步增强。“文友会”活动的影响力和覆盖面进一步扩大。根据中宣部、省新闻出版局和市文改办通知要求，《青少年文学》杂志社顺利进行转企改制工作，按企业化运行，平稳过渡，高质量完成了全年24期的出版发行任务。

（张　梅）

军　　事

保定军分区

司　令　员　江永亮
政治委员　陈剑武
副司令员　段一兵
参　谋　长　周　明
政治部主任　李大忠
后勤部长　韩瑞新

【概况】 2013年，保定军分区围绕党在新形势下的强军目标，突出“听党指挥、履行使命、安全稳定”三个重点，把握“忠诚可靠、履职尽责、夯实基础、创先争优”的工作思路，紧贴强军目标谋篇布局，狠抓末端落实稳中求进，军分区全面建设保持了科学发展、全面进步、持续向好的良好势头。

思想政治工作。严格落实理论学习“五步法”要求，学习贯彻党的十八大精神和习近平主席系列讲话精神，师团两级党委中心组学习更加规范，基层理论武装持续加强。深入开展“坚定信念、筑牢军魂”主题教育，区分现役官兵、民兵和老干部三个层次，强化理论灌输和教育引导，教育活动取得明显成效，《战友报》对此做了报道。突出抓好了中共十八届三中全会精神学习贯彻，及时统一思想，凝聚官兵拥护改革、支持改革的共识。结合廉政风险防控工作试点任务，深入排查风险隐患，制定防控措施，官兵依法办事、依法用权的意识和能力明显增强。密切关注意识形态领域斗争，紧密联系国际国内形势，积极开展形势政策和专题法制教育，扎实做好经常性思想教育，确保了广大官兵政治坚定、思想稳定和高度集中统一。

军事工作。以习近平主席“能打仗、打胜仗”指示精神为指导，认真贯彻落实省军区年度军事工作指示要求，紧贴任务打基础、突出重点搞建设、整体推进谋发展，军事斗争准备工作呈现出全面推进、协调发展的良好态势。扎实开展“学、研、练、考、评”活动，研究探索了信息化条件下民兵应急力量遂行大中城市封控警戒任务和参加抗洪抢险行动等课题，完成50多篇有价值的理论研讨文章，制作战法创新研究课件、视频资料20多个。在政治敏感期和重大节日，集中组织北市区、新市区、清苑、徐水、满城民兵应急连进行反恐维稳演练，提高民兵应急力量遂行任务能力。组织保定市民兵应急营反恐维稳连参加神舟十号载人飞船陆上应急救援演练，北京军区首长给予充分肯定。组织京广、京原铁路沿线16个县（市、区）人武部3942名民兵，完成了为期20天的铁路护路工作。突出民兵应急力量训练，高标准完成1个民兵应急营、21个县级应急连、339个乡（镇、街道）综合应急排、18888人的建设任务；结合保定地区实际，研究摸索出“全面依托地方常态化队伍编组、部分依托地方专业队编组、整合企事业单位人员编组“3种编组模式，优化了编组结构，提高了整组工作的质量水平。组织25个县（市、区）人武部2500余名民兵开展应急力量集中训练与考核比武活动，提高了民兵应急力量成建制遂行多样化军事任务能力。以严寒条件下组织指挥、行军机动、野外生存、装备检验和综合保障等内容为重点，组织师团两级首长机关带部分民兵应急力量开展冬季适应性训练，同步对25个人武部进行联查联评，检验全区年度军事训练水平，推进全区部队整体建设水平稳步提升。结合新营区搬迁建设，将信息系统建设紧密纳入营区整体规划之中，按照“两种架构、三种模式”的建设要求，全面搭建了技术先进、功能完备的国防动员指挥中心系统，基本实现了集日常办公、指挥控制、安全管理于一体的信息化保障平台。按照“一联四应”要求，建立健全军分区作战值班室信息化建设，进一步规范值班备勤制度，落实每月组织一次值班要素训练演练，确保战备工作的正规有序。在北京军区、省军区组织的作战值班系统指挥演练中，通信顺畅，处置科学、果断、迅速，得到上级首长肯定。完成了全军国防工程建设项目普查任务，对30余处国防工事进行修缮，严肃惩治了满城县鼎盛建材，破坏顺平师域辛家庄团域51号坑道问题。高标准完成军事志第二轮续修任务和第三轮续修准备工作，全区25个县级单位，全部完成了志书出版任务，3个单位和3名个人受到省军区表彰。以提高征集新兵质量为核心，以确保依法征兵、廉洁征兵为重点，周密计划准备，主动作为，完成保定市4990名男兵征集任务。

安全管理和稳定工作。牢固树立“抓安全就是讲政治、落实安全责任就是政治任务”的观念，始终把安全稳定工作作为党委重要责任纳入议事日程，常抓常议。扎实开展“学法规、用法规、守法规”活动，狠抓经常性法规学习教育，官兵遵规守纪、依法办事的意识和能力明显提升，在河北省军区组织的条令知识竞赛中获得第3名。持续加大安全技防投入，改善安全防范措施，“保定市民兵装备仓库”在北京军区安全管理工作检查时，得到充分肯定。突出军人军车管理管控，投资60余万元在全省率先建成北斗车辆管理系统；及时关注涉军敏感问题，集中开展打击假冒军车专项清理整治活动，结合全军更换新式军牌任务，狠抓外出军人军车检查纠察，加大打击“三假”工作力度，有效维护了军队和军人形象；高度重视报废弹药调运销毁任务，党委顶层谋划、领导一线指挥、全程定人定位，实现了“人员零受伤、弹药零差错、装备零受损、操作零失误”的目标。

党委班子和干部队伍建设。认真贯彻习近平主席“三个坚持、三个着力”的指示要求，扎实开展“学习贯彻党章、弘扬优良作风”主题教育活动。教育中，师团两级党委对照基层照镜子、问计官兵谋对策，针对官兵反映强烈的突出问题，制定出台《军分区党委加强自身作风建设措施》，坚持以上率下、以下督上，让官兵切身感受到党委机关的新气象新变化。持续抓好“五用一履行”专项清理整治，下力纠治突出问题，制定出台《军分区行政消耗性开支限额标准》，开展“崇尚勤俭节约、反对铺张浪费”专项整治，取得显著成效。《解放军报》《战友报》作了报道。逐级召开党委民主生活会，进一步提高党委班子和干部队伍建设质量。牢固树立“敬业奉献、重视公论、品行至上”的用人导向，坚持德才兼备、以德为先，全面实行后备干部公开答辩选拔，选人用人更加规范透明。3人被省军区表彰为优秀团级单位主官，7人立三等功。

后勤工作。全区官兵聚焦聚力、创新举措，全力推进军分区机关新营院建设。11月，筹建7年之久、历经3任班子的新营院顺利入驻，军分区全面建设跃升到一个崭新阶段。结合“平安营院”建设，指导各团级单位对营房进行整治，基础设施建设有了明显改善，容城县人武部完成了营院迁建。持续加大党委理财力度，强化预算执行监督，降低行政消耗性开支，确保了收支平衡；充分发挥审计监督作用，按照《团级单位主官离任经济责任交接监督办法》，对离任和调整的7名单位主官，坚持先审计再离任，有效堵塞了经费漏洞。全面贯彻落实两级军区党委部署要求，扎实开展财经管理专项整治，狠抓不合理住房清理，严格军车号牌发放，全面展开“两项”（基本建设项目和房地产资源）普查，后勤建设管理水平得到明显提升。1名同志被省军区评为后勤建设和管理先进个人。

党管武装和双拥共建工作。牢固树立“大服务”意识，采取意见函询和上门走访的形式，广泛收集整理驻保部队和后备力量建设中面临的重难点问题。8月，协调保定市委召开议军会议进行研究议定，进一步明确时限标准、细化责任分工，受到驻保部队和官兵的好评。深入贯彻落实习近平主席在阜平县和视察军区时的讲话精神，军分区联合保定市委、市政府制定出台了《关于驻保部队和民兵预备役人员参与扶贫开发工作的实施方案》，协调驻保部队70个团以上单位对74个贫困村进行定点帮扶。全年，驻保部队先后筹措350多万元帮扶资金，组织20多次义诊活动，帮扶近千名贫困学生。《解放军报》《战友报》多次给予报道。同时，为响应市委、市政府号召，军分区组织民兵、协调驻军近2000人，参与“洗城净天”环境治理活动，以实际行动为“第二故乡”做出了贡献。

【召开军分区党委九届三次全体（扩大）会议】 1月9日，在军分区综合楼二楼大会议室，组织召开军分区党委九届三次全体（扩大）会议。陈剑武代表军分区党委作了工作报告；江永亮围绕《恪守“三个牢记”，坚持“三个必须”，扎实推动国防后备力量建设再上新台阶》提出了具体要求；市委书记、军分区党委第一书记许宁围绕贯彻落实习近平总书记讲话精神、加强国防后备力量建设和全市扶贫帮困活动做了讲话。

【完成全国“两会”护路任务】 为发挥好首都“南大门”“护城河”作用，确保“两会”期间市内铁路大动脉绝对畅通，确保“两会”代表途径本市绝对安全，军分区联合保定市委、市政府制定下发了《关于做好“两会”期间军警民联防安保工作的意见》，主动将民兵应急力量纳入市、县、乡三级联防体系，为护路工作的扎实展开打下了坚实基础。3月1日至3月20日，保定军分区组织京广、京原铁路沿线16个县（市、区）3942人的民兵应急力量，联合全市公安、政法、铁路管理部门等各方力量，连续奋战20个昼夜，对295公里铁路沿线共645个桥梁、涵洞、道口等重点部位进行逐点守护，充分发挥了民兵应急力量在执行急难险重任务中的生力军作用。护路期间，军分区司令员江永亮、政委陈剑武、参谋长周明分别带领护路督导组对全线护路点进行昼夜巡查，确保了全国“两会”期间的安全，为首都北京的安全稳定创造了良好的安全环境，打造出了具有保定特色的军警民联合护路新模式，受到了省政法委、市委、市政府的充分肯定。

【扎实开展基础性训练】 3月，依托市民兵训练基地，组织全区50余名参谋骨干集中训练，选拔出4名尖子人员参加省军区比武竞赛，取得优异成绩。5月上旬，采取“统一计划、区分层次、集中组训”的方式，分三个批次，组织全区25名人武部主官、100名专武干部、50多名参谋人员，进行为期20天的集中训练，重点开展基础理论、指挥作业和军事技能训练，大大提高了指挥员的基础技能和组织指挥能力。

【北京军区副政治委员王健到军分区考察调研】 3月15日，北京军区副政委王健中将，在军区政治部组织部副部长邹焱星、宣传部副部长谭春仁的陪同下，带领军区机关人员到保定军分区考察调研。调研期间，王健详细听取了军分区党委的工作汇报，并前往军分区新营院进行现地指导。王健高度评价了省军区和军分区近年来党委班子和部队建设取得的成绩，对省军区和军分区紧贴实际抓好两项重大教育活动的做法给予了肯定。

【北京军区司令员张仕波到军分区考察调研】 3月26日，北京军区司令员张仕波中将在军区政治部部长李祯盛等军区机关人员陪同下，到保定军分区考察调研。调研期间，张仕波听取了军分区党委的工作汇报，实地考察了军分区机关新营院建设。调研期间，张仕波结合保定军分区的任务和责任，从加强思想政治建设、民兵应急力量建设、军地协调、风气建设和新营院建设等方面提出了要求。

【完成民兵报废弹药销毁调运任务】 根据北京军区、省军区统一部署，从4月份开始，保定军分区采取就地销毁与集中调运相结合的方式，组织民兵报废弹药销毁调运工作。期间，军分区司令员江永亮、政委陈剑武多次到一线督导检查报废弹药装载调运和销毁准备工作，确保了任务的完成。此次任务，共动用人员460人（次）、车辆90台（次）、铁路棚车5节、累计行程2000余公里，完成了212.6吨的民兵报废弹药销毁调运，实现了北京军区“零隐患、零差错、零问题”的目标。

【组织西部山区县民兵应急连军事训练暨集中备勤】 4月2日至8日，军分区组织涞水县、涞源县、易县、满城县、曲阳县、阜平县、顺平县、唐县、徐水县9个山区县民兵应急连进行以森林扑火专业知识与技能为重点的针对性训练和集中备勤，有效预防了辖区内季节性森林火灾的发生，用实际行动落实了全国森林草原防火和造林绿化工作电视电话会议精神和两级军区关于加强民兵应急力量建设的指示要求。此经验做法得到省军区转发。

【保定军分区参加神舟十号载人飞船陆上应急搜救模拟演练】 5月31日，神舟十号载人飞船陆上应急救援演练在38集团军陆航8团举行，此次演练以载人交会对接飞行任务中，神舟十号飞船在轨运行期间出现异常情况为背景，重点演练了“指挥协同、空地搜索、现场救援、处置撤离”四个演练行动。保定市民兵应急营反恐维稳连（编在南市区人武部）作为河北省军区唯一一支民兵应急力量参加了演练，军分区司令员江永亮、政委陈剑武亲自研究审定参演方案，组织反复推演和实兵演练，确保了任务的完成。此次演练，共参加45人，协调各类车辆4种150多台次，动用各类装备100余件套。从5月3日河北省军区赋予任务至演练结束，历时28天。期间，参加38集团军组织的合练7次，总装备部和北京军区组织的验收各1次。受到总装备部和北京军区领导的高度评价。

【夏秋季征兵工作完成】 年内首次实行夏秋季征兵。军分区结合保定市担负的试点任务，及早部署，及早发动，全方位开展征兵宣传，营造征兵氛围。6月14日召开保定市电视电话会议，对全市征兵工作进行了全面安排部署，提出明确要求。7月24日、25日，组织业务培训和宣传调度会，两次召开征兵形势分析会，及时进行谋划指导。市征兵工作领导小组开展“征兵宣讲进校园”活动，6月28日至30日，军分区首长组成7个工作组，深入驻保15所高校进行宣讲。7月30日，市、县两级集中开展“征兵宣传日”活动，军分区司令员江永亮、政委陈剑武带领机关人员走上街头进行现场宣传，深入多所大学校园进行政策宣传和答疑解惑，完成了532名进藏、进疆兵征集任务，专门下发《关于做好2013年赴西藏、新疆等艰苦地区服役义务兵及其家属特别优待工作的通知》，激发了广大适龄青年到西藏、新疆等艰苦地区服役的积极性。针对政治条件兵、身体条件兵征集任务较重的实际，专门下发《关于认真做好各类条件兵征集工作的通知》，就体检、政审、走访调查、定兵、档案整理等具体业务工作进行明确，确保各类条件兵征集的高质量。完成省政府、省军区赋予保定市的4990名男兵征集任务。

【开展民兵应急力量军事训练考核比武活动】 为深入贯彻习近平主席“能打仗、打胜仗”指示精神，保定军分区着眼形势任务需要，本着实战牵引、以考促训、以训促建的原则，于6月25日至26日，依托容城县民兵训练基地，采取统一组织、分片实施的方法，组织25个县（市、区）民兵应急力量2500人进行军事训练考核比武。共动用各类车辆100多台、各类装备器材500件（套）；完成了基本知识、基本技能、军事体能、组织指挥、“四会”教练员、综合保障等6项内容的综合考评；全面检验单兵技战术结合的综合素质、应急分队一专多能的常备水平和民兵应急力量成建制遂行任务的能力，在全区范围内掀起大练兵、大比武的军事训练热潮；有效促进了军事训练人员、内容、时间、质量落实，持续推动全区应急力量建设科学发展。比武前，军分区司令员江永亮、政委陈剑武专门到容城县民兵训练基地进行动员部署，提出明确要求；比武结束时，军分区专门召开表彰大会，对取得优异成绩的单位和个人颁奖和通报表彰，鼓舞全区官兵士气和训练热情。该活动得到省军区首长的充分肯定，中央新闻频道和中央7台分别进行了报道。

【保定军分区召开党委九届四次全体（扩大）视频会议】 8月5日，军分区召开了党委九届四次全体（扩大）会议。共设1个主会场、25个分会场，各县（市、区）人武部设分会场。军分区党委常委、驻干休所党委委员和机关科长、市直武装部和高新区武装部部长在主会场参加（列席）会议；驻各人武部党委委员在各自分会场参加（列席）会议。会上，传达了省军区党委十一届四次全体（扩大）会议精神；军分区政治委员陈剑武、司令员江永亮和市委书记聂瑞平提出了要求。

【召开党管武装工作述职和市委议军会议】 9月2日，保定军分区以“贯彻落实党在新形势下的强军目标，全面提高党管武装工作质量水平”为主题，组织召开全市党管武装工作述职和市委议军会议。军分区司令员江永亮代表军分区，对收集整理的重要军事设施安全保护、基础设施建设、拥军优属等3个方面12个具体问题，提交议军会议研究讨论。会上，与会领导对照《关于为驻冀部队解决重难点问题的意见》提出目标要求，围绕需要解决的矛盾问题，进行研究讨论，针对不同问题，明确时限标准，细化责任分工，并明确提出，对议军会议既定事项，各级各部门必须不推、不拖、不打折扣地抓好落实，确保议一件、定一件、成一件。受到驻保部队官兵的好评。

【新营区顺利搬迁】 在新营区建设完成综合楼、公寓楼主体施工的基础上，协调各方面力量进行室内外装饰装修，同步展开新营区信息化建设和文化建设。军分区司令员江永亮、政委陈剑武亲自把关验收，强力督导建设进度，每周召开一次工程建设例会，研究解决建设中遇到的问题，明确下一步建设目标。施工建设中，严格按照工程建设规范，加强工程建设管理，严格资金出入程序、加快工程建设进度、严把工程建设质量。所有营建人员全时在工地值守，加强巡查监督，每周召开一次工地例会，针对施工中出现的质量和安全问题，及时进行讲评，提出整改要求，保证施工质量和安全。10月28日军分区搬迁新址。

【完成年度军事训练考核任务】 11月14日至15日，军分区在高阳县民兵训练基地，采取统一计划、集中考核、分片实施的方法，组织全区25个人武部现役干部，进行以队列动作、军事理论、军事技能、组织指挥、军事体能、手枪射击为主要内容的年度军事训练考核，全面检验各人武部军事训练效果，强化了全区主动抓训意识。为高标准迎接省军区年度考核，11月20日至24日，军分区组织省军区抽考的定州市、涿州市、北市区、阜平县、蠡县、清苑县、雄县、易县8个人武部44名干部，在保定市民兵训练基地，集中进行封闭式强化训练。军分区司令员江永亮、政委陈剑武到市民兵训练基地进行动员部署，明确考核目标，提出具体要求；周明参谋长指导安排集训人员食宿，手把手地教手枪射击动作要领，多次征求集训人员训练建议。集训过程中，坚持把考训练与考作风结合起来，把强能力与强意识结合起来，参训人员集思广益，刻苦训练，在军事训练与作风建设上取得双丰收，完成了省军区年度考核任务。

【协调驻军和组织民兵开展扶贫攻坚工作】 军分区发挥桥梁纽带和示范引领作用，围绕建设“京畿强市、善美保定”战略部署，精心筹划，积极作为，协调驻军、组织民兵扎实开展定点帮村、生态治理等扶贫攻坚工作。军分区司令员江永亮、政委陈剑武先后3次深入阜平县贫困山村进行调研，多次到驻保各部队征求意见建议，与驻市区部队领导共同研究集中帮扶阜平县的方法和对策。在此基础上，军分区协调市委、市政府联合出台了《关于驻保部队和民兵预备役人员参与扶贫开发工作的实施方案》，构建了1（阜平）+3（环首都扶贫攻坚示范的涞涞易三县）+5（唐县、顺平、曲阳、望都、博野五个扶贫开发重点县）扶贫攻坚工作格局，确定了“十二五”期间驻保部队参与扶贫开发工作的目标和任务。军分区组织师团两级深入开展捐款捐物和“爱心1+1”助学活动，《国防报》、《战友报》先后给予报导。

【组织冬季适应性训练暨人武部综合考评活动】 12月24日至27日，军分区坚持“任务牵引、训查结合、训考结合、训研结合”，组织军分区首长机关、各人武部，带部分民兵应急力量，进行为期3天半的冬季严寒条件下适应性训练。重点突出严寒条件下组织指挥、行军机动、野外生存、应急处突、装备检验和综合保障等内容的演练，并结合训练对民兵应急力量应急行动能力进行拉动演练，同步对25个人武部的全面建设情况进行联查联评，对新年度军事训练工作进行调研和筹划。训练总行程1131公里，其中徒步行军105公里，摩托化行军1026公里。全区共参训520人，其中军分区首长机关及各人武部200人；民兵应急力量320人；动用各类车辆15台，消耗油料2吨。通过训练，磨练部队的战斗意志，培养顽强的战斗作风，探索严寒条件下组织指挥、行军机动、野外生存、装备检验和综合保障等方法，全面检查考评了年内以军事训练为中心的人武部建设情况，为新年度训练工作起好步、开好头打下良好基础。

（么　猛）

武警保定支队

【概况】 中国人民武装警察部队河北省总队保定市支队（简称保定支队），2005年6月1日由原第四支队和原保定市支队合并组成，编制等级为旅级。

支队长	裴晓东（11月离任） 路援国（11月任）
第一政治委员	潘静苏（副市长、公安局局长兼）
政治委员	蔡　洑
副支队长	王有礼 王建贞
副政治委员	王之顺
参谋长	梁海涛
政治部主任	李东辉
后勤部部长	张宏峰（3月离任） 王鲁松（3月任）

【综述】 2013年，支队以强军目标为统领，坚持用战斗力标准检验各项工作，用“基础牢固、全面过硬”的总要求衡量和指导部队全面建设，完成年度工作任务。支队党委被武警党委表彰为“先进师旅团级单位党委”和“连续9年预防事故案件工作先进单位”，连续5年被总队评为“基层建设先进支队”。

思想政治建设富有成效。深入学习贯彻中共十八大、十八届三中全会精神和习近平主席建军治军思想，教育强化官兵践行“中国梦、强军梦”的紧迫感和自觉性。扎实开展主题教育活动，创新推广“分钟课”“士兵课”和“套餐课”，教育质量得到有效提升。涌现出第六届“燕赵武警十佳卫士”潘冀南等一批先进典型。深入做好一人一事的思想工作，创办《保定武警》专刊，开播“警营电视台”，成立“知心大姐”服务组，搭建“我与首长键对键”平台，拓展经常性思想工作内容。扎实开展“法律服务到基层”活动，认真抓好保卫委员和思想骨干队伍培训，充分发挥“三互”“双四一”等载体作用，严格落实挂钩帮教、责任连带措施，做到重点关注人员可管可控，有效转化。积极抓好警营特色文化建设，大力开展读书成才活动，用好红色教育资源，深化思想政治工作效果。

圆满完成执勤处突任务。组织军事技能大比武和冬季大练兵活动，举办片区预提指挥士官培训。在总队集训比武中，取得狙击手射击集体第一名，团体总分第二名，易县中队战士李钰泉取得狙击手射击第一名的好成绩。不间断地抓好执勤法规学习和形势任务教育，狠抓执勤制度落实，扎实开展专勤专训。成功处置冀中监狱“9·21”押犯脱逃和徐水县看守所“11·28”犯罪嫌疑人脱逃事件。狠抓“三治”“六查”活动，加大隐患排查力度，稳步推进监门执勤，积极推进“四防一体化”建设，完成高碑店看守所新建搬迁，定州市看守所原址新建，保定监狱信息化建设改造升级等任务。紧贴实战加强特勤排和应急班建设，在总队考核中取得优异成绩。严密组织重大临时勤务，完成“中国保定自由飞行周”“中国英利杯世界乒乓球女子攻削大战”等大型活动安保，以及重要时期城市武装巡逻任务，环京治安检查站设卡勤务组织与实施，受到武警部队司令员王建平好评，做法被总队转发。

部队内部实现安全稳定。深入开展“条令学习月”和“明职责、强素质、正秩序、治短板”集中整治活动，强化官兵正规意识、号令意识和纪律意识。严格机关和基层一日生活秩序，加大对部队的管控力度。注重抓好养成，从节电、节水、着装、仪容等细小环节培养官兵良好行为习惯。突出“六抓”和15项安全制度落实，深入开展每日安全警示教育和“思想大摸底、隐患大排查、问题大整治”活动，实现“硬隐患”及时归零，“软隐患”有效管控。建立完善并狠抓《干部量化管理规定》《士官量化管理规定》和《车辆安全管理规定》落实，扎实开展“枪弹安全治理整顿”活动，从严治酒控车，严格实施奖惩。对10名表现突出的优秀士官实施重奖，对15名违规违纪士官严肃处理，确保部队安全稳定。支队连续9年安全无事故。

部队建设基础得到加强。成立抓建基层领导小组，搞好统筹协调。严格落实蹲点调研帮建和“当兵蹲连”制度，把9个连续5年未进入先进的中队列为支队主官帮建工程，挂钩帮扶。加强机关和基层业务培训，不断提高机关依据《三十条》指导、基层按照《纲要》运转的能力。突出抓好大队党委和基层党支部建设，“前沿指挥所”和“一线战斗堡垒”作用发挥明显。着力破解干部“三力”不足难题，积极开展“三戒三静”教育活动，建立“解困基金”，组织“情牵警营，缘来是你”警地联谊会，开展“一对好主官”和“一对好夫妻”评选，探索“五个一”培训模式，落实“知兵知责知部属”要求，提升干部履职尽责积极性和建队带兵的能力。对《夺旗争星实施细则》进行完善细化，激发了官兵“双争”热情。二、四大队被总队评为先进大队，一中队等11个单位被总队评为先进中队。9个连续5年未进入先进的中队取得不同程度的进步，满城中队跨入先进行列。

后勤保障水平明显提高。认真贯彻落实总部、总队加快推进全面建设现代后勤工作会议精神，修订完善后勤应急保障预案，加强应急课目训练，后勤应急保障能力明显提高。严格执行支队《经费资产管理规定》和《厉行节约措施》，行政性消耗和接待性开支降到历史最低点。全力推进副食品采购改革，开展种植养殖活动，不断丰富官兵“菜盘子”。深化“四项设施”建设，稳步推进支队指挥中心建设项目，抓好高碑店、涿州中队规范化试点，发挥示范引领作用。除一中队和勤务中队随支队新机关搬迁外，基层“四项设施”配套达标。坚持“三个服务”方向，投入资金1200万元，对涞源、徐水、易县、涿州、高碑店、顺平、蠡县、四中队、十一、十二中队的“四项设施”进行完善，促成安国、徐水和二中队的选址新建，推进七、八中队的原址新建，完成高碑店和九中队的搬迁入住。严密组织技术学兵培训，积极做好计划生育、卫生防病和H7N9禽流感防控工作，后勤建设取得全面进步。

党委能力建设不断提升。着力抓好党委中心组学习，党委成员的理论素养得到较大幅度提高，16篇理论研讨文章被《解放军报》《人民武警报》等媒体刊发。扎实开展“学习贯彻党章、弘扬优良作风”“树立正确理念，明辨是非界限”“强化法纪观念、反对拜金主义”等教育活动，从严治理“五超”，做到纯正党风，转变作风，纠治“四风”，党风廉政建设达到新高点。认真贯彻民主集中制原则，集体领导能力、团结共事质量和议事决策水平不断提高。

【党委二届三次全体（扩大）会议】 1月18日，支队在容城教导队召开党委二届三次全体（扩大）会议，传达学习总部、总队两级党委扩大会议精神，总结支队2012年度建设形势，部署2013年度工作，表彰2012年度先进单位和个人。保定市副市长、公安局局长、支队第一政治委员潘静苏出席并讲话。支队党委书记蔡洑以《高举旗帜、振奋精神、狠抓落实，以十八大精神为指导，推动部队建设科学发展》为题作工作报告。支队党委副书记裴晓东以《提升标准抓落实，质量抓建求发展，持续推动部队全面建设向更高层次迈进》为题讲话。

【环京公安检查站执勤】 2月28日至3月20日，担负环京挟河公安检查站、京石高速公路涿州公安检查站、马各庄公安检查站、都衙公安检查站“两会”期间的武装警戒勤务，发挥“护城河”作用，全力拱卫首都安全。

【王建平到保定市支队执勤点检查指导】 3月1日，中国人民武装警察部队司令员、武警上将王建平到支队环京涿州公安检查站执勤点检查指导工作，并看望慰问执勤官兵。

【创办《保定武警》杂志】 6月1日，支队本着“面向基层、服务官兵、宣扬典型、激励士气”宗旨，创办《保定武警》杂志，着力反映军旅生活、部队工作和警营感悟，设置卷首语、热点聚焦、警营正能量、基层巡礼、他山之石、警营说法、警营文萃、抓建之道、生活小妙招、战友沙龙、警营掠影11个固定栏目。为干部提供交流经验分享成果的平台，激发官兵热爱本职建设部队的斗志，为主题教育和经常性思想政治教育的开展奠定了基础。

【保定片区预提指挥士官培训】 6月20日，首次以片区的形式，保定、廊坊、张家口三个支队，在保定支队容城教导队进行预提指挥士官培训。

【四总部首长检查指导工作】 7月18日，总装通用装备保障部副部长王继东率工作组一行3人，到支队检查指导安全大检查活动开展情况。

【军事技能大比武】 9月6日至7日，支队在容城教导队组织机关、大队干部以及基层分队中队长带应急班进行军事技能大比武。设4个大项，9个小项。获团体前三名的中队是：一中队、十二中队、十一中队；雄县中队秦志华、博野县中队王泽、安国县中队袁亚兵立三等功，发放奖金3万元。

【原一支队4个中队转隶】 9月13日，原第一支队四中队、十一中队、十二中队、十三中队转隶，人员、装备等全部移交支队，暂未担负执勤任务。

【处置冀中监狱押犯脱逃】 9月21日17时35分，保定冀中监狱老弱病残监区押犯马小旭趁放风之机，从院内下水道潜入，爬至中队二号哨左前方警戒区钢网墙外侧0.5米处的污水井，企图潜逃，2号哨哨兵张旺生发现后，立即鸣枪警告，拉响警报、申请弹药。中队接到报警后，迅速按预案展开行动，在下水道内将押犯抓获并移交狱方。

【成立“知心大姐”服务组】 9月30日，支队成立“知心大姐”服务组，将服务电话向支队官兵公布，接受来电咨询，搭建沟通平台，帮助官兵卸下思想包袱、打开心结、化解矛盾。有效防范官兵因思想问题、生活难题、心理疾患等问题诱发的各类事故案件，确保部队内部安全稳定。

【扶贫帮困】 11月6日，支队政治部主任李东辉率扶贫帮困小组到扶贫点阜平县大台乡老路渠村，看望慰问当地特困群众，赠送了电视、空调、DVD、医疗器材、生活设施等物品。

【制止犯罪嫌疑人脱逃】 11月28日17时18分，徐水县公安局刘村派出所3名干警押送1名犯罪嫌疑人董某（男，犯故意伤害罪被刑事拘留，未带刑具）乘坐长安面包警车到看守所羁押，警车行驶至看守所院内时，董某趁下车时干警疏于防范脱逃。监门哨兵陈凯发现情况后立即拉响警报，向值班室报告。应急小组迅速出动，追出约700米后将董犯制服，移交办案干警收押。

【调犯武装押解】 1月31日，完成在押犯由冀东监狱至冀中监狱途中武装押解勤务。3月15日，完成在押犯由冀东监狱至冀中监狱途中武装押解勤务。6月18日，完成在押犯由衡水监狱至定州监狱途中武装押解勤务。10月18日，完成在押犯由沧南监狱至定州监狱途中武装押解勤务。

（雷　达）

人民防空

【保定市人民防空办公室】 保定市人民防空办公室是市政府工作部门，也是市国防动员委员会常设办事机构，主要负责人防工程建设、人防组织指挥通信、人民防空宣传教育；检查指导24个县（市、区）和高新技术产业开发区、涿州新兴产业示范区、白沟新城的人防业务工作。人防办机关设5个内设机构：秘书处、人事宣传处、工程处、指挥通信处、财务处。

党组书记
主　　任　牛树根
副 主 任　张才修
纪检组长　赵志平

【概况】　2013年，在市委、市政府、保定军分区和省人防办的领导下，认真落实习近平总书记提出的“能打仗、打胜仗”的总要求，紧紧围绕“解放思想、改革开放、创新驱动、科学发展”的主题旋律，牢牢把握“三点共识”的指导思想，认真实施人防工程精品化、组织指挥信息化、宣传教育大众化、干部职工人才化发展战略，强力推进结建审批和直属人防工程建设，努力提高人防应急应战能力，取得了优异成绩。市人防办被国家人防办评为“全国通讯报道先进单位”，被北京军区评为业务比武先进单位；有五项重点工作被省人防办评为先进单位，即：“结建”工作先进单位、指挥通信建设先进单位、人防宣传教育先进单位、财务保障先进单位、机关“准军事化”建设先进单位，其中“结建”工作、指挥通信建设、人防宣传教育三项主要业务，均进入了全省前三名，机关“准军事化”建设在全省排名第一。

【人防工程建设】　“结建”工作取得历史性突破，全市批收批建比上年分别增长61%和24%；平战结合人防工程建设扎实开展，充分利用人防工程服务民生成效明显，利用保定图书城、北国先天下和紫御美墅地下人防工程，建设了3个地震应急避难场所；开辟了9个纳凉送爽活动场所；人防工程质量监督工作更加规范，明确了设计审图工作要求，规范了人防设备使用标准。

【指挥通信建设】　人防应急指挥能力不断提高，建成了市县两级机动指挥平台，率先完成了省市县三级联网，实现了机动指挥全覆盖，组织市县两级22台机动指挥车，开展了3次带有战术背景的拉动演练。“七七”警报试鸣期间，全市22辆机动指挥车从人民广场出发，分两路纵队环城一周，鸣响历时40分钟，起到了强大的震撼作用。预警报警能力进一步增强，落实了高低搭配，内外结合，功能互补的要求。人防专业队整训扎实有效，人口疏散地域建设取得进展，人防专业队训练工作成绩突出。

【人防宣传教育】　人防宣传教育基地投入使用。在竞秀公园，利用早期地下人防工程干道，建设了一个全国一流的防空防灾宣传教育基地，该基地，长400米，总建筑面积1200平方米，正式开放以来，共接待参观30余次，达3600余人，充分发挥了人防宣传教育主阵地作用。省人防办的领导对教育基地给予了高度评价，说“保定市的人防教育基地，创新好，建的好，达到人防工程服务民众的目的，全省第一，全国一流”。宣传教育形式多样，集中开展了3次人防宣传活动，充分利用报纸、电视台、电台、手机短信和出租车LED显示屏深入开展了人防宣传；在裕华路上，建设了人防工程参观精品线路，在莲池北大街建设了28个宣传橱窗；在省以上人防杂志刊发稿件54篇，完成目标任务的108%。

【人防法制建设水平和财务保障】　开展了人防执法纠偏专项行动，对市县两级历年来行政审批情况进行了认真检查，废止了7个与人防法律法规相悖的文件，查处了2起破坏人防工程案件。自觉遵守财经纪律，严格执行收支预算，合理使用经费，大力压缩三公经费开支。

【机关“准军事化”建设】　立足人民防空的使命要求，围绕全市工作部署，坚持打铁首先自身硬，不断加强“准军事化”建设，着力深化“树、强、创”活动，完善了“积小分，算总账，年底整体画像”的考核评比机制，建立了“四个一”的管理制度，形成了坚强有力的领导班子，奋发有为的战斗集体。完成了深化加强基层建设年活动、农村面貌改造提升行动、定点帮扶工作和治理大气污染督导任务，扎实开展了“解放思想、改革开放、创新驱动、科学发展”大讨论活动和“全民创业、效能提升、城市管理6S”行动。

（边秀珍）

政　　法

政法工作

【中共保定市委政法委员会】 中共保定市委政法委员会是市委领导、管理政法工作的职能部门，负责指导、协调、督促、检查全市政法工作和社会管理综合治理工作，部署阶段性政法、综治及维护社会稳定工作任务，协调政法各部门的关系，支持和严格监督政法各部门依法行使职权，协调督办重大疑难案件，协助市委及组织部门管理政法机关的领导班子和领导干部。内设办公室、政治部（组织干部处、法纪处、宣传教育处）、研究室、执法监督一处、执法监督二处、综治处、综治一处、综治二处、综治三处、综治四处、矛盾纠纷排查调处领导小组办公室、维稳一处、维稳二处、维稳三处、铁路护路联防领导小组办公室。市委政法委与市社会管理综合治理委员会办公室合署办公，市维护稳定领导小组办公室、市涉法涉诉联合接访服务中心、市医患纠纷调处中心均设在市委政法委。

书　　记　王立山（7月离任）
　　　　　石海林（7月任）
副 书 记　马文河（常务副书记，11月离任）
　　　　　荆国平（常务副书记，11月任）
　　　　　张敬东　张恒谦
　　　　　田文江　张　平

市社会管理综合治理委员会办公室
主　　任　张敬东（兼）
专职副主任　高国联（女）
副 主 任　周利民

【概况】 2013年，市委政法委围绕“推动经济社会跨越发展，打造环京津地区新的发展增长极”这一中心任务，以打造公平正义的法治环境和平安和谐的社会环境为总目标，以平安保定、法治保定和过硬政法队伍“三大建设”为主线，强力推进“秋收100”打击整治专项行动，深入推进政法队伍职业化建设，完成了各项任务目标，确保了全市社会大局持续稳定、人民群众安全感不断提升、发展环境进一步优化。市委政法委被省评为“五五”普法先进单位、涉法涉诉信访工作先进集体、社会管理综合治理先进集体，被市评为先进基层党组织。

【确立信访稳定“十抓八制”】 贯彻落实市委十届六次全会精神，组织召开市委政法委员会扩大会议、全市稳定工作会议，结合落实省委、省政府“25条意见”要求，明确提出全市信访安全稳定“十抓八制”指导方针，即统筹作好抓导向、抓排查、抓调处、抓积案、抓法治、抓安全、抓大事要案、抓两个环境、抓班子队伍、抓三个效果统一等十个方面的工作，健全完善一岗双责、双向责任追究、信访稳定安全一票否决、领导干部包案、“四访”维稳、应急协调联动、执法公正监督、政法干部队伍奖惩等八项工作机制。“十抓八制”总方针确立后，市委政法委起草并以市委、市政府文件形式出台《深化平安保定建设规划》、《关于加强法治保定建设的意见》和《关于对重大信访案件进行调度督办和双向责任追究的实施办法》等一系列管长远、管根本、抓源头的制度规定，从制度政策层面对“平安保定”、“法治保定”、“和谐稳定保定”建设提出具体的建设目标和任务要求。

【推进平安建设“十六字”方针】 “人防物防技防联防、群防群治、综合施治”的平安建设十六字方针，旨在统筹政府治理、社会自我调节、居民村民自治等各方资源进行系统治理、综合治理、源头治理、依法治理，确保长治久安、群众安全感不断提升。强化基层组织建设，全市338个乡、镇、办事处全部单设了综治办，配备了2名以上专职工作人员，共841人。强力推进“天眼”技防工程，全市共投入资金2.64亿元，6112个村（居）建设监控室10456个，安装摄像头73085个，实现了市县乡村四级全覆盖。市财政筹资3亿元，在市区开展“平安城市”监控系统建设，全部建设任务将于2014年上半年完成。建立市、县、乡镇三级巡控网，市级成立115人的巡特警支队、3个巡特警大队、39个派出所巡逻中队，专职巡逻队员315名，县级投入正式民警104名、辅警1009名，乡镇组建农村巡逻队达到5625支2.7万人。强化内部单位安保工作，已建保卫组织879个，建设完成率100%。全市中小学、幼儿园派驻职业保安员1980名，配备率45%。大力开展矛盾纠纷排查调处，共排查各类矛盾纠纷8052件，调处8013件，调处率99.5%。

【开展秋收“100”严打整治】 “秋收100”打击整治专项行动，是全市优化环境“组合拳”的一记“重拳”。自8月中旬开始，全市政法战线以强大的声势和凌厉的攻势，开展了以严打黑恶势力犯罪、破坏发展环境犯罪、严重暴力犯罪、多发性侵财犯罪等为重点的“秋收100”专项行动，集中破获了一批影响稳定、破坏环境的案件，依法严惩了一批违法犯罪分子，强力铲除了一批黑恶势力，极大震慑了违法犯罪，有效优化了法治环境和社会环境。行动期间，共破获各类刑事案件17092起，抓获犯罪嫌疑人5891名，刑拘5222人、逮捕2422人，抓获网上逃犯2488人；打掉把持基层政权团伙27个，打掉破坏发展环境团伙117个，打掉恶势力团伙60个、渣痞团伙287个，抓获团伙成员2114人。全市刑事发案总量同比下降6%，杀人、伤害、绑架、抢劫、盗窃、抢夺发案同比分别下降32%、10%、18%、19%、8%和22%，赢得省委、省政府的肯定和全市人民的拥护，在全省树立了保定品牌形象。

【谋划“一年四打、连打三年”】 在“秋收100”专项行动取得良好效果的基础上，市委政法委充分发挥职能优势，结合本市实际，审时度势，客观分析，积极谋划“一年四打，连打三年”（每年组织开展四次严打整治专项行动，连续开展三年）的战略部署，为优化全市发展环境提供持续性服务保障，也为法治保定建设增添浓重的一笔。“一年四打、连打三年”，每年春节前开展春节专打，重点加大对现行犯罪的依法打击力度，维护“两节”期间全市社会稳定，提高人民群众的安全感和满意度，确保全市人民过上一个欢乐祥和平安的新春佳节；每年春季开展春季专打，针对春季各大项目开工建设、大量工地陆续复工的特点，加大对非法阻工堵路、聚众滋事等违法犯罪行为的打击力度，对重点园区和项目工地治安问题进行集中整治，为项目建设提供有力支撑；每年夏季开展“夏季闪电”行动，针对全市旅游景区多、大中专院校多、交通运输路线多、山区涉矿企业多的特点，对旅游、交通运输、危爆物品等重点人、重点行业和重点领域的违法犯罪问题进行重点打击整治；每年秋季开展“秋收100”专项行动，重点侦破、起诉、审判一批破坏法治环境和发展环境的违法犯罪案件，集中整治一批重点行业、重点场所，打出公平正义的法治环境和平安和谐的社会环境。

【强化维稳机制建设】 把维护社会稳定工作作为首要政治任务和责任，建立健全各项维稳体制机制。一是以情报信息为引领，深入推进维稳信息分析研判工作。依托市维稳办组建了“保定市社会稳定形势资讯研判中心”，实现维稳情报信息工作由零散性向集约性、由报导性向研究性、由被动性向主动性的转变。二是以项目审批为重点，深入推进重大事项社会稳定风险评估。建立健全了排查登记、定期报备、挂账督办、督查通报四项制度，全年对省督办10项和市督办26项重点项目，全部进行了风险评估，取得社会效果和经济效果的双赢。三是以量化考核为基础，深入推进社会稳定指数评价工作。进一步细化评价考核项目，制定印发《县（市、区）社会稳定指数评价办法的修订说明》，实行分级倒排约谈，强化结果运用，稳定指数评价在预警提示、压力传导、奖惩考核等方面的作用更加突出。四是以实战为导向，深入推进应急处突机制建设。制定完善了处置各类突发事件的8项工作预案，组织开展了不同方式、不同规模的拉动演练，应急处突联动机制初步形成，并在实践中发挥了积极作用。

【推进涉法涉诉信访改革】 以涉法涉诉接访服务中心建设为依

托，认真研究分析全市涉法涉诉信访工作形势，明确“一降一升，三不乱，推动整体工作排位靠前”的总目标，建立健全部门协商会商、通报考核、查究问责机制，进一步规范办理流程，有效激发了市直政法部门依法解决本系统内信访问题的责任感和能动性。组织开展信访事项“三清”集中攻坚活动，梳理各类积案63件，在规定时限内全部办结，息诉罢访达到60%以上。全年接访中心接待来访群众3632人次，交转办案件389件，结案210件，办理省中心交转办案件209件，结案185件，结案率达90%。同时，把解决执法问题与解决民生问题紧密结合起来，制定印发《关于进一步加强刑事被害人救助工作的意见》，对3名符合救助意见的被害人或其近亲属进行了救助，共支付刑事被害人救助资金14万元，充分体现出党委、政府的关怀。

【推行轻刑快办机制】 轻微刑事案件快速办理机制，是中央政法委和省委政法委着力推广的“北京经验”的主要内容之一，是深化司法体制改革的一项具体措施，是在法律框架内对办案理念和工作习惯的一种创新。实行轻刑快办有利于司法资源的节约，有利于社会矛盾的化解，有利于轻刑罪犯的矫治。9月16日，省委政法委专门组织各地级市政法委书记到北京实地考察学习，并召开会议安排部署全省轻刑快办工作。10月14日，省公检法司四部门联合制发《关于快速办理犯罪嫌疑人、被告人认罪的轻微刑事案件的工作意见（试行）》，11月1日正式实施。9月17日召开轻刑快办工作动员研讨电视电话会议，并结合“秋收100”专项行动，制定印发《关于选择部分案件试行快速办理机制的通知》，率先试运行轻刑快办机制。同时，协调、督促公检法司机关建立涉及轻微刑事犯罪和违反治安管理屡教不改案件协作处理工作机制。全年共办理轻微刑事案件107件，结案率达100%，每起案件平均24天办结，工作效率明显提升，“刑罚及时性”的法律原则和“轻缓化”刑事政策得到进一步贯彻落实。

【强化执法监督工作】 针对看守所不予收押问题、“秋收100”专项行动期间办理案件情况、公路治超工作中存在和涉及的违法犯罪问题集中打击整治、刑事诉讼过程中辩护律师执业保障、民事案件执行过程中的罚款问题等组织开展5项专项执法检查。加强个案监督，全年督办、转办案件118件，办结104件，办结率90%。健全完善执法监督工作机制，在深入研究修改后的刑事诉讼法和民事诉讼法的基础上，探索创新、完善了16项执法司法工作机制。进一步充实执法监督力量，从市直政法部门、驻保高校法学教授、律师中择优聘请20名专家学者，组建了专家咨询委员会。同时，督促、指导16个县（市、区）落实了执法监督机构、人员。执法监督工作的有力开展，有效促进了政法机关公正廉洁文明执法，有力推动了法治环境和发展环境建设，为创建“法治保定”和“平安保定”提供了必要支撑。

【加强政法队伍建设】 按照政治过硬、业务过硬、责任过硬、纪律过硬、作风过硬的总要求，强力推进思想建设、班子建设、素质建设、廉政建设、纪律建设、作风建设，以队建促工作，以队建保稳定，全市政法队伍外部形象明显改观，能力素质明显提升，纪律作风明显转变。组织开展了“解放思想、改革开放、创新驱动、科学发展”大讨论和群众路线教育实践预热升温活动，政法队伍思想政治水平明显增强。依托保定政法学堂，举办专题培训6期，培训1400余人次，政法学堂已成为保定政法系统的“党校”。建立“政法网络课堂”，扩展培训空间，把网上授课延伸到基层科所股队庭。建立警示教育制度，召开全市优化法治环境社会环境典型案件警示教育大会，集中通报了一批违法违纪典型案例。完善约谈制度，实行日常廉政约谈、诫勉廉政约谈、任前廉政谈话。健全案件协调办理制度，会同市纪委出台了《关于市委反腐败协调小组成员单位及有关行政执法机关相互移送（移交）案件（线索）的规定》，建立起纪检监察与政法机关相互移交案件线索、联合办案的“绿色通道”。加强违法违纪查处力度，成立市委政法委纪工委，进一步加强执法执纪力量。6月至9月，组织开展为期3个月全市政法系统纪律作风暗访巡察活动，会同政法各部门查处涉及政法干警违法违纪案件30余件，20名政法干警已经受到党纪政纪处分或组织处理。完善特困干警帮扶机制、政法系统英雄模范宣传表彰和慰问安抚机制，全年为130名干警申请补助金150余万元，对因公牺牲和负伤的9名干警进行了优抚表彰。“秋收100”期间，市委、市政府表彰奖励先进单位55个，先进集体225个，先进个人1090名，涌现出高振国等一批先进典型，市直政法部门68名干警被提拔为科级领导干部。年底，对市、县两级政法部门班子进行了调整交流，进一步充实了政法干部力量，增强了政法队伍活力，树立了正确的用人导向。

（臧彬博）

公安工作

【保定市公安局】 保定市公安局是保定市人民政府主管全市公安工作的职能部门（正县级单位），业务上受河北省公安厅监督和指导，担负着领导指挥和组织协调全市公安工作任务。保定市公安局所属机构共43个，其中，综合管理部门10个，执法勤务部门24个，直属分局9个，所属事业单位1个；管辖21个县（市）公安局。

副市长 局长	潘静苏
党委副书记 常务副局长	安增奇
党委副书记 副局长、交警支队支队长	李振平
党委副书记 调研员	张五进（12月任）
党委副书记 调研员	杨东川（12月任）
党委委员 调研员	李栋梁（12月任）
党委委员 副局长	王　亮
	张　广（12月任）
	董　鸿（12月任）
	戴红卫（12月任）
党委委员 副局长 涿州市副市长 公安局长	曹　谦（12月任）
党委委员 纪委书记	李金萍（女）（12月免）
党委委员 纪委书记	孟良辉（12月任）
党委委员 政治部主任	于英杰（12月任）
党委委员 国保支队长	董　元
党委委员 指挥中心主任	赵　强（12月任）
党委委员	张国旗（12月任）
党委委员 经侦支队长	王　垚（12月任）

【概况】 2013年，在市委、市政府和上级公安机关领导下，全市公安机关围绕“发展、稳定、民生”三大任务和“深入建设京畿强市、善美保定，加快重返全省第一方针步伐”目标，以“学习培训、基层基础、打击整治、平安平稳、和谐警营”五个关键词为引领，举全警之力，汇全警之智，完成了各项公安保卫任务。公安业务工作和队伍建设取得了新突破，为全市经济社会发展、群众安居乐业做出重要贡献，营造了良好的发展环境和治安环境，多次受到公安部、省委、省政府领导批示肯定。全年共有1个单位荣立集体二等功、3个单位荣立集体三等功，85人荣立个人二等功、324人荣立个人三等功、408人荣获个人嘉奖。

【基层基础建设实现新突破】 4月9日，市委、市政府制定出台了《关于进一步加强全市公安工作的意见》，从“加强派出所建设、加强公安保障机制建设、加强公安机关核心战斗力建设、加强公安效能建设、加强和谐警营建设”等五个方面，明确了19项具体建设内容，解决了无房派出所建设、警力配备、经费保障等难题。市政府一次性为市公安局招录交警辅警119名，全部纳入市财政保障，有效缓解了警力不足问题；投资1.2亿元，完成了市局业务技术用房建设；投资2亿元，启动了“平安保定”监控系统建设；投入3953万元，加强警务指挥平台、部门信息共享与服务平台、视频图像侦查云平台、互联网信息指挥等系统建设，进一步提升了全警信息化应用水平。

【全面加强反恐防恐和应急处突工作】 11月，市公安局与新疆阿克苏、喀什、和田三个涉恐重点地区公安机关签定了《警务合作协议书》，成为全国第一个与新疆警方建立市、县两级联动机制的地级市。成功破获了雄县“11·04”涉恐专案，一举抓获涉恐团伙成员6名，得到了公安部和省市领导充分肯定。针对聚众堵路、堵门，聚众扰乱公共秩序等群体性突发事件，积极开展处置培训，切实加强市县两级公安应急处突力量建设，全市应急处突力量已达1600余人。在党委政府的正确指挥下，妥善化解处置了徐水大王店村民堵路阻工、“8·5”东风路道桥小区居民堵路、“10·22”出租车司机聚集等突发事件。

【深入开展“秋收100”打击整治专项行动】 8月15日至11月25日，围绕打造“公平正义的法治环境和平安和谐的社会环境”，在全市公安机关部署开展了“秋收100”打击整治专项行动，共破获各类刑事案件17092起，抓获犯罪嫌疑人5891名，抓获网上逃犯2488名，打掉把持基层政权团伙27个、破坏发展环境团伙117个，恶势力团伙60个、渣痞团伙287个，成功破获了高阳“9·19”、“10·6”、雄县“11·24”等多起特大杀人案。在高压打击震慑下，全市刑事发案总量同比下降6%，杀人、伤害、绑架、抢劫、盗窃、抢夺发案同比分别下降32%、10%、18%、19%、9%和22%。

【着力创优治安环境和发展环境】持续开展了治爆打非1号、2号战役，先后破获涞源"5·4"、涞水"10·5"、唐县"11·10"等涉爆案件852起，抓获、刑拘涉案人员318名，抓获省市督捕涉爆逃犯46名，收缴非法炸药27.8吨、雷管2.7万余枚，及时剔除了涉爆隐患。在市政府的大力支持下，市公安局组建成立了食品药品安全保卫支队和环境安全保卫支队，严厉打击制假售假和污染环境的各类违法犯罪活动。年内，食药安全部门共破获各类案件134起，环保部门破获污染环境案件57起，抓获涉案人员162名，配合有关部门取缔、关停非法生产经营点2628个。交警部门查处黄标车3021辆，强制注销4.5万辆。11月份，在市政府主导下，在保定市区严格落实禁限放烟花爆竹规定，最大限度地减少了由燃放鞭炮增加的大气污染源。

【进一步提升行政管理和服务效能】 开展了"双减双提"专项行动，全面加强公安业务窗口纪律作风建设，制定出台了《窗口单位工作十严禁》，出入境、消防、交警、治安等部门在媒体公开承诺，主动接受各界监督。深化权力运行监控机制建设，精简下放审批事项7项、取消2项。在全市派出所部署开展了打造"善美派出所"活动，从治理户籍窗口服务态度、实行错时工作制等方面进行了深入整改，树立了善美公安的良好形象。强化经营城市理念，立足实际创新举措，全面加大道路交通事故和火灾事故的排查整改和隐患治理，确保了全市没有发生重大交通、火灾事故。

【扎实推进职业化警队建设】把教育培训贯穿公安工作全过程，坚持"实战、实用、实效"，大力开展了"春训"、入警培训、交警辅警培训等各类培训110期，培训11498人。经过持续不断的扎实训练，全警的精神面貌焕然一新，职业素养、职业技能明显提升，为顺利完成好各项公安工作奠定了基础。深化执法规范化建设，制定了《"执法六必录"工作暂行规定》《公安民警视频同步庭审旁听工作暂行规定》和《执法流程图集》，全面推行网上执法办案"单轨制"，完成了公安部执法规范化建设检查验收。狠抓中央八项规定、公安部"三项纪律""十项规定"的贯彻落实，集中治理"三公"消费、吃空饷、办公用房等问题，完成了"冀O"牌照清理等工作，彻底整治了内部套牌、假牌等突出问题。强化爱警惜警，年初，一次性为市区101名派出所副所长解决了科级待遇。市局成立了从优待警委员会，全面落实了年休假制度，为29名因公牺牲民警申请了特别慰问金。

（李　明）

检　察

【保定市人民检察院】 保定市人民检察院是国家的法律监督机关，依法独立行使检察权。保定市人民检察院的检察长由同级人民代表大会选举产生，领导干部和检察机关的工作受同级人大监督。保定市人民检察院内设两个局（反贪污贿赂工作局、反渎职侵权工作局）、29个处室队；设立保定市人民检察院冀中地区检察院，作为保定市人民检察院的派出机构；组建高新区检察院筹备组。

党组书记 检察长	傅君佳
党组副书记 副检察长	赵大明　张　华 彭少勇
党组成员 副检察长	王　启 王蓬蓬（女）
党组成员 调研员	刘章栓
党组成员 高新区检察院 筹备组长	李桂生
党组成员 反贪污贿赂 工作局局长	周　涛
党组成员 纪检组长	李伟典
党组成员 副检察长	安军旗　张　克
党组成员 冀中地区检察院 检察长	卢彦芬（女）
党组成员 反渎职侵权 工作局局长	赵炳山
党组成员 反贪污贿赂 工作局副局长	郝国正
党组成员 政治部主任	张　炜
党组成员 反贪污贿赂 工作局副局长	刘宝山
检委会专职委员	曹建国 田文利（女）

【概况】 2013年，全市检察机关围绕全市经济社会发展大局，忠实履行宪法和法律赋予的职责，制定出台了《关于充分发挥

检察职能服务区域经济发展的工作意见》，全力推进平安建设、法治建设、反腐倡廉建设和检察队伍建设，各项检察工作取得新成绩，为打造环京津地区新的发展增长极提供了强有力的司法保障。

【依法维护市场经济秩序】 立足检察职能，积极为企业生产经营和发展服务，严厉打击金融诈骗、非法集资、商业贿赂等严重经济犯罪活动，批准逮捕破坏社会主义市场经济秩序犯罪156件225人，起诉218件328人。突出打击侵犯知识产权、制售假冒伪劣商品、危害食品药品安全等犯罪活动，批准逮捕犯罪嫌疑人45人，起诉93人，依法公诉了李文革、冯占国等制售“毒腐竹”案，维护了诚信有序的市场经济秩序。

【努力服务重大项目建设】 开展全民创业、效能提升、城市管理“6S”行动，深入推进工程建设领域突出问题专项治理工作，依法查办发生在立项审批、招标投标、政府采购等环节的职务犯罪，立案查办犯罪嫌疑人29人。深化重大项目建设预防工作，对京石高速改扩建、南水北调配套工程等270个国有投资重点项目开展全程跟踪预防，保障了项目建设顺利进行。

【加大环境司法保护力度】 落实全市大气污染防治等环境保护会议精神，严格执行“两高”《关于办理环境污染刑事案件适用法律若干问题的解释》，提前介入重大环境污染事故调查，批准逮捕破坏生态环境资源犯罪24件42人，起诉42件74人。依法公诉了杨振才排放电镀废水污染环境案。针对人民群众反映强烈的环境监管失职等问题，立案查办环境污染背后的职务犯罪6人，取得较好的社会效果。

【稳步推进涉农检察工作】 优化涉农检察工作机制，不断完善巡回检察工作方式，涉农检察工作队深入乡（镇）村5047次，开展法制宣传6009次，发放宣传资料36万余份，举办法制讲座193次，涉农检察工作实现了常态化、规范化、制度化，得到高检院和省检察院的充分肯定。在坚持宣传法制、接待信访的基础上，更加突出办案职责，依法批准逮捕涉农刑事犯罪1489件2153人，提起公诉2281件3301人，立案查办涉农职务犯罪149件249人，确保了涉农资金的安全发放。

【维护社会稳定】 开展“秋收100”打击整治专项行动和“春节专打”行动，履行批捕、起诉职能，严厉打击黑恶势力、严重暴力、多发性侵财等犯罪活动，依法批准逮捕各类刑事犯罪3110件4320人，提起公诉5274件7756人，依法公诉了郄红卫等人涉黑案、杜文亮等人抢劫案等一批社会关注度高的重点案件，保持了对各类刑事犯罪的高压态势。

【促进社会和谐】 强化保障人权意识，全面贯彻宽严相济的刑事政策，纠正漏捕343人、漏诉329人；决定不批准逮捕647人，不起诉354人。进一步落实检调对接、刑事和解等制度，对民事申诉案件和轻微刑事案件，积极促成当事人达成和解。加强不批捕、不起诉、不抗诉等环节的释法说理工作，促进案结事了。

【化解社会矛盾】 落实涉法涉诉信访工作改革措施，研究涉检信访的规律特点，畅通和规范群众诉求表达渠道，接待群众来访1962人次，来信153件次，转办案件110件，排查化解涉检信访隐患40件。坚持检察长接待日、首办责任制、领导包案等制度，着力提高初信初访质量，推动涉法涉诉信访问题在法治轨道内解决。

【推进社会管理创新】 开展检察服务进机关、进学校、进企业、进社区、进农村活动，全力推进社会治安防控体系建设。完善社区矫正检察监督机制，对存在的问题提出纠正意见120件。重视发挥检察建议的作用，针对执法办案中发现的问题，提出完善管理、堵塞漏洞的检察建议533件。特别是通过检察建议等综合手段，为国家追回价值近2亿元的金昌大厦和3200万元的国有资金，得到市委、市政府的肯定。

【加大查办职务犯罪力度】 坚持有案必查、有罪必究，既坚决查处大案要案，严肃查办发生在领导机关和领导干部中的贪污贿赂、滥用职权、失职渎职等犯罪案件，又着力解决发生在群众身边的腐败问题。立案查办贪污贿赂犯罪154件233人，其中县处级干部5人，科级干部39人。立案查办渎职侵权犯罪55件119人，其中科级干部37人。依法查办了严重破坏发展环境、造成恶劣社会影响的刘会民贪污、索贿6000余万元案，刘会民一审被判处死刑。

【深化职务犯罪预防工作】 推进侦防一体化机制建设，认真做好行业预防和专项预防，对重点项目进行行贿档案查询3140次，对重点行业和企业开展警示教育1074场，提供法律咨询1380次，受教育人数6万余人。积极服务扶贫攻坚示范区建设，对扶贫款项进行了全程跟踪预防。推进职务犯罪预防警示教育基地建设，唐县院警示教育基地被高检院命名为“全国百优警示教育基地”。积极探索和创新预防方式，徐水县院、北市区院在政府网站上开辟“预防职务犯罪网页”，定期公布典型案例，增强了国家工作人员依法行政的意识。

【全面推进“两化”建设】 围绕全国先进、全省一流的目标，推进职务犯罪侦查信息化和侦查装备现代化建设，研发了绿色通道协作软件、基础信息库软件，实现了硬件合理化布局。完善“信息主导侦查、科技引导破案”的新型侦破机制，与公安局、住建局等8家单位成功联网，与人民银行保定分行、保定国税局等17家单位建立了查询绿色通道，与市委组织部等4家单位达成了拷贝协议，初步形成河北领先的具有保定检察特色的职务犯罪侦查信息平台。

【加大诉讼法律监督力度】 开展危害民生刑事犯罪专项立案监督活动，监督行政执法机关移送涉嫌犯罪案件78件90人，监督侦查机关应当立案而不立案119件、不应当立案而立案114件，对侦查活动中的违法情况提出书面纠正意见804件。强化刑事审判监督，注重加大对涉黑涉恶、涉及民生案件的监督力度，提出抗诉54件123人。加强刑罚执行监督，完善纠防超期羁押工作机制，依法监督纠正减刑、假释、暂予监外执行不当104件，提出纠正意见195份。加强对民事行政诉讼活动的法律监督，提出一审民事行政抗诉9件，提请省检察院抗诉23件，发出再审检察建议83件。

【实施“素质兴检”工程】 推进全员培训，组织全市检察人员参加“三大建设”、检察讲堂、政法大讲堂等50余期，共有6000余人次参加了各类培训。加大人才培养力度，建立专家人才库，25人被评为市级以上检察业务专家。积极参加各类比武练兵活动，涌现出“全国侦查监督业务能手”、“全省十佳公诉人”、“全省十佳侦查监督标兵”等一批业务尖子。

【深化执法公信建设】 贯彻高检院《关于切实履行检察职能防止和纠正冤假错案的若干意见》，坚守防止冤假错案底线。充分发挥案件管理机构的管理、监督作用，强化案件流程监控和质量管理，共发出各类案件预警通知书1083份，杜绝了程序违法、超期办案等问题的发生。集中开展了案件质量评查工作，共检查案件1万余件，提高了案件质量和执法水平。进一步完善了检委会例会制度，充分发挥了检委会对重大疑难复杂案件的业务把关作用。

【强化纪律作风建设】 落实中央“八项规定”和高检院“八个严禁”的要求，与各基层院签订了执法责任状和党风廉政建设责任状，开展警车管理使用专项治理工作，做到“敲警钟日”活动常态化。开展检务督察282次，8个基层院的检察长进行了述职述廉，对5个基层院进行了巡视，对2名违纪干警分别予以了党纪和检察纪律处分，促进了公正廉洁执法。

【巩固基层基础建设】 加强与党委政府沟通协调，实行一院一策，努力解决办案力量、经费保障等影响基层检察工作的实际困难和突出问题，努力建设执法规范化、队伍专业化、管理科学化、保障现代化的基层检察院。全市检察机关共有118个先进集体和338名先进个人受到市级以上表彰，蠡县检察院获第八届全国“人民满意的公务员集体”，北市区检察院获第五届“全国先进基层检察院”，5个基层检察院获“河北省先进基层检察院”。

（杨晓成）

审　判

【保定市中级人民法院】 保定市中级人民法院（以下简称“市中院”）在市委领导、市人大监督下，主管全市的审判工作，业务上受河北省高级人民法院（以下简称“省高院”）的监督和指导，审理法定管辖的一审案件；上级人民法院指定管辖的一审案件；基层人民法院移送的一审案件；对基层人民法院的判决、裁定提出上诉、抗诉的案件；对本院发生法律效力的判决、裁定、调解书提起再审的案件；执行本院受理的一审案件；监督和指导基层人民法院的审判工作。截至年底，全市有25个县（市、区）基层人民法院，144个人民法庭。市中院内设机构32个，即办公室、政治部、组织人事处、法官管理处、教育培训处、宣传处、立案一庭、立案二庭、刑事审判第一庭、刑事审判第二庭、民事审判第一庭、民事审判第二庭、民事审判第三庭、民事审判第四庭、行政审判庭、审判监督第一庭、审判监督第二庭、执行局、执行局综合管理处、执行实施庭、执行审查庭、执行申诉审查庭、研究室、法警支队、司法技术处、计财装备管理处、机关党委、老干部处、工会、妇委会、纪检组监察室（合署办公）、书记员管理办公室。

党组书记 院长	梁红继
党组副书记 副院长	苑三国
党组副书记 纪检组长	徐占军
党组成员 副院长	刘文钧
	高素英（女）
副院长	刘玉婷（女）
党组成员 副院长	殷文胜
	王建东
党组成员 执行局局长	刘文群
党组成员 高新区法院 筹备组组长	李国生
党组成员 政治部主任	高　宏（女）
党组成员 审判委员会	刘永生
专职委员	陈敬贤
	梁　旭（女）

【概况】　2013年，全市两级法院以“为大局服务、为人民司法”为主题，以“努力让人民群众在每一个司法案件中都感受到公平正义”为目标，加强队伍建设，推进司法改革，促进司法公开公正，各项工作均取得新进展。全年共受理案件57053件（含减刑假释案件），审结49815件，结案率为87.31%。其中市中院受理案件8844件（含减刑假释案件），审结案件8689件，结案率98.25%，被省高院记集体三等功。

【刑事审判工作】　全市法院以“维护社会稳定、优化两个环境”为首要任务，开展“秋收100”打击整治等专项行动，依法严惩刑事犯罪，审结各类刑事案件4205件，判处被告人4365名。重点打击黑恶势力犯罪、破坏“两个环境”以及涉及社会民生、人民群众关注的食品安全、环境污染等犯罪，对此类案件依法从重惩处，该判实刑的不判缓刑，该判死刑的坚决判处死刑，判处黑社会性质犯罪2件21人，危害食品药品安全、侵犯知识产权、制售假冒伪劣商品、环境污染等破坏发展环境犯罪184件186人，杀人、伤害、绑架、爆炸等严重暴力犯罪1365件1398人，“两抢一盗”等多发性侵财犯罪883件915人，贪污贿赂犯罪85件127人，渎职犯罪14件28人，其他类案件1672件1690人。成功审理了刘会民、郄红卫等组织领导黑社会性质组织案，庞云峰等故意杀人、故意伤害、强迫劳动案等一大批破坏“两个环境”的重大案件。坚持打击犯罪与保障人权并重。全面贯彻宽严相济的刑事政策，重拳打击严重刑事犯罪的同时，坚持以宽济严，最大限度减少社会对立面，适用非监禁刑比率达到47.12%，同比上升3.21个百分点。坚持罪刑法定原则，保证无罪的人不受刑事追究。积极参与社会治安综合治理。推行减刑、假释裁前公示和听证制度，共审结减刑、假释案件4358件；切实落实“教育、感化、挽救”方针，推行未成年人犯罪前科封存制度；积极协助做好刑满释放人员、非监禁刑人员等特殊人群的跟踪帮教工作；通过组织大规模公开审判、新闻发布会、广场宣传活动等形式，利用报纸、电视台、广播电台、互联网等媒体，全方位、多角度开展司法宣教工作，震慑了犯罪，教育了群众。

【民事审判工作】　全市法院围绕市委中心工作，服务经济发展大局，推进诚信体系建设，共审结各类民、商事案件31990件，诉讼标的额10.58亿元。依法促进经济结构调整。综合运用重整、和解等方式，审结重组兼并、破产改制、产权股权转让等案件19件；审结融资租赁、新类型担保等案件195件，金融借款、票据、信托、委托理财等金融案件6786件；审结外商投资企业股权纠纷等各类涉外民商事案件9件，进一步优化了投资环境。支持科技创新。审结著作权和商标权等知识产权纠纷案件29件。支持生态环境建设。审结环境污染损害赔偿案件2件。加大民生审务力度。发挥民事审判化解矛盾、定纷止争、维护诚信、保障民生的重要作用，妥善审理与群众生产生活密切相关的案件。审结财产权属确认、人身损害、宅基地纠纷等权属、侵权案件14121件，审结医疗、供水供电等消费者权益保护案件192件，审结婚姻家庭、遗产继承案件10391件。健全特殊群体维权机制，保护妇女儿童、现役军人的合法权益，审结此类案件246件。加大诉讼调解力度。全市一审民事案件调解与撤诉结案率达84.23%。

【行政审判工作】　坚持维护行政相对人合法权益与支持依法行政并重。审结行政案件225件，其中判决维持行政机关具体行政行为21件，撤销、变更、确认行政行为违法或者无效87件，以协调方式解决涉及土地征收、城建拆迁、社会保障等领域的行政案件117件。依法做好国家赔偿工作，共审结此类案件7件，赔偿数额150万元。年内，市中院对所辖基层人民法院管辖的一审行政案件实行了相对集中管辖改革。对全市基层人民法院管辖的一审行政案件，统一指定由新市区法院、高碑店市法院、唐县法院集中管辖。具体管辖范围如下：新市区法院管辖北市区、南市区、高碑店市、清苑县、满城县、唐县的一审行政案件；高碑店市法院管辖新市区、涿州市、定兴县、涞水县、涞源县、容城县、雄县、易县、徐水县、安新县、高阳县的一审行政案件；唐县人民法院管辖定州市、安国市、博野县、阜平县、顺平县、蠡县、曲阳县、望都县的一审行政案件。非集中管辖法院的行政审判庭仍予保留，但原则上不再办理行政诉讼案件，主要负责非诉行政执行案件的审查等有关工作，同时协助、配合集中管辖法院做好本辖区行政案件的协调处理工作。这项工作的开展不仅有利于推进法治政府建设，也有利于改善行政审判司法环境、合理配置司法资源、统一司法标准、促进司法公正，取得了良好的法律效果和社会效果。

【执行工作】 市中院继续深化执行分组分段改革，健全执行局内设机构，设立执行实施庭、执行审查庭、申诉审查庭、综合管理处等四个部门。积极参与全省“点对点”网络执行查控系统建设，在确保安全的前提下，以网络化方式实现与协助执行单位的数据交换，达到对被执行人人身和财产的快速查询和控制。如：与银行、房管、土管、车管联网后，可迅速掌握被执行人银行存款、房产、车辆等信息，便于法院采取措施，较好的解决了对被执行人财产的查找难题。将案件执行情况纳入社会征信体系，通过多种形式向社会公布“老赖”名单，全市有75名被执行人在最高法院失信被执行人名单库曝光。推进执行联动机制建设。8月28日，由市委政法委领导，法院主办，公安、司法、金融、工商、国土等44个联动部门参与的保定市执行指挥中心，在市中院正式挂牌成立，中心将依托信息化平台，逐步实现执行模式从粗放式、手工式向集约化、信息化的转变，使执行工作更加公开、透明、规范、快捷。扎实开展涉党政机关执行积案专项清理、涉民生案件专项集中执行等活动，强化执行措施，共执结各类案件9037件，执行标的额98.93亿元，最大限度地维护了债权人的合法权益。

【涉诉信访工作】 坚持积案化解和源头治理并重，加大依法受理、依法纠错、依法赔偿、依法救济力度，解决群众诉求，全力化解信访积案。依托河北法院驻京接待站、省市涉法涉诉联合接访中心和中院立案信访大厅等平台，化解各类涉诉信访案件235件。积极落实省高院《关于诉访分离工作机制的意见》，严格诉访分离标准及处理程序，建立与检察院工作衔接机制，推动涉诉信访问题纳入法治轨道解决。涉诉信访工作成绩显著，未出现破坏社会稳定的事件。

【加强队伍建设】 加强领导干部思想政治建设，注重发挥领导班子的示范引领作用，努力做到遵守纪律的表率、勤奋工作的表率、廉洁自律的表率。牢固树立正确的用人导向，坚持德才兼备、以德为先，推行公开公平公正的用人机制。在市委、市人大的正确领导和大力支持下，先后调整干部5批53人次，激发了干部队伍活力。深入开展“讲公正、讲诚信、讲良知”品德教育活动，努力提高干警的职业道德修养。全市法院共有11个单位、296名干警受到市级以上表彰奖励。立足解决“四风”问题，严格落实上级要求，扎实开展正风肃纪、提质提效、公务（警务）用车治理等专项行动，狠刹铺张浪费之风，全面清理超标办公用房和“O”牌车，市中院“三公”经费实现大幅下降，尤其是公务接待费用下降32.3%。

【加强党风廉政建设】 市中院落实“把权力关进制度的笼子里”的总体要求，加强纪律作风建设和党风廉政建设，完善廉政风险防控机制，制定了《审判执行活动中主动接受案件当事人监督的规定》《廉政风险防范措施等级目录》，加大对立案、审判、执行、评估拍卖、工程招标案重点领域的监控力度，严肃查处违法违纪案件，共查处干警违法违纪案件17件，给予党政记过处分7人。

【改革审判运行机制】 立足审判管理科学高效，建立审判权与审判管理权科学运行机制，探索推行审判长负责制，改革、完善审判长选任标准和程序，将审判权交给德才兼备、人民放心的法官。探索推行民事裁判文书改革，根据案件不同情况将裁判文书分为令状式、要素式、精细式三种格式，实现了“小额案件快速审、简单案件简易审、复杂案件精细审”梯次化审理格局。全面推行量刑规范化改革，共适用量刑规范化审理案件2856件。扎实推行行政案件相对集中管辖试点工作，审判效能明显提升。

【“天平工程”得到落实】 市中院以“天平工程”建设为基本载体，加大信息化建设力度：建设科技法庭34个，远程提讯室23个，为实现全市网络庭审直播奠定了硬件基础；全面推行办公自动化，实现了外来公文、内部行文等机关内部管理的网上流转，办文办事效能大幅提升。通过公开招录、定向培育等方式，为基层法院补充了48名法官及司法辅助人员，审判力量不足问题得到了一定程度的缓解。开展司法巡查，组织专项培训，下发指导案例，定期考评通报，全市法院整体工作得到提升。

【改进审判工作作风】 自觉接受人大及其常委会监督，严格贯彻落实人大决议和决定。针对重大部署、重点工作、重要问题及时向人大及其常委会报告，就单项工作、重点案件、日常庭审主动接受人大及其常委会监督。认真接受政协民主监督，及时通报法院工作情况。采取登门走访、邀请视察、组织座谈、旁听庭审、寄送《保定审判》等方式，加强与代表、委员的联络工作。全市法院共走访各级人大代表1365人次，邀请人大代表、政协委员视察法院、旁听庭审386人次，市中院寄送《保定审判》6400份。加强人大代表、政协委员建议、提案、督办案件办理工作，市中院全年共办理各类建议、提案9件，审理督办案件23件。依法接受检察机关法律监督，认真办理抗诉案件和检察建议。认真贯彻落实省法院《关于进一步尊重和保障律师执业权利、规范法官和律师关系的意见》。通过蹲点调研、公众开放日、信息平台等多种形式，畅通民意沟通渠道，主动接受社会各界监督。

（王红哲　赵凯新）

司法行政

【保定市司法局】 保定市司法局是保定市人民政府主管全市司法行政工作的职能部门，业务上受河北省司法厅指导，是担负组织、指导、协调、部署普法依法治理、民间矛盾纠纷调解、安置帮教、社区矫正、国家司法考试、法律服务、法律保障、法律援助、司法鉴定等工作的行政执法机关。保定市司法局内设机构15个，下辖24个县（市、区）司法局。

党组书记 局　　长	周立光
党组成员 副 局 长	耿凤忠　刘占博 郝春海 宿守安（11月任）
副 局 长	师蕴珩
党组成员 纪检组长	王小洪
党组成员 政治部主任	李兰云
党组成员 普法办主任	付　玉（女）

【概况】 2013年，积极服务经济发展和民生、维护社会和谐稳定、推进法治建设和体制机制改革，按照“人往基层走、劲往基层使、钱往基层花、典型基层出”主基调，加强基层基础建设，提升司法行政队伍“五个能力”，为建设“京畿强市　善美保定”创造平安和谐的社会环境、公平正义的法治环境和优质高效的服务环境，为全市实现重返全省第一方阵，打造环京津地区新的增长极做出贡献。市司法局获“全国司法行政机关国家司法考试工作先进集体”称号，市法律援助中心被评为“全国法律援助便民服务示范窗口”，容城县、定兴县被确定为“全国法治县（市、区）创建先进单位”，10名基层人民调解员被评为“全国模范人民调解员”，两个基层人民调解委员会被评为“全国模范人民调解委员会”，3个司法所获“全省优秀司法所”称号，在全省“六五”普法中期检查中获得“优秀”档次，获得“冀华杯”河北省首届律师辩论大赛冠军和最佳组织奖、最佳辩手奖，受到市委、市政府领导的肯定和赞扬。

【施行人民调解“以案定补”新机制】 健全完善专业性、行业性人民调解组织，积极排查、着力化解民间矛盾纠纷，筑牢“第一道防线”。实现了“哪里有人群，就在哪里建人民调解组织；哪里有矛盾纠纷，哪里就有人民调解员的身影；有矛盾纠纷找人民调解员，有人民调解员没矛盾纠纷。”全市共调处各类民间纠纷35270件，调解成功35129件，调处率达到100%，调解成功率达99.6%。

【社会管理创新工作有序推进】 健全对在册社区矫正人员的网络监控能力，实现了网络监控。开展社区矫正执法检查活动，召开了全市社区矫正工作调度会部署，严格落实工作制度，规范管控。各县（市、区）司法局和基层司法所共建立过渡性安置基地92个。

【推动法治环境建设】 推进“法律八进”，重点加强领导干部、公务员和青少年的法制宣传教育工作，推行干部学法用法考法制度，广泛开展专项法制宣传教育系列活动。围绕“大力弘扬法治精神，共筑伟大中国梦”主题，开展“12·4”法制宣传日系列宣传活动，突出“秋收100”打击整治专项行动，以现场解答法律咨询、提供法律服务、发放宣传资料、公安局召开全市赃物返还大会、宣传展板、大小街道悬挂宣传横幅等形式，掀起全市“秋收100”行动高潮，设立咨询台2300余个，悬挂条幅2400余条，现场解答法律咨询6000多人次，发放宣传资料5万余份，收到了良好的社会效果，全面加强了法治城市和平安保定建设。保定市已经申报全省“六五”普法先进城市。

【提高法律服务与中心工作的贴近度】 全市1100余名律师积极介入市、县政府确定的产业支撑项目、重大基础设施项目、节能减排低碳环保项目、社会事业和民生工程四个方面的项目建设。通过担任法律顾问、参与项目洽谈、办理招投标、投融资等提供多形式、宽领域的法律服务，办理各类案件33596件，法律顾问876家。全市法律顾问服务企业已达600家以上，“法律体检”的企业数达到954家；以构建和谐社会、服务弱势群体为宗旨，不断提高法律援助工作水平。局长周立光就法律援助工作发表电视讲话，积极服务保障民生，为城乡困难群众和农民工、残疾人、老年人、妇女、未成年人等弱势群体提供优质高效的法律服务，应援尽援，援助率达100%。承办各类法律援助案件2730件；办理公证17450件，收费440余万元，比上年同期翻一番，避免和挽回经济损失2亿元；办理司法鉴定8261余例；完成本年度国家司法考试，全市共有2844人报名参加，501人通过考试。

【着力深化基层基础建设】 遵循“人往基层走、劲往基层使、钱往基层花、典型基层出”主基调，全面加强基层基础建设。以“应有、应知、应会”为要求，从思想上、组织上、工作上切实加强领导、全面推进，取得了明显成效。设施建设明显改善，基层办公用房建设稳步推进，基层设施装备得到加强，以司法所、律师事务所、公证处和法援中心为主体的基层“两所一处一中心”的软件、硬件建设日臻完善。组织体系更加完善。司法所人员紧缺状况明显改善，职级待遇问题得到落实。队伍素质不断提高。加强对应知应会知识的学习培训，理论素养、业务素质、文化水平明显提高。管理机制日趋规范。以规范化管理带动“两所一处一中心”工作整体水平提升。经省司法厅检查验收，全市有6个公证处完全达标，1个基本达标。67个司法所被省司法厅确定为全省规范化司法所，在全省名列前茅。司法行政基层形象地位不断提升，职能作用充分发挥。

【司法队伍建设扎实推进】 全年组织中心组学习11次，组织参加了以全省“三大建设”为主要内容的全省集中培训，11期培训班共参加314人次，撰写出高质量的调研报告19篇。开展“解放思想、改革开放、创新驱动、科学发展”大讨论活动和“全民创业、效能提升、城市管理6S”三项活动。落实中央八项规定，反对四风，进一步改进工作作风，密切联系群众。组织开展了基层建设年和农村面貌提升活动。组织“送医疗”“律师助学助残”等活动，为当地群众送去慰问资金累计3万余元。开展“情系百姓、医进万家”义诊活动，接诊村民400余人，发放价值5000元的药品，同时进行了健康指导和医疗咨询等活动。

【公证领域不断拓展】 积极服务工业园区建设、重大项目建设等重点经济领域，为国有土地招拍挂、政府采购、保障房分配等政府重点工作提供现场公证服务。主动介入公司企业事务，为全市改善发展环境、依法规范市场经济秩序提供法律服务。年内，公证已进入120家企业开展法律服务，30名公证员与40家企业建立了长期法律服务联系。全市累计办证比上年同期增长10.6%。避免和挽回经济损失2亿元。

【扩大法律援助工作水平】 突出法律援助便民服务这一主题，以服务发展、服务民生为目标，积极采取措施，让更多困难群众获得必要的法律援助，进一步扩大法律援助覆盖面和受援面，完善法律援助便民服务工作网络体系，联合市总工会在其所属大中型企业中建立法律援助工作站6个。在中央专项彩票公益金法援项目执法规范建设年活动中，上报中央彩票公益金法律援助案件192件，申请资金37.83万元，高标准、高质量完成省中心下达的任务。结合“法律援助为民服务创先争优年”活动，在全市开展法律援助进社区、进乡村活动，与市老年协会联合在市区内各大社区开展法律援助制度宣传活动，发放宣传资料8000余份，举办了10期10场宣传活动。全年办理法律援助案件3482件，实现了援助案件年增长20%的总体目标。

（孙跃飞）

综 合 管 理

宏观经济管理

【保定市发展和改革委员会】保定市发展和改革委员会为综合研究拟订经济和社会发展政策、指导总体经济体制改革的市政府组成部门。负责研究提出全市国民经济和社会发展战略目标和重大方针政策，组织编制全市国民经济和社会发展中、长期规划和年度发展计划，研究分析经济形势和发展情况、全市经济体制改革和对外开放的重大问题、产业结构战略性调整和升级、区域经济和城镇化发展等方面的工作，承办市政府交办的其它事项。内设31个职能处（室）：办公室、人事培训处、政策研究处、发展规划处、国民经济综合处、经济体制综合改革处、固定资产投资处、地区经济处、财政金融处、经贸和服务业处、高技术产业处、产业发展处、外资利用和经济协作处、农村经济处、交通运输处、资源节约和环境保护处、社会发展处、经济运行调节处、行政审批服务处、重点建设项目综合管理处、重点建设项目管理一处、重点建设项目管理二处、重点建设项目稽察特派员办公室、能源处、电力发展处、新能源装备及综合利用处、机关党委、纪检监察室、老干部处、深化医药卫生体制改革领导小组办公室、央企服务处。所属5个事业单位：保定市交通能源办公室、保定市建设投资公司、保定市节能监察中心、保定市散装水泥办公室、保定市农业区划委员会办公室。

党组书记 主　　任	岳文民（11月离任）
	张丽娟（女，11月任）
党组副书记 调 研 员	杨国庆（6月离任）
党组副书记 副 主 任	张林峰（11月任党组副书记）
副 主 任	闫海清
	李建领（市重点办主任）
	杨　军　尹绪龙
	孙增儒（市物价局局长）
	马福生
	樊运会（援疆）
	彭延昭（援疆）
纪检组长	孙振军
重点办副主任	王永平
	邸旭伟（女）

【概况】　2013年，市发改委紧紧围绕建设“京畿强市、善美保定”目标任务，按照“保增长、调结构、控物价、惠民生”总体工作思路，突出抓发展，重点抓项目，着力推进“十二五”规划实施，充分发挥职能作用，扎实推进各项工作，圆满完成市委、市政府交办的各项工作任务。按照省、市统一部署，深入开展“解放思想、改革开放、创新驱动、科学发展”大讨论活动、“为民务实在一线”活动，并在委内自行组织开展“一个跟紧、两个贴近”和“讲树”活动，深入贯彻落实党风廉政建设责任制，班子建设整体水平进一步提高，“两个环境”建设得到有效改善，“三总部”作用得到充分发挥。2013年，农业农村经济、产业园区建设、经贸服务业、支援油田建设、春运等方面的工作受到省发改委表彰；承办人大建议政协提案、部门决算编报、纪检监察、灾后重建以及信息、妇女和工会等工作受到市级表彰。2013年，全市生产总值完成2650.6亿元，增长9%；固定资产投资完成1905.5亿元，增长

9.6%；社会消费品零售总额完成1206.5亿元，增长13.8%；实际利用外资完成6.2亿美元，增长36.7%；利用省外资金完成626.8亿元，增长27.1%；全部财政收入完成324.8亿元，公共财政预算收入完成167亿元，分别增长13.1%和13.9%；居民消费价格指数102.7%；城市居民人均可支配收入完成21181元，增长11.2%，城镇新增就业8.3万人，城镇登记失业率控制在4.5%以内，新建保障性住房3.4万套；农民人均纯收入预计完成8675元，增长13.2%；规模以上装备制造业增加值增速和规模以上高新技术产业增加值增速均高于规模以上工业增加值增速，研发经费支出占GDP比重1.25%；城镇企业职工参加基本养老保险人数达到60.5万人；万元生产总值综合能耗下降5.23%，万元生产总值二氧化碳排放量下降5.23%，主要污染物排放削减率和细微颗粒物浓度降低率均达到省下达任务目标，万元工业增加值用水量降低5.6%，亿元生产总值生产安全事故死亡率控制在0.094人以内。

【监测运行、加强调控，促进宏观经济平稳较快增长】 按照市委、市政府的部署，主动当参谋、跑项目、强调节，努力促进经济平稳较快增长。坚持月分析、月会商、季报告制度，组织召开全市经济运行分析会，及时向市委、市人大、市政府汇报经济形势，提出对策建议。全年，围绕经济结构调整、发展方式转变、体制机制创新等方面起草上报了几十个政策性文件，被市委、市政府印发或转发实施。1.提出了事关全市发展的工作思路、措施。代政府起草了《关于抓好当前经济工作确保实现首季开门红的通知》，印发了《2013年发展改革工作要点》，提出了2013年全市经济社会发展基本思路、主要目标和工作重点；及时了解掌握国家、省政策导向，积极组织对口拜访国家发改委活动，并及时将有关政策信息情况向市委、政府报告，得到市委市政府主要领导的高度评价；代市委、市政府起草了《全面提升县域经济发展水平的实施意见》《关于进一步促进全市经济平稳增长的意见的通知》《关于建立经济运行分析例会制度的通知》等一系列文件，提出促进全市经济社会发展的重点工作、具体措施及发展建议。2.不断加强经济运行分析监测工作。逐月撰写分析报告，组织召开全市经济运行分析会，及时向市委、市人大、市政府汇报经济形势，提出对策建议。坚持季度重点监测、月度常规监测，强化预警、调度。编制月度《保定经济社会发展手册》，受到市领导和有关部门的好评。3.突出重点，夯实要素供应保障基础。进一步完善了市级煤电油气运要素分析预警保障机制，对市直有关部门及各县（市、区）煤电油气运的动态情况存在问题和举措进行跟踪服务。同时，坚持月分析、季调度、年通报，掌握了全市67家利税过亿元企业生产要素动态调节情况。认真组织季度煤电油气运要素运行调度分析会，并撰写分析报告，为领导决策和保障供应及时提供依据、服务。

【抢抓机遇、狠抓项目，增强经济发展后劲】 坚持把项目投资作为重要抓手，加大重点项目的实施力度，精心谋划争取，破解瓶颈制约，强化责任落实，努力增强发展支撑。1.扎实推进重点项目建设。制定出台了《2013年重大项目分包责任制实施方案》《保定市市以上重点建设项目后评价实施方案》《保定市2013年市以上重点项目建设考核办法》《关于加强市重点建设项目管理的意见（试行）》等一系列文件，进一步强化了重点项目建设的制度保障。围绕项目建设这个核心，大力实施项目优选工程。全市共安排152项省、市重点项目，总投资3406.45亿元，当年计划投资495.07亿元，计划开工项目97项，截至年底，已开工项目77项，开工率79.38%；完成投资684.43亿元，完成年投资预期的138.25%。总投资62.8亿元的中国北方商品电子交易博览中心、总投资161亿元的长城汽车扩能及零部件等一批重大产业项目加快推进，总投资51亿元的新发地高碑店农副产品加工物流园等一批重点项目开工建设，蠡县鑫泽年产2万吨汽车零部件等一批项目竣工投产；保津城际铁路、京港澳高速公路拓宽改造、京昆高速公路北延、张涿高速公路、荣乌高速公路等交通项目进展顺利。2.加大中央预算内资金争取力度。积极组织有关部门谋划、筛选2013年度政府投资项目，编制项目计划。在社会事业、农村民生工程及基础设施、高新技术及服务业、节能减排与生态建设、产业振兴和技术改造、保障性安居工程及重大基础设施等国家重点支持的六个方面积极争取中央预算内资金支持，全力推进项目建设。全年，全市共争取中央预算内资金113352.1万元。其中社会事业类32520万元；农村民生工程及基础设施类48073.1万元；节能减排与生态建设类9174万元；产业振兴和技术改造类6590万元；保障性安居工程及重大基础设施类16995万元。中央投资项目的建设，对全市民生项目、基础设施以及环保节能等项目的发展起到了积极地推动和促进作用。3. 规范政府投资项目管理。加强投资指标监控与调度，进行月度、季度投资形势分析，及时了解和掌握项目建设进度，协调解决存在的问题，确保全年投资指标的完成。加强对政府投资项目管理，做好重点建设项目稽察工作，明确项目投资来源渠道，严格控制投资概算，节省财政资金，落实项目前期建设条件，为政府投资项目的顺利实施提供有利保障。

【依托园区、转型升级，推进产业结构调整】 坚持在发展中促调整，在调整中促转变，在转变中促提高，增强综合竞争力。重点对汽车及零部件、新能源及装备、纺织、食品、建材、航空航天及新材料、生物医药七大产业发展战略进行了较全面的研究，围绕产业发展成长性分析、发展条件和前景以及发展重点等方面进行了探讨，该产业研究得到了市领导和相关部门的一致好评。1. 推进产业结构调整，制定汽车及零部件等12个产业实施方案。按照市委主要领导关于制定5+2产业路线图的要求，在调研和征求意见基础上，编制了加快汽车及零部件、新能源及输变电、纺织服装、食品、建材、航空航天及新材料、生物医药七个产业路线图，在市委十届六次全会上讨论通过，并以市委保发［2013］9号文下发了《关于印发加快汽车及零部件等七个产业发展实施方案的通知》执行。本市七个产业路线图也得到了省委、省政府的充分肯定，在8月召开的省委常委会上，省委书记周本顺对本市几套班子领导抓七个产业路线图的作法给予了充分肯定，认为其经验值得借鉴。随后，市发改委组织起草了发展现代农业、现代服务业、文化产业、旅游业、节能环保产业五个产业实施方案，上报市政府发布实施。2. 加强对各类产业园区的指导和培育，谋划启动一批产业园区，推动全市产业园区上档升级。2013年，为拓宽园区发展领域，发挥园区在经济发展中的重要推动作用，重点推动了全市化工产业园区、保定绿色建筑产业园区、首都第二机场周边产业园区、河大科技产业园区、博野小店产业园区、顺平、唐县、易县、涞水、涿州等县10个产业园区谋划和扩区工作，重点对园区的布局、产业定位、配套条件等方面提出了发展思路，对产业园区上档升级起到了指导作用。

【节能降耗、优化环境，建设低碳保定】 科学统筹经济增长与节能减排，把“保完成、促转型”作为全年乃至“十二五”初期节能工作的总要求，采取积极主动措施，全力推动本市节能减排及低碳城市建设工作深入开展。1. 继续强化节能目标责任，加大对节能项目扶持力度。年初对全市节能目标进行了预分解，5月份又按照省最终核定下达本市的节能目标，进一步细化分解到了各县（市、区）和重点用能企业。加强对国家、省支持的重点节能项目监管，定期调度，指导项目单位规范建设程序、完善资金使用管理制度，保障了重点节能项目按计划实施。2013年，着重抓市级重点节能项目，在政策保障、要素供应、资金支持等方面给予倾斜，促其早开工、早建设、早发挥节能效果。截至年底，河北三利毛纺余热利用节能改造等9个节能重点项目进展顺利，预计全部竣工后可形成年节能能力7.92万吨标煤。截至年底，共16个项目争取到国家、省资源节约和“两厂（场）”建设资金6779万元。2. 大力推进“低碳城市”建设。按照《保定市低碳城市建设规划》和《保定市低碳城市试点工作实施方案》的要求，深入开展各项工作。积极谋划《保北低碳发展示范区建设构想》：为推进低碳城市建设工作，给国家提供示范，选择保定北部区域，发挥该区域的区位、产业、资源等优势，建设保北低碳示范区，通过“一核两组团”的建设模式，实现全市低碳崛起的目标。进行能源结构调整和节能降耗工作：重点开展以气代煤工作，继续推进中海油煤制天然气管道项目前期工作；谋划徐水大王店2000万立方米液化天然气应急调峰储备中心及配套管网项目建设。大力推进新能源示范区建设：利用西部太行山脉“浅山、低丘、缓坡”的地势特点，积极建设光伏地面电站项目。2013年，新增光伏并网发电项目2个，装机容量49.5兆瓦，总装机容量达到70.5兆瓦。大力开展低碳交通和低碳建筑工作：结合“气化保定”和“万城千辆”试点工程，积极调整交通能源结构，建立绿色、低碳的城市交通体系。1100余辆液化天然气新能源公交车和长途客车投入运营，配套建设7座液化天然气加气站保障功能。进一步扩大太阳能等可再生能源建筑应用，积极实施绿色建筑规模化推进。2013年，完成既有居住建筑供热计量及节能改造99万平方米，可再生能源建筑应用率达46%。不断倡导低碳生活方式、提高公众低碳意识：3月23日，响应世界自然基金会（WWF）倡导，连续第五次参加“地球一小时”熄灯活动，以实际行动展现公众携手，共同保护生态环境的信心和决心；6月16日，组织相关部门进行节能宣传周和全国低碳日集中宣传活动，提高市民低碳生活意识，倡导人们在日常生活中自觉地从传统的高碳模式向低碳模式转变，减少二氧化碳排放。积极推动全市大气污染防治工作：为切实做好市发改委所承担的工作任务，共同打赢大气污染防治攻坚战，成立了市发改委大气污染防治工作领导小组，统筹研究产业结构调整、煤炭质量监管、清洁能源推广等重大问题。结合自身职能对承担的大气污染防治工作任务认真进行了细化分解，明确责任处室，做到任务早分解、工作早部署、措施早实施。

【主动对接、深化合作，改革开放取得新成效】 进一步加大改革开放力度，重点领域改革和对内对外开放工作取得显著成效。1. 着重抓好重点领域和关键环节的改革工作。进一步深化行政审批制度改革。推进完善城乡统筹发展体制机制。协调推进深化医药卫生体制改革、社会保障体制改革。进一步完善覆盖城乡居民的社会保障制度。深化文化科技财税金融及事业单位改革。进一步协调推进资源性产品和环境保护体制改革等工作。稳步推进价格改革，审慎推进供水、天然气等价格改革工作。2. 主动对接京津，为参与京津冀协同发展提供基础性资料。随着京津冀地区协同发展进程不断加快，京津特别是首都功能疏解和产业转移趋势日益明显。市发改委进一步加强规划研究，明确保定功能定位，积极构建承接首都功能疏解和产业转移的空间布局。相继完成了《关于参与京津冀地区协同发展及承接京津功能转移的初步设想》《承接首都功能疏解和产业转移承载能力研究报告》《白洋淀区域发展规划纲要》《北部低碳新城规划》等研究工作，谋划整合了34个园区平台，形成了《承接北京产业转移平台规划》。通过规划研究确认，本市有条件、也有能力成为首都经济圈核心区和承载首都支撑和辅助功能的重要支撑城市，承担首都部分行政管理以及科研、教育、文化、卫生等公共服务功能疏解，承接首都总部经济、高端制造业、战略新兴产业、现代农业和现代服务业等产业功能转移。3. 积极拓宽对外开放广度和深度，提高利用境内外资金的质量和水平。举办“低碳之城、善美保定”大型系列招商活动，共签约内资项目55项，总投资1137亿元，拟引进资金1065亿元；外资项目2项，总投资3703万美元，协议外资3352万美元。全年引进省外资金626.8亿元，同比增长27.1%，实际利用外资6.2亿美元，完成省政府下达本市年度任务目标的101.6%。4. 深化合作，央企工作成效显著。认真落实省、市部署，积极主动，扎实工作，加强调度，积极协调解决央企项目建设中的问题，完善制度，健全机制，主动开展工作，取得了显著成效，得到省、市领导肯定。2013年，省跟踪本市央企合作项目共计三批33项（不含定州央企项目），总投资710.96亿元，其中第一批17项，总投资323.96亿元；第二批2项，总投资118亿元；第三批14项，总投资269亿元。项目涉及涿州市、安国市、高碑店市、定兴县、阜平县、涞水县、涞源县、满城县、清苑县、曲阳县、顺平县、徐水县、易县、高新区、新市区等15个县（市、区）和市发改委、市公用事业管理局等2个市直部门。截至2013年底，累计完成投资122.99亿元。其中竣工项目3项，开工项目19项，前期项目11项，竣工开工率为66.7%。中国医药集团安国大型中药饮片及物流中心等3个项目已竣工，中航惠阳科技工业园（中电投新能源、保定中国汽车零部件产业基地）等18个项目开工建设。项目涉及石油化工、装备制造、航天航空等多个行业和领域的合作项目的建设。

【紧跟政策、加大投入，保障和改善民生】 按照重基础、增投入、惠民生的工作思路，加强和指导项目谋划储备，筹措资金，争取国家支持，推进改善民生领域基础设施建设。1. 加强项目跑办和落实，积极争取中央和省投资支持，促进全市社会事业快速发展。按照国家和省部署，加强改善民生领域项目专项规划编制和项目储备，及时掌握投资动向，主动出击，有效工作，积极争取国家投资支持。全年共有232个项目争取到中央资金3.88亿元。2. 落实强农惠农政策，促进农村经济发展。大力争取国家和省的支持，改善农村生产生活条件。截至年底，已争取到粮食生产能力建设、基层农技推广服务体系建设、农产品质量安全体系建设、以工代赈、易地扶贫搬迁、农村饮水安全、大中型病险加固、水土保持、河道治理、生猪标准化养殖、肉羊标准化养殖、国有垦区危房改造、农村沼气、退耕还林、巩固退耕还林成果、林木种苗工程等16大类项目资金72348.92万元，落实省以上资金57051.2万元（其中中央投资48073.1万元，省投资8978.1万元）。3. 做好重点流域水污染治理工作。全市重点流域水污染治理项目2013年共申请到中央预算内投资3150万元，分别为：满城县大册营水处理有限责任公司污泥处置项目680万元、阜平镇污水处理厂建设（一期工程）项目780万元、蠡县污水处理厂二期工程1020万元、安国市污水处理厂升级改造和再生水利用工程670万元。

【重点先行、合力攻坚，推进基础设施建设】 围绕加强产业结构调整，优化产业布局，大力推动节能降耗，通过科技创新提高能源转化效率和使用效率，在路网建设、能源重大项目布局、扩大火电装机容量等方面加大推进力度。1. 建设适度超前的现代化综合交通运输体系。加强组织领导和协调调度，加大跑办盯办力度，全面掌握情况，及时解决项目前期及实施中出现的问题，加快推进项目建设。京石客运专线已于2012年12月正式开通运营。经过跑办，京港澳高速公路保定至白洋淀连接线已通过国家发改委批复并已开工建设；张石高速公路107国道至瀑河连接线、张石高速公路新增顺平至保定连接线、保阜高速公路东下关互通至吴王口连接线三个项目获省批复。围绕北京新机场建设及新机场带来的影响，积极和省发改委沟通协调，省发改委在编制北京新机场河北区域外围综合交通规划中，按照为我所用、利益最大化的原则，在既有交通设施基础上共规划了16条线路，其中涉及到本市的综合交通项目共有8条，占二分之一。2. 优化能源结构，加快能源项目建设。推进中海油煤制天然气管道项目前期工作，跟踪项目进展情况，加强沟通、衔接，为项目提供服务保障；进一步完善霸州至保定天然气管线功能，推进管道沿线各支线建设，霸保管线沿途白沟、容城、安新、雄县输气支线已经具备通气条件；加快高阳－保定－徐水天然气输气管道及支线建设，确保尽快建成，发挥供能保障作用；积极推进徐水大王店2000万立方米液化天然气应急调峰储备中心和日产15万立方米液化天然气加工厂以及配套管线项目，力争尽快开工建设，提早发挥能源保障功能。积极争取多方气源，谋求能源保障。力促大港油田滨海新能油气有限公司投资5.2亿元、2万立方米液化天然气调峰储备中心项目落户望都，充分利用天津气源为本市天然气应急需求做好保障；谋划与中国燃气集团有限公司战略合作，引入投资，寻求气源，力争用北京资源反哺本市市场，以解决本市冬季用气紧张形势。3. 以保障电力供应为基础，加强重大电力项目建设。针对本市农村电网的实际情况，本着既要兼顾平衡，又要突出重点的原则，加快推进电网建设，电网保障能力日益提高。市发改委会同市供电公司对全市2013年农网改造升级工程项目进行了筛选，上报投资计划2.38亿元，其中35kV变电站及线路项目投资0.53亿元，10kV变电站及线路项目投资1.85亿元，争取中央预算内投资4760万元。以提高电力保障能力为中心，加快推进重点项目建设。国电西北郊热电项目不断推进：加大跑办力度，积极协调项目环评审批涉及的一亩泉水源保护区重新划定及项目接入系统、土地预审、铁路等核准前的各类相关工作，力争项目早日开工建设。京能涿州热电项目取得突破进展：项目"上大压小"方案和各项建设条件落实，经国家能源局的严格审核，正式批准京能涿州热电项目开展前期工作，标志着项目正式进入国家核准程序。阜平电厂项目加快谋划：多次进行现场踏勘选址，省电力勘测设计研究院开展阜平火电项目初可研究，各项前期相关工作正着手展开。

【抓住关键、创新驱动，重点支柱企业形成新引擎】 围绕重点产业和重点领域，加强规划和政策引导，提高企业技术创新能力和核心竞争力，加速培育壮大高新技术和战略性新兴产业，特别是在创新能力建设方面，取得了明显成效。全年规模以上高新技术产业增加值完成328亿元，同比增长14.8%。1. 加速培育壮大高新技术和战略性新兴产业。围绕重点产业和重点领域，坚持引导以企业为主体的技术创新体系建设，加强规划和政策引导，增强企业主导产业技术进步的能力。指导帮助符合条件的企业、科研单位积极申请企业技术中心认定建设平台，筛选条件好的省级创新平台积极争取国家和地方共建创新平台。2013年，本市惠阳航空螺旋桨有限责任公司、凌云工业股份有限公司、英利集团有限公司3家企业已在国家发改委网站上公示完毕，拟被认定为国家级企业技术中心。全市有6家企业申报省级企业技术中心，省发改委已考察完毕，文件待下发中。保定汇智达汽车热交换系统、光为绿色新能源分布式、保定尤耐特柔性交流输电关键设备被认定为省级工程实验室，文件已下发。2. 强力推进技术创新能力建设。加大政府资金对企业技术中心、工程实验室等创新平台的支持力。引导企业加大研发投入，改进完善研发设施，加强高素质创新人才的培养和引进，大力扶持创新型中小企业加快发展，逐渐形成以企业为主导、产学研用相结合的技术创新机制，进一步加速科技成果的转化和产业化。2013年，保定天威集团有限公司、中国乐凯胶片集团公司、长城汽车股份有限公司在全国729家国家级企业技术中心评价中脱颖而出，总得分均在90以上，评为优秀。3. 进一步深化产学研合作基地建设。鼓励和支持各大学校独立或联合建设大学科技园，以高新区为主体，提升完善大学科技园软硬件服务水平，申报国家级大学科技园，将大学科技园建成产学研合作的新亮点和创新资源储备的核心；加大对创业中心孵化器投入，增加孵化基金规模，加速应用产品研发与推广。

（刘晓宇）

统计管理

【保定市统计局】 保定市统计局是主管全市统计和国民经济核算工作的市政府工作部门，业务上受河北省统计局和市政府双重领导。保定市统计局主要职责是：1. 拟定保定市统计工作规章；制定统计改革、统计现代化建设规划和统计调查计划；组织领导和监督检查市内各县（市、区）、各部门统计和国民经济核算工作，监督检查统计法律法规实施情况。2. 贯彻执行国家、省国民经济核算体系、统计指标体系和基本统计制度；管理全市各项核算制度；制定地方统计调查标准和统计调查制度；组织管理、审批各县（市、区）、各部门统计调查项目（包括社会和涉外）、调查计划、调查方案；组织全市统计登记工作。3. 组织完成国家、省部署和普查任务；研究提出重大市情市力普查和抽样调查计划，并组织实施；组织各县（市、区）、各部门社会经济调查，汇总、整理全市基本统计资料；对国民经济、科技进步和社会发展等情况进行统计分析、统计预测和统计监督，向市委、市政府及有关部门提供统计信息和咨询建议。4. 统一核定、管理、公布、出版全市性基本统计资料，定期向社会公众发布全市国民经济和社会情况统计信息。5. 管理全市统计信息自动化系统和统计数据库体系；管理全市统计数据库网络。6. 组织管理统计人员持证上岗，协助组织管理统计专业技术资格考试和专业技术职务评聘工作。7. 承办市委、市政府交办的其他事项。市统计局设13个职能处室。

局长 党组书记	梁瑞萍（女）
国家统计局 保定调查队 队长 党组副书记	李凤江
副局长	蔡毅儒　朱德连 田　毅
纪检组长	刘永志
党组成员 普查中心主任	康云山

【概况】 2013年，全市统计系统认真贯彻落实市委、市政府和全省统计工作整体部署，围绕中心、服务大局，负重奋进、开拓创新，圆满完成各项目标任务，统计改革和建设取得新成绩。2013年，本市在全省工作位于前列，投入产出调查工作省级数据质量管理获优秀奖，被评为业务工作规范化综合评定获优胜单位，5项工作评为市级先进单位，市局还连续三年被评为保定市实绩突出领导班子。

【统计服务工作成效显著】 市、县统计部门，以建设高水平“服务型”统计为目标，高点站位、把握重点，全力服务科学发展，职能作用得到充分发挥。1. 加强分析研判。在复杂多变的经济形势面前，市、县统计部门加强经济运行分析研判，准确提供统计信息和决策建议。按照《2013年统计分析研究重点课题及实施方案》的要求，围绕全市主体战略实施和工业、投资、城镇化、扶贫攻坚、新增企业入统等重点领域，广泛开展调研，为各级领导了解、掌握重点工作进展、更好的指导经济工作提供了可靠依据。市局先后6次深入县（市、区）的200余家企业和单位，开展专题调研，上报各种调研报告、专报、快报199期，统计信息400余条，其中117篇次得到市领导批示，统计服务工作多次得到领导肯定。2. 做好重点服务。围绕市委“全面建成小康社会”“加快重返全省第一方阵”的要求，开展了小康社会进程和重返全省第一方阵统计监测工作，按照不同时间节点要求，开展了相关指标测算工作，向市委、市政府提交了《保定市全面建成小康社会进程监测分析报告》《重返全省第一方阵我市的差距有多大》专题报告，得到市委、市政府主要领导的高度关注和批示。3. 加强监测指导。服务县域经济发展的需要，搜集、整理了全省135个县（市）近三年来主要经济社会发展指标总量、增速及位次变化情况，并进行了对比分析，为市委、市政府制定《全面提升县域经济发展水平的实施意见》提供了重要的参考依据。同时，加强了对县（市、区）经济工作的监测和指导，定期通报县（市、区）主要经济指标完成情况。在服务党政领导同时，积极服务社会公众，开通了统计外网网站，通过媒体、网络、咨询三大平台，广辟数据发布载体，加强数据解读，全方位服务社会公众。

【经济普查工作扎实推进】 按照“规范流程、搞准数据、提升水平、实现目标”的要求，市、县科学谋划、周密组织、突出特色、确保实效，经济普查工作扎实、有序推进。1. 强化行政推动。连续两年将普查工作列入市政府工作报告，并依照部门职能，将普查的宣传、经费保障、工作督查推动等落实到了相关部门，纳入《政府工作报告》落实方案，由市政府督查室负责督办，保证了普查工作的顺利开展。2. 抓实关键环节。在普查宣传方面，以把握时间节点，适时加强宣传作为着力点，重点抓好核查前、核查中、登记前三个节点，通过新闻媒体、手机公益短信、出租车、公交车、商场、小区电子显示屏和市区主要路口大型宣传屏等，广泛开展宣传，全力营造氛围。在普查员选调方面，以选调适应PDA操作需要的普查员为着力点，通过选调大学生村官、选调生、公益岗位人员，招募志愿者和大学生社会实践等形式，选调了大批高素质的、适应PDA操作的普查员参加普查工作，确保了普查登记顺利开展。在普查员培训方面，以提高培训质量作为着力点，市、县分级开展了培训工作。根据PDA操作难以掌握的特点，提前对县、乡1100多名使用PDA普查员开展了预培训，提高了正式培训的质量和效果。根据60%以上的基层普查员，既从事普查业务，又负责PDA操作，工作交叉的特点，合理安排培训内容和时间，实行业务培训和PDA培训交叉进行，提高培训效率，减轻基层普查员负担。3. 严把工作质量。以核查、调研、登记三个关键环节为着力点，确保工作质量。在单位核查中，以查清、查实单位个数为重点，为正式登记奠定基础。在正式登记前，以底码清楚、保证登记质量为重点，市、县根据行业特点，结合2013年企业经营情况，开展了分析调研活动，为确保登记质量奠定基础。在登记工作中，以提高效率、保证数据质量为重点，合理安排登记对象，确保工作进度，认真抓好非正常营业单位的登记工作，并坚持边登记、边审核、边上报，确保普查数据质量。

【重点业务工作取得实效】 按照“加强组织领导、强化行政推动、确保工作实效”的要求，加强了对各项重点工作的组织推动。1. 小康社会统计监测工作。对照市委《关于全面建成小康社会的决定》，按照提前建成小康社会的要求，分步骤、分阶段进行了系统测算和分析，同时，开展了县级小康指标培训和数据试填测算工作，对部分重点县加强了指导。2. 城乡住户一体化改革工作。列入2013年度《政府工作报告》和工作落实方案，市政府办公厅先后两次下发《通知》，加强工作推动。市局积极与调查队沟通协调，在调查组织管理、数据报送等方面理顺了关系，对承担地方调查任务的17个县（市）加强了管理。特别加强了对4个市辖区工作的组织领导，理顺了管理渠道。3. 文化产业统计工作。市“两办”联合下发《关于加强文化产业统计工作的通知》，大力度推动了文化产业统计工作的有序开展。在全市范围内开展了文化产业清查和增加值测算工作，为推动全市文化大发展、大繁荣，制定工作规划提供了宝贵的资料和依据。4. 县级粮食产量抽样调查工作。在各级政府的领导下，扎实开展了全市9个非产粮大县粮食产量抽样调查工作，为获得国家粮食补贴政策和资金支持提供了依据。同时，还组织完成了投入产出调查、群众安全感调查、企业景气度调查等相关工作，扩大了统计工作的影响力。

【统计基础和能力建设不断加强】

按照《保定市统计“双基”工作示范点建设规划》，加强了对列入重点培养的省“规范化建设达标县”和市“重点帮扶县”的工作指导，北市区、雄县、安国顺利通过了省局验收，全市“规范化建设达标县”达到15个。博野、曲阳，涞源、阜平4个市级重点帮扶县，统计工作水平、能力建设及规范化建设得到提高，为争取早日通过省级达标验收，奠定了基础。基层管理体制改革继续向纵深延伸。北市区、清苑、高碑店、安新4个县（市、区）的系统管理改革通过了省局认定，到年底，全市有22个（市、区）完成了改革任务，改革工作走在了全省的前列。先期完成改革任务的县（市、区），继续巩固、深化改革工作向基层延伸，不断加强对乡镇统计机构、人员的规范化管理。涿州市、清苑县、新市区、雄县等继续加大考核奖惩，加强基层队伍管理。安国市着力加强班子建设，充实领导力量。容城、涞水、满城、望都、高阳加大村级统计室建设力度，扩大推广范围和资金支持，并开始探索向入统企业、社区延伸。市局下大力沟通协调，彻底解决了自地、市合并以来，近20年长期两地办公问题，全局办公环境得到改善，工作效率得到提高。投入近20万元，完成了网络设备升级改造，保障了乡级联网工作的需要和系统内网抗风险能力、网络运行环境得到根本性改善。

（齐　鹏）

人力资源和社会保障工作

【保定市人力资源和社会保障局】　是市政府管理全市人力资源和社会保障工作的职能部门。内设办公室、人事处、政策研究处、规划统计处、基金和财务处（社会保险基金监督处）、就业促进处、人力资源市场处（非师范类毕业生就业指导办公室）、军官转业安置处、专业技术人员管理处（保定市外国专家局）、职称管理处（市职称改革领导小组办公室）、事业单位人事管理处、农民工工作处、劳动关系处、工资福利处、养老保险处、失业保险处、医疗保险处、工伤保险处（市劳动能力鉴定委员会办公室）、农村社会保险处、调解仲裁管理处（保定市劳动人事争议仲裁委员会办公室）、劳动监察处、行政审批服务处等23个内设机构。

党组书记
局　　长　张　莹
副 局 长　王德全　陈克祥
　　　　　李振杰
　　　　　刘晓莲（女）
　　　　　孙福君　石俊奇
　　　　　张普霖　陶连海
　　　　　付爱国
纪检组长　耿国岚

【概况】　2013年紧紧围绕全市中心任务，坚持以“民生为本、人才优先”为工作主线，以落实“三项行动”和解放思想大讨论为契机，以争创“三个一流”为工作目标，实施“无边界服务”理念，创新举措，狠抓落实，圆满完成了全年各项任务目标，全市人力资源和社会保障事业实现新突破，为全市经济社会的平稳快速发展做出了应有贡献。

【全市就业形势保持稳定】　实现城镇新增就业8.35万人，城镇下岗失业人员再就业2.82万人，其中就业困难人员再就业1.02万人，农村劳动力转移就业8.03万人，城镇登记失业率为3.97%，各项指标均大幅超额完成全年计划。开展创业培训2383人，发放小额担保贷款12735万元，有1713名下岗失业人员享受到小额担保贷款这项优惠政策，提供就业岗位6390个

【社会保障体系建设加快】　社保制度逐步健全，顺利实现城乡居民社会养老保险制度全覆盖。为23.34万名企业退休人员调整养老金，月人均增长197.11元，调整后月人均养老金达1673.30元；经市政府批准，对市本级职工基本医保统筹基金最高支付限额、住院床位费标准等医疗保险有关政策进行调整。各级财政对城镇居民医保的补助标准提高到每人每年280元。城镇居民医保最高支付限额均达到城镇居民可支配收入的6倍以上且不低于6万元，市本级最高支付限额成人为13万元，学生、儿童为15万元。城镇居民医保住院费用统筹基金支付比例最高由上年的70%提高到了本年的80%。职工基本医疗保险统筹基金最高支付限额已由上年的最高6万元提高到了本年的7万元，大额补充医疗保险最高支付限额已由上年的最高24万元提高到了本年的33万元。进一步推开社会保障卡的发放工作，完成了417万人基础信息采集工作

【为经济社会发展提供强大人才智力支撑】　代表市政府与清华大学签订了《保定市人民政府清华大学深化全面合作协议》；2013年走进北大、清华举办招聘会顺利举行，共有700余名大学生与保定企事业单位初步达成聘用协议。积极开展了人才测评服务。为100余人进行职业生涯规划，为近300人进行“人才评估”，促进双向选择，职位对接，取得了良好的社会效益。全力做好2013年优秀专家出国培训人选、省人才培养工程资助经费人选的选拔、推荐工作，为高层次人才提供发展动力。

【干部人事制度改革进一步深化】　顺利完成2013年公务员四级联考，参加考生29551人，录用706人；事业单位公开招聘制度不断完善。草拟《保定市事业单位选聘工作人员实施细则》，确定选聘工作人员的原则、方法、程序、要求等，促进了公开招聘制度的进一步健全；积极开展全市行政机关公务员职业道德和西柏坡精神师资骨干培训工作，全面提高公务员队伍的综合素质和能力。共164人参加了培训；顺利完成全市2013年度军转安置工作。

【积极构建稳定和谐劳动关系】　通过清理整顿人力资源市场秩序专项行动、提高农民工劳动合同签订率“春暖行动”、建筑行业劳动用工专项检查、规范劳务派遣专项行动等活动，多方面、有针对地对劳动者合法权益进行维护。全市共主动监察7693户，年度审查2875户；投诉举报立案1744件，结案率为94%；取缔非法职介机构42户；清退童工3

人；为2.32万名劳动者追讨各类欠薪13592万元。

（李军波）

国土资源管理

【保定市国土资源局】 保定市国土资源局（挂保定市测绘管理办公室牌子，9月更名为保定市地理信息局）为市政府工作部门。依照《中华人民共和国土地管理法》《中华人民共和国矿产资源法》和《中华人民共和国测绘法》规定，承担保护与合理利用全市土地资源、矿产资源等自然资源及测绘行政管理工作的责任。内设14个职能处室：办公室、人事处、政策法规处、规划处、财务处、耕地保护处、地籍处、土地利用处、测绘管理处（9月更名为地理信息管理处）、国土测绘处（9月增设）、地质勘查处、矿产开发管理处、地质环境和科技处（地热处）、执法监察处，以及机关党委、工会、妇委会、监察室。局属7个事业单位：保定市土地储备中心、保定市国土资源执法监察支队、保定市土地开发整理中心、保定市土地产权管理办公室（11月更名为保定市征地管理办公室，不再保留保定市土地产权管理办公室牌子）、保定市国土资源信息中心、保定市国土规划测量所（保定市地理国情监测中心）、保定市地产评估中心（保定市矿业权交易中心，11月更名为保定市国土资源利用事务中心，不再保留保定市矿业权交易中心牌子）。

局长 党委书记	田庆柱（4月离任） 刘　杰（4月任）
副局长 党委副书记	刘　杰（4月离任）
副局长 党委委员	蔡建会（11月离任） 李志祥（11月任） 陈绍辉　夏静海 赵志刚
党委专职 副书记	相胜革
副局长 党委委员	李庚存（4月任）
纪委书记 党委委员	齐树柱（4月任）

【概况】 2013年，保定市国土资源局以构建国土资源管理新机制为切入点，积极主动服务，严格规范管理，统筹保障发展和保护资源，全面加强干部队伍建设和党风廉政建设，各项工作扎实推进、运转有序，为推动保定跨越式发展、打造环京津地区新的发展增长极做出了积极贡献。先后被国土资源部评为"2013年国土资源管理系统推进依法行政中期先进单位"荣誉称号，被市委评为"2013年度优秀县级领导班子"，被河北省地理信息局评为"2013年度全省地理信息工作绩效考核优秀单位"。

【提高土地资源保障能力，服务经济社会发展】 积极争取上级用地计划指标30556亩，实现历史新突破，为长城汽车、巨力、新发地、京昆高速公路北延、安居保障房等一大批省市重点项目和城市基础设施建设用地保障。争取用地规模24平方公里，为全市城镇建设和县域经济发展提供更广阔空间。

【内涵挖潜，盘活存量，推进节约集约用地】 充分利用城乡建设用地增减挂钩政策，开展砖瓦窑复垦，盘活城市建设用地指标985.5亩；深入开展土地节约集约工作，高质量完成2012年度土地节约集约利用考核，名列全省第二，省厅奖励保定市1000亩用地指标。大力清理闲置土地，对全市2008年以来已供土地开发利用情况进行了清查，并要求各县（市、区）、开发区拿出整改意见，依法依规处置。

【承接北京产业转移，谋划园区建设】 根据市委、市政府主要领导要求，组织专门队伍，抽调精干力量，利用不到两个月的时间，对全市土地利用状况进行了认真分析研究，经过图上筛选和实地调查，按照充分利用未利用地，尽量不占耕地或少占耕地的原则，谋划涿州、高碑店等12个县（市、区）的17个园区，总面积共计50548公顷（758222亩），为承接北京产业转移奠定了基础。

【保障发展用地，加强耕地保护】 严格落实耕地目标保护责任制，市政府与各县（市、区）政府主要领导，市国土资源局与各县（市、区）国土资源局主要领导分别签订《耕地保护目标责任书》，层层建立责任制，确保完成全市耕地保有量任务。加大补充耕地工作力度，代市政府起草了《关于加强耕地占补平衡工作的通知》，对补充耕地项目严格立项、严格实施、严格验收，切实提高补充耕地数量和质量。建立了全市补充耕地储备库，加强补充耕地指标储备与使用管理；全年完成土地整治项目立项33个，可新增耕地22621亩，截至年底，完成验收土地整治项目34个，净增耕地面积25760亩。同时，积极争取清苑、曲阳、顺平等6县（市）列为全省土地整治示范县，共涉及17个项目，总规模 690818 亩，新增耕地 38004 亩，总投资 13.95 亿元。

【培育资源市场，促进可持续发展】 市本级完成土地出让 42 宗，面积 1416.93 亩，成交价款 288721.38 万元，为城市建设提供资金保障。全年共出让 7 宗采矿权，出让价款总计 524 万元。积极推进找矿突破工作，成立保定市找矿突破战略行动领导小组和专家组，争取国家地勘资金 9219.71 万元。

【强化矿产资源整合开发，创新矿产资源利用方法】 稳妥推进第二期矿产资源整合，通过整合减少采矿权 29 个，进一步提高矿产资源规模化、集约化水平。与山区 9 县国土资源局签订《大气污染防治目标责任书》，制定《矿山粉尘综合治理实施方案》，治理矿山粉尘污染，改善全市大气环境质量。强力推进矿山环境治理，做好三区两线可视范围内环境治理工作。加强地热资源管理和利用，完成《保定市地热资源勘查与开发利用规划》编制工作，组织召开地热协会第一届代表大会，市长马誉峰出席并讲话。深入推进“中国温泉之城”建设，进一步提高全市地热资源利用率，减少燃煤锅炉污染排放，促进本市低碳城市建设。

【抓好地质灾害防治，确保人民生命财产安全】 成立地质灾害防治工作领导小组，实行汛期地质灾害防治工作局领导包县责任制。代市政府起草并印发了《保定市 2013 年地质灾害防治方案》，与山区 9 县国土局签订《2013 年地质灾害防治责任书》，并下发《关于加强汛期地质灾害防治工作的通知》，明确责任分工，更新完善设施，严格落实有关规定。完成了全市地质灾害应急知识培训及应急避险演练，提高全社会防灾减灾意识和抢险救灾能力。加强易发区内建设项目用地地质灾害危险性评估工作。全年完成建设项目用地地质灾害危险性评估报告 120 份。2013 年汛期全市没有发生对人民生命财产安全造成重大损失的地质灾害。

【开展执法监察，遏制土地违法违规行为】 强化举措，积极整改，2012 年度土地卫片执法检查通过省级审核验收，实现了年初制定的任务目标。全年受理“12336”线索 1100 余件，先后对 81 宗违法案件进行了核查督办。处理群众来访 1300 余件次，通过耐心细致的工作，全力解决矛盾纠纷，完成了全国“两会”、党的十八届三中全会和各项重大活动的安保任务，有效维护了全市信访稳定。

【完成其他基础性工作】 以服务保障、监督管理为重点，较好地完成了各项财务工作目标任务。强化市县两级地理信息管理机构建设，9 月 2 日，保定市测绘管理办公室更名为保定市地理信息局，12 月 2 日，正式挂牌，12 个县（市）也完成了机构更名，配备了专职测绘管理人员，强化了组织领导。积极推动数字城市建设。“数字保定”“数字易县”“数字涿州”建设项目已经上级主管部门批准立项并启动，“数字高碑店”已经省地理信息局批准立项。做好国土资源法律法规宣传工作，以“6·25”全国土地日和“12·4”法治宣传日宣传活动为契机，累计发放宣传资料 1.1 万余册。全面完成 2012 年度土地变更调查，积极稳妥推进“三权发证”工作。制发了《进一步支持帮扶村扶贫开发工作方案》，以土地整治和地质灾害防治为重点，帮助扶贫村谋划项目，特别是积极协调国土部、省厅专门为阜平县出台七项特殊政策，全力以赴保障扶贫项目用地需求。

（冯冠军　孙　阳）

物价管理

【保定市物价局】 是市发展和改革委员会管理的行政机构，负责对全市价格（收费）进行调控、监管和服务。内设办公室（人事处）、价格政策协调处、商品价格管理处、价格信息监测处（价格信息服务中心）、国家机关及行政事业收费管理处、公用事业价格及经营收费管理处（南水北调工程基金工作小组办公室）、价格举报中心。下辖两个行政单位（价格监督检查局、价格成本监审局）和 2 个事业单位（保定市价格认证中心、保定市收费许可证审验服务中心）。

局　长　孙增儒
副局长　王占河　左建立
　　　　崔志红（女）

【概况】 2013 年，全市的价格工作着眼经济社会发展大局，以保持物价总水平基本稳定为中心任务，全面履行调控监管职能，稳妥推进价格改革，不断优化价格环境，提高价格服务质量，在促进全市经济持续健康发展中发挥了应有作用。全市居民消费价格指数为 102.7。

【落实价格调控举措，物价总水平保持基本稳定】 不断加强价格监测预警网络建设，提高市场价格动态调研分析质量，增强价格调控的主动性预见性，为政府宏观决策当好参谋助手。通过国家实时应急监测系统报送价格信息156次。积极应对节日期间居民生活必需品、特别是粮油肉蛋菜等副食品价格波动，采取印发通知、启动应急监测、加强市场巡查等方式，强化市场监管，向市政府提出保供稳价建议，维护了市场稳定。全年充分利用各类媒体加大价格动态信息公开力度，全年在物价网站、《保定日报》《保定晚报》、保定电台电视台等媒体发布价格信息1000多条次，编辑《价格周报》45期，有效地维护了群众价格知情权，稳定了消费预期。积极推进“农产品绿色通道”“粮食最低收购价格”、用水、用电等惠农利企价格政策落实。以稳妥审慎的态度推进价格改革，对涉及民生的价改项目严格把关，稳步实施。年初以来，全市物价涨幅与近年同期比较保持了较低水平，圆满完成了4%以内的价格预期调控目标，为发展、稳定和民生提供了良好的价格环境。

【推进价格改革，发挥价格杠杆和政策导向作用】 在充分调研论证、严格履行法定程序的基础上，平衡多方利益，正式推出了市区供水价格调整措施；结合省局指导意见及市政府要求，围绕热力价格改革进行深入调研，对9家热力企业进行了成本审核，向市政府输送了供热管理若干意见。会同市供热办制定了新的热计量收费办法；会同卫生部门对21家医院进行了医疗服务价格项目测算对接工作培训。6月，配合省局完成了县级公立医院价格改革方案听证工作。对全市16个县级公立医院价改试点工作进行了全面部署，上述医院自7月1日起全部实行了药品零差率销售；按照国家和省统一部署，7月，组织有关部门和燃气企业召开了全市天然气价格调整工作会议，印发了《关于调整市区非居民用、车用天然气销售价格的通知》，完成了8个县的管道天然气价格审批工作；会同电力部门就居民阶梯电价政策执行情况进行专题调研，向省局输送了相关建议。困难群体优惠电价政策得到较好落实；从5月份开始，会同交通部门对市区出租汽车经营情况进行深入调研，经成本审核、多方考察和充分论证，向政府提交了3套可行性运价调整方案。结合本市农村客运经营实际情况，制定了农村客运票价表，向社会作了公示；积极落实国家成品油定价机制，在频繁调整成品油价格的情况下，维护了企业和社会稳定；配合省局完成了张涿高速公路涞水段收费标准听证会。2013年，全市（含各县）推进供水、旅游、燃气等价格改革项目30余个，企业和社会比较满意。

【规范市场价格秩序，加大价格违法行为打击力度】 以贯彻落实《河北省商业零售行业价格行为管理规定》为契机，以政策宣传、法规培训、规范检查等活动为载体，深入开展市场价格监管年活动。市局免费为市区商业企业开办价格政策知识讲座6次，为企业培训两员500余人次。针对节日期间消费集中、市场物价容易波动特点，采取节前提醒告诫、节日期间不间断巡查等方式，加强元旦、春节、五一、中秋和国庆节期间市场价格监管，坚持每日向政府和上级主管部门报送动态信息。3月底4月初，采取公开辟谣、现场宣传等方式指导燃气企业迅速平息了居民抢购燃气事件，工作得到市领导肯定。按照国家发改委和省局统一部署，从5月开始，对全市所有旅游景点明码标价及价费标准执行情况进行了拉网式检查，部分景区不正当价格行为得到及时纠正，促进了旅游业健康发展。全年全系统累计出动检查编组1000多个、1500余人次，深入开展了商业零售市场、电力、医疗、教育、房地产等系统和行业专项检查，共查处各类价格违法案件2500余件，实施经济制裁500多万元。

【做好清费治乱工作，优化全市价费环境】 会同财政部门在全市开展了行政事业性收费调查，对《2012年行政事业性收费（基金）、罚没项目目录手册》中涉及的26个部门、116项收费政策进行了审核规范，并及时向社会进行了公布。对工商、税务、国土、农业等八部门行政事业性收费项目进行了认真核对，共取消或停收20个收费项目；认真落实国家和省经营服务性收费政策，对全市相关收费项目抓了清理落实。对现行的涉企收费项目，按照“收费从低”的原则，凡国家和省规定有上下限标准的，确定了“一律按下限标准征收”的原则，为企业发展提供了宽松的价费环境；与市纠风办组成联合检查组对市直机关收费执行情况进行了检查督导；根据国家和省关于开展收费专项检查工作部署，从年初开始，采取市县同组、指导规范的办法，对质检、税务、国土、环保、交通等全市重点涉企收费单位开展了价格和收费专项检查，对擅自收费、超标准收费等问题进行了治理整顿，查处结案21件，实施经济制裁90多万元。认真贯彻省市涉农收费专项检查要求，全市查处涉农价格违法案件131件，实施经济制裁

103.14 万元。

【开展价格基础性工作，提高价格服务质量】 圆满完成了2012年农产品成本调查资料的审核、汇总、分析工作和2013年农本调查任务。完成价费调整成本监审项目24个，监审标的额29.86亿元，核减不合理成本4.45亿元。不断提高价格认证工作规范化水平，深入开展价格争议行政调解工作，全市共完成涉案财物价格、交通事故评损等鉴（认）证6300余件，鉴证标的总金额5.4亿元。不断加强价格举报受理体系建设。进一步完善了以价格举报中心为主体，以网络答复、电话受理、来人接访多种形式相结合的举报受理工作机制。全市通过“12358”价格举报体系及网上平台受理群众举报2000余人次，接待来人来访300余人次，查处各类违法问题600余件，答复群众政策咨询3000余条次。深入开展行政服务效能提升行动。全年共审批各类价费项目50多个，审验核发收费许可证6000余个，办理人大、政协提案3件，做到了无差错、零投诉。检查局在全省案卷评审中获优。价格调研、对外宣传工作又有新起色。全年在市级以上各类媒体刊载工作报道、调研等不同题材文章500余篇次，有多篇调研文章获省级以上奖励。注重发挥价格协会作用，市价格协会完成了换届选举工作，评选市级价格诚信单位20余家。

（张俊超　宋贵章）

工商行政管理

【保定市工商行政管理局】 保定市工商行政管理局直属河北工商行政管理局，是保定市政府主管市场监管和行政执法工作的职能部门。内设办公室、人事教育处、政策法规处、反不正当竞争执法处、消费者权益保护处、市场（合同）规范管理处、商标广告监督管理处、外商投资企业注册监督管理处、食品流通监督管理处、12315指挥中心、财务装备处、企业监督管理处、监察室、机关党委。派出机构4个：保定市工商行政管理局企业注册分局、河北省经济检查总队保定市经济检察支队、保定市高新技术产业开发区工商局（副处级）、保定市白沟新城工商行政管理局（副处级）。直属事业单位（科级）7个：保定市消费者协会、保定市个体劳动者协会、保定市私营企业协会、保定市维修行业管理办公室、保定市工商局信息中心、保定市工商局基层教育中心、保定市工商局机关服务中心。

局　　长　张瑞清
副 局 长　翟中申　苑丙成
纪检组长　范　玮（女）

【概况】 2013年全市工商系统围绕“优服务、强监管、惠民生、提素质”这一主线，理思路、创举措、提效能、抓落实。扎实开展全民创业活动；深入开展市场秩序整顿；广泛开展12315护民生行动；进一步加强系统队伍建设。市工商局被省人社厅、省工商局评为全省工商系统先进集体；安新县局、新市区建南分局、徐水崔庄分局被国家人社部、国家工商总局命名先进集体；易县、望都、涞源、涿州等6个单位、市局注册分局和10个基层分局被省人社厅、省工商局评为先进集体。

【抓服务，强措施，助力全民创业成效明显】 2013年，市工商局把推进全民创业作为服务发展的切入点和着力点，出台了18条优惠政策措施，围绕“扶持大学生初创业、助推小企业创大业、助力大企业创伟业”这一基本思路，发挥职能，强化措施，促进了各类市场主体的增量发展。截至2013年底，全市内资市场主体总量达26.5万户，注册资本（金）2171.5亿元，比上年同期分别增长8.4%和23.8%。市局全民创业工作在市直部门考核排名中位列第一。1. 扶持大学生初创业。市局出台了《支持大学生创业的意见》。先后4次深入驻保高校举办“工商注册政策大讲堂”，对千余名大学生开展了政策宣传和创业指导。在河北大学举办了“点燃大学生创业梦想·工商局送执照到校园”活动仪式，全市11所院校350多名师生代表参加活动，市长马誉峰、市纪委书记周省时及有关市领导出席活动仪式。活动中，共为大学生提供创业咨询2500余人次，办理营业执照286个。市局扶持大学生创业的做法，得到马誉峰市长的批示肯定。2. 助推小企业创大业。市局出台了《支持个体工商户转型升级为企业的意见》，开展了“走千家、访万户”活动，积极搭建银企对接平台，帮助中小企业解决融资难题。2013年，全系统共办理“个转企”168户，组织银企对接会90余次，通过动产抵押、股权质押等方式帮助企业融资92.57亿元。市局帮扶“小马哥”马贺同“爱心水站”的三项措施，得到了市长马誉峰的批示肯定。各县（市、区）局都围绕促全民创业开展了系列活动，取得了明显成效。涿州市局开展了主题为“点燃创业激情、红盾助飞梦想”的大型创业政策宣讲活动。望都、蠡县、唐县、曲阳、高新区局支持全民创业的做法，受到当地党委、政府的充分肯定。雄县、满城、高阳县局主动推进银企对接，解决融资难题，受到企业称赞。新市区、安国、涞水、徐水县局加强对重点项目、园区和企业的全程帮扶指导，受到当地领导和企业的好评。3. 助力大企业创伟业。市局出台了《知名商标认定管理办法》《支持驰名（著名）商标企业加快发展的意见》和《开展注册商标专用权质押融资的意见》，召开了驰名商标企业座谈会。2013 年，全市新增中国驰名商标 2 件、河北省著名商标 51 件。全市累计拥有注册商标 2.97 万件、中国驰名商标 25 件、河北省著名商标 307 件，均位居全省前列。特别是顺平、容城县局加大对涉农商标的指导帮扶力度，收到了良好的社会效果。高碑店市局“商标助企”成效明显，在全省商标价值评价工作中被评为先进单位。白沟新城工商局以管委会名义印发了《驰著名商标奖励办法》，促进了商标工作的发展。

【抓监管，严执法，各类市场专项整治深入推进】 1. 市区房地产市场清查行动扎实开展。指导 260 家房地产企业、广告经营单位和媒体签订了守法经营、诚信自律公开承诺，在市主流媒体发布购房提示、警示 270 条次，约谈房地产企业、广告公司和各类媒体 150 家，撤销房地产违法广告 393 条（块），立案查处违法案件 95 起。2. 打击商标侵权、制假售假“利剑”行动成效显著。重点对“小规模、大群体”的专业村（镇），具有地域特色的产品制造集中地、商品集散地、制售假冒伪劣商品案件高发地进行集中治理，共检查经营主体 11491 户，查处侵权假冒案件 234 件。3. 农资商品和生鲜肉“铸剑”行动取得实效。加大“红盾护农”力度，检查农资经营主体 3673 户次，抽检农资商品 700 个批次，查办农资违法案件 307 件，为农民避免经济损失 101 万元。抽检生鲜肉 60 个批次，查扣不合格生鲜肉 158 公斤。4. 严厉打击传销。先后 10 次开展打击传销集中行动，共捣毁传销窝点 80 个，教育遣返传销人员 1476 人，移交公安机关 1 件，始终保持了打击传销的高压态势。5. 深入开展反不正当竞争执法。以医药购销、餐饮、电信、旅游、工程建设等行业为重点，查处商业贿赂案件 17 起；开展打击“傍名牌”专项行动，查处违法案件 124 件，移送司法机关 1 件。6. 加大虚假违法广告整治力度。共检查广告经营单位 2613 家，检查各类广告 2 万余条，开展行政约谈 8 次，责令停发（播）广告 553 条，查处广告违法案件 135 件。7. 加强流通环节食品安全监管。在食品流通监管职责尚未划转的特殊时期，全系统认真发挥职能作用，开展了“春季雷霆”等一系列专项整治，抽检食品 18 大类 18130 个批次，有力维护了食品市场秩序。

【抓维权，护民生，保护消费者合法权益工作取得实效】 1. 完善 12315 维权网络。深入推进 12315“五进”工程，扩大“消费维权服务站”覆盖范围。2013 年，共受理消费者申诉 4030 件、举报 4395 件，申诉、举报办结率分别为 100%、98.1%，为消费者挽回经济损失 196.5 万元。2. 强化消费教育引导。组织了“3·15”宣传纪念活动，通过各类媒体发布消费提示、警示 82 期，开展了“12315 消费体验”活动。3. 加强商品质量监测。对汽车配件、金银珠宝、服装、装修板材等重点商品，开展质量抽检 237 个批次，对抽检不合格商品依法进行了处理。4. 扎实推进 12315 护民生行动。对荧光灯、美容美发用品、儿童用品等五大类商品开展专项整治，共召开行政约谈会 20 次，约谈经营主体 184 户次，发送行政告诫书、行政建议书 52 份，查处侵权案件 425 件。南市区、清苑、博野等县区局注重加强消费维权工作，宣传教育活动富有成效。

（赵树祥）

审计管理

【保定市审计局】 保定市审计局是主管全市审计工作的市政府工作部门，主要职能是对本级政府各部门和地方人民政府及其各部门的财政收支、国有金融机构和企事业单位组织的财政收支的真实、合法、效益进行审计监督，对党政领导干部、国有及国有控股企业领导人的经济责任进行审计。内设办公室、法制处、人事处、财政审计处、金融审计处、行政事业审计处、经贸审计处、农业与资源环保审计处、社会保障审计处、固定资产投资审计处、外资运用审计处、经济责任审计处、内部审计处、开发区派出审计处、计算机信息审计处、业务审理处 16 个职能处室。设总经济师、机关党委专职副书记、妇委会专职主任、工会专职主席、纪检监察专职干部。下设 2 个事业单位：经济责任审计办公室、基建审计中心。

党组书记 局　　长	孙淑花（女，6月离任） 方砚烽（6月任）
党组副书记 副 局 长	罗　凯（6月离任）
党组成员 副 局 长	温丽娜（女） 范国庆　张建波 陈仕强
党组成员 纪检组长	朱春友
总审计师	温丽娜（女）

【概况】 2013年，市审计局紧紧围绕市委、市政府中心工作，依法履职尽责，扎实开展工作，较好地完成了全年各项任务目标，充分发挥了审计在保障经济社会健康运行和推动完善国家治理中的“体检诊断”功能。全市审计机关共完成审计单位316个，查出违规行为资金161461万元，上缴财政资金6672万元，归还原渠道资金6144万元，核减投资额3507万元，提出审计建议418条，被采纳290条。市审计局被市委、市政府评为“7·21”灾后重建先进集体，市审计局驻村工作组被省委、省政府评为全省加强基层建设年活动优秀驻村工作组。

【政府性债务审计】 组织全市410名审计人员分成24个审计组，在一个多月的时间里对24个县（市、区）的相关单位进行了审计，共审计单位1300多个，债务笔数9000多笔。通过审计，对债务进行了分类及汇总，摸清了政府性债务底数，反映出地方政府在债务管理制度方面的不健全及债务统计数据的不准确，违规借贷、违规担保、项目手续不齐备等问题，揭示了债务的征、管、用、还等环节存在的不足和整改方向。市审计局还针对审计发现的问题，提出了完善政府性债务管理制度、建立规范的举债融资机制、妥善处理存量债务的审计建议。

【财政审计】 在2012年度预算执行审计中，对市财政、地税、部分行政事业等19个单位进行了审计，对有关企业、重点项目、重点资金开展专项审计和调查。依据审计结果，市审计局受市政府委托作了《保定市本级2012年度预算执行和其他财政收支的审计工作报告》。针对存在的问题，市政府进行了认真研究部署，狠抓落实措施，加大督导力度，相关部门整改成效明显，受到市人大常委会高度评价。

【投资审计】 2013年，全市审计机关认真贯彻落实《河北省国家建设项目审计条例》和《保定市政府投资项目管理办法》，把加强对政府投资项目的审计列为重点，特别是把住竣工决算的关口，提高了建设资金的使用效益。市审计局先后对“涞、涞、易”灾后重建、市农业生态园、中小学校舍安全工程等一大批领导关注、群众关心的政府投资项目进行了跟踪审计和审计调查，核减工程投资3507万元。

【经济责任审计】 2013年，全市审计机关不断深化经济责任审计，加大对领导干部遵守“八项规定”情况的审计力度，重点关注“三公”经费使用情况，开展了对部分领导干部任期和任中经济责任审计，加强了对领导干部的监督和制约，促进把“权力”关进“制度”的笼子。全市共审计领导干部59名，其中任中审计18名，离任审计41名。

【农村环境综合整治资金审计】 对全市17个县（市）开展了农村环境综合整治资金专项审计，促进生态文明社会建设。审计涉及主管部门48个，项目实施单位39个，审计资金总额3425万元，查出违规和管理、使用不规范资金2403万元，促进资金投入到位123万元。

【金融审计】 在省审计厅统一组织下，分别对河北省农村信用社涿州联社、唐县联社2012年度资产负债损益情况进行了就地审计。审计中充分运用了计算机辅助手段，发现了信贷资产质量分类不真实、贷款主体不合规、用途不合规、程序不合规以及一些财务违规现象，提出了防范信贷风险、防止资产损失、确保规范经营的意见和建议，被审计单位对审计结果十分重视，已经开展专项整改。

（张　皓）

质量技术监督

【保定市质量技术监督局】 保定市质量技术监督局直属河北省质量技术监督局，是市政府主管标准化、计量、质量管理、质量监督、食品生产加工环节监管和特种设备安全监察等工作的职能部门，履行综合管理和行政执法两大职能，下辖4个区分局和22个县（市）局。下设5个直属事业单位：保定市产品质量监督检验所、保定市计量测试所、保定市纤维检验所、保定市特种设备监督检验所、保定市标准化所。市局机关内设13个职能处（室）：办公室、计划财务与科技处、政策法规宣传教育处、人事劳动处、监察室、机关党委、质量管理处、标准化处、计量处、产品质量综合监督处、特种设备安全监察处、食品生产监督管理处、稽查队等。

局　　长　顾锁群
副 局 长　郭振生　袁建国
　　　　　王少青
纪检组长　郭静通（12月离任）

【概况】 2013年，质量技术监督工作，紧紧围绕市委、市政府中心工作和市局年度工作部署、重点工作，以服务地方经济社会发展为目标，以抓质量、抓稳定、抓安全、抓提升为手段，进一步解放思想，创新思路，转变作风，履职尽责，较好地完成了年度各项工作任务。市局多项工作指标名列全省前列，行政执法工作被省局授予“依法行政示范单位”，被市法制办评为“先进单位”。

【推进质量强市战略，提高保定制造竞争力】 1. 大力推进质量兴市工作。启动了市政府质量奖工程，以市政府名义印发了《保定市政府质量奖评选管理办法》，开展了首届“保定市政府质量奖”评选工作。2104年1月3日，在全市科技创新大会上，对获奖的5个企业3名个人实施了奖励（组织奖奖励20万元，个人奖2万元）。按照《河北省质量发展规划（2012－2020年）》，起草了《保定市落实<河北省质量发展规划（2012－2020年）>实施方案》和《保定市贯彻实施质量发展纲要深入推进质量兴市战略2013年行动计划》。2. 大力实施名牌发展战略。2013年，获得河北省政府质量奖组织奖5家，个人奖3名，省服务质量奖20项，省质量效益型企业25家，省名牌产品58项，省优质产品54项，在期内省名牌产品总数达到191项，继续名列全省第二。7月19日，组织开展了“保定市名优产品授牌暨品牌专家企业服务行”活动。10月份，组织全市88家企业参加了在辛集市举办的第六届“河北省品牌节”活动。开展争创“全国知名品牌创建示范区”活动，曲阳等4个工业园区申报资料已上报省局。完成了清苑、唐县、容城等9个县的地理标志产品大典材料编制工作，地理标志产品总量列全省第一。3. 扎实推进群众性质量管理活动。继续深入实施省“双五百、双五十”工程，组织推荐了22家企业作为第二批推广卓越绩效管理模式企业，风帆公司成功申报省政府质量奖组织奖，河北建设集团曹清社入围个人奖。25家企业设立了“首席质量官”。编制了《2012年保定市质量状况分析报告》和《2013年上半年保定市质量状况分析报告》。开展了2012年制造业竞争力指数测评工作。5月21日，组织召开了保定市、唐山市质量管理优秀成果交流会议暨保定市第28次QC小组代表会。推进群众性质量管理“双百优”活动，获质量管理优秀班组21个，质量管理优秀成果29个，总数全省第一。

【夯实技术支撑基础，促进产业结构优化】 大力抓好技术标准工作。顺平桃、徐水甜玉米、望都辣椒3个国家级农业标准化示范区高分通过验收。完成3个省级和10个市级农业地方标准制修订工作。长城汽车公司《离合器分泵总成技术条件》等5项省地方标准制定和审定工作。引导全市企业完成国家和行业标准起草、制修订90多项。帮助企业完成采标认可22项，采标标志21项，备案企业标准258项。确定保定古城香业等3家企业为省局标准化良好行为试点单位。督导3家省级“标准化良好行为企业”试点单位圆满完成创建任务，全部达到AAA级标准以上。徐水政务服务中心、安新白洋淀大观园、顺平五院合一养老院等3家为省级服务业标准化单位试点。3家服务业标准化试点圆满完成试点建设任务并顺利通过省验收。大力抓好计量监督工作。针对涉及群众利益的公共场所，共检查集贸市场、年货市场202个，检查商场、超市269家，饭店113家，对350家加油站在用加油机进行了检查，重点检查加油机的铅封和检定合格标志是否完整，共检查出非法计量器具23台（件），查处计量作弊案件11件。针对涉及群众日常生活的米、面粉、小食品、种子、化肥等5种定量包装商品开展计量监督，共抽查21家企业，30个批次，其中净含量标注合格30个批次，平均合格率100%，净含量检验合格27个批次，合格率为90%，对不合格商品进行了整改。大力抓好认证认可工作。开展实验室资质认定专项监督检查，共检查获证实验室170家，检查出各类问题200多条，已全部按要求进行了整改。组织全市49家建材实验室，7家食品实验室开展能力验证，其中55家实验室能力验证合格，能力验证合格率为98%。开展认证认可行政执法工作，共查处案件7起，其中强制性产品认证案件3起，实验室案件2起，管理体系认证1起，处理投诉举报案件2起，形成了重点产品或者重点企业认证有效性分析报告，有力地维护了消费者的合法利益。全面实施动态监管，形成了获证实验室监管情况分析报告。

【狠抓“三个安全”，促进和谐社

会建设】 全面实施特种设备分级分类监管根据安全隐患和特种设备特点，开展了餐饮场所燃气、洗衣房等场所的锅炉、快开门式压力容器和电梯等安全检查和专项治理。全市全年特种设备使用登记发证率为100%；特种设备使用单位现场监督检查率为100%，重点监控设备使用单位现场监督检查率为100%，气瓶充装单位现场检查率为200%；全市未发生特种设备安全事故。6月3日，吉林液氨事故后，根据市政府统一部署，对液氨制冷行业的顽疾固症进行了根治，全市质监系统共普查液氨使用生产单位165家，对95家不符合要求的企业进行了整改，确保了全市特种设备安全生产形势的稳定。选取“食品质量安全示范企业”开展培育工作。6家乳制品企业100%落实了主动报告制度。对省政府明确的2个县域、2个乡镇食品集中生产加工区域开展了整治提升，食品质量安全状况得到极大改善。突出违禁超限、制假售假等问题，以乳制品、肉制品、食用油、酒类、饮料、调味品、食品添加剂等7类食品为重点，重点整治“违禁超限”违法行为，共排查获证食品生产企业3720家次，重点排查整治1075家次，对发现的88家问题食品生产企业，责令停产进行了整顿。全年共监督抽检1557批次，合格产品1546批次，产品合格率为99.3%；食品生产风险监测进行了20种产品、848个批次的监督抽检，合格产品832批次，产品合格率为98.1%，对不合格企业全部进行了后处理。组织194家国家证、省级证企业进行了自查，对其中的32家进行了抽查，对存在的问题进行限期整改。针对水泥、电线电缆、汽车配件、防水卷材、木制家具、儿童用品、一次性生活用纸等10类产品存在的突出问题开展行业整治和区域质量提升。2103年国家监督抽查不合格企业9家，处理9家；省级监督抽查272个批次，其中合格230个批次，合格率84.6%，42家不合格企业全部处理。市级监督抽查38类产品465个批次的产品，其中合格391个批次，合格率为84.1%，不合格企业全部处理完毕。此外，根据保定市政府的统一部署，市局对煤炭产品质量进行了动态监测，“两个中心”和三个县级检测站检测燃煤销售单位、检查站燃煤运输车辆、分散燃煤锅炉使用单位样品超过2000个批次，对销售和使用单位做到了全覆盖，为全市燃煤质量监测提供了第一手数据。

【实施打扶并举，促进市场经济秩序规范】 积极开展开“双打”“两节”专项执法检查、“质监利剑”和农资打假等行动，使重点商品假冒伪劣的问题得到有效遏制。全年全市系统共出动执法人员5071人次，检查各类企业1691家次；全年设定区域性产品整治工作3项，开展专项打假工作9项，专项打假出动执法人员697次。市局共查办各类案件40余起，总涉案金额300余万元，有效地保护了消费者的合法利益。根据省局区域性产品提升工作安排和市政府专项整治行动的统一安排部署，市局联合政府相关部门集中力量对假白酒、假纸制品、假油漆进行了集中专项整治行动。满城县共排查造纸企业54家，纸加工企业79家，对7家企业存在标识标注不规范的问题进行了整改。博野、唐县油漆采取断电、断水等措施，共依法取缔168家，停止了非法生产活动。徐水白酒以“查源头、端窝点”为重点，制定了《徐水县酒业专项整治工作联合执法检查工作制度》，共查办案件13起，查处制酒企业3家，端掉制假黑窝点10个，有力打击了制假售假不法分子的嚣张气焰。

【实施惠民利企，服务经济社会和民生改善】 实施农贸市场计量器具和村级卫生室医用计量器具的免费检定工作，全年全市计量检定贸易结算、医疗卫生、安全防护、环境监测用强检计量器具20万台（件）。全年为居民免费检定2000余台（件）血压计，免费检定集贸市场衡器1万余台（件）。制定了《支持全民创业行动具体措施》，对130家小微企业进行了帮扶，减免了组织机构代码办理的工本费。取消企业组织机构代码年度检验。开展“服务企业质量行”活动，现场为企业解决在标准备案、计量检测、许可证申办、产品检验、特种设备管理等方面遇到的实际问题。开展假冒伪劣产品知识咨询活动，全年全市系统共组织各类宣传咨询活动近200场次，发放宣传资料20多万份，广大民众质量意识进一步增强。

【实施依法行政，加大法制建设力度】 坚持党组集体学法，全年共组织了5次。重视法制人才，强化法制机构，开展法制培训，依照法律法规办理行政执法案件，没有1起行政诉讼案件。7～9月，市局对系统25个县（市、区）、两个委托执法事业单位的行政执法案卷进行了为期一个月的评查。共检查立案处罚案卷1529份，当场抽查290份；检查现场处罚案卷1416份，当场抽查320份，对存在的进行了通报批评，限期改正。10月份，迎接省局对保定市局进行的依法行政考核，受到省局肯定。全年没有出现一起行政诉讼案件。

（魏文靖）

食品药品管理

【保定市食品药品监督管理局】 保定市食品药品监督管理局下设6个执法处室、6个行政处室、5个分局、3个直属事业单位，肩负着保障全市1100万人民群众饮食用药安全的责任，每一项工作都与老百姓的安全和健康息息相关。

党组书记 局长 闫向阳（12月任）
党组成员 纪检组长 杨静（女）
党组成员 副局长 赵彤（女） 马立新 王彦秋

【概况】 保定市食品药品监督管理局按照“讲学习、提素质，讲政治、顾大局，讲责任、保安全，讲团结、促和谐，讲正气、树形象，讲廉政、做表率”六讲总要求，认真贯彻落实国家、省、市关于食品药品安全工作的各项决策部署，做了大量卓有成效的工作，在中国保定自由飞行周、南市区禽流感疫情处置等项工作中，被市政府通报表扬。法制审批处、注册安监处、食品保化所被市直机关工委评为“共产党员先锋岗”。基层建设年驻阜平县吴王口乡工作队被评为省级先进。

【餐饮食品监管工作扎实推进】 组织开展了节日食品、景区餐饮、肉制品、餐厨废弃油脂等16项整治行动，对餐饮服务单位超范围、超剂量使用食品添加剂，自制饮料、自制火锅底料等问题进行重点治理，督促餐饮服务单位建立并严格执行进货查验和索证索票制度，有效防止餐饮安全事故的发生。开展了全市持证餐饮单位动态等级评定工作，市直管368家餐饮单位量化分级率达到100%，中型以上餐饮单位索证索票率达到100%。全年共抽检产品536批次，涉及生鲜肉、黄鱼、大米、面粉、食用油等20多个品种，其中肉类、黄鱼、大米和面粉样品检验全部合格。

【创建300家早餐安全示范点】 早餐安全示范点创建是市委、市政府确定的52件惠民事项之一，也是市局下大力重点推进的民生工程。在深入调研的基础上，印发了《推进早餐示范店创建实施方案》，制定创建标准，选择在居民社区、学校等消费比较集中的区域，通过点对点帮扶、一对一指导，提升早餐从业者的硬件档次，规范索证索票、餐具消毒等“软件”建设。同时，对纳入早餐示范工程管理的示范点实行动态考核管理。截至2013年11月底，300家早餐点全部创建完成，其中市区80家，各县（市）城区220家。培育出保定北斗星餐厅、油条哥快餐、曲阳豆花妹、高阳包胜客、满城非矾早餐店等一批早餐安全示范店典型，真正起到了创建一个、影响一批、带动一片的示范作用，方便了群众生活，提升了城市形象。

【做好重大活动期间的餐饮保障】 完成了海峡两岸美食节、保定自由飞行周、世界女子乒乓球攻削赛、圣诞节及平安夜等重大活动及重要节点餐饮食品安全保障任务。共动用食品原材料快速检测设备49次，使用试剂1210份，保障了重大活动餐饮食品安全。全年累计保障77次、423餐次、97000多人次。

【开展打击保健食品“非法生产、非法经营、非法添加、非法宣传”集中治理活动】 对辖区内保健食品生产企业进行摸底调查，对违法违规假冒伪劣保健食品进行全面清查；全年查处涉嫌利用讲座的形式非法宣传销售保健食品案2起，查处标示功能主治的食准字产品69种，三无产品9种，取得了良好的社会效果。

【药品安全稳中向好】 市局作为牵头部门承担起全市生物医药产业发展重任，经过深入调研，制订了《关于加快推进保定市生物医药产业发展的实施意见》，在基地建设、科技研发等方面强力实施，促进了生物医药企业持续健康发展。2013年，全市拥有医药工业产值过亿元的企业3家，成药经营额过5亿元的企业4家，医疗器械产值过亿元的企业3家，中药饮片年生产能力达10万多吨。通过开展药品安全“两打两建”和药品安全隐患“大排查大整治”活动，市场秩序保持良好发展势头。在药品监督工作中，充分发挥药品检验的技术支撑作用，完成基本药物抽验检验146批，监督性抽验检验483批，不合格4批，省级评价性检验112批；中药饮片检验230批，不合格20批；跟踪性检验80批，不合格1批；生产企业监督检验20批，全部合格。

【器械市场运行平稳】 对高风险和社会热点关注品种开展专项检查，开展定制式义齿生产使用专项整治，共检查涉齿单位450家次，责令整改57家。完成6家医疗器械生产企业许可变更或注册证到期、重新申报质量体系考核和6家新办企业的现场检查。医疗器械生产经营秩序日益规范，产品质量不断提升。

【打假治劣持续深入】 始终对制假售假违法行为保持高压态势，先后开展了安国中药材市场专项整治、中药饮片专项治理、终止妊娠药品专项整治、打击挂靠走票、网上售药等多项治理活动，查办假劣药品案件42起。组织开展食品药品安全隐患大排查大整治活动，共排查食品单位8561个，排查出隐患703项，整改率86%；排查药品、医疗器械单位3276个，排查出隐患79项，整改率99%，活动开展中发现案件线索406起，立案查办367起。在12月9日召开的全市药械安全隐患排查整治通报会上，通报9起典型违法案件。进一步加大违法药械广告监测力度，移交工商部门违法药械广告25起。

【行政审批提质提效】 大力推行行政审批标准化，实行行政审批事项目录化管理，实行一站办公、一口对外、一次告知、一章审批、一条龙服务的“五个一”服务制度，开辟药品、医疗器械行政审批绿色通道，建立药械行政许可电子档案。编制《审批服务指导规范》和《办事指南》，印制《明白卡》，将申办事项应提交的资料集中呈现，为申请人提供“压缩饼干”“办事快餐”，让办事群众一目了然，不走冤枉路。全年累计批准核发药械经营许可142家，变更381家，注销5家。

【实施“食药安全、诚信保定”三年行动计划】 市政府印发《“食药安全、诚信保定”三年行动计划》，对食品药品诚信体系建设制定路线图，绘出时间表。市食品药品监管局对全市药品生产经营企业开展诚信等级评价，实施分类监管。对市直管学校食堂按照“一户一档”的要求全部建立企业监管诚信档案。实施食品药品“黑名单”制度，并与行政许可事项挂钩，在企业办理相关行政许可事项时，对列入黑名单的企业和责任人员采取许可限制措施。开展药品安全示范县创建，白沟新城开发区顺利通过省局“药品安全示范县”验收。

【加强从业人员培训】 结合监管工作重点，按照法人着重责任意识、质量管理人员着重安全意识、从业人员着重岗位技能的办法，分层推进，先后举办了新版GSP实战指导高级培训班、零售药店质管人员继续教育培训班、部分县市医疗机构人员培训班、餐饮单位食品安全管理员培训班等多期针对性培训，聘请河北大学药学院、河北农大食品科技学院以及具有丰富经验、业务水平高的一线执法人员授课，强化学习效果。共计举办培训29期，培训从业人员5380余人次，受到企业的一致好评。

【强力营造浓厚社会氛围】 以重大节点、重要活动为契机，广泛开展“食品安全周”“药品安全月”“12·4”法制宣传日等大型主题活动。与市电视台《聚焦》栏目合作，拍摄专题片8期，在《中国医药报》刊发专题报道5篇，省市媒体刊登各类报道87篇。积极参加“行风热线”节目，为群众解疑释惑。开展食品药品安全知识进社区、进学校、进企业及食品药品安全知识大讲堂等形式多样的宣传服务活动，通过发放资料、真假鉴别、专家义诊等形式为群众答疑解难，共筑食品药品安全防线。举办了学校食堂开放日活动，邀请学生代表、学生家长对学校食堂食品加工操作间进行实地参观，赢得学生、家长和教师等社会各界的好评。

【畅通渠道加强风险预警】 开通“12331”投诉举报电话和门户网站留言版，对群众举报投诉由专人受理，30分钟内介入调查，7日内办结回复。2013年共受理群众举报315起，回复率和群众满意率均达到100%。加强应急体系建设。完善了《保定市餐饮食品安全事故处置应急预案》和《保定市药品和医疗器械安全突发事件应急预案》，完成药品不良反应监测报告7607份，医疗器械不良反应监测报告118份。通过对各种数据及时研判、妥善处置食品药品安全风险。

【完善惩治和预防腐败体系】 认真落实一把手负总责，党组成员各负其责、处室领导具体抓的领导体制和工作机制，将党风廉政工作纳入全年工作目标责任制考核体系，与直属单位和处室签订《党风廉政建设目标责任书》，把党风廉政建设工作目标任务同食药监管业务工作同部署、同检查、同考核，变软任务为硬指标。同时，将党风廉政建设目标任务分解细化，层层落实，责任到人。

【推动开展正风肃纪各项行动】 贯彻落实中央《关于改进工作作风、密切联系群众的八项规定》，深入开展“正风肃纪”、“强三力、肃风纪、查案件、提效能”百日行动等活动，结合本局实际，印发了《落实中央要求正风肃纪的六条规定》，严格按标准使用办公用房和公务用车。深入开展“为民务实在一线”活动。领导班子成员深入到部门、企业进行走访了解，特别就新版GSP、GMP实施等问题与企业交流，有力推动了食品药品工作的开展。参加阳光热线节目7次，答复40余个问题，获得群众满意和好评。

（王爱华）

安全生产管理

【保定市安全生产监督管理局】 保定市安全生产监督管理局是保定市人民政府主管安全生产工作的直属部门，依法对煤矿、非煤矿山、危险化学品、烟花爆竹等行业的安全生产和职业健康安全工作实施重点监管；从综合监管的角度指导、协调和监督有关部门（行业）和工矿商贸生产经营单位的安全生产管理工作，承担保定市安全生产委员会办公室的日常工作。内设办公室、综合协调处、政策法规处、和科技规划处、企业培训处、4个安全监管处（一处、二处、三处、四处）、职业健康安全监管处、事故调查处、应急救援指挥办公室、以及人事处、机关党委、纪检监察室、工会等17个处（室），下设执法监察支队、煤炭管理局。

党组书记 局长	王宪刚(12月离任) 靳旭辉(12月任)
党组成员 副局长	刘军　白宏伟 李铁庆　张占军
党组成员 纪检组长	孟贤会
党组成员 监察支队	薛文龙
监察支队政委	马增福

【概况】 2013年市安监局紧紧围绕市委、市政府的中心工作，在国家、省安全生产工作的部署要求下，以落实“两个主体责任”为核心，突出安全生产大检查这个重点，不断加大安全生产行政执法工作力度，狠抓隐患排查治理和打非治违工作，全面推进安全生产精细化监管和承诺制度建设，合力组织开展重点行业领域专项治理和企业安全生产标准化建设攻坚行动。以市委、市政府“一个活动、三项行动”为抓手，以推进基层建设年活动，努力提升服务质量和监管效能为平台，努力拼搏，开拓创新，积极应对全市安全生产工作中的各种困难和挑战。2013年，全市共发生生产安全事故609起，死亡97人，死亡人数比省定控制指标（110人）少13人，占省定控制指标的86%。事故起数和死亡人数比上年度分别下降11.6%和9.4%。其中工矿商贸企业共发生事故14起，死亡14人，比省定控制指标（23）少9人，占省定控制指标的61%。煤矿、农业机械行业没有发生亡人事故。各类事故指标全部在省规定的控制范围内，连续7年实现了事故起数、死亡人数“双下降”，工矿商贸企业较大事故为零，杜绝了重大以上安全事故，圆满完成了年度安全生产各项目标任务，保持了全市安全生产形势稳定向好的良好态势，继续在全省保持了领先水平。

【强化安全生产组织领导，完善安全生产机制体制】 1. 完善组织体系。为进一步完善党政齐抓共管的工作机制，推动各级党委班子和政府、部门领导干部安全生产职责的有效落实，坚持把领导干部“一岗双责”作为重要内容写入年度安全生产目标管理责任书，并在年终实施重点考核。同时，坚持市安委会主任由市政府主要领导担任，安委会成员由各单位主管领导担任。2013年，根据本市实际，将民政局、邮政局、供电局纳入安委会，使安委会构成更加合理，进一步增强了领导合力。在前几年充实市县安监队伍、设立乡镇安监所的基础上，尝试在所有村庄、社区建立安全监督小组，使安全监管网络向基层一线延伸，市、县、乡、村四级安全监管体系日益完善，为全市安全生产工作奠定了坚实的组织基础。2. 健全工作机制。为推动监管责任有效落实，在安全生产工作制度方面不断探索，出台了一系列制度机制。如：严格落实会议制度，通过市委常委会、政府常务会、市长办公会、季度防范安全事故例会、市安委会全体会议及联络员会议，对重要时期的安全生产工作进行部署、调度和督查；实行挂账督办制度，年初签订《安全生产目标管理责任书》，并把安全生产重点任务事项列入《市政府工作报告责任落实分解方案》，实行“年初建账、年中查账、年底对账”，由市委、市政府两个督查室逐月对工作开展情况进行督办；实行集中交办制度，对日常工作中排查出的安全生产重点隐患和重点监控事项，进行列表集中交办，明确整改监控责任和整改要求，由市安委办跟踪督办；落实领导干部分包制度，对重大危险源、重点企业按照“五个一”要求，全部明确由县级领导分包，定期巡查。3. 监管措施更加有力。本市已连续7年在安全生产领域实行了以网络化管理为核心的精细化监管措施，将全市所有企业和相关事业单位的安全监管责任，全部划分到市、县两级有关部门和所有乡镇、街道办事处，逐一拉出名单，分级建立了台账，明确监管责任，实现了对所有生产经营单位的100%覆盖；始终把隐患排查治理作为事故预防的核心工作，先后制定了《保定市安全生产隐患排查治理制度》《安全生产22条》，在所有市、县两级有关部门和乡镇、街道办事处，持续推行了“一会一卡”（召集例会和安全提示指导卡）和“三定一表”（定时、定人、定量，安全检查表）制度，对市、县、乡三级督导检查频次、内容等做出了明确具体的规定，并把“一会一卡”和“三定一表”制度落实情况，作为各级督导检查的必查内容，连续5年在年终考核时，对市、县两级有关部门和乡镇的“一会一卡”和“三定一表”进行了大范围查阅考核，使全市日常监管督导检查和隐患排查基本走上了制度化、常态化轨道。

【开展安全大检查，规范安全生产秩序】 按照国家、省部署要求，把安全生产大检查作为今年安全生产工作的核心任务，采取坚决有力措施，周密部署，快速行动，强力推进。为实现大检查活动“全覆盖”的目标要求，从六个层面强力推进：

一是按网络化管理分工，由市、县两级有关部门和所有乡镇、街道办组织企事业单位搞好自我检查，并按照“高危行业企业每月一次、一般行业企业每季一次”的频次，对大检查规定动作落实情况进行督导检查。二是对所有个体工商户等小微单位，由乡镇、街道办负责，围绕“预防火灾、触电、燃气事故和严禁非法生产经营储存易燃易爆危险品”等重点，组织搞好安全自查和巡查。三是由乡镇、街道办组织5289个村庄、356个社区，以“用电、燃气、消防、交通、电梯、悬挂物等公用设施和场所安全”为重点进行了全面排查。四是强化重点行业领域执法督查，由市、县两级有关部门组织专业技术人员和专家，实行了重点排查。五是市政府抽调26个市直部门组成26个分包督导组，对各县（市、区、开发区）大检查情况进行一对一分包督查，共对312个乡镇（街道办）、306个县直部门、468家企事业单位大检查规定动作落实情况进行了核查。六是市政府督查室会同市安委办、市监察局组成暗访组，对各县（市、区、开发区）和市政府各分包督导组工作开展情况进行了两次明查暗访。大检查期间，市、县、乡三级共组成2622个暗访组和执法组，组织5289个村庄、356个社区和41013家个体工商户进行了安全自查，对18579家企业和3060家学校、502家医院进行了重点排查。共发现整改隐患64094处，责令改正和停止违法行为13463起，责令停产停业、停止建设660家，暂扣或吊销许可证546个，关闭非法违法企业890家，进一步净化了安全生产环境

【专项整治重点行业领域的安全生产】 2013年，继续组织在“煤矿、非煤矿山和尾矿库、危险化学品、烟花爆竹、民爆器材、职业卫生等重点行业和领域，大力组织开展了专项整治。

煤矿：本市原共有五处煤矿，经兼并重组合并为三处，分别为冀中能源邯郸矿业集团曲阳矿业有限公司、冀中能源邯郸矿业集团阜平矿业有限公司和涞源煤矿。曲阳矿业有限公司正根据勘探结果编制详细的技改设计方案；阜平矿业有限公司已进入技改阶段，井下技改工程大部分已经完成，正在重点突击双回路供电工程施工；涞源煤矿正在进行技改前期的准备工作及地质灾害报告的筹备工作。原涞水煤矿、燕川煤矿已彻底关闭。所有煤矿企业在技改完成后将全部达到安全生产三级标准化，监测监控系统、压风自救系统、供水施救系统、通讯联络系统、井下人员定位系统自技改之日起同时施工，技改验收之日同时完成验收。加强了对技改和停产煤矿的日常监督检查工作，派驻安全监督员对停产矿井进行了全时监控，加大了对已关闭小煤矿的巡查力度，杜绝了非法违法开采行为。

非煤矿山和尾矿库：按照国家、省总体要求组织开展了非煤矿山和尾矿库专项治理，先后召开调度会议3次，联络员会议12次，对相关工作及时调度并有针对性的采取相应措施，确保专项行动顺利进行。截至年底，市县两级落实资金69433万元，完成尾矿库闭库158座，治理整改116座，关闭矿山数量41座，国家无主库治理资金、省级尾矿库和矿山专项资金已落实到企业，完成了年度任务目标；大力推行地下矿山尾砂胶结充填技术，确定河北钢铁集团锌钼矿业有限公司和恒通水电矿产资源开发有限公司涞水县北龙门铁矿为尾砂胶结充填示范企业；20家持证地下矿山全部完成”六大系统“建设；全面加强标准化建设，全市持证的大中型金属非金属矿山共7家，具备达标条件的4家企业已有3家完成二级标准化达标工作，达标率75%。同时，完成标准化示范企业12家，完成非煤矿山班组建设试点单位5家。均完成或超额完成省任务。

危险化学品烟花爆竹民爆物品：积极开展危险化学品生产企业安全生产标准化建设，全市共

有危险化学品生产企业32家，在产28家，已完成安全标准化三级及以上达标28家，达标率100%；认真组织在役化工生产装置安全设计诊断，涉及在役化工生产装置安全设计诊断的15家企业，已完成1家，2家设计诊断报告正在审查，其余12家已与设计院签订诊断合同，预计在省定时间期限内（2014年6月30日）可全部完成；防护距离不足的危险化学品企业河北宝硕股份有限公司氯碱分公司已经停产；开展了烟花爆竹“打非治违”专项行动、安全生产专项治理行动、安全生产大检查活动，对烟花爆竹生产企业和经营（批发）企业的“超标”“非标”烟花爆竹产品全部登记造册、就地封存；对烟花爆竹生产企业和经营（批发）企业和零售网点的经营许可证许可范围全部取消B级及以上危险等级；积极开展安全标准化建设，全部4家生产企业和24家批发企业已全部达标；常态化开展治爆打非专项行动，全市共查处获涉危涉爆案件852起，行政拘留违法嫌疑人839名，刑事拘留犯罪嫌疑人318名，缴获非法炸药27.8吨、非法雷管2.7万余枚。

职业卫生：加强职业卫生机构建设，全市27个县（市、区）、开发区都成立了独立的职业健康监管机构，配备了2名以上专职监管人员，加强了专家队伍建设，成立了职业健康技术服务领导小组，为职业安全健康的监管监察工作提供了有力的技术支撑；积极开展粉尘与高毒物品危害治理专项行动，制定了《深入开展职业病危害专项治理活动五年规划》和《粉尘与高毒物品危害治理专项行动实施方案》；在水泥生产、石材加工、陶瓷制造、金属船舶修造等15个行业开展了专项治理，并进行了职业卫生基本情况调查；积极开展职业卫生“三同时”审查和监督检查，共有37家企业进行了建设项目职业卫生“三同时”审查；全面落实职业病危害项目申报工作，加强作业场所职业危害现状检测评价，全市完成申报6461家，检测评价1302家，均超额完成省定任务；全面启动了“两个档案”的标准化工作，已有1310家企业通过了验收；大力开展职业卫生培训，共培训企业主要负责人和职业健康管理人员5096人，接触职业危害从业人员15863人。

【强化安全生产宣传教育培训】 大力开展安全培训，制定了《2013年全市安全生产培训工作计划》，严格按照年度计划组织开展了宣传教育培训工作，共培训企业主要负责人1867人次，安全生产管理人员3229人次，特种作业人员11074人次，接毒接害岗位人员2688人次，其他从业人员51826人次。进一步强化社会化宣传力度，制定了《保定市2013年安全生产宣传教育意见》《保定市2013年“安全生产月”活动实施方案》和《保定市安全文化建设实施方案》，认真组织开展宣传咨询日、警示教育周活动，发放宣传资料一百多种近十万余份，制作展板2000余块，各种读本1.2万余册，直接受教育群众达15万人；积极推进安全文化示范企业创建，共创建省级安全文化建设示范企业3家，市级安全文化建设示范企业30家，安全文化建设示范学校1家，安全文化建设示范医院1家，安全文化建设示范社区2家，全社会安全防范意识和能力进一步提升。

【强化应急救援建设】 1. 加强市及重点县（市、区）应急救援指挥机构建设。2013年，全部10个重点县（市、区）实现了编制、职责、人员、经费和装备“五落实”，建立了应急救援专项资金；全部26个县（市、区）明确有专人负责应急管理工作，其中15个县（市、区）设立了单独股室，其他县（市、区）、开发区明确有专人负责应急管理工作，社区、乡镇落实专职应急管理负责人，各类企业和相关事业单位均明确了应急管理部门和人员。建立完善安全生产应急联络员制度，与气象、水利、公安、地震、交通、住建、环境保护、公用事业等部门建立完善了预警和应急协作机制。2. 加强应急救援指挥平台和应急队伍建设。完成了19个县（市）级应急救援信息平台的联网对接工作和重大危险源企业的视频监控；组建了2支省级安全生产应急救援队伍，并通过了资质验收工作；组织矿山救护队伍对9个矿山县开展预防性安全检查；积极开展应急救援队伍质量标准化建设，涞源奥宇应急救援队获省2013年钢铁焦化企业煤气防护救护队比武三等奖。3. 强化应急救援预案备案和演练工作。市政府制定了《保定市生产安全事故应急预案》和《保定市危险化学品生产安全事故应急预案》，市安监局制定了《非煤矿山生产安全事故应急预案》等7个预案；指导重点行业企业按要求修订了预案，涉及重大危险源的生产经营单位制定了专项应急预案，86家重大危险源单位实现了分级备案，彻底摸清了全市重大危险源底数；在全市组织开展了“应急救援演练周”活动，市、县两级共组织2125家企事业单位进行了演练，参演人数12万余人，完善各类预案856份，并对应急演练进行了评估建档。

【**强化事故调查和处理**】 强化事故调查和处理工作，严格按照《河北省生产安全事故查处督办办法》要求，对本市两起瞒报事故进行了督办，已全部按要求完成了审核备案；严格按照“四不放过”原则，完成了本级负责的安全生产事故调查处理，对责任单位和责任人进行了责任追究；严格落实一般事故跟踪督办规定。

【**强化安全生产执法监察工作**】 1. 周密部署安全生产监察执法工作。市委、市政府高度重视安全生产行政执法工作，在全市安全生产工作会议和每季度防范安全事故例会上，都将其作为一项重要内容进行安排部署。按照省《关于编制安全生产监管年度执法工作计划的通知》要求，全市各级安监部门认真编制了年度执法计划；市安监局认真扎实推进安全生产执法监察工作，坚持每季度对执法工作进行一次督查调度；各县（市、区）安监执法部门，严格按照年度执法计划的要求，制定阶段执法实施方案，认真组织实施，较好地完成了年度执法任务。2. 加强重点时期和重点行业领域的执法检查。在春节、“两会”“安全生产月”、暑期汛期、国庆节、十八大和冬季等重要时期，分别组织开展了液氨专项执法活动、危险化学品及烟花爆竹、执法专项行动，重点建设项目专项执法检查活动，与省监察总队联合开展了省市县非煤矿山“打非治违”联合执法行动，共出动执法人员 71446 人次，检查企业 15411 家，立案 1161 起，经济处罚 1035.5 万元，发现事故隐患 17833 条，整改 16703 条。其中市本级共出动执法人员 3222 人次，检查企业 514 家，立案 44 起，经济处罚 112 万元，发现事故隐患 1971 条，整改 1793 条。3. 创新工作机制，规范执法行为，提高执法效能。持续组织开展安全生产行政执法规范年活动，强化执法监督管理，加强执法考核，提高执法质量。对省安监部门责成办理的案件全部按要求整改到位、自查到位、处罚到位，并按《安全生产行政执法责成处罚意见书》要求及时反馈情况，上缴经济处罚款项。市、县两级安监执法部门对查出的隐患和问题，均统一建账，实施台账管理，并逐一对整改情况进行跟踪复查销号，除部分隐患整改期限未到外，其余全部都按时整改到位、按责成处罚数额处罚到位。4. 加强安全生产执法监察队伍建设。市委、市政府高度重视安全生产监察执法队伍建设，不断加大对安全生产执法工作的财政支持，将安全生产执法经费列入本级财政预算，而且执法专项经费逐年递增，并将安全生产行政执法经济处罚收入全部用于安全生产工作；市、县（市、区）均成立了独立的安全生产执法监察机构，设立了专门编制，市监察支队增加综合处和第四大队（职业卫生大队）两个处（队），人员编制增加到 35 人，为执法工作的有效开展提供了保障。

【**推进安全生产承诺制，强化企业主体责任**】 根据全省工作部署，保定市按照网格化管理分工，组织开展了第三轮安全生产承诺书签订工作，印发了《保定深化安全生产承诺制工作方案》，成立了以主管副市长为组长的安全生产承诺制度工作领导小组，明确了政府和部门需要落实的 9 项规定动作，企业落实需的 7 项规定动作。召开了安全生产承诺制动员大会，对安全生产承诺制工作进行了安排部署，并结合年度安全生产考核，组织了 13 个督导组，对各县（市、区）承诺书签订工作进行了督导检查。为推动安全生产承诺事项落实，本市制定下发了《安全承诺事项和隐患排查对照检查表》，并建立了企事业单位践行承诺的“三项制度机制”（定期调度、推进、督查制度；定时检查、跟踪检查的动态落实运行机制；报告承诺落实情况制度）。截至年底，全市共有 13037 家企事业单位签订了安全生产承诺书，做到了应签尽签。

（赵　路　李志刚）

农　业

综　述

2013年，全市贯彻党的十八大、十八届三中全会和中央农村工作会议精神，按照推进“四化同步”、城乡发展一体化总目标，深化农村改革，加快体制机制创新，增强农业农村发展内生动力。

全市粮食生产实现十一年连续增长，粮食播种面积达到1224.5万亩，总产量达到525万吨；主要农作物优良品种播种面积1104.6万亩。蔬菜播种面积217.6万亩，其中设施蔬菜播种面积115.2万亩，总产800多万吨，实现产值91.76亿元。全市10个部级蔬菜标准园已通过项目验收。新增绿色食品企业3家，产品9个；认证绿色蔬菜基地9个，认证绿色产品20个；累计认定基地47个，认证产品153个；全市共抽检农产品样品3838个，合格率为99.8%，农产品质量安全得到有效保障。

全市依法注册农民专业合作社6084家，新增2746家，辐射带动农户70万多户。全市农民人均纯收入8675元，比上年增长13.2%。287个乡镇全部建立了土地流转服务站，全市土地流转面积达131万亩，占家庭承包总面积的13.4%，较上年提高2.2个百分点。全市森林资源流转面积37.8万亩，流转金额4907.8万元；林权抵押贷款面积8.7万亩，贷款金额31854万元。

围绕“节本增效”和资源综合利用，发展循环农业。新建沼气池5160户，建设物业网点125个，建成大中型沼气工程4处；推广测土施肥面积812万亩，采集化验土样1.05万个，秸秆综合利用面积1000万亩，综合利用率达到85%。

标准化规模养殖，建成部、省级标准化示范场122个，其中部级43个，省级79个。全市各类规模养殖场达5676个，标准化养殖场达到155个。年肉类总产71万吨，禽蛋产量38万吨，奶类总产63万吨，水产品总产6.7万吨。

全年完成造林68.6万亩，义务植树1500万株，新育苗5万亩，新发展果树18万亩，新增花卉面积0.5万亩，新建果品采摘园15个，果品产量达130万吨，全市木材产量完成5.1万立方米，人造板产量完成43万立方米，实现林业产值90.1亿元。

农业产业化经营率达到64.2%，比上年增长1.8个百分点。全市277家市级以上重点龙头企业实现销售收入256.2亿元，同比增长15%；41家省级以上重点龙头企业，实现销售收入90亿元。搭建银企对接平台，91家企业新增贷款14.63亿元；全市277家市级以上重点龙头企业拥有中国驰名商标4个、河北省著名商标43个。全市共确定重点项目207个，计划总投资448.14亿元，同比增长87.3%；年内完成投资70亿元，同比增长15%。投资亿元以上的项目73个，投资额413.58亿元，占项目总投资额的92.3%，年内竣工亿元项目10个。组织省财政支持项目申报工作，17个项目获省补助资金2388万元；为阜平县、唐县和高碑店3个县（市）争取中央财政补助资金397万元。加大招商力度，全市共签约项目30个，协议引进资金212.15亿元，同比增长248%。

农产品生产（加工）基地和“一村一品”专业村建设进展顺利。全市建成规模种、养基地119个，年销售收入达到280.9亿元，17个特色产业基地被评为

"河北农业特产之乡"。全市达到统计标准的农产品加工基地8个，年销售收入101.2亿元。实施"一村一品"富民工程，全市符合农业部统计标准的专业村达到353个，专业乡镇24个，其中清苑县牛庄村被评为全国"一村一品"示范村镇。

农村面貌改造提升行动有序推进。按照省规定的时间节点，全部完成了各项任务目标。3个省级试点村高标准完成了改造提升工作，144个高铁沿线村全部完成计划任务，448个"三沿"重点村的厕所改建、饮水安全、道路硬化、垃圾处理、村庄绿化、危房改造等6项工作正有序进行，1159个重点村"四清"任务基本完成，全市所有行政村均开展"四清四化"整治工作，改变了农村卫生环境"脏乱差"状况。下派448个工作队到各重点村进行蹲点帮建，培训干部群众92万人次，促进了改造提升工作有效开展。投入各类资金6.5亿元，投工投劳40多万人次，清理垃圾杂物135万立方米，清理残垣断壁、打扫庭院21万处，完成民居改造1.2万户，门窗改造17万户，硬化道路104万米，铺设饮用水管线127万米，增加供水家庭23245户，完成厕所改造9716户，铺设污水处理管线1.7万米，整理闲废土地712处，建设村民中心111处，设计建设村庄标识350处。

（解擘磊）

种植业

【保定市农业局】 保定市农业局是主管全市农业与农村经济发展的市政府工作部门，负责研究制定农业和农村经济发展规划、农业产业政策；指导监督农业产业有关法律法规的实施；指导农业社会化服务体系建设和乡村集体经济组织、合作社组织建设；落实农村基本经营制度，指导监督减轻农民负担工作；预测并发布农业各产业产品及农业生产资料供求情况和农村经济信息；负责农业机械化和农机。内设办公室、人事处、计划财务处、农业处、科技教育处、农村经济体制与经营管理处、农机处、市场与经济信息处8个职能处（室）、15个局属事业单位。

局　　长
党组副书记　吕　先

调 研 员
党组副书记　王贺鹏（6月离任）

党 组 成 员
副 局 长　张凤洋　马跃斌
刘建民

党 组 成 员
纪 检 组 长　陈殿恒

副 局 长　张来永

【概况】 2013年，围绕建设"京畿强市、善美保定"目标，落实"一产抓特色"部署，"稳增长、抓特色、重科技、保安全、强保障、促增收"，坚持科学发展、统筹协调、整体推进、重点突破，加快推进全市现代农业进程。全年农民人均纯收入8675元，继续保持较快增长速度。全局共有13项工作受到部、省、市的表彰和奖励。

【粮食生产能力有新提升】 应对自然灾害，狠抓肥水管理、病虫害防治等关键技术落实，开展粮食稳定增产和高产创建行动，粮食生产再获丰收。全市粮食播种面积1224.5万亩，总产524.5万吨，被评为全国粮食生产先进单位。

【蔬菜产业发展得到加强】 蔬菜生产保持产销两旺良好局面。涿州、定兴和涞水3个省级蔬菜示范县全部通过省厅核查验收，全市新增涞水、涞源、易县、阜平4个农业部蔬菜标准园基地，累计达到14个，实现"由园到区"扩展，创建县数量位居全省首位。全市蔬菜播种面积217.6万亩，其中设施蔬菜播种面积115.2万亩，总产850.3万吨，蔬菜产业已成为种植业中促农增收第一大产业。

【农业安全水平实现提高】 在全市范围内开展"治理农药残留物超标百日行动"和农资市场专项整治行动，共出动1.13万人次，立案106起，查处违法种子1.3万公斤、农药0.8吨，肥料40吨。新增绿色食品企业3家，产品9个，累计认定基地47个，认证产品153个；认证绿色蔬菜基地9个，认证绿色产品20个。全市建成市县两级农产品质检中心（站）20个，实行定期农产品抽样检测制度。共抽检涉及根茎类、绿叶类、瓜果类等30多个品种3838个样品，其中市级检测样品732个，合格率为99.8%。

【农村体制改革跨上新台阶】 全市依法注册种植等6大类农民专业合作社6084家家，新增2746家，同比增长166.9%，其中国家级示范社2家，省级示范社50家，市级示范社41家，辐射带动农户70万多户。各地全部建成土地流转服务中心，287个乡镇全部建立了土地流转服务站，全市土地流转面积达131万亩，占家庭承包总面积的13.4%，较上年提高2.2个百分点。全市完成"三资"清理的村达到5264个，占总村数的91%，清理经济合同1.29万份，金额3

亿多元。

【农业循环经济取得突破】 全市推广测土施肥面积812万亩，采集化验土样1.05万个，制定施肥配方98个，应用配方肥21.9万吨，应用面积487万亩，总增效益3.65亿元。新建沼气池5240户，建设物业网点125个，建成大中型沼气工程4处。农作物秸秆实现资源化利用565万吨，其中直接还田494万吨，积造有机肥10万吨，过腹还田58万吨，食用菌栽培1.2万吨，全市秸秆资源化利用率已接近90%。

【农机装备结构达到优化】 农机具向动力大型化、作业系列化、功能复合化的方向发展，高性能、大马力的田间作业动力机械和配套机具增长幅度较大。全市农机总动力达到1029万千瓦，农机总量持续稳定增长。农机深松面积达到100.4万亩，小麦机耕、机播、机收水平均达到了99%；完成玉米联合收获面积389.1万亩，玉米机收率达到67%，较上年提高20%。组织2500余台小麦联合收割机赴河南、山东开展跨区作业，异地作业面积100余万亩，为农民创收4000万元。

【农业科技支撑增添活力】 全市已建立农业技术推广综合区域站161个，落实农业区域站编制1563人，人员到位率达到86%，基层农技服务能力和活力不断增强；粮食、蔬菜、肥料等专家顾问组，在农业生产关键时节、作物生育关键时期深入一线，开展技术推广、决策咨询和科技服务，指导农民科学生产，农科教协作不断深化，全市推广良种面积1104.6万亩，主要农作物良种覆盖率达到97%以上。农业科研迈出新步伐，农科所充分发挥自身优势，依托四个国家级试验站，全力挖潜，杂粮育种水平跻身全国前列。所培育的新品种保谷19号通过国家鉴定，高产、优质、广适、抗旱耐瘠薄谷子新品种保谷18获河北省山区创业二等奖。

（张志刚）

农业机械

【概况】 2013年，全市农机总动力达到1029万千瓦。农机原值64.68亿元。大中型拖拉机2.9万台；大中型配套农具4.84万部，配套比为1：1.7；小麦联合收割机1.15万台，玉米联合收割机0.54万台；秸秆粉碎还田机1.5万台；农产品初加工作业机械2.78万台（套）；渔业机械0.14万台；农用运输车31.95万台；农田基本建设机械0.19万台。

全年全市26个县（市、区）共享受中央农机购置补贴资金14360万元，补贴各种农业机械16440台（套），其中拖拉机2429台，小麦收割机321台，玉米收获机2058台，旋耕机1458台，秸秆粉碎还田机865台，播种机1082台，饲料收获机108台，棚室机械2567台（套），畜牧水产机械1069台（套），其它农机具4483台。受惠农户7633户，直接带动农民购买农机投入3.3亿元。

年内全市小麦机耕、机播、机收作业水平分别达到98%、99%、99%以上，小麦生产已实现全程机械化。全市玉米机播作业达到90%以上，玉米秸秆粉碎还田70%以上，玉米机收作业面积达到67%，机收水平比上年提高了10个百分点，呈现快速增长势头。按全市全年农作物播种面积（105.79万公顷）计算，耕播收综合机械化水平达到69.22%。

（张志刚）

林业

【保定市林业局】 保定市林业局是保定市人民政府主管全市林业工作的职能部门，负责全市林业发展规划的制定和组织实施，负责国家林业方针、政策及法律法规的组织实施和监督检查，负责组织指导全市造林绿化工作，负责全市的森林资源和野生动物资源的保护管理及监测工作，负责全市林业科研及技术推广工作。局内部设办公室、植树造林处、果树蚕桑花卉管理处、森林资源管理处、发展计划与资金管理处、林业工程项目处6个职能处室，局直属行政机构1个市森林公安局，局直属事业单位12个。

党组书记 局长	姜明慧（6月离任）
	王贺鹏（6月任）
党组副书记 调研员	陈飞
党组副书记 副局长	郝忠政
党组成员 副局长	许喜林　赵建振
	田景梅　苑慧峰 甄壮平
党组成员 纪检组长	臧思良
党组成员 森林公安局 局长	李忠琦
森林公安局政委	张建华

【概况】 2013年，市委、市政

府专门出台《关于进一步加快全市造林绿化的实施意见》和《关于加强林木种苗工作的意见》，为造林绿化工作完成奠定了基础。全市共完成造林68.6万亩（含封山），占年度任务50万亩的137.2%；完成义务植树1500万株，占年度任务1400万株的107.14%，完成新育苗5万亩，占任务5万亩的100%。完成2005年度涉及12个县市，总面积5.6万亩的退耕还林到期生态林国家级核查验收任务；组织16个县市开展2013年度退耕还林工程县级自查工作。全年共争取省级以上财政支持项目资金2.09亿元，特别是通过与部省的对接，争取到追加预算外造林资金近千万元，支持阜平扶贫开发。争取利用亚行贷款860万美元的《保定市白洋淀上游林业生态发展项目》已获国家发改委批准，推动涞水、顺平2县优质核桃基地建设。

全年获得市委、市政府表彰有：年度信访工作责任目标完成情况先进单位。年度城镇绿化及创建国家园林城市先进单位。南市区禽流感疫情处置工作做出突出贡献单位。

【林业产业发展不断提升】 全市新发展果树18万亩，占全年任务量11万亩的164%，较上年同期增长20%；果品产量完成130万吨，占全年任务量128万吨的101.5%，比上年同期增产2万吨；果品总产值完成52.6亿元，较上年增加4.5亿元；全市新建专业合作组织59家，达到280家；果品加工厂115个，果品企业59家；新增花卉面积0.5万亩，完成全年任务指标；在第八届中国花卉博览会上，有45件展品分别获得4项金奖、9项银奖、24项铜奖和8项优秀奖，获奖率68%，名列全省第一位，并获省筹展委员会授予的“突出贡献奖”，6人获“先进个人奖”。《关于花卉产业情况的调研报告》得到市领导肯定，市政府下发《关于加快果品产业强市的意见》和《关于进一步发展花卉产业的意见》两个政策性文件。全市木材产量完成5.1万立方米，人造板产量完成43万立方米，实现林业产值90.1亿元。

【资源保护不断加强】 加强林木采伐监督管理、野生动植物管理、林地保护管理，深化林权改革，推进林业投融资体系建设。完成森林资源流转面积37.85万亩，落实森林投保面积136.53万亩，林权抵押贷款面积8.72万亩，共审核、审批建设工程征占用林地16宗4650亩，征收植被恢复费2000余万元。共查处各类案件608起，罚款256.3万元。争取市财政投资230万元，在重点林区、景区出入口建立视频监控系统，投资90多万元购置VSAT卫星小站、更新森林防火地理信息系统和火场标绘系统；投资80多万元装备了以水灭火设备，开展了森林火灾隐患大排查、大整改活动，实现“四个确保”目标。全市林业有害生物防治作业256.8万亩次，完成省厅下达的“四率”指标。加强种苗质量监督检查工作和种苗标准化管理工作，苗木生产合格率达100%，造林用苗合格率达100%，良种使用率达80%以上。

【技术推广工作稳步推进】 林业技术推广体系建设不断完善，服务功能不断增强，组织实施“柿树密植栽培综合管理技术示范推广项目”“核桃低效林提质增效技术”等一批实用技术项目的示范推广，取得很好效果，引进一批新品种、新成果、新技术，为后续发展提供了重要的技术贮备。加强无公害果品标准化生产技术的推广，提高了产品质量。全年完成抽样果品检测220批次，合格率98.6%；完成18万亩国家级生态公益林区划界定工作。完成阜平县两个对口帮扶村的帮扶任务和15个县（市、区）81个村的基层建设年活动产业发展任务，其中对阜平的帮扶经验在扶贫攻坚指挥部简报上予以刊载。

【林果扶贫工作全面开展】 向所承担的扶贫攻坚县阜平、涞水、涞源和易县每县支持林业资金30万元；向基层建设年阜平营岗村和吴家沟村支持20万元专项资金扶持2个村的林果发展；向环首都扶贫攻坚的涞、涞、易3县的4个村各支持林果业发展资金5万元；完成深化基层建设年活动涉及到林果帮扶项目的15个县（市、区）81个村全部完成栽植任务；“四清四化”每村2000棵树村庄绿化工作目标已全部完成。

【宣传信息工作保持先进】 截至2013年底，共向上级及各大媒体上报林业宣传信息共计400多条，在市级媒体刊登500多条，省以上媒体520多条。在市委宣传部对市直部门外宣考评和全省林业系统宣传考评中继续保持前列。

（韩忠礼）

畜牧水产业

【保定市畜牧水产局】 保定市畜牧水产局是保定市人民政府主管全市畜牧水产业的直属事业机构。其主要职责是：贯彻国家畜牧水产法律法规并监督执行。拟定并落实全市畜牧水产业发展规划、政策；负责全市重大畜牧水产业建设项目的立项、初审和申报工作。制定全市畜牧水产业科技普及、培训、技术引进、推广规划和年度计划，并监督实施；组织科研课题的技术攻关和科研成果的推广应用。制定全市畜牧水产养殖品种繁育和改良规划；指导生产、繁育和推广畜牧水产良种工作。负责全市动物防疫、检疫、医政、药政、药检和动物卫生监督工作。负责全市草地资源保护、建设、开发、利用的组织实施工作，制定草地资源、农作物秸秆资源开发的中长期规划及年度计划，指导全市草原防火工作。负责《中华人民共和国动物防疫法》《中华人民共和国草原法》《中华人民共和国渔业法》《中华人民共和国野生动物保护法》《中华人民共和国水污染防治法》《中华人民共和国传染病防治法》《中华人民共和国农产品质量安全法》《国务院种畜禽管理条例》《国务院兽药管理条例》《国务院饲料和饲料添加剂管理条例》《国务院水生野生动物保护法》《国务院病原微生物实验室生物安全管理条例》《河北省动物防疫条例》《河北省种畜禽管理条例》《河北省渔业管理条例》《河北省渔业船舶检验条例》《农业部动物检疫管理办法》等8部法律、9部法规和40多项规章的监督执行。承办市政府交办的其他事项。

党组书记　郝俊愿
党组副书记　贾志清（女）
副局长　刘学军　王连卿
纪检组长　陈殿恒

【概况】　2013年，全市完成肉类总产71万吨，同比增长2.36%；禽蛋总产38万吨，同比下降4.08%；奶类总产63万吨，同比增长0.05%；水产品总产6.7万吨，同比增长3.03%。生猪出栏613.87万头，同比增长0.84%；肉牛出栏24.32万头，同比持平；肉羊出栏366.67万只，同比增长14.69%；肉禽出栏5150.78万只，同比增长0.71%。奶牛存栏19.7万头、蛋鸡存栏2584.83万只，同比分别下降1.49%和3.82%。各类规模养殖场达5843个，其中市级备案场2784个，新建、改扩建养殖场188个，部省级标准化示范场122个，标准化养殖场155个，较上年增加22个。

【加强重大动物疫病防控】　按照《保定市重大动物疫病防控工作方案》的部署，率先启动，利用春、秋防疫为载体，集中强制免疫、排查监测和消毒灭源，落实检疫监督、兽药监管和督导检查等各项防控措施，免疫密度做到应免尽免，抗体监测水平达到国家规定要求。12月17日，南市区虎凤鸡场突发H5N2高致病性禽流感疫情，市畜牧水产局会同有关部门迅速响应，在最短时间内组织技术力量，协调扑杀队伍，调拨应急物资，开展全面排查，强化信息沟通，组织实施封锁、隔离、扑杀、消毒、无害化处理等措施，及时稳控了疫情，最大限度减少了人民群众经济财产损失，打赢一场禽流感疫情歼灭战，受到农业部和省充分肯定，市委、市政府给予通报表彰。

【动物产品质量安全得到保障】　组织开展“瘦肉精”、投入品使用管理、养殖档案的规范、饲料兽药、产地检疫与屠宰检疫、病死畜禽无害化处理、质量安全监管等专项督查整治工作，共查处各类违法违规案件110余起，移送公安机关案件4起。以“瘦肉精”、三聚氰胺、孔雀石绿等非法添加物含量以及氯霉素、磺胺类、总抗生素等药物残留含量指标检测为重点，加大对畜禽产品、猪尿样、生鲜乳、奶牛饲料、蛋白饲料原料抽测力度，完成各类样品抽检近16万批次，其中市级抽样检测14331个，配合部、省抽样526批次。以专项检查和综合治理相结合，交叉检查与重点检查相结合为原则，采取集中整治与定期检查的方法，严格推进兽药GSP建设，逐步规范兽药生产、经营、使用行为，全市兽药案件下降了90%。

【动物卫生监督管理得以完善】　推进动物产地检疫示范县建设，在2012年涿州、易县试点基础上，新增满城、徐水、定兴、高碑店、唐县、安新等试点，全市已建成228个产地检疫申报点。将市区检疫申报点建设、疫控中心、检测中心实验室建设等列入市委、市政府惠民工程，得到市政府及财政、人事等部门主动支持，落实电子出证资金30万元，仪器设备资金420万元，人员工作经费64万元，招聘财政供养人员15名，检疫申报、电子出证、检验检测、疫病监测等工作得以推开、提升、深化。

【生态特色渔业推进发展】　按照省“渔业四百工程战略”，以生态健康养殖、资源增殖养护为重点，加快渔业发展方式转变，构筑现代渔业体系，发展特色渔业、生态渔业、健康渔业，提高渔业整体效能，实现渔业增效、渔民增收。中华鳖优势产业带、西北部山区冷水资源产业带两大产业带的精品渔业生产稳步发展，温棚养殖中华鳖面积达4200

余亩，中华鳖年产量4200余吨；冷水鱼养殖面积达到1150余亩，其中鲟鱼养殖面积达到950余亩。推动白洋淀和大水库生态渔业发展，做好水生生物的养护和资源增殖工作，在西大洋水库放流池沼公鱼卵5亿粒，在白洋淀放流青虾2800万尾、中华鳖稚鳖3万只、鲢鳙鱼种50万尾，在王快水库放流中华鳖稚鳖2万只。

（季晓明　黄亮　张秀敏）

工　　业

【保定市工业和信息化局】　是主管全市工业和信息化发展的政府工作部门。主要职责：一是提出全市新型工业化发展战略和政策，协调解决新型工业化进程中的重大问题，拟订并组织实施工业、信息化的发展规划，推进产业结构战略性调整和优化升级，推进信息化和工业化融合。二是拟订并组织实施全市工业行业规划、计划和产业政策，提出优化产业布局、结构的政策建议，推进现代产业体系建设，组织实施行业技术规范和标准，指导行业生产质量管理，协调推进工信系统名牌战略工作。三是监测、分析全市工业运行态势，统计并发布相关信息，进行预测预警和信息引导，协调解决行业运行发展中的有关问题并提出政策建议；负责工业应急管理、产业安全和国防动员有关工作；负责市医药储备管理的有关工作。四是负责提出全市工业、信息化固定资产投资规模和方向（含利用外资和境外投资）、国家和省、市财政性建设资金安排的意见；按照产业政策和规定权限负责国家和省、市规划内及年度计划规模内固定资产投资项目的审批、核准、备案和申报等工作。五是负责对全市中小企业和民营经济的宏观指导、综合协调，负责中小企业统计工作，研究拟订全市中小企业发展战略、中长期发展规划、年度计划并组织实施；会同有关部门拟订全市发展中小企业、民营经济的规章草案和扶持政策并组织实施，协调解决改革、发展中的重大问题；指导和推进中小企业转变发展方式，推动结构调整优化；拟订中小企业产业集群发展规划及政策措施并组织实施；拟订推进全民创业的政策措施并组织实施；负责创业辅导基地的规划、建设及机构和辅导队伍建设。六是拟订和组织实施中小企业发展专项资金年度计划和固定资产投资计划，提出市级中小企业发展专项资金年度预算建议，实施对中小企业发展专项资金使用的监督检查；指导县（市、区）中小企业专项资金的设立和使用；提出中小企业融资的政策措施并组织实施；推动建立中小企业创业风险投资引导资金，确定资金使用方向；负责企业诚信体系建设；组织推进中小企业信用担保体系和信用制度建设；推动建立完善中小企业服务体系，引导各类中介组织为中小企业提供服务。七是贯彻国家政策和标准，拟订高技术产业中涉及生物医药、新材料、信息产业等规划并组织实施；指导行业技术创新和技术进步，以先进适用技术改造提升传统产业；组织实施有关国家、省、市科技重大专项，推进相关科研成果产业化，推动全市软件业、信息服务业和新兴产业发展。八是承担全市振兴装备制造业的组织协调责任，贯彻执行国家、省重大技术装备发展和自主创新规划、政策，依托国家、省、市重点工程建设协调有关重大专项的实施，推进重大技术装备国产化，指导、引进重大技术装备的消化创新。九是拟订并组织实施全市工业能源节约和资源综合利用、清洁生产促进政策，参与拟订能源节约和资源综合利用、清洁生产促进规划，组织协调相关重大示范工程和新产品、新技术、新设备、新材料的推广应用。十是推进全市工业体制改革和管理创新，提高行业综合素质和核心竞争力，指导相关行业加强安全生产管理。十一是统筹推进全市信息化工作，组织拟订相关政策并协调信息化建设中的重大问题，促进电信、广播电视和计算机网络融合；指导协调电子政务发展，指导电子商务发展，推动跨行业、跨部门的互联互通和重要信息资源的开发、利用、共享。十二是负责协调维护全市信息安全和信息安全保障体系建设，指导监督政府部门、重点行业重要信息系统与基础信息网络的安全保障工作，协调处理信息安全重大事件，承担跨部门、跨地区和重要时期的信息安全应急协调工作。十三是组织开展工业、信息化的对外合作与交流，组织开展工业、信息化利用外资工作。十四是承担履行《禁止化学武器公约》的组织协调工作。十五是管理原市属工业局所属12个事业单位和原工业经济促进局、中小企业局、信息产业局所属企事业单位。25个内设机构：办公室、政策法规处（市加快西部工业发展领导小组办公室）、人事处、规划发展处、科技创新处、运行监测协调处、产业政策处、节能与综合利用处、原材料工业处（市稀土办公室）、装备工业处、消费品工业处、国防工业处（市履行禁止化学武器公约事务办公室）、保定市汽车领导小组办公室、信息产业处、信息化推进处（电子政务处）、网络信息安全处、融资担保处、中小企业处（市民营经济工作领导小组办公室）、对外经济技术协作处、直属企事业单位管理处、机关党委、纪检室、团委、妇联委、工会。局直属事业单位20个，企业12家。市委市政府临时机构办公室15个。分别是：信息化办、电子政务办、禁化武办、工业强市办、工业西进办、减负办、纺织办、食品办（食品工业发展）、创业办、民营办、小水泥整治办、淘汰落后办、争创百强办、稀土办、对标办。另外，主管的行业协会有：市企业家协会、市民营企业家协会、信息产业协会等工信系统各行业协会十几家。

党组书记 局　　长	王东江
党组副书记 副 局 长	许西岭
党组成员 副 局 长	张新建
	李曙慧（女）
党组成员 纪检组长	刘建丽（女）
党组成员 副 局 长	于俊峰　刘瑞林
总工程师	刘玉国
总经济师	崔　浩

【概况】 2013年，全市工业总产值4088.3亿元，增速8.05%。工业化率46.8%，提高0.5个百分点。其中规模以上工业企业1563家，增加值完成1004.7亿元，同比增长11.4%，增速全省排第5位，高出省平均水平1.4个百分点。全年新增规模企业218家，居全省第4位。规模以上工业企业产品销售率96.98%，规模以上工业利润总额206.91亿元，增速14.4%；税金148.84亿元，增速15.7%。五大主导产业的情况：汽车生产82.55万辆，产量增加18.75%。汽车及零部件产业全年完成工业增加值241.6亿元，同比增长23.4%。新能源及输变电增加值44.9亿元，增长-8.2%；纺织服装、食品、建材增加值分别增长12.6%、13.4%、17.4%。全市民营经济组织达到26.5万个，同比增长6.8%。民营经济实现增加值1805亿元，上缴税金259亿元，同比分别增长9.8%、17.9%。

【企业转型升级】 1. 成立工业转型升级领导机构。按照省《关于成立四项重点工作领导小组的通知》要求，保定市成立了工业转型升级与环境治理领导小组，工信、发改、环保、科技等部门为成员单位，工业转型领导小组办公室设在市工信局，明确了各成员单位的责任分工和完成时限。2. 加快规模以上企业转型升级。研究起草了《关于实施加快培育规模以上工业企业十项措施的通知》，建立了成长型中小企业数据库，推动新增规模以上企业培育和转型工作。3. 加快传统产业转型升级。重点组织宏润升级改造技改项目、澳森高档户外休闲服项目、药都制药整体GMP技术改造项目、三利集团淘汰落后产能节能减排及产品升级项目等。4. 加快新型产业转型升级。着力发展新材料、新能源、高端装备、生物医药、节能环保、新一代信息技术等战略新兴产业。高端装备制造及新材料产业、新能源产业在保定市已经具有一定的产业基础。

【工业企业技术改造和投资】 根据年初省工信厅下达的工业技改任务目标进行了任务分解，每季度对县（市、区）的投资完成情况进行督导通报。对全市重点技改项目进行督导、检查，对项目建设中出现的困难和问题给予及时协调解决。全年全市实施500万元以上工业项目763个，其中技改项目399个。列入省千项重点技改项目计划的73个，列入省百家优势企业14个，居全省第2位。1. 加强技改项目管理，对技改项目库实时动态管理，及时将谋划实施的重点项目纳入项目库。共入库项目550个。2. 充分发挥技改专项资金引导作用，全年争取国家、省技改资金8318万元，安排市级技改专项资金4077万元。3. 狠抓重点技改项目。对投资16.1亿元的惠阳厂搬迁改造、总投资21亿元的风帆工业园、总投资20亿元长城技术中心等重点技改项目，抓项目建设进度，对传统产业改造提升起到了有效示范作用。

【全民创业行动】 按照保定市《关于开展全民创业行动的若干意见》有关精神，不断激活创业主体，加大对创业者的扶持，积极培养各类创业典型，努力推进全社会创业。1. 创业平台服务。市、县政府在服务大厅均开设了创业服务窗口，为创业者和中小微企业提供政策咨询、信息支持，帮项目、帮手续、帮融资；工业园区、开发区为入驻企业提供中介服务平台、培训咨询服务平台、投融资服务平台、技术服务平台等多种服务。2. 创业人才服务。组织全市27家中小企业教育培训基地培训创业者2万人次，“全民创业大讲堂”培训活动为5000多名创业者提供专业培训。3. 部门联合服务。30多个政府部门联合组成创业政策宣讲团在高校、企业、社区（乡村）、广场开展政策咨询服务活动，发放创业手册、创业明白纸等资料30余万册（张）；工信、工商、税务、人社等部门针对企业二次创业组织联合办公，现场解决创业中的难题。

【搭建服务平台】 保定市融资性担保机构41家，注册资本金总量为27.54亿元（财政出资6.4亿元），为454家企业提供贷款担保，担保额度为15.9亿元。保定市现有年营业收入5亿元以上产业集群43个，其中省级集群13个。年营业收入100亿元以上的5个，50亿 ~100亿元以上的5个，20亿 ~50亿元的16个。产业集群内聚集企业单位2.4万多家，吸纳从业人员62万余人，全年实现营业收入1049亿元，同比增长15.02%；实现利润69.8亿元，同比增长16.14%；上缴税金19.1亿元，同比增长16.53%。搭建对标服务平台，全年共开展对标培训30期，培训人数6200多人次；举办工业企业管理层培训班20期，培训企业中高层管理人员4000余人。加强企业家队伍培训工作，开展金融高级研修班、“企业家”大讲堂、“企业家讲企业”等培训活动，全年全市完成培训企业家和高级经营管理者1万人次。

【民营经济发展】 保定市民营企业26.5万家，全市民营经济累计完成营业收入7957亿元，增长18.2%；增加值1805亿元，增长9.8%；利润636亿元，增长7.4%；上缴税金259亿元，增长17.9%。大力推进创业辅导基地建设，全市26个县（市、区、开发区）共建立创业辅导基地43个，列入省示范基地7个。全市创业辅导基地建设标准厂房面积达到153.47万平方米，吸纳入驻企业2578户，安置就业4.1万人；组织开展市民营经济考核工作，评选出100家百强纳税企业、200家最具成长性企业，10名创业功勋、50名创业功臣、100名创业之星先进个人。

【企业减负工作】 1. 大力开展企业减负治理活动，规范市场经济秩序。出台下发了《2013年保定市减轻企业负担工作要点》；从年初开始，开展价格和收费专项检查，对擅自收费、超标准收费等问题进行了治理整顿，查处结案14件，实施经济制裁80多万元；组织10家省级减负监测单位进行了网上减负直报工作；2. 清理违规收费，切实减轻企业负担。取消和免征了涉及6个系统、30项行政事业性收费，取消涉企《收费许可证》8个，降低涉企收费标准的《收费许可证》12个。3. 优化纳税服务，积极落实税收优惠政策。下放审批权限，减少审批环节，全年市地税局下放5项审批权限；县（市、区）局下放44项审批权限。

【“两化”融合工作】 协调引导用友、金蝶等工业软件供应商与企业开展对接，进行信息化培训，提供信息化服务，助推全市“两化”融合深度发展。对长城汽车等保定市20余家省“两化”融合重点（示范）企业进行动态管理，重点对各企业工作的目标任务、重点项目、投资等进行跟踪了解，掌握企业“两化”融合进展情况。开展县域经济“两化”融合公共服务平台培育对接活动，筛选4家企业申报了第二批省级“两化”融合公共服务示范平台。推荐20家企业申报2013年省信息化与工业化融合重点企业，其中，涞源奥宇钢铁、河北晨阳等13家企业已被认定为2013年省“两化”融合重点企业。推荐立中车轮等企业申报省“两化”融合示范企业。

（杨　娅）

商　　贸

贸　　易

【保定市商务局】　是主管全市国内外贸易、国际经济合作的政府工作部门，业务上受河北省商务厅指导，主要承担外贸进出口管理、招商引资、国际经济技术合作、外资企业审批管理、拍卖和典当行业监管、成品油流通监管、再生资源回收管理、畜禽定点屠宰管理、酒类和调味品市场监管、市场体系建设、市场运行监测分析、电子商务、整顿和规范市场经济秩序等社会管理职能。内设24个处室，局直属事业单位8个、企业57个。

局　　长
党委书记　王庆龙（6月离任）
　　　　　单志合（6月任）
副 局 长
党委委员　郭　建（6月调离）
　　　　　张庆丰　刘二强
　　　　　李　岱　郑立奎
纪委书记
党委委员　张子龙

【概况】　2013年，围绕“建设京畿强市、善美保定，全力打造环京津地区新的发展增长极”总目标，创新招商引资工作机制，注重招商引资实效，提升推进项目、服务项目的能力和水平，提高利用外资质量；强化出口基地公共服务平台建设，落实贸易便利化举措，加强对企业的专业培训和政策辅导，推动外贸转方式、调结构；完善市场流通体系，强化市场运行监测，规范市场流通秩序，提升商贸项目服务水平，努力拉动消费增长，实现了全市商务工作再上新台阶。全年实际利用外资62432万美元，同比增长36.7%，完成省政府下达任务目标（6.1亿美元）的102.3%，总量和增速分列全省第六和第一位。全市社会消费品零售总额1206.5亿元，同比增长13.8%，增速列全省第一位。

【到位外资得到有效再利用】　对全市315家外资企业进行广泛调研，挖掘利润再投资、股东境外借款等方面的潜力，在现有基础上培育新的增长点，推动长城汽车、英利等企业约5.2亿美元入统到账。推进容城台湾工业园、新市区航空新城项目落地，实现台湾工业园落地企业11家，航空新城的总部性公司已完成注册手续并申请设立第2家企业。领办涞源奥威集团香港上市后的返程投资、高碑店中新建康城事项，前期工作基本就绪，开始设立外商投资企业。对入选亚行贷款范畴的项目及以色列政府贷款项目，协调督促有关部门及县（市、区）及时按季度报账入统。

【多方位开展招商活动】　5月，在北京、天津分别举办招商周活动，签约一批合作项目；6月，全国政协外事委员会副主任、中国对外贸易中心理事长、商务部原副部长马秀红率中外企业考察团一行50余人到保定考察，就污水处理、垃圾处理、城市供水、生态园建设等项目与定兴、蠡县、阜平进行了对接洽谈，市政府与商务部投资促进局签署《投资促进战略合作协议》；先后组织参加了国家和省政府举办的廊坊、厦门、南宁、深圳等大型经贸洽谈活动，注重务实招商；在廊坊经洽会上，获“河北县域特色产业集群展暨入冀民企民品展”优秀组织奖。走访福建、江浙、安徽、江苏等商会，沟通座谈，尝试探索异地商会在招商引资中的桥梁纽带作，会同市工商联、保定福建商会在“9.8”厦门会期间组织一次中小企业创业园对接活动。涞源中美科技创新产业园项目、涞水现代医药健康产业园项目、安国神威药业项目、高阳庞口国际农机装备产业城项目、曲阳雕塑文化产业新城项目等上百亿的项目成功签约。

【应对外贸出口困难】 组织参加了国家和省举办的5次外经贸政策、业务专题培训，邀请商务部领导和专家来保为企业进行业务讲座和政策解读，并促成市政府与商务部外贸发展局签署了战略合作协议，借助上级商务部门资源和信息优势促进保定市外贸工作。由天津港集团和保定国际陆港共建的保定无水港10月正式建成投用，把港口的功能延伸到保定，为保定市及周边地区进出口企业搭建起便捷、经济的海运报关平台，为环保定区域的外向型企业和天津的产业内移提供支撑。发挥外贸转型基地作用，完善汽车及零部件、光伏、高阳毛巾、安国中药等4个国家级外贸转型基地建设，发挥其外贸出口的功能。为企业提供服务，组织100多家外贸企业参加了广交会、华交会、加博会等国内外知名展会；帮助7家汽车整车生产企业获得汽车出口经营资质，为7个进口贴息项目和15个外贸公共服务平台项目争取国家专项扶持资金1389万元；为长城、英利等45家外经贸企业办理了80人次外国人到保定商务邀请服务。组织开展全市服务外包发展情况调研，起草促进服务外包发展的具体意见，聘请专家普及服务外包知识，筛选推荐21家企业申报服务外包企业认定。

【省级开发区建设取得新成绩】 阜平经济开发区经省政府正式批准设立，成为2013年全省唯一获得省政府批复设立的开发区。至此，全市已拥有省级开发区17个，总量居全省第一位。满城、容城申报材料已报省政府和省商务厅，待省商务厅组织考察。

【对外经济技术合作取得新进展】 实施“走出去”战略，鼓励企业发展境外承包工程、境外投资和外派劳务。全年完成对外承包工程额1.5亿美元，占全年计划的150%。有6家企业在境外投资，中方境外投资额3420万美元，境外投资企业数量和投资额同比分别增长100%和203%，涉及美国、德国、柬埔寨等国家和中国香港地区，主要从事石材销售、纺织、汽车出租、国际贸易等。外派劳务134人次（省厅备案），主要派往日本，从事肠衣加工、农业、金属铸造、塑料加工等工种。协助商务部及省商务厅在河北农业大学举办了4期非洲国家农业技术培训班，培训埃塞俄比亚、索马里、肯尼亚、莫桑比克等国家的近百名专业人员。

【市场流通体系建设进一步完善】 继续推进“万村千乡市场工程”建设，新建改造标准化农家店200家；推动鲜活农产品直供直采直销，主城区规划新建改造便民直销网点30家，天威、依棉等10个社区直销店已陆续开始试运行；经争取，保定市被列为全省开展集中连片推进农产品流通和农村市场体系建设城市，对农超对接、农产品综合配送中心、农贸市场升级改造、乡镇商贸中心等项目予以重点支持；再生回收资源项目建设取得新进展，徐水钢铁炉料国家级再生资源回收利用项目通过验收，获得中央财政补贴资金575万元；组织保百、时代、北国等12家企业参加了国家第三批零售企业“分等定级”认定；筛选推荐清苑建国商贸争取省级流通企业物流配送中心项目支持；规范、清理放心早餐车（亭）布点。

【电子商务健康快速发展】 引导支持县域特色产业、传统商贸流通企业、专业市场等开展电子商务平台建设，商云零食控、网库特色产业集群网、白沟箱包万户通、曲阳石雕网、保北医药移动交易等平台已开通运营，航证纺织原料大宗电子商务交易平台运营良好，交易额同比大幅增长；筛选推荐3个项目争取省财政电子商务平台建设支持；推进农村电子商务发展，依托新农村商网，发布公共政策信息和农产品流通信息，开展网上购销对接服务，农产品网上购销对接会成交额1.8亿元，列全省第一；配合基层建设年活动，加快农村信息服务点建设，争取到省政府200套上网电脑、打印机支持；年内，市电子商务协会正式成立。

【市场监管能力进一步提高】 组织开展成品油市场秩序专项整治行动，打击无证照销售成品油、违规建设加油站（点）、销售劣质成品油、非法流动油罐车售油等违法违规行为。牵头组织开展全市油气回收治理攻坚战，制定整体实施工作方案，明确部门责任分工，强化督导调度协调，会同环保、安监、消防、质监等部门全力推进，完成539家加油站、2座储油库和95辆油罐车的油气回收治理工作。组织开展肉类专项整治行动，严厉打击私屠滥宰、屠宰注水、注入其他物质等违法犯罪行为，规范清理定点屠宰厂点。推进酒类电子监管，开展专项整治行动，严格酒类流通随附单制度，保障饮酒安全。完成市烹饪餐饮饭店行业协会换届工作，强化行业协会作用，规范从业行为，维护行业秩序。推进规范单用途预付消费卡管理，打击侵犯知识产权和制售假冒伪劣商品行为，强化典当、拍卖、二手车交易、报废车拆解、药品流通等特殊行业监管。

（周　启）

海　关

【中华人民共和国保定海关】 保定海关隶属石家庄海关，于1999年6月正式对外开办业务，依法对保定市（包括22个县、市）内进出境的运输工具、货物实施监管，征收关税和其他税、费，查缉走私，并编制海关统计和办理其他海关业务。保定海关内设办公室、人事政工科、财务科、综合业务科、监管通关科、加工贸易监管科、稽查科、陆港监管科，并有石家庄海关缉私局派驻保定海关的缉私科共同开展工作。

关　长　关伟仁
副关长　杨　杰

【概况】 2013年，建设“五型”海关，贯彻“四好”总体要求，落实党组“五个同步”工作思路，围绕“保增长、转方式、促和谐”主题，优化监管服务，加强综合治税，强化监督制约，加强自身建设，全面加强党的建设。履行把关服务职能，采取有效措施化解和防范廉政风险和执法风险，促进地方经济平稳较快发展，完成全年各项工作任务。全年征收税款1.635亿元

【关区税收固本拓源】 走访保定长城汽车股份有限公司、英利能源（中国）有限公司、国华乳胶、亚大汽车等共计25家外关区纳税大户，吸引3家异地纳税企业到保定海关办理进口通关业务，增加税收1054.75万元；年内新增11家企业适用“属地申报、口岸验放”通关模式；全年审价补税43.5万元；反倾销货物共计补征税款1.5万元。全年完成税收入库1.635亿元，同比增长11.98%；完成减免税项目备案7项，涉及投资额度4.79亿元；减免税审批264份，其中货值9396.72万美元，减免关税人民币38643.22万元，减免增值税人民币5450.70万元；审批税款担保60份，企业核查18次。

【增强实际监管能力】 对报关企业和货物的认真分析，有针对性的开展选查，全年查验13票，查获5票；利用取样化验的方式加大对重点敏感商品的监管力度。年内，由于申报粗氧化锌的企业更改了税号，相关科室人员共对其取样送检3次，降低了监管风险。共核销进出口货物转关申报单135份。

【保税监管力度加强】 对电子联网监管企业按核销周期开展100%核查，加大新办企业的监管力度，对新加入辖区加工贸易业务领域的企业，开展中、后期核查。年内办理加工贸易手册备案205份，同比下降5.5%，备案金额1.12亿美元，同比下降41.24%，保税金额2287.15万美元，同比下降46.7%，电子账册项下保税进口金额4.9亿美元，同比增长11.54%。核销加工贸易手册227份，内销征税金额2033万元人民币，同比增长118.5%。由保税进口货值角度讲，电子账册取代电子手册成为辖区保税监管的主要形式。

【稽查工作效率得到提高】 年内，将稽查工作重心从专项稽查转向常规稽查，完成减免税核查企业18家，完成保税核查37次，下发稽查通知书15家，稽查补税3家，移交缉私1家，稽查有效率26.7%，补征税款97.8万元；做好高资信企业的稽、核查工作，将重点放在近3年内未实施稽、核查的A类企业，对8家A类企业下发了稽查通知书，占全部稽查企业的53%，一家A类企业因注册信息不实交缉私部门立案处理；贯彻落实“绿篱”行动，做好辖区内相关企业的专项稽查，对涉及辖区的10家“绿篱”企业，全部核查完毕。加强企业日常管理，把好入口关。尤其对逾期办理换证、变更手续的企业加强管理，强化企业风险评估，为动态调整分类管理措施提供依据，为符合条件的企业申报A类管理。新增A类管理企业14家，A类升AA类企业3家，A类企业总数达61家。年内，办理企业注册283家、变更264家、换证230家。实地巡查下发风险处置单2起，全部转化为稽查作业。发现企业超期变更情事2起，移交缉私部门处理并结案。

【服务地方经济】 7月，举办AA类、A类管理企业授牌仪式，保定辖区54家企业被授予了AA、A类管理企业证书，120位企业代表参加了仪式。这是保定海关自开关以来举办的首次授牌仪式。帮助地方项目发展。如长城汽车扩能改造、安国中药都、内陆港建设等，有针对性地开展调研工作，并形成报告上报总关及保定市政府。截至年底，长城公司内燃机项目落户徐水县，新车型哈弗H8内陆港已通过验收，可开通运行。

【海关监管场所建设】 保定陆港投资有限公司集装箱堆场和河北鼎航仓储物流有限公司集装箱堆场相继在5月和7月通过石家庄海关验收，并投入使用。结束了保定没有海关监管场所的历史。

【推动辖区保税物流业发展】 选取高碑店市国际门窗城、保定内陆港及棉纺行业集中的高阳县、造纸行业具有一定规模的满城县（尚未投入使用）等4家基础较好的地区，建立了公用型保税仓库。保定辖区公用型保税仓库总量达到4家，创开关历史数量之最。前3个季度，辖区保税仓库货物出库征税达到约140万元人民币，是上年全年的3.5倍。

【开展窗口服务治理工作】 转变作风，树立为民服务意识。开展窗口单位服务质量和效率专项检查工作，对执法单位窗口普遍存在的门难进、脸难看，不作为、乱作为，“吃拿卡要”等突出问题进行了治理，对接单审核、征收税费等16项对外执法业务落实办结时限要求情况进行自查。要求业务大厅工作人员严格遵守海关工作纪律及首问首办负责、服务承诺、一次性告知等制度，做到文明有礼、办事公道。保定市“为民服务、提质提效”领导小组对保定海关窗口服务情况开展了明察暗访，对海关业务窗口热情服务，高效办事的情况提出了表扬。全年，共收到企业送来的表扬信1封，锦旗6面。

【做好廉政工作】 落实中央出台的八项规定、总署出台的25项措施以及六项廉政规定等制度和总关相关要求，于5月在全关范围内认真开展自查，没有违反规定情事发生。组织副科以上领导干部重新签订了廉政建设责任书，填写《领导干部个人有关事项报告表》以及《海关领导干部配偶、子女从业情况登记表》，并对配偶、子女从业情况进行了公示。落实《海关特邀监督员管理办法》，定期与8名海关监督员取得联系，召开一次特邀监督员座谈会，听取监督员的意见和建议。其次，按照政务公开要求，在业务现场设置触摸屏、公告栏、举报箱，向社会公开“海关廉政规定”“海关人员六项禁令”等海关职业纪律和行为规范，明确咨询和投诉渠道，接受社会监督。执行《海关工作人员外出执法廉政监督办法》，将下厂办业务与监察审计、外勤报销三者挂钩，内部监察审计和外部监督制约双管齐下，得到企业认可和支持，收到良好效果，全年共收到《反馈表》163份，未发现不廉洁情事。建立完善内控机制建设和风险管理“双轮驱动”、内部风险和外部风险“双析双控”内控工作模式。建立了保定海关科室自查自纠机制，发挥海关专家和“两白人”小组作用，化解执法领域廉政风险隐患。对内，开展执法及非执法领域的廉政风险监控。对外，面向企业广泛开展廉政和政风行风调查，了解海关廉政和行风建设状况，征询改进工作的意见和建议，加强执法领域外部监督。采取多项措施深化HL2008系统的运用。召开应用专题分析会，强调海廉系统的重要性，强化授权人员应用系统的意识，提高系统使用率；对系统日常自动警示及提示数据的监控、处置、移出等工作明确职责分工，提高系统使用效率；建立定期核查机制，在确保两单制发率基础上，提高处置单和提示单制发质量，关注业务管理和执法中出现的普遍性、倾向性和苗头性问题，提高应用系统防范风险的能力。全年，累计授权用户7人，使用HL2008系统1343人次，发现风险值19条，制发执法处置单和提示单22条，有效处置单20条。

（朱　敏）

粮油购销

【保定市粮食局】 粮食局是负责全市粮食（含粮油）流通管理工作的市政府组成部门。内设办公室、人事劳资处、财务审计处、调控处（政策法规处）、流通科技与行业发展处、监督检查处、纪检监察室、老干部处、机关党委、妇委会、工会11个处室。下辖5个事业单位（3个全额拨款、2个自收自支），12个局属直属企业。

党委书记 局　　长	张文兴
党委副书记 副局长	丁进忠
党委委员 副局长	李　利　刘绪超
党委委员 纪检书记	李建华

【概况】 2013年，首次实现粮食购销经营量突破100亿斤，达到114亿斤，保护了农民种粮积极性。组织全市20多家粮食购销企业与中粮集团、京粮集团，北京、天津粮食储备企业召开产销对接会，大部分企业达成粮食购销意向。签订粮食购销合同8亿斤。争取国家、省基础建设专项资金450万元，加快基础建设步伐。保定市军供站2100平方米低温仓建设，已完成仓基探测工作。争取到保定市河北军粮网点

列入全省河北军粮序列，给予经营授权许可，被市委市政府列为为民办实事惠民工程。

【粮食产业化经营】 年内，全市“危仓老库”改造项目涉及21个县（市）和市直企业97个库点，总仓容20亿斤，已全部逐级上报。重点谋划了雄县方达粮食物流中心建设，总投资1.06亿元，已完成《可行性报告》和立项，报国家发改委公示、审批。总投资1340万元的保定市军粮配送中心低温库建设已经由市发改委立项和环评，并进行了勘察并准备动工。计划投资365万元的保定市大众厨房配送中心改造扩建项目，已完成改造设计。

【粮食购销经营】 全市落实应急供应网点329家，应急配送网点24家，应急加工网点21家（其中4家既为市级应急加工网点又为县级应急加工网点），应急储运网点26家，总计建成应急网点400家。基本实现每个乡镇、街道（社区）建成一个粮食应急网点，成为全省首个应急网点挂牌市，走在全省前列。

【粮食收购审批】 按照上级要求进一步简化收购许可审批程序，严格把关，审批时限缩减到5个工作日，提高了审批效率，全市具有粮食收购资格的涉粮经营企业达384家。年内办理收购许可证35家，服务满意率达100%。

【粮食仓储管理】 按照省粮食局、省发改委、省财政厅和省农发行联合下发的《2013年河北省粮食库存检查工作方案》要求，从3月到5月，对全市20个县（市），74个粮食收储企业、4个中储粮直属库、1个国家局直属库所存的各种性质的粮食进行全面清查。共清查各类粮食22.7亿斤。全市粮食库存实物与保管、统计、会计、银行资金账基本做到账实相符，账账相符，没有发现大的违规违纪问题，保质保量地完成清查任务，并通过省粮食局和国家粮食局抽查，得到省复查组和国家抽查组的肯定。结合“危仓老库”项目的实施，推广科学储粮新技术，有针对性地改进了粮情监控、环流熏蒸、机械通风、烘干除杂等储粮技术，进行绿色、无公害储粮技术探索和实践。经检查验收，全市大部分粮食仓储企业达到《粮油储藏技术规范》管理标准，储备粮承储企业“一符四无”率达到100%，其他企业基本保持90%以上，科学保粮率达到80%以上。

【粮食安全保障机制】 对辖区内8个省储粮承储单位，储存的10.75万吨原粮、3000吨成品面粉储备进行检查，确保储备粮管理规范、账实相符，存储安全、质量良好。建立县级粮食储备，全市已有8个县（市）政府批准建立县级粮食储备，共储备粮食3.62万吨，其中高碑店0.5万吨，徐水0.52万吨，博野0.3万吨，望都0.3万吨，涿州0.5万吨，曲阳0.5万吨，蠡县0.5万吨，容城0.5万吨，已落实到位2.5万吨。

【粮食行政职能】 利用“法制宣传日”“世界粮食日”和夏粮收购检查等活动以及充分利用“3.15”“12.4”“10.16”等时间节点，宣传《粮食流通管理条例》《河北省粮食流通管理规定》等法规和政策，扩大依法管粮。组织开展粮食收购政策执行、省储粮轮换和粮食统计执法等专项检查。全年共检查出库企业12家、走访购买企业3家、检查25次，审核认定各类粮食收购主体483个，维护粮食市场流通秩序。

【安全生产】 全市粮食系统吸取黑龙江林甸直属库的火灾教训，落实安全生产责任制，层层签订安全生产责任书，坚持月调度、季排查制度。开展了3次安全生产大检查，及时消除安全隐患，做到安全生产全覆盖，隐患排查零容忍。为保证粮食安全度汛，成立抗洪抢险队145个、队员968人，汛前低洼库站转移粮食1500吨。“7·21”洪涝灾害重建工作，为阜平县协调补助资金40万元、涞源和易县各补助了60万元。全市抽取清苑县、徐水县等12个县（市）、390个行政村粮油样品78份，未发现质量问题，保障了库存及市场粮油的质量安全。

【接待信访工作】 全年接待上访群众150余人次，处理上访案件50余次，处理来信25封，召开信访协调会20次。累计反映问题100多个，领导干部全年累计下访300多人次，完成信访督办案件2件、复查案件1件，解决各类问题120多个，全年未发生越级集体上访事件。对康威公司王志强案件实现信访终结，多次协调北市区政府和所在街道办事处，圆满解决久拖8年的积案。王志强送市局“做人民满意公仆，为职工排忧解难”锦旗。协调解决油脂公司宿舍楼住户与保运集团下属单位二运公司关于共用通道矛盾问题。协调有关企业单位资金26万元，圆满解决二库宿舍66家住户自来水入户问题，化解了住户多次集中上访的案件。

【职工生活保障】 粮食系统离岗分流职工13178人，市局直属企业下岗职工达70%以上。局党委始终树立“稳定压倒一切”大局意识。全年帮助零就业家庭和下岗职工协调公益性岗位12个，争取特困救助金2万多元，救助特困职工27户，促进了企业的稳定。

【军转干和老干部工作】 全面掌握企业军转干部思想状况，深入做好思想工作，及时申报发放军转干部费用，有针对性地解决一些实际问题，全年无一人上访。切实为老干部搞好服务，发放慰问金、生活补贴、医药费等费用累计65万余元，安排体检，申报经费，保证老干部各项待遇。

【精神文明建设】 响应省委号召，先后选派10名优秀干部进驻2个县4个村开展驻村帮扶工作。年内，为唐县南关村、娘子神村、李承涧村协调争取资金49万元，硬化道路2300米，清理垃圾900立方米；为阜平县后庄村争取资金10万元。为4个村解决价值4万多元的办公、文化体育等设施，提升了帮扶村的组织建设水平和村容村貌。唐县驻村工作组被唐县县政府评为先进工作队。开展民主评议党员和“两优一先”表彰工作，组织全体党员进行党性分析，接受群众评议，全局17个党组织、607名党员评议合格率100%，年内表彰优秀基层党组织5个、受市直工委表彰的党组织1个、优秀党员28名、优秀党务工作者5名。

（刘永华）

供销合作

【保定市供销合作社】 保定市供销合作社是保定市供销合作经济的管理、监督、协调、服务部门，业务上接受河北省供销合作社指导、机关内设办公室、党办室、组织人事处、财务审计处、监察室、合作指导处、社团指导处、安全统筹处、盐业管理办公室、烟花炮竹管理办公室、资产中心11个处（室）。2013年辖21个县（市）供销社，309个基层社，12个直属企业.

党委书记 主任 崔铁成
副主任 孟荣才 鲍世尧
纪检书记 尤永顺

【概况】 2013年，围绕合作社服务体系建设，加强经营服务网络再造，开展“四项工程”建设，推进项目建设，做好引领农民合作经济组织发展工作，为促进全市农业产业化发展，推动社会主义新农村建设发挥了积极作用，全市供销社事业呈现出稳步发展的良好局面。

【推进农合联工作】 2013年生鲜农产品直销体系建设工作再次被列为市政府工作报告落实事项和为民办实事之一。重点从实行店长责任制、打造“鲜天下”生鲜连锁品牌、多渠道拓展客户、强化资源掌控力度等多方面采取有效措施，强化了内部管理，完善了经营机制。市供销社通过与粮食、民政等部门的合作，形成依托直销网点构建“放心农副产品进社区”的合作机制。大众厨房的俏撰主食、军粮特供、精益腐竹、臧师傅石磨豆腐、豆豆集团豆制品、王成兰熟食等众多放心食品进入社区受到群众一致好评；组织全市各级农合联共各类培训499次，培训农民9856人次。3月21日，市县两级农合联共同在涞水举办全市规模最大的农合组织知识培训会，共计500余人参加了培训；市县两级农合联累计组织交流活动42次，发布各类信息1248条。通过开展农超对接活动，累计实现销售超过1.8亿元。各级农合联会员总数达到29411个，已完成年初任务的96.5%；各级农合联服务覆盖的农合组织数量2007个，辐射带动的农户61.4万户。农合联的会员数量、带动的农户数实现7年连续增长。

【农民合作社联合社体系建设工程】 市委常委、副市长李俊岭明确要求：切实实现专业合作社向综合性联合社转变。年内阜平、博野2县县级农民合作社联合社已在工商局注册，并召开成立大会。涞水、曲阳、安新、徐水、容城、望都、满城等县（市）正在积极协调工商局进行注册

【推动农副产品、农资配送中心、供销超市建设工程】 发挥天惠农产品配送中心和保定市新合作农产品销售有限公司，上连城市社区、下连农产品基地的作用，丰富其经营品种，扩大直采范围，带动更多专业社和农民的产品直接进入城市社区销售。指导各县（市）社围绕当地的农业特色主导产业，因地制宜，采取整合社有企业或资源自建、依托当地农业产业化龙头企业共建、指导社会企业与农民合作社合建等方式，开展农副产品配送中心建设。年内，新建农副产品配送中心1个，农副产品配送中心总数达到了6个，农副产品购销网点总数达到235个。市供销社在广泛调研的基础上，结合保定实际，制定下发了《关于加快推进“供销社超市”建设的意见》，明确了目标任务、工作重点及责任

考核，要求各县（市）结合自身实际，认真谋划，制定工作方案，细化工作举措，全力推进“供销社超市”建设。已在市区建成直营超市12个，加盟超市5个，设立车载流动直销试点14个。在各县（市）区域内，共规范、提升县级日用消费品中心超市2个，乡级日用消费品超市120个，其中直营25个，加盟的95个；农资配送中心超市22个，乡村级农资超市300个，其中直营56个，加盟的244个。

【社区综合服务中心（社）建设工程】 按照“政府支持、供销社主办、各方面参与、市场化运作、规范化管理”运作模式，规范和新建了一批主体多元、功能完备、便民实用的农村社区综合服务中心，使之成为助农增收的新平台，服务群众的新窗口，和谐社会的新亮点。截至年底，市供销社系统共有农村社区综合服务中心102个，其中新建10个；村级综合服务社331个，其中新建30个。

（李　妍）

烟草专卖

【保定市烟草专卖局（河北省烟草公司保定市公司）】 成立于1984年12月，2007年1月由保定市烟草专卖局（分公司）改制更名为保定市烟草专卖局（公司）。市局（公司）内设办公室、综合计划科、专卖监督管理科（专卖稽查支队）、政策法规与体制改革科、财务管理科、人事劳资科、思想政治工作科（与机关党委、工会合署办公）、监察科（与党组纪检组合署办公）、安全保卫科、卷烟销售管理科、烟叶管理科11个职能科室、经济信息中心、机关服务中心2个专业部门和审计派驻办公室、内部专卖管理监督派驻办公室2个派驻机构。市局（公司）下设物流卷烟配送中心、城区稽查局（营销部）和县局（营销部）。县局（营销部）包括曲阳、安国、安新、定兴、阜平、博野、满城、蠡县、易县、顺平、徐水、涞水、高阳、唐县、容城、涞源、高碑店、清苑、望都19个县（市）烟草专卖局（营销部），涿州、雄县2个卷烟营销部（稽查大队）及定州卷烟经理部（稽查大队）。

党组书记 局　　长	张玉华(12月离任)
	王　辉(12月任)
党组副书记 代 经 理	谈家俊(12月离任)
	刘书廷(12月任)
党组成员 副 经 理	陈　冉
党组成员 纪检组长	赵忠凯
党组成员 副 局 长	于占才
党组成员 副 经 理	桑　军(5月任)

【概况】 2013年，围绕“经济发展质量和效益上水平”目标任务，优化卷烟销售结构，加大市场监督力度，维护国家利益和消费者利益。全年销售卷烟189.53亿支，同比提高0.15%；实现利税131045.16万元，同比增长7.14%。

【卷烟经营】 按照“发展同向、工作同心、服务同步、利益同体”要求，梳理客户服务内容，编制印发《卷烟零售终端服务制度文本汇编》，完善客户经理“1+多”工作模式；完善现代零售终端管理规范，推动传统零售终端向现代零售终端的转变；开展增值服务，印发《保定烟草零售客户服务手册》35000余本，树立“客户有困难、首先找烟草”理念；制定相关管理规范，建立弱势群体零售户帮扶档案，借全员之力实施有针对性的帮扶活动。制定《发挥党员零售户示范作用实施方案》和工作指导手册，对党员零售户进行了详细的摸底调查，建立《党员零售户信息台账》，组织党员零售户活动。制定《大宗用烟工作实施方案》《消费者大宗用烟需求供应管理办法（试行）》，明确大宗用烟的范围和程序。丰富网络平台功能，通过“新商盟”网上订货平台开展网上营销活动，拓宽营销服务模式和渠道。继续加强四员联动，发挥直营体验店示范作用，提高阳光服务车利用率，处理客户投诉，加强营销队伍能力建设，全面提升基础服务水平。加大品牌培育力度，品牌培育做到重点突出。适时调整客户经理考核内容，加强对重点客户的经营培训和指导，加大对卷烟重点品牌的宣传力度，坚定了品牌培育的信心。针对省产卷烟品牌培育，深化婚庆用烟市场的开发与完善，通过加强与红白理事会联谊与合作、挖掘婚庆信息获取方式、拓展婚庆用烟投放渠道等措施推进婚庆市场营销工作，多点拉动钻石卷烟市场动销。制定《“1+1”终端育牌工作实施方案》，成立实施标准编写小组，做好细分品牌终端资源份额、制定相关配套制度及其他前期准备工作。制定《终端管理信息系统推广实施方案》，成立组织机构，明确工作安排，9月中旬组织各县营销部对零售户进行调查摸底，建立首批上线零售户档案，切实做好终端管理信息系统推广上线前的准备工作。

【专卖管理】 2013年共查获涉烟案件5061起，查扣非法卷烟2226.88件、烟丝烟叶125.96吨，实物价值达1370多万元。破获各标准网络案件14起，捣毁制售假烟窝点24个，查获各类制假机械36台，拘留52人、批捕31人、判刑22人。

【社会捐赠】 全年，保定市烟草专卖局（公司）共捐款67.122万元，用于各项社会公益活动。开展基层建设年及定点扶贫开发工作，落实扶贫资金32万元，完成了包括铺设地下管道、整修道路、建设文化广场、植树绿化等在内的41个帮扶项目；开展亲民爱民活动，建立23个群众工作站，救济困难零售户，帮扶贫困村、困难户及孤寡老人，防洪抢险，修葺房屋等，共捐款15.12万元；组织金秋助学活动，资助贫困学生，开展灾后重建慰问，改善街道及学校环境，帮助村民开展业余文化生活等系列活动，共捐款5.162万元；募集全市行业干部职工个人捐赠的善款共计6.397万元，其中包括职工互助一日捐及博爱一日捐活动募集的善款1.003万元；年底开展捐款帮扶困难弱势卷烟零售客户活动，募集个人捐款5.394万元，走访慰问127个困难弱势零售户。

（孔　芳）

石油购销

【中国石油化工股份有限公司河北保定石油分公司】 河北保定石油分公司是中国石油化工股份有限公司地市级分支机构，内设组织机构11个，其中专业化经营部门3个，综合管理部门7个，县（市）级分公司22个。现有员工1753人。

经　理　胡　林
书　记　郎占山
副经理　林　鹰　谢连君
　　　　赵德胜

【概况】 2013年，主要经营汽油、柴油、煤油、润滑油等石化产品及便利店商品。有华北地区第二大油库（库容量6.1万立方米）1座，年吞吐量110万吨，铁路专用线长2.5公里。有在营加油站210余座。有保定市唯一的B级油品化验室1个，可24小时进行汽、煤、柴、润四大类成品油的32项指标进行精准化验，确保保定全区中国石化系统内所售商品全部符合国家相关标准。全年实现油品销售总量52.8万吨，同比增长5.6%。全年未发生上报等级事故。

【资源保障及经营创效能力持续增强】 克服资源供应偏紧等不利因素，确保配置资源100%到货。实施跨区调拨直接入站等多种配送方式，物流运行优化效果明显。年内完成柴油国Ⅱ到国Ⅲ、国Ⅲ到国Ⅳ的两次升级置换工作。

【营销政策灵活丰富】 全面推进小额配送业务常态化，加大97#汽油宣传与整合力度，开展点对点竞争，推广自助加油业务。全年累计实现零售总量45.51万吨，同比增长6.14%。非油品经营，做实做强门店销售，样板店单店销售额同比增长48%。微改造提升精品店销售潜力，精品店单店销售额同比增长38%。开拓新兴业务和滑油市场，召开轮胎销售推介会、营销技能培训班，挖掘经营潜力。全年累计实现非油品营业额5314万元，同比增长33%。

【加强隐患排查和治理】 累计投入修理费321万元，对防雷设施、塌陷罐区、房屋漏雨、隐患罩棚、渗漏管线及其它设施设备的隐患部位进行专项整治。完成83座加油站的电路隐患整改工作。提升应急事件防控能力，采取“桌面演练”和“现场演练”相结合的模式，共组织各级演练4294次，参演人数1.51万人次。

【“共建和谐家园”活动结出硕果】 开展急救知识讲座、户外拓展训练、征文比赛、心理沙龙活动等活动，营造“温馨家园”和谐氛围。畅通员工言路，热情接待群众来访，建设民主家园。完善加油站“五小”工程设施，为一线员工配备棉鞋和驱蚊水。年内帮扶救助各类困难、特困人员665人次。维修市内部分家属宿舍区、46座加油站漏油房屋，解决了30座加油站吃水难题。

（葛　茜）

集贸市场

【保定市市场建设管理办公室】
保定市市场建设管理办公室是市政府对全市各类市场的主管部门。内设综合处、党办室、监察室、人事教育处、财务审计处、市场建设处、市场管理处、市场稽查处、市场卫生保洁处、经济协作办公室等10个处室，下辖南市区、北市区、新市区、高新区4个区市场建设服务中心。经营和管理东风桥市场、工农路蔬菜果品批发市场、南二环农副产品批发市场、建华路小商品批发市场、化纤综合市场、中华社区便民市场、马庄便民市场、复兴路便民市场、农大西等60多个便民市场。

主要职责是：负责制定全市市场布局规划、市场建设，组织市场论证，负责市场登记工作；负责对所辖市场经营活动的日常管理，调解市场纠纷，管理市场物业，提供有偿服务，收取设施租赁费；配合有关执法部门或有关执法部门委托，对市场经营者违法违章问题进行查处；负责所辖市场的防火、防盗工作，配合公安、消防等部门，对市场的日常安全和消防设施管理使用达标情况进行规范和检查；负责市场培育开发，引进现代化商业业态，推动市场上档升级；组织各类庙会、商品交易会；负责市场统计与分析；组织市场检查评比、验收；指导各县（市）市场建设服务机构的业务工作；发挥好市场管理协会的作用，进一步规范全市各类市场健康有序发展；承办市委、市政府交办的其他事项。

党委书记
主　　任　陈永华（12月离任）
　　　　　刘盼山（12月任）
副 主 任　曹路祥　李贺田
　　　　　严立新　李建民
　　　　　张增强
纪委书记　马增凯

【概况】　2013年，以项目建设为中心，抓建设、促发展，抓管理、促和谐，抓民生、促稳定，抓队伍、促提升，市场建设、管理等各项工作取得新突破，按照“扩大规模、提升档次、创新业态、完善体系”的要求，打造标准化“菜市场”，着力惠及民生，保障市民百姓的“米袋子”“菜篮子”，完成全年任务目标。

【市场建设】　将原化纤市场北移，建设市区西部规模最大、档次最高的农副产品批零市场，实现该路段退路进厅、美化城市环境的规划目标，完成项目用地申请、规划设计、规划报批、项目招投标及净地等前期工作。加强工农路市场提升改造项目建设，完成市场商业楼建设，投入使用，维修改造了市场部分路面和经营设施。完成合作路、农大西街、南二环等便民市场的升级改造。先后分两批在市区选定20余个新改扩建项目选址建议，报市规划部门审核。8月15日，保定市政府办公厅下发《保定市人民政府办公厅关于居民小区配建便民市场的意见》（［2013］保市府办156号），市场办制定《关于落实<保定市人民政府办公厅关于小区居民小区配建便民市场的意见>的方案》，明确各区中心、机关各处室工作职责，与市行政大厅联合审批办公室等单位和部门联系，制定和完善小区便民市移交机制，就相关内容咨询了法律顾问，确保移交工作依法、依规、有序。下发《关于落实全市县城建设重点工作报告制度的紧急通知》，对上报材料的时间及程序等做出了具体要求和说明，并按要求向省商务厅和市县建办及时汇总报送。

【市场管理和保洁】　年内，市场办下发《市场办“6S”行动工作方案》《市场办卫生保洁管理制度》等文件，按照保市政办［2013］107号文件总要求，取缔了市区“十纵八横”道路上设置的占道市场。累计检查市场80余次，组织召开市场管理工作会议25次，部署专项行动实施方案和管理工作通知30余次，下发市场检查评比通报2次，市场管理监督检查整改通知卡2次。按照“量力而行、循序渐进”原则，加快推进市区占道市场和市场所上档升级工作，指导基层单位分期分批对市区设施陈旧、功能单一的市场进行升级改造，并具体明确了13个需要升级改造市场所的完成时限，截至年底除钻石街、南关早市因市场取缔未建设外，农大西等11个市场所上档升级工作已于6月底全部完成。定期组织安全生产检查，对检查出的消防通道不畅、灭火器数量不够、电源线路不符合规定、液化气钢瓶超期使用等问题限期进行整改。开展了食品安全检查，严格落实《食品安全法》，组织食品安全专项检查，落实市场准入制度，打击生产销售伪劣变质食品行为，重点规范好夏季熟食制品以及自制凉菜的食品卫生，预防食物中毒等现象发生。

【行风建设】　开展2013年党风廉政建设责任状的签订、下基层调研、行政权力监控机制建设和密切联系群众改进工作作风的调度和检查，与区中心和直属市场主要领导约谈，做好领导干部任前廉政谈话，与年内调整提拔的领导干部进行廉政谈话5批37人次。年内组织走进行风直播间节目6次，受理群众投诉18个，解决群众电话投诉4件，都及时督促有关基层单位进行了整改，并及时向反应问题的群众和电台进行回复，

【信访稳定和提案办理】　全年承办市人大建议2件，市政协提案19件，已办结19件。代表、委员满意率达到了100%，完成年度任务的90%以上。

【班子和队伍建设】　围绕“抓

班子带队伍，抓作风促发展”主线，提高素质、优化结构、改进作风、增进团结为重点。按照《干部使用条例》规定的原则、标准、条件和要求，结合市场办《科级干部管理办法》和《股所级干部管理办法》，选拔任用了一批优秀年轻的科级干部、公司经理。指导财务处、管理处、保洁处对基层财务人员、市场管理人员进行培训20余次。组织基层7名科所长赴内蒙古呼和浩特参加中国市场学会发展委员会举办的“市场管理员”国家职业资格认证培训鉴定，并全部获得国家人力资源和社会保障部颁发的《中华人民共和国职业资格证书》。

（帅金城）

商　检

【保定出入境检验检疫局】 保定出入境检验检疫局（以下简称“保定局”），隶属河北出入境检验检疫局管辖。下设办公室、财务科、综合业务科、通关业务科、动物检验检疫科、植物检验检疫科、食品检验监督科、检验监管科、科技科、内陆港筹建办等10个职能科室。设有河北出入境检验检疫局技术中心保定分中心。2004年7月通过了国家实验室合格评定委员会CNAS及国家计量认证“二合一”评审。综合实验室下设9个检测实验室，面积1600平方米，实验室配有各类检测仪器91台（套），总价值约1000多万元。具备食品、食品包装及食品接触材料、纺织品、化工矿产品、金属制品等16大类商品、89个标准、263项参数的检测能力。每年出具检测报告近1万份。

贯彻执行出入境卫生检疫、动植物检疫、进出口商品检验和食品安全等法律、法规和政策规定的实施细则、办法及工作规程，负责所辖区域的出入境检验检疫、鉴定、认证和监督管理等行政执法工作。

主要负责保定地区出入境检验检疫和监督管理；实施出入境动植物及其产品和其他检疫物检验检疫与监督管理，动植物疫情监测、调查等工作，办理上级出入境检验检疫局授权的动植物检疫审批，实施动植物疫情的紧急预防措施；实施进出口商品法定检验的监督管理，实施一般包装物出口、危险品货物包装检验，进出口商品鉴定管理工作，实施外商投资财产鉴定，办理进出口商品复验工作；实施对进出口食品、动植物及其产品等的生产（养殖、种植）、加工和存放等单位的卫生、检疫备案资料的初审和上报，实施进口安全质量许可和出口质量许可工作资料的初审和上报，实施进出口产品、体系认证和实验室认可、检验员认可等工作的监督管理；实施出入境交通运载工具和集装箱及容器的卫生监督、检疫监督和有关的适载检验、鉴定，负责出入境交通运载工具、集装箱、包装物及铺垫材料和货物的卫生除害处理的管理工作；执行国家、国务院有关部门和国家质量监督检验检疫总局签署的国际协议、协定书等，负责技术性贸易壁垒协定和检疫协议的实施工作；负责签发出入境检验检疫证单、标识和封识，并进行监督管理；负责出口商品普惠制原产地证和一般原产地证的签证工作；负责所辖区域的出入境检验检疫业务统计，调查和收集国外传染病疫情、动植物疫情和国际贸易商品质量状况，提供有关信息；负责对所辖区域内各类涉外检验检疫、鉴定和认证机构（包括中外合资、合作机构）以及卫生除害处理机构的监督管理；负责出入境检验检疫科技、标准化和信息化工作；负责本局教育培训、外事、收费、纪检监察等工作。承办河北出入境检验检疫局交办的其他工作。

局　　长　赵万秋
副 局 长　鞠景黔
纪检组长　李兰志
副 局 长　王静娟（女）

【概况】 全年经保定局检验检疫出入境货物14846批、19.87亿美元，检出不合格货物311批、4558万美元，为企业挽回直接经济损失300多万美元。帮助指导进出口企业用足用好产地证优惠政策，签发产地证书8514份，为企业享受减免关税2588万美元。为促进保定市外贸企业扩大出口，助力对外贸易稳定增长，保定局制定了21条惠企服务稳外贸增长措施，实行“5+2”“白+黑”、24小时预约服务工作机制。落实国家质检总局减免收费政策，全年减免检验检疫费980万元。

【建言献策】 先后向保定市政府报送了8份工作报告，从不同角度介绍检验检疫监管工作情况，提出建设性工作意见和建议。其中《保定检验检疫局关于保定辖区外贸进出口工作调研情况的报告》得到市政府主要领导和主管领导高度肯定，并要求在政府“内通”上发有关部门和相关领导参阅；《关于国外技术性贸易措施对保定出口企业影响的调查报告》，市政府主要领导、主管领导相继批示：“这份报告很有价值。同意拟办意见，积极应对，加强指导。”《关于对生鲜肉抽样检测工作的质量分析报告》，市政府主要领导批示：“检验检疫局此项工作做得很好，希望建立一个机制，确保食品安全。”《保定出入境检验检疫局关于创新驱动促经济发展，惠企服务稳外贸增长的工作报告》，市政府主要领导和分管领导分别批示：“保定出入境检验检疫局工作扎实务实，坚持创新驱动，促进我市经济健康发展很有成效，望继续努力，再创佳绩”；“今年以来保定检验检疫局围绕中心工作，确实做了大量工作。请信息技术处予以关注。”

【助强扶弱拓宽服务领域】 帮助22家对美国出口食品企业获得美国FDA注册；根据《欧盟木材与木制品法规》要求，帮助一家木制品出口企业获得FSC（森林管理委员会）的认证；帮助辖区白云石砂、危险货物磷钨酸、铜绞股线、环氧树脂粉末、SPF种蛋等多个产品首次进出口；成功帮助1家企业对一批货值1381.75万美元的不合格进口设备向外商索赔，维护了企业的合法利益；通过“一厂一品一案”风险管理体系，帮助辖区宠物饲料出口产品首次进入科威特市场，帮助望都红辣椒成功登陆台湾；帮助长城汽车和天威变压器顺利通过了出口免验资格延续评审。

【提高服务效能】 全面实施出口货物直通放行，大力推行绿色通道制度，优化检验检疫业务流程，推行集中审单，落实全天候报检等便利措施，加大原产地证宣传力度，帮助进出口企业及时享受关税优惠政策，提升产品的竞争力，并向社会公布预约工作电话，在窗口设立咨询服务台，对企业进行业务指导，进一步提高业务运行效率，缩短检验检疫周期，提高服务效能。

【助力食品安全】 保定局与保定市公安局食安支队签订了《合作协议书》，开展长期的深度合作，成为公安机关打击食品领域犯罪指定检测机构，出具的检测报告帮助公安部门成功破获了多起食品安全制假案件；开展的肉制品真假鉴定检验服务，为打击肉类掺杂使假提供了可靠的技术保障。保定局支持民营经济发展，帮助“油条哥”刘洪安进行食品安全检测，使“油条哥”在食品安全检测方面获得了权威技术支持，在确保油条质量安全的同时，促进了“保定良心油条哥”这一餐饮品牌的发展。保定局为“油条哥”提供技术支持的做法在《保定日报》头版进行了报道。保定局与保定市食安办等28家政府职能部门建立长期技术合作关系，为保障辖区食品安全提供了有效技术支撑。

【免费为企业培训】 免费为辖区进出口企业开展了20期涉及法律法规、产品质量控制、国外技术标准、关税优惠政策、实验室检测技术、疫情防范及企业质量安全管理体系等内容的专题培训，参训1000多人次，提升了进出口企业质量管理水平和产品的竞争能力；组织出口食品生产企业实验室人员参加了河北检验检疫局实验室检测知识培训，提升了企业的自检自控能力。

【质量安全宣传】 以《质量发展纲要》为抓手，开展以“打造经济升级版，实现质量强国梦”为主题的“质量月”活动。开展“食品安全宣传周”“实验室开放日”等活动，邀请部分人大代表、食安办、质监局、畜牧局、企业代表、高校老师走进实验室，普及检验检疫知识，扩大了质量工作的社会影响。

【改进产品质量监管模式】 对产品质量稳定、企业管理水平较高的出口企业施行了分类管理；开展了“首席质量官”资格把关和能力验证；按照河北检验检疫局部署，落实“集中审单”“电子监管”、数字实验室等工作；将“日常监管、定期监管、现场验货和认证有效性网格化检查”等工作有机结合。

【建立质量分析制度】 开展制度化的检测不合格质量分析评估，利用检测数据，定期对进出口重点产品质量进行分析，督导业务监管科室进一步规范检验监管方式，提高检验检疫工作质量；按照河北检验检疫局要求，完成辖区进出口大宗、重点、特色商品质量分析；以2012年全国检验检疫工作业务督察为契机，建立了每月业务工作定期督察制度，对存在的问题及时整改。

【打击违法行为】 设计并启用《入境流向货物涉嫌逃漏检情况督查办理单和入境流向货物检验督办告知书》；对辖区进口胶乳及出口乳胶制品企业进行了《商检法》知识讲座，增强企业守法意识；年内调查了20批入境流向货物涉嫌逃漏检情况，有2家违法企业受到行政处罚。

【“两证”企业评审考核】 年内，完成8家许可证企业初次备案评审、12家许可证企业延续备案评审、完成10家企业换证复查评审。对15家出口食品备案企业和7家出口工业品许可证企业的不符合项整改情况进行了跟踪验证。对9家出口食品备案企业、8家出口工业品许可证企业上报河北检验检疫局依法给予注销。

【风险管理】 开展质量管理体

系现状调查。共梳理现行有效的法律法规文件100个，外来有效的规范性文件186个，局有效工作规范68个；应对长城公司对其生产的部分哈弗H6车型由于部分转向助力泵螺栓受装配误差影响，存在转向助力泵失效的隐患进行的召回事件。对长城汽车股份有限公司出口意大利C20RCC7152BMA0C轿车因使用长春AUTOLIV公司生产的问题安全气囊而变得不安全的问题进行实地督查，并确保问题气囊彻底消除安全“隐患”；完成进口三菱汽车召回后续监督检查；向河北检验检疫局起草上报《保定局关于设立出口汽车风险信息国家监测点的申请函》，制定了《保定出口汽车风险信息国家监测点监测方案》，为开展辖区出口汽车风险监测工作奠定基础。

【质量安全隐患排查】 对欧盟“马肉事件”，对出口东南亚、伊斯兰国家的清真食品生产企业，迅速开展风险排查，对出口肉类及含肉制品的清真食品是否掺杂非清真食品成分进行监控；对出口速冻草莓、桃罐头生产企业进行产前检查，对不符合生产条件的企业发出了整改通知。参加市食安办组织的食品安全隐患大排查大整治活动，作为组长单位于9月和10月2次对南市区、北市区和新市区的食品安全隐患大排查大整治活动开展情况进行了督导检查，形成督导检查报告。

【疫病疫情监控】 首次从进境羊毛中截获活体昆虫及苍耳种子；从辖区进境燕麦中截获法国野燕麦等杂草种子和豆类种子；从进境货物木质包装上首次截获了活体昆虫及杂草种子，有效地防止了有害生物的入侵；严密监控H7N9禽流感疫情，做好辖区进境种鸡临时隔离场的监督检查工作，督促各隔离场严格落实兽医卫生防疫制度，确保隔离场内不发生疫情；指导瑞普（保定）生物制药有限公司完善临时隔离场相关设施及防疫措施，为7月和9月进口美国SPF种蛋做好防疫保障，为疫苗年内首次成功出口阿曼保驾护航。

【分支机构建设】 保定内陆港检验检疫办公场所已装修完毕，办公设备也已基本配备到位，检验检疫现场查验场地、设施正按上级要求督促有关单位加紧建设，保定检验检疫局内陆港办事处筹建办（正科级）获河北局批准设立。为配合省委、省政府建设安国中药都的重大决策部署，多次派员深入安国调研，会同安国市人员到衡水枣强进行了调研学习，与安国市政府协商设立检验检疫机构及检测中心事宜，就建设规模、地址、双方责任等达成一致意见。保定局提前做好了检测技术、仪器设备及业务人员的储备工作。

【完善管理制度】 制定实行每月工作例会制度，完善业务管理制度；持续运行17020管理体系；借鉴运用“五式工作法”（课题式设计、项目式管理、工程式推进、台账式督察、绩效式考核）抓好基础工作、重点工作的落实；建立证单质量定期督查机制，定期汇总分析点评抽查结果，并通过办公自动化系统向全体人员发布，降低了证单差错率。

【开展全员培训】 开展“全员大培训、能力大提升”活动，制定《保定出入境检验检疫局全员大培训能力大提升活动实施方案》，截至年底已有包括局领导班子在内的37人完成授课，开展科室内“一人一课”培训35期，受训1000多人次；为促进对检验检疫工作的深入研讨，提高分析问题、解决问题的能力和文字写作水平，开展了以“树立三站意识，打造四新强局，为保定检验检疫尊严而战”为主题的论文征集活动，共征集论文62篇；成功备战了欧盟官方（FAO）检查团对出口肠衣企业的检查。

【实验室建设】 保定局实验室技术水平、检测能力、应用水平步入省局系统第一方阵。通过“三合一”现场审核，共扩充57个标准，178个检测项目及参数，实验室检测资质共计26大类、198个标准、692个参数；先后参加12次（38项）CNAS、认监委等组织的实验室能力验证和测量审核，均获得满意结果；完成动检实验室建设并投入使用；开展中药材鉴定、树脂薄膜检测、肉制品种类鉴定、纺织服装及辅料中耐汗渍色牢度、镍释放量、全氟辛烷磺酸等检测。

【科研制标工作】 与河北农大合作的国家自然科学基金项目、承担的4个省局自主立项科研项目进展顺利；与云南局合作的总局课题已经通过评定；《三醋酸纤维素酯膜（TAC）中各类增塑剂的检测以及在出口偏光片质量控制中应用的研究》获得总局立项；首个工信部行业标准《光学三醋酸纤维素酯（TAC）薄膜用紫外吸收剂含量测定高效液相色谱法》成功立项；与河北大学合作的《保定市农产品对外贸易问题研究》获得保定市哲学社会科学规划课题立项，实现科研工作新突破；11篇论文在《食品科技》《中国畜牧兽医》《塑料科技》《食品工业》等科技文献刊物上发表。（穆晓波）

水利·电力

水　利

【保定市水利局】 保定市水利局是市政府工作部门。主要职责是负责保障水资源的合理开发利用，拟定水利战略规划和政策，组织起草有关水事规章制度并监督实施，组织编制综合规划、防洪规划等重大水利规划。负责生活、生产经营和生态环境用水的统筹兼顾和保障。负责水资源保护工作。负责防治水旱灾害，承担保定市防汛抗旱指挥部的具体工作；组织、协调、监督、指导全市防汛抗旱工作；指导水利突发公共事件的应急管理工作。负责节约用水工作。指导全市水利设施、水域的管理与保护，指导主要河道、水域的治理和开发；指导水利工程建设与运行管理。负责防治水土流失。指导农村水利工作。负责重大涉水违法事件的查处，协调，仲裁跨县（市）水事纠纷，指导水政监察和水行政执法。开展水利科技和外事工作等。内设办公室、人事科教处、规划计划处、水政水资源处、财务处、建设与管理处、水利水保处7个处室（不含机关党委和老干部处）。

党委书记
局　　长　　吕坤力
党委委员
副 局 长　　张光伟　郑宝贵
　　　　　　张海波
　　　　　　朴丽芬（女）
副 局 长　　吴剑松
纪委书记　　李俊琪
党委委员
总工程师　　郝记栓

【概况】 2013年，全市水利系统干部职工以奋发有为的精神状态和高效务实的工作作风，抢抓机遇，攻坚克难，真抓实干，圆满完成了年初制定的各项任务目标，有力推动了保定市水利事业大投入、大建设、大发展，为全市经济社会又好又快发展提供了强有力的水利支撑和保障。

【防汛抗旱工作取得了全面胜利】 针对2012年防汛抗旱严峻形势，提前入手，强化举措，科学防范，狠抓落实，夺取了全市防汛抗旱工作的全面胜利。全市平均降水576.4毫米，比常年平均数多8.3%；完成应急度汛工程9项，超额完成省市下达的工作任务；实现了保安全、多蓄水的目标。全市大中型水库及白洋淀共蓄水13.46亿立方米（其中白洋淀累计蓄水4.33亿立方米，水位达8.74米，创下了14年来最高水位），比上年同期多蓄水0.4亿立方米。

【“7·21”水毁水利工程灾后重建任务圆满完成】 经过坚持不懈的努力，“7·21”水毁水利工程建设任务于2013年9月底全部完成。共争取上级重建资金1.7亿元，新打水源井423眼，维修水源井1098眼，配套设备565台（套），铺设饮水管道178万米，修建水池、水窖291座，修复护村坝14万米，修复水库5座。

【民生水利建设再创新佳绩】 2013年，坚持把解决基层群众生产生活中的困难作为工作的出发点和立脚点，深入基层、扎实工作，取得了很好的效果。1. 农村饮水安全年度任务提前完成。提前两个月完成了总投资3.3亿元的农村饮水安全年度任务，解决了434个村、299所学校、71.2万人的饮水不安全问题。2. 小型农田水利基础设施建设深入推进。围绕提高粮食生产综合能力，重点实施了清苑、安国、定州、阜平、涞水、博野、满城、徐水8个小型农田水利重点县项目和蠡县、易县、曲阳、唐县4个现代农业县项目，全市累计完成投资1.6亿元，新增节水灌溉面积25万亩。3. 农村水电建设步伐加快。不断加快水电新农村电气化县建设步伐，总装机2400KW、总投资2746万元的菜树林水电站已完成投资1118万元；总装机960KW、总投资899万元的涞源县桑园水电站已完成投资489万元。积极推进小水电增效扩容改造项目的实施，完成了9座水电站增效扩容改造项目的自筹资金共计533万元。全市所有运行的水电站共完成发电11367.89万度。4. 水土保持综合治理效果明显。依托国家太行山水土保持重点建设工程、国家级坡改梯试点项目、省重点水土保持项目、省财政补助水土保持项目和清洁型小流域试点工程等，大力实施水土保持综合治理建设，全年完成水土流失综合治理面积247平方公里，完成投资6640万元，超额完成了年度任务目标。5. 水库移民后期扶持工作全面到位。依据水库移民后期扶持资金使用管理办法，发放前三季度直补资金6960万元；发放省级后期扶持项目资金627万元；下达中央结余资金6300万元。后期扶持资金运转高效，管理规范、安全。同时，按照先易后难、先急后缓、先生活后发展的原则，实施了一批移民群众关注、社会经济效益明显的项目，累计完成项目扶持资金4350万元。6. 中小河流治理初见成效。完成了10项中小河流治理项目任务目标。另有4条中小河流治理项目开工建设，其中易县中易水高村桥至军营桥段治理工程、拒马河涞源县南屯大桥至207国道治理工程2个项目已完工；瀑河徐水县城段治理工程、月明河蠡县县城段治理工程已开工建设。7. 水库除险加固及水闸、泵站建设有序推进。按照上级要求，完成了12座重点小（Ⅱ）型病险水库除险加固工程建设任务。另有17座一般小（Ⅱ）型病险水库下达投资计划，正在抓紧建设。此外，省水利厅下达徐水于庄节制闸除险加固工程投资计划797万元（其中中央资金478万元，省配套96万元，市县自筹223万元），正在进行招投标准备工作。8. 大型灌区续建配套及节水改造建设不断深入。重点实施了沙河、唐河、易水三大灌区续建配套与节水改造项目，累计完成2010年和2011年中央投资14852万元；总投资16999万元的2012年项目完成了主体工程建设任务。另争取唐县革命大渠节水配套改造投资1437万元，易县胜利灌区节水配套改造项目正在积极争取中。9. 南水北调工程建设进展迅速。2013年，南水北调工程建设平稳快速推进，保沧跨市干渠完成管道安装84公里，占全部任务的66%。全市南水北调配套水厂以上输水工程第三、四单元初步设计报告已获省批复，各参建单位已进场；第一、二单元初步设计报告已报省发改委审批，计划2014年6月开工建设。10. 大水系水源工程建成并发挥效益。完成了王快—西大洋综合管理工程单位工程验收和北线单位工程、合同工程验收工作；王快—西大洋综合管理工程新建农用桥4座，为当地群众出行创造了便利条件；组织实施了大水系北线工程向保定市区生态补水工作，为有效改善市区水环境做出了贡献。

【水利管理实现新突破】 1. 水资源管理工作深入推进。2013年，以深入推行最严格水资源管理制度为重点，扎实开展水资源管理工作。认真实行科学计划用水；严格水资源论证和排污口管理；建立取水许可证管理登记数据库；完成了重点区域地下水水位和重点用水监控单位监控设施建设；编制《保定市地下水超采区评价》《保定市水资源保护规划》，对超采区进行重新规划；深入开展节水型社会建设，在城市工业产值不断增长的情况下，实现了用水量零增长。通过不懈努力，初步形成了全市水资源管理系统。全年征收水资源费5068.4万元；以2000年不变价计算，2013年万元工业增加值用水量23.7立方米。2. 现代河道管理体系建设初见成效。按照省加强现代河道管理的要求，代市政府拟制了《保定市人民政府关于加快河道现代管理体系建设的意见》（保市政［2013］47号），并于6月8日正式印发；完成了《保定市河道管理范围划界竖桩工作方案》，完成了8条市管河道管理范围确权划界具体实施方案的制定。3. 安全供水工作万无一失。一是通过西大洋供水管线安全向保定市区供水8257.35万立方米，其中生活、生产用水7492.03万立方米，向生态园供水524.16万立方米，向护城河供水241.16万立方米，为保定市的经济发展、社会和谐稳定起到了重要的支撑和保障作用。二是利用大水系向市区生态补水2898万立方米，保障市区河道水生态安全。三是王快水库和安格庄水库累计向北京应急供水17531万立方米，其中王快水库向北京应急供水9265万立方米，安格庄水库向北京应急供水8266万立方米，有效缓解了北京用水困难。4. 行政审批工作进一步规范。2013

年，水利审批窗口共办理审批事项50件，接受群众咨询160多人次，发放明白卡、水法律法规等材料50多份；全年未发生一起群众投诉和不满意事件。5. 水行政执法深入开展。充分利用“世界水日”“中国水周”“六·五”普法等契机，大力开展水宣传活动，累计出动水利、水文、大学生志愿者共800余人，发送宣传材料50000份，制作大型展板44块，接受咨询2500人次。同时，认真学习贯彻《水法》《防洪法》《水土保持法》等法律法规，坚决做到有法可依，有法必依，执法必严，违法必究，坚决杜绝违法施政，吃拿卡要，扰乱企业正常生产秩序等行为；强化水利执法，严厉查处各类水事违法行为，确保全市水事秩序稳定顺畅。2013年，共查处各类水事案件33起，协调水事纠纷12起，有效维护了全市的水事秩序。6. 水利科技工作蓬勃发展。2013年，市水土保持试验站《一种林内观测蒸发计》研究获国家发明专利，易县观测场被海河水利委员会水土保持监测中心站确定为“水土保持监测示范站点”，水土保持试验站获省人力资源厅和省水利厅联合颁发的全省水土保持科研监测先进单位。望都灌溉试验站认真开展《冬小麦非充分灌溉制度研究》项目，实验数据为制定冬小麦非充分灌溉制度提供了依据。

【扶贫攻坚与基层建设年建设取得新成效】 1. 水利扶贫攻坚按照“一个重点、两个目标、三个突破、六个工程”的总体思路，充分发挥水利部门职能作用，大力争取上级的项目和资金支持，加大人力、物力、财力投入，重点围绕农村饮水安全、农田水利设施建设、中小河流治理及小水库除险加固、国家太行山水土保持以及坡改梯综合治理、水库移民后期扶持等水利工程建设，为基层贫困群众解决了大量实实在在的问题，得到了群众欢迎。2. 按照省市统一部署，在基层建设年活动中做了大量工作，积极争取大量资金项目，全力推进项目建设。以饮水安全为突破口，投入资金2.3亿元，解决了390个帮扶村、46.6136万人的饮水不安全问题。

（陈吉华　蒋晓丽　马琛智）

【保定市南水北调办公室】 为保定市南水北调工程建设委员会的办事机构，是保定市人民政府负责指导、协调、督促、检查辖区内南水北调工作的职能部门，为参照公务员管理的正县级全额拨款事业单位。内设综合处、计划财务处、设计环境处、征迁安置处、建设管理处五处。主要职责是配合国家和省做好南水北调中线主体工程建设的协调和服务工作；组织实施征地拆迁、移民安置；牵头组织保定市受水区配套工程的规划设计、资金筹措等，负责本市配套工程的建设管理。

主　任　朴丽芬（女）
副主任　马　杰　凌国增
　　　　陈国庆

【概况】 2013是全市南水北调配套工程建设的关键年、攻坚年。市南水北调办深入开展“解放思想、改革开放、创新驱动、科学发展”大讨论活动，以为保定市打造环京津增长极提供水资源支撑为目标，筹备召开了全市南水北调第五次建委会，协调组织各方加快南水北调供水工程体系建设，全力做好保沧干渠征迁安置和建设管理，大力推进配套输水工程前期和建设准备工作，扎实做好天津干渠复垦和总干渠征迁后续工作，精细组织廊涿干渠水压试验和竣工验收准备工作，认真开展基层组织建设年和对口扶贫活动，圆满完成了年初制定的任务目标。

【保沧干渠保定段开工建设并超额完成年度建设任务】 保沧干渠是全省南水北调供水网络的骨干工程，也是保定市“一纵三横三库”南水北调供水体系的重要组成部分，承担向保定、沧州、廊坊和定州4市共计15个目标供水任务。工程总长242公里，年均引江水量2.7亿立方米，分配保定和定州1.1亿立方米。市南水北调办公室承担渠首至高阳段133公里的工程建设任务，该段工程自西向东穿越曲阳、定州、安国、博野、蠡县、高阳6县（市），共有9处铁路、国省干道和76处县级及以下等级公路穿越施工，采用双排PCCP管道和混凝土箱涵输水。

保沧干渠保定段（含定州）批复永久占地182.7亩、临时用地19869亩，占压各类树木29万棵、机井233眼、坟墓2402座、村组副业23家、工矿企业6家，需迁建通讯、广播电视、电力及输油气管道等各类专项设施近800处。征迁安置任务十分艰巨。3月27日，市政府在安国市召开市、县、乡、村四级征迁安置资金兑付动员大会，明确了资金兑付流程和完成时限要求，市政府还与各县（市）政府签订了责任状。市南水北调办随即组织各县（市）规范开展征迁补偿资金兑付。工作中，做到了严格把握各类方案的编制，严格执行资金兑付程序，严格各项资金监管，确保了资金兑付工作公平、公正、公开。以满足施工需要为原则开展了各类专项设施迁建保护。克服了高阳段、蠡县段长距离改线困难，及时提交了施工用地。借助全市开展的“秋收100”严打整治专项行动，打击非法阻工行为，为工程建设创造了良好环境，保障了工程顺利施工。同时，认真做好工程永久占地组卷报批工作。

按照全省南水北调配套工程建管体制，河北水务集团与市南水北调办签订了建设管理委托合同，市南水北调办依据水利工程基本建设程序要求，制定了详细的总体建管工作计划，各项建管工作有序展开。在按程序依法依规开展各类招投标工作的基础上，4月28日，市南水北调办与中标单位进行了各类合同集中签约。市政府在市南水北调办机关组织召开了保沧干渠开工动员大会，各参建单位会后立即进场。为满足工作需要，加强现场管理，组建了保沧干渠建设管理第一项目部和第二项目部，抽调、聘用技术人员分驻定州、蠡县，全面开展现场建管工作。工程建设过程中，建管部一是严格质量管控，建设精品工程。从原材料检验入手，对各关键工序严格控制，以高于国标的要求，确保管道质量。二是狠抓安全生产，争创安全零事故。将定期对重点部位的安全检查与日常预防措施结合起来，层层落实安全生产责任。汛期，组织参建单位克服雨季生产、施工困难，确保了汛期工程建设平稳推进。三是抓住有利时机，加快施工进度。自9月1日起，组织保沧干渠保定段各参建单位发起“百日会战”劳动竞赛活动。期间，制定了详细的建设计划，层层落实责任，并实行周调度制度。通过深入宣传动员和实行奖惩机制，掀起了比质量、比进度、比安全、比环境的建设热潮。截至2013年底，保沧干渠保定段累计完成投资11.33亿元，占总量的59.11%；完成土方开挖710万立方米，占总量的70%；完成管道安装84.13公里，占总量的66.23%，工程投资、箱涵浇筑、管道制安等主要工程量均超额完成了省南水北调办要求的40%的年度任务目标，为2014年汛后主体工程完工奠定了基础。

【全市水厂以上输水工程前期和建设准备工作快速推进】 南水北调中线工程通水后年均分配保定市5.5亿立方米清洁水源。为用足用好长江水，科学配置水资源，需构建完备的南水北调供水工程体系，向保定市区，除涞源、阜平外的19个县（市）、白沟新城，定州市、国华定洲电厂和大王店工业园区等3个重点工业区共计26个目标供水。从“一纵三横”输水干渠到各供水目标需铺设水厂以上输水管道29条，合计约208公里，初设批复概算投资24亿元。根据《河北省南水北调配套工程建设管理若干意见》确定的原则，充分考虑工程规模、口门位置、所在区域等因素，市南水北调办将全市水厂以上输水工程划分为了4个单元开展设计工作。按照统筹推进、分批建设的原则，明确全市水厂以上输水工程建设计划为：保北片的第三、四单元2013年年内具备开工条件，春节后开工建设；保南及市区片的第一、二单元2014年上半年完成征迁安置，力争6月份开工建设。

全市水厂以上输水工程可研报告编制完成后，经过不断修改完善，2013年4月12日获得省发改委正式批复，为下步工作顺利开展奠定了基础。之后，市南水北调办全力推动初步设计工作。第三、四单元初设报告于12月16日获得省发改委批复。第一、二单元初设报告也于年底前修改完善后报省待批。为确保第三、四单元年内具备开工条件，按照省办“搭茬儿”做工作的指导意见，市南水北调办统筹推动征迁安置和建设管理工作。征迁安置上，7月16日开始，利用一个月的时间，组织各有关县（市）政府和有关单位完成了第三、四单元的征迁实物量外业核查入户登记工作，组织设计单位编制了征迁安置实施方案，为年底前开展征迁补偿资金兑付做好了准备。建设管理上，开展了工程招标设计报告的编制，确定了招标代理单位，按程序规范组织开展了土建施工及监理标的招投标工作，选定了参建单位。同时，抽调技术力量组建了第三、四单元现场建管部，分别在容城县、涞水县选定了办公场所，年底前基本具备了办公入住条件。

为降低成本、提高效率，按照省办统一部署，受河北水务集团委托，市南水北调办提前组织实施了输水工程穿越在建铁路项目3处及穿越在建公路项目1处，年底前均已完工。剩余5处穿越在建铁路项目由河北水务集团直接组织施工，年底前已进场。

【受水区市、县地表水厂及配水管网建设有序推进】 保定市南水北调受水区共需建设地表水厂22座，分别是：市区第二地表水厂；除涞源、阜平、清苑（清苑与保定共用）以外18个县每县1座，白沟新城1座；松林店工业区、大王店工业区各1座。另需进行对应的配水管网改造施工。为确保各水厂及配水管网与输水工程同步建成发挥效益，市南水北调办多措并举协调推动：一是积极搭建筹融资平台，破解筹融资难题，促成8个县（市）与河北建设集团达成合作意向，共同建设地表水厂。二是在省办统一部署下，协调解决了18个县（市）地表水厂用地指标问题，年底前大部分县（市）完成了水厂用地组卷工作。三是大力推动各县（市）地表水厂加快建设。年底前，全部地表水厂完成可研报告编制，其中15座完成批复立项，4座开工建设，分别是唐县、顺平县、容城县和涞水县地表水厂。

【保定市境内主体工程征迁安置收尾工作稳步开展】 保定市境内南水北调主体工程包括京石段总干渠和天津干渠。天津干渠工程于2012年底基本完成主体施工。市南水北调办积极做好临时用地复垦退耕工作。针对天津干渠绝大部分是临时用地、需要复垦退耕的实际情况，在工程建设伊始，就对临时用地的使用严格管理，规范操作，紧抓不放。为搞好临时用地复垦退还，在科学编制复垦设计方案、提早安排复垦工程实施的基础上，狠抓复垦工程的进度和质量，实现了天津干渠保定段1.55万亩临时用地5月底基本完成复垦退还到户。对于入夏以来连续降雨后出现的退耕土地渗水不畅、部分积水导致减产问题，市南水北调办积极组织参建单位共同制定赔偿办法，对复垦存在的缺陷责成施工单位进行整改提高，维护了涉迁群众利益，确保了沿线社会稳定。

京石段总干渠于2008年建成并4次向北京实施应急供水，到年底，保定段征迁安置工作已基本结束，完成了竣工决算和征迁档案验收，同时开展整体验收准备工作。由于该段工程与保定市境内唐河、北易水河、漕河三条河流立体交叉，为降低相互影响，确保工程和流域内村庄、耕地安全，受南水北调中线局委托，市南水北调办组织实施了“三条河防洪治理工程”，年底前该项工程建设正在有序推进。

【廊涿干渠保定段工程完成水压试验进行验收准备】 廊涿干渠保定段主体工程建设任务于2012年10月底全部完成。2013年5月，省南水北调办、河北水务集团会同市南水北调办对廊涿干渠保定段进行了充水打压试验。通过试验，廊涿干渠保定段全部达到水压试验技术要求，管道强度、严密性及管线建筑物经受住了检验，保定全段已具备通水条件。经过大量的准备工作，合同工程完工验收条件已具备，市南水北调办向河北水务集团行文申请进行完工验收。9月，顺利通过了工程外观质量验收，年底前抓紧进行单位工程和合同工程验收准备工作。

【全市南水北调工程建设委员会第五次全体会议召开】 为加快推进全市南水北调配套工程建设，尽快建成完备的南水北调供水工程体系，如期实现国务院、省政府要求的配套工程与中线主体工程同步建成通水的目标，12月5日，市南水北调办筹备召开了全市南水北调工程建设委员会第五次全体会议。会议传达了国务院南水北调工程建设委员会第七次全体会议和河北省南水北调工程建设委员会第五次全体会议精神，汇报了全市南水北调工程建设情况。唐县、涞水县、市国土局、市供电公司代表建委会成员单位发言。会议对全市南水北调第四次建委会召开以来的工作进行了认真总结，分析了当前面临的形势和问题，对下步工作进行了安排部署。会议要求各级各有关部门树立大局意识和全局观念，各负其责，协调联动，强力推进配套工程建设，确保如期建成通水。一是全面加快配套工程建设。市南水北调办要统筹抓好保沧干渠和输水工程征迁安置、工程建设工作。受水区各县（市）政府要积极稳妥的做好输水工程征迁安置，满足工程建设用地需要；大力创造良好施工环境，确保无障碍施工。市国土局、林业局要协调指导做好配套工程永久占地组卷相关工作。市交通局、水利局要配合做好穿越工程施工。市公用事业局要调整建设计划，加快工作进度，确保市区第二地表水厂建设与输水管道工程建设协调一致。电力、通讯等部门要以满足南水北调配套工程施工需要为目标，积极做好专项设施迁建工程施工。其他建委会成员单位要各司其职，各负其责，开辟绿色通道，简化工作流程，为南水北调配套工程建设提供便捷服务。二是必须加快推进水厂及配水管网建设。各县（市、区）政府要建立协调联动机制，明确主管领导，落实责任部门，科学规划设计，运用市场机制，多渠道筹集资金，尽快开工建设，确保与输水工程同步建成生效。三是认真开展征迁安置工作。要深入细致的开展征迁实物核查，严格执行补偿标准，及时拨付补偿资金，阳光操作，确保公平公正，切实维护群众合法利益。四是切实加强工程建设管理。要严格履行基本建设程序，落实招投标制、监理制、合同管理制。强化现场管理，严格执行质量标准，建立健全质量保证体系，落实安全生产责任，确保安全施工。强化资金监管，确保工程资金使用规范安全。五是严格考核落实奖惩办法。市政府与各县（市）政府签定配套工程建设目标责任书，将输水工程征迁安置、施工环境优化、水厂及配水管网建设任务列入对县（市）政府考核目标，严格考核奖惩。市政府督查室要按照责任书要求加强督办检查，确保配套工程建设各项任务按省、市政府要求的时限完成。六是强化水资源综合利用管理。受水区各级政府要严格落实南水北调受水区地下水压采实施方案，严控地下水开采。认真执行国家和省政府确定的南水北调水价政策。按照满足当前、立足长远、科学规划、统筹配置的原则，强化水资源综合利用管理。

（郝红梅　谢长江）

【西大洋水库管理处】　西大洋水库管理处位于唐县境内。主要任务是防汛、工程管理、水源地管理、城市供水、工业供水及农业灌溉。2013年内设党委办公室、行政办公室、人事科、灌区办公室、财务科、监察室、工程管理科、北罗管理所、仁厚镇管理所、顺平管理所、工程灌溉科、机电科、老干部科、水源地办综合科、水政监察大队、水政大队、派出所、工会、综合经营科19个科（室、所）。

主　任　李士贤
副主任　刘建国　刘红楼

【概况】　西大洋水库地处海河流域大清河系南支唐河的出山口处，控制唐河全部山区流域面积4420平方公里，为大（Ⅰ）型水库。西大洋水库加固工程尚未完工，山庄副坝、坡上一、二副坝加固均未启动。加固完成后，防洪标准为10000年一遇，总库容达12.58亿立方米。唐河发源于山西省浑源县抢风岭，河道全长273公里，下游经定州市、望都县、清苑县入白洋淀。枢纽工程由一座主坝（全长1820米）、4座副坝（全长2975米）、正常溢洪道、固定口门式非常溢洪道、泄洪洞、输水洞及电站组成。配套工程有总干渠一条长40.78公里，干支、斗渠共417条，总长523.70公里，建有闸、涵、桥、泵站、水电站等各类建筑物2938座。2013年全年入库水量1.6831亿立方米，最大入库流量为32.4立方米/秒，年最高库水位134.76米，最低库水位131.55米，最大库容3.8690亿立方米，总出库水量2.4695亿立方米，年蒸发量（陆面蒸发皿）886毫米。西大洋站年降水量556毫米。

【完成全年供水目标】　2013年向保定市生产生活供水8100万立方米，向定洲国华电厂供水1728万立方米，向保定市环境供水3324万立方米。通过周密安排合理调度，保证了各用水户的用水需求。

【项目建设】　一是实现了水库主坝区封闭管理，建立了防护网，主要路口安装了入库口伸缩门，重点部位安装了电子监控设备，新建了警卫室。二是完成西大洋水库防洪调度综合楼，投资约310万元。三是完成唐河灌区2012年度续建配套与节水改造工程招投标工作，已完成骨干工程的80%。

【灌溉管理】　一是继续做好已建、改建工程的维修养护工作，在2012年试点工作的基础上，全面推行了渠道维修养护新机制，实行渠道工程管理所、支渠、专管人员分级管理，定期督导检查，随时养护维修，使灌区工程管理步入规范化、常态化轨道。二是管理处在抓住有利时机抢工程进度的同时适时灌溉，注重节约用水。加大渠道巡逻力度，清淤复堤，规范渠道植树。全年总干渠输水五次，春灌二次，冬灌一次，大水系供水二次，累计用水6764万立方米，历时70天，累计灌溉12万亩次，农业灌溉总收入约90万元。

【加大水源地保护力度】　2013年管理处根据全国重点饮用水水源地达标建设的总体目标：水量保证、水质合格、监控完备、制度健全的总要求建立中长期发展规划，继续实行水政、渔政、公安、环保四位一体的执法体系，实现专管与群管相结合，陆面与水面相结合，点源与面源相结合，日常管理和集中整治相结合，收到良好的护水效果。1. 加大水质保护宣传力度。通过设立永久性警示牌、宣传牌匾、标识牌、广播、发放明白纸等宣传水源地保护有关规定。2. 采取封闭管理措施，实行重点部位全方位监控。修建水质检查站，配置电动伸缩门，设置隔离柱，安装无线监控设备，兴建执法船停靠码头，购置执法巡逻艇，清理水面垃圾及有害水生植物等。3. 严格执法力度，对破坏水质的行为进行严厉打击。夏季组织了为期15天的联合执法整治，劝阻来库旅游车辆及来库旅游人员，取缔非法旅游船只，对违法捕捞人员进行教育、劝诫等。4. 坚持多措并举，维护净水、兴渔、利民三者有机统一，实现政府要水质、水库要秩序、移民得利益的良性循环。采取生物净化措施，坚持净水与兴渔共赢。管理处筹集资金投放净水鱼苗及鱼卵。5. 为涵养水源，管理处在库区周边栽种垂柳、松柏、火炬等树苗。通过管理处的不断努力，水质长年保持在二级以上水平。

【安全度汛】 全面落实以行政首长负责制为核心的五种责任制，成立了12个防汛职能组队，按照百年一遇的洪水标准做好各项准备工作。对闸门启闭设备、备用电源、系统电源、通讯设施等进行了检查维修、保养，并进行了调试和试运行，准备好充足的防汛物料，各职能组队按独立作战七天的要求进行了多次实战演练，通过汛前检查和特殊天气的巡查，发现问题及时处理，安全度汛。2013年根据水库蓄水情况，在主汛期到来之前，对水库超汛限的水量进行弃水，历时20多天，泄水总量3640万立方米，其中保定市区环境供水1107万立方米，唐河下泄2533万立方米，及时全面地做好防汛准备工作，安全度汛。

【常态化管理】 管理处日常管理逐步向更加科学、和谐的方向发展。注重民生，改善办公环境，严格执行财务制度，做到了增收节支，开源节流；进一步完善和健全各项管理制度为管理处的发展提供了坚实的基础。管理处新办公楼落成，于10月底搬迁至新办公楼，干部职工的工作和就餐环境得到了明显改善。

（刘　欣　樊立敏）

【王快水库管理处】 王快水库位于海河流域大清河水系南支沙河上游，坝址处于河北省曲阳县郑家庄村西，距保定和石家庄分别为100余公里，总库容13.89亿立方米，水库控制流域面积3770平方公里，占总流域面积的59%，是一座以防洪为主兼灌溉和发电的大（Ⅰ）型水利枢纽工程。下属的沙河灌区是全国大（Ⅱ）型灌区，有效灌溉面积76万亩，总干渠从曲阳到沧保界134公里。水库主要建筑物有拦河坝、溢洪道、泄洪洞、水电站。2002年9月20日除险加固工程开始动工。2005年9月工程竣工，达到规划防洪标准。防洪标准为500年一遇洪水设计，1万年一遇洪水校核。

王快水库管理处为副县级差补事业单位，归属保定市水利局领导。管理处内设党办、政办、人事、财务、工程、工管、灌溉、机电、水政大队、派出所、保卫、防办以及曲阳一、二、三、定州、安国、博野、蠡县7个灌溉所总计19个科级单位，全处干部职工343人（其中在职职工200人，离退休职工143人）。

党委书记
主　　任　蔡翔涛
党委副书记
副 主 任　刘正龙
党委委员　张献军　任玉良

【概况】 2013王快水库管理处遵循“三水”理念，创新思路，依法防汛，做到保水供水两到位，安全生产和安保工作创佳绩，党建工作全落实，各项工作平稳推进。

【超前谋化，科学调度，扎实做好防汛工作】 2013年王快水库处在超汛限运行状态，天气形势多变，降雨提前，防汛工作不容乐观。在结合水库自身高水位运行的实际状态下，早部署，抓重点，强措施，采取水库和灌区同抓共管，按照“一宗旨、两预案、三及时、四到位”的要求，扎实做好防汛工作，确保水库安全度汛。一宗旨：保安全，多蓄水，渠道不决堤，汛期不死人。两预案：防洪预案和防洪抢险预案按上级的指示要求及时进行修定，使两预案更具有科学性和可操作性。三及时：部署及时，健全组织机构，统一部署，精心安排，强调“4224”值班制度，严肃值班纪律，做好各类信息收集及传递方式和程序；演练及时，在7月6日，水库管理处和县人武部及齐村、党城两乡联合在王快水库开展了防汛抢险演练，参演人数为180人，动用三轮车5辆，快艇2艘。检验了发生洪灾时指挥员抢险指挥的科学性、准确性，增强了专业技术组、抢险队伍和应急队伍的防汛抢险意识，提高了队伍实施抢险和应对突发险情的能力，掌握了工程抢险技术及险情处置的技能；调度及时，面临超汛限水位的调度形势，水库管理处提前拿出泄洪方案向上级领导反映情况，并根据省防办和市防抗办下达的调度指令，安全实施防洪调度方案：一是向沙河泄洪弃水，二是为了实现洪水资源化目标，有效补充保南地区的地下水，管理处分派出百余人不怕酷暑一直奋战在一线分段把守看护，保证了泄洪安全运行。四到位。一是巡护到位。重点部位要做到24小时有会值守，及时汇报动向。二是制度到位。有完善和严格的值班、预警制度，形成上下协调一致，层层签订责任状。三是物资到位。防汛物资是关键，必须保障物资在指定的地点有专人看护，能在第一时间运到洪灾现场。四是抗洪抢险队伍到位。及时与当地政府做好联系，确定队伍人数及行动路线。特别是部队要到位。军队历来是人民安全最坚强的后盾，及时与部队联系好，沟通好实施救援方案，确保在发生事故时能拉得出，用得上，确保安全渡汛。

【全心全意做好供水】 给北京供水：7月25日至11月14日历时112天，供水6980万立方米；给沧州供水：4月5日至5月5日，历时30天，供水3742万立方米；曲阳农业灌溉两水58071万立方米；给曲阳孟良河补水两次，引水量376万立方米。大小电厂2013年共发电1900万千瓦时。

为做好给北京、沧州供水和给曲阳农田灌溉供水，全处职工思想统一，上下协调联动，不讲条件，做好供水前的各项准备工作。多方位入手，加大宣传力度，强化工程维护方案，加强巡护投入，做好人员及调度安排，以保证在有限的时间保障供水的顺利完成。1. 为保障供水质量、供水流量及供水安全，张贴下发保水质和供水安全通告5000余份，刷新供水标语600余条，多次出动宣传车沿供水渠道进行宣传。在电视台滚动播映供水的意义，责任和义务，形成全民关心爱护供水的良好社会氛围。2. 加强巡护投入，保障供水安全，投入50多万元对渠道工程中检查出的隐患及垃圾进行处理，对重大险工险段派专人看护，同时上报主管部门进行专项工程维护，增加人员沿渠看护严禁在渠道内倾倒垃圾和柴草。3. 强化落实。水库管理处水政执法大队15名人员，分3个中队实行24小时不间断水面巡护。灌溉、工管、机电紧密配合，科学调度，上下协调，确保水量足，不浪费水资源。曲阳三个灌溉所将人员分组，带红帽袖章包段巡护，吃住在渠边，以保证渠道安全，水质安全、流量充足。

【协调联动保护水质】 王快水库是省级饮用水水源地和水源地保护区，也是北京市重要应急备用水源地之一，且负有向北京、天津、保定市及潴龙河东地区的临时供水任务。为保证水质不受污染，水库实行封闭式管理，采取多种措施相结合的办法。1. 加大宣传力度。通过广播电台、电视台等媒体宣传水质保护的重要性，出动宣传车深入库区周边乡村进行水法宣传，发放张贴宣传通告、明白卡，让大家从思想上重视起来，达到共同执法的目的。2. 实行封闭管理。水政执法大队人员实行不间断的水上巡查，严厉打击水面上的非法作业（包括清理网箱养鱼200余箱、禁止非法钓、毒、电、炸鱼行为近千余起、清除非法水面采铁砂船近300余艘，游泳船6艘）。3. 建立县乡村三级护水协调员，形成水库水源地护水网络组织。水库执法大队和保卫科人员配合曲阳、阜平两县公安、交通、环保、水土资源、水利局等部门协调联动，多次对非法采砂、网箱养鱼及库湾非法填建拦河坝等非法行为进行打击。4. 为达到“自然净化水质、自然渔业增值”目的，实行禁鱼期和捕鱼期，有效促进水库水质及渔业管理良性、和谐发展。水库出资近10万购买净化水质的鱼种400多万尾。

【踏踏实实抓安全】 作为省确立的安全生产承诺示范单位，安全生产一直是水库的重要工作之一，管理处着重从以下几个方面入手：1. 层层签订安全生产承诺书，确定各部门的安全职责，做好日常安全检查，按要求及时召开例会，总结排查隐患及时处理。2. 组织全处干部职工进行3次大规模的安全培训学习，增强干部职工安全生产意识，严格日常安全管理，扎实做好自查工作，不留死角。3. 投入近80余万元，消除水库防汛工程、渠道工程及机关内部安全隐患，新增设300余块警示牌，更新、刷新警示标语800余条。4. 安全保卫工作，在做好日常本职工作基础上，对节假日容易发生安全事故的时间加大巡护力度。2013年汛期为保证水库工程设施和人员安全，实行全封闭式管理。在上坝的路上增设路卡，对过往行人及车辆进行检查，结合派出所人员分组值班，实行24小时不间断值班巡逻，加强水库重点工程设施及渠道工程的巡查力度。

（蔡贵胜　王红亮）

【安格庄水库管理处】 安格庄水库管理处为副县级差额补贴事业单位，隶属保定市水利局。管理处内设党委办公室、行政办公室、工程管理科、人事劳资科、财务科、水政科（兼水政执法大队）、灌溉科、治安室、房涞涿灌区管理站及向阳所、高村、裴山、太和庄四个灌溉管理所。

党委委员
管理处副主任　李锁成

党委委员　毕晓伟

【概况】 安格庄水库是大（Ⅱ）型水库，位于中易水中上游，控制流域面积476平方公里，枢纽建筑主要有主坝、溢洪道、泄洪洞、八里沟副坝和跨流域紫荆关引水工程等六部分。水库主坝长602米，最大坝高49.4米，坝顶高程170.60米。水库除险加固工程于2002年基本完成，水库防洪标准达到了2000年一遇，最高洪水位168.71米。下游河道安全标准为20年一遇洪水，限泄1000立方米/秒，超标准时不限泄。水库下属两个灌区，易水灌区和房涞涿灌区。易水灌区经过40多年的建设，已经形成干、支、斗固定渠系布局基本合理的大型灌溉系统。易水灌区设计灌溉面积39万亩，有效灌溉面积28万亩。房涞涿灌区兴建于明天启年间（1621—1626年），20世纪50年代搞了低标准配套，进行了扩建，设计灌溉面积30.2万亩。

【给北京供水工作及灌溉工作】 2013年实现了两次给北京应急供水。第一次供水从2012年12月1日开始，到2013年4月26日结束，历时147天，共计供水8047万立方米；第二次供水是在未列入供水计划的情况下，经单位和市局领导千方百计努力争取下才实现的。供水从2013年12月18日开始，截至12月31日，供水近1500万立方米。供水时值冬季，条件艰苦，全体职工昼夜巡视付出了很大辛苦。2013年给北京应急供水，为河北创收近2亿元，发挥了良好的经济效益。另外，2013年还进行春灌放水一次，冬灌一次，灌溉供水共计1490万立方米，灌溉面积达10.7万亩，年发电量1055.91万千瓦时。

【防汛工作】 2013年汛期流域平均降水量519.4毫米，安格庄站降水达576.6毫米；全年来水量1.4115亿立方米，其中汛期来水量6844万立方米。截至2013年底，水库蓄水量1.5亿立方米，可供水量在1.1亿立方米，2013年防汛弃水量7347万立方米。

2013年的防汛工作面临汛期水位高（6月25日水位超汛限2.5米），风大雨多等各种风险，任务繁重。但经全体职工不懈努力，加强工程观测、检查，科学调度，力争少弃水，在保证工程安全的前提下连续第二年实现了“保安全、多蓄水”的目标。为保证农业灌溉、北京供水打下了良好基础。

【工程建设】 1. 灌区工程。易水灌区节水改造工程自2005年开始实施，先后已进行了7期，但从未进行过竣工验收。针对工程建设面临的问题，管理处对已完工程完善竣工验收手续，到2013年底，2005、2006和2008年三期工程已经全部完成并通过了审计；2008年新增项目，2010、2011年三期项目基本完成，正在完善资料，为竣工验收做准备；对未完工程，加强建设管理，积极推进项目实施，到2013年底，2012年项目进行顺利。

2. 水库工程。2013年涉及水库工程有5项：2012年应急度汛工程，投资180.16万元，项目于2013年6月完成，12月通过项目审计和验收；紫荆关引水枢纽维修加固工程，总投资802万元，项目已经完成招标，计划2014年2月开工建设；2013年应急度汛工程项目，投资158万元，项目已经进入招标阶段；溢洪道备用电源及发电机室更新改造已经完成，投资25万元；安格庄水库二次除险加固任务设计和审查已经完成，处于立项审批阶段。

（冯亚辉）

【龙门水库管理处】 龙门水库管理处位于保定市满城县白龙乡东龙门村，隶属于保定市水利局，为副县级差额事业单位。内设办公室、工程科、渠道科、多种经营科、财务科、治安派出所、渔政站和纪检监察室等科室。至2013年底，共有在职人员52人，其中管理人员13人，专业技术人员17人，工勤人员22人；副高级职称2人，中级职称7人，技师7人。

党委书记、主任　贾爱成
副主任　李军良　任焕强

【概况】 龙门水库位于保定市满城县东龙门村漕河中游，是一座以防洪为主，兼有灌溉、养殖等综合用途的大（Ⅱ）型水利枢纽工程。该水利枢纽工程包括主坝一座，长539米，最大坝高40.5米；副坝四座全长2237米，除十八坡副坝高程为131米外，其它坝顶高程均为131.8米；一座泄洪闸全长96米，设8孔闸门，堰顶高程为120米，净宽80米；百年一遇洪水设计，两千年一遇洪水校核。总库容1.267亿立方米，控制流域面积470平方公里，占漕河流域面积的59%。

【完善管理制度，抓好安全生产】 建立健全单位内部安全生产责任制，做到有章可循，有制度可依。组织干部职工认真学习《安全生产法》《安全生产管理条例》等法律法规，培养干部职工安全生产的责任意识，先后四次召开安全生产工作专题会议。针对水上安全，建立由满城县安监局牵头，龙门水库管理处、满城县交通局地方海事处、白龙乡政府、水面承包人参加的联席会议制度，通过联席会议，解决了许多水上旅游、交通方面存在的问题。指定专人对电力设备、取暖锅炉、闸门启闭机等容易发生安全事故的设施设备定期进行安全检查，发现问题及时整改，按要求对特种工作岗位人员进行了培训，对消防设施定期进行了年检，并进行了防雷检测，全年没有发生安全责任事故。

【加大行政执法力度，妥善处理水事案件】 经管理处申请，满城县公安局在管理处设立警务室，配合水政监察大队，在做好水法、治安法律法规宣传的同时，加大行政执法和治安管理力度。通过张贴标语、悬挂条幅、设立警示牌、散发传单、农村广播宣传法律法规；加强陆路、水上执法巡逻，及时处理库区周边多起非法占用库区土地的水事案件；建立健全水上安全管理制度，杜绝水上安全事故发生；加强库区采砂管理，杜绝非法采砂活动。

【全力以赴，确保安全度汛】 2013年汛期，水库以上流域内平均降水量472.4毫米，日最大点雨量为7月1日裴庄站，雨量为83.6毫米。截至9月16日8点，水库库水位为116.72米，库容1899万立方米。在防汛工作中，认真做好汛前准备，严格落实防汛责任制，管理处所有干部职工全力以赴，确保安全度汛。汛前，强化防汛第一的思想观念，统一思想，认清形势，认真做好主副坝的工程检查，闸门启闭设备的维修运行，备用电源的检查维修，同时进行防汛物料、防汛应急演练等方面的准备工作。汛期，严格落实“4224”防汛值班制度，加强工程监测及洪水预报。分组检查各坝段和工程设施，实行责任追究制，每周一次将检查结果汇总上报至防汛办公室，存档备查。工程技术人员对重点工程、薄弱环节加强巡视，定期观测、分析，把握工程动态。报汛组昼夜值班，不迟报、不漏报、不误报。各种制度和责任制挂牌上墙，以利监督。

（安玉兰）

电　　力

【国网保定供电公司】 国网保定供电公司全称为国网河北省电力公司保定供电分公司，是隶属国网河北省电力公司的国家特大型供电企业，担负着保定26个县（市、区、开发区）的供电任务，供电覆盖面积2.21万平方公里，人口1100多万。2013年，公司本部共有职工1993人，公司系统共有职工1.26万人。截至2013年底，公司拥有110千伏及以上变电站144座，变电总容量1780.3万千伏安；公司运维110千伏及以上线路335条、5231公里；代维华北电网公司资产500千伏线路9条、849公里。

总 经 理　王军利
党委书记　闫晓丁
副 经 理　荆　宇　唐　勇
　　　　　侯书其　王向东
纪委书记　任玉池
工会主席　崔建勇
总会计师　刘海涛

【概况】 2013年，国网保定供电公司售电量完成246亿千瓦时，公司系统未发生六级及以上人身、电网、设备和信息安全事故，完成3个百日安全长周期，实现连续安全生产3256天。公司连续第五次获得全国“安康杯”竞赛优胜单位称号，保持全国文明单位和河北省AAA级“劳动关系和谐企业”称号，获河北省诚信企业、河北省企业管理创新优胜企业等20项荣誉。

【电力供应安全可靠】 始终将确保电力安全可靠供应作为各项工作的重中之重，严格执行《安全生产法》《电力安全事故应急处置和调查处理条例》及《国务院关于进一步加强企业安全生产工作的通知》等各项规定，全面落实各级人员安全责任，深入开展“安全大检查”活动（发现各类风险隐患3857项，整改2494项，其余均制定了限期整改措施），强化隐患排查治理，坚持查改并重，确保电网安全稳定运行和电力可靠供应，综合电压合格率完成99.967%，供电可靠率完成99.951%。实现省、市、县三级应急指挥中心互联互通，与石家庄公司建立应急协调联动机制，开展地震、电网大面积停电等各类演练60次、3000余人次，“7·4”风灾发生后，充分发挥集团优势和应急体系作用，抽调9个县公司紧急驰援，2100名抢修队员连续奋战5天6夜，恢复受灾地区全部39.02万用户的正常供电。

【电网建设稳步推进】 紧跟保定市承接京津产业转移的新形势，全面对接重点项目，加快推进坚强智能电网建设。全年累计完成电网投资14.31亿元（其中主网7.84亿元，配网6.47亿元），投产110千伏及以上容量89.9万千伏安、线路323.07公里，特别是投运220千伏保定西输变电工程和白石山第三电源工程，对改善保定电网结构、增强电网供电能力具有重要意义。投产保西220千伏变电站，为市区多座110千伏变电站提供了第二电源，有效解决保定热电厂老机组关停后市区西部电源不足的问题。加快市区工程施工进度，提前1个月投产大王店110千伏变电站，完成朝阳大街北延输电线路迁建工程，迁建杆塔47基，线路4条、8.73公里，为大王店工业园区提供可靠的电力供应。大力推进配网建设改造，完成投资9864万元，增容配变231台，新增、改造10千伏线路76.8公里，有效缓解了复兴路长城北大街沿线用电负荷紧张情况，满足了高铁片区、北市工业园区、高开区供热站的用电需求。尤其是保定电谷区域配网自动化改造工程的竣工，极大提高了电谷区域的供电可靠性，可有效保障天威风电、六九硅业、华翼风电、天威华瑞等一大批重要用户的供电需求。积极配合市政重点工程建设，克服时间紧、任务重、周边环境复杂等困难，迁改10千伏线路3条、杆塔19基、配变2台，及时满足了火车站站前广场及阳光大街改造对电力线路移杆迁线的要求。

【多措并举提高优质服务水平】 始终秉承“你用电、我用心”的服务理念，不断拓展缴费渠道，收费网点达到443个，缴费方式增至8种，构建了市区“十分钟交费圈”，实现了村村有售电点；利用社会信息化和网络化资源，大力推广基于城市数字电视网络的家居购电系统缴费模式，用户购电实现足不出户；市、县区域异地缴费业务全面开通，电量电费短信提醒等服务受到市民广泛欢迎。深化国家电网共产党员服务队市县公司统一建设，重新组建共产党员服务队23支，建立长期帮扶点112个，走访困难群众750余人次，解决客户生产、生活难题1200余件。严格落实有序用电方案，保证迎峰度夏期间居民和重要用户用电，圆满完成全国“两会”、十八届三中全会、春节、高考等50余次重要保电任务。积极响应保定市委“三项行动”号召，启动“你用电、我用心、情暖保定光明行”主题实践活动，对供电服务工作中存在的突出问题进行集中整改，开展供电服务进社区活动600余次，解答居民用电咨询5300余次。对待投诉事件，坚持“四不放过”原则，实施“一把手”说清楚制度，定期召开会议协调解决问题，着力提升供电服务品质。积极响应市委、市政府大气污染防治行动，严格按照市委、市政府指示，依法依规对5500家“土小”企业实施停限电，并实时监控“土小”企业负荷情况，对辖区内已停电的“土小”企业每日进行检查，确保“土小”企业该停必停。主动做好分布式光伏发电并网服务工作，完成保定市首个示范项目建设，受理分布式电源并网项目申请24户，完成7户、并网容量1.02万千瓦。河北南网规划容量最大的保定曲阳三峡光伏电站一期工程成功并网发电。

【服务社会主义新农村建设】 创新安全用电宣传模式，“一村一月一电影”活动得到社会群众广泛欢迎，播放宣传片2.9万场，观影人数430万人，引导用户主动安装漏电保护器45万个，进一步确保了居民安全用电。加强农网设备管理和缺陷治理，35千伏和10千伏线路故障跳闸同比减少48.57%和46.32%。加快推进2012年“7·21”灾后重建工作，集中优势力量，争分夺秒抢建施工，完成投资5亿元，937项灾后重建工程顺利竣工。深入实施帮扶村安全稳定用电工程，投资1.8亿元，按期完成709个帮扶村电力设施改造。并在各县公司成立低压电网维护队，对帮扶村低压用户进行用电隐患排查和治理，维护低压线路2760公里、计量表箱9.86万个。

（杨宝杰）

交通·邮政·电信

铁　　路

【保定火车站】 保定火车站隶属北京铁路局北京车务段管辖，是全国铁路一等站。按业务性质为客货运站；按技术性质为区段站。有客运车间、运转车间和满城火车站3个运输生产部门；有保定南站调车自动化驼峰减速顶维护维修工区、铁路货运商务检查工种2个“特种工班”；有一线生产班组58个；设站长1人、站党总支书记1人，站党总支副书记1人，副站长4人；在职职工681人（含满城站）。

管辖北站（客运站）、南站（货物列车技术作业站）、1条支线（保定—神星）。全站线路189条，总延长181.6公里。担当保定市区及22个县（市）旅客和货物的铁路运输及区段、摘挂列车的编解任务；有站管专用线28条。

主要生产设备：配属专用基本调车机4台；使用企业自备调车机2台：“厂调”担当保定西郊第一、二电厂取送车调车作业；“清调”担当保定南郊清苑电厂取送车调车作业；新客运站西站区有主站房综合楼1座（内设：旅客升降电扶梯13架、照顾重点旅客的“无障碍直梯”3架；候车大厅上下2层、检票口4个、贵宾候车室2个；外设：站台3座）；主站房南配楼一层有综合售票大厅1座（含售票、取票、退票、照顾重点旅客“爱心售票1号窗口”、实名制购票身份制证窗口共15个；安装使用自助取票机2台、自动售票机8台）。

【概况】 年内完成旅客发送474.49万人；完成货物发送84.76万吨，超年计划发送6.76万吨；完成装16241车，超年计划装1514车；完成卸81194车，超年计划指标22429车；实现运输总收入53308.30万元，比年度计划指标超额1123.30万元。主要任务指标均完成良好，质量指标完成有较大提升。

【铁路货运和装卸管理与车站分离】 作为北京铁路局深化运输管理体制改革重要内容之一，从上半年起，铁路货运和装卸管理与车站分离，明确车站担负运输主体责任，站区安全生产和运输管理，车站为牵头单位；车站对铁路货运和装卸的现场安全管理仍负有监管职责。分离出保定站的货场、清苑货场以及满城火车站货运和装卸，分别挂牌成立保定铁路货运营业部、保定铁路清苑货运营业部、满城铁路货运营业部。铁路运输管理格局的调整和变化，给加强铁路车务系统安全生产、提高运输效率和效益，带来新的发展机遇。

【重视和强化“防路外”人身安全工作】 贯彻《铁路法》，加强铁路交通安全管理工作。保定站在京广正线南北站区已全部取消铁路、公路“平交道口”。在保定市区、郊区的东、西部调车作业区域、货场、专用线、铁路调车走行线等作业区，仍存有大小、有人看守和无人看守道口（或平过道）123个（处）。年内，加大“防路外人员意外伤害”工作力度，进校园、进社区、入户，开展沿途、沿线居民、社区、学校等爱路护路安全教育；发放《给中小学生和社区居民的一封信》，写标语，发传单；与保定市交警部门联系，对要道道口增画减速线、安装公路交通信号灯；车站调车作业在调车机、调车辆以及调车列通过无人看守道口前，采取“一度停车”，检查确认无人员车辆横越后，再专人防护安全通过；一些专用线道口设置锥桶、由专用线企业人员安排当有调车作业时进行安全防护；车站负责看守的南货场东门、工业站、小车乡、南奇、满城站内等道口安装电子监控系统。保定站南北站区“全封闭”实行相关岗位职工一岗双责，加密进入站区闲杂人员的及时清理。全年实现无车站责任旅客、货主或其他人员意外伤害。

【保定南站铁路列车行车办理步入微机联锁】 12月22日20时15分，保定火车站南站行车联锁设备改造大施工如期启动。保定南站信号楼原6502操纵台拆除，到23日2时45分，保定南站按施工批准计划顺利开通使用新安装的微机联锁设备。新设备安全稳定性强，智能化程度高，提升了京广线保定南站列车接发、通过及车站调车作业等行车组织的安全、准确、高效程度，具有车站行车设备科技改造发展里程碑意义。

【复转军人接纳工作】 8月，北京车务段接收的2013年复转军人，有64人分配到保定站工作，是历年接收人数最多的一年。车站具体安置“新兵”的运转和客运2车间，细化多项措施，制订周密的《新人岗前培训计划》。选派称职教员，安排“一对一”师傅“以师带徒”，签订正式的《师徒合同》，在学习培训“未定职”期间严格规定不得师徒分离。对被选当师傅的职工提出严要求，用规章带徒弟、用标准带徒弟、用铁路优良传统和优秀品德带徒弟，依据铁路安全生产关键工作性质需要，与新职工家人签订《家长、家属告知书》，和职工家庭共筑保安全“第二道防线”。

【召开“现场会”推进调车环境整治】 车站组织在大唐保定二电厂召开有18家专用线企业参加的现场会，下发北京铁路局《调车作业管理规定》，到二电厂专用线现场观摩和幻灯投影分析，增强了专用线企业对保证调车安全的认知度和重视程度；对专用线整治规范的要求、限期达标的期限，进行重点学习和提示，综合治理专用线、走行线、铁路道口周边和沿线环境。

【启动“高标定位，创建一流一等站”活动】 制定实施《保定站建设“高标一流一等站”活动推进计划》。开展客服岗位“四星”季度考评、标准化行车室、标准化调车组、小车乡站行车示范岗等创建活动。

（张　翔）

【保定东站开通运营】 保定东站位于京广高速铁路干线，2012年12月开通，为国家标准轨一级铁路客运站，隶属北京铁路局石家庄站管辖。站中心里程距离北京西客站134.951公里，管辖里程109.508公里到135.813公里（徐水东站为保定东站代管站）。到2013年底，保定东站日办理客运列车47.5对，其中高速列车（G字头）列车42.5对、动车组（D字头）列车5对。停站客运列车上行（北去）44列、下行（南去）51列。日均到达发送旅客1万余人次。

公路交通

【保定市交通运输局】 保定市交通运输局主要职责：贯彻执行国家、省、市交通运输行业发展的方针政策和法律法规；承担全市综合运输体系的规划协调；组织拟订全市公路、水路和地方铁路等交通运输行业规划和标准；承担全市公路、水路和地方铁路建设市场监督管理；承担全市公路、水路和地方铁路运输组织管理及市场监督、安全监管责任；负责全市交通运输行业体制改革和企业管理；负责协调国家铁路项目前期、建设和运输等相关事宜；负责所管辖高速公路及国、省重点干线公路网运行监测和协调，承担国防交通战备工作；承办市政府交办的其它事项。机关设10个内设机构。

党委书记 局长	李正群
党委副书记 副局长	刘英杰
党委委员 副局长	宋海振　张树林
	吴刊峰
	金达旺（邮政管理局局长）
	肖　健　王　江
党委委员 纪检书记	方永明

【概况】 2013年完成交通建设总投资36.98亿元，其中高速公路4项368.8公里（省管项目），配合完成全部征地拆迁和地方协调工作。农村公路建设投资16亿元，完成建设里程1875公里，干线公路新改建投资4.31亿元，完成建设里程101公里，普通干线公路大中修工程完成投资3亿元，里程329.5公里，完成客运站建设投资0.22亿元，保津城际铁路完成年度建设投资11亿元。年公路客运总量13996万人次，客运周转量933312万人公里，货运总量26069万吨，货运周转量9690729万吨公里。公交汽车运营线路67条，学生专线27条，

运营车辆1382辆，年客运量13180万人次；出租车6543辆，年客运量13209.4万人次。

至年底，保定市公路通车总里程20763公里，全省排名第三，公路网密度达93.5公里/百平方公里。按行政等级划分：国道8条1101公里，省道50条2147公里，县道34条971公里，乡道4310公里，专用路219公里，村道12015公里；按技术等级划分：高速公路900公里，一级公路529公里，二级公路2131公里，三级公路2486公里，四级公路14717公里。

【保定市为国家“公交都市”建设示范工程第二批试点城市】 为做好争创全国第二批公交都市试点城市工作，成立专门组织，抽调精干人员，邀请交通运输部科学规划院的6名专家支援，分成3个组，按照《争创公交都市文件》要求，编写完成《市政府申请报告》《公共交通发展水平报告》《公交都市初步实施方案》3个主报告，经过省交通运输厅审批，于8月28日如期将3个报告上报交通运输部。10月25日，市长马誉峰率领市代表团赴交通运输部参加专家委员会评审答辩，受到专家一致好评。11月22日，交通运输部下发《关于公布“公交都市”建设示范工程第二批创建城市的通知》（交运发〔2013〕652号），确定保定市为国家“公交都市”建设示范工程第二批试点城市之一。

【全国农村公路现场会议在保定市召开】 5月27至28日，全国农村公路现场会议在保定市召开。交通运输部党组书记、部长杨传堂出席会议并讲话，部党组成员、副部长冯正霖作工作报告，部党组成员、纪检组组长李建波主持会议。省委常委、省纪委书记臧胜业在开幕式上致辞，副省长杨汭出席会议。省交通运输厅党组书记、厅长高金浩在会上重点发言，向全国代表介绍河北省推行农村公路建设“七公开”的经验做法。通过会议交流、现场考察，与会代表、交通运输部领导、省领导对保定市农村公路建、管、养、运和实施“七公开”“田路分家”、农村公路养护资金筹措等各方面工作给予高度评价，并对保定市承办工作给予高度赞扬。

【张涿高速公路保定段竣工通车】 张涿高速公路保定段，途经涞水、涿州2县（市）。全长72公里，起于张涿高速公路张家口段，终于涿州市榆林村，接京昆高速公路密涿支线，全线共设置16座总长26335米隧道和38座大中桥，桥隧比达48%，山区段桥隧比高达72%，在全省居于前列。项目于2009年12月开工建设，于2013年12月建成通车。沿线开通了白草畔、百里峡、野三坡、涞水北等4个收费站，设有九龙、紫石口、都衙、涞水北等4处服务型互通立交，榆林村枢纽型互通立交1处，以及野三坡、涞水等2处服务区。张涿高速公路是环首都高速公路的重要组成部分，全线采用双向四车道设计标准，设计时速100公里/小时，其中保定段位于北京市西六环与张石高速中间，与京化、京昆、京港澳、张石及密涿支线等多条高速公路连接。它的通车，将密切西北内陆地区和华北地区的经济往来，缓解京张通道内过境北京的交通压力，对加强张家口、保定、石家庄之间的联系，有力带动沿线资源开发及假日旅游经济的发展，促进环渤海地区经济发展有重要意义。

【京港澳高速公路改扩建工程保定段开工建设】 京港澳高速公路改扩建工程保定段全长138公里（不含定州段38公里），途经涿州、高碑店、定兴、徐水、北市区、南市区、清苑、望都8个县（市、区），新建连接线4条段45.9公里。该项目北起涿州市码头镇西杨河村京冀界，止于石家庄市藁城彭家庄，接正在修建的京港澳高速公路石安段改扩建工程，2013年1月正式开工。此次改扩建工程全线采用八车道高速公路标准建设，设计速度120公里/小时，路基宽度42米。全线改扩建影视城等互通式立交13处，新建定州南等互通式立交7处；特大桥5座、大中桥27座。京港澳高速公路京石段是国家高速公路网（7918网）的重要组成部分，是河北省“五纵六横七条线”高速公路网中最主要的南北交通干线。

【京昆高速公路京冀界至涞水段开工建设】 京昆高速公路京冀界至涞水段全长24.194公里，途经涞水、易县。项目起自涞水县义和庄，北接京昆高速公路北京段，经涞水县城西，止于涞水互通立交，南接已建成的京昆（张石）高速公路（涞水至曲阳段），2013年12月开工建设。全线采用双向六车道高速公路标准建设，设计速度为120公里/小时，路基宽度34.5米，桥涵设计汽车荷载等级为公路－I级。京昆高速公路京冀界至涞水段是国家高速公路网京昆高速公路的主骨架，是河北省、保定市实施对接京津的重点项目工程。该项目主线全长24.19公里，涞水县段长23.59公里，由北至南贯穿涞水县全境，与已建成的京昆高速公路连为一体。

（郝琰）

公路运输

【河北保定交通运输集团】 集团公司是一家以道路旅客运输、城市公共交通、旅游以及汽车修理、汽车销售、物流、宾馆、餐饮服务等业务为一体的大型综合道路运输企业。拥有国家一级客运资质、二级货运资质。至2013年底下辖16家子公司、45家分公司、4个一级客运站，20个二级客运站。在册职工9283名。

董事长 党委书记	张生
总经理 党委副书记	王陵江
副董事长	魏成华
党委副书记 纪检委书记	李淑珍（女）
工会主席	曹士杰
副总经理	刘俊 梁玉民 王冀 李力 张宇

【概况】 2013年，拥有各类客、货运输车辆4500余部，长途客运线路700条，市区全部公共交通班线65条，日输送旅客46万余人次。营运范围通达18个省、市、自治区。2013年共实现客货周转量286306千吨公里，实现主营业务收入110094万元，实现利润总额1796万元。全年事故率0.5起/百万车公里；伤人率0.3人/百万车公里；亡人率0.03人/百万车公里；经损率2.3万元/百万车公里。集团公司获中交企协“全国交通企业文化优秀企业”称号，获省诚信企业评审委员会、省企协“2013－2014年度河北省诚信企业”称号，获省企业联合会“河北省明星企业”称号。保定汽车总站获中国道路运输协会“全国百强诚信客运站”称号，“郭娜陆地航空班”获团省委、省安监局“河北省青年安全示范岗”称号。五公司客运管理QC小组获中质协、全国总工会、全国妇联、中科协“2013年全国优秀质量管理小组”称号。九公司获中交企协“全国交通运输信息化、智能化建设优秀企业”称号，九公司“保运快客乘务组”获中华全国总工会“工人先锋号”称号。保运物流公司获中交企协“全国道路运输百强诚信货运站”称号。

【推进班线客运公交化改造和强化公营车管理】 年内集团公司完成保定至高阳、涞源、博野、易县等4条线路的公交化改造工作。保定至安新线路完成集约化车辆收购，实现公车公营，公交化改造准备工作。六公司在张石高速公路开通后，开通涞源至保定961高速公交线路。2月，完成对低速线路上的运力改造，实现公车公营。九公司完成保定至高阳线路的公交化改造，3月，开通691线路。一公司结合601公交线路运力调整，在做好保定至博野城际公交线路开通筹备工作的基础上，于9月开通616线路。八公司在开通易县至保定981高速公交、整合个体停车场后，完成低速线路的车辆整合，10月，开通681线路。五公司结合社会挂靠车辆清理政策的落实，克服困难，在集团公司、安新县委县政府及市、县行管部门支持下，完成48部社会挂靠车辆的清理工作，11月，开通安新至保定656线路，全面实行公车公营。

【城市公交事业取得跨越发展】 4月，689辆LNG和气电混合动力城市公交车全部到位，投入运行，城市公共交通服务能力发生了质的飞跃。对完善“四级”客运网络建设发挥重要作用，向实现低碳运输、绿色公交目标迈出坚实一步。公交总公司一是利用智能调度系统，实施科学指挥，合理调度，提升营运效率。制定了智能调度系统推广实施计划。有29条线路421辆公交车实施了智能调度管理，并对其它线路车辆进行有效监督。通过一年的稳步推进，实施智能调度的线路营运质量明显提升，串车、大间隔现象大幅度减少，有效提升了线路运营效率；二是在高铁站和火车站西广场相继启用后，克服道路通行不畅和配套设施不完善等困难，新开K1、K2两条线路，调整延伸1路、16路、27路等10条公交线路，实现铁路与公交有效衔接，得到乘客的普遍欢迎；三是结合西百楼场站启用，相继调整12路、57路、62路等5条线路，有效解决了附近居民的出行问题；四是推行重点线路首末班重点站准时到站。8条线路末班营运时间延时至22：00点，恢复直达生态园的游3路、游5路，方便了市民出行。

【探索县级城市公交建设新路径】 集团公司按照上级部门“促进城乡公共交通一体化发展”的要求，探索以驻县单位为依托的县级城市公交建设，并以此作为集团转方式、调结构、促改革的有益尝试，为拉动城乡、镇村客运公交一体化建设打基础。按照集团公司整体工作部署，三、七公司加强与驻地政府联系，争取工作支持，参与驻地公共交通事业建设。三公司加强现有公交线路的运营管理，规范服务、亲情服务，赢得定州市政府认可，市民的好评。定州市政府主动与集团公司联系，要求将定州市公交公司予以接收。集团公司从长远着眼，从科学发展的角度出发，经过认真论证分析，与定州市政府达成了合作意向。新公交公司已经工商注册。七公司从整合驻地运输资源出发，承担唐县城市公共交通建设。8 月，唐县公共交通公司正式成立，2 条公交线路已运营。

【“道路客运安全年”活动逐步深化】 根据交通运输部精神，省厅、省局继续将 2013 年确定为“道路客运安全年”，要求运输企业继续深入扎实地开展好此项活动，坚决遏制重大交通事故的发生。集团公司在 2012 年被省运管局报请交通运输部“道路客运安全年”活动先进单位后，在 2013 年的活动组织落实中，继续发扬成绩，持续改进安管措施，努力维护客运安全生产的良好局面。集团公司统筹指导基层各单位狠抓安全预防性源头管理，继续落实好安全例会，早送晚迎，驾驶员分类使用，全面加强 GPS 监控等多项安全预防性管理措施。同时引导各单位将“道路客运安全年”活动与安全生产大检查活动有机结合，与安全生产标准化建设达标工作密切联系，力争取得新成效。九公司在活动中，注重安全管理智能化水平的提升。他们结合标准化建设和安全隐患排查活动的开展，自主研发的“道路客运综合管理系统”将安全生产源头管理的理念融入其中，结合安全生产标准化管理和隐患排查要求，在系统的研发中，将终端机在安全、机务、客运管理部门设置管理单元，通过人脸识别系统、酒精测试系统、安全教育分值考评系统以及车辆进保、检测、投保期限、轮胎更新等系列提示系统，对车辆技术状况和驾驶员进行综合控制。特别是对营运车辆实行了“智能一卡通”管理。这项管理成果被省厅作为技改项目向交通运输部申报。九公司年内被中交企协评为“全国交通运输信息化、智能化建设优秀企业”。三公司在安管工作中也引入该系统，效果良好。

【扩展物流业务】 “巩固强项、提升弱项，大力开辟优质物流项目”，推动业务拓展。全年完成的货运量和货运周转量，与上年同期相比，都有较大幅度的提高。为赢得客户、赢得市场。1. 重点做好班线运输最后“几公里”的服务工作；2. 依托班线货运，开展第三方物流业务；3. 完成北京物流分公司的业务转型。ABB 业务是北京公司的龙头业务，受市场因素影响，业务合同到期终止。为弥补业务缺失的损失，北京公司的人员，跑市场、找客户，积极开发新业务。已扩大了江河幕墙的原有业务，新增了凯龙汽车、百福东方、南海润滑油等业务。北京公司转变了依靠单一大项目经营的模式，实现了多元化经营，提高了抗风险能力；4. 发挥园区有形市场优势，增收创利。保运物流园区以良好的经营环境和优质服务吸引商户入驻，入驻率保持在 100%。为满足客户的特殊需求，对临库进行了高台改造，不仅使客户满意，同时又增加了收入。园区仓储继续开发增值业务，2013 年获得了中国农业银行的授信，在完成邓禄普轮胎质押续签合同后，格力空调质押业务正在洽谈中；5. 保运物流仓储业务的优质服务，赢得了美的总部的认可，为保运物流顺利进驻美的销售环节奠定了坚实的基础。保运物流在保定市 12 个县设有家电销售网络，年销售美的家电近 3000 万元，对市场的操控能力和专业水平不断提高。全年美的厨具销售达到了河北省第二、出仓率第一，热水器销售进入了全国前四名；6. 快运物流克服“营改增”的经营困难，倾力做优陕汽整车、陕汽配件、05 试卷运输项目，精心培育开发中兴汽车配件、石家庄瑞克运输等项目，努力拓展第三方物流业务，营运收入同比增长 39.5%。

【拓展汽贸业经营领域】 保运汽贸拓宽经营思路，探索新的销售模式。以市场为导向，向优势品牌、潜力品牌方向发展。为探索新的销售模式，5 月推出东风裕隆纳智捷保运汽车生活馆，是以“科技博览馆”互动理念、多媒体产品介绍、产品体验和销售为一体的全新 4S 销售模式。纳智捷生活馆的员工利用 wifi、微博、论坛发帖等措施诚邀各界客户来馆做客。同时制定规范的服务流程和感动服务项目，得到了用户的认知。一是通过宣传，东风裕隆纳智捷的知名度得到提高，来馆参观客户络绎不绝，意向客户不断增加。二是加大车辆消贷力度，为客户提供诚信服务。年内，经过多方争取，又增加了工商银行新华支行、中国银行东城支行的消贷业务，从而保证了汽贸消贷业务的顺利发展。保运汽贸还成立了轿车贷款部，除经营自有品牌车贷款外，积极办理其它品牌车的消费贷款。在发展销贷业务的同时加大还款追缴力度，保证消贷业务的健康运转。三是大力完善二级销售网络建设。依托集团公司各县汽车站布局优势，年内，保运汽贸先后在定州、高阳、涞源等县（市）设立二级销售网点，销售网络系统覆盖保定全区。在完善销售网络的同时，根据不同品牌车辆的特点制定不同的销售策略，形成差异化销售。并且明确销售人员工作任务，把握第一手销售信息，第一时间与用户交流与沟通。并采取走出去、请进来的形式，利用座谈会、产品分析会、车辆巡展、自驾游等多种多样的促销手段，促进销售业绩的提高。通过职工们的共同努力，比亚迪、众泰两款车实现了单月销售双过百的业绩。

【关心体贴职工生活】 着力保障和改善职工福利待遇，努力让广大员工分享集团公司持续健康发展的成果，一直是集团公司工作的出发点和落脚点。年内，集团公司各级组织在党的群众路线教育活动“预热升温”阶段中，本着“为民、务实、清廉”的指导原则，始终将视线关注到生产一线，关注到职工生活上。

全年，集团公司共为职工发放工资16947.30万元，比上年同期增加1693.69万元，同比增长11.1%；为职工缴纳“五险一金”9515.33万元，比上年同期增加1257.44万元，同比增长14.97%；调整养老金3358人次，每月养老金发放增加额70.6万元；投入264万元为职工发放了劳保福利。公交总公司为职工发放工资总额也比上年同期增加944万元，同比增长19.2%。10月，保运鑫苑、保运嘉苑住宅小区开始入住。工会组织为“单亲母亲”投保了“平安女性重大疾病保险”，为退休职工发放独生子女政策奖励36万元。各单位普遍为职工进行了体检，关心职工健康。保定总站为重病职工张玉梅、庞纪臣组织爱心捐款活动。一、九、十公司、物流公司坚持开展为职工生日送蛋糕、送祝福活动。二、三、六公司、保定总站多年来坚持在暑期领导带队上路慰问职工。五公司、汽贸公司坚持“五必谈、五必访”，热心帮助困难职工。七公司对职工食堂进行了翻修，改善了职工就餐环境。十公司为职工宿舍安装了空调，改善了职工住宿条件。物业中心改扩建了职工浴室。集团公司工会被市总工会评为“工会工作考评优秀单位”。

【学先进，赶先进，创品牌】
集团公司多年来，持续开展对标“郭娜陆地航空班”，践行爱岗敬业五种精神的活动。该班组在被评为交通运输部十大文化品牌后，她们苦修内功，强化班组管理，开展多种形式的技能比武，同时抓紧对班组新成员的培训，全面夯实整体业务素质。在服务中，她们广泛开展阳光服务暖心工程。一、五、九公司开展对标创优、典型培树活动，定期评选安全、创收、服务、节支标兵，激发员工学赶先进的热情。公交总公司通过深入开展等级线路、星级司乘疏、品牌车组、精品线路和金牌驾驶员评定工作，强化职工服务教育培训，挖掘服务创新方式，创名优服务品牌等一系列工作，有效提高了服务质量和服务水平。四公司、职工医院将基层党支部的创先争优活动与班组文化建设紧紧结合起来，充分发挥党员在班组文化建设中的先进作用。十公司组织员工到“郭娜班”观摩学习，现场对标。汽贸公司邀请郭娜传经送宝。三、五、九公司将对标活动与服务品牌创建有机结合，他们创新服务方法，改进服务流程，丰富服务内容，以点带面拉动品牌战略的实施。三公司的“客乐达”、五公司的“安馨服务”、九公司的“保运快客”被省政府命名为“河北省服务品牌”。

【加强企业文化宣传】 保运文化是对企业多年来改革发展积淀的提炼和升华，是科学的文化，是正能量。集团公司注重加强文化宣传工作，开展企业文化的宣传引领。《保定交通运输报》、保运网站积极宣传企业文化，报道企业内部新人新事新风尚。基层单位利用内部报刊、橱窗、展板、文化长廊等多种形式宣传企业正能量。三公司自办的广播站每天坚持广播宣传。九公司创建内部媒体视频，自编自采，员工担任播音员，镜头对准一线，以职工群众喜闻乐见的形式宣传企业文化。一公司收集编印了《职工文集精选》《风雨同行—运人》宣传册，制作了《企业文化宣传片》。保定总站开辟站台文化区，宣传企业、教育职工等等。在企业文化的宣传引领下，员工队伍素质得到了有力提升。涌现出了保定总站的“保运哥”张磊；九公司的全省交通运输系统“最美交通人”刘素兰；公交总公司的“保定好人”袁文娜；三公司的“定州好人”郝志彪；一公司的“保定好人群体”白沟诚信服务班组。集团公司2013年160人次被保定文明委评选为“保定好人”和“文明使者”。九公司的“保运快客”获“全国工人先锋号”。三公司631班线的文明服务被河北省电视台随车采访。集团公司获2013年度“全国交通运输企业文化先进单位”，被评为“河北省职工文化建设先进单位”。

【质量管理活动成绩突出】 开展全面质量管理活动，提升班组质量意识、服务水平。服务质量监督管理部推广并指导基层班组深入开展群众性QC小组活动。基层各单位对全面质量管理活动高度重视，汽贸公司将质量管理基础知识和优秀班组建设方面的书籍发放到各班组，并制作课件组织学习。大部分单位举办了QC成果发布会，为班组质量管理活动搭建平台。年内集团公司共注册以班组为单位的质量小组74个。这些班组围绕安全运营、规范秩序、增收堵漏、节支降耗、创新服务等生产主要环节，选择课题，制定对策，展开活动。11月，集团公司举办了QC成果发布会，收获较大。普遍认为QC成果选题明确，活动开展的真实有效，解决了实际问题。年内，一、三、五、六、七、九公司、保定总站的7个QC小组参加了省、部、国家级成果评审会。三、五、七公司、保定总站获国优。一、六、九公司获省优。集团公司获“全国交通行业质量管理先进企业”荣誉称号。

（田梦波）

邮　　政

【保定市邮政局】　属国有公众服务性企业，现有职工4050人，下辖6个职能部室、10个专业局、22个县（市）局。

党委书记 局　　长	黄永辉（11月任）
纪检书记 副 局 长	崔合营
工会主席 副 局 长	曹力英
副 局 长	曹建中（11月任） 曲长城（11月任）

【概况】　2013年实现业务收入6.49亿元，完成全年计划100.3%，同比增长13.77%，绝对值、进度均列全省第二，各项通信质量指标均达到省公司的考核要求。

【基础设施建设得到加强】　市局筹措资金，优化环境，改善服务，加大科技和硬件上投入，为人民群众提供方便、安全、高效的邮政服务。新装修、新建支局所76处，新装ATM机49台，排队机42台，更新新增计算机174台，各类打印机308台。统一规范局名牌、营业时间牌、信箱信筒、邮政车辆及营业台席业务标识，邮政通信硬件环境和科技含量得到改善和提高。

【开展形式多样便民服务】　服务方式从传统单一的柜台服务，发展到互联网络、11185电话语音、预约上门、流动邮车等多种服务方式，方便了客户。针对不同客户开展差别化服务，重点大客户实施派驻制，普通大客户专人专车上门揽收、上门投递；退伍军人、院校毕业生、中老年人等特殊群体上门收寄；普通包裹和大件印刷品，配备车辆和人员，实行上门投递，报刊实行电话预约上门收订、社区服务站上门收订，实现了居民“坐在家中订报刊，楼房报刊送到户”的愿望。依托邮政特有的网络优势，在抓好传统信函、包裹、邮政储蓄、汇兑、报刊发行、邮政特快专递等基本业务的基础上，做好更加适应群众需求的服务项目如航空客票、火车票代售业务、利用“缴费一站通”开办电费代收业务等，满足了社会多层次、多元化的需要。年内，实施“电影下乡、科技下乡、文化下乡”活动，把党和政府的方针政策给百姓送进村；把科技图书和科技文化给百姓送进村；把百姓所需的生活用品和生产资料送上门；帮助百姓缴纳话费、农电费以及其它百姓需要的服务项目，让百姓不出村就能享受良好的邮政服务。截至年底，共建立三农服务站2815个，直营店154个，服务面积达6000余个行政村。配送化肥26000吨，各类作物种子400吨，酒水日用品等295000件。

【开通专门邮政服务渠道】　“4.20”雅安地震后，在全市228个营业网点全部开通服务雅安地震灾区业务平台，对寄往灾区的邮政包裹免收邮寄费；各邮储银行网点对汇往中国红十字会总会和中华慈善总会及各种公益基金的抗震救灾汇款免收汇费。年内，通过邮政渠道捐往灾区的各种包裹达3000余件，汇款20万余元。

【营造企业文化氛围】　加强与市委、市政府、市教育局、市文广新局等政府职能部门及在全市、全省、全国有影响力的商家、企业战略合作，联合举办“善行古城，文明保定”大型感恩孝道论坛、“越来越好”相声小品晚会、“2013保定新年音乐会”“首届保定文化惠民读书节”“便民服务站走进全国和谐示范社区”等大型社会文化服务活动，树立邮政品牌形象，同时为全市精神文明和和谐社会建设起到了推动作用。7月举办全市邮政礼仪服务大赛，22个县（市）局以及市分公司部分科室共近30只代表队，200余人参加了比赛选拔。赛后经认真组织和遴选，组建了保定邮政礼仪服务大赛代表队。在全省比赛中，共获得包括优秀组织、最佳个人风采等在内的四项大奖。10月开展手语操和舞蹈大赛，各单位积极报名参赛。企业内部集体学习《专注的力量》，并开展“专注－思考－创新”读书提建议活动，共收集优秀文章、建议58份，挖掘和实现了员工正能量的释放。

【规范各项邮政服务措施】 通过100项综合管理和业务操作指标，对全市143个代理金融网点进行风险等级评估，查找风险隐患，提高风险防控能力。年内共参加省电台“阳光热线”栏目4次，市电台“行风热线”14次，现场倾听和答复听众提出的意见建议。设专职部门和人员采取现场抽查、走访用户、跟班等多种形式对全市投递服务质量、邮运服务质量进行专项检查，重点解决群众反映较多的缺报少刊等热点问题，对于受理的投诉，始终以用户满意为原则，做到件件有着落，事事有回音。

【加强管理培训】 注重职工综合素质的培养和提高。鼓励职工参加学历教育、远程培训、专业学习，先后邀请对外经贸大学彭向刚教授、陆家嘴财富管理培训中心多位知名专家等，对中层以上干部、部分优秀营销人员、金融从业人员和机关管理人员进行了创新力、执行力以及标准化金融服务的培训。年内，远程培训12期，巡回培训3643余人，参加网上学习4800人，专题培训53期、4600人次，全员培训率超过了100%。

【为职工办好十件实事】 市局党委坚持每年为员工做好十件实事，年初以文件形式下发，目的是推进员工收入平稳增长，提高职工幸福指数。具体包括关心职工健康，组织全体职工（包括劳务工和离退人员）进行身体检查，为员工父母（70岁以上老人）和员工子女（高考二本线以上）分别赠送敬老礼包和高考大礼包，为一线职工“送温暖、送健康”活动。冬季来临，市局工会为每位一线职工配发防PM2.5口罩，确保大家身体健康，维系全市邮件转运、分拣和投递工作的顺利有序开展。

【精神文明建设工作获得集团公司肯定】 7月15日，中国邮政集团公司精神文明建设小组到保定检查指导工作，听取了市分公司精神文明建设工作汇报，并到国家级青年文明号东风西路支局进行实地考察。检查组对市分公司在精神文明建设工作中取得的成绩，对全体干部职工表现出的争先意识给予了“身先士卒、感悟深刻、意识超前、业绩优异”十六字感触与好评。并在中国邮政集团公司下发的《关于2013年度邮政系统精神文明建设检查工作情况的汇报（党群函【2013】7号)》中，给予特别点名表扬。

（邸青华）

【保定市邮政管理局】 保定市邮政管理局为行政机关，于2012年11月28日揭牌成立，由河北省邮政管理局和保定市政府双重管理。主要职能是贯彻执行国家邮政法律法规、方针政策和邮政服务标准，研究拟订本地区邮政发展规划，监督管理本地区邮政市场及邮政普遍服务和机要通信等特殊服务的实施，负责行业安全生产监管、统计等工作，保障邮政通信与信息安全，承办上级邮政管理部门和地方人民政府交办的其他事项。机关内设办公室、市场监管科、普遍服务（机要通信）科3个科室，另设机关党委。

党组书记 局　　长	金达旺
党组成员 副 局 长	丁　辉

【概况】 2013年，以“怎样推动保定邮政业大发展，怎样结合保定实际创造性地落实上级要求”为出发点，以实现“全市邮政业跨越式发展”为目标，服务大局，开拓创新，扎实工作，各项工作整体推进，成效显著。截至年底，全市共有邮政快递企业117家，全年全市邮政行业业务收入10.95亿元。

【邮政基础设施建设】 推进空白乡镇邮政局所补建。市政府将全市122个空白乡镇邮政局所补建任务列入政府工作报告工作落实方案，明确各县（市、区）政府为第一责任单位，相关部门为责任单位，纳入工作考核体系。市政府督查室下发《关于对空白乡镇邮政局所补建和村邮站建设工作督导检查的通知》。8~9月，市邮政管理局赴各县（市、区、开发区）进行实地督导检查，取得实在成效。推进村邮站建设。市政府将全市村邮站建设任务也纳入政府工作报告工作落实方案，市邮政管理局对全市村邮站建设进行督导检查。推进新建住宅楼房信报箱建设。市邮政管理局联合住建局和城乡规划局制发《关于进一步加强我市城镇住宅信报箱建设工作的意见》，进一步明确目标，要求新建的城镇居民楼房、住宅区信报箱覆盖率达到100%，已竣工验收未按规定设置信报箱的加快补建；从工程规划、设计审查、建设标准、监管验收、补建维护5个方面明确各相关部门职责；并要求邮政管理、建设、规划部门建立联席制度，加强组织协调，确保信报箱建设顺利实施。

【邮政普遍服务普查】 年内，结合全市空白乡镇邮政局所补建和村邮站建设督查等工作，市邮政管理局安排专门人员、车辆，组织精干力量，利用3个月时间，实地检查邮政网点225个，出动882检查人次，对邮政营业场所、邮件处理场所、邮筒（箱）、邮政车辆等进行系统调查，建立健全全市邮政普遍服务基础台账。

【快递市场监管和邮政行业安全】多次深入快递企业走访调研。强化快递企业基础台账建设，逐步摸清“黑快递”名单。掌握全市26个县（市、区）快递企业位置，行程10462公里，通过测量经纬度，全市快递网点分布图基本绘制完成。部署快递市场监管各项工作。下发宣传贯彻《快递市场管理办法》、加强旺季服务保障、开展邮政行业安全大检查等通知。11月，市邮政管理局组织召开全市快递企业工作会议，就严格执行收寄验视制度、加强“双十一”等旺季服务保障、做好应急管理、提升快递服务质量等工作进行了明确部署，与各快递企业签订了快递业服务与安全责任书。开展快递市场检查。年内市邮政管理局赴企业检查124次，检查450人次，累计140天。对相关企业进行约谈并下发责令改正通知书，对多家无证无照经营快递业务的企业进行处罚，并限期办理有关证照，严厉打击非法经营快递业务的行为。开展落实收寄验视制度专项整治活动。市邮政管理局分成2个检查组，采取日常检查、突击检查、联合检查、调取监控录像记录等多种方式，赴全市26个县（市、区、开发区）100多家快递企业进行全覆盖检查，要求快递企业严把收寄验视关口，做到件件有验视，件件加盖验视章。根据检查结果，分别采取向快递总部通报、在媒体公告、约谈、整改、责令停业整顿等措施，确保专项检查出实招、见实效。

【快递物流园区建设】 8月起，市邮政管理局和市发改委牵头，联合国土、规划、交通、商务等单位召开多次调研会。各相关单位提出意见。相关企业初步与当当网、唯品会、京东商城等达成建设分拨中心的协议。至年底，市快递物流园区已进入项目备案阶段。

（田龙标）

联　　通

【中国联合网络通信有限公司保定市分公司】 中国联合网络通信有限公司保定市分公司（以下简称保定联通公司）是中国联通在保定市境内的分支机构，具有电信全业务经营资质。主要经营GSM/WCDMA移动电话、固定电话、宽带等基础通信产品和信息应用、信息内容、系统集成等综合信息服务产品。保定联通公司辖市分公司本部、22个县（市）分公司和白沟新城营业部等24个分支机构，其中市分公司本部设综合部、市场营销部、财务部、人力资源部等26个部门，另设市网络分公司，各类从业人员总数超过5000人。公司竭诚为全市人民提供通信信息服务，全业务提供能力、全渠道服务能力、全网络接入能力等均保持行业领先。

总经理
党委书记　崔世君
副总经理　黄立新　师学林
　　　　　刘长山　李毅超
　　　　　郭志杰　岳　刚
工会主席
纪检委书记　郭志杰（兼）

【概况】 2013年，保定联通公司围绕“信息生活的创新服务领导者”发展愿景，推动业务突破、服务转变和管理提升，各项工作取得新进展，实现综合绩效考核全省首位的历史性突破。全年重点实施了光纤化改造、行政村FTTH薄覆盖、WCDMA无线网络扩容、移动核心网IP化改造、LTE4G实验网等项目，新建移动网络站点229个，新增室内分布覆盖楼宇234栋，新增宽带接入端口21.15万个，FTTH薄覆盖行政村增加587个。在中国联通全国重点城市移动网络客户感知评测中，GSM和WCDAM网络质量继续保持全国前5、河北省首位，连续第三年位居全国前列。截至年底，固定电话交换机总容量达到195万门，移动通信网交换机总容量达到339万户，IP网端口总数达到183万个，IP城域网出口带宽能力达到580G；在网客户数达到466万户，其中固定电话147万户、宽带111万户、移动电话208万户。

【实施“智慧保定”战略】 以“智慧城市”建设战略合作协议为指导，依托城市智慧型产业优势和先进技术，推进政务、城市、农村、企业、教育、医疗卫生、旅游及信息服务业等领域的信息化建设。3月，保定联通公司成为保定市“天网”工程唯一通信网络承建方，为工程提供传输网络和机房，共涉及百兆光纤3000余条、千兆光纤近200条及1处机房。该工程将在市区主要出入口、主干道路、重点单位、要害部位、繁杂场所等安装视频监控探头，与省公安厅“天网”平台级联，实现视频监控图像统一浏览、管理等功能。4月，保定联通公司“手机公交一卡通”正式上线，标志着保定市区公交车正式进入“刷手机”时代。保定联通公司与公交公司合作，建立数据中转服务器，与公交调度系统互相联接，在全省率先实现手机查询市区公交服务。全市联通客户通过手机客户端软件可享受 GPS 候车查询、换乘查询、线路查询、周边信息查询等服务，乘公交出行更加便利。9 月，保定联通公司参与建设的保定市中药材流通追溯体系平台正式开通，全市中药材种植、加工、销售、流通及销售等环节的800 余家商户被纳入流通追溯体系，实现药材来源可追溯、去向可查证、责任可追究。年内，保定联通公司签约建设高开区管委会视频会议 ICT 项目、张石高速监控分中心光纤互联项目、安新县新农合联网项目、容城县“天网覆盖”二期工程、数字顺平项目、徐水县住建局一卡通项目等，助力政府各层级管理水平和服务效果提升。

【推进行业信息化应用】 发挥行业技术优势，整合全网资源，为客户提供多元化、个性化信息化应用产品。1 月，与长城汽车股份有限公司合作启动河北省首个汽车信息化项目，依托汽车信息化服务平台（TSSP），陆续推出安防、远程诊断和救援、定位、音乐、视讯、呼叫中心等通信和通信增值业务应用，为车主提供真人实时全程导航、远程故障诊断、现场救援调度以及新闻、娱乐、天气状况更新等智能服务。4 月，为保定市小蜜蜂餐饮有限公司开通河北联通首个订餐通项目，将预订、营销、管理三大功能合一，提升了管理效率和品牌效应。6 月，完成保定烟草公司运输车辆一、二期车载视频定位系统装配工作，运用 GIS 地图及视频处理技术，统一信息平台实现了烟草运输车辆实时监控、调度控制、历史数据回放等功能。8 月，为保定市公用事业局开通销售人员管理系统，实现考勤管理、通知公告、工作日志、活动管理等功能，满足了公用事业局下属单位巡查队员日常巡查需求。年内，承建贺阳教育集团信息化办公系统、河北农业大学办公管理系统、鼎阳电力科技发展有限公司手机一卡通、高阳永亮纺织有限公司统一通信等业务，提升客户信息化应用水平。

【启动“宽带中国”专项行动】 打造“光网城市、智慧保定”，启动“宽带中国”专项行动，推进光纤入户，持续优化 3G 网络，强化行业应用推广。保定联通公司联系当地住房与城乡建设部门，将宽带建设纳入城乡规划，与友商共建共享通信设施，创新解决网络建设中的选址难、入场难、施工难、费用高等问题。通过推行无条件受理、“480”服务承诺和“点亮光网小区行动”，为客户提供主动快捷服务，提升了宽带业务服务效率。按照重点先行、梯次展开、服务保定经济大局的工作原则，保定联通公司年内累计新增 FTTH 覆盖 19.3 万户，超额完成建设任务，并先后实施环首都绿色经济圈区域的信息基础设施建设专项规划以及山区扶贫开发和全市村通宽带建设。

【多措施提升联通服务水平】 全年新布放 MINI 营业厅及自助终端 3158 个，为 164 个 3G 核心店、小型沃店开通固网业务实时受理功能；加强网上商城业务推广，探索线上线下相结合的服务模式，为客户提供更加丰富、便捷的服务通道；开通 24 小时宽带专家坐席网站，配备宽带专家为客户提供在线服务，客户也可自助进行宽带测速、宽带密码修改、业务办理及简单故障排查；搭建“保定联通公司 3G 俱乐部”官方微信公众平台，通过在线交流方式，为客户解决问题，服务更加贴心便捷。以改善客户感知为切入点努力提升服务水平，建立“横向协调联动，纵向指导管控”管理体系，通过“质量控制－优化分析－现场处理”逐级对投诉进行预警传递，提升客户问题一次性解决率和客户满意率；建立投诉客户主动沟通机制，强化客户投诉跟踪，形成“客户投诉－问题分析－客户访问－效果评估”闭环管理，持续提升服务质量；面向市区及县城区域客户提出“480”服务理念，即：客户宽带出现故障并办理报修手续后 4 小时内完成修复，在客户办理宽带新装或宽带移机手续后 8 小时内完成装机，在客户提出宽带新装需求并办理手续时“0”拒绝受理，通过严格管控安装、维修、行为规范、文明用语、服务沟通等环节，增强员工服务意识，提升服务水平。

【完成中国联通 FDD－LTE 保定外场测试工作】 作为中国联通 5 个首批 FDD－LTE 外场测试点之一，于 2 月正式启动 LTE 测试项目，9 月 30 日完成测试工作。此次外场测试共投入基站设备 56 套、完整核心网设备 1 套，总面积 15.5 平方公里，包括无线城区、室分场景、高速场景、核心网互操作等多项测试内容，全面完成施工准备。保定联通公司在 LTE 试验网基础上，搭建 4G 网络体验环境，为广大市民打开认识联通 4G 业务的窗口。

（裴建英　尚爱丽）

移　　动

**【中国移动通信集团河北有限公

司保定分公司】（简称保定移动公司）成立于1999年7月7日，是保定市运营最早、规模最大，拥有客户最多的移动通信运营商，拥有市公司及23个县分公司和2个市区营销中心，现有各类职工2600余人。

党委书记
总 经 理　王笑平
副总经理　张　军
　　　　　刘冬菊（女）
　　　　　王忠武　马泉生

【概况】　主要经营第二代（GSM）移动数字电话、第三代（TD-SCDMA）移动电话及第四代（TD-LTE）移动电话。在2G、3G优质网络基础上，率先在全国建设世界最先进的第四代移动通信网络（4G），移动通信网络通话质量更优，上网速率更快。截至年底，移动用户达700余万。先后获得中央企业先进集体、全国五一劳动奖状、全国精神文明建设先进单位、中央企业思想政治工作先进集体、中国移动通信集团先进基层党组织、中国移动通信集团创先争优先进基层党组织、河北省文明单位等多项荣誉称号。

【提高网络质量】　贯彻"网络质量是通信企业生命线"的核心理念，分流优化并举，开展2G质量提升、室内质量提升、4G网络大建设等专项活动，提升网络质量，多项网络指标均保持全省领先水平，实现2G、3G、4G"质""量"共同提升。

【安全生产】　以"堵风险、查漏洞、排隐患"为原则，开展各项安全生产工作：完善安全生产基础管理和现场管理标准；制定安全生产检查流程，定期开展安全检查整改验收，建立安全生产隐患档案；多种途径开展全员安全培训，开展安全生产活动月，组织员工参加应急演练。加强垃圾短彩治理和设备端口漏洞防范等信息安全管理工作。

（李祺伟）

电　信

【中国电信集团公司保定分公司】　中国电信保定分公司成立于2003年，现有14个职能部门，4个分区业务发展部，23个县（市）分公司，各类在职员工1400余人。

总 经 理　郭洪景
党委书记　王会民
副总经理　焦　忠（11月任）
　　　　　吴　燕　王雅璐
　　　　　杨贵军　宾光义

【概况】　2008年通信行业重组后，保定电信分公司成为全业务运营商，主营互联网接入及应用、移动通信和固定电话等综合信息服务，拥有天翼、189邮箱、爱音乐、号簿助手、号码百事通和互联星空等知名品牌，拥有189、181、180、133、153号段。年末固定及移动电话总用户78.4万户，比上年增加23.5万户；国际互联网接入用户39.6万户，比上年增加8.9万户。年内先后获得中国电信集团"天翼先锋奖"和年度"双领先地市公司"荣誉称号，保定客服10000号授予市级"青年文明号"。

【提升客户服务与网络建设】　推动天翼客服客户端、易信客服、微信客服等新媒体客服创新工作，取得良好效果。投资1.56亿元新建OLT机房140余个，优化3G网络基本覆盖，为用户提供了良好的通信质量和优秀的应用体验。

【履行企业社会责任】　参与市委、市政府及各个部门组织的扶贫工作、驻村帮扶、维稳等工作。年内，公司驻村帮扶工作小组驻扎帮扶对象唐县虎峪村，完成各项帮扶工作，受到市政府嘉奖。7月参与市区公益直饮水站建设，收到保定市民和媒体的广泛赞誉。

【惠民服务活动】　推进各行业信息化建设，通过司法E通项目为司法部门搭建社区矫正人员管理平台，得到相关部门的高度赞誉。推广"翼支付"民生支付业务，向用户提供方便、快捷、全方位的移动支付服务。推动建立普遍服务资金，实施通信村村通工程和信息下乡等宽带惠民活动。截至年底，建成各类营业厅60余个。开展"暑期电影进社区"和"暑期电影下乡"等系列活动，得到新老用户认可和赞誉。

（蔡若菁）

城建·环保

城乡规划

【保定市城乡规划管理局】 保定市城乡规划管理局是组织编制全市城乡规划并实施管理，负责对各县（市）规划局的业务指导和监督管理的政府部门。局内设9个职能处（室）、四个直属分局：办公室、人事教育处、总工程师办公室（规委会办公室）、县乡规划管理处、城区规划管理处、建设规划管理处、市政规划管理处、规划监察处，南市区、北市区、新市区、高新区规划分局，下属4个事业单位：市规划编制研究中心、市城建档案馆（规划展馆）、市规划设计研究院、市城乡建筑设计院。

局　　长　苑景华
副 局 长　陈　谦　王宝玉
　　　　　姜　健　胡　力
纪检组长　王惠娟

【概况】 2013年，市规划局围绕建设“京畿强市、善美保定”的总体目标，按照“突出特色、提升品位”，“彰显古城魅力，建设现代新城”的要求，以解放思想大讨论和三项行动为抓手，以法规规章体系建设为支撑，以机关标准化管理和数字规划建设为平台，充分发挥规划在城市建设中的引领作用，扎实推进城乡规划各项工作，促进了城乡规划编制的科学化、管理的规范化、监督的公开化，实现了规划水平显著提高、规划管理更为规范、服务效能明显提升、队伍建设更加坚强的基本目标，为促进保定市城乡建设和经济发展提供了科学的规划保障。

【加强规划编制研究，打造环京津新的发展增长极】 1. 推进《保北地区环首都发展概念规划》编制。按照“打造环京津地区新的发展增长极”要求，围绕首都经济圈和北京新机场建设，对保北地区（涿州、高碑店、定兴、涞水、涞源、易县、白沟新城、雄县、容城）功能定位、产业布局、综合交通、空间结构布局等内容进行深入研究，高标准编制《保北地区环首都发展概念规划》，积极接轨首都经济圈的直接辐射，指导保北地区县（市）空间资源的有效配置，建设京津产业转移和央企战略合作的首选地，促进保北各县（市）跨越式发展，为打造环京津新的增长极提供规划支撑。规划方案编制完成后，于11月1日向市领导进行了专题汇报，得到了市委主要领导的充分肯定，规划方案正在深化完善中。2. 推进环白洋淀生态经济区空间发展规划。为充分发挥保定作为京津冀一体化发展的关键节点城市的优势作用，加快融入京津冀一体化发展经济圈，全力打造环京津地区新的经济增长极，市规划局结合美国麦肯锡公司《保定市白洋淀地区区域发展战略规划》，在充分分析保定市环京津区位和交通优势的基础上，统筹中心城市低碳示范和白洋淀生态经济区的空间发展战略研究，整合白洋淀区域空间、交通和资源环境，优化空间布局结构，着眼区域远景发展需求，本着打造“白洋淀国家生态经济示范区”的目标，明确功能定位、产业布局、环境保护等内容，突出体现规划的可实施性和可操作性，明确近期行动计划，构建近期空间平台，切实推进白洋淀生态经济区的可持续发展，对保定中心城市（“一城三星一淀”）、白沟新城、安新、雄县、容城、高阳等行政区域提出规划指引。规划采取聘请专家顾问作为技术指导和多方案比选的方式，邀请中国城市科学规划设计研究院、上海同济城市规划设计研究院和天津大学建筑设计规划研究总院三家参与方案征集，从不同角度，不同视野提供保定市白洋淀生态经济区规划决策依据。2013年底前完成了中期成果汇报。2014年将组织规划成果的专家评审，并配合发改委完成国家生态经济示范区的申报。

【科学编制规划设计，推进建设现代新城】 按照“突出特色、提升品位”“彰显古城魅力，建设现代新城”的要求，高标准推进规划编制工作。1. 超前谋划“五大中心”规划。按照市政府工作安排，结合城市发展和功能定位，超前谋划城市重点发展区域有关规划工作，积极谋划了“五大功能中心”，即：北部低碳新城——市民中心、东湖片区——文化中心、西湖片区——体育中心、高铁新城——会展中心、朝阳中央商务中心（CBD）。通过多次现场踏勘和对五大中心规划范围内现状分析，谋划了“五大中心”相关工作，提出了下一步工作安排意见。其中西湖片区——体育中心《保定体育新城（XS－05）控制性详细规划》已经深化完成，并于2013年6月11日通过市政府审批。其他四大中心规划编制工作视政府工作安排将适时启动。2. 深化完善重点项目规划设计。深化完善了《长城汽车科技城控制性详细规划及城市设计》《保定市东湖周边地区重点地段详细城市设计》《保定市体育新城（XS－05控制单元）控制性详细规划》《保定市京石客运专线保定站周边地区控规及城市设计》。3. 科学编制道路改造整治方案。组织编制了乐凯大街、东风路、阳光大街、西大街四条街道的景观综合整治规划方案；完成了乐凯大街南延、复兴路西延、瑞祥大街北延、莲池南大街改造等主要道路的规划设计以及隆兴路、沈庄路、兴华苑路、复兴苑路等71条小街巷改造或新建设计方案；完成市区8个主要交叉口改造方案及复兴路与阳光大街哑铃路段改造方案。

【做优做美县城规划，推进县城扩容提质】 围绕县城建设工作，以推动县城扩容提质为目标，以提升县乡规划设计和管理水平为着力点，健全规划体系、加强城市设计、创新实施机制、强化实施管理，加强县城规划编制工作指导，为县城建设和县域经济发展提供了规划支撑。1. 出台政策文件，全面加强城乡规划工作。起草完成《关于加强城乡规划工作提高新型城镇化水平的决定》和《关于进一步加强县（市）城乡规划管理工作的指导意见（初稿）》，并制定了《保定市提高县城规划设计和管理水平实施意见》，全面加强城乡规划工作。2. 完善规划编制体系，积极推进县城规划编制。指导各县（市）进一步完善规划编制体系，开展城乡总体规划、控制性详细规划和各类专项规划编制工作，科学引领县城发展建设。开展总体城市设计、详细城市设计及“五个一工程”规划设计，打造特色景观街道、塑造特色风貌街区。各县（市）坚持规划引领，规划先行，全面启动新一轮规划编制工作。其中高碑店、雄县城乡总体规划已获批复；安国、涿州、唐县、涞水、阜平城乡总体规划和白沟城市总体规划纲要已通过审查，正在完善规划成果；其他县（市）城乡总体规划编制工作也在进行。同时，各县（市）结合城乡总体规划编制，积极开展各类规划和城市设计工作，涞源、清苑已完成总体城市设计编制，满城、涞源、雄县、容城4县提前完成覆盖县城全部规划建设用地的控制性详细规划。3. 统筹“一城三星一淀”规划。按照同城化管理要求，出台关于进一步加强“三星一淀”规划管理工作的有关规定，将重点规划和项目纳入市级管理，提高规划建设水平，促进“一城三星一淀”一体化发展，统筹区域发展，做大做强中心城市。

【分类指导村庄规划，推进建设美丽乡村】 按照实施农村面貌改造提升行动、推进扶贫攻坚和加强基层建设年活动要求，结合保定市工作实际情况，精心组织，周密安排，抓督导调度、抓服务保障、抓检查验收，圆满完成各类村庄规划编制工作。1. 围绕阜平县扶贫开发工作，明确扶贫攻坚任务，精心组织完成阜平县骆驼湾和顾家台村村庄规划编制，指导两村扶贫开发建设；2. 围绕加强基层建设年活动，扎实开展相关规划编制工作，完成740个帮扶村村庄环境整治方案和488个村庄规划编制；给涞源县白石山镇庄伙村提供帮扶资金30万元，无偿编制各类规划设计，约50万元。驻村工作组自2013年2月驻村以来，在充分调研的基础上，组织市规划院编制了《庄伙村村庄环境综合整治规划》，完成文化广场、村民服务中心、村内危房改造、河道整治、饮水工程、畜牧养殖产业等帮扶项目，积极协调水利、供电、交通等部门，依靠各项扶贫资金，对村庄街道及小街小巷进行硬化，铺设饮水管道6000米，打深水井一口，新增5台变压器，新建垃圾处理池4个，安装太阳能路灯12盏，完成基础设施投资约150万元，实现了村庄面貌大改观。得到了涞源县委县政府、白石山镇委镇政府、庄伙村两委和村民的高度评价和赞扬，并评为全省基层建设年活动优秀驻村工作组。3. 围绕实施农村面貌改造提升行动，努力抓好高碑店陶辛庄村、定兴南北马坊村、清苑北孙村等三个省级试点村的改造提升规划编制，并最终完成高铁、高速公路沿线14个县（市）区域内的389个农村面貌改造提升村的村庄面貌改造提升规划编制，引领打造“环境整洁、设施配套、田园风光、舒适宜居”的美丽乡村；4. 围绕历史文化名镇、名村工作，组织顺平南腰山村申报第六批中国历史文化名村，完成阜平县龙泉关、顾家台、骆驼湾3个村的传统村落推荐上报和5个传统村落（涞水南高洛村、涿州南横岐村、顺平南腰山村、唐县倒马关村、新市区大汲店村）资料补充，并指导相应县市开展历史文化名村和传统村落的规划编制工作。

【完善规委会制度，促进规划决策民主科学】 为了增强规委会决策的科学性、民主性，提高行政效率，加强市域各县（市）的规划工作，强化中心城市（“一城三星一淀”）同城化管理，重新审视了保定市规委会运行情况，借鉴其他城市经验，对《保定市人民政府城乡规划分级决策与审批》《保定市城乡规划委员会章程》等文件和规程做了修订，调整和完善了规委会职能和相关审议事项，新增加了保定市城乡规划联合审议会议制度，制定了《保定市城乡规划联合审议委员会议事规则》。组织召开了两次规委会全体会议，完成了规委会委员换届和24项上会规划项目的审议及相关项目的报批和批后公布等日常工作。

【引领改善生态环境，着力打造低碳城市】 1. 推进漕河生态廊道景观环境综合整治规划。划定漕河规划整治范围，精心谋划漕河生态廊道两侧控制性详细规划及城市设计，统筹处理好防洪与景观、拆迁和改造等各方面关系，综合平衡经济、社会和环境效益，以点带面，有针对性、有重点、有步骤的指导整个漕河流域生态环境整治工作。完成了规划经费测算、设计任务书起草、地形图修补侧、基础资料收集等前期准备工作。2. 推进环白洋淀旅游景观道路的规划设计。按照市政府主要领导的要求，对全长132公里环白洋淀防洪大堤进行景观道路规划研究，充分结合水利、交通、旅游、景观等到多种功能，打造白洋淀新的环境空间，完成了规划设计方案。3. 大力推广绿色建筑。在城市规划的各个方面贯穿绿色、低碳、创新、环保、节能、智能、高端的理念，将低碳、环保、节能要求纳入规划设计要求中，并将太阳能利用、中水利用、环保节能材料运用等作为方案审查重要内容，努力编制高标准、高水平的生态建设规划，引领打造低碳城市。

【强化规划规范管理，提升依法行政水平】 为规范规划管理、提升行政效能和依法行政水平，1. 健全完善规章制度。依法修改完善规划编制、审批、公示、监督检查制度，起草了《保定市城乡规划管理暂行办法》《保定市城乡规划公示暂行规定》《保定市建设项目交通影响评价管理办法》和《保定市地下管线规划管理办法》等规定制度。2. 严格规划实施。坚持用规划引导建设，进一步完善城乡规划管理监督和督查制度，严格实施城市“五线”管理和“一书三证”制度，加大规划批后跟踪管理和查处力度，严肃规划权威，确保城乡“规划落地”。共办理规划核实合格项目18项，建筑面积约83.7万平方米。3. 开展城乡规划实施管理专项行动。制定行动方案，细化分解任务，明确责任分工，并精心组织、积极协调、科学调度，对总规执行、控规执行、规划许可、规划实施统计分析及违法建设查处等工作进行认真自查，形成自查报告，并督导各县（市）开展好专项行动工作。4. 全力推进政务公开。大力推行阳光规划、阳光审批，通过现场、网站、媒体、规划展览馆等多种渠道和方式，进行批前公示和批后公布，宣传和展示城乡规划、项目建设规划，广泛接受社会各界监督，增强了规划管理工作的透明度。2013年答复市长信箱、市长短信平台、市长热线交办卡及部门邮箱群众来信240余条，答复局长信箱群众来信300余条，完成人大代表建议、政协委员提案33件，不断提高城乡规划决策的公众参与水平，促进了城乡规划的落实。5. 加大违法建设查处力度。以开展“6S”行动和卫星遥感图斑核查为抓手，积极推进违法违规建设清理查处工作。对100余项违法项目进行集中研判，对其中的86个项目依法依规提出规划处理意见，并制定出台《行政处罚自由裁量权基准制度（试行）》，完善处罚文本，建立处罚台账，对市清违领导小组研究通过的项目实施行政处罚；对2013年住建部下发的保定市第五期卫星监测152图斑以及2012年两期变化图斑进行比对核查，对梳理出的28个涉及总规强制性内容的图斑项目逐一进行现场勘查并填写图斑情况统计表，报省住建厅和市政府，并将疑似违法图斑分布图及台账转交市执法局。

（徐雅靖）

【保定市城乡规划设计研究院】

保定市城乡规划设计研究院为市属副县级事业单位，归口保定市城乡规划管理局，是保定市唯一的国家甲级资质的城乡规划编制单位，工作性质属政府行为，职能主要为政府职能服务，是市政府和市城乡规划行政主管部门的技术支持专业队伍，是研究制定公共政策的社会公益机构，是“编制法定规划的法定责任人”。主要工作内容为编制城镇体系规划、城市规划、乡镇规划和城乡发展战略、有关政策的研究、城乡规划的跟踪研究，为政府城乡规划和建设方面的决策提供依据。全院现有拥有高级职称33人（其中教授级高级工程师8人，高级工程师25人），中级职称37人，各专业注册师39人（其中国家注册规划师17人、国家注册咨询师12人、其它专业注册师10人），本科及以上学历员工占75%。内部机构配置及设备有：城乡规划一所、城乡规划二所、城乡市政规划一所、城乡市政规划二所、城乡规划研究所、地理信息所、院办公室、城乡规划业务管理室、城乡规划技术质量管理室、后勤管理室。拥有现代化办公设备：微机140余台，测绘仪器包括GPS各种卫星定位仪在内30余台套，各种复印扫描设备10多台。具有多种先进正版设计软件，全院建立了先进的网络系统，计算机出图率100%。

院　　长
党总支书记　姜　健
副 院 长　郭志奇
孙燕明（女）
骆连福　李铁柱
总　　工　王志仓

【概况】　2013年，全面贯彻执行IS09001－2000国际质量体系认证，实现了设计质量的规范化、程序化管理；重视科技进步与科技创新工作，积极参与国家、省、市科研课题的研究工作，积极参与国家、省级规范编制工作。始终坚持“科学为本、质量为生、管理为重、持续改进、顾客满意”的质量方针，以“崇尚科学，求真务实”为立院之本；以“技术领先，质量过硬”为立院目标；以“海纳人才，培养人才”为立院方略；以“赢得信赖，赢得满意”为立院要求。2013年荣获省级一等奖10项，二等奖11项，三等奖10项，市级一等奖2项；申报国家级优秀评选项目10余个。

【完成市区重点工程和县城建设规划】　2013年根据市政府和局党组的工作部属和任务要求，市规划院完成的重点工作项目有：1. 市区重点工程项目，前期谋划4项：裕华路东延、东风路西延、隆兴路、高新区路网；新开工10项：复兴路西延、乐凯大街南延、复兴路改造、市区道路交叉口通行能力提升工程、烟厂异地搬迁项目周边道路、阳光大街综合整治、东风路综合整治、乐凯大街综合整治、西大街景观整治及业态提升工程、小街小巷改造(21条)；续建7项：九年一贯制学校及兴华苑廉租房小区周边道路新建工程、保定站改扩建市政配套工程、泵站新建及改造项目、外环水系一二期工程、东湖及市政基础设施建设工程、府河片区搬迁改造及景观带建设、西大园片区拆迁改造。2. 县城建设，扶贫攻坚规划：河北省村庄提升建设规划、保定市老工业区搬迁改造实施方案，东风路、朝阳南大街等三条主干路的专项规划；按照全省村庄面貌提升要求，完成了清苑、定兴、高碑店三个县市的60个村庄规划编制和15个专项规划；基层建设年帮扶规划完成了涞源、阜平两县共计78个村庄规划编制工作。3. 承揽完成的市场项目：根据新的市场形势及长远发展需要，积极开拓市场，提高效益，承揽完成的市区项目有：保定中心城市空间发展规划、保定市棚户区改造规划、保定电谷重中央时区交通影响评价、保定市新市区村庄建设及整治规划、保定市南市区村庄建设及整治规划、保定市南市区农村面貌改造提升规划；县乡镇项目有：容城县城乡总体规划、清苑县城乡总体规划、涞源县城乡总体规划、安新县城乡总体规划、阜平县主要街道景观综合整治规划、安国市东方药城东片区控制性详细规划、阜平县城乡规划。完成的测绘项目主要有安新县、定兴县、唐县、易县等县的地形图测绘，共计60余平方公里，市政工程及局属任务200余项。配合市政所的雨水防涝专项规划，完成了900余幅数字高程模型数据处理工作。

（刘文学）

住房和城乡建设

【保定市住房和城乡建设局】

保定市住房和城乡建设局为市政府工作部门，负责全市住房和城乡建设行政管理。内设16个处(室)，辖12个事业单位、1个临时机构。主要负责贯彻执行国家、省有关住房和城乡建设工作的方针、政策和法律、法规，拟订有关政策及发展规划并指导实施，依据有关规定进行行业管理；根据本市国民经济和社会发展总体规划，拟订本市住房和城乡建设工作的中长期规划和具体实施计划；拟订全市危旧住房的改造计划并组织实施。承担推进住房制度改革的责任。依据上级房改政策规定，拟订本市住房制度改革的具体方案和实施细则并组织实施。承担保障城镇低收入家庭住房的责任。拟订住房保障相关政策并指导实施；会同有关部门做好中央、省、市经济适用住房、廉租住房资金安排并监督实施；编制住房保障发展规划和年度计划并监督实施。承担规范、指导村镇建设的责任。指导全市乡镇和村庄的建设与管理，推动村镇建设的改革与发展。承担规范房地产市场秩序、监督管理房地产市场的责任。负责全市住宅与房地产业行业管理；会同或配合有关部门拟订房地产市场监管政策并监督执行，推动住宅产业化；参与城镇土地使用权有偿出让工作；提出房地产业的行业发展规划、产业政策，负责房地产开发、房屋权属管理、商品房预（销）售、房地产转让、抵押、房屋租赁、房屋面积管理，房地产估价与经纪管理、物业管理，房屋征收拆迁的规章制度并监督执行。监督管理建筑市场、规范市场各方主体行为。规范建筑市场，监督、管理建筑市场准入、工程招投标、工程咨询、工程监理、工程质量、工程稽查和安全；组织或参与重大工程质量事故的调查处理；负责工程质量的审核与评定及对工程质量纠纷的仲裁；负责建筑安装、建筑装饰的行业管理，包括对建筑安装、建筑装饰企业的资质管理；监督检查工程质量及施工安全。参与制定城镇国土规划和区域规划；负责城建科学研究工作；会同文物管理部门对历史文化古迹进行保护和管理；拟订各类房屋建筑及其附属设施和城市市政设施建设工程的抗震设计规范；综合管理全市建设工程抗震设防工作；指导城市地下空间开发和利用工作。承担和实施建立科学规范的工程建设标准体系的责任。监督指导全市各类工程建设标准、定额的实施；对工程造价实施管理，拟订全市工程建设标准定额和工程造价管理的规章制度，会同有关部门拟订、发布工程建设地方标准和建设系统各行业的工程标准化、经济定额、产品标准，并组织实施和监督。负责住房和城乡建设监察的管理工作；对违反相关法律、法规的行为进行处罚；主管全市风景名胜区工作。承担推进建筑节能、城镇减排的责任。会同有关部门拟订建筑节能的政策、规划并监督实施；指导房屋墙体材料革新工作；组织实施重大建筑节能项目，推进城镇减排。指导公房的使用、修缮、拆迁、改造和保留保护的管理；负责市直管公房资产和拨用产的监督与管理；负责本市房屋安全鉴定工作。负责全市建设工程勘察设计工作，规范勘察设计市场；制定本系统科技发展规划、计划和技术经济政策，组织科技论证、开发和成果的推广应用；拟订和实施本系统行业人才培养规划；负责系统内行业科技人才队伍建设管理工作；负责组织管理本系统专业经济技术职称的评定和执业资格管理工作。会同有关部门编制城建资金使用计划、资金筹措及监督使用。负责住房和城乡建设系统的法制宣传教育工作；指导、监督住房和城乡建设行政执法和行政监察工作。负责落实私房政策遗留问题的处理工作。负责住房和城乡建设信息管理工作。负责全市城市规划区内国有土地上房屋拆迁的监督管理；负责本市城市规划区内国有土地上房屋拆迁、安置指导工作。负责全市住房和城乡建设统计工作。

党委书记 局长	方研烽（6月离任）
局长 党委副书记	商少璞（6月任）
党委书记	李洪刚（11月任）
党委副书记 副局长	张树才
	戴　涛（3月任）
党委委员 副局长	焦　龙　赵爱国
	柴志民　刘　虹 葛新民　辛　勇
党委委员 纪委书记	牛力学

【概况】 2013年，以开展解放思想大讨论活动为契机，认真落实全民创业、效能提升、城市管理“6S”三项行动，加快重点项目建设，加强住建行业管理，提升工作效能，各项工作取得了显著成效。

【保障性住房建设任务圆满完成】 2013年省下达任务目标为开工建设保障性住房37259套，竣工23961套。至11月，全部完成。

【三大片区拆迁改造取得新的突破】 三大片区房屋应拆迁130.43万平方米，累计拆迁116.3万平方米，占89%；计划建设回迁房107栋，共开工90栋，占84%。其中府河片区应拆迁74.2万平方米，累计拆迁66.31万平方米，占89%；回迁安置房分A、B、C、D四个区，计划建设38栋77.35万平方米，四个区均开工，共开工24栋，其中B区开工的12栋楼全部竣工，首批1766户回迁房分配入住。景观廊工程包括5条市政道路和2座桥梁、景观绿化49.85万平方米，三丰东路（长城大街至刘守庙街段）已经通车，府河景观公园已经投入使用，红旗大街桥已基本完成，完成任务量的65%。西大园片区应拆迁46.3万平方米，累计拆迁41万平方米，占89%；回迁安置房计划建设17栋29.2万平方米，共开工14栋，5栋竣工；西站区市政配套工程已全部完工，东站区拆迁建设工作全面启动。清真寺片区应拆迁9.93万平方米，基本拆迁完毕；回迁安置房计划建设52栋18.7万平方米，全部开工建设，形象进度已完成78%。

【外环水系工程建设进展顺利】 水系河道全长近60公里，主要包括拆迁占地、土方、防渗、堤顶道路、桥梁闸坝、污水截流、景观绿化等七项工程。拆迁占地工作、土方微地形工程、污水截流工程基本完成；35公里防渗工程已竣工；堤顶路总体工程完成70%，34公里主路面通车，交通安全配套设施竣工；新建桥梁32座、管涵桥19座、闸坝13座；绿化工程农大景观湖硬铺装基本完成。累计完成总工程量的84%。

【两厂（场）建设进展顺利】 2013年保定市列入省年度考核目标的有11个城镇污水、垃圾处理设施建设项目和5个城乡一体化项目，其中要求年内完成的为13个项目。到年底完成了8个城镇污水、垃圾处理项目，5个城乡一体化垃圾处理项目。

【农村危房改造扎实推进】 2013年省下达保定市农村危房改造任务30706户，全部完成。其中阜平完成农村危房改造4000户。涞源、涞水、易县三县异地重建920户已经全部竣工。

【建筑施工扬尘治理基本得到遏制】 采取召开现场会、严格治理标准、在施工现场设立公示牌和工作站等10项严厉举措，全面开展大气污染防治暨建筑施工扬尘治理工作，积极推进绿色施工。市区121个在建项目（不含高新区），除2个停工项目外，全部安装水冲设施，全部完成道路硬化、监控设施安装、土方苫盖、密目网搭设等工作。其中新上土方苫盖和施工围挡达100万平方米。市区内施工现场扬尘基本得到了遏制。

【行业管理不断加强】 实施走出去发展战略，促进建筑业快速发展。全市已取得资质的建筑业企业共708家，到外省（市）施工企业达到210家，施工队伍覆盖了24个省、市、区，完成建筑业总产值约728.7亿元，同比增长10%。加强施工安全监督管理工作，全年未发生重特大生产安全事故。经过调研，起草了《关于保定市建筑业做大做强的实施意见》并上报市政府。规范建设市场秩序，立案查处了101个违法案件，对41个违法情节严重的违法建设项目的违法责任主体进行了行政处罚，为历年来查处力度最大一年。制定了《处理“两拖”案件工作纲要》，受理“两拖”投诉案件260件，清理“两拖”总额6400万元，其中为4500多名农民工协调解决拖欠工资4750余万元，为确保社会稳定作出了贡献。

【房产交易工作有序开展】 在房地产交易大厅推行“立等可取”工作模式，提高了工作效率。办理房地产交易手续5582起58万平方米，办理房地产抵押手续4960起222万平方米，办理房屋租赁登记备案证549个30万平方米，办理商品房预售许可证32份135万平方米，办理公房异动手续86件，办理有偿转让72户。通过考察、调研，结合实际，起草了《保定市新建商品房预售资金监管办法》，上报市政府。

【积极推进县城建设工作】 全市县城建设推进会议召开以后，市县城建设办公室有序展开各项工作。全市22个县（市）、白沟新城全部完成数字规划系统；7个县（市）完成城乡总体规划，5个县完成控制性详规。保定市完成规划成果数量居全省设区市第三位。全市县城基础设施重点建设项目（1000万元以上）共计59项92亿元，共完成投资13.38亿元。项目数量在全省排第四位，总投资额排第二位。

【解决了长达18年的东大街危楼遗留问题】 东大街危楼遗留问题始于1995年，在东大街开发改造中因返迁安置问题产生纠纷，造成一被拆迁户拒不腾退过渡房（紧邻东大街危楼，制约危楼拆除），并阻挠危楼拆除，时间长达18年。期间，虽然各级、各部门做了大量工作，但拆迁安置补偿纠纷问题始终未能得到彻底解决，致使危楼不能拆除排险，危及周边群众生命财产安全。市住建局接受任务后，抓住关键，将解决被拆迁户返迁安置问题作为解决危楼问题的重中之重，实实在在解决问题，消除了被拆迁户的怀疑和担心，取得了信任和理解，从而使遗留问题得到圆满解决。受到市长马誉峰的肯定，市政府办公厅进行了通报表扬。

（陈冠群）

市政公用事业

【保定市公用事业局】 保定市公用事业局是承担城市市政公用事业维护和管理任务的市政府事业单位，负责贯彻执行国家、省、市有关城市建设方针、政策、法律、法规；参与制定市政公用事业方面地方性法规、文件和实施细则，并组织实施；建设和管理城市市政公用事业基础设施，保证市政公用事业基础设施正常运行；对各县（市、区）市政公用事业工作进行指导和监督；承担保定市市区供热领导小组办公室日常工作。局机关内设12个职能处室，下辖供水总公司、排水总公司、燃气总公司、市政维护管理处等9个单位。2013年，局系统先后被授予市政府“承办人大代表建议政协提案受表扬单位”、市政府“信息工作先进单位”、市纪委“工作实绩突出单位”、市数字化城市管理“先进终端单位”等多项荣誉称号。

党委书记 局长	郭振光
党委副书记 副局长 园林局局长	马春英
党委委员 副局长	薛凯 张文泽 韩造树
党委委员 纪委书记	王旭

【概况】 2013年，市公用事业局以加快推进新型城镇化建设为总揽，以落实政府工作报告和城市管理“6S”行动工作任务为重点，大力提升城市基础设施建设、管理、维护和服务水平，确保了保定市公用事业持续健康发展，各项工作达到了既定的目标要求。截至2013年底，管辖的市政道路总长294.52公里，总面积893万平方米；供水管道总长910公里，用水人口121.13万人，年供水量8797.61万立方米；排水管道总长832.6公里，年处理污水量8236万吨；燃气管道总长1127.96公里，天然气用户29.7万户，液化气用户5.17万户，年供应天然气14142万立方米、液化气3248.78吨；路灯总数26029盏，变压器269台。

【强力推进重点工程建设】 按照市委、市政府工作部署，市公用事业局2013年承担了37项政府工作报告落实事项和为民办实事事项（其中第一责任单位29项、责任单位8项）。全年京石高铁站前广场、东湖、莲池大街改造、瑞祥大街北延、复兴路西延、市区小街巷改造、污泥处置中心项目、鲁岗污水再生水工程等续建新建项目全面推进。京石高铁站前广场在上年主体竣工投用的基础上继续完善地下设施建设，东风路跨京港澳高速公路大桥5月31日实现双向通车；东湖建设完成景区及配套道路绿化工程；莲池大街改造建成通车，瑞祥大街北延工程按期加紧施工建设，复兴路西延积极做好项目前期工作，承担的21条市区小街巷改造工程全部完工；污泥处置中心项目完善了前期文件、前期行政审批手续，项目资金已申请纳入亚行贷款白洋淀项目，并获亚行方面同意。

【不断夯实公用事业保障基础】 采取积极措施，创造性地开展工作，加快完善公用事业功能和服务，不断夯实保障基础。1. 进一步提高供水安全保障系数和服务质量，水质合格率达到100%。2. 新增天然气民用户19786户、工业户7户，公福户点火344灶眼，锅炉点火12.6蒸吨。3. 城市排水提前开展管道疏通和防汛备汛工作，应用CCTV管道内窥检测技术疏通管道1085.7公里，清掏检查井18199座，清掏收水井21906个。4. 集中开展道桥维护综合整治工作，完成油路维修17475平方米，便道维修4803平方米，牙石更换维修2413米；恢复工程破坏油路1904平方米，便道1460平方米，牙石263米；混凝土路面填缝料更换18430米；恢复完成乐凯大街、五四路等5条道路热力施工破路13731平方米。五是对恒祥大街、阳光大街1200余盏路灯统一更换为LED光源，安装复兴路（东二环－东三环）、焦银路、东风路东延等路段LED路灯514基、其他路灯113基，改造安装龙泉路、康慧街等街巷路灯113基、更换灯具28盏，利用合同能源管理于五四路、长城北大街、利民路更换高效钠灯643盏。

【持续深化城市管理“6S”行动】 深入贯彻落实全市开展的城市管理“6S”行动，积极推进全系统开展第五个“精细化管理年”活动。1. 成立局城市管理“6S”行动领导小组，召开动员誓师大会，制定实施细则和考评标准，进一步对所辖市政设施调查摸底、梳理归纳、责任到人，完善工作台账，建立全时巡查机制，发现问题及时整治。并将各类市政设施整治完成时限对广大市民做出公开承诺，接受社会监督。2. 落实专职市政道路、管网、路灯等监督管理人员，加大巡查频率和密度，完善管护机制，变突击式、运动式养护为常态化、科学化管护，切实做到所辖每一米管网、每一米河道、每一平方米道路的建设和维护都有专人监管。3. 集中力量加大受损设施整治维护力度，结合日常巡视和市“6S”领导小组办公室督办通知，对发现的各类问题及时处理。全年巡查供水管线18640公里、维护供水井215座，共维修养护的道桥病害884处，整治排水设施934处、更换设施271套、处理堵塞84处，清理路灯野广告共计28974张、杆上杂物502处，打捞清理河道内漂浮物2500立方、沿河垃圾立3500方，确保了各类设施安全有效运转和市容环境的整洁、美观。

【进一步加强行风和优服建设】 继续办好一条热线，畅通服务渠道，进一步强化局属各单位尾数为“111”的公开电话与局指挥中心热线受理力度，实现快速响应、快速处置，共受理“三来”事项29520件，其中责内事项1810件，办结率99.6%。集中开展了“善美保定、擦亮窗口”志愿者服务暨优质服务宣传月活动，组织局属单位组成便民服务队，分别走进梅兰菊社区、军校广场、康欣园社区和滨河公园进行宣传，与广大市民面对面的接触，解答百姓热点难点问题，了解百姓需求，共发放宣传资料2000余份、便民服务环保袋和便签本1000余份、征求意见建议80余条，义务解决百姓身边问题百余件。同时，按照全市“三项行动”要求，立足于减少办事程序、提高工作效能，进一步完善“一厅式”、“一站式”服务窗口，落实首问负责制、AB岗工作制、限时办结制和急事急办、特事特办等规范化服务举措，受到社会各界和市民的普遍好评。

【全力推进大气污染防治工作】

按照市委、市政府工作安排，对照所承担的市区居民供热分散燃煤锅炉改造工作任务，着重做好四方面工作。1. 明确组织领导。成立了局大气污染治理领导小组，明确责任领导和责任单位，落实人员、措施和工作要求，强力推动工作开展。2. 明确任务目标。明确市区2013年完成108台居民取暖锅炉改造工作任务，以此优化市区能源结构，促进大气环境质量改善。3. 明确工作机制。坚持分类施策，因地制宜采用不同的热源接入、锅炉改造方式，并加快集中供热、天然气管网建设，积极协调天然气气源，创造条件加快分散燃煤锅炉改造。按照权属关系，明确改造工作实施主体，加大督促协调，充分调动各级、各部门、有关单位的工作积极性和主动性，确保工作强有力推进。集中组织对分散燃煤锅炉进行维修升级，完善除尘减排设施，下发强制使用优质燃煤的通知，从源头上控制污染物排放。四是明确工作措施。坚持统一协调分散燃煤锅炉改造，全面掌握工作进度，分析研究情况，严格落实“两天一报”制度，督促三区政府严格实施“一炉一策”方案，保障分散燃煤锅炉改造工作按计划完成。并协同有关部门实行联动工作机制，提高办事效率，加大对分散燃煤锅炉改造的指导、支持、协调工作力度。通过努力，实施燃煤锅炉改造132台，有力地支持了全市大气污染防治工作。

（陈　伟）

住房公积金管理

【保定市住房公积金管理中心】 保定市住房公积金管理中心成立于2002年12月27日，为直属市政府正县级事业单位。中心机关内设办公室、人事处、财务会计处、纪检监察室、网络信息处、审计稽核处、贷款管理处、归集执法处8个处室，下设2个分中心、19个县（市）管理部，实行垂直管理。主要职责是：负责全市住房公积金归集、支取、贷款、核算和保值工作。

党组书记 主　　任	李增泉
党组成员 副 主 任	邓建华　彭禄江
	马文勇　董力生
党组成员 总会计师	许金章
党组成员 纪检组长	李　萍（女）

【概况】 2013年，以开展“归集执法扩面推动年”活动为主线，以提升全员素质为抓手，全面提高管理和服务水平，充分发挥公积金制度的住房保障作用，圆满完成了全年各项工作目标任务。截至2013年底，全市住房公积金累计归集165.72亿元，归集余额98.39亿元，覆盖率达到95.42%。累计发放住房公积金贷款80.3亿元，为52418户职工家庭改善住房条件提供了资金支持，个贷率为55.36%。

【公积金业务实现新跨越】 2013年，保定市住房公积金管理工作科学健康和谐发展，主要业务工作取得新突破。1. 扩面增量，惠及干部职工。将2013年确定为“归集执法扩面推动年”，采取“宣传+约谈+执法”归集工作法，一方面主动与各县（市）政府联系沟通，充分发挥党委、政府重视和支持的推动力，鼓励有条件的县（市）提高缴存比例，全力推进县（市）归集扩面增量；另一方面积极开展行政执法，督促企业依法缴交住房公积金。2013年8月8日，在涿州市召开了保定市住房公积金归集执法扩面现场会，进一步扩大保定市住房公积金归集执法扩面工作的影响力和推动力。全市新增缴存单位197家、新增缴存职工2.85万人，当年归集住房公积金29.26亿元，同比增长11.56%。涿州市、高碑店市、徐水县财政供养人员单位缴存比例均达到12%。2. 规范运作调政策，促进使用为民生。继续贯彻国家房地产市场调控政策，落实差别化贷款政策，促进保定市房地产市场平稳健康发展。经2013年11月26日第九次住房公积金管委会审议修订了《保定市住房公积金个人贷款管理办法》，使住房公积金贷款政策尽量向中低收入家庭倾斜。全年为6450户职工家庭发放个人贷款13.42亿元。3. 合理使用重优化，增值收益创历史新高。2013年实现增值收益1.87亿元，同比增长11.01%，达到历史最高水平。

【制度化建设】 1. 完善制度建设，建立科学高效的运行机制。根据国家、省、市有关法规政策，对原有各项管理制度进一步梳理充实完善，重新修订了《财务管理办法》《车辆管理暂行办法》《各处室工作职责》《考勤管理与奖惩实施办法》等内部管理制度，并严格抓好贯彻落实。2. 完善信息管理系统，有效防范管理风险。根据业务发展需要，对住房公积金网络信息系统不断进行升级改造，为公积金安全运营和风险防控提供了更有力的技术保障。3. 加大对县（市）分支机构的管理，强化资金监管。按照“统一领导、分级负责、管运分离、责权统一”的管理模式，对县（市）分支机构实行内部授权管理制度。加大资金监管力度，以网络信息系统为依托，制定大额资金使用三级审批和网上审批制度，设专人每天通过网上银行实时监控资金使用动态，全面推行资金的“事前审批、事中网上监督、事后跟踪备案”监督模式。同时，每年定期对所辖21个县（市）分支机构及市本级业务进行两次内审，发现问题及时进行纠正和解决，使资金安全运行得到有效保障。

【行风建设】 1. 增强服务意识。牢固树立“为民服务”的宗旨意识，严格执行首问责任制、限时办结制、服务承诺制和一次性告知制，开展上门、预约和集中办理服务，不断提高服务质量和服务效率。2. 创优服务方式。统一规范工作人员的服务行为，业务大厅工作人员统一着装，挂牌上岗，服务热情。进一步改善服务环境，将八家委托银行引进业务大厅共同办理公积金业务，促进受托银行进一步增强合作意识和竞争意识，推动了整体服务水平的提高。3. 完善住房公积金服务平台。按照住建部要求，积极做好12329住房公积金服务热线建设工作。充分利用中心网站、主任信箱、微博、市长信箱等网络平台，及时受理回复各类咨询投诉850个，赢得了群众满意，树立了良好的部门形象。

【服务社会经济发展】 1. 两项活动成效显著。按照省、市统一部署，采取多项措施积极宣传开展“解放思想、改革开放、创新驱动、科学发展”大讨论活动和全民创业、效能提升、城市管理“6S”三项行动。并与推动业务发展紧密结合，进一步改进工作作风，优化服务环境，提高工作效能，以思想的大解放来推动和引领保定市住房公积金事业的大发展。2. 深化加强基层建设年活动。按照市委统一部署，选派15名干部到易县梁格庄镇、涿州毛家营村和塔东村开展驻村帮扶，办实事，解难题，为所包社区、村镇投入16万元帮扶建设资金，真正让社区和村民得到了实惠。3. 深入基层开展“为民务实在一线”活动。严格落实市委要求，班子成员结合工作实际，深入到县（市）分中心、管理部、农村、企业和社区基层走访调研，了解群众需求，集中破解难题，为推动各项工作落实提供了强大动力。

【管理机构调整】 根据省编办、市编办有关文件要求，将保定市住房公积金管理中心定州市分中心整建制划转至定州市管理。2013年6月14日，在定州市举行了交接仪式。划转后，保定市住房公积金管理中心不再承担定州市住房公积金管理工作。

（秦立辉　徐萌）

环境保护

【保定市环境保护局】 保定市环保局是市政府对全市环境保护工作实施统一监督管理的行政执法部门。内设办公室、综合计划处、政策法制处、科技监测处、总量控制处、环评管理处（行政审批服务处）、污染防治处、自然生态处、辐射管理处、宣传培训处10个机构，下属环境保护监测站、环境监察大队、环境保护研究所（保定市环境信息中心）、环境评估中心4个科级事业单位，高新技术产业开发区、白沟新城2个环保分局。另设纪检监察室、机关党委（人事处）。

党组书记 局　　长	肖宝元
副 局 长	贾见勇　朱宇光 王金甫 李文彦（女）
纪检组长	鲁红朝

【概况】　2013年，保定市环保工作以1月份的持续雾霾天气和2月份的中办暗访华北地区地下水污染为标志，肩负着公众对环境前所未有的关注和期盼，紧紧围绕省、市下达的环保任务目标，以污染减排为主线，以改善环境质量为目标，强化各项工作措施，圆满完成了年度各项工作目标任务。全年共安排实施减排项目382项，其中水污染治理项目268项，气污染治理项目114项。5家电力企业（大唐保定华源热电、保定热电、清苑热电、涿州亿利达热电、涞源新昌热电）的9台火电机组完成了脱硫设施建设，大唐保定热电厂完成了1台机组脱硝及拆除烟气旁路，大唐清苑热电厂同步建设了脱硫、脱硝设施；6家新型干法水泥生产企业（涞水冀东、曲阳金隅、顺平金强、唐县冀东、易京兰、易县太行和益）全部完成低氮燃烧技术改造，在省内率先实现全部水泥企业烟气脱硝治理。超额完成了省定PM2.5下降4%的责任目标，达到6.9%；地表水水源地西大洋水库和王快水库水质一直保持符合国家要求的二级或三级标准，水质优良；一亩泉水源地的地下水水质优于国家要求的三类标准，水质优良；32个省控河流断面水质全面达到省定标准，入淀河流及白洋淀水质逐年好转。保定市环保局被省环保厅、省人社厅评为环保系统先进集体。

【大气污染防治】　重点围绕“两个目标”（一是不惜一切代价，争取早日退出全国十大污染城市行列；二是采取强力措施，确保环境空气质量三年有所好转，五年明显改善），开展了“五个攻坚战”：一是燃煤削减攻坚战。全市共完成燃煤锅炉拆除改造794台（采暖471台，生产经营323台），其中市区完成249台（采暖132台，生产经营117台）。同时，为确保暂不能替代改造的锅炉全部使用优质燃煤，市政府下发了《关于加强全市燃煤质量监督管理的通告》，并在进入市区的主要交通路口设立7个检查站，从市环保、质监、交通等部门抽调百余人，全天候24小时监控，严禁不达标的劣质燃煤进入市区。二是机动车控制攻坚战。一方面加强车辆管理。在完成市区所有公交车和99%出租车油改气的基础上，11月份开始市区三环以内“黄标车”禁止行驶，年底强制淘汰4.4万辆。严格外地转入车辆环境监管，强化工程机械等非道路移动机械的污染控制，对不达标车辆，强制安装尾气净化装置。同时，在市区二环路以内，开展了为期两天的机动车单双号限行演练。另一方面加强燃油品质管理。在全市范围内集中开展成品油市场秩序专项整治行动，取缔无证无照加油站（点）575家、流动油罐车23辆；查封无证无照加油站（点）168家、超范围经营企业62家；停建拆除私建站6家；对手续不全、加油站不规范的加油站下发限期整改通知书118份。三是土小企业整治攻坚战。集中开展了小塑料、小冶炼、小灰窑专项整治行动，通过停水断电、拆除设备等措施进行深度治理。取缔非法小塑料加工摊点2880个、小建材（石渣、灰窑）摊点873个、小冶炼摊点1004个，停产治理塑料加工企业32家、建材企业64家、有色金属加工企业68家，破获环境污染案件65起，行政拘留105人，刑事拘留70人。四是扬尘抑制攻坚战。深入开展了环境整治“6S”行动和以“城市保洁、保湿”为主题的“洗城净天”行动，对积存垃圾进行清理、对裸露土地进行硬化绿化、对建筑工地进行抑尘保湿。大力开展秸秆禁烧工作，启动在市区二环以内禁止燃放烟花爆竹工作。五是企业污染治理攻坚战。强力推进大气污染减排工程建设，积极推进重点行业污染减排工程建设，加强对企业排放废气污染物的环境监管，强制安装在线监控设备，确保达标排放。对市区内六九硅业、天威线材等挥发性有机物污染严重的企业采取果断关停措施，限期搬迁。严格餐饮业油烟排放和加油站治理，督促700余家餐饮经营单位安装了高效油烟净化设施，完成了130座加油站、2座储油库和95个油罐车的油气回收治理。

【水污染防治】　一是强化断面控制。在做好保定市主要河流跨界断面32个省级河流断面监督性监测的基础上，加大市级53个河流断面的监测预警力度，督促污水处理厂在流域治理中充分发挥作用。二是全面开展涉水企业环境整治。突出针对没有排放去向、渗坑排放污水，以及化工、涉重金属等可能危及地下水和饮水安全的涉水企业，进行全面排查和停产整治。全市共出动环保执法人员3358人次，排查排水生产企业、摊点993家，取缔非法摊点105家，实施停产治理企业4家，限期整改企业3家，填埋自然坑21个、废井2眼。三是突出抓好白洋淀生态试点工作。利用国家下拨的3200万元专项资金，对白洋淀淀区存在的自身污染，有针对性的采取治理措施。开展了白洋淀淀中村综合治理、清理取缔网箱网栏养殖、淀区生态保育三大工程，全面改善白洋淀生态环境。

【环保审批】 严格环保审批，从源头控制环境污染，共完成了170余家企业环评审批，拒批8家环保不合格项目。积极为符合政策要求的建设项目开辟绿色通道，跟踪服务，先后完成了全市9个技术创新能力建设项目，2个基础设施建设项目，14个省、市重点项目，15家大中型企业的项目选址及环评工作，及时审批并为其办理征地及争取国家资金创造条件。

【环境监察】 先后进行夜间暗访46次，对4个典型违法案件进行市级挂牌督办。组织全市检查企业4401家，实施停产治理企业76家，限期整改企业91家，取缔土小企业5314家。对全市秸秆禁烧区域实行无缝隙监控，夏秋两季共对13个县（市）区21个乡镇实施了行政处罚，罚款32万元。进一步规范环境监察执法工作，在全省11个设区市率先完成了88家国控重点源“一厂一图一册”现场执法技术规范的制定工作，并已逐步展开实际运用。全年罚款168.8万元，完成年度任务的130%，征收排污费1003.9172万元，完成年度收费任务的129%。处理信访案件3926件，查处率及反馈率100%，全市未发生因环境信访问题引起的恶性群体事件。

【环保专项资金】 全年共争取省级以上各类环保专项资金支持3.4亿元，其中大气污染防治资金2.59亿元。

【环境监测】 在市区周边满城、清苑、安新、徐水四县和涿州市、高碑店市新增6个空气监测点。组织对110家国控企业在线监测设备进行了有效性审核，500余名监测人员进行了培训，全部通过上岗考核。指导涿州市、涞源县、定兴县完成了三级监测站标准化建设，通过省环保厅考核验收。制定了加油站油气回收验收标准，对全市650家加油站进行了油气回收监测验收。市环境保护监测站被评为省环境监测系统先进单位。

【环保工作“四化”管理】 1. 执法网格化。将工作责任细化到每个岗位、量化到每个点源，定人员、定地段、定标准、定责任，建立起领导包县、干部包片、监督员包点的环境监察管理机制。2. 监管数字化。充分运用监控中心和环境投诉中心这两个平台，发挥预警作用，对环境信访案件和在线监控的异常数据，周报告、周总结、月调度，运用数字化、科技化手段，及时发现问题、处理问题。3. 机关标准化。作为保定市推行机关办公标准化五个试点单位之一，在搞好员工培训，大力提升环保队伍干部职工业务素质的基础上，对各项重点工作从事前的谋划受理、事中的跟踪督办到事后的效果评判，整个流程的每一个环节都进行规范，建立起一系列管理制度，周分析、月核查、季调度，消除管理盲区，提高工作效能和管理水平。4. 负面影响考核制度化。为了最大程度的减少负面影响，在全市环保系统制定了专门的负面影响考核办法，对重复投诉信访案件、领导问题性批示、媒体曝光的环境问题、市级以上挂牌督办的环境违法案件等四项内容，实行月统计、季通报、年终算帐，与评先评优挂钩。

（孟月华）

园林绿化

【保定市园林绿化管理局】 保定市园林绿化管理局是市政府主管城镇园林绿化工作的职能部门。主要职责是贯彻执行国家、省、市市政园林绿化管理的方针、政策、法律、法规，负责城市园林绿化的规划、建设和管理；参与拟订城市建设发展规划；负责制定全市城区年度绿化计划；对各县（市、区）园林绿化工作进行业务指导和监督；负责园林绿化方面的法律、法规及政策研究工作并组织宣传、贯彻；负责对园林绿地进行巡查，接受绿化违法、违章行为的举报；负责对市所属园林绿化单位国有资产的管理工作等。2013年12月，新增内设机构计划财务处。

党委书记
局　　长　马春英（女）

党委委员
副 局 长　王建勇　李丙发

许亚平　王　宇

【概况】 2013年，市园林局围绕全市建设“京畿强市、善美保定”的总体定位，按照“完善、巩固、提高、发展”的总方针，以巩固国家园林城市成果和创建国家生态园林城市为目标，结合大气污染防治，抓发展、惠民生，建精品、出亮点，创特色、上水平，城区绿化总量稳步攀升，绿化管护水平显著提高，园林绿化事业取得长足发展。全年社会绿化共计完成植树205万株，其中市区11.87万株，各县市完成193.13万株。建成区绿地率、绿化覆盖率和人均公园绿地面积分别达到37.8%、40.37%和10.08平方米，与上年相比分别增长了1.60、3.14个百分点和0.93平方米。获“河北省建设农林水系统先进集体”“城市管理6S行动先进单位”“保定市六五´普法中期先进集体”“市直机关先进基层党组织”“学习型党组织先进单位”“市直机关先进工会”“先进职工之家”等荣誉称号，在河北省插花比赛和快速设计比赛中分获插花比赛第一名和快速设计二、三等奖。

【全民义务植树】 制定下发《2013年城镇绿化工作实施方案》，对全年绿化任务进行了细化分解，明确了绿化任务目标和责任。在春季和秋冬季，分别组织市四大班子领导和机关、企事业单位干部职工共计1000余人次，在徐水大王店工业园区和东风路东延高铁片区进行两次大型义务植树活动，发挥了领导带头和率先垂范的作用。各县、市、区也精心选定植树点，组织社会各界群众开展植树活动，充分调动起了广大市民积极参与绿化的积极性，形成了全社会关心绿化、支持园林绿化的良好氛围。

【绿地养护管理】 扎实开展园林绿化管理“6S”行动和园林绿化精细化管理竞赛活动，按照“工作精心、过程精致、质量精品”的养护管理思路，不断在制度上求严、措施上求细、标准上求高，结合绿地养护评定标准，实行“流动红黄旗”考评制，将考核结果与工作政绩挂钩、与养护资金挂钩、与绩效工资挂钩，实现了以经济杠杆来调整绿地管理方式的转变，真正使园林绿化管理向精细化、制度化、规范化、长效化方向迈进。在2013年城市管理“6S”行动目标完成情况综合考评市直部门排名中位列第一名。

【公园绿化】 积极开展“优质服务月”活动，以游客需要为出发点，以游客满意为目标，在全系统内营造人人“争当服务标兵”，个个争创“群众满意窗口”的氛围，大力实施全天候保洁、修缮完善服务设施、消除黄土裸露等措施，切实加强对公园广场、游园绿地的维护管理，使公园绿地日益整洁有序、服务功能日趋完善，群众满意率不断提高。在2013年河北省住房和城乡建设厅组织开展的“十佳公园”“星级公园”和“星级游园”评选工作中，东风公园获“四星级公园”称号。

【单位庭院居住区绿化】 1. 严把绿地审批关口，对照省级园林式单位、小区评选标准，加强对新建单位庭院和居住区附属绿化工程的审批、建设监管及验收工作，确保新建单位庭院、居住区的绿地率达到30%以上。2. 广泛开展园林绿化“五进”（进机关、进企业、进学校、进社区、进庭院）活动，按照“安全、方便、实用”原则，组织专业技术人员，对市区单位庭院和居住小区种植工作、缺损绿地补植进行技术指导，形成了乔、灌、草相结合，多品种、多形式、多层次的庭院绿化模式。在2013年河北省住建厅组织的“省级园林式单位庭院、居住区”评选活动中，中国通信建设第一工程局有限公司被评为省级园林式单位，保定市维多利亚夏郡等3个居住小区被评为省级园林式小区。截至2013年底，市区“省级园林单位”增至99个，“省级园林式居住区”增至86个。

【道路绿化】 1. 以新开道路为载体，延伸道路绿化景观。西二环道路全长12公里，两侧绿化以林带为主，采用三列式种植，主要品种为法桐，共计栽植乔木4000余株，为市区西部增添了一道优美的风景林带。高铁片区路网（东风路东延、聚贤街、开泰街、顺通路、顺达路），新增绿化面积约20万平方米，以春夏季景观为主，采取高低错落、间断的流线形模纹色带结合成片的花灌木统一全线，并点缀宿根花卉，以其复层结构凸显了三季有花，四季常绿的景观效果。2. 发挥样板带动作用，塑造道路精品景观。选取东风路、七一路、复兴路、朝阳大街、乐凯大街市区段、恒祥大街“三纵三横”六条道路作为精品路试点，投入300余万元，按照“一路一风景、一路一特色”精品迎宾风景线的定位，进行了全面景观提升，在全系统内树立了精细化管理标杆。

【工程项目建设】 1. 明确了城市园林绿化工程建设主体。经市政府研究批准，今后“凡新建项目、道路涉及园林绿化，工程设计、招标、监理、施工、验收和养护管理全部由园林局组织实施”（《关于进一步理顺城市绿化基础设施建设关系的通知》【2013】保市府办196号），形成了园林绿化建设、管理、监督一体化。2. 积极主动推进项目建设。完成了京畿之门、将帅摇篮、冠军之城、名人文化苑等城市雕塑的设计及专家论证工作；完成了保沧高速公路和京昆高速公路引线景石制作和摆放工作及周边环境建设；完成了朝阳南大街景观提升改造、盛兴西路绿化立项前期手续、方案设计及施工图设计等工作；植物园童梦世界和花卉观赏科普乐园两个引资项目全部通过了市规委会审定，并签订合作协议，其中童梦世界项目完成立项、招投标并开工建设；完成了市区主要公园、道路及部分小游园的提升改造的前期谋划工作。

【洗城净天·园林在行动】 以大气污染防治为目标，围绕“保湿、清洁”主题，采取大会战方式，在全系统开展了洗城净天专项行动。1. 开展集中整治活动，利用周末时间，加班加点，在朝阳南大街、东风路等市区主干道组织全系统干部职工开展6次大规模集中整治活动。2. 加强常态化管理，重点加大对局属绿地内乔灌木、绿篱模纹的喷水洗澡、垃圾清理、设施擦拭保洁的工作力度，同时对绿地裸露部分进行补植或硬化，全面做好冬季整形修剪等工作。全系统共完成公园广场、道路绿化、游园绿地喷水作业850万平方米，完成硬化铺装1.78万平方米，改造黄土裸露行道树坑1960个，补植乔灌木3万株、地被1.2万平方米。

【节日摆花·扮靓城市】 在人民广场、军校广场以及朝阳大街与东风路交口、迎宾公园、保沧高速等城市主要出入口以及各公园开展了以“建文化名城·靓古城风景”为主题的花展活动，共计摆放鲜花约50万盆，所用鲜花全部由局属苗圃自行培育，既有效节约了摆花成本，突出体现了“简朴节约”的原则，又妆点了城市形象、烘托了节日氛围。

【古树名木保护】 组织专业技术人员对全市28376株古树名木进行了核查，对树龄、位置、数量等信息全部建立了图文档案，并录入全省古树名木网站。配合省住房和城乡建设厅对全市千年以上的古树进行了树龄测定，投资30余万元对全市散生499株古树进行了围栏和挂牌保护。

【园林县城（城市）创建工作】 积极组织各县（市）开展创建省级园林县城活动，按照市委、市政府关于加快推进园林县城（城市）的总体安排部署，结合“七个一”（即建成一条特色景观街道、一个特色风貌街区、一个高标准公园、一个商贸综合体、一个城市广场、一批公共设施、一条河道景观）的要求，充分发挥园林局对县（市）创园工作的业务指导作用。在2013年河北省住建厅组织的省级园林城市考核验收中，清苑县在市园林局的精心指导下，率先通过考核验收并正式命名，成为保定市（除县级市外）第一个“河北省园林县城”。

（冯少孟　郭文丰）

城市管理

【保定市城市管理行政执法局】 保定市城市管理行政执法局（以下简称市执法局），是主管全市城市管理行政执法工作的市政府工作部门。负责综合协调、监督、管理和指导全市城市管理行政执法以及市容环境卫生管理工作。执法局机关设办公室、政治处、督察处、环境卫生管理处、规划监察处、亮化管理处、法规处、建筑垃圾管理处、监察室、计划财务处等10个职能处室；下设直属一大队、直属二大队、高新区分局、火车站广场综合治理办公室、高铁东站综合管理办公室、数字化城市管理服务中心、无害化处理中心、公共秩序管理支队等8个基层单位。

党委书记 局长	赵　军
党委副书记 调研员	马士伟
党委副书记 副局长	佟起波
党委副书记 调研员	孟庆良
党委委员 副局长	刘文力　李　哲 李宝祥　麻建华
党委委员 公共秩序管理支队队长	马海斌

【概况】 2013年，市执法局紧紧围绕“全力打造环京津地区新的发展增长极”这一主线，不断创新城市管理，着力打造整洁、干净、靓丽、有序的城市环境，取得了显著成效。先后获得河北省“六五”普法中期检查先进单位、城市管理“6S”行动先进单位、保定市政府系统承办人大代表建议政协提案先进单位、政务信息工作优秀单位、市委信息工作优胜单位、保定市“扫黄打非”先进单位、信访工作先进单位、城区防汛工作先进单位、安全生产责任目标先进单位、全省深化加强基层建设年活动优秀驻村工作组、机关党建工作表现突出单位、推进学习型党组织建设先进单位、依棉社区精品群众工作站、市直机关文明单位、市直机关先进妇女组织、工会工作先进单位等多项荣誉称号。

【城市管理6S行动】 以“标本兼治、常态长效”为指引，加强城市管理。1. 思想重视，组织推动有力。局党委充分认识“6S”

行动是保定重返第一方阵、重塑大市尊严、打造全省新的增长极的必然选择。推进过程中，一是精心安排，周密部署。成立领导小组，组建工作机构，制路线图、定时间表、立军令状，奠定了坚实基础。二是健全机制，常态长效。制定并严格落实“门前三包”“一线工作法”“结对帮扶”等制度。按照《关于施行城市管理行政执法档案和城市管理工作日志制度的实施方案》《关于推行城市管理“6S”行动流动红（黄）旗制度的实施方案》《关于规范占道活动管理工作的指导意见（试行）》《市区户外广告设置审批管理办法（试行）》等工作要求，加强业务指导，推动城市管理工作上档升级、持续发展。完善城市管理巡查督导制度，健全网格化管理责任体系，印发了《城市管理“6S”行动工作任务分解表》，细化分解重点工作目标任务，一线督导，落实责任。三是严格考核，严肃奖惩。严格执行考评办法，完善提升数字城管的监督考核职能，通过日巡查、周排名、月通报的动态考核机制，强化对城市管理“6S”行动开展情况的督导、检查、考核、评比工作，特别是加大了奖惩力度，做到过程督导到位、压力传导到位、评价奖惩到位，以责任驱动工作落实。2. 思路明确，工作重点突出。针对城市环境容貌存在的“脏、乱、差”问题，坚持“两手抓”（一手抓突击治标，一手抓长效治本；一手抓环卫清扫保洁，一手抓清脏源、治乱源），着重做到“五个强化”：一是强化环卫保洁；二是强化源头治理；三是强化宣传发动；四是强化保障支撑；五是强化激励引导。3. 苦干实干，工作成效显著。一是转变作风，一线奋战。推行“一线工作法”，采取班子成员分包四区一线参战、机关干部与环卫工人结对一线帮扶、周六日一线宣传管理等措施，环卫工人、城管干部夜以继日地连续奋战在大街小巷，战斗力、凝聚力、执行力在一线得到有效提升。二是协调联动，凝聚合力。“四区”和市直各有关部门发挥各自职能，对各种“脏、乱、差”现象进行全面清理、取缔、整治、规范，合力打响了一场声势浩大的市容顽疾歼灭战。三是步步为营，整体推进。推行“宣传引导、全面整治、长效巩固”三步曲工作法，以“十纵八横”主要道路为重点，逐步向小街小巷延伸，以环卫保洁、落实“门前三包”、清理占道经营为突破口，逐街整治、逐路推进。在环境卫生、市容市貌、市场秩序、交通状况、市民满意度、城市形象等方面取得了一定程度的改善和提升。

【大气污染防治工作】 以“全面防控、退十出列”为目标，加强污染防治工作。充分发挥“6S”行动办公室、“洗城净天”行动办公室的职能作用，监督指导四区、市有关部门全面发动，全民参与，广泛开展周六“洗城净天”集中统一行动，将大气污染防治工作责任落实到位。及时成立了大气污染防治领导小组，制定了《大气污染防治行动实施方案》《空气重污染天气环卫工作应急预案》。召开了大气污染防治行动动员大会，逐级签订了《大气污染防治工作责任书》；紧密结合推进城市管理“6S”行动，主要领导负总责、亲自抓落实；班子成员、单位部门分工明确，细化责任，落实到人。1. 抓源头。突出运输车辆、施工工地出入口、垃圾台站、垃圾填埋场等关键环节。出台了《进一步加强全市建筑垃圾运输车辆管理工作的意见》和渣土运输管理九必须的“铁规”，对车辆规范、清洗、装运、行驶、密闭、安装GPS等提出了明确要求；建立了渣土运输企业违规记录及“黑名单”记分考评机制，凡不符合规定要求的运输车辆一律严禁上路。2. 严监管。从10月9日开始，开展大气污染防治及道路扬尘专项整治行动，局主要领导、主管领导带队，采取市、区两级联合巡查执法、专人重点蹲守等方式，全天24小时查处渣土运输、垃圾清运车辆扬撒遗漏现象。3. 强保洁。下发了《关于市区18条主干道实施机械化清扫安排的通知》，明确了市区“十纵八横”主干道和重点部位，实行“两次洗扫、全天保洁”，其它街道实行“一次清扫、全天保洁”，清扫保洁率达到100%。加大了道路环卫保洁力度，对“十纵八横”主要街道洗扫、洒水重点作业区域，尤其是南二环、北二环等道路扬尘严重路段，增加清扫保洁、洒水降尘频次。

【全力打造环京津地区新的发展增长极】 为全面贯彻落实市委十届六次全会精神，局党委研究决定，围绕中心，服务大局，找准工作切入点，发挥职能作用，努力为全力打造环京津地区新的发展增长极提供全面及时、优质高效的服务和保障。1. 围绕“创新城市管理”，坚持不懈地将“6S”行动不断推向深入，向县、乡、村延伸，向小街小巷延伸，向角落末端延伸，再接再厉，再掀高潮，全面整体提高城市管理水平。2. 围绕“强化环境保障”，深入推进效能提升行动。开辟行政审批绿色通道；公开办事程序、公开审批制度、公开联系电话；严格教育管理，严防“中梗阻”；对申请人填报资料一次发全，政策标准一次讲清，咨询服务一次到位。建立服务企业学校联系制度。3. 围绕“强化干部保障”，在干部职工中开展“理想担当、实干风尚、压力导向、三清形象、合力梦想”主题教育实践活动和“正风肃纪”专项行动，强化法治城管、文明城管、民生城管、责任城管、效能城管、阳光城管、素质城管、廉洁城管、创新城管、精品城管“十种理念”。4. 围绕“讲好保定故事、建设善美保定”，规范提升广告审批功效，充分发挥公益广告的社会效益，营造“彰显古城魅力、建设现代新城”的浓厚氛围。5. 围绕“形象改善、功能提升”，充分发挥“6S”行动办公室作用，加大对市政、园林、公用设施等督导检查工作力度，推动城市基础设施建设。6. 围绕“打造靓丽窗口”，加强火车站、京广高铁保定东站精细化、规范化、正规化管理，塑造古城“第一窗口、第一名片”的良好形象。7. 围绕“基层建设年活动”，统筹兼顾，实干帮扶，将分包的望都、徐水、阜平帮扶村作为主战场，扶贫、扶志、扶智相结合，丰富帮扶举措，争创帮扶实效。8. 围绕“城市管理精细化”，完善提升数字城管功能，建立严格、客观、公正的督导考核体系；结合县城容貌整治提升攻坚行动，推进数字城管建设向县（市）延伸；与“天网工程”资源共享，实现全方位、全时段、立体化监控。

【县城环境容貌整治提升攻坚行动】 为进一步深化城市管理“6S”行动，优化发展环境和生态环境，着力推进县域经济快速发展，全面提升群众思想道德素养，市政府决定，开展县城环境容貌整治提升攻坚行动。深入贯彻省委、省政府全面推进县城建设的决策部署，连续3年在全市县城（县级市）建成区开展环境容貌整治提升攻坚行动，重点通过城区建筑治“违”、环境卫生治“脏”、容貌秩序治“乱”，提升园林绿化水平、提升城市管理水平（简称“三治两提”），基本消除县城“违脏乱”现象，实现县城环境容貌改观和管理水平提升，为加快县城建设步伐打开突破口。1. 城区建筑治“违”。大力整治违法违章建筑，拆除违反城乡规划的未批先建、超规违建、超期临建、乱搭乱建等建筑。2. 环境卫生治“脏”。强力整治环境卫生，重点解决道路和施工扬尘、积存垃圾、卫生死角、沿街污渍、污水四溢、裸土见天、白色污染等问题。3. 容貌秩序治“乱”。全力整治容貌秩序，重点解决牌匾乱设、摊点乱摆、广告乱贴、店外乱占、道路乱挖、车辆乱停等问题。4. 提升园林绿化水平。加大园林城创建力度，大幅增加城区绿量，强化园林绿化管护，提高绿化质量和水平。5. 提升城市管理水平。加快数字化城管系统和交通指挥中心建设，提高队伍素质、装备水平和综合管理能力，改变粗放城市管理方式，实现精细化、标准化、人性化管理。“三治两提”攻坚行动分三个阶段，（1）迅速启动，大见成效。（2）持续推进，提档升级。（3）全面提升，显著改观。力争全市县城环境容貌年内见成效、两年提档次、三年上水平。

【“六五”普法工作】 “六五”普法以来，执法局紧紧围绕“立足本职、服务大局，固本强基，科学发展”的总体工作思路，全面实施“六五”普法规划，弘扬社会主义法治精神，强化法治思维，坚持依法行政，推进普法依法治理，营造了执法队伍学法用法、全民参与城市管理的良好氛围。1. 加强领导，健全机制，为法制宣传教育工作奠定坚实基础。（1）领导重视，经费到位，普法工作纳入重要议事日程。（2）健全机制，严格考核，确保法制宣传工作扎实落实。一是建立了中心组学习制度和执法人员学法制度。二是实施“一线工作法”。2. 强化培训，巩固阵地，注重法制宣传教育工作的实际效果。一方面对内，制定法制工作要点，明确干部法制教育培训方案；另一方面对外，重点组织“上好亲民课”，实施首违不罚上课制，分别针对城市管理相对人不同人群上好普法课。3. 服务大局，特色鲜明，开展形式多样的法制宣传教育活动。服务服从党委、政府中心工作是法制宣传教育的出发点和落脚点。执法局紧紧围绕中心工作开展法制宣传教育。（1）以“法律八进”为载体，开展“和谐城管三个十”活动。（2）多措并举，营造浓厚的城市管理社会化管理氛围。一是善用媒体；二是部门联动；三是加强督导；四是严格奖惩；五是典型示范。突出“十个理念”，依托依法行政不断扩大普法成果辐射面，以公正严明的执法形象赢得群众信赖、理解和支持。

【开展正风肃纪专项行动】 为认真贯彻落实党的十八大和省委、市委全会精神，按照《保定市正风肃纪专项行动实施方案》，局党委提出要进一步严肃领导干部纪律，全面推进局干部作风建设，促进各项工作的顺利开展，成立了正风肃纪专项行动领导小组办公室。1. 健全完善制度。根据当前的重点工作，市执法局出台了《正风肃纪工作实施方案》和《干部作风评价机制实施方案》，完善了《公务用车管理办法》《公务接待实实施办法》。坚持以制度管人，健全工作约束机制。2. 强化监督落实。局纪委组织专人开展明察暗访，领导小组每月通报检查情况，对于有令不行、有禁不止的现象给予批评教育，影响恶劣的做出通报批评，造成严重后果的做出组织处理。3. 严格规范执行。严格按照各项管理制度和要求，加强公务用车、办公用房、财务审批等管理，确保依法依规，严格规范。

【队伍建设工作】 以“四种思维、十个理念”为核心，加强队伍建设。1. 在思想上坚定信念，明确城市管理发展方向。工作中始终注重强化“四种思维”，即：强化市场思维，积极探索推进市区环卫作业市场化运作；强化开放思维，学习借鉴株洲、新乡等先进城市管理经验，对标赶超；强化科技思维，提高数字城管的科技信息化水平，向科技要人力、要效率、要效果；强化法治思维，坚持依法行政，运用严格、规范、公正的执法手段，维护社会秩序，维护群众利益，维护公平正义，为城市管理工作又好又快可持续发展奠定了坚实思想基础。2. 在组织上严格要求，建设团结务实战斗集体。实行“一岗双责”，坚持队伍建设、业务工作“两手抓”；推行“一线工作法”，采取局党委委员分包四区一线参战、机关干部与环卫工人结对一线帮扶、周六日一线宣传管理等多种措施。全年机关干部与环卫工人结对帮扶，帮助解决疑难问题385件次。3. 在行为上理性文明，赢得市民百姓理解支持。全体参战人员发扬“五加二、白加黑”精神，从早上5点规范整治早餐摊点，到晚上12点取缔治理露天烧烤大排档，树立了亲民爱民、文明高效的执法形象，涌现出了省级道德模范刘鹏，保定好人姜蒙、鲁林，见义勇为先进个人陈宏巍等一大批优秀城管队员。4. 在管理上关注民生，体现惠民利民构建和谐。清理马路市场、整治街头摊点、取缔露天烧烤等突出问题。目前南市区统一规范了部分便民摊点；北市区合理设置了应季性蔬菜、瓜果临时销售点；新市区妥善安置了取缔后的零散摊点，并给予优惠帮扶政策，既维护了市容环境，又方便了市民生活。5. 在执法上依法行政，确保公平公正文明执法。积极适应新形势，在城管执法中突出强调法治城管、文明城管、民生城管、责任城管、效能城管、阳光城管、素质城管、廉洁城管、创新城管、精品城管的城管执法理念，规范执法行为，提升执法水平，管出硬气、管出正气、管出效能、管出效果、管出精细、管出精品，追求城管执法的法律效果、政治效果、社会效果有机统一。

（刘　丹）

财政·税收

财　政

【保定市财政局】　保定市财政局是主管全市财政收支、财税政策、国有资本金基础工作的市政府工作部门。主要职责是：贯彻执行国家和省财政税收的方针政策，指导全市财政工作；参与全市经济的决策和管理；拟定全市财政税收收入计划，管理市本级财政支出；监督各县（市、区）财政收支和各部门的财务活动；调控和综合平稳全市的社会财力；负责行政事业性收费、国有企业清产核资和农业开发的资金调度等。内设办公室、人事处、预算处、国库处、财政监督处、综合处、政府采购管理处、绩效管理处、稽核处、会计处、行政政法处、教科文处、社会保障处、农业处、经济建设处、政府债务管理处、资产管理处、城建处、综合治税办公室、专项资金监管处、农村综合改革工作办公室、规划评审处、资金管理处、土地生态处、产业项目处等25个职能处室和监察室、老干部处、机关党委、工会、妇委、团委等6个综合处室。下辖财经稽查办公室、行政事业资产管理办公室、预算编审办公室、政府采购办公室、财政集中支付办公室、社会保障资金审核办公室、财政信息管理办公室、财政投资管理办公室等12个全额事业处室。非税收入管理局为财政局管理的副县级事业单位。

党组书记
局　　长　康爱民
党组成员
副 局 长　陈树存　张宗社
　　　　　李照力
党组成员
非税收入局
局　　长　赵留强
党组成员
农发办主任　游剑虎
党组成员
副 局 长　王树凯

【概况】　2013年，市财政局不断强化大局意识，凝心聚力，开拓进取，圆满完成了全年财政工作任务，有力地服务了全市经济与社会发展。全年获市级以上奖励19项，连续12年行风评议第一，连年被市政府授予工作实绩突出单位。

【狠抓增收节支，财政实力稳步增强】　针对全市经济稳中趋缓、主要经济指标增速回落、财政增收压力进一步加大的严峻形势，坚决贯彻市委、市政府决策部署，努力克服各种不利因素影响。2013年全部财政收入完成324.7亿元，占年度预算任务的102.8%，同比增长13.1%；公共财政预算收入完成167亿元，占年度预算任务的103.5%，同比增长13.9%，圆满完成全年收入任务。

【优化支出结构，促进社会和谐发展】　加大民生倾斜力度，支持构建涵盖三农、教育、社保、卫生、就业、公益等事关百姓切身利益的民生保障体系。全年民生支出346亿元，占总支出的77%，同比增长13.7%。一是持续加大三农投入。2013年，全市累计完成三农方面投入52.7亿元，同比增长13.7%。落实支持阜平开展扶贫攻坚资金5000万元。加大农业综合开发力度，着力打造高标准粮食生产核心区和农业综合开发示范区，保证农业基础稳固和粮食安全，推进农业产业化，促进农业现代化，其中清苑被评为全省优秀，雄县在全省现代农业综合开发示范区联查中取得第二名。二是完善教育经费保障。全市教育投入51.7亿元，超比例完成财政教育支出占全部支出17.7%的任务，达到20.7%。三是提高社会保障水平。城乡最低生活保障标准提高至月人均不低于240元，市区不低于390元；将新农合、城镇居民基本医疗保险财政补助标准由240元提高到280元。全面落实国家就业扶持政策，拨付就业资金1.5亿元，全年新增就业9.3万人。四是大力支持市政建设。累计拨付资金21.7亿元，重点支持了外环水系、火车站改扩建等一批续建及新开工重点项目建设。同时，新增环卫经费3683万元，6S专项奖励资金800万元，为城市管理6S行动提供了强有力的资金保障。积极协调市园林局等相关部门，在市区主要公园、广场设置便民充电器，切实惠及百姓生活；安排小街小巷改造资金1959万元，方便群众出行。

【发挥财政职能，转变经济发展方式】 一是发展园区经济，夯实财源基础。积极向上级争取对徐水大王店工业园区实施激励性财政政策支持力度。同时，通过往来资金，支持了安国中药都建设1亿元，徐水经济开发区建设5000万元，清苑经济开发区建设5000万元，为打造新的经济增长极提供支撑。二是探索以存引贷，扶持实体经济。起草并以市政府名义出台了《关于市级财政性资金存款引导金融机构信贷资金投放的实施意见》，激励各银行增加对保定的信贷投放，成功协调金融机构为英利集团贷款1.1亿元，有力支持了企业发展，其他市政府重点项目贷款的洽谈工作正在进行中。三是淘汰落后产能，促进节能环保。积极淘汰落后产能，积极组织申报2013年奖励资金项目，支持造纸、水泥等行业的5家企业淘汰落后产能。深入开展环境治理，把2012年度省级排污费超收入资金用于支持重点区域污染减排工程；投入三河三湖工程补助资金3377万元，用于规模化畜禽养殖污染控制，城市水体综合治理等。大力推广清洁能源，组织申报“金太阳”奖励资金项目50个，扩大太阳能等清洁能源应用覆盖面。

【深化财政改革，提高科学理财水平】 一是预算管理更加科学。全力打造民主预算，使预算收支安排更加科学、精细。推进预算绩效管理，相继出台了《专项资金绩效管理暂行办法》等3个文件，明确了专项资金绩效管理的范围、内容、方式、程序、评价、应用的全部流程。规范政府性债务监管，成立了政府性债务管理领导小组，强化政府性债务统一管理。二是国库制度改革扎实推进。继续推进国库集中支付制度和公务用卡制度改革，建立预算单位银行账户监管机制，开展银行账户专项清理，先后撤并市级财政专户21个，压减46%。全面开展财政专户资金的增值运作，2013年累计运作资金共计34.74亿元，实现当年增值收益4165万元，同比增加792万元。开展市场化运作，妥善解决了市公共资源交易中心基础设施建设、启动和运转费用，每年可为市财政节约中心运行费用开支约500万元。三是资产管理日趋规范。8月份资产管理局正式挂牌运营，坚持狠抓重点，利用一个多月时间，成功收回金昌大厦所有权，为下一步盘活政府固定资产打下了基础。不断强化管理，全市共审批公务用车796辆，占全年总数的43.7%，节省财政资金1.1亿元。强化资产处置程序和处置申报审批程序，完成处置收入2098.4万元。四是财政监督全面开展。点面结合，组织开展专项资金检查。对市本级8所学校和县（市、区）102所学校2012年财务管理、会计核算以及财政资金使用、教育收费等情况进行了专项检查，共查出违规资金6000多万元。同时，组织对市直25个单位2012年度财务收支、财政专项资金管理、政府采购政策执行、国有资产管理进行了重点检查。搭建平台，提升财政监督信息化水平。成立了专项资金监管处，对全市专项资金运行进行全方位、全时段监控。“保定市专项资金公开网”已搭建完成，全市26个县（市、区）已经全部实现了联网，入网资金达18.35亿元。

【抓好两项建设，提升财政工作质量】 一是抓好党风廉政建设。切实贯彻落实党风廉政建设责任制，把党风廉政建设和反腐工作纳入局党组工作重要日程，纳入局年度目标考核，领导班子成员认真贯彻执行中央《关于实行党风廉政建设责任制的规定》和《廉政准则》的各项规定，推进反腐倡廉惩防体系建设。坚持从财政工作实际出发，重点在部门预算、政府采购、国库集中支付等财政重要领导职责、重点业务关口、重要岗位强化督查，推动反腐倡廉经常化、制度化、规范化。行风建设连续12年在同类别第一，在10月份的全省民主评议工作座谈会上介绍了经验。二是抓好队伍建设。认真贯彻执行《党政领导干部选拔任用工作条例》，严格按照干部管理权限和有关政策法规办事，进一步树立正确用人导向，坚持重公论、重实绩、重资历的原则，把能干事、真干事、会干事、干成事的干部选拔到合适的岗位上来，凝聚人心，促进发展。2013年，共提拔正科实职干部5名，副主任科员3名，做到了党组放心，群众满意。

（王式兵）

国家税务

【保定市国家税务局】　保定市国家税务局是主管全市国家税收工作的行政机构，垂直管理单位，为正处级全职能局。内设12个职能科室，4个直属机构，3个事业单位，管辖26个县（市、区）局。主要负责增值税、消费税、企业所得税、车辆购置税、储蓄存款利息个人所得税、出口货物退税等中央税和中央地方共享税的征收管理工作。设局长1名，副局长4名，纪检组长1名，总经济师1名，总会计师1名，全系统共有干部职工4033人，其中在职人员3005人，离退休人员1028人。

党组书记 局长	宾自铁
党组副书记 副局长	王胜军
党组成员 副局长	苑国忠　赵东明
党组成员 纪检组长	乔劲刚
党组成员 总经济师	李国发

【概况】　2013年，保定市国税系统认真贯彻党的十八大和十八届三中全会精神，牢牢把握总局“三个三”要求，扎实工作、努力拼搏，各项工作有序开展。

【税收收入工作破难求进】　2013年，全市国税系统组织收入工作面临了金融危机后续影响和全市重点税源收入下滑的严峻挑战。8月份市局主要领导调整后，在税收收入短收20.5亿元、落后时间进度12个百分点的严峻形势下，先后深入17个单位调查研究，查找管理漏洞，分析增收潜力，两个月内3次召开全市系统大会，举全局之力，采取超常措施，全力挖潜增收，打响组织收入攻坚战。到10月份实现了税收收入增长由负转正，全年累计完成全口径税收收入171.3亿元，同比增收21.5亿元，增长14.4%；按政府口径完成税收收入152亿元，同比增收17.2亿元，增长12.8%，收入总量保持全省第四，增速跃居全省第二，完成了省国税局和市政府下达的组织收入任务，得到市委副书记、市长马誉峰，市委常委、常务副市长刘颖的充分肯定，对国税局的努力给予表扬。

【服务大局成效显著】　进一步完善服务举措，13个单位办税服务厅实现全职能窗口办税，11个单位实现国地联合办税。推行纳税服务质量回访，累计回访纳税人9500余户次。办税服务评价系统全面覆盖，实现办税服务厅间、各岗位间综合服务情况的横向对比。建立纳税人需求征集分析响应机制，征集需求523项。加强纳税人学校建设，全年累计授课390余次，培训3.8万户次。健全日常投诉、咨询管理机制，处理纳税人投诉29件，切实维护了纳税人权益。

【征管水平不断提高】　强化风险管理。市、县两局分别成立数据分析监控中心，按季召开税源分析监控和风险应对讲评会，全年评估补税3.38亿元。推广先进系统。针对行业性虚开虚抵问题，在涞源县局试点上线增值税专用发票、普通发票和货物运输增值税专用发票代开监控管理系统，从技术上堵住了虚开发票的发生。推进优化体系试点。按照省局要求，在望都县局推行新征管模式下的新流程，市局在高碑店局不调整机构前提下也试点运行新流程，精简了涉税业务审批环节；在满城县局试点全员管税实体局，得到省局局长李亚民的肯定。探索税源专业化管理。市局成立大企业管理局，管理全市税收集中度50%以上的大企业；各县（市、区）局对重点税源实行集中管理，并按照“行业＋属地”的原则调整税务分局管理职责，有效提高了税收专业化管理水平。

【税种管理进一步提升】　扎实推进营改增试点工作，涉及纳税人6816户，总体运行情况良好；加强增值税专用发票及其他抵扣凭证管理，开展专用发票和运输发票专项核查，转出进项税额1384万元。通过抓培训审核、抓过程监控、抓评估核查等措施切实提高企业所得税管理水平，补缴税款和避免税款外流5.66亿元，调减亏损1.74亿元，贡献率、亏损面等指标均优于全省平均水平。通过规范征管流程、深化第三方信息利用、开展中外合作办学专项检查等方式加强非居民所得税管理，入库税款1.48亿元，同比增长47%。

【队伍建设不断加强】　把学习贯彻十八大精神作为加强各级领导班子建设的重要抓手，切实提高理论水平和执政能力。推进创建先进领导班子活动，积极开展联合巡视检查。配合省局完成10

名35岁以下县局副局长选拔配备工作，选拔任用科级非领导职务36名。交流科级领导干部40名，有序推进基层分局长、科（股）长交流工作。试行基层干部上挂制度，14名基层干部上挂市局机关处室，进一步激发了队伍整体活力。加强教育培训，开展全员基本功学习培训活动，认真组织全省稽查评估方向领军人才选拔工作，7名优秀人才入选，位居全省第一。

【党风廉政建设进一步深化】 全面贯彻落实党风廉政建设责任制，认真开展领导干部“六观”教育。严格落实中央八项规定，深入开展“狠刹不良风气、严肃工作纪律”专项治理活动，切实改进工作作风。认真落实《税务系统领导班子和领导干部监督管理办法》，推行税收管理内控系统，切实提升内控机制运行质效。强力推进办公用房清理，市局机关共腾退办公用房2375平方米，占原办公用房面积的52%。加大信访案件工作力度，建立健全税检联席制度，严肃查处违法违纪问题。深化行风建设，连续13年保持民主评议行风工作位次领先。

（桂新社）

地方税收

【保定市地方税务局】 保定市地方税务局是负责保定市地方税收征收管理的职能部门，受河北省地方税务局和保定市人民政府双重管理，以垂直管理为主。市局机关内设17个处室（中心）：办公室、人教处、绩效处、基层处、监察室、机关党委、督察内审处、财装处、收入处、征管处、税政处、纳服处、社保处、发票处、信息中心、干部培训中心、机关服务中心。直属单位2个：稽查局、税源监控局。管辖26个县（市、区）地方税务局，共有干部职工2475人。

局　　长　高会民
副 局 长　顾建明　刘立峰
　　　　　孙晓菊（女）
　　　　　李贺先
纪检组长　李向阳
总经济师　姜　涛
稽查局长　刘淑琴（女）

【概况】 2013年，全市地税系统贯彻落实省局“三优两促进”的总体工作思路，牢固树立顾大局、重责任、求发展意识，困难压力面前不退缩，挑战机遇当头敢应对，集中智慧、汇聚力量、创新举措，全系统2013年各项工作任务圆满完成。全系统共组织各项收入172.60亿元，同比增收21.54亿元，增长14.26%。其中税收收入116.73亿元，同比增收15.98亿元，增长15.87%；社会保险费完成47.05亿元，同比增收4.59亿元，增长10.82%；其他收入完成8.82亿元，同比增收0.96亿元，增长12.28%。全市地税系统获得了多项荣誉，精神文明建设取得丰硕成果。以学习贯彻十八大精神暨先进典型事迹报告会、“善行河北·德系民生”主题实践、“优秀团队·活力地税”、夺旗争星等系列活动为牵引，深入选树先进典型，大力弘扬新风正气，全面展示文明形象。工作中，涌现出了“全国税务系统先进集体”“河北省人民满意公务员”“河北省杰出青年岗位能手”“河北省五四青年奖章”各1个，“河北省青年文明号标杆”单位6个；推选的11名“优秀税务工作者”、10名“孺子牛奖”受到省局通报表彰；市局评定奖励先进集体34个、各类标兵98人，全系统当先锋、做模范、创荣誉的热情与干劲竞相迸发、充分显现。

【税费收入持续稳定增长】 全系统共组织各项收入172.60亿元，同比增收21.54亿元，增长14.26%。在组织收入上，面对复杂多变的经济形势，严格坚持依法征收、应收尽收的组织收入原则，在强化重点项目监控、规范执法联动机制、发挥稽查震慑作用等一系列堵漏增收举措基础上，突出加大了分行业分税种管理，较好地实现了收入增长目标。特别是率先推出的小额贷款行业区域专项整治检查，措施有力，收效显著，得到省局领导批示表扬。

【干部队伍建设全面加强】 坚持培育优秀团队，班子队伍建设基础稳固。按照党的群众路线教育实践活动前期工作安排，市局党组中心组及机关各党支部主动把学习摆在首要位置，全面领会中央落实“八项规定”、反对“四风”等重要精神，坚持上党课、做笔记、写心得，切实提高思想认识，增强行动自觉。全系统认真落实《干部素质提升工作纲要》和省委领导批示肯定的“三级九阶”培训法，坚持分级分类施教、以需定训、送教育下基层，下大力气强化财会、征管、稽查等岗位技能培训，全面选拔尖子人才和业务骨干，进一步增强了学习教育的针对性和实效性。根据“以德为先、绩效导向”选人用人机制实施意见，本着“公开、民主、竞争、择优”原则，选配科级干部120名。其中领导职务69名，非领导职务51名，切实达到了充实一线、提振士气的目的。

【税收管理质量进一步强化】 一是按照专业化管理、规范化运行的征管工作思路，着力实施税源管理质量考核，逐月提取征管“五率”数据，每季对基层分局的税源管理情况通报，方便税收管理员及时对照整改。二是从加强货运业管理入手，据实摸排车辆、吨位、代开发票金额情况，有力地防止了该行业转引税款、虚开发票现象。三是针对土地交易存在头税漏税问题，依托国土资源部下属中国土地市场网第三方数据支撑，建立土地交易两税税源监控平台，定期采集有关土地市场交易数据，引入监控平台形成契税税源数据，通过全方位比对税源数据与征管数据，及时发现疑点数据，督导基层据实征收，有效堵塞了部门信息不对称、土地交易不完税、征管软件不匹配、执法行为不规范等方面形成的两税征管漏洞，实现了土地交易环节税源无缝隙监控。

【税收执法水平进一步提高】 1. 做好全系统税务干部普法教育工作，深入贯彻落实省局《税收执法考核评议和执法过错责任追究办法》和《税收执法岗位职责》，加大对执法行为的监控力度。2. 在全省地税系统率先实行执法联动，形成了以“控（税源监控）、管（征收管理）、查（税务稽查）、核（法规督察内审）、究（纪检监察）”为“联动主轴”的执法工作一体化，有力地促进了税收执法工作的科学化、专业化和规范化，极大地降低了税收执法风险和廉政风险，奠定了坚实的惩防体系建设基础。3. 进一步发挥税务稽查以查促管、以查促收的作用。重点关注纳税零申报、负申报、低税负企业涉税问题，抓好对房地产、建筑安装、化工、证券、金融保险、学校、医疗等垄断行业的专项检查。加强对企业发票使用情况的检查，严肃整治假发票，有力地整饬了税收环境。

【税收服务进一步优化】 坚持提供优质服务，纳税服务工作上档升级。围绕“优质服务年”活动，重点推介需求全方位、过程全透明、机制全覆盖的“e税366”纳税服务品牌，有计划地培训纳税人、税务干部1.5万人次。以推广服务品牌为契机，成功承办了全省纳税服务交流培训班，形成与上级机关、院校教授、兄弟单位的多维良性互动，进一步扩大了纳税服务的工作视角。市局《创树“e税366”纳税服务品牌，畅联掌上服务“新干线”》经验材料，被国家税务总局在纳税服务工作会议上予以刊发交流。同时，借助星级办税服务厅建设、诚信兴商宣传月、评选“优质服务星”、为民服务专项行动等时机，认真落实服务承诺，增强服务本领，完善服务手段。扎实网上办税服务厅建设，升级改造基本功能设施，在“一窗式”服务基础上，提供“套餐式服务”，成立纳税人学校，安装运行24小时多网点自助办税终端，推行管理事项前移和“先办后审”，做到即申即办、当场办结，最大限度地方便了纳税人，提高了服务效率。

【行风、党风廉政建设再上新台阶】 坚持狠抓党风廉政建设，作风纪律整顿措施有力。从严贯彻落实省局《关于中秋国庆期间加强廉洁自律工作坚决制止奢侈浪费行为的通知》《落实省委正风肃纪相关要求》，以及各级领导有关干部作风建设重要讲话精神等一系列内容。坚持“一把手”负总责，纪检组长对口具体抓，加大离任审计和财务管理力度，重点围绕“抓班子、减房子、封轮子、消牌子、丢瓶子、清盘子、查混子”等七个方面动真格、用重拳、使长劲，始终保持“零容忍”姿态，真正做到加强管理监督和执行问责制度“两手硬”。确保了全系统未发生顶风违纪、重大事故、刑事案件等问题。民主评议行风工作中，全系统19个单位夺得行政执法类第一名，14个单位夺得行政审批类第一名，市局顺利实现“两连冠”目标。

（马　硕）

金　　融

金融综述

【金融运行】　2013年，保定市金融机构继续贯彻执行稳健的货币政策，加大金融改革创新力度，不断提高辖区金融服务水平，有效改善地方金融生态环境，在各自的领域，为地方经济的平稳较快发展做出了积极贡献。截至年末，全市金融机构本外币各项存款余额4410.17亿元，比年初增加634.82亿元，同比多增108.29亿元，年增速16.8%；各项贷款余额1887.44亿元，比年初增加290.46亿元，同比多增53.05亿元，年增速18.2%。

【金融调控】　人民银行保定市中心支行切实履行央行职责，加强、完善货币信贷政策疏导和“窗口指导”。

一、继续执行稳健的货币政策，支持实体经济发展。（一）加强宏观调控，落实稳健的货币政策。根据保定市政府“十二五”规划提出的“又好又快发展、强市兴县富民”的中心任务，按照“总量适度、审慎灵活、定向支持”的信贷投放思路，人行保定市中心支行积极引导辖区金融机构落实国家宏观调控要求，贯彻执行好各项信贷政策，有效增加对实体经济的信贷投放，适度掌控信贷投放总量，为地方经济平稳增长提供合理信贷资金支撑。（二）创新工作方式，加大扶贫开发力度。为认真贯彻中共中央总书记习近平视察阜平时做出的重要指示精神，积极落实河北省委省政府、保定市委市政府关于全力推进扶贫攻坚的总体要求，人行保定中支主动联合保定银监分局制定《关于加强和完善金融支持保定市扶贫开发工作的指导意见》，出台探索建立可持续的金融扶贫机制，金融机构信贷投放向扶贫开发工作倾斜，鼓励和支持各类金融机构网点建设、强化督导工作等九项具体措施。积极引导辖内金融机构创新信贷产品，改进服务方式，切实加大对贫困地区的信贷支持力度。人行保定中支此项工作受到上级行的通报表扬，相关做法被以正式文件转发。（三）加大金融对三农和中小微企业的支持力度。保定人行全面推进农村金融产品和服务方式创新工作，加强与各政府职能部门的协调配合，促进三农、县域经济健康快速发展。引导各金融机构结合中型和小微企业的融资需求特点，加强对新型融资模式、服务手段、信贷产品及抵质押方式的创新和推广。保定银监分局积极落实《关于小型微型企业金融服务考核暂行办法》，与各银行业机构签订工作目标责任书，坚持任务分解、按季通报制度，积极开展小微企业金融服务宣传月活动，指导各行创新信贷产品和服务，满足客户金融需求。督促农村信用社累计发放惠农卡158.18万张，安装EPOS5623台。此外，保定人行继续加强大对下岗失业人员的金融支持。2013年，全市累计发放下岗失业人员小额担保贷款17565.10万元，余额达到28649.45万元。（四）多措并举，推进跨境人民币结算业务。加大宣传推介力度，按照“广泛宣传、形式多样、务求实效”的原则，在报刊、杂志上宣传跨境人民币结算业务政策和办理流程。制定并印发了《保定市跨境人民币结算业务重点企业辅导联系制度》，组织金融机构开展“一对一”个性化服务，解决业务操作中的实际问题。召开了保定市辖商业银行跨境人民币业务联系会议暨培训会议，对有关工作进行安排部署。积极完善协调机制，加强与有关部门沟通，共享跨境人民币业务信息，推进跨境人民币业务的发展。（五）加大调研力度，提高分析和决策水平。信息调研工作重点关注国家各项金融政策的出台、变动和地方特色经济发展，加强对经济金融形势的预判预警分析，紧密结合地方实际和热点、难点问题开展调研，力争多出精品信息，为上级行和地方党政领导决策提供参考，为支持地方经济发展献计献策。人行保定中支信息工作做法在上级行信息会上做了经验介绍，得到了分行的肯定。2013年编发《参阅信息》178篇，被上级行和地方政府采用76篇，其中12篇分别被中办、国办和总行采用，取得较好成绩。

二、防范和化解金融风险，维护辖区金融稳定。（一）扩大日常风险监测评估范围，提高风险防范能力。继续完善辖内银行业、证券业、保险业风险监测定期报告制度。对全辖金融机构按季、按月进行监测的同时，密切关注辖区蠡县农村信用社等金融机构风险状况，并进行实地调研，写出多篇调研报告，提出合理化建议，有效防范和化解金融风险，维护辖区金融稳定。（二）加强再贷款管理，做好再贷款损失认定工作。为加强金融稳定再贷款管理，及时处置资产损失，人行保定中支加紧对辖区金融稳定再贷款及损失认定情况进行认真梳理，多次与市政府沟通情况、汇报工作。协助市政府召开由银监局、市国资委、市财政局、融达资产管理公司等单位参加的金融稳定再贷款核销工作调度会，对相关工作进行部署。（三）完善流动性监测分析，加强存款准备金日常管理。保定人行积极做好对辖区法人金融机构存款准备金的日常管理和考核工作，在确保准备金政策及时传导的同时，针对辖区法人金融机构点多面广特点，密切关注存款准备金率的调整对金融机构资金流动性的影响，做好动态反馈，有效防范金融风险的发生。（四）落实规章制度，加强日常监管。保定人行采用日常监测、金融机构自评和现场检查相结合的方式，对辖区部分金融机构执行有关金融法律法规、规章制度和其他规范性文件情况开展综合评价，进一步推动金融机构的合规经营，确保辖内金融稳定。加强金融服务与管理，对辖区新设金融机构申请加入人民银行金融管理与服务工作进行审核与办理。循序渐进地开展金融消费者权益保护工作，组织个人金融信息保护专项检查。

【金融监管】 2013年，保定银监分局围绕河北银监分局工作部署，不断开拓监管工作新局面，有效促进辖区银行业安全稳健运行和经济社会又好又快发展。

一、加强对金融机构风险管控，成效明显。（一）政府融资平台贷款风险有效缓释。1. 通过监管工作会、工作目标责任书等形式将银监会平台贷款政策要求传达到位。2. 对2013年上半年“退出类”融资平台贷款大户、2013年新增融资平台贷款大户进行现场检查，进一步规范平台贷款管理。3. 加强动态统计、监测和分析，对退出的三家平台公司继续做好监测管理工作。4. 督促工商银行保定分行清收高碑店市交通局剩余不良贷款81万元。2013年11月末，全辖融资平台贷款25户，金额284.2亿元，比年初减少2.71亿元，押品整改率98.35%，比年初提高0.12个百分点，未发生还款违约事项。（二）房地产贷款风险可控。强化“名单制”管理，对69家房地产开发企业建立“名单制”管理台账，开展“新国五条”出台后对近京地区银行影响的专题调查，按季进行房地产贷款运行及风险分析。组织开展农村中小金融机构落实房贷政策审慎监管会谈，对保定银行下发风险提示，督促银行业机构落实房贷新政策，加强对房地产信贷的风险监测和预警。（三）不良贷款保持“双降”。与银行业机构签订工作目标责任书，实行不良贷款余额和比例“双控”管理。督促各行高度关注企业集群风险和产能过剩行业风险，督促农信社加大不良贷款压降、拨备计提和呆账核销力度，落实“双降”目标要求。至11月末，全市不良贷款余额99.33亿元，比年初减少10.84亿元，不良率5.34%，比年初下降1.59个百分点。（四）表外业务及其他风险防控深入推进。建立表外业务逐月监测、按季分析机制，组织银行业机构对表外业务发展状况、风险管理、内部控制和信息系统等方面开展全面自查，对股份制银行表外业务进行风险提示，对华夏、浦发银行2012年理财业务进行现场检查，进一步规范业务发展。配合地方政府开展防范和打击非法集资活动，有效隔离外部风险向银行业机构蔓延。（五）加强银行“流动性”管理。在严密防范法人银行机构流动性风险的基础上，将蠡县27家高风险农村合作金融机构作为监管重点，加强日常监测、预警、分析，严防发生支付、挤兑风险。（六）“案防”和安保工作常抓不懈。继续坚持“压力传导、严格问责”等做法，保持案件防控高压态势。组织银行业机构逐级签订案防目标责任书11552份，形成多层次、广覆盖的案件防控责任体系。开展案件防控和安全生产大检查，查出问题27项，逐项督促落实整改，推进案件防控内生动力建设。转发落实银监会《案情通报》，严格执行重大事项报告制度，督促做好“协解”人员安抚工作。当年，银行业机构继续保持零案件。

二、深化监管创新工作。（一）充分运用创新成果，提高工作质效。1. 深入推进标准化管理工作。全面清理修订和补充完善65项规章制度，明确60个工作岗位目标和责任，建立70项标准化工作流程，制定105项标准化操作文本，推进行政行为的科学化、规范化、制度化、程序化。2. 实施职业生涯管理。建立职员职业生涯档案，对15名专业人才库成员、108名非专业人才库成员进行分类管理，组织开展有针对性的分类培训296人次，分类使用11人次，提高“人岗匹配”的科学性。3. 推行量化积分考核评价机制。修订干部考核和评优评先办法。通过精细分类、全程亮分、量化考核、督促帮扶，激发工作热情，提高工作效能。4. 加强银行业金融机构风险责任管理。实施《银行业机构风险责任管理办法》，将银行业风险管理情况作为监管评级、市场准入、高级管理人员履职评价的重要依据，提升持续动态监管能力。（二）加强监测分析，助力科学决策。1. 建立报表报送友情提示制度，加强报表二次审核，完成新版客户风险试报工作，对银行业机构监管统计工作进行评比通报，进一步夯实监管统计基础，持续提高数据质量。2. 不断提高季度分析例会的分析层次和水平，全面监测保定市经济金融运行和风险状况，深入剖析风险背后的成因、产生的影响及发展趋势。3. 强化调研分析，提升宏观审慎监管能力。（三）做好日常监管，营造良好环境。审核行政许可事项256项，换发金融许可证304张，完成了对171名高管人员的履职考核。强化金融债权管理，完成改制企业金融债权确认7起，维护了银行业金融机构合法权益。聘请常年法律顾问，完善高管考试题库，推动依法行政深入开展。

【金融服务】 人行保定市中心支行不断提升辖区金融服务水平，积极支持地方经济健康发展。

一、认真做好国库会计核算工作，确保国库资金安全。及时、准确、安全地办理国库预算收支，保证国家预算的顺利实施。2013年保定市完成地方级公共财政预算收入538.25亿元，同比增长21.2%，地方级公共财政预算支出522.96亿元，同比增长16.8%。加大工作创新力度，结合辖区实际制定《保定市地方国库集中收付代理银行资格认定规程》《中国人民银行保定市中心支行集中支付清算办法》，进一步健全代理银行内控制度，强化财政支出的监督管理，提高财政资金使用效率。

二、提升外汇服务水平，千方百计为企业排忧解难。减少行政审批项目，缩短企业对外贸易收付汇时间，降低企业进出口经营成本。加强外汇业务指导，创新网上服务功能，推出网上服务平台，通过QQ群答疑解惑，受益企业达300余家。加强外汇管理，对辖区大型企业经常项目收付汇情况进行检查；对辖区农业银行和中国银行的结售汇、外汇账户、非贸易及个人外汇管理等进行检查，规范其业务行为，收到较好效果。加强与税务部门、商务部门、海关等部门的沟通联系，定期召开联席会议，联合开展政策宣传，妥善处理企业遇到的各类问题。加大创新工作力度，制定《非现场重点监测企业库管理制度》、《国家外汇管理局保定市中心支局重点主体监管工作办法》，在辖区试行取得初步成效，得到省局的肯定，相关办法在全省进行推广。

三、精心组织，认真全面进行金融统计执法检查。为保证金融统计数据的真实性、时效性和相关统计制度的落实情况，保定人行年内组织了一次范围较大的金融统计执法检查。通过制定详细的检查方案，成立以主管行长为组长的统计检查领导小组，分“准备、自查、检查、总结处理”四个阶段开展统计检查工作。在各金融机构完成自查的基础上，保定人行组成现场检查小组，对辖区金融机构2013年统计工作进行现场检查，确保其数据报送的准确、及时。

四、多措并举，推进辖区信用体系建设。加大宣传力度，深入辖区农村开展征信知识宣传，进一步增强农民的信用意识，收效良好。认真做好信用查询及异议处理工作，2013年保定人行个人征信系统共为客户出具个人信用报告18605份。认真做好贷款卡发放与年审工作，建立完善贷款卡发放内控制度，按期上报贷款卡发放行政许可备案表。加快推进中小企业信用体系建设，积极改善中小企业融资环境。

五、以防范风险为指导，深入开展反洗钱工作。2013年，保定人行制定了比较详尽的反洗钱执法检查计划。对农发行保定分行相关业务进行巡访、检查，对其部分业务由政策性向商业性拓展，提出反洗钱内控制度建设方面的建议。对唐县汇泽村镇银行开展反洗钱调研，就其反洗钱工作现状、存在的困难及对策提出建设性意见。组织召开银行类金融机构反洗钱工作会议，就打击非法集资、传销及金融机构客户风险等级划分工作进行安排部署。

【保险业务】 2013 年，保定市共有 43 家保险公司。其中财产险公司 21 家，寿险公司 22 家。保险营销员在岗人数合计 30000 余人。总保费收入 113.11 亿元，同比增长 8.25%。财产险总保费 36.67 亿元，同比上涨 19.64%，其中商业险 26.52 亿元，交强险 10.15 亿元，分别同比增长 24.71% 和 8.15%。人身险总保费 76.44 亿元，同比增长 3.69%。财产险累计赔款支付 17.85 亿元，人身险累计赔款 1.14 亿元，死伤医疗给付 1.79 亿元，满期给付 18.59 亿元，年金给付 1.18 亿元。

（薛冀峰）

银行业

【中国人民银行保定市中心支行】 中国人民银行保定市中心支行是中国人民银行（总行）的派出机构。其主要职责是传达、贯彻央行货币政策，维护地方金融稳定，组织、管理相关货币发行业务，经理地方国库，履行外汇、外债管理职能等。内设 17 个科室，现有干部职工 240 人。

【2013 年·概况】 2013 年，保定市中心支行按照天津分行党委、石家庄中支和保定市委、市政府的整体工作部署，围绕“强管理保安全，转作风促履职，扬正气构和谐，提素质树形象”的总体工作要求，认真贯彻总行、天津分行和石家庄中支工作会议精神，贯彻执行稳健的货币政策，积极推进金融改革创新，不断提高辖区金融服务水平，有效改善地方金融生态环境，促进地方经济平稳较快发展。同时，不断加强廉政建设和机关内管管理，较好地完成了全年的工作任务，各项工作取得新的成绩。

党委书记
行　　长　邵仁姿
副 行 长　霍东升　宋云利
　　　　　李建设
纪委书记　张冬生
工会主任　刘泰然

【继续执行稳健的货币政策，支持实体经济发展】 一、加强宏观调控，落实稳健的货币政策。根据保定市政府“十二五”规划提出的“又好又快发展、强市兴县富民”的中心任务，按照“总量适度、审慎灵活、定向支持”的信贷投放思路，人行保定市中支积极引导辖区金融机构落实国家宏观调控要求，贯彻执行好各项信贷政策，有效增加对实体经济的信贷投放，适度掌控信贷投放总量，为地方经济平稳增长提供合理信贷资金支撑。二、创新工作方式，加大扶贫开发力度。为认真贯彻习近平总书记视察革命老区阜平时做出的重要指示精神，积极落实河北省委省政府、保定市委市政府关于全力推进扶贫攻坚的总体要求，首先人行保定中支主动联合保定银监分局制定《关于加强和完善金融支持保定市扶贫开发工作的指导意见》，出台探索建立可持续的金融扶贫机制，金融机构信贷投放向扶贫开发工作倾斜，鼓励和支持各类金融机构网点建设、强化督导工作等九项具体措施。积极引导辖内金融机构创新信贷产品，改进服务方式，切实加大对贫困地区的信贷支持力度。其次，深入实地进行调研，完成了《关于金融全力支持阜平扶贫开发工作的调查报告》，该报告得到省委、省政府主要领导的充分肯定并做出批示，同时也受到上级行的通报表扬，相关做法被以正式文件转发。三、加大金融对三农和中小微企业的支持力度。保定人行全面推进农村金融产品和服务方式创新工作，加强与各政府职能部门的协调配合，促进三农、县域经济健康快速发展。引导各金融机构结合中型和小微企业的融资需求特点，加强对新型融资模式、服务手段、信贷产品及抵质押方式的创新和推广。此外，保定人行继续加强大对下岗失业人员的金融支持。2013 年，全市累计发放下岗失业人员小额担保贷款 17565.10 万元，余额达到 28649.45 万元。四、多措并举，推进跨境人民币结算业务。加大宣传推介力度，按照“广泛宣传、形式多样、务求实效”的原则，在报刊、杂志上宣传跨境人民币结算业务政策和办理流程。制定并印发了《保定市跨境人民币结算业务重点企业辅导联系制度》，组织金融机构开展“一对一”个性化服务，解决业务操作中的实际问题。召开了保定市辖商业银行跨境人民币业务联系会议暨培训会议，对有关工作进行安排部署。积极完善协调机制，加强与有关部门沟通，共享跨境人民币业务信息，推进跨境人民币业务的发展。五、加大调研力度，提高分析和决策水平。信息调研工作重点关注国家各项金融政策的出台、变动和地方特色经济发展，加强对经济金融形势的预判预警分析，紧密结合地方实际和热点难点问题开展调研，力争多出精品信息，为上级行和地方党政领导决策提供参考，为支持地方经济发展献计献策。人行保定中支信息工作做法在上级行信息会上做了经验介绍，得到了分行的肯定。2013年编发《参阅信息》178篇，被上级行和地方政府采用76篇，其中12篇分别被中办、国办和总行采用，取得了较好成绩。

【防范和化解金融风险，全力维护地方金融稳定】 一、扩大日常风险监测评估范围，提高风险防范能力。继续完善辖内银行业、证券业、保险业风险监测定期报告制度。对全辖金融机构按季、按月进行监测的同时，密切关注辖区蠡县农村信用社等金融机构风险状况，并进行实地调研，写出多篇调研报告，提出合理化建议，有效防范和化解金融风险，维护辖区金融稳定。二、加强再贷款管理，做好再贷款损失认定工作。为加强金融稳定再贷款管理，及时处置资产损失，人行保定中支加紧对辖区金融稳定再贷款及损失认定情况进行认真梳理，多次与市政府沟通情况、汇报工作。协助市政府召开由银监局、市国资委、市财政局、融达资产管理公司等单位参加的金融稳定再贷款核销工作调度会，对相关工作进行部署。三、完善流动性监测分析，加强存款准备金日常管理。做好对辖区法人金融机构存款准备金的日常管理和考核工作，在确保准备金政策及时传导的同时，针对辖区法人金融机构点多面广特点，密切关注存款准备金率的调整对金融机构资金流动性的影响，做好动态反馈，有效防范金融风险的发生。四、落实规章制度，加强日常监管。采用日常监测、金融机构自评和现场检查相结合的方式，对辖区部分金融机构执行有关金融法律法规、规章制度和其他规范性文件情况开展综合评价，进一步推动金融机构的合规经营，确保辖内金融稳定。加强金融服务与管理，对辖区新设金融机构申请加入人民银行金融管理与服务工作进行审核与办理。循序渐进地开展金融消费者权益保护工作，组织个人金融信息保护专项检查。五、以防范风险为指导，深入开展反洗钱工作。2013年，保定人行制定了比较详尽的反洗钱执法检查计划。对农发行保定分行相关业务进行巡访、检查，对其部分业务由政策性向商业性拓展，提出反洗钱内控制度建设方面的建议。对唐县汇泽村镇银行开展反洗钱调研，就其反洗钱工作现状、存在的困难及对策提出建设性意见。组织召开银行类金融机构反洗钱工作会议，就打击非法集资、传销及金融机构客户风险等级划分工作进行安排部署。

【优化金融生态环境、全面提升金融服务水平】 一、认真做好国库会计核算工作，确保国库资金安全。及时、准确、安全地办理国库预算收支，保证国家预算的顺利实施。加大工作创新力度，结合辖区实际制定《保定市地方国库集中收付代理银行资格认定规程》《中国人民银行保定市中心支行集中支付清算办法》，进一步健全代理银行内控制度，强化财政支出的监督管理，提高财政资金使用效率。二、提升外汇服务水平，千方百计为企业排忧解难。减少行政审批项目，缩短企业对外贸易收付汇时间，降低企业进出口经营成本。加强外汇业务指导，创新网上服务功能，推出网上服务平台，通过QQ群答疑解惑，受益企业达300余家。加强外汇管理，对辖区大型企业经常项目收付汇情况进行检查；对辖区农业银行和中国银行的结售汇、外汇账户、非贸易及个人外汇管理等进行检查，规范其业务行为，收到较好效果。加强与税务部门、商务部门、海关等部门的沟通联系，定期召开联席会议，联合开展政策宣传，妥善处理企业遇到的各类问题。加大创新工作力度，制定《非现场重点监测企业库管理制度》《国家外汇管理局保定市中心支局重点主体监管工作办法》，在辖区试行取得初步成效，得到省局的肯定，相关办法在全省进行推广。三、依法加强对金融机构的监管，认真、全面进行金融统计执法检查。为保证金融统计数据的真实性、时效性和相关统计制度的落实情况，保定人行年内组织了一次范围较大的金融统计执法检查。通过制定详细的检查方案，成立以主管行长为组长的统计检查领导小组，分“准备、自查、检查、总结处理”四个阶段开展统计检查工作。集中开展对辖内建设银行、交通银行、邮政储蓄银行的综合执法检查；对辖区22家金融机构统计检查；对辖区23个农村信用联社《征信业管理条例》贯彻落实情况检查，确保各项制度得到落实。四、多措并举，推进辖区信用体系建设。一是加大宣传力度，开展形式多样的宣传教育活动。深入辖区农村开展征信知识宣传，进一步增强农民的信用意识，发放宣传海报、折页2000余份，取得明显成效。二是规范窗口管理，提高金融服务水平。加强对征信前台服务人员的业务培训，规范信用报告查询，提高异议处理效率，配置专人开设对外查询窗口，认真做好信用查询及异议处理工作。2013年保定人行个人征信系统共为客户出具个人信用报告18605份。三是认真做好贷款卡发放与年审工作，组织召开各金融机构贷款卡年审工作会议，制定贷款卡年审流程和年审方案，建立完善贷款卡发放内控制度，简化工作流程，努力提高贷款卡年审率，做好贷款卡发放行政许可备案工作。截至2013年末，市区共年审贷款卡实卡5825张、新发放贷款卡实卡1576张。四是制定辖区征信系统建设有关制度办法和业务规范细则，督促金融机构建立健全各项内控制度，规范金融机构数据报送接口程序的测试和验收，完成对12家金融机构企业信用信息基础数据库机构代码和金融统计检测管理信息系统的接入工作。五是积极做好中小企业信用体系建设工作，加快农村信用体系建设步伐，做好中小企业信用信息采集与农户信用档案建档工作。2013年，组织对中小企业培训及宣传16232次，累计纳入中小企业信用档案户数25733户，征集过程中办理贷款卡中小企业累计数达12619户，取得银行授信意向的中小企业户数6812户，取得银行融资中小企业累计户数6235户、金额358230元，为辖内农户累计建立信用档案103994户。为加快推进中小企业信用体系建设，积极改善中小企业融资环境打下扎实基础。

【加强内部管理夯实基础工作】 一、牢固树立大安全理念，做好保卫及保密工作。加强干部职工的思想教育，开展矛盾排查化解工作，构建和谐稳定的央行机关。加大检查力度，全年开展对中支机关和辖区县支行开展各项安全检查50余次，及时发现隐患，堵塞漏洞。加强枪弹管理，制定《保定中支发行基金调运枪弹领取、使用、交回操作程序》，确保押运人员正确使用枪弹，保证发行基金调运任务的安全。全面落实《保定中支风险防范责任制》，组织开展制度执行情况“回头看”和风险排查活动，逐步在全员中形成“安全第一”的思想，安全意识深入人心。加强保密管理，对全辖保密、印章、涉密计算机、涉密移动存储介质进行全面检查，防止失泄密事件发生。二、做好发行工作，确保辖区合理现金供应和库款安全。成立“保定市发行库全面检查工作领导小组”，对保定市中心支库和高碑店市支库进行全面检查，将容易产生风险的业务环节纳入重点检查范围，有效消除风险隐患。制定合理的调拨计划，努力做到调拨时间合理，调拨路线最优，调运安排科学，保证全市合理的现金供应。截至12月底，全辖累计现金投放273.53亿元，回笼263.24亿元，净投放10.29亿元。三、事后监督和内部审计工作有条不紊。顺利完成全辖会计核算业务和中支国库、发行业务的日常监督工作。2013年共审核会计核算业务5万余笔，会计凭证6万余张，会计账表近3万张，形成监督资料近53千份；监督发行业务传票3000余张，报表近600张，发出事后监督通知书2份。内审部门完成履职审计项目8个，内控审计项目2个。在全辖组织开展“责任落实年”活动，进一步强化内控管理，提升干部职工的履职能力和水平。四、加强机关内部管理，提供有力的科技保障和后勤服务。对各业务系统及时进行升级和日常维护，强化计算机安全管理，确保网络运行安全通畅；完成保定市银行卡联网通用专项检查工作，为金融IC卡发展奠定良好基础。组织机关安全员进行了计算机病毒防治及系统维护技术培训，对全辖互联网使用情况进行清理检查；做好视频到县系统的维护和调整工作，2013年召开各种视频会议61次，降低了会议成本。机关后勤管理工作从抓规范入手，强化财务管理，严格按制度办事，做好物业管理、车辆管理、节能减排等各项工作，不断提升服务水平。五、认真做好应急管理工作和政务公开工作。健全完善应急管理工作机制和体系建设，制定《2013年应急演练计划》，印发应急知识宣传手册，修改完善辖区应急指挥联络表，全辖应急意识和处置能力不断提高。同时，认真做好政务公开工作，依托政府网站平台，对群众关心的行政许可事项、金融法律法规和履职业务信息及时进行公示。

（薛冀峰）

【中国银行业监督管理委员会保定监管分局】 中国银行业监督管理委员会保定监管分局（以下简称保定银监分局）系中国银行业监督管理委员会派出机构，于2004年2月正式挂牌成立并对外履行职责。主要职责是根据银监会授权对保定市各政策性银行、国有商业银行、农村信用社、股份制商业银行、邮政储蓄银行、城市商业银行类金融机构、新型农村中小金融机构及其分支机构的设立、变更、终止和业务活动进行监督管理，依法对金融机构违法违规行为进行查处，审查和批准高级管理人员任职资格，统计有关数据和信息，维护保定市银行业的合法、稳健运行。

党委书记
局　　长　　李向军

党委委员
副 局 长　　马　毅

党委委员 副 局 长	牛惠君（女）
党委委员 纪委书记	贾志辉

【概况】 2013年，保定银监分局围绕河北银监局工作部署，不断开拓监管工作新局面，有效促进了辖区银行业安全稳健运行和经济社会又好又快发展。截至2013年末，全市银行业金融机构各项贷款1782.62亿元，较年初增加279.36亿元，增幅为18.58%；各项存款4055.40亿元，较年初增加592.22亿元，增幅为17.1%；不良贷款余额89.7亿元，较年初下降14.8亿元，不良贷款率5.03%，较年初下降1.92个百分点。

【严守风险底线，银行业保持安全稳健运行】 1. 政府融资平台贷款风险有效缓释。通过监管工作会、工作目标责任书等形式将银监会平台贷款政策要求传达到位。对2013年上半年"退出类"融资平台贷款大户、2013年新增融资平台贷款大户进行现场检查，进一步规范平台贷款管理。加强动态统计、监测和分析，对退出的三家平台公司继续做好监测管理工作。督促工商银行保定分行清收高碑店交通局剩余不良贷款81万元。2. 房地产贷款风险可控。强化"名单制"管理，对69家房地产开发企业建立"名单制"管理台账，开展"新国五条"出台后对近京地区银行影响的专题调查，按季进行房地产贷款运行及风险分析，组织开展农村中小金融机构落实房贷政策审慎监管会谈，对保定银行下发风险提示，督促银行业机构落实房贷政策，加强对房地产信贷的风险监测和预警。3. 不良贷款保持"双降"。与银行业机构签订工作目标责任书，实行不良贷款余额和比例"双控"管理，督促各行高度关注企业集群风险和产能过剩行业风险，督促农信社加大不良贷款压降、拨备计提和呆账核销力度，落实"双降"目标要求。4. 表外业务及其他风险防控深入推进。建立表外业务逐月监测、按季分析机制，组织银行业机构对表外业务发展状况、风险管理、内部控制和信息系统等方面开展全面自查，对股份制银行表外业务进行风险提示，对华夏、浦发银行2012年理财业务进行现场检查，进一步规范业务发展。配合地方政府开展防范和打击非法集资活动，有效隔离外部风险向银行业机构蔓延。开展"银行业监管统计数据质量良好标准"达标提升活动，督促保定银行对数据质量良好标准外部评估现场检查发现问题及时整改。督促地方法人机构加大信息科技投入，不断提高管理水平，确保了系统安全运行。5. 流动性保持在安全区间。在严密防范法人银行机构流动性风险的基础上，将蠡县27家高风险农村合作金融机构作为重点，加强日常监测、预警、分析，严防发生支付、挤兑风险。6. 案防和安保工作常抓不懈。继续坚持"压力传导、严格问责"等做法和保持案件防控高压态势。组织银行业机构逐级签订案防目标责任书11552份，形成多层次、广覆盖的案件防控责任体系。开展案件防控和安全生产大检查，查出问题27项，逐项督促落实整改，推进了案件防控内生动力建设。转发落实银监会《案情通报》，严格执行重大事项报告制度，督促做好协解人员安抚工作。银行业机构继续保持零案件。

【强化监管引领，提高金融服务效率】 1. 支持地方经济发展的引领作用充分发挥。认真研究加强国家宏观经济金融政策与保定市财政政策、产业规划的有效对接措施，将银监会、河北银监局工作会议精神及分局落实措施、保定银行业运行情况、城商行、农信社改革发展情况等形成专题材料向地方党政汇报，得到了市委市政府领导的充分肯定和大力支持。推进《关于进一步优化金融环境助推实体经济发展的实施意见》贯彻落实，进一步优化金融生态环境。按照《县域银行业全力支持当地经济发展的指导意见》，建立县域机构存贷款统计台账，落实县域机构存贷比考核机制。与人行保定中心支行联合制定《关于加强和完善金融支持保定市扶贫开发工作的指导意见》，引导各机构对贫困县新发放贷款17966户108.13亿元，带动农民脱贫致富。与市金融办、人行保定中心支行、市保险协会联合制定金融系统支持全民创业八条措施，督促各行全力支持全民创业，相关做法被银监会《监管工作动态》刊发。2. 涉农、小企业等薄弱环节的金融服务持续改善。落实《关于小型微型企业金融服务考核暂行办法》，与各银行业机构签订工作目标责任书，坚持任务分解、按季通报制度，积极开展小微企业金融服务宣传月活动，指导各行创新信贷产品和服务，满足客户金融需求。督促农村信用社深入开展"三大工程"，实现"村村通"全覆盖，累计发放惠农卡158.18万张，安装EPOS5623台。3. 金融消费者权益保护得到加强。组织辖内银行业机构开展"金融知识进万家"宣传服务月活动，全辖共计投入员工2783人次，使用海报和易拉宝1783份，向公众发放宣传材料96535份，接受公众咨询103862人次，提升了公众金融知识水平和风险防范意识，树立了银行业良好社会形象。持续推进金融知识下乡、送监管政策进基层行、宣传服务日、“四进三送”等活动，营造了宣传金融知识、贴近金融服务、谋求和谐共赢的良好氛围。开展不规范经营专项治理回头看检查，切实制止附加不合理贷款条件和不合理收费行为。督促加强声誉风险管理，做好信访投诉受理和舆情监测应对，加强金融环境和信用环境建设。

【推进改革转型，银行业发展质量和效益双提升】 1. 城商行保持安全稳健运行。加强日常督导，通过组织三方会谈、召开资本充足率达标推进会、执行监审联动和季度分析例会制度、下发意见书等形式，督促保定银行明确市场定位，积极向县域延伸机构，认真落实“五年规划”，实现了资本充足率达标，各项监管指标持续向好。2. 农村中小金融机构改革逐步深化。积极推动“双改”、达标提升工作，督导辖内高风险联社加大风险处置力度。组织开展了2012年度监管评级，对各联社月度日均存贷比进行监测、提示和预警，对达标提升工作进展按月监测、适时督导，督促各联社加大不良贷款清收处置力度，严格确保新发放贷款质量，对联社股改工作进行督导，确保8家股份制联社按时开业。3. 银行业组织体系不断优化。引导各银行业机构合理有序的在市区及县域设立机构网点，提高金融服务覆盖面。截至11月末，辖内国有银行5家支行开业；股份制银行1家分行、4家支行开业，2家支行批筹；城商行1家分行、4家支行开业，13家支行批筹；8家股份制联社、6家村镇银行开业；邮储银行完成3家二类支行改革工作。加快推进经营模式转型，开展银行业机构绩效考核评价，督促建立科学的考核体系。

【深化监管创新，开拓工作新局面】 1. 充分运用创新成果，提高工作质效。一是深入推进标准化管理工作。全面清理修订和补充完善65项规章制度，明确60个工作岗位目标和责任，建立70项标准化工作流程，制定105项标准化操作文本，推进了行政行为的科学化、规范化、制度化、程序化。二是实施职业生涯管理。建立了职员职业生涯档案，对15名专业人才库成员、108名非专业人才库成员进行分类管理，组织开展有针对性的分类培训296人次，分类使用11人次，2人申报或取得了相应专业技术职务，提升了个人素质，提高了人岗匹配的科学性。三是推行量化积分考核评价机制。修订干部考核和评优评先办法，通过精细分类、全程亮分、量化考核、督促帮扶，激发工作热情，提高工作效能。四是加强银行业金融机构风险责任管理。实施《银行业机构风险责任管理办法》，将银行业风险管理情况作为监管评级、市场准入、高级管理人员履职评价的重要依据，提升了持续动态监管能力。2. 加强监测分析，助力科学决策。一是建立报表报送友情提示制度，加强报表二次审核，完成新版客户风险试报工作，对银行业机构监管统计工作进行评比通报，进一步夯实监管统计基础，持续提高数据质量。二是不断提高季度分析例会的分析层次和水平，全面监测保定市经济金融运行和风险状况，深入剖析风险背后的成因、产生的影响及发展趋势。三是强化调研分析，提升宏观审慎监管能力。注重宏观经济金融政策与保定市发展实际相结合，确定了全局开展调查研究的重点课题，有效集成队伍进行深入的调查研究，提高了监管人员的分析预警能力和全员调查研究水平。3. 做好日常监管，营造良好环境。审核行政许可事项256项，换发金融许可证304张，完成了对171名高管人员的履职考核。强化金融债权管理，完成改制企业金融债权确认7起，维护了银行业金融机构合法权益。聘请常年法律顾问，完善高管考试题库，推动依法行政深入开展。

【改进作风、凝聚队伍，战斗力进一步增强】 1. 优化了干部队伍。以党委中心组学习为抓手，适时扩大学习范围，引导全体干部职工认真学习领会党的十八大精神、中央“八项规定”、会党委及省局改进作风实施细则，开展了“制度学习月”“重点调研月”“廉政教育月”三项重点活动；配合河北银监局完成分局领导班子调整工作，对12名科级及以下干部进行轮岗，提升了综合能力；加强基层党组织建设，认真执行“三会一课”制度，严格落实“一岗双责”，根据人员变化情况及时调整了党支部；组织召开民主生活会，注意倾听群众意见，帮助解决实际问题；认真落实年度培训计划，组织开展“读书学习月”、“每月一讲、每季一考”活动，全年受培训人员达633人次。2. 加强了思想引领。结合“六星同创”、文明单位、职工之家、“一先双优”评选等，加强良好监管文化建设，开展了学党章、“三德”教育、解放思想大讨论、献爱心帮扶、巾帼杯有奖征文等活动。充分发挥党政工青妇组织的职能作用，组织开展职工生日祝贺、节假日慰问、生病住院慰问、抗震捐款、春季户外活动、秋季登山、周末兴趣小组等活动，分局工会获河北银监局“先进职工之家”荣誉称号。驻村帮扶工作实质性推进。3. 筑牢了惩防体系。通过签订党风廉政建设责任书、制定任务分解表，有效落实了惩防体系建设要求。开展廉政风险点排查、履职回避自查、廉洁从业承诺等强化了党员干部廉洁从政从业意识。推动银行业商业贿赂治理工作，防范职务犯罪和银行业案件风险。开展反腐倡廉宣传教育、执法监察、效能监察、重大事项决策监督等深入推进反腐倡廉工作。4. 提高了工作效率。汇总整理《保定银监分局制度汇编》(电子版)，建立覆盖各项工作、各个环节的制度体系；建立健全分局声像档案，开展保密知识宣传教育，完成督查督办事项64项，促进全局性重点工作的落实；以实施公务卡为契机，大力推进节约型机关建设，倡导简约、效率、规范的公务消费观念，“三公”经费同比下降35.78%；扎实做好后勤保障、信访维稳和舆情监测工作，营造了良好的内外部环境。

（张春林）

【中国银行股份有限公司保定分行】 中国银行股份有限公司保定分行是隶属于中国银行股份有限公司河北省分行的二级分行，下辖16个县（市）支行、6个市区支行。2013年末，全系统员工1400余人。办理人民币存款、贷款、结算、票据贴现、代理发行兑付政府债券、金融债券，代理收付款项业务；外汇存、贷款、汇款，外币兑换、国际结算、结售汇、外汇票据的承兑、贴现、以及资信调查、咨询、见证和经中国银行业监督管理委员会批准的其他业务，是功能齐全的现代化股份制商业银行。

党委书记
行　　长　郑元昌
党委委员
副 行 长　周玉河(兼财务总监)
　　　　　赵士明(兼任纪委书记)
　　　　　马惠玲(女，4月改任文优服务督导员)
　　　　　杜雅红（女）
　　　　　董英群　郑　涛
　　　　　杨光辉（8月任）

【概况】 2013年，中国银行保定分行围绕总行“做最好的银行”的战略目标，大力实施“科学发展、大行腾飞”战略，各项工作扎实推进，主要业务实现快速发展，经营绩效持续进步。到年末，人民币各项贷款余额为236.11亿元，比年初增加17.70亿元，余额和新增市场占比分别达24.93%和15.07%。人民币各项存款余额达到415.54亿元，较2012年末新增（不含理财）50.39亿元，余额和新增市场占比分别达18.77%和21.71%。实现非利息净收入2.84亿元，较2012年增加2015万元，增幅8%。

【加快发展资产业务】 公司贷款方面：大力支持全市重点客户和重点项目，累计向津保高铁、天威保变、巨力索具、汇通路桥等客户和项目投放贷款6.11亿元。借助房地产营销活动，大力发展房地产企业，与满城未来城房地产项目签署1.5亿元中长期项目贷款合同，累计向邯郸市龙瑞房地产、保定隆卓等公司投放贷款1.35亿元。大力抓中小企业客户，设立了中小企业部，成立了“中银信贷工厂”，成为全省继衡水、邯郸、邢台之后第四家实现审批权限下放的二级分行。2013年末，中小企业新模式授信户数221户，较年初增119户，增幅116.67%，全省排名第三；新模式贷款余额8.69亿元，较年初增4.60亿元，增幅112.60%。零售贷款方面：通过现场观摩、集中培训和上门辅导等方式，将“白沟模式”的成功经验在全辖进行推广，个人贷款新增19.44亿元，系统排名第三。

【努力增加存款和客户】 1. 抓存款。公司存款方面，把行政事业单位存款列为营销重点，确立了以“公积金、社保类资金、物业维修基金、水利资金、公共资源交易资金和财政补偿资金”六大基金为重点的主攻方向。成功争揽京石扩建补偿款7亿元，争揽南水北调资金6亿元。储蓄存款方面，以日均存款增长为重点，实行定价考核，引导辖内各支行早增存款、多增存款，把日均与时点相结合，及时下达季末存款必保任务和激励方案；把助农金融服务站作为存款增长的有力抓手和新渠道，签约助农服务站31个。2. 抓基础客户。公司条线开展了单位结算账户“迎新春”冲刺、企业网银“春雷行动”、对公理财网银交易竞赛、“网银争锋”电子银行交易客户拓展等多项竞赛活动，单位银行结算账户、企业网银交易动户、交易笔数等提前完成省行任务，有效客户、中型客户、养老金账户等均在全省名列前茅。个金条线坚持以产品和项目为抓手，扩大客户规模，提升客户质量。实行公私联动、外拓内挖，大力发展代发薪业务。将联名卡、校园卡、银医卡市场作为营销重点，做实柜台营销，实行“走出去”

营销，批量拓展电子银行客户，理财版网银全省排名第二位，网银交易量列全省第一位。

【大力发展中间业务】 大力发展投行、国际国内结算、银行卡、理财、保理、保函、金融机构、财务顾问等优势产品，大力叙做新产品，以重点产品和新产品增加收入，公司条线超额完成省行任务，对全行贡献度接近50%。个金条线依托重点产品和创新产品，提高代销基金手续费收入，大力推进汽车分期业务，挖掘卡户分期的贡献价值，大力发展出国金融服务和对私国内结算业务，贡献度达42.71%。

【加强风险管理】 1. 防范授信风险。及时传导省行相关授信政策，办好风险政策导报，及时向基层传导政策信息，提示风险；加强授信风险排查和授信后评价工作，及时排除风险隐患，确保授信资产安全。2. 防范案件风险。广泛深入开展基层机构“案防工作达标年”活动和“强化法规意识，恪守职业操守”教育排查活动。通过机制建设和提高检查频率，有效防范案件和重大违规问题。

【做好安全和稳定工作】 把“平安中行”建设提升到品牌建设的高度，逐级签订“平安中行”创建责任书，坚持一级抓一级，层层抓落实，安防水平进一步提高。在保定市公安局组织的银行业金融机构安全评估活动中，取得97.6分好成绩，在保定市同业中排名第一。

【加强“双基”建设】 把“双基建设”作为全行的一项重点工作，把基层的声音视为分行党委的命令，认真落实省行促进县域机构发展的十项政策措施，坚持重心向下，在人员培训、资源分配、政策支持等方面向基层倾斜，主动为基层服务，切实帮助基层解决实际问题。将新招聘员工绝大多数分配到县域机构，在全省率先为各县支行班子配备了一名本地干部，鼓励员工在基层建功立业。

【大力开展“两个中心建设”】 分行党委根据保定分行发展实际，提出了在全行大力开展“两个中心建设”（以员工为中心的和谐文化建设和以客户为中心的星级服务建设）的新思路，并列为分行党委的工作重点全力推进。在对内的和谐文化建设上，在全行大力倡导“简单、阳光、坦诚、和谐”“没有满意的员工就没有满意的客户”理念，从关系员工切身利益的事情抓起，大力抓了职工之家建设、职工食堂建设和职工宿舍建设，建设了企业文化长廊，营造了一个让员工快乐工作、健康生活的氛围，增强了全行的凝聚力，职工之家被总行评为“模范职工之家”。在对外的星级服务建设上，量化服务标准，推出9家示范网点，抓客户的停车位建设，加强对大堂经理、保安、保洁和引导人员的培训，实施“星级亮牌工程”，开展“练好基本功、让客户少等一分钟”活动，组织了业务技术比赛，开展了服务检查，提高了全行的服务水平。因工作业绩突出，分行被总行评为“中国银行文明单位”。

【大力建设未来银行旗舰店】 从2月初申报，到9月底基本建成。旗舰店坚持以改善客户体验为中心，努力适应电子商务和互联网金融发展的新趋势，安装了远程柜员机、外币兑换机、智能排队机、自助填单机、对公自助通、探索墙、立体金融超市、移动互动桌面、自动贩售机等大量新设备。采用了WIFI、二维码扫描、NFC近场通讯技术、金融IC卡多渠道支付等大量新技术。探索了以客户为中心、以大堂经理为指挥中枢的体验服务模式，坚持边建设、边营业，对各种设备边安装、边调试、边投产、边体验，探索出了一条不停业建设旗舰店的新途径。旗舰店建设带来了营业部客流量增加、业务迁移率提高和服务效率提升，引发系统和同业的广泛关注，得到总行、省行领导的充分肯定。旗舰店共接待系统内参观指导439人次，接待金融同业21人次，接待系统外单位449人次。

（王二宝）

【中国工商银行保定分行】（以下简称“工行保定分行”）是隶属于中国工商银行股份有限公司的二级分行，位于保定市东风中路1902号，至2013年末，所辖一级支行32个、二级支行65个、分理处2个，在岗员工2549人。主要业务包括：办理人民币存款、贷款、结算业务；办理票据贴现业务；代理发行金融债券；代理发行、代理兑付政府债券；代理收付款项；经中国银行业监督管理部门批准的其他业务。办理外汇存款；外汇贷款；外汇汇款；外币兑换；国际结算；结汇、售汇；资信调查、咨询、见证业务。办理支付结算代理、人民币资金和票据融资业务；外汇票据的承兑与贴现、外汇担保、外汇金融衍生产品交易、代客外汇买卖、远期结售汇及人民币外汇掉期、个人外汇理财产品；办理国际贸易融资业务；办理保函业务；办理银行卡业务；办理代理收付款项业务、保管箱业务、基金代销业务、记账式债券的柜面买卖业务，资金存管业务；办理电子银行；办理银证转账业务；办理企业、个人财务顾问服务业务；代理资金清算。安装工程保险、机动车辆保险、家庭财产保险、建筑工程保险、健康保险、企业财产保险、人寿保险、意外伤害保险等保险兼业代理业务。

分行行长　王爱东
分行副行长　刘任扬　李跃进
戚宏智　刘伟岩
闫焕堂　张春煜
纪委书记　甄宝顺

【概况】 2013年，工行保定分行坚持全心全意服务地方经济发展的宗旨，立足保定，依托保定，以支持地方经济发展为己任，将自身经营发展融入全市经济建设之中，以提供资金融通为重点，拓宽渠道，创新产品，不断加大信贷投放力度。截至2013年末，全部存款余额649.2亿元，居全市首位，全省系统内第3位，较年初增加71.43亿元，居全省系统内首位，全国系统内第7位。其中储蓄存款余额426亿元，居全市首位，全省系统内第3位；较年初增加51.56亿元，完成省行任务的108.36%，均居全省系统内第1位，全国系统内第4位，同业第2位；对公存款余额215.22亿元，居全市首位，全省系统内第3位；较年初增加16.41亿元，全省第7位。各项贷款余额达327.85亿元，居全市首位，较年初增加35.61亿元。其中公司贷款余额222.92亿元，较年初增加21.29亿元，全省第4位，全国二级分行第22位；个人贷款余额103.77亿元，较年初增加13.47亿元。年内相继荣获总行级“精神文明建设工作先进单位”、省行“文明单位”“榜样保定”卓越金融奖项，涿州支行荣获全国总工会授予的“全国工人先锋号”荣誉称号，长城支行营业室荣获总行级“青年文明号”先进单位。

【稳固经营基础，保持良好发展态势】 通过持续扩大客户规模、深入优化经营渠道、着力推动团队建设等基础工作，为转型发展提供持久动力；通过完善业务结构、产品创新用新、机构分类特色管理等机制，焕发出新的经营活力。全年实现净利润10.22亿元，同比增加1.37亿元。紧密结合区域经济资源特点，及时调整发展战略和应对措施，细化工作，完善机制，实现了中间业务的持续、健康发展。实现账面中间业务收入4.85亿元，同比增加8158万元。全部存款余额649.2亿元，继续保持同业首位，居全省系统内第3位，全部存款较年初增加71.43亿元，居全省系统内首位，全国系统内第7位。其中储蓄存款余额426亿元，居全市首位，全省系统内第3位；较年初增加51.56亿元，连续两年实现全省首位，居全国二级分行第4位；对公存款余额215.22亿元，较年初增加16.41亿元，余额居同业首位，全省系统内第3位。依托福农卡产品，服务县域结算市场，全年实现发卡45114张，发卡量居系统内第一位。年内新增牡丹购购卡发卡7.4万张。

【优化信贷结构，助推中小企业】 各项贷款余额达327.85亿元，居全市首位，较年初增加35.61亿元。其中公司贷款余额222.92亿元，较年初增加21.29亿元，个人贷款余额103.77亿元，较年初增加13.47亿元。票据贴现28.06亿元，完成省行任务的100%。小企业贷款累计投放达到68亿元，居全省首位；小企业贷款超亿元支行增至11个，其中涿州支行小企业贷款突破10亿元，成为全省名符其实的小企业贷款第一支行。高碑店、雄县、安新等支行小企业贷款突破3亿元，白沟、三丰等支行小企业贷款超2亿元，形成了小企业专业支行梯次发展的格局。

【转型发展步伐加快】 信用卡专业中间业务收入首次突破亿元，是全省首家过亿元的分行。卡分期付款业务在全省一枝独秀，余额达19.16亿元，占全省的50%；全年新增11.8亿元，占全省的61%；电子业务发展迅猛，全年新布放银行通6042台，占全省的27%；个人转账终端、POS机具、自助银行、手机银行客户、四星级客户、工银信使客户、银企互联、新增借记卡、新增商友卡、新增账户贵金属、灵通卡消费额、信用卡消费额、自助终端台均日均笔数项指标等13项指标超额完成全年任务。

【风险控制有效加强】 以党风廉政建设责任制和案件防范责任制为抓手，持续开展“创三无、上等级”主题活动，强化制度建设、源头治腐、学习教育、专项治理等项工作，促进了全行经营管理和各项业务的健康发展。积极开展“护眼”专项行动，完善安防设施建设，筑牢物防技防防线。对辖内164处营业场所的摄像机运行情况进行了调查，按总行要求整理摄像机通道顺序2578路，对552台摄像机进行了清理。搜集监控设备信息33818条，更新改造技防设施共计62项。

【服务能力不断提升】 7个网点完成迁建改造并投入运营；建成

50个离行式自助银行并投入运行，新增数量全省最多，全辖离行式自助银行存量达到67个，进一步改善了网点结构。柜面可分流率由年初的41.4%降为34.4%，降幅排全省第1位，客户排队现象有效缓解；群众路线教育实践活动深入人心，机关作风明显改观；以为员工办实事好事为切入点，关注员工的工作、生活、学习、健康、环境改善等需求，为员工做实事82项。

（王　磊）

【中国农业银行股份有限公司保定分行】 辖设1个市分行营业部、31家支行（县域23家），120个营业机构（城区27个、县域93个；二级支行2个、营业室32个、分理处86个）；员工总数2985人。主要业务包括：办理人民币存款、贷款、结算业务；办理票据贴现业务；代理发行金融债券；代理收付款项及代理保险业务；企业、个人财务顾问服务；代理发行、代理兑付、销售政府债券；买卖政府债券、企业债券和其他有价证券业务；办理外汇存款、外汇贷款、外汇汇款、外汇票据承兑、外汇担保、贸易和非贸易结算、资信调查业务；企业年金托管业务；代理开放式基金业务；电话银行、手机银行、网上银行业务；买卖、代理买卖外汇业务；办理同业拆借、资金融通业务等。

行　　长　史学军
副 行 长　刘万永　杨春青
　　　　　宋焕忠
纪委书记　邱相宇

【概况】 2013年，农行保定分行充分依托覆盖城乡的网络优势，秉承“客户至上始终如一”的服务理念，坚持服务“三农”的市场定位，自觉履行社会责任，各项业务指标取得新成效，实现了可持续发展。截至2013年末，各项存款余额624亿元、新增78.5亿元；各项贷款余额182.7亿元、新增20.1亿元；实现中间业务收入3.5亿元，同比增加7240万元；实现拨备后利润11.2亿元；不良贷款实现“双下降”，余额9021万元、占比0.5%，分别较年初下降2.2亿元、1.4个百分点。

【强力支持重点区域和重点项目建设】 全年累计发放贷款32366笔、金额92.6亿元，其中法人客户贷款876笔、金额61.6亿元。全年对全市大项目实施名单制管理，做好对接，重点支持了白沟箱包城、天威保变、中星路桥等优质客户和项目，其中单笔超亿元贷款项目18个、金额37亿元。多项资产业务实现“零的突破”，办理了全省系统内首笔内陆无水港固定资产贷款；办理了全国系统内最大一笔的经营性物业贷款，首笔投放6.7亿元，投放金额全省系统内第一；办理了全市首笔非标准仓单质押准入工作，为破解中小企业抵押难开辟了新思路。

【全力推进“三农”和县域经济发展】 认真落实“三农”市场定位，紧紧围绕全市农业产业结构调整和县域经济发展的总体方向，不断加强和改进农村金融服务工作，有力支持了县域经济及“三农”工作的发展，收到了较好成效。截至2013年末，县域贷款余额81亿元；农户贷款余额6.5亿元，投放区域覆盖全市22个县（市）、258个乡镇、2135个行政村，惠及全市24万多农户，支持了保定各县（市）经济发展。全行围绕“千百工程”目标客户，开展龙头企业、大客户大项目、工业园区、产业集群、大型商品流通市场、重点商场等综合营销工作，全年累计向白沟国际箱包城、奥润顺达、野三坡旅游开发公司等重点客户、重点项目发放贷款32万元。调整优化农户贷款结构，在保持农户小额贷款余额稳定的基础上，大力发展农村个人生产经营贷款业务。全年累计办理农村生产经营贷款384户、9017万元，发挥了重要的支农作用。做好金穗“惠农通”工程的提质增亮工作，金穗“惠农通”助农取款点总量达到2452个，乡镇覆盖率达到87.7%，进一步畅通了服务“三农”的渠道。

【积极助推中小企业发展】 紧紧围绕重点产业集群和工业园区，优选一批成长性好、拥有核心技术、业绩优良的中小微企业，以及科技型、“专精特新”型和龙头企业配套型小微企业，作为支持对象，实行名单制管理，小微企业贷款余额20亿元、新增7.4亿元，增速58.9%，高于全行各项贷款增速46.6个百分点，比上年同期多增长1.5亿元，实现了银监局“两个不低于”要求。

【着力提升金融服务水平】 坚持“客户至上，始终如一”的服务理念，多措并举、深化改革，实现了服务意识明显增强，服务作风明显改变，服务效率明显提高，服务能力明显提升“四个明显变化”。一是加快网点建设。对全行网点进行规范化改造，改善了服务设施、服务环境，配备了大堂经理、大堂保安、大堂引导员，深化网点文明规范化服务。二是提高金融科技服务水平。加大自助机具布放力度，至

2013年末，运营的ATM机541台、转账电话达到44408部。同时，着力发展网上银行、手机银行、电子商务等新型电子银行业务，个人电子银行和企业电子银行注册客户分别达到263万户和2.1万户，使广大客户切实感到了电子化银行服务的方便、快捷。

【积极履行社会责任】 秉持可持续发展理念，积极践行绿色运营，努力降低自身办公能耗；组织员工参加义务植树、骑行环保等公益活动，为促进社会的生态文明建设贡献力量。推动金融扶贫攻坚工程，协助农总行为阜平县新建投资531万元，占地16亩、总建筑面积2560平方米的农行大道小学，帮助顺平县北湖村进行硬化道路、安装路灯等基础设施建设，向扶贫驻村点涿州小营村捐赠图书500余册，通过开展“手拉手，向前走”结对子帮扶活动对顺平县安阳镇贫困学生进行“一对一”帮扶。

【努力建设平安、和谐农行】 坚守合规经营底线，遏制各种形式金融犯罪，开展了“基础管理提升年”“四基学习”“合规箴言征集” “反假币”及金融知识“进万家”宣传等活动，营造了依法合规经营的良好氛围，在创造和谐共融的社会氛围中发挥了积极作用。深入开展“三化三铁”创建活动，“达标”率连续三年实现100%。加强党风廉政建设，组织干部员工到保定监狱接受现场警示教育，进一步筑牢反腐防线，保障了全行平安和谐发展。

（陈　倩）

【中国农业发展银行保定分行】 是保定市唯一一家农业政策性银行，属于一级法人、垂直管理驻保机构，担负着落实国家宏观调控政策、服务“三农”的职能。所辖23个县支行级营业机构。

行　长　张洪泽
副行长　马伶俐　侯增军
　　　　李晓阳

【概况】 2013年，中国农业发展银行保定分行按照“稳中求快”主基调，务实创新，拼搏进取，加大信贷支农，提升经营绩效，强化队伍建设，夯实发展基础，高效推进各项工作，创造了贷款余额、贷款累放、存款余额、存款日均、中间业务收入和利润指标“六新高”、不良贷款余额和占比“两下降”，打造了国际结算、票据贴现“两个新亮点”，持续开创了和谐有效发展的新局面，荣获省分行经营绩效考评一等奖，“办理粮食收购贷款库存财产保险”的做法被省分行评为“进步创新奖”。

【信贷支农做出了新贡献】 持续强化支农和发展责任，突出粮棉主体业务，实施优质客户战略，深化“三点一线”布局，抢抓先机，掌握主动，进一步加大信贷投放力度，支撑和拉动了全行业务快速有效发展。全年累计发放贷款864729万元，年末各项贷款余额达到884075万元。其中，发放粮棉购销贷款727784万元，支持收购粮食64亿斤，棉花163万担；发放贷款26000万元，有力支持了阜平、易县、博野、安国、定兴县河道治理、土地整治和新民居建设等中长期贷款项目；累计发放贷款83374万元，支持全市33家农业产业化龙头企业和其他涉农企业经营发展，促进了全市农业增效和农民增收。

【经营绩效取得了新突破】 持续增强“存款增效、中间业务提效”理念，加强经营核算，努力拓宽收入渠道。坚持把存款组织作为提升经营绩效的重要方面，积极实施全方位、“一揽子”营销；强化服务，合规经营，在中间业务全年指标半年完成的基础上，积极拓展票据贴现业务，强力突破国际结算业务，不断提高经营绩效水平。全年实现账面利润13338万元，完成省分行下达任务的132%。年末低成本存款日均余额251861万元，比上年增加26132万元，完成省分行下达任务的173%。实现中间业务收入540万元，持续位居全省首位；累计办理票据贴现27571万元，增收524万元；顺利实现自办国际业务，结算量达到4513万美元，获得了总行、省分行单设机构的批复。

【风险防控得到新加强】 始终把防控风险作为有效发展的前提。坚持有保有压的发展思路，优化贷款投向和结构，年末正常贷款在存量贷款中的占比达到99.2%。突出重点，提前落实还款资金来源，全力做好中长期贷款收贷收息工作；严把关键环节和重要关口，落实粮食库存浮动抵押、库存保险、客户经理驻库服务监管等创新举措，不断强化粮棉贷款管理，全年信贷业务继续呈现稳健发展态势。大力清收处置不良贷款，除银河棉业一家企业外，其他不良贷款全部清零。全年共清收处置不良贷款444.54万元，不良贷款占比下降了0.33个百分点，继续保持了不良贷款“双降”。

【管理水平实现了新提升】 坚持干部动态管理，树正用人导向；持续深化党建与经营管理互动式工作格局；坚持奖金费用绩效挂钩考核，强化激励引领，进一步汇聚了持续发展的合力。编印《感悟》手册，放大“积柴”效应，强责任、提效能、促发展，进一步激发了持续发展的热情。认真贯彻中央“八项规定”，厉行节约，勤俭办行，严格执行财务开支预算制、报审制、签单制，严防违规开支和大额欠账，确保了有限的财务资源用在业务发展上。践行群众路线，加强改进作风，深化廉政建设，安全合规经营，杜绝了各类案件事故的发生，全辖持续保持了“四无”。

（赵亚锋　张勇利）

【中国建设银行股份有限公司保定分行】　中国建设银行股份有限公司保定分行是隶属于中国建设银行股份有限公司的二级分行，位于保定市东风中路1861号，下辖营业机构80个，城区支行10个，县域支行15个，在职岗位员工1920人。业务范围涉及存款、贷款、国内外结算、发行金融债券、代理保险、代收代付、工程造价审查、资产评估、银行卡、私人银行、电子银行等，以及经上级行授权、银监会批准的其他业务。

党委书记 行　　长	宋尚增
党委委员 副 行 长	曲隽煜（4月离任）
	王惠言（女）
党委委员 纪委书记 副 行 长	李玉平
党委委员 副 行 长	李　军
工会主席	崔有芹（女）
风险主管	马敬平（8月离任）

【概况】　2013年，建设银行保定分行坚持“夯实基础，突出特色，改革创新，争先进位，确保平安”的工作思路，深入推进“一行一策”和资产带动方略，加快改革创新，狠抓内控管理，各项业务取得了较快发展。截至年末，全行全口径存款达到544.25亿元，新增58亿元，一般性存款余额达到532.55亿元，新增55.5亿元，居河北省系统第三；其中个人存款余额达到371.34亿元，新增39.1亿元，省内系统第一，保定市同业第三；对公存款余额达到167.2亿元，新增16.4亿元，省内系统第五，保定市同业第三。各项贷款余额突破200亿元，新增45.5亿元，省内系统第三，保定市同业第一，其中对公非贴贷款新增26.3亿元，省内系统第一，个人贷款新增22.7亿元，省内系统第三。实现中间业务净收入4.34亿元，省内系统第四，保定市同业第二。实现税前利润10.9亿元，省内系统第四，保定市同业第二。全年未发生案件、责任事故，实现安全运营。

【科学决策，深化经营方略】
分行党委立足本地实际，深入开展调查研究，全面推动科学发展，认真落实“一行一策”方略，完善差别化管理机制，坚持资源配置优先向一线倾斜，加大激励约束力度，县域机构贡献度大幅提升。截至年末，县域机构存、贷款新增全行占比均达到78%，对公、个人有效客户新增分别占全行的85%和60%。同时，坚持“城区机构抓提升”，整体业绩较上一年度大幅度提高。大力发挥资产带动作用，狠抓重点资产项目，城镇化贷款取得突破性进展，资产收益权、票据理财产品等投行业务发展增速居系统前列。加快小企业业务批量化发展，年内签约助保贷业务平台3个，供应贷投放金额和客户数量均居全省第一，涉农、小微企业贷款达到“两个不低于”和“三率”的监管要求。紧盯优质房开贷款项目，加快个贷中心建设，个贷发放、新增、余额均创历史新高。

【固本强基，提升发展质量】
坚持把客户拓展作为战略性任务，扎实开展“有效客户拓展年”和“客户经理拓客户”活动，加大源头、链条、渠道拓展力度。牢固树立“存款立行”理念，完善稳存增存长效机制，有效发挥重点产品带动作用，有贷户代工业务占有率达到43%。持续加强渠道建设，制定网点建设三年规划，加大低产网点搬迁力度，年内新建网点2个，搬迁、改造网点12个，网点升级1个。加快自助设备投放，自助设备总量达到531台，自助设备账务交易量比76.6%，均居系统第一。认真抓好系统基础工作，顺利实现新一代核心系统上线，完成存量单位结算账户资料扫描建档和印鉴卡集中管理工作，主要生产系统运行、参数申报维护、柜面业务集中处理等工作均居全省前列。

【突出重点，狠抓战略业务】
积极打造电子银行拳头产品，推动典型案例应用全面发展，全年善融商务客户新增131户，其中活跃客户新增70户，均居系统第一；完成移动签约24.5万笔，系统第一；探索多种形式做好客户激活工作，促进活跃客户全面增长，个人网银、手机银行客户新增均居系统第三，同业首位；个人短信客户新增系统、同业均居第二。以特色卡为抓手，不断扩大信用卡发卡规模，全年信用卡发卡5.5万张，新增6.3万户，排名系统第四；持续做强分期业务，其中完成汽车分期业务4101笔，系统第三；完成车位分期651笔，系统第一。抢抓社保业务，实现金融社保IC卡发卡2.2万张，率先在全省系统内办理首笔机构保理业务，CTS客户新增4766户，居系统第二，代理财险业务跃居系统第三。国际结算量达到17.5亿美元，实现跨境转汇通、融帐通等多项新产品的突破，网银结汇业务排名系统首位。积极开拓养老金业务市场，新增签约客户数65户，居系统第二。全力巩固房改金融市场地位，公积金存款市场份额继续保持同业首位。

【改革创新，增强发展活力】 积极实施营业网点综合化建设，综合性网点占比由46%提升到86%，推广进度位居全省前列。率先实现反洗钱集中工作，有效提升监测能力，系统考评保持前三。完善绩效考核机制，实行城区机构绩效考核与市区同业占比挂钩，实施经营中心单独考核，理顺经营部门内部考核机制，适时调整买单价格，做到重点业务专项激励，充分调动了员工队伍积极性。大力培育创新理念，建立创新激励机制，率先在全省取得白酒基酒质押、池保理融资、财政中标贷等多项创新产品落地。广泛开展员工创新创意活动，在全省会计结算条线创新评选中获得七个奖项，对公一户通等创新案例得到总行推广。狠抓客户服务工作，以“个人客户服务年”活动为抓手，发挥监控中心服务监测作用，开展拉网式排查活动和各类明察暗访，继续完善包行包网点抓服务制度，全行服务质量、社会形象不断提升，先后荣获河北省诚信企业称号和“榜样保定－卓越金融贡献奖”。

【从严治行，确保安全运营】 一是狠抓资产质量管控。强化信贷基础管理，把抵押品定期重估工作纳入常态化督导，认真做好客户评级、信贷分类工作，加大逾期、欠息管理力度，持续做好对重点领域、重点行业、重点客户的走访跟踪，提升风险预警能力。加强不良贷款处置清收工作力度，年末不良贷款额、率分别为1491万元和0.07%，较年初下降3043万元和0.22个百分点，继续保持同业最低。二是强化操作风险管理。全年围绕关键风险点和重点工作开展检查31项，在全省率先建立会计条线与监控中心联动非现场检查模式。深入开展多项主题活动和专项培训，提高柜面操作风险防控水平，成功堵截风险事件83起，稽核综合问题率控制在万分之0.3，低于全省平均水平，荣获省行2013年度合规单位称号。三是保持案防高压态势。扎实开展“强基础、抓案件，防风险”专项活动和案件风险排查“百日行动”，召开案件风险防控千人大会，严格落实案件风险联席会议制度和纪检监察特派员单独汇报制度。大力开展员工警示教育，深入基层组织案例宣讲活动，持续推进“平安建行”创建活动，定期组织安全生产巡查，加强声誉风险管理，做好维稳工作，确保了安全运营。

（王旭庆）

【河北银行股份有限公司保定分行】 成立于2010年12月29日，内设11个职能部门，5家支行，员工206人。经营范围包括吸收公众存款；发放短期、中期和长期贷款；办理国内结算；办理票据承兑与贴现、发行金融债券；代理发行、代理兑付、承销政府债券；买卖政府债券、金融债券；从事同业拆借；从事银行卡业务；提供信用证服务；提供担保、代理收付款项及代理保险业务；提供保管箱业务；外汇存款；外汇贷款；外汇汇款；外币兑换；国际结算；同业外汇拆借；外汇担保；外汇票据的承兑与贴现；结汇、售汇；自营外汇买卖、代客外汇买卖、买卖或代理买卖股票以外的外币有价证券业务；资信调查、咨询、见证业务；个人理财业务；经中国银行业监督管理委员会依法律、法规批准的其他业务。

行　长　马照辉
副行长　蒋铁强
　　　　李晓燕（女）

【概况】 2013年，河北银行股份有限公司保定分行围绕“服务地方经济、服务中小企业、服务城市居民”的市场定位，创新工作思路、转变增长方式，坚定不移地走差异化、特色化、精细化之路，开拓创新，奋力拼搏，各项业务取得快速发展。截至2013年末，保定分行各项贷款余额28.57亿元，贷款不良率为零。各项存款余额37.26亿元（含理财因素3.79亿元），较年初新增13.3亿元。在保定的市场上的存款占比由年初的0.47%，提高到0.83%，增幅位列各家股份制银行首位。

【立足当地，打造多元化融资平台】 围绕地方经济发展战略，深入保定市各个企业进行调研，了解企业金融需求，化解企业发展难题，为当地企业打造多元化融资平台。突破传统信贷模式的限制，大力发展投行业务，2013年全年共办理结构化融资业务

9.6亿元。国际业务实现了较大发展，全年共实现国际结算量6753万元，中间业务收入38.12万元。与保定市科技局进行了协商对接，为保定市中药制药有限公司成功发放了辖内首笔知识产权质押业务，实现了保定分行省内首笔知识产权质押融资业务的最终落地，为省内科技型企业开辟了新的担保方式。同业业务成为分行的重点业务板块，全年共完成票据直贴量20亿元，累计办理同业存款业务32笔，金额达到106.4亿元。新产品应用出现可喜局面，分行首次办理了国内证及议付，知识产权质押贷款，经营性物业贷款，出口信保融资以及跨境人民币业务，丰富了产品线，为以后继续拓展此产品的应用打下了基础。2013年全年，保定分行累计投放贷款近30亿元。

【推动转型，大力支持中小企业发展】 立足当地，把为中小企业提供优质金融服务作为应尽的社会责任。截至2013年12月末，分行小企业各项贷款余额8.73亿元，较年初新增6.68亿元，占全部贷款余额的30%，较年初增长21个百分点，无不良贷款。保定分行小微企业“惠友亨通”系列特色产品包括超值贷、房易贷、便利贷、账易贷、联保贷、信用贷、积分贷、押余贷及预抵贷，其中保定分行办理的预抵贷业务为全省首例。在市场竞争的压力不断增大的前提下，保定分行在2013年支持小微企业工作中不断创新产品，简化流程，提高工作效率，坚持以小微企业为中心，做好供应链（核心企业上下游）两端的小微企业，围绕保定地区各大特色商品交易市场、商业街区、电子商务平台及部分品牌经销商批量做好小微业务。

【防患未然，大力提升风险防控能力】 2013年，全行主动经营风险，正确处理业务发展和风险防范关系，加大重点领域的防控力度，有效提升了风险防控能力。在信用风险防控方面，一是严格落实授信批复条件，狠抓出账落实环节。对于信贷管理中出账和贷后管理的薄弱环节，严格落实授信批复条件，改变个别业务部门“重营销轻维护、重投放轻管理”的观念，对于不符合出账要求的，坚决予以整改。二是继续加强贷后管理工作，做好贷后管理检查工作。一季度配合总行检查组对分行信贷档案进行了全面检查。二季度共组织了两次专项贷后检查，要求客户经理上门走访客户，了解客户的环境保护及排污措施等情况。三季度通过总行检查和分行自查，及时发现、整改分行在信贷管理某些环节上存在着的漏洞。四季度，对存量公客户进行贷后专项检查，并召开专题会议对此次检查的结果进行通报。在操作风险防控方面，实施了对支行、营业部的常规全面检查两次，开展了对新设支行开业后的专项检查六次。为了提升柜面管理的统一性、规范性，避免不同机构间相同业务执行不同标准，提升新入行柜员对柜面业务的认知，出台了《保定分行柜面一日工作流程》、《保定分行柜员工作规范》。

【改革创新，实现产品业务新突破】 2013年全行员工积极学习新产品、新业务，办理的多笔业务实现了总行层面上业务突破。例如公司银行部会同财务会计部办理的的电票转贴现业务；业务发展三部为某汽车零部件公司办理的电票质押业务；营业部办理的个人快速质押贷款业务；业务发展一部为某中药制药办理的知识产权质押贷款业务。

【加强自查和演练，切实做好安全保卫工作】 始终坚持从难从严的方针，完善内控制度，强化内部管理，加强自查和演练，切实做好安全保卫工作。一是补充和完善《安全保卫制度》，从制度上从严要求；二是派出专人参加总行的安保、监控检查，随后，对检查案例进行了总结，并对保定分行的安保及监控设施进行全面自查；三是多次组织开展消防和防盗抢演习，有效增强了员工的安全防范意识和处理突发事件的能力，从而能够更好的保障客户和保定分行的利益。通过落实各项制度，狠抓内控建设，加强监督检查，实现了全年安全经营无事故。

（陈立新）

【河北省农村信用社联合社保定办事处】 是经中国银行业监督管理委员会河北监管局批准，河北省联社在保定市设立的派出机构，成立于2006年1月，履行全市农村信用社的管理、指导、协调和服务职能，设有综合科、业务科、财务科、稽察科、网络分中心5个科室，下辖22家县级联社，营业网点680余个，在册干部员工7000余人。

主　任　孙双伦
副主任　王国庆　刘润武

【概况】 2013年，省联社保定办事处继续牢牢抓住“干部、不良贷款清收、新增贷款质量和资金运用”四个关键，实现了经营、质量、规模、管理、改革和效益的大发展，保定农村信用社在全省农村信用社系统的综合排名由过去的倒数第一步入中上等行列。截至2013年底，省联社保定办事处全辖各项存款余额1133亿元，较年初增加150.4亿元，增幅为15.3%，总量和增量均全省排名第一位。各项贷款余额564.4亿元，较年初增加61.7亿元，增速为12.3%，全省排名第3位，其中涉农贷款余额453亿元，增速为4.7%，高于全部贷款增速2.6个百分点；小微企业贷款余额312亿元，增速为20%，高于全部贷款增速7.8个百分点，实现了“两个高于”的目标。实际不良贷款下降额完成全年任务的306.4%。全年实现拨备前利润12.26亿元，同比多盈2.56亿元；实现考核利润12.26亿元，全省排名第5位。电子银行业务，全辖有效网银开户数量达到19.7万户，全省排名第5位；EPOS交易占比达到8.72%，全省排名第7位；发展短信平台用户72.8万户，完成任务的135%；开通电话银行135万户，完成任务的163%；电子银行交易占比为55.01%，排名全省第4位；布放ATM和存取款一体机394台，完成全年任务的112%；布放POS机12529台，完成全年任务的125%；卡内存款余额达到142.3亿元，完成全年任务的102.6%。随着电子银行业务的迅速发展普及，2013年全市电子银行业务收入2881万元，占全年手续费收入的24%，同比增加1345万元和7.1个百分点。监管指标，全辖资本充足率为2.83%，较年初增长1.68个百分点；不良贷款率为11.73%，较年初下降3.95个百分点；拨备覆盖率为39.14%，较年初增长14.65个百分点；拨贷比4.59%，较年初增长0.75个百分点；存量包袱合计为60029万元，较年初下降144484万元；贷款损失专项准备缺口为26469万元，较年初下降143244万元；历年亏损挂账33560万元，较年初下降1240万元。

【大力开展存款营销工作】 1. 早抓存款。年初即向各联社分解下达了《2013年1季度业务经营指标》，并组织开展了“存款小指标竞赛”活动，取得了明显成效。一个月时间，全市农村信用社存款就增加了31.16亿元，余额达到1026.3亿元，成为全省系统内首家突破1000亿元的市级机构，市场规模稳居保定各银行业金融机构之首。2. 重点营销机关事业单位存款。3. 以贷引存。各联社积极营销大型优质企业，积极进行信贷支持，并在开户、结算、存款方面向企业提出严格的要求，大量地增加了企业存款。4. 提高柜面服务和网点的服务水平。5. 加大宣传力度。借助全辖存款突破1000亿元、全省存款突破7000亿元的契机，从办事处到各联社、各网点，进行了大范围的宣传活动。6. 严厉督促，严格考核。办事处对包括存款在内的各项指标进行了严厉的督促，将存款与绩效挂钩，责任到人、量化指标、绩效挂钩、严格考核，做到了千斤重担众人挑，人人肩上有指标。

【信贷投放多样化】 1. 用足贷款规模，规模使用率为100%。2. 积极投放，将投放作为一个重要考核指标。3. 广度投放，一方面坚持“立足三农、面向县域、服务中小企业”的市场定位，以“三农”和小微企业为对象，积极投放；另一方面，加大对县域骨干企业的投放力度，如加大对旅游、文化等产业的投放力度，向涞源白石山、易县易水砚发放贷款。同时，充分运用富余资金办理贴现、再贴现等业务。4. 推进小贷中心试点工作，全市22家联社先后都成立了小额信贷中心。5. 积极借助担保公司开展业务，联社与担保公司共同受理和审查客户，加大基层网点的信贷权力，减少信贷审批环节，缩短审批时间，取得了客户满意、担保公司满意，信用社投放多、有保证的共赢局面。

【大力清收不良贷款】 1. 在年初即确定年度清收压降目标，与各联社理事长、主任落实清收责任制，明确规定对不能完成清收目标的承诺人将给予经济处罚、行政处罚直至调整职务或自动辞职。2. 以省联社“五项新规”中的“红黄牌”警告为有力工具，向各联社施加压力。3. 制订了《关于加强2013年信贷管理的若干意见》，要求各联社对贷款实行分类管理，并由办事处清非大队对分类情况进行全面检查，最终锁定贷款底数，建立了《不良贷款清收管理台账（黑皮书）》。4. 加大了不良贷款的置换力度。5. 加大奖罚力度，将不良贷款清收任务下达到每一个干部员工，全员清收，并且加大奖罚力度。两个月的“大干60天活动”就收回现金13500万元。6. 积极诉讼，并与法院合作进行清收。通过诉讼方式收回不良贷款398万元；在办事处清非大队的推动下，办事处、各联社与市中院、各县（市）法院联合召开了清理执行案件的活动，期间共执行涉诉贷款10笔、275万元，执行到位金额为69.39万元。7. 综合运用各种方法清收、盘活不良贷款。有打折清收、资产抵债、收息转据、资产重组、借新还旧、拍卖、诉讼、依靠公安纪检、委托清收等等。8. 认定贷款责任，落实责任清收，对责任人严格处理。9. 对领导干部实行离岗清收。一些干部责任不良贷款达到了离岗清收的条件，对此实行离岗清收。2013 年认定领导班子责任不良贷款涉及理事长 2 人、监事长（原主任）1 人、副主任 1 人，均给予了离岗清收处理。

【严格保证新增贷款质量】 1. 明确新增贷款的责任。在信贷管理指导意见中明确了对新增不良贷款的严格处罚措施，特别是对 2012 年 1 月 1 日后的不良贷款采取“零容忍”的态度。2. 加强监测，及时风险预警。各联社按日对信贷管理系统正常类贷款逾期 1 天、30 天、90 天、180 天的进行监测。按月监测“千万元以上大额新增贷款质量”，对存在的潜在风险及时下发预警通知书，对新增加的千万元以上的不良贷款，严格按照《关于1000 万元（含）以上大额新增贷款贷后管理不尽责行为的处罚办法》给予理事长、主任相应的处理。3. 严格贷款调查、审批、贷后管理，提高业务水平。

【开展票据业务，加强资金管理，提高盈利能力】 2013 年共办理票据业务金额 2266103 亿元；同业存款余额 99.65 亿元，其中同业活期存款余额 11.79 亿元，同业协议存款余额 87.87 亿元；上存省联社资金余额 119.55 亿元。通过办事处提供同业定期业务平台，各联社自愿参与，截至 2013 年末，实现收益 5.65 亿元。其中累计办理同业存款 306 亿元，实现收益 4.62 亿元；存量理财产品业务实现收益 1.03 亿元。

【发展中间业务，拓宽收入渠道】 1. 加强与保险公司的业务合作，先后推出与人保寿险、太保寿险、中国人寿三家公司的《代理保险业务竞赛方案》，开展“信贷 + 保险”及分红型保险业务。2. 指导涿州联社积极推进开展代理实物黄金试点工作，拓展中间业务收入范围和产品种类。3. 通过电子银行业务增加异地结算收入来源。4. 创新结算产品。如定兴联社与定兴县第三中学开展金融合作，全面推行“银校一卡通”系统。5. 积极代理“社保卡”业务。截至 2013 年末，全辖共有 13 家联社与人社局签订了“社保卡”项目合作的协议书，其中 11 家联社 166 万张社保卡已完成账号匹配，88 万多张社保卡已完成制卡工作。

【努力摘掉高风险社风险的帽子】 1. 高度重视。印发了《保定农村信用社不良贷款清收及高风险社风险化解现场督导方案》，与 10 家高风险社签订了风险化解目标责任状。2. 多措并举，加大不良贷款清收力度，努力压降不良贷款。10 家高风险社不良贷款余额比年初下降 6.12 亿元。同时，提高盈利能力，加大拨备提取，有效化解风险。3. 积极要求帮扶。按照省联社的风险互助金帮扶办法，要求有关联社对易县、顺平、满城、清苑 4 家困难联社进行对口帮扶，以加快其消化历年亏损挂账，金额分别为易县 602 万元、顺平 933 万元、满城 1427 万元、清苑 1489 万元。2013 年 11 月底，定州、安新两家联社已经成功摘掉了高风险社的帽子。

【加快“双改”工作步伐】 1. 优化股权结构。进行法人股收购、自然人转让股权，提高法人股占比、股权代理等。截止到 2013 年底，全辖投资股转化工作已圆满完成，法人股和自然人股占比分别达到了 14.66% 和 85.34%。2. 组织开展了全辖“双改”工作专项集中培训。3. 8 月 1 日组织举办了“保定市农村信用社股权合作洽谈会”。在此基础上，全市农村信用社积极开展了增资扩股工作，全年增资扩股 2.26 亿元。4. 组织人员到邢台、邯郸、唐山、承德等地考察，学习改制工作先进经验。5. 在与银监局、工商局的工作交往过程中，办事处及博野、顺平、望都、满城、清苑、易县、安新、涞源等 8 家联社做了大量的工作，改制终于取得成功，其中博野等 5 家农村信用联社股份有限公司于 2013 年底揭牌开业，标志着保定的“双改”终于实现了零的突破。

【加强培训，提高员工素质】 1. 相继开展了各种形式的业务培训 13 次，累计培训基层员工 2000 余人。2. 成功组织了对 329 名劳务派遣员工的培训，切实提高了新进员工的业务素质。3. 采取“先试点、后推开”的方式，与专业培训公司合作，对安国、市区 2 家联社的 142 名一线员工分两批进行文明服务礼仪培训，并对参训网点全程跟踪指导、开展文明植入，实现了员工形象、营业环境、业务用语、物品摆放、服务流程“五统一”。4. 积极协助省联社组织了 10 期全省高管培训班。

【严密组织劳务派遣招录工作】 1. 公开发布公告。率先选择了河北省人事考试信息资源网——河北人事考试网发布《用工公告》。2. 严把报名初审关。借助网上报名及资格初审平台，抽调 52 名专职审核人员，由办事处组织集中进行初审，共完成了 7800 余报名人次的网上资格初审工作，其中 3383 报名考生通过初审进入笔试环节。3. 笔试环节十分严格。从试卷成形、运输到分发到考生手中，全程录像监督。笔试当天，通过严格的巡考和监考，有效控制了考生作弊现象。根据用工计划和笔试成绩，共1022名考生通过笔试进入资格复审环节。4. 严格进行资格复审。办事处抽调人员集中进行复审，最终有1029人通过资格复审进入面试环节。5. 面试做到公平公正。面试成绩每半天张榜公示，按照1：1的比例，确定329人进入体检。6. 体检、公示，把好选用最终关。对体检合格考生由各县级联社在联社公告栏内张贴，接受社会监督。由于方案完善、公平公正，保定的劳务派遣招录工作没有上访事件、没有网络舆情、没有不同声音、没有不良影响、没有遗留问题，329名新员工经过培训于2013年9月份上岗到位。

【加快网点建设，提升农村信用社的形象】 截至2013年底，全辖有595个网点完成了标准化建设，26个网点的标准化建设正在进行中，已完成和正在进行标准化建设的网点占网点总数的97%。以“星级网点创建活动”为契机，优化环境、完善功能、提升服务，有效增强了农村信用社的综合竞争实力。2013年全市共有206家营业网点顺利通过星级验收并完成授牌工作，其中五星级网点3家、四星级网点5家、三星级网点24家、二星级网点55家、一星级网点119家。上星网点占网点总数的30%。在五星级网点中，定兴联社营业部星级创建和“五小”建设工作尤其扎实，受到了省联社领导和部门的肯定与赞扬，在“河北省网友最满意的银行网点评选”中获得综合第六名、系统第二名的成绩；高阳联社邢家南信用社李亚青在省联社组织“明星大堂经理”培训活动中，被评选为“微笑之星”，为保定赢得了荣誉。

【全方位防控风险案件】 1. 强化稽核检查。紧紧抓住重点环节和关键领域，综合运用序时稽核、整体接管、突击检查和专项检查等方式，完成了年度真实性和各项经营指标完成情况专项稽核。2. 加强案件排查。将案防关口前移，与县联社理事长签订了《案件防控目标管理责任状》，制定了《关于进一步加强案件风险防控工作的指导意见》，印发了《关于严禁参与“非法集资”、“民间融资”等行为的通知》，深入开展了员工行为、商业贿赂、“三重一大”、阳光信贷及非法集资等领域的排查活动。3. 加大问责力度。通过实施“核实、督导、抽查、定责”的整改“四步曲”工作法，对违规责任人严格落实责任追究。4. 做好安全稳控。积极健全信访工作制度、畅通信访渠道，并加大对反映问题的处置、化解力度。加大对不稳定因素的监控、排查，督导各联社重点关注原信用站人员及退休人员的动态，并及时做好信访隐患的排查工作。积极配合保定市公安局、保定银监分局开展了银行业金融机构安全评估，大力推动基层网点规范化建设，加快安保硬件设施升级步伐。全年共检查网点1492次，处罚员工195人，下达了整改意见书198份，完成了对120个新改建网点的验收工作，为全市农村信用社的安全稳定发展提供了坚强保障。

（刘　会）

【华夏银行股份有限公司保定分行】 成立于2010年5月11日，隶属于华夏银行石家庄分行，是保定市引进的第一家全国性股份制商业银行，也是华夏银行石家庄分行在河北省内设立的第一家二级分行。保定分行办理所有银行业务，经营范围包括人民币存款、贷款、结算业务，办理票据贴现，代理发行金融债券，代理发行、兑付、销售政府债券，代理收付款项、外汇存款、外汇贷款、外汇汇款、外币兑换、国际结算结汇、售汇、外汇票据的承兑和贴现、华夏银行总行授权的代客外汇买卖、资信调查、咨询见证业务，开展保险箱业务，及其他经银监会批准的华夏银行总行的业务范围内、石家庄分行授权开展的业务。2013年11月华夏银行保定分行取得了单户5000万元（含）、集团客户1亿元（含）以内的授信审批权限，自此保定分行可自行审批5000万元（含）以下的企业授信融资业务而无需向上级行申报，这一审批权限在保定市金融机构是特有的。至2013年末，内设6个职能部门，4家营业机构（市区3家，县域1家）。

党总支书记 行长	张景辉
党总支委员 副行长	蒋文利
	陈同辉
首席信用风险官	黄　鹏
工会主席	蒋文利

【概况】 截至2013年末，华夏银行保定分行全行资产总额67亿元，增幅43.7%；贷款余额43.4亿元，增幅27.9%；负债总额65.7亿元，增幅44.7%，其中各项存款余额55.9亿元，增幅25.34%。不良贷款余额保持为零。在华夏银行石家庄分行辖内资产总额、负债总额、各项贷款余额、储蓄存款余额均排名第一；在保定当地股份制银行同业中，各项业务持续处于领先地位，尤其是储蓄存款余额，在可比的股份制商业银行中持续处于前列。

【贯彻“中小企业金融服务商”战略，打造中小企业和个人业务特色】 2013年，华夏银行保定分行继续坚持以中小企业客户为主体、以大型客户为基础的市场定位，公司业务兼顾传统业务和新产品应用，在投行业务和票据业务上取得突破，中小企业与个人业务特色日益凸显，品牌认知度进一步提升。在努力做好传统业务、积极探索新兴市场业务和营销机制改革的同时，始终围绕“中小企业特色行”的目标，促进中小企业业务快速发展。截至2013年末，小企业授信余额19.84亿元，授信客户227户。中小企业信贷资产五级分类全部正常，收息率100%，不良贷款率为零。全年累计投放小企业贷款16.32亿元，占全年全部贷款投放的36.15%。在保定当地新成立的股份制商业银行中，小微企业各项贷款余额排名第一。

【推进全面风险管理和内控建设，实现全年零案件目标】 2013年，华夏银行保定分行进一步完善了风险管理和内控建设。加强员工行为管理，开展员工异常行为排查，加大对玩忽职守、有章不循行为的问责力度。充分发挥一线岗位、专业管理部门、检查监督部门三道防线的作用。贯彻落实信用风险统筹管理，贷后、放款、保全工作得到统一组织和协调，风险管理水平得到提高。建立授信资产的风险月监控预测工作制度，提前做好风险防控预案。定期组织风险排查，资产保全关口前提。积极防控信息科技风险，建立了严格的防火墙机制，推进同城灾备系统建设，加强设备系统的日常监测、巡检与维护，提升系统安全和性能。强化会计人员准入管理，落实强制休假和全员轮岗，支付密码器推广使用率和银企对账率持续保持100%，会计风险管控能力进一步增强。案防工作机制进一步完善，案防工作情况按10%权重纳入绩效考核，实现了零案件目标。

【服务能力较快提升，服务工作再创佳绩】 2013年，华夏银行保定分行服务工作成效显著。服务管理部门加大履职力度和对一线员工思想疏导，提高服务管理人员的执行力，引导员工树立对服务的正确认识，提高服务技能和质效。坚持每周一次服务检查，做好检查通报和问题分析，帮助机构和员工发现问题，落实整改。进一步加大硬件投入，统一各营业网点环境设置和物品配置，统一服务形象。按照全国“百佳”的标准，分行营业部对服务环境和硬件设施进行了整改，提高了营业场所的舒适性和便捷性。2013年，华夏银行保定分行营业部在2012年文明规范服务河北省“百佳”和中国银行业“千佳”的基础上，又成功获得了“中国银行业文明规范服务百佳示范单位”荣誉称号。全国“百佳”是目前中国银行业在服务领域的最高荣誉，是对华夏银行保定分行服务工作的高度肯定。

【机构建设取得成效，服务网络初步建立】 2013年华夏银行保定分行如期完成了复兴路支行和高碑店支行两家机构的筹建工作，并顺利开业。连同分行营业部和东风路支行，目前共有4家营业机构，其中市区支行3家，县域支行1家，进一步完善了网络布局。自助银行批量建设工作取得阶段性成果。2013年新建成6家自助银行和2家单点ATM，市区自助银行（含单点）总量达到16家，分别布局在三家支行周边3公里范围内，科学合理的服务网络初步形成，有效扩大了服务半径。

（王　源）

【交通银行保定分行】 交通银行保定分行于2011年3月28日正式落户保定，是交通银行河北省分行为完善环首都和省内网点布局、提升对当地经济金融的服务能力而设立的第四家省辖分行。交通银行保定分行秉承“参与保定，融入保定，热爱保定，繁荣保定”的经营原则，以先进的企业文化、强大的网络平台和卓越的品牌价值为依托，不断丰富业务品种，不断拓宽营销渠道，不断完善服务功能，依法合规经营，借助环渤海经济圈和京津冀都市圈的核心区位优势，为广大客户提供高品质、全方位的金融服务，与广大客户共同分享改革发展的丰硕成果。

党委书记 行　　长	郭立冬（12月离任） 张卫峰（12月任）
党委成员 副 行 长	张　峥　张志谦
副 行 长 纪委书记	郝志清

【概况】 2013年，交通银行保定分行认真贯彻落实省分行“二次创业”和“三年发展规划”，围绕总行“两化一行”战略，各项工作顺利开展。在宏观政策趋紧，市场竞争加剧的情况下，因地制宜，制订相应经营管理策略，各部门紧密团结，精诚合作，全体干部员工，扎实工作，业务发展日趋平稳，各项工作有序进行。在保定市第三届金融理财博览会上获得“十佳明星理财产品”和“十佳明星理财团队”

奖。截至2013年末，全行资产总额达到40.1亿元，增长84.8%；人民币各项存款余额达38.4亿元，其中人民对公存款余额33.3亿元，人民币储蓄存款余额5.1亿元；人民币各项贷款余额21亿元，增长91%。全年无不良贷款、未发生案件和重大责任事故。

【克难奋进，积极支持地方经济建设】 根据总行和省分行关于2013年信贷投向和授信管理的有关文件精神，认真落实稳健货币政策，按照“用好增量、盘活存量、做大流量”的总体要求，合理投放，稳定发展大型客户，做多中小型客户，大力发展个人消费贷款。1. 持续加大对优质客户项目的支持，制定个性融资计划，服务保定市重点项目，选择符合保定分行投向的项目贷款，积极推进债券、票据池、票据融资、国内信用证、保理、非融资性保函以及国际贸易融资等，为分行的资产业务发展提供了有力支持。2. 抓住信贷政策对中小企业融资定向宽松的有利时机，主动选择那些运营能力强，发展前景好，符合保定分行信贷投向的中小企业。在风险可控的前提下，尽最大限度拓展“展业通”客户。3. 将行信贷政策与保定市的行业政策相结合，全力拓展资产业务的空间，将投向重点转到电力、机械、战略性新兴产业等行业，特别是国家重点在建续建项目，严控“两高一剩”，优化信贷结构。四是以“存款立行”为指导思想，深入贯彻落实“一把手抓存款、全面抓存款、全方位抓存款”要求，推动负债业务发展。

【抓内控管理，加强营运费用精细化管理】 分行班子坚持业务发展与内控管理并重，要以内控管理的不断加强来保障业务的健康发展。分行内控管理部门，以“定制度、设系统、严考核”为手段，不断提升会计营运水平，完善贷后风险管理。1. 规范会计流程，合规操作。会计条线严格按照省分行“遵规章、查隐患”活动要求，严格执行会计制度，规范会计操作，对风险监督中心下发的查询及差错要求营业部门次日晨会必须逐人、逐条讲解，达到了合规操作、防控风险的效果，保定分行的会计业务差错率始终保持较低水平。2. 重视风险管理。制订2013年度反洗钱检查工作计划、《交通银行保定分行反洗钱工作实施细则》，注重反洗钱宣传。修订《交通银行保定分行贷后管理考核办法》《交通银行保定分行公司业务贷后管理尽职考核实施细则》，保证贷后管理有效落实。成立全面风险管理委员会，全面风险管理体系逐步形成。组织学习“三个办法一个指引”相关规定，指定专人负责检查督导经营单位贷款发放情况。严格执行“本人、原件、面签”。实现了全流程管理、诚信申贷、协议承诺、实贷实付、贷放分控、贷后管理、罚则约束，提高了信贷从业人员的风险防范意识。3. 费用精细化管理。修订《保定分行财务管理办法》，加强了财务管理，规范了费用审批程序，集中采购制度得到有效落实，财务开支达到精细化要求。

（杨树魁）

【上海浦东发展银行股份有限公司保定分行】 上海浦东发展银行股份有限公司保定分行是隶属于上海浦东发展银行石家庄分行的二级分行，2011年6月27日获批成立，7月12日对外营业。辖1个县支行、内设3部1室和3个营销团队，员工65人。经营范围：吸收公众存款；发放短期、中期、长期贷款；办理国内外结算；办理票据承兑和贴现；发行金融债券；代理发行、兑付、承销政府债券；买卖政府债券、金融债券；从事同业拆借；买卖代理买卖外汇；从事银行卡业务；提供信用证服务及担保；代理收付款项；提供保险箱业务；资信调查、咨询见证业务；在行式自助银行；代理保险业务；总行授权的电子银行业务；总行在中国银监会批准的业务范围内授权业务；经中国银监会批准的其他业务。

党委书记
行　　长　张亚军

党委委员
副 行 长　谷俊华

党委委员
副 行 长　田红光
工会主席

【概况】 2013年，全行围绕工作重点，抢抓机遇，大力营销，各项业务实现健康稳健发展，人民币储蓄存款、个人贷款在石家庄分行名列前茅，公司贷款实现翻番。年末资产总额75.51亿元，负债总额74.85亿元。一般性存款余额23.71亿元，较年初增长3.44亿元。各项贷款余额21.72亿元，较年初增长14.07亿元，其中对公贷款余额17.74亿元，增长12.3亿元，实现翻番；个人贷款余额3.98亿元，增长1.77亿元，增幅80.09%。同时强化内部管理和合规案防工作，全年未发生任何案件事故，实现了安全稳健运营。

【明确目标，分片营销，公司业务实现新进展】 1. 立足本地市场，将各县（市、区）分片包干给营销团队，制定客户拉动、业务支持方案及业务模式。重点围绕保定高新技术开发区、长城工业聚集区、白沟新城工业聚集区等产业园区的优质中小企业开展批量营销，积极发展和储备了一批高成长中小客户。2. 把握重点项目，择优跟进。实施重点大户拉动战略和季度3×3营销工程，重点营销国家及省级重点建设项目，成功营销一批重点项目。3. 开通国际业务贸易融资系统，国际结算业务实现零突破。4. 积极推进产品创新，成功发放经营性物业项目贷款8亿元，这是河北省浦发银行成立5年来金额最大的一笔、也是保定分行第一笔经营性物业项目贷款；完成全国首笔信贷工厂联贷联保业务；办理了保定分行首笔国内信用福费廷业务5亿元。5. 强化小微企业金融服务，支持全民创业。开展了以“助小微、强服务、防风险、惠民生”为主题的小微企业金融服务宣传月活动，推广中小微企业授信政策、行业政策和业务品种；在《保定晚报》大幅解读浦发银行小微企业产品；成功举办“助推全民创业、服务企业发展”银企对接会，介绍浦发银行服务中小企业的独特性和诸多优势，与4家中小企业签署了贷款协议9300万元。

【利用比较优势，促进个人业务持续发展】 1. 抓营销，促金融资产较快提升。继续强化“全员营销”，开展阶段性营销，首季开展“开门红”个人存款营销活动，二季度开展“携手争先、同心共赢”优质客户拓展，带动金融资产增长。在石家庄分行成立五周年的专项营销活动中，以10亿元的个人存款时点余额排名辖内首位。2. 抢市场，促个人贷款稳步增长。突出效率、服务优势，走访品牌开发商，全年新增了6家优质重点楼盘项目，储备了一批按揭项目。3. 多谋划，增加中间业务收入来源。以代理保险业务作为突破口，联合保险公司举办保险产品专项推介活动，尝试营销代理信托类业务，拓宽了中间业务渠道。中秋节前举办了贵金属实物展，年末重点销售熊猫金银币，带动了贵金属的销售。

【强化全面风险管理和合规案防工作】 1. 强化授信风险防控。切实加强融资管理，进行实地检查，动态掌握企业经营情况和财务状况；加强贷后管理，防范经营风险，保证了资产质量。2. 分层面续签案件防控责任书和安全保卫目标责任书，提升了全员风险防范责任意识。3. 重点开展了十大领域的风险自查；积极开展防范和打击非法集资宣传月活动，每位员工进行自查；开展了“倡廉洁、促合规、防案件”知识竞赛活动，提高了合规操作水平。4. 强化营业网点和办公区的日常安全保卫管理，以97.5分的成绩通过保定市金融机构安全评估。积极开展防范电信诈骗活动。

【加快网点建设步伐，扩大服务半径】 1. 加快白沟新城支行建设进度，完成了营业场所装修，通过了消防、公安验收。同时为支行开业招聘了人员。在保定银监分局的指导和帮助下，年末获得开业资格。2. 保定分行第一台自助设备5月在华创购物广场投入使用，扩大了服务半径。

【积极履行社会责任】 积极开展“志愿者日活动”，组织员工捐款5000元，购买生活必需品，到保定儿童福利院慰问孤残儿童，体现了“关注社会弱势群体、关注民生”的社会责任精神，扩大了浦发银行的社会影响。

（崔　锦）

【唐县汇泽村镇银行有限责任公司】 经河北省银监局批准，由内蒙古鄂尔多斯银行发起设立的保定市首家村镇银行——唐县汇泽村镇银行于2011年6月开始对外营业。汇泽银行业务功能齐全，可吸收公众存款；发放短期、中期、长期贷款；办理国内结算业务；办理票据承兑与贴现；从事同业拆借；代理发行、代理兑付、承销政府债券；代理首付款及代理保险业务；从事银行卡业务；经银行业监督管理机构批准的其他业务。

董事长　任怀雄
监事长　陈新午
行　长　李惠荣
副行长　刘敬献

【概况】 2013年是唐县汇泽村镇银行的业务成果的“稳定年”，银行按照“防范风险、规范经营、改革创新、稳中求进”的指导思想和工作方针，在稳固2012年成果的基础上，坚持开拓与管理并重的原则，完成了各项工作任务。截至2013年12月31日，唐县汇泽村镇银行存款余额27083万元，贷款余额14019万元，存贷比为52%，资产总额为41406万元。

【稳步拓展贷款业务，积极支持“三农”、支持“中小”】 汇泽银行充分发挥“机制灵活、决策迅速”优势，稳步拓展贷款业务。2013年累计发放贷款13678万元，全部贷款为涉农贷款，贷款质量为正常类，不良贷款率为零，无贷款超授信集中度问题。截止2013年12月末，唐县汇泽村镇银行小微企业贷款同比增加0.08%，高于各项贷款增速12.27个百分点，完成小微企业“两个不低于”的监管指标要求。

【审慎经营，加强监督管理，防范各类风险】 2013年，汇泽银行着重加强流动性风险的监管。在县政府和监管部门的指导下，开展多次防电信诈骗、防范和打击非法集资宣传教育活动，共组织防电信诈骗学习3次，宣传2次；防范和打击非法集资宣传4次。2013年度共组织安全保卫检查5次，安全隐患整改3次；组织突发事件预案演练6次，涉及抢劫、盗窃及诈骗等；组织安保专项会议6次；参加公安局安保培训2次；参加公安局安保专项会议3次。汇泽银行着重加强内审稽核部的人才培养，充分发挥内审部在风险防范方面的把控作用。内审稽核部通过每月定期检查，形成稽核报告，对发现的问题分类总结，督促责任人及时整改。并定期组织员工行为排查，包括员工8小时以外的行为，对存在隐患的行为及时发现，及时控制。截至2013年12月，内审稽核部共完成68份内审稽核工作记录，9份内审稽核工作月度工作汇报，4份季度工作汇报，4份季度业务处罚通报，一份年度工作汇报。

【加快银行卡的发行，丰富银行业务品种】 汇泽银行把申请和发行银行卡作为2013年度的一项重要工作，共完成人民银行申请材料26篇，银联申请材料20篇，并制定银行卡各项管理制度近20项。在加快各项业务申报的同时，开展前期宣传工作，做好客源培植，为银行卡的发行奠定良好基础。

【加快网点建设步伐，推动银行快速发展。】 为进一步提高服务水平，扩大服务半径，加强市场竞争能力，2013年12月筹备已久的唐县汇泽村镇银行向阳支行已正式通过监管部门的审批，装修、宣传、线路系统连接、人员储备培养等各项工作也已准备就绪。

【做好新《资本管理办法》的准备、培训工作】 新《资本管理办法》实行以来，汇泽银行认真学习新办法精神，成立了《资本管理办法》工作领导小组，制定了新办法实施工作计划、中长期资本规划等。同时，积极做好新办法的培训工作，由计划财务部经理参加银监部门组织的专门培训，并将培训内容反培训给全体员工。 （甄 丽）

【中国邮政储蓄银行股份有限公司保定市分行】 中国邮政储蓄银行股份有限公司保定市分行（以下简称邮储银行保定分行）是隶属于中国邮政储蓄银行股份有限公司河北省分行的二级分行，位于保定市裕华西路519号。成立于2008年3月28日，2013年机构改革后，下辖市分行14个一级部室，5个二级部室，23个管理行，206个营业网点，拥有金融从业人员1488人。辖内网点覆盖全市大部分乡镇。邮储银行保定分行充分依托和发挥网络优势，以打造全功能的零售商业银行为目标，完善城乡金融服务功能，为城市社区和广大农村地区居民提供基础金融服务，为地方经济发展服务。

行　　长　林建军
党委书记　马福增
副 行 长　石 利　许 超
行长助理　尚亚伟

【概况】 以“营造合规文化、业务均衡发展”为保障，以强化公司业务亮点，突出信贷业务进位，狠抓增量前移为抓手，以确保实现2013年收入增幅超全省平均水平为目标，实现了“速度、规模、效益”的协调发展，取得分行成立以来最好的经营业绩，全面超额完成了年初省行制定的各项经营指标及工作计划。截至2013年底，各项存款余额达到450.7亿元，各项贷款余额达到37.69亿元，完成各项业务收入4.99亿元，实现利润1.92亿元，全行实现业务收入4.99亿元。全行不良贷款额、率实现双降，全年未发生案件和重大责任事故。

【各项业务平稳快速发展】 坚持“增量前移”“增收节支”和“风控在先、效益为本”的发展理念，区分重点业务与前瞻业务，采取“抓大不放小、维系现有客户、扩大客户资源”的发展策略，全面深化交叉销售理念，大力践行创新发展理念，各项业务的发展均实现新突破。一是加强督导，突出营销，公司业务实现持续快速发展。研究经济环境，分析金融政策和客户结构，夯实基础，持续推进“亮点工程”，坚持以项目营销为抓手，加大对企业类客户的营销力度，逐步实现公司业务二次转型。二是交叉营销，创新理念，个人金融业务实现持续性增长。不断提升服务水平，通过开展高端客户新春答谢会、联谊会等多形式活动，增进相互了解和信任，切实提升客户对邮储银行保定分行满意度和忠诚度，充分利用网上银行、手机银行和信用卡等金融品牌优势和网上银行手拉手活动、以及个性化服务，进行“捆绑营销”和“组合营销”，巩固和扩大优质客户群体，提高优质客户占比和优质客户贡献度，夯实了业务发展的基础。三是全行合力，抢抓机遇，推进信贷业务发展。在做好媒体宣传、银企对接等宣传之外，逐渐与当地的村、镇政府、工商所等进行深入的沟通合作，实现零售信贷批发做；通过对营销人员进行上岗培训、能力提升培训、实践培训、座谈交流等多种形式不断提高人员的素质和业务能力，并通过信贷队伍动态管理办法，充分调动主观能动性；积极开办新的个贷品种，申请差别化授信，调整产品要素，创新贷款产品。

【风险防控全方位推进】 一是开展“合规大讨论”活动，强化合规文化建设。各单位分析工作中存在的风险点，探讨解决的办法，根据制度，查出问题，解决问题，并将全行活动开展情况以宣传板报的形式进行通报。二是实施多项检查措施，强化信贷授信管理。针对信贷业务三个重点环节进行了回头看工作，对全行所有结余的业务进行了顶冒名的排查工作，同时，推进小额贷款独立审批人派驻工作，截至2013年底，保定分行共有12个单位实现了独立审批人审批，提高了信贷管理的风险防控水平。三是多措并举开展审计工作，强化内部审计职能。全行努力搭建和完善内审体系及组织架构，针对重点领域和风险环节开展有针对性的专项审计工作，开展信贷“重点风险环节”防控管理情况专项审计，零售信贷业务“顶冒名”贷款抽查等工作，牵头开展信贷业务责任认定和“顶冒名”贷款责任认定工作，同时，组织审计创新大赛共提炼出21条可行性建议，为审计管理提供了借鉴思路。四是持续完善整章建制工作，强化制度建设。在内部管理方面，优化和完善了一级支行综合管理部工作考核办法、会议管理制度、报账流程、公车使用管理制度等规定。在业务管理方面，对原有的规章制度进行清理、修订、完善，进一步完善信贷业务重点风险防控及检查制度、内部控制“三道防线”差异化检查管理办法等相关制度，达到业务流程化、权责明晰化、过程控制化、行为规范化的目的。五是高频次开展各项检查，强化安全保卫工作。落实安保责任制工作要求，层层签订了安全保卫工作责任书。积极配合省行、市公安局开展安全保卫评估检查，组织网点物防设施隐患整改工作，进一步完成了远程视频集中监控系统上线工作，截至2013年底，全行完成62个网点的集中上线工作，大大提高了网点的安保能力和水平。

【精细化管理全方位渗透】 一是顺利完成机构改革和劳务工转聘工作，各项工作平稳过渡。根据省分行的统一安排，全行实施了自上而下的机构改革工作，顺利实现了部门和人员的调整，未对经营管理和业务发展造成影响，实现了部门职能和人员工作角色的平稳过渡。二是继续发挥财务工作对全行经营管理的导向作用。加强业务调研和经营分析，为全行经营管理提供决策依据，全行加大了对业务招待费、会议费、差旅费的控制力度，严格执行省行勤俭节约、清正廉洁、降本增效的管理思路，压降三费，同时，充分认识加强资金营运管理、压缩备付金定额的重要性，定了总量控制、分类指导、月度通报、季度核定、季度考核的管理办法，并取得了良好效果。三是创新管理机制，人力资源管理水平不断提升。大胆创新用人机制，开展一、二级支行长以及市分行部室总经理、各县（市）支行部室经理PPT大赛，二级支行长骨干能力提升培训班，第三期中层骨干培训班等，提拔了部分干部，充实了基层管理力量，补充了新鲜血液。

【开展网点形象和设施建设】 一是七一路支行成功当选“全国服务百佳示范网点”。作为全国邮储银行系统唯一一家当选的网点，为确保顺利当选，全行充分调动各种资源，协调人力物力，全力投入七一路支行的评选工作中，在各级银协的审查和评比工作中，得到了一致好评，为最终当选奠定了基础。二是增加自助设备的投放，提高交易替代率。截至2013年底，布放各类自助设备200台，开通使用192台，月均交易额达到6亿元，自助设备的交易替代率达到32.67%，大大缓解营业窗口的工作压力。三是服务工作进一步加强，客户满意度得到提升。修订服务规范，下发服务手册，使服务规范化明确化，增强服务规范的可操作性，在制度上做有章可循、在方法做到有法可照，通过对网点服务制度的完善和操作的规范，切实提升了网点的服务水平。

【企业文化建设多层面展开】 充分发挥党建服务和保障作用，切实推进基层组织规范建设，规范各类台账及制度的管理，并对基层党组织的各项工作进行检查。深入基层，组织召开民主生活会。深入查找各单位在经营管理和科学发展中存在的问题及差距，剖析问题原因，并讨论制定了切实可行的整改措施，为业务发展保驾护航。加强工会工作，完善“职工之家”建设，购买健身器材，组织文体活动，充分发挥好工会组织的桥梁和纽带作用。在全国金融行业运动会上，保定分行代表总行参加拔河比赛，经过奋力拼搏，取得了第七名的好成绩。

（张　宁）

【中信银行股份有限公司保定分行】 位于保定市天鹅中路178号，成立于2010年7月27日，隶属于中信银行石家庄分行，是中信银行石家庄分行设立的第一家二级分行。至2013年末，保定分行内设9个职能部门，下设县域支行2家，同城支行3家，全行干部员工120人。经营范围包括：办理人民币存款、贷款、结算业务；办理票据承兑、贴现；代理发行金融债券；代理发行、代理兑付、销售政府债券；代理收付款项；外汇存款；外汇贷款；外汇汇款；外币兑换；国际结算；结汇、售汇；外汇票据的承兑和贴现；总行授权的外汇担保；代理国外信用卡的发行及付款；总行授权的代客外汇买卖；资信调查、咨询、见证业务；代理保险业务；经中国银行业监督管理机构批准的其他业务。

行　　长　常辉锋
副 行 长　辛占杰
行长助理　刘国林

【概况】 2013年，中信银行保定分行紧跟总、分行发展思路，围绕“客户翻番，千亿计划”规划，积极开展各项工作。经营业绩和内控管理水平得到了同步提升，实现了“走在区域中小股份制商业银行前列”的目标。2013年，在石家庄分行所辖机构中，保定分行一般性存款余额排名第一位。至12月末，全行一般性存款余额为51.33亿元，其中对公存款39.09亿元，储蓄存款12.24亿元；贷款33.33亿元，实现利润1.32亿元。全年无不良贷款，未发生案件和重大责任事故。

【强调发展主题，不断扩大业务规模】 1. 继续密切与企业关系，切实从企业实际需求出发，为其提供优质的金融服务方案，加深合作深度和广度，实现银企共赢；2. 继续做好重点项目推动工作。指定专人负责，按照时间进度有序推进，全程跟踪。通过保定分行的努力，几个重点项目成功落地；3. 加大对县域经济的支持力度。由分行出面，通过金融办，组织县域银企对接会，4月中旬，保定分行在定州召开对接会，收到了较好的效果。2013年12月末，定州支行获得开业批复，成为保定分行在县域设立的第二家分支机构，为更好的服务地方经济，支持县域经济发展，助力“三农”方面，将起到积极的作用；4. 深化银政合作，与保定市金融办共同走访了保定市政府的重点融资平台，与各平台公司的主管部门主要领导进行了深入沟通，并达成初步的合作意向；5. 继续做好网点转型工作，加大社区营销力度，优化服务品质，提升品牌形象；6. 丰富业务品种，适时推出汽车消费贷款、房抵贷和出国留学金融业务，进一步满足了客户的不同需求。

【细化基础管理，助力业务发展】 1. 建立联系行制度。行领导定期到各个支行进行调研，了解支行发展情况，帮助支行开展营销，指导支行如何提升管理水平，及时解决问题，确保分支机构实现健康、快速发展；2. 加大日常检查力度，重点对制度执行情况、操作规范、日常管理等方面进行检查，有效的细化了管理工作；3. 加大各类风险排查工作力度，结合当地经济形势，根据上级行要求，有效组织各种形式的风险排查活动，对预防各类风险起到了积极作用；4. 继续强化员工思想道德教育，严密关注干部员工的工作生活情况。中信银行保定分行继续推行“六禁”教育，同时利用电子科技手段，配合合规部对员工大额交易进行调查，采用多种渠道，提高员工职业素养，提升道德水平。

【加大网点铺设力度，扩大服务半径】 1. 按照保定分行网点布局规划，为进一步提升客户体验，扩大服务半径，于10月22日完成分行办公楼的迁址工作，原址于11月28日成立保定裕华路支行并正式对外营业，12月27日定州支行获得开业批复；2. 按照总行服务品质规范要求，保定分行加强服务品质日常检查，对一线员工的行为规范进行了进一步约束，提升了保定分行的形象。

（崔　屹）

【保定银行股份有限公司】 2011年12月28日，中国银监会正式批准保定市商业银行股份有限公司更名为保定银行股份有限公司，简称保定银行。保定银行是保定市第一家地方性股份制城市商业银行，由地方财政、企业和自然人投资入股，注册资本15亿元。辖1个营业部、20家市区支行、12家县域支行和1家社区支行，分支营业机构达34家，员工864人。主要经营存款、贷款、结算业务、票据承兑与贴现、银行卡、电子银行业务和代理收付款项及代理保险等金融业务。为中小微企业量身定制的“金臂膀

·助您腾飞”“金支点·伴您成长”系列信贷产品和中小企业“共成长培育工程”及支持全民创业的“下岗失业人员小额担保贷款”业务，是保定银行的优势品牌，树立了“中小微企业伙伴银行”和“市民银行”良好形象。截至2013年末，保定银行总资产303亿元，各项存款余额263亿元，各项贷款余额66亿元。先后被市委、市政府授予“金融贡献奖”，被省政府授予“金融创新奖”，获省、市“文明单位”和河北省“五一奖状”。

董事长
党委书记　张英莉（女）
行长　雷俊杰
监事长　郑梅玲
党委委员　王恩东
党委副书记　刘惠仙（女）
常务副行长　赵清哲
纪委书记　王宗信
副行长　郭俊段（女）

【概况】 2013年是保定银行实施《2013－2015年发展规划》和第二个“三步走”战略目标的关键一年，面对复杂多变的经济金融形势，保定银行立足“服务地方经济、服务中小企业、服务市民百姓”的市场定位，稳中求进，转型发展，控制风险，创新服务，突出特色，提升形象。二次增资扩股圆满完成，资本实力进一步增强；4.1亿元不良资产回购任务提前两年完成，历史遗留问题得以彻底化解；监管评级上升为3B；实现了县域机构全覆盖；各项业务指标圆满完成，资产规模突破300亿元，实现拨备前利润总额4.36亿元，在全省同业资产总额增速第一，综合排名前进两位；监管指标持续优化，步入了良性发展轨道。

【完成二次增资扩股，经营实力进一步壮大】 为加强资本管理与规划，全力推进新《资本管理办法》的实施，确保资本充足、资本充足率符合监管要求。按照保定银行五年发展规划确定的资本补充规划，保定银行从2013年下半年着手实施了二次增资扩股。经过精心运作，增资扩股工作于11月圆满完成。本次增资扩股共募集股金8.28亿元，资本金由6.7亿元增至15亿元。

【回购置换资产，历史包袱彻底化解】 根据《河北银监局关于保定市商业银行延长资产置换回购期限的批复》，置换资产回购期限延至2015年。保定银行着眼长远，多措并举积极化解历史包袱，2013年完成了全部置换资产回购任务。自成立以来，共消化历史包袱7.9亿元。其中，完成置换资产回购任务4.1亿元，成功收回和化解不良资产3亿元，核销不良资产7529万元。至此，多年历史包袱全部处置完毕，保定银行得以轻装上阵，为未来的健康快速发展奠定了坚实的基础。

【用足贷款规模，倾力支持地方经济建设】 2013年，信贷投放保持均衡、快速增长，全行各项贷款余额达到66亿元，同比增加15.95亿元，增幅31.71%。重点支持了津保高铁客车专线、中国汽车零部件（保定）产业基地、白沟商贸城等项目。与河北新发地农副产品有限公司签订银企合作协议，通过金融产品组合拳，使其发挥龙头企业辐射作用，带动周边个体商户和小微企业，促进产业集群发展壮大。

【创新金融产品，助力中小微企业发展】 在为中小微企业量身定制的“金臂膀·助您腾飞”“金支点·伴您成长”系列信贷产品的基础上，2013年，重点加强对新型融资方式、服务手段、信贷产品及抵（质）押方式的研发和推广。积极实施了“与中小企业共成长培育工程”，与唐县人民政府、工商联、福建商会成功签约，搭建起政银企共同参与的融资平台。以当地特色经济为依托，因地制宜，因企制宜，初步形成了政府搭桥模式、龙头企业模式、园区带动模式等行之有效的新模式，提升了服务水平、有效缓解了中小微企业融资难。积极筹划实施了多场刷卡赠礼活动，与华隶影城联手推出“半价电影天天看”活动，与保定保百集团、北国集团、时代商厦等多家大型商场开展促销活动，实现了银企合作共赢。

【倡导绿色金融，支持低碳经济发展】 保定银行加大对节能减排工程、环境保护工程、新能源开发等项目的信贷支持力度，资金重点投向新能源和节能环保产业。2013年，保定银行共向英利新能源、光为绿色新能源等企业提供贷款支持累计1.5亿元。同时对火电、冶炼、水泥和造纸等“两高一低”企业拒绝贷款。2013年，保定银行大力开展电子化信息建设，坚持通过科技创新推动产品创新，不断完善产品功能和安全机制，提升服务水平和客户满意度。

【热心公益事业，大力支持全民创业】 1.小额贷款助就业。持续加大“全民创业贷款”和“下岗再就业贷款”的投放和管理力度。到年末，累计发放此项贷款5.08亿元，帮助6.8万多人走上了自主创业与再就业之路。2.快捷个贷解急需。为解决个体工商户、进城务工农民、城乡创业者的短期急需资金，与中国人民财产保险股份有限公司保定市分公司合作，在全市率先推出具有“无抵押、免担保、手续简、放款快”特点的个人保证保险贷款业务。3. 代理业务惠民生。克服人员广、笔数多、劳动强度和管理难度大的困难，为2万多名市民办理代扣代缴养老保险金额2.7亿元；代财政局发放“40、50”人员养老保险补助基金1.3万余笔、4300万元；累计为地方政府代收各种税费35亿元。4. 金融知识进万家。2013年，在全行深入开展了“金融知识进万家”宣传服务月活动和“金融知识普及月”活动。密切了消费者与银行业的关系，提高了公众对金融知识普及的参与度。5. 扶贫帮困献爱心。保定银行深入实践“惠泽四方”的价值理念，持续开展了一系列扶贫帮困活动。驻村帮扶的阜平县顾家台村面貌焕然一新，受到村民的广泛赞誉和各级的肯定，被保定市委、市政府评为“优秀驻村工作组”。

【以风险管控为核心，强化内控确保安全运营】 2013年，保定银行坚持合规经营、内控优先原则，规范操作行为，从源头控制和抵御风险，着力打造“力行合规”文化。通过大力开展“风险管理年”和“质量提升年”活动，统筹兼顾发展与风险的关系，实现风险和收益的平衡。业务管理、风险管理与内查外审前中后“三道关口”齐抓共管，市场风险、信用风险、流动性风险和操作风险“四大风险”重点防范，使风险管理贯穿于经营全过程，提高了内控制度执行力，确保了安全运营。案件防控和安全保卫工作坚持“压力传导、严格问责”，严格落实一把手责任制，坚持与业务工作同研究、同部署、同检查、同落实，连续多年实现了安全无事故。按照保定银行信息科技“三年建设规划”和“三步走”举措，保定银行2013年对数据级灾备中心线路进行了改造，增加了灾备机房硬件设备，实现了数据级灾备中心向应用级灾备中心的升级转换，并顺利通过了监管部门检查验收。先后完成了监管报表系统开发，实现了新版客户风险统计、银监会监管数据标准化、人行金融标准化数据的报送；完成了银联IC卡核心系统开发和发卡方系统改造，进一步提升了业务处理能力。

【助力县域经济腾飞，分支机构建设步伐加快】 自2009年起，逐年向县域延伸分支机构。涿州、白沟等8家县域支行立足当地，因地制宜，强化管理，突出特色，树立了良好的行业形象和社会信誉。截至2013年末，8家县域支行累计发放贷款67.02亿元，成为助力县域经济发展的有生力量。根据保定银行“立足保定、遍布社区、覆盖县域”的目标，将加速县域支行发展作为主攻方向，不断加快机构建设步伐，2013年保定银行又新设15家县域支行，达到了县域机构全覆盖。

【推进精细化管理，提高整体质量与效益】 加强各项业务的精细化管理，进一步规范财务、会计基础工作，提高了会计核算质量；以培育骨干支行为重点，实行差别化管理，打造特色突出、优势明显的经营团队；严格贷款“三查”制度，着力做好贷款审查工作；认真执行贷款新规，提升了信贷管理水平；对全行贷款情况加强监控，密切掌握贷款变动趋势。加大不良贷款清收、盘活、保全力度，提高不良贷款处置效率。年初制定并下达不良贷款清收任务指标，实行一户一策，并将其纳入绩效考核。截至2013年末，保定银行收回存量不良贷款104.01万元，不良贷款率控制在0.66%，较年初下降0.22个百分点。进一步规范财务核算行为，确保财务管理落实到位，实现了开源节流、增收节支。

【改善员工结构，为发展提供人力保证】 坚持以人为本，把人才培养和人才发展作为企业文化的的重要内容，有计划、有步骤地通过公开招聘、强化培训等措施，吸纳、整合和科学使用人才。继上年招聘133名新员工之后，2013年又招聘了280多名新员工，进一步改善了员工队伍的年龄结构、知识结构，使员工队伍的整体素质得到提升，增强了发展活力和后劲。

（韩亚清）

保险业

【保定市保险行业协会】 保定市保险行业协会（以下简称协会）是保定市区（含各县）各商业保险机构自愿结成的自我协调、自我约束、自我管理和自我发展的非营利性行业自律组织，是经中国保险监督管理委员会河北监管局审查同意并在保定市民政局登记注册的社会团体法人。协会下设财产工作委员会、寿险工作委员会，秘书处设有综合部、业务部、考试中心3个处室。协会的基本职能是：自律、维权、服务、交流。

会　　长　乔柯岩

秘 书 长　赵晓昌
副秘书长　孟昭民

【概况】 截至2013年12月底，协会共计拥有43家会员公司，其中财产险公司21家，寿险公司22家。保险营销员在岗人数合计3万余人。总保费收入113.11亿元，同比增长8.25%，财产险总保费36.67亿元，同比上涨19.64%，其中商业险26.52亿元，交强险10.15亿元，分别同比增长24.71%和8.15%。人身险总保费76.44亿元，同比增长3.69%。财产险累计赔款支付17.85亿元，人身险累计赔款给付22.7亿元。

【开展自律轮值督查，规范保险市场秩序】 2013年财险自律轮值督查于4月、8月、11月分三次进行。轮值检查按照《保定市机动车辆保险自律规约及惩戒条款》制定检查方案，检查范围为2013年1月1日至9月30日内的全部车险业务。检查主要抽阅被检查公司相关机动车险承保业务档案、与保险代理公司的纸质协议以及财务凭证等相关资料。三轮检查合计检查承保档案12713份，其中交强险6941份，商业险5772份；以及代理合同119份，财务清单14份。寿险自律轮值督查于4月、7月、12月分三次进行。第一、三轮主要针对个险渠道的保险营销员持“两证”上岗情况进行检查；第二轮主要针对银邮渠道的保险营销员持“两证”上岗情况、保险公司代理机构是否具备兼业代理资质进行检查。三轮检查合计检查2148名个险渠道营销员、659名银邮渠道客户经理和972名银保续期专员的持证上岗情况，以及代理公司手续资质和代理协议。

【落实服务质量检查，提升行业服务水平】 按照河北保监局和省协会的要求，2013年2月和8月，协会组织各公司自律检查人员分别对保定市2012年全年和2013年上半年各公司执行《河北省保险公司服务质量评价办法》的情况进行了检查，两次检查涉及产、寿险会员公司辖区320家营销机构，有效地促进了各公司服务水平。

【充分发挥保险合同纠纷调处机制】 协会充分发挥保险合同纠纷调解委员会和快速投诉处理机制的作用，认真受理每位客户的诉求，力保做到件件有落实、事事有回音。协会共接收37起客户投诉，受理31起，成功解决26起。其中受理销售误导类投诉18件，成功解决16件；受理理赔案件11件，成功解决10件。在一定程度上有效地解决了理赔难和销售误导问题，有效地保护了保险消费者的利益，维护了行业信誉。

【加强与中级人民法院合作，防止发生销售误导、理赔难案件】 为了有效避免销售误导、理赔难等保险纠纷诉讼案件的发生，7月30日，协会下发《关于转发<河北省保定市中级人民法院司法建议书>的通知》，建议各会员公司“建立保险单送达回执制度，各公司向投保人送达保险合同时，应将保险条款、单独的保险合同特别约定等保险手续，在各公司制作的保险送达回执上进行记载”等，从而更有效地维护保险合同双方的利益。

【加强行业宣传，促进保险业全面发展】 1. 开展保险公众宣传日活动。7月8日，协会组织辖区42保险公司在市区裕华路银座商城门前广场开展保险集中宣传。通过保险公众宣传日活动，普及保险知识，介绍保险功能作用，宣传保险业在完善现代金融、社会保障、农业保障、防灾减灾、社会管理等“五大体系”建设中的成效，使公众对保险业有了更加全面的认识。2. 协会与保定日报社合作创办《保定日报金融版·保险企业风采展示》专栏，每周一期全年不断，为保定市保险企业打造了更加方便及快捷的宣传平台。

【提升行业凝聚力，加深公司间友谊】 遵循“自愿参加、友谊第一、展现形象、构建和谐”的原则和秉承“以友谊推动比赛，以比赛促进交流，以交流加深友谊”的活动宗旨，5月30日，协会组织了第三届乒乓球友谊赛，30多家保险公司50余位员工参加了该活动；10月15日，协会举办了首届羽毛球友谊赛，共有16家保险公司44人参赛。

【规范考试管理，确保考试工作顺利有效进行】 电考中心严格审核，把好报名资料关。核对报名信息，确保报名质量和信息准确。严肃考风考纪，规范考务管理。完善电考中心内务管理，从每个员工做起，坚守好自己的岗位，服务好各会员公司，做到一视同仁。截至12月31日，共接待报名22851人，组织考试581场，领取资格证书11997本。

【协助人行开展金融知识普及月】 9月份，按照人行保定中心支行文件要求，协会组织各会员公司开展“金融知识普及月”活动，使金融保险知识进社区、进学校、进农村，深化公众对金融风险和风险责任的理解，树立“自享收益、自担风险”的理念。

【协助政府开展打击违法犯罪专项整治宣传活动】 10～11月，为落实全市“秋收100”打击整治专项行动，进一步营造浓厚的舆论氛围，有效地震慑违法犯罪行为，协会组织所辖会员公司进行了积极地宣导和警示教育，在保险公司上下开展了“秋收100”专项整治宣传活动。

（张建永）

【中国人民财产保险股份有限公司保定市分公司】 人保财险保定市分公司始终秉承“人民保险，服务人民”的价值理念，致力于为客户提供最有力的保险保障和最优质的保险服务。目前在全市各县区共拥有36家营业机构，在298个乡镇、6000多个行政村设立了三农保险服务站和三农保险服务点，吸纳各类管理、技术、销售人才2000余人。围绕全市“打造京畿强市，构建善美保定”的工作主基调，依托遍布城乡的服务网络和庞大的专业人才队伍，不断拓宽保险保障范围，提升保险服务品质，充分发挥了保险助推经济发展、维护社会稳定的职能作用。几年来，连续被人保财险河北省分公司评为“经营业绩优胜单位”“双文明”建设先进单位；被保定市国税局、地税局评为保险行业唯一纳税A级企业，车船税代收代缴先进集体；连续三年被保定市社会治安综合治理委员会评为社会治安综合治理工作“先进集体”；连续两年被保定市金融办和保定金融理财博览会组委会评为“十佳明星理财机构”；2011年被评为保定年度十大最具影响力企业；2012年被评为3.15河北市场重质量讲信用公众满意单位；2013年获“榜样保定”责任企业荣誉榜卓越金融奖。

党委书记
总经理　武运宝
副总经理　梁学军
　　　　　魏宝兴
　　　　　王彦波
总经理助理　吴海燕（女）
省分公司理赔事业部总经理助理兼保定市分公司理赔中心主任
　　　　　谢　冬（女）
高级业务主管　刘宝占　马克勇

【概况】 2013年，人保财险保定市分公司以“走市场路、盯合规线、打服务牌”为指导思想，以“服务领先、业绩一流”为目标，深入推动“以客户为中心转型年”活动，着力打造具有保定特色的服务体系和企业文化，持续增强内生动力，不断推动公司又好又快发展。全年保费收入达到17.14亿元，同比增长18.16%，市场份额保持在46.51%，为全市提供了4572.45亿元的各类风险保障；当年处理各类理赔案件16.36万件，支付赔款9.52亿元，综合成本率为90.5%，实现利润1.42亿元；全年上缴各类税金2.66亿元，其中代收代缴车船税9400万元。

【全力助推地方经济发展】 2013年，人保财险保定市分公司累计为6000余家各类大中小企业提供风险保障，承担风险总额625.08亿元，支付各类赔款4882.13万元。天威集团、长城汽车股份、华北铝业、乐凯集团、钞票纸厂、亚太集团、生力啤酒等保定市知名企业均在公司的承保名单里。随着保定市经济发展不断加速，各类开工项目明显增多，施工风险随之而来。人保财险保定分公司积极承担社会责任，与市委、市政府的总体要求保持高度统一，踊跃参与到支持、服务当地经济发展工作当中。以主承保商的地位，为荣乌高速公路及其附属设施建设、互通路段建设、津秦高铁等工程项目提供了全方位的保险保障，累计承担风险总额40亿元，支付赔款2075.14万元。

【着力提升社会公共服务领域的保障能力】 在具体工作中，积极与安监局、教育局、卫生局、交通局等职能部门汇报工作，争取政策支持，大力在购物场所、教育行业、医疗卫生行业提供保险保障。2013年，为保百集团、惠友超市、钟楼商厦、汽车销售4S店等300余家公共场所提供近6亿元的公众责任风险保障，支付赔款94万元；为全市1537所大中院校和中小学承担了共计700亿元的校车责任、教职员工意外、学生意外等风险保障，有1.7万教职员工和120.84万名学生在保障之列，累计支付赔款339万元；随着“新农合”的普及与推广，联合卫生部门积极推广乡村诊所基础医疗责任保险，为乡镇卫生院及各类医疗机构共39家提供了2255万元的医疗责任风险保障，支付赔款24万元；人保财险保定市分公司结合自身优势和实力，向市政府提交报告，积极参与城镇职工医疗补充责任保险和新农合医疗补充责任保险的推广工作，7家县域单位顺利完成城镇居民大病医疗补充保险的统保工作，承担风险152亿元，支付赔款291万元。

【为政府增进民生福祉建设保驾护航】 党的十八大以来，各级政府将民生工作摆在了重要位置，而且保监会对各保险企业创新参与社会管理提出更高的要求。人保财险保定市分公司积极与各级政府职能部门接洽，了解需求，针对性的设计承保方案，在全力做好政策性农业保险承保工作的基础上，协助政府在应对大面积自然灾害救助与处置、鼓励全民创业、大力弘扬见义勇为精神、维护农村社会和谐稳定等方面提高风险防范能力。一是进一步提高政策性农业保险的覆盖范围，2013年，累计承保小麦和玉米554.6万亩，承保覆盖面达到48%，同比提高了近10个百分点，承保奶牛10.28万头、能繁母猪9.14万头、育肥猪33.72万头，为农民提供风险保障25.54亿元，同比增长25%；累计处理农险理赔案件1.84万起，支付保险赔款8592.42万元，为保定农业经济的稳定发展做出了贡献。二是为全力支持市委市政府鼓励全民创业工作，有效解决创业人员资金难的问题，适时开办了个人贷款保证保险，为各类借款人提供了近3000万元个人贷款的风险保障；三是借助政府改善民生、增进人民福祉的有利契机，通过争取民政局、政法委、财政局等政府职能部门的政策支持，7家单位成功统保当地“一元民生”保险业务，提供自然灾害、见义勇为的风险保障2940亿元的风险保障，支付赔款11万元；多家县域单位在农村治安保险推动上动手早、行动快，承担风险52.32亿元，支付赔款56.56万元；3家农房保险试点县也正在积极运作中。

（安志杰　杨大伟）

【中国人寿保险股份有限公司保定分公司】　中国人寿保险股份有限公司是中国最大的人寿保险公司，总部位于北京，注册资本282.65亿元。作为《财富》世界500强和世界品牌500强企业——中国人寿保险（集团）公司的核心成员，公司以悠久的历史、雄厚的实力、专业领先的竞争优势及世界知名的品牌赢得了社会最广泛客户的信赖，始终占据国内保险市场领导者的地位，被誉为中国保险业的“中流砥柱”。中国人寿保定分公司是隶属于中国人寿保险股份有限公司的（地）市级分公司，公司销售和服务网点覆盖保定市各县、市、区，销售人员近万人，公司努力为全市广大居民提供丰富、优质的涵盖医疗、养老、意外伤害、企业年金、分红理财等各方面的寿险产品和服务。

党委书记
总经理　　宋　志

党委委员
副总经理　　颜世欣　李　冰
　　　　　　闫　然　张雨波

【概况】　2013年，保定分公司共实现总保费收入32亿元，市场份额超过40%，在全市23家寿险公司中居首位，继续保持在保定寿险市场的领先地位。2013年，各类赔付给付17.28亿元，理赔案件数近3万件，全年纳税7300.6万元。被保定市评为“榜样保定”责任企业“卓越金融奖”，在系统内被河北省分公司评为“先进集体”。

【发挥行业职能积极服务三农】　继续深入推进农村网点建设，大力推广惠农公益性产品——农村小额人身保险，保费低廉、覆盖广泛、保障适度、理赔简便，满足了广大农民群众对特定风险的保险保障需求，受到了广大农民的充分肯定。不断加大“保险村”建设力度，唐县西足里村、白沟仁和庄村获得全国系统内“五有保险示范村”荣誉称号。搭建小说会平台，农村营销服务部利用此平台深入县域市场讲解保障型险种，办理保单服务，为广大农民送去保险服务。

【履职行业职责积极参与社会保障体系建设】　在市政府的大力支持下，公司和市劳动社会保障局合作，在全市建立大额医疗保险统筹制度。2002年至2013年，业务范畴覆盖城镇职工、居民大额补充医疗保险和附加意外伤害保险业务，参保人群110万人。为进一步提高服务水平，在市区已经开办医保通实时赔付系统的基础上，2013年，公司又自主研发医保通异地结算系统，并在保定市第一医院试运行。医保通异地结算系统即凡县域参保大额补充医疗保险患者，到市本级定点医院住院治疗，出院后即可享受报销服务，免去先回本地再报送市区审批的繁琐，极大减轻了县域参保职工（居民）的经济和精神负担，为客户提供了更加便捷优质的服务。积极支持地方经济建设。积极吸纳下岗职工，解决农村闲散劳动力就业，缓解社会就业压力，2013年为近2000人提供劳动岗位，为社会稳定做出积极贡献；积极做好社会公益事业，参加捐资助教、扶贫济困，认真履行国企的社会责任。

【苦练内功构建完善的服务体系】　苦练内功，提升员工技能。重视学习型组织建设，强化全员培训，提升服务意识，创新服务手段。特别是每年在一线柜面人员中开展岗位技能练兵和服务创新活动，提升了员工综合素质，提升了公司整体服务品质。主动提供优质服务，提升服务品质。继续保证大额保单出单、理赔的绿色通道畅通，狠抓理赔效率，全力保障客户权益，积极推广国寿“1+N”附加值服务及VIP客户服务工作，组织开展国寿大讲堂、少儿绘画等多种活动，为客户提供更加便利、超值的服务。

【创先争优营造良好的企业文化氛围】 加强企业文化建设。进一步加强6S标准化管理，加大职场文化硬件建设力度，开辟了文化墙，设置了文化展板，并在全区统一职场文化标准，营造了良好的企业文化氛围。同时，不断加强党团工会建设。充分发挥了党支部的战斗堡垒作用和党员的先锋模范作用。积极发挥工会职能，维护职工权益，关怀和丰富员工生活，公司上下共同唱响了“争先创优，攀高比强，永争第一”的企业文化主旋律。

【防范风险落实好各项工作任务】 1. 积极做好维稳工作，有效防范各类风险。按照上级公司党委和市委、市政府要求，结合实际，多次对维稳工作提出严格要求，对各类风险隐患进行全面排查，化解各类不稳定因素。认真落实全市“秋收100”严打整治行动要求，在公司大楼LED显示屏持续播放宣传标语，并对全员进行法制宣传教育，确保了安全稳定。2. 积极落实“加强基层建设年”活动。组成由副处级干部带队的三人下乡小组，对顺平县腰山镇北五侯村进行驻村帮扶。小组积极协调相关部门，对该村路况、饮水、环境、医疗等十项工作进行了改善，维护了稳定，没有出现一例上访。同时，公司积极号召员工捐赠400多册村民实用书籍，为农家书屋建设献出了一份爱心。

（王　晶）

【华安财产保险股份有限公司保定中心支公司】 华安财产保险股份有限公司保定中心支公司（以下简称保定中支），是2006年10月24日经中国保监管理委员会批准成立的一家专业性保险公司，位于保定市东风中路1808号，下设安国、唐县两家营销服务部，有在职员工26名。保定中支主要经营范围包括办理辖区内企业财产损失保险、家庭财产损失保险、建筑工程保险、安装工程保险、货物运输保险、机动车辆保险、船舶保险、能源保险、一般责任保险、保证保险、能源保险、信用保险（出口信用除外）、短期健康保险和人身意外保险及中国保监会批准的其他业务。

总经理　贾洪杰

【概况】 保定中支成立的8年中，连年盈利，累计盈利达到1300余万元。2013年，华安保险针对党的十八大提出“要把保障和改善民生放在更加突出的位置”“在改善民生和创新管理中加强社会建设”的工作部署，推出多种保险险种，提升服务质量，满足客户需求。

【持续助推小微企业】 保定中支积极协调各方关系，大力推动信用保证险种，推出了小微企业短期贷款履约保证保险、小微企业短期抵押贷款履约保证保险、个人短期抵押贷款履约保证保险等信用保证险，为保定经济市场的良好运转做出应有的贡献。

【积极维护市场环境】 提高防假打假的意识；全面加强业务流程管控，逐步构建起公司自己的防范“三假”的监管制度体系，全面加强信息化建设，提高信息披露水平，已初步形成了多部门配合的执法协调机制，加强了与公安等部门在打击保险犯罪方面的协作，2013年保定中支已排查各类虚假报案三起，成功为公司减损20余万元。

【积极履行社会责任】 保定中支切实履行在防灾减损、助推经济、稳定社会等方面所承担的社会责任，积极地奉献社会、回报人民。保定中支大力开拓国家助学贷款信用保险和就学贷款保证保险，期望以保险形式转嫁贷款风险，圆保定学子的大学梦。

（杨　涛）

【阳光财产保险股份有限公司保定中心支公司】 是主要经营财产保险业务的全国性保险公司。公司秉承着阳光保险“打造最具品质和实力的保险公司”的公司愿景，践行“共同成长”的使命和“诚信、关爱”“创造价值”的核心价值观。发扬“战胜自我”的企业精神，致力于成为行业领先的保险公司。阳光财产保险股份有限公司保定中心支公司于2006年12月7日经中国保险监督管理委员会批准成立。保定中支所辖县域分支机构有涞源、易县、唐县。另外还有几家机构正在报批审核当中。六年来，保定阳光累计为30.66万次客户提供各类风险保障608.67亿元，支付各类赔款2.098亿元，上缴各类税款1.007亿余元，为保定的经济社会发展做出了积极贡献。

总经理　刘　炜
党委书记　佟　英
副总经理　曹玉蓉（女）

【概况】 2013年阳光产险保定中支保费收入达到10849.08万元。其中财产险收入44.4万元，意健险（人身意外伤害险和健康险）收入25.64万元，车险收入10779.04万元，其中交强险收入6082.08万元，商业险收入4696.96万元，日历年度赔付率为47.53%。在保定保险市场排名第6位。

【积极履行社会责任】 阳光保险成立以来，在一系列重大事件中发挥了金融保险企业应尽的社会责任，践行着共同成长的企业使命。2008年3月3日，阳光保险向中国铝业预付雨雪冰冻灾害国内单笔最大保险预付赔款6000万元；“5·12”汶川地震，捐款捐物超过300多万元；青海玉树“4·14”地震，向地震灾区捐款1000万元；2010年海南洪涝灾害，捐款200万元。2013年雅安地震，阳光保险捐款500万元，阳光员工自发捐款200余万元，并立即启动应急预案。

【真诚感恩回馈客户】 阳光产险客户之家——“阳阳俱乐部”将在公司官方网站上成立，客户注册成为会员，即可在线报名参与精彩活动。成为客户信赖的公司。

（卜俊影）

【国华人寿保险股份有限公司保定中心支公司】 国华人寿保定中支设立于2010年9月，位于保定市新市区五四西路418号新房大厦7层，隶属于国华人寿保险股份有限公司河北分公司，总部位于上海，行政市三级机构，下辖高碑店、望都2家四级机构，正式员工33人，全部具有保险从业资格证书。保定中支主要经营各类人寿保险、健康保险、意外伤害保险等人身保险业务，以及上述业务的再保险业务。

总经理 刘桂民（7月离任）
赵维民（7月任）

【概况】 国华人寿保定中心支公司自开业以来，积极发展多条专业合作渠道，个险、银代业务稳步发展。2013年，国华人寿保定中支全年保费收入3238.9994万元，赔款支出20.5086万元。2家四级机构：高碑店支公司于2012年8月17日开业，望都支公司于2013年6月6日开业。

【创新服务理念全面打造优质服务】 自2010年9月开业以来，国华人寿保定中支认真履行行业自律要求，积极维护市场秩序，合规经营，着力打造具有保定特色的国华服务体系。秉承“信任、责任、精益、价值”四个核心价值观以及“关爱零距离、服务无止境”的服务理念，以让每个家庭拥有保障和幸福为使命，为客户提供优质服务，开辟理赔绿色通道。全国统一客户服务电话95549，7×24小时随时受理客户的报案、咨询、投诉等需求，是为客户提供优质、快捷服务搭建了新平台的又一举措。

【构建复合型人才培养模式推进三级机构后援岗位技能提升】 为进一步落实公司“优化成长”阶段的核心战略思想，优化三级机构组织架构，提升三级机构后援支持体系整体工作效率，构建一岗多能、一人多能的复合型人才的员工培养模式，帮助后援支持系列岗位员工提升岗位工作技能，保定中支应总、分公司《三级机构后援岗位技能资格认证管理办法》战略要求，全体后援员工积极参与，借助公司的员工发展培养体系，加强学习，提升专业知识技能，努力成为全面服务型人才，为助力公司的业务发展做出更大的贡献。

【推广微信商城实现微信投保与在线客服】 国华人寿推出了保险行业首个微信商城，为4亿微信用户提供移动投保、产品展示、在线客服等功能。并首个实现了微信投保、支付、在线客服、产品展示、查询等功能，将微信从一个信息品读的平台，全面进化为一个“人机互动”的平台。

（赵 阳）

【新华人寿保险股份有限公司保定中心支公司】 新华人寿保险股份有限公司（简称“新华保险”）成立于1996年9月，总部位于北京市，是一家大型寿险企业，目前拥有新华资产管理股份有限公司、新华家园养老企业管理（北京）有限公司和新华卓越健康投资管理有限公司等子公司。2011年，新华保险在香港联合交易所和上海证券交易所同步上市，A股代码为601336，H股代码为01336。新华保险拥有强大的寿险销售人员队伍及5万余名正式员工，全国各级分支机构1596个。已为约2700万名个人寿险客户和约5.7万名机构客户提供了各类人寿保险、健康保险、人身意外伤害保险及养老保险服务。

总 经 理 郭长林
副总经理 杨向辉
总经理助理 廉志辉（女）

【概况】 截至2013年12月31日，新华保险保定中支总保费达成7.09亿元，其中个险规模保费6023.1万元，价值保费3268.3万元；银代规模保费7064.2万元，价值保费186.9万元；法人规模保费1039.8万元，其中长险66万元，短险973.8万元；个险续期28321.81万元，银代续期25664.09万元，续收新单规模保费2824.2万元，价值保费959万元。

【针对客户不同需求，建立完善

的产品体系】 新华保险涵盖传统保障型产品和新型人身保险产品，可充分满足各个年龄阶段客户在意外伤害、医疗、养老、子女教育、家庭理财等方面的需求。在国内寿险市场率先采用“保额分红”方式，并在此基础上形成了独具特色的分红产品体系。保额分红产品通常采用“年度红利”和“终了红利”双重红利设计，一般情况下，公司使年度红利保持相对平稳，满足客户相对合理的预期，并通过终了红利“以丰补歉”，平滑回报。

【从客户需求出发，不断提升理赔服务水平】 新华保险致力于打造更快、更易、更关怀的理赔服务。平均理赔时效 1.95 天。3000 元以下的小额赔付 1 小时内办理完毕。复杂重大的赔案 30 天之内处理妥当。保定中支 2013 年度理赔总件数 4191 件，给付金额 1898.79 万元，积极履行理赔十大服务承诺，为客户着想，推广理赔时效服务理念。通过标准化柜面建设、柜面差异化服务、客户自助服务、柜员队伍建设、柜面满意度等综合测评，被总公司评为星级柜面。新华保险坚守“创造价值，稳健持续”的经营理念，致力于打造最优秀的企业，追求商业价值、社会价值最大化，自觉履行社会责任，积极投入公益慈善事业，为促进社会的和谐进步和改善人们生活质量做出了不懈的努力。

（朴　颖）

【光大永明人寿保险有限公司保定中心支公司】 光大永明人寿保险有限公司成立于 2002 年 4 月，由中国光大集团和加拿大永明金融集团联合组建，是中国北方第一家合资寿险公司。2010 年 7 月，经中国保监会批准，光大永明人寿成功转制为由中国光大集团控股的中资寿险公司。现有股东包括中国光大集团（50%）、加拿大永明金融集团（24.99%）、中国兵器工业集团公司（12.505%）和鞍山钢铁集团公司（12.505%）。光大永明人寿保险有限公司保定中心支公司于 2011 年 11 月 29 日经中国保监会河北监管局批准设立，地处保定市北市区东风中路 616 号，于 2011 年 12 月 16 日经保定市工商行政管理局批准开业。主要经营范围有：人寿保险、健康保险和意外伤害保险等各类人身保险业务；经中国保监会批准的其他业务。

总经理　张永江（2 月任）

【概况】 在公司“保增长、控费差、调结构”的总体思想指导下，年中启动了以价值和利润为中心的业务转型工作，强调规模和效益均衡发展，不断提高业务质量，实现业务价值和利润，2013 年光大永明人寿保定中心支公司共实现保费收入 6226 万元。秉承“专业·服务”的公司特色，服务标准化工作不断升级，服务专业化贯穿了售前、售中、售后等各个环节。针对广大客户最关心的承保、回访、保全、理赔、投诉等服务的办理途径、处理时效和查询方式等进行了公开承诺。为客户带来“快、易、简”的各项服务。2013 年 4 月，客户耿某家人提交索赔资料后，公司理赔人员仅用三个工作日的时间顺利完成了案件的审核、签批等工作流程，快速理赔意外伤害身故案件，共计支付理赔款 11.3 万元。

【推出路走公益计划，塑造服务民生形象】 为了积极响应政府号召，引导大众养成低碳、健康生活方式，由光大永明人寿董事长解植春亲自发起，光大永明人寿推出“爱走爱生活——光大永明人寿路走公益计划”，并通过此计划传递出全民参与、关爱绿色等意义。保定中心支公司积极投身保定市当地路走公益宣传活动，参加保定市保险行业协会组织的“保险公众宣传日”活动，展示保险行业履行社会责任、服务民生的良好形象。

（谢喜敬）

【华泰财产保险有限公司保定中心支公司】 华泰财产保险有限公司是华泰保险集团股份有限公司全资设立的财产险子公司，注册资本金为 30 亿元人民币。华泰保险集团的前身华泰财产保险股份有限公司成立于 1996 年，华泰财险成立后承接了华泰保险集团的财产保险业务，目前在全国近百座城市设有分支机构。华泰财产保险有限公司保定中心支公司成立于 2005 年 4 月 6 日。主要经营企业财产险、机动车辆保险、建筑工程保险、货物运输险、责任保险、意外健康等险种。

总经理　白　滨

【概况】 华泰财险保定中心支公司以市场和客户需求为导向，结合当地实际情况，在经营中，坚持“集约化管理、专业化经营、质量效益型”发展战略，实现了健康、稳步和可持续地发展。依托公司强大的承保优势，先后承保了保定天威英利新能源、河北保定五洲集团的财产险、责任险等业务，2013 年全年承担各类财产保险风险责任 98.06 亿元，为当地企业发展提供了风险保障。华泰财险保定中心支公司连续两年实现保费大跨越，2012 年保费同比增长 82%，

2013年保费同比增长142%。全国统一保险服务专线4006095509实行全年365天、全天24小时接入，为客户提供报案、咨询、出单、续保、理赔、诉讼等全方位、高效、便捷的专业化保险服务。2013年，保定中心支公司秉承华泰保险集团“集约化管理、专业化经营，质量效益型发展”的发展理念，兼顾“改进提高”与“创新发展”并举并重的发展策略，在复杂多变的经济形势和市场环境中始终保持稳健向上的发展态势。在回馈社会、服务客户方面有了新一步举措，更加合理地规划业务布局，不断提升业务品质，增加客户体验，真正实现“好邻居，好帮手——你身边的华泰保险”这一服务理念。

（杨芙琳）

【民安财产保险有限公司保定中心支公司】 民安财产保险有限公司（简称民安保险）是经中国保监会批准成立的全国性综合财产保险公司，为海航资本控股有限公司成员公司。总部位于深圳，注册资本金20.01383亿元，经营范围包括财产损失保险、责任保险、信用保险和保证保险、短期健康保险和意外伤害保险等业务，拥有近300种保险产品，为企业及个人提供全面的风险保障。民安财产保险有限公司保定中心支公司（以下简称保定中支）成立于2008年5月12日。

总经理　庞淑娟

【概况】 保定中支以创新的管理模式、优秀的企业文化和持之以恒的社会责任与担当，得到了社会的高度认可，2013年全年实现保费收入1509万元，全年结案率为90.46%，满期赔付率为80.65%。保定中支坚持以客户为导向，不断通过产品、服务及科技创新满足客户需求，强化数据管理和新技术应用，建立起以电子商务平台、综合客户服务平台、移动查勘定损及自助理赔服务系统为核心的综合电子服务平台，为客户提供更高效、更贴心的保险服务。

（赵建伟）

证券业

【财达证券有限责任公司保定莲池北大街营业部】 前身为保定信托投资公司证券营业部，设立于1995年。2004年加入财达证券有限责任公司，成为财达下属营业部，更名为财达证券有限责任公司保定莲池北大街证券营业部。营业部的经营范围为：证券经纪；融资融券；证券投资基金代销；为期货公司提供中间介绍业务；代销金融产品。营业部拥有保定市及周边县域客户5万余名。营业部位于保定市莲池北大街23号。设有综合部、交易部、客户部、工程部等4个部门，拥有正式员工22名，营销经理及经纪人：15名。90%以上员工具有本科学历，全部具有证券从业资格证书。

总　经　理　吴希柱
总经理助理　宋建华

【概况】 2013年证券市场行情走势相对平稳，区域内的行业竞争及佣金率的下滑有所遏制。公司创新业务的全面推出，为营业部提升了盈利空间和行业竞争力。各项创新业务虽未大幅创收，但平稳起步，渐入佳境。2013年营业部对内加强员工管理，完善考核制度，充实客户部营销力量，从提高资讯水平入手，确保核心客户群体的稳定和交易的活跃；对外加强营销经理和经纪人管理，加强营销，开拓市场。2013年客户交易量184.66亿元；客户日均资产15.76亿元；新增客户1872户；全年营业部实现营业收入2815.13万元，利润1388.64万元。

【加强员工管理，完善考核制度】 为进一步做好客户的服务，营业部在2012年客户分组考核的基础上，加入了融资融券业务的考核，以公司下达给营业部融资融券业务利息收入为考核指标，将融资融券业务利息收入任务层层分解到员工，每月精准核算各项指标完成情况，将结果进行公示，严格按考核结果兑现奖惩。

【充实营销团队，细分工作职责】 调整客户部管理架构，客户部由总经理助理主管，部门设经理一名，副经理两名，一名对内，负责存量客户的维护，资讯平台的管理。另一名对外，负责营销经理的管理和客户的开发工作。明确细化的职责划分，强化了员工的责任意识，营业部专门购置了选股软件和配套资讯，由专人负责资讯的精选和个股的分析，并作为一项免费的服务提供给需要的客户。加强营销经理的管理，要求日日签到，参加营业部的晨会，创新业务的培训，通过严格的制度和管理加强其职业操守和业务水平。

【创新业务平稳起步，多头并进】 2013年，各种创新业务频繁推出，营业部认真学习，积极探索，通过细分客户需求，有针对性的进行推介和宣传。营业部自2013年3月份开展融资融券业务以来，开立信用账户109户；实现利息收入60.2万元；交易佣金收入60.7万元。约定购回业务1笔，融资额234万元，收入3.8万元；报价回购利息收入3.5万元；伞形信托有一家正在洽谈中；新三板市场洽谈企业4家，其中3家正在审核协议；期货业务顺利开展，目前已经开立股指期货2户，商品期货4户。

【场地优化积极推进，基础设施全力保障】 随着网络的普及，营业部非现场交易客户占到了交易总量的90%以上，总公司积极推进营业部的场地优化工作。营业部认真规划办公楼空间，将现场客户集中妥善安置在二楼。盘活闲置房产4000余平米。2013年，营业部加强基础设施维护，更新消防主机及附属设施，针对设施使用和维护请工程人员进行专门培训，后又请专业消防人员为员工和大楼租户讲解消防知识，以消防意识和消防技能，确保营业部安全运营。

【服务实体经济，推动创新业务开展】 为服务于保定的民营企业，实现民营企业的投、融资需求，推动公司创新业务的开展，在民营企业家协会的大力协助下，11月中旬，财达公司派出3位专家，组成讲师团，分别以民营企业的债券业务、资管业务、上市前的辅导为专题，召开了证券公司服务于民营企业的专题报告会，收到与会的100多位民营企业家的积极响应。

（孙慧汇）

【国开证券保定五四西路营业部】 国开证券保定五四西路营业部隶属国开证券有限责任公司。国开证券有限责任公司是国家开发银行通过收购、增资、更名设立的，是国家开发银行的全资子公司，注册资金为73.7亿元。公司主要业务包括固定收益类业务（债券融资、销售与交易业务）、投资银行业务（财务顾问、保荐类业务及“新三板”业务）、证券经纪业务、资产管理业务、信用类业务（融资融券业务、约定购回式证券交易业务及股票质押式回购交易业务）、资产证券化业务及研究业务。保定五四西路证券营业部是国开证券在河北省设立的唯一一家证券营业部，位于保定市区中心，毗邻新市区政府。营业部始终以“和谐凝聚、共创财富”为企业精神，以“培养一流人才，提供一流服务，创造一流效益”为发展方向，以“客户满意是我们永恒的追求”为服务宗旨。截至2013年年底，投资者开户数达到58822户，客户总资产达到18.82亿元。

总 经 理　李　晋
副总经理　王　锋
财务总监　黄　河

【概况】 2013年底，上证指数收于2115.98点，全年下跌6.75%，深证成指收于8121.79点，全年下跌10.91%。截至2013年年底，保定市区证券营业部共有10家。保定地区券商竞争激烈，佣金率下滑加速致使经纪业务收入减少，影响证券行业整体业绩下降。国开证券保定营业部全年共雕完成交易额197.35亿元；实现营业收入3121.86万元，比上年同期增加598.14万元；完成营业利润1633万元；上缴税款216.81万元。2013年，国开证券保定营业部积极配合总公司推动创新业务，融资融券业务成为营业部新的利润增长点。

（谷玉凤）

教　　育

教育工作

【保定市教育局】 保定市教育局是主管全市教育事业和语言文字工作的市政府工作部门。内设17个职能处室：办公室、财务处、人事处、机关党委（局党委办公室）、发展规划处、基础教育处、职成教处、思政体卫处、高等教育与师范教育处、纪检监察室、教育督导团办公室、法制安全处、老干部处、教育系统团委、妇工委、教育系统工会委员会、市语言文字工作委员会办公室。

保定市教育局直属事业单位有：教师进修学校、中小学教师培训中心、教育科学研究所、教学仪器站、电化教育馆、校办产业管理办公室、教育勘测队、校办企业总公司、教育人才分中心。

党委书记
局　　长
市教育考试院
党组书记　　王绍联

党委副书记
市教育考试院
院　　长　　周立峰

党委委员
副局长
市电大党委书记　　杨书明

党委委员
副局长　　刘　恒
张国忠
王国良

党委委员
纪委书记　　邢晓峰

党委委员
副县级督学　　陈志会

【概述】 2013年，全市教育系统围绕重返全省第一方阵的总目标，以十八大精神为指引，全面推进素质教育，突出项目建设、队伍建设两个重点，坚持普教抓均衡，职教抓适应，统筹抓整合，全面抓提高的工作思路，着力推进“五个突破”（即学前教育在办园条件和保教质量上、义务教育在农村特别是山老边穷地区均衡发展上、高中段教育在培养质量和服务能力上、民办教育在规范办学和强化师资上、高等教育在骨干学科建设上创新突破），实现了办学条件有新改善、队伍素质有新提升、学校管理有新强化、教育质量有新提高、强市惠民有新成效。年内获得市级奖励10项，省级奖励14项，国家级奖励3项。截至年底，全市共有各级各类学校（幼儿园）4343所（其中幼儿园1864所，小学1925所，普通中学401所，特教学校22所，中职学校76，高等学校17所，技工学校38所），在校生193.6万人，教职工12.65万人。校舍建筑面积2282万平方米，固定资产178.06亿元。

【基础教育】 继续实施学前教育三年行动计划，全市用于学前教育三年行动计划资金达68992万元。新改扩建幼儿园732所；增设农村小学附属幼儿园731所。全市现有幼儿园1864所，在园幼儿34.4万人，学前教育普及率89.9%，处于全国先进水平。加大贫困县学前教育支持力度，涞水、博野、唐县、阜平、望都、顺平、涞源、易县、曲阳9个县规划改建了幼儿园24所，总投入3415万元，改建面积32303平方米，解决了6017名幼儿的入园问题。提高保教质量，对19所省级示范园进行了集中调研，引导、督促幼儿园提高户外运动密度，促进幼儿身心健康成长。年内，新增省级示范园5所、省级一类园4所。

【特殊教育】 全市特殊教育学校达22所，在校生1257人，义务教育阶段残疾儿童入学率95%。保定特教中心被国家教育部、中残联命名为“全国特殊艺术人才培养基地”。加强了特教学校专项设施和现代化设施建设，安新、阜平特教学校完成了迎省“普特”验收准备工作，开展了全市特教优质课现场评选活动。市特教中心10名学生被全国特殊教育院校招生录取，代表河北省参加全国特奥足球比赛的市特教足球队获全国第三名。

【九年义务教育】 促进义务教育公平发展。全市现有小学1925所，在校生78.3万人，小学适龄儿童净入学率99.93%，巩固率96.49%。初中336所，在校生29.2万，初中净入学率99.42%，巩固率94.53%。全年严格执行义务教育阶段“免试划片、就近入学”政策，接待家长来电来访120余起和各类问题60多项，群众满意率98%。认真解决进城务工人员子女就学，全市接收进城务工人员子女的学校315所，其中市区86所；接收进城务工人员子女就学50776人，其中市区19775人。建立了控辍保学长效机制，改进了教学方法，防止学生因厌学而辍学，年内，全市回收义务教育阶段辍学学生3125人。推进义务教育均衡发展。全市标准化学校占规划保留学校的比例达40%，326个学区全部实行了学区一体化管理。召开了高中帮扶初中现场会，依靠省级示范性高中拉动薄弱学校建设。启动实施了“教学点数字教育资源全覆盖”项目。积极开展送教活动，教科所、教师进修学校等单位为农村薄弱学校送教92节次，举办了义务教育阶段校长论坛活动。开展了“减负万里行”活动，深入114所中小学，发放调查问卷3000余份，对学生课业负担情况开展了专项督查活动。6月，迎接了教育部督查组的专项督导检查，受到督查组充分肯定。

【高中教育】 优质教育资源不断扩大。努力实现普通高中办学条件标准化，定兴中学改扩建后占地面积由50多亩增加到180多亩；曲阳教育城新建曲阳永宁中学占地面积200亩，建筑面积8.5万平方米，总投资2亿元，秋季开学已经投入使用；涞源县规划异地新建普通高中已开工，占地面积312亩，建筑面积9万平方米，总投资2.08亿元。清苑第一中学晋升为省级示范性高中，保定市物探中心学校、涞水县波峰中学晋升为市级示范性高中。全市现有高中阶段学校179所，在校学生26.65万人，高中阶段适龄人口毛入学率89%；建成省级示范性高中31所，普高学生在示范性高中学校就读的比例达65%以上。教育质量连年有新提高。通过稳步推进普高新课改，打造课堂教学模式多样化等形式加强教育科研，年内，全市普通高校招生考试再创佳绩。全市报名参加全国统考的考生59708人，达到本科二批录取控制分数线以上的考生25546人，上线率为42.78%，比上年提高2.54个百分点。市区高考成绩明显提高，本一上线人数1886人，上线率25.9%，比上年增长7.6%，本二以上上线人数2844人，上线率39.04%，增长2.5%。全市的文、理科第一名分别被保定三中、保定一中夺得。

【民办教育】 规范民办教育办学秩序，召开了全市清理整顿无证办学工作调度会，集中整治了无证办学行为。开展了民办学校示范校建设。全市有2所民办高中成为省级示范性高中，3所民办中专成为国家级重点中职学校，13所学校被省教育厅认定为民办教育明星学校。建成市级民办教育名校5所，示范性学校8所，规范化学校12所。全市现有各类民办学校819所，在校生21.24万人，教职工1.67万人，固定资产16亿元，校舍192.96万平方米。组织35所民办幼儿园负责人参加了省民办教育协会主办的管理专业培训班。加强了对外交流与合作，接待了10余个国家和地区师生来访。本市现有16所具有聘请外教专家资格学校，共聘请外籍教师9人。

【职业教育】 全年中职招生34917人，完成率105%。全市现有中等职业学校76所，在校生10.02万人，技工学校38所，在校生1.7万人。组织校长、教师培训和评优、评先工作。精选264名校长、骨干教师参加了各级各类职教培训和“青年教师企业实践项目”培训。23名教师被评为“达尔杯”第二届“河北省中等职业学校骨干教师”，50名教师被评为“2013年保定市中等职业学校骨干教师”。33名优秀教师参加了全省中等职业学校信息化教学大赛，20名教师获奖，一名教师代表河北省参加了全国信息化大赛并获一等奖。在河北省中等职业学校学生技能大赛中，本市27个代表队获团体一等奖、41个代表队获团体二等奖、42个代表队获团体三等奖；638名学生分获一、二、三等奖，129名教师获优秀指导教师，获奖数量名列全省前茅。围绕地方支柱和特色产业的发展需求建设品牌专业，加快实用型人才培养，提高学生技能和服务经济建设的能力。全市职业学校累计选送2.01万人次毕业生到京津实习就业，颇受好评。毕业生就业率保持在98%以上。阜平、涞源两县参评国家级农村职业教育与成人教育示范县，10月底通过了省专家组的评估检查；阜平县职教中心、涿州市职教中心通过了省教育厅创建“国家级示范校”评估验收。全市列入创建国家中等职业教育改革发展示范校6所，其中3所已通过验收，建成国家和省重点中等职业学校46所，全市县级职教中心在省内率先全部跨入省级重点中等职业学校行列。在国家机关事务管理局的大力支持协调下，一汽集团、上汽集团、长安汽车、比亚迪汽车4家企业依托阜平县职教中心帮扶建立了汽车实用人才培训基地“阜平梦翔汽车培训基地”。同时，整合职业教育资源，由阜平县、涞源县、涞水县、易县、曲阳县、唐县、顺平县、望都县、博野县共同成立“保定市九县职业教育协作区”，年内招生698人。

【德育与素质教育】 学校德育坚持以养成教育、民族精神教育、诚信教育、法制教育、心理健康教育为重点，全面开展中小学德育，效果明显，在全省介绍德育工作经验，得到《中国德育》《河北德育》刊载和省教育厅肯定。组织班主任基本素质比赛，选拔优秀选手赴省参赛全部获奖，位居全省前列；参加“学习雷锋做有道德的人”系列读书教育活动中小学生90多万名，列全国、全省双第一，被中宣部、教育部等部门授予组织特等奖；拓展基地，中央彩票公益金支持的示范性综合实践基地项目落户本市，获支持资金3220万元，并开始筹建；评选推荐11个乡村学校少年宫获省通过，全市总计32个，争取资金690万元；以国家级1个、省级4个居全省前列。体育坚持群体与特长、课内与课外、全面与特色、活动与竞赛“四结合”，探索体育工作新思路。7.5万名考生参加体育中考，做到了公平、公正、公开；实施《学生体质健康标准》并认真监测，数据直报国家数据库成功率90%；组织了第十届全市中学生运动会；承办了全省校园足球总决赛。全省首届阳光体育大会在本市召开，获得2个第一，2个第二。组织评选优秀体育科研论文报全国十四城市评委会参评，获一等奖2篇、二等奖6篇、三等奖15篇。艺术教育扩展形式和内容，引领艺术教育发展。组织第四届中小学生艺术展演工作，参加全国、全省表演、创造作品和教育论文三类十项比赛，5个单位和9件作品及指导教师获教育部表彰；41件作品、21篇论文、15个单位、10名个人获省表彰。申报定兴县成为全国农村学校艺术教育试验县。认真开展国防教育活动。开展国防教育知识竞赛，以高中组、初中组两个第一、小学组第三的佳绩夺得全省冠军。组织部署并完成了“人防”教育考核、评优工作。加强预警，积极开展爱国卫生运动，消除疾病传染源；制定了《重污染天气应急预案》和《督导检查方案》，开展了“防控污染天气，师生人人行动”活动。

【高等教育】 保定市素有“大学城”的美誉，年内，现有高校17所，教职工18647人，在籍学生259287人。除省会城市和计划单列市，保定市高校数量和大学生万人拥有量在全国城市中居首位。其中有部属院校2所（华北电力大学、中央司法警官学院），省属5所（河北大学、河北农业大学、河北金融学院、河北软件职业技术学院、河北工艺美术职业学院），市属5所（保定学院、保定职业技术学院、保定幼儿师范高等专科学校、保定广播电视大学、冀中职业技术学院），民办2所（河北科技学院、中国地质大学长城学院），企业办学1所（保定电力职业技术学院），在保定设校区的院校2所（中国劳动关系学院、北京财贸职业学院均在涿州市设校区）。市属高校发展迅速。年内市属高校全日制招生9229人，其中保定学院录取全日制本专科生4542人，录取分数居省内同类院校前列，招生范围扩大到15个省；电大全系统招生13259人，连续三年突破万人大关，占全省1/4强，保定电大被河北省教育厅授予“河北省教育工作先进集体”。保定学院5个专业通过学士学位授权专业评审，新增省级重点学科2个，新增国家自然科学基金项目2项，省级自然科学基金项目1项。保定职业技术学院已取得2门国家精品课程、10门省级精品课程。中央财政支持的国家级改革建设项目现代农业技术实训基地和机电一体化实训基地建设、网络技术专业和电视节目制作专业顺利通过验收。冀中职业学院基本完成中央财政支持建设的汽车检测与维修专业实训基地项目。

【教师培训提高教育】 抓好市、县级教师培训机构和省级达标（示范）校建设工作，15所县级教师培训机构通过省示范校评估，4所县级教师培训机构通过省达标校评估，占全省的36%，4所县级教师培训机构达到了省达标校标准，在全省位居前列。

建成中小学专业发展学校示范校71所。先后组织10万多名教师分别参加了市级骨干教师培训、新课改培训和教师全员职务考核、综合教育技术考试等。通过组织教师参加各类专业培训，促进教师队伍整体水平的提高。全市现有特级教师115人，全市小学、初中、高中专任教师学历合格率分别是99.88%、99.63%和94.82%。

【教师队伍均衡建设】 各县（市、区）公开招聘教师669名，有效缓解了农村义务教育阶段学校专任教师紧缺状况。保定市第十七中学和保定师范附属学校通过公开招聘补充教师79名，有效缓解了学校师资压力。经过严格笔试、面试，新增特岗教师860人。2010年服务期满、考核合格的特岗教师留任355人，有效缓解了易县等8县农村教师紧缺的问题。全市共选派964名城镇教师到农村支教。根据省、市统一安排，出台了《关于支援阜平县学校教育工作的实施方案》，首批组织17个县（市、区）和市直14所学校的150名优秀教师赴阜平开展支教活动。市教育、财政、人社等五部门制定下发了《保定市边远贫困地区、民族地区和革命老区人才支持计划教师专项计划实施方案》，增派83名优秀教师到阜平、涞源、涞水等9个山区或贫困县参加支援农村教育工作，确保了国家和省确定的边远贫困地区和革命老区教育帮扶的全覆盖。

【大力加强师德师风建设】 广泛开展了争做教书育人楷模（讲正气，树师德，做最美教师）、争创师德建设优秀单位活动，形成了无私奉献、教书育人的良好风气。年内，组织了“保定市教书育人楷模”和“保定市师德标兵”的评选工作，6名校长、8名教师分别被市政府授予“保定市突出贡献校长”和“保定市教书育人楷模”称号，记二等功；162名教师被市教育局和人社局授予“保定市师德标兵”称号，记三等功。

【教育经费保障更加有力】 义务教育经费保障机制改革不断深入，教育基础保障能力明显增强。近年来，全市教育经费年均增幅在15%以上，全年，全市教育经费总投入98.44亿元，有力保障了各级各类教育发展经费的落实。通过完善教育支付体系建设，确保农村义务教育经费按时、足额拨付。年内，落实农村义务教育公用经费55344万元，落实贫困寄宿生生活费资金2794.96万元。

【教育项目建设取得新成效】 投资1.5亿元的市直九年一贯制学校项目已竣工并投入使用，有效解决了市区中低收入居民和失地农民子女就近入学问题。近5年大力推进实施中小学校舍安全工程，累计投入资金34亿元，加固改造校舍面积358万平方米。全年，全市完成任务量30.14万平方米，实际完成投资4.62亿元，完成改造35.77万平方米，超额完成建设任务。投入资金4780万元，完成维修改造面积4.4万平方米，全面消除了D级危房，受到了省政府的表彰。

【教育信息化建设】 截至年底，全市用于中小学信息技术教育资金总额达9亿多元，全市基本上普及了“校园网”，信息技术教育全面普及，全市信息化初具规模。网络教学资源进一步丰富，可共享资源总量接近1000GB。启动实施了“教学点数字教育资源全覆盖”项目，争取国家资金588.8万元，为全市农村义务教育阶段736个教学点配备数字教育资源接收和播放设备736套（其中为9个贫困县配备516套，资金412.8万元）。携手保定联通和TCL开展了“幸福冬天爱心助学”为山区学校捐献TCL电视微公益活动。现代教育技术实验校和示范校建设有新突破，全市建设国家级现代教育技术示范校1所、省级示范校14所、实验校45所，市级现代教育技术示范校41所、实验校181所。全面提高中小学信息技术教育质量，全市73671名学生参加信息技术中考，及格率96%。教育信息化研究成果显著，年内获得国家和省级各种教育信息化研究与应用国家奖项12项、省级奖项182项。

【扎实开展教研活动】 坚持文化立校、科研兴校，不断深化新课程改革，扎实高效地开展新课标、新教材培训活动。开展了教研员讲座，组织80人外出学习先进经验，6人参加了省版教材的修订及省中考命题工作；4人参加省市级“国培”讲座等。年内发表论文10余篇；承办了高中语文等学科的河北省优质课比赛活动。年人均听课、评课近70节，组织了多学科多学段的送课下乡活动；组织学科中心组活动100余次，组织各学段、各学科教师、教研组长等培训80余次等，全年培训教师超过1万人，提高了教师驾驭新教材的能力。通过下乡送课、活动交流、教学评价等形式，为农村教师搭建研修交流平台，提供优质教学资源，促进了城乡教育均衡发展。申报了河北省教育科学“十二五”规划2013年度课题125项，42项课题获得批准，其中省级重点课题8

项，省青年专项课题1项，省级立项课题33项。

【大力落实惠民实事】 贫困生资助体系日趋健全，认真开展了金秋助学等活动，筹措资金1亿多元，资助家庭经济困难学生10多万人。“特困学生救助基金”经多方论证，广泛征求意见，已形成政策框架。通过加快食堂建设进度，加强学生实名制信息管理，监测评估学生营养状况和加大培训、宣传力度，确保了营养改善计划顺利实施。全年共落实8个集中连片特殊困难县农村义务教育学生营养改善计划资金1.5亿，惠及25.7万名学生。完成了“7·21”洪灾后学校恢复重建工作，省定52所学校建设项目已全部竣工投入使用，受到市委市政府表彰。实施智力扶贫，积极开展农民实用技术培训。以开展“送教下乡”为着力点，充分发挥乡（镇）成人学校的主阵地作用，开展农村实用技术培训。全市完成农村实用技术培训30多万人次，其中9个贫困县接受过各种培训的农民9.86万人次，促进了农村劳动力转移和农民脱贫致富。深入调研，摸清底码，编制山区寄宿制学校规划。为解决贫困山区学生上学远、上学难的问题，在深入调查研究的基础上，制定《山区义务教育寄宿制学校建设三年行动计划》，坚持先深山区、后浅山区的原则，利用三年时间推进山区义务教育寄宿制学校建设。

【教育综合评估成效明显】 对照省定标准，加强过程性督导。通过专题会议、现场调度、实地督查、专项督导等形式，逐一对迎接省综合督导评估的涿州、定兴、唐县、顺平、阜平、高新区、白沟新城和涞源8个县（市、区）进行了督促检查，做到了全面督导与专项督导、定期督导与随机督导、省级督导与市县级督导的有机结合，取得了良好的督导评估效果。24个县（市、区）及高新区、白沟新城于年底全部通过省评估验收。推进义务教育均衡发展，加快标准化学校建设及其评估认定工作，标准化学校所占比例突破40%，超额完成目标。

【党建工作全面推进】 加强了基层组织建设，科学制定党建工作目标，落实了党建工作责任制。开展了评选优秀党务工作者活动，激发党务干部的责任感和荣誉感。抓好领导班子和干部队伍建设。指导19个直属基层党组织全部召开了民主生活会。培训直属学校、单位领导干部及优秀中层干部80名，按规定依程序调整了8名直属学校和事业单位领导干部。建设高素质党员队伍，深化了“双评一公开”活动，110名党员和党务工作者受到市直工委、局党委和局机关党委表彰。严格按照条件和程序发展党员75名，58名党员按期转正。组织开展了解放思想大讨论活动。制定了《实施方案》，召开了动员大会，形成了对标方案，有力推进了教育系统工作扎实落实。深化了亲民爱民和群众工作站活动。组织机关副科级以上干部对帮扶对象进行了2次走访慰问活动，为贫困户和困难学生送去慰问金1万余元。扎实推进了基层建设年和农村面貌改造提升活动，投入资金6万元。

【党风廉政建设取得新成效】 落实了党风廉政建设责任制，与各县（市、区）教育局和市直学校、事业单位主要负责人签订了党风廉政建设责任书。加强了反腐倡廉教育，推进了廉政文化进校园。正风肃纪工作扎实有效，大力推进机关的效能建设，解决了工作作风等相关问题。行政权力运行监控机制建设不断完善，及时主动公开涉及群众切身利益的相关信息，“三类事项”由原来的53项清理保留为43项。解决损害人民群众利益的突出问题，4次参加“行风热线”，妥善解决群众反映的问题13个。查处了一批违纪案件，给予党政纪处分13人，通报批评10人，诫勉谈话6人，取消各种评优资格6人。

【确保学校安全稳定】 以创建“依法治校示范校”和“平安学校”活动为载体，深入开展了“法制安全教学实践创新”活动，对学校安全工作高度重视，层层落实责任制，确保师生安全和教育系统稳定。全市有3928所学校（含幼儿园）设置了安全工作机构，3799所学校（含幼儿园）安装了视频监控系统，1352所学校（含幼儿园）安装了一键报警系统，191所学校（含幼儿园）与当地公安机关联网，3782所学校（含幼儿园）配备了物防器械。创建省级“依法治校示范校”17个和市级“依法治校示范校”40个。开展了多种形式的法制教育，组织全市10万名教师参加了省教育厅组织的法律知识学习和考试。修订完善了《保定市学校突发公共卫生事件应急预案》等8个预案，规范了应急管理工作。针对重点时段、重点任务，全年多次组织安全大检查，有效防范了校园安全事故的发生。协调做好治安治理，全市配备法制副校长600多人，辅导员1800多人。强化了交通秩序整治，联合市交警部门对市区学校交通环境进行了集中治理，组织学生、家长和学校共同开展“交通安全教育示范学校”创建活动。

【语言文字工作顺利推进】 在第16届全国“推普周”和省“双推月”期间，各地各校通过广泛宣传，在社会上形成了“说普通话、写规范字”的良好氛围。开展三类城市语言文字达标创建工作，曲阳、涞源、阜平、易县四县通过了省三类城市语言文字达标评估验收，在全省处于领先位置。全市创建省级语言文字规范化示范校28所、市级示范校107所。全市进一步完善普通话水平测试管理，全年完成培训测试18220人次。

【教学设施建设呈现新局面】 发挥实验操作考试的导向作用，举办了教师实验操作技能竞赛、小学科学探究性试验课评比和教育装备论文评比，引导教师注重培养学生动手能力。本年初中毕业与升学考试实验操作考试分值由10分提高到20分，经过精心组织、周密安排，完成全市73671名初中毕业生的实验操作考试工作。促进了中小学图书馆建设升级进位，通过举办阅读指导课评选和丰富多彩的读书活动，提高了中小学图书使用率。年内全市建成省一级图书馆44个，接受省一级馆复查的学校80所，全部通过达标验收。

【校办产业效益取得新提升】 实施“学校劳动实践场所建设攻坚年”，有66所学校劳动实践场所达到了市级标准，市级学校劳动实践场所206所，完成“十二五”计划的69%。组织开展了丰富多样的勤工俭学活动，规范和完善了教育内部市场。

【精细管理教育人才】 严格落实人事政策，规范人才流动程序，开展创优服务质量活动，为民办学校教师队伍素质提升和教育系统人才流动提供了有力保障，全年为5000余名民办学校教师、国办学校外聘教师和教育系统流动人员落实了档案工资、社会保险、职称等待遇。

【教勘工作规范有序】 勘测队创新管理模式，激发职工干劲，全年完成岩土工程项目140项，收入40余万元。做好了教育系统生活区管理工作。

【工青妇和老干部工作成绩突出】 共青团工作不断强化团组织自身建设，加强了团员青年的学习教育。涌现出38个省、市级先进集体和先进个人。通过多种有效载体，开展了团员教育活动。工会工作积极开展特困职工救助活动，通过丰富多彩的活动，活跃了教职工业余文化生活。妇女工作深化“巾帼建功”活动，授予81人和15个妇女组织“市直属学校（单位）三八红旗手”“市直属学校（单位）先进妇女组织”等荣誉称号；组织了“杰出女性进校园”活动；开展了巾帼志愿服务活动。计划生育工作符合政策生育率达100%，全面落实了计生惠民政策，市局被评为“全国维护妇女儿童权益先进集体”。老干部工作认真落实老干部政策，开展了喜闻乐见的老教协会活动。被省老教育工作者协会授予“老龄工作先进单位”；被教育部关工委授予“主题教育活动先进集体”，被省委省政府办公厅表彰为全省关心下一代工作先进集体。

（陈铁深　侯文生）

【保定市教育考试院】 全年，市教育考试院组织61986人参加高考，15288人参加研究生考试，111425人参加高中学业水平考试，74954人参加初中毕业及升学考试，24719人参加自学考试，16311人参加成人高考，153919人参加大学英语四、六级考试，38510人参加计算机等级考试，9823人参加教师资格证书考试，1000余人参加各级各类社会等级考试，为空军招收飞行员16名。考生总数达60余万人。完成全年21次各类考试组织工作，实现了零上访和零投诉。

【标准化电子考场建设】 投入资金775万元，对市指挥中心进行了改造、对22个县级指挥中心进行建设（县级指挥中心重点建设了视频会议和考务指挥中心（含巡查中心）两大系统）；对基础网络建设和已建系统进行更新升级，实现了与国家教育考试考务管理与服务平台系统的互联互通，实现了国家、省、市、区县四级视频会议；自筹资金50万元在市区追加建设了1个标准化考点，50个电子考场。

【招生考试队伍建设】 对参与各级各类招生考试工作的人员全部实行了《资格证书》制度和微机辅助管理。目前在册的兼职考试工作人员2万余名。全年组织各级涉考人员的大型培训15次。

【安全保密工作】 建成了高规格的试卷保密室和考试指挥中心，多方位安装高清摄像头，确保了保密室和试卷流转区域监控无死角。考试期间聘请公安人员和武警战士与考试院共同负责保密室安全保卫，实行24小时值班和零报告工作制，视频监控设备和报警器全天开启，每6小时对所有考试视频进行回放。市县两级保密室已实现与国家、省指挥平台的联网，教育部、省考试院可随时查看本市及22个县（市）保密室的工作情况。

【考试环境净化工作】 4月下旬至5月上旬，对各县（市）及市区有关中学进行“考风考纪教育月”、保密室建设及高考听力设备情况大检查。高考前参与全市开展的打击销售作弊器材、净化涉考网络环境、考点周边环境整治等三项集中行动，严厉打击替考、利用高科技手段作弊和群体性考试舞弊行为。

【帮扶工作】 考院帮扶工作小组进驻到涞水县宋各庄乡郭各庄村进行为期一年的驻村帮扶活动；加大对相对贫困县招办（阜平、涞源）的资金投入力度，缓解资金不足、办公条件简陋，工作人员积极性不高的问题；筹资近10万元帮助解决两个村基础设施落后的问题，帮助安阳村小学建设了一个200平米的学校食堂。

【表彰奖励】 招飞工作获得北京军区空军司令部的表彰；连续第九年获得保定市委、市政府授予的“政绩突出单位”；考院党支部连续八年被授予保定市“优秀基层党组织”称号，纪检工作获得政绩突出单位。获得国家级奖励1项，省级奖励5项，市级奖励3项，整体工作继续保持全省先进。

（韩伟强）

部分高校简介

【华北电力大学】 华北电力大学是教育部直属国家“211工程”“985工程优势学科新平台”重点建设高校，是教育部与国家电网公司等七家特大型电力企业集团组成的校理事会共建的全国重点大学。学校创建于1958年，原名北京电力学院。1969年由北京迁至河北，先后更名为河北电力学院、华北电力学院。1995年与北京动力经济学院合并组建华北电力大学，校部设在保定，分设北京部分。2003年3月，华北电力大学由原国家电力公司划转教育部管理，正式成为教育部直属高校，并由国家电网公司、中国南方电网有限责任公司、中国华能集团公司、中国大唐集团公司、中国华电集团公司、中国国电集团公司、中国电力投资集团公司等七家大型电力企业集团组成的校董会与教育部共建。2005年9月，华北电力大学被正式列入国家“十五”“211”工程建设高校行列。2005年10月，经教育部批准，华北电力大学校部由设在保定变更为设在北京，分设华北电力大学（保定）校区。两地实行实质性一体化管理。

学校设有电气与电子工程学院、能源动力与机械工程学院、控制与计算机工程学院、经济与管理学院、环境科学与工程学院、可再生能源学院、核科学与工程学院、数理学院、人文与社会科学学院、外国语学院等十大学院，设有58个本科专业。学校拥有“电力系统及其自动化”“热能工程”2个国家级重点学科、23个省部级重点学科，有5个博士后科研流动站，5个一级学科、30个二级学科博士学位授权点，23个一级学科、123个二级学科硕士学位授权点。此外，学校具备MBA和工程硕士专业学位授予权，形成了培养本科、硕士、博士的完整教育体系。

学校拥有一支积极进取、素质优良、结构合理的高水平师资队伍。现有专职教师1806人，其中中国工程院院士1人、双聘院士4人、国家“千人计划”6人、国家“青年千人计划”1人、“国家高层次人才特殊支持计划”2人、“973”首席科学家5人、国家级教学名师1人、国家杰出青年科学基金获得者6人、“长江学者”4人、国家“百千万人才工程”8人，28人入选教育部“新世纪优秀人才支持计划”，4支团队列入教育部“长江学者和创新团队发展计划”。

【学科建设】 学校全面加强学科内涵建设。启动了新一轮学科建设的调研和规划论证工作，以学院为单位对学校23个一级学科进行了专项调研，为下一步的学科规划工作奠定了基础；成立了文科建设工作小组，调研并起草文科建设规划方案。省级重点学科建设成果丰硕，电气工程、技术经济及管理、清洁能源学3个学科验收结果优秀，优秀率达43%。

【人才队伍建设】 学校深入实施“大人才”发展战略，着力推进师资、干部、员工三支队伍的建设。创新人才工作体制机制，独立设置人才工作办公室，初步建立了集人才计划、执行与评价三位一体的人才工作体系。继续推进和深化劳动人事制度改革，优化聘任制度设计，强化以绩效考核为导向的激励制度，调动了教师的工作积极性。加大人才工作力度，实施高层次引进人才绩效跟踪报告制度；年度引进3名“千人计划”学者、1名“973”首席科学家、1名国家杰出青年基金获得者；申报获批包括“千人计划”学者、“长江学者”特聘教授、百千万人才国家级人选、中青年科技创新领军人才等在内的各类人才计划共53人次。加大青年教师的培养力度，完成全员岗位分级聘任和专业技术岗位人员聘期考核工作，启动新一轮“创新人才支持计划”。

【教育教学】 学校不断深化教育教学改革，强化教育教学过程管理，稳步提升人才培养质量。全面修订《本科专业人才培养方案》，深入实施“卓越工程师计划”。加强本科教学工程三级体系建设，3门课程入选国家级精品视频公开课和资源共享课，2部教材入选省部级精品教材；新增国家级及省级实验教学示范中心各1个，省部级示范性校内创新实践基地1个，2个国家级和6个省部级实验示范中心通过验收。启动教师教学能力提升工作，构建三级教学名师资源体系，教学团队建设项目入选教育部示范项目。编制《本科教学质量年度报告》，推进本科生学业预警与课业辅导。以“质量”与“创新”为主题，进一步提高研究生培养质量和核心竞争力，强化研究生学术交流；推进与新疆生产建设兵团联合培养研究生工作。

教育教学质量成效显著。1篇学位论文获得全国百篇优博提名，8项成果获省部级高等教育教学成果奖，13个项目获省部级教改立项。学生创新创业能力又有新的提升，全国大学生数学建模大赛一等奖获奖数目跃居全国首位，“绿色电力美丽中国行”获团中央专项社会实践活动先进团队奖。群众性体育运动蓬勃开展，艺术教育国际化工作进一步推进，在高水平运动竞赛及艺术大赛中屡获佳绩，获得中国大学生足球联赛北区（校园组）冠军。学校生源质量整体呈良好的上升趋势，就业率和就业质量持续保持在较高水平。

【科学研究】 学校进一步完善科研管理制度体系，增强科技创新能力，提升学校办学实力。科研经费继续增长，年度科研经费达5.71亿元；承担国家重大专项、三大科技计划项目及国家自然科学基金项目120项；“新能源电力系统国家重点实验室”顺利通过首次国家评估，被认定为“新能源电力系统国际科技合作示范基地”；火力发电国家工程技术研究中心以优秀成绩通过验收。新增3个省部级重点实验室及重点研究基地；稳步推进“智能电网协同创新中心”建设与认定申报工作；完善大学科技园管理体制和运行模式。

科研成果的数量和质量双线提升，科技论文发表在全国高校排名持续攀升。获国家科技进步奖二等奖1项、教育部科技进步奖一等奖1项、中国电力科学技术奖一等奖2项、河北省社会科学优秀成果奖一等奖1项；专利申请和授权数量不断增加；科技成果转化与产业化工作取得新的进展。

【合作交流】 大学理事会工作取得重大突破，成功组建以国家电网公司等七大电力央企及中电联、华北电力大学九家单位组成的第二届大学理事会，为学校“校企合作兴校之路”战略的落实构建了长效工作机制，形成了全行业支持学校办学的新格局。学校与新疆生产建设兵团、中国大唐集团、英大传媒集团、英利集团、济南市等加强合作；成功举办第三届“现代能源发展论坛”；以“校友创新创业研发中心”为载体，积极拓展校友企业合作项目；鼓励科技成果产业化，孵化科技型企业2家。引智工作获得进展，新增1个、滚动支持1个“高等学校学科创新引智基地”，学校“111”引智基地总数达到4个。电气工程及其自动化中外合作办学项目成功通过教育部评估；上海合作组织大学能源学科引智工作继续推进；与剑桥大学共建“全球可持续发展中心”；与美国西肯塔基大学联合举办的孔子学院被评为先进孔子学院。学校继续教育工作保持良好的发展势头，电力行业远程继续教育网络平台建设初见成效；教育基金会合同额首次突破亿元大关。

【学生工作】 扎实有效地开展大学生党建与思想政治教育品牌活动，深入推进“中国梦宣讲”“红色1+1”“绿色通道1+1”“对话成长”“绿色氧吧”朋辈辅导、“前沿&创新”学术论坛等活动。加强专兼职学工干部队伍建设，开展了学工干部“磐石计划”，推动了辅导员队伍与思政课专业教师的交流与合作，加强了研究生师生协同化教育管理队伍建设，编撰完成了学生工作干部系列工作手册，不断提升学工干部业务素质和科研水平；通过多项措施深入推进学业辅导，切实加强学风建设；加强学生党团组织、学生社团、班集体、宿舍等基层组织建设。

【条件保障】 深化后勤管理体制改革，加大管理工作力度，进一步提高服务质量和水平。推进“校园一卡通”工程建设，完成无线校园网二期工程、大学网站群平台项目和网络信息监督管理与安全防控体系建设；加强大型贵重仪器设备共享及实验室技术安全管理，完善招投标管理信息系统及内控制度建设；完成了档案标准化制度、档案信息化、档案设备购置与库房改造工作；进一步改善师生就医环境，增强服务师生健康的综合能力。校园规划与建设扎实推进。校园基础设施进一步改善，二校区集中供热改造工程完成并投入使用。进一步强化了财务管理工作，财务状况良好，国有资产持续得到保值增值，保证了学校重点工作与重大建设项目的投入，教职工收入持续稳步增长。

（赵颖涛）

【河北大学】 河北大学是河北省唯一一所由国家教育部和河北省人民政府共同建设的重点综合性大学。学校占地2880亩，建筑面积110万平方米。设有28个二级学院，有90个本科专业；190个硕士学位授权点、19个硕士专业学位授权点；37个博士学位授权点和8个博士后科研流动（工作）站。拥有1个国家重点（培育）学科和4个河北省高校国家重点培育学科、4个河北省强势特色学科、18个河北省重点学科；拥有1个新能源光电器件国家地方联合工程实验室，1个教育部重点实验室，1个教育部省属高校人文社会科学重点研究基地，10个河北省重点实验室（基地）。建有2个国家级实验教学示范中心、6个国家特色专业，2个省级协同创新中心、2个省级哲学社会科学研究基地、1个省级文化产业研究基地、1个省级非物质文化遗产研究基地。学校还是国家级卓越法律人才教育培养基地、国家大学生文化素质教育基地、国家级专业技术人员继续教育基地和全国高校首个延安精神教育基地等。

【中西部高等教育振兴计划】 本年度，学校被列入中央专项资金支持序列的第一梯队。组织召开提升综合实力实施方案论证会，对提升综合实力工作的“六大工程”和十个“核心项目”进行了集中论证，从项目设计、修订方案、实施开展进度以及2013年执行计划等进行了梳理、讨论，并提出修改建议和完善措施。参加教育部“中西部高校提升综合实力”论证意见反馈会。编印了《“提升综合实力”规划实施方案汇编》《“提升综合实力”规划项目表》《“提升综合实力”规划指标表》和《“提升综合实力”工作简报》。

【省部共建】 充分利用“省部共建”平台，增强与“省部共建”高校之间的交流与协作。参加教育部共建工作会议，结合学校发展实际，就深化省部共建工作，建立共建高校长期合作机制进行探索。河北省人民政府与国家国防科工局共建河北大学，重点支持学校国防特色学科和专业，以及国防重点学科实验室建设，对国防特色学科、专业、实验室和创新团队的建设与发展给予重点扶持，对国防科研项目给予政策倾斜。学校建立健全了相关组织机构，成立国防科技保密办公室，初步完成保密室与涉密室的建设与改造、涉密人员的定密工作。

【学科建设】 学科方向进一步凝练，学科特色日益鲜明。化学、光学工程、中国语言文学3个学科获批河北省高校国家重点学科培育项目，动物学比照河北省高校国家重点学科培育项目同等建设。附属医院获批设立博士后科研工作站，成为保定市唯一一家设立博士后科研工作站的医疗机构。汉语言文字学、肿瘤学、新闻学新增为河北省重点学科，9个学科顺利通过全省高校重点学科评估，中国哲学获“优秀”成绩。

【教学工作】 本科教学工程建设取得丰硕成果。财政学、光电信息科学与技术获批国家专业综合改革试点，化学与环境科学学院获批省级综合改革二级学院试点；自动化、测控技术与仪器专业获批为国家级卓越工程师教育培养计划；《大学英语》《中国古代文学》获得国家级精品资源共享课立项资助，《新闻采访与写作》获得省级精品资源课程资格，《中学生认知与学习》《教育研究方法》《现代教育技术应用》3门课程获得教育厅教师教育资源共享课资格。获批国家级大学生科技创新项目30项，省级大学生科技创新项目60项。获得省级教学成果奖11项。政法学院、经济学院校外实践教育基地获得国家级教学实践基地称号，物理科学与技术学院校外实践教育基地获得省级教学实践基地称号。1篇博士论文获得全国优博提名奖。与中国科学院动物研究所签署联合培养“生命科学星辰班”协议，成为中国科学院与高校签署的首个科教结合、协同培养高层次人才的协议。成人学历教育招生规模稳步扩大，招生人数连续五年实现持续增长，2013年招生11584人，继续在全省保持领先地位。积极推进非学历继续教育，获批成为国家级专业技术人员继续教育基地，成为全省第一个和唯一一个国家级专业技术人员继续教育基地。

【师资队伍建设】 积极探索人才引进新机制，采用“全职”+“双聘”+“团队”相结合的模式，加大人才引进力度。先后引进院士2人（特聘），国家“千人计划”专家1人，“长江学者”特聘教授2人，“国家杰青”3人。其中，全职引进国家“千人计划”专家麦耀华，实现了学校高端人才引进的突破。同时，引进优秀人才38人，其中具有正高级职称的博士17人，海外高层次人才11人。新增教育部新世纪优秀人才1人，教育部百名优秀创新人才5人，河北省“百人计划”专家1人，河北省有突出贡献中青年科学技术管理专家7人，河北省高等学校创新团队领军人才培育计划3人，河北省中青年社科专家五十人工程1人，河北省杰出青年基金3人，河北省“三三三人才工程”一二层次人选第一层次人选2人，首批“河北省青年拔尖人才”13人。2人入选河北省杰出青年基金项目。新增国家社科基金评审委员2人；“全国卓越新闻传播人才教育培养指导委员会、专家委员会”委员1人。

【科学研究】 社会科学、自然科学类项目分别比上年度增长22%、17%，均达到历史最好水平。社科方面，获省部级项目106项；自然科学方面，承担各级各类项目207项，资助总经费近5000万元，共有5个项目资助经费单项超过200万元。三大检索收录我校论文596篇，收录论文总数在河北省高校稳居首位。其中SCIE论文收录数达304篇，在全国排名第102位，在全省位居首位；SCI、EI论文收录数均进入全国排名100强。社会科学获教育部第六届高等学校科学研究优秀成果奖4项、第十三届河北省社科优秀成果奖30项、第八届社科基金优秀成果奖9项。3种图书入选全国首届优秀古籍整理图书目录。获得2项省级科技成果奖励，其中自科学三等奖1项，科技进步二等奖1项。申报专利70项，获得授权发明专利25项。

【社会服务】 积极响应保定市“全民创业行动”活动，与保定国家高新区管委会合作建设“保定市大学生创业示范基地”，大学科技园总面积达到1.28万平方米。科技园特色日益鲜明，重点发展文化产业和设计产业，先后成为省级文化产业园、省级设计产业园，扩大了在全省的影响力。承办风帆股份有限公司英语培训班，与保定微聚合成材料有限公司、保定汇智达汽车散热器有限公司、保定古城香业有限公司、河北狼牙山中凯集团、荣毅集团、中康韦尔有限公司等签署合作协议。学校驻村工作组到沧州市南皮县王寺镇许庄子村和潞灌乡刘奇家村开展为期一年的驻村帮扶工作。

【国际交流与合作】 成功申报河北省第一个中外合作办学机构——河北大学－中央兰开夏传媒与创意学院，以及第一个中外合作办学项目——河北大学与爱尔兰国家学院合作举办人力资源管理专业本科教育项目，实现学校国际化办学的重大突破。实施学校与爱尔兰国家学院、美国西肯塔基大学项目合作模式，在新生中采取自愿报名、组织选拔的方式，组建合作培养班。巴基斯坦籍外教阿米娜获得2013年河北省政府“燕赵友谊奖”。与美国艾奥瓦大学签署校际交流协议。继续承担河北省－日本长野县研修员项目，接受3名长野县研修员，医学部1名教师赴长野县研修。

【管理创新】 国际交流与教育学院独立建制；成立孔子学院工作处，与国际合作处合署办公。发展规划与政策法规办公室更名为发展规划办公室，研究生学院更名为研究生院，马列主义教学研究部更名为马克思主义学院。整合教务处、人事处、教育教学质量评估办公室有关师资工作，成立教师教学发展中心。后勤集团获得“河北省服务质量奖”“河北省名牌奖”，餐饮公司、易百公司、幼儿园等分别获得全国行业荣誉称号。

【办学条件】 新校区图书馆项目获得立项并开工建设，医学部教学楼开工建设。医学部运动场竣工投入使用。启动科研实验楼的前期准备工作。继续加大基础设施建设和维修改造力度，校园环境进一步改善。完成第八教学楼多媒体教室建设，增建多媒体教室21间；完成综合楼自动录播教室建设，实现部分课程的全程、全方位录播。完成留学生公寓和餐厅的改造，改善了外籍专家和留学生的生活环境。成立国际交流服务中心，进一步整合了集团的接待服务资源。

【校园文化】 校园科技文化体育活动蓬勃开展。在“挑战杯”大学课外学术科技作品竞赛等重要赛事中获得130多项全国性赛事奖励。创业、就业工作扎实推进，开设创新教育课堂48个，组织招聘会600余场，毕业生年终就业率达到95%。学生资助工作扎实推进，拓展社会勤工助学岗位3000多个，发放社会资助130多万元。心理健康教育工作深入开展，完成5000多名新生心理健康普查，举办了75场心理健康拓展活动。137支社团组织开展200余场次文体艺术活动。招募西部计划志愿者11名和研究生支教团队员18名。关工委获评为全国“五好”基层关工委先进集体，河大社区获评全国“敬老文明号”，附属医院获得“全国卫生系统‘号、手’创建活动优秀组织奖”，全国“群众满意的医疗卫生机构”称号。

（高新文　苏国伟）

【河北农业大学】　河北农业大学始建于1902年（清光绪二十八年），是河北省重点骨干大学。到2013年，全校共有五个校区：保定东、西校区，秦皇岛校区、定州校区和渤海校区，校园占地320万平方米，建筑面积近127万平方米。全日制在校生规模45000余人，纸质型图书与文献200万余册，仪器设备值14.86亿元，附属实验农场330余公顷，林场2700余公顷。

现设27个学院。设有8个一级学科博士点（涵盖31个二级学科博士点），另有3个二级学科博士点；20个一级学科硕士点（涵盖62个二级学科硕士点），另有15个二级学科硕士点，85个本科专业。现有1个国家重点（培育）学科，1个农业部重点学科，1个国家林业局重点学科，4个河北省强势特色学科，16个省级重点学科，河北省高校唯一一个国家级工程技术研究中心——国家北方山区农业工程技术研究中心。28个省部级重点实验室（工程中心、基地、试验站）。另有计算机中心、现代教育技术中心、体育工作部等教学单位。出版有《河北农业大学学报》（自然科学版）、《河北农业大学学报》（农林教育版）、《FrontiersofAgricultureinChina》等学术期刊。

【学科建设】　新增土壤学、预防兽医学、风景园林3个省级重点学科，省重点学科达到16个。动物遗传育种与繁殖、动物营养与饲料科学、农产品加工及贮藏工程、农业机械化工程、结构工程、植物学、临床兽医学、农业经济管理8个省级重点学科通过省级评估，动物营养与饲料科学学科被评为优秀。在教育部2012年第三轮学科评估中，园艺学、林学和农业资源与环境3个学科跻身全国同类学科前十名。作物遗传育种、农业经济管理2个学科获得中央财政支持地方高校发展专项资金项目支持400万元。另外，还获得省强势特色学科建设经费800万元，省重点学科建设经费440万元，作物学科还获得河北省国家重点培育学科项目经费340万元。新增生物工程、艺术硕士2个专业学位硕士点，机械电子工程、经济统计学、软件工程3个学士学位授权点。新增博士研究生导师19名，硕士研究生导师60名。招收博士后2人，出站6人；2人获得省博士后科研项目择优资助。

【教育教学】　完成了试点本科专业实践能力培养方案（路线图）制订与实施，全面启动其余本科专业实践能力培养方案（路线图）、试点本科专业实践能力标准制订等工作。“地方农业院校本科专业实践能力培养路线图的研究与实践”获第六届河北省高等教育教学成果一等奖。

2个专业获批为国家级本科专业综合改革试点，2个校外实践教育基地列入国家级大学生校外实践教育基地建设项目，作物学新增为国家级实验教学示范中心，1个专业入选教育部卓越工程师培养计划。“园艺植物育种学”获得第三批国家级精品资源共享课立项，新增国家大学生创新创业训练计划项目25项，新增河北省大学生创新创业训练计划项目50项、省级“本科教学工程”项目10项，3个基地被列入省级大学生实践教育建设项目，计算机虚拟仿真实验教学中心被评为省级虚拟仿真实验教学中心。渤海校区列入河北省高等学校二级学院综合改革试点。

获第六届河北省高等教育教学成果奖11项，一等奖2项。新立河北省高等学校教育教学改革课题8项。1个课件获全国第十三届多媒体课件大赛、河北省教育教学信息化大奖赛河北赛区高教文科组一等奖，2个课件获河北赛区高教工科组二等奖。2门课程获省级精品资源共享课荣誉称号。

制订了《深化研究生教育改革实施方案》，确定了改革指导思想、目标、具体措施。完成新增专业博、硕士培养方案30个，并对原10个培养方案进行修订。在学位（毕业）论文重复率检测中，学术型硕士覆盖面46%、博士和全日制专业学位硕士覆盖面100%。1篇博士学位论文被评为2013年河北省优秀博士学位论文，6篇硕士学位论文被评为2012年河北省优秀硕士学位论文。成人教育录取新生3326人，成人教育在校生人数达到10551人。

录取本专科学生12338名，专接本考生416人，“一村一名大学生工程”单招考试录取32人。录取博士研究生53人，全日制硕士研究生755人，非全日制专业学位研究生298人。培养本专科毕业生11717名、硕士研究生658名、博士研究生27名。298人获得成人高等教育本科学士学位、4402人获得普通本科学士学位、890人获得硕士学位，27人获得博士学位。

【科学研究】　召开了学校科技工作会议，制定实施了学校《关于实施创新能力提升工程的意见》，并匹配了专项资金。组建了科学技术研究院。构建了6个协同创新中心和30个协同创新团队。“枣产业科技创新研究团队”

获“第二届华耐园艺科技奖”；5名教师入选河北省高等学校创新团队领军人才培育计划，2名教师入选首批国土部科技领军人才及杰出青年科技人才。在河北省首批实施的11个现代农业产业技术体系中，争取到9个产业领域岗位专家24名。依托学校承建的3个河北省重点实验室和4个河北省工程技术研究中心顺利通过省科技厅组织的评估，其中“河北省作物种质资源实验室”和“河北省山区农业工程技术研究中心”获得优秀，“河北省作物生长调控实验室”获得良好。“华北作物种质资源研究与利用”省部共建实验室通过教育部验收；组建了河北保定生态文明研究院。经科技部、教育部批准，成立了新农村发展研究院。经省教育厅、财政厅批准，成立了河北省棉花产业协同创新中心和河北省蔬菜产业协同创新中心。新立国家课题29项，省部课题199项，厅局级课题239项，科技经费达1.3亿元。取得科技成果106项，获省部级科技奖励45项，其中河北省科学技术突出贡献奖1项，省部级一等奖8项、二等奖11项、三等奖26项。审定植物新品种7个，授权专利37项，科技著作78部，三大索引论文达349篇。2篇论文入选“领跑者5000－中国精品科技期刊顶尖论文”。安排国内外专家学者来校做学术报告60余场，主办、承办大型学术会议10余次，鼓励、支持教师、科研人员参加学术会议50余人次。

【学生工作】 3名教师获得河北省第二届辅导员技能大赛特等奖；4名教师分获河北省高校辅导员工作精品项目评选活动三等奖和优秀奖。学校被评为2013年暑期河北省高校辅导员“大家访”活动先进单位，6名教师被评为先进个人，8名辅导员入选河北省高校骨干辅导员人才库。继续实施“领航工程”，聘请212名专任教师担任2013级班主任。143个班集体被评选为优秀学风班。安排家庭经济困难学生2400余人参加岗位勤工助学；45名学生获得国家奖学金，919名学生获得国家励志奖学金，6683名学生获得国家助学金。在“挑战杯”全国大学生课外学术科技作品竞赛中，15件作品获奖，其中1件作品获国家二等奖，2件作品获河北省特等奖。在全国航模比赛中获二等奖，在全国大学生节能减排社会实践与科技竞赛中3件作品获三等奖。1件作品在第三届中国杭州大学生创业大赛入选200强，学校获得河北省唯一一个“组织动员优秀奖”。1个团队参加河北省首届科技创新创业大赛并获得参赛高校唯一的一等奖。组织了4支省级重点团队，15支校级重点团队，75支专项调研团队，66支就业创业见习团队和500余支返乡实践团队，开展暑期社会实践。学校连续被评为“全国大学生千乡万村社会实践活动先进单位”，河北省大学生千乡万村社会实践活动先进学校，6支小分队被评为河北省先进小分队，26名师生被评为河北省先进个人，6篇调研报告被评为河北省“优秀调研报告”。成立了独立的大学生就业创业教育与服务中心。本专科就业率均达到94%以上。《学业规划与职业指导》课程，被教育部评为全国职业指导类示范性课程，是河北省唯一入选的本科高校。

【太行山道路】 承担河北省农业综合开发土地治理科技推广项目15项，签订横向科技合作项目116项，合同经费2600多万元。转化专利技术、新品种、新产品和新成果100余项，创社会经济效益上百亿元。与顺平县共建水果试验示范站，与隆化县共建燕山农业试验站，与饶阳、阜平、隆化、枣强、蠡县等签订了校县合作协议，与河北东源集团建立合作关系。新增“三结合”基地2个。对“三结合”基地核查调整后，现有“三结合”基地60个。与河北省扶贫办联合召开了对口帮扶31个科教扶贫联系县对接工作协调会，出台实施了《科教扶贫联系县帮扶工作实施意见》等系列举措。重点加强了阜平县、涞水县、枣强县、曲阳县等地的科教扶贫工作。在贫困县帮扶和支持了60多家企业，与30多家企业建立了紧密的科技合作关系。省长张庆伟对学校与怀来县长达20年的农业科技合作工作给予肯定。国务院扶贫办对学校在曲阳县的科教扶贫工作给予肯定，指出发展产业扶贫，五年成一品，需要的是耐心、恒心和专心，河北农大在曲阳县干河铺村的科技扶贫经验值得借鉴。共派出专家、教授科技服务团，学生科技小分队1000多人次，深入对口帮扶的贫困乡村进行科技服务。举办培训班350多期，培训农民3万多人次，推广科技成果120多项、新技术100项次，印发科技资料、明白纸100万余份，支持种子、苗木、农药等生产资料折款8万多元，为贫困县乡村引进项目37个，引进推广种养新品种50多个，扶持科技示范户100个、示范点100多个，创经济效益5000多万元，作为农业部现代农业技术培训基地、河北省阳光工程培训基地，完成529名基层农技人员、900名农民的培训任务。学校在陕西佳县的科技服务工作得到科技部的充分认可。

【国际合作与对外交流】 与荷兰应用科技大学共同开展的“中荷园艺学双学士学位项目”招收双学位学生19人，派出8人。与波兰什切青科技大学、英国伦敦南岸大学、韩国庆南科学技术大学签订了合作协议。派出教师76人次赴国外境外进行学术交流合作，共接待来自俄罗斯、美国、英国、澳大利亚、荷兰、韩国、朝鲜和捷克等11个国家和地区专家学者96人次来校访问交流。4名教师、1名研究生和2个“成组配套”出国研修团队被录取国家公派留学。通过学校自费出国留学中介，派出17名学生到新西兰、加拿大、澳大利亚、英国等国家攻读本科或硕士学位。聘请外籍教师7人，接收了1名巴基斯坦博士研究生。完成了非洲国家杂交谷子种植及贸易研修班、非洲国家棉花种植与贸易研修班、非洲产棉国棉花研修班、马里2013年棉花种植与病虫害防治技术培训班，共4期国家商务部援外培训任务，培训了来自20多个非洲国家和地区的学员69人。

【保障体系】 完成了渤海校区土地确权、资产清查前期准备和渤海校区食堂交接、食堂经营招标工作。制定实施了首个管理岗位聘用方案。启动专业技术岗位第二次聘用，完善职称量化测评体系及绩效工资内部分配办法。对中兽医学院师资进行了重新分配整合，100名教师调入保定校区。开展了“安全生产活动月”活动，落实了省“馨园行动”安全生产各项要求。实施了东校区餐饮楼照明节能改造、学生公寓节水改造，节能监管平台一期建设工程即将完工，西校区、渤海校区教工食堂建成投入使用。启用了新办公管理系统；中国科学文献服务系统、金融研究数据库、NextLib网络文献全文数据库、书香河北农业大学－中文在线电子图书开通试用，完成了标本园的整体搬迁并投入使用。

招聘教师33人（博士7人，硕士26人）、专职科研人员3人（博士3人）、行政教辅人员36人；11名教师取得博士学位，57名教师取得硕士学位。4名教师获河北省优秀专家出国培训资格，5名教师获留学回国人员经费资助。1名教师被批准为国务院特贴专家，1名教师获百千万人才工程国家级人选和国家有突出贡献中青年专家荣誉称号，1名教师获河北省杰出专业技术人才称号，2名教师分别入选河北省三三三人才工程一、二层次人选，6名教师入选河北省三三三人才工程三层次人选，5名教师获得河北省首批青年拔尖人才荣誉称号。9名教师在保定市青年教师教学竞赛中取得优异成绩，6人获得一等奖。先后有5人次被授予全国优秀女工干部、省级师德先进个人、省市级工会工作先进个人和保定市劳模等荣誉称号，1个单位被评为市级先进“职工小家”；1人被评为“河北省优秀工会工作者”。

学校被省教育厅评为2011－2012年度“离退休工作先进集体”；获中国高校农业期刊先进集体，河北省档案管理先进集体。学校老教授协会被河北省老区建设促进会评为“全省支持老区建设先进集体”，九三学社被评为保定市“参政议政工作先进集体”和“社情民意信息工作先进集体”。

（吕宏玉）

【河北金融学院】 河北金融学院（原保定金融高等专科学校）创建于1952年，隶属中国人民银行总行，2000年划归河北省人民政府，实行“中央与地方共建、以地方管理为主”的管理体制，2007年3月升格为本科院校，是华北、西北地区唯一一所具有鲜明金融特色的省部共建院校。学院占地1000余亩，建有教学楼、实训楼、图书馆、综合体育场地、学生公寓区、文体活动中心、万兆核心以太网等学生学习和生活设施。学院现有专任教师552人，副高职以上教师占专任教师总数的34.06%，硕士、博士学位教师占专任教师总数的80.62%。学院现有44个专业实验室、8个语音室、8个网络机房，教学仪器设备5011万元。学院图书馆藏书101.7万册。在学科和专业建设上，学院坚持服务地方经济和行业发展，突出金融特色的原则。现有8个教学系、1个国际教育学院、1个国际金融服务外包学院、1个继续教育学院、4个公共课教学部和研究生部，开设了本科专业21个，专科专业6个，形成了以经济学科和管理学科为主体，经、管、文、法、理、工各学科专业交融互补，金融特色鲜明的学科专业体系。学院现有全日制在校生12145人，其中研究生57人，本科生7610人；专科生4478人，基本形成了以本科生教育为主体，同时具有研究生教育和专科生教育的多层次的办学格局。招生范围涉及全国29个省市、自治区。

【教育教学】 学校坚持全方位育人，完善学生评价体系，着力培养学生的社会责任感、创新精神和实践能力，开展包括实地调研、志愿服务、义务劳动等在内的形式多样的践行核心价值体系的系列主题活动，推动核心价值体系进课堂、进头脑、进生活，推进核心价值体系的内化。大力推进创新创业教育，以开设的创新创业课程群为先导，构建了“大学生创业实验区——大学生创业基地——保定大学科技园”一条龙式创业服务体系，构建“鸟巢孵化式”产学研结合教育模式，推动创新创业教育向纵深发展。进一步完善辅导员培训培养长效机制，开展辅导员“创新能力提升”工程，职业指导课被河北省教育厅评为首批示范课程。本校学生在一系列创新创业竞赛中获佳绩。在河北省2013年“挑战杯”竞赛中，报送的15件作品全部获奖；在河北省大学生创新创业训练项目中，申报的20个项目全部立项。

【学科建设】　学校坚持以学科建设为龙头，大力整合学科资源，优化学科结构，突出特色优势学科。2013年，顺利完成了财政学等4个本科专业学士学位授予权评估工作，新增计算机应用技术、企业管理2个省级重点发展学科。创新精品课建设途径，组织实施了原有4门省级精品课和15门校级精品课转型升级工作，立项了8门校级视频公开课，积极参加教育部组织的微课大赛。学科结构更加趋于均衡与合理，优势学科的辐射带动作用明显增强，“大金融”的理念得到贯彻，学科持续发展能力显著提高，课程水平不断提升，从而推动学校整体水平的跃升。

【科研工作】　2013年，学校成功申报“河北省科技金融协同创新中心”，确立了本校金融学科在全省的领先地位；学校成为2011计划高校，标志着学校办学水平的重大提升。二级科研管理体制的推进、科研管理制度的修订、学术评价机制的完善、科研管理信息化建设的启动为学校科研水平的大幅进步提供了坚强的体制机制保障。2013年，全校立项课题数量和层次大幅提高，全年共立项课题287项，其中国家级课题2项、河北省自然科学基金2项，实现了重要突破；全校公开发表核心期刊以上论文241篇，同比增长了83.2%；出版专著和教材12部，同比增长了1倍；两个科研基础团队正式进入建设期；两个交叉学科研究中心相继成立。

【对外交流】　学校坚持开放办学，顺应国际潮流，学校坚持开放办学，多国别、多层次、多渠道、宽领域的中外合作模式逐渐形成。2013年中外合作办学项目取得新突破。在巩固、深化与传统海外高校合作的同时，积极寻找新的合作对象、拓展合作领域。先后与美国、新加坡、马来西亚等国的多所高校签署了合作办学协议，实现了从专科项目到本科、研究生项目的转变。“跨国双校园”培养项目实现新发展，与境外多所高校签署了专本连读、本硕直通车、硕士海外培养、联合举办硕士专业等跨国双校园培养项目合作协议书。2013年，共计72名学生通过“跨国双校园”培养项目前往境外高校交流学习、攻读学位。留学生接收与培养工作取得突破，2013年，接收14名来自加拿大和爱尔兰的留学生到本校学习交流，实现了从单一输出留学生向输出与接收互动的格局转变。

【学生工作】　2013年全日制本科生录取分数线高于二本线文科45分，理科54分，位居省属高校前列，其中金融学和会计学本科专业录取线超过一本线，中外合作办学项目本科专业录取分数线与二本线持平。2013年招收本科生2511名，专科生1141名，学院在校生人数达到12145人。围绕“促就业为核心”的工作主线，扎扎实实的做好毕业生就业工作，2013年毕业生初次就业率达到95.19%，其中本科生96.53%，专科生94.44%，毕业生就业渠道进一步扩宽，就业质量有所提高，育人质量和人才素质得到社会和业界广泛认可，社会美誉度不断提升。

（高海龙）

【保定学院】　全年有本科专业25个，专科专业38个，全日制在校生1.5万余人。单价800元以上的教学仪器设备总值7400万元，馆藏纸质图书108万册，电子图书48万余册，期刊1200余种。现有教职工901人，专任教师654人，其中正高95人，副高251人；具有硕士以上学位的425人。学院的生物科学、教育技术学、应用心理学、小学教育、日语专业顺利增列为学士学位授权专业，新增书法学、知识产权、人文教育、软件工程4个本科专业。

【教学成果】　新增国家级精品资源共享课1门、省级精品资源共享课2门、省级重点发展学科2个、省大学生校外实践教育基地1个。建设了科学教育与分析测验中心实验平台、同声传译语音室、网络教学平台。召开了学院第三次教学科研工作会议。与马来西亚北方大学、英迪国际大学、世纪大学和韩国启明大学签署了合作协议；成立了马来西亚阳光留学教育培训基地等项目。学院学生屡创佳绩。在第四届全国大学生数学竞赛中获二等奖；在全国第五届大学生与研究生物理教学技能展评中获一等奖4项、二等奖2项；2名学生的学术论文获全国第五次“物理科学方法教育”学术研讨会二等奖；在第六届省音乐金钟奖合唱比赛中获混声合唱金奖、女生合唱二等奖；在省高等学校第一届英语写作大赛中获一等奖1项、三等奖3项；在“挑战杯”2013年省大学生课外学术科技作品竞赛上获一、二、三等奖11项；在首届省美展暨首届省青少年书画作品展中获银奖2项、铜奖3项；在首届省普通高校毕业生书画大赛中分获一、二、三等奖。

【科研工作】 全年共有137项市厅级以上课题获准立项，其中，国家自然科学基金项目2项、省部级课题35项。承办了省第八届社会科学学术年会、全国第五届大学生与研究生物理教学技能展评等重大学术活动。学报开辟了晏阳初与平民教育研究、红二师与中国近现代师范教育研究、留法勤工俭学运动研究专栏。

【学生工作】 把学习党的十八大报告、“中国梦”作为思想政治教育的重要内容。组织开展了暑假辅导员“大家访”活动，学院被评为省辅导员“大家访”活动先进单位。全年发放奖助学金1411.78万元，568名学生成功申请国家、省助学贷款303.76万元。年内组织专场招聘会32场，提供就业岗位6000多个。专科生初次就业率达86.4%，本科生达89.8%。

【精神文明建设】 举办了“中国梦”主题系列教育、“年度校园人物”表彰、高雅艺术进校园等活动。学院现有青年志愿者1.4万余名，累计志愿服务80万余小时。积极推进大学生暑期“三下乡”社会实践活动，院团委被评为“省五四红旗团委”。学院百余名毕业生扎根西部服务基层的事迹被《光明日报》《河北日报》、新华网、人民网、中青在线等数十家媒体报道，中共中央政治局委员、副总理刘延东及省市领导分别做出批示给予肯定。

【培训工作】 完成了“国培计划”。河北省农村骨干教师培训项目、新疆生产建设兵团第二师未就业毕业生就业培训，成功申办教育部“农村校长助理工程”培训项目；顺利完成年内成人本专科学生的招生录取工作。学院被评为河北省“十一五”教育干部培训先进集体。

（刘　佳）

【保定广播电视大学】 是隶属于保定市的一所远程教育高等学校，始建于1979年2月，在业务上接受河北省电大的指导。现已发展成为一所运用广播、电视、计算机课件和网络等多种媒体，面向全市开展现代远程开放教育的高等学校，形成了以市电大为中心、21所县级电大为基础、天网、地网、人网合一、功能完整的现代远程高等教育网络。学校占地2.5万平方米，建筑面积2.8万平方米，固定资产1.5亿元。拥有在职教职工198人，其中专业技术人员171人，高职61人，中职72人，初职38人。开展非学历教育和本科、专科、中专学历教育，现开设法学、经济学、文学、医学、工学、理学等10大类126个专业，其中本科专业69个，专科专业57个，中专专业7个，在校生40058人。建校30多年来，保定广播电视大学以“服务保定经济社会发展”为办学宗旨，充分发挥广播电视大学在远程开放教育方面的优势，坚持多层次、多规格、多形式办学，自启动“中央广播电视大学人才培养模式改革与开放教育试点”项目以来，不断调整专业设置、扩大办学规模，形成了以开放教育推进终身教育体系建设的核心价值理念，累计培养大中专毕业生8万余人，非学历培训12万余人。做大做强了全市现代远程开放教育，深入开展教学模式和管理体制改革，加快信息化建设进程，推进优质教育资源的共建和共享，2010年7月，获得了“全国首批示范性市级电大”荣誉。

【招生工作实现突破】 全年共招生13514人，超额完成全年任务目标。其中，开放教育招生11679人，完成任务的194%，连续三年突破万人大关，占全省1/4强；网络教育招生1580人，完成任务的158%；中等职业教育招生255人，完成任务的127%，全年培训3.12万人次，完成任务的104%。继续雄踞全省电大系统招生榜首，获全省电大系统开放教育招生工作一等奖。

【教学科研成绩斐然】 被河北省教育厅授予“河北省教育工作先进集体”。在全省电大系统开放教育第一课教学大赛中，保定电大教师获四组比赛中的三金。在保定市第五届大中专院校青年教师说课大赛中，三位参赛教师全部获奖，揽获三组比赛中的两个第一。承担各类科研课题35项，16项获省级以上科研奖励。

【支持服务水平长足发展】 全年获全省电大系统教学管理先进单位、教务管理先进单位、中专教学管理先进单位等称号，荣获大连理工大学、中南大学、北京语言大学等多家高校授予的“优秀学习中心”称号，被奥鹏远程教育学习中心授予“优秀支持服务奖”，贴近实际、特色鲜明的服务载体逐步形成。

【社会影响力显著提高】 通过全方位、多角度、立体式宣传，营造了“电视上有画面、报纸上有文字、网络上有信息”的舆论环境。《保定日报》头版对该校贯彻落实市委全会精神，围绕产业办教育情况进行报道；《保定晚报》推出的专栏《保定故事》以该校发展历程为视角反映本市文明建设成果；《国家开放大学新闻网》对本校内涵建设情况进行报道，这些报道为学校的长远发展打下了坚实的舆论基础。

（柳　颖）

【保定职业技术学院】 创办于2000年9月，隶属于保定市政府。2013年7月，经保定市政府同意，原保定市财贸学校并入该学院。学院分东、西、北三个校区，现有全日制在校生9000余人，固定资产总值3.5亿元，教学科研仪器设备总值6743万元。拥有各类图书资料102.339万册。有专任教师406人，副高职以上教师177人，研究生学历或硕士以上学位教师229人，全国优秀教师2人，省教学名师4人，省优秀教师4人，市新世纪学术技术带头人19人，市名师13人，“双师型”教师占80%以上。学院建有15个校内实训中心130个实训室，与300余家企事业单位合作建立了校外实习基地。建有覆盖东西两个校区共计2000多个信息点的千兆主干校园网。学院建有“国家职业技能鉴定所”“河北省农业职业技能鉴定总站培训鉴定基地”“河北省电子信息行业特有工种职业技能实训基地”“全国网络与信息技术培训认证IT专业技术水平测评基地”“全国电子商务工程师（CEBE）认证考试管理中心”“全国物流信息管理师（CLIA）认证考试管理中心”等6个职业技能鉴定或培训考评机构。

【教育教学管理】 学院设有农林与生物工程系、畜牧兽医系、机电工程系、计算机信息工程系、建筑工程系、经济管理系、商务技术系、传播技术系、艺术设计系、人文系等10个系和1个中专部，开设了涉及农林畜牧类、制造类、电子信息类、财经类、艺术设计与传媒类、建筑类、旅游类、纺织服装类等10个专业大类共计49个专业。学院以服务保定重点产业发展为办学宗旨，积极开展了专业结构优化整合，现已基本构建了14个服务区域重点产业的专业群，实现了与保定市重点产业的对接服务。如汽车类、机械类、自动化类专业群实现了与保定市汽车及零部件制造业和新能源及能源设备制造类产业等装备制造业的对接服务；农业技术、畜牧兽医类专业群实现了与现代农业及三农的对接服务；电子信息类专业群实现了与IT产业的对接服务；财经类专业群实现了面向中小企业与通信、物流、金融、营销、工商管理、保险、外贸等现代服务业的对接服务；艺术设计与传媒类专业群实现了与文化创意产业的对接服务；旅游及酒店管理专业群实现了与旅游业、酒店业等生活服务类产业的对接服务；服装设计专业实现了与服装生产企业的对接服务；建筑类专业群实现了与房地产、路桥建设公司等建筑业的对接服务。面向产业办专业，办好专业兴产业已经成为学院的基本办学理念。

【办学成绩】 学院有2个中央财政支持的实训基地，取得专项建设资金760万元；2个中央财政支持的重点建设专业，取得专项建设资金420万元；2个专业获省级教学改革示范专业称号；5个专业被列为省级示范重点建设专业；2门国家精品资源共享课程、10门省级精品资源共享课程，精品资源共享课程数量居同类院校前列。获省级优秀教学成果奖5项；2010年被遴选为河北省重点建设的示范性高职院校；2012年被教育部遴选为高职院校教育信息化建设试点；2013年顺利通过新一轮高职院校人才培养工作评估。连续4年，师生代表河北省参加全国职业技能大赛获一等奖2项、二等奖2项、三等奖8项。师生参加国家、省市及行业企业举办的职业技能大赛获奖名次和数量居全省同类院校前列。学院团委被评选为全国五四红旗团委；学院被北京军区评选为优秀军训院校；连续5年被评为保定市工作实绩突出单位、文明单位、省级安全稳定先进单位等。

（王胜杰）

【冀中职业学院】 是经河北省政府批准和国家教育部备案的公办全日制普通高等职业院校，2006年7月，由原保定师范专科学校定州分校改建而成，隶属于保定市政府。学院现有在编教职工218人，在校生2908人，有图书15.56万册，电子图书资料450GB。建成了网络布线室、电机电力拖动实验室、焊接实训车间、机械加工实训车间等39个校内实验室、实训车间。同时，与保定、石家庄、京津等地企业合作，建立了53个校外实训基地；还建有中央财政支持建设的汽车实验检测与维修实训基地和计算机网络技术、会计电算化两个专业。学院设有经济管理系、建筑艺术系、信息工程系、机电工程系、学前教育系等25个高职专业，涵盖了制造、电子信息、艺术、财经、建筑、教育等类别。学院获得河北省2011年单独考试招生资格，共开设21个单招专业。设有4个中专专业。

【招生工作】 全年，学院向多个省、市投放了招生计划，共录取新生611人（含单招），中专生76人，为学院持续健康发展奠定了基础。

【语言文字工作】 12月13日，保定市教育局、市语委组成评估组对学院申报的市级语言文字规范化示范校进行了检查验收，在汇总检查结果并报市语委同意后，正式认定学院为保定市市级语言文字规范化示范校。同期，学院开展了“中华情”中华经典诵写讲比赛等丰富多彩的活动，全院掀起了汉字书写、诗歌朗诵的热潮。

【就业工作】 学院加强就业指导，拓宽就业渠道，提高就业质量，积极支持学生参军入伍，倡导学生参加“三支一扶“，增加学生的就业渠道，鼓励学生自主创业，同时推荐毕业生到大型企业工作；分专业召开就业招聘会，与学生专业对接，把用人单位请进校园，为学生就业搭建平台。2013年毕业生就业率达85%。

【教研工作】 积极鼓励教师申请科研课题、科研立项，支持广大教师撰写科研论文，在全院形成了浓厚的科研氛围。年内发表科研论文75篇，在研究立项课题14项，参加论文、课件大赛、说课比赛、科研评比等获奖29项，出版教材2项。

【考试及培训工作】 年内，学院承办了1668人参加的计算机等级考试，组织455人参加了普通话测试，组织1492人参加了英语AB级考试；组织完成了500人次专升本自学考试；组织完成了近700人的国家职业资格证书考试工作，通过率达到100%；完成了200人次的中小学教师初中数学、计算机培训工作。

（王　娜）

【保定幼儿师范高等专科学校】 2013年2月由河北省政府批准，在保定师范专科学校涿州分校的基础上改建而成，是由定兴幼儿师范学校和涿州艺术师范学校合并而成的一所高等师范专科学校，属于省属市管。

为整合教育资源，2010年，保定市启动在保定师专涿州分校基础上改建保定幼儿师范高等专科学校项目。总投资3.3亿元，建筑面积约20万平方米，设计在校生容量5000至8000人。分南、北两个校区，南校区地处定兴县育才路45号，北校区地处涿州市永安街10号。学校占地160亩（南校区100亩，北校区60亩），建筑面积约8万平方米，教职工290人，在校生2456人，57个教学班。学校现有正式教职工208人，专任教师174人，其中高级职称和副高级职称77人。大学本科以上学历162人，其中研究生学历或硕士学位30人。学校特色及品牌专业为学前教育专业，学前教育专业又分为初中起点五年制大专和高中起点三年制大专，另有三年制中专。现有教学楼、办公楼、图书楼、科技楼、音乐楼、美术楼、体育馆、礼堂等15幢教学设施；学生宿舍楼5幢，教工宿舍楼9幢；音乐教室、美术教室、舞蹈教室、机房、多媒体教室、阅览、电子备课室、实验室、心理实验室、语音教室、美术展厅、幼教模拟室、学术报告厅、手工教室、书法教室、电钢琴室等64个专业教室。现批准立项并开题的河北省教育规划重点课题4个、国家级“十一五”重点课题子课题2个，开发校本课题3个。国家级十五重点课题“双语课题”结题。师生发表、交流论文、作品300余篇（幅、个）。获市级奖12项、市级以上奖21项。

【教育教学工作】 学校坚持以现代教育理论为指导，不断更新教育理念，坚持抓常规管理，组织听课、评课、公开课、汇报课、示范课，坚持检查教案、检查作业、检查上课、检查教师辅导、检查自习，坚持课改探索，促进教学质量进一步提高，成立多个课外活动小组，促进了学生从业能力的提高。加强教学管理，修定了新的《学前教育专业初中起点五年制大专课程方案》《学前教育专业高中起点三年制大专课程方案》《学前教育专业实践课程实施方案》和《学前教育专业学生专业技能训练与考核方案》。

【培训提高工作】 完成2013年国培幼儿园转岗教师400人培训任务，在三期近几个月集中培训时间里，共开设20多门课程。

【招生就业工作】 完成高考招生414人，中考招生457人，共计868人，超过往年招生数；毕业生就业率100%。

（康少华　王耀威）

科学技术

科技工作

【保定市科学技术局】 保定市科学技术局是市政府的职能组成部门，主要职责是贯彻实施国家科技方针、政策；组织拟订全市科学技术发展的中长期规划和年度计划；研究提出全市科技发展的重大布局和优先领域。加强高新技术产业化及应用技术的开发与推广工作，指导国家级、省级高新技术产业开发区的建设。参与编制全市重大科技工程建设规划，编制并实施全市重点实验室等科研基础设施建设计划；归口管理全市国际科技合作与交流；管理全市科技成果、科技奖励、技术市场，负责协调全市知识产权保护及科学技术普及工作；指导和协调市直各部门及各县（市、区）的科技管理工作。内设办公室、人事处、政策法规与知识产权处、计划财务处、国际合作处、高新技术产业化处、农村科技处、社会发展处、科技成果与技术市场管理处9个处室。下辖6个企（事）业单位：市科学技术信息研究所、市草莓研究所、市自动化研究所、市生产力促进中心、市民办科技创业服务中心、市创元科技风险投资有限公司。

党组书记 局　　长	李同聚（6月离任）
	刘铁英（6月任）
党组副书记	张燕飞
副 局 长	李明凯
	徐春齐（女）
	裴冬梅（女）
纪检组长	韩　鹏

【概况】 2013年，保定市科技局紧紧抓住环首都经济圈战略的重大机遇，结合保定产业实际，围绕“环境、人才、平台、项目”建设，积极创新科技服务发展方式，不断强化企业技术创新主体地位，持续提升企业科技创新能力，加速深化“责任、求是、创新、服务”的理念，主动作为，全力推进，为保持经济平稳较快发展提供了有力的科技支撑。

【主导产业发展】 推进了新能源与输变电产业集群建设。以高新技术产业化基地为重点，以创新资金项目为抓手，扶持发展了一批科技型中小企业，推动创新要素向基地聚集，加快了新能源产业向新的创新型产业集群转变的进程。全年共争取到29项国家科技部中小企业创新集群项目和7项中小企业创新基金项目，获国家支持资金2300万元。自2010年被确定为全国第二个集群试点市以来，保定市共获集群项目资金近1亿元，引导企业投入研发经费达5亿元，实现新增产值12亿元，新增就业岗位1600人。

扩大了高新技术企业群体规模。全面实施了高新技术企业培育工程，集中开展了高新技术企业认定和复审工作，扩大了高新技术企业群体规模。全年共组织中脉机电设备有限公司、河北宝凯电器有限公司、河北保定太行集团有限责任公司等26家企业申报了高企认定，24家企业通过认定。长城汽车股份有限公司、光为绿色新能源股份有限公司、巨力新能源股份有限公司等12家企业申请了高企复审，11家企业通过复审。2013年底，保定市共有高新技术企业123家。保定市推荐的长城汽车股份有限公司、英利集团股份有限公司、中兴汽车股份有限公司等7家企业被认定为国家火炬计划重点高新技术企业。

重点推进了新能源、新设备、新产品的研发。在汽车及零部件制造和能源装备等优势重点领域，加快了产品创新步伐，推动了保定市装备特色产业向高端化发展。长城汽车的“全新插电式混合动力SUV开发项目”纳入国家新能源汽车产业技术创新工程项目、“安国现代中药工业园区20MW光伏屋顶用户侧并网发电”等4个项目列入国家金太阳示范工程、“面向智能电网的风电场关键设备开发及产业化”项目列入了国家火炬计划产业集群项目、“大型风电叶片纤维缠绕整体成型工艺及设备研发”等8个项目列入了省科技支撑计划项目。2013年申报了“直径2~4英寸高品质碳化硅单晶研发”等15个2014年河北省科技支撑计划项目。2013年，保定市高新技术领域共争取省级以上项目18项、资金5.895亿元。

【新兴产业发展】　深化了“十城万盏”半导体照明应用工程试点工作。围绕建设新能源产业大市和光伏产业强市目标，在实施“保定市半导体照明应用科技示范工程”和“LED室内照明灯具”进区入户“示范工程”的基础上，3月29~31日，举办了第二届保定市半导体照明科技成果展示会。保定大正太阳能、河北格林光电、河北荣毅新能源、保定华之澳等10家LED生产企业参展，展示会接待2万余人，现场销售5万余元。活动本着“推荐当地企业、推广当地产品、为企业搭建展示平台”的原则，带动了全社会对新型光源的普及应用，深化了半导体照明领域技术创新，推动了保定市半导体照明企业快速发展。

加大了重大创新药物与生物医药的研发力度。立足安国药都制药、长天药业集团等企业的创新药物研究，围绕中药饮片新工艺、新药开发、中药材基地建设，建立了以政府为指导，以企业、种植基地为主体，以产业科技平台为技术依托的企业+产业科技平台+农业合作社+基地+农户的安国中药材标准化种植基地建设模式。针对保定市不同的地域特点及学科优势分布情况，搜集、整理、筛选并完成了30项涉及高血压、心脑血管病、肝病等领域疾病防治及临床新技术研究与开发项目，完成涉及公共卫生及精神卫生领域的科研项目5项。

谋划了碳化硅新兴产业的发展路径。碳化硅晶体是国际上公认的第三代半导体材料，2013年前，其核心技术一直被少数先进国家所垄断。保定市科技局在走访调研中发现，同光晶体公司已经打破国外技术封锁，实现了我国在碳化硅高技术领域的新突破。保定市科技局根据该产业链条长、经济效益好、带动就业多的实际，组成专题调研小组，撰写了《关于第三代半导体材料——碳化硅产品及产业发展的建议》的调研报告，并上报市政府。同时，保定市科技局为该企业推荐的“直径2-4英寸高品质碳化硅单晶研发”列入了2014年河北省科技支撑计划项目，“4~6英寸高品质碳化硅晶体研发”项目申报了国家863计划。保定市科技局积极帮助企业谋划产业规划，建立产业园区，力争通过完善碳化硅产业链条来打造保定市新的发展增长极。

【农业科技创新】　实现了争取农业科技项目、资金的新突破。以农业科技项目为抓手，培育了一批具有自主知识产权的新品种，取得了一批关键技术和先进的实用技术成果。全年共争取省以上农业科技项目11项、资金880万元。其中争取国家富民强县项目2项、中央补助共360万元；国家农转资金项目3项、资金220万元；省农业科技成果转化资金项目1项、资金30万元；省科技支撑项目4项、资金120万元。保定市科技局积极协调现代农业产业体系建设奖励性后补助项目2项，争取到追加资金150万元。2013年，保定市争取省以上农业科技项目、资金总数均创造了历史新高。

推进了农业科技园区和产业化基地建设。以促进区域特色农业主导产业发展为目标，选择产业发展优势突出、产业链条完整、示范带动作用较强的县（市、区），大力创建农业科技园区和产业化基地。全年新建了2个省级、5个市级农业科技示范园区。为进一步提高科技服务“三农”的水平，深入实施了科技特派员行动，选派了466名科技特派员带技术、带项目到基层开展技术服务和成果转化、培育建设了一批特派员创业基地、农业科技成果转化基地、政产学研产业示范基地，提升了农业区域特色产业的科技水平。全年共引进和推广新技术56项、新品种25个，全年共组织市县两级农业科技培训26次。其中组织市级培训9次，共培训农民7万余人。

实施了太行山科技开发工程。以山区生态环境建设、改善民生、发展现代农业和推动山区新农村建设为核心，以特色产业产学研科技示范基地为抓手，建立了涞水核桃科技示范园区等8个市级农业园区和基地，建设了一批绿色食品、生态养殖、特色杂粮、道地药材、生态休闲旅游、设施农业等山区优势特色产业，促进了山区经济发展和生态环境的改善，加快了山区新农村建设的步伐。

【科技基础平台建设】 开展了基础研究能力提升和科技人才队伍建设专项行动。围绕保定市重点产业发展和重点学科建设的需求，实施了一批自然科学基金和重点应用基础研究项目，取得一批前沿技术成果，重点支持、培养了一批在国内外有重要影响、行业领军的创新团队。全年新建“院士工作站”3家，争取省科技厅“院士工作站”专项经费90万元。组织开展了国家“千人计划”、国家创新人才推荐计划以及河北省“百人计划”、拔尖人才计划的推荐申报工作。保定市7名科技专家入选国家“千人计划”；2名科技人员被省科技厅申报为“全国中青年科技创新领军人才”；推荐2名科技专家申报了河北省第四批“百人计划”奖。

加强了重点实验室和工程技术研究中心建设。依托保定市主导和优势产业中科技实力、技术创新能力较强的企业，建设了聚集优秀工程技术人才、研究开发和工程试验条件卓越，在解决产业重大技术需求问题中发挥主导作用的科技创新平台16家。其中新建1家省级工程技术研究中心、1家省级产业技术研究院和14个市级工程技术研究中心。2013年，保定市共拥有国家、省、市三级科技创新平台103家。

强化了创新创业服务能力建设。保定市高新区创业服务中心被认定为国家级科技企业孵化器，华电天德科技园有限公司、涿州创业中心、保定恒达工贸有限公司等6家企业被认定为省级科技企业孵化器。完善“保定市生产力促进中心”职能，加强共性技术研发与推广，建设了一批中小企业公共服务示范机构，提升了对中小企业创新发展的服务能力。同时，结合企业、高校科研需求，设立专项，建设了“科技信息资源及服务平台”，科技服务经济发展的整体水平得到了提升。

【科技合作】 加强了与大院大所的科技合作。充分发挥保定市区位、人才、科研、产业和环境等优势，加强高端科技、人才与保定市产业优势、能源优势的有机集成，促成了“市政府与中科院北京分院全面科技合作协议”的签署。为进一步深化对接成果，组织了15家企业、20余人5次走进中科院北京分院进行科技合作互动，3次邀请中科院领导和专家到保定考察调研。落实了晨阳水漆与中科院过程研究所战略合作协议的签署，推动巨力集团与中科院力学研究所、同光晶体与中科院半导体研究所达成了合作意向。

积极争取政府间重大科技合作项目。2013年，全省6家单位获批为国家国际科技合作基地。保定市奥润顺达的“高碑店国家建筑节能技术国际创新园”和英利集团的“光伏技术国际联合研究中心”位列其中。奥润顺达窗业有限公司申报的“高碑店国家建筑节能技术国际创新园”成为全国16家国际创新园中唯一一家以企业为主体的国际创新园，填补了省内国际创新园建设的空白。2013年，保定市共拥有国家国际科技合作基地4家，涉及新能源、装备制造、节能环保等诸多现代产业领域。

【科技惠民活动】 优化了科技创新创业环境。加强《河北省科学技术进步条例》《河北省促进高新技术企业上市工作的若干意见》《河北省企业研发费用税前加计扣除项目鉴定办法》和高新技术企业税收优惠等相关政策的宣传和贯彻落实，完善了科技成果网上评审系统，加大科学技术成果奖励力度。2013年度评审市级科技进步奖116项，其中一等奖53项、二等奖54项、三等奖54项，2013年，28项通过了省科技厅的总评。全年登记技术交易合同1312项，技术交易额5.14亿元。结合保定市高校的需求，举办了为期一周的保定市科技成果展，共展出高校和中科院科技成果600余项，57家企业与高校现场签订了技术合作意向书。

加强了知识产权的创造与保护。深入实施了知识产权优势培育工程和工业企业专利提升行动。实施了重点企业专利申请资助计划、重大专利技术产业化资助计划、重点企业专利信息基础设施建设计划和区域知识产权战略推进计划，培育了40余家富有创新活力、示范带动作用强的优势企业，认定了英利集团等4家省级“创新型企业”。提升企业专利产出能力，年内全市专利申请量达3200余项。加强专利执法力度，有力推进了“无假冒专利示范单位”创建活动。

加大了科普宣传工作力度。围绕提高全民科学素质的总体目标，组织开展科技活动周、全民健康科技行动、科技下乡等重大科普活动11次，宣传了保护知识产权典型案例、商标、版权、专利等知识产权法律、法规，向群众发放了专利申请小知识、专利保护彩色图解和《中国知识产权报》等宣传资料13000余份，全年共建设10个科普示范村（社区）。

转变了机关作风。结合正在开展的全民创业、效能提升和城市管理“6S”行动“三项活动”，主动增强服务意识，利用半年时间，以“克四风、树新风、转作风”为主题，先后开展了“服务企业、服务发展百家企业大走访大调研”活动和“全民创业科技行”活动，组织9所高校和中科院600余项科研成果举办了“保定市科技成果展”，走进200余家企业、13所高校、4个科技园区和22个县（市、区）开展了系列科技服务活动，保定市科技局在活动中优化服务流程，简化办事程序，创新服务举措，严肃工作纪律，在梳理问题中明确了工作思路，在整改落实中提升了行政效能和服务水平，真正起到了锤炼队伍、转变作风的效果。市委书记聂瑞平、市长马誉峰、副市长杨猛先后在市科技局专报上作出批示，予以肯定。市委书记聂瑞平批示：“科技局服务企业、服务发展百家企业大走访大调研活动，充分体现了服务大局、服务中心的意识。值得全市各单位学习。”市长马誉峰批示：“科技局的做法很好，值得市直部门学习借鉴。”副市长杨猛批示：“联络、服务、动员企业家工作当前对于我市意义重大。科技局在这项工作中值得肯定。拟请工信局、商务局、国资委调研，上述四部门与工商联等社会组织一起形成合力，持续抓一个时期，定会推动企业再创业。”据统计，全年呈报的科技工作信息7次得到市领导肯定性批示。

（安士奎）

附件：

2013年度保定市科技进步奖获奖名单

序号	项目名称	主要完成单位	奖励等级	
1	组件自动化封装设备生产线的优化研究	英利集团有限公司	1	
2	高效晶体硅太阳能光伏导电胶带组件的开发	英利集团有限公司	1	
3	长城轿车哈弗M4车型开发	长城汽车股份有限公司	1	
4	长城CH031（腾翼C20R）两厢轿车开发	长城汽车股份有限公司	1	
5	在线检测数控加工中心	保定标正机床有限责任公司	1	
6	工程机械关键零件专用复合加工单元	保定标正机床有限责任公司	1	
7	禽用纯中药免疫增强剂（玉屏风口服液）的研制	保定冀中药业有限公司	1	
8	清洁高效蓄电池铅带自动生产线	保定金阳光能源装备科技有限公司	1	
9	清洁高效蓄电池拉网生产线	保定金阳光能源装备科技有限公司	1	
10	淬火介质空气冷却器	保定市金能换热设备有限公司	1	
11	铝合金车轮铸造风水冷却工艺开发和利用	保定市立中车轮制造有限公司	1	
12	133.3dtex/120f连续纺粘胶长丝	保定天鹅股份有限公司	1	
13	OSFPS－750000/500电力变压器	保定天威集团有限公司，保定天威保变电气股份有限公司	1	
14	110kV铁路用Vx联结牵引变压器	保定天威集团有限公司，保定天威集团特变电气有限公司	1	
15	TW_ OLM0403移动式局部放电在线监测系统	保定天威集团有限公司，保定天威新域科技发展有限公司	1	
16	TWOLM0405电缆局放在线监测装置	保定天威集团有限公司，保定天威新域科技发展有限公司	1	
17	高效能拉网式免维护铅酸蓄电池技术研究与开发	风帆股份有限公司	1	
18	混合式铅酸蓄电池研究及产品开发	风帆股份有限公司	1	
19	葡萄极晚熟优新品系“红乳”的选育	河北爱博欣农业有限公司	1	
20	工程履带用水性浸漆	河北晨阳工贸集团有限公司	1	

续表

序号	项目名称	主要完成单位	奖励等级	
21	一种液态模锻用铸造铝合金	河北立中有色金属集团有限公司	1	
22	蛋种鸡大规模小日龄种蛋孵化关键技术研究	河北省大午农牧集团种禽有限公司	1	
23	太阳能级硅用石墨电极	河北顺天电极有限公司	1	
24	管体模具同轴自振变频离心机	河北新清源实业有限公司，河北农业大学	1	
25	插编钢缆吊索研制	巨力索具股份有限公司	1	
26	内镜微创保胆联合十二指肠镜乳头扩张取石在胆囊结石并胆总管结石的临床应用	保定市第二医院	1	
27	下肢深静脉血栓形成致肺栓塞发生及其应用腔静脉滤器预防的临床研究	保定市第二医院	1	
28	医院全面质量安全管理考核方法与实践研究	保定市第二医院	1	
29	肌内病人自控镇痛用于老年骨科患者的临床研究	保定市第二中心医院	1	
30	STS、EST 和 AROM 在乳腺癌患者中的表达及临床意义	保定市第三医院	1	
31	急性脑梗死患者氧化低密度脂蛋白、高敏 C－反应蛋白含量变化的研究	保定市第一医院	1	
32	肥胖儿童积极心理治疗与厌恶疗法的差异	保定市第一医院	1	
33	PINCH 蛋白在垂体腺瘤中的表达及其意义	保定市第一医院，河北大学附属医院	1	
34	骨髓增殖性肿瘤中 JAK2V617F 突变与细胞因子受体相关性研究	保定市第一医院，河北大学附属医院，高阳县医院，高阳县脑血管病医院	1	
35	间接免疫荧光法与免疫印迹法检测抗核抗体谱 5516 例结果分析	保定市第一中心医院	1	
36	UT 系统应用于糖尿病足患者的回顾性队列研究	保定市第一中心医院	1	
37	腹腔镜下子宫肌瘤剔除术联合子宫动脉上行支血流阻断的疗效观察及相关性研究	保定市第一中心医院	1	
38	膝关节内侧半月板后根部撕裂的 MRI 诊断	保定市第一中心医院	1	
39	超声二维斑点追踪技术评价左室收缩功能	保定市第一中心医院	1	
40	联合超声检查及新技术在妇产科急腹症中的诊断价值	保定市第一中心医院	1	
41	二尖瓣环位移评价原发性高血压患者左心室收缩功能	保定市第一中心医院	1	
42	CIP2A 及 c－myc 蛋白在基底细胞样乳腺癌中的表达及意义	保定市第一中心医院	1	
43	保定市综合性医院医护人员心理卫生状况研究	保定市第一中心医院	1	
44	不同护理干预方法对排卵后 14～16 天尿 HCG 阳性不孕妇女心理状况影响的研究	保定市妇幼保健院	1	

续表

序号	项目名称	主要完成单位	奖励等级	
45	早产儿生后早期应用 NCPAP 的临床研究	保定市妇幼保健院	1	
46	2010 年保定市“120”院前急救疾病谱分析及相关问题研究	保定市急救中心	1	
47	中度有氧运动对慢性心力衰竭患者训练方案研究及治疗	保定市中心血站	1	
48	Ki－67、bcl－2、SurvivinCyclin D1 在子宫内膜息肉中的表达	定州市人民医院	1	
49	颅内血肿微创清除术治疗急性脑出血最佳手术时机探讨	定州市人民医院	1	
50	局麻下肛垫悬吊痔动脉阻断联合肛肠治疗仪治疗环状混合痔临床研究	满城县医院	1	
51	窄波 UVB 联合毫火针治疗白癜风的疗效观察	容城县人民医院	1	
52	铜绿假单胞菌抗菌物质对病原菌体外抑菌作用的研究	徐水县人民医院	1	
53	三七皂甙 Rg1、Rb1 抗细胞损伤的机理研究和临床应用	涿州市医院	1	
54	纳米材料合成法制备晶体硅太阳能电池的工艺研究	英利集团有限公司	2	
55	横置五速手动变速器	长城汽车股份有限公司	2	
56	横置六速手动变速器	长城汽车股份有限公司	2	
57	高精度多位小孔加工技术与设备	保定标正机床有限责任公司	2	
58	非晶硅薄膜电池新型双 p 层结构研究与开发	保定风帆光伏能源有限公司	2	
59	清洁高效蓄电池连续型双面涂板生产线	保定金阳光能源装备科技有限公司	2	
60	Di12000 两步法封头冷旋压机的开发	保定市冀新封头制造有限公司	2	
61	33.3dtex/18f 粘胶长丝开发	保定天鹅股份有限公司	2	
62	TWSL6201 多向量谐波分析仪	保定天威集团有限公司，保定天威新域科技发展有限公司	2	
63	时间同步控制技术在交通管理体系中的研究与应用	保定维特瑞交通设施工程有限责任公司	2	
64	高比能量户外一体柜用电池的研发	风帆股份有限公司	2	
65	葡萄极早熟优新品系“爱博欣一号”的选育	河北爱博欣农业有限公司	2	
66	建筑用反射隔热涂料	河北晨阳工贸集团有限公司	2	
67	无油脂 EPE 软片	河北俱进塑胶制品有限公司	2	
68	建筑结构用锌－5%铝－混合稀土合金镀层拉索	巨力索具股份有限公司	2	
69	替米沙坦对非酒精性脂肪性肝炎大鼠细胞因子及纤维化指标的影响	安国市医院	2	
70	运用循证护理进行个案化干预对慢性乙肝患者的临床分析	保定市传染病医院	2	
71	白介素－8、白介素－10 与糖尿病肾病的相关性研究	保定市第二医院	2	

续表

序号	项目名称	主要完成单位	奖励等级	
72	微量喂养联合小剂量红霉素对喂养不耐受早产儿的疗效	保定市第二医院	2	
73	强化阿托伐他汀对冠状动脉介入术后对比剂肾病的影响	保定市第二医院	2	
74	MMP－7、VEGF 和 E－cad 在乳腺癌中表达及意义的研究	保定市第二医院	2	
75	保定地区儿童先天性耳聋相关因素的病例对照研究	保定市第二医院	2	
76	补充抗氧化维生素对 2 型糖尿病患者感染情况的影响	保定市第二中心医院	2	
77	高压氧治疗早发型重度子痫前期对新生儿体重的影响	保定市第二中心医院	2	
78	不同剂量氯吡格雷联合瑞替普酶治疗急性 ST 段抬高心肌梗死疗效及安全性的评价	保定市第二中心医院	2	
79	Truview EVO2 光学喉镜在预计困难气管插管患者中的应用	保定市第二中心医院	2	
80	神经内镜治疗颅内蛛网膜囊肿临床研究	保定市第二中心医院	2	
81	Fak 与 Epha2 在脑胶质瘤中的表达及其临床意义	保定市第三医院	2	
82	高血压与氧化应激相关性研究	保定市第四医院	2	
83	穴位注射联合黛力新治疗腹泻型肠易激综合征疗效观察	保定市第五医院	2	
84	茵陈多糖对梗阻性黄疸幼鼠肝脏氧化损伤的保护性作用研究	保定市第一医院	2	
85	肾癌患者外周血和肿瘤组织内调节性 T 淋巴细胞比例与患者预后的关系的研究	保定市第一医院	2	
86	手足口病合并脑炎患儿神经元特异性烯醇化酶、心肌酶谱及肝酶研究	保定市第一医院	2	
87	青年人胃癌的临床研究	保定市第一医院	2	
88	高乌甲素复合芬太尼静脉镇痛对手术后应激反应的影响	保定市第一医院	2	
89	西地那非治疗新生儿肺动脉高压疗效与安全性分析	保定市第一中心医院	2	
90	潜伏期药物干预对无痛分娩产程的影响	保定市第一中心医院	2	
91	卡维地络对高血压心脏病患者心肌质量的影响	保定市第一中心医院	2	
92	检测腹水中血管内皮生长因子对晚期卵巢癌维持治疗的临床意义	保定市第一中心医院	2	
93	HIF－1α、CAⅨ、VEGF 在基底细胞样型乳腺癌中的表达及临床意义	保定市第一中心医院	2	
94	微型外固定架在手外科的创新性应用	保定市第一中心医院	2	

续表

序号	项目名称	主要完成单位	奖励等级	
95	大黄联合奥美拉唑对老年胃溃疡患者血浆内皮素及一氧化氮的影响	保定市第一中心医院	2	
96	时森林接骨丹对复杂四肢骨折后期骨痂愈合的临床研究	保定市第一中医院	2	
97	保定市儿科感染患儿细菌耐药监测及产超广谱β-内酰胺酶基因型分布特征研究	保定市儿童医院	2	
98	早产儿不同浓度胆红素水平对T淋巴细胞功能的影响及相关机制研究	保定市妇幼保健院	2	
99	染色体检测在复发性流产中的临床意义的研究	保定市妇幼保健院	2	
100	不同教育方式对保定市农村2型糖尿病患者生命质量及疗效的影响	博野县医院	2	
101	脑卒中患者的焦虑抑郁情绪及述情障碍调查	定州市人民医院	2	
102	参麦注射液对急性白血病化疗患者免疫功能的影响研究	定州市人民医院	2	
103	健康信念模式在中年妇女保健需求中的应用	河北省唐县人民医院	2	
104	足底按摩结合加味麻仁汤对腹部术后腹胀的疗效观察	涞源县中医院	2	
105	辛伐他汀对脓毒症大鼠内皮细胞功能的保护作用	徐水县人民医院	2	
106	易县学龄儿童碘营养水平及干预效果研究	易县疾病预防控制中心	2	
107	CT引导下穿刺角度定位器	涿州市医院	2	
108	LRG（BT）-20电流互感器	保定天威集团有限公司，保定天威互感器有限公司	3	
109	LVB-110W2电流互感器	保定天威集团有限公司，保定天威互感器有限公司	3	
110	气管插管患者应用经鼻喂养管的观察与护理	安国市医院	3	
111	硫化氢及亚硫酸盐在骨关节炎发病中的作用及其相关性	安国市医院	3	
112	关节镜辅助下股骨远端骨折逆行交锁髓内钉微创治疗	安新县医院	3	
113	中药对于阻止子宫内膜癌术后复发的治疗作用	保定市北市区妇幼保健院	3	
114	内毒素血症对病毒性肝炎血清胆红素代谢的影响	保定市传染病医院	3	
115	阻塞性睡眠呼吸暂停低通气综合征与氧化抗氧化相关性研究	保定市第二医院	3	
116	不同透析方式对血透患者晚期糖基化终末产物、同型半胱氨酸及炎症因子的影响	保定市第二医院	3	
117	夜间无创正压通气治疗COPD并Ⅱ型呼吸衰竭患者的临床研究	保定市第二医院	3	

续表

序号	项目名称	主要完成单位	奖励等级	
118	保定地区农村妇女自我保健自我药疗行为现状分析	保定市第二医院	3	
119	CD44v6、BRAF 及 Rasp21 在甲状腺乳头状癌表达及意义	保定市第二医院	3	
120	早期实习护士在初次静脉穿刺未成功后的心理分析与探讨	保定市第二中心医院	3	
121	改良加压法子宫输卵管造影在输卵管阻塞性不孕症中的研究	保定市第二中心医院	3	
122	急性冠脉综合征患者心型脂肪酸结合蛋白与冠脉病变及预后的相关性	保定市第二中心医院	3	
123	高龄患者术后发生分水岭型脑梗死的研究	保定市第二中心医院	3	
124	双孔法胸腔镜内脏神经切断术治疗癌性腹痛的临床研究	保定市第二中心医院	3	
125	短时遮盖与全日遮盖治疗弱视疗效比较	保定市第二中心医院	3	
126	自拟口清漱口液治疗放射性口腔黏膜反应的临床应用研究	保定市第三医院	3	
127	基质金属蛋白酶-9 及其抑制剂在慢性阻塞性肺疾病合并肺间质纤维化大鼠中的作用	保定市第三医院	3	
128	肿瘤标志物固定联合检测对肝脏肿瘤诊治意义的临床研究	保定市第三医院	3	
129	丙泊酚在无痛诊疗技术中的应用	保定市第三医院	3	
130	益气健脾中药联合依那普利对慢性心衰血清尿酸水平及心功能的影响	保定市第三中心医院	3	
131	果糖磷酸二钠联合银杏达莫在慢性阻塞性肺疾病急性加重期辅助治疗	保定市第三中心医院	3	
132	P-选择素、CD44v6 及 nm23-H1 蛋白在乳腺癌中的表达及意义的研究	保定市第四医院	3	
133	氟哌噻吨美利曲辛片治疗更年期高血压前期并发焦虑抑郁临床研究	保定市第五医院	3	
134	整脊手法穴位注射治疗慢性功能性腹泻临床研究	保定市第五医院	3	
135	益气化痰方联合言语训练治疗脑梗死言语失用临床研究	保定市第五医院	3	
136	局部应用弥可保治疗糖尿病足临床观察	保定市第一医院	3	
137	环氧化酶-2 与金属基质蛋白酶-9 在侵袭性垂体瘤中的表达及相关性研究	保定市第一医院	3	
138	意象对话在躯体化障碍中的治疗作用	保定市第一医院	3	
139	高等医学院校设置《医疗纠纷防范》选修课程的探索	保定市第一医院	3	
140	活血养心组方治疗糖尿病冠心病患者的疗效观察	保定市第一医院	3	

续表

序号	项目名称	主要完成单位	奖励等级	
141	多形性腺瘤基因家族和神经源性凋亡抑制蛋白在白血病中的表达和意义	保定市第一医院，高阳县妇幼保健院，高阳县医院，河北医科大学第一医院	3	
142	保定市临床护士工作压力源与健康状况的调查	保定市第一中心医院	3	
143	老年冠心病患者冠状动脉病变与心脏功能变化的相关性研究	保定市第一中心医院	3	
144	脑苷肌肽注射液诱导骨髓间充质干细胞分化为神经元样细胞的研究	保定市第一中心医院	3	
145	FOLFOX 方案辅助化疗治疗 43 例根治术后结直肠癌	保定市第一中心医院	3	
146	致儿童过敏性紫癜的危险因素研究	保定市儿童医院	3	
147	保定地区患病儿童维生素 D 营养状况研究	保定市儿童医院	3	
148	新生儿科护理人员手卫生影响因素的相关性研究	保定市妇幼保健院	3	
149	夫精人工授精及指导同房早孕妇女的心态调查及护理干预	保定市妇幼保健院	3	
150	产前宣教对产后康复促进作用的研究	保定市妇幼保健院	3	
151	刮痧、艾灸配合小金丸治疗乳腺增生的临床观察	保定市骨科医院	3	
152	山区中小学生结核菌感染发病现状及预防研究	保定市疾病预防控制中心	3	
153	保定市大学新生结核病筛查及健康教育效果	保定市疾病预防控制中心	3	
154	低场磁共振对于脑梗死患者的诊断价值	保定市脑血管病医院	3	
155	B 超引导下钳式胸膜活检针对胸腔积液病理诊断的临床研究	定州市人民医院	3	
156	大环内酯类抗生素（克拉霉素）规范化治疗慢性鼻－鼻窦炎	高阳县医院	3	
157	急性冠脉综合征 PCI 前后血浆脑钠素水平的研究	河北省唐县人民医院	3	
158	MEBO 纱条脓腔引流联合远红外线照射治疗乳房脓肿的临床研究	蠡县医院	3	
159	表里两经并刺法治疗脑卒中后上肢痉挛临床疗效观察	望都县中医院	3	
160	妊娠中晚期注射 HBIG 对阻断乙肝病毒母婴传播的分析	徐水县人民医院	3	
161	SDF－1/CXCR4 轴在骨髓间充质干细胞移植促进胰岛再生中的作用	涿州市医院	3	

科协工作

【保定市科学技术协会】 保定市科学技术协会是中共保定市委领导下的人民团体、科技工作者的群众组织、党和政府联系科技工作者的桥梁和纽带、国家发展科技事业的重要社会力量。市科协内部设办公室、普及部、学会部、宣传部4个部（室）。下属事业单位科学宫、科技活动（咨询）中心。

党组书记
主　　席　张怀明
党组成员
副 主 席　刘春生
　　　　　王坤燕（女）
　　　　　李国旗　魏建华

【概况】 2013年，市科协围绕打造环京津地区新的增长极这一目标，积极动员和组织广大科技工作者服务全市经济社会发展，圆满完成了全年各项工作任务。连续六年被评为市“实绩突出单位”，获“河北省科协系统先进单位”“河北省青少年机器人竞赛优秀组织奖”等称号。全年共争取省以上奖补资金226万元，与上年同比增长9.17%。

【国家、省级奖补资金全省领先】 在国家“基层科普行动计划”项目上，全市有6个惠农项目，2个先进个人，2个益民项目获奖，共获奖补资金170万元，与上年同比增长36%。在省级“科普惠农兴村计划”和“社区科普益民计划”项目上，有4个惠农项目、2个益民项目得奖，共获奖补资金43万元。在全国科普示范县特色项目上，争取省级奖补资金5万元。在省级全民科学素质项目上，争取将补资金8万元，与上年同比增长60%。

【农村科普工作创出品牌】 围绕农村产业结构调整，组建了农技协。在农产品种植上，借力国家级涉农学会和河北农业大学等高校的专家技术资源，重点开展了西部太行山区产地调研，制定了科学的产业规划，牵头做好了技术引进和品种试验工作。一是结合本市大田作物多，市场观光经济作物缺乏的现状，引进了具有观赏价值的作物——腊梅，通过现代化农业栽培手段在全市进行试种，第二年春天可根据长势进行大面积推广，这一举措为全市在观光农业发展上提供了科技支撑。二是结合本市太行山区片麻岩地貌，土壤贫瘠、水资源匮乏的现状，开展了对自然环境要求低、投资少、见效快的中药材种类进行播种实验，搭建了安国中药材种植大户与山区县的合作平台，力争变荒为绿，变废为宝，为太行山绿色隆起带崛起做出贡献。三是依托保定市麻核桃协会，以葡萄、核桃等林果为主，进行节水滴灌技术实验。已经在阜平县大教厂村筹建了麻核桃示范种植基地，采用新型培育改良技术，研发清香核桃、薄皮核桃等优良品种。在农产品进京上：一是采取了市场化的思路，与北京时代博胜公司合作，发动全市各县市区调整产品结构，发挥自己特色，增加附加值高的品种，逐步承接北京生鲜食品、蔬菜和水果类产品供应、分装、仓储运输等，进一步畅通全市农产品进京渠道。二是与北京大兴区长子营农艺协会合作，在京开高速附近的农产品展销厅开辟保定农产品展销专柜。

【搭建科技创新服务企业发展的平台】 市科协着眼于经济社会发展，广泛动员全市科技工作者，借助中国科协199个国家级学会，把更多的创新要素引向了基层，取得显著效果。在开展的“院士专家科技创新行动”中，市科协以“创新驱动”为指导，分别在河北德胜农林科技有限公司和中国乐凯集团有限公司建立了2家院士专家工作站，对接了25名高端人才，引入了“既有建筑绿色化改造技术”“电科学发展与安全用电”“浅层地热科学利用”等5项高层研究成果，这一举措为全市企业转型升级注入了新的活力。

【学术研讨活动创出精品】 市科协坚持文化传承，主动对接京津文化，举办了系列学术文化研讨活动。1. 在北京举办了《瑜伽梦》首发式暨瑜伽学术研讨会，与中央编译出版社、中华中医药学会等15个部门的专家学者进行了学术研讨。由人民日报社主办的健康生活服务类周报《健康时报》2次报道了《瑜伽梦》相关信息。2. 举办了国际中医养生技术交流会议和2013年全国食疗与养生研讨会两场国家级别的学术研讨活动，来自北京、福州、南京、武汉、无锡等全国各地的领导和专家150余人参加了会议。此外，还邀请到美国、日本等地的医学专家，通过远程网络的方式进行学术交流，学术成果由中国中医药出版社进行了出版。中国新闻网、省科协、《保定日报》对此进行了专门报道，省科协副主席许顺斗，市委常委、统战部长、农工委书记王惠欣，市人大常委会副主任孟晓灵参加了会议。3. 针对群众的关注热点和精神需求，开办了博雅讲坛，全年邀请心理、国学、健身等方面的讲师授课50余场，为全市人民群众提供了一份科普大餐。4. 针对前沿课题，开展了保定市优秀论文的评比工作，评选优秀论文120余篇。

【建立创新发展智力平台】 1. 参与了中国科协“海智计划”。借助无锡市科协，进入国际科技资源转移网，共享国际科技资源，在保定科协网开辟创业信息专栏，建立自己的网络创业项目资源库，收录项目1000个。组团参加“中国海智洽谈会”，积极引进海外高层次人才为保服务，为本市引进高端人才、项目和成果搭建平台。2. 为企业创新发展提供了技术指导，先后组织专家、教授开展科技巡诊10项，解决技术难题10项。全年完成100万元以上的金桥工程28项。3. 围绕全民创业行动，市科协党组在认真调研、充分听取意见的基础上，出台一部鼓励机关和事业单位全体干部职工创业的具体措施，积极扶植那些思想活跃，有创新精神，有项目，有干劲的年轻干部创业。成立了保定市科技事务司法鉴定中心、科普影视制作中心和同济健康科普中心，且实行市场化运作，成为全民创业行动的一次有益尝试。

【实施“科技扶贫工程”】 市科协充分发挥科技人才库和科普专家服务团的牵引作用，多次组织专家、教授深入太行山一线调研，把最新的研究成果引入农村，为西部太行山区绿色隆起带的崛起注入了新的活力。1. 积极申报示范项目。围绕农村科普创新，积极实施“科普惠农兴村计划”和“社区科普益民行动”。培树顺平县杨辛庄蓝莓种植试验示范基地等15个市级科普示范基地、优秀农技协和科普示范社区，申报7个国家级项目，5个省级项目。2. “基层建设年”活动获省表彰。市科协驻易县五间房村工作组积极协调，为村民争取额外资金30万元，解决了该村环境、道路、水利等问题，此外，还帮助该村成立林果、养殖两个支柱产业，受到村民的肯定和认可，被评为省基层建设年优秀工作组。3. 阜平扶贫开发工作落实到位。市科协紧紧围绕市委、市政府扶贫开发工作会议精神，在组织上，市科协积极落实《保定市选派帮扶阜平县扶贫开发科技特派员实施方案》，选派觉悟高、素质硬、能力强的2名同志作为科技特派员入驻阜平进行帮扶，重点针对阜平枣树管理等关键技术，开展开展专项科技培训10场，培养农村种植户1000余户。4. 探索扶贫新思路。市科协瞄准贫困地区的实际需求，在南市区组建了科普宣传员队伍试点，在社区、街道、乡镇开展科普宣传活动100余次。

【实施“知识志愿者科技行动”】 1. 三项奖评选工作进展顺利。市科协结合科技体质改革和科技人才举荐，全力做好了“优秀科技工作者” “青年科技奖”和“科普事业贡献奖”的评选工作，共评选出60名科技示范人物，为推动全市形成人尽其才、才尽其用的良好局面做出贡献，《保定日报》《保定晚报》对此进行了专题报道。2. 科普活动创出精品。市科协借助国家级学会和本市高校智力资源，组建了一支由1200名科技工作者组成的知识志愿者队伍。利用现场报告会、影视网络视频、科普图书等形式，以网络爱心学堂，孕妈妈大课堂，博雅讲堂、科技讲堂等科普活动为载体，大力开展科普活动。面向城镇，针对社区居民对食品安全、生活保健、防震减灾等知识的需求，组织各类科普知识宣讲活动123场，发放手册、传单2.3万余份，制作展板150件，受众人数达5万人次。在全国科普日期间，市科协还组织科普文艺汇演，以百姓喜闻乐见的方式倡导健康生活的理念，使科普宣传更贴近群众，贴近生活，形式更加多样化，期间共展出科普展板210块，科技创新作品200件，发放科普宣传资料上千份。面向农村，针对农民对种、养殖技术和信息的需求，组织专家深入田间地头和基层一线，举办各类科技培训100余场次，培训种养殖大户、科普带头人6500人次，培养农村种植户2000户。3. 大学生各类科技活动精彩纷呈。针对大学生对创业和学术信息的需求，市科协举办了第三届大学生科技节和第二届天文知识大赛。在第三届大学生科技节上，以“大学生优秀科技学术作品”评选、“高校青年学术科技活动标兵”评选和“高校大学生科技成果展览”为载体，组织11个高校，30余个大学生科技社团，20余家企业和1000余名大学生进行择业巡讲、走进企业参观学习等活动。在第二届天文知识大赛上，市科协着力进行了天文知识的普及工作，来自华北电力大学、河北大学等7所高校的30余名学生参加，《保定日报》对此进行了特别报道。4. 青少年活动再传喜报。在青少年科技创新大赛中，本市127名学生获省级奖项，2名学生分获国家一、二等奖，获得高考加10分奖励资格，同时，保定一中等5个单位获大赛优秀组织奖。在全国青少年信息学奥林匹克竞赛中，安国中学和保定二中2名学生分获银奖和铜奖。在全国青少年机器人竞赛中，保定市共有5名学生获三等奖。组织参加了全国青少年科技辅导员论文征集活动，举办市第13届“智力七巧板”拼图竞赛和市第13届青少年模型竞赛。

【实施系列能力提升活动】 学会活动方面，1. 培树了市级品牌学术（学会）活动10项，指导市直属学会举办各种重点学会学术活动20场次。2. 学会成员不断增加。全年新增保定市营养健康产业协会、保定市麻核桃协会等4个学会，此外，还指导市护理学会还成立了11个专业学组。3. 建立“保定市民间对外科技交流与合作项目备选库”，已入库项目20个。4. 围绕市委中心工作和本市创新驱动发展需要，征集科技工作者建议3篇；面向广大科技工作者开展了“我为河北科学发展献良策”“我为保定科学发展献良策”意见建议征集活动。共征集意见建议23条，其中对省意见建议3条，对市意见建议20条。科普载体方面，1. 在新浪网、保定热线开通了科普影视专栏，通过网络视频、网络音频，积极宣传科普知识。2. 出版科普图书2部，其中由国家级出版社出版1本。3. 在市以上媒体宣传报道60多篇，其中《保定日报》20余篇，在省科协内刊和网站上发表信息40余条。4. 通过报纸、网站和科协内刊宣传科技人物228人。

（崔宏辰　牛建哲）

气象科学

【保定市气象局】 气象事业是科技型、基础性的社会公益事业。保定市气象局为正处级直属事业单位、国家基本站，实行上级气象部门主管、地方人民政府领导的双重领导管理体制和与之相适应的双重计划财务体制。主要负责保定市气象事业发展规划、计划的制定及气象业务建设的组织实施，对所属气象台站进行业务管理、物资供应；组织管理气象探测资料积累、审核、汇总、传输以及气象探测环境的保护；负责管理本行政区域内公众气象预报、灾害性天气预报预警以及农业气象预报、城市空气质量预报、火险气象预报等专业气象预报的制作和发布，为本级人民政府组织防御气象灾害提供决策依据；依法管理和组织实施全市人工影响天气作业以及雷电灾害防御工作。2013年，根据《河北省气象局关于印发<保定市气象系统机构改革方案>的通知》，局机关内设办公室（应急管理办公室）、减灾与法规处（行政许可处，同时加挂气象执法支队牌子）、观测与预报处（科技处）、计划财务处、人事处（与党组纪检组合署办公）5个职能处（室），设保定市气象台（决策气象服务中心）、保定市气象探测中心（气象信息中心）、保定市气象服务中心、保定市气象事务中心（财务核算中心）、保定市环境气象中心5个直属事业单位。下辖涞源、易县、涿州、徐水、高碑店、阜平、曲阳、安国、白沟、容城、安新、顺平、高阳、唐县、满城、望都、蠡县、雄县18个县（市）气象局和涞水行业站。全市气象部门现有在职职工195人，其中市局92人，县局103人。

【概况】 2013年，全市气象部门围绕地方经济社会发展大局，坚持“四个气象”发展方向，以需求为牵引，以创新为动力，以项目为依托，以气象防灾减灾绩效管理、市厅合作和基层气象机构综合改革为抓手，大力提升“四个能力”，公共气象服务效益显著提升，气象现代化进程明显加快，新型气象事业结构基本建立，科技创新、人才建设和科学管理水平进一步提高，党风廉政建设、精神文明建设和文化建设进一步深化，有效推动了气象工作的全面开展。

2013年，保定市局连续十年获得省级文明单位。市局、涿州、易县3个单位被评为2011－2012年度省级文明单位，14个单位被评为市级文明单位，县局全部建成县级文明单位。涞源局高月梅获“全国气象工作先进工作者”称号，涿州局刘英凤获“全国巾帼建功标兵”荣誉。在全省首届人工影响天气技能竞赛中获火箭作业团体第一名、高炮作业团体第二名，两人分获个人全能第二和第六。在全省影视业务评比中荣获“天气预报类节目三等奖”“创意类节目二等奖”和“最佳主持人奖”。

党组书记
局　　长　刘玉虎
副 局 长　王秋仙（女）
纪检组长　刘小国
副 局 长　陈　艳（女）

【气象防灾减灾】 气象灾害防御基础进一步夯实。市政府印发了《2013年保定市气象防灾减灾绩效管理工作方案的通知》，制定了《落实2013年省气象防灾减灾绩效考评指标体系目标任务分解》和《保定市气象防灾减灾绩效考评指标体系》，召开了保定市气象防灾减灾绩效管理工作会议，对26个县（市、区、管委会）气象防灾减灾绩效管理工作进行察访核验。气象灾害防御组织体系不断完善。市编办批复成立保定市气象灾害防御中心，核定事业编制5名；定州、顺平、易县、满城落实地方编制11名，阜平、容城、涿州、涞源4个县局编制申请报市编办审批。17个县（市）政府发文成立了突发公共事件预警信息发布中心。全年以市气象灾害防御指挥部名义发布气象灾害防御通知15期，启动市级气象灾害应急预案2次，响应省局应急响应命令11次，发布各类预警136期，18个县（市）气象灾害防御指挥部发布应对通知50余期，预警信号900余次。气象防灾减灾机制逐步健全。完成全市旅游气象服务调查。市政府印发了《保定市暴雪大风寒潮大雾高温灾害防御实施细则》，高阳、满城等10个县（市）政府先后出台了分灾种气象灾害防御办法。气象信息服务站实现乡镇全覆盖，气象信息员队伍及时补充调整，分期分批进行全员培训。

【公共气象服务】 公共气象服务效益显著。规范基本公共气象服务，全部县（市）完成公共气象服务白皮书编制发布。做好各类气象服务与保障工作，全年发布各类预警156期，重要天气报告、农业气象服务专题、环境气象周报、森林防火等各类气象服务材料500余期，发送决策服务短信10万余条次，官方微博1200余条，LED显示屏信息1100余条，96121全年拨打量1457万人次。切实发挥“农业气象灾害防控联盟”作用，联合农业局、农大专家实地考察4次，会商会诊30余次；同保定电台联合开播《天气与农事》栏目，播出180余期。《2013年汛期气候趋势分析预测及建议》《关于入冬以来持续低温对农业生产的影响分析及建议》等4个决策服务材料得到市委、市政府领导批示表扬，春运气象服务、保定·飞行周气象保障服务受市政府通报表彰。

环境气象服务扎实推进。贯彻落实市政府大气污染防治“十大攻坚措施”和60项工作任务，同市政府签订了《大气污染防治目标责任书》，制发了《保定市气象局大气污染防治工作方案》，提供空气污染气象条件分析33期，制作环境气象周报3期。《保定市大气污染扩散气象条件影响分析及应对措施》得到市委、市政府主要领导批示肯定。市人大、市政协先后到市局进行调研。在国庆节重污染天气期间组织3个县（市）实施人工增雨作业4点次，发射火箭弹8枚，燃放碘化银烟条10根，保定市空气质量指数由10月1日8时的320下降到255，作业效果突出。

人工影响天气工作成绩显著。市政府成立了保定市人工影响天气领导小组，批准了《保定市2013年人工影响天气实施方案》，出台了《保定市人民政府办公厅关于进一步加强人工影响天气工作的实施意见》。新建标准化作业点9个，全市标准化高炮作业点覆盖率超70%；投资45万元安装空域请示系统终端41个，新增人影作业车3辆、57高炮1门，火箭架3部，小型雷达1部。全年人影作业131点次，发射炮弹2147发，火箭弹166发，碘化银烟条127根。

【气象现代化】 市政府与河北省气象局签署《共同推进气象为保定市经济社会发展服务合作协议》，明确“五大工程”“一项分工”，中央、省、市、县四级配套资金1.65亿元。

项目建设加快。市气象灾害防御中心项目经市政府批复同意。完成涿州、满城、顺平3个县级气象灾害防御中心（预警中心）、容城县气象局、保定市气象站业务办公楼等项目建设，组织涿州与蠡县、涞源“手拉手”活动，支援资金50万元。预报预警能力不断增强。举办了第二期县级预报服务业务培训班、全市Swan和Micaps系统应用培训班和分区现场培训班，完成了Swan和Micaps系统、省公共气象服务平台在市县两级的安装推广应用；组织重要天气过程预报技术总结7次，参加全省交流5次，首次重大天气过程评比获第一名，3人次获重大天气过程三等奖、1人次获河北省优秀值班预报员；在“第二届河北省气象行业天气预报职业竞赛”中获团体第五名，王志超获个人全能三等奖，被授予“河北省天气预报技术能手”；1人获“第三届华北区域气象行业重要天气预报技能竞赛”第七名。综合观测系统不断完善。新建自动雨量站60个、六要素区域站1个，涞源、满城2个中小尺度灾害性天气移动监测预警系统（移动车载雷达）投入使用；保定站、涿州局2个新型自动站建设完成；顺平、涿州、易县、满城建成县级综合业务平台；完成气溶胶观测站（PM2.5）建设选址和基础设施建设；全市17个自动土壤水分观测站全部投入业务运行，业务化率达100%。基础观测业务运行稳定。地面、农气观测业务错情率均为0.00‰，创“250班”无错情14个，“百班”无错情41个，在全省农业气象观测业务知识竞赛中涿州局刘安获得三等奖。探测环境保护取得新进展。保定、徐水等5个县发布实施了气象探测环境保护专项规划；顺平、易县、高碑店完成气象探测环境保护专项规划编制并通过专家论证。“三农”服务专项及山洪灾害防治项目稳步推进。阜平、满城、顺平"三农"气象服务专项示范县基本完成建设任务，中央落实经费140万元，支付进度90%，地方配套87万元。中国局认定河北省标准化气象灾害防御乡（镇）7个，其中满城、顺平5个乡镇入选。山洪灾害防治县级非工程措施（2010年开始）项目基本建设完成，山洪地质灾害防治气象保障工程项目（2011年开始）稳步实施。两项工程惠及全市9个山区县和1个平原县涿州，有效加强了山洪地质灾害防御能力。

【科技、人才建设】 科技创新能力不断提高。《保定市气象局尾矿库暴雨灾害防御试点》在中国局立项，下达项目经费32万元，《河北中南部暴雨预报技术研究》《加油站雷电预警预报技术研究》获省局立项。自主研发了温度集合预报平台、空气质量监测和预报（CUACE和CMAQ模式）产品应用与检验平台，温度预报及空气污染预报预警科技支撑进一步增强。全年发表科技论文5篇，其中核心期刊2篇。

人才体系建设不断加强。完善竞争性选拔干部方式，建立干部提任实绩公示和廉政报告制度；按照组织程序选拔提任科级干部5人，推荐上挂干部1人；招录应届毕业生13人，招录2014年大气本科毕业生2人；完成2名高工聘任和工资套改。

【党建、精神文明】 党建工作不断加强。开展了"解放思想大讨论""为民务实在一线"等活动，建立了具有部门特色的基层党建工作机制。市局及机关党委先后荣获保定市直机关"推进学习型党组织先进单位"和"先进基层党组织"称号，人事处获"党员先锋岗"称号；刘隽、黄鹤分获保定市直机关"优秀共产党员"和"优秀党务工作者"称号。廉政建设不断深入。严格执行民主集中制、"三重一大"集体决策和局务公开制度，坚持"一岗双责"，做好风险防控工作，开展经济责任审计与专项资金审计，完成纪检组长对各县（市）局的巡查任务；反对"四风"，贯彻落实中央"八项规定"，办公用房、公务用车及公务接待基本规范到位。开展党风廉政宣传教育月活动，集中展示廉政文化、警示案例，通过组织观看廉政教育片、召开学习会等活动，从思想上筑牢防腐防线。精神文明和气象文化建设全面开花。大力宣传并努力践行保定气象精神，继续推进"一站一景一特色"气象文化建设，创新形式和内涵；涞源、容城文化建设取得显著成效；丰富文体活动，开展了"学习十八大精神，落实八项规定"主题实践活动。开展基层建设年活动，为帮扶村支持资金5万元，捐助衣物357件。向芦山地震灾区募捐10030元。

【自然灾害】 6月7日，本市西北部地区出现强降雨，局部地区出现大到暴雨，望都、唐县、涞源、涞水、博野、容城、高阳、清苑、蠡县、安国10县59个乡镇遭受不同程度洪涝灾害，受灾人口17940人，紧急转移安置46人，倒塌房屋9间，农作物受灾面积13898公顷，受灾作物主要是小麦、玉米、谷子、花生等，已上报直接经济损失3899万元。

6月24日，本市涞源、涞水、雄县、容城、顺平、望都、曲阳、易县、白沟等9县21个乡镇遭受风雹灾，大风持续时间最长约2小时，最大风速18.6米/秒，冰雹直径1厘米。据初步统计，此次灾害过程受灾人口69373人，受灾面积4776公顷，严重损坏房屋9间，一般损坏房屋30间，受灾作物主要是玉米、谷子、棉花、林果、蔬菜等，造成直接经济损失2537万元。

6月9日至6月25日，本市多暴雨天气过程，阳光不足，天气气温变低，致使徐水、清苑2县32个乡镇小麦倒伏不能充分灌浆，加上不能及时收割，部分小麦发霉减产。此次灾害过程受灾人口548409人，受灾面积35220公顷，造成直接经济损失15973.15万元。

8月4日，本市遭受雷雨大风袭击，最大风速18米/秒。致使博野、曲阳、望都、唐县、顺平、清苑、蠡县、高阳、徐水9县86个乡镇受灾。受灾人口605486人，农作物受灾面积38117公顷、绝收面积5802公顷，受灾作物主要是玉米、蔬菜、果树等，造成直接经济损失39247万元。

（臧新伟　郭志强）

防震减灾

【保定市地震局】 保定市地震局是保定市人民政府管理全市防震减灾工作的直属事业机构。内设3个处室：办公室、监测预报处、震害防御处。主要负责管理本辖区内的防震减灾工作、起草规范性文件；根据有关法律、法规和规章的规定，组织编制防震减灾规划和计划；组织建立地震监测预报、震灾预防和紧急救援工作体系；承担政府抗震救灾指挥机构的办事机关职能；组织开展地震科学研究与成果推广应用；指导各县（市、区）的防震减灾工作；承担上级地震部门和市委、市政府交办的其它事项。

党组书记
局　　长　高良友
副 局 长　邢新海　许彦都

【概况】　2013年，保定市地震局紧紧围绕省市中心工作，突出践行防震减灾服务经济社会和人民群众的根本宗旨，全面贯彻全国地震局长暨党风廉政建设工作会议、省长专题办公会和全省地震系统防震减灾工作会议精神，坚持“预防为主、防救结合、综合减灾”方针，深化目标责任管理，切实加强防震减灾“3+1”工作体系建设，充分发挥防震减灾在经济建设与社会管理中的职能作用，促进了城乡防震减灾整体工作稳步协调发展。2013年，保定市地震局被河北省地震局评为先进单位，市局监测预报处和徐水县地震局分别被评为先进集体。

【地震监测预报体系建设进一步加强】　一是抓好强震台建设，配合省局完成了中国地震背景场探测项目，位于本市10个强震台配套仪器设备的安装调试等协调工作，妥善解决了蠡县地震台、徐水县测震台的租地选址与台站迁建等问题。二是购置安装了正版化软件，定期对地震仪器设备技术系统进行维护升级，确保了地震信息安全保密，观测资料质量进一步提高，监测手段和地震分析会商能力明显增强，2013年本市地震分析预报工作被省局评为优秀单位，安国信息节点连续2年获得县级网络节点分项第一名，雄县模拟水位观测资料获得优秀奖。三是注重加强“三网二员”管理与作用发挥，各县（市、区）完成了有关人员的调整和数据库的更新工作。四是及时有效通报国内震情，为市领导与主管部门决策提供服务，国内出现破坏性地震或周边有影响的震情，能够在第一时间向市四大班子及有关部门进行通报，实现信息资源共享，年内发布《震情简报》21期，赢得了市领导的高度重视与好评。五是切实加强异常核实与地震谣传平息工作，及时消除群众的恐惧心理和疑虑，有效扼制了辖区内地震谣传或地震突发性事件发生，为全市经济发展和社会稳定营造良好环境。六是积极推进防震减灾“十二五”发展规划的实施，完成了保定市防震减灾“十二五”专项发展规划中期评估工作，认真总结工作落实情况、存在问题，同时，提出了改进措施与建议，为市政府领导和主管部门更好地统筹发展规划决策提供了科学理论依据。七是防震减灾保障机制逐步建立，年初，保定市政府办公厅印发了《关于进一步健全与完善防震减灾事业经费投入增长机制的实施意见》，为确保全市防震减灾事业可持续发展提供了保障，得到了上级地震主管部门的肯定。

【震灾预防体系建设取得新的进展】　（一）3月28日，召开防震减灾工作专题会议，深入传达学习习近平总书记等国家领导人的重要批示，国务院与河北省防震减灾工作联席会议、全国地震局长会与河北省地震系统防震减灾暨党风廉政建设工作会议和3·21省长办公会议精神。制定印发了《保定市地震局工作思路》《保定市地震局工作落实方案》和《2013年度工作考核目标》，把工作任务分解到各单位，责任明确到每个处室和岗位人员，以确保防震减灾各项工作有人抓、有人管，件件得以落实。（二）加大对重大建设项目抗震设防要求的监管力度，规范完善了对地震安全性评价工作的管理模式，强化“属地管理、谁主管谁负责”责任制和地震行政审批“一站式”服务，制定了《保定市地震局效能提升工作实施方案》，12月12日，市法制办联合考核组对市局依法行政工作进行了年度考评。市地震行政审批窗口多次被评为先进单位。（三）坚持城乡一体化发展思路，不断强化对县（市）防震减灾工作的指导，省和市地震局先后4次深入到县（市、区）政府、机关、学校、台站网点进行督导检查，并及时向市政府报告相关情况，提出了有针对性的意见建议，有力地推动了全市城乡防震减灾整体工作协调发展。（四）城市活断层探测与地震危险性评价项目建设工作得到突破性进展，为专家评审组的总体验收奠定了坚实基础。（五）组织开展防震减灾知识竞赛活动。2013年“7·28”前夕，在全省“中小学生防震减灾知识竞赛”中，保定市地震局在决赛中荣获全省第一名，受到了省市有关领导的好评。（六）大力推进防震减灾文化建设，防震减灾宣传工作取得良好社会效应。一是市县地震部门充分利用防灾减灾日、地震纪念日等重要时段，按照“六进”要求，积极走上街头，深入到社区、农村、学校、厂矿企业、机关、警营等单位广泛开展防震减灾知识宣传活动，全民防震减灾意识明显增强。二是全市24个县（市、区）和2个管委会高度重视防震减灾文化建设，大力宣扬本单位本部门防震减灾工作的新进展和好做法。2013年度，保定市地震局在河北省地震局门户网站刊载信息稿件44篇，还有数十篇在《地震报》《保定快报》《保定晚报》

或其他网站刊载，宣传报道工作走在了全省地震系统前列。局长高良友和副局长邢新海撰写的调研报告分别被省地震局评为优秀奖。2013年市地震局、徐水县地震局、阜平县地震局和新市区地震局被省地震局评为防震减灾宣传工作优秀单位，在全省地震系统进行了通报表彰。

【地震应急救援体系建设进一步完善】 一是建立完善了以主管副市长为指挥长的防震减灾应急救援指挥管理组织体系，为做好全市防震减灾工作提供了组织保障。二是切实加强应急救援队伍建设，按照“一队多用、资源共享、专兼结合、警民结合、平战结合”的原则，依托武警、公安消防支队和生命线工程单位，组建了公安、消防、民防、医救等应急救援队伍以及市政、建筑生命线工程（水、电、气、通信）等抢险抢修救援专业队伍，各县（市、区）、乡（镇）、城区街道社区也普遍组建了防震减灾应急救援志愿者队伍，基本实现了市县城乡全覆盖。三是组织中小学校、社区广泛开展地震应急演练活动。2013年市县地震部门先后组织青东巷社区、华中假日小区居民，爱民小学、六一小学、满城县小学、26中、高阳三利中学师生等单位，多次开展防震避险应急疏散演练；各县（市、区）地震主管部门通过抓点带面，将地震应急演练提到了重要议事日程，特别是新市区地震局组织全区20所中小学校，利用每学期开学后，都要有组织的安排师生开展地震应急疏散、防震避险、自救互救和消防安全应急综合演练活动，已形成制度化、规范化、常态化，在全市起到了示范引领作用。四是注重地震应急避难场所建设，按照《〈市政府工作报告〉2013年落实方案》与52项惠民事项责任分工，由市地震局牵头组织开展的依托广场、绿地或人防工程的3个地震应急避难场所建设（市植物园、北国先天下地下停车场和火车站地下图书城）提前1个月完成。11月14～15日顺利通过了省人居环境奖大检查。

【党风廉政建设和惩防腐败体系工作常抓不懈】 1. 认真落实党风廉政建设责任制，大力加强惩治和预防腐败体系建设，始终坚持与防震减灾工作一起抓，严格执行中央“八项规定”、反对“四风”，坚持《领导干部选拔任用条例》“一报告两评议”制度，注重预防用人上的不正之风，切实加强和推进权力公开透明管理，利用保定市地震局政务公开网，不断更新改进和丰富公开内容，注重加强对外服务窗口建设，不断完善工作机制、监督机制、考评机制，使权力公开透明管理工作保持了经常化、制度化、规范化，树立了廉政、务实、创新、高效、人民满意的良好政府机关形象，赢得了广大服务对象的信赖，社会公信度和服务管理水平进一步提高。2. 按照保定市大讨论活动领导小组《关于在全市乡科级以上领导干部中开展“六观”主题教育活动的实施方案》要求，市局深入开展了“世界观、人生观、价值观、权力观、地位观、利益观”主题教育活动，6月20日，市地震局党组召开了以“六观”教育为主题的专题民主生活会，经过对民主生活会民主测评，大家对局领导班子和每个班子成员的满意率均达到100%。3. 开展基层建设年活动和扶贫开发工作，进一步锤炼了作风，密切了党群干群关系。市地震局基层建设年活动驻村工作组，紧紧围绕“强班子、促发展、惠民生、促和谐”的主题和“十方面实事”建设要求，积极协调帮扶资金，圆满完成了对望都县黑堡乡东黑堡村的道路硬化、饮水管道、文化广场、小学改建、农家书屋建设等帮扶任务，邢新海被评为全省优秀驻村干部。许彦都负责扶贫开发工作，完成了对涞源县白石山镇香沟村2013年帮扶工作任务，效果明显。

（朱建颖）

文　化

文化事业

【保定市文化广电新闻出版局】

主要职责：1、贯彻党和国家关于文化艺术、文物工作的路线、方针、政策，拟定关于文化、文物和博物馆工作的政府规章草案、制度并贯彻执行。严格执行国家关于文化艺术、新闻出版、新闻宣传、广播电影电视、文物和博物馆管理的法律、法规，依法管理文化市场。2、拟定全市文化事业、文化市场的发展战略、长期发展规划、年度计划并监督执行；拟定全市文物利用及相关产业开发规划；拟定全市文物、博物馆事业发展规划并组织实施；负责广播电影电视播出节目的政治内容、质量的审查。3、指导全市艺术创作、研究、生产，主办全市性重大艺术活动；指导和协调全市广播电影电视网建设和管理工作；负责全市广播电影电视队伍建设和专业培训，按照广播电影电视、文物和博物馆事业发展需要，有计划、分层次地培养各种专业人才。指导、协调全市文物管理、保护、抢救、发掘、宣传和利用等业务工作。4、综合管理、协调指导全市社会文化事业，推动和指导群众文艺活动，发展全市图书馆和博物馆事业，组织、举办全市性重大文化活动。组织实施非物质文化遗产保护和优秀民族文化的传承普及工作。组织申报世界文化遗产、全国重点文物保护单位、省级文物保护单位。组织审核市级文物保护单位；依照有关法律法规审核申报全市文物发掘、保护、维修项目。5、管理全市演出、电影电视、出版、印刷、图书、音像和包装装潢印刷品印刷经营市场；指导、监督文物经营单位的购销活动；指导文化市场稽查工作。综合管理全市文化（广播电影电视、文物和博物馆）系统的对外交流与合作等外事工作。6、制定文化经济措施，统筹安排市拨文化事业经费、推动市属国有文化资产的规划、开发和利用。负责国拨、省拨、市拨文物保护专项补助经费、文物事业费和基建经费的计划和管理。研究提出多渠道筹措文物保护经费的措施。研究处理文物保护的重大问题；对查处盗窃、破坏、走私文物的大案要案，提出文物方面的专业性处理意见。7、指导市直属文化事业单位的机构设置和调整，参与制定有关文化事业的干部、人事、劳动政策，促进文化体制改革。申报全市各级广播电台、电视台、转播台、发射台的建立和撤销；协调、指导县（市）广播电影电视事业发展方面的有关事项。审核申报文物经营单位的设立和撤销。8、承办市政府交办的其他事项。内设机构：办公室、组织人事处、计划财务处、艺术处（宣传管理处）、传媒机构管理处、科技处、社会文化处、文化市场处（行政审批服务处）、新闻出版处、电影电视剧管理处、文物保护处、文物项目管理处等12个职能处室。

党委书记 局　　长	高　玉
党委副书记 文物管理局 局　　长	王胜利
党委副书记 副 局 长	赵立柱
副 局 长	万进儒
	孙彦君（女）
	李天慧（女）
	韩志勇（兼市文化市场行政执法大队队长）

纪委书记　钱立功

【概况】　2013年，市文广新局严格按照市委、市政府总体要求和工作部署，扎实工作，奋勇争先，努力为文化名城建设增光添彩。全系统获国家级先进集体荣誉2个，市文广新局获省级先进集体荣誉4个、获市级以上先进表彰30余项。

【文艺精品频结硕果】　把加强文艺精品创作作为落实“讲好保定故事，建设善美保定”活动的重要举措，以文艺形式讲述保定好人、好事、好传统的故事，弘扬社会主义核心价值观，传播社会正能量。以市艺研所青年编剧为主创作的话剧《油条哥》，讲述保定首位全国道德模范刘洪安“良心做人、诚信创业”的故事。作为“好人三部曲”之二搬上舞台，由《约定无期限》剧组原班人马精彩演绎，引起了强烈反响，得到省委常委、宣传部部长艾文礼，市委书记聂瑞平等省市领导的高度肯定，成为“善行河北、善美保定”建设的生动例证。创排了反映保定抗战题材的大型乡土爆笑舞台喜剧《鬼子进村了》，这部由保定人编、导、演，运用保定方言、讲述保定抗战故事的特色剧目在保定直隶大剧院上演引起了轰动，受到市领导好评。加强对安国中药的文化宣传，配合安国中药都建设打造了以药王、药戏为题材的老调剧目《药绘图》，已被中央电视台《探索·发现》栏目录制并播出。制作的《历史文化名城保定》宣传片，成为保定文化的亮丽名片。编辑出版了《保定市重点文物保护单位图典》《保定市非物质文化遗产图典》《莲池书院志略》和《王贯英艺术人生》等一批精品图书，完成了《保定老调志》的编纂工作，进一步彰显了保定的历史底蕴和文化内涵。

【基础设施不断完善】　关汉卿大剧院和博物馆建设进展顺利，市图书馆改造和群艺馆搬迁事项正在推进。在市领导关心下，5个市直艺术院团办公场所迁新址，投入45万元进行装修配置，使其办公条件得到很大改善，维护了文艺工作者的尊严。直隶大剧院建设完工并投入使用，承接了话剧《风华绝代》等30余场高水平的专场演出，填补了保定市没有高标准大型演出场所的空白。市区新增华隶影城等3处高档放映场所，已建成并运营数字影院达6家。县城数字影院改扩建1家、新建1家，经营管理水平逐步提高。易县文体局被树为全省公共文化服务建设先进典型。全市有8个乡镇综合文化站入选“河北省百佳乡镇综合文化站”。

【“文化润古城”影响广泛】　认真落实市领导“演艺彰显底蕴，文化浸润城市”的指示要求，按照每月在市区至少举办一场的文化惠民实事工作部署，举办了包括“保定之春”交响音乐会、中国国家交响乐团“乐动古城”交响音乐专场、国韵天骄善美保定京剧演唱会、梅花争艳古城行梅花奖获得者演唱会、北京军区战友文工团慰问演出、奥地利萨尔茨堡国家邮政乐团音乐会等在内“文化润古城”系列演艺活动共11场次，极大丰富了群众文化生活，对于提高城市文化品位和市民文化修养、增强文化消费意识起到了促进作用。举全局之力承办了第六届河北省民俗文化节暨首届保定市民俗文化节，办出了特色和水平，被省文化厅通报表彰。开展了“百场中华民族伟大复兴电影公益展映”“善美社区——百场优秀电影进社区”“文化润家园”县域巡演和“文化深山行”下乡演出、海峡两岸“保定·台湾”名家书画展等活动。

【文化惠民深入推进】　完成“一村一月一场电影”的农村公益电影放映任务，为全市5723个行政村全年放映68676场。成功举办了2013年保定市戏曲票友大赛，为丰富群众文化生活增添了光彩。随同市委领导赴内蒙古慰问驻训部队，演出获得成功，给驻训官兵送去了精神激励，浓厚了军民鱼水情。举行了“农村面貌改造提升行动”和“基层建设年”帮扶村3场慰问演出，举办了群众文化素养展示活动“花儿别样红”学生专场演出，丰富多彩的公益文化活动得到了各级领导和社会各界好评。

【群众文化活动丰富多彩】　成功举办了保定市第二届暨定兴县第五届“明城恒盛杯”戏曲大赛、保定金棕榈国际影城“红色保定——银幕寻梦”经典影片海报展、南市区文化艺术节、曲阳县“快乐舞动”大型广场舞活动等。在省举办的欢乐城乡“三项创评”活动中，涿州市花灯节入选河北省“一县一品”双十佳县域品牌文化活动；望都县柳陀村文化广场等3处广场入选河北省特色文化广场；易县霞光艺术团等10个单位和个人入选河北省基层文化之星。

【社文组织有新发展】　成立了“保定刘、关、张三义文化研究会”等13个群众文化组织或文化中介机构。局属社会团体和民办非企文化活动连续不断，举办书画展、研讨会、歌舞赛等各类文化活动80余次，到场名人30

余位。创新文化拥军方式，在66069部队建成了市内首个军营文艺辅导基地。全社会参与文化建设的积极性和覆盖面大幅提高。

【文化产业有新提高】 在北京和天津各举办了一次“保定特色文化产业博览会”，成为对接京津的“重头戏”。精选全市34家企业、30多个品种数百件展品布展，发放《保定市全国重点文物保护单位图典》600多本、宣传品5万余册。参观人员约2万人次，销售额约10万元，签订意向合同20余个、签约额约80万元。中央多家新闻媒体对博览会进行了报道，从而让更多的人因文化而认识保定、了解保定、走进保定。在2013年度全省文化产业“三个十”评选中，易县被评为“河北省文化产业十强县（市、区）”，高碑店鑫宏源印刷包装产业园被评为“河北省十大文化产业项目”。投资100亿元的中国曲阳雕塑文化产业新城项目已正式签约，将建设全国最大的雕塑文化产业示范园区。在全市范围评选出17家文化企业，命名为市级文化产业示范基地。推进雄县塑料包装印刷产业园区快速发展，打造产业航母。已入驻园区企业43家，其中包装印刷企业21家，实际投资36264万元，总产值27368万元。

【文化园区有新成效】 大力扶持河北大学科技文化产业园发展，依托河北大学的科技、知识、人才优势，结合本市文化、资本等社会资源，围绕培育文化创意、高新技术等主导产业，通过人才培养、科学研究、技术创新与产业化提升服务水平和能力，将其建设成以科技创新为引领、文化创意为特质的科技成果和文化资源孵化与转化的重要基地，打造未来“中国智谷”。入住企业已达46家（其中文化企业31家，产值占园区65%以上）、毕业企业1家，申请专利42项。

【文化环境有新优化】 大力唱响“实干兴市、清正为民”主旋律，结合开展“全民创业、效能提升、城市管理‘6S’”三项行动，强化服务和创新意识，优化文化发展环境。认真调研起草了《保定市支持文化事业发展若干政策的实施细则》和《保定市支持文化产业发展若干政策的实施细则》，积极探索文化产业发展和文化事业繁荣的方法、途径和机制，激发市场主体活力。继续推进文化体制改革，基本完成了市电影公司转企改制工作。对行政许可、非行政许可和行政监管“三类事项”进行了全面清理。将1项行政许可事项、2项行政监管事项下移审批层级，将市文广新局直管的260多家网吧下放到三区管理，做到了许可项目最少化、审批程序最简化、监管内容最优化。加强行政执法制度建设，为文化市场健康发展保驾护航。印发了《保定市农村文化市场监管机构、职责、制度》，制定了《保定市主要文化市场执法检查内容规范》《保定市文化市场行政执法举报办理制度》等制度，编纂了《文化市场管理法律法规汇编》。开展了全市文化市场综合行政执法岗位大练兵与技能大比武活动，组织所有文化市场管理和综合行政执法人员进行了集中培训和考试。

【“非遗”工作有新进展】 全市新增省级非物质文化遗产项目26项，截至年底，全市共拥有省级“非遗”项目75项。组织完成了市级第四批非遗名录项目和第三批非遗项目代表性传承人的评审公示。完成了54个省级非遗名录保护单位、部分国家级非遗名录保护单位推荐认定工作。完成了《保定历史文化宣传片》制作和《保定市非物质文化遗产图典》编纂工作。涞水县北高洛音乐会、雄县赵岗音乐会参加全国民族器乐民间乐种组合展演分获演奏奖和鼓励奖。易县摆字龙灯表演队在中国广西南宁第十一届山花节舞龙大赛获金奖。

【新闻出版有新突破】 在全市青少年学生中广泛开展了以“读书成就梦想”为主题的系列读书活动，在全省青少年“阅知行”经典诵读大赛决赛上，本市有四组选手分获一、三等奖。开展了对帮扶村农家书屋的帮建工作，多次深入基层督导检查，积极协调省新闻出版局为帮扶村配送图书，确保捐赠图书不少于400册。新市区郝庄村农家书屋等3个书屋被评为“全国示范农家书屋”，易县固村庄村图书室等3个农家书屋被命名为“河北省示范农家书屋”。开展政府机关软件正版化工作，市级机关有8个单位已经自行采购，落实资金总计16万元，市级机关采购总额达110万元。全市有15个县（市、区）落实资金达到50万元以上，总额达1100万元。

【行业监管全面加强】 加强广播电视播出传输机构及频率频道管理，进一步规范广播电视节目播出传输秩序，净化声频荧屏，确保了全市广播电视的安全播出。进行了广播影视社会管理春季集中整治，收缴非法卫星电视接收设施8000余套，查处违规广告61条，取缔非法卫星电视接收设备销售摊点21个，取缔卫星电视接收网6个，查缴非法网络共享器4套。深入持久开展“扫黄打非”工作，组织了深化查堵反制香港反动出版物专项治理“清源”行动等14次专项整治。市本级出动执法人员2600多人次、车辆700多台次，检查印刷企业2100多家次、书报刊经营单位1300多家次、音像店150多家次，收缴非法出版物1.5万余册、非法音像制品3000多张。中央电视台新闻联播报道了本市教辅专项整治活动。将市区互联网上网服务营业场所行政审批许可项目下放到三区文化行政管理部门，并进行了以加强管理为主要内容的培训。11月，易县文化市场执法队代表河北省出席了由中宣部、文化部、国家新闻出版广电总局组织召开的第五届全国服务农民、服务基层文化建设先进集体表彰座谈会，是唯一代表全国31家文化市场管理和执法机构先进集体作典型发言的单位。中共中央政治局委员、中宣部部长刘奇葆对易县在农村文化市场管理方面创出的经验和做法给予了充分肯定。

【人才队伍得到锤炼】 开展“解放思想、改革开放、创新驱动、科学发展”大讨论。市文广新局安排了“换脑筋、强自觉、重实干、求发展”“双争双创”“讲好保定故事”和建言献策四项活动，形成了“五个二”的文化发展思路，努力锻炼出服务宽、业务精、思路广、点子多的创新有为型文化人才，为使政务环境优化、文化市场繁荣、服务对象满意提供了思想和组织保证。加强全方位监督，营造风清气正的人文环境。严格贯彻落实中央“八项规定”，狠刹“四风”，精减文件30件，精减简报6件，“三公经费”同比减少25%。市局驻涞源县基层建设年活动帮扶工作组筹资30多万元改善农村生产生活条件，被评为省“基层建设年先进集体”。在“农村面貌改造提升”行动中，市局帮扶的徐水县南公村被确定为省沿高铁重点村和县示范村。筹资近300万元，用于扶贫攻坚定点村涞源县庄伙村建设，使该村面貌大为改观。向省广电局申请，给阜平等3个县争取资金530余万元，用于艰苦地区台站基础设施建设，助力文化扶贫攻坚。抓好安全稳定工作。妥善解决历史遗留问题，原保定广播电视技术开发公司13人长期上访问题得到了解决，彻底消除了信访隐患。完成原乡镇（公社）老放映员1401人的身份审核认定工作。开展了安全生产百日大检查，确保了全系统安全无事故。

【文物工作】 全年，市文物局认真贯彻落实“保护为主、抢救第一、合理利用、加强管理”的文物保护方针，坚持保护与利用相结合，积极推进文物事业健康有序的发展。夯实了文物基础，狠抓了项目建设，确保了文物安全，全市文物保护和利用工作卓有成效，在维护古城风貌、提升保定文化品位、提升文化软实力等方面发挥了积极的推动作用。

全市新增国保单位20处，总计达60处，总数在全国地级市中位居前列。保定军校纪念馆被命名为第四批河北省爱国主义教育基地，被中央司法警官学院确定为爱国主义教育基地。总督署博物馆被文化部命名为国家级“廉政文化教育基地”。

大力推进总体规划的编制工作。着眼保定文化名城的长远发展，围绕《保定市文物事业“十二五”发展规划》，结合城市建设整体规划，以保定古城区域文化遗产资源为基础，整合文化资源，让文化与旅游、城建、商贸等相关产业相互融合，以文化、旅游、休闲为主导，打造功能齐全，布局合理，生态环境优越，景观特色鲜明的文化古城。为此，聘请了具有规划甲级资质的北京大学考古文博学院、北京建筑大学两个单位联合编制《保定市古城区文物保护与利用总体规划》。规划初稿基本完成，相关情况也已向市政府领导进行了汇报，按照市领导指示，听取了相关单位意见，现正按照意见进行修改完善，规划文本正在征求清华大学相关专家的意见，此规划完成后将成为古城文物保护与利用的指导性文件。

狠抓全市文物项目的建设。为加快推进项目建设，年初，全市分南北两个片区，坚持重点突出，兼顾全面，对各县（市）文物项目工作进行梳理，通过认真高效的梳理整合，提高了项目成功率。2013年，全市共申报包括安防、消防、避雷、文物本体维修、周边环境改造等项目53个，申请资金4.3959亿元。其中各县（市）22个项目，涉及资金5330万元。清西陵共申请27个项目，涉及资金3.5283亿元。市区申请项目4个，资金3346万元。全市文物保护项目取得重大进展，争取文物保护资金达1.86亿元，其中市区争取国家文物保护专项资金1000万元。

狠抓全市文物安全工作。为确保文物安全，6月20日－27日，对全市21县（市）文物安全工作和市区文物保护单位进行了全面检查，对第七批国家级重点文物保护单位安全情况进行了重点检查。对发现的14处安全隐患，现场提出整改措施及完成时限。完善安全监控体系，落实安全责任制，市政府与各县签订责任状，完善市、县、乡、村四级文物保护网络，确保全市文物安全。完善安全预防体系，指导各文物保护单位完善安全预案，做好文物安全的日常管理工作。完善巡查监督体系。定期对全市各文物保护单位进行常规检查，督导落实各项安全整改措施。按季节变化对重点文保单位重点监控、定点设防、定时巡查。实施防雷、防火等专项检查，全市文物安全基础得到进一步夯实，提高了技防水平。年底，全市田野文物安全技术的防范系统建设项目已基本完成，进入全面调试阶段。

加快对文物修缮和保护工作。年底，淮军公所西大门主体已基本完工。作为第七批国保，淮军公所、清河道署积极争取上级支持，分别向国家局申请维修经费2600万元和400万元；同时，积极吸纳社会民间资金的参与，拟于淮军公所西侧空地地下（人防工程扩展项目）建设地下文化休闲设施，打造历史文化街区。利用民间资金对皇华馆街杨公祠文物本体、院落进行维修。加快总督署西路复建工程，对总督署西路重新进行考古发掘，按实际发掘情况对原有方案进行了调整，方案正在由专家审阅。积极筹备《中国古代衙署文化专题陈列》。“中国古代衙署博物馆”的基本陈列——《中国古代官衙文化专题陈列》展陈大纲已基本完成，为确保基本陈列起点高、定位准、效果好，9月，邀请了中国人民大学等国家级专家学者召开论证会，对展陈大纲进行研讨、论证。对全市名人故居、典型民居情况进行了全面细致的摸底调研，草拟了名人故居保护管理办法，成立了保定市名人故居保护委员会。市政府成立了保定市博物馆建设指导委员会，并积极筹备保定市博物馆协会，对全市博物馆总体情况进行深入调研，向市政府上报了《保定市加强国有博物馆建设和鼓励扶持民办博物馆建设的办法》。编辑出版了《保定市重点文物保护单位图典》。

【保定市图书馆】 保定市图书馆占地15.56亩，建筑面积1.2万平方米，主楼8层，配楼3层，设计藏书能力100万册，阅览坐席600个，被国务院批准为全国古籍重点保护单位，文化部评定为国家二级馆。现有藏书75万册，其中古籍文献13万册，经专家鉴定的古籍善本有1.2万册，先后完成了“第四批国家珍贵古籍名录”、“河北省第一批珍贵古籍名录”、“河北省重点古籍保护单位”的申报工作，馆藏古籍15种收入国家珍贵名录，44种63部古籍入选“河北省珍贵古籍名录”。全年共完成报纸期刊征订485种，购置、加工、上架新书9060多册。购置报纸期刊触摸屏两台，年接待读者约18万人次，外借图书约15.6万册次，月均流通量约1.65万人次。

结合图书馆公益性、均等性、便捷性服务大众这一着眼点，努力践行“读者第一，服务至上”的根本宗旨，在不断创新服务理念，拓展服务模式、争取改造优质服务环境上下功夫，顺利完成了年初制订的工作计划。被河北省质量技术监督局评为2013年河北省服务质量奖。在庆祝第八个“文化遗产日”第六届河北省民俗文化节暨首届保定市民俗文化节活动中，获河北省文化厅授予的“第六届河北省民俗文化节组织工作奖”称号。5月向河北省文化厅申报的“文化资源共享服务弱势群体”案例，被河北省全民科学素质工作领导小组评为河北省“公民科学素质行动典型案例”。

图书馆的公益性得到有效宣传。2月2日至3日，市图书馆辅导部在一楼大厅组织开展了200条谜语竞猜活动。3月至5月，自制雷锋事迹图片30张进行展览。4月23日第十八个世界读书日期间，开展了“世界读书日”阅读推广活动，为方便读者设立了新书借阅处。根据全国“知识工程”领导小组办公室《关于在全国开展2013年度图书馆服务宣传周活动的通知》要求，主题活动重点结合2013年图书馆年会，宣传图书馆在倡导阅读、指导阅读、推动全民阅读方面的重要作用，进一步体现图书馆在加强社会主义核心价值体系建设、全面提高公民道德素质、丰富人民精神文化生活等方面的重要作用。活动还围绕“书香中国——阅读引领未来”为主题，宣传图书馆在推进全民阅读活动中的创新举措，展现图书馆在推进阅读，引领风尚、教育人民等方面的社会价值。以这次活动为契机，提升服务水平，拓展服务范围，开展针对老年人、残疾人、未成年人及进城务工人员的阅读活动。宣传周活动期间，在图书馆各窗口，倡导爱岗敬业与优化服务意识。中小学生阅览室结合“燕赵少年读书系列活动”，积极组织开展了阅读演讲，丰富小读者的假日生活。电子阅览室利用“全国文化信息资源共享工程”，向读者传播电子书刊、名家讲座等，让市民享受到高雅的网络文化。

积极开展系列活动。根据河北省文化厅、河北省教育厅、中国共产主义青年团河北省委员会《关于开展“经典浸润人生阅读成就梦想”2013年度燕赵少年读书系列活动的通知》，为引导鼓励少年儿童亲近文学经典，塑造美好人格，传承美德善行，向实现“中国梦”的伟大目标扬帆远航，市图书馆从4月10日起，在全市开展了以“经典浸润人生阅读成就梦想”为主题的2013年度燕赵少年读书系列活动。围绕主题组织开展了：经典文学名著书法摘抄、经典文学名著暑期阅读挑战、经典文学名著童音诵读、经典文学名著情景剧编演等活动。为使活动更具有广泛性，保定市文广新局、市教育局、青年团保定市委员会联文向各县市区转发了河北省文化厅、河北省教育厅、青年团河北省委员会《关于开展“经典浸润人生 阅读成就梦想”2013年度燕赵少年读书系列活动的通知》，动员全市各级文化教育机构，积极组织开展活动。在省图配发阅读图书的基础上，按照荐读书目，市图书馆再购买图书600册，配发到部分县级图书馆，帮助他们开展活动。燕赵少年读书系列活动的开展，吸引了各类到馆读者和在校学生的积极参与。活动共收到经典文学名著情景剧作品8个，文学经典诵读作品9个，经典文学名著硬笔书法摘抄作品498件，并上报省文化厅统一参评。

7月至9月，市图书馆利用华北电力大学图书馆制作的33幅“传承共享——新技术环境下的图书馆变革与发展”展牌，对到馆读者宣传世界各地图书馆发展的轨迹和辉煌成就。10月，利用省图书馆制作的40幅“璀璨夺目的燕赵非物质文化遗产图片展”进行展览，让到馆读者更多的了解保定及其燕赵大地上鲜为人知的珍贵遗产。12月6日，市图书馆馆承揽了由宣传部、市文广新局等在图书馆报告厅举办的“纪念毛泽东诞辰120周年大型图片展”开展仪式。

全面做好迎接全国公共图书馆评估工作。为起到以评促建的效果，根据省文化厅转发文化部办公厅《关于在全国公共图书馆开展第五次评估定级工作的通知》和省图书馆业务部门的具体安排，3月，召开全员大会进行动员部署，制定实施方案，成立了评估小组，细化评估标准，制定任务分解书和时间表。办公室、辅导部等人员积极配合，对照评估标准，整理规范四年来评估档案近十卷。对规章制度、业务规范、档案资料、读者导视、馆区环境等进行整改完善。通过对四楼书库和一楼服务环境的改善、延长服务时间、增加阅览座席等提升服务能力和服务水平。7月7日至9日，省文化厅第五次公共图书馆评估第四专家组对市馆以及由市馆评估组评出的县级一级馆进行了评估检查，通过听取汇报、实地考察、问卷调查、审阅材料等过程，对馆舍建筑面积与服务环境、管理模式、基础业务和读者服务等，经过评估组认真评议，认为市馆基本符合二级馆必备条件。同时，评估组专家建议增加购书经费，改善现代化办馆条件，加大财政投入力度，推动全市公共图书馆事业的蓬勃发展。与此同时，在市文广新局的领导指导下，市图书馆结合省图书馆制定的评估方案、测评表和评估前的培训，借助省图QQ群平台提供评估咨询，由市图书馆组建了三个评估小组，分赴全市各县，对县级馆进行了评估定级，并通过汇总分析，撰写了评估报告上报省图书馆。根据市评估小组的评估结果，对涿州、易县、涞水、唐县、高碑店等具备上等级图书馆进行重点指导，帮助完善评估材料，在省评估专家组复评后，取得了理想结果。第五次评估结果，本市上等级的公共图书馆六个：一级图书馆是易县、涞水、涿州；二级图书馆是保定市、唐县；三级图书馆是高碑店。通过此次评估，进一步促进了市图书馆整体水平的提升，达到了以评促建、以评促改、提高管理与服务水平的目的。

利用资源优势，发挥最大功效。年内，市人大、政协两会召开期间，市图书馆的两部自动触屏翻报机运到代表驻地，专为参加两会的代表服务。全年，市图书馆分别办展览4次，受众读者约2万余人次。为了宣传图书馆，利用保定学院近百名学生志愿者分三次，向人群密集地发放图书馆有关免费服务的宣传单1000余份，收到很好的宣传效果。9月，颁发了《保定市人民政府办公厅关于为保定市图书馆征集地方文献的通知》，文献资料的征集数量有了明显增多，征集到文献资料533种1089册。

为最大限度地发挥图书馆功能，不断满足市民看书借阅需求，因市图书馆初建时期就没有安装电梯，给老年人和体弱多病读者带来的困惑，4月1日开始至“五一”期间，先对一楼南侧阅览室进行整理，图书馆工作人员在华电60名学生志愿者的帮助下，从四楼、五楼倒出书架12排、图书5万余册，重新整理排架，安置到一楼的阅览室，在方便读者借阅的同时，读者量也大幅增加。从5月开始，市图书馆把三个接待读者的阅览室（中小学生阅览室、报刊阅览室、外借一部阅览室），从原来的每天8小时工作时间开馆，提高到每天开馆10小时，中午不闭馆，每周开馆70小时，满足了读者需求，市民的借阅率和办证率明显增加。

发挥馆藏古籍优势，继续保持全省古籍管理工作先列。市图书馆的古籍藏量列河北省公共图书馆之首，年内完成全国古籍普查平台数据录入5000余条，受到省古籍保护中心的奖励资金1万余元。依照卡片目录对书，完成44722册普通古籍的清点。新书《保定莲池书院善本图录》上下册，已经定稿。

免费为农民工办理图书借阅证。根据《保定市农民工工作联席会议成员单位为农民工办实事目标任务》的通知，年内，为农民工或其家属免费办理图书借阅证1638个。市图书馆共为市民办理在册借阅证7000多个（不包含新市区公安局、满城某部队的集体借阅证），窗口部室人员平均每天接待读者约300人次，除做好书架的整理排序，还要手工操作、验证读者等借阅程序，不厌其烦解答读者咨询。为满足读者的阅读需求，设立了“你选择、我订阅”读者意见本，让读者自己选择喜欢的报纸、杂志以及图书，填写在意见本上，再有针对性的订阅购买，做到人性化服务。

（赵立柱　陈庆春）

报　纸

【保定日报社】　保定日报社出版发行《保定日报》《保定晚报》《莲池周刊》，开办“全保定”网站。报业传媒有限公司，集印刷、广告、发行、旅游、拓邦继续教育培训中心、阅报栏公司等多业并举，走上了报业集团化经营、产业化发展的道路。《保定日报》作为保定市委机关报，注重政策性、权威性、指导性，对开八版，发行7万多份。《保定晚报》为服务城镇居民生活报，注重知识性趣味性，四开32版，发行10万多份。《莲池周刊》集生活资讯、消费信息、休闲娱乐之萃，八开40版，发行4万份。《保定日报》《保定晚报》《莲池周刊》日发行总量20万份，受众达300万人次。“全保定”网站股份制经营、市场化运作。

社　　长
党委书记　陈永健（11月离任）
党委书记
总 编 辑　许顺兰（11月任）（女）
社　　长
党委副书记　展　宁（11月任）
纪委书记　李玉臣
副 社 长　张培英（女）
副 总 编　贺广君
副 社 长　王大山

【概况】　2013年，保定日报社把握正确的舆论导向，学习宣传贯彻党的十八届三中全会精神，落实市委十届六次全会精神，围绕发展、稳定、民生“三大任务”，开展系列宣传报道，精心讲好“保定故事”，唱响打造环京津新发展增长极主旋律，开展全民创业效能提升城市管理“6S”行动“为民务实在一线”活动，报刊质量、改革发展、党建精神文明建设等各项工作取得新成绩、迈上新台阶。编采人员紧扣市委、市政府中心工作和特色亮点，加强对外宣传保定工作，全年在中央和省级主要媒体发稿760篇，其中在省级以上媒体头版头条刊发《看保定如何讲好“故事”》《保定着力营造天蓝地净宜居环境》等17篇。在河北省好新闻评选中，《保定日报》《保定晚报》《莲池周刊》获省以上好新闻稿件65篇，其中《保定日报》《保定晚报》共获四个一等奖，晚报“油条哥”系列报道荣获中国晚报协会赵超构新闻奖特等奖，被省记协推荐参评中国新闻奖。开展两报一刊阅评和好新闻评选，撰写4万多字的点评意见，评出社好新闻36篇，促进了办报质量提高。保定日报社获中国报业经营管理奖。报社党委被市委、市政府授予“工作实绩突出单位”。

【主题宣传有声势】　宣传贯彻党的十八届三中全会、市委十届六次全会精神，《保定日报》《保定晚报》策划“聚焦十八届三中全会”“市委十届六次全会精神解读”等系列专版、专栏，全方位解读会议精神，《保定日报》在头版开辟“党的十八届三中全会在基层”“落实市委十届六次全会精神进行时”专栏，推出《望都县：激发市场新活力》等稿件100多篇，日均发稿3000字以上，形成加快发展，打造环京津新的发展增长极的强大声势。为推动解放思想、改革开放、创新驱动、科学发展大讨论活动、全市全民创业效能提升城市管理“6S”三项行动深入开展，两报策划“解放思想实例”、“开展‘三项行动’曝光台”专栏，推出《关权于“笼”——涿州市“只纠违章不罚款”启示录》等100多篇稿件，刊发“记者打的探访记”“关注露天烧烤”系列报道，对群众反映强烈的突出问题进行监督曝光，集中时间刊发露天烧烤整治相关稿件50多篇，受到职能部门重视，解决了问题，改进了工作，形成了再造环境优势，加快发展步伐的正面导向。

【集中宣传有成效】　为推进大气污染防治工作，《保定日报》《保定晚报》推出“防治大气污染 保定在行动”“大气污染防治大家谈”“曝光台”专版、专栏，反映本市“洗城净天”行动、治理大气污染的新举措，派记者深入基层，推出“防污治霾记者问症”系列报道，刊发《尘飞灰走，古城怎么不再“迷人眼”》等200多篇稿件，曝光反面典型，进行追踪报道。“两会”期间，《保定日报》策划了“两会特刊”。在《保定日报》头版策划“如何打造环京津增长极”系列报道。开展“深化加强基层建设年”“农村面貌改造提升”“秋收100打击整治”“为民务实在一线”等宣传活动，助推相关工作的开展。

【“保定故事”宣传掀高潮】 为营造善美向上人文环境，《保定日报》隔周推出一期四版“保定故事专刊”，《保定晚报》每周推出“保定故事”“直隶往事”专版，《莲池周刊》开办“讲保定故事 建设善美保定”主题征文，推出了郭娜、油条哥、诚信哥等众多善美保定典型。《保定日报》推出11期专刊，刊发《光伏传奇》《“油条哥”的喜乐人生》等故事100多篇，《保定晚报》推出《荆轲：天下刺客的悲歌之始》《2013年度十大善美之星候选人》等历史故事、当代故事专版100多个。《保定晚报》首发“油条哥”刘洪安事迹后，两报持续关注，诚信经营之风不断升温，在全国形成一种“油条哥”现象，刘洪安获“全国道德模范”等称号。《保定晚报》率先推出“诚实哥”卢立新的事迹，树立保定形象的新名片。两报及时跟进，刊发相关稿件100多篇，引起强烈社会反响。市委书记聂瑞平，市长马誉峰，市委常委、宣传部长李国英均做出批示给予肯定。《保定晚报》首发、两报持续关注的大学毕业生当“擦鞋哥”、开办爱心水站的“小马哥”等典型，以及晚报全新打造的“公益保定”版等，折射出激励人的正能量。两报推出在车祸现场疏导交通的“城管哥”、以身挡劫匪摩托车的“拦截哥”等感人事迹，营造了古城善心涌动、善行如潮的生动局面。

【“走基层、转作风、改文风”活动有特色】 《保定日报》《保定晚报》分别开辟“记者在基层”“转作风 正学风 改文风”等专栏，日报组成走基层小分队，开展看企业、看帮扶系列活动，晚报通过设在市区的100个“社区记者联络牌”，入社区、访居民，大力开展采访活动，相继刊发《一个人的生态庄园》《“鸡毛蒜皮”天大事》《二小新传》等系列稿件100多篇。晚报坚持开门办报，成立保定晚报志愿活动基地、晚报小记者协会，组织开展“读者服务月”“2013年度十大善美之星”评选活动，加强与新媒体融合，开通官方微博、二维码读报，开设《保定晚报》论坛，组织乐游、顺风车队等十几个不同主题的QQ群，《保定晚报》QQ群人数达万人。《莲池周刊》改革版面，精美时尚贴近生活。打造“新闻关注”“消费资讯”等版块，策划《我们身边的那些追梦小人物》《创业逆袭，在梦想中重生》《保定留学市场调查》等新闻专题，题材新颖，内容充实，提升刊物吸引力。“全保定”网调整版块内容，丰富新闻和资讯信息，日均页面浏览量150万次，日均独立访客2万次，注册会员突破30万人。

【经营收入取得新业绩】 报业广告公司实施分媒体经营，策划举办“春季家装节”“车房联展”“金融理财博览会”“保定市首届全民创业大赛”等系列文化商业活动，同时，坚持统分结合，成立汽车、通讯、金融、分类广告四个综合业务部，满足客户多元化广告需求，带动形成了投放热点。为适应移动互联网时代的市场需求，广告部注册开设“保定日报社分类广告”微信平台和“保定报业传媒”微信官网平台，推出多个微信活动，吸引了大量粉丝关注。报业广告公司被中广协评为“中国最具影响力媒体广告经营机构奖”。博道网络公司团购业务进一步成熟，“同城百货”电子商务快速推进，已完成20家社区店。加强与报社各部门良性互动，与晚报合作，建立《保定晚报》论坛与小记者之家网络平台。与报业相关的旅行社、培训中心等经营项目拓展新产品、新业务，报业通商贸公司8月上市运营，通过协调广告、发行、网站等资源，初步建立报纸直销的基本模式。

发行公司面对用工成本大幅增加、同城媒体高额订报促销等严峻形式，坚持以人为本抓管理，为一线投递员工交上保险、配备百余辆电动自行车，稳定了发行队伍，开展技术练兵，提前打响征订战役，抢占市场份额，稳定个人订户发展团体订户。开展“晚报进百店”活动，促进沿街店面的晚报征订。发行公司连续七次被评为“全国自办发行先进集体”。年末，面对新媒体冲击加大，同城同质媒体残酷竞争等重重压力，报社党委果断决策，举全社之力开展“全员发行”，使两报一刊尤其是晚报发行份额逆势上升，实现历史性突破。

印刷厂通过开展“质量提升年”活动，抓管理、提效能、拓市场，提高经营收入和经济效益。全年印刷报纸36种，外活占比达53.8%，报纸印刷时效达99%，连续15年获全省印刷质量精品奖。

（刘国辉　陈　冬）

广播电视

【保定广播电视台】 保定广播电视台是保定市委所属的正县级经费自理事业单位。主要职责是，宣传贯彻党的路线、方针、政策，坚持正确的舆论导向；负责时政新闻的报道，完成市委、市政府交办的广播电视宣传任务；负责制作、播出和转播广播电视节目，丰富人民文化生活；负责广播电视产业经营，提供广播电视广告服务。目前拥有四套广播频率、三套电视频道、一个网站和“广播电视报”专业报刊。

台长 党委书记	李成果（12月离任） 李树田（12月任）
副台长 党委副书记 总编辑	王建立
副台长 党委委员	刘继忠
纪委书记 党委委员	朱丽娟（女）
副台长 党委委员	温　清

【概况】 2013年，保定广播电视台把握“解放思想、改革开放、创新驱动、科学发展”的总要求，唱响“实干兴市、清正为民”主旋律，围绕“发展、稳定、民生”三大任务，为加快重返全省第一方阵步伐，“讲好保定故事，建设善美保定”，充分发挥了广播电视主流媒体传播正能量的作用。

【提升新闻宣传水平】 为配合全市中心工作，策划推出了“贯彻落实全市经济工作会议精神，确保稳中求进，强势开局”“贯彻十八大精神 全面建成小康社会”“深化加强基层建设年活动”“善行河北、善美保定”“解放思想、改革开放、创新驱动、科学发展”“认真贯彻落实市委十届六次全会精神 全力打造环京津地区新的发展增长极”“全民创业 效能提升 城市管理6S行动”“全市学习贯彻十八届三中全会精神”“秋收100行动”“强三力肃风纪查案件提效能百日行动”“认真贯彻落实习近平总书记重要讲话精神”“为民务实在一线”“大气污染防治在行动”等多个专栏，有力配合了全市中心工作。新闻频率除《保定新闻》节目积极宣传配合外，专门在《新闻早八点》《天天财经》节目开辟专栏，讲好保定历史故事；经济频率在晚间《枕边书》节目中推出了全新栏目“保定故事”；在《如此听说》节目中设置了“身边事”栏目；在《交通第一线》节目中开设了“保定地名文化”栏目；城市服务频率把保定故事作为日常宣传的重点，在节目中穿插反映善美保定的故事；城乡联盟长书频率《保定书场》栏目，播出了反映保定文化的长篇小说和评书；新闻综合频道的《保定新闻联播》注重发挥权威性，面上的综合优势，强化主题报道，增加报道分量；《360新闻眼》通过讲述保定人、保定事宣传善美保定的新闻故事；《午观八方》充分利用中国城市报道平台积极宣传保定，“讲好保定故事”树立保定形象；《快乐启航》通过画保定，唱保定，颂保定、畅想保定系列活动，讲好保定故事；经济生活频道《有事您说话》开办了“保定好人”专栏，弘扬了正气，在社会上引起反响。《生活零距离》推出了“创富故事”版块；文化娱乐频道特别推出主题策划“保定故事”，通俗生动地讲述与保定有关的文化历史事件、典故、人物等，集知识性与可视性于一体。结合新闻战线开展的“走转改”活动，以开展“转作风、正学风、改文风”活动作为重要抓手策划了系列报道。推出了“高阳纺织业的小巨人张瑞春”“保定80后最美女司机袁文娜”“供暖当日探访冷暖”等有影响力的作品。

【科学编排节目】 在充分论证的前提下，广播开办了《新闻早八点》节目；将原午间的节目调整为《民生热线》，使节目内容更集中，服务性更突出。电视《清风》栏目通过开办子栏目，加大了对本土优秀纪检干部典型报道，被省纪委作为典型经验在全省进行了推广。积极探索利用社会力量对节目的支持。《我爱1+1》《举案说法》《生活零距离》《乡村直通车》《文化七日行》等栏目通过联办的形式，一方面解决了节目资金支持问题，另一方面又增强了听（观）众的参与度。四是利用新兴媒体扩大受众。通过微博、QQ群、微信等形式扩大受众参与量，不断深化品牌创建。新闻频率率先在全省开通了手机收听业务，实现了手机网络传播全覆盖。

【强化舆论监督】 年内两台新闻栏目为配合“全民创业 效能提升 城市管理6S行动”“强三力肃风纪查案件提效能百日行动”“大气污染防治在行动”等项活动，在栏目开设“曝光台”，有力配合全市中心工作。新闻频率《民生热线》《行风热线》开辟“记者行动”专栏，诸多民生问题在新闻频率得到报道。经济频道的《有事您说话》栏目受理百姓来电来访2000余次，近半数百姓反映的问题在栏目的呼吁协调下得到解决。经济频率的《天天3·15》栏目在接听众反映消费领域问题的同时，对重点问题派记者深入采访报道，充分发挥了主流媒体舆论监督功能。围绕加强基层建设年、项目突破、生态创建、环境治理、机关作风建设、植树造林、招商引资、食品安全、安全生产等与群众利益密切相关的问题，加强舆论监督，先后播出了多篇监督性报道。

【外宣工作实现新突破】 加强对上沟通协调，在协助上级台来本市采访的同时，拓展外宣渠道，寻找契合点。截至11月底，在中央人民广播电台中国之声发稿90余篇，其中在《全国新闻联播》《新闻和报纸摘要》《新闻纵横》等重点节目发稿56篇，蝉联"全国地级市电台发稿十强"桂冠；在河北人民广播电台新闻广播《全省新闻联播》《河北新闻》等节目发稿500余篇，继续保持了全省地级市的前列。在中央电视台《新闻联播》发稿60余篇，河北电视台《河北新闻联播》《午间视野》栏目发稿800条以上，发稿在全省名列前茅。

【树立公益宣传理念】 为配合全市开展的"城市管理6S行动""讲好保定故事，建设善美保定""大气污染防治""秋收100"等活动，一批语言精炼、寓意丰富、画面美观的公益广告陆续在电视台播出。还播出了经济普查、廉政教育、保护电力设施、交通安全、消防安全等公益广告。全年搜集、整理、加工、创作的公益广告、微电影、公益短片90多条，为本台美誉度和公信力的提升发挥了重要作用。

【加强安全生产管理】 通过抓制度建设，抓事故苗头，抓措施落实，来确保广播电视的安全播出。建立健全机房安全播出值班制度，完善广播电视安全播出应急预案，继续实施安全问题现场负责制和领导带班负责制，对播出机房实行24小时值班，严格落实各种"人防、技防、物防"措施，做好"防邪""防火""防盗"工作。针对年内雨季雷击频发，邀请专业人员对发射台（站）的避雷系统进行了检修和改造。全台安全播出工作运行良好，未发生重大安全播出事故。

【拓展广告创收渠道】 由于受药品广告停播因素影响，广告经营受到较大冲击，本台不断适应新的发展形势，拓展创收渠道，确保了广告收入稳定。一是对广告部人员进行优化调整，改革创收激励机制，激发创收热情，使广告经营队伍在实践中迅速成长。二是拓展广告创收渠道，深挖广告潜力。按照"固老增新"的原则，摸清原有广告底数，巩固老客户，争取新客户，千方百计寻求新的经济增长点。三是调整服务理念。依托现有广告平台和资源，加强广告策划和品牌化建设，努力提升广告质量。四是加大广告结构调整力度，通过策划承办建材展、珠宝展、车展、房展等活动，以活动吸引人气，以人气促进活动，通过活动促进广告收益的最大化。

（赵晓波）

卫生·体育·旅游

卫 生

【保定市卫生局】 是主管全市卫生工作的市政府工作部门，负责统筹规划与协调全市卫生资源配置，指导区域卫生规划的编制和实施。组织实施农村卫生发展规划和政策措施。负责新型农村合作医疗的综合管理。拟订社区卫生、妇幼卫生发展规划和政策措施。规划并指导社区卫生服务体系建设，负责妇幼保健的综合管理和监督。负责疾病预防控制，拟订实施重大疾病防治规划与策略，拟订全市免疫规划及措施，有关部门对重大疾病实施防控与干预，发布法定报告传染病疫情信息。负责卫生应急工作，拟订卫生应急预案和措施，负责突发公共卫生事件监测预警和风险评估，指导实施突发公共卫生事件预防控制与应急处置，发布突发公共卫生事件应急处置信息。拟订中医药中长期发展规划，并纳入卫生事业总体规划和发展目标。指导规范卫生行政执法工作，按照职责分工负责职业卫生、放射卫生、环境卫生和学校卫生的监督管理，负责公共场所和饮用水的卫生安全监督管理，负责传染病防治监督。推进公立医院改革，组织建立规范的公立医院管理体制和运行机制；负责医疗机构医疗服务的全行业监督管理，拟订医疗机构医疗服务、技术、医疗质量和采供血机构管理的规范、标准，组织拟订医疗卫生职业道德规范，建立医疗机构医疗服务评价和监督体系；组织拟订卫生科技发展规划，组织实施重点卫生科研攻关项目，参与拟订医学教育发展规划，组织开展继续医学教育和毕业后医学教育。指导卫生人才队伍建设工作，组织拟订全市卫生人才发展规划，会同有关部门拟订卫生专业技术人员资格标准并组织实施。组织指导卫生方面的国际交流合作，开展与港澳台的卫生合作。负责市保健对象的医疗保健，负责市直部门有关干部医疗管理，负责重要会议与重大活动的医疗卫生保障。承担市爱国卫生运动委员会和市防治艾滋病工作委员会的具体事宜。内设办公室、党办室、人事处、规划财务处、医政科教处、妇幼保健与社区卫生处、农村卫生管理处、中医处、疾病预防控制处等。

党委书记 局长	杨运杰
党委副书记	徐顺通（6月离任）
党委副书记	李光平
党委委员 调研员	杨　瑛
党委委员 副局长	郭淑芹（女）
	王洪达
副局长	葛长青

【概况】 2013年，全市卫生工作围绕深化医药卫生体制改革这条主线，大力加强医疗服务、疾病预防控制、卫生监督“三大体系”建设，着力抓好县级公立医院改革、医院管理、卫生支农、健康促进、项目建设等重点卫生工作，圆满完成各项任务。全市共有医疗卫生机构11242个（市区750个、县区10492个），其中省驻保医疗机构4个，驻军医院2个，市直医疗卫生机构16个，县级综合医院24个，县级中医院21个，县级妇幼保健院（所）24个，县级疾控机构24个，卫生监督机构24个，厂企医疗机构24个，乡镇卫生院290个，城市社区服务中心（站）173个（城市108个、县65个）村级医疗卫生机构8971所（其中行政村卫生

室5732个），民营医疗机构1645个（民营医院89个、门诊部24个、个体诊所1532个）。共有三级医疗机构10个，其中8个在市区，2个在涿州市。三级综合医院7个（河大附属医院、市第一中心医院、市第一医院、市第二医院、市第二中心医院、涿州市医院和252医院）；三级专科医院3个（市妇幼保健院、市第一中医院和省第六人民医院）。二级以上医疗机构87个。全市医疗机构床位共34529张，卫生技术人员40441人。

【公立医院改革】 深入基层调研，多次召开座谈、调度会，提前做好启动准备工作。新增曲阳、徐水等15个县级公立医院改革试点，于7月1日起全部实施药品零差率销售，运行基本平稳。推行县级公立医院综合改革试点的医院和政府办基层医疗卫生机构、村卫生室全部落实基本药物制度。二级以上公立医院和政府办基层医疗卫生机构全部实行药品网上集中采购，药品入库率为84%，6个县药品回款率达到80%以上。

【新型农村合作医疗】 年内新农合筹资标准提高到340元/人，总筹资25亿元，最高支付限额9万元。全市共有734.75万人参加合作医疗，参合率为97.98%，其中20.79万人农村医疗救助对象全部由民政部门资助，参合率100%。全市2209.43万人参合农村居民得到医疗补偿24.57亿余元（其中133人达到封顶线），全市统筹基金使用率平均98.22%，历年统筹基金结余率20.59%；全市政策范围内住院费用支付比例平均达73%，同比增长1.82%；实际住院补偿比50.15%，同比增长2.86%。全面开展20种重大疾病保障工作（儿童白血病、儿童先天性心脏病、乳腺癌、宫颈癌、重性精神疾病、终末期肾病、肺癌、食道癌、胃癌、结肠癌、直肠癌、慢性粒细胞白血病、急性心肌梗塞、脑梗死、血友病、Ⅰ型糖尿病、甲亢、唇腭裂、耐多药肺结核和艾滋病机会性感染），重大疾病共补偿2239人次，补偿费用2558万元，实际补偿比67.68%。实行门诊统筹和支付方式改革，市级及以下全部实行出院即时结报，并实行相邻县同级互认制度。在全市组织开展新农合精细化管理年活动和双“十不准”规范，采取综合措施加强基金监管，平均次均住院费用为5144.9元，虽同比增加302元，但增长率由上年的12.91%下降到6.66%，县外转诊率21.04%，同比增长率由上年的13.90%下降为0.07%，次均住院费用和县外转诊率快速增长的势头得到有效控制，参合农民受益水平进一步提高，农民群众因病致贫、因病返贫现象得到有效缓解。

【公共卫生服务】 1. 传染病疫情得到有效防控。加强对手足口病、肺结核、艾滋病等重点传染病疫情的监测与管理。12月，南市区发生H5N2禽流感疫情后，多次召开局长专题会，分析疫情形势，研究应对措施。按照“积极行动不懈怠，科学应对不恐慌”的原则，主动与畜牧部门沟通，迅速进行流行病学调查，主动探索疫情，加强物资储备，及时有效地处置了疫情，得到市政府主要领导“应对及时、措施得力”的评价。2. 健康知识普及深入人心。开展了“健康面对面·农村行·社区行”活动，引导群众树立“治未病”和“最好的治疗莫过于预防”的健康理念。8月，邀请北京中医药大学博士生导师臧福科教授从中医按摩保健进行专题讲座，受到听众好评。3. 计划免疫工作扎实有效。市、县签订免疫规划目标责任书，建立低接种率预警和安全监控网络系统，在国内率先实现疫苗分配、接种、群众监督和行政监管相结合的管理模式。全市扩大免疫规划疫苗报告接种率均达到95%以上。4. 应急处置能力不断提高。加强应急管理体制机制建设，创建卫生应急示范县工作走在全省前列。完善各类应急预案，组织开展洪涝灾害卫生应急处置和全市疾控系统应急演练。圆满处置“3·17”京石车祸和“6·11”阜平县爆炸事故等突发事件的伤员救治工作，受到市领导肯定。5. 基本公共卫生服务项目全面落实。居民健康档案总建档率为89%，65岁以上老年人健康管理率为78%，儿童管理率为93.08%，孕产妇管理率为96.12%名。全市农村孕产妇住院分娩率为99.78%。分别完成宫颈癌和乳腺癌筛查54054人和6885人。6. 卫生监督、职业病防治、食品安全风险监测取得成效。重点对集中供水、二次供水、游泳场所水质、三星级以上宾馆公共用品、大型商场空气质量进行检测。检测游泳场所18家、水样40份，其中不合格5家、水样9份。完成职业健康体检35306人，代表河北省参与了国家卫计委组织的放射频度调查，获得好评。加强食源性疾病监测，对婴幼儿食品、流动早餐等11类样品进行监测。全市报告食源性疾病1起，发病2人，无死亡病例。

【医疗卫生服务能力】 1. 加强基础设施建设。市儿童医院等4个市直建设项目和55个乡镇卫生院新建或改扩建项目进展顺利。790个灾后重建项目已全部完成，受到市委、市政府通报表彰。2. 优化医疗资源整合。在充分调研论证的基础上，经市政府常务会议研究同意，市第一中心医院和市急救中心进行资源整合，实现优势互补、良性发展。3. 强化基层医疗服务能力建设。5470个行政村实行乡村卫生服务一体化管理，占行政村总数的95%。免费培训10399名乡村医生，89家二、三级以上医院选派845名医师对口支援24所县级医院和298家乡镇卫生院，开展新技术12项，新建特色专科18个。4. 坚持开放办院、合作办院，全市46家二级以医疗机构与北京9家部队医院、3家国家卫计委所属医院和40家北京市属医院及9家天津医院开展了医疗技术合作。5. 实施人性化精细管理。强化医疗质量监管，落实医院管理核心制度，开展了优质护理评比活动。采取“五降五升一规范”、定期专家病历评审等措施，遏制过度医疗行为。6. 打造“平安医院”建设。加强医院安保力量，发挥第三方调解机制作用，及时化解医患纠纷，和谐医患关系。7. 认真落实惠民政策。市惠民医院诊治贫困患者7600多人次，减免费用248万余元。清苑郑艳良锯腿事件发生后，处理及时得当，受到市领导肯定。8. 强化医疗市场监管。深入开展打击非法行医“雷霆”行动，查处无证行医案件639起，移送公安机关13件。在以医疗废弃物、放射诊疗防护为检查重点的“蓝盾”行动中，查处违法违规医疗机构750家，受理投诉举报27起。此举在河北省召开的打击非法行医“雷霆”行动工作总结大会上作了典型发言。

【中医药工作】 中医药事业发展步伐加快。配合省中医药管理局完成了对16家中医院的二甲复审工作。中医先进单位创建活动扎实有效。积极开展创建国家和省级基层中医药工作先进单位，完善中医药服务网络。名医、名科、名院创建活动走在全省前列，3家中医医疗机构确定为国家级中医重点专科建设和协作单位，23个科（室）确定为省级中医专科特色建设单位。“治未病”之路进一步拓展。发挥中医医疗预防保健特色优势，在全国率先实施中医养生保健机构市场准入行政审批制度，探索推进“治未病”服务项目纳入新农合和医保报销范畴。深入开展名老中医“进太行”大型公益活动。组织名老中医每月2次定期到太行山区进行讲座、培训、查房、义诊、咨询，让百姓不出家门就能享受市级名中医的服务，被推荐为省级优秀志愿者服务品牌。

【基层建设年活动】 完成740个基层建设年活动村卫生室基础设施建设和博野县2个村400座厕所改造任务。派出的阜平县、涿州市驻村帮扶工作组，与村民同吃、同住、同劳动，了解村情民意，化解矛盾纠纷，制定帮扶规划，成效显著。2人被评为省级先进个人，1个驻村工作组评为市级先进工作组。

（贾世杰　肖建军）

体　育

【保定市体育局】 保定市体育局是市政府主管体育工作的行政职能部门。机关内设办公室、人事处、竞技体育处、群众体育处、法规产业处及体育总会秘书处、机关党委、监察室、工会等，下辖7个单位：市体育运动学校、第一重点业余体校、第二重点业余体校、人民体育场、游泳馆、体育幼儿园、体育服务公司。

局　　长　董路锋（6月离任）
　　　　　郭　建（6月任）
副 局 长　刘建新　孙学昌
纪检组长　潘志军

【概况】 2013年，市体育局以“抓铁有痕，踏石有印”的精神，依法行政，真抓实干，强有力推进全市竞技体育、群众体育和体育产业持续发展，确保了全年任务目标的完成。

【竞技体育】 完成新周期国家高水平后备人才基地申报工作。为了进一步推动全市青少年业余体育训练的正规化建设，年内，市体育局积极申报国家级体育后备人才基地，加快市级高水平体育后备人才基地建设，市体育运动学校、市第一重点业余体校、市第二重点业余体校、市少年儿童游泳业余体校四家训练单位均被评为新周期（2013－2017）“国家高水平体育后备人才基地”，位居全国地级市之首。

挖掘县级业训潜力，夯实业余体育训练根基。积极贯彻落实《河北省体育后备人才培养规定》，注重建立和完善相关配套政策，在全市各县（市、区）建立健全了县区级业余训练体制，在具备条件的涿州、定州、安国、高碑店、定兴等县（市）建立和恢复了业余体校；暂不具备条件的县（区），则在中小学创建特色体育班，推行体育特色项目学校建设。各县（市、区）在田径、篮球、排球等基础项目的布局上，根据本地实际情况确定两个以上优势项目，建立梯队，逐步形成当地的项目优势。继续抓好体育项目传统校、青少年体育俱乐部建设，新增6所市级训练基地，新申报7所国家级青少年体育俱乐部。进一步加强体育教师队伍培训，组织体育教师参加省和国家级培训35人次。

组队参加省年度锦标赛成绩突出。通过召开冬训动员大会和交流经验等形式，不断加强教练员队伍教育，在广大教练员中树立“追求高水平人才输送，不搞低层次名次竞争”观念和“思想政治作风过硬、敢打敢拼作风过硬、运动成绩过硬”三个过硬的作风，极大地调动了教练员高标准、严要求、育人才、争第一的积极性，训练力度和竞赛成绩持续增强。在2013年省年度比赛中，保定市游泳项目、体操项目获金牌总数、团体总分双第一，射击项目获得金牌总数、团体总分双第二，田径、自行车、古典跤、自由跤、女子跤、排球等项目均有较大提升。全年共培养审批国家一级运动员46人，国家二级运动员238人。新注册运动员1600多人，向省以上专业队输送运动员20多人。

承办国家、省级比赛，收到良好效益。承办了“幼苗杯”全国少儿乒乓球比赛、全国高水平举重基地锦标赛、全省青少年射击个人锦标赛预赛、全省青少年游泳锦标赛预赛、全省青少年男子乙组足球比赛、全省校园足球总决赛，协助市教育局承办了河北省中学生运动会田径比赛。同时，举办了市武术、射击、跆拳道、校园足球等市级比赛。

校园足球工作稳步推进。注册学生人数达到500人以上，参与足球运动的在校中、小学生人数逾万人。举办了市校园足球联赛，共进行了30轮240场比赛。前卫路小学代表省参加了全国校园足球总决赛，取得了第三名的好成绩，受到了国家体育总局青少司领导的好评。

【群众体育】 紧紧围绕贯彻落实《全民健身条例》和省、市《全民健身计划（2011－2015）》，突出“抓品牌、抓设施、抓组织”的工作思路，全年共组织开展各类群众体育活动1000余次，参与活动人数达500万人次，促进体育“进农村、进社区、进机关、进学校、进企业”，形成了天天有活动，月月有比赛，季季有高潮的浓厚氛围。

抓品牌，提升群体活动影响力。一是组织品牌群体活动。重点组织了“迎新年万人长跑”“中国·保定国际空竹艺术节”“中国·保定篮球文化节”“‘中国·保定‘英利杯’世界乒乓球女子攻削大战”“2013中国·保定自由飞行周”“‘一亩泉杯保定市第四届体育大会”等大型品牌活动，吸引国内外参与和观摩人数达20万人次。在推进全民健身广泛开展的同时，宣传“京畿重地，善美保定”的形象。二是各地全民健身活动精彩纷呈。易县举办了第六届全国群众登山健身大会“狼牙山登山节”，徐水县举办了2013中国·徐水山地自行车越野赛，满城县承办了河北省老年人柔力球交流活动、举办了全县篮球比赛，涿州市举办了全市运动会，望都县、顺平县举办了孙氏太极拳文化交流会，高碑店市举办了迎新春长跑比赛，定兴县举办了县长杯乒乓球比赛，阜平县举办了全县职工乒乓球比赛、象棋比赛，高阳、蠡县、清苑、安新、曲阳等县也举办了县篮球比赛以及8月8日的“全民健身日”活动。

抓设施，改善群众的健身条件。一是做好农民体育健身工程。按照省开展基层建设年活动安排，根据省体育局工作要求，全市积极推进基层建设年体育健身工程的实施，为585个帮扶村安装了健身路径。建设了4个乡镇级健身工程；为20个新农村民居安装了健身器材；对全市城乡健身器材进行了维修。二是做好市区公共体育设施建设。对市区东风公园体育设施进行了改造更新，修建了橡胶灯光篮球场、添置了室外乒乓球台，投资50万元更新了健身路径。为市区竞秀公园、茗畅园更新了100多件健身器材，为市区游园、广场、公园安装了100台轨道象棋桌，为市区30多个社区安装了健身路径，进一步满足了广大市民就近进行健身器械锻炼的需求。三是做好市体育场改造提升为市中心健身广场申报工作。已完成设计、搬迁、拆除旧看台等工作，正在积极向上争取资金支持，为市中心健身广场工程建设奠定基础。

抓组织，建立全民健身指导推广网络。一是进一步完善各级体育组织建设。以街道（乡镇）综合文化站为主体，以社会体育指导员为骨干，以全民健身站点、文体活动中心、晨（晚）锻炼点、体育俱乐部为支撑的全民健身组织网络进一步得到完善。利用联席会议制度，把组织建设延伸和覆盖到基层各个社会团体，并组织教练员、体育教师、志愿者、社会体育辅导员开展全民健身辅导活动。二是加强社会体育指导员队伍建设。年内审批国家二、三级社会体育指导员500余人，为农村面貌改造提升重点村培训社会体育指导员526人，新建体育指导站30多个。2013年，全市社会体育指导员总数达8300多人，体育人口达到总人口的45%以上，居全国上游水平。三是加强体育社团规范化建设。在全市各县（市、区）成立了县级体育总会的基础上，新增加市体育冠军协会、市体育舞蹈协会和市健美操协会。年内各级体育总会和各单项体育协会共组织了大众跆拳道、广场集体舞等群众喜闻乐见的体育赛事50余次，组队参加省以上比赛活动20余次，并多次获得全国比赛冠军。

保定市第四届体育大会。5月31日，活动正式开始；6月，有健美操、乒乓球、台球比赛；7月，有体育舞蹈、羽毛球、保龄球比赛；8月，有围棋、国际象棋、中国象棋比赛、自行车骑行；10月，有跆拳道联赛。本次活动是保定市历史上规模最大、历时最长、参与人数最多的比赛。历时近5个月，共设有健美操、乒乓球、保龄球、体育舞蹈、羽毛球、围棋、台球、自行车、国际象棋、中国象棋、跆拳道等11个比赛项目，246支代表队，5000多人参赛，12个协会及俱乐部参与组织。本次体育大会以“丰富广大群众的体育文化生活”为基础，以“推进全民健身活动的广泛开展”为目标，积极的满足了人民群众和体育爱好者更加多样化的体育赛事观赏和参与需求，让爱好健身运动的市民有一个展示自己的平台，并且通过这个平台与众多志同道合的人进行切磋、学习，借此实现自我价值。同时，让更多的市民了解全民健身这项运动，并且迸发出浓郁的兴趣，从而起到丰富百姓生活的作用。11月22日，保定市第四届体育大会圆满落幕。

【体育产业】 发挥区位资源优势，发展环京津体育健身休闲产业特色项目。充分利用保定区位和资源优势，瞄准京津大城市体育健身休闲人口剧增的需求，积极引导和发展体育健身休闲项目，重点指导了涞水、涞源、易县等西部山区县的户外拓展、攀岩、登山、滑雪等体育项目，推动了容城、安新、白沟等县（区）运动服装体育产业发展。野三坡河北省乒乓球训练基地、易县878精品全民健身户外基地等10个单位被评为国家和省级全民健身户外活动基地。把安全生产落在实处。根据国务院办公厅《关于集中开展安全生产大检查的通知》要求，在全局系统集中组织开展了安全生产大检查活动，各直属单位进一步落实了目标管理责任制，层层签订了安全生产责任书。尤其加强对高危险性体育项目的检查指导，按照不留死角、不留盲区、不放过任何一个细节的要求，砸死责任，确保了全市体育系统没有发生一起安全事故。

加快体育场（馆）等公共体育设施改造步伐。为尽快改变全市体育场馆设施落后的状况，市体育局在多次调研论证的基础上，向市政府上报了《关于维修改造市体育场的请示》，并会同有关单位完成了对市体育场的规划设计，到2013年底前完成体育场看台整体拆除工作。

体育彩票销量稳步增长。在体育彩票发行工作中，结合保定实际情况，创新工作举措，开展了“购买体育彩票，为冠军助力”等系列活动，扩宽行业销售渠道，稳步推进保定体彩事业健康发展。全年共销售体育彩票6.13亿元，比上年增长一倍多，为全市体育事业发展提供了有力的资金保障。

（张英敏）

旅　游

【保定市旅游局】 保定市旅游局是市政府主管全市旅游工作的直属事业机构。主要担负着全市旅游发展规划编制、旅游城市形象宣传、旅游市场秩序监督管理等任务，内设办公室、人事培训处、市场开发处、资源开发处、行业管理处。下设直属事业单位2个。

党组书记
局　　长　李洪强
副局长　孙万忠
纪检组长　张宝红（女）

【概况】 截至年底，全市共有A级景区35处；世界地质公园2处，国家地质公园3处，国家森林公园5处，国家重点风景名胜区1处。国家级工农业旅游示范点6家，省级工农业旅游示范点7家。注册营业旅行社183家，其中国际社4家，国内社179家。星级饭店55家，其中五星级4家，四星级14家，三星级25家，二星级12家。全年接待国内外游客4770.62万人次，同比增长19.58%，收入317.5亿元，同比增长29.21%。在县级领导班子年度考核中获得优秀、在北京天津招商周活动中表现突出，由市委办公厅、政府办公厅给予通报表扬；被市委办公厅授予2013年度信息工作优胜单位；市政府评定的2013年度承办人大代表建议政协提案受表扬单位；2013第十八届中国北方旅游交易会评选的最佳组织奖及最佳展台奖；市委信息中心评定的2013年度信息工作优胜单位；市委保密委员会授予的优秀保密工作调研成果三等奖；市政府办公厅授予的部门网站建设优秀单位；直属单位旅游管理服务中心获得市直属机关工作委员会评定的“共产党员先锋岗”。

【景区提档升级成效显著】 按照“标准化、精细化、人性化、数字化、国际化”的精品景区要求，成立了整改工作领导小组，对全市13处4A级以上景区，按照整改提升任务量的大小和难易程度，分为三类，实行“ABC”管理法，差异化督导。8月6日，全省4A级以上景区整改工作中期调度会在涞水野三坡召开，对野三坡景区整改提升工作进行了现场观摩学习。9月23日，保定市旅游业发展大会在涞源召开，对白石山景区建设进行了观摩学习，市长马誉峰提出了整改工作安排。全市景区整体质量和游客满意度明显提升，重点景区整改投资23.61亿元，整修高标准步游路20公里，新建改建停车场44个、30万平方米，旅游厕所45座，新建改建游客中心39个，新增规范旅游购物场所24处，更换、新增标示标牌1224块，新建、升级3条索道，新建、改扩建旅游专用公路3条。景区及周边环境得到极大改善。在11月完成的全省4A以上景区复核中，全市共有7处景区通过验收，通过率63.64%，在全省排名第一。12月下旬，开展了“十佳景区”评选活动。

【规划编制深入务实】 《涞涞易旅游综合改革试验区战略规划》《保定市红色旅游发展总体规划》《保定市环首都休闲度假旅游区发展总体规划》《保定市“两白一城”休闲度假旅游聚集区发展规划》四部规划于6月通过了专家评审。《阜平县旅游扶贫总体规划》已经完成，《保定古北岳大茂山历史文化旅游产业聚集区总体规划》已进行实地勘查。另配合省旅游局和各规划编制单位，完成了《河北省工业旅游发展规划》《河北省文化旅游发展规划》《河北省休闲农业与乡村旅游发展总体规划》等10部规划的实地考察和资料收集工作。

【项目建设工作稳步开展】 年内，全市在建旅游项目共计101个，总投资达到770.51亿元，年内完成投资41.47亿元。其中，整改提升项目21个，总投资224.1亿元；景区开发项目33个，总投资243.63亿元；工农业旅游项目20个，总投资64.5亿元；星级饭店项目13个，总投资82.4亿元；环境整治项目7个，总投资20.9亿元；旅游购物项目3个，总投资62亿元。在5月6至18日在京津及廊坊举办的保定旅游招商推介会上，发布招商项目23个，总投资超过232亿元，签约项目4个，总投资61.5亿元。在推进项目建设的同时，积极争取省旅游专项资金项目27个，大力支持野三坡、白洋淀、白石山等龙头精品景区建设，重点支持乡村旅游发展及阜平旅游扶贫工作。

【旅游扶贫扎实推进】 突出抓好阜平旅游扶贫，积极配合国家、省旅游局与阜平对接，“国家旅游扶贫试验区”已经挂牌，国家旅游局帮扶的旅游规划编制和天生桥景区提档升级项目、省局支持的城南庄红色旅游和重点乡村旅游项目正在积极推进。与阜平县委、县政府密切配合，努力探索阜平国家旅游扶贫试验区建设新模式；从规划入手，把旅游产业作为阜平扶贫攻坚工作的重点，《阜平国家旅游扶贫试验区规划》和《大天生桥5A景区创建规划》等系列规划已启动编制。争取省旅游专项资金15项，资金260万元，对涞水、涞源、阜平、曲阳、雄县、满城、唐县、易县等县的重点乡村旅游项目予以支持，在旅游景区周边，重推农家游、农家乐、乡村酒店、农业采摘等旅游扶贫项目，支持乡村游发展。

【宣传营销形式多样】 筹资380万元，整合野三坡、狼牙山、天生桥和唐县等旅游景区，在中央电视台《朝闻天下》栏目投放保定旅游形象广告；与中央电视台《探索发现》栏目组合作，拍摄播出《清西陵》《阜平神仙山》《曲阳北岳庙》专题片；由中央电视台2套财经频道《消费主张》栏目组拍摄并播出保定旅游美食专题片。筹资17万元，整合野三坡、白石山和狼牙山景区，在《中国旅游报》刊登5个整版，进行旅游形象宣传。在京昆、京港澳、保津、廊涿等高速公路18座塔牌和12座跨路桥，整体投放保定旅游形象广告——“京畿胜境·醉美保定”。

【节庆活动异彩纷呈】 4月5日至7日，成功举办2013河北省旅游商品博览会。全省8个地市的131家旅游企业、京津冀旅行商，近2000种旅游商品参展，发放各类旅游宣传品30万份。博览会期间推出百万门票回馈社会等系列惠民活动，受到游客广泛好评。20余家国家、省、市主流媒体进行了现场报道。各县（市、区）还举办了顺平桃花节、曲阳旅游文化周暨梨花节、狼牙山山花节、野三坡开山节、白洋淀荷花节等丰富多彩的节庆活动。

【旅游联盟迅速成长】 精心组织保定金牌旅游线路联盟旅行社对外营销，叫响保定金牌旅游线路品牌。联盟景区共拿出价值500万元门票面向客源地大众发放，回馈游客，扩大市场影响面。与30多个城市1700多家旅行社订立了互送游客协议。全年共接待三日两夜游客344650人次，比上年同比增长122%。

【行业管理规范有效】 提升和规范旅游市场，联合消防等部门，对全市18个重点县、183家旅行社、26家景区进行检查督导，下发整改通知书57份，签订安全责任状27份、消防责任书33份，全年未发生一起重大旅游安全事故。全年游客满意度为95.35%，比上年上升近2个百分点。积极组建行业协会，申请注册成立了保定市旅游协会以及景区、旅游社、星级饭店、旅游商品、导游员等五个分会。认真抓好星级饭店评定性复核工作，进一步加强乡村星级饭店评定和管理，共有30家乡村酒店申报评定“乡村星级酒店”。严格管理旅行社及分支机构，积极推行旅行社网上公告制度，对年内新设立的4家旅行社、40家分社、5家门市部及全市有经营资质的183家旅行社、分支机构进行了网上公告。加大从业人员教育培训力度，对1800多名导游员、讲解员进行年审和岗前培训。通过组织培训和网上答题的形式，安排联学联讲联考活动，深入学习贯彻《旅游法》。成功举办2013年全市星级饭店服务技能大赛、2013年全市导游（讲解）员大赛；开展了“十佳星级饭店”“十佳旅行社”“十佳导游员”的评选活动，树立典型，并进行了表彰。

【旅游商品】 1月10日，保定市游客咨询集散中心，直隶八珍品牌工厂店开业。7月，注册成立河北直隶八珍旅游投资有限公司。初定“直隶食品八珍”“直隶工艺品八珍”等商品进入营销平台。实现了商品企业与生产企业的加盟对接，商品企业与4A以上景区、4星以上酒店、旅游集散咨询中心加盟店的对接。12月下旬，开展了保定“十佳旅游商品”评选活动。

（蒋丹丹）

社会生活

民政

【保定市民政局】 保定市民政局是市政府主管社会行政事务的职能部门，基本职能是调节社会矛盾，维护社会公平，促进社会稳定，依法保障人民群众的基本生活权益，具体承担五个方面任务：一是以救灾救济、农村五保、城乡低保、医疗救助等为主要内容的社会救助工作；二是以拥军优属、优待抚恤、烈士褒扬、退伍安置、军队离退休干部安置和服务管理、军队无军籍退休职工安置等为主要内容的为军队和国防建设服务方面的工作；三是以城乡基层政权建设和社区建设等为主要内容的基层民主政治建设方面的工作；四是以扶老助残救孤济困等为主要内容的社会福利方面的工作；五是以区划、勘界、地名管理、社团管理、民办非企业单位管理、婚姻管理、殡葬管理、收养管理等为主要内容的专项社会事务管理方面的工作。局领导班子成员有8人；局机关设20个处室，其中行政处室16个，参公事业处室4个，下设直属事业单位11个。

党委书记 局　　长	张子冬(6月离任) 高淑英(女,6月任)
党委副书记 副 局 长	高淑英(女,6月离任) 贾亮君(11月任)
党委委员 副 局 长	张　苹　刘　伟
党委委员 纪委书记	穆小燕（女）
党委委员 老龄办专职 副 主 任	门惠泽

【概况】 2013年，全市民政系统牢固树立“对党负责，为民尽心，以民为本，为民解困”的民政理念，紧紧围绕市委、市政府中心任务，努力在惠民生、保发展、促稳定中推动民政工作科学发展上水平，各项工作稳步推进，取得显著成效。市局承担的市委、市政府4项惠民事项和11项政府责任目标全部完成，其中9项提前或超额完成，多项工作走在了全省乃至全国前列，多次受到省、部及市表彰。全市民政系统充分履行了改善民生、落实民权、维护民利的基本职责，为促进社会和谐稳定做出了新贡献。

【城乡社会救助体系日趋完善】 以认真贯彻落实国家45号、省101号文件为重点，结合工作实际先后出台了《关于进一步加强和改进最低生活保障工作的意见》和《保定市最低生活保障实施细则》，进一步从操作层面上细化了国务院和省文件精神。同时，大力推进“临西模式”阳光低保试点工作，促进两个文件向具体实际业务办理转化。按照城乡低保标准与全国平均水平同步增长机制，从2013年第二季度开始，调整了市辖三区、两个开发区城乡低保标准，城镇提高到390元/月·人，人均补差不低于240元/月；农村低保提高到2300元/年·人，人均补差不低于110元/月，市辖区以外的各县（市）根据实际，参照市辖区调整方案自行制定保障标准。建立了低保认定核查机制，市本级和25个县（市、区）已获得编办发文成立机构，实际挂牌开展工作的有18个单位。出台了《城乡医疗救助实施办法》，进一步理顺了全市医疗救助的办理程序和部门职责，“一站式”结算定点医疗单位260余家，有效解决了低保和五保对象住院就医难问题。通过两手抓，农村五保供养工作取得了新成效。即，一手抓机构建设，不断提高集中供养能力。全市22所“多院合一”型民政事业服务中心建成并投入使用，床位10118张，达到了每县一所，集中供养能力迈入全省先进行列。经省编办批准，市民政事业服务中心被批准为副县级事业单位（河北省唯一一家副县级民政事业服务中心）。一手抓分散供养。在大力加强敬老院建设、提高集中供养率的基础上，积极开展农村五保“手拉手”助困行动，累计助困1.2万人，占全市五保总人数的44%。

【防灾减灾救灾工作扎实有效】不断健全防灾减灾救灾应急预案体系，积极开展救灾应急演练，加强救灾物资储备，提高救灾应急工作效率。积极开展防灾减灾日宣传活动，及时查灾、核灾、报灾、救灾，保障了受灾群众的基本生活。

【双拥优抚安置工作创新发展】圆满完成了新一届省级双拥模范城（县）争创工作。各项优抚安置政策全部落实。制定出台《保定市拥军优属若干意见》，6月23日至24日，全国双拥模范城（县）创建工作调研组由全国双拥办副主任、民政部优抚安置局副局长杨国英带队，到保定市就双拥工作进行调研时，对市双拥工作给予充分肯定，评价本市双拥工作具有很强的代表性，为全国双拥模范城（县）树立起了好榜样。进一步完善了“一站式”医疗结算服务体系。大力宣传推进退役士兵安置改革，积极构建以政府扶持退役士兵自主就业为主的安置格局，努力协调落实退役士兵自主就业地方补助和各项优惠政策，建立了以职业技能为主，学历教育为辅的退役士兵免费教育体系，积极探索建立了“订单式”培训模式，适时组织召开了全市退役士兵就业专场招聘会，为退役士兵搭建了方便快捷的就业平台。较好地保障了军休人员的“两个待遇”，创新军休人员接收安置工作方式，与38集团军、252医院等移交军休人员较多的部队联合办公、办理接受安置手续，受到移交部队与军休人员的好评，38集团军专门发函表示诚挚感谢。

【基层民主政治建设深度推进】社区建设保持了“全省领先，全国示范”地位。继续坚持服务功能精细化、环境设施人性化的建设理念，截至年底，全市各级财政和开发建设单位总计投入资金7000余万元，共建成高标准和谐社区20个，全市累计已达41个。认真贯彻《关于加强和创新社区社会管理工作的意见》（保办发〔2013〕1号）文件，通过在社区实施社区网格化管理，推行社区多元化服务，推进社区信息化服务和加快社区社会组织有序发展，引领了社区管理服务创新发展。有2个街道、5个社区被河北省民政厅命名表彰为“全省和谐社区建设示范单位”。结合新农村建设、手拉手互助幸福院和“保定市农村面貌改造提升行动”等工作积极推进农村社区建设。在2012年北市区农村社区实现全覆盖的基础上，指导其它县（市、区）结合本地实际积极推进农村社区建设，全市农村社区数量已由2012年的164个达到现在的312个，大力推动了基层民主组织全覆盖。全市5722个村，已有5537个村实现了基层民主组织覆盖，占总行政村数的96.7%，农村基层民主管理制度更加规范。

【社会组织管理进一步加强】行业协会等级评估、社会团体收费专项检查和“小金库”治理工作收到明显成效。坚持依法审批，社会组织数量稳步增长，截至年底，市属（在市民政局登记注册）社会组织达到565家，其中社会团体335家，民办非企业单位230家，坚持“业务主管部门主管，登记管理部门监管”的管理原则，严格社会组织管理，市局被授予“河北省社会组织深入学习实践科学发展观指导工作先进单位”。

【专项社会事务管理规范提高】不断加强殡葬服务设施建设，高碑店市殡仪馆改扩建工程完成并投入使用，涞源县殡仪馆迁建工程主体完工，2013年，在南市区和顺平县建立了一座省级示范性农村骨灰堂和改造一处生态农村公益性公墓。婚姻登记合格率100%，全市22个婚姻登记处达到民政部婚姻登记规范化建设要求。大力推进撤乡设镇，全年完成了9个乡撤乡建镇。按照民政部要求，全面启动地名公共服务工程建设，清理规范了各类地名及标志，进一步提高地名标准化水平。2013年，全市完成基层建设年帮扶村773个村、农村面貌改造提升重点村447个村共1220个村的村标（牌楼式、墙体式、立碑式等）设置工作。

【社会福利事业快速发展】 福利机构建设取得新突破，建立和完善了孤儿保障制度。严格落实孤儿养育标准（集中1000元/月，分散600元/月），各县（市）民政事业服务中心全部设立了儿童部，积极开展了类家庭养育、孤残儿童特殊教育等新模式，保障了1200多名孤儿的生活权益。社会福利企业达到110家，安置残疾人就业4300余人。特别是经过几年的艰苦努力，解决了前进印刷厂、残疾人开发公司等福利企业困难职工的生活保障问题。累计救助生活无着流浪乞讨人员8000多人次。福利彩票销售全年预计达到8亿元，再创历史新高。

【养老服务工作取得新进展】按照“五有”（有机构、有场地、有网络、有服务、有补贴）目标积极推进社区居家养老服务，构建完善了“以居家养老为基础、社区养老为依托、机构养老为支撑”的社会养老服务模式，已完成337个社区居家养老服务站建设。社区服务热线“12349”和老年人紧急救助服务体系服务成效明显，截至年底，全市入网老年人达到26万户，加盟企业1.7万多家，登记志愿者3.6万余人，服务需求总呼入量360多万次，求救总呼入量5300多次，成功挽救了3887位老人的生命，产生了良好的社会效益，全国有139个城市到保定市考察学习。充分引导“保定市惠民社区服务中心”等一大批社会服务企业进入为老服务领域，极大地推动了为老服务向实体化方向发展。大力发展养老机构，全市有公办养老机构60所，床位1.64万张；民办养老机构48所，床位7600张，新增500张，建成农村互助幸福院3300余个，占全市行政村总数的57.7%。

（杜宏祥）

扶贫工作

【保定市扶贫开发办公室】保定市扶贫开发办公室主要职责是：贯彻执行国家和省的扶贫政策、法律法规；组织拟订全市扶贫开发工作总体规划、中长期规划；拟订易地扶贫搬迁工作规划，制定年度计划并组织实施。拟订全市扶贫开发工作的意见、办法，协调扶贫开发项目的规划、立项、申报和储备工作，并组织实施。拟订扶贫资金、物资的分配、使用意见，负责指导、监督和检查资金、物资的使用。联络中央和省国家机关、民主党派、群众团体、部队、院校对口帮扶贫困地区工作；组织协调社会各界参与扶贫开发工作，负责社会各界扶贫捐赠资金、物资的接收和管理。负责全市贫困状况的统计监测；组织扶贫开发重大问题和事项的调查研究、汇总分析，收集和掌握国内外扶贫开发信息；负责产业化扶贫工作。负责扶贫开发的交流与合作，规划和管理外资扶贫项目，组织协调有关扶贫开发招商、考察和培训工作。负责扶贫开发宣传报道和科技扶贫，组织实施贫困地区干部培训、群众科技培训、劳动力转移培训和实用技术推广。2013年12月，依据新的“三定”方案，机关内设综合处、规划项目处、开发指导处、监督检查处、社会扶贫处、移民培训处、政策信息处7个职能处。

党组书记 主　　任	张　明
党组成员 纪检组长	王海江
党组成员 副 主 任	段丽军
党组成员 副 主 任	彭拴准

【概况】2012年12月29日至30日，中共中央总书记习近平到阜平县看望慰问贫困群众，考察扶贫开发工作。市委、市政府领导第一时间带领市直有关部门到阜平县蹲点调研，指导帮助阜平县摸清底数、谋划思路、研究项目、对接跑争，并于1月21日召开全市扶贫攻坚再动员大会，出台了《关于加快推进扶贫攻坚全面建成小康社会的意见》等政策文件，成立高规格的推进阜平县扶贫开发工作指挥部，就加快推进阜平县及全市扶贫开发工作进行了再动员再部署。全年，认真贯彻落实习近平讲话精神，按照“因地制宜、科学规划、分类指导、因势利导”的原则，确定了“1（阜平县）+3（环首都的涞水、涞源、易县）+5（顺平县、唐县、曲阳县、望都县、博野县）”的工作格局和“提标、提质、提速”的总体思路，制定了各重点县力争提前脱贫的路线图和时间表，围绕增加贫困群众收入、改善生产生活条件、提高公共服务水平的目标，超前谋划，超强推动，开拓创新，“阜平试点”开局良好，全市贫困地区脱贫致富奔小康迈出坚实步伐。中办督查室、国务院扶贫办和省领导多次到本市调研、视察，省政协第三次常委会议在本市召开，与会委员视察了涞水县、易县的扶贫工作，都给予高度评价。涞水县易地搬迁工作经验在全省推广。

【科学规划实现新突破】按照全面小康要求，编制、调整《燕山-太行山片区扶贫开发实施规划》和《博野县扶贫开发实施规划》，落实规划到村、产业到户，构建起配套齐全、全覆盖、无缝隙的规划体系。规划大项3105个，已启动项目1597个，完成724个。

【投入资金实现减贫创新高】

共筹集、投入各类扶贫资金28.69亿元，其中省以上专项资金6.7亿元，同比增长94%。中国扶贫基金会小额贷款项目落户阜平县和涞水县，阜平和涞水、涞源、易县的四个扶贫担保公司投入运行，撬动金融信贷资金1.1亿元。当年有27.3万扶贫对象脱贫，195个贫困村达到脱贫标准，分别达到年初目标任务的273%和130%，累计已有40.5万人、301个贫困村脱贫，14个有扶贫任务的非重点县（市、区）有12个实现脱贫目标。

【基础设施得到新改善】 大力实施饮水安全、电网升级、交通建设、通信入户、危房改造等专项攻坚，共修路（硬化）784公里，打井（配套）576眼，新改建校舍1473间，改造卫生室384个，实施危房改造2.47万户，建成搬迁小区33个，搬迁1677户、6431人。涞水、涞源、易县把灾后重建与扶贫攻坚有机结合，769个各类灾后重建项目全面完成。

【富民产业得到新发展】 坚持连片开发与到村到户相结合，核桃种植、设施蔬菜、畜禽养殖等十大富民产业发展迅速。连片开发的50个产业片区，涉及680个村、9.5万户、33.5万人，覆盖了近一半的贫困地区。新发展核桃等林果21万亩，全市核桃总面积超过40万亩，达到上10年总和的3倍，新建蔬菜大棚3215个，养殖场518个，新增畜禽98万只，同比增长20%以上。

【社会帮扶掀起新高潮】 通过9大集团定点扶贫、基层建设年工作队驻村帮扶、行业部门对口支持、民营企业和社会各界献爱心送温暖等多种方式，实施各种帮扶项目2万多个，筹集帮扶资金10.9亿元（含基层建设年资金），达到上年的5倍。北京军区机关、38集团军、保定军分区等驻军部队以多种形式帮扶贫困村，谱写了新时期军民合力扶贫攻坚的美好画卷。

【发展能力得到新提升】 整合各类培训资源、创新各种培训形式，加大培训力度，全年共组织各类培训1636期，18.27万人次，其中农村实用技术培训15.2万人次，转移培训1.67万人，干部培训1.4万人次，同比增长23%、24%、29%。

【阳光扶贫探索新方式】 认真落实政务公开，健全完善扶贫项目资金分级公开公示长效机制。市县级在媒体、政府信息公开平台上公开，贫困村完善扶贫项目公开栏、扶贫资金档案“一本清”，基本做到扶贫项目资金公开全覆盖，实现阳光扶贫。

【“阜平试点”取得新进展】 阜平县被列入“燕太片区试点县”，164个贫困村同时启动，成为全省第一个所有贫困村全部启动的县，干部群众思想观念明显转变，脱贫致富奔小康的内生动力得到激发。基础设施、村容村貌实现大改善，解决9.42万人的安全饮水困难，完成54个村的主要街道硬化，改造危房3094户，改扩建标准化卫生室38个、农家书屋154个、互助幸福院108个、文化广场110个，“四清四化”初步完成，贫困村面貌焕然一新。“双富产业”实现大提升，大枣等传统产业得到巩固提升，肉鸡、肉羊等新兴产业迅速壮大，90%以上的贫困村已经确立主导产业，发展的形式从“自发零散”向“有序规模”转变。引入工商资本取得实质性进展，英利集团、中电投光伏发电项目已经落地，葫芦峪模式农业综合开发项目稳步推进。教育、卫生等社会保障实现大发展，13所寄宿制学校建设稳步推进，国内知名车企帮建的“梦翔汽车培训基地”建成开班，首期招生698人，8所乡镇卫生院改扩建、43个村卫生室标准化改造项目稳步推进；低保提标扩面，保障水平显著提升。机制创新实现大跨越。一年来，所有贫困村实施整村推进、全面启动的方式，市场化山场开发建设家庭农场的模式，大企业直接在贫困地区发展职业教育的做法，军地合力扶贫攻坚的举措等一系列新探索新机制都取得了成效，并进一步总结推广。

【一县一策抓出新特色】 坚持一县一策，结合实际抓推进，做到各具特色。涞水县把改善贫困群众生产生活条件、增加群众收入与打造环京津新的发展增长极紧密结合，全县284个行政村中已有200个建成幸福乡村，成为全市率先脱贫的典型。曲阳县全面推进山区综合开发，涉及21个村、1.7万多人的齐村乡“四万一千”工程成为全省样板。涞源县通过城镇化和工业化带动扶贫攻坚，大力实施易地搬迁，组织搬迁群众进城进企务工增收脱贫。易县依托黄山蜂产品有限公司、天顺林木等龙头企业发展富民产业，“政府+公司+金融+合作社+农户”的模式，成为全市扶贫机制创新的成功范例。顺平县“一张蓝图抓到底”，连续多年发展林果产业，林果业已成为山区贫困群众持续增收脱贫的主导产业。唐县大力发展金融扶贫，仅自立社全年贷款就达到3000多万元，位居全省前列。望都县围绕全县农业“红、白、绿”产业“一盘棋”，做大做强生态循环农业、生态养殖、农产品深加工产业，帮助群众增收。博野县自我发力，发挥现代农业、苗木花卉等特色产业优势，打造万亩绿色产业长廊，创新培训机制，开展阳光扶贫，确保实现贫困突围。

（侯贵斌　张　雷）

计划生育

【保定市人口和计划生育委员会】 是保定市人民政府主管全市人口和计划生育工作的职能部门，业务工作受河北省卫生计生委指导，承担控制人口数量、提高出生人口素质、完成人口计划和落实计划生育政策的任务。机关设有办公室（财务处）、人事处、政策法规处、规划统计处、宣传教育处、科学技术处、流动人口计划生育服务管理处7个行政处室，下设保定市计划生育药具管理站、保定市计划生育宣传站2个科级事业单位。

党组书记 主　　任	张晓梅（女）
党组副书记 副 主 任	付卫民(女,11月任)
副 主 任	李文利　孙玉秀 李砚学　王洁晨
纪检组长	邓聚来

【概况】 2013年，全市各级人口计生部门贯彻落实“三个不变”（坚持计划生育基本国策不变，党政一把手负总责制度不变，计划生育一票否决制不变）、“四个到位”（责任到位、措施到位、投入到位、落实到位）的总要求，确保了在改革和换届之年，人口计生工作力度不减、标准不降，各项工作扎实有序开展。2012年10月1日至2013年9月30日（人口计生考核年度），全市共出生15.16万人，出生政策符合率88.4%，人口出生率13.1‰，出生统计求实率97.6%，出生人口性别比107.1，圆满完成了省下达的各项责任目标，低生育水平继续保持稳定。

【强化组织保障】 先后3次召开市委常委会和市政府常务会，专题研究人口计生工作，解决计生经费投入、奖励政策落实、出生人口性别比综合治理等重点难点问题。市委、市政府主要领导与各县（市、区）、市直有关部门主要领导签订《2013年度人口和计划生育目标管理责任书》，县对乡、乡对村也逐级签订责任书，健全责任链条。市政府将计生奖励政策落实、免费孕前优生健康检查等工作列为惠民事项，定期要账；将人口责任目标、出生人口性别比治理、免费孕前优生健康检查列入《政府工作报告落实方案》，对工作进展情况每月进行督查通报，年终总评，追效问责。严格落实“一票否决”制度，在干部提拔和各种评优评先工作中，各级人口计生部门严格审核把关，2013考核年度，共对22个单位和106名个人实施了“一票否决”。

【夯实基层基础】 调整配强了村计生专干和育龄妇女小组长。将劳动报酬纳入县级财政预算予以保障，村专干工资达到了村级正职的80%以上，小组长工资达到了每月80元以上。在城市社区，配齐了专职计生工作人员和楼院协管员，在规模较大的民营企业配备了专兼职计生工作人员，实现了服务管理全覆盖。通过对乡村计生情况进行大排队，将排在末位的乡、村纳入市、县重点管理，逐级落实党政领导分包责任制，将转化结果与分包领导年终考核直接挂钩。年初确定的25个后进乡（镇）全部实现了转化目标，312个后进村转化率为94%。为营造计生政策没有改变、计生工作没有放松的氛围，提升一线防控能力，分片区组织开展了村计生专干、育龄妇女小组长大型应知应会竞赛。全市共举办竞赛活动368场次，5394名村专干、育龄妇女小组长参赛，对评选出的100名计生专干、200名小组长进行了大张旗鼓地表彰奖励。

【打造惠民品牌】 各级党委、政府坚持把落实计生奖励政策列入“民生工程”。对独生子女死亡、伤残家庭父母落实了一次性救助。认真落实奖扶政策，共兑现奖扶、特扶金4989.8万元，落实率100%。积极推进普惠政策与计生政策有机衔接。2013年度，财政出资2795.9万元，对65.9万户农村参加新农合的计生家庭给予了补贴；对25.6万户参加城乡居民社会养老保险的计生家庭给予了980多万元的财政补贴；相关部门为54.4万户计生家庭减免费用或补贴2285.1万元，使广大计生家庭得到了真正实惠。

【提升服务水平】 市县两级加大财政投入，配齐县乡计生技术服务站医疗装备，推进免费服务“民心工程”拓展升级。2013考核年度，共为188.3万名农村已婚育龄妇女、9.1万名50岁以上计生夫妇提供免费检查服务，“民心工程”服务率93.1%，对查出的疾病全部给予治疗或转诊服务。大力推进免费孕前优生健康检查服务工作，市财政出资110万元用于专用设备和软件购置，使全市22个县站全部实现基础信息采集和检验结果录入信息化。为确保检查质量，全市实行了试剂统一采购制度，并严格操作流程和质量监控。全年共服务7.7万对农村计划怀孕夫妇。认真开展“流动人口药具服务年”活动，在流动人口密集地和县城设立流动人口免费药具发放点507个，安装刷二代身份证自动领取药具发放机15台，流动人口避孕药具服务可及率、获得率均达95%以上。

【推进依法行政】 集中利用20天时间、分11个片区，对县乡两级计生主管领导、政法人员、执法队长和流动人口管理人员进行了大规模业务培训，参训人员达1100多人，进一步增强了基层执法人员的依法行政意识，提高了服务群众的能力。广泛开展社会抚养费依法征收、内部管理和档案升级活动，严格落实社会抚养费立案、征收、管理、支付“四在县”要求。对群众举报的党员干部违法生育案件，及时组织调查，共查处城镇违法生育229人，并做到了征收社会抚养费、党政纪处分和落实节育措施“三到位”。认真开展信访矛盾排查，实行季通报、重点案件领导包案、限期结案制度。考核年度以来，全市共受理信访案件357件，比上年下降37.7%。市本级信访立案17件，按期结案率100%，对16名责任人落实了党政纪处分。大力实施“三公开、四评议、五监督”“诚信计生”和“阳光计生行动”，聘请行风监督员1502名，实施层级监督。在全市组织开展了“基层阳光计生行动示范乡（镇、办）创建活动”和“请农民兄弟姐妹评计生、请流动人口农民工评计生、下评上”活动，共发放调查问卷17121份，群众满意度达97%以上。

【深化综合治理】 狠抓出生人口性别比偏高问题综合治理。认真落实联席会议、相关部门信息通报、有奖举报等制度，强化部门职责，形成治理合力。对性别比持续偏高或完不成下降责任目标的县（市、区），实行诫勉约谈问责制和“一票否决”制。积极与周边地区建立协作联动机制，共同遏制“两非”行为。省市重点治理县（市）严格落实“治理靠县、责在政府”的要求，均成立了由政府分管领导任主任，相关部门具有执法资格人员组成的实体治理办公室，集中办公，严打“两非”。加强流动人口计生服务管理。立足服务抓管理，推进流动人口免费服务全覆盖，把符合条件的流动人口及时纳入免费孕前优生健康检查、“民心工程”服务和计划生育救助范围。认真做好流动人口信息采集录入、登记建档和核查修改等工作，加强流动人口信息工作平台建设。为方便流动人口办证，本市在全省率先出台了《流动人口第一个子女生育登记管理办法》，得到国家卫生计生委领导的充分肯定。

（田　娟）

计划生育协会

【保定市计划生育协会】 保定市计划生育协会（以下简称计生协）是在中共保定市委领导下的群众团体。其主要职责是动员、组织广大育龄群众和热心计划生育事业的各界人士自觉参与计划生育工作。市计生协为正县级单位。财政全额拨款，设常务副会长1人，专职副会长1人。

会　　长　周省时
第一副会长　石海林
常务副会长　靳旭辉(10月离任)
　　　　　　付卫民(女,11月任)
专职副会长　吴兴亚

【概况】 2013年在全市各级计生协会围绕保定市人口计生工作总体部署，按照上级计生协的要求，以计生协基层组织建设、人口计生基层群众自治、生育关怀、社会服务、宣传教育活动为抓手，注重典型引导、项目带动和活动聚力，开拓思路抓创新，在出亮点创精品上下功夫，不断提高计生协会的整体工作能力和水平，充分发挥了计生协职能优势及在人口和计生工作中的生力军作用，圆满完成了市委、市政府和省计生协会部署的各项工作任务和责任目标，被市委、市政府授予“人口和计划生育综合治理先进单位”，为促进全市人口计生事业和经济社会全面协调可持续发展做出了贡献。

【强基固本，加强基层协会组织建设】 基层协会组织建设是搞好计生协工作的基础。市计生协在原来5000多个基层协会的基础上，一是积极争取各级党委、政府的支持，坚持把计生协工作列入了全市人口计生工作责任目标，与计生行政工作同部署、同检查、同考核、同奖惩，协会经费纳入了各级财政预算，达到了计生经费的10%以上。二是开展“建会创优”活动。向社区、非公企业和流动人口聚集地延伸计生协组织网络，全市共建社区协会324个，非公企业协会1110个，流动人口协会193个。三是在农村，以推进人口计生基层群众自治为契机，结合加强农村基层组织建设工作，调整了村级计生协组织，开展农村基层协会创优升级活动，使农村基层计生协巩固优势、规范发展。到年底，全市村（居）计生协会达6026个，其中合格和优秀协会的比例稳定在95%和52%以上。

【深化服务，拓展生育关怀领域】 深入开展了对计生特殊家庭（即独生子女伤残或死亡、未再生育或收养子女的家庭）帮扶救助工作。2013年，争取到中国计生协计生特殊家庭帮扶探索项目1个，项目经费20万元。做好财政贴息贷款“少生快富工程”和“幸福工程”项目。加强县、乡两级“少生快富工程”“幸福工程”项目文本与村级项目档案管理和运作管理。全市“幸福工程”运作资金300.6万元，2013年新争取项目资金100万元；“少生快富工程”资金20万元，帮扶计生贫困家庭930户。努力开展好计生系列保险等公益活动。截至12月底，全市参保2.8万户，赔付金额约52万元。积极开展“三优”教育服务。

【深入宣传，营造协会工作氛围】 一是积极开展群众性宣传教育活动。利用“5·29”、母亲节、“12·18”等时机，面对面开展经常性、群众性的宣传教育活动。二是加强与新闻媒体的联络。积极协调电视、广播、报刊、网络等各类媒体，宣传报道协会工作，扩大社会影响力。三是努力打造宣传亮点。全市各级协会利用广播、板报、展牌、文艺演出等形式，开展了大量的宣传活动。市、县（市、区）共组织1000余名志愿者，举办宣传活动30多场，组织文艺汇演节目600余个，展出各种宣传画板千余块，宣传横幅千余条，设立咨询服务台300余个，印发小折页、书籍、明白纸等宣传品100万余份，发放印有计生内容的雨伞、门帘等宣传品30万余个、开展义诊义治、生殖健康检查20万余人次，开展专家讲座、业务培训80多期培训近万人，在社会上引起了强烈反响。

（魏　伟）

残疾人工作

【保定市残疾人联合会】 保定市残疾人联合会（以下简称市残联）为正县级事业单位，受市委、市政府领导，业务上接受市委、市政府有关部门的对口指导。下设办公室、组联部、宣文部、教就部、康复部5个部室。

党组书记
理　事　长　　李　勇
党组成员
副理事长　　郑章雨　刘忠林
　　　　　　赵健华（女）
　　　　　　李学军

【概况】 2013年，全市残疾人工作，以推进残疾人社会保障体系和服务体系建设为目标，以实施“十项助残工程”为抓手，全面推进了残疾人社会保障、康复服务、教育就业、文化体育、权益维护和组织建设等各项业务发展，进一步改善了残疾人生产生活状况，促进了残疾人“两个体系”建设，实现了残疾人事业的新发展、新进步。深入贯彻落实中残联、省残联第六次代表大会精神。市残联及时下发了《关于认真学习贯彻中残联、省残联第六次代表大会的通知》，要求全市残联系统的广大干部职工，切实把学习贯彻六代会精神作为当前和今后一个时期的重要工作，抓紧抓好。

【进一步提高为残疾人服务的能力】 通过开展“解放思想、改革开放、创新驱动、科学发展”大讨论活动，全体党员干部的素质、形象、作风和工作水平有了明显提升。通过开展“全民创业、效能提升、城市管理6S”行动，残疾人自主创业、脱贫致富的条件即将改善、机关效能明显提升、全体人员的环保意识明显加强。通过开展“正风肃纪”专项行动，机关作风有了明显好转。通过开展“为民务实在一线”行动，为残疾人服务意识得到进一步加强。在“走百村（社区）、访万户（人）、送温暖、办实事”活动中，为55例贫困青少年肢残者实施了矫治手术；对25名贫困聋儿、40名贫困脑瘫儿童、50名贫困智障儿童、60名贫困孤独症儿童实施康复救助；为590名贫困残疾人配发了辅助器具；为320户农村贫困残疾人家庭实施了危房改造；免费对40名盲人进行了订单式的按摩技术培训，并安置了他们就业；对2448名残疾人给予了托养补贴；新安置1350名城镇残疾人就业。筹资544600元，给予218名贫困残疾大学生和贫困残疾人家庭大学生了2000～3000元的一次性资助。

【残疾人扶贫、就业和教育工作成效明显】 全年，帮助45100名农村贫困残疾人实现了就业；扶持3万名贫困残疾人稳定脱贫。开展农村残疾人实用技术培训，4500人次参加了种植养殖、电脑平面设计、服装裁剪、桃木雕刻、砚台雕刻培训。落实重度残疾人参保补贴政策，对全市所有重度残疾人参保给予了81元补贴。在望都县、博野县新建了残疾人托养服务机构，全市约有420余名残疾人享受到托养服务，3000余名残疾人受到了居家托养照顾。与组织、商务、新闻出版等部门实施“农村基层党组织助残扶贫工程”“万村千乡市场工程助残扶贫项目”和“农家书屋残疾人就业项目”，农村基层党组织助残扶贫120户，50名残疾人得到就业安置。按照在残疾人力所能及的范畴内，社会需要什么技能，我们培训什么技能，企业需要什么技术，我们举办什么培训班的思路，年内出台了《关于加强盲人按摩培训工作的意见》，按《关于申报首批市级盲人按摩培训基地的通知》，挂牌成立了三家市级盲人按摩培训基地，一家市级残疾人就业培训基地，省残联理事长常丽虹和市委常委、统战部长、农工委书记王惠欣共同为就业培训基地揭牌，并讲话。

【残疾人康复工作深入推进】 在“爱耳日”“助残日”和“世界精神卫生日”期间，利用电视、悬挂标语、发放残疾人优惠政策明白纸等方式，向社会宣传康复科普知识，提高人民群众残疾预防意识，唤起社会各界对残疾人康复工作的理解、参与和支持。开展以残疾人监测工作为载体，以基层残疾人专职委员为桥梁纽带的残疾人康复需求调查，了解掌握了不同类型残疾人的康复需求，建立了康复需求台账，为合理解决残疾人的康复需求提供了可靠依据。全年，对190名聋儿进行了听力语言康复训练，培训聋儿家长190名。免费对全市500名贫困精神残疾患者提供基本药品补贴，对110名贫困精神病患者进行一次性住院医疗救助。实施“万人复视工程”，免费为200名贫困低视力者购置并发放了助视器。协助卫生部门，为3000例白内障患者实施了复明手术。为600名盲人进行了定向行走训练。对360名社区康复协调员进行了康复技能培训。

【残疾人宣传、文化、体育工作成绩突出】 根据中心工作，联系各家媒体对本市残疾人工作的重大活动和主要工作进行了及时跟踪报道。特别是组织市级报纸、电台、电视台等多家主流媒体对容城县李兵创业的事迹进行多次宣传，得到市领导高度关注，市长马誉峰专门对本市残疾人工作作出了肯定批示。易通光伏科技有限公司组队代表河北省参加了全国聋人青少年足球锦标赛，获第三名，创造了河北省聋人足球队参加全国比赛的历史最好战绩。

【全国助残日、国际残疾人日活动氛围浓厚】 在助残日期间，协调市日报、晚报、电台、电视台等多家主流媒体和3000辆出租车播发了助残公益广告，对残疾人事业进行广泛宣传报道。成功组织了首届残疾人书画摄影工艺美术作品展，展出各类作品300余件，受到广大残疾人及观众的一致好评。市委常委、统战部长、农工委书记王惠欣到展览现场，带领市残联有关人员慰问了市特教学校的全体师生，向他们赠送了价值5万元文体活动器材，并走访慰问了新市区的贫困残疾人家庭。支持河北大学手语社举办了首届大学生手语大赛，为推动手语在大学生中的普及作出了积极努力。据不完全统计，助残日期间，全市各级残联共发放各类救助救济物品折合款460余万元，为残疾人办好事2800余件次。在国际残疾人日期间，与市教育局联合组织了特教学校教师手语大赛和残疾人艺术汇演，全市22个特教学校、近千名师生参加了活动，其中获一等奖的作品在国际残疾人日这天作为节日献礼在特教中心向市残联、教育局领导做了汇报演出。

【残疾人基层组织建设进一步加强】 按照省委、省政府办公厅转发省残联《关于各地残疾人联合会召开第六次代表大会的指导意见》（冀办字〔2012〕44号）要求，2月下旬，依托南市区换届试点，召开了保定市换届工作动员部署大会，安排部署了全市各级残联的换届工作，3月底前指导各县（市、区）残联全部完成了换届任务。指导全省经济实力排名前50的涿州市、高碑店市，按照省残联验收标准，扎实开展了“创建河北省残疾人工作示范县（市）活动”，除少数高、精、难项目尚在攻关达标外，其它188个方面基本达到全国一流水平，在全市起到示范引领作用。进一步完善了市、县残联残疾人干部数据库，完成了全省优秀残疾人人才信息库填报工作。贯彻落实省残联与省财政厅、省民政厅、省人社厅联合下发的《关于进一步加强全省基层残疾人专职委员队伍建设及落实人员待遇的通知》（冀残联字〔2012〕201号）精神，向市财政申请经费近36万元，解决了市财政直管县专职委员待遇问题。进一步深化基层残疾人组织建设“达标升级”活动，各县级残联严格按照中残联《基层残疾人组织规范化建设验收标准（修订）》进行对照检查，提高了达标水平和质量。开展了专职委员实名制统计工作，进一步健全完善了乡（镇、街道）、社区（村）残疾人专职委员基本信息电子档案；通过市、县两级联手，培训残疾人专职委员12批（次）850余人。健全完善了全市残疾人基本情况调查系统数据库，形成长效工作机制，实现了数据库每年更新。为全面贯彻落实中残联和省残联第六次代表大会精神，组织市残联各理事长和部分重点县残联主要负责人参加了省残联在中央党校举办的理事长集中培训，组织各县（市、区）理事长参加了省残联在省委党校举办的集中培训，有效提高了各级残联领导干部的政策理论水平和业务素质。

【召开市残联第六次代表大会】 经过认真筹备，7月25日，成功召开了市残联第六次代表大会，全市各条战线上的171名残疾人代表参加了会议，市委常委、农工委书记、统战部长王惠欣出席大会并讲话。会议审议了第五届主席团的工作报告，选举产生了69名市残联第六届主席团委员和30名出席省残联第六次代表大会代表。召开了第六届主席团第一次全体会议，聘请了市残联第六届主席团名誉主席；选举了市残联第六届主席团主席、副主席；通过了各专门协会主席、副主席；推举了市残联第六届执行理事会理事长，提名决定了副理事长；推荐了河北省第六届主席团委员人选。

【残疾人维权】 市残联印发了《2013年度保定市残疾人维权工作安排》，对加强维权组织建设、深入开展残疾人普法宣传教育、扎实推进无障碍建设以及其他相关工作进行了安排部署，对各县（市、区）承担的任务指标进行了明确。扎实开展了“法律援助月”活动，全市共组织法律宣传50多场，发放宣传资料、明白卡30多万份，市、县领导接待残疾人500多人，走访残疾人家庭2500多户，解决残疾人涉法涉诉问题30余件，为残疾人挽回损失100多万元。开展了残疾人机动三轮车燃油补贴统计上报和补贴发放工作，为全市817辆残疾人机动三轮车发放了燃油补贴。坚持有能力的县（市、区）重点建设，全面推进原则，在21个县级残联建立了残疾人法律救助工作站，建站率达到100%。筹措资金27万元，按照指标集中分配、资金集中使用的原则，为80户肢体残疾人和100户其他类别残疾人家庭进行了无障碍改造。积极协调，帮助100名残疾人取得了机动车驾照。扎实做好残疾人信访工作，全年共接待残疾人上访27人次，来电36人次，来信6封，给予7人生活救助，全年未出现重大恶性和群访事件。

（杨贵堂）

开 发 区

【保定国家高新区技术产业开发区】 保定国家高新区技术产业开发区（以下简称“保定高新区”），位于市区西北部，地处保定北向发展重要位置，京昆引线（乐凯大街）、向阳大街、朝阳大街以及复兴路、北二环、北三环等市区主要道路贯穿园区，市唯一的立交桥坐落于区中心位置。1992年11月9日经国务院批准设立，初期批设面积12平方公里（包括中心区、西区和东区）。2008年，市委、市政府出台《进一步加快高新区发展的意见》，形成“以国务院设定区为核心、托管两乡、共建一园”的空间格局（托管大马坊乡和贤台乡，与徐水共建大王店工业园），实际管辖面积约60平方公里，电谷中长期规划总面积约118平方公里。下辖两乡、一个街道，共34个行政村、3个社区，总人口10万。全区各类企业3015家，其中工业企业600余家，规模以上企业60余家，已认定高新技术企业70家，居河北省高新区第二名，占保定市高新技术企业60%。按照科技部火炬中心最新发布的评价体系排名，保定高新区在88个国家级高新区中综合排名第23位。

中共保定高新区工作委员会

书　记　孙金博

副书记　张志奎　佟维力

　　　　苑景华（6月离任）

委　员　孙国山　连书君

　　　　冯建法

　　　　丁　阳（4月离任）

　　　　马铁里　高金三

保定国家高新区管理委员会

主　　任　孙金博

常务副主任　张志奎

副　主　任　苑景华　孙国山

　　　　　　连书君

　　　　　　丁　阳（4月离任）

【概况】 保定高新区初步形成了光伏发电、风力发电、新型储能、高效节能、输变电和电力自动化等六大产业体系，得到了国家科技部、发改委、商务部、工信部等部委高度评价与支持，保定新能源产业已获批准多个国家级基地称号，包括：国家新能源高技术产业基地、国家可再生能源产业化基地、国家新能源与能源设备产业基地、国家出口创新基地、国际合作基地、国家新型工业化产业示范基地、国家太阳能光伏发电集中应用示范区等。2013年，实现工业总产值890亿元，同比增长9%；建筑业总产值4.89亿元，同比增长55.2%；实际利用外资2.8亿美元，同比增长870%；固定资产投资77.6亿元；财政收入23.5亿元。

【项目建设】 2013年，申报省市重点建设项目12项，谋划实施区级重点项目30余项，省市重点项目完成固定资产投资36.58亿元，投资完成率101.6%，在全市项目综合考核单元中（四区）排名第一；总投资8亿元的四方三伊二期项目开工，拉动智能电网产业实现新突破；总投资16亿元的惠阳新区一期项目竣工投产，与央企的战略合作进一步深化。科技中小企业加速成长。以乐凯新材料、天河环境工程、科诺伟业为代表的高成长性企业持续扩张，金锁安防、奥普节能公司分别在上海股交中心和新三板挂牌上市，成为园区科技型中小企业成功上市融资的典范。项目储备进一步扩展。强化对接京津、对接央企，在北京招商周成功举办新能源和智能电网产业专题推介会，签约项目9项，总投资98.8亿元；成功举办中国电谷第三代半导体材料（碳化硅）产业集群发展研讨会，与中科院半导体所签订战略合作协议，碳化硅集群发展明显提速。

【创新体系】 2013年2月，新能源与智能电网装备产业集群获批国家首批10个创新型产业集群试点之一；5月，大学科技园研发中心建成投入使用，新能源与智能电网产业技术创新联盟正式成立；国家级风电、光电重点实验室、检测平台投入运行，实现了从制造中心向研发、技术、检测中心的跨越升级；孵化器倍增计划顺利实施，投资6亿元、建筑面积20万平方米的电谷创业园一期工程竣工投入使用，为创新创业提供了全新平台。

【园区建设】 2013年，完成朝阳大街北延路灯工程，顺利推进风能大街南延、纬三路等新区路网建设；新区供热管网延伸铺设15公里；完成保花双回220KV线路、高小线路和大马坊村线路迁改任务；与天津港共建的保定国际陆港建成开港运行；北部新城城市框架日益显现。

【发展环境】 开展了城市管理6S行动、“洗城净天”、大气污染治理等系列活动，投资300多万元完成竞秀街全封闭压缩式垃圾台站建设，启动了环卫市场化运行机制，出台了《高新区城市垃圾管理办法》，齐抓共管、综合施治、注重长效，6S行动全市年终评比第一，有力改善了园区环境；实施了“秋收100”专项整治行动，严厉打击强揽工程、强买强卖等违法行为，营造了公平正义的法治环境和平安稳定的社会环境。

【社会事业】 2013年，投入260万元升级教育设施，顺利通过省级教育督导评估验收，中学建设正式启动；深化基层年建设取得显著成效，探索形成了城郊型生态农村发展思路，高标准完成“十件实事”，改善了村容村貌；深入开展和谐社区建设，茗畅园、新世纪获“全国和谐社区建设示范社区”“低碳社区”称号；大力推进食品药品放心工程，“油条哥”刘洪安被评为“全国道德模范”，弘扬了诚信经营正能量。

（刘　畅）

白沟新城

【白沟新城】 白沟新城是2008年7月28日由原高碑店市白沟镇和原白洋淀温泉城开发区合并组建。2010年8月经省委、省政府正式批复。2010年9月正式揭牌。辖1镇1区，由双向六车道的快速路相连，辖区面积64平方公里，建成区面积25平方公里，辖33个村街，常住人口15万，流动人口10万～15万。白沟镇位于冀中平原中部，处于雄县、容城、高碑店3县（市）相交之地，距保定市区65公里，地理坐标北纬39°05′～39°10′，东经116°00′～116°03′。

党工委书记 管委会主任	张　海
党工委副书记 管委会常务副主任 白沟镇党委书记	杨建军
党工委委员 纪工委书记	李增良
党工委委员 管委会副主任	张铁柱
党工委委员 管委会副主任	管志民(援疆)

【概况】 2013年，白沟新城地区生产总值完成66.8亿元，同比增长10.9%；固定资产投资完成107.6亿元，同比增长21.6%；规模以上工业增加值完成22.1亿元，同比增长13.1%；社会消费品零售总额完成52.5亿元，同比增长12.9%；财政收入完成3.6亿元，同比增长28.6%；公共预算收入完成2.8亿元，同比增长24.2%；市场成交额完成628亿元。

【特色产业】 白沟已经发展成为中国箱包之都和著名的小商品集散中心。箱包制造和商贸物流是白沟的主导产业。箱包制造业经过30多年发展，已形成了一个辐射周边10个县（市）、50多个乡镇、500多个自然村，从业人员达150万人的区域特色产业集群。拥有箱包企业近4000家，其中规模以上企业350多家，形成了从原辅材料生产到成品销售的庞大产业链和产业集群，年产箱包7.5亿只，是全国最大的箱包产销基地。有250多家企业在130多个国家和地区建立了直销窗口或公司，被国家命名为“中国箱包之都”。商贸物流业发达，已经形成了集箱包、服装、鞋帽、小商品等十几大行业于一体的大型综合商贸集群，拥有14个专业市场，总经营面积400多万平方米，吸引了国内外近7000个品牌入驻，上市商品达150多大类，250万个品种。发达的商贸业带动了物流业的快速发展。白沟是省级物流产业聚集区，拥有货运线路200多条，站点121家，覆盖全国所有县级以上城市，年吞吐量达1500多万吨。

【狠抓项目建设，经济发展支撑力明显增强】 按照“抓大顾小，在建项目抓进度、谋划项目抓进场、储备项目抓跟进、建成项目抓效益”的工作思路，举全区之力推进项目建设。2013年列入省、市重点计划项目共计5项，总投资107.9亿元。其中总投资58亿元的国际箱包交易中心、国际原辅料交易中心和总投资12亿元的泰阁建材城项目已投入使用。

【主动作为，在对接京津上取得新进展】 按照省委提出的“大力培育环京津地区新的发展增长极”和市委书记聂瑞平提出的“打好环京津这张王牌”的要求，多措并举，主动对接京津，取得了显著成效。5月份，成功举办了北京招商周白沟新城推介会，签约了总投资53亿元的箱包专家会所、箱包博览馆、和道国际箱包交易中心购物景区、国际服装博览中心4个项目。与天津市口岸办就加强区域口岸合作签署了合作意向书，支持白沟新城建设“北方内陆无水港”“中国箱包物流基地”。同时，积极与北京市西城区就服装批发市场外迁项目进行了多轮磋商，在对接京津上迈出了新的步伐。

【统筹城乡发展，城镇化进程明显加快】 围绕建设“国际商贸旅游名城”的目标，进一步加大投入，实施了总投资1.8亿元的城市供水、供热、亮化、绿化等10项基础设施工程。日处理3万吨的污水处理厂全面投入运营，日处理500吨的垃圾处理厂也将试运行。结合“幸福乡村计划”，强力推进农村环境综合治理工作，通过村街自筹、政府补贴、部门帮扶等方式，筹资1368万元用于试点村道路硬化建设，总硬化面积12万平方米，农村生产生活条件得到较大改善。

【创新社会管理，发展环境进一步优化】 一是坚持依法治理，下大力优化社会环境。相继开展了“严打整治百日会战”“秋收100”等一系列严打整治专项行动。全年共破案476起，抓获537名各类违法犯罪嫌疑人，营造了和谐稳定的法治环境和社会环境。二是紧紧围绕建设服务型政府，下大力更新观念，转变职能。强力推进效能提升行动，全面清理行政审批事项，开展机关标准化建设，全部公开行政权力，全区行政效能进一步提升。三是加大整治力度，构建文明生态环境。深入开展大气污染防治行动，共出动执法人员240余人次，检查企业100余家，关停各类污染企业近40家。大力推进集中供热，城区新增供暖面积260万平方米，总面积达到500多万平方米，空气污染排放进一步减少。同时，集中开展了安全生产专项整治活动，及时消除各类安全隐患，全区未发生安全生产事故，和谐稳定的局面进一步巩固。

【党的建设再上新台阶】 着力夯实基础，深入推进加强基层建设年活动，投资350余万元高标准完成“十件实事”。狠抓村级组织建设管理，消除薄弱环节，基层战斗堡垒作用明显增强。强力转变作风，全面落实中央八项规定，深入开展解放思想大讨论、“为民务实在一线”等活动，查实情、访民意、解难题、抓落实，在务实干事中促进了干部作风转变，党群、干群关系更加密切。增强纪律约束，专项整治吃空饷，整改腾退超标用房，严格执行党风廉政建设责任制，深入推进惩防体系建设，营造了风清气正的政务环境。同时，医疗、教育、文化、民政、武装等工作也取得了新进展。

（顾延锋）

县（市、区）

南市区

【地情提要】 南市区系城乡结合型市辖区，位于保定市区东南部，西、北分别与新市区、北市区毗连，东、南与清苑县接壤。京广铁路、京港澳高速公路、107国道及保新、保衡、保沧等省级公路穿经，与区内“六横六纵”主干道相交，联通外境，形成四通八达的交通网络。南市区是古城保定悠久历史文化的核心区，市区90%的文物古迹在南市区，主要有目前国内保存最完整的省级衙署直隶总督署、全国十大名园之一的古莲花池、大慈阁、淮军公所、清河道署等。河北农业大学、中国地质大学长城学院、河北大学医学院、河北科技学院等大中专院校遍布全区。

自然环境 域内地表平坦，土质肥沃，地势由西北向东南呈平滑倾斜，大陆性季风气候特点显著。一亩泉河、清水河、府河、护城河流经。域内土质主要由黏质砂土和砂质黏土构成，土壤类型为石灰性潮褐土。

行政区域 全区总面积102.05平方公里，辖4个乡（南大园、杨庄、焦庄、五尧）、5个街道办事处（永华、裕华、南关、红星、联盟），共有61个行政村，48个社区居委会。

人口民族 2013年总人口26.10万，其中城区人口15.77万，占60.42%；乡村人口10.33万，占39.58%。全区人口出生率9.08‰，人口自然增长率3.89‰。辖区居民汉族占95%以上，其他以回族、满族为主，回族人口7918人，为市区回族聚居区。

【概况】 2013年，全区地区生产总值完成228.9亿元，同比增长14.2%；其中，第一产业增加值2.96亿元，比上年减少0.2%；第二产业增加值171亿元，比上年增长1.1%，第三产业增加值54.8亿元，比上年减少0.9%。三次产业的构成比例为1.3：74.7：24。全区民营经济增加值116.7亿元，同比增长19.7%；规模以上工业增加值完成161.6亿元，可比增长18.2%；社会消费品零售总额完成143.2亿元，同比增长10.4%；实际利用外资完成3041万美元，完成全年计划的121.6%；固定资产投资完成90.3亿元，同比增长5.2%；全部财政收入完成67.1亿元，同比增长39.9%；公共财政预算收入完成2.76亿元，同比增长19.6%。财政一般预算支出17.2亿元。同比增支128.78%。职工年平均工资38658元，同比增长7%，城镇居民人均可支配收入21048元。全年粮食总产3万吨，实现单产10连增。农民人均纯收入实现13156元，同比增长2.2%（统计口径调整）。

【“河北长城工业聚集区”项目承载能力进一步增强】 2013年河北长城工业聚集区累计谋划实施项目26项，总投资202亿元，其中在建项目8项，总投资98.7亿元。全年完成固定资产投资35.7亿元，同比增长21.4%；主营业务收入实现827亿元，同比增长16.2%；工业增加值完成130亿元；全部工业实现利润84亿元；工业企业上缴税金33.6亿元；出口创汇7.2亿美元。聚集区累计建成面积5.73平方公里，新增聚集区面积0.177平方公里，入住企业31家，从业人员3.26万人。

【项目建设质量不断优化】 围

绕项目建设作为经济工作中心，全力推进项目建设上规模、上档次，提高科技含量。全年开工建设23项，总投资145.7亿元，竣工项目6个，总投资19亿元，在建项目17个，总投资126.7亿元。市以上重点项目共4项，总投资80.6亿元，当年计划完成投资13亿元，实际完成投资35亿元，超出计划投资169.2%。总投资50亿元的长城汽车新技术中心项目主体完工，正进行内部装修。总投资5亿元的王成兰食品有限公司扩建项目，一期工程主体完成，正实施设备安装。总投资20.5亿元的保定卷烟厂易地技改项目一期工程开工建设，正进行地基建设。总投资2.75亿元的保定中铁集团年产2500套风电机舱罩轮毂罩生产线项目，完成地基建设。

【长城汽车品牌效应进一步放大】 2013年，长城汽车实现整车销售75.75万辆，H6等多款车型供不应求，成为“中国SUV之王”，主营业务收入567.8亿元，实现利税134亿元，哈弗SUV连续10年保持全国销量第一，长城皮卡连续15年保持全国市场占有率、销量、出口第一。先后获得“2013年度亚太地区最佳上市公司50强”“福布斯全球企业1000强”“《财富》中国500强企业”“全国最具价值汽车品牌”“2013年中国十大特色品牌”等荣誉。长城汽车在充分调研科学论证的基础上，提出并确定打造“保定·中国汽车研发科技城”战略目标，聘请国际一流设计单位完成区域规划设计，争取政策支持，强化要素保障，获批土地指标756亩，一期征地工作全面启动。长城汽车获评“国家认定优秀技术中心”。国家发改委公示2013年国家认定企业技术中心评价结果。长城汽车技术中心获92.6分，被评为“优秀”，在887家国家认定企业技术中心中排名13位。在车企排名中，长安（93.7分，第7）与东风（92.8分，第11）分列前两位，长城汽车排名第三，居自主品牌第一。

【开展农村面貌改造提升行动】 筹资1160余万元，启动毕庄、鲁庄、聂庄和铸钱庄改造提升工程，改造屋顶3.2万平方米，粉刷改造墙面11.3万平方米，改造厕所230余户，标准化卫生室、互助幸福院、污水处理等11项省列入任务全面完成，7处垃圾坑治理、10处村民休闲小广场建设等自选项目已全部完工，村容村貌焕然一新。

【城市管理6S行动全面铺开】 推进朝阳南大街综合整治，完成63处违建2.4万平方米的拆除任务。推进环卫工作机械化、市场化，投入700余万元，购置清掏、洗扫、垃圾运输车13辆，改建天威东路、环西、胜利三座压缩式垃圾台站，天威路、裕华路、永华大街、恒祥大街清扫保洁推向市场。整治规范经营秩序，取缔马路市场25个、露天烧烤430家，清理占道、店外经营1.5万余处，拆除私搭乱建120余处。积极组织开展全民绿化活动，全年新建片林3处，补植、新植乔木9万株，为创建国家园林城市做出积极贡献。打击违法建设，规范土地管理，拆除违法建设9600平方米，清理复耕土地260亩。

【强力治理大气污染】 整合各方面资金力量，累计投入6650余万元，同时展开燃煤锅炉改造、煤炭质量监管、油气回收治理、抑制扬尘、土小企业整治、秸秆禁烧、油烟治理七条战线，全面落实全市大气污染应急响应，累计拆除改造分散燃煤锅炉105台，关停取缔违规铸造企业44家，改造33家加油站和储油库，460家餐饮单位安装了高效油烟净化设施。

【基础设施建设不断加强】 完成京石高速公路改扩建和天然气第二储备站占地任务。完成大阳西街、赵庄、八里庄、西五尧、中阳村5个村道路整修改造工程，硬化面积1.75万平方米。投资508万元，维修改造三丰东路东段、保汽宿舍路等11条小街小巷，整修路面1.28万平方米，积极改善居民出行环境，受到群众广泛好评。

中共区委

市委副书记
区委书记　王晓栋
副书记　苏树锋　马义民
常委　王晓栋　苏树锋　马义民　张承军　谷俊杰　井建良　李文阁（女）　李丽萍（女）　穆希君　王益民　赵万里

人大常务委员会

主任　韩桂林
副主任　李春萍（女）　刘畔力　齐志武　刘俊巧（女）

政府

区长　苏树锋
副区长　谷俊杰　穆希君　赵建军　张立辉（女）　周喜峰

政协

主席　郭清申
副主席　张更利　张永海　苏倩（女）

刘聪慧（女）

（叶家强）

北市区

【地情提要】 北市区位于保定市区东北部，地理坐标为北纬38°50′~38°56′，东经115°28′~115°34′。北与徐水县毗邻，南与南市区接壤，东与清苑县相接，西与新市区相连。京广铁路、京广高速铁路、京港澳高速公路、107国道纵贯区境。总面积82.33平方公里，其中城区面积18.98平方公里，乡村面积63.35平方公里。区政府西南距石家庄125公里，东北距北京140公里，东偏北距天津145公里。区机关驻七一中路789号。

自然环境 北市区位于漕河冲积洪积平原上，区域内地表较为平坦，地势自西北向东南倾斜，西北高，东南低，海拔在14~18米之间。区域内土质主要由黏质砂土和砂质土壤构成。耕地面积2881公顷。气候属于温带半湿润半干旱大陆性季风气候，春夏秋冬四季分明。春季冷暖多变，干旱多风；夏季炎热潮湿，雨量集中；秋季风和日丽，凉爽少雨；冬季寒冷干燥，雨雪稀少。

行政区划 2013年辖5个街道办事处（五四路街道办事处、东关街道办事处、西关街道办事处、和平里街道办事处、中华路街道办事处）、3个乡（韩庄乡、东金庄乡、百楼乡）、56个社区居委会、59个村。

人口民族 2013年末，全区总户数115814户，总人口325452人，比上年增加3711人。其中男性人口159850人，女性人口165601人，分别比上年增加2241人和1469人。全年出生人口2953人；死亡人口1146人；全年净增人口1807人，自然增长率5.35‰。有13个民族，少数民族以回族为主。

【概况】 全区生产总值完成102.2亿元，同比增长6.9%；第一产业增加值2.12亿元，同比增长0.5%，第二产业增加值27.34亿元，同比增长11.2%，第三产业增加值72.70亿元，同比增长5.4%；规模以上工业增加值完成11亿元，同比增长17.9%；民营经济增加值60.81亿元，同比增长7.1%；新增规模以上企业8个，超额完成市下达任务；全部财政收入完成26.1亿元，同比增长18.1%；公共财政预算收入完成4.9亿元，同比增长34.8%；财政支出8.47亿元，同比增长21.48%；粮食总产量26176吨，同比增长0.6%；社会消费品零售总额完成50.5亿元，同比增长13.1%，新增限额以上企业8个；职工年平均工资39784元，同比增长12.3%；城镇居民人均可支配收入21712元；农民人均纯收入达到13909元；实际利用外资完成2686万美元；固定资产投资完成109.7亿元，全区经济发展呈现了稳步增长的良好态势。

【项目建设】 应对规划调整、土地指标紧缺等制约因素，推动项目建设，一批重点项目取得新的进展。全年谋划亿元以上项目130个，总投资1354亿元。其中未来像素、科泰板材等7个重点项目开工建设；蓝宝石相册、神州行医药等21个项目续建顺利；中冀兵北、宇航风机等10个项目完成土地“招拍挂”；鑫丰国际一期建成开业；保定工业园区南区420亩项目用地完成实施组卷；英大泰和财险保定支公司成功落户；万达商业综合体、中国传媒文化产业园等近50个项目的洽谈取得了良好成效。

【综合治理，环境改善】 城市顽疾得到有效治理。共清理占道经营摊点9200余个，拆除违法建设100余处，硬化进村路口31个。对二环、三环路两侧的砂石厂、废品收购站、石材加工作坊进行整治，对6条城区主干道卫生保洁实行市场化管理，对老城区的脏乱环境进行有效整治，推行“楼道革命”，辖区环境面貌明显改善。

推进村庄配套改造、整体提升。整合涉农资金2000万元，重点实施杨村、付村等7个村的面貌提升工程。实施农村饮水安全工程，改善了后辛庄、东后营等6个村的饮水条件。筹资900万元，完成7000亩基本农田项目整理工作。农村生产生活环境得到明显改善。

落实“45+5”攻坚措施，20个加油站的油气回收治理任务全面完成，500家餐饮单位安装了高效油烟净化设施，105台分散燃煤锅炉实施了拆除改造，燃煤质量和地表扬尘得到有效监管，大气污染防治各项工作得到积极推进。

城建项目扎实推进。巨力大桥顺利通车、高铁广场投入使用、未来城项目进场施工；启动白洋淀景观大道征迁占工作，基本完成瑞祥大街北延、京港澳高速公路拓宽征迁占任务，完成关汉卿大剧院主体占压户的拆迁工作。

开展“秋收100”严打整治专项行动，打掉各类犯罪团伙58个，破获刑事案件1064起。启动“天眼”建设工程，安装摄像头9900余个，设立监控点1000余处，基本实现全覆盖。同时生产安全、消防安全、食品安全未发生较大以上安全事故。开展“三清”集中攻坚活动，集中解决了

"东湖一号"等32个稳定难题。大力开展普法教育宣传，社会稳定局面更加巩固。

【强化帮扶，改革创新】 全面落实创业政策，严格执行"零成本"注册，扶持小微企业。全年新增有限公司526家，同比增长41%，新增个体工商户1580户，同比增长24%。重点支持"支点"省级创业辅导基地建设，签约入驻企业46家，创业主体明显增加。发挥财政资金引领作用，撬动各方技改资金投入，鼓励企业开展自主创新。落实工业企业技改资金管理办法，对5家企业6个技改项目进行300万元资金扶持。加大科技平台建设力度，新建市级"重点实验室"1个，新培育高新技术企业2家，立中车轮、瑞科物探等7家企业申报的8个科技项目，获得国家和省级支持资金700万元。北市区顺利通过全国科技进步考核。坚持"依法依规，一企一策"方针，稳步推进国有集体企业改制工作。基本完成市被服厂破产工作，稳妥实施人民商场、兴华服装厂破产工作，筹备针织品厂、仪器仪表公司改制工作。

【社会事业，民生改善】 筹资1600万元，完成了百楼中学、大阳中学、卫生路小学运动场建设，启动了大西良小学运动场、新华幼儿园综合教学楼一期、一中分校体育馆及综合教学楼建设，硬件设施得到改善。鼓励引导社会力量办学，新增蒙养幼儿园等3家民办教育机构。基本完成乡级综合文化站、村级文化活动室年度建设任务，启动区级综合文化馆建设，群众文化生活设施逐步完善。全面开展素质教育工作，河北小学、三中分校被河北省教育厅列为"全省素质教育示范校"。投入700万元，完成百楼乡卫生院改扩建和疾控中心、卫生监督所改建工程。全面落实新农合政策，参合人数达5.7万人，参合率98%，补偿3.5万人次，发放补偿金1470万元。投入240万元，全面落实计生奖励政策，各项人口控制目标运行良好，代表保定市接受了省人口计生考核，被省委、省政府授予"2013年度人口和计划生育工作先进区"称号。

拓宽就业渠道，全年举办招聘会23场，城镇新增就业8900余人，下岗失业人员再就业3100余人，转移农村剩余劳动力2400余人，城镇登记失业率控制在4.2%以内，完成市下达任务。区就业局被国家人社部评为"国家级优质服务窗口"。城乡居民养老保险参保人数3.45万人，参保率93%，城乡低保标准全面提高，全年累计发放低保金1300万元，城乡低保对象、农村五保对象及其他低收入家庭全部纳入救助范围，实行"一站式即时结算"，社会保障能力逐步提高。

新成立兴华苑、维多利亚夏郡2个社区，投入200万元，完成东星、大迪等8个精品社区上档升级和金昌东、东方苑等3个高标准和谐社区建设，被省民政厅列为"全省和谐社区建设示范区"，五四路街道、东方家园社区与河大社区被评为"全省和谐社区建设示范先进单位"。农村社区建设顺利通过民政部的检查验收，被列为"全国农村社区建设实验全覆盖示范单位"。社区工作继续保持全市领跑、全省领先地位。

投入160万元，建成集养老院、光荣院、五保供养院为一体的民政事业服务中心1所，老人集中供养能力进一步提高。开展社工服务试点建设工作，被民政部列为首批"全国社会工作服务示范区"，大纪家胡同社区被列为"全国社会工作服务示范社区"。配合市完成廉租房建设工作，解决部分群众住房困难问题。救助贫困家庭300余户、贫困学生500余名，慰问贫困残疾人家庭950户，完成农村残疾人就业培训110名，困难群众生活得到有效保障。投入1200万元，对辖区26条社区支路和便民小路进行了维修改造，居民出行更加便捷。筹资3000万元，对中华小区、双彩小区等35个隐患小区的供暖设施进行了维修改造，保障了辖区居民温暖过冬。

中共区委

书　记　赤光明（4月离任）
　　　　姬　琳（女，4月任）
副书记　张少轩
　　　　谢永军（11月离任）
常　委　赤光明（4月离任）
　　　　姬　琳（女，4月任）
　　　　张少轩
　　　　谢永军（11月离任）
　　　　温宏江
　　　　赵海娜（女）
　　　　王　勇　彭尚林
　　　　王书安　刘武需
　　　　段秀丽（女）
　　　　李志才

人大常务委员会

主　任　李正伦
副主任　李明伟
　　　　田秀芹（女）
　　　　董志潮　田朝阳

区政府

区　长　张少轩
副区长　赵海娜（女）
　　　　王书安　贾春顺
　　　　张　杰　刘晓鹏
　　　　张　墀

政　协

主　席　穆大群
副主席　李军红

张金瑞（女）
侯跃斌
王　磊（女）

（刘尚波）

新市区

【地情提要】　保定市新市区地处保定市区西半部，为城乡结合型市辖区，东与北市区、南市区交界，西北与满城县接壤，北与高新区相接，南与清苑县毗邻，总面积131.3平方公里。新市区区位优势明显。市委、市人大、市政府、市政协等机关，以及乐凯集团、天威集团、风帆集团等大型国有企业为代表的著名“西郊八大厂”，中国银行、中国工商银行、中国农业银行等金融机构的分行总部，保定日报社、电视台等均坐落在新市区，是保定市的政治、经济、金融、传媒中心。

自然环境　新市区属于平原区，地势较为平坦开阔，总趋向由西北向东南逐渐倾斜，海拔最高点为30米，最低点为17.1米。根据地貌特征和地面组成物质以及人类生产活动的影响，新市区可以分为两种地貌单元类型：一是洪积、冲积扇平原；二是山前溢水带区。由于山前特殊水文地质构造的影响，地下水溢出地表，形成新市区西北部一亩泉、黑风泉、五花泉、联珠泉等相连的溢水带区。诸泉于70年代后期先后干涸。新市区属暖温带季风型大陆性气候，年平均气温12.4℃，最高气温为7月份，月平均气温26.7℃，最低气温为1月份，月平均气温-4.3℃。无霜期213天。总热量较为丰富，积温4348.6℃，最高积温4701.2℃，最低积温3959.7℃，平均日照总时数2610.2小时，年平均日照率58.57%。较大河流有一亩泉河、白草沟、侯河、黄花沟等。主要自然灾害有干旱、冰雹、大风、病虫、美国白蛾等。土壤依据地质结构和性质，划分为两个土类（褐土类、潮土类），两个亚类，4个土属，18个土种，26个变种。

行政区划　辖富昌、韩村、南奇、颉庄、江城5个乡，63个村；先锋街、东风路、建设南路、新市场街、韩村北路共5个街道办事处，83个社区，8个村。

人口民族　总人口42.45万，有汉、回、满、蒙古等11个民族。人口自然增长率2.94‰。

【概况】　全区国内生产总值完成132.84亿元；全部财政收入完成27.6亿元，其中地方公共财政预算收入完成5.4亿元；全社会固定资产投资完成120.7亿元；规模以上工业增加值完成34.4亿元；社会消费品零售总额完成95亿元；农民人均纯收入达到13980元；实际利用外资487万美元；其中第一产业累计完成增加值2.88亿元，同比增长-7.7%，第二产业累计完成增加值79.74亿元，同比增长4.9%，第三产业累计完成增加值50.22亿元，同比增长4.6%；乡镇居民年均可支配收入21181元；职工平均工资37366元（含劳务派遣），同比增长9.9%；粮食产量44292吨，同比增长-0.7%；财政支出10.08亿元、同比增长1%；民营经济增加值80.6亿，同比增长5.74%。

【项目园区建设】　全区千万元以上项目59个，总投资413亿元，全年完成投资103.4亿元，省、市重点项目均取得新突破。其中总投资33亿元的向阳航空科技装备产业园项目，实现进场开工建设。总投资15亿元的河北数字印刷产业园，总投资16亿元的中兴汽车15万台轻型车项目等重点工业项目进行土地征迁。总投资6.2亿元的保定钞票纸业有限公司二分厂技术改造项目，总投资13.8亿元的恒天纤维集团年产3万吨溶剂法纤维素短纤维项目竣工投产。总投资8亿元的盛泰商务中心综合体项目，总投资5.8亿元的东篱庄园老年公寓项目进展顺利。总投资18亿元的万博广场项目主体竣工，商场部分正式营业，吸引了沃尔玛、百盛等世界500强企业入驻。总投资8亿元的保定茂业中心项目主体竣工。

【开放创新实现新突破】　积极“走出去”，组织企业参加北京和天津招商周活动，与中外名人文化产业集团签署投资35亿元的影视制作产业园项目框架协议。谋划总投资300亿元的保定航空新城项目。制定出台《支持和促进金融业发展的若干意见》，组织14家银行、100余家企业召开“新市区银企对接会”。沧州银行落户新市区，全区股份制银行达到6家。全年新增各类企业791个，新增个体工商户1687户，同比增长23%和45%。中铁电气化集团保定铁路变压器有限公司、河北格林光电有限公司等50家企业被认定为省级科技型中小企业，数量位居三区首位。

【城乡环境面貌明显改善】“6S”行动成效显著。规范城市秩序，增投入美化城市环境，打造“干净、有序、文明、美丽”的新市区。采取集中行动，取缔占道经营市场22个，拆除违法建筑1.5万平方米，取缔露天烧烤109处，规范店外经营4000余处，清理垃圾39.6万吨。在全市率先启动环卫市场化改革，成功将向阳大街、百花路环卫保洁推向市场。重点工程进展顺利。复兴路西延土地征迁占工作顺利推进；西大园片区改造已完成拆迁135户；投入资金482.8万元，完成了19条小街巷维修改造任务。农村面貌改造提升。推进“四清四化”行动，累计投入资金690万元，清理垃圾8万立方米，新装路灯2252盏，农村面貌、人居环境、群众生活质量得到显著提升。出台《推进农业生态园三期建设和都市农业发展的意见》，以农业生态园三期建设为重点，大力发展都市农业，促进采摘、观光、农家乐等休闲旅游项目的发展。

【大气污染防治】 分散燃煤锅炉替代改造、扬尘治理、土小企业取缔、煤炭市场整治等工作都取得阶段性成果。完成93台燃煤锅炉替代改造，超额完成市定目标；推进“洗城净天”行动，开展垃圾清运、街道保洁保湿、建筑工地抑尘保湿、城中村和城乡结合部卫生整治等治理扬尘专项行动；取缔“土小”企业47家；加大淘汰落后产能力度，拆除亚新钢铁公司全部主要生产设备，淘汰纸制品生产线2条、纸机6台，电镀生产线30条；开展城镇绿化，完成植树1.8万株。

【提高民生社会事业保障水平】 年初承诺的八件惠民为民实事全面完成。全区教育“两基”成果巩固提高，中考优秀率居三区之首；投资1300万元，建设乐凯中学北校区实验楼、第十九中学学生食堂和公寓；投资1235万元，建设区妇幼保健院、江城乡卫生院；继续巩固完善新农合制度，全区参合率98%；投资76万元，新建3座垃圾台站。投资278万元、解决5个村共4600人饮水安全问题。全区城镇登记失业率控制在3.99%。新型城乡居民社会养老保险实现全覆盖；城乡低保和农村五保供养实现应保尽保。8个精品社区完成上档升级，创建高标准和谐社区3个，新成立社区4个。集中开展安全生产和食品药品安全大检查活动，全年未发生重特大安全生产和食品安全事故。开展普法宣传，加大对弱势群体法律援助力度。开展“秋收100”行动，打掉破坏发展环境团伙7个，破获刑事案件1360起；健全区、乡（街道）、村（社区）三级信访隐患联动排查网络，加大力度协调解决信访疑难案件，提高信访工作的质量和效率，保持社会稳定、政治安定的良好局面。

中共区委

书　记　崔坤军
副书记　姬　琳（女，4月离任）
　　　　丁　阳（4月任）
　　　　侯印红
常　委　崔坤军
　　　　姬　琳（女，4月离任）
　　　　丁　阳（4月任）
　　　　侯印红
　　　　孙永友（6月任）
　　　　柏纪伟
　　　　郑斌慧（女）
　　　　杜香兰（女）
　　　　姚红玉　张雪松
　　　　孟小龙　高　巍

人大常务委员会

主　任　王文志
副主任　吴建民　王克俭
　　　　李玉梅（女）
　　　　李冬立　林　海

政　府

区　长　姬　琳(女,4月离任)
　　　　丁　阳（4月任）
副区长　柏纪伟　张雪松
　　　　段晓彤　刘　爽
　　　　边少清　沈立群

政　协

主　席　朱立文
副主席　范铁海
　　　　张　艳（女）
　　　　倪学红（女）
　　　　赵　研（女）

（朱　刚）

满城县

【地情提要】 满城县位于河北省中部，太行山东麓，北纬38°43′20″～39°07′00″，东经114°43′20″～115°32′00″之间。总面积629.26平方公里（不含贤台乡），耕地面积233.87平方公里（不含贤台乡），北同易县接壤，南与清苑县毗邻，西与顺平县交界，东接保定市和徐水县，县城距北京150公里，天津150公里，石家庄120公里。

自然环境 满城县位于保定市西北部，县城距保定市区中心15公里。地势西北高，东南低。西部和北部为太行山余脉，山峦起伏，坡陡流急，山区面积占全县24.4%；中部为山区和平原过渡带，丘陵区面积占30.6%；东部和南部为平原，地势开阔，地形平坦，面积占45%，地貌类型的多样性，给农业生产提供了多种条件。满城四季分明，光照充足，雨热同期，气候属暖温带大陆性半干旱季风气候，为半山区农业县。2013年年平均气温12.8℃，年最高气温37.2℃，年最低气温－15.5℃，年总降水量737.2毫米，一日最大降水量82.8毫米，年日照时数1732.7小时，年无霜日数159天，11月10日－12月31日最长连续无降水日数长达52天，对冬小麦等农作物生长不利。

自然资源 满城县自然资源

丰富，境内有漕河、界河、龙泉河等河流，龙门和马连川两座水库，及西部山区矿产资源种类丰富，褐铁矿、磁铁矿、金矿、铝矿、银矿等金属矿产资源，盛产青石板、石碴、大理石、花岗岩、石灰岩等，其中石灰被誉为“中国第一白”农副特产品主要有草莓、磨盘柿、地芸豆、雪桃、雪杏、伊丽沙白瓜、葡萄等，有“全国草莓之乡”“磨盘柿之乡”“雪桃之乡”等美誉。

行政区划 满城县辖12个乡镇：满城镇、神星镇、大册营镇、南韩村镇、方顺桥镇、石井乡、要庄乡、于家庄乡、白龙乡、坨南乡、刘家台乡、贤台乡（被保定市高开区托管）204个行政村。

人口民族 满城县户籍人口数401604人，其中农业人口350956人，非农业人口50648人，人口自然增长率7.54‰。总人口中男性人口203632人，女性人口197972人，男女性别比为102.8：100。汉族人口占总人口数的96.18%，其他为满族、回族、朝鲜族、布依族、土家族、苗族、彝族、侗族等21个少数民族。

【概况】 2013年地区生产总值91.32亿元，比上年增长10.5%；其中，第一产业增加值19.99亿元、第二产业增加值48.71亿元、第三产业增加值23.23亿元，分别增长1.8%、15%、7%。单位工业增加值能耗为0.849吨标准煤，比上年降低12.91%。民营经济增加值66.98亿元，比上年增长12.53%。粮食总产量180855吨，比上年下降4.2%，棉花总产量443吨，比上年下降8.5%。财政收入6.74亿元，比上年增长19%。其中，地方公共财政预算收入3.36亿元，同比增长31%；一般预算支出完成13.32亿元，同比增长28.89%。社会商品零售总额42.10亿元，比上年增长14.5%，固定资产投资完成53.02亿元，比上年增长36.3%。建筑业产值30.77亿元，同比增长8.7%。金融机构存款余额121.61亿元，同比增长16.5%，贷款余额49.37亿元。在岗职工人均工资32630元，城镇人均可支配收入20463元，农民人均纯收入9842元，分别同比增长7.3%、10.2%、17.6%。

【推进民生性住房工程】 完成2013年545套廉租房和限价商品房建设任务，实现进场施工目标。全年发放廉租住房补贴20.2万元，第一批保障房分配完成，首批182户低收入家庭喜迁新居。到年底，全县保障性住房总量4万平方米，1173套，可解决1000多户低收入家庭的住房问题。对全县范围内符合农村危房改造标准的农村农户进行逐一调查，认真筛选，严格程序，确保资金安全发放到改造户。全县符合条件的1300户农村危房改造任务全部完成，并通过验收。

【完成省市节能减排目标】 制定了《满城县2013年主要污染物总量减排计划》，推进节能减排工作。共实施结构减排项目10个，工程减排项目18个，淘汰落后产能项目4个，削减化学需氧量1344.97吨，氨氮64.17吨，二氧化硫672.5吨、氮氧化合物182.71吨；淘汰落后水泥生产线1条，产能12万吨，落后造纸生产设备4台，产能5万吨，超额完成省市下达节能减排目标任务。

【大气污染防治工作】 强化扬尘污染治理。对149家粉灰企业，共计199条生产线使用的变压器进行强制拆除；对40余个石灰窑采取机械、注水方式进行拆除，全县131个石灰窑清窑熄火退出生产；拆除小炭窑264家，小炼油67家；小炭窑、小炼油彻底退出了满城。加强流动治超力量，对运送散体物料超限超载、扬撒遗漏的车辆进行打击；对城区23个施工工地逐家进行整改验收。取缔“土小”企业。共开展各种环保整治行动100余次，对全县所有“土小”企业进行断电处理并拆除了相关电力设施；对80余家塑料加工企业（摊点）进行强制拆除，收缴生产设备120余台（套）；对方顺桥镇850余户小塑料加工摊点进行低压改造；对全县34家塑料交易市场进行关闭，并依法收回营业执照；对途经107国道（满城段）300余辆违规运送塑料的车辆进行严查严扣。严格机动车环保标志管理。设置黄标车限行区域，加快黄标车淘汰进度。报废党政机关事业单位车辆37辆，报废其他企业和个人车辆101辆。全面开展秸秆禁烧工作。采取多种形式进行广泛宣传，对违规焚烧秸秆行为予以打击。全面开展禁烧垃圾工作，对全县汽修行业焚烧垃圾开展专项整治行动。加快推进燃煤锅炉替代改造。完成64台工业燃煤锅炉、9台城区取暖锅炉和35台教育卫生系统取暖锅炉替代改造。同时完成32家餐饮企业油烟净化和32家加油站油气回收工作。加大违规偷开生产打击力度，对30名违规业主采取行政拘留措施，保障了大气污染防治工作效果。

【旅游项目进展顺利】 2013年，满城县列入全市重点旅游项目共计11个，累计完成投资5.89亿元，占年内计划投资总额的141。投资7亿元的汉墓专区升级改造一期工程全面开工建设，未央广场项目主体封顶；汉墓核心景区环山台阶路，索道升级工程等竣工并投入使用；汉墓三期防渗加固工程、靖王墓和窦绾墓整修布展提升工程顺利完工；新增修武洞已对外营业，仿汉阙大门、生态停车场建设基本完成，汉墓创建国家5A级景区相关工作全面启动。投资15.2亿元的秀兰山庄深度开发项目，文化主题公园大部分完工。投资5.07亿元的神湖四季生态二期项目，生态园林，滑雪场等基本完工。投资3.4亿元的大平台综合开发续建项目等其他重点旅游项目进展顺利。

【教育事业健康发展】 满城县学校项目建设有序推进，全年共承担各类校园工程项目14个，总建筑面积47202平方米，总投资7259万元。在开展安全警示教育走进课堂的同时，以“平安校园”创建活动为抓手，构建职责明确，务实高效的安全领导体制和工作机制。协调公安、交通、工商、食药监等部门，全方位进行矛盾隐患排查调处和周边环境综合治理。安全警示教育走进课堂。聘请专兼职法制副校长126名，开展应急演练197场次，举办法制安全专场讲座26场，实现学生接送车常态管理。“三全一接”安全管理模式，获国家级“平安校园建设优秀成果奖”。

【校园文化建设】 以校园文化建设为抓手，促进学校内涵发展。涌现出实验中学、满城小学、谒山小学等一大批精品校园；建立“未鸣诗社”“蒲公英诗社”等诗社40个；创办《启明星》《叮咚泉》《春蕾》等诗刊、简报20余种，实现“一校一品、群体创优”，促进城乡教育实质均衡，推动区域文明生态建设。

【医疗惠民工程】 2013年满城县新农合农民参合率96.2%，县级医疗机构严格落实参合农民、参保职工、参保居民先住院后付费和出院即报政策。开展卫生下乡活动，累计下乡义诊服务45次，覆盖50个行政村。县医院惠民病房收治困难病人185人次，减免各项费用6.5万元。组织开展乡镇接种门诊规范化建设，儿童“五苗”接种率在98%以上。继续实施国家农村孕产妇住院补偿和孕妇免费增补叶酸项目。孕产妇住院分娩率100%，孕妇孕前及孕早期增补叶酸率58.3%，妇保、儿保工作成效显著，儿童系统管理率、孕产妇系统管理率90%以上。

【园区项目建设】 全年累计谋划实施千万元以上重点项目58个，总投资682.45亿元，其中列入省、市重点项目9个，完成投资39.9亿元，占年计划的266%，市重点在建项目和工业转型升级目标完成情况全市第一。九孚二期、康强医疗等一批项目竣工投产，义厚成20万吨生活用纸生产基地一期、华奔机械制造等一批项目投入试生产；力美包装、天香乳业、瑞合制药等一批项目开工建设；欧诗琳节能建材、德顺食品等一批项目即将开工；国电西北郊热电厂项目正在进行水资源区调整和环评工作。要庄经济开发区马坊路、经四路（满城段）竣工通车，建业路主路通车。与中国航天科技集团、中国远大集团、中国国药集团、新希望集团等一批央企和中国500强企业先后达成合作意向，园区规模和聚集效应初步显现。

【军民共建鱼水情更深】 2013年，满城县顺利通过“省级双拥模范县”检查验收，实现“五连冠”。在拥军活动中广泛开展“六进军营”活动，举办慰问演出30余场，科技讲座10场，赠送科级书籍2500余册。县财政每年拨付10万元经费，用于军地双方事宜的协调与日常运转需要。在“八一”建军节和春节前，到部队和优抚对象、优秀士兵及立功战士家中慰问，帮助解决生产、生活活动中的困难，并简化部队子女上学入托手续，落实学杂费减免等政策，服务行业实行“优先、优质、优惠”服务，电力、水务、住建等单位对部队水、电、煤、气的供应给予最优惠的政策。满城籍退伍空军大校韩文彬，在坨南乡建成空军国防教育基地，免费向群众开放，被省政府、省军区命名为国防教育基地。

【民生水利项目建设】 2013年，满城实施涉水重点项目9个，其中包括农村饮水安全、小型农田水利重点县、漕河治理、移民基础设施建设、山洪灾害防治工程措施、抗旱服务组织购置设备、小农水专项灌溉、小型微灌和太行山国家水土保持等项目。项目总投资11620万元，其中争取上级资金9960万元，受益人口累计199900人。

中共县委

书　记　张　华
副书记　刘　峰（11月离任）
　　　　李广义（11月任）
　　　　康　社
常　委　张　华
　　　　刘　峰（11月离任）
　　　　李广义（11月任）
　　　　康　社　王瑞生
　　　　孙增军　周民选

刘　杰（11月离任）
冯　峻（女）
李雄鹰　夏　冰
史洪昌

人大常务委员会

主　任　吕耀欣
副主任　尹全泉（不驻会）
宋连勇
姜文英（女）
陈承德

政　府

县　长　刘　峰（11月离任）
李广义（11月任）
副县长　刘　杰（11月离任）
李雄鹰
刘彦茹（女）
陈志强　李保章
孙建设
王振军（挂职，4月任，12月离任）

政　协

主　席　贾玉兰（女）
副主席　潘金忠　商振华
刘铁英　李文安

（张海涛）

清苑县

【地情提要】　清苑县位于河北省中部，京、津、石三角腹地，两面环绕古城保定，是保定市按区管理的卫星城。地理坐标为北纬38°33′～38°35′，东经115°13′～115°45′。全县总面积867平方公里。县人民政府驻地北距北京145公里，东北距天津140公里，西南距石家庄117公里。境内交通便利，京港澳高速公路纵贯南北，保沧高速公路横跨东西，京石高铁客运专线和保衡、保新、保沧等多条省级公路贯穿全境。冉庄地道战遗址是全国重点文物保护单位、全国青少年爱国主义教育基地和全国爱国主义教育示范基地。清苑是传统农业大县，先后获全国粮食生产先进县、全国首批农业机械化示范区、全国平安农机示范县和河北西瓜之乡等称号。清苑产业基础雄厚，是京、津、保等大中城市的绿色食品供应基地、华北地区最大的有色金属集散地、全国最大的手拉葫芦生产基地和钻井机械生产基地，被中国日用杂品工业协会授予“中国香城”称号。

自然环境　清苑县位于冀中平原西部，地势坦荡，西南高，东北低，缓缓倾斜。暖温带大陆性季风气候，四季分明，2013年年平均气温12.4℃，最高37.1℃，日期为7月3日，最低气温－17.1°C，日期为1月4日。平均日照2638.4小时，无霜期178天，年均降水537.8毫米，全年东北风频率最高，年均风速2.2米/秒。境内河流系海河流域大清河水系，计有唐河、新开河、龙泉河、九龙河、清水河、金线河、府河、漕河8条，河道总长167公里，流域面积877.2平方公里。耕地78.2万亩，土壤主要有褐土、潮土两种，其中潮土59.32万亩，占总耕地面积的69.6%。

自然资源　全县土地总面积867平方公里，耕地78.2万亩，人均耕地1.3亩。土层深厚，土质松软，耕性良好。地表水主要由天然降水和河道客水形成，年均仅利用1764万立方米。植物资源种类繁多，分布均匀，盛产小麦、玉米、花生、红薯和各种瓜菜、苹果、梨、桃等，有蒲公英等50余种野生植物均可入药。野生动物主要有青蛙、野兔、野鸡、蜂、雀、蛇等20余种。

行政区划　总面积867平方公里，全县辖10乡8镇，1个城区办事处，266个行政村。18个乡镇分别是：清苑镇、张登镇、冉庄镇、大庄镇、臧村镇、阳城镇、魏村镇、温仁镇、白团乡、石桥乡、何桥乡、闫庄乡、望亭乡、孙村乡、东闾乡、李庄乡、北王力乡、北店乡。

人口民族　2013年末，全县共17.8万户，总人口67.8万人。人口出生率14.1‰、死亡率6.1‰、自然增长率8.0‰，民族成分：汉族628098人，占常住人口的99.4%，回族1148人，占0.2%，满族2004人，占0.3%，其他少数民族共占0.1%。

【概况】　2013年全县地区生产总值完成118.8亿元，同比增长8.4%；第一产业增加值完成29.92亿元，比上年增长2.2%；第二产业增加值完成60.78亿元，比上年增长12.8%；第三产业增加值28.12亿元，比上年增长3.9%。三次产业结构比例为25.2：51.1：23.7。人均生产总值17184元。固定资产投资89.9亿元，同比增长22.5%；单位地区生产总值能耗1.124吨标准煤/万元，单位地区生产总值综合能耗降低率4.81%；全部财政收入完成7.05亿元，同比增长17.4%，其中地方公共财政预算收入3.2亿元，同比增长18.1%，公共预算支出14.08亿元，同比增长5.4%。民营经济增加值完成86.6亿元，同比增长8.5%；全年实现社会消费品零售总额50.4亿元，同比增长10.2%。城镇居民人均可支配收入21196元，同比增长5.5%。农民人均纯收入达到10377元，同比增长11.4%。年末城乡居民储蓄存款余额111亿元，增长18.6%。农林牧渔业总产值52.37亿元，比上年增长3.55%。全年粮食播种面积100.51万亩，比上年减少3371亩，同比下降0.3%，粮食总产量462961吨，下降1.9%。

【项目建设】 2013年共新建、续建、拟开工项目24个，总投资173亿元。其中中汽零一期巨威电器、四通合金新材料、冀中生物药业等总投资57亿元的11个省、市、县重点项目开工建设；河北绿色建筑产业园一期、百威英博啤酒等总投资116亿元的13个项目征地基本完成；投资16.5亿元的正迪欢乐世界文化创意园、投资23亿元的立中集团年产700万只铝合金车轮和100万套汽车支架、投资20亿元的古城香业集团香文化产业园等一批大项目正在完善有关手续；全面启动开发区"九通一平"基础设施建设，总投资1.6亿元的长城大街、富强路、新华街、中心街、曙光路等五条道路完成招投标；同时，投入资金近3亿元，全力推进经济开发区项目建设用地依法征用前期工作，满足大项目的用地需求，并为更多项目入驻预留了空间。

【产业升级，治理污染】 投入技改资金23亿元，支持引导有色金属、制香等传统产业改造提升，加快上档升级步伐；东闾乡被全国工商联五金机电商会授予"中国轻型起重机械之乡"称号；开展全民创业"六个一"活动，激发全民创业热情，全县新增民营企业300个，个体工商户1403个，民营经济增加值完成86.6亿元，同比增长8.5%；注重环境治理，关停取缔小塑料、小冶炼等土小企业，制定环保综合执法流程图，规范执法操作程序，组建环境安全保卫大队，成立县级综合执法大队、乡镇巡查执法队，关停取缔土小企业摊点1198个，实现转产161户；组织开展"洗城净天"行动，狠抓秸秆禁烧，全面推进餐饮业油烟净化、经营性燃煤锅炉改造、机动车污染控制、油气回收、施工扬尘治理等工作，加强对重污染天气的应急处置，全面防治大气污染，环境空气质量二级以上天数占全年的89.3%，加大县城绿化、美化、亮化力度，被省政府命名为"省级园林县城"。

【推进三农工作，农村面貌新气象】 全县粮食种植面积100.5万亩，总产46.3万吨。推进白团、魏村、阳城万亩良田高产区建设，投资800万元完成2万亩粮食田间工程项目；南王庄西瓜、张登甜瓜、北店奶牛小区等特色种养基地不断壮大，全县瓜菜种植面积和总产量均居全市第一，北店乡牛庄被农业部授予全国第三批"一村一品"示范村；制定了"地道战"商标申请、管理和使用标准，以农产品为切入点，积极运作"地道战"产品，农业品牌化战略稳步实施；培育农业产业化龙头企业，全县省、市级龙头企业16家，联结基地13万亩，带动农户3.6万户；农业基础设施不断完善，投资3.68亿元完成土地整治18万亩，投资1122万元新改扩建乡村公路34公里，投资864.4万元完成温仁、东闾、南王庄、臧村、大魏庄5座水厂建设，投资544万元完成4座农村危桥改造；同时，深入开展农村面貌改造提升行动，全县51个重点村投入资金1亿多元，完成垃圾清理6万立方，墙体改造14万平米，改造农村厕所1262个，屋顶改造近3000户，清苑县被省委省政府评为"全省农村面貌改造提升行动先进县"，北孙村、林水屯被省委省政府评为"河北省美丽乡村"。

【实施民生工程，社会事业新进展】 各项民生工作进展顺利，承诺的10件惠民实事和122项民生事项均如期兑现。教育工作稳步发展。总投资1814万元的20所幼儿园、6所中小学改扩建工程全部竣工。高考本二以上上线1357人，成绩继续稳居全市前列。清苑第一中学、清苑二中分别通过"省级示范性高中"和"河北省素质教育示范校"验收。医疗卫生统筹推进。新农合工作规范运行，参合率99.8%。基本药物制度稳步实施，县级公立医院改革取得阶段性成果，申报了"国家县级公立医院综合改革试点"。文化旅游繁荣发展。冉庄地道战景区通过国家4A级景区复核验收。宋祖陵被国务院核定为第七批全国重点文物保护单位。玩具风车制作技艺列入第四批市级非物质文化遗产名录。古城香业集团被命名为全市第一批文化产业基地。《清苑县志（1986－2004）》出版发行。完成大李各庄林场、国公营禅寺等旅游资源建档，对西顾庄温泉进行了水质监测及成分化验，为加快旅游业发展奠定了基础。完善社会保障体系。城镇新增就业3190人，城镇失业率控制在4.5%以内。城乡居民社会养老保险续费2609万元，续保率99.4%。发放优抚、低保、救助资金3200多万元，建成农村互助幸福院51个。设立200万元扶贫济困资金，对202名特困群众实施有效救助。开展"阳光行动"，救助贫困残疾人752名。完成农村危旧房改造750户，投资1.2亿元的保障性住房主体工程竣工，876户公租房和第二批137户廉租房住户已全部入住。

中共县委

书　记　杨文堂

副书记　王　芃　张晓东

常　委　杨文堂　王　芃
　　　　张晓东
　　　　张向阳（6月任）
　　　　刘春林　谢占斌
　　　　刘盼山　王敬朝
　　　　胡志英（女）
　　　　黄文涛　韩栓宝

人大常务委员会

主　任　吴建民
副主任　李建元　范同山
　　　　苏秀义（女）
　　　　连凌柱

政　府

县　长　王　芃
副县长　刘盼山　王敬朝
　　　　王振起
　　　　陈　克（女）
　　　　陈国志　马锁红

政　协

主　席　宋　静
副主席　税国芳（女）
　　　　段树立
　　　　李志芳（女）

（李　颖）

曲阳县

【地情提要】　曲阳县位于保定市西南部，总面积1083.7平方公里，是国务院正式命名的中国雕刻之乡，古北岳文化之源，定瓷艺术发祥地，中国民间文化艺术之乡和中国观赏石之乡。四条省道、两条高速公路（京昆、保阜）贯穿全境。

地理位置　曲阳县地处太行山东麓，华北平原西部，县境地理坐标为北纬38°26′28″～38°57′18″，东经114°24′30″～114°53′54″。北偏东距北京200公里，南偏西距石家庄70公里。

自然环境　曲阳县为半山区，地势西北高、东南低，地貌自西北向东南依次为浅山、丘陵、河套、平原，俗有“六山一水三分田”之说。曲阳县属暖温带半干旱地区，大陆季风气候显著，四季分明。春季气温急剧升高，气候干旱；夏季天气炎热，雨量充沛；秋季凉爽宜人，昼暖夜凉；冬季天气寒冷干燥。2013年全县平均气温12℃，最高气温出现在7月3日，为37.9℃，最低气温出现在1月3日，为－18.1℃，年降水量565.7毫米，无霜期194天，年日照总时数2132.3小时，雾天20天，霾100天，年平均风速1.4米/秒。境内河流属海河流域大清河南支，水位动态自西北向东南方向径流。境内有通天河、唐河、三会河、大沙河等河流。境内土壤有褐土、潮土、沼泽土、草甸土、水稻土5个土类，9个亚类，40个土种。

自然资源　曲阳县自然资源丰富，生物资源主要有果树、砧木等，矿产资源主要有大理石、石灰石、煤炭、金红石等，旅游资源有国家文物保护单位北岳庙、灵山聚龙洞和虎山原生态风景区等。

行政区划　2013年，曲阳县辖5镇13个乡（恒州镇、燕赵镇、羊平镇、灵山镇、文德镇、路庄子乡、下河乡、产德乡、晓林乡、东旺乡、邸村乡、庄窠乡、孝墓乡、党城乡、齐村乡、北台乡、郎家庄乡、范家庄乡），下辖367个行政村及8个居民社区（西城社区、古城社区、东城社区、点将台社区、滨河社区、钓鱼台社区、文昌社区、天地嘉园社区）。

人口民族　2013年总人口630896人。其中农业人口469775人、非农业人口161121人；人口自然增长率7.98‰。在总人口中，男性人口322086人、女性人口308810人，性别比104.3：100。全县少数民族共516人，其中蒙古族91人、回族18人、苗族50人、壮族68人、满族113人、侗族23人、土家族67人、傈僳族26人。

【概况】　2013年全县生产总值完成63.10亿元，同比增长9.5%。其中第一产业增加值11.24亿元，同比增长1.8%；第二产业增加值24.97亿元，同比增长12.2%；第三产业增加值26.89亿元，同比增长9.6%。人均生产总值10702元。三次产业的构成比例为17.8∶39.6∶42.6。全县民营经济增加值45.43亿元，同比增长11.23%，占全县生产总值的72%。万元GDP能耗降低率为6.84%，万元规模以上工业增加值能耗降低率为17.55%。当年农、林、牧、渔业总产值21.88亿元，比上年增长2.0%。全县粮食播种面积51.76万亩，粮食总产量21.68万吨，比上年增加14279吨。全年完成工业总产值79.02亿元，增长14.3%。全县建筑业产值23.85亿元，同比增长37.1%。全社会固定资产投资25.04亿元，同比增长41.88%。全县全部财政收入4.54亿元，同比增长19.4%。其中地方公共财政预算收入2.70亿元，同比增长18.8%。地方公共预算支出13.08亿元，同比增长5.8%。社会消费品零售总额30.70亿元，同比增长14.5%。居民消费价格指数为101.8，比上年下降0.3个百分点。城镇居民人均可支配收入13606元，比上年增长14.1%；农村居民人均纯收入3901元，比上年增长17.9%。年末城乡居民储蓄存款余额80.00亿元，比上年增长9.6%。

单位在岗职工工资总额61909万元，同比增长11.1%

（其中国有单位在岗职工工资总额 37850 万元，同比增长 4.9%）；城镇单位在岗职工平均工资 26775 元，同比增长 5.0%。

【经济发展稳中向好】 2013 年规模以上工业增加值完成 11.1 亿元，同比增长 18.1%；新增规模以上企业 9 家；其它各项指标均圆满完成或超额完成。在市考核县的 17 项重点指标中，曲阳县有 14 项处于全市先进位次和上游水平，其中固定资产投资、社会消费品零售总额增速和全民创业工作位列全市或同类县第一，规模以上工业增加值增速位列全市第二，农民人均纯收入增速位列全市第三。

【项目建设实现重大突破】 总投资 40 多亿元的 8 个重点项目和重点工程同时破土、集中开工，全面拉开全县加快项目建设的序幕；建立激励机制，斥资 190 万元对引进重大项目的有功人员和纳税先进企业进行隆重表彰；完成长江三峡集团、中电投集团光伏发电和山西晋能集团储配煤物流园、循环经济工业园区等共计一万余亩征占地工作；组织召开银企对接会，贷款或意向贷款达 1.47 亿元。2013 年，全县共引进世界五百强企业 4 家、央企 5 家，投资过百亿元项目 2 个，亿元以上新开工项目 9 个，在建项目达到 18 个，总投资 92.2 亿元。

【特色产业发展步伐加快】 与深圳正威国际集团签订总投资 100 亿元的雕塑文化产业新城项目合作协议。雕塑示范基地、现代雕塑园、雕塑创意园、凯瑞创业园四个特色园区建设全面铺开，雕塑创意研发基地主体工程全部竣工。完成定瓷公司扩建搬迁，推进陈文增艺术馆和观赏石公园建设，新建、扩建煤炭交易市场 6 个，取缔煤炭摊点 248 个。组织开展“善行古城·美丽曲阳”、梨花节、旅游文化周等活动。投资 2800 万元，完成北岳庙、虎山等景区改造提升，全年接待游客 28 万人次，综合收入达到 1.8 亿元。

【“三农”基础进一步夯实】 落实各类支农惠农资金 1.5 亿元。粮食总产 21 万吨。现代农业加快发展，设施蔬菜、小杂粮、食用菌、中药材、绿化苗木等基地初具规模。新建各类养殖场 36 个。新增农民专业合作社 68 家。完成 2 座水库除险加固及农村电网升级改造工程，产德、东旺土地整治项目共整理土地 7.8 万亩，改善、扩大灌溉面积 3.4 万亩。实施安全饮水工程，31 个村、20 个学校、4.2 万人饮水难问题得到解决。争取各类扶贫资金 4904 万元，社会帮扶资金 1700 万元，6000 人实现稳定脱贫。对 178 个贫困村、14 万贫困对象全部建档立卡，制定帮扶方案。

【城乡面貌发生新变化】 投资 10 亿元，实施“一城、一河、两园、两环、两站、多景”建设，孟良河综合改造工程实现清水入城和沿河景观再造提升，自来水厂完成征地和围墙圈建等前期工作，教育城二期、白家湾生态公园等工程顺利推进。开展城市管理“6S”和农村面貌改造提升行动，投资 432 万元，购置环卫设备，机扫率 35%；投资 555 万元，完成南环路、西环路、朝阳街等路段绿化改造，新增和改善绿地面积 5.5 公顷；推进植树造林和森林防火工作，完成人工造林 3 万亩，封山育林 3 万亩，义务植树 90 万株。

【民生和社会事业】 完成 23 所中小学基建项目和 245 所学校营养餐食堂建设，改建幼儿园 47 所；投资 3.3 亿元的永宁中学建成并投入使用，高中入学率从 45% 提高到 70%；公开招聘教师 271 名，高考成绩连续 13 年攀升。城镇新增就业 3100 人，下岗失业人员再就业 1330 人，劳动力转移就业 5560 人，城镇登记失业率控制在 3.5%，发放低保金 1845 万元。完成 18 个乡镇标准化财政所和 11 个邮政所建设。投资近亿元、全长 6.8 公里的曲承公路拓宽改建工程提前一个月竣工通车，完成河龙线、曲北公路产德至辘轳沟段大修工程，完成储配煤物流园进场路、红岗至青山公路和 56 公里农村公路建设。曲阳吹歌、泥塑、黑闺女饺子加工技艺列入河北省第五批非物质文化遗产名录，中央电视台《乡约》栏目聚焦曲阳文化。拆除不达标锅炉 15 台，关停各类土小企业 309 家，取缔煤炭、雕刻摊点 500 余家。医疗保健和新型农村合作医疗全面发展，全县农民参合率达到 99.1%，补偿金额 1.59 亿元，完成 323 个村卫生室建设。完成第一批廉租房分配公示和 509 套棚户区改造入住工作，590 套公租房和 1500 户农村危房改造全部竣工。

【社会治安综合治理】 开展“秋收 100”等专项行动，破获刑事案件 357 起，打掉犯罪团伙 8 个，抓获各类违法犯罪人员 339 人。开展治爆打非专项整治，全县涉矿涉爆违法犯罪得到有效遏制；开展安全生产、食品药品大检查活动，加强对重点行业、重点领域的监管，安全生产和食品药品安全形势持续稳定。开展信访积案百日攻坚等活动，化解矛盾、调处问题，信访形势趋稳向好。

【八大项目同时开工】 2013年5月23日，山西煤炭运销集团曲阳储配煤工业园项目、三峡新能源150兆瓦光伏太阳能曲阳发电项目、县城第二供热站建设项目、陈文增艺术馆暨定瓷博物馆项目、白家湾生态公园项目、曲阳教育基地项目二期工程、南环路东延项目、观赏石公园项目8个总投资达40多亿元的项目，分别在曲阳县郎家庄乡、齐村乡和县城南环路等地开工。此次集中开工的8个项目涵盖产业结构调整、城市建设、民生工程等多个领域。项目竣工投产后，将极大地推动全县新兴产业发展壮大，对推动县域经济转型跨越升级注入强大动力、增进群众福祉具有重要的意义，为曲阳实现可持续发展奠定坚实的基础。

【曲阳光伏电站成功并网送电】 2013年12月4日，河北省南网最大容量光伏电站——曲阳光伏电站一期工程（19.8MW）成功并网送电。曲阳光伏电站是三峡集团首个山地光伏项目，共规划5期，总装机容量100兆瓦，由中国三峡新能源公司投资25亿元建设，其中一期工程建设19.8兆瓦光伏电场，建设110KV升压站一座。整个项目完工后，年产值达2.34亿元，税收达3700万元。曲阳光伏电站一期工程并网发电后，每年可向当地提供2405.6万千瓦时绿色电能，曲阳光伏电站一期工程并网发电后，每年可向当地提供2405.6万千瓦时绿色电能，每兆瓦每年可节约标准煤约350.4吨、减少烟尘排放量118吨、二氧化硫排放量3.92吨、二氧化碳排放量1054吨。

【“秋收100”严打整治专项行动】 自8月15日至11月25日，在全县范围内开展“秋收100”严打整治专项行动。侦破一大批危害严重的刑事案件，摧毁一大批黑恶势力团伙及盗抢骗犯罪团伙。共破获刑事案件357起，打掉犯罪团伙8个，刑拘各类违法犯罪人员339名，逮捕179人，起诉206人，抓获网上逃犯132名。破获涉爆涉矿违法犯罪案件40起，打掉非法矿点23个，查获炸药8305.8公斤，导火索600米，雷管34枚，烟花爆竹25万响。

【央视《乡约》栏目聚集曲阳文化】 6月4日，中央电视台《乡约》栏目组走进中国雕刻之乡保定曲阳县，进行为期4天的大型室外访谈节目。期间，石雕、定瓷、泥塑、特色饮食（饺子）等行业的艺人表演了自己的拿手“绝活”。该栏目主要有《家乡名片》《秀风采》《看未来》三大板块，在《家乡名片》板块中，节目通过人物访谈、现场展示、观众互动等环节，全方位展现了曲阳作为中国雕刻之乡、中国民间文化艺术之乡、中国观赏石之乡的独特魅力和全县经济社会发展成就。在《秀风采》板块中，河北工艺美术大师安荣杰作为乡贤代表，详细讲述了自己从事雕刻30年来的亲身经历，及曲阳雕刻业的发展、壮大过程。在《看未来》板块中，曲阳县委书记于振海展望了曲阳的未来。

中共县委

书　记　董晓宇（3月离任）
　　　　于振海（5月任）
副书记　于振海（5月离任）
　　　　石志新（5月任）
　　　　董少卿（6月离任）
　　　　郭飞（12月离任）
常　委　董晓宇（3月离任）
　　　　于振海
　　　　石志新（5月任）
　　　　董少卿（6月离任）
　　　　郭　飞（12月离任）
　　　　霍东华（12月离任，挂职）
　　　　修长晓
　　　　张　广（12月离任）
　　　　赵树奇（6月离任）
　　　　金广峰（6月任）
　　　　王耀永　霍　磊
　　　　李银峰（女）
　　　　王海龙　郭义明

人大常务委员会

主　任　韩国勋
副主任　张一歌（女）
　　　　陈景会（女）
　　　　夏立章
　　　　高爱茹（女）

政　府

县　长　于振海（5月离任）
　　　　石志新(5月任县政府负责人)
副县长　霍　磊　王耀永
　　　　杨亚勋
　　　　周　颖（女）
　　　　芮兰军　李献峰

政　协

主　席　刘同孝
副主席　任曙光　万树勋
　　　　牛树乔（女，不驻会）
　　　　王建哲

（王亚丽）

涞水县

【地情提要】 涞水县位于河北省中部偏西，太行山东麓北端。北纬39°17′~39°57′，东经114°49′~115°48′，纵距137.9公里，横距74公里。东界涿州市、高碑店市，西邻易县、涞源县，南接定兴县，北靠涿鹿县、蔚县，东北与北京市房山区、门头沟区接壤。西北部为太行山脉东北段，东南部为拒马河冲积平原。全县总面积1650平方公里。

自然环境 涞水地域狭长，地表自西北向东南倾斜，地貌差异悬殊，呈山区、丘陵、平原三种类型阶梯状分布。山区最高海拔1983米，丘陵海拔100米左右，平原海拔30米左右。山脉属太行山脉，境内长约50公里，为西南－东北走向，海拔高度1122.6～1983米，相对高度500～1100米，最高的是白草畔海拔1983米，最低的是龙潭顶，海拔1122.6米。河流属海河流域大清河水系。主要河流是拒马河，发源于涞源，流经境内110公里，流程分为两段：一段从龙门乡入境，三坡镇出境，流经3个乡镇，共74公里；另一段从宋各庄乡入境，自铁锁崖分成南北拒马河，南拒马河流经5个乡镇，共36公里，经义安镇流入定兴县境；北拒马河流入涿州市。气候：属暖温带大陆性季风气候，2013年平均气温12.0℃，无霜期235天，年降水量753.6毫米，相对湿度66%，多南风，最大风速21.8米/秒。

自然资源 全县分五个土类。褐土主要分布在涞水县山区、丘陵和山前平原上，面积181.88万亩，占全县总面积的73.47%，是涞水县面积最大、分布最广的一个土壤类型。棕壤主要分布在西北部海拔1050米以上的山上，面积19.28万亩，占全县总面积的7.79%。潮土主要分布在涞水县河流冲积扇上端交接洼地和砂河故道，面积5.10万亩，占全县总面积的2.06%。沼泽土类分布在涞水县石亭镇士庄村东部，地形为滞水洼地，面积0.38万亩，占全县总面积的0.02%。草甸土类主要分布在龙门乡、赵各庄镇、九龙镇、三坡镇部分季节性流水的沟谷地带，面积3.61万亩，占全县总面积的1.46%。矿藏：涞水县已发现矿种30种，其中黑色金属3种，有色金属5种，贵重及稀有金属3种，能源1种，建材及其化非金属18种。已开发利用的18种，有储量的矿种16种。主要优势矿产资源为金、钼、水泥用石灰岩、饰面石材、建筑砂石料、金红石、煤等，其他重要矿产为铁、铅、锌、滑石等。野生植物：涞水县野生植物有101科，356属，696种。天然次生林以柞木、鹅耳枥为主，伴有山杨、桦木、椴树等。灌木以胡枝子、绣线菊、荆条、酸枣等为主。草木植物有白草、黄背草、蒿类等，盖度30%～80%不等，野生树种有油松、落叶松、杨树、刺槐、杏树、柿子、花椒、核桃、板栗、桃等。野生动物：涞水县境内有陆生脊椎动物现存149种。其中两栖4种，爬行类11种，鸟类102种，兽类32种，国家一级保护野生动物5种（豹、褐马鸡、黑鹳、金雕、白肩雕）；二级保护野生动物16种，有《河北省重点保护陆生野生动物名录》中的鸟类、兽类12种。《河北省保护的有益的或者有经济、科学价值的陆生脊椎野生动物名录》中的85种鸟类有鹰、猫头鹰、鹞鹰、啄木鸟、斑鸠、雉鸡、布谷鸟、山鸽、乌鸦、麻雀、喜鹊、鹌鹑、黄雀、石鸡、黄鹂、燕子、寒号鸟等。兽类有狐狸、野兔、山羊、松鼠、刺猬、野狸、狍子、野猪、狼、獾、家鼠、田鼠、蝙蝠等。水利资源：全县水电资源蕴藏量为1.96万千瓦，已建电站一处（平峪），装机0.08万千瓦，规划电站5处（邢各庄、都衙、北柳子等），装机容量0.69万千瓦。有山泉760处，其中最大的是鱼古洞泉，平均流量为0.4立方米/秒，且含有多种矿物质和微量元素。全县地下水年可开采量为9148万立方米。全县有中型水库2座，总库容3277万立方米，小型水库8座，总库容1227.6万立方米。

行政区划 辖涞水、永阳、义安、石亭、赵各庄、九龙、三坡7镇，明义、王村、东文山、娄村满族乡、宋各庄、其中口、龙门、胡家庄8乡，284个行政村，588个自然村。

人口民族 2013年末全县总户数达到15.13万户，户籍总人口35.70万人，其中非农业人口6.34万人。有满、回、蒙古、苗、壮、傣、朝鲜、土家、维吾尔等少数民族共2.34万人。人口自然增长率3.28‰。

【概况】 2013年涞水县完成地区生产总值49.41亿元，同比增长9.2%，其中第一产业增加值11.78亿元，同比增长4.8%，第二产业增加值12.45亿元，同比增长13.1%，第三产业增加值25.18亿元，同比增长9.0%。民营经济增加值35.28亿元，同比增长9.3%。万元生产总值能源消耗1.41吨标煤，比上年降低19.95%。粮食总产量14.34万吨，财政收入4.82亿元，比上年增长26.5%，财政支出16.18亿元，同比减少3.8%。社会消费品零售总额23.17亿元，同比增长14.2%，固定资产投资77.51亿元，同比增长30.05%。职工年均工资31926元，比上年增长12.7%，农民人均纯收入5848元，同比增长15.2%，城镇居民人均可支配收入16145元，同比增长13.4%，年末城乡居民存款余额72.27亿元，同比增长21.6%。

【产业协调发展，转型升级加快】

粮食总产达19.4万吨，实现11年连增。农业主导产业发展壮大，新增优质林果1.6万亩、设施蔬菜6000亩，新建标准化养殖小区25个。深入实施工业倍增计划，新增规模以上企业7家，工业总产值同比增长8.6%。推动企业技改升级，投入技改资金2.3亿元，实施技改项目6个，顺天电极被评为省级科技型企业，中迈机电被评为市级高新技术企业。加快推进旅游体制改革，完成野三坡景区清产核资和集团公司组建，景区资源整合和景点回购进展顺利。成功举办“陕汽杯”2013全国超级卡车大赛野三坡景区站比赛，在中央电视台体育频道现场直播，进一步提升了野三坡的知名度和美誉度。全新开放后，旅游市场迅速复苏，累计接待游客275万人次，实现门票收入5000万元，旅游总收入8亿元。野三坡景区作为全省唯一代表，获2013“美丽中国”十佳旅游景区称号。

【项目园区建设】 全面启动京涞首都新兴产业及功能疏解区建设，完成园区总规、起步区控规、核心区修建性详规编制和2200亩土地征占、6.5公里路网基础建设。经济开发区新增开发面积240亩，被命名为全省7个军民结合产业示范园区之一。实施对接北京战略，参加北京招商周、央企进河北和廊坊、厦门经贸洽谈会等活动，与中国电科院、航天科技、航天科工、悦康药业、碧桂园等大集团建立合作关系，悦康未来生物医药产业园等7个重大项目正式签约，协议引资376亿元。玄武纤维连续产品等13个在建重点项目扎实推进，完成投资51.7亿元，超年度投资计划67.8个百分点。2013年各级各部门争取上级项目资金支持近8亿元，为涞水的经济社会发展注入了活力、做强了支撑。

【加大建设管理，改善城乡面貌】 按照首都卫星城的定位，坚持项目带动、产城融合，狠抓县城规划、建设和管理，加强园林绿化和环境整治，县城承载功能、容貌环境、管理水平迈上新台阶。集中供气、集中供热、城区水厂等项目扎实推进，滨河新区一期征迁进展顺利、河道整治全面展开，祖冲之文化森林公园完成部分绿化、有机农业基地建设，县城公共服务水平和承载能力进一步提高。涞阳路升级改造工程基本完工，国道112线涞水段亮化工程竣工投入使用，新建北郭下公园，完成滨河公园、涞阳南路绿化升级改造，绿化覆盖率、绿地率、人均公园绿地面积分别达到39.5%、33.8%和8.32平方米，县城环境更加优美。成立了城市管理行政执法局，建成数字化城管平台，城市管理水平进一步提升。深入开展城市管理“6S”“三治两提”等行动，县城容貌更加整洁有序。张涿高速公路建成通车，京昆高速公路开工建设。完成涿娄公路升级改造，成功组织了全国农村公路建设“七公开”涞水现场观摩活动。推进农村面貌改造提升，127个示范村初步达到幸福乡村标准，赢得群众的拥护和支持。

【重点工作强势突破】 灾后重建全面完成，道路桥梁、饮水安全、水毁住房、校舍、基层卫生院室及23个过水村基础设施升级改造等工程全部提前完成，灾区群众生活普遍超过灾前水平。开展景区重建集中攻坚会战，高标准重建野三坡景观大道、百里峡景观大道，景区桥梁全部建成景观桥，新建拒马河沿线景观节点21处，改造既有建筑外立面20余万平方米，拆除景区“危临破旧”建筑近10万平方米，野三坡浴水重生，景区面貌焕然一新。扶贫攻坚再结硕果，50个村、4.2万人脱贫出列，获全省扶贫工作先进县称号。新增蔬菜大棚3875个，栽植薄皮核桃等优质林果132万株，新建旅游农家院55家。完成31个村主街道硬化和90个村的通村路改造，改扩建乡村公路120公里。注册成立农户自立服务社、惠农担保有限公司，提供扶贫资金和担保支持2671万元。推进大气污染防治攻坚战，开展十个专项行动和“洗城净天”行动，拆除燃煤锅炉7台，治理施工工地20个、煤炭经营单位109家，全县335座小灰窑全部关闭拆除，治理取缔砖瓦窑14座，取缔非法矿山19家、采砂企业64家，影响环境污染和生态建设的突出问题得到有效解决。

【社会事业全面进步】 城镇新增就业2240人，下岗失业人员再就业405人，转移农村劳动力1.63万人，完成各类劳动力培训7000多人次。城乡低保标准分别提高到每人每年4440元和2300元。新型农村合作医疗参合率达到96%，农民受益98.3万人次，报免费用9202万元。人口低生育水平持续巩固，获全省人口和计划生育工作先进县称号。滨河新东城等3个旧城改造片区完成建筑面积38万平方米，实现部分回迁安置。全县5400户农村危房改造全部完成。稳步推进教育改革，义务教育均衡发展，办学水平不断提高，高考本二以上上线人数增幅全市第一。解决了33个村、3万人的饮水安全问题。安全生产大检查、尾矿库安全专项整治等工作深入推进，安全生产态势持续巩固。开展“打非治违”“秋收100”等严打整治活动，打击盗采矿产资源、把持基层政权、阻挠项目施工、无理非访闹访、恶意讨薪等不法行为，维护社会局面的和谐稳定。

【工作作风持续转变】 严格落实中央“八项规定”和各项“禁令”，开展办公用房、吃空饷、公务用车等专项治理，压缩一般性支出，“三公”经费比2012年削减17.9%，廉政建设和反腐倡廉工作得到进一步加强。坚持依法行政，自觉接受人大、政协和社会监督，办理人大议案、建议和政协提案66件，办结率100%，满意率96%。

中共县委

书　记　王义民

副书记　于舒心　陈　河

常　委　王义民　于舒心　陈　河　朱明新　沈　刚　马坤英（女）　荆明志　张晓笠　刘清源　韩彦清　周　峰　符　捷（女，挂职）　李杰刚（挂职）

人大常务委员会

主　任　薛兆丰

副主任　李福生　胡云霞（女）　王金桥

政　府

县　长　于舒心

副县长　朱明新　刘清源　符　捷（女，挂职）　穆启文　陈　隽　张贺春　梁丽敏（女）　贯素明　熊秀林（挂职）

政　协

主　席　宋冀中

副主席　胡玉祥　郑晓先（女）　杨宝楼

（赵丽丽）

涞源县

【地情提要】 涞源县位于保定市西北部，太行山北端，为全山区县，全县总面积2448平方公里。北纬39°01′～39°40′，东经114°20′～115°05′。东界涞水、易县；西接山西省灵丘县；南与唐县、顺平、阜平县为邻；北与张家口市蔚县接壤。县城东北距北京160公里（直线距离，下同），南距石家庄156公里，东南距保定89公里。境内交通便利，京原铁路横贯全境，3条国道（108、112、207）、2条省道（宝平、保涞线）在县城交汇。全长66.58公里的张石高速公路涞源段穿越境域。

自然环境 涞源县主要地形为山地，西北高，东南低，县城海拔858米，最高处位于县北部东团堡乡与蔚县交界处的利华尖，海拔2144.7米，最低处是县南部银坊镇玉皇沟门，海拔350米，相对高差1794米。境内群山起伏，沟谷纵横，山间分布大小盆地，主要有涞源盆地、东团堡盆地、南城子盆地。境内有拒马河和唐河两大常年基流河，均属大清河水系。涞源属暖温带半湿润半干旱大陆性季风气候区，四季分明，冬季寒冷干燥，盛行西北风；夏季降雨集中，盛行东南风；春季干燥多风；秋季凉爽少雨。2013年全年最高气温34℃（8月16日），最低气温－22.5℃（1月4日），年平均气温8.5℃，盛夏（7月）平均气温22.2℃。零厘米平均温度10.7℃，全年日照2771.2小时；无霜期156天，初霜期9月29日，年降水量518.4毫米，年均风速2.0米/秒，风极端最大值22.1米/秒。

自然资源 水资源较丰富，有唐河、拒马河两大河流，大小山泉102处。旅游资源独特，基本类型45种，游览面积320平方公里，共有8大景区，218个景点，其中2006年9月，白石山被联合国教科文组织评为世界地质公园。野生动、植物资源种类丰富，高等植物有110科793种，菊科、禾本科、豆科、蔷薇科种类占绝大部分，县域属暖温带针阔混交林地带，山场面积约305万亩，全县森林覆盖率为35.1%。野生动物有60余种，鸟类有30余种。已探明的矿藏有43种，其中金属矿21种，非金属矿22种，金属矿主要有铁、铜、铅、锌、金、银、钼、钾等；非金属矿主要有石棉、大理石、石灰石等。

行政区划 2013年，全县有8镇（涞源镇、银坊镇、王安镇镇、水堡镇、杨家庄镇、走马驿镇、白石山镇、南屯镇）、9乡（北石佛乡、上庄乡、东团堡乡、金家井乡、留家庄乡、烟煤洞乡、乌龙沟乡、塔崖驿乡、南马庄乡）、1城区办事处。

人口民族 全县总人口286649人，其中非农业人口82250人，农业人口204399人。全县有满、回、蒙古、土家、朝鲜、壮、傈僳、藏、彝、布依、仫佬、瑶、苗、侗、哈尼、赫哲、黎、高山、景颇、土、羌、仡佬共22个少数民族，少数民族总人数361人，占全县总人口的0.126%。人口自然增长率6.76‰。

【概况】 2013年地区生产总值71.6亿元，同比增长12.06%，其中第一产业增加值4.3亿元，同比增长2.9%；第二产业增加值44.5亿元，同比增长14.3%；第三产业增加值22.8亿元，同比增长9.4%；粮食总产量73765吨，同比增长6.8%；财政收入14.92亿元，同比增长19.1%，其中地方公共财政预算收入7.99亿元，同比增长15.2%，公共预算支出18.4亿元，同比增长0.4%；社会消费品零售总额13.19亿元，同比增长14.7%；全社会固定资产投资55.8亿元，同比增长30%；职工年平均工资36613元，同比增长8.3%；农民人均纯收入3686元，同比增长20%；城镇居民人均可支配收入16687元，同比增长11.7%；年末城乡居民存款余额84.6亿元，同比增长15.2%。

【白石山景区建设再上新台阶】 2013年5月开工建设至2013年12月底，累计投入近3亿元、实施了十项工程，对白石山景区进行提档升级：完成风凉沟至飞云口4000米高压输电工程，实现全山供电；完成两个容积500立方米的蓄水池和17000米提水、供水管网，实现景区全山通水；在海拔1600米高度，新修建7500米的步游路，其中三分之一为悬空栈道；13公里的白石山盘山公路升级改造工程全部完成；高标准新建和装修10座水冲厕所，其中新装修4座，新建4座，全部投入使用。在海拔1600米的新步游路上临时安装4座环保厕所；修建1个景观亭，新造三处水景观，新移栽52棵造型奇特的松树；新建三条索道，其中飞云口客运索道全长600米，9月正式投入运营。风凉沟至祥云门索道全长2000米，上、下站房完成土建和装修，所有塔架和缆绳已安装，完成测车。韭菜园索道全长500米，完成上下站房土建工程，冬季安装设备；完成双雄石餐厅改造工程，可同时满足180人就餐；景区导引牌安装完毕，共安装100多块；完成文化墙、地球仪建设工程。

【恒实矿业在香港联合交易所主板成功挂牌上市】 恒实矿业旗下的涞源县奥威矿业投资有限公司下辖京源城、鑫鑫和冀恒三个矿业运营公司，拥有旺儿沟铁矿、栓马桩铁矿、孤坟铁矿及支家庄铁矿四个铁矿场，主要从事铁矿石开采、加工及铁矿石、铁精粉销售等业务，11月28日在香港联合交易所主板成功挂牌上市，这是涞源县第一家上市公司，它的成功上市为涞源的经济发展再添新动力。

【“7·21”灾后重建】 2012年7月21日涞源县遭受有气象记载以来（1956年）的最大降雨，18个乡镇全部受灾，直接经济损失40.6亿元。2013年灾后重建完成投资25.8亿元，8大类245项重建项目全部竣工。重建住房8542户49万平方米，修缮1780户，惠及2万多名受灾群众；升级改造过水村28个；90所学校、12所卫生院和162所卫生室建成投入使用；修复道路293公里、桥涵208座；修建护村护地坝5万余米、打机井41眼；整改电力线路705公里、通讯线路2652公里；复垦土地1500亩；全县基础设施和公共服务设施总体水平得到极大提升。白石山景区累计完成投资5.3亿元，飞云口索道、8.5公里步游栈道等基础设施建成使用。规划实施了五十亩地、南屯设施蔬菜和闫家庄舍饲养羊等配套产业；将过渡性救助政策延长到2014年6月底，累计为2.7万户、7.2万受灾群众发放款物2812.6万元，保障了受灾群众的生产生活，得到上级领导充分肯定和群众普遍认可。

【推进民生事业，健全社会保障体系】 普通高考本二以上上线735人，继续位列全市三甲，职业教育始终名列全市前茅，初中教育巩固率排名全市第一，顺利通过省市4项评估验收（省教育综合督导评估、省教学评估、省三类城市普及普通话达标、省职业教育成人教育示范县验收）；新县医院即将投入使用，县级公立医院改革继续推进，县医院实现药品零差率销售；17所乡镇综合文化站建成使用，“农家书屋”实现全覆盖，整转数字有线电视9700户，新建农村无线数字网基站6个、接入9000户；新建乡村邮政所（站）87个；实施农饮工程159项，解决了11.3万人饮水安全问题；发起全民创业总动员，市场主体总量8011户，同比增长8.7%；残疾人康复中心投入使用，双拥共建、民族宗教、统计、审计、科技、物价、档案、人防等各项事业都取得了新成绩。新增就业3697人；县财政出资1773万元，为6383名农村适龄幼儿实行全免费教育；企业退休人员养老金人均月增198元，城乡居民养老保险、新农合、城镇居民医疗保险参保率98%以上，城乡低保年补助标准分别提高到4680元和2300元；保障性安居工程竣工358户。全年财政用于民生支出11.5亿元，占支出总量的63%。

中共县委

书　记　高文才
副书记　肖明旺
　　　　石志新（4月离任）
常　委　高文才　肖明旺
　　　　石志新（4月离任）

刘小沛（6月离任）
董作芳（6月任）
曾　文　魏立恒
任生桥　王志乾
陈　伟　都建华
王晓明
和永新（挂职）
赵轶军（4月挂职）

人大常务委员会
主　任　张保福
副主任　刘培才　李　凯
　　　　孙志强　梁永强

政　府
县　长　肖明旺
副县长　陈　伟　都建华
　　　　赵轶军（4月挂职）
　　　　罗玉琴（女）
　　　　徐路生　杨文彪
　　　　杨　辉　曹　立
　　　　刘玉卓（挂职）

政　协
主　席　张德勇
副主席　王全胜　贾银山
　　　　尹金花（女）

（刘淑红　张作红）

博野县

【地情提要】 博野县地处河北省中部，冀中平原腹地，北京、天津、石家庄之间。县城北距保定50公里，西南距石家庄100公里。地理坐标为北纬38°27′~38°35′，东经115°29′~115°39′。西与安国毗邻，东与蠡县交界，北与清苑接壤，南与衡水市的安平、饶阳相连。全县总面积330.8989平方公里。保（定）－衡（水）公路纵穿过境，定（州）－河（间）公路，朔（州）－黄（骅港）铁路横过县城。

自然环境 博野县境南北狭长，中西部和西北部有两块条形风沙高地，面积为980公顷，其余均为平坦壤地。境内有三大条形洼地，即西北部的城东洼、中部的南小王洼、东南部的东阳村洼，总面积为733.33公顷。地势中北部西高东低，南部和东南部自西南向东北倾斜。地面高程在19米~30米之间，坡降为1/3000。行洪河潴龙河，县界流程15.4公里。三条排水河自北向南依次为孝义河、月明河、小白河。沙河灌渠为行水河渠，县内渠长9.437公里。博野县属北温带半湿润半干旱大陆性季风气候区，干湿季节明显，四季分明，降水量不足，且年际及年内分布很不均匀。春季干旱多风，夏季湿热多雨，秋季天高气爽，冬季寒冷少雪。平均气温12℃（最低气温1月20日为－18℃，最高气温7月5日38.5℃），地温14.7℃，日照2750.8小时，降水452.3毫米，无霜期189天。

自然资源 博野县土地总面积330.90平方公里，耕地34.3万亩，园地1.60万亩，林地1.38万亩，水域面积9822.15亩，未利用土地921亩，全县耕地土壤为褐土和潮土两大类，土质肥沃，适宜农业种植，是全国商品粮基地县之一。境内地下水径流量为6000万立方米，地上外来给水800万立方米，全县生产用水总量为812万立方米，缺水6800万立方米，为缺水县。境内查明地下储藏石油和地热，石油储量小，地热资源丰富。橡胶机带业、机械制造业、有色金属加工业、食品加工业、纺织业、化工业构成博野县域经济的支柱产业。

行政区划 博野县隶属保定市，下辖3个镇（博陵、小店、程委）4个乡（东墟、北杨村、城东、南小王），133个行政村，139个自然村，5个社区居民委员会。

人口民族 年末全县79327户，27万人，其中农业人口22.5万人，有汉、壮、回、蒙古等民族，汉族人口占99.9%，人口出生率12.1‰，符合政策生育率85.5%。人口自然增长率6.9‰。

【概况】 全县生产总值完成41.4亿元，同比增长8.6%；一、二、三产业增加值分别为11.15亿元、15.74亿元、10.91亿元，三次产业比30.37：41.35：28.28；规模以上工业增加值实现13.2亿元，同比增长14.1%；规模以上工业利税实现2.4亿元，同比增长19.7%；民营经济增加值15.04亿元，同比增长12.6%；固定资产投资37.79亿元，同比增长24.5%；建筑业总产值完成1.8亿元，同比增长105.8%；全部财政收入完成3.03亿元，同比增长17.3%；公共预算收入完成1.65亿元，同比增长28.8%；财政支出7.36亿元，同比增长12.9%；社会消费品零售总额完成17.61亿元，同比增长14.2%；职工年平均工资30112元，同比增长2.69%；农民人均纯收入实现7750元，剔除物价上涨因素，同比增长14.2%；城镇居民人均可支配收入实现17530元，增长12.8%。粮食生产实现“十连增”，总产21.6万吨。

【双向开放开创新局面】 开展招商年活动，营造浓厚的开放氛围。先后到京津、珠三角等地组织不同形式的主体招商推介活动，招商引资工作被市委、市政府通报表彰。台胞文化参访团、香港百利达集团等一批重点客商先后到博野进行了考察洽谈，与省政府驻广州办事处、广东省河北商会等政商机构建立了合作关系。先后与德国迈斯勒公司签订高档硝化棉生产线协议，与日本津村株式会社、北京神农百草公司就万亩现代中药材产业园项目签约，引进投资2亿元的大连彩色苗木等项目。全年签约项目12个，20多个项目达成投资意向。晨阳水漆、顺意达油墨、博菲特丝网等项目实现了当年招商、当年签约、当年建设。实际利用外资200万美元，位居全市前列。

【产业发展实现新突破】 启动建设了小店工业园和程委工业园，重新整合了规划面积11平方公里的省级经济开发区，拉开了“一区两园”产业发展新格局。把橡胶输送机带业作为立县产业重点打造，华月、京博、三源3家企业被认定为河北省产业集群龙头企业，全行业实现税收6320万元，占全部税收的27.6%。对中央电视台曝光小店非法制售油漆，全县坚持疏堵结合，促进全县油漆化工行业的浴火重生。以引进安平丝网行业战略合作者为契机，对丝网产业进行整合提升。潜心培育中药材加工、新型电能等产业，一批技术水平高、市场前景好、成长性强的项目正深入洽谈。全县实施过亿元重点项目15个，技改项目32个，总投资88.1亿元。全年向上级争取土地指标500余亩，向省农发行等金融机构争取贷款8000余万元，新组建小额贷款公司2家。实施品牌战略，“华月”商标被国家工商总局认定为中国驰名商标。

【“三农”工作扎实推进】 全面落实惠农政策，累计发放各类补贴资金4300万元。粮食生产实现“十连增”，总产21.6万吨。新增土地流转面积1.6万亩，全县土地流转率20%，百亩以上规模的农业基地69个，农业产业化经营率69%。新增农民专业合作社76家，总数178家。整合涉农项目资金3000余万元，实施了小农水、小型农田水利建设等工程，新增节水灌溉面积约5万亩，新解决1万人口的农村饮水安全问题。新增蔬菜种植1100亩，产量45万吨。推进“农超”对接，与国家图书馆等单位达成供菜协议。博野县林木种苗协会挂牌成立，促进了苗木产业提档升级。全面落实扶贫攻坚政策，全县70个贫困村中首批34个示范村率先达到脱贫标准。全力推进“百村万户富民培训工程”，培训新型农民2万余人。

【城镇化步伐进一步加快】 坚持规划引导，聘请中国城科院等机构对博野进行高标准的全域性系统性规划。成功申报全市唯一的国家智慧城市建设试点，启动了智慧城市创建，东墟乡经河北省政府批准，成功撤乡建镇。推进旧城改造，新开工建设房地产项目14个，建筑面积30万平方米。排水工程、集中供气、供热及地表水厂等城区基础设施建设加快推进。解决土地市场秩序不规范、私搭乱建等突出问题，对县城人行西侧盛世尚品售楼部、汽车站西侧违建民宅等一批社会影响恶劣的违法建筑依法予以拆除。推进城乡管理“6S”行动，重点实施县城主要街道序化、亮化工程，组建城市管理行政执法局，县城管理的体制机制更加理顺。商贸、物流、餐饮等服务业得到较快发展。交通建设实现新突破。总投资1.2亿元、全长20余公里的博程路、白沙街、南环路、花园街、橡胶聚集区和小店工业园主干道等一批城乡道路建成通车。连村道路及村内主要街道硬化工程稳步推进，对69公里乡村公路完成“建管养”，解决59个村，9.5万人口通行难问题。“一高速一国道三省道”有望相继开工，博野县将结束没有高速公路和国道的历史，正在形成以高速和国省干道为主的大交通格局。开通博野至保定的616路公交车，实现城乡公交一体化，群众出行更加方便。

【社会事业统筹推进】 6项民心工程、24件惠民实事顺利推进。教育事业稳步发展，设立教育奖励基金，对一线优秀教师予以重奖。投资4761万元，新改扩建校舍面积近32000平方米，有效改善了办学条件。医疗卫生事业平稳推进，顺利完成县级公立医院改革，先后投资2500余万元，为县乡村三级卫生机构改善医疗条件。坚持公开公平公正的原则，向社会公开招聘132人，进一步充实教育、政法、城管等队伍。实施文化扶助“金种子”工程等一系列惠民措施，开展群众性文化活动，保南8县书画联展在博野县举行。低生育水平保持稳定，人口计生服务质量进一步提高。探索建立“四平台一网络”帮扶机制，对1286名四类特困人员进行帮扶。进一步完善了城乡居民就业、养老、医疗、失业、工伤等社会保险救助机制。全年共为60周岁以上城乡居民发放养老金2200余万元，为1300名参保职工支付住院费用780余万元，发放各类就业补贴300余万元，发放新型农村合作医疗补助5999万元，参合率96.6%，发放城乡低保金1200余万元，城乡低保对象实现了应保尽保。保障房和农村危房改造顺利推进，全年共建设保障房322套，改造农村危房660户。

【特色亮点工作成绩显著】 2013年，全部财政收入突破3亿元，标志着博野驶入科学发展的快车道。在引进大项目上实现较大突破，晨阳水漆、博菲特丝网等一批高投入、高科技项目，为全县经济扩量升级提供了坚强支撑。通过对城市总规修编、整合产业园区、实施“产城融合”，将城市控制区拓展到30余平方公里，县内公路不断改造升级，高速公路即将启动建设，为今后长远发展奠定了坚实基础。先后获全市唯一的全国粮食流通监督示范县、全国美丽乡村创建试点县等国家级殊荣4项，承办市级以上现场会4次，在省市级会议上做典型发言3次，多家企业荣获全省中小企业“公共服务示范平台”、“公共技术服务平台”等荣誉称号。经济社会发展主要指标在全市位次前移，实现了稳中有进，稳中向好。其中工业转型升级居全市第2位；公共财政预算收入增速等9项指标居全市前10位。

中共县委

书　记　陈春霞（女）
副书记　张　才
常　委　陈春霞（女）
　　　　张　才　吴恒平
　　　　刘晓昱　汪树立
　　　　罗晓瑞　陈英民
　　　　郭杏来　陈　伟

人大常务委员会

主　任　侯利杰
副主任　孟彦波　张丽娜（女）
　　　　蔡良占　时耀曙

政　府

县　长　张　才
副县长　汪树立　陈英民
　　　　赵东辉　李青华
　　　　孙东义
　　　　庞　颖（女）

政　协

主　席　郭小六
副主席　刘凤雪（女）
　　　　刘　祥　王文永

（温　钊）

阜平县

【地情提要】　阜平县地处太行山东麓，河北省保定市西部，北纬38°9′~39°7′，东经113°45′~114°31′。东与曲阳、唐县交界，西与山西省五台县、繁峙县接壤，南与行唐县、灵寿县毗连，北与涞源县、灵丘县相邻，素有“畿西、冀晋咽喉要道”之称。全县东西长74.8公里，南北宽49.6公里，总面积2496平方公里。

自然环境　阜平为全山区县，山地总面积374万亩，山场面积326万亩，占山地总面积的87%。境内山峦起伏，沟壑纵横，地势由东南（海拔200米）向西北（海拔2200米）逐渐升高。主峰海拔在800米以上的山峰有42座，其中歪头山海拔2286.2米，为保定市最高峰。河流属大清河水系，有大沙河、胭脂河、北流河、鹞子河、板峪河、平阳河6条常年河，汇入王快水库。阜平县气候属暖温带半湿润大陆性季风气候，四季分明。春季多干热风；夏季高温、高湿、降水集中；秋季秋高气爽；冬季寒冷、干燥、少雪。2013年，年平均气温12.6℃，最热月为8月，月平均气温26.4℃，最冷月为1月，月平均气温-5.0℃；年极端最高气温39.2℃，出现在7月3日；年极端最低气温-16.5℃，出现在1月4日；年降水量为510.5毫米，一日最大降水量87.5毫米，出现在8月11日。全年多年平均降水量582毫米，全年以西北风为主。全年无霜期208天，年平均相对湿度55%。年蒸发量1506.2毫米；平均年日照时数2357.3小时，日照分辨率53%。

自然资源　阜平县自然资源丰富，主要有集“中国北方最大瀑布群、中国最大片麻岩天生桥、罕见的原始次生林”于一体的天生桥国家地质森林公园；有被誉为“空中花园、野生植物王国和太行山绿宝石”的玫瑰坨（与平山县、灵寿县、五台县交界，又称驼梁山）；有“流水潺潺、林茂花繁”的仙人山；有“群山环抱、碧波荡漾”的菩提湖；有“风光旖逦”的银河大峡谷；有“奇峰林立”的千峰山等。阜平还具有品质优良的地热资源，有名的是城南庄温泉、吴王口温泉和上堡温泉。历史人文景观主要有参与五岳联合申遗的古北岳－神仙山（与唐县、涞源交界，又称大茂山）；有被誉为“冀晋咽喉、佛教圣地五台山东大门”的“万里长城龙泉关”；有清康熙、乾隆皇帝当年到五台山进香走的“古御道”，被誉为“领袖泉”“将军池”的城南庄温泉。

行政区划　全县辖阜平镇、城南庄镇、平阳镇、龙泉关镇、天生桥镇（原东下关乡）、王林口镇（原王林口乡，2013年12月改为镇）6个镇和台峪乡、史家寨乡、大台乡、北果园乡、夏庄乡（原下庄乡）、砂窝乡、吴王口乡7个乡及1个社管会，共209个行政村，1208个自然村。

人口民族　截至2013年9月30日，全县人口总数217975人，其中年人口增长数2627人（男1368人，女1259人），年人口出生率12.13‰，年人口死亡率6.05‰，年人口自然增长率6.08‰，以汉族为主，有蒙古、回、满、藏、苗、壮等少数民族。

【概况】　2013年全县生产总值完成30.5亿元，同比增长7.6%，其中，第一产业增加值

7.7 亿元，占生产总值的 25.44%，同比增长 6.8%；第二产业增加值 6.9 亿元，占生产总值的 22.52%，同比增长 9.8%；第三产业增加值 15.9 亿元，占生产总值的，52.04%，同比增长 6.9%。全部财政收入完成 2.63 亿元，同比增长 31.7%；公共财政预算收入完成 1.89 亿元，同比增长 16.4%；全年财政支出 17.4 亿元，同比增长 109%。规模以上工业增加值完成 2.5 亿元，同比增长 16.3%。民营经济增加值 20.3 亿元，同比增长 8.6%。固定资产投资完成 38.6 亿元，同比增长 19.8%。社会消费品零售总额完成 14.1 亿元，同比增长 14.1%；居民储蓄存款余额达到 46.5 亿元，比年初增长 4.65%。农民人均纯收入完成 3913 元，同比增长 20%；职工年平均工资 28814 元，同比增长 3.2%；城镇居民人均可支配收入 10205 元。全县经济保持平稳增长良好态势。

【项目建设扎实推进】 2013 年 1000 万元以上县重点项目 116 项；实施推进 59 项，完成投资 32.3 亿元，占年度投资计划的 106.3%。其中，沙河治理商贸旅游综合开发项目、河北名舍生态休闲度假村建设项目、中电投阜平平阳 20 兆瓦光伏发电项目（一期工程）、保定英利阜平 30 兆瓦光伏发电项目等 4 项市重点项目开工建设，完成投资 9.02 亿元，占年度投资计划的 104.9%。阜平经济开发区纳入省级经济开发区管理序列。成功引进北京华都肉鸡养殖和葫芦峪农业产业化基地建设项目。

【富民产业加速发展】 核桃产业，2013 年在平阳、王林口等 8 个乡镇 31 个村，整地 6.2 万亩，栽植优种核桃 2.7 万亩 107 万株。大枣产业，完成水平沟整地 1 万亩，无公害标准化管理 5 万亩；全县大枣产量 9.67 万吨。肉牛养殖，新建养殖场 8 个，建成省级肉牛良种繁育示范场 1 个，新增存栏 540 头，全县肉牛养殖发展到 1.86 万头。肉羊养殖，新建养殖场 74 个，建成省级肉羊良种繁育示范场 1 个，新增存栏 1.5 万只，全县肉羊养殖发展到 22.8 万只。新建肉鸡大棚 120 个，柴鸡养殖场 32 个，水貂养殖场 102 个；全县牧渔业总产值近 4 亿元。旅游业，聘请北京巅峰智业旅游规划设计院编制《阜平县国家旅游扶贫试验区总体规划》等系列规划，云花溪谷等旅游开发项目积极推进；阜平旅游形象宣传片首次在央视播出；农家乐发展到 84 家；全年接待游客 43.5 万人次，旅游总收入 2.35 亿元。家庭手工业，以箱包、服装加工、藤椅编织为主的家庭手工业已经起步，覆盖 54 个村 1500 余户。电子商务，与阿里巴巴集团合作开通以大枣销售为主的淘宝网店 3 家。

【城乡面貌明显改善】 聘请清华同衡规划设计研究院，对城乡总体规划进行修编，科学规划镇村体系。全面推进县城建设，完成东寺大街改建工程；新建、改造县城供水管道 4500 米，铺设雨污主、支管道 3000 米，新铺设东寺大街和环城路天然气管道 3100 米；推进太行农贸市场升级改造工程，完成城厢村农贸市场前期建设工程并投入使用。开展城市管理“6S”行动，专项整治户外广告，治理店外经营 540 余处、流动摊点 350 多处、清运城区垃圾 1 万余吨；完成东寺大街、桥东街 2 条主次干道和陵园街、光明街 2 条小街小巷“样板街”改造任务。强力推进以煤炭市场综合整治、燃煤锅炉治理、扬尘治理等为重点的大气污染防治工作。开展农村环境卫生整治，编制完成 154 个贫困村村庄规划；修建垃圾池 1339 个，初步建立起农村卫生保洁市场化运作长效机制。

【基础设施加快建设】 交通设施。完成县乡道改造 36.3 公里、通村公路 200 公里、桥梁 12 座、154 个村主街道硬化，谋划实施县城至城南庄红色旅游路改建工程、河龙线至瓦窑公路等交通建设项目。安居工程。公共租赁住房竣工验收 288 套，正在建设 168 套；完成 4000 户农村危房改造年度任务。移民搬迁。完成 2012－2013 年度 766 户 3321 人的移民搬迁任务，新建搬迁小区 16 个；2013－2014 年度计划新建的 6 个移民搬迁小区已全部启动，3 个小区完成主体工程，搬迁 112 户 547 人。水利设施。解决 105 个村、36 所学校 9.42 万人的饮水安全问题；完成 33 个村种养产业发展配水工程。电力设施。农网改造升级工程新增配变 18 台、新建改造线路 4350 米，完成 120 个村安全用电改造工程。通讯设施。建成开通移动基站 118 座，联通基站 68 座，电信基站 10 座，实现行政村通讯信号全覆盖；架设有线电视光缆 526 公里，新发展用户 4000 户。

【社会事业协调发展】 教育事业。13 所寄宿制学校建设前期工作全部完成，11 所通过社会援建和上级支持解决资金问题，其余 2 所正在积极争取。阜平中学综合办公楼、农行大道小学竣工投入使用。职教中心成功创建国家级示范校，探索形成“9＋2”职业教育区域协作机制；阜平梦翔汽车培训基地建成并招收新生800名；现代农林科技示范园建设稳步推进；顺利通过省政府教育综合督导评估验收，并获教育先进县荣誉称号，在全省通报表彰。卫生事业。完成41个村卫生室改扩建项目；县中医院迁建项目前期手续办理完毕，国家下达政策资金1650万元；疾病预防控制中心新建项目、8所乡镇卫生院改扩建和13所卫生院周转宿舍建设项目办理前期手续。文体事业。成功举办首届马兰少儿森林音乐会；完成县图书馆软硬件建设；全民健身中心完成主体工程；完成154个帮扶村健身场所、农家书屋、文化墙建设；推进大派山转播台基础设施建设，筹建阜平广播电台。民生保障。新农合参合16.09万人，参合率96.03%，共报免补偿40.28万人次，补偿金额5368.65万元。城乡居民养老保险参保12万人，参保率93%，共为33588人发放养老金2191.48万元。农村低保实现提标扩面，补贴标准由人均每月补差60元提高到110元，享受面由2012年底的7908人增加到34864人，基本实现全覆盖；城乡低保、五保服务对象共计4.04万人，累计发放资金4276.33万元。完成108个农村互助幸福院建设；民政事业服务中心二期建设项目完成前期工作；完成121个贫困村的“万村千乡市场工程”农家店建设。社会管理。持续开展打非治违专项行动，安全生产形势基本稳定；开展食品药品安全隐患大排查、大整治，强化食品药品安全监管；开展社会治安综合治理，社会局面持续和谐稳定。

【探索扶贫机制】　规划引领作用明显增强。在国务院扶贫办指导下，编制完成《燕山－太行山片区阜平县区域发展与扶贫攻坚实施规划》，对阜平县区域发展与扶贫攻坚的总体要求、空间布局、阶段任务、政策措施和项目安排进行了系统的规划部署。编制完成28个行业专项规划和乡村两级规划，实现县乡村规划全覆盖。城乡总体规划、国家旅游扶贫试验区总体规划和景区专项规划、小派山森林公园和沙河县城段综合治理规划即将完成。全县经济社会发展规划、土地利用总体规划、村庄布局规划、五大水系治理规划、荒山绿化规划等正在加紧编制。一系列规划的编制完成，为阜平步入科学规范有序的发展轨道奠定了坚实基础。创新扶贫攻坚机制。坚持市场化运作，鼓励发展互助合作组织，新增各类农民专业合作社685家。创新山区综合开发经营机制，推进以马沙沟等4个村为试点的第一期农业综合开发产业化基地建设，并启动第二期31个村基地建设前期工作。积极推行“农户贷款、公司担保、政府贴息”金融扶贫模式，2013年向45户贫困户发放养殖贷款1060万元。探索精准扶贫机制，启动覆盖乡、村、户的扶贫攻坚基本情况摸底调查工作，为实施“精准扶贫”提供了重要依据。实施驻村帮扶机制，发挥省、市、唐山、廊坊帮扶工作队，省“四帮一”扶贫工作队、市支教教师、科技特派员等作用，带动和活跃扶贫工作全局。全县建立分线推进、公职人员与贫困户结对帮扶等机制，形成工作合力。阜平扶贫攻坚机制的有益经验，在省农村工作会议上予以推广。

县　委

书　记　李宁太（7月离任）
　　　　郝国赤（7月任）
副书记　徐志清
　　　　贡希强（12月离任）
常　委　李宁太（7月离任）
　　　　郝国赤（7月任）
　　　　徐志清
　　　　贡希强（12月离任）
　　　　王建永　赵春辉
　　　　刘喜宗
　　　　赵　杰（6月离任）
　　　　陈树军
　　　　张金科（7月离任）
　　　　袁玉璀（女）
　　　　刘永涛

人大常务委员会

主　任　王林义
副主任　周有军　陈德庭
　　　　张新占　赵雪峰

政　府

县　长　徐志清
副县长　赵春辉
　　　　赵　杰（6月离任）
　　　　刘　婷（女）
　　　　李贤明　王成峰
　　　　李　勇　陈　亮
　　　　王乡文
　　　　苗　泽（4月任）

政　协

主　席　董国平
副主席　顾廷哲　陈占洲
　　　　张　倩（女）
　　　　郑来宽

（李建莎）

唐　县

【地情提要】　唐县位于保定市西南部，东与望都县、顺平县接壤，西、西南与定州市、曲阳县、阜平县相接，北与涞源县交界，107国道从县境南端穿过。地理坐标为北纬38°38′～39°10′，东经114°28′～115°03′。县城距保定60公里，距北京190公里，距天津220公里，距石家庄100公里。

自然环境　境内呈不规则长条状，东南部为平原地带，中部、西北部属中山丘陵山区，地势为西北高、东南低，素有“七山一水二分田”之称。主要山峰有54座，最高峰大茂山，海拔1898米。总面积1417平方公里。境内主要河流有唐河、通天河、清水河、逆流河。最大河流“唐河”，平时水流量为2.5立方米/秒，最大过水能力2000立方米/秒。境内属北温带季风气候，夏季炎热多雨，雨季在6～8月；2013年最高气温38.6℃（出现在7月3日），年平均气温13.2℃。年平均地温15.3℃，冬季寒冷少雪，最低气温－14.9℃（出现在1月5日）。春季干旱，有季风，秋高气爽，四季分明。年日照时数2128.7小时，年日照百分率48%，无霜期199天，初霜日为10月18日，年降水量626.4毫米。

自然资源　全县耕地面积2.72万公顷，适宜种植小麦、玉米、豆类、花生等多种农作物和油料作物，共有宜林地98.5万亩，适宜栽植柿子、红枣、核桃、桃、杏等经济林果木。境内水资源丰富，有大小水库25座，唐河、通天河有8处可建水电站。矿产资源主要有石灰石、大理石、金矿、铁矿、高岭土等17种。

唐县是尧帝故里，白求恩精神发祥地，历史传承悠久，文化底蕴深厚。自然风光秀丽，旅游资源丰富，主要有五个旅游区：一是唐南古文化旅游区，主要包括唐尧文化园、白合镇大卧佛、北魏三尊佛、香山生态园等。二是古北岳恒山生态旅游区，主要景区大茂山国家森林公园等。三是青虚山喀斯特峰林与道、佛教文化旅游区，包括华北道教圣地青虚山、庆都山灵隐寺、西胜沟等。四是红色旅游区，主要包括晋察冀烈士陵园、白求恩柯棣华纪念馆。是国家首批认定的爱国主义教育基地。唐县是白求恩精神发祥地。五是倒马关古关山水旅游区，景点有倒马关古长城、大石峪、秀水峪、唐河百里画廊、仙鹤峪等。

行政区划　唐县辖仁厚、白合、王京、高昌、北罗、军城、川里、长古城8个镇。，即：羊角、倒马关、黄石口、石门、齐家佐、大洋、雹水、罗庄、南店头、都亭、北店头、迷城12个乡，共345个行政村。县城设1个社区办事处，8个居委会，城区常住人口4.8万人。

人口民族　全县总人口59.96万人，总户数15.73万户。其中非农业人口5.02万人，农业人口54.94万人，共有23个民族，以汉族为主。2013年全县政策生育率88.61%，人口出生率14.11‰，人口自然增长率7.54‰。

【概况】　2013年全县地区生产总值完成63.55亿元，同比增长3.8%；其中第一产业增加值完成16.88亿元，同比增长0.7%，第二产业增加值完成27.35亿元，同比增长5.8%，第三产业增加值完成19.33亿元，同比增长3.2%；单位GDP能耗下降4%；全社会固定资产投资完成50.78亿元，同比增长12.3%；其中城镇固定资产投资完成49.5亿元，同比增长12.6%。全部财政收入完成3.67亿元，同比增长－5.1%；财政支出13.89亿元；同比增长6.8%；地方一般预算收入完成2.33亿元，同比增长24.56%；全县农民人均纯收入4164元，同比增长12.6%；民营经济增加值46.41亿元，同比增长5.1%；城镇居民人均可支配收入达到14093元，同比增长13.6%；社会消费品零售总额完成24.39亿元，同比增长12.7%；年末城镇居民各项存款余额142.16亿元，同比增长17%，职工年平均工资30485元；粮食总产21.03万吨，蔬菜产量25.97万吨，棉花总产1047吨，油料总产4149吨，全县肉类产量达到3.31万吨，禽蛋产量达到1.62万吨，奶产量1.51万吨；猪存栏267.4万头，出栏305.1万头，牛存栏1.99万头，出栏0.79万头，羊存栏28.81万只，出栏39.27万只，家禽存栏197.51万只，食用菌产量达到5.09万吨，果品产量达到5.54万吨。规模以上工业增加值完成13.48亿元，同比增长15.9%。引进省外资金7.2亿元，完成目标任务的60%。

【构筑经济发展新格局】　发展县域经济，推动经济发展再上新台阶。1. 项目建设取得重大进展。实施投资千万元以上项目40个（其中市管省考核项目1个，市重点项目4个，投资亿元以上项目22个），总投资159.8亿元，当年计划投资29.2亿元，完成投资31亿元，占年任务的106%。2. 工业经济发展壮大。坚持“传统产业抓提升、新型产业抓培植、高端产业抓引进”，着力推动产业转型升级，形成了矿产开采加工业、机械制造、精工铸造、建筑建材、农产品加工、文化旅游五大主导产业，产业聚集度、完整度、关联度、外向度明显提高。全县5个省市重点项目中，美达年产5万吨精密异型管线、中达数控机床、汇银木业年产10万方高档刨花板、润恒粮食仓储物流等4个项目均超额完成了年底投资计划，投资26亿元的台商陶瓷工业园项目已破土动工。培育新型产业，先后与英利集团、中电投、三峡集团、华电国际及北京天华阳光等签订了合作协议，总投资额度近80亿元，投资2.98亿元的安迪电动车已投放市场。冀东特种水泥项目落户唐县，中美合资美达铸造工业园区项目竣工投产，中达铸造引进世界顶尖设备，赛维机械加工向新能源汽车转型，企业活力不断增强。3. 产业聚集明显加快。坚持政府主导、市场化运作，推进省级园区的开发和建设。完善开发区路网建设，加快台商陶瓷工业园至西足里村道路建设，唐王路一期拓宽改造工程竣工通车。加强园区通讯、燃气管道、供排水管网等基础设施建设，总投资3755万元的长古城污水处理厂、唐王316电力线路改造工程年底完成，经济开发区南区至县城市政管线工程正在加紧施工，谋划实施开发区南区燃气工程。加强园区管理，创新运作模式，完善优惠政策，配强人员力量，吸引企业入驻。园区入驻企业92家，其中规模以上工业企业29家，完成生产总值9.5亿元。在建项目13个，总投资69.8亿元。储备项目28个，总投资115亿元。

【活跃农业农村经济】　坚持以扶贫开发总揽“三农”工作，按照“因地制宜、科学规划、分类指导、因势利导”的要求，实施开发式扶贫。一是抓好特色产业。发展特色种植、规模养殖，推进齐家佐优质林果、黄岩中草药种植、于家寨水产品养殖等片区建设。齐家佐林果种植片区新发展核桃8000亩，苹果1500亩、桃100亩。黄岩中草药种植片区完成种植黄芩1000亩。于家寨水产品养殖片区养鱼总量达到300万尾。全县以肉羊和生猪为主的养殖场发展迅猛，各类养殖场达到3170个，其中省级示范场家6家，部级示范场1家。二是加强基础设施建设。新修护坝10处，建扬水站16座，打井122眼，修建蓄水池12个、小水窖100个、防渗渠2万米，完成配套修路130公里。三是推进农业产业化。按照“标准化、规模化、集约化”的要求，发展农产品加工业，初步形成唐龙纺织、汉唐牧业、富民食用菌等龙形经济。全县农产品加工企业达到44家，其中，市级农业产业化重点龙头企业达到16家，省级龙头企业1家。四是完善农业服务体系。抓好农村经济管理、农业机械化建设、农技服务、动物检疫防疫、信息服务等工作，覆盖全程、综合配套、高效便捷的新型服务平台不断完善。农民专业合作社达到810多家，农民组织化程度不断提高。

【塑造文化旅游品牌】　深入挖掘唐县丰富的红色文化、唐尧文化、历史文化内涵，坚持整体开发，实现文化旅游产业晋档升级。一是倾心打造精品景区。整合白求恩柯棣华纪念馆、军城晋察冀烈士陵园、晋察冀司令部旧址等红色旅游资源，构建红色经典旅游线路。以组建河北古北岳国家森林公园管委会为契机，围绕构建大茂山5A级景区，统筹谋划大茂山－秀水峪－大石峪旅游环线，着力打造旅游业龙头。以青虚山为重点，整合西胜沟、全胜峡等景区资源，努力打造华北道教文化圣地。以唐尧文化为核心，加快尧帝文化园建设，借助环京津健身休闲基地项目，打造寻根祭祖、健身休闲基地。全县3A级景区达到5家，省级以上森林公园2家。二是加强景区景点基础设施建设。强化要素配套，加强旅游交通、景区景点、食宿接待等硬件建设，完成军城至大茂山旅游公路，谋划实施全胜峡景区至保阜引线、青虚山索道项目，实施“农家乐”提升工程，改造“农家乐”16家，景区功能进一步完善。三是加大旅游宣传推介。在央视朝闻天下栏目，播出主题为“寻白求恩足迹、游山水唐县”的宣传片，策划中国·唐县国际文化寻根之旅暨纪念白求恩系列活动，突出红色旅游寻根、唐尧文化寻根。参加京津招商周，重点推介古北岳国家森林公园、青虚山、唐尧文化园和唐河谷等旅游线路。四是延伸文化旅游产业链条。加快现代商贸物流业发展，促进中介服务、金融保险、信息咨询、会展接待等现代服务业的发展。全县共接待游客71.73万人次，实现综合效益2.01亿元。

【打造保西区域中心城市】　按照“做大县城、做特乡镇、作美农村”的工作思路，构建以县城为核心，以各具特色的建制镇为基础的城镇梯次化发展格局。一是城镇整体布局持续优化。完成《唐县城乡总体规划（2012－2030年）》，县城规划面积从22平方公里扩大到35平方公里。坚持以业兴城、产城互动，统筹搞好旧城改造和新城建设，着力打造规模适度、功能完善、环境优美、宜居宜业的特色县城。立足区域优势，加强特色小城镇建设，白合工业特色城镇、军城文化旅游特色城镇、川里物流商贸特色城镇建设稳步推进。二是路网交通建设不断加强。谋划中山大街南延、唐尧路西延、东外环、南外环、保阜路城建设改扩建、国防中路改扩建等重点工程建设，完成古衙街道路建设。特别是实施的总投资1.2亿元的唐尧路拓宽改造工程，半个月完成涉及6个村、221户、18600平方米的拆迁任务。工程正在进行紧张施工，群众反映强烈的“行路难”问题得到有效解决。三是城镇功能进一步完善。县城统一供水完成管网铺设13.4公里，天然气利用完成铺设管线42公里，市民运动休闲生态园项目即将竣工，房庄村整体改造正在准备前期工作，实施县城排水防洪工程，完成城北公园和南水北调山南庄大桥节点绿地工程建设，城西公园扎实推进，县城综合承载力进一步增强。四是城镇管理进一步规范。坚持建管并重，深入开展城市管理“6S”行动“洗城净天”行动，解决县城脏、乱、差、堵等突出问题。开展农村面貌改造提升行动，实施“四清”“四化”专项整治，投入资金330万元，清理垃圾6万余方，硬化道路7100米，农村生态环境明显改善。

【创新社会管理，打造平安和谐唐县】 1. 切实维护社会稳定。信访工作，继续实行领导干部接访、下访、约访制度，全体县级领导共接访106次，批办案件85件。强化“事要解决”。排查梳理信访问题和苗头隐患624件，化解573件，息诉罢访573件。受理上级要解果案件35件，已办结32件，按期结案率100%。加强社会治安，强化治爆打非和安全监管，完成“天眼工程”，开展“秋收100”严打整治专项行动，取得重大战果，共破获刑事案件537起，抓获违法犯罪嫌疑人458人。查处各类治安案件313起，抓捕各类网上逃犯103名，打掉各类犯罪团伙27个，收缴一批危爆物品。在全市专项行动排名中，取得了全市第一的优异成绩。2. 打造良好的发展环境。创优法治环境，加大法治宣传教育力度，不断强化广大党员干部的法治思维，强化政法干部的法治理念，提高各级党委政府依法决策、科学执政的能力，提高执法部门依法行政、公正执法的意识，增强广大群众的知法守法观念。创优政务环境，扎实开展提质提效专项行动，以改善服务环境为切入点，深化审批制度改革，实施行政审批“一日备案制”，预审、办理时间分别由原来3个工作日和10个工作日，均缩短为现在的1个工作日。树立善待客商的思想观念，强化“人人是唐县形象、人人是体系环境”的发展意识，引导干部群众从自我做起，养成开放的心态，营造开放的氛围，真正形成引来一个、招来一片的招商胜景。3. 实施民生工程。从解决群众最关心、最直接、最现实的问题入手，以民生工程为载体，办好惠民实事。认真做好群众工作，深化亲民爱民活动，抓好群众工作站。发展教育事业，提高教育教学水平，不断改善办学条件，实施第三小学、中小学校舍维修改造、教师周转宿舍等工程建设。高考本科二批以上上线人数达到1282人，再创历史新高。巩固医改成果，全面落实医改政策，圆满完成各项任务，并向全省县级医院推广医改经验。实施安居保障工程，建成保障性住房415套，完成危房改造1410户。实施饮水安全工程，投资3279万元的农村饮水安全基本完工，解决52个村，6.75万人的饮水安全问题。抓好就业工作，城镇新增就业2673人，农村劳动力转移就业13.88万人。完善社会保障体系，农村和城镇低保分别达到16291人、5019人。社会保险覆盖面稳步扩大，城镇职工基本养老保险、城乡居民社会养老保险参保人数分别达到2.69万人和29.55万人，新农保养老金发放率100%，新农合参合率98.41%。加强民政事业服务中心规范化建设，新型社会福利体系进一步完善。4. 做好大气污染防治工作。按照市委总体部署，强化九项攻坚措施。治理工业生产污染，加快重点行业脱硫、脱硝设施建设，国控重点企业唐县冀东水泥已完成脱硝设施建设并投入使用，有效消减了污染物排放总量。抓好“土小”企业清理整顿，全县210座石灰窑全部实现关停淘汰，断电停产砂石料企业32家、青砖生产企业27家、灰粉厂13家。淘汰改造燃煤锅炉，6家单位改为燃气锅炉，13个新建住宅小区均采用燃气锅炉取暖，天然气供暖用户达到5000多户。实施产业提升工程，积极争取技改资金扶持的同时，县财政每年安排中小企业发展专项资金500万元，实施技改项目20个，已申报国家、省专项扶持资金技改项目6个，淘汰落后产能企业6个。加强生态环境建设，进一步巩固矿山综合整治成果，建立常态化、长效化的矿山开采新秩序，坚决杜绝粗放性、无序性、掠夺性开发。持续推进荒山综合开发，实施造林绿化工程，完成造林4.6万亩、封山3万亩。加快推进唐河、通天河以及西大洋水库周边生态环境治理，对河道两侧的排污企业进行全面排查，查处河道违法案件19起，拆除违法采砂厂2个，关停排污企业2家，清理河道垃圾7500立方米。5. 推进和谐文化建设。端正舆论宣传导向，以弘扬白求恩精神为核心，深化“学、做、创、促”活动，推进精神文明创建，开展“善行唐县”学雷锋主题道德实践活动，营造起团结和谐、健康文明、蓬勃向上的社会风尚。加快广播电视“村村通”、农村电影放映等重点文化惠民工程建设，推进“欢乐城乡”文化活动，丰富了群众文化生活。开展"扫黄打非"行动，整治文化市场，净化文化网络，促进文化市场健康繁荣发展。

【全面提升基层组织建设水平】实施"强乡固村、以乡带村"工程，通过给乡镇放权、松绑、明责，使乡镇干部"工作有底气、运转有章法、干事有保障、干好有希望"，激发乡镇活力，推动农村工作健康发展。开展基层建设年、"为民务实在一线行动"和"千名干部下基层"活动，全县51个基层建设年帮扶村安排的"十件实事"，帮扶项目1304个，完成投资6774.7万元，帮助农村硬化道路80多公里，完成水网建设280多公里，电网改造项目全部完成。

中共县委

书　记　李军辉（6月离任）
　　　　李宁太（7月任）
副书记　杨小宁
　　　　李树田（11月离任）
　　　　李昀飞
常　委　李军辉
　　　　李宁太（7月任）
　　　　杨小宁　李树田
　　　　李昀飞　刘子仁
　　　　赵泽琼（女）
　　　　耿彦瑞
　　　　莫海军（1月离任）
　　　　晏中亚　陈江河
　　　　王　燕（女）
　　　　赵俊杰（挂职）
　　　　陈广杰（1月任）

人大常务委员会

主　任　马保利
副主任　李高升
　　　　苑淑范（女）
　　　　覃晓桂（女）
　　　　马志会

政　府

县　长　杨小宁
副县长　赵泽琼（女）
　　　　刘福根　陈　明
　　　　杨文淇　邢永恒
　　　　陆阳春（女，财政部挂职，5月离任）
　　　　贾爱民
　　　　韩四强（新疆建设兵团挂职）
　　　　郝凤兰（女，挂职）

政　协

主　席　杨马银
副主席　蔺增利　左俊敏
　　　　刘宝惠　甄清款

（李德锁）

高阳县

【地情提要】　高阳县位于保定市东南部，东与任丘市交界，西与清苑县毗邻，南与蠡县接壤，北与安新县相连，县城距保定市区中心35公里，地理坐标为北纬38°30′～38°46′、东经115°38′～115°59′，境域东西长30公里，南北宽28.5公里，总面积495平方公里。

自然环境　县处黄淮海冲积平原的前部边缘，属扇间交接洼地。地势由西南向东北略有倾斜，自然坡降为1：4000～5000米，海拔7～12米（黄海高程）。有孝义河、潴龙河、小白河三条季节性河流，呈西南至东北走向横贯境内。三条过境河流的过水总量最大为1706.6立方米/秒，排洪能力为1507立方米/秒。境内四季分明，属暖温带半干旱半湿润大陆性季风气候区。2013年，境内最高气温36.9℃（7月3日），最低气温－17.3℃（1月5日），年平均气温12.2℃；全年日照总时数2235.4小时，无霜期190天，全年降水总量515.4毫米；大风日数2天，最大风速23.4米/秒（8月4日）。

自然资源　全县可耕地面积47.7万亩，人均占有耕地1.4亩。境内地下水主要贮存于第四纪松散地层中，水位与地势吻合，与河流走向一致。境内干旱少雨，河流长年干涸，地下水位持续下降，水资源形势严峻，2013年，水位深埋年均29.5米，最大埋深42.5米。境内地热丰富，储藏面积400平方公里，总蕴含量38亿立方米，有深水地热井23眼，全部为采水井，年出水量43万立方米。县内有低丰度油田，产油层系在新生界下第三系的沙河街组，储量在千万吨以上，2013年境内有油井350多眼，年产原油22万余吨。

行政区划　辖高阳、庞口、西演、邢家南4镇，晋庄、蒲口、小王果庄、龙化、庞家佐5乡，180个行政村和1个社区。

人口民族　2013年末，全县总人口33.67万人，有汉、回、满、壮、蒙古等14个民族。以汉族为主，占总人口的99.6%。全县人口自然增长率为6‰。

【概况】　2013年完成地区生产总值103.4亿元，比上年增长8.5%，其中第一产业完成8.3亿元，比上年增长1.9%；第二产业完成74.0亿元，比上年增长12.0%；第三产业完成21.1亿元，比上年降低0.1%。全社会固定资产投资61.9亿元，同比增长15.7%，入统工业企业万元生产总值综合能耗同比下降4%。财政收入完成8亿元，比上年增长14.2%，其中公共财政预算收入4.7亿元，同比增长18.4%；公共财政预算支出完成10亿元，比上年降低1.9%。全县规模以上企业增至87家，规模以上工业增加值完成70.3亿元，比上年增长14.3%，实现利税17.4亿元。

全县社会消费品零售总额41.1亿元，比上年增长14.4%。在岗职工年平均工资33852元，比上年降低7.5%，农民人均纯收入10499元，比上年增长11.3%，城镇居民人均可支配收入19500元，比上年增长12.2%。年末城乡居民储蓄余额89.6亿元，比年初增长10.8%。

【项目建设】 宏润循环经济项目被列为省重点产业支撑项目，庞口国际农业机械装备产业城项目成功签约，保定化纤厂迁建项目达成合作意向，在上海第19届家纺博览会上成功举办了项目招商发布活动，蓝瑞照明灯具等一批重点项目加紧实施，成为推进产业升级、实现跨越发展的重要支撑点。纺织产业聚集区入驻企业增至108家，实现主营业务收入115亿元，上缴税金1.3亿元，出口创汇2910万美元；调整产业结构，全年淘汰落后织机1200台（套），新增剑杆织机400余台（套），更新印染设备270余台（套）；振华、荣仪、永亮、蓝波被确定为省级产业集群龙头企业，新增规模以上工业企业18家，全县规上企业发展到87家；新增外贸出口企业25家、外贸公共服务平台4个，庞家佐乡获得“河北省电器电料名乡”称号。争取用地规模、土地指标1000多亩，保证了一批大项目、好项目用地需求；引导企业上市融资，柏立信、图强等5家企业在天交所挂牌上市。

【县城建设】 向阳路东段和三利大街南段、北段改造全面完成，北大外环道路开工建设；高阳城市候机楼投入运营，振华大厦开工建设，颛顼文化广场、古街区修复正式启动。推进宏润大街两侧拆迁改造，完成拆迁3000多平方米，并在充分考虑市民出行和商户经营的基础上，进行了人性化装饰。推进天然气入市工程和城市集中供热项目建设，完成天然气管道12公里。人民公园建成开放，新增绿地游园3处，正阳路、佟麟阁大街、现代城小区、南关社区完成亮化，城区主干道、出入口、保沧高速公路引线通道完成绿化，更换草坪8000多平方米，深入开展城市容貌综合整治，县城环境明显改观。

【改善农民生产生活】 投资4137万元，新改建农村公路27公里，完成13个省帮扶村14公里主街道硬化，新建电气化村5个，改造农业排灌机井303眼，埋设地下防渗管道51.9公里，开发治理土地7700亩，解决了23个村3.7万人的农村人口饮水安全问题。新建农业专业合作社10家，市级以上龙头企业发展到13家，农业产业化率达到61%，比去年提高4个百分点。完成“家电下乡”资金清算工作，自开展家电下乡工作以来，补贴家电121092台，汽车、摩托车5808辆，共拨付补贴资金5233.5万元。发放粮食直补、农资综合直补款3621万元，惠及5.9万农户，完成一事一议财政奖补1032万元，解决群众行路难、饮水难等问题，改善了农村基础设施建设和卫生状况，理赔小麦受灾面积2.8万亩，理赔金额200万元，受益农户10200人，降低了种植业和养殖业的风险。

【节能减排】 全年谋划实施合同能源管理项目15项，年节能10833吨标准煤，拆除燃煤小锅炉60台，取缔“土小企业”、售煤摊点，清理砂石料场32宗、整治违法占地300余亩，庞佐绝缘板厂全部关停整改，邢家南镇毛毯企业安装工业油烟净化器26台，报废“黄标车”153辆。抓好源头控制，强化监督管理，淘汰落后产能，节能减排超额完成省定任务。设立上级资金争取办公室，争取技术改造、淘汰落后产能、大气污染防治扶持资金1.2亿元，用于支持企业发展和生态建设。经过努力争取，高阳县成为河北省唯一被国家发改委确定的国家循环经济示范县创建单位。

【关注民计、改善民生，开创和谐稳定新局面】 十项民心工程30件实事进展顺利，新型农村合作医疗参合率99.01%，城镇居民医疗保险参保人数37029人，新县医院建设加快推进，邢家南等3所乡镇卫生院扩建投入使用；城镇新增就业2466人，下岗失业人员再就业505人，城镇登记失业率控制在2.5%，公开招聘教师405名，投资1902万元新改建中小学、幼儿园12所；发放各类救助资金1700余万元，困难群众生活得到可靠保障。严格安全生产责任制，健全分类接访制度，狠抓食品药品专项整治，开展“秋收100”专项行动，实现了加快发展与安全发展的“双赢”。

中共县委

书　记　崔立新
副书记　马一蕊（女）
　　　　张大鹏
常　委　崔立新
　　　　马一蕊（女）
　　　　张大鹏　崔永葆
　　　　续金明　刘新桥
　　　　刘立朋　李东海
　　　　葛新军
　　　　孙亚珍（女）
　　　　魏文德
　　　　赵振川（挂职）

人大常务委员会

主　任　孙　立

副主任　田兰宽
　　　　王桂英（女）
　　　　罗桂贤　曹培元
政　府
县　长　马一蕊（女）
副县长　刘立朋　李东海
　　　　赵振川（挂职）
　　　　王士芳　王克杰
　　　　王素芬（女）
政　协
主　席　贯红雨
副主席　李朝华（女）
　　　　张琢玉　张文进
　　　　刘晓萌（女）

（翟月光）

定兴县

【地情提要】　定兴县位于河北省中部，保定市北部。地理坐标为北纬39°05′39″～39°20′04″。东经115°30′07″～115°58′06″。西邻易县、东毗高碑店市，北与涞水县相接，南与徐水、容城县接壤。东西长39.9公里，南北宽26.6公里。县城所在地定兴镇。北距北京89公里，东至天津122公里，南距保定50公里。定兴县地处北京、天津、保定中心地带，交通便利，京广铁路、京石客运专线、京港澳高速公路、京昆高速公路、107国道公路纵穿全县。境内土地肥沃，灌溉便利，为传统农业大县，主要种植玉米、小麦、花生。为全国粮食生产先进县、全国文化先进县、全国平安建设先进县、全国绿化模范县、国家蔬菜产业重点县。

自然环境　定兴县属海河平原区（西北部地区属太行山东麓山前平原亚区）。地形地势平坦开阔，自西北向东南略有倾斜。西魏家庄海拔43.2米，谭城北海拔13.4米，两点交叉29.8米。境内有南拒马河、中易水河等8条河流。受洪冲积成土影响，境内形成兰沟洼、阎台洼、江村洼、肖村洼四大洼地。定兴县地处中纬度地带，属东部暖温带半干旱季风气候，四季分明，大陆季风气候特点显著。无霜期年平均为185天。春季多风少雨；夏季高温、多雨、潮湿；秋季昼夜温差较大，气候干燥；冬季寒冷，降水稀少。2013年平均气温11.3℃，其中最高气温为38.7℃（出现在6月17日），最低气温为-17.4℃（出现在1月23日），年降水量841.7毫米，年日照时数2215.1小时，年无霜期196天。

行政区划　2013年12月25日小朱庄乡撤乡设镇，截至年底，全县6镇10乡1个城区管理委员会，274个行政村和18个居委会。乡镇有：定兴镇、固城镇、贤寓镇、北河镇、天宫寺镇、小朱庄镇、高里乡、杨村乡、北田乡、东落堡乡、张家庄乡、姚村乡、肖村乡、柳卓乡、北南蔡乡、李郁庄乡。

人口民族　总人口595488人，人口自然增长率10.87‰。人口出生人次8841人，其中男4596人，女4245人。人口死亡率4.05‰；共有民族25个，人口最多的为汉族，占总人口的97%，人口较多的少数民族为满族和回族。

【概况】　全县总面积714平方公里，耕地面积718116亩，人均耕地面积1.54亩，粮食总产量50.1万吨。2013年完成县域生产总值94.69亿元，增长9.3%，其中一、二、三产业分别完成增加值26.55亿元、43.10亿元、25.04亿元，分别同比增长3.8%、14.7%、7.2%。民营经济增加值71.92亿元，增长10.2%。固定资产投资完成89.71亿元，增长29.4%。城镇居民人均可支配收入20445元，增长10.8%，农民人均纯收入9455元，增长12.5%；社会消费品零售总额45.82亿元，增长14.1%。财政收入达到7.76亿元，增长24.3%，其中地方公共财政预算收入3.41亿元，增长32.8%。2013年末，城乡居民存款余额90.73亿元，增长16.3%。财政支出14.55亿元，同比增长18.3%，职工年平均工资29965元，同比增长6.6%。

【加快农业调整】　落实各项惠农政策，发放粮补、农机具补贴等资金8832万元。实施农技推广、高产创建示范、小型农田水利建设等工程，粮食总产50.1万吨，实现“十一连增”。畜禽养殖业规模不断壮大，全年猪存栏45万头，肉类总产7.23万吨、奶类总产1.3万吨、禽蛋总产1.35万吨。发展高效设施蔬菜产业，常年播种面积达到30万亩，产量200万吨，顺利通过省级蔬菜示范县验收。总投资1860万元的康城设施蔬菜、华农国家设施蔬菜等项目完成主体施工。农业产业化龙头企业发展壮大，拥有省级2家、市级13家、县级17家，农业产业化经营率68.7%。

【推进城镇建设】　实施繁兴街北延、兴盛大街、幸福路等9条市政道路建设，路网趋于合理，框架不断拉大。完成华建路立交桥建设、县标环岛区域改造和人民公园建设，推进垃圾处理厂等工程建设。投资1.07亿元的中汇汽贸城项目进展顺利，投资9725万元的百盛嘉乐美国际家居体验广场项目进行主体工程验收。推进旧城改造，“三大片区”改造工程完成拆迁326户，繁兴街北延区域改造项目顺利实施，10 栋回迁楼交付使用，建成市政道路 1200 余米；南关片区完成征地 176 亩，4 栋回迁楼开工建设；老城区域改造工程成效显著，11 栋回迁楼达到入住条件。

【社会事业】 深化“亲民爱民”活动，走访慰问贫困户和困难生 3000 余人次，累计投入帮扶资金 150 余万元。教育均衡发展取得积极成效，争取中央、省级专项资金 3699 万元，投资 730 万元改造定兴三中塑胶操场，通过省政府第二轮教育综合督导评估。教育教学成绩保持优胜位次，中高考综合评价获全市“双第一”，本科二批以上上线率 54.8%，蝉联全市高考“三连冠”；城乡保障水平进一步提升，全县医疗保险参保职工 2.8 万人，参保居民 3.6 万人，新农保总缴费金额 2304 万元，新农保人数 7244 人，续保率 90% 以上。开展城乡医疗卫生体制改革，262 名医师派驻各乡镇卫生院进行对口帮扶，274 个村卫生所全部实施国家基本药物制度，执行药品零差率管理。新农合筹资标准提高到 340 元，参合率巩固在 97.7% 以上。

【新汽车站投入运营】 定兴原汽车站位于旧 107 国道立交桥北端，客流量日均 1000 人左右。随着经济的发展，客运量不断增长，已有运力无法满足人们的出行需求。2010 年开始改迁扩建工程，汽车站位于新 107 国道、迎宾街、南环路交汇处，距京港澳高速公路、京昆高速公路下道口仅 20 分钟路程，地理位置优越。工程总投资 3000 万元，占地 40 亩，建筑面积 9700 平方米，固定客车待发区位 77 个，临时发车位 47 个，采用微机售票、条码检票、电视监控和电子显示等先进的服务功能。候车厅配有高档座椅等现代化服务设施，环境宽敞、整洁、舒适，可同时容纳 300 余人候车，日发客运班车 360 余辆、过境班车 241 余班次，日发送旅客 3000 人左右，10 月 28 日，保运集团定兴县汽车站正式启用，是保北地区规模最大、功能最全、档次最高、设施最完善的县级客运站。

【建成定兴人民公园】 人民公园位于东城区兴华东路中段北侧，总投资 3600 万元，占地 10 公顷，其中绿地面积 7.5 公顷，绿化率 75%，水域面积 0.5 公顷。2012 年开工建设，工程建设包括南入口景区、娱乐活动区、生态湿地区、密林区、疏林草区、植物展示区、公园配套区等七个区域。主要景点有观景亭、人工沙滩、临水舞台、曲桥、跌水瀑布、廊架等，2013 年 5 月开园。植物配置主要有白蜡、栾树、国槐、紫叶李、玉兰、白皮松、侩柏、雪松、海棠、连翘、红瑞木、紫薇、绣线菊、月季、草皮等。人民公园是一个集科普、休闲、娱乐、健身为一体的综合性公园，人民公园的建成将有效提升城区环境、改善居民生活。

中共县委

书　记　牛景峰（9 月离任）
　　　　王少雄（11 月任）
副书记　王少雄（11 月离任）
　　　　许红琳（女，2 月任）
常　委　牛景峰（9 月离任）
　　　　王少雄
　　　　孙　辉（4 月离任）
　　　　蔡润平（5 月任）
　　　　孟伟国　赖晓庆
　　　　潘　江　张铁山
　　　　孙建明　贯瑞生
　　　　蒋东方（女）
　　　　赵润林

人大常务委员会

主　任　王崇泽
副主任　蔡占全　侯铁成
　　　　吴奇玲（女）
　　　　刘　昆

政　府

县　长　王少雄（11 月离任）
　　　　赖晓庆（11 月任）
副县长　赖晓庆（11 月离任）
　　　　潘　江　赵润林
　　　　李红娜（女）
　　　　张东兵　张晓峰
　　　　邓艳学　王承先

政　协

主　席　傅　勤
副主席　杜金城　肖　钧
　　　　王洪波
　　　　刘晓涛（女）

（张路全　田英　郭京京）

蠡　县

【地情提要】 蠡县位于河北省中部偏南，保定市东南部，南北纵距 36.5 公里，东西横距 32 公里，总面积 652 平方公里。县境东北与高阳、东南与肃宁、正南与饶阳和安平、西南与博野、西北与清苑县接壤。县城位于石家庄东北 142 公里，保定市区南偏东 50 公里处。

自然环境 蠡县地处华北平原中部，地势西南高、东北低，坡度在 0.3‰～0.1‰，无明显起伏变化，槽形洼地，河流相间。境内有潴龙河、孝义河、月明河和小白河四条河流，均系海河流域大清河水系，潴龙河贯穿全境。土壤分 3 个土类、6 个亚类、13 个土属、36 个土种。耕层土壤有机质含量偏低。属暖温带大陆性季风气候，四季分明。春干旱多风，夏炎热多雨，秋天高气爽，冬寒冷干燥。2013年，最高气温39.2℃，出现在7月3日；最低气温-15.9℃，出现在1月3日。2013年平均气温12.7℃，日照2209.3小时，无霜期191天，初霜日为10月15日，大风1日，最多风向南风，频率11%，全年降水578.2毫米。

自然资源 2013年耕地面积48595.26公顷。地表植被包括野生植物（杂草、菌类、苔藓）和栽培植物（树木类、作物类、蔬菜类、草药类）。生物资源有药草类、菌类、用材林、果树、粮食作物、经济作物、饲草、蔬菜、花卉等植物资源和鱼类、家畜、家禽、鸟类等动物资源。石油是蠡县主要矿产资源，已探明大百尺、万安、辛兴、鲍墟等10个乡镇有石油蕴藏。

行政区划 2013年辖9镇4乡，232个行政村，乡镇名称：蠡吾镇、留史镇、辛兴镇、大百尺镇、桑园镇、万安镇、北郭丹镇、南庄镇、大曲堤镇、小陈乡、林堡乡、鲍墟乡、北埝头乡。

人口民族 2013年末总人口543041人，其中农业人口434184人，有汉、满、回、蒙古、布依等21个民族。2013年全县计划生育率为85.86%，人口自然增长率6.14‰。

【概况】 2013年全县生产总值完成86.6亿元，同比增长10.3%。其中第一产业增加值13.4亿元，同比增长3.0%；第二产业增加值51.3亿元，同比增长13.5%；第三产业增加值21.9亿元，同比增长8.2%。民营经济增加值68.10亿元，同比增长10.5%。固定资产投资36.9亿元，同比增长21.1%；粮食总产量24.8万吨，增长-1.7%；财政收入5.3亿元，其中地方公共财政预算收入2.96亿元，同比增长23.1%；公共预算支出12.85亿元，社会消费品零售总额50.1亿元，增长14.9%，在岗职工年平均工资29205元，比上年增长10.3%；城镇居民人均可支配收入18838元，比上年增长8.4%；农民年人均纯收入9417元，比上年增长12.8%；年末城乡居民存款余额110.7亿元，同比增长10.96%。

【项目园区建设】 全县共实施千万元以上项目57个，其中亿元以上项目44个，项目建设继续保持强劲势头。英达物流基地、加多宝饮料、紫薇山制药、青岛大波生物医药等一批新项目相继落户，英利太阳能、蠡县裘皮新城等项目加快建设，九洲胶带公司正式与河北财达证券签署“新三板”［新三板市场是继全国证券市场主板（上海、深圳A股）、中小板（深交所）、创业板（深交所）之后，由国务院批准设立的北京证券交易所（简称北交所）主办的全国中小企业股份转让系统平台，简称新三板］上市辅导协议。开发区建成区面积5.62平方公里，产业涵盖裘皮服装、现代纺织、仓储物流、机械制造、生物医药和食品行业等多个领域。

【城镇化进程迈出新步伐】 城市功能不断完善，投资400万元对县城垃圾中转站和机械化清运设备进行更新；投资1100万元打通开发区北区工业大街；投资2100万元对林曲路、永盛大街进行了维修，保障通行畅通。城市管理日益加强，开展城市管理“6S”行动，对208处违章建筑进行了集中拆除，对县医院路口、范蠡路农贸市场等重点部位进行了集中整治，城市容貌和秩序明显改善。城市品位显著提升，启动实施月明河综合治理工程，推进绿化改造和县城亮化工程，县城绿化、美化水平进一步提高；梁斌黄胄纪念馆完成主体装修和馆前广场建设；总投资6.5亿元的新城市广场项目全面启动，北部新城初具规模。

【生态建设取得新成效】 推进水污染防治专项行动，对全县92家涉水企业进行规范整治，其中对47家采取断电措施，封停自备井15眼，依法查处非法生产摊点53家。全面开展大气污染防治，开展大气污染防治五大攻坚战（即：燃煤削减、机动车控制、土小企业整治、扬尘抑制、企业污染治理等五大攻坚战役），共取缔燃煤锅炉16台，关停土小企业115家，淘汰黄标车81辆，完成油气回收治理54家。减排工程顺利实施，完成留史镇、百尺镇污水处理厂升级改造，辛兴镇污水处理厂正式投入运营；重点乡镇规模企业落实了排水去向，全部接入城镇污水处理厂，消除了企业偷排偷放隐患。

【民生事业新发展】 “三农”基础不断夯实，成功与河北农业大学达成县校战略合作，农业科技化水平进一步提升；投资800万元解决涉及2万人的农村饮水安全问题；完成17条“村村通”工程；投资2045万元的现代农业粮食产业项目顺利实施。社会保障能力不断提高，新型农村和城镇居民社会养老保险参保率均达到96%以上；加快保障性安居工程建设，200套公租房已分配入住，264套廉租房全部竣工，224套经适房主体工程已完工。文教卫生事业取得新进展，中小学办学条件明显改善；乡村卫生服务实现一体化管理，135个标准化农村卫生室建成投入使用。社会稳定基础更加牢固，集中开展安全生产、食品药品安全和“秋收100”严打整治专项行动，有效化解了安全隐患，打击了违法犯罪行为，社会稳定局面进一步巩固。

【政府建设】 开展“效能提升”专项行动，对41家单位“三类事项”（行政许可、非行政许可和行政监管）进行认真清理，共取消审批事项21项，企业和群众办事成本大幅降低。自觉接受县人大的法律监督和县政协的民主监督，广泛听取社会各界人士和人民团体的意见和建议，办理人大代表建议和政协委员提案153件，答复满意率达到100%。同时，认真落实党风廉政建设目标责任制，不断提高依法行政、廉洁勤政的能力和水平。

中共县委

书　记　田　钧（4月离任）
　　　　李自贤（4月任）
副书记　李自贤（4月离任）
　　　　刘建立
　　　　孟祥群（4月离任）
常　委　田　钧（4月离任）
　　　　李自贤　刘建立
　　　　孟祥群（4月离任）
　　　　魏守海
　　　　单志合（6月离任）
　　　　张俊营
　　　　李　娟（女）
　　　　刘俊禹　吴素杰
　　　　张增祥　齐福民

人大常务委员会

主　任　董彦雷
副主任　徐怀玉　孙永良
　　　　李树杰　韩建军

政　府

县　长　李自贤（4月离任）
　　　　史来顺（5月任，代理）
副县长　单志合（6月离任）
　　　　吴素杰
　　　　魏彦茹（女）
　　　　李建英　王力军
　　　　刘立辉

政　协

主　席　绳兰柱
副主席　楚小楷　李俊卿
　　　　杨进忠
　　　　（鲁春芳　伍艳　孙赞）

顺平县

【地情提要】 顺平县位于河北省中部偏西，北纬38°44′35″~39°07′18″，东经114°50′08″~115°17′04″。东邻满城，西接唐县，南毗望都，北连易县，东南与清苑接壤，西北与涞源搭界。县城北距北京162公里，南距石家庄102公里，东距保定32公里。张石、保阜高速、保阜、保涞、107国道等公路和京广铁路穿境而过。

自然环境 顺平县地处太行山东麓，华北平原西部，总面积708平方公里。地形呈西北至东南斜长，地势西北高，东南低，分中低山、丘陵、平原三种地貌。西北部为太行山区，面积约占全县总面积的三分之二，东南部为平原。最高的山峰白洋坨，海拔1006.7米，中低山海拔300~500米，丘陵地区一般海拔200米左右，平原一般海拔为35~65米。主要河流有曲逆河、蒲阳河、界河、金线河、七节河，近30年来均变为季节河。全县属东部季风暖温带半干旱大陆性气候，四季分明。2013年全年降水量为662.2毫米，汛期（6~9月份）降水量618.0毫米，日最大降水量为77.6毫米，出现在7月9日。全年平均气温12.6℃，1月平均气温为 -5.6℃，年最低气温为 -17.5 ℃，出现在1月3日和1月5日，7月平均气温为26.7 ℃，年最高气温为37.1 ℃，出现在5月11日。

自然资源 全县共有耕地面积212667公顷。全县多年平均自产地表水资源量0.96亿立方米，地下水平均资源量0.97亿立方米。非金属除石灰岩储量15亿吨，其中高级石灰岩1亿吨外，还有石英岩和石英砂岩，白云岩、大理石、石板等；金属矿有金矿、银矿、磁铁和褐铁矿。

行政区划 全县设10个乡镇，为蒲阳镇、高于铺镇、腰山镇、蒲上镇、神南镇、白云乡、河口乡、安阳乡、台鱼乡、大悲乡），辖237个行政村。

人口民族 2013年总人口为31.94万人，增长10.7‰。绝大多数为汉族，另有回、满、侗、藏、壮、朝鲜等16个少数民族。

【概况】 2013年全县生产总值45.12亿元，同比增长6.3 %，一、二、三类产业增加值：第一产业15.27亿元，增长8.1 %；第二产业18.55亿元，增长4.1 %；第三产业11.30亿元，增长8.0 %。全社会固定资产投资额32.39亿元，下降41.7 %。粮食总产量129505吨，增长1.6%。财政收入3.40亿元，增长8.9 %，财政支出9.56亿元，增长8.9%。社会商品零售总额21.49亿元，增长14.0 %。职工年平均工资27494元，增长2.7%。农民人均纯收入3868元，增长17.8%。年末城乡居民存款余额54.06亿元，增长16.6%。城市空气质量等级（二级以上天数）328天。化学需氧量减排164.29吨、二氧化硫减排49.6吨、氨氮减排8.758吨、氮氧化物减排140.82吨。

【项目建设取得新成效】 组团参加廊坊、北京、天津、青岛等招商会，成功签约11个项目。在建项目中，苏博汽配、沐泽铜材和威利欧保温管等项目建成投产；力达塑业扩建、银祥棉业二期、鼎兴钢构等5个新开工项目进展顺利；投资32亿元的中教科社文化产业园、投资12亿元的天赋冷链产业园、投资10.8亿元的天香中华老字号饮品产业园、投资6.5亿元的茂来酒业、投资7亿元的东方红·英虎机械、投资4.5亿元的屹马汽配、投资2.8亿元的四正新型工程材料等7个项目征地工作启动。

【城乡面貌不断改善】 《城乡总体规划纲要》通过专家评审，在全市率先完成数字规划编制工作。建设了依林雅筑等居民小区，新增住宅面积30万平方米。投资1260万元，建成公租房120套，119户困难群众入住廉租房。仙洲路南延、永禄大街东延工程竣工通车。投资260万元，完成了东环、南环、仙洲路亮化工程。投资2000万元的汽车站迁建工程主体竣工。8个机关事业单位、4个住宅小区实现燃气供暖。城区集中供水项目开工建设。总投资8000万元的城镇污水处理厂二期工程，仅用7个多月的时间就建成并投入运营。开展城市管理“6S”“三治两提”“洗城净天”行动，城市环境明显改观，被保定市评为城市管理和绿化工作先进县。推进基层建设年和农村面貌改造提升行动，84个重点村基础设施和生产生活环境明显改善，特别是保阜路沿线村庄面貌得到提升。投资700多万元，实施了3个隧道（杨家台、娘娘宫、大岭后）拓宽改造工程，方便了群众出行和农产品外运。

【三农基础日益稳固】 推进植树造林工程，完成人工造林4万亩，发展“三优”红富士苹果3000亩、薄皮核桃3500亩、桃树2200亩。积极引进一系列现代农业项目，海亮集团华北有机农业核心基地正式落户顺平，旺顺敏达与“大北农”集团实现合作。筛选确定了19个扶贫重点村，整合涉农资金7619万元，打捆使用，重点投放，强力推进扶贫开发。

【环境治理】 开展四场攻坚战。大气污染防治攻坚战。改造燃煤锅炉7台、淘汰黄标车32辆、改造加油站22家。重点行业整治攻坚战。关停非法废旧塑料加工企业1044家、塑料交易市场17家，电力销户301家。依法取缔非法肠衣、肝素纳加工户31家。七节河治理攻坚战。加强对涉水企业的监管，对七节河沿线非法排污企业依法关停取缔。提升污水处理厂一期日处理能力，实现超负荷平稳运行。污水处理厂二期工程投入运营。肠衣基地污水治理攻坚战。将原有的城区污水处理厂一期进行升级改造，专门用于肠衣基地污水处理。

【文化事业蓬勃发展】 成功举办孙氏太极拳高峰论坛，扩大了顺平的对外影响。成立尧乡传统文化研究会，顺平县文化艺术联合会及书画、文体等11个分会。开办“尧乡讲堂”25期。组织文艺下乡、彩色周末等活动125场。实施尧乡百姓电影学堂工程，为113个村配备了电影放映机，丰富了农村群众文化生活，提高了群众学科学、找致富门路的积极性。地平跷、尧帝传说、尧乡南乐、孙氏太极拳等获批省市非物质文化遗产。完成康熙12年古县志整理工作。

【旅游开发有序进行】 凤凰山佛光寺山门殿、五圣殿及万佛殿开工建设；投资500万元，对腰山王氏庄园部分文物进行抢救性修复；白银坨景区获批省级爱国主义教育基地。

【民生保障得到加强】 养老体系不断完善。总投资4000万元的养老中心二期工程投入使用，新增床位650张。在全省率先实现农村福利型养老全覆盖。投资717万元，完成安阳中学等4座教学楼建设。投资1860万元，完成24所中小学食堂建设。投资540万元，改扩建幼儿园7所。顺利通过省教育、教学督导评估和达标验收。职教中心建工程正式启动。与华北电力大学合作，实施“情暖童心”工程，筹集活动基金300万元，7000多名儿童受益。设立了审计长奖（助）学金、银祥园丁奖和润泰园丁奖，发放奖金70万元。投资750万元，完成了卫生监督所·妇幼保健站工程。总投资1120万元，实施中医院和神南、蒲阳镇卫生院建设工程。

中共县委

书　记　张丽娟（女）
副书记　王永建　郑福群
常　委　张丽娟（女）
　　　　王永建　郑福群
　　　　蒋宇林　甄会龙
　　　　赵永帅　樊朝宇
　　　　齐新成　田建生
　　　　朱国栋　杨保军

人大常务委员会

主　任　郭文忠
副主任　王长占　张连营
　　　　石新生
　　　　李晓红（女）

政　府

县　长　王永建
副县长　樊朝宇　杨保军

梁文杰
杨军华（女）
李长军　刘志永
刘士华　温高原

政　协

主　席　王若辉

副主席　侯英武　刘振国
孙洪江　肖少鹏

（冀敬军）

望都县

【地情提要】　位于河北中部偏西，太行山北段东麓山前平原，东西宽24公里，南北长33公里，总面积374平方公里，界于北纬38°30′～38°48′，东经115°01′～115°18′。东毗清苑县，南邻定州市，西接唐县，北交顺平县，东南与安国市接壤。县人民政府驻地望都镇，北距北京187公里，南距石家庄98公里，北至保定35公里。京广铁路、107国道、京港澳高速公路贯穿县境。

自然环境　地处太行山北段东麓山前平原，地势西北部高，东南部低，缓缓倾斜，无明显起伏变化。西部最大海拔高度56.3米，东南最低海拔高度27.8米，地面平均纵横度1/800。土壤为洪水冲积物，土层深厚，土壤肥沃。河流均系海河流域大清河水系，自然河道有唐河、九龙河、白岳河、运粮河、曲逆河，人工开挖的河道新开河，境内河道总长54.5公里。地下水水质良好。地处北温带半干旱半湿润季风气候区，四季分明，2013年降水量614毫米，年平均气温12.2℃，极高气温38.8℃，出现在7月3日，极低气温－12.7℃，出现在1月5日，年日照时数1725小时，无霜期187天。

行政区划　全县辖3镇5乡，一个城区办事处，142个行政村8个社区。乡镇有望都镇、固店镇、寺庄乡、黑堡乡、高岭乡、赵庄乡、中韩庄乡、贾村镇（7月设镇）。

人口民族　年末全县总人口26.5万人。境内有汉、满、回、蒙古、壮、朝鲜、苗、彝、羌、侗、土家等20个民族，其中以汉族为主。人口自然增长率6.95‰。

【概况】　2013年全县生产总值完成51.9亿元，增长8.7%，其中第一产业增加值17.3亿元，增长2.3%；第二产业增加值21.5亿元，增长15.2%；第三产业增加值13.1亿元，增长3.8%；规模以上工业增加值完成8.5亿元，增长17.7%；固定资产投资完成37.9亿元，增长10.6%；社会消费品零售总额完成15.9亿元，增长14.6%；财政收入完成3.45亿元，增长15.8%；公共财政预算收入完成2.38亿元，增长16.0%；公共财政预算支出完成9.24亿元，增长22.7%；城乡居民存款余额68.8亿元，增长12.8%；贷款余额26.4亿元，增长33.3%；城镇居民人均可支配收入完成19573元，增长11%；农民人均纯收入完成7662元，增长14.3%。粮食总产量25.6万吨，同比下降2.8%；职工年平均工资29942元，同比增长12.5%；民营经济增加值34.4亿元，同比增长9.7%。

【项目建设突飞猛进】　谋划实施各类项目325个，总金额842亿元。万世春铁路配件、大通铸锻、鑫知农菊花深加工、天川食品等项目顺利实施，建国伟业、万方管材、九安门业二期、中科门窗、信誉楼商厦、保华辣椒深加工等项目开工建设，尧母古城开发、开发区基础设施建设、城区集中供热、天然气产业等项目已着手办理前期手续，成功与北京建工集团天津分公司签订战略合作协议。园区建设迈上新台阶，确定了“一区三园”发展格局，开发区扩规面积达到37.8平方公里。

【招商引资再创佳绩】　全年引进省外资金22亿元，实际利用外资1031万美元。成功举办“10·29”望都·项目推介会、中国梦——“走进青年，携手圆梦”主题实践活动和台湾项目推介会等一系列大型招商活动。赴京津等地30余次洽谈对接，主动承接北京产业转移，与工信部、商务部、民政部以及北京市经信委、发改委、国土局等建立了持续联系。先后邀请世界500强和国内大型企业46家，各级领导、客商及专家学者500余人到望都考察调研。成功对接央企国企10家、国家单位和科研院校11家、世界500强企业34家、北京国资委下属企业9家，与中粮集团、台湾大同集团、鑫记伟业等一批知名企业进行了项目洽谈，与中坚国际香港有限公司、北京建工集团、河北建设集团等一批实力企业达成合作意向。各部门积极跑部进厅，争取国债项目19项，国债资金6048万元，省级配套资金393万元。招商引资实现历史性突破，是收获最多、成效最大的一年。

【工业经济日益壮大，传统产业上档升级】　出台《工业企业帮扶提升实施方案》，重点帮扶33家企业。争取技改项目5个，新增规模以上工业企业6家。实施“腾笼换鸟”，搁置十年之久的海菲泰实现转产出让。依法关闭砖瓦窑9座，可置换用地指标1200

亩。开展全民创业，新增个体工商户655户、个转企35家、内资企业188家。围绕壮大传统产业，组建辣椒、制鞋、机加工产业集群发展领导小组，规划了3个产业园区，为产业集聚发展搭建了平台。

【农村经济加快发展】 惠农政策全面落实，发放惠农资金6459万元，安乐庄、南堤子、保定恒开等现代农业园区建设稳步推进，设施蔬菜达到3.6万亩。实施辣椒良种及种苗繁育项目，辣椒种植3.5万亩。千头以上标准化奶牛养殖小区发展到15个，奶牛存栏1.23万头。市级产业化龙头企业达到12家、农业专业合作组织达到287家，农业产业化率65%。农业基础设施不断完善，建设节水灌溉农田5.1万亩，土地深松耕17万亩，新打机井380眼，植树造林3000亩，修建农村道路18.4万米。农村面貌持续改善，启动11个村农村面貌改造提升，全部完成了村民中心、标准卫生室建设。扶贫资金投入持续加大，争取财政扶贫资金1848万元、定点帮扶资金1340万元，33个贫困村、3.5万扶贫人口实现稳定脱贫。

【城市建设】 《城乡总体规划（2010－2030）》通过专家评审，绿化、给排水等19项专项规划全面启动。邀请高端专家学者，规划论证尧母古城开发项目，与中坚国际香港有限公司签订合作协议。新城区建设全面铺开，易购商城对外营业，名都广场、新城区小学投入使用。九龙河改造工程加快实施，完成139户、1.7万平方米的土地房屋征收，整治河道1500米。城市路网更加便捷，省道蠡野线（107国道）望都县城绕城段改建项目全面启动，北环路及公铁立交桥竣工通车，建宏街、富强路东段改造基本完工。争创省级园林城市，启动人民公园、城西公园建设，对城市主干道实施绿化提升，城区绿地率达到30%。市政设施不断完善，启动城区集中供热项目，完成振兴街、繁荣路路灯改造，铺设中华路、富强路、八一路雨污管网20公里。深入开展城市管理“6S”行动，下大力治理违章建筑、占道市场等城市顽疾，县城环境明显改善。

【第三产业日益繁荣】 尧母文化产业创意研究迈出坚实步伐，在全国“两会”上，中国新闻文化促进会会长、原新闻出版署副署长李东东委员，联合24名全国政协委员提出了《发挥“尧母文化”正能量，建设美丽中国》的提案，列为全国政协第2841号提案，并交由省政府主办，文化部、中央文明办、国家旅游局会办，挖掘和打造尧母文化，由省级层面升至国家层面。大力弘扬孙氏太极文化，成功举办了“孙氏武学交流暨孙禄堂逝世八十周年”主题系列活动。孙氏太极拳和新颖调成功入选省级非物质文化遗产。金融服务体系更加健全，中国银行、中成村镇银行对外营业。商贸业更加繁荣，新望农贸市场一期改造接近尾声，信誉楼商厦开工建设。

【社会事业成果丰硕】 全年转移农村劳动力5.88万人，城镇新增就业2536人，城镇下岗人员再就业643人，城镇登记失业率2.9%。不断完善社保体系，新农保参保率90%，新农合参合率99%。争取上级社保资金9538万元，发放企事业养老金1.54亿元，全县企事业养老金按时足额发放。发放低保金1130万元、五保供养金118万元、医疗救助金208万元，做到应保尽保。保障房建设，开工220套，竣工355套，开工、竣工、使用率继续保持全市领先。新建幼儿园5所、改造22所，启动城内小学改扩建，完成侯陀小学、高岭小学教学楼建设，新城区小学实现秋季入学。持续改善医疗条件，中医院迁建正式启动，县医院农村急救中心、望都镇卫生院、寺庄乡卫生院白岳分院投入使用。县级公立医院改革有序进行，县医院实现药品零差率销售。强化大气污染防治，依法关停980家废旧塑料加工摊点，扬尘污染、秸秆禁烧等问题得到有效控制。统筹一批关系民计民生的重点工作，贾村、寺庄水厂投入使用，自来水供应基本实现城乡全覆盖。革命烈士陵园建设完工，269座零散烈士墓迁入陵园。

中共县委

书　记　孟晓灵（女，4月离任）
　　　　朱子强（4月任）
副书记　孙晨光
　　　　张美顺
　　　　赵树堂（3月任，挂职）
常　委　孟晓灵（女，4月离任）
　　　　朱子强　孙晨光
　　　　张美顺　赵树堂
　　　　吴从志
　　　　崔建民（11月离任）
　　　　谢世援　莫茂林
　　　　赵　勇　李红彬
　　　　黄　伟　张同开

人大常务委员会

主　任　刘洪洁（女）
副主任　麻金龙　张顺英
　　　　于书亭　王小来

政　府

县　长　孙晨光
副县长　崔建民（11月离任）
　　　　李红彬　田双喜
　　　　何　东

王彩芬（女）
张长春
王志佳（挂职）
管越超（1月任，挂职）

政　协
主　席　何任道
副主席　马文库　孙丁立
张建敏（女）
张淑森

（张建华）

雄　县

【地情提要】 雄县位于冀中平原，地处京津保三角腹地。北纬38°55′～39°10′，东经116°01′～116°20′，东西长26公里，南北阔25.5公里，总面积513.46平方公里。县域东部与霸州市交界，南部、东南部隔大清河与任丘市、文安县相望，西南临白洋淀及温泉城与安新县相连，西部与容城县相接，西北、北部与白沟新城、高碑店市毗邻，东北部与固安县接壤。县城北距北京108公里，西南距石家庄175公里，东距天津100公里，西距保定70公里。宋辽古战道地下绵延几十里，素有“历史奇观、地下长城”的美誉。

自然环境 雄县地处拒马河下游，属低平原区，地势平坦，自西北向东南略有倾斜，海拔高度8～14米，土壤以砂壤和壤质为主，属暖温带半干旱地区，大陆性季风气候特点显著，四季分明。2013年平均气温12.0℃，极端最高气温36.7℃，出现于7月4日；极端最低气温－19.2℃，出现于1月3日。全年降水量522毫米。年日照2116.7小时，无霜期177天。大清河是流经本县的唯一自然河流，境内全长38.75公里，多年来为常年有水河道，50年代后形成季节性河道。白洋淀为常年蓄水的淡水湖泊，雄县拥有淀区面积18.3平方公里，县城距白洋淀4公里。

自然资源 全县耕地面积32644公顷，其中水浇地面积23388公顷。境内石油、矿泉水、地热水等自然资源丰富。境内有油井1500多眼，年产原油70万吨，占华北油田原油总产量的六分之一。矿泉水总储量4亿吨左右，水中的碘、锂、锶、偏硅酸及矿化度均达到国家饮用天然矿泉水标准，被鉴定为“国内少见的优质矿泉水”。地热资源具有面积广、储量大、埋藏浅、温度高、水质优等特点，地热田覆盖面积达320平方公里，占县域总面积的61%，总储量达821.87亿立方米，热储埋深在500～1200米，出水温度55℃～86℃，矿化度达到1112毫克/升，并且富含锂、锶、碘、锌、钾等多种微量元素，达到了国家医疗热矿水标准，号称“华北之冠”。2006年3月和2011年12月，先后被中国矿业联合会和国土资源部正式命名为“中国温泉之乡”。通过引进冰岛恩莱克斯公司、中石化新星石油公司，利用世界先进的“热交换”技术以及“回灌”技术，实现了地热资源的科学开发、永续利用，中央电视台等多家主流媒体进行了报道。

行政区划 全县辖6镇3乡1个社区办，共223个行政村、7个居委会。其中6镇分别是雄州镇、昝岗镇、大营镇、龙湾镇、朱各庄镇、米家务镇；3乡分别是双堂乡、张岗乡、北沙口乡。

人口民族 截至2013年底，全县总人口共计390082人，同比增长1.63%。境内拥有汉、满、回、蒙古、朝鲜、壮、彝、苗、羌、侗、土家等24个民族，其中以汉族为主，占总人口的97.5%。年度人口自然增长率7.58‰。

【概况】 2013年，全县实现国内生产总值86.73亿元，同比增长9.1%，其中第一产业增加值10.07亿元，同比下降2.2%；第二产业增加值60.12亿元，同比增长13.5%；第三产业增加值16.54亿元，同比增长1.2%。民营经济增加值完成67.85亿元，同比增长10.93%。粮食总产量为24.16万吨，同比减少4.3%。棉花产量475吨，同比减少7.23%。全部财政收入完成6.33亿元，同比增长17.6%，其中地方公共预算收入完成3.54亿元，同比增长18%。地方公共预算支出10.51亿元，同比增长25.8%。社会消费品零售总额实现38.02亿元，同比增长14.8%。全社会固定资产投资完成60亿元。在岗职工年平均工资32391元，同比增长2.2%。农民年人均纯收入10175元，同比增长11.8%。城镇居民人均可支配收入22241元，同比增长11.36%。年末城乡居民存款余额75亿元，比年初增长13.1%。

【产业升级取得新进展】 工业升级步伐不断加快。坚持“有中生新”，累计实施重点项目14个，完成投资32.13亿元；帅康座椅、旭景型材等一批重点工业项目相继投产，九企集团成功组建，工业规模大幅提升；开展全民创业，扶持中小企业，全县规模以上企业增至117家，总量位居全市第一。农业产业化稳步推进。化强广通等龙头企业运行良好，京南生态观光示范园等重点项目加速推进，高端果品、设施蔬菜、优质甘薯、优质粮、用材林等五大基地总面积12万亩；此外，通过鼓励农村土地集约经营，推广“农超对接”等现代经营模式，农民规模化经营水平进一步提高。旅游商贸、现代物流等服务业方兴未艾。总投资22亿元的雄州国际广场项目加速推进，总投资2.2亿元的白码矿泉水项目顺利开工。抢抓“京津招商周”活动机遇，主动对接京津、对接央企，成功与北京中天神威通用航空有限公司签订《合作框架协议》，总投资40亿元的中天神威航空产业园项目正在完善相关手续。城市商贸综合体、雄州市场等经营秩序良好，经营档次提升，为县域经济持续健康发展增添了新的活力。

【城镇面貌发生新变化】　《雄县城乡总体规划》获市审批后，《控制性详细规划》已编制完成，特色景观街道、高标准公园、商贸综合体、特色街区、城市广场、公共设施等“六个一工程”顺利竣工。总投资1.89亿元的将台路第三小学段路面铺设以及文昌大街便道改造等工程圆满完成；总投资5500万元的雄州路南延部分路段建成通车；计划总投资5.4亿元的保静路雄县段、文昌大街东接西连工程前期工作正有序开展；规划面积14平方公里的雄县经济开发区正在建设，路网、电网、水网以及污水处理等基础设施加快建设。“三治两提”、城市管理“6S”行动、城市容貌整治攻坚等各项工作及专项行动深入开展，城区交通、卫生网格化管理稳步实施，城市长效管理机制进一步完善，城镇容貌明显改观，城市品位显著提升。

【“三农”工作迈出新步伐】　向上级争取涉农项目12个、涉农资金3800余万元，投资9400多万元，推进现代农业综合开发区示范区建设，实施标准化农田建设10万余亩。成功获批全国第五批小型农田水利重点县。加快连村通乡公路建设，投资862万元，建设农村公路23.4公里；投资1165万元，新建电气化村16个；投资500万元，解决8个村、1.7万人的饮水安全问题；投资580万元，完成17个村近20公里的主街道硬化项目。同时，实施农村面貌改造提升行动，农村水、电、路等基础设施日趋完善，村容村貌有效改善。

【重点难点工作实现新突破】　着力破解土地瓶颈制约，全年争取土地指标448亩。开展大气污染防治攻坚战，推进“洗城净天”行动。取缔燃煤锅炉，推行地热集中供暖，城区集中供暖覆盖面90%，年可节约燃煤7.07万吨，减排二氧化碳16.87万吨、二氧化硫0.43万吨、煤尘1.06万吨；取缔关停“土小”企业118家；强化挥发性有机物企业监测，开展油气回收治理，整顿煤炭市场，四项主要污染物排放量稳步削减。全部关停县域内非法小加油站，有效消除了安全隐患。

【社会事业取得新进步】　投资3000万元，建成第三小学并投入使用；投资6100余万元，完成28所中小学改造及2所幼儿园改扩建工程，消除D级危房4万平方米，教育基础设施有效加强。投资4743万元，建成县医院一期病房楼，改扩建基层卫生院2个，卫生医疗条件逐步改善。新农合、城市居民医保参保率分别达到98.9%和90.2%，社保覆盖面进一步扩大。落实低保、五保及优抚对象生活补贴2341.68万元，实现应保尽保。推进计生重点工作，持续保持低生育水平。保障性住房开工建设451套，竣工756套，分配入住295套，并建成2个居家养老服务站和6个农村互助幸福院，保障了困难群众的住房需求。加强食药品专项整治，建立县、乡、村三级监管网络，落实日常动态监管，确保了食药品安全。破获各类刑事案件639起，抓获犯罪嫌疑人320名，保障了广大人民群众生命财产安全，确保了平安雄县建设。

中共县委

书　记　张　海（11月离任）
　　　　吴亚飞（11月任）
副书记　李克英（女，11月离任）
　　　　韩晓杰（11月任）
　　　　王育新
常　委　张　海（11月离任）
　　　　吴亚飞（11月任）
　　　　李克英（女，11月离任）
　　　　韩晓杰（11月任）
　　　　王育新
　　　　黄继忠（6月离任）
　　　　厉　柯（6月任）
　　　　刘志刚　温占芳
　　　　董贺群　许顺田
　　　　万树军　孙勇奇
　　　　崔建军

人大常务委员会

主　任　王汝强
副主任　马木良　张振强
　　　　张　荣（女）
　　　　程泽军

政　府

县　长　李克英（女，11月离任）
　　　　韩晓杰（11月任）
副县长　刘志刚　万树军
　　　　姚晓莉（女）
　　　　刘玉峰　张占良
　　　　王洪超

政　协

主　席　任志强
副主席　常福山
　　　　许卫荣（女）
　　　　韩　兵　延景祎

（唐传韵　孙丽新）

易县

【地情提要】 易县位于河北省中西部，太行山北端东麓。地理坐标为北纬39°02′30″～39°35′50″，东经114°51′05″～115°38′12″。县境东西跨距67.7公里，南北跨距61.7公里，总面积2534平方公里。县城南距保定60公里，西南距石家庄169.5公里，东北距北京110公里，东南与定兴县，南与徐水，西南与满城县、顺平县，西与涞源县，北与涞水县相邻。易县是千年古县，境内有清西陵、燕下都、紫荆关、老子道德经幢、北福地遗址、圣塔院塔（荆轲塔）六处全国重点文物保护单位。清西陵、狼牙山为全国4A级景区。过境的京原铁路和国道112线、省道京赞线、易定线、保平线、良顺线组成境内主体交通网。张石高速公路通过易县段67公里。南水北调中线易县段经过8个乡镇、46个行政村，全长45公里。

自然环境 县境地处太行山区向华北平原过渡倾斜地带，与定兴县相邻的高陌乡是全县惟一平原乡，平均海拔324米，地势由西向东下降明显，流水落差大，易患水灾。主要山峰有摩天岭、平顶山、五峰寨、云蒙山、狼牙山等，最高山峰摩天岭位于蔡家峪乡与涞水县交界处，海拔1813.3米。境内主要河流有北、中、南三条易水河和漕河、拒马河，均属海河流域大清河水系，河流总流程216公里，年径流量9.35亿立方米，正常泄洪能力1580立方米/秒。属暖温带大陆性季风气候区，春秋干旱多风，夏季炎热多雨、冬季严寒少雪，四季分明。2013年平均气温11.5℃，年极端最高气温36.5℃，出现在7月24日；年极端最低气温－17.9℃，出现在1月3日。年降水量650.1毫米，一日最大降水量73.7毫米，出现在6月7日。全年日照总时数1852.3小时，无霜期193天；大风日数6天，最大风速10.8米/秒。由于连年干旱，地下水位下降，灌溉面积萎缩。

自然资源 可耕地约12万公顷，土壤多见褐土，海拔700米以上多见棕壤。地下水资源总量1.14亿立方米，水质清澈，呈中性、弱碱性，PH值6.9～7.9，主要金属矿有金、铁等，非金属矿有磷、膨润土、石灰石、花岗岩、石棉、蛭石等，其中石灰石和花岗岩储量最大，分别为3000万吨和6000万吨。建筑沙资源丰富。主要药用动植物有全蝎、蝉蜕、五灵脂、沙参、丹参、枣仁、柴胡、知母等30多种，全部野生药材近200种。

行政区划 全县辖易州、梁格庄、西陵、裴山、塘湖、狼牙山、良岗、紫荆关、高村9镇，桥头、白马、流井、高陌、大龙华、安格庄、凌云册回族满族乡、西山北、尉都、独乐、七峪、富岗、坡仓、牛岗、桥家河、甘河净、蔡家峪、南城司18乡，1个城管处，469个行政村（含7个社区，10个居委会）。

民族人口 全县总户数191461户，年末总人口577069人，其中少数民族33050人，有汉、满、回、蒙古等35个民族（2010年第六次人口普查结果），凌云册乡是满族回族乡。人口自然增长率7.8‰。

【概况】 2013年全县完成地区生产总值92.30亿元，同比增长8.33%。其中第一产业增加值完成23.82亿元，同比增长3.9%；第二产业增加值完成38.19亿元，同比增长11.5%；第三产业增加值完成30.29亿元，同比增长7.1%。三次产业的结构比例由上年的26.3：40.1：33.6调整为25.8：41.4：32.8。民营经济增加值68.66亿元，同比增长10.5%。规模以上工业增加值37.58亿元，同比增长14%。粮食总产量228919吨，同比下降0.8%；棉花总产量494吨，同比下降17%。全县全年完成全社会固定资产投资99.03亿万元，同比增长24.5%。全部财政收入完成5.38亿元，同比增长12%，其中地方一般预算收入完成3.38亿元，增长12.2%；财政支出21.91亿元，同比增长33.6%。城市空气质量等级2级以上天数达到344天。社会消费品零售总额34.48亿元，同比增长14.4%。职工年平均工资32869元，同比增长6.6%，农民年人均纯收入5220元，同比增长12.4%。城镇居民人均可支配收入16289元，同比增长4.0%。年末城乡居民存款余额102.08亿元，同比增长17.4%。

【项目建设取得新成效】 谋划实施重点项目76项，总投资883.65亿元，其中列入市管省考核项目1项、市重点项目3项。省市重点项目完成投资19.6亿元，占年度计划的181.5%。总投资60亿元的航天科技民品产业园项目，1300亩土地征迁工作基本完成；总投资10亿元的航天“929”项目，正在进行主试验场施工；总投资3.6亿元的善水管材项目，土建工程基本完成；总投资10亿元的中华砚文化博览城项目，完成博物馆、艺术家创作园一期主体、艺术品文化长廊、接待中心和展览展销大厅基础建设；总投资3亿元的京煤太行化工二期技改项目，获得工信部和省科工局批复；国电风力发电项目取得省能源局路条，正在办理前期手续。举办易县招商引资推介会暨项目签约仪式，推介项目14个，签约项目10个，总投资达224亿元。全年引进省外资金30.85亿元，外贸进出口总值完成2860万美元。

【农业生产稳步发展】 粮食总产22.89万吨。完成造林12万亩，有林面积达到192万亩，林木覆盖率达到51.5%，果树面积达到25.65万亩，果品产量20万吨，林果业总产值3亿元。生猪、肉牛、家禽饲养量分别达到78.9万头、11.98万头、467万只，肉类总产6.5万吨，畜牧业总产值21.68亿元。食用菌种植达到2000万棒。农业产业化经营率提高1个百分点，达到58.4%。

【工业结构不断优化】 矿产、建材、铸造等传统产业改造升级。实施技改项目15项，总投资28.89亿元，完成投资12.4亿元。新增规模以上工业企业9个，规模以上工业增加值完成37.58亿元、实现利税7亿元，分别增长14%和19.68%。投资2573万元的中易水综合治理工程，疏浚河道4.5公里，正在平整河道，建设拦水坝。开发区新上项目2个，完成投资4.5亿元。新增民营经济组织312家。开展大气污染防治行动，全力打好燃煤削减、机动车控制、扬尘抑制、土小企业整治、挥发性有机物污染治理五大攻坚战。取缔城区分散燃煤锅炉43台；制定了黄标车淘汰计划，淘汰黄标车61辆；完成43万平方米施工工地综合整治，在国省干道设置5个监督检查站；整治石灰“土灰窑”，全县131座“土灰窑”全部取缔；城区12家规模餐饮饭店安装高效油烟净化设施15台，33家加油站安装油气回收装置12个，查处非法加油站18家。推进节能减排，万元工业增加值能耗降低率为21.3%，万元GDP综合能耗下降6.86%，化学需氧量、氨氮、二氧化硫、氮氧化物排放分别削减1026.3吨、20.39吨、170.38吨和1386.77吨，超额完成全年任务。长城白水泥厂、燕京石材厂等改制工作稳妥推进。

【旅游产业稳步推进】 完成易县旅游业发展总体规划及狼牙山、易水湖、千佛山等景区发展规划终稿。生态停车场建成投用，龙门湖欢乐世界一期项目建成开放，通过了国家4A级景区复核验收。易水湖旅游综合开发项目累计完成投资7.8亿元，征地1000亩，完成项目总体规划和码头、道路、会所、牌楼的施工设计，旅游资源流转工作基本完成。实施慕东陵、泰妃园寝、昌妃园寝、行宫中院文物本体维修工程。投资500万元实施环境综合整治工程。成功举办2013河北省红色旅游首游式暨第四届狼牙山山花节等节庆活动。接待游客266.8万人次，门票收入4554万元，旅游总收入7.65亿元，分别增长12%、89%和15%。

【城乡面貌有新变化】 编制完成城南新区总体规划和荆轲大道项目规划设计，制定出台《城南新区农村新民居建设征收补偿安置暂行办法》。完成荆轲大道、燕都古城约1000亩土地征收工作。投资2370万元的北易水防洪综合整治项目正在施工，清理河道3万立方米。投资2.26亿元完成朝阳西路、开元南大街和同兴路综合改造工程。投资500万元，实施步行街综合改造。投资1750万元的东关新村主道路建设竣工。继续推进县城集中供热工程建设，新增供热面积48万平方米，达到91万平方米。商住小区建设完成拆迁面积20.5万平方米，开工15万平方米，竣工10万平方米。建筑业总产值完成33亿元，增长24%。集中开展城市管理“6S”行动，拆除不规范广告牌匾500余块，取缔占道经营摊点120多个，清除积存垃圾7万吨。农田水利基础设施建设不断加强，新打机井150眼，铺设节水管道30万米，恢复改善灌溉面积3600亩，解决84个村8.45万人的饮水安全问题。连续九年获全省农田水利基本建设“海河杯”先进县。荣乌高速公路进场施工。京昆高速公路完成征迁及清表工作。投资3200万元，实施易保线13公里大修及两侧综合治理，全国农村公路现场会到易县实地观摩。实施农网改造工程，新建改造变压器316台。开展农村面貌改造提升行动，完成17个示范村改造提升任务。

【民生和社会事业全面发展】 县财政民生支出15.7亿元，占公共财政预算支出的72%，增长44.6%。城镇新增就业4510人，实现再就业1265人，城镇登记失业率控制在4.5%以内。农村富余劳动力向非农产业转移新增4600人。城乡居民社会养老保险参保率达到98%，为82565人发放养老保险金5220.39万元。城镇低保保障线由275元提高到360元，平均每人每月增长低保金30元；农村最低生活保障线由1400元提高到2300元，人均补差额从每人每月79元提高到110元。农村五保补助标准进一步提高，城、乡低保、农村“五保”对象分别达到5546人、23111人、2996人，发放补助金分别为1327.3万元、3100万元、700万元。新农合参合率96.97%，为102万人次补偿医药费1.383亿元，统筹基金使用率94.05%，政策范围支付比例75%。完成农村危旧房改造4800户。实施薄弱学校食堂、教学楼和校舍改造工程。县第二幼儿园建设完成主体工程。高考成绩继续位居全市第一平台。通过三类城市语言文字达标验收。县医院实现药品零差率销售。实施11项基本公共卫生和重大卫生服务项目。中医院“二甲”复审通过，村卫生室标准化建设全部完成。投资250万元的县急救中心建成并投入使用；完成南城司、蔡家峪、高陌、桥头等4个乡镇卫生院建设。全国第五次公共图书馆评估定级工作通过市级验收，被文化部命名为一级馆。摆字龙灯代表河北省参加中国（南宁·清秀）舞龙展演，获金奖。加强文化产业园区建设，被评为“全省文化产业十强县”。全面落实计划生育奖励扶助政策，低生育水平持续巩固，全县人口出生率13.22‰，符合政策生育率92.24%。投资8097万元，在47个帮扶村实施帮扶项目1575个。投资5.2亿元，实施灾后重建项目134个，夺取了灾后重建的全面胜利。

中共县委

书　记　杨义宝
副书记　李广义（11月离任）
　　　　刘　杰（11月任）
　　　　韩朝红
　　　　尤志军（3月离任）
常　委　杨义宝
　　　　李广义（11月离任）
　　　　刘　杰（11月任）
　　　　韩朝红
　　　　尤志军（3月离任）
　　　　杨　明（6月离任）
　　　　李　波（6月任）
　　　　张铁柱（11月离任）
　　　　段志伟　张东辉
　　　　张永山　王占平
　　　　刘　嵘　魏云海
　　　　黄正权

人大常务委员会

主　任　张树林
副主任　高文杰　马根全
　　　　崔永德　郝卫国

政　府

县　长　李广义（11月离任）
　　　　刘　杰（11月任）
副县长　张铁柱（11月离任）
　　　　张东辉　赵春生
　　　　王东风（女）
　　　　勾士涛　赵永忠
　　　　荀习顺　王明生

政　协

主　席　杨春立
副主席　闫　力
　　　　杨凤娥（女）
　　　　耿树启
　　　　陈　东

（王秀丽）

徐水县

【地情提要】　徐水县地处华北平原，太行山东麓，位于河北省中部，保定市中部偏东。县人民政府驻地安肃镇，北距北京119公里，西南距石家庄155公里，东距天津145公里。县域地理坐标为北纬38°52′40″～39°09′50″，东经115°19′06″～115°46′56″，东西长37.7公里，南北宽22.8公里。全县行政区域土地面积723平方公里，其中建成区面积21平方公里，城市建成区绿化覆盖率35.7%。东与容城县、安新县为邻；南与清苑县、保定北市区接壤；西与满城县、易县交界；北与定兴县相连。

自然环境　徐水县中东部地势平坦开阔，土壤肥沃。西部为山前丘陵，蕴藏着高岭土、青石板等矿藏。四季分明，光照充足，属暖温带大陆性季风气候。境内瀑河、曲水两座水库及漕河、瀑河、萍河三条河流基本处于无水或断流状态。全县森林面积2093公顷。境内地下水水质清洌甘甜。由于降水少，加之过度开采，地下水位呈连年下降趋势。全年平均气温11.6℃。全年降水量553.4毫米。极端最高气温38.6℃，出现在8月17日；极端最低气温－18.8℃，出现在1月5日。年日照时数1977.3小时，无霜期191天。

自然资源　全县年末实有耕地42616公顷，比上年减少390公顷。有效灌溉面积38770公顷。丘陵区面积91.2平方公里，主要矿产有板岩、高岭土、石灰石、白云石、八厘石、硅石等，其中板岩、石灰石储量丰富。

行政区划　2013年，徐水县辖7乡7镇和1个城区办事处。分别为安肃镇、大因镇、崔庄镇、漕河镇、高林村镇、大王店镇、遂城镇、留村乡、东史端乡、正村乡、户木乡、义联庄乡、瀑河乡、东釜山乡、城区办事处。县辖304个行政村。

人口民族　年末全县总户数196226户，总人口604992人，其中非农业人口98639人。本年出生10122人，出生率为15.26‰；死亡3190人，死亡率为6.16‰；自然增长率为9.09‰；出生人口性别比为107.68。年末常住人口580008人，其中城镇人口224753人，城镇化率为38.75%。境内汉、回、满、壮、蒙古等25个民族和睦相处。

【概况】　2013年实现生产总值147.96亿元，同比增长6.6%。其中第一产业增加值27.07亿元，比上年增长 2.2%；第二产业增加值 78.83 亿元，比上年增长 7.2%；第三产业增加值 42.06 亿元，比上年增长 8%。一、二、三产业占生产总值的比重分别为 18.3%、53.3% 和 28.4%。第三产业所占比重较上年提高一个百分点。人均生产总值 25748 元。财政收入占 GDP 的比重为 9.6%，比上年提高 0.9 个百分点。全年粮食播种面积 88.49 万亩，粮食总产量 39.96 万吨。棉花种植面积 675 亩，棉花产量 47 吨。完成工业总产值 311.05 亿元，同比增长 4%。其中规模以上工业总产值 226.45 亿元，同比增长 0.6%。当年入统规模以上工业企业 64 家，其中销售收入超亿元的工业企业达到 35 家，利税超千万元的 30 家。2013 年完成全部财政收入 14.18 亿元，同比增长 17.1%。其中公共财政预算收入 8.05 亿元，同比增长 21.3%。公共财政预算支出 22.10 亿元，同比增长 39.7%。全年实现社会消费品零售总额 62.9 亿元，同比增长 14.2%（快报数）。年末居民储蓄存款余额 138.57 亿元，比年初增加 24.22 亿元，增长 21.2%。据抽样资料显示：2013 年城镇居民人均可支配收入 20718 元；农村居民人均纯收入 9958 元，同比增长 11.9%。在岗职工年人均工资 36541 元，同比增长 8.2%。万元生产总值能耗 0.737 吨标煤/万元，比上年降低 4.12%。全年引进内资 33.78 亿元，同比增长 34%。全年出口总额 1.83 亿美元，同比下降 26.6%。年内实际利用外资 2.34 亿美元，位居全市第一，年末实有三资企业 10 家。至 2013 年末，拥有省级名牌产品 7 个，国家级名牌产品 1 个，省级以上著名商标 14 个，其中中国驰名商标 2 个。

【长城汽车项目】 把长城项目作为新的增长点，推进长城项目攻坚，确保投资 80 亿元的第二个 50 万辆整车项目按时进场施工。从 9 月 3 日开始，抽调 300 余名干部，利用 3 个多月时间，对两个乡镇 5 个村全部土地进行整合、村庄整体搬迁，共征收土地 1.4 万亩，兑付资金 16.86 亿元，涉及群众 2284 户、7396 人。搬迁群众全部得到临时妥善安置。“五村联建”返迁安置小区开工建设，长城第二个 50 万辆整车项目进场地勘。投资 162 亿元的长城第一个 50 万辆整车项目累计完成投资 102.6 亿元，一期竣工投产；投资 142 亿元的长城配件园项目完成投资 13.2 亿元。“以工促农，以城带乡，工农互惠，城乡一体的新型工农城乡关系”初步彰显。

【园区建设】 全县千万元以上竣工、在建、已批待建项目 185 个，总投资 913.8 亿元。县城工业园区发展更加稳固。基础设施建设累计投入 10.7 亿元，基本实现“六通一平”，入园企业 138 家，2013 年实现产值 217.4 亿元、利税 19.4 亿元。大王店园区建设取得新突破。基础设施建设累计投入 11.8 亿元，长城 110KV 变电站、污水处理厂、热力供应站竣工投入使用，绿化、亮化按进度完成，基本达到“七通一平”。2013 年 3 月，就园区基础设施投入和依托长城汽车产业链招商，与长城公司达成合作开发建设协议。聘请新加坡邦城公司编制园区总体规划及控制性详细规划，规划面积扩展到 61 平方公里。大王店园区实现产值 25.5 亿元、利税 5.4 亿元，被省委、省政府授予“经济发展先进开发区”荣誉称号。

【“三农”工作扎实推进】 全面落实各项支农惠农政策，推进科技进步，不断增强农村发展活力。共发放粮食直补和综合补贴资金 1 亿多元；争取农业、水利专项资金 1.2 亿元，农业生产条件明显改善，被省政府授予农田水利基本建设“海河杯”先进县称号。粮食生产实现 11 连增。农业结构调整步伐加快，蔬菜、畜牧、林果三大优势产业规模进一步壮大，蔬菜种植面积达 15.98 万亩，总产 70 万吨；奶牛存栏 3.78 万头，生猪出栏 68.6 万头，位居全市第一；林果面积 6.5 万亩。开展农村面貌改造提升行动，投入资金近亿元，2 个村入选省级美丽乡村，农村环境面貌得到进一步改善。

【工业经济提质增效】 全面落实工业产值千亿元县发展规划，发展壮大骨干企业和优势产业。全县规模以上工业增加值完成 60.6 亿元，同比增长 6.8%。规模以上工业企业新增 4 家；销售收入过亿元企业达 35 家，比 2012 年增加 6 家。实施巨力“二次创业”计划，开展“一支持两带动”活动，巨力集团实现产值 79 亿元、纳税 2.04 亿元。扶持俊峰、晨阳、普康、天津钢管徐水炉料公司等企业发展，俊峰公司实现产值 5.3 亿元，纳税 1.04 亿元，晨阳水性漆全国知名，被中央电视台等多家媒体报道，普康公司与国药集团达成合作意向，天津钢管徐水炉料公司规模进一步扩大。吊装装备、汽车及零部件、石油物探装备、食品加工四大主导产业实现产值 167.5 亿元。鼓励企业科技创新，争取技改奖励资金 1.8 亿元，建成院士工作站 2 个，市级以上科技研发中心 10 个，7 项科研成果获省市表彰。白酒业专项治理进一步加强，传统产业发展水平得到明显提升。

【第三产业加快发展】 投资700余万元对白塔铺蔬菜批发市场进行改扩建，基础设施进一步完善。启动东市场、西市场改造，东市场、西市场临时市场建成投入使用，市场环境日益优化。开展报废车拆解市场专项整治，非法摊点全部取缔，支持津徐公司建设专业拆解市场，报废车拆解行业得到进一步规范。文化产业得到繁荣和发展，以打造4A级景区为目标，建成刘伶醉博物馆；巨力影视传媒公司、滑氏红木被评为市级文化产业示范基地。金融业发展较快，2013年，金融机构存贷款余额分别达173.17亿元、64.9亿元，同比分别增长22.6%、34%。

【加大投入，改善城乡面貌】 实施“城市建设三年大提升”行动，不断改善城乡环境容貌。国家重点工程进展顺利，荣乌高速公路二期、津保铁路工程按进度推进，京港澳高速公路扩建征地拆迁位居全省前列，完成南水北调工程建设。聘请中国城市规划设计院对城乡规划进行修编，完成总体规划编制。对在建建筑工程进行统一清理，拆除违法违规建筑9.7万平方米，规范了建筑市场秩序。投资4亿多元加强重点工程建设，易保线大修、经二路南延、西北外环、刘伶路东延、永兴路东延、千秋桥改建均按期竣工通车，新建城区道路15.3公里，新建改建农村道路54.7公里；职教中心实训楼竣工，张丰中学、县医院医技楼投入使用，中医院迁建工程主体完工；新建街景游园2个，刘伶公园、城西生态公园、瀑河景观带整治提升工程正在建设。对城区主要干道进行亮化，打造城市“夜景观”。开展“城市管理6S”行动、城区环境综合整治行动、“洗城净天”行动，建设环境优美、开放文明、和谐稳定、舒适宜居新家园的“美丽徐水梦”掀开了崭新一页。

【保障民生，社会事业不断进步】

社会保障工作实现应保尽保，城乡居民养老医疗保险进一步扩大，低保、五保做到全覆盖。扶贫攻坚圆满完成年度目标，就业再就业超额完成全年任务，城镇登记失业率控制在2.9%。保障性住房建设稳步推进，668套公共租赁房竣工，200套垦区棚户区改造开工建设，306户农村危房改造完工。争取资金1776万元，解决了20个村近4万人的农村饮水安全问题。开展大气污染防治攻坚战，34家砖瓦窑全部关停，对不符合要求的燃煤锅炉实行“一次查实死亡制”。教育投入逐年提高，增幅达9%以上，标准化学校比例居全市前列；高考本科上线万分人口比蝉联保定市第一，整体工作受到省教育厅表彰。卫生事业发展较快，在县医院实行公立医院试点改革，落实药品零差率制度。新农合补偿农民95.2万人次、1.5亿元。计生政策全面落实，低生育水平持续稳定。文化事业取得新成绩，开展文艺下乡、彩色周末、农民歌手大赛30余场次，弘扬了正能量，受到群众好评。扎实推进安全生产大检查，深入开展“秋收100”专项整治行动，确保了全县政治安定、社会稳定。

中共县委

书　记　王　林
副书记　王保辉　尤志敬
常　委　王　林　王保辉
　　　　尤志敬
　　　　崔铁成（12月离任）
　　　　李天明（7月离任）
　　　　潘树林（7月任）
　　　　刘惠聚　郭海山
　　　　杨秀云（女）
　　　　刘永泽　田国清
　　　　李庆斌

人大常务委员会

主　任　张海波
副主任　王苏娅（女）
　　　　高振宏　胡利清
　　　　李文启

政　府

县　长　王保辉
副县长　崔铁成（12月离任）
　　　　刘永泽
　　　　孙志江（12月离任）
　　　　田素宁（女）
　　　　范振中　霍玉鹏

政　协

主　席　汪学卫
副主席　张凤春
　　　　史淑敏（女）
　　　　张洪亮
　　　　陈红玉（女）

（王丽英　张军泽）

安新县

【地情提要】 安新县地处河北平原中部，保定市东北部，海河流域大清河中游。地理坐标：北纬38°43′~39°02′，东经115°38′~116°07′。北距北京162公里，自古有“燕南赵北”“京畿之地”“九河下梢”之称。东邻雄县、任丘市，南连高阳县，西接清苑县、徐水县，北界容城县。县人民政府驻地安新镇，东距天津159公里，南到石家庄187公里，西至保定市45公里。白洋淀为海河流域蓄滞洪区，起着保护天津和周边市县安全的作用，地理位置十分重要。

自然环境 地势由西北向东南略有倾斜，自然坡度1：2000，平均海拔7.55米。总面积738平方公里，地貌特征水、陆各半，环淀堤堰将陆地分割成5大封闭区，7处洼地。属温暖带半湿润大陆季风气候，四季分明。年平均气温12.2℃，年平均日照时数为2578.3小时，占可照时数的58%。无霜期平均200天。水灾、旱灾及风灾、雹灾害时有发生。2013年平均气温12.3℃，最高气温36.4℃，出现在7月3日；最低气温-7.5℃，出现在1月5日。年降水量547.5毫米。自然资源 白洋淀位于县城东部，面积366平方公里（大沽高程10.6米），安新占水域的85%，沟壕纵横，河淀相连，水生动植物种类繁多。常见鱼类14科48种，陆生草本植物37科164种，水生植物15科46种，其中芦苇5000公顷。鸟类190种，其中夏候鸟78种，留鸟17种，旅鸟88种，冬候鸟7种。耕地32595公顷，有4个土类、21个土属、128个土种和1个复区。地表水分布集中，地下水水位逐年下降，人均水资源占有量低于全市平均水平。地热、石油资源丰富。

行政区划 1996年4月合乡并镇为9镇3乡。2002年设城区办事处。2013年辖9镇3乡1个办事处（安新镇、安州镇、大王镇、三台镇、老河头镇、刘李庄镇、端村镇、同口镇、赵北口镇、寨里乡、芦庄乡、圈头乡。城区居民办事处）。207个行政村和5个居民委员会。隶属保定市。

人口民族 2013年总人口452538人，人口出生率18.17‰，自然增长率9.11‰。20个少数民族：回族、满族、壮族、朝鲜族、蒙古族、布依族、苗族、傈僳族、维吾尔族、彝族、侗族、瑶族、达斡尔族、土家族、藏族、羌族、鄂伦春族、黎族、仡佬族、塔吉克族。占0.19%。

【概况】 2013年，县域经济保持平稳较快发展的良好态势。生产总值76.10亿元，其中一产8.82亿元，二产49.87亿元，三产17.41亿元，三次产业比11.6：65.5：22.9。规模以上工业增加值完成48.6亿元，增长8%；民营经济增加值55.93亿元，增长5.2%。固定资产投资完成60亿元、增长22.2%；全部财政收入5.05亿元，公共财政预算收入2.66亿元，分别增长10%和17.9%。财政支出1.14亿元，粮食总产量236629吨。增长-1.9%。农民人均纯收入8734元，增长17%。社会商品零售总额36.37亿元，增长14.3%。城镇居民人均可支配收入20334元，增长10.4%。职工年平均工资28034元，增长2.4%。年末城乡居民存款余额81.54亿元，增长13.25%。

【项目园区投资】 84个项目开工建设，其中省市重点项目2个，总投资41.66亿元，年计划投资9亿元，完成投资10.38亿元，完成年计划的115%。三台鞋材鞋业交易中心、京汉四季温泉养生度假中心等一批亿元以上续建项目陆续竣工。循环经济示范区和河北省（安新三台）绿色现代轻工产业开发区规模不断扩大，新增开发面积33.39公顷，实现企业主营业务收入125.5亿元、工业增加值7.82亿元、新增道路7.1公里，河北省（安新三台）绿色现代轻工产业开发区积极申报省级开发区。

【三农工作成效显著】 粮食作物连年增产，产业结构日益优化，全年完成播种面积65.5万亩，农业产业化经营率68.5%。其中13家市级以上龙头企业实现销售收入10.16亿元，利润7535万元，带动农户2.8万户。完成投资1700万元的同口镇基本农田开发工程，推进投资400万元的芦庄乡田间工程项目以及万亩玉米高产示范等工作，省级“四大家鱼”良种场、白洋淀青虾繁育及养殖基地项目通过验收。完成投资1611.5万元的农村饮水安全项目。18个省级新民居建设示范村完成投资2.64亿元，建筑面积22万平米，1000余户入住，示范带动作用明显。7个省级幸福乡村计划示范点完成投资7662万元，6个村基本建成。农机购置补贴、农作物良种补贴等惠农政策全部落实到位。

【城镇建设稳步推进】 启动新一轮《安新县城乡总体规划》（2013-2030）编制工作，规划纲要初步形成。进一步完善县城控制性详细规划，《安新县旧城改造范围及时序》编制完成，为城乡建设提供了规划保障。启动投资6500万元、日供水3万立方米的地表水厂建设。投资5000多万元的城区水系治理及建设工程接近尾声，滨河景观打造正在积极推进。崇文大街、旅游西路两条民生景观路正式通车，投资1600万元实施雁翎路、育才路整修及景观打造工程，城区交通状况明显改善。统筹安排和制定了新一轮加快县城建设的意见，旧城改造和保障房建设稳步推进。城市管理体制不断完善，推进环卫体制改革，新城区率先推行新的生活垃圾收集、清运方式。开展城市管理6S行动和洗城净天活动。建成占地6.4公顷的湿地公园和7.9公顷的滨河绿化景观带，市政设施和城市绿化建设水平大幅提升。

【改善生态环境】 白洋淀湖泊生态保护试点项目进展顺利，获财政部、环保部专项资金3000万元，有效促进了白洋淀生态环境的不断好转。开展土小企业整治歼灭战、燃煤削减攻坚战、扬尘抑制防御战、机动车控制持久战、大气污染综合突击战“五大战役”。拆除土小企业693家，提前100天完成国家和省市要求，走在了全市、全省的前头。结合农村环境整治，加大水区村自身污染治理力度，效果明显。推进节能减排，加大排污企业治理力度，全面推进清洁生产。特别是羽绒行业整治，经过三表两控、限产限排、停产整顿、攻坚整治四个阶段，综合治理水平显著提高，省、市环保部门多次督查、给予充分肯定，为行业的持续健康发展夯实了基础。

【民生事业长足进步】 人代会确定的交通道路、医疗卫生、城市功能、城市路网、教育设施、水利设施六大提升工程进展顺利，尤其是雁翎路和育才路整修、农村饮水安全及一批校安工程完成竣工，白洋淀大道、中医院迁建、垃圾处理场、地表水厂等工程启动，按时限要求积极推进。教育工作全面发展，高考成绩实现突破。落实各项补助381万元，资助63名贫困学生升入高校。投资近4000万元的端村学校顺利竣工投入使用，淀南中学、县直第二幼儿园开工建设。推进县级公立医院改革和村级卫生室改革，配备使用国家基本药物和实行零差价销售。新农合补偿标准、最高支付限额大幅度提升，参合率达98.07%，农村覆盖率100%。计生工作扎实开展，加强县乡村三级计生队伍建设，开展季服务长效节育措施落实和月访视工作。开展免费孕前优生健康检查项目，免费开展“民心工程”和计生老人体检活动。全面落实各项奖励扶助政策，发放奖扶金、救助金291.3万元，惠及计生家庭1万余户。总人口452538人，出生率15.17‰。社会保障日益完善，加强社会救助体系建设，争取上级民政资金5202万元。做好新型农村社会养老保险工作，完成22.6万参保人信息核实、录入工作，占总人数的96%。加强就业指导，城镇新增就业2205人，安置下岗失业人员再就业736人。深入开展“手拉手”、定点扶贫等系列帮扶活动，救助体系网络初步形成。

中共县委

书　记　肖占乐

副书记　杨宝昌　林振英

常　委　肖占乐　杨宝昌　林振英　郎建良　刘书勤（女）　张虎林　王景权　齐会山　安熠辉　付建宾　孟光耀

人大常务委员会

主　任　杨士俊

副主任　魏小爱（女）　刘锁申　高剑坡　张双龙

政　府

县　长　杨宝昌

副县长　张虎林　安熠辉　郝顺清（女）　马卫光　谢　鹏　任海燕（女）

政　协

主　席　王国增

副主席　朱志齐　杨柒零　赵凤军　花鸿雁（女）

（夏石矿）

容城县

【地情提要】 容城县地处冀中平原中部，京、津、保三角腹地，位置在北纬38°57′04″至39°08′32″，东经115°45′26″至116°04′02″之间。东西最长26.85公里，南北最宽21.38公里，总面积314平方公里，耕地面积2.08万公顷。

自然环境 全境西北较高，东南略低，海拔标高（黄海）7.5～19.5米，自然纵坡千分之一左右，为缓倾平原，土层深厚，地形开阔。2013年最高气温极值36.9℃，出现在7月3日，最低气温极值－17.8℃，出现在1月4日，全年平均气温12.2℃，全年降水量553毫米，最大风速13.1米/秒，出现在3月9日。

行政区划 辖5镇3乡，有容城镇、小里镇、南张镇、大河镇、晾马台镇、贾光乡、八于乡、平王乡，共127个行政村。

人口民族 全县年末总户数85991户，总人口为270793人，其中农业人口222246人。居民大多数为汉族，另有白、满、蒙古、回、壮、朝鲜族等21个少数民族人口1712人。

【概况】 2013年，全县生产总值完成56.6亿元，同比增长9%。其中第一产业增加值9.74亿元，第二产业增加值33.94亿元，第三产业增加值12.94亿元。地方公共财政收入4.23亿元，同比增长7.9%；地方公共财政收入3.10亿元，同比增长20.1%；公共财政预算支出8.22亿元，同比增长11.7%。固定资产投资完成44.9亿元，同比增长27%；城镇居民人均可支配收入完成1.97万元，同比增长8.2%；农民人均纯收入完成1.1万元，同比增长11.1%。金融机构存款余额78.07亿元，比年初增加7.22亿元。

【工农业转型升级步伐加快】 2013年，新增个体工商户、私营企业283家，新增规模以上工业企业8家，规模以上工业增加值完成23.8亿元，同比增长16.7%。投资2400万元的服装研发中心即将投入使用。豪丹、澳森分别与省体育局、省射击运动管理中心签订赞助协议，容城服装首次亮相全运会赛场。来福汽车照明有限公司实现裂变式发展，12家高端企业入驻日台工业园，创新驱动力显著增强。拉链产业高端化发展，与知名品牌拉链制造商SBS、北京宏峮达拉链有限公司达成合作意向。汽车灯具、食品加工、毛绒玩具等产业蓬勃发展，完成产值65亿元，同比增长16%。

2013年，粮食总产量2.1亿公斤，继续保持"全国产粮大县"称号。设施蔬菜种植面积达2万亩，丰润专业合作社食用菌种植发展势头良好，天达、惠农等生产基地通过无公害蔬菜认证，5000亩设施蔬菜基地被北京莱蔬公司列入蔬菜保护基地，并顺利通过北京市农委验收，与京津大型超市、农贸市场合作对接进一步巩固。畜牧业发展势头良好，全年肉猪出栏34.67万头，年底存栏18.27万头，奶牛存栏6800头。农业产业化率达到72.8%，市级以上龙头企业达到12家，农产品注册商标达到19件。惠农政策全面落实，发放各类补贴3256万元。

【容城·白洋淀旅游商贸区建设】 2013年，制定出台《持续推进容城·白洋淀旅游商贸区建设的实施意见》等配套政策，为旅游商贸区规范有序发展提供了保障。旅游商贸区道路、给排水管网、弱电管网全部建成，燃气管网、地热管网基本完工。四大功能区建设全面铺开，引进项目23个，总投资51.6亿元，完成投资9亿元，容城·白洋淀旅游商贸区建设初具规模，一批三产项目入区落户。投资8亿元的金台商贸综合市场建设进展顺利，投资3亿元的桥南轻纺城二期投入使用。金融服务经济发展的水平进一步提高，商贸、物流等产业快速发展，城乡消费不断扩大。2013年，社会消费品零售总额完成31.9亿元，同比增长14.6%。

【加大基础设施建设，提高城乡居住水平】 2013年，农村饮水安全工程全面完成，投资3500万元的城区供水站竣工供水。投资8000万元的城西污水处理厂即将投入使用。完成金容中街路面翻修等工程，改造城乡道路15.4公里，投资3000万元的津保北线改线工程正在建设中。电网建设，新建、改造10KV线路24.7公里，胡村110KV变电站投入运行，投资5000万元的城东110KV变电站完成选址。金台新城、领秀城等项目二期投入使用。新民居建设，全县14个新民居省级示范村或联建试点全部开工建设，2000多户村民入住新居。2013年，全县用于民生支出6.48亿元，占总支出的78.8%。

【招商引资，重点项目全面铺开】 2013年，参加"北京招商周""廊坊经洽会"等系列活动，"对接京津"战略取得明显成效。"全国爱心护理工程示范基地"项目开工建设，北京服装学院设立容城分院事宜达成初步意向。投资20亿元的保定合一新能源科技有限公司生产基地项目成功签约，实现与高新技术企业的合作对接；投资12亿元的中国物流有限公司容城物流园项目签订合作协议，对接央企工作实现突破。外向型经济日益向好，全年实际利用外资105.3万美元，实现了翻番增长；引进省外资金19亿元，同比增长25%；直接出口创汇2.03亿美元，同比增长30.7%。2013年，全县实施500万元以上重点项目45个，总投资97.3亿元，年内完成投资38.7亿元。投资2.1亿元的静江海绵等项目竣工投产，投资17亿元的浩润国际阳光城等项目正在建设中，来福汽车灯具组件、鹏大绒毛、保府酒业彩印包装等项目初具规模，康恩菲尔德玉米油精炼等重点项目正在完善前期手续。华悦鞋服、台壹灯泡等9家企业相继入区投产，累计入驻企业36家，实现销售收入23亿元，利税5.5亿元。

【提高教育文化、医疗计生水平】 2013年，投资2100万元的校安工程顺利实施，6所小学教学楼投入使用，投资1600万元的薄弱学校及寄宿制改造项目进展顺利。高考本科上线547人，上线率65.4%。容城小学通过省素质教育验收，县幼儿园晋升为省级示范园，代表保定市顺利通过全省基础教育验收。促进文化繁荣，成功举办"彩色周末"展演活动23场，群众文化生活更加丰富。卫生事业成果显著，投资2660万元的县妇幼保健院综合楼投入使用，县医院急救中心等6个中央投资项目进展顺利。启动县级公立医院综合改革省级试点工作，公共卫生服务均等化水平不断提升。计划生育集中整治行动成效明显，征收社会抚养费582万元；计生惠民政策全面落实，发放独生子女父母奖励、农村计生家庭奖扶等资金300万元。

【社会保障体系，环境治理取得阶段性成果】 全年发放城乡低保、救济救灾、医疗救助等各项资金2226.6万元。新农合参合率99.8%，全县累计补偿54.8万人次，补偿金额6826.8万元。新农保参保率99%，发放养老金1700万元。投资2100万元的民政服务中心养老公寓楼、投资1600万元的老年活动中心主体完工。以燃煤污染治理、违法排污企业整治等为重点，推进大气污染防治工作，完成10台分散燃煤锅炉替代改造，取缔拆除土小企业36家，45家餐饮单位安装了高效油烟净化装置，环境治理工作成效显著。

中共县委

书　记　张　浩

副书记　李绍祥　杨立平

常　委　张　浩　李绍祥　杨立平　田建辉　刘文中　王秉华　刘彦坤　胡占房　徐同柱　刘　征

人大常务委员会

主　任　刘延平

副主任　张悦英　张金海　朱占奇　李振国

政　府

县　长　李绍祥

副县长　胡占房　李丽辉　牛国增　宋永良　高国华　屈晓明（挂职）

政　协

主　席　姜占军

副主席　薛志敏（女）　赵映杰（不驻会）　李秋安　李怀彦

（曹宏君）

涿州市

【地情提要】 涿州市位于保定市最北部，北与北京市接壤，市区至北京天安门62公里，东接固安通廊坊、天津，南连高碑店市至保定．石家庄，西邻涞水通易县。境内107国道、京广铁路、京港澳高速公路、京广高速铁路贯通南北，还有涿涞、涿廊、京白等主要公路联接周围市县，交通便利。地理坐标北纬39°21′～39°36′，东经115°44′～116°15′之间。

自然环境 涿州全境地处太行山前倾斜区，由西北向东南倾斜，乃华北冲积平原的边缘，海拔20～70米，地势平坦，土质肥沃，故有“幽燕沃壤”“督亢膏腴”之称。土层深厚，土壤成分丰富，宜耕性强，适应性广，利于发展农业生产。全境属北温带大陆性季风气候，特点显著，四季分明。2013年，年均气温11.9℃，年极端最高气温37.0℃（8月17日），年极端最低气温－18.5℃（1月3日）；年降水量604.3毫米；年日照时数2201.4小时；无霜期176天。

自然资源 涿州境内有永定河、白沟河、小清河、拒马河、胡良河、琉璃河6条主要河流，全长112公里。涿州地下水源为生产、生活用水提供保障。涿州沙和砾石是涿州乃至北京的重要建筑资源。涿州境内还有较丰富的地热和油气资源。

行政区划 涿州市境东西横距36.5公里，南北纵距25.5公里，市境线全长142公里，总面积为742平方公里。2013年，全市辖双塔、桃园、清凉寺3个办事处，松林店、码头、高官庄、东仙坡、东城坊、百尺竿6个镇，孙家庄、豆庄、义和庄、刁窝、林家屯5个乡，1个开发区。全市403个行政村，41个社区居委会。

人口民族 2013年，全市总人口65.8万人，其中非农业人口20.4万人，人口自然增长率7.15‰。涿州市人口多为汉族，还有回、蒙古、满等20多个少数民族居住。

【概况】 2013年，全市完成地区生产总值223.5亿元，同比增长8.2%。其中第一产业增加值完成21.6亿元，同比增长0.3%；第二产业增加值完成85.2亿元，同比增长7.4%；第三产业增加值完成116.7亿元，同比增长9.9%。一、二、三产业增加值比为9.7 ∶ 38.1 ∶ 52.2。民营经济增加值122.9亿元，同比增长8.0%，占地区生产总值的55.0%。单位生产总值能源消耗0.6118吨标煤/万元，同比下降4.9%。全年粮食总产量31.6万吨，同比下降2.7%。完成全部财政收入26.6亿元，同比增长7.9%；完成公共财政预算收入18.1亿元，同比增长16.9%；公共财政支出25亿元，同比增长25.6%。社会消费品零售总额105亿元，同比增长10.2%。完成全社会固定资产投资135.7亿元，同比下降10.9%。职工年均工资58138元，同比增长19%；城镇居民人均可支配收入23341元，同比增长10.1%。农村居民人均纯收入11710元，同比增长10.6%。年末城乡居民储蓄存款227.7亿元，同比增长14%。城市空气质量好于二级309天，优良率为84.7%，同比减少7.1%。

【园区和项目建设】 2013年，新兴产业示范区实现财政收入

1.8亿元，政府性基金收入16.7亿元。高铁新城累计完成投资7.2亿元，润禾街、忠义路竣工，站场新区各项附属工程建设快速推进。开发区完成固定资产投资26.8亿元，财政收入8.4亿元。总投资4.7亿元的10项基础设施工程进展顺利，冠云东路、卢公大街、明德路、科苑路竣工。松林店工业聚集区投资1.1亿元的三义路、松高路等七条道路全部建成通车，投资1.4亿元的污水处理厂及配套管网建设顺利完成。松林店、桃园两个地表水厂完成征地和前期手续。规划面积81.4平方公里的义和庄空港产业园和16.6平方公里的码头健康产业园获得保定市政府批准，规划设计工作运转良好。全年安排新建、续建项目47个，总投资528.6亿元，完成投资44.9亿元。凌云汽车零部件扩建、金马实业印刷版材等4个项目竣工投产，301医院涿州培训保障基地、铁龙恒通装备制造、中煤地质工业园等6个重点项目开工，中石油地球物理科技园、中国钢研新材料产业园、新华幕墙等24个续建项目进展顺利，京能热电联产、康顺达酒庄等一批项目完成前期工作。组织了京津招商周和国际投洽会，加强与大企业、大集团的战略合作，成功签署了万通立体健康城、民生银行高铁东片区开发项目框架协议。土地储备力度进一步加大，全年新增建设用地组卷上报1070亩，申报增减挂钩项目1069亩，完成土地征储流转9390亩。

【城乡一体化】 2013年，修编了城市总体规划，启动中心城区85平方公里控详规划、城市交通、供热规划和拒马河流域整治规划。城乡路网进一步完善，投资近4亿元，启动实施冠云路东延、平安大街北延、结义路东延工程，完成涿涞路西支线、义里路等11条农村公路的新建、翻修。启动了小吴村、东河村、南河村等一批城中村改造项目，义和庄六村联建、码头镇区改造基本完工，部分村民搬迁入住。总投资2.6亿元的博物馆和六祖文化景区一期工程主体完工，实施东污水处理厂扩建和垃圾处理厂渗滤液提标改造，建成市区垃圾集中处理体系，引进家乐福、菜百黄金等高端商贸业态。

【发展和生态环境】 2013年，修订政府工作规则、廉政规则，建立完善了财政管理、项目建设、土地利用、人事管理等方面的工作制度，实现政府工作制度化，把权力关进制度的“笼子”里。实行政府领导班子“日报告、周例会”工作制度，完善政府法律顾问制度，初步建立了分工合理、权责统一、规范有序、务实高效的责任体系。严格落实中央“八项规定”和各项“禁令”，对办公用房、吃空饷、公务用车进行了专项治理，廉政建设和反腐败工作得到加强。累计办理人大代表建议和政协委员提案154件，办复率100%。充分发挥市长热线、市长信箱的桥梁纽带作用，全年546个群众来电、来信均得到认真答复和办理。以开展城市管理“6S”行动为抓手，对城区裸露地面进行绿化硬化，加强公共设施维护，取缔露天垃圾点，清理店外店708家、占道经营350处，城乡道路沿线、高铁站场周边等重点区域环境明显改善；107国道综合整治，路灯安装、护栏改造工作顺利完成。开展大气污染防治，采取了“压煤、抑尘、控车”等一系列措施，实施了燃煤削减、扬尘抑制、土小企业整治等“五个攻坚战”，对燃煤质量、施工场地进行有效监管，改造工业燃煤锅炉15台，清理取缔土小企业132家。城区主次干道实现机械化清扫保洁。关停砖瓦窑43家，占总量的95.6%，清理违法占地85宗，砂石料盗采得到一定遏制。城乡增绿活动深入开展，全年植树造林9000余亩。

【民生事业】 2013年，投资1.2亿元实施了15所农村教学点改扩建工程和12所中小学幼儿园危房改造，总投资1.2亿元的双塔中学投入使用；面向社会公开选聘226名教师，师资结构进一步优化；高考本二上线人数首次超千，实现历史性突破；顺利通过省政府教育综合评估和义务教育阶段教学评估。成功举办第七届全民运动会。组织了“非遗展示、文化下乡、彩色周末”等一系列文化宣传活动。在全市范围内开展“涿州好人”评选，10名道德模范被评为“保定好人”。社会保障体系进一步完善，全年新增城镇就业5400人，农村劳动力转移就业7800人；新农合筹资标准提高到340元，参合率达到96.6%；实施免费孕前优生检查，为59户计生失独家庭提供救助；竣工保障性住房1444套，新开工4733套，对210户农村贫困家庭进行了危房改造。圆满完成全国“两会”、党的十八届三中全会安保工作。持续推进“平安涿州”建设，“秋收100”严打整治深入开展。安全生产、食品药品安全形势稳定。3.7万人的饮水安全问题得到解决。统计、审计、物价、气象、档案、残疾人、妇女儿童、民族宗教、双拥共建和民兵预备役等各项事业发展态势良好。

中共市委

书　记　王　舟（11月离任）

王月衡（11月任）
副书记 朱子强（4月离任）
王彦清（4月任）
赵志刚（11月离任）
王素立（6月任，挂职）
常　委 王　舟（11月离任）
王月衡（11月任）
朱子强（4月离任）
王彦清（4月任）
赵志刚（11月离任）
王素立（6月任，挂职）
邓来权
钟铁钢（满族）
任彦鹏　蒋秀琦
李全新　侯晓平
张明杰　李建军
于明科（挂职）

人大常务委员会

主　任 邢建国
副主任 王天琴（女）
姚鸿升　王保国
张宝利

政　府

市　长 朱子强（4月离任）
王彦清（4月任）
副市长 侯晓平　李建军
于明科（挂职）
王双九　黄吉欣
曹　谦　杨僧豹
赵玉芬（女）
郑文良（11月离任，挂职）

政　协

主　席 姚士峰
副主席 刘蕴英（女）
于雪辉（女）
夏培鑫

（刘允强）

高碑店市

【地情提要】 高碑店市位于河北省中部，保定市北部，107国道、112国道在此交汇，京广铁路、京石高铁、京港澳高速公路纵贯全境，是京南保北的重要交通枢纽。地理坐标为北纬39°05′45″~39°23′28″，东经115°47′00″~116°12′28″。市域东西宽37.5公里，南北长31.5公里，总面积672平方公里。东与固安县交界，南与雄县、容城县交界，西与定兴县、涞水县接壤，北与涿州市毗邻。高碑店市人民政府驻地高碑店，北距北京82公里，东距天津134公里，南距保定68公里、石家庄224公里。

自然环境 地处太行山东麓平原，地势自西北向东南徐缓倾斜，平均坡度比为0.6‰，海拔高程在11.4~39.4米之间，构成地势平坦的平原地貌。河流均为海河流域大清河北支水系，为季节性河流。白沟河纵贯南北，将全市分成东、西两部分。南拒马河沿西南部流过。紫泉河、仓上河、白沟河、斗门河水由北向南汇集，经拒马河倒虹吸注入白洋淀。芦僧河、大沙沟由北向南流入雄固霸排水系统。多年平均年径流量1950万立方米，平水年1300万立方米，枯水年60万立方米。多年平均年过水量7.82亿立方米，平水年过水量5.49亿立方米，枯水年过水量0.27亿立方米。白沟河、拒马河泄洪能力分别为1800立方米/秒和3000立方米/秒。气候温和，四季分明，雨热同季，属暖温带大陆性季风气候。

2013年境内气温偏低，降水量偏多，日照偏少。年平均气温11.6℃，比历年偏低0.5℃。其中最高气温为36.6℃（出现在8月17日），最低气温为-21.8℃（出现在1月3日）。因本年出现连阴雨天气，总降水量为656.3毫米，降水量比历年偏多165.4毫米。境内出现最长连续无降水日60天（出现在11月2日至12月31日）。7月4日境内出现10级大风，14个乡镇办事处受灾，受灾人口5678人，直接经济损失2937.53万元。年日照时数1825.1小时，比历年偏少505小时。年无霜期186天。初霜出现在10月17日，终霜出现在4月11日。

自然资源 土壤多为褐土和潮土，适宜农作物生长。地下水资源常年平均综合补给量为1.3亿立方米，水质清澈，呈中性，适于灌溉和饮用。境内野生植物有酸枣、蒲公英、马唐草、白术、板蓝根等31科90种。野生动物有麻雀、鹰、青蛙、刺猬、蝎子等60余种。

行政区划辖和平、军城、东盛、北城、兴华路5个街道办事处，方官、新城、泗庄、东马营、辛立庄5镇，肖官营、梁家营、张六庄、辛桥4乡，有409个行政村、18个居民委员会。

人口民族 2013年境内总人口570567人，其中：男性288603人，女性281964人。年内新出生9127人，出生率16‰。死亡人口4582人，死亡率8‰。全年净增人口4545人，自然增长率为8‰。有汉、回、满、蒙古、壮、彝、朝鲜、布依、土家、苗、哈尼、阿昌等22个民族，汉族人口占98.1%。

【概况】 全市经济指标连年攀升，实现了稳中有进、稳中向好，被省委、省政府评为2013年度全省经济发展先进县（市）。全年完成地方生产总值125.27亿元，同比增长6.8%。其中第一产业增加值15.86亿元，同比增长0.4%；第二产业增加值76.26亿元，同比增长8.7%；第三产业增加值33.16亿元，同比增长5.2%；民营经济增加值95.29亿元，同比增长7.48%；粮食总产量354640吨，同比下降2.1%；

棉花总产量555吨，同比下降12%；全社会固定资产投资92.53亿元，同比增长29%；全部财政收入13.18亿元，同比增长20.4%，其中公共财政预算收入7.4亿元，同比增长21%；全部财政支出17.12亿元，同比增长22.8%。在职职工年均工资39702元，同比增长7.9%；城镇居民人均可支配收入22826元，同比增长10.2%；农民人均纯收入9651元，同比增长12.3%；年末城乡居民存款余额207.36亿元，同比增长13.8%；社会消费品零售总额45.54亿元，同比增长15%。

【产业结构更趋科学合理】 汽车、食品饮品、建材、机械制造、新能源等五大产业完成产值128亿元，占规模工业总量的89%，纳税500万元以上企业达到35家。光为新能源开拓了南非、东欧、美国和澳大利亚市场，分布式发电项目入选国家“金太阳示范工程”。节能门窗加速崛起，第二届中国（高碑店）国际门窗节取得圆满成功，与来自18个国家和地区的客商进行洽谈合作，交易额14亿元，参观参展人数近3万人。高碑店国家建筑节能技术国际创新园获得科技部批复，填补了河北省没有国际创新园的空白。保北金融商贸中心正在显现，华夏银行、中成村镇银行正式入驻，家兴、轩宇、盛世等商贸企业拉动作用持续增强，德邦、中通、顺丰等多家快递物流公司登陆高碑店市。电子商务发展迅速，高碑店市被阿里巴巴研究中心评为2013年全国网络消费百强县和中国电子商务发展百佳县。

【三农工作】 继续执行强农惠农政策，落实各级各类补贴资金超亿元。现代农业发展迅速。完成6个万亩高产创建示范方田建设，北京新发地高碑店物流园建设加快，高碑店市将成为中央大厨房、首都后勤保障基地。农村基础设施不断健全。新改扩建乡村道路80公里，改造提升农村电网73公里，投资2529万元新建（扩建）6个农村饮水工程。启动东双铺头、王佐营、安仁等堤内村庄搬迁项目。东马营救生路建成通车，彻底解决群众出行和汛期安全转移问题。改造提升农村面貌。投资1.7亿元对58个村实施“环境整治、民居改造、设施配套、服务提升、生态建设”五大工程，清理垃圾19万方，硬化路面21万平方米，改造屋顶57万平方米，植树造林60万株。

【美丽高碑店建设】 《高碑店市城乡总体规划（2013－2030年）》通过省政府批复，启动18个专项规划，实现市域规划全覆盖。投资1.8亿元新建城市道路11公里，铁西区排水工程基本完成，三号立交桥主体工程完工，文化公园、城市综合体顺利启动，城市集中供热项目开工建设。建成两座大容量垃圾中转站，市区机械化清扫率达到64%。高碑店市被省政府授予“人居环境进步奖”。城市环境持续改观。新建、改造绿化面积20万平方米。对市区主要路段和建筑进行景观亮化，城市夜景璀璨迷人。治理大气污染，取缔黄标车1400辆，拆除燃煤锅炉62台，关停土小企业50家。京石高铁新增6列停靠车次，京港澳高速公路出口增至两个，开通北京直达高碑店的838公交车，京津客运站建设列入省交通厅计划，在全省率先完成京港澳改扩建工程征迁占工作。

【民生和社会事业】 一批惠民利民实事得到有效落实。2101套保障性住房全部开工建设。筹资340万元落实独生子女父母退休职工一次性奖励。成立高碑店市低保核查中心，建成58所农村互助幸福院。下发城乡低保金、五保供养金、医疗救助金1740万元。学生热饭热菜工程持续推进。弘扬尊老敬老传统美德，为全市7587名80周岁以上的老人发放高龄津贴319万元，为1117名重度失能老人发放困难救助金56万元。文教卫生协调发展。投资6300万元新改扩建校舍6.7万平方米，新二中、新一幼正式投入使用，成功承办保定市第十届中学生运动会。实施以市医院为试点的县级公立医院改革，总投资5500万元的市医院医技综合楼和卫生监督所投入使用，新农合参合率达97.6%，最高支付限额提高到9万元，顺利通过省级卫生城市复审验收。对市乡村三级文体设施进行改造升级，完成《高碑店市文化集萃》系列图书的编纂和高碑店市志编修。安全形势总体平稳。建设平安城市，破获刑事案件1800起，有效遏制了暴力犯罪，被保定市评为“秋收100”专项行动先进单位。开展安全生产大检查行动，保持打击制售地沟油、假劣食品药品高压态势，安全生产和食品药品安全工作得到加强。开展联合执法，加大劳动用工监管力度，用工环境进一步优化。开展国防动员和双拥共建，巩固军政军民团结局面。

【加强政府自身建设】 开展专项清理，腾退办公用房8638平方米，清查吃空饷283人，清理公务用车18辆。坚持依法行政，发挥土地管理委员会和规划委员会职能，重大事项审批更加公开透明。行政服务中心和公共资源交易中心规范运行。办理人大代表建议、政协提案107件，办结率均为100%。

中共市委

书　记　李宝森

副书记　韩晓明　张　昇

常　委　李宝森　韩晓明

　　　　张　昇

　　　　麻连印（6月离任）

　　　　谢邦平（6月任）

　　　　田耀明　雷彦民

　　　　刘晓梅（女）

　　　　安建学　金培元

　　　　刘　旭　李子龙

　　　　高豫新

人大常务委员会

主　任　夏文山

副主任　田伯光　杨　彤

　　　　石向红（女）

　　　　韩冠军

政　府

市　长　韩晓明

副市长　田耀明　李子龙

　　　　高豫新

　　　　程慧敏（女）

　　　　赵广鹏　朱冠军

　　　　李志永

政　协

主　席　王瑞坡

副主席　王福山　马文欣

　　　　王　栋

（赵亚坤）

安国市

【地情提要】　总面积485平方公里，耕地3.29万公顷，人均耕地面积0.08公顷（1.2亩）。总人口41.88万人，人口自然增长率5.86‰。

地理位置　安国市位于北纬38°15′~38°35′，东经115°10′~115°29′。城区坐标为北纬38°26′，东经115°19′。地处河北省中部，保定地区南端，北京、天津、石家庄三角区中心。市区北距北京250公里，保定54公里；南距石家庄113公里；东北距天津235公里。东距博野县城15公里；西距定州35公里；西南距深泽县城37公里；东南距安平县城32公里；西北距望都县城40公里；北距清苑县城45公里。西距京广铁路37公里，东距津浦铁路153公里，朔黄铁路纵贯市区北部而过。

自然环境　安国市区地势平坦，属太行山东麓海河流域平原，自西北向东南缓倾，自然坡度为1/2200，海拔高度在24.6至36.4米之间，由于历史上3条行洪河道穿越境内和唐河在境内多次改道，造成大量泥沙沉积于地面，形成了近300平方公里的洪积冲积平原；80多平方公里的浅平洼地和少许土坡地和河漫滩。

安国市的气候属北温带大陆性半干旱季风气候区。大陆性气候特点明显，四季分明，湿热同季，日照充足。春季干旱多风，气温回升较快；夏季炎热多雨；秋季昼暖夜凉，温差较大，晚秋多干旱；冬季寒冷少雪。春夏多南风，秋季多北风。

年日照总时数为2272.9小时，日照占可照总时数之比为51%。日照占可照总时数之比4月份最大，为69%，1月份最少，为34%，6、7月份也仅有38%。实照时数以4月份最多，为271.6小时，1月份最短，为103.4小时。各月日平均实照时数以4月份最长，平均为9.1小时，1月份最短，仅平均为3.3小时。2013年平均气温为13.2℃，极端最高气温为39.3℃，出现在7月3日。极端最低气温为－14.5℃，出现在1月3日。全年总降水量为660.3毫米，其中7月26日降水量最大，为81.1毫米。

自然资源　历史上，安国市地上水资源较丰富。河流流域广阔，径流量颇大。明清时期，磁河、沙河、唐河三流流域大多年份水量较丰，沥涝之年时有涨溢，平均20年一次大涨发。唐、沙、磁河虽属季节河流，但大多年份枯水季节不见断流。至60年代中后期，由于上游水库蓄水，加之降水量减少等原因，境内河流除在旺水季节有水外，其它月份皆干涸。

安国市境内土壤分为褐土和潮土两个土类。褐土是境内主要土类，面积436029亩，占全市总面积的60.5%，其中褐土性土面积47312亩，占全市总面积的6.56%；潮化褐土面积388717亩，占总面积的53.94%，其中沙质河流沉积物土属面积28959亩，占总面积的4.02；壤质河流沉积物土属面积34141亩，占总面积的4.74%；脱沼泽河流沉积物土属面积50620亩，占总面积的7.02%。境内土地肥沃，地表下0~20厘米耕层土壤养分平均含量为有机质0.85%，全氮0.055%，碱解氮367PPM，速效磷5.5PPM，速效钾81PPM。所含微量元素，有效锰极为丰富，有效铜比较丰富，部分土壤缺铁，大面积土壤缺锌。

行政区划　2013年，安国市和行政区划沿袭1996年行政区划调整时的状况。设4个乡，6个镇，1个办事处，下辖198个行政村。

人口民族　2013年，全市总人口为418758人，其中男性210296人，女性208466人。境内有汉、回、满、蒙古、壮、苗、白、瑶、土、朝鲜、维吾尔、纳西、布衣、彝、藏等22个民族，汉族居多，约占总人口的99.1%。

【概况】 2013年全市生产总值97.16亿元，同比增长6.4%；其中第一产业增加值20.94亿元，比上年增长3.1%；第二产业增加值46.63亿元，比上年增长6.9%；第三产业增加值25.98亿元，比上年增长7.6%。民营经济增加值70.43亿元，比上年增长6.7%。全社会固定资产投资完成97.13亿元，增长0.69%，其中固定资产投资完成88.48亿元，增长0.7%；全部财政收入完成7.02亿元，增长21.4%；其中地方一般公共财政预算收入完成3.55亿元，增长17.5%；地方公共财政预算支出10.2亿元，同比增长11%。社会消费品零售总额57亿元，增长14.3%；城镇居民人均可支配收入17734元，增长4.6%；农民人均纯收入10345元，增长11.5%。年末城乡居民存款余额103.15亿元，比上年末增12.35%。全年粮食播种面积57.15万亩，粮食单产485公斤，总产27.9万吨。

【中药都】 布局开篇。聘请全国一流的规划设计单位，采取竞标的方式，编制《安国市城乡总体规划》、“三区”控制性详细规划及《安国中药都交易市场和仓储物流发展产业规划》。根据省政府用地指标，完成了观音堂、杜庄村2760亩征地工作，拆除违法建筑92处，基本满足了天士力项目用地需求。为满足天士力集团万吨提取项目、神威药业等知名企业的16个工业项目用地需求，11月份启动了绿色循环工业区涉及3个村2700余亩征地工作。总投资12.1亿元的同仁堂中药饮片及物流项目，于2013年4月开工建设。政策资金支持。国家中医药管理局将安国市列为中药材种子种苗良种繁育基地试点单位，并拨付创建资金1000万元；省政府决定连续三年每年给予安国市5000万元资金支持，其中省财政厅2500万元已拨付到位；保定市财政局拨付借款1亿元已全部到位；省农发行融资，其中首批2000万元已经拨付到位。商务部正式确定安国为中药与保健品出口基地，给予中药材质量追溯体系试点专项资金2000万元，省商务厅追加了配套资金500万元；8月29日，安国中药物流产业聚集区被省政府列为省级物流产业聚集区。战略投资者关注、进入。天士力集团安国中药都项目落户，完成前期调研论证，并已经启动仓储物流商贸区规划设计。神威药业签订了建设中药配方颗粒、精制饮片、医疗保健等项目的合作框架协议。国药控股宁夏有限公司、太极集团等进行了对接洽谈。上海复兴集团、国药控股集团等企业有合作意向。北京中医药大学筹建“中药产业升级与协同创新基地”于5·18廊坊经贸会上正式签约。

【中药材市场整顿】 实施黑名单制度、举报奖励制度、质量监管责任体系、市场准入制度等一系列长效监管机制。开展为期半年的中药材市场整治行动，对中药材初加工、生产、经营、使用等各环节进行综合整治，尤其是对非法初加工行为、用硫过度熏蒸行为进行了严厉打击，查处中药材违法案件58件、假劣药品29批次、无证经营17家。出台了《中药材市场整顿市级领导包乡责任制》《打击非法加工中药材属地责任制》《假劣药品有奖举报制度》和《假冒伪劣药品主动上缴经济补偿制度》，巩固整治成果。在广泛调研的基础上，多方面争取意见和建议，拟建设霍庄村等5个规范化大型中药材加工基地。按照国家食药监局指示精神，理顺中药材市场管理体制，谋划成立安国市中药材市场管理局，对中药材种植、加工、销售、使用等环节统一进行监管，改变多头管理的混乱无序状况。

【新型城镇化】 按区域中等城市目标，以《安国市城乡总体规划》为大纲，利用省谋划石津高速公路、启动曲港高速公路曲阳支线建设的契机，谋划新的大外环，建设大路网，拉开城市框架。谋划了城中村改造、城市基础设施、公益设施、商贸服务等第一批29项重点城建项目。总投资1.3亿元的城区五条道路集中改建基本建成。占地300亩的药用植物园内容不断充实。东关街、光明街、刘庄、舍二村等一批旧城区（城中村）改造项目正在进行拆迁，1111套保障性住房均已开工，发放住房租赁补贴23.2万元。规范房地产市场，开展了全市房地产项目集中整顿，对16个工地实施了断电停工，未取得开工证前不得开工；对24个项目的售楼部粘贴了封条，未取得商品房预售证前不得售楼。实行产城互动、产城融合，以中药都建设为载体，建设城市新区；以城北绿色循环工业区和新谋划的城东工业园区为依托，拓展城市发展空间。聘请国内知名的中国对外建设有限公司规划设计院对园区进行重新规划定位，将园区分为中药、物流、生物工程等功能服务区。组织开展了国家火炬计划安国现代中药产业基地复核工作。园区基础设施不断完善，变电站建设进展顺利，6万吨污水处理厂、园区二号路东延、东侧南北次干道即将开工。同仁堂中药制品及物流、嘉富药业中药饮片及提取、九州通中药材物流等4个在建省市重点项目完成投资19亿元。

中共市委

书　记　韩占山
副书记　张贺良　赵武卫
常　委　罗　利　李庚田
　　　　王俊红（女）
　　　　张彦安　张志定
　　　　王占祥　戴鹏炜
　　　　张二乐

人大常务委员会

主　任　杨　宁
副主任　封庆明
　　　　焦杏芹（女）
　　　　李景志　沈占房

政　府

市　长　张贺良
副市长　罗　利
　　　　王俊红（女）
　　　　王　健　杨振山
　　　　谷雄军　张天亚
　　　　邸建明(6调离，挂职一年)
　　　　谢建朋(9月任职，挂职一年)

政　协

主　席　焦新年
副主席　张玉欣　匙子明
　　　　王志彪
　　　　张会娟（女）

（马会良）

人　　物

2013年全国五一劳动奖章获得者（3名）

齐　峰　　保定市第一中医院院长
胡爱红（女）　保定银行股份有限公司白沟支行副行长
麻建平　　保定市建筑工程施工安全监督站站长

2013年河北省五一劳动奖章获得者（4名）

王造兰　　满城县富赛果蔬专业合作社销售部经理
刘爱武　　河北涞水县医院院长
张继军　　大唐保定供热有限责任公司总经理
杨　静（女）　保定市地方税务局稽查局副局长

保定市2010－2012年度劳动模范名单

一、职工劳动模范（296名，按姓名笔画排列）

1、丁路强　　蠡县蠡吾镇党委书记
2、于　亮　　容城县卫生局办公室主任
3、于凤艳（女）　定兴县医院妇产科主任
4、于耐淑（女）　保定天鹅股份有限公司计算机组组长
5、马　亮　　河北光磊炉业有限公司职工
6、马　崔　　易县电力局办公室主任
7、马　康　　定州伊利乳业有限责任公司维修班长
8、马卫朝　　顺平县扶贫开发办公室主任
9、马立志　　河北白沙烟草有限责任公司保定卷烟厂厂长、党委副书记
10、马丽艳（女）　雄县国家税务局党组书记、局长
11、马秋田　　保定永伟肠衣有限公司总经理
12、马望生　　保定国家高新技术产业开发区地方税务局局长
13、井龙飞　　河北祁州酒业有限责任公司车间主任
14、牛亚会（女）　中国银行股份有限公司蠡县支行柜面经理
15、牛国强　　保定白沟新城供电公司职工
16、牛新明　　长城汽车股份有限公司徐水分公司组长
17、王　波　　中国工商银行股份有限公司容城支行行长

18、王　勋　　涿州市监察局局长
19、王小红（女）　河北美威中药材有限公司生产部副经理
20、王子剑　　保定市新市区东风路街道办事处党工委书记
21、王云明　　高碑店市供电公司经理
22、王占福　　保定天鹅股份有限公司纺丝工
23、王永杰　　唐县重远建材有限公司班长
24、王永生　　河北省涞源县第一中学校长
25、王永军　　定州市发展改革局局长
26、王江山　　易县清西陵文物管理处常务副主任
27、王同乐　　河北省唐县人民医院副主任
28、王兆晖（女）　新市区东风街道邮一社区居委会委员
29、王国辉　　涿州市实验中学校长
30、王绍峰　　博野县供电有限责任公司城内供电所所长
31、王金平（女）　保定市北市区环卫局环卫处工人
32、王金夺　　安新县裕泰有色金属熔炼有限公司部门经理
33、王春生　　河北省顺平县医院院长、党支部书记
34、王秋印　　华北地质勘查局五一九大队队长
35、王建平　　生力（保定）啤酒有限公司工会主席
36、王照堂　　阜平县财政局局长
37、王晓东　　定州市大世界购物中心企划科长
38、王桂增　　徐水县供电有限责任公司总经理
39、王惠心（女）　河北华夏实业有限公司职工
40、王瑞彪　　雄县自来水公司副科长
41、王群硕（女）　望都县邮政局职工
42、王翠芳（女）　高碑店市特教中心校长
43、王增会　　望都县总工会常务副主席
44、王增波　　涞源白石山旅游开发有限公司办公室主任
45、王德新　　保定长城内燃机制造有限公司副总经理
46、付　龙　　中国建设银行股份有限公司徐水支行营业部经理
47、付增军　　保定市新市区地方税务局党组书记、局长
48、卢成科　　三菱电机天威输变电设备有限公司制造部副部长
49、卢学锋　　中国邮政储蓄银行股份有限公司易县支行审计员
50、史　彪　　保定华旺商贸有限公司销售主管
51、史立柱　　河北恒达健身文化用品集团有限公司董事长、总经理
52、史金玲（女）　保定市北市区审计局局长
53、田顺茂　　河北徐水综合高级中学校长
54、布会君（女）　河北赛赛尔俊峰物探装备有限公司工段长
55、申利军　　蠡县供电有限责任公司副总工程师
56、白　江　　高阳县民政局局长、党组副书记
57、白占欣　　河北双天机械制造有限公司董事长
58、石少辉　　保定市公安局网安支队副支队长
59、艾军利（女）　涞水县统计局办公室主任
60、任炳怀　　保定市邮政局局长、党委书记
61、刘　宁　　满城县电力局安全总监
62、刘　扬　　定兴县委组织部副部长
63、刘　伟　　涿州市农业技术推广服务中心职工

64、刘　鹏　　鹏渤房地产开发有限公司董事长
65、刘　鹏　　保定市新市区城市管理行政执法局指挥中心主任
66、刘卫东　　风帆股份有限公司部门副经理
67、刘文龙　　长城汽车股份有限公司徐水分公司工程建设部部长
68、刘文锦　　涞源县安全生产监督管理局科员
69、刘永奎　　唐县财政局党组书记、局长
70、刘冬菊（女）　　中国移动通信集团河北有限公司保定分公司副总经理、工会主席
71、刘占川　　河北晨阳工贸集团有限公司办公室主任
72、刘占科　　曲阳县仁济医院董事长
73、刘立凯　　惠阳航空螺旋桨有限责任公司职工
74、刘洪安　　保定油条哥餐饮管理有限公司店长
75、刘建革　　定兴县人民检察院党组副书记、副检察长
76、刘胜梅（女）　　保定长城精工铸造有限公司车间主任
77、刘贺兰（女）　　保定市蘭馨制衣厂董事长
78、刘善龙　　中国农业银行股份有限公司阜平县支行行长
79、刘新玉　　涞水冀东水泥有限责任公司总经理
80、吕山松　　顺平县供电有限责任公司班长
81、吕永宏　　河北安新中学教师
82、吕增强　　保定市政府机关事务管理局驾驶员
83、孙进柱　　保定市政府办公厅地方志办公室主任
84、孙建国　　保定市新市区粮油食品公司经理
85、孙贵明　　涞源县供电有限责任公司工会主席
86、孙振强　　保定朝雄电气化电力器材有限公司生产部副部长
87、孙清辉　　河北荣达畜禽有限公司副总经理
88、孙增学　　保定斯达铸业有限公司总经理
89、安力军　　保定钞票纸业有限公司班长
90、年保忠　　涞源县住房和城乡建设局局长
91、成　奎　　易县民政事业服务中心主任
92、曲　建　　蠡县地方税务局局长
93、师学林　　中国联合网络通信有限公司保定市分公司副总经理
94、师建永　　中国邮政储蓄银行股份有限公司容城县支行信贷员
95、朱宝民　　高碑店市北城办事处党委书记
96、朱振营　　满城县交通运输局党组书记、局长
97、朱晓东　　高碑店市建筑企业（集团）公司技术员
98、许　明　　易县白马国有林场场长
99、许伟华　　河北澳润顺达窗业有限公司车间主任
100、许俊良　　易县教育局局长
101、许景阳（女）　　高阳县工商行政管理局办公室主任
102、邢军波　　雄县立亚包装材料有限公司技术部部长
103、邢金宝（女）　　保定市永兴建筑安装工程有限责任公司会计
104、邢金亭　　定兴县供电有限责任公司党群工作部主任
105、闫大捷（女）　　河北省保定市第三中学分校教师
106、闫光涛　　高碑店鑫瑞申旅游制品有限公司车间主任
107、闫秀章　　曲阳县安全生产监督管理局局长
108、阴会来　　保定来福汽车照明有限公司车间副主任
109、齐士明　　曲阳金隅水泥有限公司设备部副部长

110、齐晓密（女） 中国移动通信集团河北有限公司保定分公司财务部经理
111、何　坦（女） 保定市新市区医院工会主席
112、何军宝 保定长城华北汽车有限责任公司综合技术科科长
113、佟　俊 易县邮政局工会主席
114、吴云峰 三利集团有限公司办公室主任
115、吴宝随 保定市新市区信访局局长
116、宋义辉 保定市纪律检查委员会主任科员
117、宋建政 博野县农村信用合作联社理事长
118、宋敬杰 保定申成路桥有限责任公司科员
119、张　帅 保定广顺再生资源开发利用有限公司销售职员
120、张　生 河北保定交通运输集团有限公司董事长、党委书记
121、张　伟 中国乐凯集团有限公司工段长
122、张　君 保定国家高新技术产业开发区管委会建设局科员
123、张　欣 定州市工业和信息化局党委书记、局长
124、张　健 河北惠友商业连锁发展有限公司董事长
125、张　浩 保定兆龙通用电器塑业有限公司研发部部长
126、张　涛 大唐保定热电厂厂长
127、张二文 定州市开元镇党委书记
128、张文斌 中国建设银行股份有限公司蠡县支行客户经理
129、张月和 英利集团有限公司六九硅业总经理
130、张中仙（女） 唐县第一小学教师
131、张东良 中国联合网络通信有限公司阜平县分公司查修员
132、张占元 河北定兴第三中学校长、党支部书记
133、张占锁 唐县水利局民安庄水电站站长
134、张永安 保定京博橡胶有限公司工会干部
135、张玉凤（女） 满城县工程建设监理有限公司职工
136、张玉军 涞源县赛奥工贸有限公司经理
137、张玉刚 河北保定交通运输集团有限公司二公司车队长
138、张向阳 阜平县供电有限责任公司平阳供电所所长
139、张自民 保定市北市区五四路街道办事处党工委书记
140、张志洪 河北华夏实业有限公司职工
141、张志敏（女） 满城县农业局技术站站长
142、张国辉 河北中联塑胶科技发展有限公司董事长
143、张备战 河北亚光纸业有限公司车间主任
144、张尚昆 河北瑞春纺织有限公司销售经理
145、张忠强 汇通路桥建设集团有限公司董事长党委书记
146、张建军 保定国家高新技术产业开发区管委会人事劳动局副局长
147、张春涛 保定华月胶带有限公司职工
148、张顺贤 涿州市妇幼保健院院长
149、张继军 大唐保定供热有限责任公司总经理
150、张晓阳 保定市艺术研究所所长
151、张浩宇 保定市交通运输局道路运输管理处科长
152、张艳苹（女） 高碑店市玉兔皮具有限公司职工
153、张艳萍（女） 容城县总工会常务副主席
154、张海松 河北大学附属医院院长
155、张喜乐 保定天威保变电气股份有限公司总工程师

156、张富英（女）　保定市益民物业管理有限公司中华小区经理
157、李　曼（女）　定州市人民法院立案庭庭长
158、李　庆　高碑店市人民检察院反贪局局长
159、李　明　保定市财政局预算局副局长
160、李占功　保定康达气雾剂制造有限公司执行董事
161、李占杰　博野县三源橡胶有限公司技术员
162、李玉柱　风帆股份有限公司清苑分公司总经理
163、李亚军　蠡县德茂花炮集团有限公司董事长
164、李亚敏（女）　蠡县青少年校外活动中心主任
165、李向东　保定钞票纸业有限公司工段长
166、李全福　保定市第二医院肝胆外科主任
167、李宏涛　河北保定府酒业有限公司董事长
168、李宝忠　河北建设集团有限公司副董事长
169、李金生　满城县电力局局长、党组副书记
170、李金德　保定天威保变电气股份有限公司总装车间组长
171、李保喜　涞源县东润工贸有限责任公司销售经理
172、李建辉　保定市南市区文体教育局党委书记、局长
173、李振海　徐水县项目工作领导小组办公室副主任
174、李素馨（女）　高阳县供电公司办公室主任、团委书记
175、李继红　长城汽车股份有限公司职工
176、李清晨　保定市人民检察院副处长
177、李雪松　保定瑞丰出租汽车有限公司驾驶员
178、李群英　高阳中学校长
179、李翠英（女）　保定市第五医院血管外科主任
180、杜光辉　定州市供销合作联合社主任
181、杜宝琴（女）　保定市妇幼保健院院长
182、杜建立　保定市交通运输局涞源县养路工区站长
183、杨　康（女）　安国市祁州镇党委书记
184、杨　梅（女）　清苑县何桥乡乡长
185、杨汉国　望都县供电有限责任公司经理
186、杨冬梅（女）　保定市公共交通总公司总经理
187、杨巧茹（女）　河北省曲阳县第一高级中学教师
188、杨志芳（女）　徐水县人民法院助审员
189、杨宏博　保定银行股份有限公司天鹅路支行行长
190、杨春杰　易县交通局办公室主任
191、杨保收　瑞普（保定）生物药业有限公司质检员
192、杨晋生　河北保定外国语学校校长
193、杨跃武　曲阳汉风雕刻有限公司策划师
194、杨献英（女）　望都县邮政局职工
195、杨鹏轩　保定市供销合作社处长
196、沈怀淑　定兴县三禾农业有限公司场长
197、连建中　徐水县遂城镇人大主席、工会主席
198、迟金凤（女）　保定市军队离休退休干部服务管理中心主任、党支部书记
199、肖　起　河北华夏实业有限公司职工
200、邱金伟　保定向阳航空精密机械有限公司数控班班长
201、邵　海　高碑店市梁家营乡党委书记

202、邵文录	涞水县供电总公司主任
203、陆保义	唐县供电有限责任公司经理
204、陈　忠	清苑县芯达机动车检测有限公司检测员
205、陈　磊	保定供电公司检修试验工区主任
206、陈书玉	保定顺通路桥有限公司副总经理
207、陈利凯	定州东方铸造有限公司工程师
208、陈晓利	中国联合网络通信有限公司涞水县分公司运维部主任
209、周　刚	涿州市公安局教导员
210、周大迈	河北农业大学山区研究所所长
211、周学会	定州市中天商贸有限责任公司董事长
212、武国强	安新县供销合作社生产资料公司副经理
213、武定玺（女）	定州市惠通通讯信息服务有限公司副经理
214、罗念涛（女）	安新县水产畜牧技术站站长
215、苑文静（女）	保定市国家税务局科员
216、苑国增	易县财政局股长
217、苑新萍（女）	安新县白洋淀景区开发有限公司财务信息主任
218、孟祥辉	安新县供电有限责任公司主任
219、庞　冬	保定市冀中电力设备有限责任公司职工
220、范国凡	保定天望房地产开发有限公司项目经理
221、郑立芹（女）	安国市永雷棉纺厂车间主任
222、郑启富	蠡县富利革基布有限公司设备能源部部长
223、郑海旦	河北省涿州市建筑安装工程公司经理
224、侯玉波	定州市邢邑镇党委书记
225、侯思祖	保定市毅格通信自动化有限公司总经理
226、侯福山	满城县人力资源和社会保障局党组书记局长
227、姚小玉	庞大汽贸集团股份有限公司保定分公司经理
228、姚军战	刘伶醉酿酒股份有限公司总裁
229、姚利程	满城县地方税务局党组书记、局长
230、姜锡东	河北大学历史学院院长
231、段　亮	河北永亮纺织品有限公司董事长
232、段哲秀	涞水县地方税务局局长
233、洪凤彩（女）	满城县刘家台乡中心幼儿园园长
234、胡爱红（女）	保定银行股份有限公司白沟支行副行长
235、赵　伟	高阳县地方税务局西演分局局长
236、赵　华（女）	定州市供电有限责任公司安全总监
237、赵　硕	中国工商银行股份有限公司安国支行营业室现场管理
238、赵东宏	涿州市东仙坡镇党委书记
239、赵永新	保定市环境保护局白沟新城分局科员
240、赵立标	清苑县民政局殡葬管理所所长
241、赵伟民	定州市周村镇党委书记
242、郝艳斌	河北安信建筑工程有限公司董事长
243、夏章圈	安新县圈头乡卫生院院长
244、唐济革	河北顺天电极有限公司职工
245、徐　刚	保定万利达铸造有限公司总经理
246、徐新利	保定五四三印刷厂总工程师
247、徐胜勇	容城县地方税务局局长

248、殷明旭　　　　保定市南市区财政局局长
249、秦　燕（女）　河北省保定市工艺品进出口公司副经理工会主席
250、耿　炜　　　　河北省中兴汽车制造有限公司研究院副院长兼总师办主任
251、袁晓昕　　　　徐水县大王店镇纪委书记
252、袁巧英（女）　曲阳肿瘤医院副主任
253、贾　振　　　　河北建雄建设有限公司项目经理
254、贾春红（女）　阜平县逸美时光酒店餐饮部经理
255、贾新利　　　　保定市北市区韩庄乡党委书记
256、郭　军　　　　高碑店市地方税务局党组书记、局长
257、郭三祥　　　　涞源县奥宇钢铁有限公司总经理
258、郭永峰　　　　安国市昌达中药材饮片有限公司职工
259、郭立志　　　　清苑县电力局局长
260、郭建国　　　　中国乐凯集团有限公司职工
261、高　丽（女）　望都县供电有限责任公司工会副主席
262、高双乐　　　　雄县发展改革局局长
263、高会民　　　　保定市地方税务局局长
264、高红卫（女）　唐县医疗保险所所长
265、高红星　　　　望都县地方税务局局长
266、高朝阳　　　　保定市委办公厅副调研员
267、崔　东　　　　河北康恩菲尔德油脂制造有限公司业务经理
268、崔立忠　　　　中国石化集团保定石油化工厂主任
269、崔玉红（女）　定州市人民医院院长
270、崔彦芬（女）　蠡县医院门诊部主任
271、常文素（女）　高碑店市农业局疫控中心副主任
272、康红霞（女）　唐县中医院护理部主任
273、梁　伟　　　　涞源县宏伟工贸有限公司董事长
274、梁　晶（女）　中航惠腾风电设备股份有限公司供应部部长、工会副主席
275、梁文斌　　　　保定市燃气总公司天然气铁西分公司储配站站长
276、彭建章　　　　高碑店市财政局党组书记、局长
277、程长安　　　　清苑县清苑镇党委书记
278、程文翠（女）　河北省保定地质工程勘查院常量分析室主任
279、温德民　　　　保定恒源房地产开发有限公司总经理
280、谢晓星　　　　长城汽车股份有限公司技术员
281、韩　军　　　　风帆股份有限公司副总经理
282、韩占久　　　　保定市委机关事务管理局驾驶员
283、韩宏信　　　　北京市绅宝针棉织品有限公司保定分公司项目经理
284、甄月惠（女）　保定市园林绿化管理局副处长
285、甄秀娟（女）　安国市关汉卿学校教师
286、熊建涛　　　　望都县社区建设领导小组办公室主任
287、翟颖娜（女）　保定国家高新技术产业开发区大马坊乡宣传委员
288、樊琦芳（女）　英利集团有限公司分公司经理
289、黎　勇　　　　涞源县交通运输局局长
290、潘　朋　　　　保定市公共交通总公司驾驶员
291、薛平芝（女）　定州市教育局主任科员、工会主席
292、薛丽峰　　　　容城县供电有限责任公司办公室主任
293、薛锁谦　　　　河北中硕建筑工程有限公司董事长

294、霍占恒　保定市大众味业有限公司总经理
295、戴元彬　河北喜之郎食品有限公司总经理
296、魏森林　曲阳县供电有限责任公司经理、党委副书记

二、农民劳动模范（80名，按姓名笔画排列）

1、丁铁龙　易县城区居民管理处东环路居民委员会支部书记
2、于东雪　保定市大韩玻璃有限公司总经理
3、马　娥（女）　定州市穆民农产品专业合作社董事长
4、马小学　河北百丰农产品开发有限公司总经理
5、牛新立　保定宝钻机械制造有限公司经理
6、王占果　曲阳县齐村乡舍山村支部书记
7、王玉晟　高阳县西演镇八果庄村农民
8、王军营　唐县前进矿产品加工厂董事长
9、王金锁　蠡县蠡吾镇北漳村支部书记
10、王青松　雄县龙湾镇洪城村农民
11、王振海　蠡县大曲堤乡北绪口村农民
12、王艳辉　满城县于家庄乡李铁庄村农民
13、王喜来　保定市北市区百楼乡南常保村农民
14、王新民　满城县满城镇城内村支部书记、主任
15、田洛黑　顺平县高于铺镇高于铺村支部书记、主任
16、刘士英　安新县安新镇留村支部书记
17、刘庆生　高碑店市鸿谊环卫设备有限公司经理
18、刘建民　河北东兴塑胶有限公司董事长
19、刘剑波　安国市北马庄村农民
20、刘喜文　河北强凌防水材料开发有限公司总经理
21、刘照红　曲阳县孝墓乡东口南村农民
22、吕继龙　阜平县城南庄村农民
23、吕新利　保定仲景药业有限公司总经理
24、安德全　唐县富民食用菌有限公司董事长
25、朱会宾　望都恒泰机械制造有限公司总经理
26、许玉河　河北康城建设集团董事长、总经理
27、许海玉（女）　易县圣霖板业有限责任公司总经理
28、吴永清　雄县金泉化工有限公司总经理
29、宋占科　安国市伍仁桥村支部书记
30、宋丽敏（女）　定州市明月店镇三十里铺村支部书记主任
31、宋金永　涞水县宋各庄乡龙安村农民
32、张万月　容城县小里镇东小里村农民
33、张小亮　博野县东墟乡北陶村农民
34、张凤霞（女）　阜平县丰旭食品有限公司经理
35、张文英　望都县黑堡乡固现村农民
36、张四成　新市区南奇乡北章村农民
37、张立春　涞水县张澳山茶加工销售部厂长
38、张国忠　涞源县国忠选厂经理
39、张建生　容城县八于乡大八于村主任
40、张建道　定州市大辛庄镇东四旺村支部书记
41、张城军　河北杉浩房地产开发有限公司总经理
42、李　勇　徐水县正村乡西公村农民

43、李日东　定兴县东落堡乡田候村农民
44、李彦增　顺平县蒲阳镇东委村顺尧果树农业合作社理事长
45、李胜军　安国市霍庄村农民
46、李恩平　高阳县庞口镇西庞口村支部书记
47、杨英华（女）　涿州市华辉奶牛养殖服务有限公司经理
48、陈庭振　安国市齐村甘草加工厂厂长
49、周汉华　保定市远方农牧有限公司总经理
50、周尚永　涞源县永喜铁选厂厂长
51、周明波　白沟新城服饰辅料城管委会总经理
52、周松勃　涿州市刁窝乡刁窝村第四村卫生所所长
53、孟祥海　定州市大辛庄镇泉邱二村农民
54、房广安　保定新天羽纺织有限公司董事长
55、武生阳　望都县龙河工贸有限责任公司总经理
56、罗志强　高碑店市幸福营富强种鸡孵化厂厂长
57、范立川　定州市高蓬镇六家村农民
58、范有强　涿州市高官庄镇苗官屯村农民
59、郑　军　徐水县光华市政建材有限公司总经理
60、金　鹏　涿州市高官庄镇北高官庄村支部书记
61、侯建军　保定康华制衣有限公司经理
62、胡喜贵　涞源县玉磊物业服务有限公司副经理
63、贺建华　涞水县娄村满族乡石圭村支部书记、主任
64、赵文祥　保定市华洋塑纸包装实业有限公司董事长
65、赵丽平（女）　定州市北城区唐城村农民
66、徐　辉　保定九孚生化有限公司总经理
67、贾立云　保定市南市区五尧乡北沟头村农民
68、贾香尔　唐县石门乡黄岩村支部书记
69、郭潇锴　易县裴山镇南白虹村农民
70、顾占峰　清苑县清苑镇北大冉村党总支书记
71、高　平　涿州市万基业食品有限公司董事长
72、高平君　顺平县神南镇青榆沟村农民
73、高英坡　曲阳县神话园林雕塑工程有限公司总经理
74、崔春雪　清苑县温仁镇温仁村农民
75、崔跃昌　定州市森康进出口贸易有限公司总经理
76、舒占良　保定市四季经典国际酒店有限公司董事长
77、韩大雨　安新县寨里乡增庄村支部书记、主任
78、韩建春　保定市任达房地产开发有限公司董事长
79、韩朝辉　博野县南小王乡白塔村农民
80、臧丙礼　徐水县安肃镇三岔口村支部书记、主任

文 献 选 编

保定市2013年国民经济和社会发展统计公报

保定市统计局
2014年5月20日

2013年，在市委、市政府的正确领导下，全市上下紧紧围绕打造环京津地区新的发展增长极，以解放思想、改革开放、创新驱动、科学发展为统揽，积极应对宏观经济环境诸多不利影响，扎实推进稳增长、调结构、攻重点、抓改革、惠民生、优环境各项工作，全市经济保持平稳发展，社会事业取得全面进步，为推动跨越式发展、实现打造环京津增长极的新突破提供了坚强保障。

一、综合

初步核算，全年全市完成生产总值2650.6亿元，比上年增长9.0%。其中，第一产业完成增加值342.9亿元，增长3.5%；第二产业完成增加值1456.9亿元，增长10.6%；第三产业完成增加值850.8亿元，增长8.4%。三次产业结构为12.9：55.0：32.1。人均生产总值25982元，比上年增长8.3%。

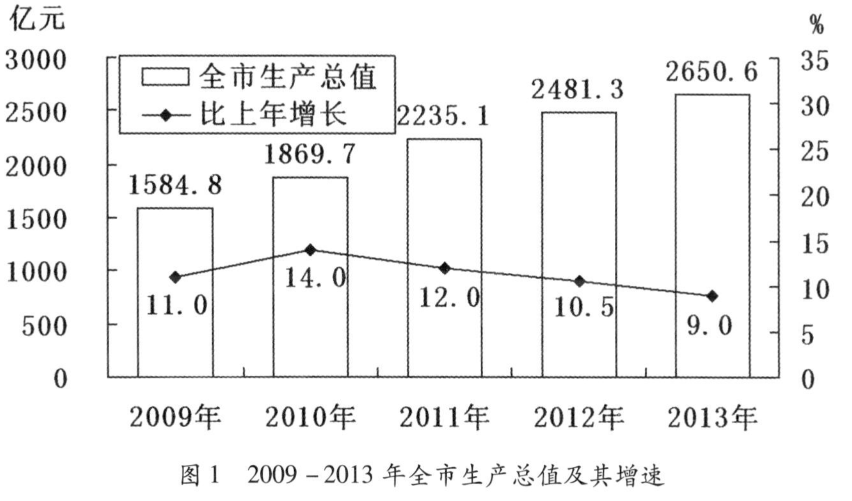

图1　2009－2013年全市生产总值及其增速

全市民营经济完成增加值1805.6亿元，比上年增长9.8%，占全市生产总值的比重为68.1%，比上年提高0.3个百分点；实缴税金259.7亿元，比上年增长17.9%，占全部财政收入的比重为80.0%，比上年提高3.2个百分点；从业人员272.7万人，比上年增长3.8%，占全社会二、三产业从业人员的比重为87.4%，比上年提高1.1个百分点。

全年居民消费价格指数（CPI）累计同比上涨2.7%，其中，食品价格上涨7.1%；工业生产者出厂价格指数（PPI）累计同比下降1.0%；固定资产投资总指数累计同比上涨0.5%。

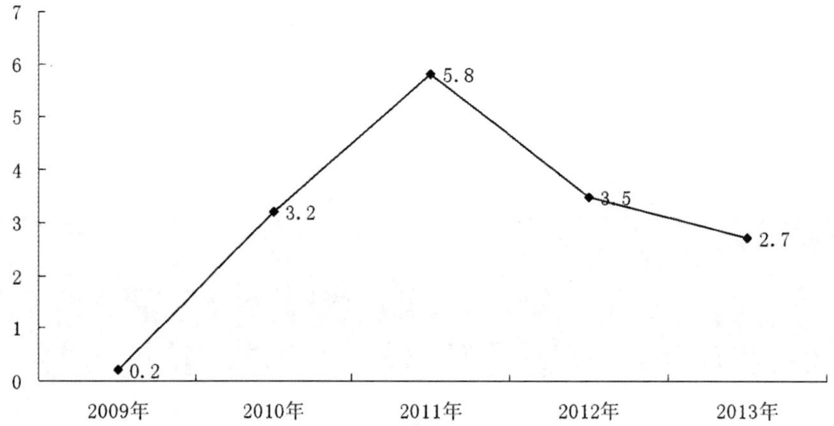

图2　2009－2013年居民消费价格涨跌幅度

表1　2013年居民消费价格比上年涨跌幅度

指　　标	比上年增长（%）
居民消费价格	2.7
其中：食品	7.1
烟酒及用品	0.0
衣着	0.8
家庭设备用品及维修服务	0.9
医疗保健和个人用品	0.6
交通和通信	0.0
娱乐教育文化用品及服务	0.1
居住	0.7

二、农业

全年粮食播种面积1224.5万亩，粮食总产量524.5万吨。其中，夏粮总产量220.2万吨；秋粮总产量304.3万吨。粮食亩产428公斤。

全年蔬菜播种面积186.4万亩，比上年增长0.8%，总产量704万吨，比上年增长3.3%。其中，设施蔬菜播种面积32.0万亩，总产量116.8万吨，占全部蔬菜产量的16.6%。

全年瓜果类播种面积33.5万亩，比上年下降0.8%，总产量111.2万吨，比上年增长2.6%。其中，设施瓜果类播种面积19.95万亩，总产量67.3万吨，占全部瓜果类产量的60%。

全年肉类总产量55.4万吨，比上年增长1.9%。其中，猪肉产量40.3万吨，比上年增长2.1%；牛肉产量3.6万吨，比上年下降3.4%；羊肉产量3.3万吨，比上年增长2.3%。年末生猪存栏355.9万头，比上年增长4.8%，生猪出栏529.4万头，比上年增长1.6%。奶产量59万吨，比上年下降1.2%；禽蛋产量35万吨，比上年增长1.1%。

农业产业化经营率达到64.2%。

三、工业和建筑业

全年全部工业完成增加值1239.3亿元，比上年增长11.5%。规模以上工业完成增加值1004.7亿元，比上年增长11.4%。规模以上工业中，分登记注册类型看，国有及国有控股企业完成增加值147.0亿元，比上年增长11.5%；股份制企业完成增加值856.1亿元，比上年增长12.8%；外商及港澳台商投资企业完成增加值32.0亿元，比上年增长8.1%。分轻重工业看，重工业完成增加值635.0亿元，比上年增长14.3%；轻工业完成增加值369.6亿元，比上年增长6.8%。

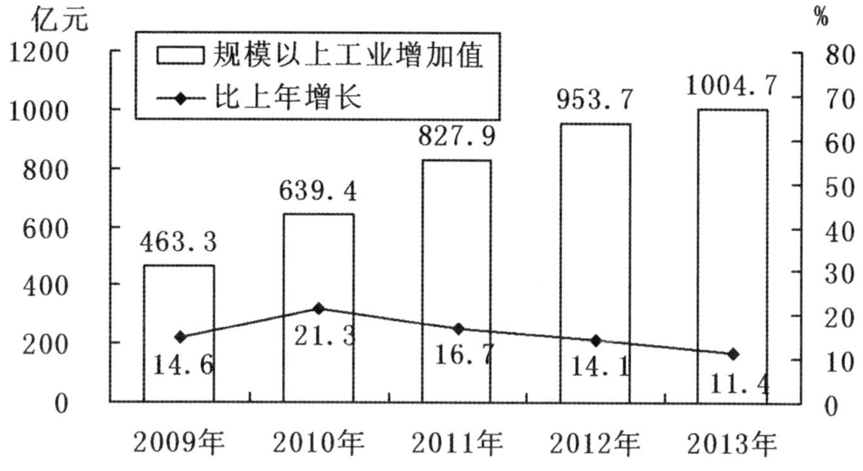

图3　2009－2013 年规模以上工业增加值及其增速

规模以上工业中，装备制造业完成增加值 366.3 亿元，比上年增长 15.4%。大中型企业完成增加值 535.5 亿元，比上年增长 9.3%。汽车、新能源、纺织、食品和建材五大主导行业完成增加值 540.4 亿元，比上年增长 16.2%。其中，汽车及零部件业完成增加值 241.6 亿元，比上年增长 23.4%；新能源及输变电业完成增加值 44.9 亿元，比上年下降 8.2%；纺织服装业完成增加值 170.9 亿元，比上年增长 12.6%；食品业完成增加值 69.4 亿元，比上年增长 13.4%；建材业完成增加值 31.1 亿元，比上年增长 17.4%。六大高耗能行业完成增加值 110.8 亿元，比上年增长 5.5%。其中，电力、热力的生产和供应业完成增加值 46.6 亿元，比上年增长 13.7%；非金属矿物制品业完成增加值 28.9 亿元，比上年增长 21.2%；化学原料及化学制品制造业完成增加值 17.5 亿元，比上年下降 21.2%；黑色金属冶炼及压延加工业完成增加值 16.2 亿元，比上年下降 0.9%；石油加工、炼焦及核燃料加工业完成增加值 1.3 亿元，比上年增长 33.7%。高新技术产业完成增加值 328.1 亿元，比上年增长 14.8%。

表2　2013 年主要工业产品产量及增速

产品名称	单 位	产 量	比上年增长（%）
发电量	亿千瓦小时	71.3	93.1
白酒（折 65 度，商品量）	万千升	7.3	9.0
卷烟	亿支	140	2.7
化学纤维	万吨	0.4	-55.6
纱	万吨	18.2	9.0
布	亿米	13	11.2
服装	万件	7326.8	-7.9
纸制品	万吨	117.5	-7.3
塑料制品	万吨	58.5	5.8
水泥	万吨	717.2	3.6
汽车	万辆	82.2	19.5
铅酸蓄电池	万千伏安时	1448	3.8
变压器	万千伏安	13388.9	29.2
乳制品	万吨	7.7	5.5
钢材	万吨	45.9	-19.8

全年规模以上工业实现主营业务收入3980.0亿元，比上年增长10.2%；实现税金148.8亿元，比上年增长15.7%；实现利润总额206.9亿元，比上年增长14.4%。

全年全市建筑业完成增加值217.6亿元，比上年增长5.6%。全市具有资质等级的总承包和专业承包建筑业企业256个，完成总产值1010.0亿元，比上年增长13.3%；实现利润30.5亿元，比上年增长23.1%；房屋建筑施工面积7076.6万平方米，比上年增长4.9%；房屋建筑竣工面积2809.7万平方米，比上年增长8.1%。

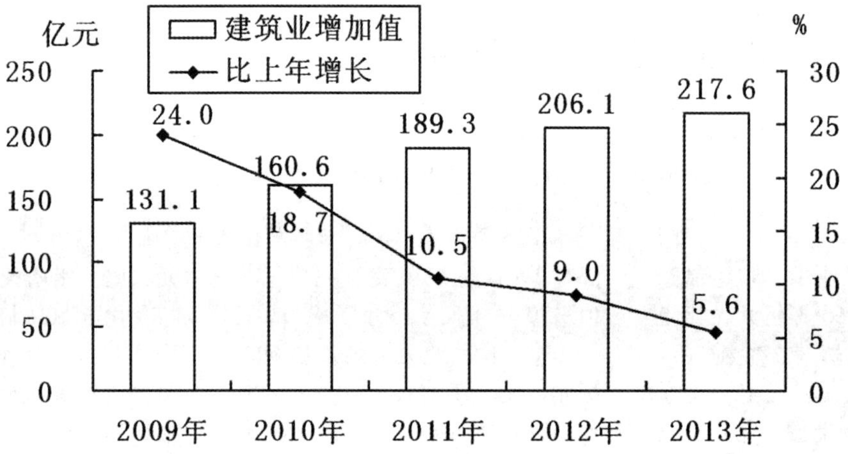

图4　2009－2013年建筑业增加值及其增速

四、固定资产投资

全年全社会固定资产投资完成2000.1亿元，比上年增长9.3%。固定资产投资（不含农户）完成1905.5亿元，比上年增长9.6%，其中，建设项目投资完成1613.5亿元，比上年增长13.3%。

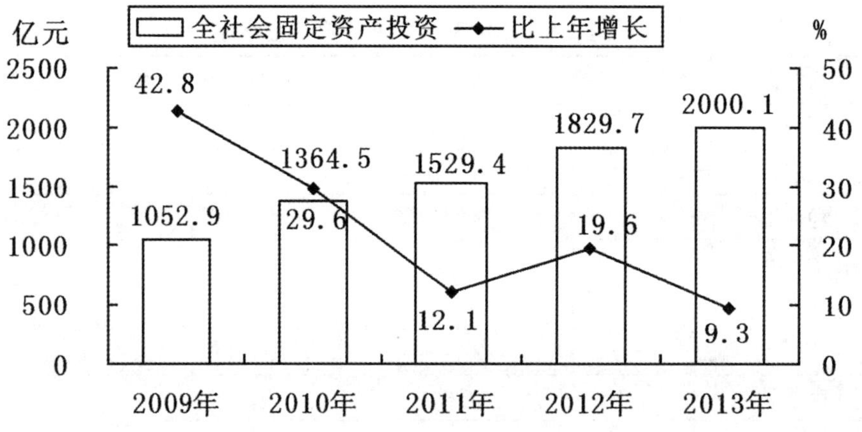

图5　2009－2013年全社会固定资产投资及其增速

在固定资产投资（不含农户）中，第一产业完成投资53.5亿元，比上年增长12.6%；第二产业完成投资884.1亿元，比上年增长3.0%，其中，工业完成投资883.6亿元，比上年增长3.3%，工业技改完成投资479.8亿元，比上年增长16.6%；第三产业完成投资967.9亿元，比上年下降0.7%。

全年亿元以上施工项目达到602个，完成投资1381.9亿元，比上年增长19.8%。

表3　2013年分行业建设项目投资及其比重

单位：亿元、%

行　　业	总量	占建设项目投资比重
建设项目投资	1613.5	-
农、林、牧、渔业	55.1	3.4
采矿业	21.8	1.4
制造业	828.3	51.3
电力、燃气及水的生产和供应业	33.5	2.1
交通运输、仓储和邮政业	119.2	7.4
信息传输、软件和信息技术服务业	0.3	0.0
批发和零售业	95.7	5.9
住宿和餐饮业	40.6	2.5
房地产业	121.8	7.5
租赁和商务服务业	24.7	1.5
科学研究和技术服务业	29.0	1.8
水利、环境和公共设施管理业	139.4	8.6
居民服务和其他服务业	0.9	0.1
教育	6.6	0.4
卫生和社会工作	31.6	2.0
文化、体育和娱乐业	51.1	3.2
公共管理和社会组织	13.2	0.8

全市房地产开发企业360家，完成投资292.0亿元，比上年下降7.3%，其中，商品住宅完成投资259.1亿元，比上年下降5.6%。

表4　2013年房地产开发和销售主要指标完成情况

指　标	单位	总量	比上年增长（%）
房地产开发投资	亿元	292.0	-7.3
其中：商品住宅	亿元	259.1	-5.6
房屋施工面积	万平方米	2868.2	0.1
商品房销售面积	万平方米	300.7	-22.8
其中：商品住宅	万平方米	290.8	-14.9
资金来源总计	亿元	415.9	7.1
其中：国内贷款	亿元	41.3	45.2
企业自筹	亿元	217.7	-11.5

五、国内贸易

全年社会消费品零售总额实现1220.5亿元，比上年增长13.8%，其中，限额以上单位消费品零售额实现340.7亿元，比上年增长10.6%。分地域看，城镇市场零售额实现955.9亿元，比上年增长14.0%；乡村市场零售额实现264.6亿元，比上年增长13.2%。分行业看，批发业零售额实现154.2亿元，比上年增长17.7%；零售业零售额实现938.5亿元，比上年增长13.6%；住宿业零售额实现9.7亿元，比上年增长1.2%；餐饮业零售额实现104.0亿元，比上年增长10.8%。分类别看，限额以上批发零售单位中，粮油食品饮料和烟酒类、服装鞋帽、家用电器和音像制品、石油及制品、汽车五大类商品零售额实现275.4亿元，占全市限额以上单位批发零售业零售额的比重达到84.1%。

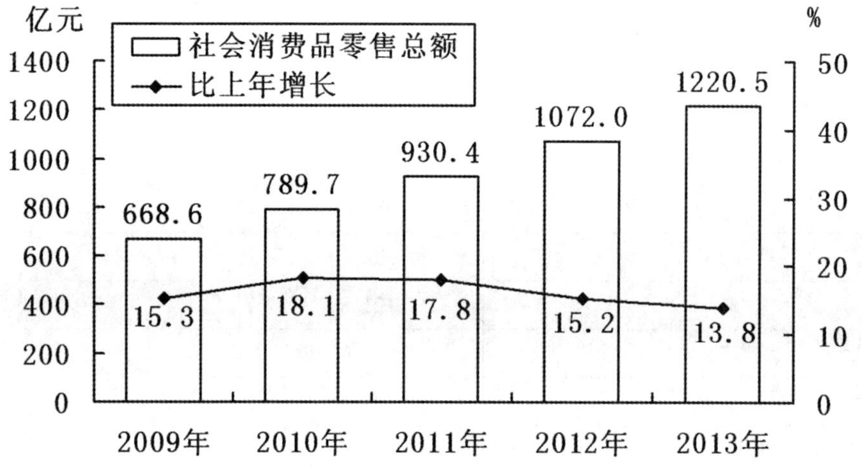

图6　2009－2013年社会消费品零售总额及其增速

六、对外经济

全年进出口总值完成51.8亿美元，比上年下降11.6%。其中，出口总值40.4亿美元，比上年下降10.9%；进口总值11.3亿美元，比上年下降14.1%。主要出口产品中，机器、机械器具、电气设备等设备出口12.1亿美元，比上年下降23.8%；车辆、船舶及有关运输设备出口8.0亿美元，比上年下降24.0%；纺织原料及纺织制品出口10.4亿美元，比上年增长8.1%；贱金属及其制品出口3.5亿美元，比上年下降14.5%；皮毛及其制品出口2.2亿美元，比上年增长39.3%。

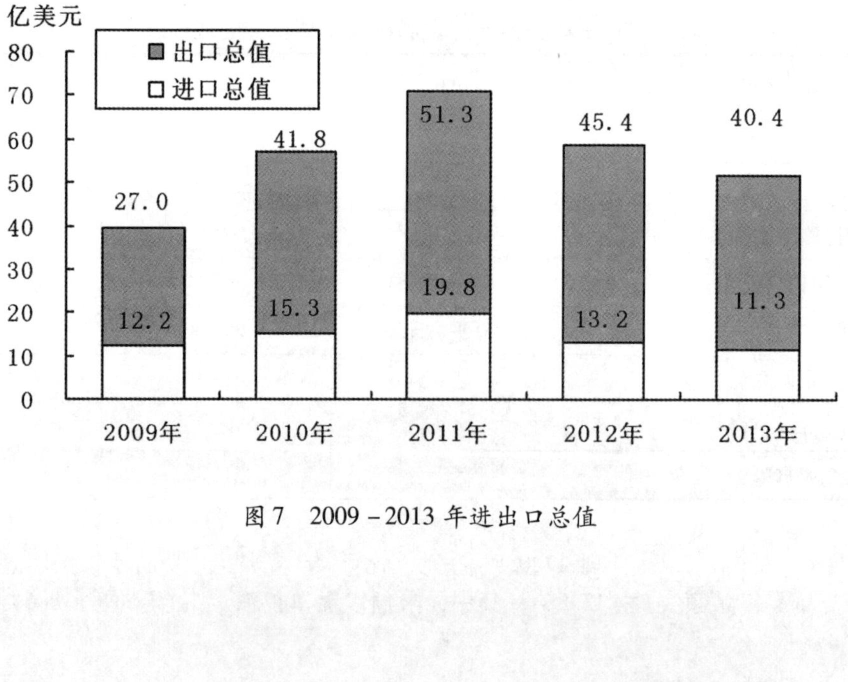

图7　2009－2013年进出口总值

表5　2013年进出口情况

单位：亿美元、%

指　标	总　量	比上年增长
进出口总值	51.8	-11.6
其中：出口	40.4	-10.9
进口	11.3	-14.1
主要出口国家和地区	-	-
其中：美 国	4.6	6.3
俄罗斯	3.5	-7.0
德 国	2.3	-52.8
日 本	2.2	61.4
印 度	2.0	13.5

全年实际利用外资6.24亿美元，比上年增长36.7%，其中，外商直接投资6.20亿美元，比上年增长36.6%。在外商直接投资中，制造业利用外资6.03亿美元，占比重为97.3%。全年新注册三资企业15户，总投资1.7亿美元。

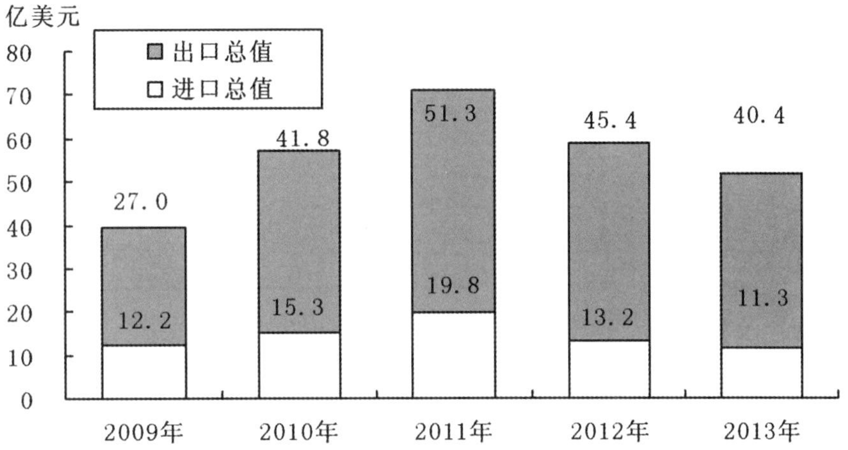

图8　2009－2013年实际利用外资额及其增速

表6　2013年分行业外商直接投资及增速

行　业	投产企业数（个）	外商直接投资（万美元）	比上年增长（%）
外商直接投资	306	61991	36.6
其中：采矿业	3	251	412.2
制造业	253	60260	38.8
电力、热力、燃气及水生产和供应业	11	512	
批发和零售业	4	7	-30.0
住宿和餐饮业	6	16	
租赁和商务服务业	3	314	3825.0

全年引进省外资金626.8亿元，比上年增长27.1%；引进省外技术552项，比上年下降24.4%；引进省外人才1.2万人，比上年增长3.6%。

七、交通、邮电和旅游

全年交通运输、仓储和邮政业完成增加值105.7亿元，比上年增长7.8%。

全年货物运输总量2.6亿吨，比上年增长18.8%；货物运输周转量969.1亿吨公里，比上年增长13.0%。旅客运输总量1.4亿人，比上年下降8.9%；旅客运输周转量93.3亿人公里，比上年增长0.6%。全市营运车辆18.3万辆，比上年增长23.3%，其中，货运17.7万辆，比上年增长24.4%；客运5265辆，比上年下降5.6%。全年汽车保有量195万辆，其中，小型汽车113.3万辆，本年新注册23.9万辆。

全年完成邮电业务收入68.5亿元，比上年增长9.4%，其中，邮政业务收入4.2亿元，比上年增长30.0%，电信业务收入64.3亿元，比上年增长8.3%。年末拥有固定电话用户147.6万户。年末拥有移动电话用户967.3万户，其中3G移动电话用户247.2万户。互联网接入用户数达148.9万户，比上年增加17.2万户。

全市共有A级名胜风景区35个，其中4A级以上景区13个。星级饭店55家。国内游客4746.1万人次，比上年增长19.0%，创收316.8亿元，比上年增长28.9%；国际游客13.7万人次，比上年增长6.6%，外汇收入3180.7万美元，比上年增长6.6%。4A级以上景区接待游客707.2万人次，总收入1.7亿元。

八、财政、金融和保险业

全年全部财政收入完成324.8亿元，比上年增长13.1%，其中，公共财政预算收入完成167.0亿元，比上年增长13.9%。公共财政预算支出452.2亿元，比上年增长17.9%。

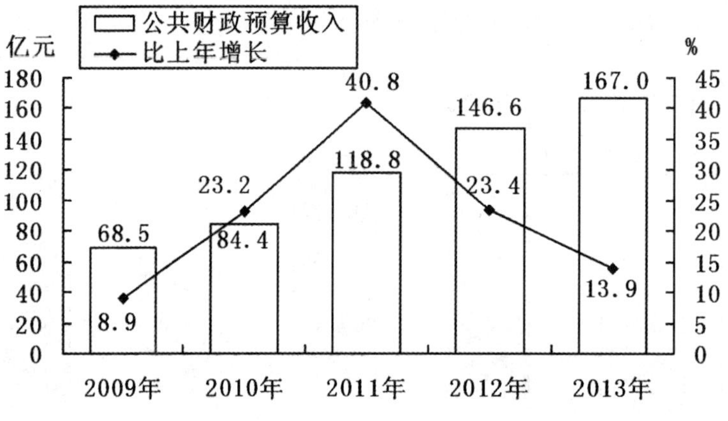

图9　2009－2013年公共财政预算收入及其增速

年末全市金融机构本外币各项存款余额4106.9亿元，比年初增长16.7%。其中，人民币存款余额4092.0亿元，比年初增长16.7%；城乡居民储蓄存款余额2797.2亿元，比年初增长13.7%。金融机构本外币各项贷款余额1785.3亿元，比年初增长18.2%。其中，中长期贷款余额1028.2亿元，比年初增长14.4%；短期贷款余额681.6亿元，比年初增长17.2%。

表7　2013年金融机构本外币存贷款及增速

单位：亿元、%

指　标	年末数	比年初增长
各项存款	4106.9	16.7
企事业单位存款	1196.3	22.6
储蓄存款	2797.2	13.7
各项贷款	1785.3	18.2
其中：中长期贷款	1028.2	14.4
短期贷款	681.6	17.2

年末全市共有保险公司44家，其中，财产保险公司21家，人寿保险公司23家。在岗保险营销员2.98万人。保险业保费收入104.1亿元，其中，财产保费收入33.3亿元，寿险保费收入（包括储金）70.8亿元。支付各类赔款及给付36.9亿元，其中，财产险赔款16.2亿元，寿险保费给付（包括储金）20.7亿元。

九、教育、科技、文化和体育

全年研究生招生2762人，在校研究生7791人。全市普通高等学校16所，在校学生25.9万人。中等职业教育学校76所，在校学生10.0万人。普通中学401所，在校学生43.1万人，小学1925所，在校学生78.3万人。学龄儿童入学率100%，九年义务教育完成率93.7%，高中阶段毛入学率89%。特殊教育招生189人，在校生1257人。幼儿园在园幼儿34.4万人。

年末全市共有院士工作站13家，拥有院士47人，博士专家1435人。全市共有研究所5所，其中，国家级1所，省级4所。重点实验室24家，其中，国家级2家，省级13家。企业工程技术中心92家，其中，国家级2家，省级22家。全市取得省级科技成果302项；推广省级以上科技成果18项，新产品开发项目107项；申请专利4837项，授权专利3267项；年末技术合同成交额6.2亿元；有29个项目获省级科技奖励，其中，科技进步奖27项，自然科学奖1项，国际合作奖1项。

全市拥有剧场、影剧院35个，群众艺术馆2个，群众文化馆22个；乡镇（街道）文化站（不含市区）306个；公共文化设施7256个。全年组织文化活动8.1万次。公共图书馆21个，总藏书量191.8万册，其中，市级图书馆1个，藏书量75.3万册。电视台12座，广播电视台20座，广播电台13座，有线电视用户91.4万户，有线数字电视用户77.5万户。有线电视入户率25%，电视综合人口覆盖率98.5%，广播综合人口覆盖率98.7%。

全市共有体育场馆10个，其中，市区2个。全年举办市级以上各类比赛活动6次；全民健身活动80次，参加人数110万人。全市国家二级裁判128人，国家二级运动员324人。全年共获省级以上奖牌344枚，其中，金牌114枚，银牌100枚，铜牌130枚。

十、卫生和社会服务

年末全市共有卫生机构78个，其中，妇幼保健院25个。医疗机构10917个，其中，医院122个，卫生院290个，村卫生室、诊所10546个。卫生技术人员（含乡医）4.2万人，其中，执业医师和执业助理医师1.9万人，注册护士1.3万人，药师0.2万人，技师0.2万人。医疗卫生机构床位3.6万张，其中，医院、卫生院3.2万张。农村有医疗点的村数占总村数的100%。社区医疗卫生覆盖率达99%。

全年全市有30.7万人享受居民最低生活保障，其中，农村24.2万人。农村居民得到五保救济人数2.9万人。国家抚恤、补助优抚人数8万人，其中，定期补助7.1万人，定期抚恤0.2万人，伤残补助0.7万人。社会救济人数66.6万人。年末全市各种社会福利收养性单位103所，床位2.1万张，收养各类人员0.8万人。社会福利院3个，床位1190张。

十一、人口、人民生活和社会保障

年末全市常住人口为1022.9万人，比上年增加5.6万人，其中，城镇人口为439.1万人，占常住人口比重为42.9%，比上年末提高1.4个百分点。出生率为13.46‰，死亡率为6.87‰，自然增长率为6.59‰。

全年城市居民人均可支配收入21181元，比上年增长11.2%。农民人均纯收入8675元，比上年增长13.2%。

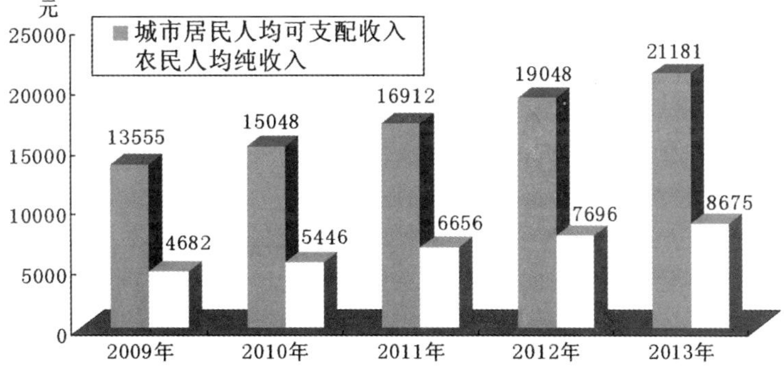

图10 2009－2013年全市城乡居民收入

年末全市参加城镇基本养老保险人数为562.6万人，其中，参加城镇职工养老保险人数为79.1万人，参加城镇居民养老保险人数为483.6万人。企业离退休人员月人均养老金1673元。职工养老金社会化发放率100%。参加城镇基本医疗保险人数为188.8万人，其中，参加城镇职工基本医疗保险人数为96.1万人，参加城镇居民基本医疗保险人数为92.7万人。参加失业保险的人数为48.6万人。参加工伤保险的人数为69.6万人。参加生育保险的人数为59.7万人。参加新型农村合作医疗人数为734.8万人，新型农村合作医疗参合率98%，报销医疗费24.6亿元，2209万人次受益。

十二、资源、环境和安全生产

全市土地资源总量为209.0万公顷，其中，耕地72.0万公顷。全市共发现77种矿产资源，已探明储量59种，开发利用45种，主要矿种有：煤、铁、金、铜、铅、锌、铝、花岗岩、大理石、石灰石、陶瓷原料等金属及非金属矿产。

全市污水处理厂36个，设计日处理能力117.3万吨。年末全市共有省级自然保护区5个，面积达13.6万公顷。建成区绿化覆盖率30.82%，城市人均公园绿地面积8.55平方米。全年单位GDP能耗1.009吨标准煤/万元，比上年降低5.23%。全年单位工业增加值能耗0.808吨标准煤/万元，比上年降低2.5%。

全年生产经营性安全生产事故609件，比上年下降11.6%，生产经营安全生产事故死亡97人，比上年下降9.4%，亿元GDP安全生产事故死亡0.09人。全年交通事故697起，造成死亡237人，造成经济损失达323.1万元。

注　释：

1、本公报2013年部分数据为快报数。

2、公报中生产总值、各产业、各行业增加值按现行价格计算，增长速度按可比价格计算。

3、公报中主要经济社会指标均不含定州市数据。

4、2012年起，国家统计局执行新的国民经济行业分类标准，工业行业大类由原来的39个调整为41个，固定资产投资行业分类也按新的标准进行了调整。

5、房地产业投资除房地产开发投资外，还包括建设单位自建房屋以及物业管理、中介服务和其他房地产投资。

保定市大气污染防治总体工作方案

保定市人民政府办公厅
关于印发保定市大气污染防治总体工作方案的通知

各县（市、区）人民政府、开发区管委会，市政府有关部门，有关单位：

《保定市大气污染防治总体工作方案》已经市政府同意，现印发给你们，请认真贯彻落实。

2013年9月14日

为全面贯彻落实国务院《大气污染防治行动计划》和省委省政府《河北省大气污染防治行动计划实施方案》要求，加强大气污染综合治理，改善环境空气质量，结合我市实际，制定本实施方案。

一、指导思想

以党的十八大精神和科学发展观为指导，以改善大气环境质量、建设生态文明城市为目标，通过加大产业转型升级和淘汰落后产能力度、实施分散燃煤锅炉替代改造、加强重点行业企业污染治理、机动车污染防治、治理扬尘污染、加大环境执法力度等措施，对大气环境进行全方位综合整治，着力解决以$PM_{2.5}$为重点的大气环境污染问题，实现环境空气质量明显改善的目标。

二、工作目标

通过实施大气污染综合整治措施，到2017年全市大气污染物细颗粒物（$PM_{2.5}$）浓度比2012年下降33%，二氧化硫、氮氧化物、颗粒物和挥发性有机物排放总量大幅度降低，重污染天气大幅度减少，全市环境空气质量明显改善。再用5年或更长时间，基本消除重污染天气，全市环境空气质量得到全面改善。

三、工作重点

（一）淘汰分散燃煤锅炉，下大力治理燃煤污染

1．加快市区分散燃煤采暖锅炉替代改造。大力发展热电联产集中供热和天然气采暖，建设完善热网、气网工程，以集中供热、天然气、电力、地热等清洁能源替代改造分散燃煤采暖锅炉。制定市区建成区509台燃煤采暖锅炉"一炉一策"替代改造方案，引进、研究、开发新型采

暖技术，确保三年争取两年完成替代改造任务。2017年底前，完成市区35蒸吨及以下燃煤采暖锅炉的替代改造。

责任单位：市公用事业局、市环保局、市科技局，三区政府、高新区管委会

2. 全面淘汰市区工业和经营性燃煤锅炉。2015年底前淘汰市区建成区内10蒸吨及以下工业企业燃煤锅炉，2017年底前全部淘汰市区35蒸吨及以下工业企业燃煤锅炉，进行集中供热或清洁能源改造。2013年底前全部取缔市区建成区小洗浴、小旅馆、小餐饮、小经营部等未经环保审批的经营性燃煤锅炉，2015年前改造完成所有经营性锅炉。

责任单位：市工信局、市环保局，三区政府、高新区管委会

3. 加快市区周边县燃煤锅炉淘汰。满城、清苑、徐水、安新四县与市区同步，2015年底前完成县城建成区内10蒸吨及以下燃煤锅炉的替代改造工作，2017年底前淘汰县城建成区内35蒸吨及以下燃煤锅炉。

责任单位：满城、清苑、徐水、安新县政府，市环保局

4. 加快其它县（市）燃煤锅炉淘汰。2017年底前其它县（市）基本淘汰10蒸吨及以下燃煤锅炉，在供热供气管网覆盖不到的地区，改用电力、新能源或洁净煤等清洁能源。

责任单位：有关县（市）政府，白沟新城管委会，市环保局

5. 深化燃煤锅炉（设施）污染治理。对纳入淘汰范围的燃煤设施，在淘汰之前必须燃用低硫份、低灰份的燃煤或焦炭，同时进一步加强污染治理和环境监管，确保达标排放。严禁污染治理设施不正常运行及冒黑烟现象发生。

责任单位：市环保局、市公用事业局、市质监局，各县（市、区）政府、开发区管委会

6. 严格审批新建燃煤锅炉。市区建成区禁止新建燃煤锅炉，化工、造纸、印染、制革、制药等企业集聚区，通过集中建设热电联产机组的办法逐步淘汰分散燃煤锅炉。其它地区禁止新建10蒸吨及以下燃煤锅炉。

责任单位：有关县（区）政府、开发区管委会，市环保局

（二）深化工业企业污染治理，减少污染物排放

7. 加快重点行业脱硫、脱硝设施建设。电厂燃煤机组、钢铁企业烧结机和球团生产设备、有色金属冶炼企业都要安装脱硫设施，未进行清洁能源替代的燃煤锅炉（20蒸吨及以上）全部实施脱硫改造。除循环硫化床锅炉外，所有电厂燃煤机组都要安装脱硝设施。所有新型干法水泥生产线实施低氮燃烧技术改造及脱硝设施建设。

责任单位：市环保局，有关县（市、区）政府、开发区管委会

8. 强化工业烟尘治理。2015年底前基本完成火电、钢铁、水泥等行业和未淘汰燃煤锅炉的除尘设施升级改造，确保颗粒物排放达到新标准和特别排放限值要求。

责任单位：市环保局，有关县（市）政府、开发区管委会

9. 推进挥发性有机物污染治理。2013年底前基本完成加油站、储油库和油罐车的油气回收治理工作。进一步完善乐凯胶片、中航惠腾、长城汽车、中兴汽车、天威英利等重点企业现有治理设施，不断提高挥发性有机物治理要求，确保达到污染治理效果。对天威线材、天鹅化纤、六九硅业等治理无望的企业实施关停搬迁。2013年完成挥发性有机物基础数据调查工作，2017年底前开展有机化工、医药、表面涂装、塑料制品、包装印刷等重点行业挥发性有机物综合治理。

责任单位：市商务局、市环保局、市工信局、市发改委，各县（市、区）政府、开发区管委会

（三）加强扬尘污染控制，深化面源污染管理

10. 强化施工工地扬尘污染监管。加强房屋建筑与市政工程施工现场扬尘监管，推进绿色施工，建设施工现场必须设置全封闭围挡墙，严禁开敞式作业。施工现场道路、作业区、生活区必须进行地面硬化，进出口设置车辆冲洗装置，物料堆场做到密闭、覆盖。对重点建筑施工现场安装摄像头，实施在线监管。将施工扬尘控制纳入建筑企业信用档案，作为招投标的重要依据。

责任单位：市住建局、市城市管理行政执法局、市公用事业局

11. 加强城市道路扬尘监管。散体物料、垃圾、污泥运输车辆必须按要求密闭、覆盖，杜绝扬撒遗漏现象。到2015年底市区渣土运输车辆全部安装卫星定位系统。推行道路机械化清扫、洗扫，采取低尘保洁作业方式，降低道路扬尘。

责任单位：市城市管理行政执法局、市公用事业局、市财政局，三区政府、高新区管委会

12. 实施城市环境容貌整治。彻底解决市区范围内散体物料、建筑垃圾、生活垃圾乱堆乱放、随意倾倒等问题。对城中村、城乡结合部、已征待建地带裸露地面进行硬化、绿化或覆盖。加强城中村、城乡结合部、穿城铁路和高速公路两侧及进出口、高铁东站、保定火车站、三丰路、南二环等重点区域的环境整治，及

时修复市区建成区内破损路面。划定货运车辆市区限行区及限行时段。严禁焚烧垃圾、落叶等废弃物。

责任单位：市城市管理行政执法局、市公用事业局、市国土资源局、市园林局、市交通运输局、市林业局，三区政府、高新区管委会

13. 严格治理餐饮业油烟污染。2013年底前市区及清苑、满城、安新、徐水4县城区餐饮服务经营场所全部安装高效油烟净化设施。2017年，其它县（市）城区及白沟新城餐饮服务经营场所全部安装高效油烟净化设施。推广使用净化型家用抽油烟机。城区严格控制违规露天烧烤。

责任单位：各县（市、区）政府、开发区管委会，市环保局、市工商局、市城市管理行政执法局

14. 加强农村面源污染治理。加强农村面源污染综合整治，改造和提升农村面貌。推广使用绿色长效缓释化肥，提高化肥使用效益，有效抑制农业化肥施用过程中氨的排放。选用高效低残留农药，有效减少环境污染。全面禁止农作物秸秆焚烧。

责任单位：各县（市、区）政府、开发区管委会，市农业局、市环保局

15. 加强城市绿化建设。结合城市发展和工业布局调整，通过推进道路绿化、办公居住区绿化、空间立体绿化、房前屋后绿化、农村庭院绿化等措施，提高城市及周边绿化水平，增强环境自净能力，打造绿色生态保护屏障。对城市绿化带进行下沉式改造，突出解决泥土外溢问题。

责任单位：市园林局、市林业局，各县（市、区）政府、开发区管委会

（四）强化机动车污染治理，有效降低污染总量

16. 加强城市交通管理，建设城市绿色交通体系。实施城市公交交通优先发展战略，大力发展城市公交系统，提高公共交通出行比例。推广智能化交通管理，提高机动车通行效率，缓解城市交通拥堵。加强步行、自行车交通系统建设，鼓励绿色出行方式，降低机动车使用强度。

责任单位：市交通局、市公安局、市公用事业局、市园林局

17. 提升燃油品质。按照全省统一部署，2013年底供应符合国家第四阶段标准的车用汽油；2014年底供应符合国家第四阶段标准的车用柴油；2015年底前全面供应符合国家第五阶段标准的车用汽、柴油。加强油品质量监督检查，严厉打击非法生产、销售不符合标准的车用汽、柴油行为。

责任单位：市商务局、市发改委、市质监局、市工商局

18. 控制城市机动车保有量。根据城市发展规划，采取有效措施控制机动车保有量过快增长，确保增速不高于全省水平。2015年和2017年，全市机动车保有量均控制在省定指标之内。

责任单位：市公安局、市交通局

19. 扩大黄标车限行区域，落实限行措施。从2013年11月份开始，市区建成区全面实施黄标车限行，设立限行标识，严格机动车环保标志管理，加大执法力度，坚决杜绝以罚代管现象。

责任单位：市公安局、市环保局

20. 加速淘汰黄标车。加快黄标车淘汰进程，严格执行老旧机动车强制报废制度，强化营运车辆强制报废的有效管理和监管，提前淘汰机关事业单位黄标车，2013年淘汰黄标车9．4万辆，到2015年底提前淘汰全部黄标车。

责任单位：市公安局、市环保局

21. 加强机动车辆环保管理。全面推进机动车环保检验和环保标志核发工作，到2015年，环保标志发放率达到85%以上。加强在用机动车环保检验，不达标车辆和达到黄标车淘汰控制年限的车辆不得发放环保合格标志，不予进行车辆安全年度检验，不得上路行驶。严格外地转入车辆的环境监管，转入车辆应满足我市现行机动车排放标准和要求。强化工程机械等非道路移动机械的污染控制，对不达标车辆强制安装尾气净化装置。

责任单位：市环保局、市公安局、市交通局、市公用事业局

22. 大力推广使用新能源汽车。在公交、出租、环卫等行业和政府机关率先推广使用新能源汽车。采取直接上牌、财政补贴等措施，鼓励个人购买新能源汽车。

责任单位：市交通局、市公安局、市城市管理行政执法局、市财政局

（五）加快淘汰落后产能，推动产业转型升级

23. 严控"两高"行业新增产能。加大产业结构调整力度，按照省产业准入目录要求，严把新建项目产业政策关，不再审批钢铁、水泥、电解铝、平板玻璃等产能严重过剩行业和炼焦、有色金属冶炼、电石、铁合金等新增产能项目。新、扩、改建项目实行产能等量或减量置换。

责任单位：市发改委、市工信局、市环保局

24. 加快淘汰落后产能。按照省《部分工业行业淘汰落后生产工艺装备和产品指导目录（2010年本）》和《产业结构调

理指导目录（2011年修正本)》规定，采用经济、法律和行政等必要手段，加大落后产能淘汰力度，到2014年，提前一年完成国家下达的"十二五"落后产能淘汰任务。

责任单位：市工信局、市发改委

25. 压缩过剩产能。加大环保、能耗、安全执法处罚力度，建立以严格节能环保标准促进"两高"行业过剩产能的退出机制，发挥优强企业对行业发展的主导作用，通过跨地区、跨所有制的企业兼并重组，压缩过剩产能。各地、各部门严禁核准产能严重过剩行业新增产能项目，坚决停建产能严重过剩行业违规在建项目。对未批先建、边批边建、越权核准的违规项目，不准开工和立即停止建设，坚决遏制产能严重过剩行业盲目扩张。

责任单位：市发改委、市工信局

（六）县乡村三级联动，加强土小企业综合整治

26. 开展小塑料专项整治。按照国家三部委有关规定要求，对全市尤其是顺平、望都、清苑、满城等县小塑料企业聚集区进行重点整治，采取清理、关停等有效措施，进行全面整治和规范。对规模小、达不到环保要求的一律取缔，对技术先进并符合规模要求的入园进区，加以规范和提高。

责任单位：各县（市、区）政府、开发区管委会，市环保局、市工商局、保定供电公司

27. 开展小矿山、小灰窑专项整治。制定专项整治方案，对山区县和城市周边及高速公路、交通干道两侧、风景名胜区、自然保护区可视范围内的小矿山、砂石料加工企业全部取缔。对其它不符合要求的矿山开采和加工企业进行停产整顿，达到够规模、有手续、达标排放的方可生产。对治理无望的企业坚决关停取缔。

责任单位：有关县（市）政府，市国土资源局、市环保局、保定供电公司、市工商局

28. 开展小熔炼、小铸造行业专项整治。对安新、清苑、满城、南市区等重点区域加强监管，对非法反弹生产的下重拳，出狠手，彻底取缔。按照熔炼、铸造企业验收标准，规范企业排污行为，对达不到验收标准的企业坚决淘汰。

责任单位：各县（市、区）政府、开发区管委会，市环保局、市工商局、保定供电公司

（七）加快调整能源结构，强化清洁能源供应

29. 控制煤炭消费总量。按照国家和省要求，完成节能降耗指标，实现煤炭消费总量负增长。通过提高接受外输电比例、增加天然气供应、加大非化石能源利用强度等措施逐步替代燃煤。到2017年，煤炭消费占能源消费总量的比重较2012年明显降低，完成省定原煤净削减目标。

责任单位：市发改委

30. 禁止新建项目配套建设自备燃煤电站。耗煤建设项目必须实行煤炭减量替代。除热电联产项目外，禁止审批新建燃煤发电项目。

责任单位：市发改委

31. 大力发展清洁能源。加大天然气、液化石油气、煤制天然气和太阳能、风能等清洁能源的供应和推广力度，逐步提高城市清洁能源使用比重，到2015年和2017年，清洁能源使用率分别达到省定目标要求。优化天然气使用结构，新增天然气优先用于居民用气、生产生活锅炉、工业窑炉及燃煤自备电站的清洁能源替代。推广利用煤制天然气，积极争取过境煤制天然气管道在我市预留接口，最大限度地争取天然气用气指标。到2017年，现有工业企业燃煤设施全部改用天然气或由周边电厂供汽供电，基本完成燃煤锅炉、窑炉、自备电站的天然气替代改造任务。

责任单位：市发改委、市工信局，各县（市、区）政府、开发区管委会

32. 推进煤炭清洁利用。加快现有煤矿建设改造，提高煤炭洗选比例，新建煤矿必须同步建设煤炭洗选设施，到2017年底，原煤入洗率达到70%以上。研究出台煤炭质量管理的有效办法，保定市辖区严禁购进、销售、使用高灰份、高硫份劣质燃煤。

责任单位：市发改委、市质监局、市工商局、市环保局、市公安局、市交通局

33. 划定高污染燃料禁燃区域。2013年底前，完成保定市区高污染燃料禁燃区域划定工作，禁燃区面积不低于建成区面积的80%，并向社会公开。适时扩大城市禁燃区范围，逐步由市区建成区向近郊扩展。结合城中村、棚户区改造，通过政策补偿、峰谷电价、季节性电价、阶梯电价、调峰电价等措施，逐步以天然气或电力替代燃煤。

责任单位：市发改委、市环保局、保定供电公司，有关县（区）政府、高新区管委会

34. 削减农村炊事、采暖用煤。结合全省农村环境综合整治要求，加大罐装液化气和可再生能源供应，推广使用洁净煤、型煤、生物质能，鼓励开发利用太阳能、地热等清洁能源，对农村炊事、采暖和设施农业燃煤装置和设备进行改造提升，到2017年，全市平原县（市）和有条件的山区县，建立全封闭、覆盖所

有乡镇的洁净煤供应网络，洁净煤使用率达到90%以上。

责任单位：各县（市、区）政府、开发区管委会，市发改委、市工商局、市农业局、市科技局

35. 提高能源使用效率。严格落实节能评估审查制度，新建高耗能项目单位产能（产值）能耗必须达到国际先进水平，用能设备达到一级能效标准。

责任单位：市发改委

36. 积极发展绿色建筑。政府投资的公共建筑、保障性住房率先执行绿色建筑标准，新建建筑严格执行强制性节能标准。推广使用太阳能热水系统、地源热泵、空气源热泵、光伏建筑一体化、热电冷联供等技术和装备。

责任单位：市住建局，各县（市、区）政府、开发区管委会

37. 推进供热计量改革和建筑节能改造。加快既有居住建筑供热计量和节能改造，新建建筑和完成供热计量改造的建筑实行供热计量收费，到2017年完成80%具备改造价值的既有建筑节能改造。

责任单位：市住建局，各县（市、区）政府、开发区管委会

（八）严格节能环保准入，优化产业空间布局

38. 调整生产力布局。按照城市功能区划要求，合理确定产业发展布局、结构和规模，重大项目原则上布置在开发区。加强产业政策在产业转移过程中的引导和约束作用，严格控制在生态脆弱或环境敏感地区建设"两高"项目。

责任单位：市发改委、市环保局、市规划局

39. 严格节能环保准入。所有新、扩、改建项目，必须全部进行环境影响评价。加强对各类产业发展规划的环境影响评价，对国家确定的产能过剩行业未进行规划环评的，原则上不受理具体建设项目的环评审批。对未通过能评、环评审查的项目，有关部门不得审批、核准、备案，不得提供土地，不得批准开工建设，不得发放生产许可证、安全生产许可证、排污许可证，金融机构不得提供任何形式的新增授信和贷款支持，有关单位不得供电、供水，对违规建设的依法进行处罚。

责任单位：市环保局、市发改委、市工信局、市安监局、市公用事业局、市金融办、保定供电公司

40. 强化节能环保指标约束。提高节能环保准入门槛，健全重点行业准入条件，公布符合准入条件的企业名单并实行动态管理。严格实施污染物排放总量控制，将二氧化硫、氮氧化物、烟粉尘和挥发性有机物排放是否符合总量控制要求作为建设项目环评审批的前置条件。市发改、工信、环保、工商等部门建立联合准入机制，在重点行业立项、技改、环评审批中严把节能环保准入关。

责任单位：市发改委、市环保局、市工信局、市工商局

41. 实行重点行业特别排放限值。新建火电、钢铁、石化、水泥、有色、化工等企业以及燃煤锅炉项目，严格执行大气污染物特别排放限值，对达不到特别排放限值要求的企业，限期治理、关停取缔。

责任单位：市环保局、市工商局

42. 优化城市空间布局。严格实施城市规划，强化城市空间管制和绿地控制，规范各类产业园区和城市新区设立，严禁随意调整和修改城市规划，形成有利于大气污染扩散的城市和区域空间格局。

责任单位：市规划局、市发改委、市园林局、市林业局

43. 推进重污染企业搬迁改造。结合压减过剩产能、节能减排和企业兼并重组，有序推进城市主城区钢铁、化工、造纸、涉铅等重污染企业和排放异味企业搬迁改造，到2017年，完成市区8家重污染企业搬迁改造工作。

责任单位：市工信局、市环保局，有关区政府

（九）加快企业技术改造，提高科技创新能力

44. 强化科技研发和推广。积极参与省重点城市细颗粒物空气质量持续改善与管理技术研究，深入研究我市城市细颗粒物、臭氧、灰霾的主要来源和成因，制定控制优化方案，为改善区域环境空气质量提供技术支撑。围绕大气污染治理重点工作，加强污染治理技术和新能源开发技术的研发和推广，加强与周边地区的合作，学习借鉴先进经验，交流引进先进技术和管理方法。

责任单位：市环保局、市科技局

45. 全面推进清洁生产。强化源头污染预防，针对节能减排的关键领域和薄弱环节，采用先进的清洁生产技术、工艺和装备，实施生产技术改造。到2017年，钢铁、水泥、化工、有色金属冶炼等行业完成清洁生产审核，重点行业排污强度比2012年下降30%以上。

责任单位：市环保局、市发改委、市工信局

46. 大力发展循环经济。鼓励产业聚集发展，实施园区循环化改造、推进能源阶梯利用、水资源循环利用、废物交换综合利用、土地节约集约利用，促进企业循环式生产、园区循环式发

展、产业循环式组合，构建循环型工业体系。在传统产业比较集中的高阳等县，推行节能减排和循环经济试点县建设。推动水泥、钢铁等工业窑炉、高炉实施废物协同处置。大力发展机电产品再制造，推进资源再生利用产业加快发展。到2017年底，规模以上企业工业增加值能耗比2012年降低20%以上；50%以上各类国家级园区和30%以上的各类省级园区实施循环化改造；主要有色金属品种及钢铁循环再生比重达到40%以上。

责任单位：市发改委，有关县（市、区）政府、开发区管委会

47. 加快发展节能环保产业。大力推广节能环保装备和产品，扩大新能源汽车、光伏发电、地源热泵和新能源装备国内消费市场，积极培育节能环保产业新业态、新模式，有效推动节能环保、新能源等战略性新兴产业发展，鼓励外商投资节能环保产业。

责任单位：市发改委、市商务局、市环保局

（十）建立监测预警应急体系，妥善应对重污染天气

48. 建立健全监测预警体系。将重污染天气应急响应纳入市政府突发事件应急管理体系，实行政府主要负责人负责制，按省要求成立保定市环境应急与事故调查中心。市环保部门与气象部门合作，建立重污染天气监测预警机制，2013年10月底前，完成保定市重污染天气监测预警系统建设。做好重污染天气过程的趋势分析，提高监测预警的准确度，及时发布预警信息。

责任单位：市环保局、市气象局、市政府应急办

49. 制定完善环境应急预案。2013年10月底前，制定和完善应对重污染天气的应急预案并向社会公布，落实责任主体，明确应急组织机构、职责、预警预报及响应程序、应急处置及保障措施，定期开展应急演练。

责任单位：市环保局、市气象局、市政府应急办

50. 及时采取应急措施。根据重污染天气预警等级迅速启动应急预案，按不同污染等级采取企业限产停产、机动车管制、施工场地停止扬尘作业、中小学校停课及可行的气象干预措施，引导公众做好卫生防护。

责任单位：市政府应急办、市环保局、市政府有关部门

四、保障措施

51. 加强组织领导。成立保定市大气污染防治工作领导小组，市长任组长，市委、市人大、市政府、市政协各一名主管副职任副组长，市政府有关部门、各县（市、区）政府、开发区管委会主要负责同志为成员。领导小组统筹研究产业结构和产业布局调整、能源消费结构调整、淘汰落后产能、重点行业治理、清洁技术改造等重大问题；制定考核评估办法，指导协调各地各单位落实实施方案；统一部署区域联防联控工作。领导小组下设综合协调、产业能源控制、污染减排、机动车管理、农业面源和矿山污染整治、城市综合整治、资金保障、监督监察、绩效考核9个工作组，分别由市政府分管领导任组长，各工作组办公室设在相应职能部门。领导小组办公室设在市环保局，办公室主任由市环保局主要负责同志兼任，副主任由相关部门分管负责同志兼任。各县（市、区）各有关部门成立相应组织机构，抓好工作落实。

52. 建立工作机制。建立由市政府统一领导，有关部门各司其职、密切配合、协调联动、共同推进的大气污染防控的工作机制。制定有利于大气污染防治的财政、税收、金融、价格、贸易、科技、投资政策，形成大气污染防治的强大合力。

53. 明确责任分工。各县（市、区）政府、开发区管委会对辖区内大气环境质量负总责，是实施大气污染防治行动的责任主体。各地要根据省、市统一部署及控制目标要求，制定本地大气污染防治实施细则，确定工作重点和目标任务，完善政策措施，并向社会公开。环保部门要加强对实施方案落实情况的指导和监督，统一协调监管大气污染防治工作，协调建立省内周边地区城市联防联控机制，组织开展大气环境监测、科研，削减各类污染物排放总量，会同监察、组织部门制定监督考核奖惩办法并组织实施。发改部门实行煤炭消费总量控制，优化产业布局调整，加大清洁能源利用，大力发展循环经济。工信部门负责制定落后产能淘汰计划并组织实施，实施市区工业燃煤锅炉淘汰和清洁能源替代改造，加快重污染企业搬迁。公安交警部门负责制定有效控制机动车增长的措施办法，落实黄标车限行管理，加快黄标车、老旧机动车的淘汰。城市管理行政执法部门负责城市环境综合整治。公用事业部门负责推进城市取暖燃煤锅炉淘汰改造和既有居住建筑供热计量改造。住建部门负责城市既有建筑节能改造和房屋建筑施工现场扬尘控制。园林部门负责城市绿化。商务部门负责推动油气回收治理、油品升级，配合做好黄标车、老旧机动车淘汰工作。质监部门重点抓好煤质检测和监管，严禁不符合要求的煤炭入市销售使用。国土部门负责推进矿山绿化和生

态修复，整治和规范采矿、采石行为。财政部门加大资金投入，完善财税补贴激励政策。科技部门负责强化环保科技研发和先进技术推广。林业部门负责加强城市周边生态林建设。农业部门负责农业生产大气污染防治及秸秆等新能源利用。纪检监察部门负责对大气污染防治工作进行纪律监察。组织部门负责对各级政府及有关部门履行环保职责情况进行考核评价。宣传部门负责把大气污染防治作为宣传重点，在"两报一台" 开辟专栏，引导公众遵守文明环保的行为准则。

54. 制定专项落实方案。各牵头部门要研究制定专项落实方案，协调有关部门抓好工作落实。各有关责任部门，根据部门职责制定本部门工作落实方案，要明确任务目标和完成时限，确保责任明确，部署到位，按时完成。

55. 加大资金投入。各县（市、区）政府、开发区管委会，要加大大气污染防治财政投入，积极争取国家专项资金和各类援助项目和贷款项目支持，要加快推进污染治理市场化进程，拓宽社会融资渠道，引导和吸引社会资本投入环保事业，实现投资主体多元化、运营主体企业化、运行管理市场化，构建多元化投入的新模式。

56. 提升环境监管能力。启动“智慧环保”建设，构建全市环境要素齐全、基础数据完备、应用系统互联、各类信息共享的生态环境监控平台，提升综合监管能力和水平。各级公安机关要明确专门机构和人员，严厉打击环境违法行为。环保部门要设置独立的大气污染防治管理机构，配备专门人员，加大环境监测、监察能力建设力度，充实执法力量，增加执法投入，提高执法装备能力。

57. 加强大气环境质量监测能力建设。2013 年底前，完成 6 个重点县（市）空气六项污染物自动监测站建设，实现省级联网。其它县（市）2014 年 6 月底前完成建设任务。2014 年底前完成重点污染企业二氧化硫、氮氧化物和颗粒物在线监测能力建设，并实现与省、市联网。加强挥发性有机物在线监测能力建设。

按省要求加快建设机动车排污监控管理机构，建设机动车排污监管平台。加大环境监测、信息、应急、监察、科研、宣教等能力建设力度，到 2015 年，市、县两级环境监测、环境信息、环境监察执法、宣教等能力全部达到标准化建设要求。

58. 加大环境执法力度。创新环境监管机制，强化地方政府环境管理主体责任，市、县、乡（镇）层层签订责任状，建立横向到边、纵向到底的环境监管模式。环保、监察、发改、工信、公安等部门要深入开展环保专项行动，推进联合执法、区域执法，明确重点，加大力度，严厉打击环境违法行为。对偷排偷放、屡查屡犯的违法企业，要依法关闭。对涉嫌环境犯罪的依法追究刑事责任。落实执法责任，对监督缺位、执法不力、徇私枉法等行为，由监察机关依法追究有关部门和人员的责任。

59. 严格考核评估。市政府与各县（市、区）政府、开发区管委会签订大气污染防治目标责任书，将细颗粒物控制目标作为经济社会发展的约束性指标，构建以空气质量改善为核心的目标责任考核体系。制定考核办法，每年初对各县（市、区）、开发区上年度治理任务完成情况进行考核，2015 年进行中期评估，2017 年进行终期考核。考核和评估结果向社会公布，并作为对领导班子和领导干部考核评价的重要依据。对未通过年度考核的县（市、区）、开发区，由环保部门会同监察、组织部门进行约谈，督促提出整改意见。对因工作不力、履职缺位导致不能有效应对重污染天气，以及干预、伪造监测数据和未完成年度目标任务的，由纪检监察机关依法依纪追究有关单位和人员的责任，并对当地及企业实施建设项目环评、能评限批。

60. 鼓励公众积极参与。广泛动员全社会参与大气环境保护，遵守文明环保的行为准则。积极开展以防治细颗粒物污染为重点的宣传教育活动，普及大气污染防治科学知识。各县（市、区）和开发区，要建立污染有奖举报制度，落实奖励资金，鼓励公众监督举报环境违法行为。积极推进绿色学校、绿色企业、绿色社区、绿色家庭创建活动，开展形式多样的生态环境公益活动，发展壮大志愿者队伍，倡导文明、节约、绿色的生产生活方式，引导公众绿色出行，积极参与大气污染防治工作。

（注：智慧环保——利用物联网技术建立环境监测网络，实时采集环境信息，达到对重点地区、重点企业智能远程监控的目的。）

保定市人民政府工作规则

（2013年8月7日市政府第3次常务会议通过）

第一章 总 则

一、为加强政府工作的规范化、制度化、科学化建设，全面提高工作效能，第十四届全市人民代表大会第一次会议产生的新一届保定市人民政府，根据《河北省人民政府工作规则》，制定本规则。

二、市政府工作的指导思想是，高举中国特色社会主义伟大旗帜，以邓小平理论、"三个代表"重要思想、科学发展观为指导，贯彻执行党的路线、方针和政策，贯彻执行党中央、国务院和省委、省政府的指示及市委的决定，贯彻执行市人大及其常委会的决议，充分发挥市政府各部门和各级人民政府的作用，确保政令畅通；严格遵守宪法和法律，全面履行政府职能，努力建设职能科学、结构优化、廉洁高效、人民满意的服务型政府。

三、市政府工作的准则是，执政为民，依法行政，实事求是，民主公开，务实清廉。

四、市政府工作的目标是，牢牢把握解放思想、改革开放、创新驱动、科学发展的总要求，深入建设京畿强市、善美保定，加快重返全省第一方阵步伐，全力打造环京津地区新的发展增长极，为全面建成小康社会而努力奋斗。

第二章 组成人员职责

五、市政府组成人员要模范遵守宪法和法律，认真履行职责，为民务实，严守纪律，勤勉廉洁。

六、市政府实行市长负责制，市长领导市政府的工作。副市长协助市长工作。

七、市长召集和主持市政府全体会议、市政府常务会议、市长办公会议、市长碰头会议。市政府工作中的重大事项，必须经市政府全体会议或市政府常务会议讨论决定。

八、副市长按分工负责处理分管工作。受市长委托，负责其他方面的工作或专项任务，并可代表市政府参加外事等方面的活动。

九、秘书长在市长领导下，负责处理市政府机关日常工作。

十、市长出国（境）访问期间，由负责常务工作的副市长代行市长职务。

十一、市政府各委员会、各局、各办公室实行主任、局长负责制，由其领导本部门的工作。市审计局在市长领导下，依照法律规定独立行使审计监督职能，不受其他行政机关、社会团体和个人的干涉。

市政府各部门要各司其职，各尽其责，顾全大局，协调配合，切实维护团结统一、政令畅通，坚决贯彻落实市政府各项工作部署，不得因部门利益而降低办事效率、影响发展环境和工作全局。

第三章 全面正确履行政府职能

十二、市政府及各部门要加快政府职能转变，全面履行经济调节、市场监管、社会管理和公共服务职能，形成权界清晰、分工合理、权责一致、运转高效、法治保障的机构职能体系，创造良好发展环境，提供基本均等公共服务，维护社会公平正义。

十三、贯彻落实国家经济政策和宏观调控措施，加强经济发展趋势研判，主要运用经济、法律手段并辅之以必要的行政手段引导和调控经济运行，促进全市国民经济持续健康发展。

十四、依法严格市场监管，推进公平准入，完善监管体系，规范市场执法，维护全市市场的统一开放、公平诚信、竞争有序。

十五、加强社会管理制度和能力建设，完善基层社会管理服务，形成源头治理、动态管理、应急处置相结合的社会管理机制，维护社会公平正义与和谐稳定。

十六、注重公共服务，完善公共政策，健全政府主导、社会参与、覆盖城乡、可持续的基本公共服务体系，增强基本公共服务能力，促进基本公共服务均等化。

十七、坚持突出抓发展，重点抓项目，建立健全重点项目建设考核管理工作机制，围绕产业结构调整和发展方式转变，狠抓重点项目建设，加快构建现代产业体系。

十八、每年《政府工作报告》经市人代会审议通过后，由市政府办公厅制定《政府工作报告落实方案》，形成一套完备的责任体系和工作落实机制。

第四章　坚持依法行政

十九、市政府及各部门要带头维护宪法和法律权威，建设法治政府。按照合法行政、合理行政、程序正当、高效便民、诚实守信、权责统一的要求，行使权力，履行职责，承担责任。

二十、市政府凡涉及法律、法规的重大决策和事务，应由市政府法制机构进行合法性审查。凡提请市政府讨论的规范性文件草案应由市政府法制机构审查或组织起草。市政府规范性文件的解释工作由市政府法制机构承办。

二十一、市政府根据省政府有关文件精神和经济社会发展需要，适时修改或废止不相适应的行政措施、决定和规范性文件。拟订、修订与公众权益密切相关的规范性文件草案，除依法需要保密的外，原则上都要向社会公开征求意见。对经协调仍达不成一致意见的问题，市政府法制机构要列明各方理据，提出倾向性意见，及时报请市政府决定。市政府规范性文件实施后要进行后评估，发现问题，及时完善。

二十二、市政府各部门制定的规范性文件，必须符合宪法、法律、法规、上级规章及市政府的决定、规范性文件的规定，严格遵守法定权限和程序。

涉及两个及以上部门职权范围的事项，要充分听取相关部门的意见，并由市政府制定规范性文件、发布决定，或由有关部门联合制定规范性文件。其中，涉及公众权益、社会关注度高及重要涉外、涉港澳台事项，应事先请示市政府；部门联合制定的规范性文件发布前须经市政府批准。

部门规范性文件应当由市政府法制机构进行合法性审查和备案审查并定期向社会公布。对违反宪法、法律、法规或市政府决定以及规定不适当的部门规范性文件，要依法责令制定部门纠正或者由市政府予以改变、撤销。

二十三、规范性文件不得设定行政许可、行政处罚、行政强制等事项，不得违法增加公民、法人和其他组织的义务。

二十四、市政府各部门要加强机关标准化、制度化建设，健全规则，规范程序，落实责任，强化监督，做到有法必依、执法必严、违法必究，公正执法、文明执法，维护公共利益、人民权益和社会秩序。

第五章　实行科学民主决策

二十五、市政府及各部门要健全完善行政决策程序规则，把公众参与、专家论证、风险评估、合法性审查和集体讨论决定作为重大决策的必经程序，增强公共政策制定透明度和公众参与度。

二十六、国民经济和社会发展计划及全市预算，重大规划，宏观调控和改革开放的重大政策措施，地方和社会管理重要事务、市政府规范性文件等由市政府全体会议或市政府常务会议讨论和决定。

二十七、市政府各部门提请市政府研究决定的重大事项，都必须经过深入调查研究，并经研究、咨询机构等进行必要性、可行性和可控性评估论证。涉及相关部门的，应当充分协商；涉及下级政府的，应当事先听取意见；涉及重大公共利益和公众权益、容易引发社会稳定问题的，要进行社会稳定风险评估，并采取听证会等多种形式听取各方面意见。涉及政府投资项目的，严格按照《保定市政府投资项目管理办法（试行）》规定的程序操作。

严格落实市政府《防范重大决策廉政风险若干规定》，在重大决策前，根据需要通过多种形式，直接听取民主党派、社会团体、专家学者、社会公众等方面的意见和建议。

在重大决策执行过程中，要跟踪决策的实施情况，了解利益相关方和社会公众对决策实施的意见和建议，全面评估决策执行效果，及时调整完善。

二十八、市政府各部门必须坚决贯彻落实市政府的决定，及时跟踪并反馈执行情况。市政府办公厅要加强督促检查，确保政令落实。

第六章　推进政务公开

二十九、市政府及各部门要把公开透明作为政府工作的基本制度。深化政务公开，健全政府信息发布制度，完善各类公开办事制度，推进行政权力行使依据、过程、结果公开。

三十、市政府全体会议和常务会议讨论决定的事项、市政府及各部门制定的政策，除依法需要保密的外，应及时公布。

三十一、凡涉及公共利益、公众权益、需要广泛知晓的事项和社会关切的事项以及法律、法规和市政府规定需要公开的事项，均应通过政府网站、新闻发布会以及报刊、广播、电视、网络等方式，依法、及时、全面、准确、具体地向社会公开。

第七章 健全监督制度

三十二、市政府要自觉接受市人大及其常委会的监督，认真负责地报告工作、接受询问和质询，依法备案市政府规范性文件；自觉接受市政协的民主监督，虚心听取意见和建议。

三十三、市政府各部门要依照有关法律规定接受人民法院依法实施的监督，做好行政应诉工作，尊重并自觉履行人民法院的生效判决、裁定，同时要自觉接受监察、审计等部门的监督。对监督中发现的问题，要认真查处和整改并向市政府报告。

三十四、市政府及各部门要严格执行行政复议法，加强行政复议指导监督，自觉纠正违法或不当的行政行为，依法及时化解行政争议。

三十五、市政府及各部门要接受社会公众和新闻舆论的监督，认真调查核实有关情况，及时依法处理和改进工作。重大问题要向社会公布处理结果。

三十六、市政府及各部门要高度重视人民群众来信来访工作，进一步完善信访制度，畅通和规范群众诉求表达、利益协调、权益保障渠道；市政府领导同志及各部门负责人要亲自阅批重要的群众来信，督促解决重大信访问题。

三十七、市政府及各部门要推行行政问责制度和绩效管理制度，明确问责范围，规范问责程序，严格责任追究。加强对重大决策部署落实、部门职责履行、重点工作推进以及自身建设等方面的考核评估，健全纠错制度，提高政府执行力和公信力。

三十八、严格执行工作不落实责任记录备案制度。市政府对各级各部门工作人员工作情况进行督导检查，对交办事项落实不力、推诿扯皮、效率低下等问题，按有关规定予以责任追究并记录备案。

第八章　会议制度

三十九、市政府实行全体会议、常务会议、市长办公会议、市长碰头会议和专题会议制度。严格执行会议出勤记录备案制度。

四十、市政府全体会议由市长、副市长、秘书长及各委员会主任、各局局长、各办公室主任组成，由市长或市长委托负责常务工作的副市长召集和主持。市政府全体会议的主要任务是：

（一）传达贯彻中央、国务院，省委、省政府和市委的重要指示、决定，以及市人大及其常委会的决议；

（二）讨论决定市政府工作中的重大事项；

（三）部署市政府的重要工作；

（四）通报工作情况。

市政府全体会议一般每半年召开一次，根据需要可安排县（市、区）政府、开发区管委会、有关部门和单位负责人列席会议。如工作需要，由市政府常务会议或市长决定，可随时召开。

四十一、市政府常务会议由市长、副市长、秘书长组成，由市长或市长委托负责常务工作的副市长召集和主持。市政府常务会议的主要任务是：

（一）讨论决定市政府工作中的重要事项；

（二）讨论党中央、国务院和省委、省政府及市委召开的重要工作会议的贯彻落实意见；

（三）讨论通过向省政府报告或请示的重要事项；

（四）讨论通过需报请市委决定的重要事项、向市人大及其常委会的工作报告和提请审议的议案、市政协的重要建议案；

（五）讨论通过由市政府制定和下发的重要文件；

（六）听取副市长、秘书长和市政府部门的重要工作情况汇报；

（七）讨论决定市政府各部门、各县（市、区）和开发区请示市政府的重要事项；

（八）通报和讨论其他重要事项。

市政府常务会议一般每月召开一至二次，必要时由市长决定可随时召开。根据需要可安排市政府相关副秘书长和有关部门、单位负责人列席会议。

实行市政府常务会议旁听制度，邀请市人大、市政协有关领导列席会议，推进政府决策科学化、民主化。

副市长、秘书长因故不能出席市政府全体会议或市政府常务会议，须向市长或主持会议的负责常务工作的副市长请假。如对议题有意见或建议，可在会前提出。列席市政府常务会议的各部门、单位主要负责人，除出席上级召开的会议、出访、外地出差及健康等原因，不得请假。因上述原因不能列席会议，须按规定请假，准假后可安排其他负责同志代为列席。

四十二、市长办公会议由市长、有关副市长、秘书长组成，由市长或副市长召集并主持，研究、处理市政府日常工作中的重要问题。

市长办公会议根据工作需要不定期召开。根据需要可安排相关副秘书长和有关部门、单位负责人列席会议。

四十三、市长碰头会议由市长、副市长、秘书长组成，由市长召集并主持，通报市政府重要工作进展情况，研究、协调有关工作落实事宜。

市长碰头会议原则上每月召开一次，必要时由市长决定可随时召开。视情况可安排市政府相关副秘书长列席会议。

四十四、专题会议由副市长受市长委托或按照分工召开，研究、协调和处理市政府工作中的专门问题。

专题会议根据工作需要不定期召开，可安排市政府相关副秘书长和市政府有关部门、单位负责人列席会议。

四十五、提请市政府全体会议、常务会议、市长办公会议讨论的议题，由分管副市长协调或审核后提出，由市政府办公厅汇总报市长确定。会议文件由市长批印。

上会议题必须事先协调或征求相关部门意见，意见协商不一致的，原则上不上会。会议组织工作由市政府办公厅负责，会议文件由市政府办公厅审核把关，文件和议题会前送达与会人员。

四十六、市政府全体会议、常务会议、市长办公会议讨论决定的事项，需要进行报道的，新闻稿须经市政府秘书长审定，如有必要报请市长审定。

四十七、严格会议保密制度。凡需保密的会议内容，一律不准外泄扩散，需传达贯彻时，以会议纪要为准。

四十八、市人大常委会、市政协常委会召开有关会议，需副市长列席会议的，由市长确定。

四十九、市政府及各部门召开工作会议，要减少数量，控制规模，严格审批。以市政府名义召开会议的年度计划由市政府常务会议审定。凡未列入计划的，一般不得召开；特殊情况需要临时决定召开的，须经分管副市长审核同意，报市长或负责常务工作的副市长批准。市政府召开会议，一般只开到县（市、区）级。市政府各部门部署职权范围内的工作，不得以市政府名义召开会议。

五十、市政府各部门召开的全市性会议，原则上每年召开一次，特殊情况不得超过两次。拟在下一年度召开的全市性会议，要于本年度12月中旬以前将会议方案报市政府办公厅审批。需要临时召开全市性会议，要提前报市政府办公厅审批。

五十一、市政府各部门召开的全市性会议，一般不邀请各县（市、区）政府、开发区管委会主要负责同志出席，市政府领导一般不出席部门的工作会议。市政府综合部门召开全市性工作会议，确需邀请各县（市、区）政府、开发区管委会主要负责同志出席，须报市政府批准，经秘书长审核后，报市长或负责常务工作的副市长审批；邀请分管副市长出席会议，须报市长批准。

五十二、市政府及各部门召开会议要贯彻精简、高效、节约的原则，提倡打捆召开一揽子会，尽量压缩会议时间，减少会议人员。在不需要保密的情况下，要尽可能采用电视电话会议形式召开。各类会议都要充分准备，提高效率和质量，重在解决问题。

第九章 公文审批

五十三、市政府各部门、各县（市、区）政府和开发区管委会报送市政府审批的公文，应当符合《党政机关公文处理工作条例》和《河北省党政机关公文处理工作实施细则》的规定，对不符合规定的，一律退回原报文单位。除市政府领导同志交办事项和必须直接报送的绝密事项外，一般不得直接向市政府领导同志个人报送公文。

向市政府报送请示性公文，凡涉及其他部门职权的，必须主动与相关部门充分协商，由主办部门主要负责人与相关部门负责人会签或联合报市政府审批。部门之间有分歧，经主办部门主要负责人主动协商后仍不能取得一致意见的，主办部门应列明各方理据，提出办理建议，与相关部门负责人会签后报市政府决定。

五十四、市政府各部门、各县（市、区）政府和开发区管委会报送市政府审批的公文，由市政府办公厅按照市政府领导同志分工呈批，并根据需要由市政府领导同志转请其他市政府领导同志核批，重大事项报市长或负责常务工作的副市长审批。

五十五、市政府向省政府的请示、报告等，由市长签发。市政府发布的决定等规范性文件，人员任免及向市人大及其常委会提出的议案，由市长签发。

五十六、以市政府名义发文，内容属全面性、综合性的重要文件，经分管副秘书长、主管公文把关的副秘书长审核，报秘书长阅审后，由市长签发；内容属行业性、业务性文件，经分管副秘书长、主管公文把关的副秘书长审核，报秘书长阅审后，由市长或受市长委托的副市长签发。

以市政府办公厅名义发文，经分管副秘书长、主管公文把关的副秘书长审核，属市政府办公厅职权范围内的，由秘书长或报秘书长同意后分管副秘书长签发；转发市政府各部门、各县（市、区）和开发区的文件，经分管副市长同意后秘书长签发，涉及重大问题的，报市长或分管副市长签发。

市政府各部门不得向下级政府发布指令性公文或者在公文中提出指令性要求，确需下级政府执行的，应当请示市政府同意，由市政府批转或者由市政府办公厅转发。属于部门职权范围内的事务，应由部门自行发文或联合发文的，不再由市政府批转或市政府办公厅转发。

五十七、市政府全体会议、常务会议、市长办公会议、市长碰头会议纪要，经分管副秘书长、主管公文把关的副秘书长审核，报秘书长阅审后，由市长或负责常务工作的副市长签发。专题会议纪要，经参加会议的副秘书长、主管公文把关的副秘书长审核，报秘书长阅审后，由主持会议的副市长或市长签发。

五十八、经市政府决策会议原则通过，拟以市政府或市政府办公厅名义发文的，由起草部门进行修改，经分管相关业务的副秘书长、主管公文把关的副秘书长审核后，报秘书长阅审，由市长或其委托的副市长签发。

五十九、受市政府领导委托，由相关副秘书长主持召开会议形成的协调意见，经主持会议的副秘书长、主管公文把关的副秘书长审核，报秘书长阅审后，由受委托的市政府领导签发。

六十、市委、市政府联合行文，由市长或受市长委托的副市长审批，报市委签发。

市委办公厅、市政府办公厅联合行文，经秘书长审批后报市委办公厅签发。

市政府办公厅与其他机关联合行文，需经各方主要领导会签，并呈送市长或分管副市长签发。

六十一、各部门以市政府或市政府办公厅名义在新闻媒体上发布通知、公告、通告的，须按公文审批权限，报市政府办公厅履行审核、批准程序。

六十二、因临时性工作需要，以市政府名义发明传电报，根据情况，由秘书长、副市长、市长审签；以市政府办公厅名义发明传电报，根据情况，经市长或副市长同意后，由分管副秘书长或秘书长审签。

六十三、市政府及各部门要进一步精简公文，凡法律、法规已作出明确规定的，一律不再制发文件。没有实质内容，可发可不发的文件、简报，一律不发。

第十章　工作纪律

六十四、市政府组成人员要坚决贯彻执行党和国家的路线方针政策和省委、省政府及市委、市政府工作部署，严格遵守纪律，做到有令必行，有禁必止。

六十五、市政府组成人员必须坚决执行市政府的决定，如有不同意见可在市政府内部提出，在没有重新做出决定前，不得有任何与市政府决定相违背的言论和行为；代表市政府发表讲话或文章，个人发表涉及未经市政府研究决定的重大问题及事项的讲话或文章，事先须经市政府同意。

六十六、市政府各部门发布涉及政府重要工作部署、经济社会发展重要问题的信息，要经过严格审定，重大情况要及时向市政府报告。

六十七、市政府组成人员要严格遵守保密纪律和外事纪律，严禁泄漏国家秘密、工作秘密或者因履行职责掌握的商业秘密等，坚决维护国家的安全、荣誉和利益。

六十八、严格执行请销假制度。副市长、秘书长出差（出访）、休假，应事前向市长报告；副秘书长向秘书长、分管副市长报告。出差（出访）、休假返回后应向秘书长、分管副市长、市长报告有关情况。市政府各部门和各县（市、区）政府、开发区管委会主要负责人出差（出访）、休假，应以当地政府或本部门名义提前向市政府提交请假报告，履行批准手续。出差（出访）、休假返回后应及时向批准人销假。

第十一章　廉政和作风建设

六十九、市政府及各部门要严格执行改进工作作风、密切联系群众和廉洁从政的各项规定，切实加强廉政建设和作风建设，做到为民、务实、清廉。

七十、市政府及各部门要从严治政。市政府的责任追究工作由市长全面负责，副市长分口负责。对职权范围内的事项要按程序和时限积极负责地办理，对不符合规定的事项要坚持原则不得办理；对因推诿、拖延等官僚作风及失职、渎职造成影响和损失的，要追究责任；对越权办事、以权谋私等违规、违纪、违法行为，要严肃查处。

七十一、市政府及各部门要严格执行财经纪律，艰苦奋斗、勤俭节约，坚决制止奢侈浪费。严格执行住房、办公用房、车辆配备等方面领导干部生活待遇的规定。严格控制差旅、会议经费等一般性支出，切实降低行政成本，建设节约型机关。

严格控制因公出国（境）团组数量和规模。改革和规范公务接待工作，不得违反规定用公款送礼和宴请，不得接受地方的送礼和宴请。严格控制和规范论坛、庆典、节会等活动。各类会议活动经费要全部纳入预算管理。

七十二、市政府组成人员要廉洁从政，严格执行领导干部重大事项报告制度，不得利用职权和职务影响为本人或特定关系人谋取不正当利益；不得违反规定干预或插手市场经济活动；加强对亲属和身边工作人员的教育和约束，决不允许搞特权。

七十三、市政府组成人员要做学习的表率，市政府及各部门要建设学习型机关。

七十四、市政府领导同志要带头保持与人民群众直接的密切的联系，深入基层，深入群众，调查研究，指导工作，识民情、接地气，注重研究和解决实际问题。

到基层考察调研，要轻车简从，减少陪同，简化接待，减轻基层负担；基层负责人不到车站及辖区分界处迎送。除工作需要外，不去名胜古迹、风景区参观。

七十五、市政府领导同志不为部门和地方的会议活动等发贺信、贺电，不题词，因特殊需要发贺信、贺电和题词，一般不公开发表。市政府领导同志出席会议活动、到基层考察调研的新闻报道，按有关规定办理。

七十六、市长、副市长出国（境）考察访问，按程序办理。

七十七、市政府领导同志会见外宾和港澳人士，由接待单位提出请示，经市政府外事或商务部门审核后，报市政府审定。会见台湾来访的人员及华侨、外籍华人知名人士，由接待单位提出请示，经市台办或侨办审核后报市政府审定。市政府各部门、各县（市、区）政府和开发区管委会不得直接邀请市政府领导同志参加本部门、本地区的外事活动，不得直接向市政府领导同志发邀请函或请柬。

七十八、市政府各工作部门、直属事业机构、部门管理机构适用本规则。各垂直管理机构参照执行。